Tanja von Langen

Recht und Management für sozialpädagogische Fachkräfte

HERDER

FREIBURG · BASEL · WIEN

Für Leonie, Emilia und Caspar

MIX
Papier | Fördert gute Waldnutzung
FSC® C010798

Völlig überarbeitete und stark erweiterte Neuausgabe von „Recht in der Kita“ 2023

www.herder.de

Umschlaggestaltung: Verlag Herder
Satz und Gestaltung: Röser MEDIA GmbH & Co. KG

Herstellung: Graspo CZ, Zlín
Printed in the Czech Republic

ISBN Print 978-3-451-39515-4
ISBN E-Book (PDF) 978-3-451-83144-7
ISBN E-Book (EPUB) 978-3-451-83139-3

Inhalt

VI Organisation und Management

Vorwort

In meiner mittlerweile 15jährigen Lehrtätigkeit an zahlreichen Aus-, Fort- und Weiterbildungsinstituten für pädagogische Fachkräfte mache ich immer wieder die Erfahrung, dass das Fach Recht und die Beschäftigung mit Rechtsfragen allenfalls zu den notwendigen Übeln der Ausbildung und der pädagogischen Praxis gerechnet werden. Das ist verständlich: Wer mit Menschen, insbesondere Kindern, arbeiten will, sieht nicht unbedingt einen Sinn darin, die Beziehung zu ihnen distanziert unter abstrakten rechtlichen Gesichtspunkten zu betrachten. Zusätzlich erweist sich die schwer zugängliche Rechtssprache nicht selten als Hürde, wenn es darum geht, gewonnene Erkenntnisse auf den Praxisalltag anzuwenden.

Das Hauptanliegen dieses Buches besteht daher darin, die komplexen rechtlichen Rahmenbedingungen, innerhalb derer pädagogische Fachkräfte arbeiten, verständlich und praxisgerecht aufzubereiten, um den erforderlichen Perspektivenwechsel zu erleichtern. Darüber hinaus werden die Fülle der für die Ausbildung prüfungsrelevanten Inhalte und ihre Verknüpfungen übersichtlich dargestellt.

Damit das rechtliche Fachwissen auch gut in den Berufsalltag übertragen werden kann, wurde bewusst auf juristische Präzision im Sinne einer Ausleuchtung aller juristischen Eventualitäten verzichtet und der Schwerpunkt auf die Verständlichkeit von Rechtsstruktur und -sprache gelegt. Hierzu dienen klare Strukturen, erläuternde Beispiele und Gerichtsentscheidungen, übersichtgebende Schaubilder und ein detailliertes Verweissystem.

Besonderer Wert wurde auf die Veranschaulichung der komplexen Inhalte des SGB VIII und sein Verhältnis zu den übrigen Sozialgesetzbüchern sowie den zahlreichen berufsrelevanten Nebengesetzen gelegt. Lernkontrollfragen zu jedem inhaltlichen Abschnitt ermöglichen es, den eigenen Wissenserwerb zu überprüfen. Übungsfälle mit ausführlichen Lösungen am Ende eines jeden prüfungsrelevanten Abschnitts geben Sicherheit in der Rechtsanwendung und für die Prüfung.

War der Vorgängerband Recht in der Kita, aus dem das vorliegende Lehrbuch erwachsen ist, noch in der Hauptsache für die Ausbildung von Erzieher:innen gedacht, ist der Adressaten:innenkreis vor dem Hintergrund der Akademisierung des Erzieher:innenberufs nun sehr viel weiter gefasst.

Auszubildende an Fachschulen und Fachakademien sowie Studierende der Frühpädagogik, der Sozialpädagogik und vergleichbarer Studiengänge an Hochschulen und Universitäten gewinnen einen kompletten Überblick über die Strukturen des prüfungsrelevanten Faches Recht mit zahlreichen Materialien zur Prüfungsvorbereitung.

Fort- und Weiterzubildende mit dem Ziel der Fachwirte- oder Leitungsqualifikation eignen sich hiermit das prüfungsrelevante Managementwissen an.

Praktiker:innen erhalten ein umfangreiches und übersichtliches Nachschlagewerk zum rechtssicheren Umgang mit allen praxisrelevanten Fragen ihres Berufsalltags.

Leitungen ist das Buch ein verlässlicher Wegweiser durch alle Rechts- und Managementfragen im Rahmen der Leitungspraxis.

Lehrende an Fachschulen und Fachakademien erlangen durch die beigefügte, auf den DQR-Lehrplan abgestimmte Taxonomie eine wichtige Orientierungshilfe zur Vermittlung des prüfungsrelevanten Stoffes.

Hunderte Kursteilnehmer:innen haben mir in der Vergangenheit bestätigt: In dem Maße, in dem es gelingt, rechtliche Problemlösungskompetenz zu entwickeln, steigt auch der Spaß an rechtlichen Themenstellungen. Nahezu alle Teilnehmenden waren überrascht, wie interessant, aktuell und praxisrelevant das Fach Recht sein kann. Ich bin daher sehr zuversichtlich, dass für Leser:innen, die sich von diesem Buch durch das Thema führen lassen, Recht und Spaß nicht länger einen Gegensatz darstellen.

Mein herzlicher Dank gilt Jochen Fähndrich für die zehnjährige immerwährende, stets kompetente Unterstützung und Begleitung seitens des Verlags Herder sowie den Teilnehmer:innen meiner Seminare und Ausbildungskurse, die die Texte dieses Buches auf Verständlichkeit und Praxistauglichkeit getestet und mit zahlreichen Anregungen optimiert haben.

Bei aller Sorgfalt bringt es die Komplexität der Materie mit sich, dass sich Fehler einschleichen oder Fragen offenbleiben. Für weitere Anregungen, Hinweise und Kritik bin ich daher stets dankbar und freue mich auf Ihre Rückmeldung unter info@kitacoach.org.

München, im Mai 2023
Tanja von Langen

I Staatsrecht

Das Staatsrecht ist das Teilgebiet des Öffentlichen Rechtes, das sich mit dem Staatsorganisationsrecht befasst, also damit, wie unser Staat aufgebaut und organisiert ist. Staatsstrukturprinzipien, Wahl und Funktion unserer obersten Staatsorgane, das Verhältnis von Bund und Ländern, Grundrechte und ihre Geltendmachung, Wahl- und Staatsangehörigkeitsrecht sind im Staatsrecht geregelt und zum weitaus überwiegenden Teil im Grundgesetz (GG) als Verfassungsrecht normiert. Darüber hinaus existieren noch einige einfachgesetzliche Regelungen wie zum Beispiel die Geschäftsordnung des Deutschen Bundestags.

1 Staat „Bundesrepublik Deutschland"

Der Staat ist eine Herrschaftsordnung, durch die ein Personenverband — das Volk — auf abgegrenztem Gebiet durch hoheitliche Gewalt zur Wahrung gemeinsamer Güter verbunden ist. Diese menschliche Gemeinschaft ist eine Schicksalsgemeinschaft: Der Einzelne ist mit den jeweils anderen ungefragt und gezwungenermaßen verbunden. Zwar stellt diese Schicksalsgemeinschaft in unserer fortschrittlichen Zeit der wachsenden Individualisierung nicht die einzige und nicht einmal die wichtigste Gemeinschaft dar, sie bildet aber doch für jedes Individuum einen unverzichtbaren Teil seiner Existenz. Denn in unserer hochtechnisierten und arbeitsteilig organisierten Gesellschaft braucht der Einzelne, von Autarkie weit entfernt, zu seiner Existenz immer auch die Gemeinschaft.

1.1 Wesen eines Staates

Der Begriff »Staat« wird in der Staatsphilosophie und in der allgemeinen Staatslehre sehr unterschiedlich definiert. Die schlichteste Definition lautet:

Ein Staat ist eine Personengemeinschaft in ihrer politischen Organisation, die ein Staatsgebiet, ein Staatsvolk und eine Staatsgewalt voraussetzt.

1.1.1 Staatsgebiet

Das Staatsgebiet ist ein abgegrenzter, nicht notwendig zusammenhängender Teil der Erdoberfläche, auf den sich die Staatsgewalt als Gebietshoheit erstreckt.

1.1.2 Staatsvolk

Das Staatsvolk ist die Gesamtheit der durch die Herrschaftsordnung vereinigten Menschen. Häufig ist das Staatsvolk eine Nation (Nationalstaat), nicht selten umfasst ein Staatsvolk aber auch mehrere Nationen (Nationalitätenstaat).

Kennzeichen des Staatsvolkes ist die gemeinsame Staatsangehörigkeit. Dies hat nichts mit Nationalismus oder Fremdenfeindlichkeit zu tun, sondern beruht auf der Klassifizierung des Staates als Personenverband: Jeder Personenverband behält seine Mitgliedschaftsrechte den Mitgliedern vor.

Die Staatsangehörigkeit wird entweder nach dem Abstammungsprinzip (z.B. BRD) oder nach dem Territorialprinzip (z.B. USA) erlangt.

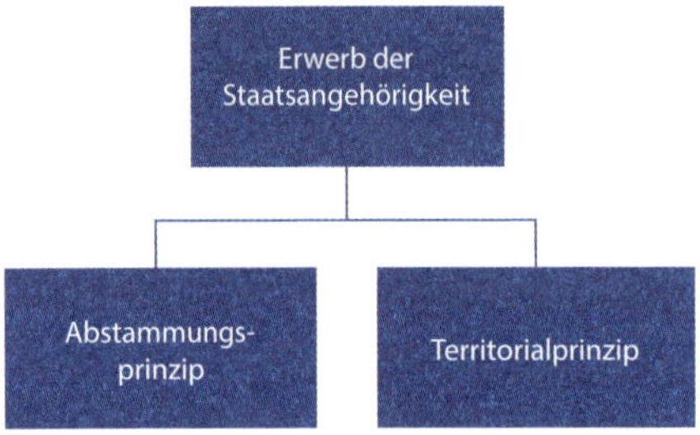

Abbildung 1: Erwerb der Staatsangehörigkeit

Nach dem in der BRD geltenden Abstammungsprinzip erhält ein Kind deutscher Eltern die deutsche Staatsangehörigkeit, unabhängig davon, wo es zur Welt kommt. Auch Mischformen sind möglich und in der Praxis häufig zu finden:

> Wird ein Kind deutscher Eltern in Frankreich geboren, erhält es zusätzlich aufgrund des in Frankreich geltenden Territorialprinzips die französische Staatsangehörigkeit (wenn weitere Bedingungen erfüllt sind).

Seit dem 1. Januar 2000 gibt es für in Deutschland geborene Kinder ausländischer Eltern die Möglichkeit, die deutsche Staatsangehörigkeit unter bestimmten Voraussetzungen nach dem Territorialprinzip zu erlangen. Bis zum 20. Dezember 2014 bestand ein Optionszwang dahingehend, dass die Jugendlichen mit Vollendung des 18. Lebensjahres entscheiden mussten, ob sie die deutsche oder die ausländische Staatsangehörigkeit behalten wollen. Dieser Optionszwang ist entfallen, sodass beide Staatsbürgerschaften unter bestimmten Bedingungen beibehalten werden können. Näheres regelt das Staatsangehörigkeitsgesetz.

1.1.3 Staatsgewalt

Unter den Begriff der Staatsgewalt oder Staatsmacht fällt nach der Rechtsprechung des Bundesverfassungsgerichts alles amtliche Handeln mit Entscheidungscharakter.

Denn bei einem Staat handelt es sich um einen territorialen Herrschaftsverband, der seine hoheitliche Macht durch seine Organe und Institutionen (Staatsoberhaupt, Regierung, Verwaltung, Parlament, Gerichte etc.) in Form von Hoheitsakten ausübt. Sind die organisatorischen Strukturen der Staatsgewalt derart zerfallen, dass sie ihre Aufgaben nicht mehr erfüllen können, liegt ein sogenannter gescheiterter Staat (failed state/fragile state) vor.

> Der Fragile States Index der privaten Denkfabrik Fund for Peace weist den Jemen auf Rang 1 mit einem Wert von 113,5, gefolgt von Somalia (112,3) und dem Südsudan (112,2), aus. Deutschland rangiert auf Platz 167 mit einem Wert von 24,7. Den letzten Platz 178 mit dem niedrigsten Wert von 16,9 nimmt Finnland ein.

1.2 Aufgaben eines Staates

Der Staat hat eine Reihe elementarer — gleichsam überzeitlicher — Aufgaben, die ihm sein typisches Gepräge geben:

- Herstellung und Erhaltung der äußeren Sicherheit, also die Abwehr von Bedrohungen und Angriffen auf das Staatsgebiet von außen. Dies wird durch Landesverteidigung, Entwicklungszusammenarbeit und friedenssichernde Maßnahmen (z.B. im Rahmen von Bündnissen) bewirkt.
- Herstellung und Erhaltung der Inneren Sicherheit, also der Gewährleistung einer Rechts- und Friedensordnung im Inneren. Dies wird durch Institutionen wie Verwaltung, Gerichte, Polizei, Bundeswehr, Bundesgrenzschutz, Verfassungsschutz etc. bewirkt.
- Die Herstellung und Erhaltung einer sozial gerechten Ordnung.
- Die Förderung kultureller Bestrebungen.
- Die Vorsorge gegen Risiken, die sich aus der wissenschaftlichen und technischen Entwicklung ergeben.
- Der Schutz der natürlichen Lebensgrundlagen.
- Die Mitwirkung bei internationalen Einsätzen zum Schutz der Menschenrechte in Krisengebieten entsprechend der Charta der Vereinten Nationen (UN).
- Die stetige Anpassung der Rechtsordnung an veränderte gesellschaftliche Verhältnisse. Denn das Recht ist unabdingbares Steuerungsinstrument des Staates: Es bändigt die staatliche Macht, es lenkt die Erbringung sozialer Leistungen, stellt einen sozialen Ausgleich unter den Bürgern her und regelt den gesellschaftlichen Bereich. Diese Aufgaben kann es jedoch nur dann effizient erfüllen, wenn es ständig an die gesellschaftlichen Entwicklungen angepasst wird.

1.3 Entstehung der Bundesrepublik Deutschland

Die Verfassung eines jeden Staates drückt die politischen Grundentscheidungen des jeweiligen Volkes aus. Stets ist sie Ausdruck von Erfahrungen und birgt Hoffnungen wie Erwartungen. In besonderem Maße gilt dies für unser Grundgesetz.

1.3.1 Erste Entwicklungen nach dem Ende des Zweiten Weltkriegs

Im Jahr 1947 zeigten die beiden Außenministerkonferenzen der vier Siegermächte endgültig, dass eine Einigung über die Zukunft Deutschlands nicht zu erreichen war. Daraufhin wurden auf Initiative der Westalliierten unter Einbeziehung von Belgien, der Niederlande und Luxemburg die Ministerpräsidenten der elf westdeutschen Länder am 1. Juli 1948 ermächtigt bzw. beauftragt, eine verfassungsgebende Versammlung einzuberufen.

Das überreichte Dokument enthielt inhaltliche Vorgaben für die zu erlassende Verfassung: Die verfassungsgebende Versammlung sollte »eine demokratische Verfassung ausarbeiten, die für die beteiligten Länder eine Regierungsform des föderalistischen Typs schafft, die am besten geeignet ist, die gegenwärtig zerrissene deutsche Einheit schließlich wiederherzustellen, und die Rechte der beteiligten Länder schützt, eine angemessene Zentralinstanz schafft und die Garantien der individuellen Rechte und Freiheiten enthält.«

Die beauftragten Ministerpräsidenten gerieten durch dieses Angebot in einen unlösbaren Zwiespalt: Einerseits war das Angebot zur Staatsbildung eine historische Chance, die man keinesfalls vergeben wollte, andererseits würde durch die Bildung eines westdeutschen Staates die bereits vorhandene Spaltung unweigerlich vertieft. Man entschloss sich nach langen Beratungen daher zu einem Kompromiss:

- Statt einer verfassungsgebenden Versammlung, die vom Volk zu wählen gewesen wäre, sollte lediglich ein von den Landtagen zu wählender Parlamentarischer Rat einberufen werden.
- Statt Annahme durch Volksabstimmung sollten nur die Landtage entscheiden.
- Statt der Bezeichnung »Verfassung« sollte nur vom »Grundgesetz« gesprochen werden.

Man wollte mit diesen Einschränkungen zum Ausdruck bringen, dass die zu gründende BRD zwei gravierende Mängel hätte: Zum einen würden ihr durch das geltende Besatzungsrecht wichtige Merkmale eines sich selbst bestimmenden Staates bis auf Weiteres fehlen, zweitens würde das Staatsgebiet nicht ganz Deutschland umfassen, denn dieses galt es, erst wiederherzustellen.

1.3.2 Historie des Grundgesetzes

Die 65 Abgeordneten des Parlamentarischen Rates wurden im August 1948 von den Landtagen gewählt. Ihren Beratungen lag der sogenannte „Herrenchiemseer Verfassungsentwurf" zugrunde. Der Parlamentarische Rat legte in Art. 144 GG auch fest, dass für das Inkrafttreten der Verfassung die Annahme durch die Volksvertretungen in zwei Dritteln der Länder genügt. Eine Annahme durch das Volk war also nicht vorgesehen! Dies ist ein deutlicher Widerspruch zu unserer heutigen Auffassung von idealer demokratischer Willensbildung, die als selbstverständlich voraussetzt, dass ein Grundgesetz vom souveränen deutschen Volk in freier Entscheidung beschlossen wird.

Indes: Nach dem verlorenen Krieg fehlte den Deutschen die Souveränität, sie waren nicht einmal ein Bundesvolk, denn eine Bundesrepublik gab es (noch) nicht. Angesichts der besonderen Lebensumstände der Nachkriegszeit, die von Not, Entbehrung und Trauer geprägt war, waren sie (anders als z.B. die Gründungsväter der USA bei Abfassung der Bill of Rights am 12. Juni 1776) auch nicht von einem Verfassungsgründungswillen durchdrungen.

Die Verfassungsberatungen wurden aufmerksam von den Westalliierten verfolgt. Sie intervenierten auch mehrfach, da nach ihrer Auffassung vor allem die geplanten bundesstaatlichen und finanzverfassungsrechtlichen Regelungen die Zentralgewalt zu sehr stärkten. Es kam zu teilweise heftigen Auseinandersetzungen, die erst beendet wurden, als die Alliierten nachgaben. Trotz dieser Differenzen gingen die Verhandlungen zügig voran. Und obwohl die Verfassung eine nur vorläufige bis zur Herstellung der deutschen Einheit sein sollte, war man bestrebt, auch diese Übergangsphase rechtsstaatlich stabil zu gestalten, weshalb man auch Grundrechte festschrieb. Dem Verfassungsentwurf stimmten zehn der vorhandenen elf Länder (Ausnahme Bayern) zu.

Am Nachmittag des 23. Mai 1949 fand die vorgesehene öffentliche Sitzung statt. Mit Ausnahme der Abgeordneten Reimann und Renner von der KPD unterschrieben sämtliche Mitglieder des Parlamentarischen Rates das Grundgesetz. Da Berlin damals nicht zur BRD gehörte, unterschrieben die fünf Berliner Abgeordneten getrennt. Konrad Adenauer, der Präsident des Parlamentarischen

Rates, verkündete im Anschluss daran das Grundgesetz. Es trat dann formell am 23. Mai 1949 um 24.00 Uhr in Kraft. Zu diesem Zeitpunkt war der Parlamentarische Rat das einzige Organ der BRD. Erst im September 1949 kam es mit der ersten Bundestagswahl zur Bildung der Verfassungsorgane, die das Grundgesetz vorsieht.

1.3.3 Entstehung und Untergang der DDR

Während die westlichen Besatzungsmächte die Eingliederung Deutschlands in die westliche parlamentarisch-demokratische Staatenwelt betrieben, verfolgte die Sowjetunion die Eingliederung des ostdeutschen Staates in ihren Machtbereich mitsamt Etablierung einer kommunistischen Diktatur. 1946 entstand aus der zwangsweisen Vereinigung von KPD und SPD die Sozialistische Einheitspartei Deutschlands (SED). Am 30. Mai 1949 nahm der 3. Deutsche Volkskongress den vom Volksrat ausgearbeiteten Verfassungsentwurf mit 2.087 gegen eine Stimme an. Der Volksrat rief am 7. Oktober 1949 die Deutsche Demokratische Republik aus, setzte die von der sowjetischen Militäradministration genehmigte Verfassung in Kraft, konstituierte sich selbst als „Provisorische Volkskammer" bis zur Wahl einer endgültigen Volkskammer und berief eine provisorische Regierung ein. Nachdem der BRD die Souveränität zugesprochen worden war, zog die Sowjetunion nach und verlieh 1955 der DDR die Souveränität.

Trotz erheblichen Propagandaaufwands gelang es in der Folgezeit der sowjetisch gesteuerten kommunistischen Führung der DDR nicht, die Bevölkerung hinter sich zu bringen. Die Abriegelung gegenüber dem Westen mit Mauer, Stacheldraht und Reiseverboten, die Einschüchterung und Unterdrückung der Menschen durch SED und Staatssicherheit führten ausgehend von Leipzig zu ständig anwachsenden Protestdemonstrationen im ganzen Land, die schließlich zur Wiedervereinigung führten.

Tabelle 1: Chronik der Wiedervereinigung

1989	Ständig anwachsende Protestdemonstrationen in den Städten der DDR.
Sommer 1989	Ungarn öffnet seine Grenze zum Westen, starke Flüchtlingsströme aus der DDR nach Ungarn; auch Polen und die Tschechoslowakei sind bereit, die in die bundesdeutschen Botschaften geflüchteten DDR-Bürger in die BRD ausreisen zu lassen.
09.11.1989	Öffnung der Mauer in Berlin und der Übergänge entlang der Grenze zur BRD.
18.03.1990	Erste freie Wahl zur Volkskammer der DDR; die PDS als Nachfolgepartei der SED erhält lediglich 16 Prozent der Stimmen.
18.05.1990	Vertrag über die Schaffung einer Währungs-, Wirtschafts- und Sozialunion, sog. Staatsvertrag.
03.08.1990	Vertrag zur Vorbereitung und Durchführung der ersten gesamtdeutschen Wahl des Deutschen Bundestags.
31.08.1990	Vertrag über die Herstellung der Einheit Deutschlands, sog. Einigungsvertrag.
12.09.1990	Vertrag über die abschließende Regelung in Bezug auf Deutschland, enthält die Zustimmung der vier Siegermächte, sog. Zwei-plus-Vier-Vertrag.

1.3.4 Das Menschenbild des Grundgesetzes

Das Menschenbild des Grundgesetzes ist ein anthropozentrisches (griech.: anthropos = Mensch; centrum = Mittelpunkt): Es stellt den Menschen in das Zentrum unserer Verfassung und verpflichtet die gesamte Staatsgewalt zur Achtung und zum Schutz der Menschenwürde. Weil nach dem Grundgesetz der Staat für den Menschen da ist — nicht etwa umgekehrt —, determiniert es auf dieser Basis das gesamte Staatsleben.

Der Grundsatz der Menschenwürde, erstmals postuliert in der UN-Charta von 1945, ist als oberstes Konstitutionsprinzip des deutschen Volkes vergleichsweise neu. Unter dem Eindruck der Entrechtung und Erniedrigung der Menschen in der NS-Diktatur fand er erstmals Eingang in die deutsche Gesetzgebung als Thema der deutschen Verfassungsgebung. Die Menschenwürde existiert unabhängig davon, ob mit ihr eine Gegenleistung korrespondiert; sie hängt nicht einmal davon ab, ob der Einzelne sie überhaupt verwirklichen kann. Selbst Toten und auch dem Nasciturus (= dem noch zu Gebärenden) steht das Recht auf Achtung seiner Menschenwürde zu.

Die Würde des Menschen ist vorstaatliches, überpositives Recht. Sie braucht zu ihrer Existenz keine Rechtsnorm. Unser Grundgesetz erkennt sie daher nicht zu, sondern an. In diesem Sinne ist auch Art. 1 Abs. 3 GG zu verstehen, der von den »nachfolgenden Grundrechten« spricht. Das bedeutet: Im Verständnis des Grundgesetzes ist die Menschenwürde kein Grundrecht, sondern vielmehr die oberste Prämisse aller Grundrechte, ihre Grundlage oder Voraussetzung.

Aus dieser Anerkennung der Menschenwürde folgt, dass die Menschen, also das Volk, das beherrschende Element des Staatswesens bilden. Die Menschenwürde ist die vereinende Klammer zwischen den Prinzipien des Rechtsstaates und des Sozialstaates, sie verlangt den sozialen Rechtsstaat.

1.3.5 Das Grundgesetz als Werteordnung

Das Bundesverfassungsgericht hat bereits 1958 festgestellt, dass das Grundgesetz keine wertneutrale Ordnung sein will. Es erstellt vielmehr eine objektive Werteordnung, die als verfassungsrechtliche Grundentscheidung auf alle Bereiche des Rechts ausstrahlt.

Dass die BRD ein wertegebundener Staat ist, bedeutet aber nicht, dass etwa eine Staatsideologie geschaffen werden soll: Eine Staatsideologie versucht, mit dogmatischer Verbindlichkeit das gesellschaftliche und politische Leben zu prägen, zu steuern und zu kontrollieren. Demgegenüber lassen Werte Spielräume und Kompromisse zu und haben eher regulativen Charakter.

Die Werte, die unsere Verfassung prägen

Fundamentale Werte: Menschenwürde; Leben und körperliche Unversehrtheit; Innere Sicherheit; Individuelle Freiheit; Rechtliche Gleichheit; Soziale Gleichheit; Volkssouveränität; Demokratie.

Gesellschaftliche Werte: Privatsphäre; Ehe und Familie; Religiöse und weltanschauliche Überzeugungsfreiheit; Wirtschaftliche Handlungsfreiheit; Kommunikationsfreiheit; Pluralismus; Politische Partizipation; Bürgerverantwortung.

Staatspolitische Werte: Gemäßigte Herrschaft; Weltanschauliche Neutralität; Rechtsschutz; Wehrhafte Ordnung; Gemeinwohl; Frieden; Umwelt; Bildung und Kultur.

1.3.6 Der moderne Staat

Wurde im 17. und 18. Jahrhundert der Staat noch weitgehend mit dem regierenden Monarchen gleichgesetzt („L`état c´est moi“) bildet nach unserem heutigen Rechtsverständnis der Staat eine selbstständige Rechtsperson, eine sogenannte juristische Person des öffentlichen Rechtes (siehe Kapitel 2.3.5). Als solche kann er selbst Inhaber von Rechten und Pflichten sein und über seine Organe handeln.

Unser freiheitlicher, säkularisierter Staat beruht auf politischen und ethischen Voraussetzungen, die er selbst nicht schaffen oder gar erzwingen kann, die jedoch für seine Existenz unverzichtbar sind. Dazu gehören unter anderem:

- Die Akzeptanz des Staates und seiner Grundlagen durch die Mehrheit der Bevölkerung.
- Die Anerkennung gemeinsamer ethisch-sittlicher Grundwerte.
- Die Toleranz gegenüber Andersdenkenden.
- Die Verantwortung für die Erhaltung der künftigen Lebensgrundlagen.

2 Staats- und Regierungsform der Bundesrepublik Deutschland

Unsere Verfassung ist geprägt von fünf verfassungsrechtlichen Grundentscheidungen, auch Verfassungsprinzipien oder Verfassungsgrundsätze genannt, die in Art. 20 GG niedergelegt sind:

Art. 20 GG

1. Die Bundesrepublik Deutschland ist ein demokratischer und sozialer Bundesstaat.
2. Alle Staatsgewalt geht vom Volke aus. Sie wird vom Volke in Wahlen und Abstimmungen und durch besondere Organe der Gesetzgebung, der vollziehenden Gewalt und der Rechtsprechung ausgeübt.
3. Die Gesetzgebung ist an die verfassungsmäßige Ordnung, die vollziehende Gewalt und die Rechtsprechung sind an Gesetz und Recht gebunden.
4. Gegen jeden, der es unternimmt, diese Ordnung zu beseitigen, haben alle Deutschen das Recht zum Widerstand, wenn andere Abhilfe nicht möglich ist.

Verfassungsgrundsätze lassen Geist und Charakter der Verfassung erkennen und prägen somit den Staat, dessen Ordnung auf ihr beruht. Diese verfassungsrechtlichen Grundentscheidungen betreffen insbesondere die Staats- und Regierungsform, Rechtsstaatlichkeit, Demokratie und Gewaltenteilung.

Unsere freiheitlich-demokratische Grundordnung beruht nach Art. 20 GG auf den aus der folgenden Abbildung ersichtlichen Verfassungsprinzipien.

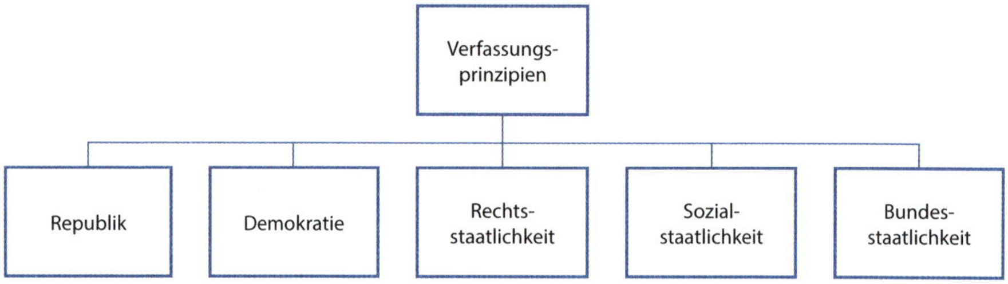

Abbildung 2: Verfassungsprinzipien des GG

Verfassungsgrundsätze sind die Grundlagen der demokratischen Staatsordnung, deren Schutz besonders gewährleistet ist. In Art. 79 GG erhalten sie den Status von überzeitlichen Rechten, indem der Grundgesetzgeber sie mit der sogenannten Ewigkeitsgarantie ausgestattet hat.

> **Art. 79 Abs. 3 GG**
>
> Eine Änderung dieses Grundgesetzes, durch welche (...) die in Art. (...) 20 niedergelegten Grundsätze berührt werden, ist unzulässig.

Erklärt Art. 79 Abs. 3 die niedergelegten Grundsätze des Art. 20 GG für unantastbar, sind damit die folgenden Prinzipien gemeint, die zeigen, dass Demokratie und Rechtsstaat in untrennbarem Zusammenhang stehen, sich ergänzen und stützen: Es gibt keine Demokratie ohne rechtsstaatliche Ordnung und ohne Gewährleistung der Freiheitsrechte. Umgekehrt ist ein Rechtsstaat ohne Gewährleistung der demokratischen Freiheitsrechte nicht denkbar.

2.1 Republik

Eine Republik (lat.: res publica = Angelegenheit des Volkes) zeichnet sich dadurch aus, dass an ihrer Spitze kein:e Monarch:in, sondern ein:e gewählte:r Präsident:in steht (z.B. BRD, Frankreich, Schweiz, USA, Russland). Die Republik ist also in erster Linie eine „Nicht-Monarchie".

Der Gegensatz zur Republik ist die Monarchie. Die Monarchie bestimmt das Staatsoberhaupt nach familien- und erbrechtlichen Regelungen, also nach dynastischen Gesichtspunkten (z.B. Großbritannien, Belgien, Niederlande, Luxemburg, Spanien, Schweden). Die Herrschaft wird von einem/einer einzelnen Monarch:in (Fürst:in, König:in, Kaiser:in) ausgeübt. Seine/ihre Herrschaft ist entweder unbeschränkt (absolute Monarchie) oder – etwa durch ein Parlament – beschränkt (sog beschränkte Monarchie, z.B. England).

2.2 Demokratie

Auf einer zweiten Bedeutungsebene ist die Frage zu stellen, wer Inhaber der Staatsgewalt ist: Geht die Staatsgewalt vom Volke aus, handelt es sich um eine Demokratie. Ist dies nicht der Fall, handelt es sich um eine Scheindemokratie, also um eine Diktatur. Demokratie und Monarchie sind daher kein Gegensatz, sondern können sich überschneiden. So ist zum Beispiel England eine Monarchie, weil das Staatsoberhaupt dynastisch bestimmt wird, zugleich aber auch eine Demokratie, weil die Staatsgewalt beim Volk, vertreten durch das Parlament, liegt. Demgegenüber handelte es sich bei der DDR trotz der Bezeichnung „Deutsche Demokratische Republik" nicht um einen Staat mit freiheitlich-demokratischer Grundordnung und damit um Diktatur.

2.2.1 Merkmale einer Demokratie

Die Merkmale einer echten Demokratie werden aus der folgenden Abbildung ersichtlich:

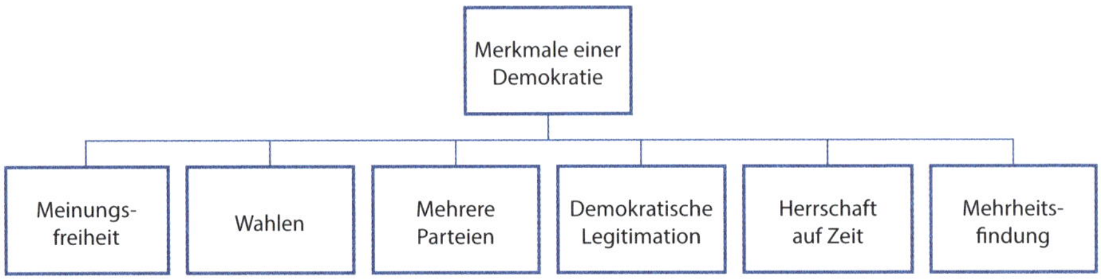

Abbildung 3: Merkmale einer Demokratie

Das bedeutet konkret: Es herrscht das

- Prinzip der politischen Meinungs- und Betätigungsfreiheit. Bereits im Vorfeld des staatlichen Entscheidungsprozesses haben alle Bürger:innen und Gruppierungen die Möglichkeit, ihre Vorstellungen und Interessen geltend zu machen und für sie zu werben. Die Grundrechte der Meinungsfreiheit, der Informationsfreiheit, der Versammlungsfreiheit und Vereinigungsfreiheit sind damit nicht nur liberale Freiheitsrechte, sondern auch demokratische Mitwirkungsrechte.
- Wahlprinzip. Die Volksvertretung einer repräsentativen Demokratie muss nach den Grundsätzen der allgemeinen, gleichen, freien, unmittelbaren und geheimen Wahl gewählt werden (Wahlprinzip). Durch die Wahl überträgt der/die Bürger:in seinen/ihren politischen Willen auf Volksvertreter (Abgeordnete). Diese Abgeordneten sollen den Willen des Volkes durch Gesetze zum Ausdruck bringen.
- Mehrparteienprinzip. Eine Wahl kann nur dann ihren Wert entfalten, wenn es auch eine echte Auswahl gibt. Daher müssen mehrere, mindestens zwei regierungsfähige Parteien oder Koalitionen mit alternativen Wahlprogrammen zur Wahl antreten.
- Prinzip der demokratischen Legitimation. Sämtliche Staatsorgane und Amtsträger einer Demokratie, die staatliche Aufgaben wahrzunehmen haben, müssen demokratisch legitimiert sein, indem sie entweder unmittelbar vom Volk oder von einem – seinerseits demokratisch legitimierten – Organ bestellt werden.
- Prinzip der Herrschaft auf Zeit. Die Amtszeit der maßgeblichen Verfassungsorgane muss zeitlich begrenzt sein, damit in bestimmten Abschnitten erneut über ihr Mandat entschieden werden kann.
- Mehrheitsprinzip. Die Entscheidungen der Mehrheit sind maßgebend und müssen von der Minderheit akzeptiert werden. Die Minderheit hat eine reelle Chance, ihre Argumente vorzutragen und in den Entscheidungsprozess einfließen zu lassen (Mehrheitsprinzip und Minderheitenschutz).

2.2.2 Indirekte Demokratie

Die Staatsgewalt muss tatsächlich und nicht nur scheinbar vom Volk ausgehen. Es muss entweder selbst entscheiden (unmittelbare Demokratie) oder eine Volksvertretung wählen, die an seiner Stelle entscheidet (repräsentative Demokratie). Da die unmittelbare Demokratie aus verschiedensten Gründen in modernen demokratischen Staaten nicht zu praktizieren ist, haben sich die meisten westlichen Länder für eine repräsentative Demokratie entschieden. Eine repräsentative Demokratie ist immer eine indirekte Demokratie. Eine indirekte Demokratie kommt in zwei Erscheinungsformen vor:

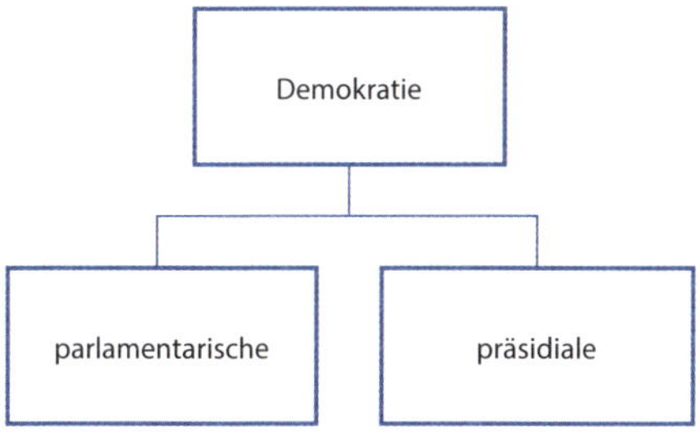

Abbildung 4: Arten der indirekten Demokratie

In der parlamentarischen Demokratie trifft das Volk nicht unmittelbar die politischen Entscheidungen, sondern bestimmt zunächst in Wahlen seine Vertreter (Abgeordnete) im Parlament. Die Abgeordneten repräsentieren ihrerseits dann das Volk. Das Parlament hat also die entscheidende politische Macht. Es erlässt Gesetze und wählt den Bundeskanzler zum Chef der Regierung. Die Bundesrepublik Deutschland ist eine parlamentarische Demokratie.

In der präsidialen Demokratie wird der Präsident in einer eigenen Wahl vom Volk gewählt. Unabhängig von der Präsidentenwahl finden weiterhin Parlamentswahlen statt. Dies kann unter Umständen zur Folge haben, dass der jeweilige Präsident nicht unbedingt die Mehrheit des Parlamentes hinter sich hat. Die USA sind eine präsidiale Demokratie.

2.2.3 Direkte Demokratie

Direkte demokratische Elemente sind in der Bundesrepublik zwar nicht auf Bundesebene, aber doch in allen Landesverfassungen verankert. So kennt unsere Rechtsordnung zahlreiche Formen direkter politischer Mitwirkung:

- Bürgerinitiative,
- Unterschriftensammlung,
- Demonstration,
- Bürgerbegehren,
- Volksbegehren,
- Bürgerentscheid sowie
- Volksentscheid.

Insbesondere Bürgerbegehren und Bürgerentscheid auf kommunaler Ebene sowie Volksbegehren und Volksentscheid auf Landesebene sind wichtige Elemente der direkten Demokratie. Sie sind als zweistufiges Verfahren konzipiert: Das Begehren (erste Stufe) gilt dabei als Antrag auf die Durchführung eines Entscheids (zweite Stufe). In Berlin, Bremen und Thüringen geht dem Begehren ein Zulassungsantrag voraus, sodass hier eine dritte Stufe gegeben ist.

Ein Begehren ist der Ausdruck des Volkswillens, dass ein bestimmter Sachverhalt durch Abstimmung entschieden werden soll.

Das Bürgerbegehren hat Erfolg, wenn eine bestimmte Anzahl von Unterschriften (die genaue Zahl variiert je nach Bundesland von 3 bis 15 % der Wahlberechtigten) gesammelt wurde. Hat das Bürgerbegehren Erfolg, wird der konkrete Sachverhalt durch Bürgerentscheid entschieden. Ein Bürgerentscheid ist dann erfolgreich, wenn je nach Bundesland zwischen 10 bis 30 Prozent aller Wahlberechtigten zustimmen.

Ein Volksbegehren benötigt zum Erfolg 5 bis 20 Prozent der Wählerstimmen. Ein Volksentscheid ist dann erfolgreich, wenn 20 bis 50 Prozent aller Wahlberechtigten zustimmen.

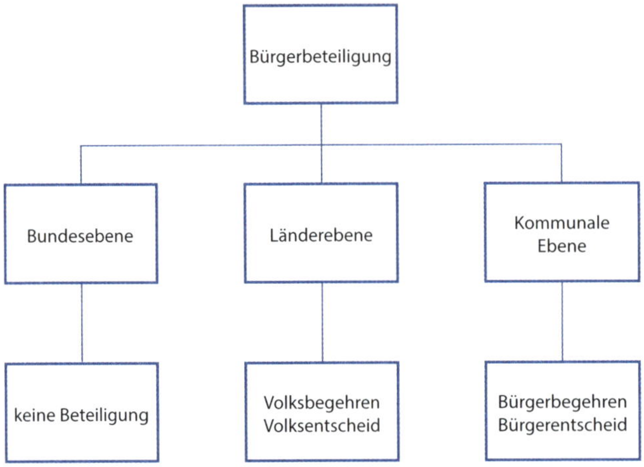

Abbildung 5: Elemente der direkten Demokratie

2.3 Rechtsstaat

> **Art. 1 Abs. 3 GG**
>
> Die Grundrechte binden Gesetzgebung, vollziehende Gewalt und Rechtsprechung als unmittelbar geltendes Recht.

> **Art. 20 Abs. 3 GG**
>
> Die Gesetzgebung ist an die verfassungsmäßige Ordnung, die vollziehende Gewalt und die Rechtsprechung sind an Gesetz und Recht gebunden.

Das Rechtsstaatsprinzip wird in Art. 20 Abs. 1 GG, der die verfassungsrechtlichen Grundentscheidungen benennt, nicht ausdrücklich erwähnt. Allerdings findet sich seine Ausprägung in vielen Normen des Grundgesetzes, zum Beispiel in:

- Art. 20 Abs. 3 GG (Rechtsbindung der gesamten Staatsgewalt)
- Art. 20 Abs. 2 GG (Gewaltenteilung)
- Art. 19 Abs. 4 GG (Rechtsschutzgarantie)
- Art. 101 ff GG (prozessuale Grundrechte)

2.3.1 Elemente des Rechtsstaates

Zum einen ist das Rechtsstaatsprinzip der Sammelbegriff für all diese Einzelnormen, zum anderen hat der Begriff aber auch seine eigenständige Bedeutung: So ist er Auslegungsrichtlinie für die gesamte Verfassung und sonstige Rechtsordnung und kommt im konkreten Einzelfall auch immer dann zur Anwendung, wenn und soweit Regelungen fehlen.

Die Rechtslehre erkennt im Rechtsstaatsbegriff im Wesentlichen folgende Einzelelemente:

- Bindung an die Grundrechte
- Vorrang der Verfassung
- Ewigkeitsgarantie
- Staatliches Gewaltmonopol
- Gewaltenteilung
- Vorbehalt des Gesetzes
- Transparenz
- Bestimmtheitsgebot und Rückwirkungsverbot
- Gleiches Recht für alle
- Grundsatz der Verhältnismäßigkeit der Mittel
- Rechtsschutzgarantie

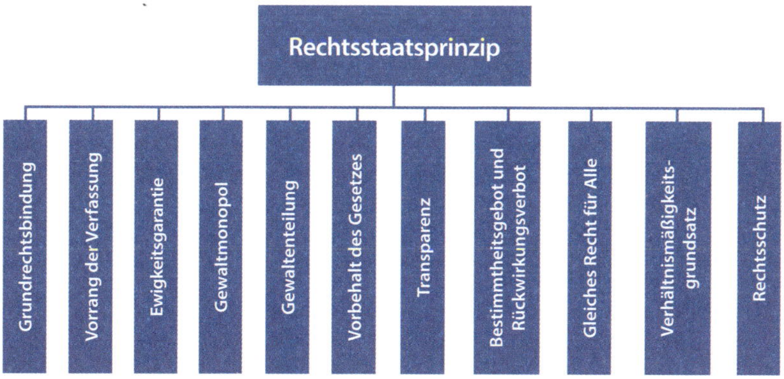

Abbildung 6: Elemente des Rechtsstaates

Bindung an die Grundrechte: Die bloße Produktion von Gesetzen macht noch keinen Rechtsstaat aus. Auch Diktaturen sind mitunter auf der Grundlage von Gesetzen perfekt organisiert. Die Gesetzgebung des Dritten Reiches hat gezeigt, dass auch formal korrekt zustande gekommene Gesetze das Recht bis zum äußersten dehnen und pervertieren können. Daher ist es wichtig, den Staat bei seiner Gesetzgebung auch inhaltlich zu binden. Art. 1 Abs. 3 GG bindet alle staatliche Gewalt ausdrücklich und umfassend an die Grundrechte „als unmittelbar geltendes Recht". Auch und gerade für den Gesetzgeber selbst sind daher Grundrechte nicht einfach unverbindliche Absichtserklärungen, sondern verbindliche Leitlinie für alle Gesetze und alles Verwaltungshandeln im Rechtsstaat.

Vorrang der Verfassung: Das Grundgesetz ist kein Gesetz wie jedes andere, sondern steht im Rang über allen anderen Gesetzen, d. h., es geht allen anderen Gesetzen vor. Dementsprechend müssen sich alle anderen Gesetze – Bundesgesetze, Landesgesetze, Rechtsverordnungen, Satzungen aller Art – in zweierlei Hinsicht, formal und inhaltlich, an der Verfassung orientieren:

- Formal: Alles Recht muss nach den Regeln des Grundgesetzes hinsichtlich Zuständigkeit, Form und Verfahren zustande kommen. Kommt es auf andere Weise zustande, ist es verfassungsrechtlich nicht legitimiert, also verfassungswidrig.

- Inhaltlich: Die erlassenen Gesetze müssen auch inhaltlich mit dem Grundgesetz vereinbar sein, insbesondere müssen sie die Grundrechte achten.

Gesetze, die diese Vorgaben nicht einhalten, sind unwirksam und damit nichtig. Allerdings ist es im Interesse der Rechtsklarheit und Rechtssicherheit, dass die Unwirksamkeit bei Bundesgesetzen durch das Bundesverfassungsgericht festgestellt wird. Bis dahin gelten sie als gültig und sind damit für alle verbindlich.

Ewigkeitsgarantie: Die Ewigkeitsgarantie des Art. 79 Abs. 3 GG umfasst die in den Artikeln 1 und 20 niedergelegten Grundsätze, also die Menschenwürde und die in Art. 20 GG niedergelegten Verfassungsprinzipien. Diese Elemente kann nicht einmal der verfassungsändernde Gesetzgeber mehr ändern. Damit behält das Grundgesetz im Kern seine freiheitliche und demokratische Grundausrichtung für alle Zeiten.

Staatliches Gewaltmonopol: Die Anwendung von Gewalt ist prinzipiell dem Staat vorbehalten. Nur er darf Gewalt einsetzen – zur Erfüllung seiner Aufgaben, insbesondere zur Gewährleistung der Rechts- und Friedensordnung, und stets unter Einhaltung der rechtsstaatlichen Voraussetzungen.

Mit dem Gewaltmonopol des Staates korrespondiert das Gewaltverbot für den Bürger: Er darf seine vermeintlichen oder tatsächlichen Rechte nicht auf eigene Faust durchsetzen, sondern muss hierfür die Hilfe des Staates in Anspruch nehmen.

Das Ordnungsgefüge von Gewaltmonopol des Staates, Friedenspflicht des Bürgers und Durchsetzung der Rechte des Bürgers durch vom Staat geschaffene Institutionen beruht auf einem engen wechselseitigen Zusammenhang. Denn ein Staat, der nicht mehr bereit oder imstande ist, die Rechte seiner Bürger zu schützen, wird sich nicht mehr lange aufrechterhalten können.

Gewaltenteilung: Das Grundprinzip unserer demokratischen Gesellschaftsordnung ist die Gewaltenteilung, bei der die Staatsgewalt auf die drei voneinander unabhängigen „Säulen" Legislative, Exekutive und Judikative verteilt ist. Das Gewaltenteilungsprinzip ist in der Verfassung in Art. 20 Abs. 2 und 3 GG verankert. Darin ist festgelegt, dass die Staatsgewalt durch „besondere Organe der Gesetzgebung, der vollziehenden Gewalt und der Rechtsprechung ausgeübt" wird.

Sinn und Zweck der Gewaltenteilung ist es, einen inneren Kontrollmechanismus innerhalb der staatlichen Organe zu schaffen, um einen Machtmissbrauch zu verhindern. Die einzelnen Säulen sind aufeinander angewiesen und können ihre Macht nicht allein ausüben.

Sie kontrollieren sich gegenseitig:

- Die Legislative (gesetzgebende Gewalt) beschließt die Gesetze.
- Die Exekutive (vollziehende Gewalt) führt die Gesetze aus.
- Die Judikative (Rechtsprechung) überwacht die Einhaltung der Gesetze.

Der Gedanke der Gewaltenteilung wurde bereits im 17. Jahrhundert von dem englischen Rechtsphilosophen John Locke entwickelt. Später formulierte der Franzose Montesquieu erstmals die klassische Dreiteilung. Als politisches Programm verkündet wurde die Gewaltenteilung zum ersten Mal in der Unabhängigkeitserklärung der USA im Jahre 1776.

Die in Deutschland existierende parlamentarische Demokratie verzichtet auf eine strenge Gewaltenteilung zwischen Exekutive, Legislative und Jurisdiktion (sogenannte Gewaltenverschränkung).

Art. 63/54 GG: Der Bundestag wählt den Bundeskanzler, die Bundesversammlung wählt den Bundespräsidenten.

Legislative – Exekutive

Art. 94/95 GG: Die Richterwahlausschüsse des Bundestags wählen die Bundesrichter.

Legislative – Judikative

Art. 93 GG: Das Bundesverfassungsgericht kann Gesetze aufheben.

Judikative – Legislative

Art. 80 GG: Bundes- und Landesregierungen können Rechtsverordnungen (= materielle Gesetze, siehe Kapitel 2.3.3) erlassen.

Exekutive – Legislative

Art. 67 GG: Der Bundestag kann den Bundeskanzler per konstruktivem Misstrauensvotum abberufen.

Legislative – Exekutive

Abbildung 7: Gewaltenverschränkung in der BRD

Durch die Verteilung der Staatsgewalt auf den Bund und die Länder wird neben der klassischen horizontalen Gewaltenteilung in Deutschland von einer zweiten vertikalen Gewaltenteilung gesprochen.

Die Staatsgewalt ist an die Grundrechte und an Recht und Gesetz gebunden. Das bedeutet für

- die Gesetzgebung (Legislative): Gesetze, die gegen das Grundgesetz verstoßen, sind unwirksam;
- die vollziehende Gewalt (Exekutive): Staat, Verwaltung und Behörden sind in ihrem Zuständigkeitsbereich an bestehende Gesetze gebunden;
- die rechtsprechende Gewalt (Judikative): Die Rechtsprechung findet im Rahmen bestehender Gesetze statt. Die Auslegung eines Gesetzes muss sich an seinem Wesensgehalt orientieren.

Abbildung 8: Gewaltenteilung

Legislative: Die Legislative ist die gesetzgebende Gewalt. Sie wird durch die Parlamente (Bundestag, Bundesrat, Landesparlamente) ausgeübt.

Exekutive: Die Exekutive ist die gesetzesausführende, die vollziehende Gewalt, also die Verwaltung, auch Administration genannt. Der Bund bedient sich zur Ausführung seiner Gesetze teilweise einer eigenen Verwaltung. Hierzu zählen der Auswärtige Dienst, die Bundesfinanzverwaltung sowie die Verwaltung der Bundeswasserstraßen und der Schifffahrt.

Viele Bundesgesetze werden aber auch durch die Verwaltung der Länder und Gemeinden umgesetzt, wobei ihnen ein breiter Handlungsspielraum eingeräumt wird. Seit jeher wird die Regierung ebenfalls zur Exekutive hinzugezählt, eine moderne Lehre bezeichnet die regierende Gewalt hingegen als „Gubernative", die danach ein Teilelement der Exekutive ist.

Judikative: Die rechtsprechende Gewalt, die Judikative, steht in der BRD als Ausdruck des Gewaltmonopols ausschließlich dem Staat zu. Von diesem Rechtsprechungsmonopol macht er umfassend Gebrauch (siehe Kapitel 9), allerdings gilt im kirchlichen Bereich eine Ausnahme: Staatliche Gerichte werden hier nur dann tätig, wenn und soweit hierüber von Staat und Kirche eine Vereinbarung geschlossen wurde. Eine weitere Ausnahme vom Rechtsprechungsmonopol bildet die Schiedsgerichtsbarkeit, also die Möglichkeit, bestimmte privatrechtliche Streitigkeiten durch einen Schiedsrichter entscheiden zu lassen (§§ 1025 ff ZPO).

Vorbehalt des Gesetzes: Der Grundsatz vom Vorbehalt des Gesetzes bedeutet, dass die dem Gesetzgeber ausdrücklich in der Verfassung erteilte Befugnis, in ein Grundrecht einzugreifen, ausschließlich durch Gesetz oder aufgrund eines Gesetzes ausgeübt werden darf (siehe Kapitel 3.5.2). Das bedeutet, es gibt keinen Eingriff in Rechte der Bürger:innen ohne eine gesetzliche Grundlage. Man unterscheidet den einfachen vom qualifizierten Gesetzesvorbehalt.

- Einfacher Gesetzesvorbehalt: Der Gesetzgeber wird allgemein zur Einschränkung ermächtigt. Die Einschränkung erfolgt durch Gesetz oder aufgrund eines Gesetzes.
- Qualifizierter Gesetzesvorbehalt: Die Einschränkung wird von bestimmten Voraussetzungen abhängig gemacht oder auf bestimmte Zwecke beschränkt.

Transparenz: Gesetze und Rechtsverordnungen müssen allgemein bekannt sein, mindestens muss jedem/jeder Bürger:in die Möglichkeit gegeben werden, in zumutbarer Weise von den Gesetzen Kenntnis zu nehmen. Es gibt im Rechtsstaat keine Geheimgesetze, deswegen können Gesetze frühestens dann wirksam werden, wenn sie im Bundesgesetzblatt veröffentlicht wurden.

Bestimmtheitsgebot und Rückwirkungsverbot: Darüber hinaus müssen Gesetze auch inhaltlich klar, widerspruchsfrei und bestimmt sein. In sich widersprüchliche Gesetze verstoßen gegen das Rechtsstaatsprinzip.

Ein ausdrücklich in der Verfassung festgelegter Grundsatz lautet: „Nulla poena sine lege = Keine Strafe ohne Gesetz". Das bedeutet, dass das, was als strafbares Verhalten gilt, vor der Tat feststehen muss. Rückwirkende Strafgesetze sind unzulässig. Auch andere Gesetze, die den Bürger nachteilig belasten, sind vom Rückwirkungsverbot umfasst.

Gleiches Recht für alle: Das Recht gilt für jeden und jede gleichermaßen und ohne Ansehen der Person. Einzelfallgesetze sind unzulässig. Das bedeutet, ein Gesetz muss immer so abstrakt formuliert sein, dass es theoretisch auf eine Vielzahl von gleichgelagerten Einzelfällen zutreffen kann.

Grundsatz der Verhältnismäßigkeit der Mittel: Der Verhältnismäßigkeitsgrundsatz wurde im 19. Jahrhundert vom preußischen Oberverwaltungsgericht als Maßstab zur gerichtlichen Überprüfung von polizeirechtlichen Maßnahmen entwickelt. In den folgenden Jahrzehnten zogen es immer mehr oberste und auch internationale Gerichte, auch Verfassungsgerichte, zur Entwicklung ihrer Grund- und Menschenrechtsprechung heran. In nahezu allen liberalen Demokratien ist es das zentrale Verfassungsprinzip, wenn es um die gerichtliche Überprüfung staatlichen Handelns geht.

Er gilt für alle Eingriffe der öffentlichen Gewalt in Rechte des/der Einzelnen und wird auch Übermaßverbot genannt. Gesetzgebende Gewalt, öffentliche Verwaltung und Justiz sind an ihn gebunden. Das bedeutet, alle Gesetze, gerichtlichen Entscheidungen und Verwaltungsakte müssen dem Verhältnismäßigkeitsgrundsatz entsprechen.

Der Verhältnismäßigkeitsgrundsatz bedeutet, dass die getroffene Maßnahme geeignet, erforderlich und angemessen zur Erreichung des angestrebten Zweckes sein muss.

- Grundsatz der Geeignetheit: Die getroffene Maßnahme muss geeignet sein, das angestrebte Ziel zu erreichen.
- Grundsatz der Erforderlichkeit/Notwendigkeit: Die öffentliche Gewalt muss unter mehreren geeigneten Maßnahmen diejenige treffen, die den Einzelnen und die Allgemeinheit am wenigsten beeinträchtigt (ultima ratio).

- Grundsatz der Angemessenheit: Die Maßnahme, obwohl sie geeignet und erforderlich wäre, hat dennoch zu unterbleiben, wenn die dadurch zu erwartenden Nachteile für die Betroffenen außer Verhältnis zu dem beabsichtigten Erfolg stehen.

Ein Verstoß gegen den Verhältnismäßigkeitsgrundsatz führt zur Rechtswidrigkeit der betreffenden Maßnahme, bei Gesetzen zur Nichtigkeit.

Rechtsschutzgarantie: Das Grundgesetz garantiert in Art. 19 Abs. 4 einen umfassenden und lückenlosen Rechtsschutz gegen rechtwidrige staatliche Akte durch unabhängige Gerichte.

2.3.2 Aufgaben und Funktionen des Rechts

Überall dort, wo Menschen zusammenleben, sind Regeln notwendig. Solche Regeln zum Zusammenleben werden auch soziale Normen genannt. Fehlen sie, werden Einzelne ihre Interessen auf Kosten der anderen durchsetzen, was wiederum zu Unfrieden und Streit in der Bevölkerung — der Gesellschaft — führt.

Auch wenn wir selten darüber nachdenken, erwarten wir doch täglich von dem Staat, in dem wir leben, ein funktionierendes Recht: Wir wollen zum Beispiel unser Eigentum geschützt, unsere freie Meinungsäußerung gewährleistet, unsere vermeintlichen oder tatsächlichen Ansprüche gegen andere in einem effizienten und gerechten Rechtsweg durchgesetzt, eben »unsere Rechte gewahrt« wissen. Wir erwarten von unserem Rechtssystem Gerechtigkeit, Sicherheit und Ordnung.

Definitionen von Recht

Recht im objektiven Sinne ist die Rechtsordnung, d. h. die Gesamtheit der Rechtsvorschriften, durch die das Verhältnis einer Gruppe von Menschen zueinander oder zu den übergeordneten Hoheitsträgern oder zwischen diesen geregelt ist. Diese Regeln können ausdrücklich gesetzt sein (gesetztes Recht) oder sich in langjähriger Übung herausgebildet haben (Gewohnheitsrecht).

Recht im subjektiven Sinne ist eine Befugnis, die sich für den Berechtigten aus dem objektiven Recht unmittelbar ergibt.

Rechtsverhältnis ist eine rechtlich bedeutsame, durch Normen des objektiven Rechts geregelte Lebensbeziehung zwischen (natürlichen oder juristischen) Personen untereinander (z.B. Eltern-Kind-Verhältnis, Arbeitsverhältnis einer Kita-Leitung mit der Kommune als Träger) oder zwischen Personen und Sachen (z.B. Mietvertrag über Hortraum). Aus dem Rechtsverhältnis entspringen subjektive Rechte und Ansprüche.

Die umfassende Bedeutung des Rechtes für die Gesellschaft wird dann offensichtlich, wenn man es sich wegdenkt oder wenn das Recht tatsächlich keinen Einfluss mehr besitzt (siehe Kapitel 1.1.3). Zwar beschränkt das Recht jeden Einzelnen in seinem Tun, es schafft aber damit für die Gemeinschaft der Menschen Sicherheit und Ordnung und ermöglicht so ein friedliches Zusammenleben aller.

Die Festschreibung von Gesetzen, Verordnungen oder anderen Rechtsnormen allein ist jedoch keine Garantie für Ordnung,

Sicherheit und Frieden. Erst, indem das Recht durch Institutionen mit staatlicher Autorität nachhaltig durchgesetzt wird, kann es seine friedenssichernden Aufgaben auch entfalten.

Der Staat
- setzt Recht,
- setzt es aufgrund weiterer Rechtsvorschriften nachvollziehbar und berechenbar durch,
- hat das Gewaltmonopol inne und
- stellt die von ihm unabhängigen Einrichtungen, die für die Rechtsprechung zuständig sind.

Der Staat garantiert somit die Rechtsordnung.

Das Recht schützt die Freiheit: Resultierend aus der engen Beziehung zur Menschenwürde als dem höchsten Wert unserer Verfassung ist die prinzipielle Freiheitsvermutung der Dreh- und Angelpunkt unserer Rechtsordnung. Alle staatliche Gewalt und die von ihr hervorgebrachte Rechtsordnung sind ihr verpflichtet; auf sie gründet maßgeblich unser Recht. Und so gilt das Recht, das der Staat setzt, auch für ihn: Verfassungs- wie Verwaltungsrecht schreiben ihm vor, wie er es auszuüben und zu gewährleisten hat und schränken die staatliche Gewalt ein. Das Grundgesetz garantiert dem Einzelnen seine Freiheit gegenüber dem Staat, aber auch gegenüber den Mitbürger:innen.

Das Recht ordnet das Gemeinwesen: Die Freiheit des einzelnen Bürgers kann nach dem Grundsatz »Gemeinnutz geht vor Eigennutz« durch Gesetze oder Verordnungen eingeschränkt werden. Denn manche Aufgaben kann der Staat nur gesamtgesellschaftlich lösen, zum Beispiel die Gewährleistung eines Mindestmaßes an Schulbildung oder die Regelung eines gerechten Steueraufkommens. Indem das Recht somit regelnd bzw. regulierend in die Gesellschaft eingreift, dient es der Ordnung des Gemeinwesens.

Das Recht fördert das Gemeinwohl: Art. 20 GG schreibt als verfassungsrechtliche Grundentscheidung das Sozialstaatsprinzip fest: Dementsprechend soll eine Vielzahl von Gesetzen, zum Beispiel zum Rechtsanspruch auf einen Kindergartenplatz oder zum Elterngeld, Gemeinwohlziele fördern. Indem das Recht soziale Gegensätze mildert und soziale Sicherheit gewährleistet, dient es dem Gemeinwohl.

Das Recht gewährt Rechtssicherheit: Logische Folge der Maxime der Menschenwürde und der daraus resultierenden Freiheit jedes Einzelnen ist das Prinzip der Gleichheit. Und so ist es nicht überraschend, dass die Grundidee und das oberste Ziel des Rechtes die Gerechtigkeit, oft in der Ausprägung der sozialen Gerechtigkeit, ist. Allerdings stößt das Gerechtigkeitsprinzip nicht selten an verschiedene Grenzen: Nicht jede gesellschaftliche Gruppe empfindet sich bei angedachten oder beschlossenen Gesetzen angemessen berücksichtigt, eben gerecht behandelt. Darüber hinaus sind Gesetze immer auch Ausdruck der politischen Mehrheitsverhältnisse in einem Land und regeln oft nur einen vorübergehenden Zustand. Aber auch dann, wenn das Recht geändert wird, müssen sich die Menschen auf das Recht verlassen können. Das Vertrauen der Bürger:innen in ihr Recht darf nicht durch willkürliche Rechtsänderungen erschüttert werden.

Der Grundsatz der Rechtssicherheit kommt vor allem in der Begrenzung und der Bindung aller staatlichen Gewalten an die Verfassung zum Ausdruck. Darüber hinaus gewährt das Recht Rechtssicherheit, indem es eine Garantie des Rechtsschutzes gegen jede hoheitliche Gewalt (Art. 19 Abs. 4 GG) festschreibt und den Anspruch auf rechtliches Gehör (Art. 103 Abs. 1 GG) normiert.

2.3.3 Quellen des Rechts

Unsere moderne Rechtsordnung ist das Ergebnis unabänderlicher Naturgesetze, gewachsener Wertvorstellungen und geschichtlichen Erfahrungen. Diese Rechtsquellen werden unterschieden in Naturrecht, Gewohnheitsrecht und Sitte und Moral.

Naturrecht

Die Rechtsphilosophie diskutiert seit dem Altertum das Naturrecht als eine Quelle des Rechts. Naturrecht ist das Recht, das sich aus der menschlichen Natur ableitet und das demgemäß aus der reinen Vernunft, die allen Menschen eigen ist, erkennbar ist. Das Naturrecht ist daher für alle Zeiten gültig, von Raum und Zeit unabhängig.

Naturrecht ist also nicht durch staatliche Rechtsetzung entstanden, sondern „von Natur aus“ vorgegeben. Als Ursache für dieses Recht gelten drei Quellen:

- Die Natur selbst – Recht ist, was der Natur des Menschen entspricht.
- Die Religion – Recht ist, was Gott gefällt.
- Die menschliche Vernunft – Recht ist, was der menschlichen Vernunft entspricht.

Viele Werte unserer Verfassung werden zum Naturrecht gezählt, wie zum Beispiel die Menschenwürde, die Gerechtigkeit oder die Gleichheit aller Menschen (siehe Kapitel 3.9.3). Auch das Verbot, einen anderen Menschen zu töten oder zu verletzen, hat unzweifelhaft naturrechtlichen Ursprung.

Doch nicht alle Inhalte des Naturrechts gelten überzeitlich. Problematisch wird es dann, wenn Teile der Gesellschaft ein Recht als Naturrecht begreifen, was dem Rechtsempfinden der großen Mehrheit nicht (mehr) entspricht. So zeigen die Reaktionen auf immer wiederkehrende Fälle von „Ehrenmorden“, dass die Vorherrschaft des Mannes in seiner Familie, die in einigen Kulturen noch als sein Naturrecht empfunden wird, unserem heutigen westlichen Rechtsempfinden widerspricht. Nach einer modifizierten Auffassung bedarf das Naturrecht daher zu seiner Wirksamkeit eines Rechtsetzungsaktes aufgrund der jeweiligen Volksüberzeugung und ist somit wandelbar.

Gewohnheitsrecht

Eine weitere Quelle unseres Rechts ist das Gewohnheitsrecht. Dabei handelt es sich nicht um geschriebenes Recht, sondern um stetige, von Rechtsüberzeugung getragene Übung in einer Rechtsgemeinschaft.

Gewohnheitsrecht entsteht dort, wo eine zentralisierte und staatlich garantierte Rechtserzeugung in Form von niedergeschriebenen Gesetzen nicht oder noch nicht zur Wirksamkeit gelangt ist. Dies war besonders in älteren Kulturstufen vor Ausbildung der neuzeitlichen europäischen Staaten der Fall. Heute spielt Gewohnheitsrecht lediglich noch im Völkerrecht eine Rolle, da dies weitgehend ohne eine institutionalisierte Rechtserzeugung auskommen muss. Denkbar wäre in unserer modernen Zeit darüber hinaus auch die Herausbildung von Gewohnheitsrecht im Bereich des World Wide Web. Erforderlich für die Ausbildung von Gewohnheitsrecht ist eine längere gleichmäßige Übung, verbunden mit der Überzeugung, dass diese Übung notwendig und richtig ist.

Das sogenannte „elterliche Züchtigungsrecht" war bis zum Ende des vorigen Jahrhunderts gewohnheitsrechtlich anerkannt. Durch das Gesetz zur Ächtung der Gewalt in der Erziehung und zur Änderung des Kindesunterhaltsrechts vom 2. November 2000 wurde dieses Gewohnheitsrecht aufgehoben, indem Recht gesetzt wurde: § 1631 Abs. 2 BGB bestimmt nunmehr, dass körperliche Bestrafungen, seelische Verletzungen und andere entwürdigende Maßnahmen unzulässig sind.

Richterrecht

Eine Sonderform des Gewohnheitsrechts ist das sogenannte Richterrecht. Dieses liegt vor, wenn die Gerichte in übereinstimmender und ständiger Rechtsprechung im Wege der Rechtsfortbildung abstrakte Rechtssätze entwickeln und diese bei ihrer Entscheidungsfindung regelmäßig (mit-)berücksichtigen. Besonders in Bereichen, die nur wenige gesetzliche Regelungen aufweisen, wie zum Beispiel das Miet- oder Arbeitsrecht, hat sich Richterrecht etabliert.

Umfang und Grenzen sind allerdings umstritten, da Richterrecht weder durch die Legislative (per Gesetz) noch durch die Exekutive (per Rechtsverordnung, Satzung) gesetzt wird, in letzter Konsequenz also nicht verfassungsrechtlich legitimiert ist. Da in der Praxis die Entscheidungen der Obergerichte (Bundesgerichtshof, Oberverwaltungsgerichte etc.) eine richtungsweisende Bedeutung für die nachgeordneten Gerichte haben, bildet sich Richterrecht auch rasch und auf breiter Basis heraus. Denn zwar ist jeder Richter in der BRD unabhängig und kann von den Entscheidungen der Obergerichte abweichen (eine Ausnahme bilden die Entscheidungen des Bundesverfassungsgerichts und der Landesverfassungsgerichte), jedoch wird dies kaum praktiziert: Es dient der Rechtssicherheit des Bürgers und schont seinen Geldbeutel, wenn ein unnötiger Weg durch die Instanzen vermieden werden kann.

Sitte und Moral

Rechtliche Bedeutung erlangt der Begriff der Sitte an verschiedenen Stellen: So weist das Grundgesetz in Art. 2 Abs. 1 auf das „Sittengesetz" hin. § 138 BGB regelt, was als „sittenwidriges Rechtsgeschäft" verstanden werden muss und erklärt dieses für nichtig. Das Gesetz spricht dabei von einem „Verstoß gegen die guten Sitten". § 817 BGB stellt die guten Sitten dem Gesetz gleich: „Verstoß gegen Gesetz oder gute Sitten". Die Sitten, die im Rechtsverkehr üblich sind, werden auch „Verkehrssitte" genannt. Der Begriff erscheint beispielsweise in § 157 BGB, wo es um die Auslegung von Verträgen geht, und in § 242 BGB, der bestimmt: „Die Leistung ist so zu bewirken, wie Treu und Glauben mit Rücksicht auf die Verkehrssitte" es erfordern.

Sitte sind die in der Gemeinschaft geltenden Anstandsregeln und Gebräuche.

Moral regelt nicht direkt das Verhalten der Menschen zueinander, so wie es Gesetz und Sitte tun. Vielmehr wendet Moral sich an ihre Gesinnung und gibt Motive für ein Verhalten, das an gesellschaftlichen, religiösen oder philosophischen Normen orientiert ist.

Die Frage danach, in welchem Verhältnis Recht und Moral zueinanderstehen, beschäftigt seit jeher die Rechtsphilosophen. In weiten Teilen unserer Rechtsordnung stimmen Moral und Recht (z. B. das Tötungsverbot) überein. In der Nachkriegszeit wurde viel darüber diskutiert, ob moralisch verwerfliche Gesetze zu befolgen sind, und die Radbruch`sche Formel entwickelt, der zufolge sich ein Richter, der sich in einem Konflikt mit dem geschriebenen – „gesetzten" – Recht und dem Gerechtigkeitsgedanken befindet, sich aus Gründen der Rechtssicherheit grundsätzlich an das gesetzte Recht halten soll. Übersteigt jedoch die Ungerechtigkeit ein bestimmtes Maß und wird unerträglich, muss die Prämisse der Rechtssicherheit hinter die der Gerechtigkeit zurücktreten.

Recht, Sitte und Moral haben gemeinsam, dass sie das menschliche Zusammenleben regeln, doch nur das Recht kann mithilfe staatlicher Instanzen durchgesetzt werden. Verstöße gegen herrschende Sitten- und Moralvorstellungen haben in der Regel nur gesellschaftliche oder wirtschaftliche Folgen, nicht jedoch strafrechtliche. Eine Ausnahme hiervon stellt der Tatbestand des § 173 StGB dar („Beischlaf zwischen Verwandten").

Gesetze

Von Naturrecht, Gewohnheitsrecht, Sitte und Moral unterscheiden sich die Gesetze, indem sie geschriebenes Recht und als solche die wichtigste Rechtsquelle sind. Im Rang stehen sie über allen anderen Formen des geschriebenen Rechts und können selbst nur durch Gesetz aufgehoben oder geändert werden. Sie werden von den Parlamenten des Bundes (sog. Bundesgesetze, z.B. SGB VIII – Kinder- und Jugendhilfe) und der Länder (sog. Landesgesetze, z.B. Bayerisches Kinderbildungs- und Betreuungsgesetz) erlassen. Widerspricht eine Rechtsverordnung oder Satzung einem Gesetz, ist sie verfassungswidrig.

Der Begriff „Gesetz" wird im doppelten Sinne verwendet:

Gesetz im materiellen Sinne ist jede Rechtsnorm, d. h. jede hoheitliche Anordnung, die für eine unbestimmte Vielzahl von Personen allgemeinverbindliche Regelungen enthält.

Gesetz im formellen Sinne ist jeder Beschluss der zur Gesetzgebung zuständigen Organe, der im verfassungsmäßig vorgesehenen förmlichen Gesetzgebungsverfahren ergeht, ordnungsgemäß ausgefertigt und verkündet ist.

Gesetze werden unterschieden in Bundes- und Landesgesetze, je nachdem, welcher Lebensbereich durch sie geregelt ist, und hinsichtlich der danach zu entscheidenden Frage, wer die sogenannte Gesetzgebungskompetenz (siehe Kapitel 6.1) für diesen Lebensbereich innehat.

Rechtsverordnungen

Darüber hinaus gibt es eine Reihe von Vorschriften, die nicht im förmlichen Gesetzgebungsverfahren beschlossen, sondern von Organen (i.d.R. Ministerien, Behörden) der vollziehenden Gewalt (Bundes-, Landesregierung, staatliche Verwaltungsbehörden, auch Selbstverwaltungskörperschaften) gesetzt werden. Diese Vorschriften nennt man Rechtsverordnungen. Auch sie sind allgemeinverbindliche Anordnungen für eine unbestimmte Vielzahl von Personen.

Die genannten Organe der vollziehenden Gewalt (= Exekutivorgane) dürfen aber nur dann Rechtsverordnungen erlassen, wenn sie hierzu durch ein Gesetz ermächtigt worden sind. Dies schreiben Art. 80 Abs. 1 GG sowie die entsprechenden Vorschriften der Landesverfassungen vor. Diese sogenannte Ermächtigungsgrundlage darf zudem nicht blankettartig gefasst, sondern muss nach Inhalt, Zweck und Ausmaß hinreichend bestimmt und begrenzt sein. Darüber hinaus ist die Ermächtigungsgrundlage in der erlassenen Rechtsverordnung anzugeben. Eine Rechtsverordnung dient stets der Ausführung der allgemeineren Regelungen des Gesetzes. Sie ist in der Regel tituliert als „Ausführungsverordnung" oder „Durchführungsverordnung" und steht im Rang unterhalb des förmlichen Gesetzes.

Nicht verwechselt werden darf die Rechtsverordnung mit der Verwaltungsvorschrift. Diese – oft auch Verwaltungsverordnung genannte – Vorschrift hat lediglich verwaltungsinterne Bedeutung (z.B. Technische Anweisung Lärm (TA-Lärm), Einkommensteuerrichtlinien und Nichtanwendungserlasse der Finanzbehörden).

Der Vorteil von Rechtsverordnungen gegenüber Gesetzen besteht in ihrer Flexibilität: Wo ein Gesetz das förmliche Gesetzgebungsverfahren durchlaufen muss, sind Rechtsverordnungen schnell beschlossen, geändert und aufgehoben. Sie können daher auf örtliche, gesellschaftliche und wirtschaftliche Verhältnisse rasch reagieren.

Die gesetzlichen Unfallkassen der Länder sind ausweislich § 15 Abs. 1 SGB VII zum Erlass von Unfallverhütungsvorschriften ermächtigt, haben also sogenannte „Rechtsetzungsbefugnis". Die früher UVV bzw. BGV, seit dem 1. Januar 2015 DGUV genannten Verordnungen haben Rechtsnormcharakter.

Autonome Satzungen

Die unterste Stufe der Rechtsnormen stellen die Satzungen dar. Satzungen sind Rechtsvorschriften, die von juristischen Personen des öffentlichen Rechts mit Selbstverwaltungsrecht zur Regelung ihrer eigenen Angelegenheiten erlassen werden. Ebenso wie die Rechtsverordnung bedarf auch die Satzung einer Ermächtigungsgrundlage. Diese wird durch Gesetz verliehen. Ein Unterschied zur Rechtsverordnung besteht darin, dass die staatliche Rechtsetzungsgewalt nicht (wie bei der RVO) delegiert wird, sondern ein Raum für Rechtsetzung aus eigenem Recht geschaffen wird. Dies nennt man Satzungsautonomie. Der wichtigste Anwendungsbereich ist hier das Selbstverwaltungsrecht der kommunalen Gebietskörperschaften, also der Gemeinden.

Gemeinden sind befugt, für die Kindergärten, die in ihrer Trägerschaft stehen, eine Benutzungs- und Beitragssatzung zu erlassen. In dieser können sie zum Beispiel auch Strafgebühren festlegen für Eltern, die ihre Kinder nach Ablauf der vereinbarten Buchungszeit abholen. Das Verwaltungsgericht Gießen wies die Klage eines Elternpaares ab, das gegen die Verhängung von zehn Euro Strafgebühren klagte. Diese wurden den Eltern in Rechnung gestellt, weil sie ihr Kind erst elf Minuten nach Ablauf der vereinbarten Betreuungszeit aus dem Kindergarten abgeholt hatten. Die beklagte Gemeinde als Trägerin der Einrichtung berief sich auf ihre Gebührensatzung, nach der die Kinder grundsätzlich zu den vereinbarten Zeiten aus der Einrichtung abgeholt werden müssen. Für Verspätungen werden pro angefangener Viertelstunde Gebühren von zehn Euro fällig. Die Gemeinde trug vor Gericht vor, durch das verspätete Abholen der Kinder würden zusätzliche Personalkosten entstehen, da die Kinder länger betreut werden müssten. Dem ist das Gericht gefolgt (VG Gießen, Az. 8 E 1490/07).

Abbildung 9: Hierarchie der Rechtsnormen

Sonstige Regelungen

Darüber hinaus arbeitet jede soziale Einrichtung auch auf der Basis von Regelungen, die zwar nicht die Qualität von Rechtsnormen/Gesetzen haben, aber gleichwohl von einer übergeordneten Behörde (z.B. Ministerium, Landesjugendamt, Landesjugendhilfeausschuss, Spitzenverbände der freien Wohlfahrtspflege) mit einer gewissen Verbindlichkeit und Gültigkeit für eine größere Anzahl von Einrichtungen erlassen wurden. Zwar sind diese nicht bindend wie eine Rechtsnorm, werden aber in der Regel von den Gerichten herangezogen, wenn es darum geht, die sogenannte allgemeine Verwaltungsübung zu einer konkreten Fragestellung festzustellen. Zu diesen Regelungen gehören zum einen sogenannte „Empfehlungen".

Das Robert-Koch-Institut – die oberste deutsche Gesundheitsbehörde – gibt eine Empfehlung zur Verfahrensweise hinsichtlich der Wiederzulassung eines Kindes nach Läusebefall: Danach ist die Vorlage einer ärztlichen Bestätigung der Läusefreiheit nicht erforderlich. Zum einen sei der Aufwand für die Arztpraxen zu hoch und würde von den Krankenversicherungen zurzeit nicht übernommen, zum anderen erfordere der Nachweis von Kopfläusen zwar einige Grundkenntnisse, aber keine spezielle medizinische Sachkunde. Auf diese Weise soll die Eigenverantwortung der Eltern im Sinne eines genauen Hinsehens bei Vorbeugung und Behandlung hervorgehoben und gestärkt werden.

Zum anderen sind hier sogenannte „Vereinbarungen" zu nennen, die meist zwischen der Behörde der Rechts- und Fachaufsicht (Landesjugendamt) mit einem Träger der freien Jugendhilfe geschlossen werden. Hierzu gehören in erster Linie sogenannte Sicherstellungsvereinbarungen zum Beispiel nach § 22 a Abs. 5 SGB VIII sowie § 8 a Abs. 4 SGB VIII, worin Maßnahmen zur Qualitätssicherung, Zusammenarbeit, Familienorientierung, Inklusion von Kindern mit Behinderung und hinsichtlich des Schutzauftrages bei Kindeswohlgefährdung festgehalten werden.

2.3.4 Privatrecht und Öffentliches Recht

Regelt ein Rechtsverhältnis die Rechte und Pflichten der Beteiligten auf Augenhöhe, also auf der Grundlage von Autonomie und Gleichberechtigung, ist es Element des Privatrechts.

Das Privatrecht ist der Teil der Rechtsordnung, der die Rechtsbeziehungen der Bürger untereinander und der privatrechtlichen Verbände sowie Gesellschaften auf der Grundlage der Privatautonomie regelt.

Privatautonomie meint die dem Einzelnen von der Rechtsordnung eingeräumte Möglichkeit, seine Rechtsverhältnisse durch Rechtsgeschäfte nach eigenem Willen zu gestalten.

Wichtigste Ausprägung der Privatautonomie ist die Vertragsfreiheit, die als Bestandteil der allgemeinen Handlungsfreiheit unter dem Schutz des Art. 2 GG steht (siehe Kapitel 17.2). Danach können die Parteien von Vertragsverhandlungen prinzipiell selbst entscheiden, ob sie den Vertrag eingehen (Abschlussfreiheit) und welche Inhalte er haben soll (Gestaltungsfreiheit).

Zum Privatrecht gehören vornehmlich:

- Bürgerliches Recht,
- Handelsrecht,
- Gesellschaftsrecht,
- Wertpapierrecht,
- Urheberrecht,
- (Privat-)Versicherungsrecht.

Befinden sich die Parteien eines Rechtsverhältnisses hingegen in einem Verhältnis der Über- und Unterordnung, ist der zu regelnde Sachverhalt Element des Öffentlichen Rechts.

Öffentliches Recht ist Sonderrecht des Staates und ermöglicht einerseits staatliche Tätigkeit im Allgemeininteresse, andererseits aber auch die Gewährleistung des Schutzes der Bürger vor Missbrauch der Staatsmacht.

Zum Öffentlichen Recht gehören:

- Völkerrecht,
- Europarecht,
- Verfassungsrecht,
- Verwaltungsrecht (z.B. Jugendhilferecht, Jugendstrafrecht, Jugendschutzrecht),
- Steuerrecht,
- Strafrecht,
- Gerichtsverfassungsrecht und Prozessrecht.

Insbesondere das Zivilprozessrecht macht deutlich, was Über- und Unterordnung meint: Zwar ist die Zivilprozessordnung (ZPO) Teil des Zivilrechts, schreibt aber den Parteien vor, sich zur Durchsetzung ihrer privatrechtlichen Ansprüche der staatlichen Gerichtsbarkeit zu unterwerfen.

Wesentliches Kennzeichen des Privatrechts ist die Privatautonomie. Demgegenüber ist das Öffentliche Recht durch die einseitige Anordnungsgewalt des Staates gekennzeichnet. Seine Handlungsformen sind Gesetzgebung (siehe Kapitel 6) und Verwaltungsakt (siehe Kapitel 45.1.3). Er hat dabei jederzeit die rechtsstaatlichen Anforderungen und die Grundrechte zu wahren. Besonders deutlich wird dies im Polizei- und Ordnungsrecht sowie im Strafrecht.

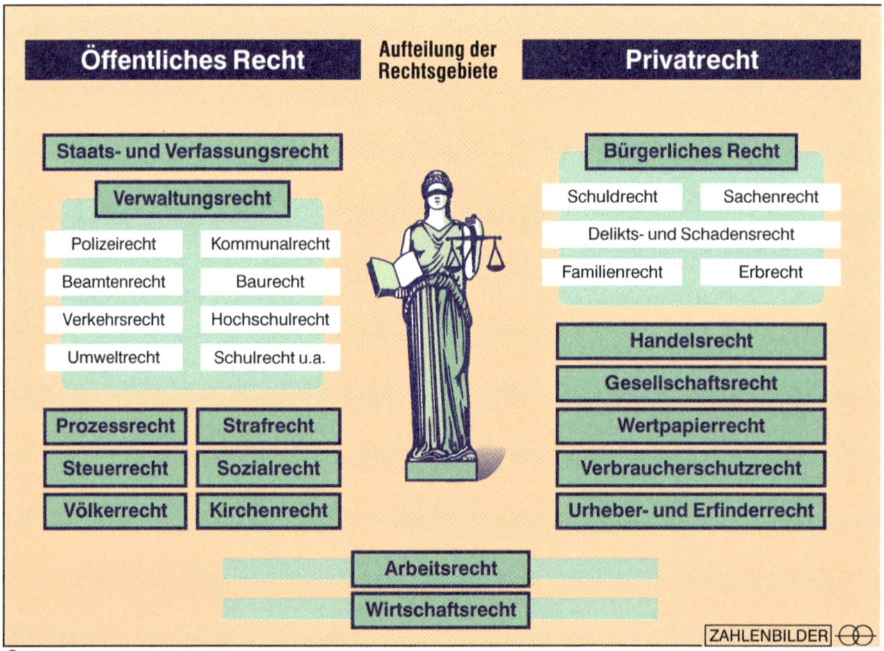

 128 020

Abbildung 10: Zuordnung der Rechtsgebiete

2.3.5 Rechtsträgerschaft

Träger von Rechten und Pflichten eines Rechtsverhältnisses können nur Menschen oder juristische Personen sein.
Natürliche Person ist jeder Mensch als Träger von Rechten.
Juristische Personen sind Personenvereinigungen (z.B. ein eingetragener Verein) oder Vermögensmassen (z.B. Stiftungen) mit rechtlicher Selbstständigkeit.

Eine juristische Person ist rechtsfähig und wird im Rechtsverkehr wie eine natürliche Person behandelt, d. h., sie kann grundsätzlich alle Rechte einer natürlichen Person innehaben. So ist sie im Prozess parteifähig, kann also klagen oder verklagt werden, ferner ist sie handlungs- und deliktfähig, denn sie handelt durch ihre Organe.

Es gibt juristische Personen des Privatrechtes und solche des öffentlichen Rechtes. Juristische Personen des Privatrechtes können nicht durch bloßen Willen ihrer Mitglieder entstehen, vielmehr bedarf es dazu eines Gründungsaktes und der Eintragung in ein Register (z.B. Vereinsregister).

Juristische Personen des Privatrechts sind: eingetragener Verein (e.V.), Stiftung des Privatrechts, Gesellschaft mit beschränkter Haftung (GmbH), Aktiengesellschaft (AG), eingetragene Genossenschaft (e.G.).

Juristische Personen des öffentlichen Rechts entstehen durch Hoheitsakt (Gesetz), um öffentliche Aufgaben zu erfüllen. Es handelt sich um Körperschaften, Anstalten und Stiftungen des öffentlichen Rechts (z.B. Bund, Bundesländer, Bezirke, Landkreise, Städte, Gemeinden, Sozialversicherungsträger, Rundfunkanstalten).

Die Stadt Berlin, vertreten durch den Oberbürgermeister, schließt einen Arbeitsvertrag mit Claudia N. über die Leiterinnenstelle der in kommunaler Trägerschaft stehenden Kita „Knirpsenland". Arbeitgeberin von Claudia N. ist daher die Stadt Berlin, nicht etwa jede:r einzelne Berliner Bürger:in. Das „Knirpsenland" selbst ist jedoch keine juristische Person, sondern eine sogenannte rechtlich unselbstständige Einrichtung ihres Rechtsträgers Stadt Berlin.

Einigen Kirchen, so unter anderem der Katholischen Kirche und der Evangelischen Kirche Deutschlands, wurde aufgrund der nach Art. 140 GG fortgeltenden Bestimmungen der Art. 136 bis 139 und Art. 141 WRV der sogenannte Körperschaftsstatus verliehen. Es handelt sich bei ihnen um Körperschaften des öffentlichen Rechts.

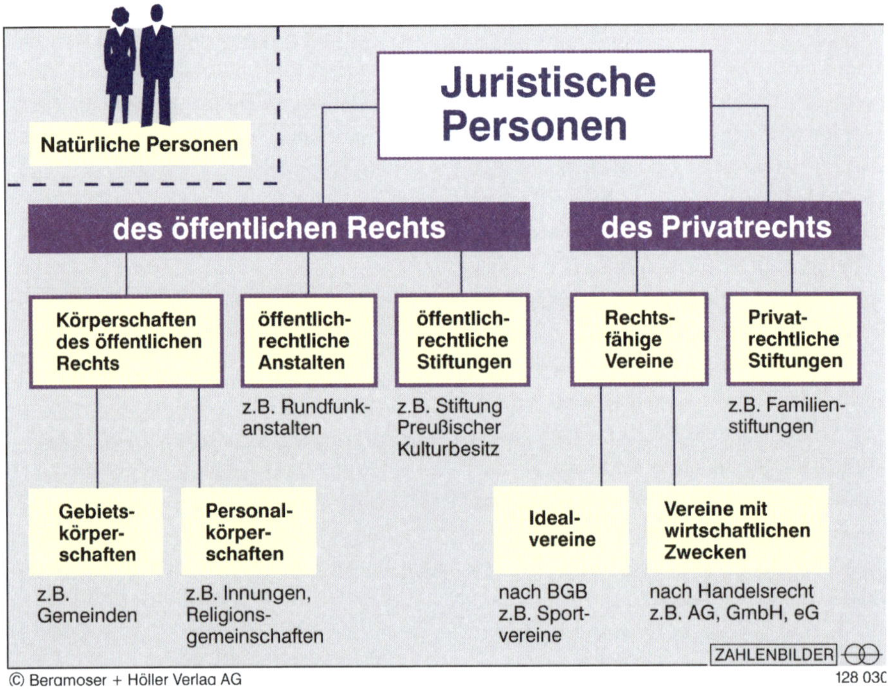

Abbildung 11: Natürliche und Juristische Personen

2.4 Sozialstaat

Der Wohlfahrtsstaat der Nachkriegsjahrzehnte findet seine verfassungsrechtliche Rechtfertigung im Sozialstaatsprinzip des Art. 20 I GG.

Das Streben nach sozialer Gerechtigkeit und sozialer Sicherheit fußt auf dem anthropozentrischen Menschenbild des Grundgesetzes und ist als Staatsziel sowie Strukturprinzip unseres Staates in unserer Verfassung festgeschrieben. Das Sozialstaatsprinzip fällt unter die Ewigkeitsklausel in Artikel 79 Abs. 3 GG und ist damit als Gegenstand von Verfassungsänderungen ausdrücklich ausgenommen.

Das Sozialstaatsprinzip wird allerdings nur an wenigen Stellen des Grundgesetzes im Einzelnen konkretisiert. Der Verfassungsgesetzgeber hat davon abgesehen, ein verbindliches Modell des Sozialstaates vorzuschreiben, vielmehr hat er die Ausgestaltung weitgehend dem Gesetzgeber überlassen. Denn soziale Gerechtigkeit, die zentrale Zielsetzung des Sozialstaats, lässt sich nicht ein für alle Mal verbindlich definieren. Das Sozialstaatsprinzip ist somit ein dynamisches Prinzip, das den Gesetzgeber verpflichtet, die sozialen Verhältnisse immer wieder neu zu regeln.

2.4.1 Folgen der industriellen Revolution

Der Staat des 19. Jahrhunderts überließ den wirtschaftlichen und gesellschaftlichen Bereich sich selbst. Die Bevölkerung wuchs rasch und stetig, die zunehmende Verstädterung führte zu kollektiven Lebensformen. Als Ergebnis der Industriellen Revolution wurden immer mehr Menschen Industriearbeiter:innen, was zu einer Verarmung und Verelendung weiter Kreise der Bevölkerung führte. Als Reaktion hierauf entstand die Arbeiterbewegung, die unter dem Einfluss von Karl Marx und Friedrich Engels ein revolutionäres Programm entwickelte. Infolgedessen fürchtete die politische Führung sozialen Unfrieden: Reichskanzler Otto von Bismarck überzeugte Kaiser Wilhelm I. von der Notwendigkeit sozialer Gesetze.

Der 17. November 1881 gilt als Geburtsstunde der Sozialversicherung, in der der Kaiser verkünden lässt: „... Geben Sie dem Arbeiter das Recht auf Arbeit, solange er gesund ist, sichern Sie ihm die Pflege, wenn er krank ist, sichern Sie ihm die Versorgung, wenn er alt ist ..."

In der Folge kommt es zur Gründung entsprechender Sozialversicherungen:

- 1883: Krankenversicherung,
- 1884: Unfallversicherung,
- 1889: Alters- und Invalidenversicherung für Arbeiter (RV).

2.4.2 Entstehung des Sozialstaats

In der zweiten Hälfte des 20. Jahrhunderts wurde das stratifikatorische Differenzierungsprinzip, das die Gesellschaft in Schichten (Adel, Bürger, Bauern, Arbeiter) einteilte, mehr und mehr durch die funktionale Differenzierung abgelöst. Allerdings verschwand dadurch das Problem der sozialen Ungleichheit nicht, sondern verstärkte sich vielmehr, was an dem kometenhaften Aufstieg der Freien Wohlfahrtspflege in diesen Jahren erkennbar ist. Der Sozialstaat der Nachkriegsjahrzehnte baute darauf, dass sich die damalige Prosperität als unendlich erweisen würde und generierte unter dem Eindruck eines immensen Wirtschaftswachstums und Vollbeschäftigung ein Sozialmodell, das mit Transferleistungen vornehmlich umverteilend angelegt war und soziale Dienstleistungen von erheblichem Ausmaß bereithielt.

Die Ölkrise der frühen 1970er Jahre markiert einen Wendepunkt in der sozialstaatlichen Entwicklung: Der aus ihr resultierende Zusammenbruch des internationalen Währungssystems sowie steigende Inflationsraten führten zur Weltwirtschaftskrise, die wiederum Massenarbeitslosigkeit zur Folge hatte. Dieser begegnete man weltweit mit neoliberalen Konzepten wie der sogenannten „Angebotspolitik", der die Idee eines „schlanken Staates" immanent war: Alle Ausgaben des Staates, vor allem aber die Sozialausgaben, gerieten auf den Prüfstand, Sozialpolitik wurde für nachrangig erklärt. Steuermittel sollten nicht länger in Transferleistungen für sozial Schwache und Arbeitslose fließen, sondern vielmehr in die Wirtschaft investiert werden (z.B. in Form von Investitionszuschüssen, Abschreibungsmöglichkeiten, Steuersenkungen). Auf diese Weise wollte man ständiges Wachstum und damit stetig mehr Steuermittel generieren.

Die Angebotspolitik der 1970er und 1980er Jahre führte überall in Europa zu Prekarisierungs- und Exklusionsprozessen, weshalb seit Mitte der 1990er Jahre die Sicherungs- und Hilfesysteme umgebaut und „modernisiert" wurden. Die EU propagierte dabei den Flexicurity-Ansatz, der auf den sogenannten „dritten Weg“ nach Anthony Giddens zurückgeht: Der Staat wird zuvörderst als Wettbewerbsstaat verstanden, gleichzeitig soll aber der Wohlfahrtsstaat durch Abbau seiner Leistungstiefe und seines Leistungsumfanges erhalten bleiben. Damit wurde nach Dahme (2008, S. 13) die Wettbewerbsphilosophie der Angebotspolitik über die Wirtschaft hinaus auch auf andere gesellschaftliche Bereiche wie die Öffentliche Verwaltung, das Bildungssystem, den Gesundheits- und Sozialsektor etc. ausgedehnt.

Die Agenda 2010 der rot-grünen Koalition beinhaltete die Neubetonung und Ausweitung der Eigenverantwortlichkeit und Selbstaktivierung – notfalls auch mit Zwang. Diese Politik des „Förderns und Forderns“ stellt einen Paradigmenwechsel in der Sozialhilfe und anderen sozialen Hilfesystemen dar, denn der neue Wohlfahrtsstaat betrachtet seine Sozialleistungen als Bestandteil einer „welfare-to-work“ -Politik, deren oberstes Ziel es ist, den Hilfeempfänger in Beschäftigung zu vermitteln. Dieser auch „Workfare“ statt „Welfare“ genannte Ansatz zielt vorrangig darauf ab, den „Kunden“ des Wohlfahrtsstaates zur Selbstverantwortung und Selbststeuerung anzuhalten und bei Nichtbefolgen Sanktionen zu verhängen.

Mit der Einführung des Bürgergeldes ab 2023 verfolgt die sozialdemokratisch geführte Ampelkoalition eine Abschwächung dieses als entwürdigend kritisierten Ansatzes.

2.4.3 Aufgaben des Sozialstaats

Im Gegensatz zu den Vorstellungen des 19. Jahrhunderts ist der Staat nach ständiger Rechtsprechung des Bundesverfassungsgerichts verfassungsrechtlich verpflichtet, sozial und wirtschaftspolitisch aktiv zu werden.

Er hat danach die Pflicht zur

- Sozialgestaltung,
- Leistungserbringung,
- sozialen Sicherung der Bürger und
- Schaffung sozialer Gerechtigkeit.

Dies bedeutet konkret:

- Aus der Verpflichtung der staatlichen Gewalt, die Menschenwürde zu achten und zu schützen, folgt, dass der Staat allen seinen Bürgern das materielle Existenzminimum sichern muss. Ein selbst erzieltes Einkommen bis zu diesem Betrag darf er ihm nicht entziehen und muss es steuerfrei stellen (sog. Grundfreibetrag). Seit dem 1. Januar 2022 beträgt der Grundfreibetrag für ledige Erwachsene 9.744 Euro.
- Das Individuum muss staatlicherseits einen gewissen Schutz vor den Wechselfällen des Lebens erfahren (z.B. bei Krankheit, Arbeitslosigkeit, Pflegebedürftigkeit). Hierzu dienen das Sozialrecht und insbesondere das Sozialversicherungsrecht (siehe Kapitel 27.6.1).
- Der Staat muss einen sozialen Ausgleich dort schaffen, wo Bürger:innen unterschiedlich stark belastet sind. Dieser Verpflichtung kommt er zum Beispiel mit Ausbildungsförderung (siehe Kapitel 32.1), Familienlastenausgleich (siehe Kapitel 32.2 & 32.3) und sozialem Wohnungsbau nach.
- Besonderen Gruppen von Bürgern, die an ihrer persönlichen und sozialen Entfaltung gehindert sind, muss der Staat Fürsorge gewähren. Dieser Pflicht kommt er zum Beispiel nach durch Prozesskostenhilfe oder Bewährungshilfe für entlassene Strafgefangene.

2.5 Bundesstaat

Ein Bundesstaat ist nach herkömmlicher Definition ein Staat, der sich aus mehreren Staaten zusammensetzt.

Kennzeichnend für den Bundesstaat ist, dass sowohl der Bund als auch seine Glieder Staatscharakter besitzen. Es gibt also im Bundesstaat eine doppelte Staatlichkeit, denn beide – Bund als Gesamtstaat und Länder als Gliedstaaten – haben eine eigene staatliche Organisation: Bundes- bzw. Landesparlament, Bundes- bzw. Landesregierung, Bundes- bzw. Landesgerichte. Der/die Bürger:in ist somit einer doppelten Staatsgewalt unterworfen, er/sie hat aber auch – jedenfalls in einem demokratischen Bundesstaat – das Recht, an der Staatswillensbildung auf Bundes- und Landesebene durch Teilnahme an Wahlen zum Bundesparlament und Landesparlament mitzuwirken.

Die Konzipierung der BRD als Bundesstaat ist verfassungsrechtlich durch Art. 79 Abs. 3 GG geschützt (sog. Bestands- bzw. Ewigkeitsgarantie) und beruht auf der Politik der alliierten Westmächte nach dem Ende des Zweiten Weltkrieges. Bei Gründung am 23. Mai 1949 bestand die BRD aus zehn Bundesländern und Berlin (West). Durch die Wiedervereinigung am 3. Oktober 1990 kamen fünf weitere Bundesländer sowie Berlin Ost hinzu, sodass die BRD derzeit aus 16 Bundesländern besteht.

Der verfassungsrechtliche Schutz bezieht sich jedoch nur auf die Bundesstaatlichkeit als solche, nicht aber auf die Länder. Art. 29 GG lässt ausdrücklich die Neugliederung des Bundesgebietes zu, falls dies erforderlich ist, damit die Länder nach Größe und Leistungsfähigkeit die ihnen obliegenden Aufgaben wirksam erfüllen können. Da bereits zwei Länder für die Bundesstaatlichkeit ausreichen, wäre es demnach zulässig, bis zu 14 Länder der BRD aufzulösen. Die komplette Auflösung zugunsten eines Zentralstaats hingegen ist nicht möglich.

2.5.1 Föderalismus

Föderalismus meint eine politische Ordnung, bei der die staatlichen Aufgaben zwischen Gesamtstaat und Einzelstaaten (Gliedstaaten) so aufgeteilt werden, dass beide politische Ebenen für bestimmte verfassungsgemäß festgelegte Aufgaben selbst zuständig sind.

Im Föderalismus sind die einzelnen Länder eigenständig, sie haben jeweils eigene Regierungen (Ministerpräsident), Landesparlamente und Staatsgebiete. Die Vorteile des Föderalismus liegen darin, dass die politische Macht auf unterschiedliche Ebenen verteilt und damit beschränkt wird (sog. vertikale Gewaltenteilung).

Abbildung 12: Vertikale und horizontale Gewaltenteilung

Darüber hinaus können in einer föderalistischen Ordnung landesspezifische Probleme früher erkannt und besser bewältigt werden (Küstenregion, Alpenregion, Ruhrgebiet etc.). Auch bietet er einen gewissen Minderheitenschutz, wenn zum Beispiel eine Minderheit in einem Teilstaat die Mehrheit bildet. Auf diese Weise bleiben auch kulturelle, sprachliche und landsmannschaftliche Eigenarten erhalten.

2.5.2 Kompetenzverteilung

In einem Bundesstaat sind sowohl der Bund als auch die Länder Staaten. Und so ist das Hauptproblem jeder bundesstaatlichen Verfassung die Frage nach der Kompetenzverteilung: Wer darf was? In der BRD bildet die Grundsatzregelung dieser Frage Art. 30 GG. Danach ist die Ausübung der staatlichen Befugnisse und die Erfüllung der staatlichen Aufgaben Sache der Länder. Der Bund darf nur tätig werden, wenn eine entsprechende Zuständigkeitsregelung besteht. Eine Reihe weiterer Vorschriften legt die Kompetenzen nach Sachbereichen fest.

Im Wesentlichen sieht die Kompetenzverteilung wie folgt aus:

- Gesetzgebung: Art. 70 Abs. 1 GG weist die Gesetzgebungskompetenz im Grundsatz den Ländern zu. Die dann folgenden Art. 71 bis 74 GG enthalten jedoch derart viele Vorbehalte zugunsten des Bundes, dass der weitaus überwiegende Schwerpunkt der Gesetzgebung beim Bund liegt. Die Möglichkeiten zur landeseigenen Gesetzgebung bestehen tatsächlich in sehr engen Grenzen, es bleibt den Ländern im Ergebnis nur der Bereich, für den das Grundgesetz keine (Sonder-) Regelung trifft, wie etwa Gesetze für das Kommunalrecht, die Landesverwaltung, das allgemeine Polizeirecht und das Schulwesen.
- Verwaltung: Art. 83 GG verweist auf die Grundsatznorm des Art. 30 GG und legt sodann eine Reihe von Kompetenzen und Einwirkungsmöglichkeiten des Bundes fest. Zu einer Schwerpunktverschiebung führt dies aber – anders als im Bereich der Gesetzgebung – nicht.

- Rechtsprechung: Nach Art. 92 ff GG darf der Bund nur bestimmte – meist oberste – Gerichte ernennen. Daraus folgt im Umkehrschluss, dass im Übrigen die Rechtsprechung bei den Ländern verbleibt.
- Finanzwesen: Die Steuergesetzgebung liegt fast ausschließlich beim Bund (Art. 105 GG), die Finanzverwaltung ist zwischen Bund und Ländern aufgeteilt (Art. 106 GG).

Darüber hinaus kennen Literatur und Rechtsprechung noch eine Reihe weiterer Bundeskompetenzen wie zum Beispiel die

- Bundeskompetenz kraft Sachzusammenhangs: Ausweitung der Bundeskompetenz auf nicht ausdrücklich zugewiesene Materie, die aber notwendige Voraussetzung für die Regelung einer zugewiesenen Materie ist.
- Bundeskompetenz als Annexkompetenz: Ausweitung der Bundeskompetenz auf an sich kompetenzfremde Stadien der Vorbereitung und Durchführung, die eigentlich in den Bereich der Landeskompetenzen fallen.
- Bundeskompetenz kraft Natur der Sache: Für Regelungsmaterien, die begriffsnotwendig nur vom Bundesgesetzgeber geregelt werden können.
- Rahmenkompetenz: Gesetzgebungskompetenz ist zweistufig angelegt, indem dem Bundesgesetzgeber die Rahmengesetzgebung hinsichtlich bundeseinheitlicher Grundsätze obliegt und den Ländern die nähere Ausgestaltung (z.B. Beamtenrechtsrahmengesetz, Hochschulrahmengesetz).

2.5.3 Probleme des Föderalismus

Die BRD als Bundesstaat ist kein Idealstaat. Seine Ziele wie Förderung der Eigenständigkeit der Länder, Verstärkung der Gewaltenteilung, die optimale Aufgabenerledigung durch sachorientierte Zuweisungen, die Förderung des Wettbewerbs unter den Ländern im Bemühen um die beste Lösung werden nur allzu oft erschwert, indem seit Gründung der BRD eine deutliche Zentralisierung der Macht eingetreten ist.

Die Veränderung der politischen Verhältnisse in Deutschland und Europa, die Entwicklung hin zu einer modernen Industriegesellschaft und einem modernen Sozialstaat haben dazu geführt, dass die Länder heute mehr oder weniger zu Vollzugsorganen des Bundes degradiert sind – mit allen Nachteilen vor allem im finanziellen Bereich, wie nicht zuletzt die politische Diskussion um den Krippenausbau gezeigt hat. Gerade mit Blick auf die Entwicklung in der EU ist es jedoch wichtig, die Eigenständigkeit der Länder zu bewahren, um nicht eine weitere Verlagerung der Zuständigkeiten in Kernbereichen der Politik auf die EU hinnehmen zu müssen.

2.6 Übungsfälle

Fall 1

Die Bundesregierung plant ein Gesetz, demzufolge alle Kinder ab dem sechsten Lebensmonat zur Förderung von gleichen Bildungschancen der Pflicht zum Besuch einer Kinderkrippe unterliegen.

Wäre ein solches Gesetz verhältnismäßig und damit rechtmäßig?

3 Grundrechte

Wie bereits ausgeführt, ist das Grundgesetz von einer Werteordnung durchzogen (siehe Kapitel 1.3.5). Einige, aber längst nicht alle Werte sind als Grundrechte im Katalog der Art. 1 bis 19 GG verankert. So ist das Recht auf Leben in Art. 2 GG, der Gleichheitsgrundsatz in Art. 3 GG festgeschrieben.

3.1 Geschichte der Grundrechte

Die immer wieder in Darstellungen der Geschichte der Grundrechte zugrunde gelegte These, diese hätten ihre Wurzeln in der Antike, impliziert eine Kontinuität, die tatsächlich nicht gegeben ist: Zum einen waren diese Wurzeln mehr als ein Jahrtausend lang vertrocknet, zum anderen wären selbst die großen Philosophen der griechischen Klassik wie Sokrates, Platon oder Aristoteles niemals auf die Idee gekommen, dass die damals allgemein übliche Sklaverei möglicherweise gegen wichtige Rechte der Menschheit verstoßen könnte. Allenfalls kann es sich bei den „Wurzeln der Antike" um bestimmte Denkmuster wie zum Beispiel das vom Menschen als Maß aller Dinge oder die Philosophie der Stoa handeln.

Auch die Magna Charta libertate von 1215 diente in erster Linie dazu, die Rechte der Landadeligen Englands gegen das Königtum auszubauen und weniger zur Ausrufung von Menschenrechten. Immerhin aber kann die dort vorgenommene Kodifizierung des Schutzes vor willkürlicher Verhaftung als Mutter zukünftiger Freiheitsrechte angesehen werden.

Als echte Quelle der Grundrechte kann erst die amerikanische Unabhängigkeitserklärung von 1776 gelten, die in den Kolonien an der Ostküste Nordamerikas beste Ursprungsbedingungen hatte: die Abwesenheit von Herrschaft sowohl des Adels als auch der Kirche, ein selbstbewusstes autarkes Bürgertum, das Nicht-involviert-Sein in die politischen Kämpfe der europäischen Großmächte. Ein erster Meilenstein in der Entwicklung der Grundrechte war die Bill of Rights of Virginia von 1776, die als erste Verfassung den kompletten Grundrechtskatalog enthielt. In Frankreich folgte nach der Bezwingung des Absolutismus die Déclaration des Droits de l`Homme et du Citoyen (Erklärung der Menschen- und Bürgerrechte) von 1789.

In Deutschland hatte der Grundrechtskatalog bereits in die Paulskirchenverfassung von 1848/49 Eingang gefunden, verblieb aber bis zur Weimarer Verfassung im Rang von bloßen Programmsätzen. Erst mit dem Grundgesetz und dem darin verankerten ausdrücklichen Bekenntnis zu den unveräußerlichen Menschenrechten in Art. 1 Abs. 2 GG sowie in der individuellen Durchsetzbarkeit der Grundrechte gegen jede staatliche Gewalt in Art. 1 Abs. 3 GG wurden die Grundrechte am 23. Mai 1949 in der Rechtsordnung der BRD verankert.

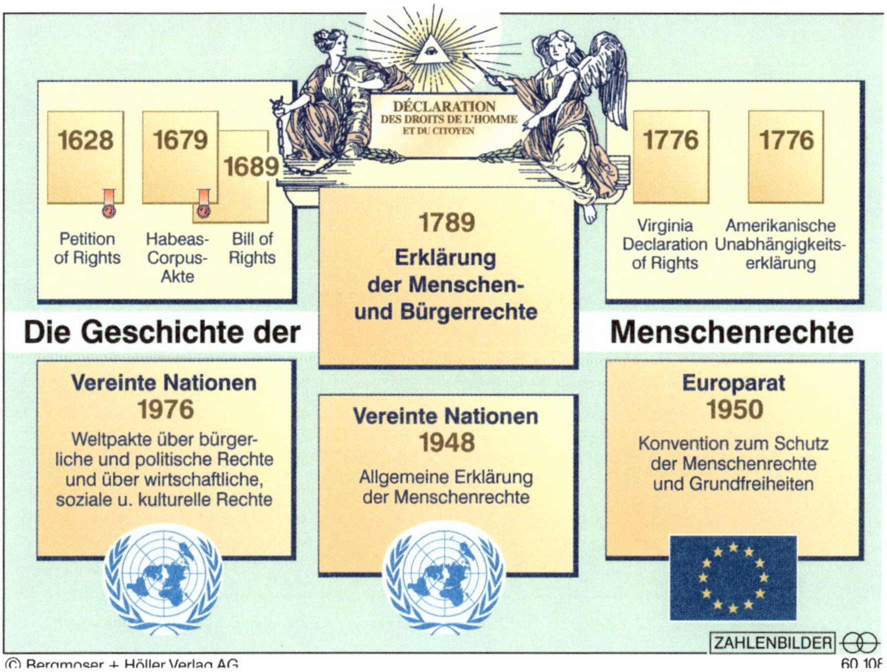

Abbildung 13: Geschichte der Grundrechte

3.2 Wesen der Grundrechte

In unserer Rechtsordnung sind die Grundrechte wesentlich mehr als bloße Programmsätze. Zum einen sind sie bindendes Recht, das die Organe der Gesetzgebung, der vollziehenden Gewalt und der Rechtsprechung stets beachten müssen. Alles Handeln dieser drei Gewalten muss im Einklang mit den Grundrechten stehen.

Verstoßen Gesetze gegen die Grundrechte, kann das Bundesverfassungsgericht sie für nichtig erklären. Verstößt die Exekutive oder Judikative gegen die Grundrechte und fühlt sich der Einzelne in einem seiner Grundrechte verletzt, kann er nach Ausschöpfung des Rechtswegs letztlich das Bundesverfassungsgericht anrufen. Insofern sind Grundrechte einklagbares Recht. Wer sich von staatlichen Stellen in seinen Grundrechten verletzt sieht, kann dies vor dem Bundesverfassungsgericht mit der Verfassungsbeschwerde rügen. Seit das Bundesverfassungsgericht im Jahr 1951 seine Arbeit aufgenommen hat, hatte es bis 2022 mehr als 245.000 Verfassungsbeschwerden zu entscheiden. Davon war knapp ein Prozent erfolgreich.

Bei alldem ist aber stets zu beachten, dass Grundrechte immer Abwehrrechte des Einzelnen gegen den Staat bzw. staatliche Willkür sind. Es muss also staatliches Handeln vorliegen. Der einzelne Bürger kann einen anderen Bürger nicht wegen Verletzung der Grundrechte verklagen.

3.3 Einteilung der Grundrechte

Die Rechtslehre unterscheidet die Grundrechte zum einen nach ihrer Zielrichtung, zum anderen nach ihrer Zielgruppe.

3.3.1 Nach Zielrichtung

Nach ihrer Zielrichtung bzw. ihrem Inhalt werden die Grundrechte unterschieden in:

Abwehr- oder Unverletzlichkeitsrechte: Sie schützen den Einzelnen vor dem willkürlichen Zugriff durch staatliche Behörden, zum Beispiel Art. 13 GG (Unverletzlichkeit der Wohnung). Ihr gemeinsames Ziel ist „die Freiheit von …".

Freiheitsrechte: Sie schützen den Einzelnen in seiner Freiheit, zum Beispiel Art. 5 GG (Meinungsfreiheit), Art. 4 GG (Religionsfreiheit), Art. 12 GG (Berufsfreiheit). Ihr gemeinsames Ziel ist „die Freiheit zu …".

Gleichheits- und Teilhaberechte: Danach darf niemand von staatlichen Stellen bevorzugt oder benachteiligt werden, zum Beispiel Art. 3 GG, Art. 38 GG (Gleichheit der Wahl).

3.3.2 Nach Zielgruppe

Nach ihrer Zielgruppe, also dem jeweiligen geschützten Personenkreis, werden Grundrechte auch unterschieden in Menschenrechte und sogenannte Bürger- bzw. Deutschenrechte. Eine diesbezügliche Unterscheidung findet sich bereits in Art. 1 GG. Während Abs. 2 die Menschenrechte zum Thema hat, spricht Abs. 3 von den Grundrechten. Hierin ist auch eine Hierarchie zu sehen, die das Grundgesetz vornimmt. Den Grundrechten des Abs. 3 sind die Menschenrechte des Abs. 2 vorgeschaltet. Menschenrechte sind also nicht durch das Grundgesetz geschaffen, sondern liegen ihm voraus, sind damit vorpositives Recht. Und es existiert ein weiterer Unterschied: Das Grundgesetz nennt keinen genauen Umfang der Menschenrechte, die Grundrechte hingegen sind aufgezählt.

Die Grundrechte werden in Abschnitt eins des Grundgesetzes allen anderen grundgesetzlichen Regelungen vorangestellt. Dabei bestätigen die in Art. 1 bis 7, 10, 13, 14, 16 a, 17 GG genannten Rechte die Menschenrechte; sie gelten „für alle Menschen". Die in Art. 8, 9, 11, 12, 16 GG genannten Rechte beziehen sich dagegen ausschließlich auf die deutschen Staatsbürger; sie sind damit „Bürgerrechte". Wer deutscher Staatsbürger ist, bestimmt sich nach Art. 116 GG.

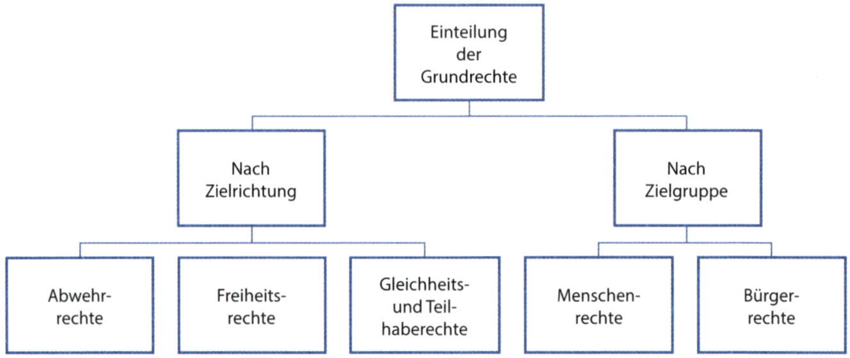

Abbildung 14: Einteilung der Grundrechte

3.4 Schutzbereich der Grundrechte

Um die Frage zu klären, ob ein konkretes Grundrecht betroffen ist, ist es zunächst erforderlich, den persönlichen und sachlichen Schutzbereich der jeweiligen Vorschrift zu erfassen, also die Frage zu klären, was bzw. wer von der Norm genau geschützt ist.

> Hierunter fallen zum Beispiel folgende Fragen:
>
> Ist Scientology eine Religionsgemeinschaft im Sinne des Art. 4 GG?
>
> Sind die Love-Parade, der CSD, die Corona-Spaziergänge eine Versammlung im Sinne des Art. 8 GG?

Schutzbereich kennzeichnet diejenigen Handlungen, Lebensräume und gegebenenfalls Einrichtungen, die durch ein Grundrecht geschützt und damit gegen ungerechtfertigte staatliche Eingriffe gesichert sind.

3.5 Einschränkung von Grundrechten

Ist der Schutzbereich betroffen und liegt ein staatlicher Eingriff in ihn vor, besteht darin jedoch noch nicht notwendigerweise eine Grundrechtsverletzung. Der Eingriff kann vielmehr durch die Verfassung selbst, durch Gesetz oder aufgrund eines Gesetzes gerechtfertigt sein. Eine solch verfassungsrechtliche Rechtfertigung eines Grundrechtseingriffs kann sich ergeben aus verfassungsunmittelbaren Schranken, Gesetzesvorbehalten oder verfassungsimmanenten Schranken.

3.5.1 Verfassungsunmittelbare Schranken

Verfassungsunmittelbare Schranken eines Grundrechtes sind bereits im Wortlaut des einzelnen Grundrechtes selbst verankert.

> „Eingriffe und Beschränkungen dürfen im Übrigen nur zur Abwehr einer gemeinen Gefahr oder einer Lebensgefahr für einzelne Personen, aufgrund eines Gesetzes auch zur Verhütung dringender Gefahren für die öffentliche Sicherheit und Ordnung, insbesondere zur Behebung der Raumnot, zur Bekämpfung von Seuchengefahr oder zum Schutz gefährdeter Jugendlicher vorgenommen werden" (Art. 13 Abs. 7 GG).

3.5.2 Gesetzesvorbehalte

In einigen Grundrechten wird dem Gesetzgeber erlaubt, in das Grundrecht einzugreifen, allerdings nur unter der Voraussetzung, dass er zuvor ein Gesetz erlassen hat, das diesen Eingriff genau regelt. Dies nennt man Gesetzesvorbehalt. Gesetzesvorbehalte finden sich im Grundgesetz in einfacher und qualifizierter Form:

Einfacher Gesetzesvorbehalt: Es ist ausreichend, dass der Gesetzgeber ein Gesetz zur Einschränkung erlässt.

> Art. 2 Abs. 2 GG: Jeder hat das Recht auf Leben und körperliche Unversehrtheit. Die Freiheit der Person ist unverletzlich. In diese Rechte darf nur aufgrund eines Gesetzes eingegriffen werden.

Qualifizierter Gesetzesvorbehalt: An das Eingriffsgesetz werden besondere Voraussetzungen gestellt.

> Art. 14 Abs. 3 GG: Eine Enteignung ist nur zum Wohle der Allgemeinheit zulässig, sie darf nur durch Gesetz oder aufgrund eines Gesetzes erfolgen, das Art und Ausmaß der Entschädigung regelt.

3.5.3 Verfassungsimmanente Schranken

Jedes Grundrecht kann auch durch die Verfassung selbst, nämlich durch ihre sogenannten verfassungsimmanenten Schranken beschränkt werden. Verfassungsimmanente Schranken sind die Grundrechte anderer und wichtige Allgemeingüter von Verfassungsrang.

Grundrechte anderer: Wer die Grundrechte liest, wird ihnen beipflichten. In einem abstrakten Verständnis kann man ihnen nur zustimmen. Wird es aber konkret, entstehen nicht selten Konflikte über das richtige Maß der Ausübung. Denn die im Grundgesetz verankerten Grundrechte schließen sich keineswegs zu einem widerspruchsfreien System zusammen. Es bestehen Spannungen und Gegensätze zwischen den einzelnen Werten. Insbesondere Freiheits- und Gleichheitsrechte treten häufig in Kollision zueinander, denn die Ausübung von Freiheit schafft nicht selten Ungleichheit.

Andere Werte von Verfassungsrang: Hierzu gehören zum Beispiel die Sonn- und Feiertagsruhe (Art. 140 GG i. V. m. 139 WRV) sowie das sogenannte Sittengesetz (allgemein anerkannte Moral- und Wertvorstellungen).

3.6 Die Schranken der Schranken

Die Schranken der Grundrechte gelten ihrerseits jedoch nicht einschränkungslos. Vielmehr sind einige verfassungsrechtliche Anforderungen zu beachten, die an die Schranken zu stellen sind. Das Bundesverfassungsgericht spricht insoweit von den „Schranken-Schranken". Zu ihnen gehören der Verhältnismäßigkeitsgrundsatz sowie die Anforderungen des Art. 19 GG.

3.6.1 Verhältnismäßigkeitsgrundsatz

Ein staatlicher Eingriff ist nicht schon allein deshalb gerechtfertigt, weil das jeweilige

Grundrecht nicht schrankenlos gewährt ist. Vielmehr muss jeder Eingriff dem Grundsatz der Verhältnismäßigkeit (siehe Kapitel 2.3.1) entsprechen. Das bedeutet, dass der staatliche Eingriff geeignet, erforderlich und angemessen zur Erreichung des angestrebten Zieles sein muss.

3.6.2 Art. 19 GG

Art. 19 GG nennt weitere Anforderungen, die an ein Gesetz gestellt werden, das ein Grundrecht einschränken will. Danach muss das Gesetz allgemein und nicht nur für den Einzelfall gelten (Einzelfallgesetzverbot). Außerdem muss das Gesetz das einzuschränkende Grundrecht unter Angabe des Artikels nennen (Zitiergebot).

Nach § 32 Satz 3 Infektionsschutzgesetz können die Grundrechte der körperlichen Unversehrtheit (Art. 2 Abs. 2 Satz 1 GG), der Freiheit der Person (Art. 2 Abs. 2 Satz 2 GG), der Freizügigkeit (Art. 11 Abs. 1 GG), der Versammlungsfreiheit (Art. 8 GG), der Unverletzlichkeit der Wohnung (Art. 13 Abs. 1 GG) und des Brief- und Postgeheimnisses (Art. 10 GG) eingeschränkt werden (Stand 21.07.2023).

Weiterhin muss das Gesetz so genau gefasst sein, dass der Bürger weiß, was er zu tun bzw. zu unterlassen hat (Bestimmtheitsgebot). In keinem Falle darf ein Grundrecht durch das Gesetz in seinem Wesensgehalt angetastet werden (Wesensgehaltsgarantie).

3.7 Verwirkung von Grundrechten

Nach Art. 18 GG kann das Bundesverfassungsgericht unter bestimmten Voraussetzungen einige Grundrechte wie die Meinungsfreiheit, die Versammlungsfreiheit oder das Eigentumsrecht für verwirkt erklären. In der Geschichte der BRD ist dies jedoch noch nie vorgekommen.

3.8 Grundrechtsprüfung

Für einen staatlichen Eingriff in ein Grundrecht ergibt sich aus dem zuvor Gesagten folgendes Prüfungsschema:

A) Schutzbereich des Grundrechts
- persönlicher (z.B. „Deutsche")
- sachlicher (z.B. „Versammlung")

B) Staatlicher Eingriff

C) Verfassungsrechtliche Rechtfertigung/Grundrechtsschranken
- verfassungsunmittelbare Schranken
- Gesetzesvorbehalt
- verfassungsimmanente Schranken

D) Schranken-Schranken
- Verhältnismäßigkeitsgrundsatz
- Einzelfallgesetzverbot
- Zitiergebot
- Bestimmtheitsgrundsatz
- Wesensgehaltgarantie

Abbildung 15: Prüfungsschema Grundrechtseingriff

3.9 Einzelne Grundrechte

Einzelne für die sozialpädagogische Praxis bedeutsame Grundrechte werden nachfolgend näher erläutert.

3.9.1 Menschenwürde (Art. 1 GG)

> **Art. 1 Abs. 1 GG**
>
> Die Würde des Menschen ist unantastbar. Sie zu achten und zu schützen ist Verpflichtung aller staatlichen Gewalt.

Bei strenger Auslegung des Wortlautes des Art. 1 Abs. 3 GG, der von den „nachfolgenden Grundrechten" spricht, wird man zu dem Schluss kommen, dass Art. 1 Abs. 1 GG selbst kein Grundrecht ist, sondern vorstaatliches, überpositives Recht und als solches Bedingung für die Grundrechte (siehe Kapitel 1.3.4). Damit ist die Menschenwürde in einer Rechtsordnung der relativen Werte der einzig absolute Wert.

Die Menschenwürde bildet das oberste ethische Prinzip unseres Grundgesetzes und ist unter keiner äußeren, politischen, wirtschaftlichen oder sozialen Bedingung disponibel. Das bedeutet, dass die Menschenwürde keiner Anwendung/Abwägung zugänglich ist wie alle anderen Grundrechte, denn das Rechtsgut der Menschenwürde weicht im Kollisionsfall keinem anderen Wert.

Wenn es in Art. 1 Abs. 1 Satz 1 GG heißt „Die Würde des Menschen ist unantastbar", so ist dies als Forderung zu verstehen, nicht als Bestandsaufnahme. Art. 1 GG hat im Gefüge der Grundrechte eine Sonderstellung inne, weil er zu den Gesetzen gehört, an denen selbst der verfassungsändernde Gesetzgeber nichts ändern darf, wie sich aus Art. 79 Abs. 3 GG ergibt (Ewigkeitsgarantie).

Ob die Menschenwürde verletzt ist, beurteilt sich nach der Objektformel von Immanuel Kant: Der Mensch muss als Zweck an sich begriffen werden, er darf nicht zum Objekt und beliebigen Gebrauch nach einem fremden Willen degradiert werden. Der Mensch wird zum Objekt staatlicher Gewalt insbesondere dann, wenn die Behandlung durch die öffentliche Gewalt die Achtung vermissen lässt, die jedem Menschen um seiner selbst willen zukommt.

Dementsprechend definiert das Bundesverfassungsgericht Menschenwürde als freie Selbstgestaltung des Menschen oder als allgemeinen Eigenwert, der dem Menschen kraft seines Personenseins zukommt.

Der verfassungsrechtliche Gehalt der Menschenwürde erlangte in jüngster Zeit vor allem Bedeutung bei den Fragen nach Zulässigkeit und Umfang der Embryonenforschung und der Geständniserzwingung durch Folterandrohung.

3.9.2 Freiheit der Person (Art. 2 GG)

> **Art. 2 Abs. 1 GG**
>
> Jeder hat das Recht auf freie Entfaltung seiner Persönlichkeit, soweit er nicht die Rechte anderer verletzt. (…)
>
> **Art. 2 Abs. 2 GG**
>
> Jeder hat das Recht auf Leben und körperliche Unversehrtheit. Die Freiheit der Person ist unverletzlich. (…)

Artikel 2 ist das Hauptfreiheitsrecht im Grundgesetz und umfasst vier Grundrechtsteilbereiche:

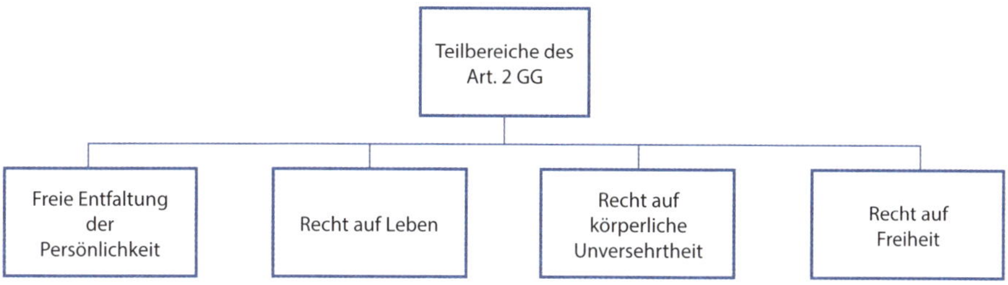

Abbildung 16: Teilbereiche des Art. 2 GG

Freie Entfaltung der Persönlichkeit

Das Recht auf freie Entfaltung der Persönlichkeit, auch allgemeine Handlungsfreiheit genannt, ist mit der Menschenwürde eng verknüpft und ihre Konkretisierung. Denn eine menschenwürdige Existenz kann nur derjenige führen, der sich frei entfalten kann. Dabei meint Handlungsfreiheit die freie Entfaltung der Persönlichkeit, also die Möglichkeit, sich nach eigenen Vorstellungen zu entwickeln. Die Rechtsprechung folgert daraus jeweils ein Recht auf

- Selbstbestimmung,
- Selbstbewahrung und
- Selbstdarstellung.

Das Grundrecht umfasst den ganzen Umfang persönlicher Betätigung: geistig, künstlerisch, sportlich, wirtschaftlich. Der Staat macht keine religiösen oder weltanschaulichen Vorgaben zur Persönlichkeitsentwicklung und gewährt Selbstbestimmung im Rechtsleben in Form der Vertragsfreiheit sowie Freiheit der wirtschaftlichen Betätigung (sog. unternehmerische Dispositionsfreiheit). Als sogenanntes Auffanggrundrecht kommt es immer dann zum Tragen, wenn kein spezielleres Grundrecht greift.

Schutzbereich: Jeder kann grundsätzlich tun und lassen, was er will.

Das Recht auf allgemeine Handlungsfreiheit ist ein typisches Freiheitsrecht. Es gibt in erster Linie ein Abwehrrecht gegen Eingriffe des Staates und gilt nicht uneingeschränkt: Es findet seine Grenzen in den Rechten anderer, in der verfassungsmäßigen Ordnung und dem Sittengesetz.

Recht auf Leben

Notwendige Voraussetzung der Freiheit der Person ist das Recht auf Leben und der körperlichen Unversehrtheit, denn nach dem Bundesverfassungsgericht ist das menschliche Leben die vitale Basis der Menschenwürde. Dieser wohl elementarste Wert des Grundgesetzes ist ein Resultat der Erfahrungen aus der NS-Diktatur, in der Euthanasie, Zwangssterilisation, Experimente am Menschen etc. an der Tagesordnung waren. Sein hoher Rang lässt sich bereits daran erkennen, dass nach Art. 13 Abs. 4, 7 GG zum Schutz des Lebens Wohnungen überwacht werden dürfen. Eine deutliche Ausprägung dieses Wertes findet sich auch in Art. 102 GG, der die Todesstrafe abschafft, und im Folterverbot des Art. 104 Abs. 1 GG. Dem Lebensschutz dienen weiterhin Art. 73 Abs. 1 Nummer 1, 14 GG sowie Art. 74 Abs. 1 Nummer 19, 20, 24 GG.

Schutzbereich: Das Leben vom Zeitpunkt seines Entstehens bis zum Eintritt des Todes, unabhängig von den Lebensumständen im konkreten Einzelfall, der körperlichen und seelischen Befindlichkeit, und der voraussichtlichen Dauer.

Beginn und Ende des Lebens in grundrechtlicher Hinsicht

Die Frage, ab wann menschliches Leben grundrechtlich geschützt ist, ist in der Rechtslehre sehr umstritten. Einigkeit besteht darüber, dass der Schutz des Art. 2 GG das Neugeborene nach Vollendung der Geburt erfasst, und auch schon während des Geburtsvorgangs wird Grundrechtsschutz bejaht. Für den nascituri (den noch zu Gebärenden) hingegen wird teilweise die Ansicht vertreten, menschliches Leben beginne bereits mit Verschmelzung von Spermium und Eizelle, eine andere Ansicht spricht dem nascituri die Schutzfunktion des Grundrechts spätestens ab dem 14. Tag nach der Empfängnis – dem Zeitpunkt der Nidation – zu.

Anders als die Menschenwürde kann dieser Wert jedoch durchaus gegen andere Werte abgewogen werden, zum Beispiel beim sogenannten finalen Rettungsschuss der Polizei, bei militärischen Einsätzen oder dem Notwehrrecht gegen Entführer oder Vergewaltiger. Das bekannteste Beispiel hierfür ist wohl die Schleyer-Entführung 1977: Der Staat ließ sich durch die Geiselhaft Schleyers nicht zur Herausgabe von Gefangenen der RAF erpressen und machte damit deutlich, dass das Leben eines Einzelnen hinter dem Sicherheitsbedürfnis aller Bürger zurückzustehen hat.

Recht auf körperliche Unversehrtheit

Das Recht umfasst sowohl die körperliche als auch die seelische Gesundheit. Die psychische Gesundheit ist nur dann erfasst, wenn die Einwirkungen physiologische Folgen haben. Es gewährt zum einen Schutz gegen Einwirkungen auf den Ablauf körperlicher Funktionen, die äußerliche körperliche Erscheinung und auf die Gesundheit, zum anderen gegen das Zufügen von Schmerzen.

Schutzbereich: Die Gesundheit und das körperliche sowie seelische Wohlbefinden, aber auch die körperliche Integrität, also den Körper so zu belassen, wie er ist.

Der Verfassungswert der körperlichen Unversehrtheit wurde in jüngster Zeit vor allem diskutiert hinsichtlich der Fragen wie Rauchverbot in der Öffentlichkeit, Ausstieg aus der Atomenergie, Aufhebung des elterlichen Züchtigungsrechtes, Abschuss von entführten Flugzeugen und Impfpflicht.

Recht auf Freiheit

Die wichtigste Konkretisierung der Menschenwürde ist die individuelle Freiheit, denn ohne Freiheit ist keine Würde möglich. Mit dem Begriff des Art. 2 Abs. 2 GG ist die Bewegungsfreiheit gemeint. Bewegungsfreiheit ist die Freiheit, sich da aufzuhalten, wo man möchte.

Schutzbereich: Das Recht, sich da aufzuhalten, wo man möchte.

Gesetzesvorbehalt für Eingriffe

In die Rechte aus Art. 2 GG darf der Staat eingreifen, wenn der Eingriff aufgrund eines Gesetzes stattfindet. Insoweit gilt ein einfacher Gesetzesvorbehalt. Als Eingriffsgesetze kommen hier insbesondere das Strafgesetzbuch, Jugendschutzgesetz, Ordnungswidrigkeitengesetz, Infektionsschutzgesetz in Betracht.

Wird vom Strafgericht in einem Strafurteil eine Freiheitsstrafe festgesetzt, ist dies ein Eingriff in das Recht auf Freiheit.

Das Jugendschutzgesetz regelt unter anderem die Abgabe von Alkohol, Tabak, Filmen und Computerspielen sowie den Aufenthalt in Gaststätten und bei Tanzveranstaltungen und stellt somit eine gesetzliche Grundlage zum Eingriff in das grundrechtlich geschützte Recht auf freie Entfaltung der Persönlichkeit des Art. 2 GG für Kinder und Jugendliche dar.

Die Strafprozessordnung erlaubt die zwangsweise Blutentnahme bei alkoholisierten Autofahrern und stellt somit eine Grundlage für Eingriffe in das Recht auf körperliche Unversehrtheit dar. Seit dem Jahr 2017 steht die Anordnung einer Blutentnahme nicht mehr unter Richtervorbehalt.

3.9.3 Gleichheit vor dem Gesetz (Art. 3 GG)

Art. 3 GG

Alle Menschen sind vor dem Gesetz gleich.

Männer und Frauen sind gleichberechtigt. (…)

Niemand darf wegen seines Geschlechtes, seiner Abstammung, seiner Rasse, seiner Sprache, seiner Heimat und Herkunft, seines Glaubens, seiner religiösen oder politischen Anschauungen benachteiligt oder bevorzugt werden.

Niemand darf wegen seiner Behinderung benachteiligt werden.

Weitere Folge aus der Menschenwürde ist es, dass grundsätzlich jeder Mensch gleich wertvoll ist. Die Gleichheit im Recht ist Bedingung der Würde und Freiheit für alle. Dieses Grundrecht darf aber nicht verstanden werden als generelle Gleichstellung im Sinne von Gleichmacherei. Vielmehr verbietet es die ungerechtfertigte Verschiedenbehandlung von Personen. Nach ständiger Rechtsprechung des Bundesverfassungsgerichts gebietet der Gleichheitsgrundsatz, „wesentlich Gleiches gleich und wesentlich Ungleiches ungleich zu behandeln“.

Die progressive Steuer macht Unterschiede in der steuerlichen Belastung für Einkommensstarke und Einkommensschwache (sog. proportionale Gleichheit).

Im Grundgesetz wird Gleichheit gewährt vor allem in Art. 3, Art. 33 und Art. 38 (Allgemeinheit und Gleichheit der Wahl). Auch das Allgemeine Gleichbehandlungsgesetz (AGG, siehe Kapitel 22.4) ist Ausdruck dieses Wertes.

Da die Idee der Gleichheit aber die spezifische Schwierigkeit in sich trägt, dass es weder zwei Menschen noch zwei Sachverhalte gibt, die exakt gleich sind, ist es naturgemäß schwierig, jedem das Seine zu geben und dennoch alle gleich zu behandeln. In diesem Spannungsverhältnis muss der Gesetzgeber die Gerechtigkeit erst einmal suchen. Der Einzelne wird die bestehende Rechtsordnung umso mehr anerkennen, je mehr er sich in ihr mit seiner jeweiligen Lebenswirklichkeit wiedererkennt, eben gerecht behandelt fühlt.

Gleichheit muss dabei verstanden werden als Chancengleichheit und Angemessenheit im Sinne von „Jedem das Seine“, nicht aber als Herstellung von Ergebnisgleichheit im Sinne von „Jedem das Gleiche“. Denn die Menschen sind von Natur aus ungleich, sie gleich machen zu wollen hieße, ihnen unrecht zu tun.

Allerdings kann sich Freiheit ohne ein Mindestmaß an Gleichheit gar nicht erst entfalten. Besondere Bedeutung erhält dies bei der Frage nach Chancengleichheit auf Bildung.

Die vierjährige Ceyda ist das Kind einer türkischen Migrantenfamilie. Weil ihr Vater als Familienoberhaupt prinzipiell und aus religiösen Überlegungen heraus dagegen ist, dass sie einen Kindergarten besucht, verbringt Ceyda den ganzen Tag in der Wohnung bei ihrer Mutter, die ausschließlich türkisch mit ihr spricht.

3.9.4 Religionsfreiheit (Art. 4 GG)

Art. 4 GG

Die Freiheit des Glaubens, des Gewissens und die Freiheit des religiösen und weltanschaulichen Bekenntnisses sind unverletzlich.

Die ungestörte Religionsausübung wird gewährleistet.

Niemand darf gegen sein Gewissen zum Kriegsdienst mit der Waffe gezwungen werden. (…)

Dieser Wert sichert dem Einzelnen die Ausrichtung seines Lebens nach selbst gewählten Gewissheiten. Das bedeutet, dass nicht nur religiöse, sondern auch nichtreligiöse Weltanschauungen geschützt sind. Art. 4 GG schützt insoweit die Glaubens-, Gewissens- und Bekenntnisfreiheit. Während Glaube nach innen gerichtet ist, meint Bekenntnis das Tun nach außen.

Schutzbereich: Die Glaubensfreiheit schützt die Freiheit, einen Glauben zu haben (positive Religionsfreiheit) oder auch keinen zu haben (negative Religionsfreiheit), den Glauben zu wechseln oder aufzugeben.

Gewissen ist eine dem Menschen innewohnende innere Instanz, die ihm sagt, wie er sich in einer bestimmten Situation richtig zu verhalten hat, eine an den Kategorien von „Gut“ und „Böse“ orientierte Entscheidung, die der Einzelne als für sich bindend und unbedingt innerlich verpflichtend erfährt. Gewissen ist eine ethische Kategorie – es kann, muss aber nicht religiös motiviert sein.

Bekenntnisfreiheit umfasst das Recht, auszusprechen und nach außen zu tragen, was man glaubt oder nicht. Sie schließt auch das Recht ein, darüber zu schweigen. Ebenfalls geschützt ist die Freiheit der Mission und Propaganda. Weitere Ausprägung erhält der Wert durch die religiöse Vereinigungsfreiheit (Art. 140/137 WRV und Art. 140 GG i. V. m. Art. 136 Abs. 1 WRV).

Was aber, wenn negative und positive Religionsfreiheit in einem Spannungsverhältnis zueinander stehen, etwa weil aus der negativen Freiheit das Recht abgeleitet wird, die positive religiöse Betätigung zu unterbinden? Dies wird wie im sogenannten „Kruzifix-Fall“ dann virulent, wenn verlangt wird, vor der Begegnung mit religiösen Handlungen oder Symbolen im öffentlichen Raum geschützt zu werden.

Besondere Bedeutung kommt dieser Problematik immer wieder auch bei der Frage zu, wie und in welcher Ausprägung in einem kommunalen Kindergarten religiöse Inhalte vermittelt werden dürfen.

Der im Jahre 1997 geborene Kläger besuchte an seinem Wohnort einen kommunalen Kindergarten. Dort ist es üblich, vor dem gemeinsamen Frühstück ein Tischgebet zu sprechen. Das Tischgebet ist Bestandteil des Erziehungskonzepts. Dem Kläger wurde es jedoch freigestellt, mitzubeten oder den Raum zu verlassen. Hiergegen wandte sich der Kläger, der sich in seinem Grundrecht auf negative Religionsfreiheit verletzt sah. Das Gericht ist dieser Auffassung gefolgt.

Die Begründung der Richter

Die vom Bundesverfassungsgericht in seinen Beschlüssen zum Kruzifix und zum Schulgebet entwickelten Grundsätze zur positiven und negativen Religionsfreiheit in der Schule, die der Schüler verpflichtet ist, zu besuchen, gelten erst recht im Bereich des freiwilligen Kindergartenbesuchs. Hier wie dort geht es um das Gebot des schonenden Interessenausgleichs, das gerade dazu dienen soll, das unvermeidliche Spannungsverhältnis zwischen negativer und positiver Religionsfreiheit – die beide im Rahmen des Art. 4 Abs. 1 GG grundsätzlich vorbehaltlos gewährt werden – zu lösen und so im Rahmen des Toleranzgebotes einen für alle zumutbaren Kompromiss zu suchen.

Dementsprechend verstößt das in einem kommunalen Kindergarten gesprochene Tischgebet nicht gegen die Verpflichtung des Staates zur Neutralität. Aber auch bei freiwilligen staatlichen Veranstaltungen wie Gebeten in staatlichen Kindergärten ist der negativen Bekenntnisfreiheit dadurch Rechnung zu tragen, dass auch die Teilnahme am Gebet als solchem freiwillig ist und dass für den Widersprechenden zumutbare, nichtdiskriminierende Ausweichmöglichkeiten bestehen. Es ist daher zu prüfen, ob zusätzliche Möglichkeiten denkbar sind, die Vorphase und den Ablauf des im Kindergarten gereichten Frühstücks anders zu organisieren. Dies gilt besonders im Hinblick auf das freiwillig gesprochene Tischgebet. Sofern eine Sonderbehandlung des nicht daran teilnehmenden Kindes nicht zu vermeiden ist, muss es das Ziel sein, das Kind so wenig wie möglich in seiner Andersartigkeit herauszustellen (VGH Kassel, Beschl. v. 30.06.2003, NJW 2003, 2826).

3.9.5 Meinungsfreiheit (Art. 5 GG)

> **Art. 5 GG**
>
> Jeder hat das Recht, seine Meinung in Wort, Schrift und Bild frei zu äußern und zu verbreiten und sich aus allgemein zugänglichen Quellen ungehindert zu unterrichten. Die Pressefreiheit und die Freiheit der Berichterstattung durch Rundfunk und Film werden gewährleistet. Eine Zensur findet nicht statt.
>
> Diese Rechte finden ihre Schranken in den Vorschriften der allgemeinen Gesetze, den gesetzlichen Bestimmungen zum Schutze der Jugend und in dem Recht der persönlichen Ehre.
>
> Kunst und Wissenschaft, Forschung und Lehre sind frei. Die Freiheit der Lehre entbindet nicht von der Treue zur Verfassung.

Eine freiheitlich-demokratische Grundordnung, die sich dem Grundwert des Pluralismus verpflichtet hat, kann nur funktionieren, wenn sie Meinungs-, Presse-, Berichts-, Kunst-, Wissenschafts-, Forschungs- und Lehrfreiheit garantiert.

Der Verfassungswert des Pluralismus wird im Grundgesetz nicht explizit genannt, jedoch geht es von einer Vielheit der Überzeugungen, Meinungen, Interessen und politischen Willensrichtungen aus. Das Bundesverfassungsgericht führt dazu aus: „(…) denn es ist eine der Grundanschauungen der freiheitlichen Demokratie, dass nur die ständige geistige Auseinandersetzung zwischen den einander begegnenden sozialen Kräften und Interessen, den politischen Ideen und damit auch den sie vertretenden politischen Parteien der richtige Weg zur Bildung des Staatswillens ist, nicht in dem Sinne, dass er immer das objektiv richtige Ergebnis liefere, denn dieser Weg ist a process of trial and error (J. L. Talmon), aber doch so, dass er durch die ständige gegenseitige Kontrolle und Kritik die beste Gewähr für eine relativ richtige politische Linie als Resultante und Ausgleich zwischen den im Staat wirksamen politischen Kräften gibt“ (BVerfGE 5, 85).

Informationsfreiheit umfasst die Freiheit, sich aus allgemein zugänglichen Quellen informieren zu dürfen.

Kommunikationsfreiheit umfasst die Meinungsäußerungsfreiheit, Meinungsverbreitungsfreiheit und Informationsfreiheit. Die massenmediale Kommunikationsfreiheit schützt die Freiheit der Presse, des Rundfunks und des Films.

Schutzbereich: Als Meinungen im Sinne von Art. 5 GG gelten alle Ansichten, Urteile, Einschätzungen und Auffassungen. Eingeschlossen sind insbesondere Werturteile, also wertende Betrachtungen von Tatsachen, Verhaltensweisen oder Verhältnissen sowie Stellungnahmen im Rahmen der geistigen Auseinandersetzung. Auf die Erfüllung irgendwelcher Qualitätsmaßstäbe kommt es nicht an. Es spielt keine Rolle, ob eine Äußerung objektiv richtig oder falsch ist, ob sie emotional oder rational begründet ist, ob sie überzeugend oder töricht, grundsätzlich oder belanglos ist, ob sie sozial verantwortlich ist oder nicht.

Ihre Schranken finden die gewährten Rechte nach dem Wortlaut der Norm in den allgemeinen Gesetzen, im Jugendschutzrecht und dem Recht der persönlichen Ehre.

Als allgemeines Gesetz verbietet § 203 StGB die Verletzung von Privatgeheimnissen.

Pornographische Schriften und Filme dürfen nicht an Jugendliche verbreitet werden.

Die Ehrverletzungsdelikte der §§ 185 bis 187 StGB stellen bestimmte Meinungsäußerungen zum Nachteil anderer unter Strafe.

3.9.6 Ehe und Familie (Art. 6 GG)

Der herausragende Wert von Ehc und Familie wird in Art. 6 GG besonders betont. Ihr kommt ausdrücklich ein „besonderer Schutz" zu, was bemerkenswert ist. An keiner anderen Stelle im Grundgesetz verwendet der Verfassungsgeber eine solche Formulierung. Nach der Rechtsprechung des Bundesverfassungsgerichts sieht das Grundgesetz in der Familie die Keimzelle jeder menschlichen Gemeinschaft, deren Bedeutung mit keiner anderen menschlichen Bindung verglichen werden kann. Es erkennt ihre Funktion für die Pflege und Erziehung der Kinder an und sichert ihr den Vorrang vor kollektiven Erziehungsformen.

Diese verfassungsrechtliche Wertesetzung findet ihre Ausgestaltung in den familienrechtlichen Normen des BGB und des Familienerbrechts, in der Gewährung eines steuerlichen Existenzminimums und von Kinderfreibeträgen bzw. Kindergeld sowie Erziehungsgeld als Familienlastenausgleich. Die Familie entscheidet selbst, wie sie ihr Zusammenleben gestaltet und wie sie die familiäre und berufliche Arbeit teilt. Sie entscheidet auch selbst, wie sie ihren religiösen oder weltanschaulichen Pflichten nachgehen möchte.

Artikel 6 ist damit die wertentscheidende Grundsatznorm des Grundgesetzes für den gesamten Lebensbereich Familie. In dieser Vorschrift hat das Grundgesetz eine Reihe von Grundentscheidungen über Ehe, Familie, Elternschaft und Kindeswohl festgeschrieben. Art. 6 Abs. 1 GG wendet sich direkt an den Staat: „Ehe und Familie stehen unter dem besonderen Schutz der staatlichen Ordnung."

Der Verfassungsgeber garantiert damit die Familie als Institution (sog. Institutsgarantie). Ihre Belange und ihr Bestand sind bei jeder Ausübung öffentlicher Gewalt zu achten. Der Gesetzgeber hat ihren Wertegehalt positiv zu verwirklichen, zum Beispiel im Privat-, Steuer- und Sozialrecht. Selbst in der Untersuchungshaft und im Strafvollzug muss die besondere Bedeutung der Ehe im Hinblick auf Besuchsregelungen Beachtung finden.

Das mit Art. 6 Abs. 1 GG anerkannte Elternrecht wird durch Art. 7 Abs. 2 GG ergänzt, wonach Eltern über die Teilnahme eines Kindes am Religionsunterricht entscheiden.

Art. 6 Abs. 2 Satz 1 GG wendet sich an die Eltern: „Pflege und Erziehung der Kinder sind das natürliche Recht der Eltern und die zuvörderst ihnen obliegende Pflicht."

Eltern im Sinne dieser Norm sind Eltern ehelich geborener Kinder, Eltern nichtehelich geborener Kinder sowie Adoptiveltern. Kinder sind alle noch nicht Volljährigen.

„Natürliches" Recht bedeutet in diesem Zusammenhang, dass das Elternrecht vorstaatlichen Charakter hat und daher überpositives Recht (siehe Kapitel 2.3.3) ist. Es gibt den Eltern das Recht, die Entwicklung und Lebensrichtung ihrer Kinder nach ihren eigenen Vorstellungen frei zu bestimmen und zu gestalten, sofern sie dadurch nicht gegen die Rechte anderer (z.B. das Schulrecht), das Sittengesetz (z.B. die Erziehung zu Bettlern oder Dieben) oder die verfassungsmäßige Ordnung verstoßen. Insbesondere hinsichtlich des letzten Punktes ist die Forderung nach einem Verbot der Scientology-Sekte bedeutsam.

Indem diese Norm den Eltern eine Pflicht zur Pflege und Erziehung zuschreibt, gibt es den Kindern mittelbar ein Recht darauf. Diese können dieses Recht allerdings nicht eigenständig einklagen, es ist lediglich ein sogenanntes „Reflexrecht".

Auf die Frage, was nun genau unter „Pflege und Erziehung" als Kernbereich der den Eltern zustehenden Rechte und Pflichten zu verstehen ist, geben Pädagog:innen, Psycholog:innen, Soziolog:innen, und Jurist:innen jeweils unterschiedliche Antworten. Rechtsprechung und Rechtslehre definieren die Begriffe wie folgt:

Erziehung bedeutet, jemandes Geist und Charakter zu bilden und seine Entwicklung zu fördern.

Pflege ist die Sorge für die körperliche Existenz und für die angemessene geistige und seelische Entwicklung.

Art. 6 Abs. 2 Satz 2 GG postuliert das sogenannte Wächteramt des Staates: „Über ihre Betätigung wacht die staatliche Gemeinschaft." Art. 6 Abs. 3 GG regelt die zwangsweise Trennung von Eltern und Kindern: „Gegen den Willen der Erziehungsberechtigten dürfen Kinder nur aufgrund eines Gesetzes von der Familie getrennt werden, wenn die Erziehungsberechtigten versagen oder wenn die Kinder aus anderen Gründen zu verwahrlosen drohen."

Dem Grundgesetzgeber war diese Thematik so wichtig, dass er ihr einen eigenen Absatz widmete und das Elternrecht unter einen qualifizierten Gesetzesvorbehalt (siehe Kapitel 3.5.2) stellte. Versagen bedeutet die anhaltende Nichterfüllung der Erziehungspflicht, also eine drohende Verwahrlosung, sodass das körperliche, geistige oder seelische Wohl des Kindes in solchem Maße gefährdet ist, dass die Aufrechterhaltung der Familiengemeinschaft nicht mehr verantwortet werden kann.

Art. 6 Abs. 4 GG schreibt den besonderen Schutz der Mutter fest: „Jede Mutter hat Anspruch auf den Schutz und die Fürsorge der Gemeinschaft."

Art. 6 Abs. 5 GG stellt die nichtehelichen den ehelichen Kindern gleich: „Den nichtehelichen Kindern sind durch die Gesetzgebung die gleichen Bedingungen für ihre leibliche und seelische Entwicklung und ihre Stellung in der Gesellschaft zu schaffen wie den ehelichen."

Artikel 6 GG ist eine ambivalente und multifunktionale Vorschrift: Zunächst einmal ist sie klassisches Abwehrrecht, indem sie dem Staat untersagt, in die Freiheit von Ehe und Familie einzugreifen. Zugleich enthält sie aber schon dem Wortlaut nach eine objektive Schutzpflicht. Nicht nur ist sie wertentscheidende Grundsatznorm, sondern auch institutionelle Garantie und Grundrecht. Und nicht zuletzt ist sie auch ein konkretes Stück Sozialstaat, wenn sie Schutz und Hilfe verspricht.

In seiner wegweisenden Entscheidung 24, 119 hat das Bundesverfassungsgericht zu Art. 6 GG, dem Wächteramt des Staates und die zwangsweise Trennung von Eltern und Kindern ausgeführt:

„Das Kind ist ein Wesen mit eigener Menschenwürde und dem eigenen Recht auf Entfaltung seiner Persönlichkeit im Sinne der Art. 1 Abs. 1 und Art. 2 Abs. 1 GG. Eine Verfassung, welche die Würde des Menschen in den Mittelpunkt ihres Wertesystems stellt, kann bei der Ordnung zwischenmenschlicher Beziehungen grundsätzlich niemandem Rechte an der Person eines anderen einräumen, die nicht zugleich pflichtgebunden sind und die Menschenwürde des anderen respektieren. Die Anerkennung der Elternverantwortung und der damit verbundenen Rechte findet daher ihre Rechtfertigung darin, dass das Kind des Schutzes und der Hilfe bedarf, um sich zu einer eigenverantwortlichen Persönlichkeit innerhalb der sozialen Gemeinschaft zu entwickeln, wie sie dem Menschenbild des Grundgesetzes entspricht.

Generalnorm ist Art. 6 Abs. 1 GG. Er statuiert ein umfassendes an die Adresse des Staates gerichtetes Schutzgebot, das weder durch einen Gesetzesvorbehalt noch auf andere Weise beschränkt ist. Die dreifache verfassungsrechtliche Bedeutung dieser Vorschrift ist bereits durch die Rechtsprechung des Bundesverfassungsgerichts geklärt; sie enthält sowohl eine Institutsgarantie wie ein Grundrecht auf Schutz vor störenden Eingriffen des Staates und darüber hinaus eine wertentscheidende Grundsatznorm für das gesamte Ehe und Familie betreffende Recht. In allen diesen Beziehungen ist die Familie als ein geschlossener, eigenständiger Lebensbereich zu verstehen; die Verfassung verpflichtet den Staat, diese Einheit und Selbstverantwortlichkeit der Familie zu respektieren und zu fördern (Institutsgarantie).

Demgegenüber betreffen Art. 6 Abs. 2 und 3 GG als speziellere Bestimmungen die Eltern-Kind-Beziehung und bestimmen zugleich die Funktion des Staates und ihre Grenzen in diesem Bereich. Abs. 2 Satz 1 hebt den Vorrang der Eltern bei der Erziehung und Pflege der Kinder hervor und garantiert ihn verfassungsrechtlich; jedoch lässt schon das Wort „zuvörderst" erkennen, dass neben den Eltern auch der Staat die Funktion eines Erziehungsträgers mit entsprechenden Pflichten hat. Darüber hinaus legt Abs. 2 Satz 2 dem Staat das Amt auf, über die Pflege und Erziehung der Kinder durch die Eltern zu wachen (sog. "Wächteramt des Staates"). Abs. 3 regelt schließlich einen speziellen Eingriff des Staates in die Pflege und Erziehung und statuiert hierfür einen ausdrücklichen Gesetzesvorbehalt.

Dieser Grundrechtsschutz darf aber nur für ein Handeln in Anspruch genommen werden, dass bei weitester Anerkennung der Selbstverantwortlichkeit der Eltern noch als Pflege und Erziehung gewertet werden kann. Diese Pflichtbindung unterscheidet das Elternrecht von allen anderen Grundrechten; sie ist auch anderer Art als die Sozialgebundenheit des Eigentums (Art. 14 Abs. 2 GG). In Art. 6 Abs. 2 Satz 1 GG sind Recht und Pflicht von vornherein unlösbar miteinander verbunden; die Pflicht ist nicht eine das Recht begrenzende Schranke, sondern ein wesensbestimmender Bestandteil dieses „Elternrechts", das insoweit treffender als „Elternverantwortung" bezeichnet werden kann.

Abs. 2 Satz 1 schützt danach die freie Entscheidung der Eltern darüber, wie sie dieser natürlichen Verantwortung gerecht werden wollen; er schützt nicht diejenigen Eltern, die sich dieser Verantwortung entziehen.

Wenn Eltern in dieser Weise versagen, greift das Wächteramt des Staates nach Art. 6 Abs. 2 Satz 2 GG ein; der Staat ist nicht nur berechtigt, sondern auch verpflichtet, die Pflege und Erziehung des Kindes sicherzustellen. Diese Verpflichtung des Staates folgt nicht allein aus dem legitimen Interesse der staatlichen Gemeinschaft an der Erziehung des Nachwuchses, aus sozialstaatlichen Erwägungen oder etwa aus allgemeinen Gesichtspunkten der öffentlichen Ordnung; sie ergibt sich in erster Linie daraus, dass das Kind als Grundrechtsträger selbst Anspruch auf den Schutz des Staates hat.

Dies bedeutet nicht, dass jedes Versagen oder jede Nachlässigkeit den Staat berechtigt, die Eltern von der Pflege und Erziehung auszuschalten oder gar selbst diese Aufgabe zu übernehmen; vielmehr muss er stets dem grundsätzlichen Vorrang der Eltern Rechnung tragen. Zudem gilt auch hier der Grundsatz der Verhältnismäßigkeit. Art und Ausmaß des Eingriffs bestimmen sich nach dem Ausmaß des Versagens der Eltern und danach, was im Interesse des Kindes geboten ist. Der Staat muss daher nach Möglichkeit zunächst versuchen, durch helfende, unterstützende, auf Herstellung oder Wiederherstellung eines verantwortungsgerechten Verhaltens der natürlichen Eltern gerichtete Maßnahmen sein Ziel zu erreichen. Er ist aber nicht darauf beschränkt, sondern kann, wenn solche Maßnahmen nicht genügen, den Eltern die Erziehung und Pflegerechte vorübergehend und sogar dauernd entziehen; in diesen Fällen muss er zugleich positiv die Lebensbedingungen für ein gesundes Aufwachsen des Kindes schaffen."

3.10 Grundrechtsgleiche Rechte

Neben den im Grundrechtekatalog verankerten Grundrechten gibt es einige andere aus der folgenden Grafik ersichtlichen subjektive Rechte, die Verfassungsrang haben und gegen deren Verletzung die Verfassungsbeschwerde vor dem BVerfG zulässig ist.

3.11 Übungsfälle

Fall 2

Der Vater des dreijährigen Mustafa erhält auf seine Anfrage an einen Kindergarten in Trägerschaft einer privaten Elterninitiative die Mitteilung, dass leider kein freier Platz zur Verfügung stehe. Er führt diese Ablehnung auf seine türkische Herkunft zurück und will den Kindergarten wegen Verletzung seiner Grundrechte verklagen.

Wird er Erfolg haben?

Abbildung 17: Grundrechte und grundrechtsgleiche Rechte

4 Wahlrecht

Die Repräsentanten des Volkes werden durch Wahlen ermittelt. Wahlen bedeuten zum einen die Legitimation der politischen Herrschaft, zum anderen aber auch ihre Kontrolle durch die Regelmäßigkeit, mit der gewählt wird. Weiterhin sind Wahlen ein Mittel, den einzelnen Wählerwillen zu einem politisch aktionsfähigen Gemeinwillen zu bündeln.

Die wesentlichen Funktionen von Wahlen sind demnach:

- Legitimation,
- Kontrolle,
- Integration,
- Partizipation,
- Repräsentation.

4.1 Wahlberechtigung

Die Wahlberechtigung lässt sich unterscheiden in das aktive Wahlrecht (= Berechtigung, selbst zu wählen) und das passive Wahlrecht (= Berechtigung, gewählt zu werden). Die Wahlberechtigung hängt in Deutschland von der Art der Wahl ab.

Aktives Wahlrecht: Bei Bundestagswahlen hat jeder deutsche Staatsangehörige ab 18 Jahren das aktive Wahlrecht. Deutsche Staatsangehörige, die nicht in Deutschland leben, sind auch dann wahlberechtigt, wenn sie nach Vollendung ihres 14. Lebensjahres mindestens drei Monate ununterbrochen in Deutschland gelebt haben und dieser Aufenthalt nicht länger als 25 Jahre zurückliegt oder sie aus anderen Gründen persönliche Vertrautheit mit den hiesigen politischen Verhältnissen erworben haben und von ihnen betroffen sind.

Das aktive Wahlrecht kann unter bestimmten Umständen ausgeschlossen sein, zum Beispiel bei der Aberkennung durch eine strafgerichtliche Verurteilung (§ 45 StGB) oder bei Unterbringung in einem psychiatrischen Krankenhaus durch ein Strafgericht bei festgestellter Schuldunfähigkeit. Auch für Betreute (siehe Kapitel 20.8) ist das Wahlrecht ausgeschlossen.

Passives Wahlrecht: Zum Bundestag kann gewählt werden, wer das 18. Lebensjahr vollendet hat, deutscher Staatsangehöriger ist und nicht vom Wahlrecht ausgeschlossen ist.

4.2 Wahlrechtsgrundsätze

Die Grundsätze, nach denen demokratische Wahlen abzulaufen haben, sind in Art. 38 GG geregelt und haben daher Verfassungsrang:

Allgemeinheit der Wahl: Grundsätzlich können alle Staatsbürger:innen wählen und gewählt werden.

Unmittelbarkeit der Wahl: Der Abgeordnete/die Abgeordnete wird direkt und allein durch die Stimmabgabe der Wähler gewählt (anders z.B. in den USA, dort werden Wahlmänner zwischengeschaltet).

Freiheit der Wahl: Die Stimmabgabe erfolgt ohne Druck oder Zwang.

Gleichheit der Wahl: Jeder Wähler hat mit seiner Stimme denselben Einfluss auf den Wahlausgang.

Geheimheit der Wahl: Niemand kann feststellen, wie der einzelne Bürger/die einzelne Bürgerin gewählt hat.

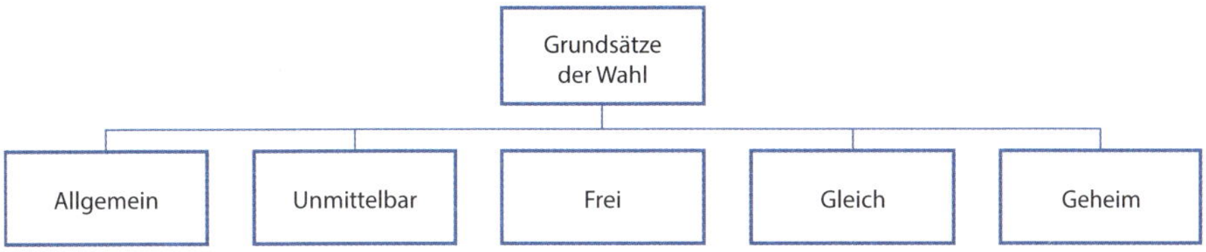

Abbildung 18: Grundsätze der Wahl

4.3 Wahlsysteme

Ein Wahlsystem sorgt dafür, dass sich der in den Wahlen geäußerte Wille des Volkes möglichst genau im Wahlergebnis abbildet. Hierfür stehen mit dem Mehrheitswahlsystem und dem Verhältniswahlsystem prinzipiell zwei verschiedene Möglichkeiten zur Verfügung.

4.3.1 Mehrheitswahlsystem

Man unterscheidet das absolute vom relativen Mehrheitswahlsystem. Beim absoluten Mehrheitswahlsystem ist derjenige bzw. diejenige gewählt, der/die mehr als die Hälfte der abgegebenen Stimmen erhält. Er/sie muss also mehr Stimmen auf sich vereinigen können als alle anderen Kanditat:innen zusammen. Beim relativen Mehrheitswahlsystem ist derjenige bzw. diejenige gewählt, der/die die meisten Stimmen auf sich vereinigen konnte. Nach diesem System werden die Erststimmen bei einer Bundestagswahl ausgezählt.

4.3.2 Verhältniswahlsystem

Mit dem Verhältniswahlsystem lässt sich ermitteln, in welchem Verhältnis mehrere gewählte Kandidat:innen auf eine gegebene Anzahl von Sitzen verteilt werden. Bei einer Bundestagswahl bekommt zum Beispiel jede Partei so viele Sitze, wie es dem errungenen Prozentsatz entspricht. Nach diesem System werden die Zweitstimmen bei einer Bundestagswahl ausgezählt.

4.4 Bundestagswahl

Der föderative Aufbau der BRD bringt es mit sich, dass die Wahlen zu den einzelnen Volksvertretungen (Bundestag, Landtage, Kreistage, Gemeinderäte, Stadträte) unterschiedlich ablaufen. Wer wählt, wählt aber in aller Regel zwischen verschiedenen, fertig ausgearbeiteten Parteiprogrammen samt zugehöriger Kandidatenliste. Die folgenden Ausführungen beziehen sich auf die Bundestagswahl.

4.4.1 Personalisierte Verhältniswahl

Bei einer Bundestagswahl handelt es sich um eine personalisierte Verhältniswahl. Der Wähler/die Wählerin hat zwei Stimmen: Erst- und Zweitstimme. Mit ihnen entscheidet er/sie über 598 Bundestagsmandate (ohne Überhangmandate).

4.4.2 Erststimme

Mit der Erststimme wählt der Bürger/die Bürgerin einen Wahlkreiskandidaten. Das ist der Kandidat/die Kandidatin, den/die eine Partei in einem der 299 (598:2) Wahlkreise aufstellt. Ausgewertet werden diese Stimmen nach dem relativen Mehrheitswahlsystem. Es gewinnt der Kandidat bzw. die Kandidatin, der/die in seinem/ihrem Wahlkreis die meisten Stimmen (gleich relative Mehrheit) erhalten hat. Er/sie hat dann ein sogenanntes Direktmandat und zieht auf jeden Fall in den Bundestag ein. Die Stimmen für alle anderen Kandidat:innen gehen verloren. Der Vorteil dieser Verfahrensweise liegt auf der Hand: Der Bürger/die Bürgerin kann sicher sein, dass der Wahlkreis von einem/einer Abgeordneten repräsentiert wird, der/die die betreffenden Probleme und örtlichen Gegebenheiten genau kennt. Weil jeder Bürger/jede Bürgerin eine bestimmte Person wählt, ist dies der „personalisierte" Teil der Wahl.

4.4.3 Zweitstimme

Mit der Zweitstimme wählt der Bürger/die Bürgerin eine Partei. Diese Stimme wird nach dem Verhältniswahlsystem ausgewertet und ist maßgebend für die Verteilung der Sitze auf die einzelnen Parteien. Auf diese Weise ist gewährleistet, dass die Zusammensetzung des Parlamentes den Wählerwillen widerspiegelt. Nur diese Zweitstimme entscheidet über die Mehrheitsverhältnisse im Bundestag, also darüber, wie stark eine Partei dort vertreten ist.

Die Kombination von Personalisierung mit der Erststimme und Verhältniswahl mit der Zweitstimme gibt dem Wahlsystem der BRD seinen Namen: Es ist ein personalisiertes Verhältniswahlsystem.

4.4.4 Fünf-Prozent-Klausel

Bei der Sitzverteilung wird nun wie folgt verfahren: Parteien, die mit der Zweitstimme weniger als fünf Prozent erreicht haben, fallen aus dem Verfahren heraus, da eine Parteienzersplitterung aufgrund der Erfahrungen aus der Weimarer Republik verhindert werden soll. Auf die verbleibenden Parteien sind nun die 299 Sitze aufzuteilen.

Von der Gesamtzahl der Sitze, die nach dieser Berechnung einer Partei zustehen, werden die Direktmandate abgezogen, denn diese Mandatsträger ziehen ohnehin in den Bundestag ein. Sind dann noch Sitze übrig, werden die Kandidat:innen der Landeslisten in der entsprechenden Reihenfolge in den Bundestag geschickt.

4.4.5 Überhangmandate

Stehen einer Partei weniger Sitze zu, als sie bereits Direktmandate errungen hat, so behält sie dennoch diese Direktmandate als sogenannte Überhangmandate. Allerdings gilt für Überhangmandate: Freiwerdende Sitze (durch Tod oder Rücktritt) kann die Partei so lange nicht mit Nachrückern auffüllen, bis die Überhangmandate ausgeglichen sind.

4.4.6 Ausgleichsmandate

Seit der Änderung des Bundeswahlgesetzes am 3. Mai 2013 ist sicherzustellen, dass die Sitzverteilung im Bundestag das Verhältnis der Zweitstimmen möglichst genau abbildet. Daher ist nun jedes Überhangmandat durch ein jeweiliges zusätzliches „Ausgleichsmandat“ zu kompensieren, das bedeutet, dass zusätzlich gewählte Abgeordnete anderer Parteien in den Bundestag kommen. Damit wird erreicht, dass das Sitzverhältnis der verschiedenen Parteien exakt dem Zweitstimmenverhältnis entspricht.

Bei der Wahl zum 20. Deutschen Bundestag errang die CSU in Bayern 45 Direktmandate. Ihr bundesweiter Anteil von 5,2 Prozent der Zweitstimmen hätte aber nur für 34 Abgeordnete gereicht. Die Partei hatte also elf Überhangmandate gewonnen. Damit das Sitzverhältnis im Parlament dadurch nicht verzerrt wurde, erhielten alle anderen Parteien zusätzliche Mandate, bis das Verhältnis wieder passte. Auf diese Weise entstanden 127 Ausgleichsmandate, was zu einer Gesamtzahl von 736 Abgeordneten führte. Die Wahlrechtsreform 2023 hat die Überhang- und Ausgleichsmandate abgeschafft, um eine Verkleinerung des Bundestages auf 630 Abgeordnete zu erreichen. Die CSU sowie die Partei Die Linke haben hiergegen Verfassungsbeschwerde angekündigt.

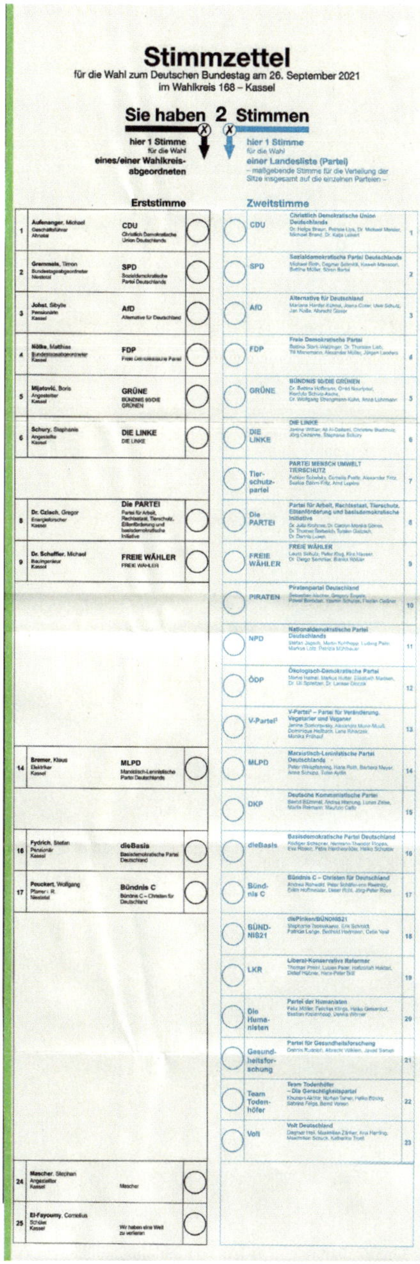

Abbildung 19: Stimmzettel der Bundestagswahl 2021

5 Oberste Bundesorgane

Der Staat handelt durch seine Organe, sie werden auch oberste Bundesorgane oder Verfassungsorgane genannt.

> **Art. 20 Abs. 2 Satz 2 GG**
>
> Sie (die Staatsgewalt) wird (…) durch besondere Organe der Gesetzgebung, der vollziehenden Gewalt und der Rechtsprechung ausgeübt.

Die Organe sind im Grundgesetz aufgeführt, eine Rangordnung unter ihnen besteht nicht.

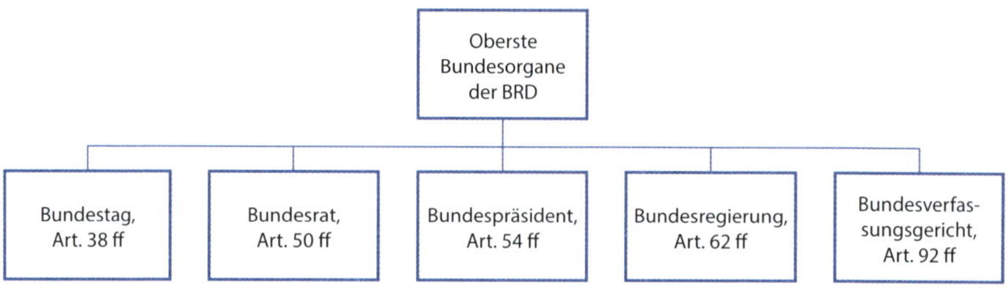

Abbildung 20: Oberste Bundesorgane der BRD

5.1 Bundestag

Der Bundestag ist das einzige Bundesorgan, das durch Wahl des Volkes zustande kommt, er ist also direkt vom Volk legitimiert und damit die eigentliche Volksvertretung. Die Abgeordneten des Bundestags sind auf Zeit (vier Jahre) gewählt. Sie sind an Aufträge und Weisungen ihrer Wähler:innen nicht gebunden und nur ihrem Gewissen unterworfen (= „freies Mandat").

5.1.1 Zusammensetzung des Bundestags

Grundsätzlich besteht der Deutsche Bundestag aus 598 Mitgliedern (Bundestagsabgeordnete). Durch Überhang- und Ausgleichsmandate (siehe Kapitel 4.4) weist der 20. Deutsche Bundestag die Rekordzahl von 736 Abgeordneten auf. Damit ist er die größte frei gewählte nationale Parlamentskammer der Welt, was insbesondere unter Kostengesichtspunkten zu erheblicher Kritik geführt hat.

Die Legislaturperiode beträgt vier Jahre. Wählbar ist, wer das 18. Lebensjahr vollendet hat, deutscher Staatsangehöriger ist und nicht vom Wahlrecht ausgeschlossen ist (siehe Kapitel 4.1).

Die wichtigsten Organe, die der Bundestag zur Erfüllung seiner Aufgaben aufweist, sind:

Bundestagspräsident: Wahl für vier Jahre/eine Legislaturperiode; absolute Mehrheit erforderlich; Ausübung des Hausrechts und der Polizeigewalt im Bundestagsgebäude; Vertretung des Bundestags; Wahrung der Würde und Rechte des Bundestags; Leitung der Bundestagssitzungen.

Wehrbeauftragte:r: Wahl für fünf Jahre; schützt die Grundrechte der Bundeswehrsoldat:innen; übt die parlamentarische Kontrolle über die Bundeswehr aus; jede:r Soldat:in hat das Recht, sich ohne Einhaltung des Dienstweges vertraulich an den/die Wehrbeauftragte:n zu wenden.

Ausschüsse: Bereiten die Verhandlungen des Bundestags vor; leisten die eigentliche Erarbeitung von Gesetzen; ständige Fachausschüsse (Innenausschuss, Verteidigungsausschuss, Finanzausschuss, Haushaltsausschuss, Petitionsausschuss); bei Bedarf Untersuchungsausschuss.

5.1.2 Rechtsstellung der Bundestagsabgeordneten

Das Volk wird durch die Abgeordneten des Bundestags vertreten, die nicht weisungsgebunden und nur ihrem Gewissen unterworfen sind (= „freies Mandat"). Sie üben ihre Macht auf Zeit aus, was Missbrauch verhindert. Für sie gelten die Grundsätze der Immunität und der Indemnität.

Immunität ist die Beschränkung der Strafverfolgung gegenüber Abgeordneten. Ein:e Abgeordnete:r darf wegen einer mit Strafe bedrohten Handlung nur mit Einwilligung des Parlamentes, dem er/sie angehört, zur Verantwortung gezogen werden. Immunität schützt aber nicht den/die Abgeordnete, der/die bei Begehung der Tat oder am folgenden Tag festgenommen wird. Die Immunität beginnt mit der Annahme der Wahl.

Da die Immunität primär das Interesse des Parlamentes auf Funktionsfähigkeit schützt und nicht die des/der einzelnen Abgeordneten auf Schutz vor Strafverfolgung, kann auch nur das Parlament die Immunität aufheben. Der/die einzelne Abgeordnete kann nicht auf sie verzichten.

Während Immunität ein Prozesshindernis darstellt, ist die Indemnität ein Begriff des materiellen Strafrechts:

Indemnität bedeutet die Straflosigkeit des/der Abgeordneten für Abstimmungen oder Äußerungen im Parlament.

Nach Art. 46 Abs. 1 GG und § 36 StGB dürfen Bundestagsabgeordnete wegen ihrer Abstimmung oder wegen einer Äußerung, die sie im Plenum oder in einem Ausschuss des Parlamentes getan haben, zu keiner Zeit – also auch nicht nach Ablauf des Mandats – zur Verantwortung gezogen werden. Die Indemnität kann im Gegensatz zur Immunität nicht vom Parlament aufgehoben werden. Verleumderische Beleidigungen (§ 187 StGB) sind in der Regel jedoch von ihr ausgenommen.

Die prinzipielle Unabhängigkeit der Abgeordneten wird in gewissem Umfang durch die Fraktionsdisziplin beschränkt.

Fraktion ist eine Vereinigung politisch gleichgesinnter Abgeordneter eines Parlaments oder einer kommunalen Volksvertretung, die in der Regel einer Partei oder aber mehreren in ihrer grundsätzlichen Zielrichtung gleichgerichteten Parteien angehören (z.B. CDU/CSU-Fraktion). Im Deutschen Bundestag können mindestens fünf Prozent der Mitglieder des Bundestags eine Fraktion bilden (sog. Fraktionsstärke).

Die Fraktion mit ihrem/ihrer Fraktionsvorsitzenden hat ein Interesse daran, nach außen hin möglichst geschlossen aufzutreten, was eine möglichst einheitliche Stimmabgabe erforderlich macht. Deswegen ist anerkannt, dass innerhalb einer Fraktion eine gewisse Fraktionsdisziplin zur einheitlichen Stimmabgabe geltend gemacht werden kann. Ein Zwang, in bestimmter Weise abzustimmen, wäre allerdings ein mit dem Grundgesetz unvereinbarer und daher rechtswidriger Fraktionszwang.

5.1.3 Aufgaben und Befugnisse des Bundestags

Seine Hauptaufgaben sind:

- Gesetzgebung,
- Wahl des Bundeskanzlers/der Bundeskanzlerin und
- Kontrolle der Bundesregierung.

Darüber hinaus stellt der Bundestag die Hälfte der Mitglieder der Bundesversammlung, die den Bundespräsidenten wählt. Außerdem wird durch ihn die Hälfte der Mitglieder des Bundesverfassungsgerichts gewählt.

Der Bundestag gibt sich eine Geschäftsordnung, die den ordentlichen Ablauf der parlamentarischen Arbeit gewährleistet. Spätestens am 30. Tag nach einer Bundestagswahl werden der Bundestagspräsident und dessen Stellvertreter:in gewählt. Zusammen bilden sie das Präsidium. In den öffentlichen Sitzungen des Parlamentes werden die anstehenden politischen Probleme diskutiert und bei Regelungsbedarf in Form von Gesetzen aufgearbeitet. Die zentrale Rolle bei diesen Diskussionen hat dabei die Opposition: Ihr obliegt es, die Regierung zu kritisieren, zu kontrollieren und Alternativen aufzuzeigen. Das ideale Ziel einer Opposition ist der Regierungswechsel. Die Opposition hat ein umfassendes Auskunftsrecht gegenüber der Regierung.

So kann sie zum Beispiel

- große und kleine Anfragen stellen,
- Fragestunden wahrnehmen,
- Aktuelle Stunden beantragen.

5.1.4 Abstimmung im Bundestag

Der Bundestag trifft seine Entscheidung nicht nur in Wahlen, sondern auch in Abstimmungen. Bei Abstimmungen im Bundestag genügt im Regelfall die Erlangung einer einfachen Mehrheit. Das Grundgesetz sieht verschiedene Mehrheiten für die verschiedenen Abstimmungen und Wahlen vor.

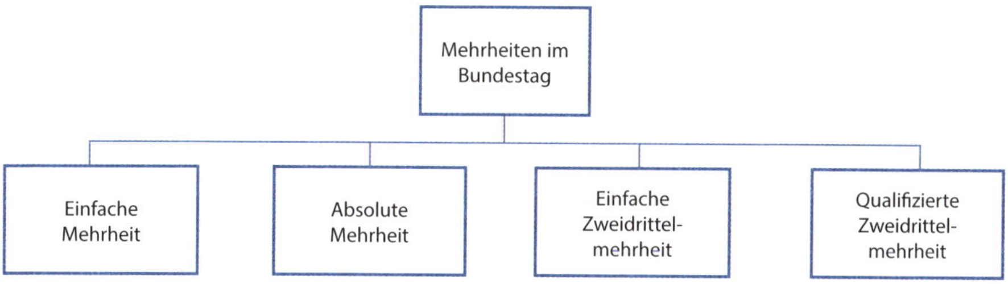

Abbildung 21: Mehrheiten im Bundestag

Einfache Mehrheit: Die Mehrheit der abgegebenen Stimmen entscheidet.

Absolute Mehrheit: Die Mehrheit der gesetzlichen Mitgliederzahl des Bundestags entscheidet.

Einfache Zweidrittelmehrheit: 2/3 der abgegebenen Stimmen.

Qualifizierte Zweidrittelmehrheit: 2/3 der gesetzlichen Mitgliederzahl des Bundestags.

5.1.5 Auflösung des Bundestags

Das Volk wählt den Bundestag, kann ihn aber nicht auflösen. Auch der Bundestag selbst kann sich nicht auflösen. Das Auflösungsrecht kommt allein dem Bundespräsidenten zu und besteht für die beiden denkbaren Fälle, in denen der/die gewählte bzw. zur Wahl gestellte Bundeskanzler:in nicht (mehr) die absolute Mehrheit der Bundestagsabgeordneten hinter sich vereinen kann:

Vertrauensfrage, Art. 68 Abs. 1 GG: Der/die Bundeskanzler:in kann dem Parlament die Vertrauensfrage stellen. Das bedeutet, es stimmt darüber ab. Hierfür ist die absolute Mehrheit erforderlich. Kann diese nicht erreicht werden, kann der Bundeskanzler dem Bundespräsidenten vorschlagen, den Bundestag aufzulösen. Es müssen dann Neuwahlen stattfinden.

Minderheitskanzler, Art. 63 Abs. 4 GG: Kommt bei der Wahl des Bundeskanzlers keine absolute Mehrheit zustande, kann der Bundespräsident den Bundeskanzler entweder als Minderheitskanzler benennen oder aber den Bundestag auflösen. Die Folge wären ebenfalls Neuwahlen.

5.2 Bundesrat

In einem Bundesstaat müssen die jeweiligen Landesregierungen ein Mitspracherecht bei Gesetzgebung, Verwaltung und Rechtsprechung haben. Dieses Mitspracherecht wird durch den Bundesrat gewährleistet. Der Bundesrat ist ein Parlament der Länderregierungen. Nur derjenige, der in einer Landesregierung Sitz und Stimme hat, kann Mitglied des Bundesrats sein. Angehörige der Opposition gehören dem Bundesrat nicht an.

> **Art. 51 Abs. 1 Satz 1 GG**
>
> Der Bundesrat besteht aus Mitgliedern der Regierungen der Länder, die sie bestellen und abberufen.

5.2.1 Zusammensetzung des Bundesrats

Der Bundesrat hat insgesamt 69 ordentliche Mitglieder. Diese werden nicht gewählt, sondern von den jeweiligen Landesregierungen entsandt. Jedes Land kann so viele ordentliche Mitglieder für den Bundesrat entsenden, wie es dort Stimmen hat. Nach Art. 51 Abs. 2 GG

- hat jedes Land mindestens drei Stimmen,
- haben Länder mit mehr als zwei Millionen Einwohner:innen vier Stimmen,
- haben Länder mit mehr als sechs Millionen Einwohner:innen fünf Stimmen,
- haben Länder mit mehr als sieben Millionen Einwohner:innen sechs Stimmen.

Es gibt keine Legislaturperiode, denn nach jeder Landtagswahl bildet sich eine neue Landesregierung, die dementsprechend neue Mitglieder in den Bundesrat entsendet.

Die Rechtsstellung der Bundesratsmitglieder unterscheidet sich stark von der der Bundestagsabgeordneten:

- Ihre Stimmabgabe ist an die Weisungen der Landesregierungen gebunden.
- Die Bundesratsmitglieder eines Landes können jeweils nur einheitlich abstimmen.
- Die Mitglieder genießen weder Indemnität noch Immunität.

Der Bundesrat wählt seinen Präsidenten für ein Jahr. Zu seinen Hauptaufgaben gehört neben Einberufung und Leitung der Bundesratssitzungen auch die Vertretung des Bundespräsidenten.

5.2.2 Aufgaben und Befugnisse des Bundesrats

Durch den Bundesrat wirken die Länder bei der Gesetzgebung und Verwaltung des Bundes und den Angelegenheiten der Europäischen Union mit. Somit liegt der Schwerpunkt der Aufgaben auf Legislative und Exekutive, im Rahmen der Judikative bestehen jedoch auch Befugnisse.

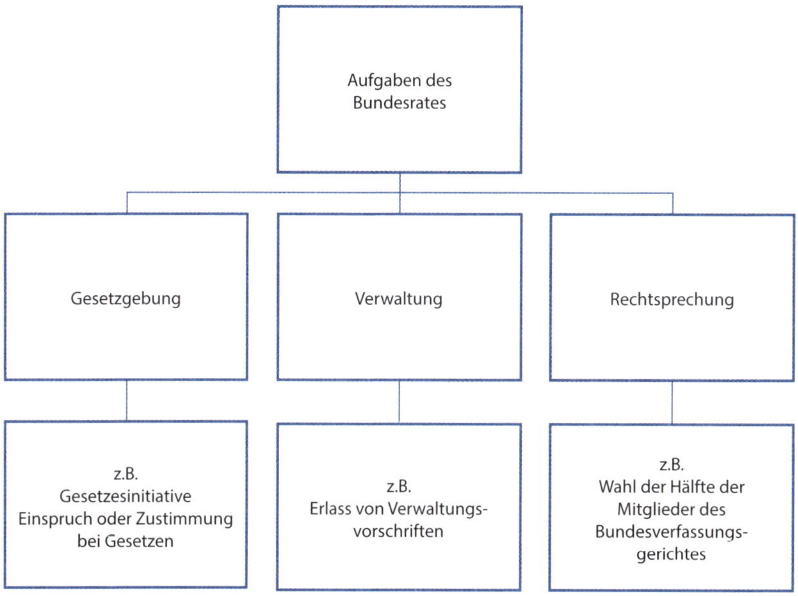

Abbildung 22: Aufgaben des Bundesrats

5.2.3 Abstimmung im Bundesrat

Der Bundesrat fasst seine Beschlüsse mit mindestens der Mehrheit seiner Stimmen. Da die Mitglieder eines Landes ihre Stimmen nur jeweils einheitlich abgeben können, ist es ausreichend, dass zur Abstimmung nur jeweils ein Vertreter/eine Vertreterin des Landes erscheint, der/die die seinem/ihrem Land zustehenden Stimmrechte ausübt.

5.3 Bundespräsident

Der Bundespräsident (eine weibliche Form kennt das GG nicht) ist das Staatsoberhaupt im parlamentarisch demokratischen Staat, allerdings ohne wesentliche politische Entscheidungsbefugnisse. Er ist zur Neutralität verpflichtet und steht über den Parteien. Seine Amtssitze befinden sich in Berlin (Schloss Bellevue) und in Bonn (Villa Hammerschmidt).

5.3.1 Wahl des Bundespräsidenten

Der Bundespräsident wird von der Bundesversammlung nach den Grundsätzen der Verhältniswahl gewählt. Die Wahl des Bundespräsidenten ist die einzige Aufgabe der Bundesversammlung, sie tritt nur zum Zwecke dieser Wahl zusammen und tritt nach der

Wahl wieder auseinander. Die Bundesversammlung besteht aus den Mitgliedern des Bundestags und derselben Anzahl von Mitgliedern, die von den Volksvertretungen der Länder (Landtage, Abgeordnetenhaus von Berlin, hamburgische und bremische Bürgerschaft) gewählt werden. Die 17. Bundesversammlung des Jahres 2022 umfasste demnach 1.472 Personen (736 x 2).

Zum Bundespräsidenten kann jeder Deutsche gewählt werden, der das Wahlrecht zum Bundestag besitzt und das 40. Lebensjahr vollendet hat. Gewählt ist, wer die Stimmen der Mehrheit der Mitglieder der Bundesversammlung erhält. Wird diese Mehrheit in zwei Wahlgängen von keinem Bewerber erreicht, so ist gewählt, wer in einem weiteren Wahlgang die meisten Stimmen auf sich vereinigt. Das bedeutet: Für den ersten und zweiten Wahlgang ist die absolute Mehrheit erforderlich, in einem etwaig erforderlichen dritten Wahlgang reicht dann die einfache Mehrheit aus.

5.3.2 Aufgaben und Befugnisse des Bundespräsidenten

Der Bundespräsident repräsentiert Deutschland nach außen (z.B. durch Unterzeichnung von Staatsverträgen) und bildet ein Gegengewicht zu Parlament und Parteien. Als Staatsoberhaupt hat er Gemeinsamkeiten der gesellschaftlichen Gruppierungen herauszustellen und die unterschiedlichen Gruppen und Meinungen im staatlichen und gesellschaftlichen Bereich zusammenzuführen.

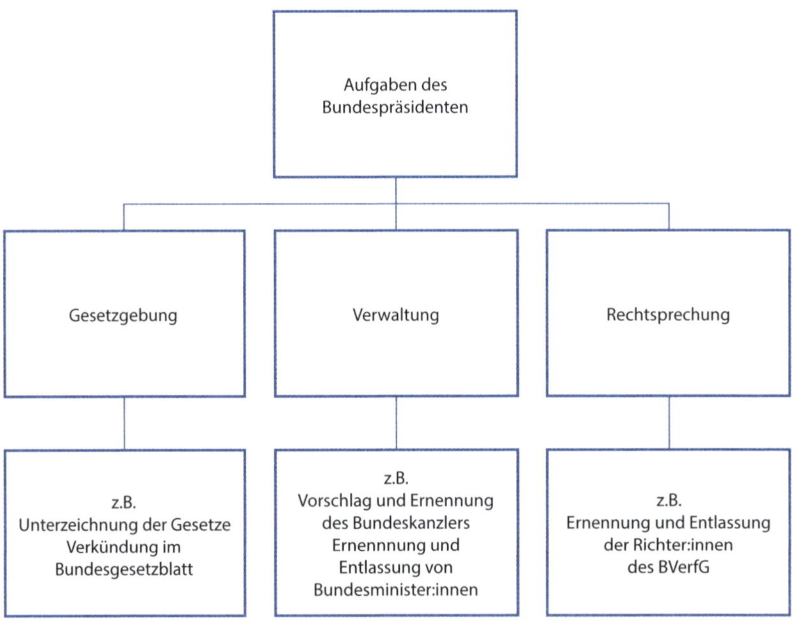

Abbildung 23: Aufgaben des Bundespräsidenten

Die Mitarbeit des Bundespräsidenten an der Gesetzgebung beschränkt sich darauf, ein beschlossenes Gesetz auszufertigen, d. h. zu unterschreiben und im Bundesgesetzblatt zu veröffentlichen. Insoweit obliegt ihm eine staatsnotarielle Funktion. Er ist verpflichtet, das ihm vorgelegte Gesetz zu unterzeichnen. Allerdings bejaht die Rechtslehre ein präsidentielles Prüfungsrecht in Bezug auf formale Gründe oder Gründe der Verfassungsmäßigkeit. Bestehen hier Bedenken, kann er die Gesetzesausfertigung verweigern. In der Geschichte der Bundesrepublik ist dies bereits neunmal vorgekommen.

Tabelle 2: Bundespräsidenten der BRD

Name	Amtsjahre
Theodor Heuss	1949 bis 1959
Heinrich Lübke	1959 bis 1969
Gustav Heinemann	1969 bis 1974
Walter Scheel	1974 bis 1979
Karl Carstens	1979 bis 1984
Richard von Weizsäcker	1984 bis 1994
Roman Herzog	1994 bis 1999
Johannes Rau	1999 bis 2004
Horst Köhler	2004 bis 2010
Christian Wulff	2010 bis 2012
Joachim Gauck	2012 bis 2017
Frank-Walter Steinmeier	seit 2017

5.3.3 Ende der Amtszeit

Die Amtsdauer des Bundespräsidenten beträgt fünf Jahre. Eine anschließende Wiederwahl ist nur einmal zulässig. Vor Ablauf der Legislaturperiode endet die Amtszeit im Falle

- des Todes,
- der Verlustigerklärung des Amtes,
- des Rücktritts,
- des Verlustes der Wählbarkeit.

Das Bundesverfassungsgericht kann im Wege der Präsidentenanklage das Amt des Bundespräsidenten für verlustig erklären, wenn es zu der Überzeugung kommt, dass der Bundespräsident einer vorsätzlichen Verletzung des Grundgesetzes oder eines anderen Bundesgesetzes schuldig ist. Der Antrag zur Präsidentenanklage muss von mindestens einem Viertel der Mitglieder des Bundestags oder einem Viertel der Stimmen des Bundesrats gestellt werden. Der Beschluss auf Erhebung der Anklage bedarf einer Zweidrittelmehrheit entweder vom Bundestag oder Bundesrat.

Die Wählbarkeit geht verloren, wenn entweder die deutsche Staatsangehörigkeit oder das Wahlrecht verlorengeht. Das Wahlrecht geht verloren, wenn eine Betreuungsanordnung (siehe Kapitel 20.8) ausgesprochen wird.

5.4 Bundesregierung

Art. 63 GG

Der Bundeskanzler wird auf Vorschlag des Bundespräsidenten vom Bundestag ohne Aussprache gewählt.

Gewählt ist, wer die Stimmen der Mehrheit der Mitglieder des Bundestags auf sich vereint. Der Gewählte ist vom Bundespräsidenten zu ernennen.

Der Bundestag wählt den Bundeskanzler in geheimer Wahl. Es gewinnt der/die Kandidat:in, der/die die absolute Mehrheit erringt. Dieser/diese wird vom Bundespräsidenten zum Bundeskanzler ernannt und bestellt in der Folgezeit seine/ihre Minister:innen. Zusammen bilden sie die Bundesregierung. Traditionell wird auch vom Bundeskabinett gesprochen, allerdings taucht dieser Begriff im Grundgesetz nicht auf.

Tabelle 3: Bundeskanzler der BRD

Name	Amtsjahre
Konrad Adenauer	1949 bis 1963
Ludwig Erhard	1963 bis 1966
Kurt Georg Kiesinger	1966 bis 1969
Willy Brandt	1969 bis 1974
Helmut Schmidt	1974 bis 1982
Helmut Kohl	1982 bis 1998
Gerhard Schröder	1998 bis 2005
Angela Merkel	2005 bis 2021
Olaf Scholz	seit 2021

5.4.1 Zusammensetzung der Bundesregierung

Da eine Partei in der Regel nicht allein regieren kann – tatsächlich kam das in der Geschichte der BRD bislang nur ein einziges Mal vor (1957 bis 1961: CDU/CSU unter Konrad Adenauer) – sind Koalitionen, also Bündnisse mehrerer Parteien, von eminenter Bedeutung für das Regierungsgeschehen. In Koalitionsvereinbarungen werden die Richtlinien für die gemeinsame Regierungszeit festgehalten. Prinzipiell kann der Bundeskanzler die Ministerämter frei vergeben, in einer Koalitionsregierung jedoch wird er sie entsprechend den Mehrheitsverhältnissen innerhalb der Bundesregierung sowie den getroffenen Koalitionsvereinbarungen vergeben sowie weitere Umstände (z.B. Frauenquote) berücksichtigen.

Die Anzahl der Ministerien ist vom Grundgesetz ebenso wenig vorgeschrieben wie ihr genauer Aufgabenzuschnitt. Beides kann variieren. So wurde im 20. Deutschen Bundestag ein Ministerium für Wohnen, Stadtentwicklung und Bauwesen neu geschaffen sowie dem Wirtschaftsministerium ein neues Ministerium für Klimaschutz angegliedert.

5.4.2 Aufgaben und Befugnisse der Bundesregierung

Die Bundesregierung ist ein Kollegialorgan, dessen Mitglieder nicht nur Rechte, sondern auch weitere Aufgaben und eigene Befugnisse haben. Innerhalb der Bundesregierung gibt es drei wichtige Prinzipien:

Kanzlerprinzip: Der Bundeskanzler bestimmt die sogenannten Richtlinien der Politik, er gibt also vor, „wo es lang geht". Dies bestimmt Art. 65 Satz 1 GG, indem er ihm die Richtlinienkompetenz zuschreibt.

Ressortprinzip: Innerhalb dieser Richtlinien leitet jeder/jede Bundesminister:in seinen/ihren Geschäftsbereich selbstständig und unter eigener Verantwortung (Art. 65 Satz 2 GG).

Kabinettsprinzip: Innerhalb des Kabinetts werden Entscheidungen durch Mehrheitsbeschluss gefasst.

Die wichtigsten Aufgaben und Befugnisse, die das Grundgesetz der Bundesregierung überträgt, sind:

- Einberufungsrecht zum Bundestag und Bundesrat,

- Zutrittsrecht zu allen Sitzungen des Bundestags und seiner Ausschüsse,
- Anhörungsrecht in allen Sitzungen des Bundestags und seiner Ausschüsse,
- Gesetzesinitiative,
- Recht zur Stellungnahme bei anderen Gesetzesvorlagen,
- Anrufung des Vermittlungsausschusses,
- Erlass von Rechtsverordnungen,
- Erlass von Verwaltungsvorschriften.

5.4.3 Ablösung der Bundesregierung

Innerhalb einer Legislaturperiode gibt es drei Möglichkeiten, die Bundesregierung abzulösen. In diesen Fällen wird im Ergebnis der Bundeskanzler entmachtet, denn er trägt die politische Verantwortung für die Arbeit der Bundesregierung.

Konstruktives Misstrauensvotum: Der Bundestag spricht dem Bundeskanzler das Misstrauen dadurch aus, dass er mit der Mehrheit seiner Mitglieder einen Nachfolger wählt. Es reicht also nicht, den Bundeskanzler nur abzuwählen, vielmehr muss auch sein Nachfolger gewählt werden. Daher stammt die Bezeichnung „konstruktiv". Ein konstruktives Misstrauensvotum wurde in der Geschichte der Bundesrepublik bislang zweimal durchgeführt.

Vertrauensfrage: Der Kanzler kann dem Bundestag die Vertrauensfrage stellen, also darüber abstimmen lassen, ob er noch genügend Rückhalt im Bundestag besitzt. Die Vertrauensfrage wurde in der Geschichte der Bundesrepublik bislang fünfmal gestellt.

Rücktritt: Immer ist es möglich, dass ein Bundeskanzler aus politischen oder persönlichen Gründen zurücktritt. In der Geschichte der Bundesrepublik kam dies bislang einmal vor.

5.5 Bundesverfassungsgericht

Das Bundesverfassungsgericht ist Verfassungsorgan und als solches ein allen übrigen Verfassungsorganen gegenüber selbstständiger und unabhängiger Gerichtshof – insbesondere gegenüber Bundestag und Bundesregierung. Sein Sitz ist Karlsruhe. Die Entscheidungen, die dieses Verfassungsorgan trifft, binden die übrigen Verfassungsorgane des Bundes und der Länder sowie alle Gerichte und Behörden. In bestimmten Fällen haben seine Entscheidungen auch Gesetzeskraft. Das Bundesverfassungsgericht ist bei seinen Entscheidungen ausschließlich an die Verfassung gebunden, ansonsten sind seine Richter absolut frei.

5.5.1 Zusammensetzung des Bundesverfassungsgerichts

Das Bundesverfassungsgericht ist ein sogenanntes Zwillingsgericht, das bedeutet, es besteht aus zwei Senaten, von denen der erste hauptsächlich für die Grundrechte, der zweite hauptsächlich für staatsrechtliche Problembereiche zuständig ist. Die Verteilung der Zuständigkeiten zwischen den Senaten ist im Bundesverfassungsgerichtsgesetz geregelt. Will in einer bestimmten Rechtsfrage der eine Senat von der Rechtsprechung des anderen Senates abweichen, entscheiden die Richter im Plenum.

Abbildung 24: Das Bundesverfassungsgericht

5.5.2 Wahl der Bundesverfassungsrichter:innen

Die Mitglieder des Bundesverfassungsgerichts werden je zur Hälfte durch den Wahlausschuss des Bundestags sowie den Bundesrat gewählt. Hierfür gelten fünf wichtige Grundsätze:

- Bundestag wie Bundesrat benötigen eine Zweidrittelmehrheit.
- Ein/e Richter:in kann während seiner/ihrer Amtszeit nicht abgesetzt werden. Diese dauert zwölf Jahre, längstens aber bis zur Erreichung der Altersgrenze von 68 Jahren.
- Es gibt nur eine Amtszeit.
- Jede/r Richter:in kann jederzeit seine/ihre Entlassung beantragen.
- Richter:innen am Bundesverfassungsgericht dürfen keinen anderen Beruf ausüben.

Gewählt werden kann, wer das 40. Lebensjahr vollendet hat, zum Bundestag wählbar ist, die Befähigung zum Richteramt besitzt und sich schriftlich bereit erklärt, Mitglied des Bundesverfassungsgerichts zu werden.

5.5.3 Aufgaben des Bundesverfassungsgerichts

Das Bundesverfassungsgericht ist der oberste Hüter unserer Verfassung. Als solches entscheidet es in Fragen der Verfassung, insbesondere Streitigkeiten zwischen den obersten Bundesorganen, zwischen den Bundesländern, zwischen den Bundesländern und der Bundesrepublik sowie Verfassungsbeschwerden von Bürger:innen.

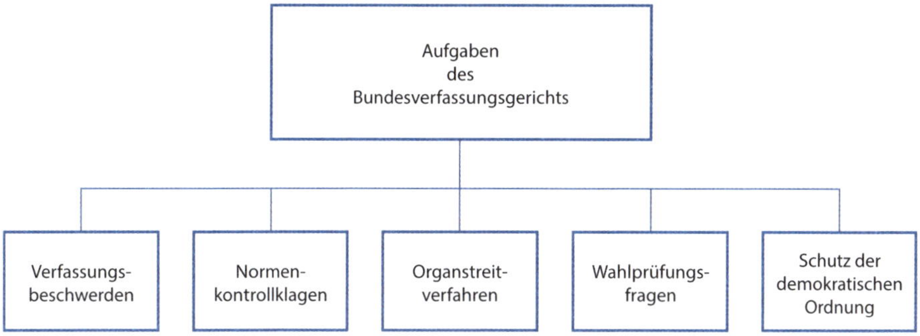

Abbildung 25: Aufgaben des Bundesverfassungsgerichts

Verfassungsbeschwerde: Fühlt sich ein/e Bürger:in in seinen/ihren Grundrechten verletzt, so kann er/sie nach Ausschöpfung des Rechtsweges das Bundesverfassungsgericht anrufen. Die Verfassungsbeschwerde kann von jedermann mit der Behauptung erhoben werden, er/sie selbst sei durch die öffentliche Gewalt in seinen Grundrechten verletzt worden.

Normenkontrolle: Normenkontrolle ist die gerichtliche Prüfung der Vereinbarkeit einer Rechtsnorm mit einer Rechtsnorm höheren Ranges, besonders eines Gesetzes mit der Verfassung. Man unterscheidet zwischen abstrakter und konkreter Normenkontrolle. Die abstrakte Normenkontrolle findet außerhalb eines anhängigen Rechtsstreits statt. Bei der konkreten Normenkontrolle erfolgt die Prüfung im Zusammenhang mit einem anhängigen Rechtsstreit. Hier hält das angerufene Gericht eine entscheidungserhebliche Rechtsnorm für rechtswidrig und hat die Norm dem Bundesverfassungsgericht zur Kontrolle vorgelegt.

Organstreitverfahren: Hierzu gehören Streitigkeiten über den Umfang der Rechte und Pflichten eines obersten Bundesorgans oder über Streitigkeiten zwischen den Bundesländern untereinander bzw. zwischen den Ländern und dem Bund.

Wahlprüfungsverfahren: Bei Bundestagswahlen obliegt nach einer Vorprüfung durch den Wahlprüfungsausschuss die Wahlprüfung zunächst dem Bundestag. Gegen seine Entscheidung ist Beschwerde zum Bundesverfassungsgericht möglich (Art. 41 Abs. 2 GG).

Schutz der demokratischen Ordnung: Das Grundgesetz sieht verschiedene Möglichkeiten vor, zum Schutz der demokratischen Ordnung Abwehrmaßnahmen zu ergreifen. Die konkrete Anordnung erfolgt durch das Bundesverfassungsgericht (Parteiverbotsverfahren, Verwirkung von Grundrechten, Präsidentenanklage, Anklage gegen einen Bundesrichter).

6 Gesetzgebung des Bundes

6.1 Gesetzgebungskompetenz

Wie bereits ausgeführt (siehe Kapitel 2.5.2), sind die Aufgaben und Kompetenzen zwischen Bund und Ländern aufgeteilt. Generell gilt hierfür:

> **Art. 30 GG**
>
> Die Ausübung der staatlichen Befugnisse und die Erfüllung der staatlichen Aufgaben ist Sache der Länder (...).

Wer die jeweilige Kompetenz zum Erlass von Gesetzen – die Gesetzgebungskompetenz – innehat, bestimmt sich nach dem Wortlaut des Art. 70 GG nach dem Prinzip von Grundsatz und Ausnahme:

> **Art. 70 GG**
>
> Die Länder haben das Recht der Gesetzgebung, soweit dieses Grundgesetz nicht dem Bunde Gesetzgebungsbefugnis verleiht.
>
> Die Abgrenzung der Zuständigkeit zwischen Bund und Ländern bemisst sich nach den Vorschriften dieses Grundgesetzes über die ausschließliche und konkurrierende Gesetzgebung.

Für welche Rechtsmaterien die Ausnahmen der ausschließlichen und konkurrierenden Gesetzgebung gelten, bestimmt sich nach den jeweiligen Katalogen der Art. 73 GG für die ausschließliche und Art. 74 GG für die konkurrierende Gesetzgebungskompetenz.

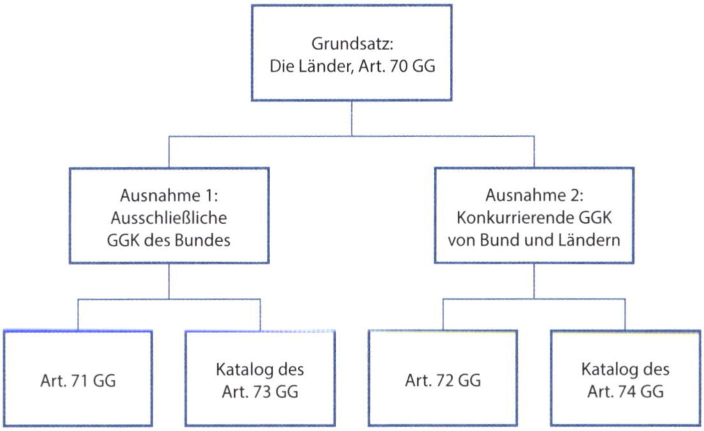

Abbildung 26: Gesetzgebungskompetenz von Bund und Ländern

Erlässt der Bund ein Gesetz, handelt es sich um ein Bundesgesetz. Erlassen die Länder ein Gesetz, handelt es sich um ein Landesgesetz.

6.1.1 Ausschließliche Gesetzgebung des Bundes (Art. 71, 73 GG)

Sollen Angelegenheiten geregelt werden, die im Interesse des Gesamtstaates bzw. seiner Bürger:innen liegen, hat der Bund die ausschließliche Gesetzgebungskompetenz (GGK) inne. Hierunter fallen zum Beispiel die auswärtigen Angelegenheiten, die Freizügigkeit im gesamten Bundesgebiet, das Währungs- und Geldwesen und die Staatsangehörigkeit.

6.1.2 Konkurrierende Gesetzgebung (Art. 72, 74 GG)

Nicht selten konkurrieren die Gesetzgebungsbefugnisse des Bundes und der Länder. Zur sogenannten konkurrierenden Gesetzgebungskompetenz (GGK) gehören unter anderem das Bürgerliche Recht, die öffentliche Fürsorge, das Arbeitsrecht und die Regelung der Ausbildungsbeihilfen. Bei Gesetzen, die hierunter fallen, gilt Art. 31 GG:

Art. 31 GG: Bundesrecht bricht Landesrecht

Für das Kindertagesbetreuungsrecht, das im SGB VIII geregelt ist, hat das Bundesverfassungsgericht bereits 1998 festgestellt, dass dieses Gebiet der Gesetzgebungskompetenz des Bundes keinesfalls entzogen ist: Zwar sei eine Kita Bildungseinrichtung im elementaren Bereich (was nach dem Grundsatz des Art. 70 GG eine Zuständigkeit der Länder begründen würde), diene aber zugleich auch der Jugendpflege, da im Kindergartenbereich der Betreuungsaspekt den Aufgabenschwerpunkt bilde. Die Jugendpflege wiederum ist Bestandteil der „öffentlichen Fürsorge“ nach Art. 74 Abs. 1 Nummer 7 GG und damit der konkurrierenden Gesetzgebungskompetenz des Bundes nach Art. 72 Abs. 2 GG zuzuordnen. Die Norm legt das Gesetzgebungsrecht für den Bund fest, wenn und soweit die Herstellung gleichwertiger Lebensverhältnisse im Bundesgebiet im gesamtstaatlichen Interesse eine bundesgesetzliche Regelung erforderlich macht.

Das SGB VIII als Bundesgesetz ist somit Umsetzung der konkurrierenden Gesetzgebungskompetenz des Bundes im Bereich der Kinder- und Jugendhilfe. Nicht selten trifft der Bundesgesetzgeber lediglich grundsätzliche Regelungen und ermächtigt die Länder, in Ausführungsgesetzen Näheres zu bestimmen. So ist auch das Kindertagesbetreuungsrecht im SGB VIII nicht abschließend geregelt. Vielmehr soll nach § 26 SGB VIII Näheres über Inhalt und Umfang der Förderung von Kindern in Kindertageseinrichtungen das jeweilige Landesrecht regeln.

Eine solche „landesrechtliche Verweisungsklausel" bzw. „Landesrechtsvorbehalt" genannte Weiterverweisung der Kompetenz an die Länder für das jeweils zu regelnde Gebiet findet sich im SGB VIII auch in

- § 15 (Jugendarbeit, Jugendsozialarbeit, erzieherischer Kinder- und Jugendschutz),
- § 49 (Schutz von Kindern und Jugendlichen in Familienpflege und den Einrichtungen),
- § 89 g (Kostenerstattung).

6.1.3 Ausschließliche Gesetzgebungskompetenz der Länder (Art. 70 GG)

Liegt weder ausschließliche Gesetzgebungskompetenz des Bundes noch konkurrierende Gesetzgebungskompetenz vor, bleibt es bei der Gesetzgebungskompetenz der Länder. Hierzu gehören zum Beispiel das Polizeirecht, der Strafvollzug, das Kommunalrecht sowie Kultur und Bildung.

6.2 Gesetzgebungsverfahren

Am Gesetzgebungsverfahren sind das Plenum, die Fraktionen und Ausschüsse in jeweils unterschiedlicher Funktion beteiligt.

Plenum ist die Gesamtheit der Mitglieder des Bundestags.

Fraktion ist die Arbeitsgemeinschaft der Abgeordneten einer Partei zum Zwecke der gemeinsamen politischen Willensbildung im Parlament und der Vorbereitung der parlamentarischen Arbeit. Fraktionen gibt es auf allen politischen Ebenen (Bundestag, Landtag, Gemeinderat bzw. Stadtrat).

Ausschüsse sind parlamentarische Einrichtungen, die Aufgaben – zumeist vorbereitender Art – für das gesamte Parlament wahrnehmen. Die Zusammensetzung der Ausschüsse richtet sich nach dem Verhältnis, in dem die einzelnen Parteien im Bundestag vertreten sind

Das Gesetzgebungsverfahren ist im Grundgesetz detailliert geregelt. Gesetze, die auf andere Weise als hier vorgeschrieben erlassen wurden, sind nichtig. Das Gesetzgebungsverfahren gliedert sich in Einleitungs-, Beschluss- und Abschlussverfahren.

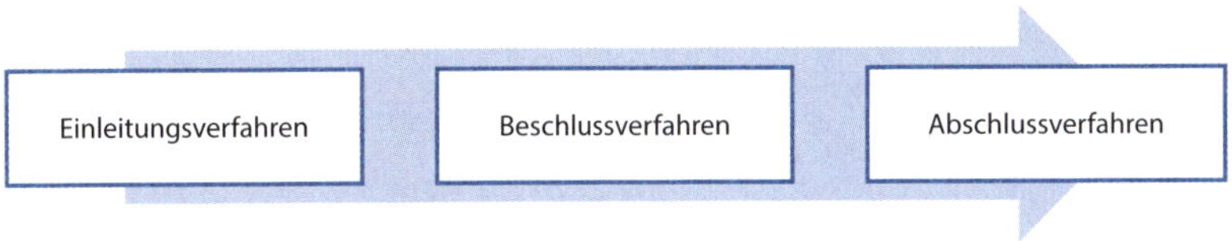

Abbildung 27: Phasen des Gesetzgebungsverfahrens

6.2.1 Einleitungsverfahren

> **Art. 76 Abs. 1 GG**
>
> Gesetzesvorlagen werden beim Bundestag durch die Bundesregierung, aus der Mitte des Bundestags oder durch den Bundesrat eingebracht.

Art. 76 GG regelt, wer das Recht hat, einen Gesetzesentwurf (Gesetzesinitiative) beim Bundestag einzubringen. Dieses Recht nennt man auch Initiativrecht. Das Recht zur Gesetzesinitiative haben danach:

- die Fraktionen bzw. die Mitte des Parlamentes,
- der Bundesrat und
- die Bundesregierung.

Was die „Mitte des Parlamentes" ist, bestimmt § 76 der Geschäftsordnung des Bundestags (GOBT): Danach muss ein Gesetzesentwurf von einer Fraktion oder mindestens fünf Prozent der Mitglieder des Bundestags unterzeichnet sein. Die weitaus überwiegende Zahl der Gesetzesentwürfe wird von der Bundesregierung eingebracht (ca. 80 %), was nicht verwundert, da sie ihr Wahlprogramm verwirklichen will und im Bundestag über die Mehrheit verfügt. Außerdem verfügt sie mit den Bundesministerien und der Ministerialbürokratie auch über den erforderlichen Apparat zur Ausarbeitung der Entwürfe.

6.2.2 Beschlussverfahren

Ein Regierungsentwurf durchläuft bis zur Verabschiedung, der Schlussabstimmung, folgende Stationen:

Der/die zuständige Sachbearbeiter:in (Referent:in) des zuständigen Bundesministeriums arbeitet einen Entwurf aus und versieht ihn mit einer eingehenden Begründung (sog. Referentenentwurf). Hierzu hört er/sie betroffene Interessenverbände und Sachverständige an und stimmt sich mit anderen Ministerien sowie Behörden der Länder und Gemeinden ab.

Der Referentenentwurf erfordert sodann einen Beschluss der Bundesregierung, denn er ist nicht nur eine Angelegenheit des zuständigen Ressortministers, sondern muss zumindest von der Mehrheit des Kabinetts getragen sein. Dazu geht er als sogenannte Kabinettsvorlage in das Kabinett. Der Gesetzesentwurf wird sodann vom Kabinett als Regierungsentwurf beschlossen.

Der Regierungsentwurf wird nun nicht direkt dem Bundestag zugeleitet, sondern geht zunächst an den Bundesrat, der prüft, inwieweit Interessen der Länder betroffen sind, dazu Stellung nimmt und häufig Änderungsvorschläge unterbreitet. Sodann wird der Gesetzesentwurf wieder zurück zur Bundesregierung geleitet, die zu der Stellungnahme des Bundesrats eine Äußerung abgibt (sog. erster Durchgang im Bundesrat). Die Stellungnahme des Bundesrats ist nicht verbindlich, weder für ihn noch andere Organe. Die Bundesregierung kann sie auch nicht zum Anlass nehmen, den Entwurf entsprechend abzuändern. Tut sie es dennoch, beginnt das Verfahren von vorn.

Anschließend wird der Gesetzesentwurf samt Regierungsbegründung, Stellungnahme des Bundesrats und Gegenäußerung der Bundesregierung an den Bundestag gegeben. Dies ist die sogenannte erste Lesung im Bundestag. In ihr wird der Gesetzesentwurf – entweder nach einer allgemeinen Aussprache oder ohne eine solche – sofort an einen oder mehrere Ausschüsse verwiesen, wobei im letzteren Fall ein Ausschuss als „federführend", die übrigen als „mitberatend" zu bestimmen sind.

Die sogenannte Ausschussberatung stellt die wichtigste Phase im Gesetzgebungsverfahren dar. In den (Fach-)Ausschüssen wird die Vorlage eingehend geprüft und beraten, in der Regel sind auch Regierungsvertreter sowie Mitglieder des Bundesrats und Vertreter der zuständigen Ministerialbeamten anwesend. Auch Hearings können abgehalten werden. Am Ende der Beratungen erteilt der Ausschuss dem Bundestag eine Beschlussempfehlung.

Der Gesetzesentwurf in der Fassung, die er durch den federführenden Ausschuss erhalten hat, wird nun in zweiter Lesung im Bundestag beraten. Diese beginnt in der Regel mit einer allgemeinen Aussprache. Die einzelnen Bestimmungen werden dann nacheinander beraten und beschlossen. Jede:r Abgeordnete kann Änderungsanträge stellen.

Die sogenannte dritte Lesung im Bundestag schließt sich in der Regel der zweiten Lesung unmittelbar an. Änderungsanträge können nun nur noch von einer Fraktion oder von einer Gruppe von Abgeordneten in Fraktionsstärke (5 %) gestellt werden, und auch nur hinsichtlich der Bestimmungen, die in der zweiten Lesung geändert worden sind. Die dritte Lesung endet mit der Schlussabstimmung. Der Gesetzesentwurf heißt nun Gesetzesbeschluss.

Nun folgt der zweite Durchgang im Bundesrat. Jedes vom Bundestag beschlossene Gesetz wird nun noch einmal vom Bundesrat intensiv geprüft. Droht der Gesetzesbeschluss des Bundestags im Bundesrat zu scheitern, kann ein Vermittlungsausschuss angerufen werden, der paritätisch mit Mitgliedern des Bundestags und des Bundesrats besetzt ist und einen Kompromissvorschlag ausarbeitet. Der Erfolg des Vermittlungsverfahrens hängt davon ab, ob Bundestag und Bundesrat den Vermittlungsvorschlag akzeptieren.

Unabhängig vom Ausgang des Vermittlungsverfahrens gilt jedoch: Gesetze, die die Rechte und Interessen der Länder berühren, bedürfen der ausdrücklichen Zustimmung des Bundesrats, sind sogenannte Zustimmungsgesetze. Alle anderen sind sogenannte Einspruchsgesetze. Handelt es sich um ein Einspruchsgesetz, kann der Bundesrat durch Einspruch das Zustandekommen des Gesetzes verhindern. Der Einspruch kann aber vom Bundestag überwunden werden, indem er ihn zurückweist. Für die Zurückweisung ist allerdings nicht die einfache, sondern die absolute Mehrheit notwendig, und sogar eine Zweidrittelmehrheit, falls der Bundesrat den Einspruch ebenfalls mit Zweidrittelmehrheit beschlossen hat. Handelt es sich um ein Zustimmungsgesetz, ist die Stellung des Bundesrats stärker: Erteilt er seine Zustimmung nicht, ist das Gesetzesvorhaben endgültig gescheitert. Ob ein Gesetz zustimmungsbedürftig ist, richtet sich nach dem Grundgesetz. Die diesbezüglichen Vorschriften sind über das gesamte Gesetz verstreut (z.B. Art. 84 Abs. 1 GG, Art. 87 Abs. 3 GG, Art. 91 a Abs. 2 GG).

6.2.3 Abschlussverfahren

Das Abschlussverfahren besteht in der Ausfertigung des Gesetzes einerseits und seiner Verkündung andererseits. Das beschlossene Gesetz wird von der Bundesregierung (vom Bundeskanzler oder vom fachlich zuständigen Minister) unterschrieben und danach vom Bundespräsidenten ausgefertigt, indem er die Originalurkunde datiert und unterzeichnet und anschließend das neue Gesetz im Bundesgesetzblatt verkündet. Bei der Ausfertigung prüft der Bundespräsident das Gesetz auf formelle und materielle Rechtmäßigkeit, wobei dieses Prüfungsrecht im materiellen Bereich allerdings auf offensichtliche Fehler beschränkt ist (sog. Evidenzkontrolle). Ein sachliches oder politisches Prüfungsrecht steht ihm laut Art. 82 Abs. 1 Satz 1 GG nicht zu.

Wird ein Gesetz vom Bundespräsidenten nicht unterschrieben, so kommt es nicht zustande. Der Politik verbleiben in diesem Fall als Möglichkeiten:

- die Änderung des Gesetzes,
- die Änderung des Artikels des Grundgesetzes, der als verletzt beanstandet wird,
- ein sogenanntes Organstreitverfahren vor dem Bundesverfassungsgericht mit dem Ziel, die Verfassungsmäßigkeit des Gesetzes und damit die Unrechtmäßigkeit der Verweigerung festzustellen.

6.2.4 Prozess des Gesetzgebungsverfahrens

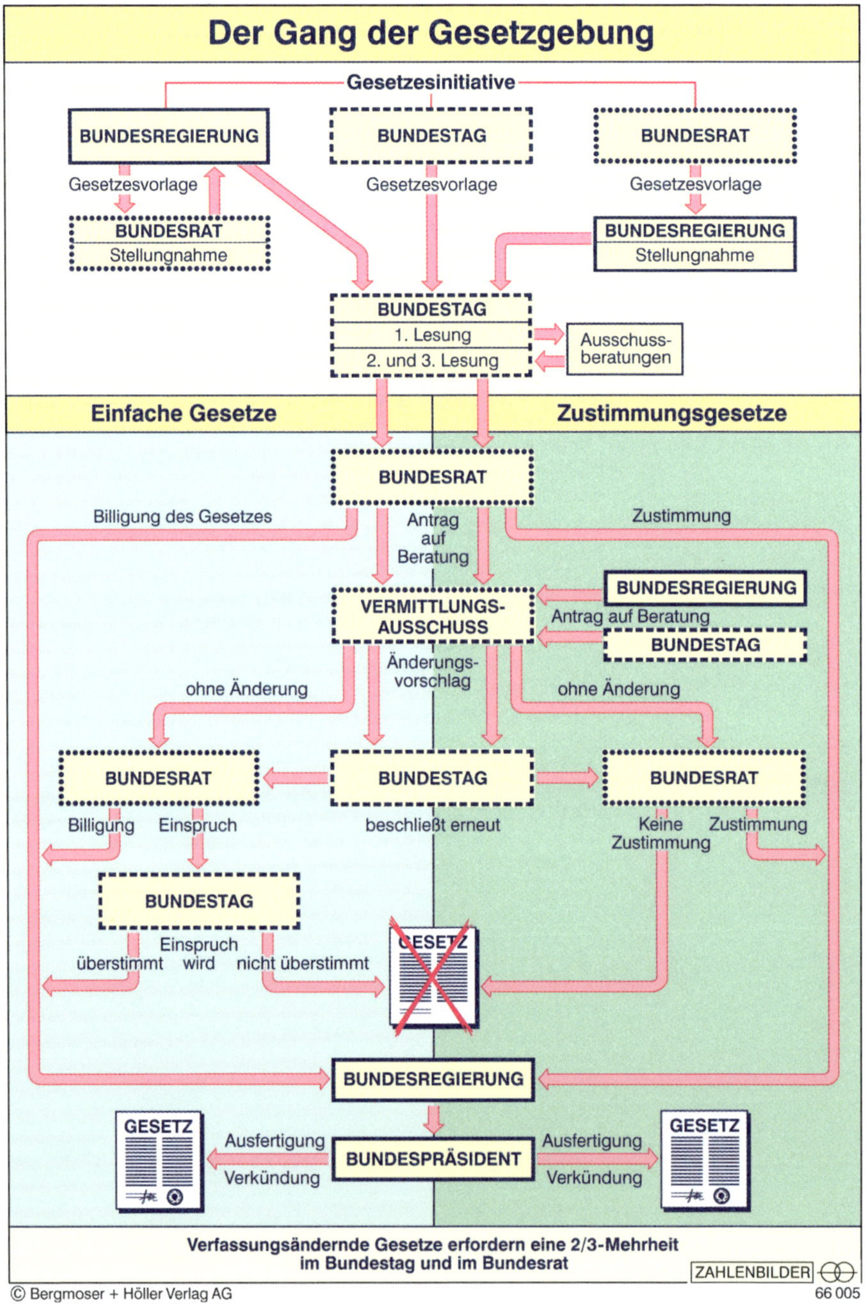

Abbildung 28: Gang der Gesetzgebung

6.2.5 Einflussnahme auf die Gesetzgebung

Unsere Verfassungen besagen, dass Gesetze von den Parlamenten beschlossen werden. Auf Bundesebene ist das der Bundestag (Bundesgesetze), in den Ländern sind es die Landtage (Landesgesetze). Nur die Parlamente sind in der BRD verfassungsrechtlich legitimiert, Gesetze zu beschließen. Allerdings nimmt eine ganze Reihe gesellschaftlicher Gruppierungen und Instanzen Einfluss auf die Gesetzgebung:

Parteien

Will der einzelne Bürger den politischen Entscheidungsprozess beeinflussen, kann er dies in unserer modernen Demokratie am effektivsten durch Mitarbeit in einer Partei verwirklichen. Parteien bündeln und filtern die unterschiedlichen politischen Interessen, Wert- und Ordnungsvorstellungen und bieten interessierten Bürger:innen eine Plattform, um an der Gestaltung des politischen Lebens teilzunehmen. So vertritt zum Beispiel eine sozialdemokratische Partei bei der Frage nach der gesellschaftlichen Organisation frühkindlicher Betreuung einen anderen Lösungsansatz als eine konservative Partei. Der Pluralismus der Wert- und Ordnungsvorstellung bestimmt die Vorbereitung und Durchsetzung von Gesetzesvorschlägen deutlich mit.

Lobbyisten

Unsere Gesellschaft ist pluralistisch ausgerichtet. Bewusst lässt unser Grundgesetz Pluralismus (Vielfalt) zu – in Form von Vielfalt der Religionen, Vielfalt der Meinungen, Vielfalt der politischen Willensbildung, Vielfalt der Parteien etc. Pluralismus im engeren Sinne ist definiert als „gleichberechtigtes Nebeneinanderstehen verschiedener sozialer Gruppen, mit dem Anrecht, am politischen Leben mitzuwirken". Es wäre naiv zu glauben, dass diese verschiedenen gesellschaftlichen Gruppen nicht auch versuchen, am politischen Leben mitzuwirken, indem sie Einfluss auf die Gesetzgebung nehmen.

So werden Gesetzesentwürfe nicht selten durch Interessenverbände angeregt und formuliert. Sie entsenden ihre Vertreter:innen – die Lobbyisten – zu den Beratungen im Plenum und in den Ausschüssen. Dort wirken diese oft als Berater mit und werden zu Hearings eingeladen. Eine Hauptaufgabe von Lobbyisten ist es auch, intensiven Kontakt zu den Parlamentariern zu pflegen, sie zu sogenannten „parlamentarischen Essen" einzuladen, bei denen sie sie mit wichtigen Detailinformationen versorgen und sie eingehend beraten. Eine gewichtige Einflussnahme findet auch durch verbandsangehörige Abgeordnete statt, die in den jeweils maßgeblichen Ausschüssen vertreten sind. Rund 1.500 Organisationen haben sich in der „Lobbyliste" des Deutschen Bundestages listen lassen. Um mehr Transparenz bezüglich der Beteiligung von Interessenvertreter:innen an politischen Willensbildungs- und Entscheidungsprozessen zu ermöglichen, wurde die Lobbyliste mit Wirkung vom 1. Januar 2022 in ein Lobbyregister überführt. Das zugrundeliegende Lobbyregistergesetz sieht einen Verhaltenskodex sowie Bußgelder für Verstöße vor.

Medien und öffentliche Meinung

In einem demokratischen System haben Massenmedien die Aufgabe, die Bürger:innen zu informieren, die Politik und ihre Institutionen sowie gesellschaftliche Gruppen und ihre Repräsentanten zu kontrollieren und zu kritisieren. Die politische Beteiligung des/der einzelnen Bürger:in wäre ohne Presse, Funk und

Fernsehen in unserer freiheitlichen Demokratie gar nicht möglich, denn ohne umfassende Information kann er/sie politische Entscheidungen über nicht selten hochkomplexe Teilfragen nicht treffen. Er/sie ist darauf angewiesen, unterschiedliche Meinungen kennenzulernen und gegeneinander abzuwägen.

Ihre Aufgaben der Informationsvermittlung, Meinungsbildung, Kritik und Kontrolle haben den Medien auch die Bezeichnung als sogenannte „Vierte Gewalt" eingetragen. Durch eine kritische Berichterstattung über Politik und Wirtschaft soll Missbrauch staatlicher Ämter aufgedeckt, besser noch verhindert werden. Dienstwagenaffären, moralische Verfehlungen, Vorteilsnahme etc. werden öffentlich diskutiert. Die einmal veröffentlichte Meinung wird nicht selten zur öffentlichen Meinung. Öffentliche Meinung wiederum beeinflusst die Gesetzgebung in einem nicht unbeträchtlichen Ausmaß: Wer (wieder-)gewählt werden will, tut gut daran, sich an ihr auszurichten.

Den Medien steht nach Art. 5 GG das Grundrecht auf Meinungs- und Informationsfreiheit und als wesentliches Element daraus die Pressefreiheit zu. Das Grundrecht gewährleistet die Freiheit der Berichterstattung und verbietet Zensur. Boulevardisierung der Berichterstattung und die Entwicklung hin zum Infotainment bilden die Kehrseite der Medaille, zu der auch die Machtbündelung, die mit einer Konzentration der Medien in einzelnen Konzernen regelrechte Medien-Tycoons erschaffen hat, gehört.

7 Aufbau der Bundesrepublik Deutschland

Wie bereits ausgeführt, ist die Bundesrepublik Deutschland ein Bundesstaat, der seit dem 3. Oktober 1990 aus 16 Bundesländern besteht und dessen vertikale Staatsstruktur historisch bedingt ist. Die Bundesländer werden unterschieden in die sogenannten Flächenländer und die Stadtstaaten.

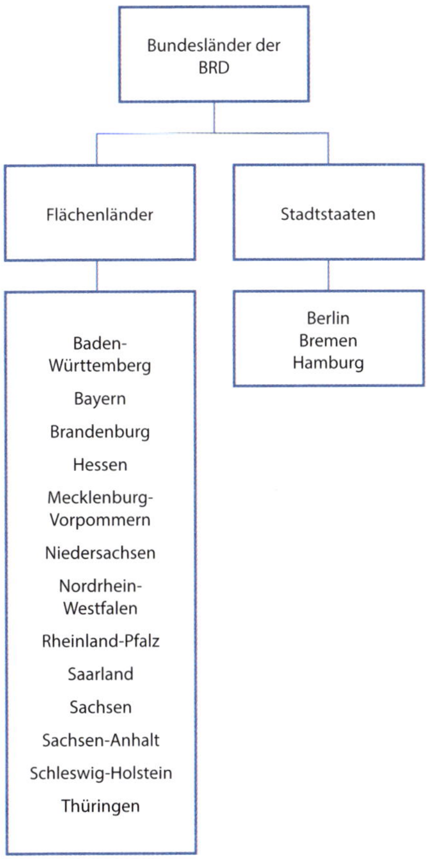

Abbildung 29: Bundesländer der BRD

In den Flächenländern Baden-Württemberg, Bayern, Hessen und Nordrhein-Westfalen gibt es Regierungsbezirke. Es handelt sich bei ihnen um Landesmittelbehörden, die ressortverschiedene Aufgaben bündeln.

Tabelle 4: Regierungsbezirke

Bundesland	Regierungsbezirke	Bezeichnung	Leitung
Baden-Württemberg	Freiburg, Karlsruhe, Stuttgart, Tübingen	Regierungspräsidium	Regierungspräsident
Bayern	Oberbayern, Niederbayern, Oberfranken, Mittelfranken, Unterfranken, Oberpfalz, Schwaben	Regierung	Regierungspräsident
Hessen	Darmstadt, Gießen, Kassel	Regierungspräsidium	Regierungspräsident
Nordrhein-Westfalen	Arnsberg, Detmold, Düsseldorf, Köln, Münster	Bezirksregierung	Regierungspräsident

In Rheinland-Pfalz, Sachsen-Anhalt, Niedersachsen und Sachsen wurde die Einteilung in Regierungsbezirke abgeschafft. Brandenburg, Mecklenburg-Vorpommern und Thüringen haben beim Beitritt zur Bundesrepublik keine Regierungsbezirke eingerichtet, in Schleswig-Holstein und im Saarland gab es sie nie.

Die Regierungsbezirke sowie die Flächenstaaten ohne Regierungsbezirke sind wiederum in (Land-)Kreise und kreisfreie Städte unterteilt. In der BRD gibt es derzeit 294 Landkreise, die zusammen mit den 106 kreisfreien Städten die insgesamt 400 Gebietskörperschaften auf Kreisebene bilden. In den Stadtstaaten gibt es keine Landkreise. Ein Landkreis besteht aus mehreren selbstständigen Gemeinden, die ihrerseits die kleinste politische Einheit unseres Staatsaufbaus darstellen.

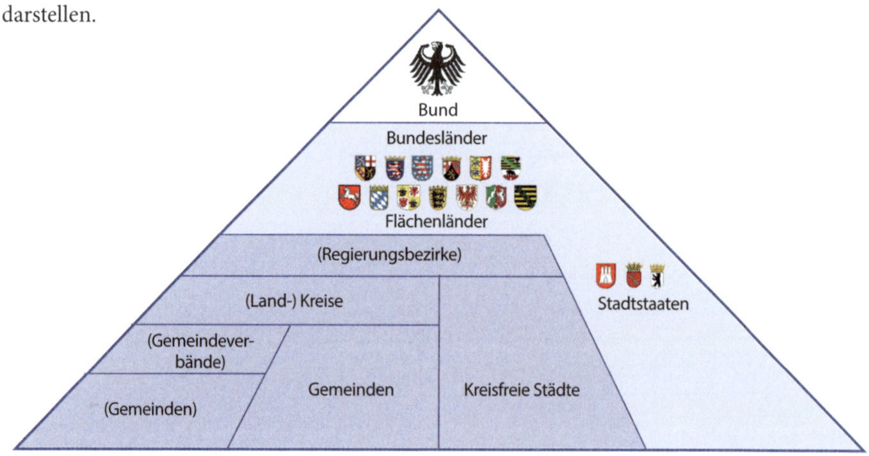

Abbildung 30: Staatsaufbau der BRD

7.1 Gemeinde

Der Begriff Gemeinde bzw. Kommune (lat. = communis: öffentlich, gemeinsam) bezeichnet alle Gebietskörperschaften vom Dorf bis zur Millionenstadt. Dementsprechend ist jede Stadt eine Gemeinde, aber nicht jede Gemeinde eine Stadt. In Deutschland gibt es rund 11.000 Städte und Gemeinden. Die zwei Hauptorgane einer Gemeinde sind der Bürgermeister (in größeren Städten auch mehrere) und der Gemeinderat. Sie werden von den Gemeindebürgern in regelmäßigen Abständen (z.B. in Bayern alle 6 Jahre) gewählt.

Allen kreisangehörigen und kreisfreien Gemeinden wird durch Art. 28 Abs. 2 Satz 1 GG das Selbstverwaltungsrecht verfassungsmäßig garantiert. Das bedeutet, den Gemeinden steht in ihrem Gebiet grundsätzlich die Erfüllung aller öffentlichen örtlichen Aufgaben zu. Eine gesetzliche Definition dieser „gemeindlichen Allzuständigkeit" gibt es allerdings nicht, ebenso wenig wie eine abschließende gesetzliche Aufzählung aller den Gemeinden zustehenden Aufgaben.

Grundsätzlich wird bei den gemeindlichen Aufgaben unterschieden zwischen den Selbstverwaltungsangelegenheiten im eigentlichen Sinne (eigene Angelegenheiten) und den übertragenen Angelegenheiten, die den Gemeinden zur Erledigung anstelle des Staates gesetzlich zugewiesen wurden.

Der wichtigste Unterschied besteht darin, dass die Gemeinden im eigenen Wirkungskreis nur an die gesetzlichen Vorschriften gebunden sind und im Übrigen nach pflichtgemäßem Ermessen handeln können, während sie im übertragenen Wirkungskreis zusätzlich den fachlichen Weisungen der zuständigen Staatsbehörden unterworfen sind.

Im eigenen Wirkungskreis wiederum gibt es Pflichtaufgaben und freiwillige Aufgaben. Die vielfältigen Aufgaben im kommunalen Bereich sind sehr unterschiedlich zu beurteilen. Die Rechtsordnung schreibt vor, welche lebensnotwendigen Aufgaben die Kommune erfüllt, insbesondere, welche unverzichtbaren Einrichtungen der Daseinsvorsorge (z.B. Trinkwasserversorgung, Abwasserbeseitigung, Kinderbetreuungsplätze) sie schaffen und unterhalten muss. Diese Aufgaben nennt man Pflichtaufgaben.

Die Pflichtaufgaben sind nur zum geringen Teil unmittelbar in den Kommunalgesetzen geregelt, sondern meist in anderen Gesetzen festgelegt, worauf auch die Kommunalgesetze hinweisen. Natürlich kann und muss eine Kommune auch Pflichtaufgaben nur in den Grenzen ihrer finanziellen und verwaltungsmäßigen Leistungsfähigkeit erfüllen. Übersteigt eine Pflichtaufgabe die Leistungsfähigkeit einer Gemeinde, ist ein Ausweg in kommunaler Zusammenarbeit mehrerer Gemeinden zu suchen.

Pflichtaufgaben haben Vorrang vor den freiwilligen Aufgaben. So geht der Bau einer Kinderkrippe immer dem einer Turnhalle vor. Dies ist gerade und insbesondere dann zu beachten, wenn die Grenzen der finanziellen Leistungsfähigkeit erreicht sind. Andererseits gibt es Fälle, in denen eine Kommune nach dem Grundsatz der Subsidiarität (siehe Kapitel 7.5) von der Erfüllung einer Pflichtaufgabe in eigener Regie befreit ist, soweit Dritte diese Aufgabe erfüllen (z.B. Errichtung und Betrieb eines Kindergartens durch einen freigemeinnützigen Träger).

Pflichtaufgaben: Sorge für ordnungsgemäßen Geschäftsgang; Anstellung des fachlich geeigneten Personals; sparsame und wirtschaftliche Verwaltung; Erhebung der erforderlichen Beiträge, Gebühren und Steuern; Straßenbaulast; Bestattungswesen; Aufstellung von Flächennutzung und Bebauungsplänen; Kinderbetreuungseinrichtungen etc.

Freiwillige Aufgaben: Altenhilfe; Kulturpflege; Erwachsenenbildung; Sport; Förderung ehrenamtlichen Engagements etc.

Übertragene Aufgaben (= immer Pflichtaufgaben): Vollzug des Ordnungswidrigkeitenrechts; Durchführung von Gemeindewahlen etc.

Die Gemeinden müssen sicherstellen, dass im örtlichen Bereich die erforderlichen Einrichtungen, Dienste und Veranstaltungen der Jugendarbeit und zur Förderung von Kindern in Tageseinrichtungen rechtzeitig und ausreichend zur Verfügung stehen (siehe Kapitel 42.2). Die Gesamtverantwortung verbleibt aber beim Landkreis, der die kreisangehörigen Gemeinden bei ihrer Arbeit zu beraten und zu unterstützen hat. Die Aufgaben der örtlichen Träger werden vom Jugendamt, das jeder Landkreis und jede kreisfreie Stadt zu errichten hat, wahrgenommen (§ 70 SGB VIII).

7.1.1 Kreisangehörige Gemeinden

Kreisangehörige Gemeinden gehören zu einem Landkreis, der für sie die sogenannten Aufgaben der überörtlichen Gemeinschaft erledigt. Ihnen verbleiben als Schwerpunkt der Aufgabenerfüllung die Selbstverwaltungsaufgaben. Sie unterstehen der staatlichen Aufsicht der unteren staatlichen Verwaltungsbehörde (Landratsamt, Kreisverwaltung).

7.1.2 Kreisfreie Gemeinden

Kreisfreie Gemeinden gehören keinem Landkreis an. Ihre Aufgaben sind im Wesentlichen diejenigen des Landkreises. Sie unterstehen der staatlichen Aufsicht der staatlichen Mittelbehörden (Bezirksregierung).

7.2 Landkreis

Landkreise sind zuständig für die Erfüllung der überörtlichen Aufgaben, die in aller Regel die Leistungskraft der Gemeinden übersteigen (Sozialhilfewesen, Gesundheitswesen, Sparkassenwesen etc). Darüber hinaus erledigen sie Aufgaben, die ihnen vom Staat übertragen wurden (Abfallbeseitigung, Katastrophenschutz, Naturschutz etc.). Die Organe eines Landkreises sind der Kreistag sowie der Landrat, die beide in bestimmten Abständen in Kreistagswahlen gewählt werden.

7.3 Bezirk

Aufgaben, die die Leistungsfähigkeit der Landkreise übersteigen, werden von den Bezirken erledigt (z.B. Bezirkskrankenhäuser). Die Organe des Bezirks sind der Bezirkstag und sein Bezirkstagspräsident, die beide in bestimmten Abschnitten in Bezirkstagswahlen gewählt werden.

7.4 (Bundes-)Land

Jedes Bundesland verfügt über ein eigenes Landesparlament, das in den Flächenländern Landtag heißt. Seine Zusammensetzung wird in Landtagswahlen festgelegt, bei denen die Landtagsabgeordneten gewählt werden. Die Wahlperiode liegt bei fünf Jahren (im Stadtstaat Bremen bei nur vier Jahren). Die Aufgaben des Landtages sind:

- Erlass von Landesgesetzen,
- Erstellung des Haushaltes für das Bundesland,
- Wahl des Ministerpräsidenten bzw. Ministerpräsidentin,
- Kontrolle der Landesregierung.

In Bremen und Hamburg heißt das Landesparlament „Bürgerschaft“, in Berlin „Abgeordnetenhaus“.

7.5 Subsidiaritätsprinzip

Für das Verhältnis zwischen den verschiedenen Ebenen untereinander gilt das Subsidiaritätsprinzip. Das Subsidiaritätsprinzip ist dem Naturrecht sowie der christlichen Soziallehre entsprungen und wurde erstmals von Papst Pius XI. in seiner Sozialenzyklika Quadragesimo Anno (1931) formuliert: „… wie dasjenige, was der einzelne Mensch aus eigener Initiative und mit eigenen Kräften leisten kann, ihm nicht entzogen und der Gesellschaftstätigkeit zugewiesen werden darf, so verstößt es gegen die Gerechtigkeit, das, was die kleineren und untergeordneten Gemeinwesen leisten und zum guten Ende führen können, für die weitere und übergeordnete Gemeinschaft in Anspruch zu nehmen; zugleich ist es überaus nachteilig und verwirrt die ganze Gesellschaftsordnung. Jedwede Gesellschaftstätigkeit ist ja ihrem Wesen und Begriff nach subsidiär; sie soll die Glieder des Sozialkörpers unterstützen, darf sie aber niemals zerschlagen oder aufsaugen.“

Das Subsidiaritätsprinzip betont danach zum einen den Vorrang der Selbsthilfe der Familien und christlichen Gemeinde, zum anderen die Verpflichtung der Gesellschaft und des Staates, Hilfe zur Selbsthilfe zu leisten.

Da Staat und Gesellschaft ein Gesamtsystem darstellen, das in unterschiedliche Ebenen (Einzelner, Familie, Nachbarschaft, Kommune, Landkreis, Land, Bund) gegliedert ist, begründet Subsidiarität Verantwortung und Zuständigkeit für die Erledigung einer bestimmten Aufgabe für die jeweils niedrigste Ebene. Das bedeutet für die Erledigung staatlicher Aufgaben in unserem föderativen Staatsaufbau, dass zuerst die untergeordneten, lokalen Glieder wie Stadt, Gemeinde oder Kommune für die Lösung und Umsetzung zuständig sind, während übergeordnete Glieder zurückzutreten haben.

Subsidiarität findet ihre Grenzen in der Leistungsfähigkeit der jeweiligen Ebene: Ist sie nicht in der Lage, die Probleme und Aufgaben eigenständig zu lösen, tritt die nächsthöhere Ebene ein.

8 Wirtschaftsordnung der Bundesrepublik Deutschland

Wirtschaftsordnung ist die Gesamtheit aller (Rechts-)Normen und Institutionen, die das wirtschaftliche Geschehen in einer Volkswirtschaft regeln. Sie legt die Regeln fest, nach denen die Akteure im Wirtschaftsgeschehen handeln dürfen, können und sollen.

Man unterscheidet zwei Grundformen von Wirtschaftssystemen: zum einen die Marktwirtschaft und zum anderen die Zentralverwaltungswirtschaft, auch Planwirtschaft genannt.

8.1 Planwirtschaft

In der Planwirtschaft werden alle wesentlichen Entscheidungen zur Verteilung knapper Ressourcen wie Arbeit, Kapital und Boden zur Produktion von Gütern von einer zentralen Instanz getroffen. Wegen des daraus resultierenden Mangels unter anderem an Flexibilität, technologischem Fortschritt und partizipativen Elementen gilt die Planwirtschaft in der heutigen Zeit als überholt und wird nur noch in wenigen Ländern (Kuba, Nordkorea, z.T. Volksrepublik China, Vietnam) praktiziert.

8.2 Marktwirtschaft

Die freie Marktwirtschaft hingegen beruht auf den Ideen des klassischen Liberalismus und gewährt jedem Einzelnen volle Selbstverantwortung und wirtschaftliche Entscheidungs- und Handlungsfreiheit auf Grundlage von Angebot und Nachfrage, bei der die Preise das Marktgeschehen als „unsichtbare Hand" regeln. Hauptkritikpunkt an der freien Marktwirtschaft ist die Entstehung großer sozialer Ungleichheit, die aus der unterschiedlichen Leistungsfähigkeit der Marktteilnehmer resultiert.

8.3 Soziale Marktwirtschaft

Die soziale Marktwirtschaft beruht auf den Ideen des Sozialliberalismus. Diese Strömung verlangt mehr vom Staat und weniger vom Individuum. Der Glaube daran, dass der freie Markt jedes Problem lösen wird, weicht dem Ziel, soziale Unterschiede zu mildern und auf diese Weise Chancengleichheit herzustellen. Der Staat mit sozialer Marktwirtschaft ist um soziale Sicherung und sozialen Fortschritt bemüht. In der BRD ist die soziale Marktwirtschaft auch Ausdruck des in Art. 20 GG kodifizierten Sozialstaatsprinzips.

Die Merkmale der freien Marktwirtschaft wie Privateigentum an Produktionsmitteln, freie Berufs- und Arbeitsplatzwahl, freie Preisbildung nach dem System von Angebot und Nachfrage gelten auch in der sozialen Marktwirtschaft. Darüber hinaus gibt es aber einige Merkmale, die die soziale von der freien Marktwirtschaft unterscheiden. Dazu gehören:

- Existenz sozialer Sicherungssysteme,
- Eingeschränkte Konsum-, Vertrags- und Gewerbefreiheit,
- Milderung von Konjunkturschwankungen,
- Wettbewerbsschutz,
- Verbraucherschutz.

Insbesondere Sozialwirtschaftsunternehmen verlangen aufgrund ihrer Refinanzierung durch die öffentliche Hand nach einem sozialwirtschaftlichen Finanzierungsverständnis (siehe Kapitel 34).

9 Rechtsprechung in der Bundesrepublik Deutschland

> **Art. 92 GG**
>
> Die rechtsprechende Gewalt ist den Richtern anvertraut; sie wird durch das Bundesverfassungsgericht, durch die in diesem Grundgesetz vorgesehenen Bundesgerichte und durch die Gerichte der Länder ausgeübt.

9.1 Gerichte

Wegen der Vielfalt und Verschiedenartigkeit der Rechtsnormen haben sich unterschiedliche Gerichte mit unterschiedlichen Aufgaben entwickelt, man spricht von verschiedenen Arten oder Zweigen der Gerichtsbarkeit. Organisatorisch wird Gerichtsbarkeit gegliedert in

- die ordentliche Gerichtsbarkeit (d.h. streitige und freiwillige Zivilgerichtsbarkeit sowie Strafgerichtsbarkeit),
- die Arbeitsgerichtsbarkeit,
- die allgemeine Verwaltungsgerichtsbarkeit,
- die Sozial- und Finanzgerichtsbarkeit,
- die Verfassungsgerichtsbarkeit von Bund und Ländern.

Aufgaben, Organisation und Besetzung der ordentlichen Gerichte und ihrer Geschäftsstellen regelt das Gerichtsverfassungsrecht mit seinem Gerichtsverfassungsgesetz (GVG) als Ausdruck des Gewaltenteilungsprinzips des Grundgesetzes. Die übrigen Zweige der Gerichtsbarkeit haben jeweils eigene Verfahrensordnungen.

Für die Tätigkeit der Gerichte gilt mit jeweils wenigen Ausnahmen grundsätzlich: Die Gerichtssprache ist Deutsch (§ 184 GVG). Als Sitz des Gerichtes gilt die Gemeinde, in der das Gericht errichtet ist und in der es seine Gerichtsstelle (Gerichtsgebäude) hat. Ein Gericht darf nur im Bereich seines Gerichtsbezirks tätig werden.

Für die mündliche Verhandlung eines Gerichtes gilt (wiederum mit wenigen Ausnahmen) der Grundsatz der Öffentlichkeit: Geheimprozesse gibt es nicht. Der Zugang zu einer Verhandlung ist für jedermann garantiert.

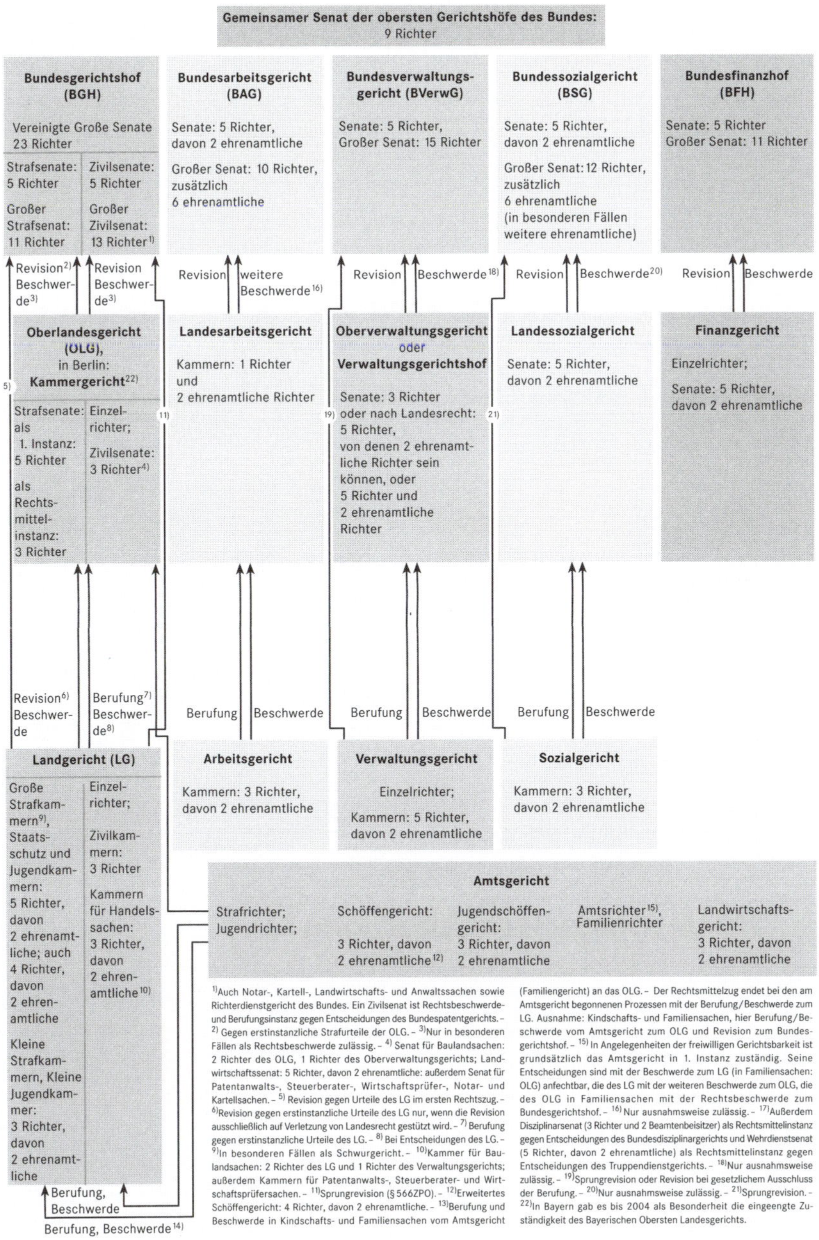

Gericht: Gerichtsorganisation, Instanzenzug und Besetzung der Spruchkörper

Aus: Duden Recht A–Z,

Abbildung 31: Gerichtsorganisation, Instanzen und Besetzung der Spruchkörper

9.2 Gerichtsbarkeiten

In der BRD gibt es fünf Gerichtsbarkeiten (Gerichtszweige): Neben der ordentlichen Gerichtsbarkeit existieren noch vier besondere Gerichtsbarkeiten, an deren Spitze jeweils ein Oberster Gerichtshof steht. Darunter gliedern sich die jeweiligen Landesgerichte.

Die Bundesgerichte sind ausschließlich Revisionsgerichte, d.h., sie entscheiden nur in streitigen Rechtsfragen, betreiben aber selbst keine Sachverhaltsaufklärung.

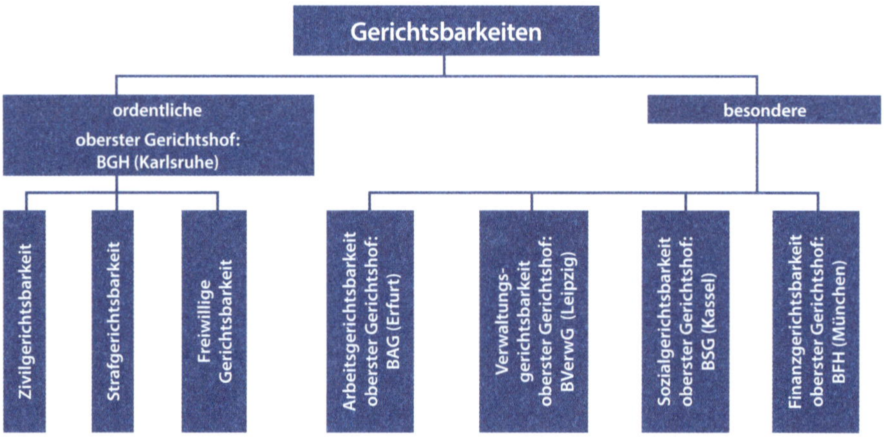

Abbildung 32: Gerichtsbarkeiten der BRD

9.3 Unabhängige Rechtsprechung

Die Richter:innen in der BRD sind unabhängig und nur dem Gesetz unterworfen. Dies gilt sowohl in sachlicher als auch persönlicher Hinsicht.

Einem Richter/einer Richterin dürfen im Hinblick auf die von ihm/ihr zu treffenden Entscheidungen keinerlei Weisungen erteilt werden. Auch der/die Präsident:in des Gerichtes kann ihm/ihr nicht vorschreiben, wie er/sie zu urteilen hat. Zwar führt der/die Gerichtspräsident:in die Dienstaufsicht über die Richter:innen am jeweiligen Gericht, diese bezieht sich jedoch nur auf die Organisation der richterlichen Tätigkeit, nicht auf deren Inhalt. Darüber hinaus sind auch alle sonstigen Einflussnahmen unzulässig.

Richter:innen müssen unparteilich sein, ihre Urteile müssen sich am geltenden Recht orientieren, politische oder andere rechtsfremde Aspekte dürfen keinen Einfluss auf ihre Urteile haben.

9.4 Die Justizgrundrechte

Die sogenannten Justizgrundrechte der Art. 101 ff GG erwachsen aus dem Rechtsstaatsprinzip und regeln spezielle grundrechtliche Positionen des Bürgers vor Gericht. Ihre stärkste Bedeutung entfalten sie im Strafprozess, sie haben aber auch Wirkung in allen anderen Gerichtszweigen. Sie sind sogenannte grundrechtsgleiche Rechte (siehe Kapitel 3.10).

9.4.1 Das Recht auf den gesetzlichen Richter (Art. 101 Abs. 1 Satz 2 GG)

Der gesetzliche Richter ist der Richter, dessen sachliche, örtliche und instanzielle Zuständigkeit für einen konkreten Fall im Voraus abstrakt generell nach objektiven Kriterien festgelegt ist. Die Festlegung erfolgt durch Parlamentsgesetze, Rechtsverordnungen und Satzungen und schließlich die Geschäftsverteilungspläne der Gerichte. Auf diese Weise wird im Voraus geregelt, welcher Spruchkörper die konkrete Einzelklage behandeln wird.

> Der Geschäftsverteilungsplan des Amtsgerichts XY, der mit Beschluss vom 1. April 2022 erlassen wurde und ein Jahr gültig ist, weist die Richterin am Amtsgericht, Frau Meier, als zuständige Richterin unter anderem für Strafsachen gegen Erwachsene mit den Anfangsbuchstaben K bis Z aus. Sie ist damit auch zuständig für das Strafverfahren gegen Herrn Schmidt (46 Jahre) wegen Betrugs, das am 1. Februar des Folgejahres eröffnet wird.

9.4.2 Das Recht auf rechtliches Gehör (Art. 103 Abs. 1 GG)

Auf dieses Recht kann sich jede:r berufen, der/die an einem gerichtlichen Verfahren als Partei oder in ähnlicher Stellung beteiligt oder unmittelbar rechtlich von dem Verfahren betroffen ist. Der Einzelne darf nicht bloßes Objekt des gerichtlichen Verfahrens sein, vielmehr soll er vor einer gerichtlichen Entscheidung die Gelegenheit erhalten, sich zu dem einer gerichtlichen Entscheidung zugrunde liegenden Sachverhalt vor Erlass der Entscheidung zu äußern. Damit der Bürger im Prozess dieses Recht ausüben kann, ist das Gericht verpflichtet, ihn über alle dafür relevanten Tatsachen zu informieren. Das Gericht darf seiner Entscheidung nur solche Tatsachen zugrunde legen, zu denen die Beteiligten Stellung nehmen konnten. Bei Verstoß gegen diesen Grundsatz steht den Beteiligten nach Ausnutzung aller Rechtsmittel die Verfassungsbeschwerde vor dem Bundesverfassungsgericht offen.

9.4.3 Nulla poena sine lege = Keine Strafe ohne Gesetz (Art. 103 Abs. 2 GG)

Niemand darf für etwas bestraft werden, was zum Zeitpunkt der Handlung nicht mit Strafe bewehrt (gewesen) ist. Die Norm stellt damit einen Gesetzesvorbehalt für Bestrafung dar. In einem Rechtsstaat muss jeder Bürger zu jedem Zeitpunkt wissen können, welche seiner Handlungen mit Strafe bewehrt sind. Sie gilt auch für rückwirkende Strafbegründungen und Strafverschärfungen.

9.4.4 Ne bis in idem = Nicht zweimal für dieselbe Tat (Art. 103 Abs. 3 GG)

Die Norm konstituiert ein Verbot der Doppelbestrafung bzw. Doppelverfolgung hinsichtlich einer Tat. „Dieselbe Tat" ist dabei der geschichtliche Vorgang, auf der Anklage und Eröffnungsbeschluss beruhen und innerhalb dessen der/die Angeklagte als Täter:in oder Teilnehmer:in einen Straftatbestand verwirklicht haben soll. Das Verbot ist auf die allgemeinen Kriminalstrafgesetze beschränkt, umfasst also nicht berufsgerichtliche Verfahren etc. Zu beachten ist, dass dieser Grundsatz auch für Freisprüche gilt.

9.4.5 Rechtsweggarantie (Art. 19 Abs. 4 GG)

Der Rechtsweg steht jedem offen, der durch die (deutsche) öffentliche Gewalt in seinen Rechten verletzt ist. Das bedeutet, jedermann hat das Recht, zur umfassenden Wahrung seiner Rechte ungehindert die staatlichen Gerichte in Anspruch zu nehmen und von diesen eine Entscheidung in der Sache treffen zu lassen. Diesem sogenannten Justizgewährungsanspruch entspricht auf staatlicher Seite die Justizgewährungspflicht, also die Pflicht des Staates, für alle Rechtsverletzungen und Rechtsstreitigkeiten den gerichtlichen Schutz zur Verfügung zu stellen. Die Justizgewährungspflicht ist die notwendige Folge aus dem staatlichen Gewaltmonopol und dem Selbsthilfeverbot.

9.5 Übungsfälle

Fall 3

Erzieherin Sandra hat heute einen schlechten Tag: Die Kita-Leitung hat ihr gerade wegen wiederholter Unpünktlichkeit fristlos gekündigt. Auf dem Nachhauseweg wurde Sandra in der U-Bahn das Portemonnaie aus der Handtasche gestohlen, und zu Hause angekommen, muss sie feststellen, dass es im Badezimmer von der Decke tropft. Offenbar läuft beim Nachbarn über ihr die Badewanne über.

Welche Gerichtsbarkeiten sind zuständig?

Fall 4

Richterin Meyer kommt in der Hauptverhandlung gegen Herrn Schmidt zu dem Schluss, dass sie nicht hundertprozentig von seiner Schuld überzeugt ist. Nach dem Grundsatz in dubio pro reo (= im Zweifel für den Angeklagten) spricht sie ihn vom Betrugsvorwurf frei. Zwei Monate später erhält die Staatsanwaltschaft (StA) zweifelsfreie Beweise für die Schuld des Herrn Schmidt in dieser Sache.

Kann die Staatsanwaltschaft Herrn Schmidt erneut anklagen?

10 Europäische Union

10.1 Entstehung der Europäischen Union und ihrer Mitgliedstaaten

Zu den Lehren aus dem Zweiten Weltkrieg gehörte unter anderem, dass nicht etwa nationalistisches, kleinstaatliches Denken zu Frieden, Stabilität und Wohlstand führt, sondern nur mit einem vereinten demokratischen Europa der Traum von immerwährender Prosperität verwirklicht werden kann.

Zu diesem Zweck bildeten sich in den 1950er Jahren zunächst die Europäische Gemeinschaft für Kohle und Stahl (Montanunion, 1952), die Europäische Wirtschaftsgemeinschaft (EWG, 1958) sowie die Europäische Atomgemeinschaft (Euratom, 1958). Die Vertragswerke dieser Gemeinschaften wurden in der Folgezeit weiterentwickelt, was am 19. März 1958 zur Gründung des Europäischen Parlamentes führte.

Gründungsmitglieder: Belgien, Italien, Deutschland, Luxemburg, Frankreich, Niederlande

Norderweiterung 1973: Dänemark, Irland, Großbritannien

Weitere Mitgliedstaaten: Griechenland (1981), Portugal (1986), Spanien (1986), Österreich (1995), Schweden (1995), Finnland (1995)

Osterweiterung 2004: Estland, Slowakei, Lettland, Ungarn, Litauen, Slowenien, Polen, Malta, Tschechien, Zypern

1. Januar 2007: Bulgarien, Rumänien

Beitrittsverhandlungen mit Türkei, Montenegro, Serbien, Nordmazedonien, Albanien, Ukraine, Georgien, Moldawien, Bosnien-Herzegowina

Abbildung 33: Die Europäische Union und ihre Mitgliedstaaten

Der Versuch, der EU eine Verfassung zu geben, scheiterte an Volksabstimmungen in Frankreich und den Niederlanden. In der Folgezeit schloss man den Vertrag von Lissabon, der am 1. Dezember 2009 in Kraft trat und wesentliche Elemente des Verfassungsentwurfs beinhaltet. Hierzu gehören:

- Proklamation der Werte und Ziele der Europäischen Union

- Die Grundrechtecharta als Bestandteil der Verfassung
- Hauptamtliche:r Präsident:in an der Spitze der EU
- Einführung des Amtes „Hoher Vertreter der EU für Außen- und Sicherheitspolitik" (EU-Außenminister:in)
- Ernennung von EU-Kommissar:innen
- Entscheidungen im Ministerrat
- Europäisches Parlament
- Subsidiaritätsprinzip zwischen Union und Mitgliedstaaten
- Stabilität und Wachstumspakt
- Austrittsregelung
- Symbole: Blaue Flagge mit zwölf Sternen als Europaflagge, Beethovens „Ode an die Freude" als Hymne und den 9. Mai als Europatag
- Motto der EU: Einig in Vielfalt

10.2 Organe der EU

10.2.1 Die Hauptorgane und ihr Zusammenwirken

Die Hauptorgane der Europäischen Union sind:

- Europäischer Rat der Staats- und Regierungschefs (Sitz: Brüssel),
- Europäische Kommission (Sitz: Brüssel),
- Europäisches Parlament (Sitze: Straßburg und Brüssel),
- Rat der Europäischen Union (Sitz: Brüssel).

Ihre Aufgaben und Befugnisse sowie ihr Zusammenwirken ergeben sich aus der folgenden Abbildung:

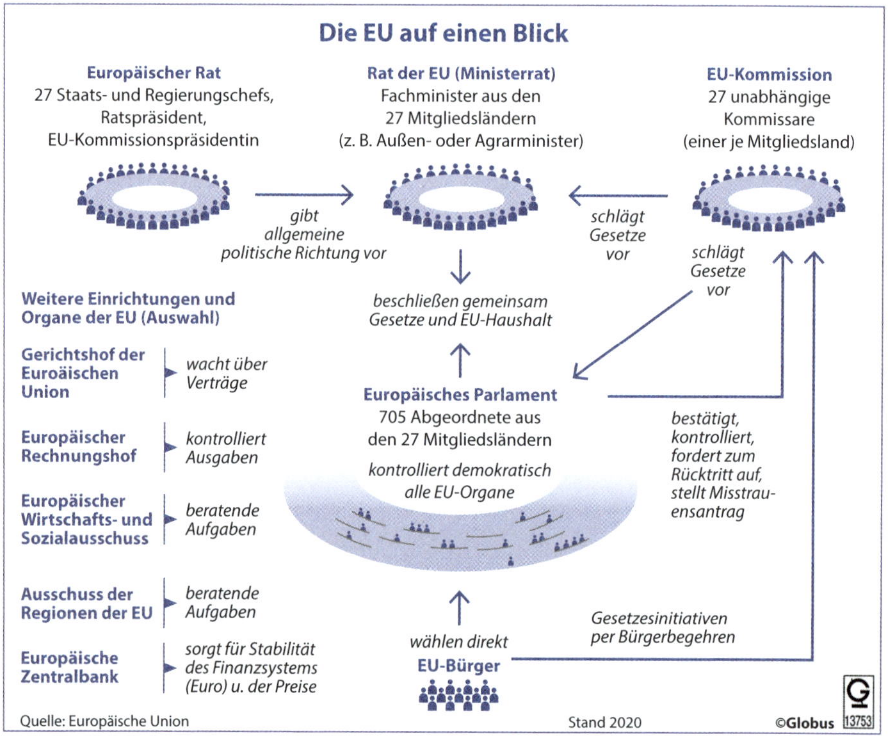

Abbildung 34: Die EU auf einen Blick

10.2.2 Hoher Vertreter der EU für Außen- und Sicherheitspolitik

Der Hohe Vertreter der EU für Außen- und Sicherheitspolitik ist der/die Außenminister:in der EU. Er/sie übernimmt den Vorsitz im Außenministerrat (= Rat für Auswärtige Angelegenheiten, besteht aus den Außenminister:innen der Mitgliedstaaten) und ist zugleich Vizepräsident:in der Europäischen Kommission.

10.2.3 Europäischer Gerichtshof

Der EuGH mit Sitz in Luxemburg entscheidet bei

- Streitigkeiten der EU-Organe untereinander,
- Klagen einzelner Personen gegen die sie betreffenden Maßnahmen der EU und
- Auslegung der EU-Verträge und Richtlinien.

Die 28 Richter:innen sind unabhängig, insbesondere sind sie nicht parteiisch hinsichtlich einzelner Mitgliedstaaten.

10.2.4 Europarat

Nicht zu verwechseln mit dem Europäischen Rat ist der Europarat. Seine Hauptaufgaben sind der Schutz der Menschenrechte, Bekämpfung von Rassismus, Intoleranz, Diskriminierung von Minderheiten, Drogenmissbrauch und organisierter Kriminalität. Ausdrücklich nicht zuständig ist er in Fragen der nationalen Verteidigung. Seine wohl wichtigste Einrichtung ist der Europäische Gerichtshof für Menschenrechte in Straßburg. Dieser entscheidet über Beschwerden einzelner Personen sowie Personengruppen und Staaten, die sich auf Verletzungen der in der europäischen Menschenrechtskonvention anerkannten Rechte durch einen Mitgliedstaat beziehen.

10.3 Gründe für eine europäische Einigung

Die europäische Einigung hat für Deutschland in der Vergangenheit erhebliche Vorteile gebracht: Neben seiner friedens- und freiheitssichernden Funktion hat die EU währungs-, wettbewerbs- und sicherheitspolitische Vorteile generiert und den Umwelt- und Verbraucherschutz maßgeblich verbessert. Für die Zukunft entstehen im Zeitalter der Globalisierung immer mehr supranationale Probleme, die nur gesamteuropäisch zu lösen sind:

- Umweltschutz, hier vor allem Abfallbeseitigung und Meeresnaturschutz
- Wirtschaftliche Übermachtstellung Chinas
- Existenz multinationaler Konzerne
- Herausforderungen des Klimawandels
- Drohende Energieversorgungsengpässe
- Migrationsströme in die EU
- Pandemiebekämpfung
- Europäische Sicherheits- und Verteidigungsaspekte

11 Vereinte Nationen

11.1 Ziele und Grundsätze der UN

In den Vereinten Nationen (UNO = United Nations Organization/UN) sind gegenwärtig 193 Mitgliedstaaten organisiert. Sie wurden am 26. Juni 1945 mit Unterzeichnung der „Charta der Vereinten Nationen“ unter dem Eindruck des Zweiten Weltkrieges gegründet, der ihnen auch die zentrale Zielbestimmung gegeben hat: die Sicherung des Weltfriedens. Alle anderen in der Charta genannten Grundsätze dienen diesem obersten Ziel. Dazu gehören:

- Gleichberechtigung aller Völker
- Eigenständigkeit aller Völker (Prinzip der nationalen Souveränität)
- Lösung von wirtschaftlichen Problemen
- Lösung von sozialen Problemen
- Lösung von kulturellen Problemen
- Lösung von humanitären Problemen
- Abrüstung
- Rüstungskontrolle
- Internationale Sicherheit,
- Gewährleistung der Menschenrechte und Grundfreiheiten für alle ohne Unterscheidung der Rasse, des Geschlechts, der Sprache und der Religion

Das Prinzip der nationalen Souveränität entfaltet vor allem dann Bedeutung, wenn es um sogenannte Blauhelm-Einsätze der UN geht. Diese sind nur dann zulässig, wenn alle am Konflikt Beteiligten und das Land, auf dessen Gebiet der Einsatz stattfindet, ihnen zugestimmt haben.

11.2 Organe der UN

11.2.1 Die Hauptorgane und ihr Zusammenwirken

Die Hauptorgane der Vereinten Nationen sind:

- Generalversammlung,
- Sekretariat/Generalsekretär,
- Wirtschafts- und Sozialrat,
- Sicherheitsrat,
- internationaler Gerichtshof,
- Treuhandrat.

Ihre Aufgaben und Befugnisse sowie ihr Zusammenwirken ergeben sich aus der folgenden Abbildung:

Abbildung 35: Hauptorgane der UN

11.2.2 Sonderorganisationen der UN

Neben den Hauptorganen arbeiten zahlreiche Sonderorganisationen in der UN. Hierzu zählen zum Beispiel:

- Weltgesundheitsorganisation (WHO)
- Organisation der Vereinten Nationen für Erziehung, Wissenschaft und Kultur (UNESCO)
- Kinderhilfswerk (UNICEF)

Weltgesundheitsorganisation: Die World Health Organization (WHO) mit Sitz in Genf hat zum Ziel, das bestmögliche Gesundheitsniveau bei allen Völkern der Erde zu verwirklichen.

Gesundheit ist der Zustand kompletten physischen, psychischen und sozialen Wohlbefindens, der sich nicht nur auf die Abwesenheit von Krankheiten und Behinderungen beschränkt.

Hierzu leistet die WHO:

- Koordination der internationalen Gesundheitsarbeit,
- Hilfe beim Aufbau von Gesundheitssystemen,
- technische Hilfe,
- Seuchenbekämpfung,
- Durchführung von Prophylaxeprogrammen,
- Verbesserung der hygienischen Bedingungen,
- Förderung der medizinischen Forschung,
- Ausbildung von medizinischem Fachpersonal,
- Erstellung der Liste der unentbehrlichen Arzneimittel,
- etc.

Organisation der Vereinten Nationen für Erziehung, Wissenschaft und Kultur: Die United Nations Educational, Scientific and Cultural Organization (UNESCO) mit Sitz in Paris hat zum Ziel, die Zusammenarbeit zwischen den Völkern auf den Gebieten der Erziehung, Wissenschaft und Kultur zur Aufrechterhaltung des Friedens und der Sicherheit zu fördern.

Hierzu leistet die UNESCO:
- Bekämpfung des Analphabetentums,
- Durchsetzung der Menschenrechte,
- etc.

Kinderhilfswerk: Die United Nations International Children`s Emergency Fund (UNICEF) mit Sitz in New York City hat zum Ziel, Kinderrechte für jedes Kind zu verwirklichen. Jedes Kind soll gesund groß werden und sich seinen Fähigkeiten gemäß entwickeln können – unabhängig etwa von Hautfarbe, Religion oder ethnischer Zugehörigkeit. Richtschnur der Arbeit von UNICEF ist die UN-Kinderrechtskonvention (siehe Kapitel 11.4).

11.3 UN-Behindertenrechtskonvention

Die UN-Behindertenrechtskonvention wurde am 22. Dezember 2008 in Deutschland ratifiziert und trat am 26. März 2009 im Rang eines Bundesgesetzes in Kraft. Ihr Ziel ist es, den vollen und gleichberechtigten Genuss aller Menschenrechte und Grundfreiheiten durch alle Menschen mit Behinderungen zu fördern, zu schützen und zu gewährleisten und die Achtung der ihnen innewohnenden Würde zu fördern.

11.3.1 Auswirkungen auf Deutschland

In der Folgezeit hatte die UN-BRK bereits Einfluss auf das nationale Verfassungsrecht, das Sozialrecht und nahezu alle landesrechtlichen Regelungen zur frühpädagogischen Bildung.

Aufgrund der in der UN-BRK verankerten Pflicht zur Unterstützung der Integration und Entwicklung in allen Lebensbereichen ist es aber darüber hinaus für die Zukunft erforderlich, dass beim Leistungsumfang die Rechtsansprüche junger Menschen mit (drohender) Behinderung in der Praxis vielfach eine Ausweitung erfahren müssen. So normiert Art. 24 Abs. 1 der UN-BRK zum Beispiel die Pflicht zur Sicherstellung einer integrativen Beschulung, die gegenwärtig – zumindest in einer Übergangsphase bis zur Verwirklichung der notwendigen Umstellungen im Schulsystem – mit Leistungen nach SGB VIII vorangebracht wird.

Die umfassende Bedeutung des Paradigmenwechsels wird nicht zuletzt auch in der Ausbildung der pädagogischen Fachkräfte offenbar: Gegenwärtig werden die Lehrpläne der Fachschulen und Fachakademien um das Fach „Inklusion“ erweitert.

11.3.2 Umsetzung in Deutschland

Die in der UN-BRK erwähnten Menschenrechte und Grundfreiheiten sind in unserem Grundgesetz verbrieft, in dem es unter anderem in Art. 3 Abs. 3 Satz 2 heißt: „Niemand darf wegen seiner Behinderung benachteiligt werden.“

Als spezielle Ausgestaltung dieses Grundrechts ist das Allgemeine Gleichbehandlungsgesetz (AGG) zu nennen. Ziel des im allgemeinen Sprachgebrauch auch häufig „Antidiskriminierungsgesetz" genannten Gesetzes ist es, Benachteiligungen aus Gründen der Rasse oder wegen der ethnischen Herkunft, des Geschlechts, der Religion oder der Weltanschauung, einer Behinderung, des Alters oder der sexuellen Identität zu verhindern oder zu beseitigen (siehe Kapitel 22.4).

Das bundesdeutsche Sozialrecht setzt diese Maßgaben mit einer Reihe von Normen um:

§ 1 Abs. 3 SGB VIII: Jugendhilfe soll junge Menschen in ihrer individuellen und sozialen Entwicklung fördern und dazu beitragen, soziale Benachteiligungen zu vermeiden oder abzubauen.

§ 22 a Abs. 4 SGB VIII: Kinder mit und ohne Behinderung sollen, sofern der Hilfebedarf dies zulässt, in Gruppen gemeinsam gefördert werden. Zu diesem Zweck sollen die Träger der öffentlichen Jugendhilfe mit den Trägern der Sozialhilfe bei der Planung, konzeptionellen Ausgestaltung und Finanzierung des Angebotes zusammenarbeiten.

§ 24 VIII: Rechtsanspruch auf einen Kindergartenplatz für alle Kinder.

§ 35 a VIII: Eingliederungshilfe für seelisch behinderte Kinder und Jugendliche (ab 2028 auch für körperlich und geistig behinderte Kinder nach dem SGB VIII).

§ 36 VIII: Einzelintegration von Kindern mit seelischer Behinderung im Regelkindergarten durch Hilfeplanverfahren.

§ 4 Abs. 3 SGB IX: Leistungen für behinderte und von Behinderung bedrohte Kinder werden so geplant und gestaltet, dass nach Möglichkeit Kinder nicht von ihrem sozialen Umfeld getrennt und gemeinsam mit nicht behinderten Kindern betreut werden können. Dabei werden Kinder mit Behinderungen alters- und entwicklungsentsprechend an der Planung und Ausgestaltung der einzelnen Hilfen beteiligt und ihre Sorgeberechtigten intensiv in Planung und Gestaltung der Hilfen einbezogen.

§ 30 SGB IX: Leistungen der Frühförderung und Früherkennung.

§§ 90 bis 150 SGB IX: Besondere Leistungen zur selbstbestimmten Lebensführung für Menschen mit Behinderungen (Eingliederungshilferecht).

§ 56 SGB IX: Heilpädagogische Maßnahmen.

§ 10 Abs. 4 i. V. m. §§ 53, 54 SGB XII: Sozialhilfe für Kinder mit körperlicher oder geistiger Behinderung.

11.4 UN-Kinderrechtskonvention

Um die geistige und körperliche Entwicklung, die Bildung sowie die Einbettung der Kinder in das soziale Leben zu fördern, haben die Vereinten Nationen (UN) in ihrer UN-Kinderrechtskonvention vom 20. November 1989 insgesamt 54 Kinderrechte festgehalten – leider in sehr komplizierter Sprache. Deswegen hat die UNICEF, die Kinderrechtsorganisation der UNO, den Text in zehn Grundrechten zusammengefasst:

Die Rechte des Kindes

1. Recht auf Gleichheit: Alle Kinder haben die gleichen Rechte. Kein Kind darf benachteiligt werden.
2. Recht auf Gesundheit: Kinder haben das Recht, gesund zu leben, Geborgenheit zu finden und keine Not zu leiden.
3. Recht auf Bildung: Kinder haben das Recht, zu lernen und eine Ausbildung zu machen, die ihren Bedürfnissen und Fähigkeiten entspricht.
4. Recht auf elterliche Fürsorge: Kinder haben ein Recht auf Liebe und Fürsorge beider Eltern und auf ein sicheres Zuhause.
5. Recht auf Privatsphäre und persönliche Ehre: Kinder haben ein Recht darauf, dass ihr Privatleben und ihre Würde geachtet werden.
6. Recht auf Meinungsäußerung, Information und Gehör: Kinder haben das Recht, bei allen Fragen, die sie betreffen, mitzubestimmen und zu sagen, was sie denken. Sie haben das Recht, sich alle Informationen zu beschaffen, die sie brauchen, und ihre eigene Meinung zu verbreiten.
7. Recht auf Schutz im Krieg und auf der Flucht: Kinder haben das Recht, im Krieg und auf der Flucht besonders geschützt zu werden.
8. Recht auf Schutz vor Ausbeutung und Gewalt: Kinder haben das Recht auf Schutz vor Gewalt, Missbrauch und Ausbeutung.
9. Recht auf Spiel, Freizeit und Ruhe: Kinder haben das Recht zu spielen, sich zu erholen und künstlerisch tätig zu sein.
10. Recht auf Betreuung bei Behinderung: Behinderte Kinder haben das Recht auf besondere Fürsorge und Förderung, damit sie aktiv am Leben teilnehmen können.

Abbildung 36: Die Kinderrechte

11.4.1 Handlungsfelder für die nahe Zukunft

Die UN-Kinderrechtskonvention ist von 195 Staaten ratifiziert worden. Damit ist sie die am meisten unterzeichnete Konvention der Welt. Von den 193 UN-Mitgliedstaaten haben alle – mit Ausnahme der USA – die Kinderrechtskonvention unterzeichnet. In Deutschland ist sie – zunächst unter Vorbehalten – seit dem 5. April 1992 in Kraft. Am 15. Juli 2010 hat die Bundesregierung gegenüber dem Generalsekretär der Vereinten Nationen erklärt, dass sie die Vorbehalte zurücknimmt. Seitdem gilt die Kinderrechtskonvention vorbehaltlos für alle Kinder in Deutschland. Zwar ist ihre Lebenssituation verglichen mit der Lage der Kinder in vielen anderen Ländern vergleichsweise gut, doch gilt es zu beachten: Bei den in der Kinderrechtskonvention festgelegten Standards handelt es sich um Mindeststandards, deren Verwirklichung immer am möglichen Potenzial zu messen ist.

Die Debatte darüber, ob Kinderrechte ins Grundgesetz mit aufgenommen werden sollen, zeigt darüber hinaus: Kinder sind keine kleinen Erwachsenen, sie sind nicht bereits mit den geltenden Grundrechten des Grundgesetzes angemessen geschützt. Wer meint, die allgemeinen Menschenrechte gelten doch auch für Kinder, der verkennt, dass das Verhältnis zwischen Kindern und Erwachsenen ein ungleiches ist. Erwachsene tragen die Verantwortung für Kinder, umgekehrt gilt dies nicht einmal annähernd. Daher gibt es auch in unserem Land noch immer Anlass, bei der Umsetzung der Kinderrechte nachzubessern. Kinderrechte ermöglichen den Kindern faire, soziale, gerechte und sichere Entwicklungschancen. Eine Erziehung, die den Kindern keine Mitbestimmung, keinen Schutz vor Gewalt, keine Bildung vermittelt, missachtet ihre Rechte.

Das Bundesministerium für wirtschaftliche Zusammenarbeit und Entwicklung benennt die aus heutiger Sicht wichtigsten Handlungsfelder, in denen eine Verbesserung der Situation von Kindern und Jugendlichen in den kommenden Jahren dringend erforderlich ist:

Ernährungssicherung: Jeder zweite Sterbefall von Kindern weltweit geht auf Hunger zurück. Hunger ist nicht nur das größte Gesundheitsrisiko, sondern auch eines der größten Entwicklungshemmnisse. Er trägt zu Flucht und Vertreibung bei, fördert Perspektivlosigkeit und Gewalt.

Bildung: Eine qualitativ hochwertige Grund- und Sekundärausbildung, die das Erlernen umfassender Fähigkeiten und Kompetenzen ermöglicht, schafft Chancen für Kinder, in der Zukunft eine adäquate Beschäftigung zu finden und damit aus der Armutsspirale ausbrechen zu können.

Förderung von Mädchen und jungen Frauen: Im Jahre 2015 waren etwa zwei Drittel der etwa 760 Millionen Analphabeten weiblich und dadurch Mädchen und Frauen besonders von Armut betroffen. Gewalt gegen Frauen und Mädchen ist eine der weitverbreiteten Menschenrechtsverletzungen. Viele Frauen arbeiten in ökonomisch ungesicherten Verhältnissen.

Gesundheit: In jedem Jahr sterben in Entwicklungsländern fast 7 Millionen Kinder unter fünf Jahren. Millionen weitere Kinder erleiden als Folge von Krankheiten körperliche und geistige Behinderung. Fast ein Drittel der Todesfälle werden durch Infektionen der Atemwege und Durchfälle verursacht.

Frieden, Sicherheit, Gerechtigkeit: Rund 1 Milliarde Kinder und Jugendliche leben nach Schätzung von UNICEF in Gebieten mit bewaffneten Konflikten. Nach Angaben des UNHCR ist rund die Hälfte der 34 Millionen Flüchtlinge Kinder. Außerhalb von Konfliktregionen ist Jugendgewalt laut WHO die am weitesten sichtbare Gewalt und in vielen Ländern ein zunehmendes Problem.

Klimawandel und Umweltrisiken: Jedes Jahr sterben weltweit mindestens 4 Millionen Kinder unter fünf Jahren aufgrund umweltbezogener Krankheiten. Der wachsende Organismus von Kindern ist anfälliger für schädigende Einflüsse wie krebserzeugende oder andere toxikologische Stoffe.

Wirtschaft und Beschäftigung: Weltweit sind noch immer 168 Millionen Mädchen und Jungen im Alter von 5 bis 17 Jahren gezwungen, einer Arbeit nachzugehen, die ihre Bildung, Entwicklung und Gesundheit beeinträchtigt – davon mehr als die Hälfte (85 Millionen) unter gefährlichen Bedingungen.

Kommunal- und Stadtentwicklung: Die Mehrheit der Weltbevölkerung lebt heute in Städten, etwa 3,6 Milliarden Menschen. Etwa

40 Prozent davon sind Kinder und Jugendliche. Eine bessere Welt hängt auch davon ab, ob es gelingt, Kinder und Jugendliche dort vor Gewalt zu schützen, ihnen Entwicklungsraum zu geben und am Entwicklungspotenzial der urbanen Gesellschaft teilhaben zu lassen.

11.4.2 Kinderrechte: Umsetzung in der Kita

Kinder- und Jugendhilfeeinrichtungen sind dazu aufgerufen, ihre Angebote an den Kinderrechten auszurichten, insbesondere:

- die Selbstständigkeit der Kinder zu fördern,
- Chancengleichheit zu bieten, zum Beispiel durch Angebote wie Computerplatz und Sprachförderung,
- Eltern in ihrer Erziehungsverantwortung zu unterstützen und zu beraten,
- bei erkennbar nicht beachteten Kinderrechten, wie etwa einer Verwahrlosung, selbst tätig zu werden.

Recht 2: In der Kita „Spatzennest" gilt einmal wöchentlich der Slogan „Bio-Brunch". Auf dem Markt und im Bio-Supermarkt kaufen die Kinder zusammen mit den Erzieher:innen alles ein, was sie für ein solch gesundes Frühstück benötigen. Anschließend werden die frischen Zutaten gemeinsam zubereitet und verspeist.

Die Kinder der Kita „Die Biber" beteiligen sich regelmäßig an Aktionen wie „Weihnachten in der Schuhschachtel" und „Stifte stiften". Auch haben sie eine Kiste für gebrauchte Kleidungsstücke aufgestellt, die sie dann an eine Hilfsorganisation spenden.

Recht 3: Die Kinder der Einrichtung „Spreepiraten" gehen regelmäßig zur Uni. Die Hochschule ihrer Stadt bietet eigens konzipierte Kindervorlesungen zu besonderen, für Kinder interessanten Themen an.

Die Einrichtung Lummerland liegt in einem sozialen Brennpunkt. Sie sieht eine ihrer Aufgaben darin, nachhaltig kostenfreie Bildungsangebote zu machen, die Kinder aus sozial schwachen Familien zu Hause nicht erfahren.

Recht 5: In der Kita „Kichererbsen" haben ausschließlich die Kinder das Recht, ihr Kompetenzportfolio zu verwalten. Sie bestimmen selbst, was dort abgeheftet wird und wer Einsicht nehmen darf.

Recht 6: In der Kita „Pumuckl" wird Partizipation großgeschrieben. Seit langer Zeit finden dort Kinderkonferenzen statt. Dazu treffen sich alle Kinder einmal monatlich und können ihre Wünsche hinsichtlich Raumgestaltung, Anschaffungen, Ausflugszielen, Themenschwerpunkten etc. äußern. Die Kinder diskutieren die anstehenden Fragen und stimmen mit Muggelsteinen ab. Auch innerhalb der einzelnen Gruppen gibt es viel Gelegenheit zum Meinungsaustausch und Abstimmungen: Welches Spielmaterial soll für ein paar Monate verschwinden? Welches Frühstück soll es am Freitag sein? Wer darf wann in den Mehrzweckraum?

11.5 Übungsfälle

Fall 5

Die Eltern des zweijährigen Vincent sehen sich in dieser Woche mehrere Kindergärten an, um zu entscheiden, welcher für Vincent infrage kommt. Ihre Nachbarin, Frau Müller, hält es für Zeitverschwendung, dass sie sich dabei keineswegs auf integrative Kindergärten beschränken, denn Vincent hat das Down-Syndrom. Ihrer Ansicht nach kommt für Vincent nur eine integrative Einrichtung infrage.

Hat Frau Müller recht?

Fall 6

Die dreijährige Sophie hat Diabetes. Ihre Eltern möchten sie in einem Kindergarten in evangelischer Trägerschaft anmelden. Leiterin Biggi traut sich und ihrem Team allerdings die Mehrbelastung, die daraus entsteht, dass bei Sophie regelmäßig der Blutzucker gemessen und entsprechend Insulin gespritzt werden muss, nicht zu. Sie möchte daher Sophie nicht aufnehmen. Die Eltern bestehen auf der Aufnahme, da Sophie einen Rechtsanspruch auf einen Kindergartenplatz hat.

Wer hat recht?

II Strafrecht

Strafrecht ist der Teil der Rechtsordnung, in dem sowohl die Merkmale des verbrecherischen Handelns als auch die daran anknüpfenden Rechtsfolgen (Strafe, Maßregel der Besserung und Sicherung) festgelegt sind. Das Strafrecht der BRD ist im Strafgesetzbuch (StGB) und in sogenannten strafrechtlichen Nebengesetzen (Nebenstrafrecht) geregelt (z.B. Betäubungsmittelgesetz, Waffengesetz, Wirtschaftsstrafgesetz).

12 Wesen des Strafrechts

Strafrecht ist Ausdruck des staatlichen Gewaltmonopols des Staates. In einem Rechtsstaat hat ausschließlich der Staat die Befugnis, auf seinem Staatsgebiet physische Sanktionen gegen den Bürger zu verhängen und durchzusetzen. Privatpersonen steht dieses Recht nur aufgrund staatlicher Ermächtigung bzw. Delegation und nur im Ausnahmefall (Notwehrrecht, Selbsthilferecht) zu.

12.1 Aufgabe und Inhalt des Strafrechts

Aufgabe des Strafrechtes ist es, die elementaren Werte des Gemeinschaftslebens, also wichtige Rechtsgüter, zu schützen. Die wichtigsten Rechtsgüter unserer Rechtsordnung sind das Leben, die körperliche Unversehrtheit, die Freiheit, die sexuelle Selbstbestimmung und das Eigentum. Das Strafgesetzbuch (StGB) führt diese Rechtsgüter katalogartig auf und weist ihnen entsprechende mögliche Verletzungen zu:

Tabelle 5: Straftatbestände gegen die wichtigsten geschützten Rechtsgüter des StGB

Leben	körperliche Unversehrtheit	Freiheit	sexuelle Selbstbestimmung	Eigentum
• Mord • Totschlag • Tötung auf Verlangen • Schwangerschaftsabbruch • Aussetzung • Fahrlässige Tötung • etc.	• Körperverletzung • Gefährliche Körperverletzung • Mißhandlung von Schutzbefohlenen • Schwere Körperverletzung • Verstümmelung weiblicher Genitalien • Körperverletzung mit Todesfolge • Fahrlässige Körperverletzung • Beteiligung an einer Schlägerei • etc.	• Menschenhandel • Zwangsprostitution • Zwangsarbeit • Ausbeutung der Arbeitskraft • Menschenraub • Verschleppung • Entziehung Minderjähriger • Kinderhandel • Zwangsheirat • Nachstellung • Freiheitsberaubung • Erpresserischer Menschenraub • Geiselnahme • Nötigung • Bedrohung • etc.	• Sex. Mißbrauch von Schutzbefohlenen • Sex. Mißbrauch von Hilfsbedürftigen in Einrichtungen • Sex. Mißbrauch unter Ausnutzung einer Amtsstellung • Sex. Mißbrauch unter Ausnutzung eines Beratungs --, Behandlungs- oder Betreuungsverhältnisses • Sex. Mißbrauch von Kindern • Vergewaltigung • Förderung sex. Handlungen Minderjähriger • Sex. Mißbrauch von Jugendlichen • Exhibitionistische Handlungen • Verbreitung, Erwerb und Besitz kinderpornografischer Schriften • Verbreitung, Erwerb und Besitz jugendpornografischer Schriften • Veranstaltung und Besuch kinder- und jugendpornografischer Darbietungen • Jugendgefährdende Prostitution • Verletzung des Intimbereiches durch Bildaufnahmen • Inverkehrbringen, Erwerb und Besitz von Sexpuppen mit kindlichem Erscheinungsbild • etc.	• Diebstahl • Besonders schwerer Fall des Diebstahls • Diebstahl mit Waffen • Bandendiebstahl • Unterschlagung • Haus und Familiendiebstahl • Diebstahl und Unterschlagung geringwertiger Sachen • Unbefugter Gebrauch eines Fahrzeugs • Entziehung elektrischer Energie • Raub • schwerer Raub • Erpressung • Raub mit Todesfolge • Räuberischer Diebstahl • Hehlerei • Geldwäsche • Betrug • Computerbetrug • Subventionsbetrug • Kapitalanlagebetrug • Erschleichen von Leistungen • Untreue • Mißbrauch von Scheck- und Kreditkarten • etc.

Die Auffassung darüber, was als Verletzungshandlung anzusehen ist, ist häufig von Moralvorstellungen geprägt und unterliegt somit dem Wandel der Zeit. So war zum Beispiel bis 1969 der Ehebruch strafbar. Auch neue Straftatbestände kamen im

Laufe der Zeit durch geänderte gesellschaftliche Entwicklungen hinzu (z.B. „Stalking", Verstümmelung weiblicher Genitalien, Straftaten aus Gruppen heraus). Wieder andere Straftatbestände wurden verschärft (Zwangsheirat, missbräuchlicher Umgang mit Kindern etc.).

Eine Straftat ist nur dann gegeben, wenn ein Straftatbestand des StGB verwirklicht wurde. In diesen Fällen wird eine Kriminalstrafe ausgeurteilt. Die Verletzung anderer Normen des Zusammenlebens wie Gebräuche, Anstands- und Höflichkeitsregeln, religiöse Anschauungen ziehen zwar möglicherweise soziale Missbilligung nach sich, mangels Verwirklichung eines Straftatbestandes ist aber eine Kriminalstrafe nicht zu erwarten.

12.2 Ziele der Strafe

Uns erscheint es selbstverständlich, dass der Verwirklichung eines Straftatbestandes eine Strafe folgt. Tatsächlich aber wird in der Rechtsphilosophie seit jeher die Frage diskutiert, was der genaue Zweck von Strafe ist, was also ihre eigentliche Legitimation ist. Hierzu wurden verschiedene Theorien entwickelt:

12.2.1 Die absolute Straftheorie

Die absolute Straftheorie leugnet die Legitimation jeglicher Zweckverfolgungen von Strafe. Strafe findet hiernach allein rückwärts betrachtet ihre Legitimation. Sie hat zweckfrei – eben absolut – zu sein. Die absolute Straftheorie will nur einen Grund für die Strafe, keinen Zweck abgeben. Der wichtigste Vertreter der absoluten Straftheorie war Immanuel Kant (1724–1804). In seinem Werk „Metaphysik der Sitten" von 1797 schreibt er: „Richterliche Strafe (…) muss jederzeit nur darum wider ihn (den Verbrecher) verhängt werden, weil er verbrochen hat" (S. 175).

Nach dieser Ansicht wird Strafe um des reinen Strafens willen verhängt, ein staatlicher oder individueller Nützlichkeitszweck ist damit nicht verbunden. Kant formuliert seine Theorie bis in die letzte Konsequenz: „Selbst, wenn sich die bürgerliche Gesellschaft mit aller Glieder Einstimmung auflöste (z.B. das eine Insel bewohnende Volk beschlösse, auseinanderzugehen, und sich in alle Welt zu zerstreuen), müsste der letzte im Gefängnis befindliche Mörder vorher hingerichtet werden, damit jedermann das widerfahre, was seine Taten wert sind …" (ebd.).

In dieser Straftheorie hat die Befriedigung persönlicher Rache- oder Genugtuungsbedürfnisse keinen Platz. Die Strafe dient allein der Verwirklichung von Gerechtigkeit, indem sie „Übel mit Übel vergilt".

12.2.2 Die relative Straftheorie

Die relative Straftheorie gibt es in vielen Ausprägungen. Gemeinsam ist ihnen, dass sie sich für Bestrafung aussprechen, damit zukünftig keine neuen Verbrechen begangen werden. Einige Theorien verfolgen dabei spezialpräventive Ansätze, haben also zum Ziel, den Einzelnen von Straftaten abzuhalten. Andere Theorien stellen eher auf generalpräventive Ansätze ab und wollen durch Abschreckung der Allgemeinheit erreichen, dass aus Furcht vor den Folgen einer Straftat von deren Begehung abgesehen wird. Unterschiede bestehen auch in der Festlegung des Zwecks von Strafe. So wollen die einzelnen Ausgestaltungen

- andere von ähnlichen Taten abschrecken (negative Generalprävention),
- das beeinträchtigte Rechtsbewusstsein der Allgemeinheit aufrichten (positive Generalprävention),
- den einzelnen Täter von einer Wiederholung abschrecken bzw. die Gesellschaft vor ihm sichern (negative Individual- oder Spezialprävention),
- den einzelnen Täter positiv beeinflussen, ihn resozialisieren, um ihn so von einer Straftatwiederholung abzuhalten (positive Individual- oder Spezialprävention).

> **§ 46 StGB**
>
> Die Schuld des Täters ist Grundlage für die Zumessung der Strafe. Die Wirkungen, die von der Strafe für das künftige Leben des Täters in der Gesellschaft zu erwarten sind, sind zu berücksichtigen.

Allerdings ist es schwierig, festzustellen, ob die beabsichtigten Strafzwecke im Einzelfall auch erreicht werden. Insbesondere wird angezweifelt, ob potenzielle Täter durch die Androhung von Strafen abgeschreckt werden können.

12.2.3 Die Vereinigungstheorie

Nach einer Entscheidung des Bundesverfassungsgerichts vom 21. Juni 1977 ist oberstes Ziel aller Strafe, „die Gesellschaft vor sozial schädlichem Verhalten zu bewahren und die elementaren Werte des Gemeinschaftslebens zu schützen".

Strafe darf danach gerade kein Selbstzweck sein, die absolute Straftheorie Kants ist also überwunden. Strafe ist nach dieser Auffassung deshalb legitim, weil sie in einem Notwehrrecht des Staates zur Abwehr sozial schädlicher Verhaltensweisen begründet ist. Welche Zwecke der Strafe vorherrschend sein sollten, darüber besteht Uneinigkeit. Ausgangspunkt allen Strafens ist die Tat, in deren Umfang der Verletzungen/Schädigungen und in deren subjektiver Tatschuld sie auch ihre Grenze findet, denn – so das Bundesverfassungsgericht – nur die schuldangemessene Strafe ist auch gerecht. Ausprägung dieses Gedankens ist § 46 StGB.

12.2.4 Der Täter-Opfer-Ausgleich

Da sämtliche bislang vorgestellten Straftheorien allerdings das Interesse des Opfers auf Wiedergutmachung außer Acht lassen, hat sich in jüngerer Zeit ein neuer Aspekt des Strafens herausgebildet. Nach Studien wollen 80 bis 90 Prozent der Opfer von Straftaten nicht primär eine Bestrafung des Täters erreichen. Viel wichtiger ist ihnen, dass der Täter den Schaden wieder gut macht und sich das Geschehen nicht wiederholt.

Indem der Täter mit dem Opfer konfrontiert wird, muss er sich mit den Folgen seiner Tat auseinandersetzen. Die Wiedergutmachung begünstigt zum einen seine Resozialisierung, zum anderen ist dem Gerechtigkeitsempfinden von Opfer und Allgemeinheit Genüge getan. Zu beachten ist jedoch, dass der Täter-Opfer-Ausgleich bei schweren Straftaten sowie bei Wiederholungstätern nicht das geeignete Mittel sein kann.

13 Grundlagen der Strafbarkeit

Damit ein Straftäter bestraft werden kann, müssen einige Voraussetzungen erfüllt sein. So sind bestimmte Anforderungen an ein Strafgesetz zu stellen, es muss im jeweiligen Einzelfall geklärt werden, ob der Täter durch aktive Handlung oder ein Unterlassen den Erfolg der Straftat herbeigeführt hat, welche subjektiven Umstände ihn bei Begehung der Tat geleitet haben und ob sein Tatbeitrag als Täterschaft oder lediglich als Teilnahme gewertet werden muss. Aussagen zu diesen Strafbarkeitsüberlegungen hat der Gesetzgeber im Allgemeinen Teil des StGB verankert.

13.1 Vorliegen eines Strafgesetzes

Nach dem Grundsatz nulla poena sine lege (= keine Strafe ohne Gesetz, siehe Kapitel 9.4.3) muss zum Zeitpunkt der Tat bereits eine Strafvorschrift existiert haben, die genau diese Tat mit Strafe bewehrt. Das Strafgesetz muss also bestehen, bevor die Straftat begangen wird. Nur so ist sichergestellt, dass der Täter bei Begehung der Tat weiß bzw. wissen konnte, dass seine Handlung strafbar ist.

Im Bereich des Steuerstrafrechts wird insbesondere bei Abschreibungsmodellen und „Steuerschlupflöchern" immer wieder die Frage virulent, ob die konkrete Tathandlung zum Zeitpunkt der Tat bereits mit Strafe bewehrt war (z.B. Cum-ex-Fälle).

13.2 Menschliches Handeln bzw. Unterlassen

Anders als in den USA oder England, wo auch Verbände, Firmen o. ä. für ihre Handlungen eine Kriminalstrafe erhalten können, verlangt das deutsche Strafrecht eine „vom Menschen ausgeführte" Handlung. Das Handeln von Institutionen kann allenfalls zivilrechtliche Schadensersatzansprüche auslösen. Diese vom Menschen ausgeführte Handlung muss darüber hinaus auch vom Willen getragen sein, bloße Reflexbewegungen oder Bewegungen eines Bewusstlosen fallen nicht darunter.

Eine in der Praxis sehr viel schwieriger zu beurteilende Frage ist es, ob auch ein

Unterlassen als menschliche Handlung einen Straftatbestand verwirklichen kann, denn in der weit überwiegenden Anzahl der Straftatbestände des StGB ist ein aktives Tun unter Strafe gestellt.

Wer eine andere Person körperlich misshandelt oder an der Gesundheit schädigt, wird mit Freiheitsstrafe bis zu fünf Jahren oder mit Geldstrafe bestraft (§ 223 StGB).

Die Frage, ob nach dieser Norm auch derjenige Täter bestraft werden kann, der einen anderen an der Gesundheit schädigt, indem er nichts tut, stellt sich insbesondere in den Fällen, in denen die Aufsichtspflicht verletzt wurde. Denn die Verletzung der Aufsichtspflicht wird in der Regel durch ein Unterlassen verwirklicht, eben die Nichtausübung der Aufsicht. Die Strafrechtslehre löst diesen Konflikt, indem sie nach der Lehre von der Garantenstellung nur dasjenige Unterlassen unter Strafe stellt, das in Garantenstellung vorgenommen wurde. Eine Garantenstellung hat derjenige inne, der die Verpflichtung hat, den Schaden zu verhindern. Kommt also ein Aufsichtsverpflichteter seiner Pflicht nicht nach (Unterlassen), obwohl er dazu vertraglich oder gesetzlich verpflichtet ist (Garantenstellung), ist sein Nichtstun gleichzusetzen mit einem Tun. Es handelt sich in diesen Fällen um ein sogenanntes unechtes Unterlassungsdelikt. Im Gegensatz hierzu sind sogenannte echte Unterlassungsdelikte solche, die in einem bloßen Unterlassen einer vom Gesetz geforderten Tätigkeit bestehen, wo also gerade das Unterlassen mit Strafe bewehrt ist (unterlassene Hilfeleistung, Nichtanzeige von Verbrechen).

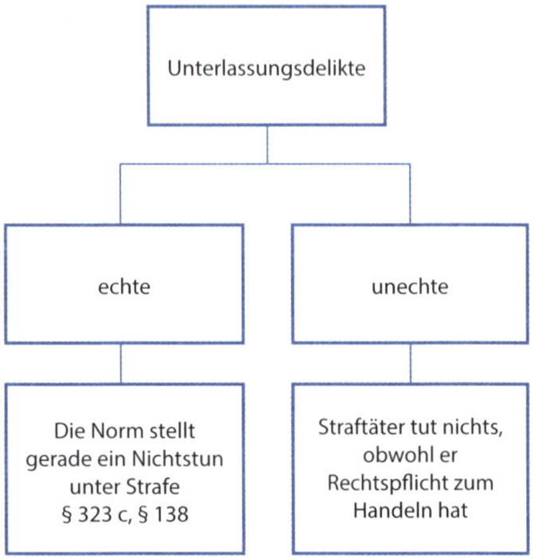

Abbildung 37: Echte und unechte Unterlassungsdelikte

13.3 Straftat

Die drei wichtigsten Begehungsformen einer Straftat sind

- die vorsätzliche Straftat,
- die fahrlässige Straftat,
- die versuchte Straftat.

13.3.1 Vorsätzliche Straftat

Die vorsätzliche Straftat wird in drei Schritten geprüft:

- Tatbestand
- Rechtswidrigkeit
- Schuld

Nur, wenn alle drei Punkte bejaht werden können, ist eine Strafe auszuurteilen.

Tatbestand

Der Tatbestand muss in zweierlei Hinsicht beurteilt werden: Die objektive Tatbestandsprüfung gleicht die Tat mit den Tatbestandsmerkmalen ab, die der Gesetzgeber im StGB niedergelegt hat.

> **§ 242 Abs. 1 StGB**
>
> Wer eine fremde bewegliche Sache einem anderen in der Absicht wegnimmt, die Sache sich oder einem Dritten rechtswidrig zuzueignen, wird mit Freiheitsstrafe bis zu fünf Jahren oder mit Geldstrafe bestraft.

Die objektiven Tatbestandsmerkmale des Diebstahls sind also: fremd, beweglich, Sache, Wegnahme.

Im subjektiven Tatbestand wird geprüft, ob der Täter die Tat mit Vorsatz verübt hat. Vorsatz meint das Wissen und Wollen der Herbeiführung eines rechtswidrigen Erfolges bzw. der Verwirklichung eines Straftatbestandes. Der Vorsatz kann in drei verschiedenen Graden vorliegen:

Vorsatz ersten Grades/Absicht: Dem Täter kommt es gerade auf den Eintritt des rechtswidrigen Erfolges an.

Vorsatz zweiten Grades/direkter Vorsatz: Der Täter weiß, dass der Erfolg mit Sicherheit eintreten wird, er verübt die Tat aber dennoch.

Vorsatz dritten Grades/bedingter Vorsatz: Der Täter sieht den schädlichen Erfolg als mögliche Folge seines Tuns voraus, erstrebt ihn zwar nicht, aber nimmt ihn billigend in Kauf.

Darüber hinaus sind eventuelle subjektive Tatbestandsmerkmale des konkreten Straftatbestandes zu prüfen, im Falle des Diebstahls wäre dies die Zueignungsabsicht. Zueignungsabsicht bedeutet den Willen des Täters, sich die Sache selbst wenigstens vorübergehend einzuverleiben und den Berechtigten auf Dauer aus seiner wirtschaftlichen Position zu verdrängen.

Rechtswidrigkeit

Sind alle Tatbestandsmerkmale erfüllt, ist zu prüfen, ob die Tat auch rechtswidrig gewesen ist. Hier gilt: Handlungen, die einen Straftatbestand erfüllen, sind regelmäßig rechtswidrig, es sei denn, es liegt ein Rechtfertigungsgrund für sie vor. Rechtfertigungsgründe können unter anderem sein:

- Notwehr
- Einwilligung
- Notstand
- Elterliches Erziehungsrecht
- Festnahmerecht
- Rechtfertigende Pflichtenkollision

Notwehr: Damit ist die Verteidigung gemeint, die erforderlich ist, um einen gegenwärtigen Angriff von sich oder einem anderen (Nothilfe) abzuwenden. Hierzu darf der Angegriffene alles Erforderliche tun, um sich des Angriffs zu erwehren. Seine Handlung muss objektiv erforderlich und subjektiv vom Verteidigungswillen getragen sein. Kommen verschiedene Verteidigungsmöglichkeiten in Betracht, ist diejenige zu wählen, die den geringsten Schaden anrichtet.

Einwilligung: Hat das Tatopfer in die Rechtsgutverletzung eingewilligt, hat es auf Rechtsschutz verzichtet. Die Voraussetzungen einer wirksamen Einwilligung sind in der folgenden Abbildung aufgeführt.

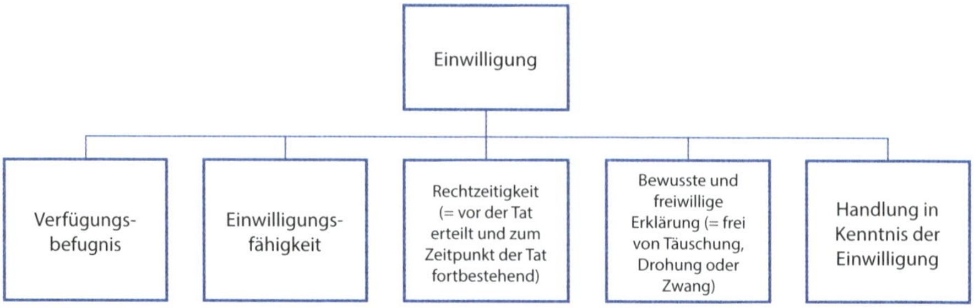

Abbildung 38: Voraussetzungen einer wirksamen Einwilligung

Der Einwilligende muss verfügungsbefugt über das in Rede stehende Rechtsgut sein, denn die Einwilligung ist nur dann tauglicher Rechtfertigungsgrund, wenn sie in Ausübung eines Selbstbestimmungsrechtes erteilt wird, die die Rechtsordnung dem Einzelnen tatsächlich für das konkrete Rechtsgut auch einräumt. Dies ist nur dann der Fall, wenn es sich um ein verzichtbares, also disponibles Rechtsgut (z.B. körperliche Unversehrtheit) handelt. Zu den unverzichtbaren, nicht disponiblen Rechtsgütern gehört insbesondere das Leben, d.h. zu seiner Verletzung kann eine Einwilligung keine strafbefreiende Wirkung entfalten.

Die Einwilligungsfähigkeit richtet sich nicht nach konkreten Altersgrenzen, sondern danach, ob der Einwilligende einsichts- bzw. urteilsfähig ist. Er muss die Bedeutung und die Tragweite des beabsichtigten Eingriffs in ein Rechtsgut erkennen können.

Bei Volljährigen ist in der Regel von Einwilligungsfähigkeit auszugehen. Bei Minderjährigen kommt es auf den individuellen Reifegrad an, der jeweils in Bezug zum konkreten Eingriff zu setzen ist. Je schwerwiegender der geplante Eingriff in die Rechtsgüter des Minderjährigen eingreift, desto höhere Anforderungen sind an die Einsichtsfähigkeit zu stellen. Für den medizinischen Bereich ist anerkannt, dass für einfache Eingriffe (z.B. Blutentnahme) die Einwilligungsfähigkeit ab dem 16. Lebensjahr gegeben ist.

Fehlt dem Minderjährigen die Einwilligungsfähigkeit, kann die Einwilligung vom gesetzlichen Vertreter erteilt werden. Dies sind im Falle des gemeinsamen Sorgerechts immer beide Elternteile, soweit es um die Rechtsgüter Leben und körperliche Unversehrtheit geht, denn diese können nicht unter das Alleinbestimmungsrecht der Alltagssorge (siehe Kapitel 20.3.1) fallen. Sowohl Erteilung als auch Verweigerung der Einwilligung darf nicht in missbräuchlicher Ausübung des Sorgerechts erfolgen, denn die Eltern haben gemäß § 1627 BGB die elterliche Sorge stets zum Wohl des Kindes auszuüben. Es entfalten daher nur Einwilligungen in Eingriffe rechtfertigende Wirkung, die dem Wohl des Kindes dienen.

Notstand: Liegt zwar kein Angriff bzw. Eingriff vor, aber doch eine gegenwärtige Gefahr für Leben, Leib, Freiheit, Ehre, Eigentum oder ein anderes Rechtsgut, so handelt derjenige nicht rechtswidrig, der eine Tat begeht, um die Gefahr von sich oder einem anderen abzuwenden. Voraussetzung ist, dass bei Abwägung der widerstreitenden Interessen, namentlich der betroffenen Rechtsgüter und des Grades der ihnen drohenden Gefahren, das geschützte Interesse das beeinträchtigte Interesse wesentlich überwiegt und die Tat ein angemessenes Mittel ist, die Gefahr abzuwenden.

Elterliches Erziehungsrecht: Das elterliche Erziehungsrecht folgt aus dem Sorgerecht, wonach Eltern das Recht, aber auch die Pflicht haben, das Kind zu pflegen, zu erziehen, zu beaufsichtigen und seinen Aufenthalt zu bestimmen (siehe Kapitel 20.3.1). Durch das „Gesetz zur Ächtung der Gewalt in der Erziehung und Änderung des Kindesunterhaltsrechtes" vom 2. November 2000 wurde § 1631 Abs. 2 BGB neu gefasst: Kinder haben seither ein Recht auf gewaltfreie Erziehung. Körperliche Bestrafungen, seelische Verletzungen und andere entwürdigende Maßnahmen sind unzulässig. Erziehungsmethoden, die die Straftatbestände der Freiheitsberaubung, Nötigung etc. erfüllen, sind hingegen gerechtfertigt durch das (in den Grenzen des § 1631 BGB ausgeübte) elterliche Erziehungsrecht. Nunmehr gilt: Erziehungsrecht ja, Züchtigungsrecht nein.

Erziehungsrecht	
Erziehung	**Züchtigung**
• Hausarrest	• körperliche Bestrafung
• Fernsehverbot	• seelische Misshandlung
• Kürzung des Taschengeldes	• entwürdigende Maßnahmen

Abbildung 39: Erziehungsrecht – zulässige und unzulässige Maßnahmen

§ 1631 BGB: Die elterliche Personensorge umfasst auch das Recht, in eine medizinisch nicht erforderliche Beschneidung des nicht einsichtsfähigen männlichen Kindes einzuwilligen. Dies setzt voraus, dass die Beschneidung

- nach den Regeln der ärztlichen Kunst durchgeführt wird und
- nicht das Kindeswohl gefährdet.

In den ersten sechs Monaten nach der Geburt des Kindes darf die Beschneidung auch von einer von einer Religionsgemeinschaft dazu vorgesehenen Person durchgeführt werden, wenn sie dafür besonders ausgebildet ist.

Festnahmerecht: Nach § 127 StPO steht jedermann das Recht zu, eine Person festzunehmen, wenn

- diese auf frischer Tat angetroffen oder verfolgt wird und
- der Flucht verdächtig ist oder
- ihre Identität nicht sofort festgestellt werden kann.

Im Rahmen des Festnahmerechts ist es erlaubt, jemanden durch festes Zupacken festzuhalten, ihn einzusperren oder anderweitig am Weglaufen zu hindern. Die Straftatbestände der Körperverletzung, Nötigung und Freiheitsberaubung wären dadurch gerechtfertigt.

Rechtfertigende Pflichtenkollision: Derjenige Täter, der aufgrund einer Pflichtenkollision die eine Pflicht erfüllt, die andere aber nicht, handelt nicht rechtswidrig, wenn bei rangverschiedenen Pflichten die höherrangige erfüllt wurde. Bei gleichrangigen Pflichten hat der Täter die Wahl, welche er erfüllt.

Schuld

Schuld bedeutet die persönliche Vorwerfbarkeit der Tat. Der Täter handelt schuldhaft, wenn ihm die Tat vorzuwerfen ist. Schuld ist sowohl ein strafbegründendes als auch ein strafbegrenzendes Merkmal. Nicht schuldhaft handelt, wer schuldunfähig ist oder Entschuldigungsgründe vorweisen kann.

Schuldfähigkeit: Bei folgenden Personengruppen ist die Schuldfähigkeit ausgeschlossen, §§ 19, 20 StGB:

- Kinder, die noch nicht 14 Jahre alt sind
- Personen, denen die Einsichts- oder Steuerungsfähigkeit fehlt aufgrund
  - krankhafter seelischer Störung
  - tiefgreifender Bewusstseinsstörung (hochgradiger Affekt, Volltrunkenheit)
  - Schwachsinn (angeborene Intelligenzschwäche wie Idiotie = IQ < 20, Imbezillität = IQ 20-49, Debilität = IQ 50-69; NICHT: Grenzdebilität = IQ 70 - 85)
  - schwerer anderer seelischer Abartigkeiten (z. B. Psychopathien, Neurosen, Triebstörungen)

Entschuldigungsgründe -- hier kommen in Betracht:

- Entschuldigender Notstand: Wer in einer gegenwärtigen, nicht anders abgrenzbaren Gefahr für Leben, Leib oder Freiheit eine rechtswidrige Tat begeht, um die Gefahr von sich, einem Angehörigen oder einer anderen ihm nahestehenden Person abzuwenden, handelt ohne Schuld.
- Übergesetzlicher entschuldigender Notstand: Der Täter nimmt durch sein Handeln vorsätzlich und rechtswidrig Leben, um eine weitaus höhere Zahl von Leben zu retten.

13.3.2 Fahrlässige Straftat

Bei circa der Hälfte der verurteilten Straftaten handelt es sich nicht um ein Vorsatz-, sondern um ein Fahrlässigkeitsdelikt. Der Täter hat hier den Erfolg der Tat nicht absichtlich oder wissentlich herbeigeführt, ist aber dennoch verantwortlich.

Fahrlässigkeit bedeutet die Außerachtlassung derjenigen Sorgfalt, zu der man nach den Umständen und nach seinen persönlichen Verhältnissen verpflichtet und fähig ist.

Fahrlässiges Handeln ist nur dann strafbar, wenn das Gesetz es ausdrücklich vorsieht. Dies ist zum Beispiel gegeben bei fahrlässiger Körperverletzung (§ 229 StGB) und fahrlässiger Tötung (§ 222 StGB). Nicht unter Strafe steht zum Beispiel die fahrlässige Sachbeschädigung, wovon die fahrlässige Brandstiftung (§ 306 d StGB) allerdings eine Ausnahme bildet.

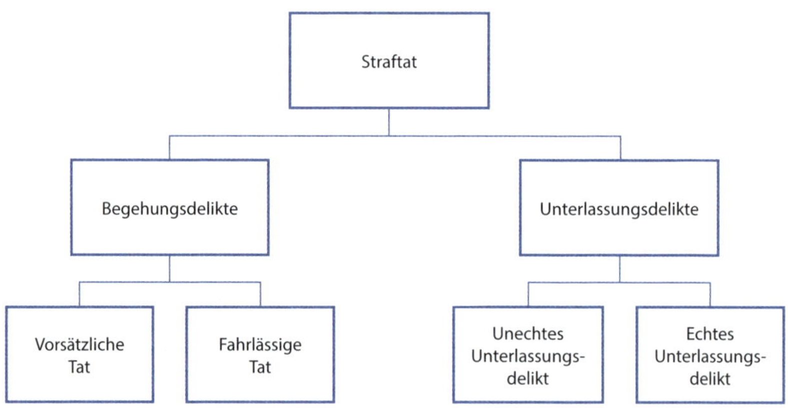

Abbildung 40: Einteilung der Straftaten

13.3.3 Versuchte Straftat

> § 23 StGB
>
> Der Versuch eines Verbrechens ist strafbar, der Versuch eines Vergehens nur dann, wenn das Gesetz es ausdrücklich bestimmt.

Ein Verbrechen liegt immer dann vor, wenn das Gesetz für eine Straftat mindestens eine Freiheitsstrafe von einem Jahr vorsieht. Bei einer Mindeststrafe unter einem Jahr ist die versuchte Tat dann strafbar, wenn es im Gesetz ausdrücklich festgelegt ist.

Kennzeichen des Versuchs ist es, dass lediglich der objektive Tatbestand nicht erfüllt ist, wohingegen der subjektive Tatbestand vorhanden ist.

In der Praxis ist die Frage, ob ein Versuch vorliegt, unter Umständen sehr schwierig zu entscheiden. Denn weder die Planung einer Straftat, der konkrete Entschluss, sie auch wirklich durchzuführen, noch die Vorbereitung einer Straftat sind mit Strafe bewehrt. Damit von einem Versuch gesprochen werden kann, muss vielmehr der Täter zur Ausführung der Tat unmittelbar angesetzt haben. Die Rechtsprechung und Rechtslehre beschreiben diesen Zeitpunkt mit der „Überschreitung der Schwelle zum Jetzt-geht`s-los".

Solange sich die Tat im Versuchsstadium befindet, kann der Täter jederzeit vom Versuch zurücktreten, indem er die weitere Ausführung der Tat freiwillig aufgibt. In diesem Fall wird er nicht bestraft.

Dies gilt jedenfalls dann, wenn die Tat nicht von selbst weiter voranschreitet. Denn hat der Täter schon so viel getan, dass die Tat auch ohne sein weiteres Zutun verwirklicht wird, reicht es für einen strafbefreienden Rücktritt nicht aus, nichts mehr zu tun. Vielmehr muss er nun aktiv die Vollendung verhindern, um straflos zu bleiben.

13.4 Täterschaft, Anstiftung und Beihilfe

13.4.1 Täterschaft

> § 25 Abs. 1 StGB
>
> Als Täter wird bestraft, wer die Straftat selbst oder durch einen anderen begeht.

Das Gesetz unterscheidet die unmittelbare Täterschaft und die mittelbare Täterschaft. Der unmittelbare Täter begeht eigenhändig die Tat, der mittelbare Täter begeht die Tat durch einen anderen, wobei er diesen als Werkzeug benutzt. Die Tatherrschaft jedoch liegt bei ihm.

Begehen mehrere Personen in bewusstem und gewolltem Zusammenwirken eine Straftat, liegt Mittäterschaft vor.

13.4.2 Anstiftung

> § 26 StGB
>
> Als Anstifter wird gleich einem Täter bestraft, wer vorsätzlich einen anderen zu dessen vorsätzlich begangener rechtswidriger Tat bestimmt hat.

Der Anstifter will den Taterfolg herbeiführen, allerdings nicht in eigener Person. Ihm fehlt die Tatherrschaft. Die Strafwürdigkeit des Anstifters ergibt sich daraus, dass durch ihn der Täter erst zur Tat bestimmt wird. Die konkrete Straftat wäre ohne den Anstifter nie geschehen.

13.4.3 Beihilfe

> § 27 Abs. 1 StGB
>
> Als Gehilfe wird bestraft, wer vorsätzlich einem anderen zu dessen vorsätzlich begangener rechtswidriger Tat Hilfe geleistet hat.

Der Gehilfe hat weder die Tatherrschaft, noch will er die Tat für sich. Er hilft allerdings bewusst und gewollt dem Täter bei dessen Tatausführung.

13.5 Übungsfälle

Fall 7

Sozialpädagogin Nina verlässt heute hastig und etwas kopflos ihren Arbeitsplatz in der Beratungsstelle, weil sie einen dringenden Arzttermin hat und das letzte Beratungsgespräch länger dauerte als geplant. In Gedanken noch beim Beratungsgespräch packt sie alle persönlichen Gegenstände vom Schreibtisch in ihre Handtasche und bemerkt unter dem Zeitdruck nicht, dass auch der teure Kugelschreiber des Kollegen Maik mit dabei ist.

Ist Nina wegen Diebstahls strafbar?

Fall 8

Seit seine Kita ein neues Angebot im Programm hat, schläft Erzieher Max schlecht: Leiterin Gitti ist auf einer Fortbildung zum Thema Waldpädagogik gewesen und hat angeordnet, dass jede Gruppe einmal wöchentlich in den Wald geht. Max ist dafür zuständig, mit den fünf Krippenkindern seiner Einrichtung jeweils montags einen ganzen Tag im Wald zu verbringen. Da er allein für die Beaufsichtigung zuständig ist, macht er sich Sorgen, dass ihm ein Kind abhanden oder Kinder zu Schaden kommen könnten. Leiterin Gitti versucht, ihn zu beruhigen: Es werde schon nichts passieren, und wenn doch, lägen ja die Einwilligungserklärungen der Eltern zu dem Waldangebot vor, sodass Max nicht befürchten müsse, für Gesundheitsschäden der Kinder zu haften.

Hat Gitti recht?

14 Rechtsfolgen einer Straftat

Die Rechtsfolgen einer Straftat hängen zum einen davon ab, ob der Täter schuldfähig ist, zum anderen davon, ob der Täter Erwachsener oder Jugendlicher bzw. Heranwachsender ist.

Ergibt die Strafbarkeitsprüfung, dass Tatbestand, Rechtswidrigkeit und Schuld zu bejahen sind, ist die Rechtsfolge eine Strafe. Zusätzlich können bei Vorliegen bestimmter Umstände Maßregeln der Besserung und Sicherung angeordnet werden.

Ist der Täter schuldunfähig, kann er nicht bestraft werden. In diesem Fall bleibt aber die Möglichkeit, Maßregeln der Besserung und Sicherung zu verhängen, falls deren jeweilige Voraussetzungen vorliegen.

Die Rechtsfolgen, die gegen Erwachsene verhängt werden, sind

- Freiheitsstrafe
- Geldstrafe
- Nebenstrafe

Die Rechtsfolgen, die nur gegen Jugendliche bzw. Heranwachsende verhängt werden, sind

- Erziehungsmaßregeln
- Zuchtmittel
- Jugendstrafe

14.1 Rechtsfolgen gegen Jugendliche

Die Strafbarkeit von Jugendlichen und Heranwachsenden regelt das Jugendgerichtsgesetz (JGG).

> **§ 1 Abs. 1 JGG**
>
> Jugendlicher ist, wer zur Zeit der Tat vierzehn, aber noch nicht achtzehn, Heranwachsender, wer zur Zeit der Tat achtzehn, aber noch nicht einundzwanzig Jahre alt ist.

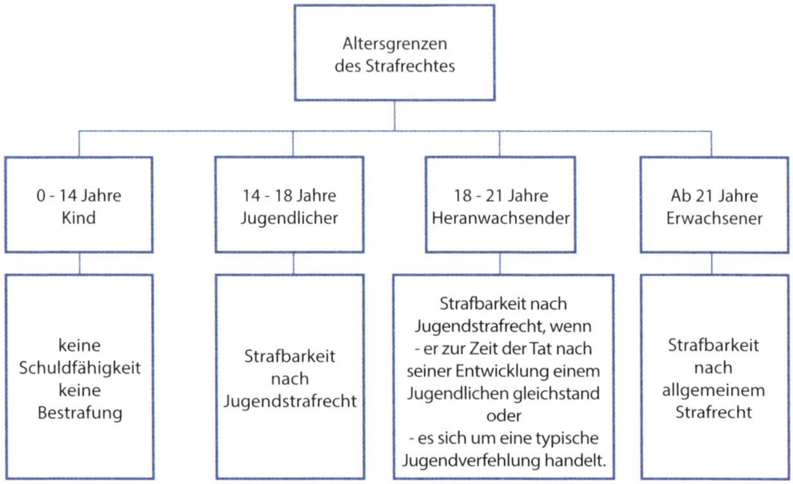

Abbildung 41: Altersgrenzen des Strafrechts

14.1.1 Anwendbarkeit des Jugendstrafrechts

Das JGG ist laut seinem § 2 Abs. 2 Spezialnorm zum StGB, geht ihm also vor. Das JGG schreibt die Strafbarkeitsgrenze auf 14 Jahre fest. Ist der Täter bei der Begehung der Tat jünger, ist er stets schuldunfähig. Er kann nicht verurteilt werden, es besteht lediglich die Möglichkeit der erzieherischen Einflussnahme durch spezielle Einrichtungen. Mit Vollendung des 14. Lebensjahres greift § 3 JGG:

> **§ 3 JGG**
>
> Ein Jugendlicher ist strafrechtlich verantwortlich, wenn er zur Zeit der Tat nach seiner sittlichen und geistigen Entwicklung reif genug ist, das Unrecht der Tat einzusehen und nach dieser Einsicht zu handeln.

Strafmündigkeit ist demnach kein Automatismus, der mit Erreichen einer bestimmten Altersgrenze eintritt, sondern verlangt die Prüfung, ob der Jugendliche zur Tatzeit in der Lage war, das Unrecht seines Verhaltens einzusehen.

Das JGG regelt Strafverfahren gegen Jugendliche (zwischen 14 und 18 Jahren) und Heranwachsende (zwischen 18 und 21 Jahren). Für Heranwachsende schreibt das JGG vor, dass sie grundsätzlich wie Erwachsene bestraft werden sollen – es sei denn, die Persönlichkeit des Täters steht noch einem Jugendlichen gleich oder es liegt eine sogenannte „typische Jugendverfehlung" vor (§ 105 Abs. 1 JGG).

Grundmotivation des JGG ist der in § 2 Abs. 1 niedergelegte Erziehungsgedanke: Neuen Straftaten soll entgegengewirkt werden. Dies gründet auf der Auffassung von Juristen, Soziologen und Kriminologen, dass die Neigung zu kriminellen Handlungen ein Phänomen ist, das oft mit dem Eintritt in das Erwachsenenalter wieder verschwindet.

Eine Ausprägung dieses Erziehungsgedankens ist das Prinzip des schnellen Verfahrens. Die Strafe soll der Tat möglichst auf dem Fuße folgen. Ein oft mehrmonatiger Zeitraum zwischen Tat und Verurteilung, der im Erwachsenenstrafrecht die Regel ist, wird im Jugendstrafrecht nach Möglichkeit vermieden.

Außerdem ist es gesicherte Erkenntnis, dass es wirkungsvoller ist, mit „Warnschüssen" auf leichtere Delikte von Jugendlichen zu reagieren, als sie mit harten und vor allem langen Strafen in ein kriminelles Milieu zu drängen. Der Jugendliche soll vielmehr die Chance erhalten, aus einer Straftat einigermaßen „heil" wieder herauszukommen. Auf Sühne, Vergeltung, das Rechtsgefühl der Allgemeinheit kommt es – wenn überhaupt – erst in zweiter Linie an.

Die Altersgrenzen des JGG haben folgende Auswirkungen:

14. Geburtstag: Vor diesem Datum ist der Täter schuldunfähiges Kind und kann nicht bestraft werden. Danach ist er schuldfähig, es sei denn, er kann aufgrund von Entwicklungsrückständen das Unrecht seiner Tat nicht einsehen bzw. kann nach dieser Einsicht nicht handeln. Als Jugendlicher unterliegt er dem Jugendstrafrecht.

18. Geburtstag: Der Täter ist zwar volljährig, der Jugendrichter muss aber in jedem Einzelfall prüfen, ob der Entwicklungsstand zur Tatzeit Rückstände aufgewiesen hat oder es sich bei der Tat um eine sog. Jugendverfehlung gehandelt hat.

Jugendverfehlungen sind insbesondere Taten, die auf jugendlichem Leichtsinn, Unüberlegtheit, sozialer Unreife oder Gruppenzwang beruhen. Ebenso sind ungeplante, spontane Einfälle oder leichte Beeinflussbarkeit Anzeichen für das Vorliegen einer Jugendverfehlung.

Ist mindestens einer dieser Umstände zu bejahen, ist trotz Volljährigkeit das Jugendstrafrecht anzuwenden, das den Täter auch hinsichtlich der Rechtsfolgen einem Jugendlichen gleichstellt.

21. Geburtstag: Ab diesem Zeitpunkt ist stets das Erwachsenenstrafrecht anzuwenden.

Hinsichtlich aller Rechtsfolgen, die nach JGG verhängt werden, ist zu unterscheiden zwischen

- Sanktionen mit strafähnlichem Charakter und
- Maßregeln der Besserung und Sicherung.

14.1.2 Sanktionen mit strafähnlichem Charakter

Das JGG sieht eine Reihe von Sanktionen vor, die in Abhängigkeit von der Schwere der Verfehlung gestaffelt sind. Diese sind:

- Erziehungsmaßregeln
- Zuchtmittel
- Jugendstrafe

Erziehungsmaßregel

Die Erziehungsmaßregeln lassen sich unterteilen in

- Erteilung von Weisungen und
- Anordnung, Hilfe zur Erziehung in Anspruch zu nehmen.

Erteilung von Weisungen: Hierzu gehören Teilnahme am Verkehrsunterricht, Erbringung von gemeinnützigen Tätigkeiten (in karitativen Gemeinschaftseinrichtungen ohne Entgelt) etc.

Weisungen sind Gebote und Verbote, welche die Lebensführung des Jugendlichen regeln und dadurch seine Erziehung fördern und sichern sollen. Dabei dürfen an die Lebensführung des Jugendlichen keine unzumutbaren Anforderungen gestellt werden.

Der Richter kann dem Jugendlichen insbesondere auferlegen:

- Weisungen zu befolgen, die sich auf den Aufenthaltsort beziehen,
- bei einer Familie oder in einem Heim zu wohnen,
- eine Ausbildungs- oder Arbeitsstelle anzunehmen,
- Arbeitsleistung zu erbringen,
- sich der Betreuung und Aufsicht einer bestimmten Person (Betreuungshelfer:in) zu unterstellen,
- an einem sozialen Trainingskurs teilzunehmen,
- den Verkehr mit bestimmten Personen oder den Besuch von Gast- oder Vergnügungsstätten zu unterlassen,
- an einem Verkehrsunterricht teilzunehmen,
- sich zu bemühen, einen Ausgleich mit den Verletzten zu erreichen (Täter-Opfer-Ausgleich).

Der Gesetzgeber hat den Täter-Opfer-Ausgleich im Jugendstrafrecht ausdrücklich als vorgreifenden Einstellungsgrund aufgenommen. Bemüht sich der jugendliche Täter um einen Ausgleich mit dem Verletzten, kann nach dem JGG das Verfahren vor der Hauptverhandlung eingestellt werden. Damit ist dem Opfer am meisten gedient. Schwere Delikte sind vom Täter-Opfer-Ausgleich allerdings ausgenommen.

Darüber hinaus kann der Richter dem Jugendlichen auch mit Zustimmung des Erziehungsberechtigten und des gesetzlichen Vertreters auferlegen, sich einer heilerzieherischen Behandlung durch einen Sachverständigen oder einer Entziehungskur zu unterziehen.

Des Weiteren kommt die Erziehungsbeistandschaft nach § 12 Nr. 1 JGG in Betracht. Sie soll einer Verwahrlosung des Jugendlichen aufgrund von Entwicklungsproblemen vorbeugen. Der Erziehungsbeistand wird vom Jugendamt eingesetzt. Er ist nicht weisungsgebunden, hat jedoch auch keine Möglichkeit, den Jugendlichen zu dem gewünschten Verhalten zu zwingen. Die Erziehungsbeistandschaft steht unter dem strengen Erfordernis des Verhältnismäßigkeitsgrundsatzes und endet mit Eintritt der Volljährigkeit.

Heimerziehung ist in § 34 SGB VIII definiert als Erziehungshilfe über Tag und Nacht. Auch hier gilt der Verhältnismäßigkeitsgrundsatz: Ist ein weniger einschneidendes Mittel wie zum Beispiel ambulante Hilfe gleichermaßen geeignet, geht dieses der Heimerziehung vor. Heimerziehung ist auch keine Alternative zum Arrest. Sind verfestigte kriminelle Neigungen erkennbar, ist nach § 17 JGG Jugendstrafe zu verhängen – schon allein deshalb, um einen negativen Einfluss auf andere Heimbewohner zu vermeiden.

Zuchtmittel

Reichen Erziehungsmaßregeln nicht aus, können Zuchtmittel angewendet werden. Hierzu gehören:

- Verwarnung (mündliche Zurechtweisung des Täters)
- Erteilung von Auflagen (Schadenswiedergutmachung, Entschuldigung beim Opfer, Zahlung eines Geldbetrages an eine gemeinnützige Einrichtung)
- Jugendarrest (zeitweilige Freiheitsentziehung in einer Jugendarrestanstalt), in Betracht kommen
  - Freizeitarrest/1 bis 2 Wochenenden
  - Kurzarrest/2 bis 4 Tage
  - Dauerarrest/1 bis 4 Wochen

Abbildung 42: Sanktionen nach dem Jugendstrafrecht

Jugendstrafe

Die eigentliche Kriminalstrafe bildet eher die Ausnahme im Gefüge der Strafen des JGG. Sie bedeutet Freiheitsentzug in einer Jugendhaftanstalt von sechs Monaten bis zehn Jahren, dies gilt auch bei Heranwachsenden, auf die Jugendstrafrecht angewandt wird, allerdings mit einer Ausnahme: Beging der Heranwachsende einen Mord, beträgt das Höchstmaß 15 Jahre.

Jugendhaft wird verhängt, wenn bei dem Täter sogenannte „schädliche Neigungen“ vorliegen und wegen der Schwere der Schuld andere Bestrafungsmöglichkeiten nicht in Betracht kommen bzw. ausgeschöpft sind. Im Jugendstrafvollzug wird versucht, dem Jugendlichen einen Schulabschluss oder eine Ausbildung zu vermitteln.

Jugendstrafe bis zu zwei Jahren kann für einen Zeitraum zwischen zwei und drei Jahren zur Bewährung ausgesetzt werden. Im Zeitraum der Bewährung kann unter bestimmten Voraussetzungen ein Warnschussarrest verhängt werden. Dies bedeutet einen maximal vierwöchigen Jugendarrest, der dem Jugendlichen einen Eindruck von der Inhaftierungssituation geben soll, um ihn von weiteren Straftaten während der Bewährungszeit abzuhalten. Die Wirkung eines Warnschussarrestes ist unter Expert:innen höchst umstritten.

Wird der Jugendliche innerhalb der Bewährungszeit nicht mehr erneut straffällig und folgt den Anordnungen seines Bewährungshelfers bzw. seiner Bewährungshelferin, wird seine Strafe nach Ablauf der Bewährungszeit erlassen. Anderenfalls wird die Strafaussetzung zur Bewährung widerrufen mit der Folge, dass der Jugendliche seine Strafe in der Jugendstrafanstalt verbüßen muss.

Sicherungsverwahrung als Ultima Ratio

Vor dem Hintergrund, dass schwerste Verbrechen von immer jüngeren Menschen verübt werden, ist insbesondere bei Rückfalltätern auch die Sicherungsverwahrung möglich. Sie setzt voraus, dass eine Jugendstrafe von mindestens sieben Jahren verhängt wird und zwei Sachverständigengutachten vorliegen, denen zufolge der Jugendliche mit hoher Wahrscheinlichkeit auch in Zukunft gefährlich bleiben wird. Anders als im Erwachsenenstrafrecht ist für Jugendliche prinzipiell nur eine nachträgliche Sicherungsverwahrung möglich. Das bedeutet, dass die Anordnung einer Sicherungsverwahrung erst nach Verbüßung der Freiheitsstrafe zulässig ist.

14.1.3 Maßregeln der Besserung und Sicherung

§ 7 JGG enthält einen Katalog von Maßregeln der Besserung und Sicherung, die in der folgenden Abbildung aufgelistet sind:

Maßregeln der Besserung und Sicherung					
Unterbringung in einem psychatrischen Krankenhaus, § 63	Unterbringung in einer Entziehungsanstalt, § 64	Unterbringung in der Sicherungsverwahrung, § 66	Führungsaufsicht, § 68	Entziehung der Fahrerlaubnis, § 69	Berufsverbot, § 70

Abbildung 43: Maßregeln der Besserung und Sicherung

Unterbringung in einem psychiatrischen Krankenhaus kommt in Betracht, wenn

- die rechtswidrige Tat im Zustand der Schuldunfähigkeit oder verminderten Schuldfähigkeit verübt wurde und
- vom Täter erhebliche rechtswidrige Taten zu erwarten sind und
- er deshalb eine Gefahr für die Allgemeinheit ist.

Die Unterbringung ist so lange möglich, wie sie erforderlich ist, gegebenenfalls auch lebenslänglich.

Unterbringung in einer Entziehungsanstalt kommt in Betracht, wenn eine Verurteilung wegen einer rechtswidrigen Tat, die im Rausch begangen wurde oder auf einen entsprechenden Hang zurückgeht, vorliegt bzw. Schuldunfähigkeit gegeben ist. Diese Maßregel kommt bei Tätern in Betracht, die den Hang haben, alkoholische Getränke oder andere berauschende Mittel im Übermaß zu sich zu nehmen, und bei denen die Gefahr besteht, dass infolge des Hangs erhebliche rechtswidrige Taten begangen werden. Die Unterbringung darf höchstens für zwei Jahre angeordnet werden, eine Verlängerung ist möglich.

Unterbringung in der Sicherungsverwahrung kommt in Betracht bei wiederholter Begehung schwerer Straftaten trotz Verbüßung längerer Freiheitsstrafen. Diese Maßregel kommt für Hangtäter in Betracht, die wiederholt schwere Straftaten begehen bzw. für besonders gefährliche Sexualstraftäter. Nach Strafverbüßung verbleibt der Täter in der JVA. Die Sicherungsverwahrung besteht so lange, wie die Gefahr neuer erheblicher Straftaten besteht. Diesbezüglich ist alle zwei Jahre eine Prüfung vorzunehmen.

Führungsaufsicht kommt in Betracht bei besonderen Fällen, die bei den jeweiligen Straftaten geregelt sind. Der Verurteilte ist in Freiheit, befindet sich aber unter Aufsicht. Die Dauer beträgt zwischen zwei und fünf Jahren, in Ausnahmefällen unbefristet.

Entziehung der Fahrerlaubnis kommt in Betracht, wenn die rechtswidrige Tat im Zusammenhang mit dem Führen eines Kraftfahrzeugs begangen und die Ungeeignetheit zum Führen eines Kfz festgestellt wurde. Der Führerschein wird eingezogen und vernichtet. Die Fahrerlaubnis wird entzogen. Für die Dauer von sechs Monaten bis zu fünf Jahren bzw. lebenslänglich gilt eine Sperrfrist für die Wiedererteilung einer Fahrerlaubnis.

Berufsverbot kommt in Betracht, wenn eine rechtswidrige Tat unter Missbrauch des Berufes oder unter grober Verletzung der mit ihm verbundenen Pflichten begangen wurde und eine Gefahr besteht, dass bei weiterer Ausübung des Berufes erhebliche rechtswidrige Taten begangen werden. Die Dauer beträgt zwischen ein bis fünf Jahren oder lebenslänglich.

14.1.4 Das Verfahren in Jugendstrafsachen

Das Jugendstrafverfahren weist im Unterschied zum Erwachsenenstrafverfahren eine ganze Reihe von Besonderheiten auf. Nicht nur richten in aller Regel Jugendrichter:innen bzw. das Jugendschöffengericht über den Jugendlichen, es werden auch eigens ausgebildete Jugendstaatsanwält:innen tätig. Während des gesamten Verfahrens ist die Jugendgerichtshilfe zu beteiligen. Sie trägt dazu bei, die Persönlichkeit und den familiären Hintergrund des Jugendlichen zu ergründen und bezieht Stellung zu den Maßnahmen, die das Gericht ergreifen will.

In diesem Zusammenhang sei darauf hingewiesen, dass Erzieher:innen und Sozialpädagog:innen kein strafprozessuales Zeugnisverweigerungsrecht zuerkannt wird. Sie sind daher zur Aussage verpflichtet. Die Hauptverhandlung findet unter Ausschluss der Öffentlichkeit statt, da der persönliche Lebensbereich des Jugendlichen geschützt werden soll. Die Möglichkeiten der Untersuchungshaft sind eingeschränkt, die der Pflichtverteidigung erweitert. Um das Verfahren zu einem schnellen Ende zu bringen, was dem Rechtsfrieden des Jugendlichen dient, sind die Rechtsmittelmöglichkeiten eingeschränkt.

14.2 Rechtsfolgen gegen Erwachsene

Dem Erwachsenenstrafrecht unterliegen alle Personen, die das 21. Lebensjahr vollendet haben bzw. Heranwachsende, für die das Jugendstrafrecht nicht anzuwenden ist. Welche Rechtsfolge konkret in Betracht kommt, ist davon abhängig, ob der Täter schuldhaft oder schuldlos gehandelt hat.

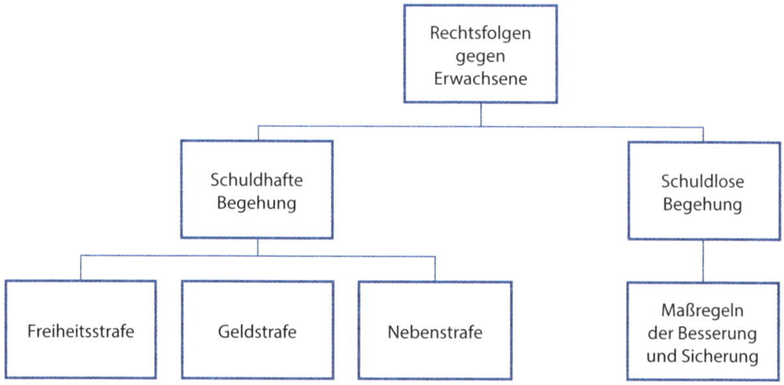

Abbildung 44: Rechtsfolgen gegen Erwachsene

14.2.1 Strafarten bei Erwachsenen

Freiheitsstrafe

Da die Todesstrafe nach Art. 102 GG abgeschafft ist, stellt die Verhängung einer Freiheitsstrafe die einschneidendste Sanktion im Katalog der Rechtsfolgen dar. Die Länge der Freiheitsstrafe wird vom Strafgericht ausgeurteilt und richtet sich nach der verübten Straftat und der persönlichen Schuld des Täters. Die Dauer der Freiheitsstrafe kann zeitlich begrenzt oder lebenslänglich ausfallen.

Zeitlich begrenzt: Das StGB sieht Freiheitsstrafen von mindestens einem Monat und höchstens 15 Jahren vor.

Lebenslänglich: Lautet der Urteilsspruch auf „lebenslänglich", ist die Dauer des Aufenthalts im Gefängnis grundsätzlich unbegrenzt. Nach ständiger Rechtsprechung des Bundesverfassungsgerichts ist dieser Grundsatz auch prinzipiell mit dem Menschenwürde- und Rechtsstaatsgebot des Grundgesetzes zu vereinbaren. Dies gilt jedenfalls dann, wenn dem Verurteilten über die Aussicht auf Begnadigung hinaus die Möglichkeit einer Strafaussetzung verbleibt. Diese Möglichkeit kann das Gericht frühestens nach 15 Jahren prüfen.

Aussetzung zur Bewährung: Freiheitsstrafen von bis zu zwei Jahren können zur Bewährung ausgesetzt werden. Der Täter bleibt in diesen Fällen auf freiem Fuß, muss aber während der festgelegten Bewährungszeit (2 bis 5 Jahre) zeigen, dass er auch ohne Gefängnisaufenthalt in Zukunft ein Leben ohne weitere Straftaten führen wird. Wird er während der Bewährungszeit erneut straffällig oder verstößt er gegen Bewährungsauflagen, wird das Gericht die Aussetzung der Strafe zur Bewährung widerrufen. Er hat dann seine Haftstrafe anzutreten.

Freiheitsstrafen von über zwei Jahren können nicht zur Bewährung ausgesetzt werden.

Vorzeitige Entlassung bei zeitlich begrenzter Freiheitsstrafe: Unter folgenden Voraussetzungen können einem zu einer zeitlich begrenzten Freiheitsstrafe Verurteilten und inhaftierten Täter Teile der Haft erlassen werden:

- Zwei Drittel der verhängten Strafe (mindestens zwei Monate) sind verbüßt oder
- bei einer nicht mehr als zwei Jahre festgesetzten Freiheitsstrafe ist die Hälfte (mindestens sechs Monate) verbüßt und der Verurteilte befindet sich erstmals in Haft bzw. es liegen besondere Umstände vor.
- Die Entlassung kann unter Berücksichtigung des Sicherheitsinteresses der Allgemeinheit verantwortet werden (günstige Sozialprognose).
- Der Verurteilte willigt ein.

Vorzeitige Entlassung bei lebenslänglicher Freiheitsstrafe: Unter folgenden Voraussetzungen kann ein lebenslang Inhaftierter seine vorzeitige Entlassung beantragen:

- Mindestens 15 Jahre der Strafe sind verbüßt.
- Die besondere Schwere der Schuld gebietet nicht die weitere Vollstreckung.
- Die Entlassung kann unter Berücksichtigung des Sicherheitsinteresses der Allgemeinheit verantwortet werden (günstige Sozialprognose).
- Der Verurteilte willigt ein.

Vor der Entlassung von Sexualstraftätern und lebenslang Verurteilten ist ein Gutachten über die Gefährlichkeit des Verurteilten einzuholen.

Geldstrafe

Die Höhe einer Geldstrafe bemisst sich nach dem Tagessatzprinzip, das zum einen die Schuld des Täters, zum anderen auch seine persönlichen und wirtschaftlichen Verhältnisse berücksichtigt. Der Tagessatz ist der Geldbetrag, der einem Täter pro Tag zur Verfügung steht. Er wird berechnet, indem das Nettoeinkommen durch 30 geteilt wird. Die Mindesthöhe des einzelnen Tagessatzes beträgt 1 Euro, das Höchstmaß 30.000 Euro. Je nach Intensität der Schuld, die der Täter auf sich geladen hat, wird nun die Zahl der Tagessätze festgelegt. Auf diese Weise wird jeder Täter unabhängig von seinen Vermögensverhältnissen gleichbehandelt. Das Ausmaß der Schuld des Täters ist dementsprechend auch nicht an der Höhe der Geldstrafe, sondern an der Anzahl der verhängten Tagessätze abzulesen. Das Mindestmaß der Tagessatzanzahl beträgt 5, das Höchstmaß 360. Die Höhe der Geldstrafe ist das Produkt aus der Zahl der Tagessätze und der Höhe des einzelnen Tagessatzes.

Nebenstrafe

Als Nebenstrafe sieht das Strafgesetzbuch das Fahrverbot vor. Das Fahrverbot kann neben Geld- oder Freiheitsstrafe für die Dauer von einem bis sechs Monaten (im Jugendstrafrecht maximal drei Monate) verhängt werden, und zwar auch dann, wenn die Straftat nicht bei oder im Zusammenhang mit dem Führen eines Kraftfahrzeugs oder unter Verletzung der Pflichten eines Kraftfahrzeugführers begangen wurde. Es muss sich also nicht um ein Straßenverkehrsdelikt handeln, weswegen das Fahrverbot erlassen wird. Die Anordnung eines Fahrverbots kommt immer dann in Betracht, wenn

- sie zur Einwirkung auf den Täter oder
- zur Verteidigung der Rechtsordnung erforderlich erscheint oder
- hierdurch die Verhängung einer Freiheitsstrafe oder deren Vollstreckung vermieden werden kann.

Der Führerschein ist für die Dauer des Fahrverbots in amtliche Verwahrung zu geben. Er wird nach Ablauf wieder ausgehändigt. Dies unterscheidet die Nebenstrafe von der Entziehung der Fahrerlaubnis, bei der der Führerschein vernichtet wird.

14.2.2 Maßregeln der Besserung und Sicherung

Maßregeln der Besserung und Sicherung (siehe Kapitel 14.1.3) kommen auch für Erwachsene in Betracht, in erster Linie hier aber für schuldunfähige Täter, die eine Gefahr für die Allgemeinheit darstellen. Unter Umständen können sie aber auch (zusätzlich zu Geld- oder Freiheitsstrafe) gegen Täter verhängt werden, die schuldhaft gehandelt haben.

14.3 Übungsfälle

Fall 10

Erzieherin Bibi wird vom Amtsgericht – Strafgericht – wegen Körperverletzung als Folge einer Verletzung der Aufsichtspflicht zu 60 Tagessätzen verurteilt. Ihr Nettoeinkommen beträgt 1.500 Euro.

Wie hoch ist Bibis Geldstrafe?

Fall 11

Sozialarbeiter Henrik ist glühender Fan seiner heimischen Fußballmannschaft und Mitglied ihrer sogenannten „Ultras", einem Zusammenschluss von Hooligans. Als er nach schweren Ausschreitungen der Ultras bei einem Heimspiel vor dem Richter steht, beantragt die Staatsanwaltschaft Geldstrafe sowie ein Fahrverbot von sechs Monaten. Henrik ist empört und macht geltend, zu dem Spiel mit dem Fahrrad gefahren zu sein. Er will wissen, was sein Auto mit der ganzen Sache zu tun habe.

Kann der Richter Henrik wie beantragt verurteilen?

15 Ausgewählte Straftatbestände für das pädagogische Personal

15.1 Verletzung der Fürsorge- oder Erziehungspflicht

§ 171 StGB

Wer seine Fürsorge- oder Erziehungspflicht gegenüber einer Person unter 16 Jahren gröblich verletzt und dadurch den Schutzbefohlenen in Gefahr bringt, in seiner körperlichen oder psychischen Entwicklung erheblich geschädigt zu werden, einen kriminellen Lebenswandel zu führen oder der Prostitution nachzugehen, wird mit Freiheitsstrafe bis zu drei Jahren oder mit Geldstrafe bestraft.

Die Norm stellt die Verletzung einer Fürsorgepflicht bzw. Erziehungspflicht unter Strafe:
Fürsorgepflicht ist eine Schutzpflicht, die die gesunde Entwicklung des Kindes gewährleistet.
Erziehungspflicht bedeutet die Anleitung des Kindes in seiner körperlichen und seelischen Entwicklung.

Wie die Definitionen schon zeigen, gehen Fürsorge- und Erziehungspflicht ineinander über bzw. sind nicht streng voneinander zu trennen. Zur Fürsorge bzw. Erziehung sind verpflichtet:

- Eltern
- Sorgeberechtigte Elternteile
- Vormund
- Ergänzungspfleger:in
- Pflegeeltern
- Stiefeltern
- Mitarbeiter:innen von Heimen

Der Gesetzgeber stellt ausdrücklich nur die gröbliche Verletzung der übertragenen Pflichten unter Strafe. Diese ist in der Regel erst dann zu bejahen, wenn es sich im jeweiligen Einzelfall um eine wiederholte oder dauerhafte bzw. offenkundige Verletzung handelt. Eine einmalige Pflichtverletzung ist nur dann für die Strafbarkeit ausreichend, wenn es sich um einen besonders schwerwiegenden Verstoß handelt.

Weiterhin muss die Pflichtverletzung kausal für eine der genannten Folgen beim Kind gewesen sein:

- Gefahr der erheblichen Schädigung der körperlichen Entwicklung

- Gefahr der erheblichen Schädigung der psychischen Entwicklung
- Gefahr eines kriminellen Lebenswandels
- Gefahr des Nachgehens der Prostitution

Nach einhelliger Auffassung in der Literatur ist eine Gefährdung der körperlichen Entwicklung in den Fällen gegeben, in denen
- schlechte hygienische Bedingungen,
- mangelhafter Gesundheitszustand,
- mangelhafte Bekleidung des Kindes oder
- mangelhafte Wohnverhältnisse vorliegen.

Eine Gefährdung der psychischen Entwicklung des Kindes ist immer dann gegeben, wenn zu befürchten ist, dass der Ablauf des normalen kindlichen Reifungsprozesses gestört wird und die Ausbildung der Persönlichkeit fehlgeleitet wird.

Insbesondere die Hervorhebung der schwerwiegenden Folgen macht deutlich, dass es bei diesem Straftatbestand nicht um eine einmalige Verletzung der Aufsichtspflicht, zum Beispiel in einer Kita, geht – selbst wenn im Einzelfall die damit verbundenen Folgen schwerwiegend sein können. Ein solches Verhalten wird vielmehr mit den Straftatbeständen der fahrlässigen Körperverletzung, fahrlässigen Tötung etc. hinreichend abgedeckt.

Die Rechtsprechung sieht eine strafbare gröbliche Verletzung der Fürsorgepflicht zum Beispiel in folgenden Fällen:
- Abhalten vom Schulbesuch
- Verabreichung von Alkohol im Übermaß
- Alleinlassen des Kindes in einer verwahrlosten Umgebung
- Veröffentlichung von entwürdigenden Fotos und Filmen des Kindes im Internet
- Anhalten zum Betteln
- Wiederholte Vornahme von sexuellen Handlungen vor einem Kind
- Vorführung von pornographischen oder gewaltverherrlichenden Filmen
- Vorführung von gewaltverherrlichenden Computerspielen
- Mitnahme des Kindes zu lauten Veranstaltungen
- Mitnahme des Kindes bei Einreise in aktuelle Kriegsgebiete

15.2 Körperverletzung (§ 223 ff StGB)

> **§ 223 StGB**
>
> Wer eine andere Person körperlich misshandelt oder an der Gesundheit beschädigt, wird mit Freiheitsstrafe bis zu fünf Jahren oder mit Geldstrafe bestraft. Der Versuch ist strafbar.

Die Körperverletzung kann sowohl vorsätzlich als auch fahrlässig begangen werden. Es ist nur diejenige Körperverletzung mit Strafe bewehrt, die sich gegen einen anderen Menschen richtet. Selbstverletzungen sind straflos, mit Ausnahme des § 109 StGB (Wehrpflichtentziehung durch Verstümmelung).

15.2.1 Vorsätzliche Körperverletzung

Der objektive Tatbestand verlangt, dass die andere Person entweder körperlich misshandelt oder an der Gesundheit beschädigt wurde.

Körperliche Misshandlung: eine üble, unangemessene Behandlung, durch die das Opfer in seinem körperlichen Wohlbefinden nicht unerheblich beeinträchtigt wird.

Es kommt nicht darauf an, ob das Opfer körperliche Schmerzen erfährt, auch psychische Beeinträchtigungen erfüllen den Tatbestand.

Auch die Verunstaltung des Körpers eines anderen kann eine körperliche Misshandlung sein.

Schädigung der Gesundheit: das Hervorrufen oder Steigern eines krankhaften Zustandes. Krankhaft ist ein Zustand immer dann, wenn er vom Normalzustand der körperlichen Funktionen nachteilig abweicht. Die Abweichung darf nicht unerheblich, muss aber nicht von Dauer sein.

In subjektiver Hinsicht ist mindestens bedingter Vorsatz erforderlich. Dieser ist gegeben, wenn entweder die körperliche Misshandlung oder eine Gesundheitsschädigung des Opfers beabsichtigt ist oder billigend in Kauf genommen wird.

15.2.2 Körperverletzung durch Unterlassen

Die Körperverletzung durch Unterlassen ist ein sogenanntes unechtes Unterlassungsdelikt. Das bedeutet, dass das Gesetz zwar ausdrücklich nur ein aktives Tun unter Strafe stellt, die Norm aber auch erfüllt ist, wenn der Taterfolg (körperliche Misshandlung oder Gesundheitsschädigung) durch ein Unterlassen hervorgerufen wird. Voraussetzung ist lediglich, dass der Täter eine Garantenstellung innehat (siehe Kapitel 13.2). Fachkräfte in Kinder- und Jugendhilfeeinrichtungen haben durchweg eine Garantenstellung aus ihrem Arbeitsvertrag dahingehend, die Aufsichtspflicht de lege arte (nach den anerkannten Regeln der Kunst, siehe Kapitel 18) auszuüben. Tun sie es nicht und kommt dadurch ein Kind oder Jugendliche:r zu Schaden, kommt eine Strafbarkeit nach den §§ 223 ff StGB in Betracht.

Rechtswidrigkeit

Insbesondere bei Körperverletzungsdelikten kommt auch immer der Rechtfertigungsgrund der Einwilligung (siehe Kapitel 13.3.1) in Betracht. Die Voraussetzungen einer wirksamen Einwilligung bei Körperverletzungsdelikten sind in der folgenden Abbildung aufgeführt.

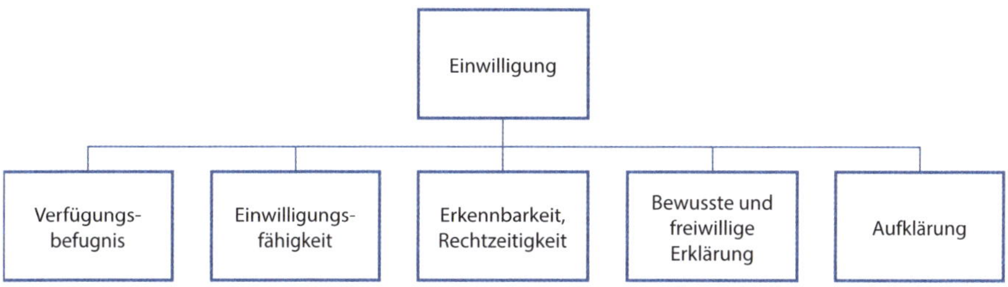

Abbildung 45: Voraussetzungen der Einwilligung bei Körperverletzungsdelikten

Der/die Einwilligungserklärende muss befugt sein, über das in Rede stehende Rechtsgut zu verfügen. Dies wird mit Blick auf das Rechtsgut Leben generell abgelehnt. Hinsichtlich des Rechtsguts körperliche Unversehrtheit ist eine Einwilligung möglich, wenn die geplante Tat nicht gegen die guten Sitten verstößt. Dies wäre zum Beispiel der Fall bei Verstümmelung, schwerwiegenden körperlichen Eingriffen zur Begehung eines Versicherungsbetrugs, dauernder erheblicher Entstellung.

Willigen Eltern in die Körperverletzung ihres Kindes (z.B. bei einer OP) ein, müssen sie sich dabei entsprechend ihrer Sorgeverpflichtung stets am Wohl des Kindes orientieren. Die Einwilligungsfähigkeit hängt nicht von bestimmten Altersgrenzen ab, sondern davon, ob der/die Betroffene einsichts- und urteilsfähig bezüglich der Tragweite des Eingriffs ist. Bei Minderjährigen kommt es also auf deren individuellen Reifegrad und den konkreten Eingriff an. Die Rechtslehre nimmt bei alltäglichen Eingriffen wie zum Beispiel einer Blutabnahme die Einwilligungsfähigkeit ab dem 16. Lebensjahr an. Die Anforderungen an die Einsichtsfähigkeit sind umso höher, je schwerwiegender, insbesondere risikoreicher der Eingriff ist.

Sowohl die Erteilung als auch die Verweigerung der Einwilligung durch die Eltern kann einen Missbrauch des Sorgerechts darstellen. In diesen Fällen kann das Familiengericht die elterliche Erklärung ersetzen.

Die Einwilligung muss rechtzeitig vor der Tat erklärt worden sein und zum Zeitpunkt des Eingriffs noch bestehen, d.h. nicht widerrufen worden sein. Die Einwilligung kann jederzeit frist- und formlos widerrufen werden.

Bezüglich der Erteilung gibt es verschiedene formale Möglichkeiten:

- Ausdrückliche Einwilligung: mündlich, schriftlich oder stillschweigend (siehe Kapitel 17.1.2)
- Mutmaßliche Einwilligung

Die Einwilligung ist an keine bestimmte Form gebunden, kann also auch mündlich erklärt werden. Zu Beweiszwecken insbesondere in Kindertageseinrichtungen empfiehlt es sich allerdings, die Erklärung schriftlich festzuhalten. Die mutmaßliche Einwilligung kommt dann in Betracht, wenn der/die zu Behandelnde nicht ansprechbar ist, zum Beispiel aufgrund von Bewusstlosigkeit. Nicht aufschiebbare Eingriffe, von denen anzunehmen ist, dass der/die Bewusstlose ihnen zugestimmt hätte, sind danach zulässig. Eine Einwilligung kann nur dann wirksam erklärt werden, wenn ihr ein Aufklärungsgespräch vorangegangen ist, das in seinem Umfang von der Art des Eingriffs abhängig ist.

15.2.3 Fahrlässige Körperverletzung

> **§ 229 StGB**
>
> Wer durch Fahrlässigkeit die Körperverletzung einer anderen Person verursacht, wird mit Freiheitsstrafe bis zu drei Jahren oder mit Geldstrafe bestraft.

Hat der Täter die im Verkehr erforderliche Sorgfalt vermissen lassen und ist dadurch eine Körperverletzung eines anderen eingetreten, die der Täter nicht gewollt oder beabsichtigt hatte, handelt es sich um fahrlässige Körperverletzung. Fahrlässige Körperverletzung ist auch durch Unterlassen - zum Beispiel durch Unterlassen der Aufsicht - begehbar.

15.2.4 Strafantrag oder öffentliches Interesse

Sowohl die vorsätzliche als auch die fahrlässige Körperverletzung werden nur dann verfolgt, wenn entweder das Opfer einen Strafantrag stellt oder die Strafverfolgungsbehörde wegen des besonderen öffentlichen Interesses an der Strafverfolgung ein Einschreiten von Amts wegen für geboten hält (§ 230 StGB).

15.3 Tötungsdelikte (§§ 211 ff StGB)

§ 212 StGB

Wer einen Menschen tötet, ohne Mörder zu sein, wird als Totschläger mit Freiheitsstrafe nicht unter fünf Jahren bestraft.

15.3.1 Totschlag

Der objektive Tatbestand ist verwirklicht, wenn der Tod eines anderen Menschen verursacht wurde.

Beginn und Ende des Lebens in strafrechtlicher Hinsicht

In strafrechtlicher Hinsicht beginnt das Leben mit Beginn der Geburt. Damit ist der Einsatz der Eröffnungswehen gemeint - unabhängig davon, ob sie spontan eintreten oder medikamentös hervorgerufen werden.

Das Leben endet in strafrechtlicher Hinsicht mit dem Tod, wobei allein der Hirntod maßgebliches Kriterium ist; auf einen Herz- oder Kreislaufstillstand kommt es diesbezüglich nicht an. Die Frage, wann Hirntod gegeben ist, ist rein medizinisch zu beantworten.

15.3.2 Mord

§ 211 StGB

Der Mörder wird mit lebenslanger Freiheitsstrafe bestraft. Mörder ist, wer aus Mordlust, zur Befriedigung des Geschlechtstriebs, aus Habgier oder aus sonst niedrigen Beweggründen heimtückisch oder grausam oder mit gemeingefährlichen Mitteln oder um eine andere Straftat zu ermöglichen oder zu verdecken, einen Menschen tötet.

Mord ist jeder Totschlag, der eines oder mehrere der genannten Mordmerkmale erfüllt. Die Mordmerkmale beschreiben besonders verwerfliche Motivationen, eine bestimmte Art und Weise der Tatbegehung oder bestimmte Zielrichtungen des Totschlags. Der Mord ist somit der Totschlag unter besonders verwerflichen Umständen.

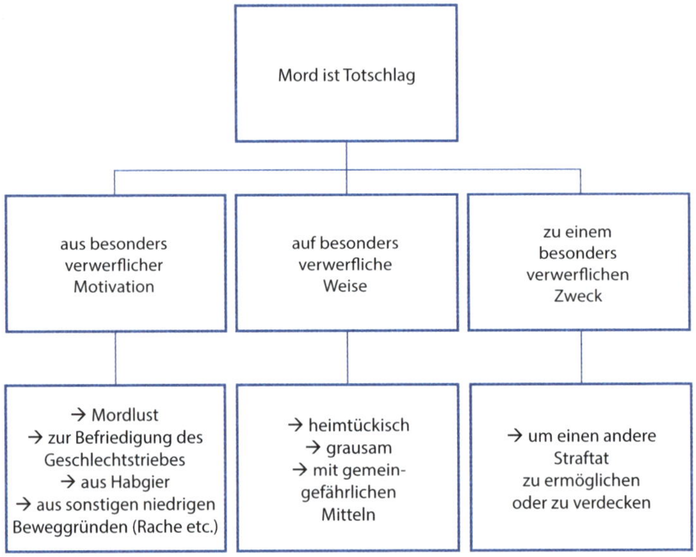

Abbildung 46: Mordmerkmale

Im März 2021 wurde Erzieherin Sandra M. wegen Mordes an der dreijährigen Greta zu lebenslanger Freiheitsstrafe verurteilt. Das Gericht sah zwei Mordmerkmale als erfüllt an: Heimtücke und niedrige Beweggründe. Heimtückisch handelt, wer die Arg- und Wehrlosigkeit des Opfers bewusst ausnutzt. Niedrige Beweggründe sind Tatantriebe, die nach rechtlich-moralischer Wertung auf tiefster Stufe stehen, durch hemmungslose Eigensucht bestimmt und deshalb besonders verachtenswert sind. Das Gericht kam zu der Überzeugung, dass die Tat das Ergebnis erzieherischer Maßnahmen war. Zudem stellte das Gericht die besondere Schwere der Schuld fest. Damit ist der Täterin die Möglichkeit, nach 15 Jahren Haftverbüßung die Aussetzung des Strafrestes zur Bewährung zu beantragen, verwehrt (§ 57 a StGB).

15.3.3 Fahrlässige Tötung

§ 222 StGB

Wer durch Fahrlässigkeit den Tod eines Menschen verursacht, wird mit Freiheitsstrafe bis zu fünf Jahren oder mit Geldstrafe bestraft.

In objektiver Hinsicht verlangt der Tatbestand den Tod eines Menschen, in subjektiver Hinsicht die Außerachtlassung der im Verkehr erforderlichen Sorgfalt.

15.4 Aussetzung (§ 221 StGB)

§ 221 StGB

(1) Wer einen Menschen

1. in eine hilflose Lage versetzt oder

2. in einer hilflosen Lage im Stich lässt, obwohl er ihn in seiner Obhut hat oder ihm sonst beizustehen verpflichtet ist, und ihn dadurch der Gefahr des Todes oder einer schweren Gesundheitsschädigung aussetzt, wird mit Freiheitsstrafe von drei Monaten bis zu fünf Jahren bestraft.

(2) Auf Freiheitsstrafe von einem Jahr bis zu zehn Jahren ist zu erkennen, wenn der Täter

1. die Tat gegen sein Kind oder eine Person begeht, die ihm zur Erziehung oder zur Betreuung in der Lebensführung anvertraut ist, oder

2. durch die Tat eine schwere Gesundheitsschädigung des Opfers verursacht.

(3) Verursacht der Täter durch die Tat den Tod des Opfers, so ist die Strafe Freiheitsstrafe nicht unter drei Jahren.

(4) In minder schweren Fällen des Abs. 2 ist auf Freiheitsstrafe von sechs Monaten bis zu fünf Jahren, in minder schweren Fällen des Abs. 3 auf Freiheitsstrafe von einem Jahr bis zu zehn Jahren zu erkennen.

Dieser Straftatbestand ist insbesondere durch die in seinem Abs. 2 Nr. 1 vorgenommene Qualifizierung von erheblicher Bedeutung für die sozialpädagogischen Berufe. Der Tatbestand kann in zweierlei Hinsicht erfüllt werden: Zum einen durch Versetzen in eine hilflose Lage und zum anderen durch Im-Stich-Lassen trotz bestehender Obhuts- oder Beistandspflicht. Durch eine dieser beiden möglichen Tathandlungen muss es zu einem der genannten konkreten Taterfolge gekommen sein, also einer konkreten Gefahr des Todes oder einer schweren Gesundheitsschädigung.

Voraussetzungen der Aussetzung

- Versetzen in hilflose Lage oder
- Im-Stich-Lassen in hilfloser Lage trotz Obhuts- oder Beistandspflicht

und dadurch

- Gefahr des Todes oder
- Gefahr einer schweren Gesundheitsschädigung

15.4.1 Hilflose Lage

Hilflose Lage ist jede Situation, in der sich das Opfer nicht aus eigener Kraft vor einer für ihn entstehenden Gefahr schützen kann.

Unerheblich ist dabei, ob die Hilflosigkeit selbstverschuldet oder unverschuldet, dauernd oder nur vorübergehend ist. In einer hilflosen Lage befinden sich zum Beispiel

- Babys
- Unselbstständige Kinder
- Personen, die an einem Gebrechen leiden
- Menschen, die infolge von Krankheit oder sonstiger Störung ihrer Gesundheit nicht in der Lage sind, sich selbst zu helfen, unabhängig von der Ursache (starker Alkohol-/Drogenrausch, Bewusstlosigkeit etc.)

Diese hilflose Lage muss zu einer konkreten Lebensgefährdung bzw. der konkreten Gefahr einer schweren Gesundheitsschädigung führen.

15.4.2 Versetzen in hilflose Lage/Im-Stich-lassen in hilfloser Lage

Versetzen ist die Vornahme einer Zustandsveränderung beim Opfer, in dessen Folge sich dieses in einer hilflosen Lage befindet, in der es dann alleingelassen wird. Für das „Alleinlassen" ist eine Ortsveränderung nicht erforderlich, sodass schlichtes Unterlassen ebenfalls den Tatbestand erfüllt.

Im-Stich-Lassen meint das Unterlassen der zur Gefahrenabwendung gebotenen und nach den Umständen auch möglichen und zumutbaren Hilfeleistung, wodurch eine bestehende Gefahr entweder nicht beseitigt oder aber erhöht wird.

15.4.3 Obhuts- und Beistandspflicht

Das Verhalten wird dann strafbar, wenn der/die Täter:in eine Obhutspflicht innehatte. Diese kann sich aus Vertrag oder tatsächlicher Übernahme ergeben (siehe Kapitel 18).

15.4.4 Gefahr des Todes oder einer schweren Gesundheitsschädigung

Gesundheitsschädigung ist der vom Normalzustand abweichende krankhafte Zustand körperlicher oder psychischer Art, der durch die Tat entweder hervorgerufen oder gesteigert wurde.

Schwer ist die Gesundheitsschädigung, wenn die Gesundheit des Opfers ernstlich, einschneidend und nachhaltig geschädigt wird.

Der Schutzbedürftige muss durch die Tat in Todesgefahr oder die Gefahr einer schweren Gesundheitsschädigung geraten sein. Dies ist immer dann zu bejahen, wenn es nur noch vom Zufall abhängt, ob der/die Schutzbedürftige gerettet wird oder nicht. Wichtig ist in diesem Zusammenhang, dass das Gesetz ausdrücklich nur von Gefahr spricht, d.h. ein konkreter Schadenseintritt nicht vorliegen muss.

15.4.5 Qualifizierung des § 221 Abs. 2 Nr. 1 StGB

Ist die Tat gegen eine Person begangen, die ihm/ihr zur Erziehung oder zur Betreuung in der Lebensführung anvertraut ist, findet der erhöhte Strafrahmen Anwendung. Auch hier ist es nicht erforderlich, dass ein konkreter Schaden eintritt.

Anvertraut ist eine Person dem Täter, wenn zwischen Täter und Opfer ein Obhutsverhältnis besteht. Dieses liegt vor, wenn ein Unterordnungsverhältnis besteht, das seiner Natur nach eine gewisse Verantwortung für das Wohl der Schutzbefohlenen umfasst und ist regelmäßig gegeben bei Erzieher:innen, Tagesmüttern, Babysittern etc.

15.4.6 Erfolgsqualifikation des § 221 Abs. 2 Nr. 2 StGB

Hat der Täter eine schwere Gesundheitsschädigung des Opfers verursacht, ist ebenfalls ein Qualifizierungstatbestand erfüllt, mit der Folge der Anwendung eines erhöhten Strafrahmens.

15.4.7 Gefährdungsvorsatz

In subjektiver Hinsicht ist grundsätzlich Gefährdungsvorsatz erforderlich, d.h. der Täter muss Kenntnis davon haben, dass das Opfer in einer hilflosen Lage ist bzw. im Stich gelassen wurde.

Zu beachten ist aber bei erfolgsqualifizierten Delikten, dass § 18 StGB für ihren subjektiven Tatbestand Fahrlässigkeit ausreichen lässt.

15.5 Unterlassene Hilfeleistung (§ 323 c StGB)

§ 323 c StGB

(1) Wer bei Unglücksfällen oder gemeiner Gefahr oder Not nicht Hilfe leistet, obwohl dies erforderlich und ihm den Umständen nach zuzumuten, insbesondere ohne erhebliche eigene Gefahr und ohne Verletzung anderer wichtiger Pflichten möglich ist, wird mit Freiheitsstrafe bis zu einem Jahr oder mit Geldstrafe bestraft.

(2) Ebenso wird bestraft, wer in diesen Situationen eine Person behindert, die einem Dritten Hilfe leistet oder leisten will.

Aus den Grundprinzipien der mitmenschlichen Solidarität und der allgemeinen Hilfspflicht folgt die Verpflichtung für jedermann, bei einem schweren Unglück im Rahmen des Erforderlichen die zumutbare Hilfe zu leisten. Der Tatbestand benennt zum einen die entstandene Notlage, zum anderen die erforderliche Hilfspflicht.

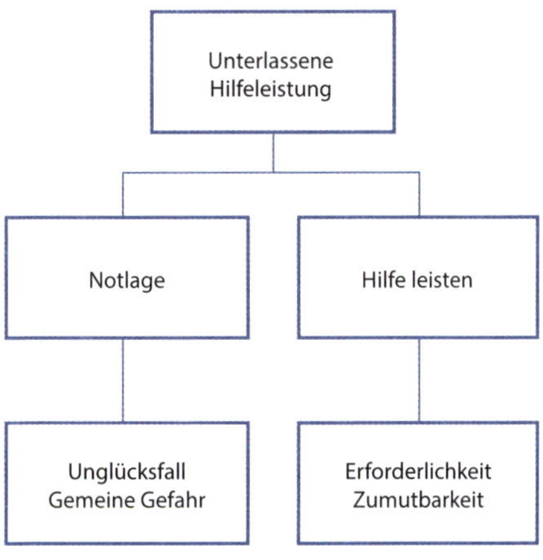

Abbildung 47: Voraussetzungen des § 323 c StGB

15.5.1 Notlage

Unglücksfall ist jedes plötzlich eintretende Ereignis, das einen erheblichen Personen- oder Sachschaden anrichtet oder zu verursachen droht (Verkehrsunfälle, Suizid, Notfälle etc.).

Auch die unvorhergesehene Verschlimmerung einer Krankheit ist Unglücksfall im Sinne der Norm.

Gemeine Gefahr ist eine Notlage, die die Allgemeinheit betrifft (Überschwemmung, Blackout, Feuer etc.).

15.5.2 Hilfe leisten

Erforderlich ist die Hilfeleistung dann, wenn sie nicht hinweggedacht werden kann, ohne dass ein weiterer Schaden einträte.

Für die Frage, welche Hilfeleistung im Einzelfall zumutbar ist, kommt es auf die konkreten Umstände an. Hierzu gehören die physischen und psychischen Kräfte des Helfenden, seine Lebenserfahrung etc. auf der einen Seite und die Gefahren, die in der konkreten Notlage drohen, auf der anderen Seite. Niemals ist der Hilfeleistende verpflichtet, sich selbst erheblich zu gefährden, etwa als Nichtschwimmer einen Ertrinkenden zu retten etc. oder andere wichtige, vor allem gleichwertige, Pflichten zu verletzen, um die Hilfeleistung ausüben zu können (z.B. eine Gruppe von Kindern unbeaufsichtigt im Wald zurückzulassen, um ein verschwundenes Kind zu suchen).

15.5.3 Versicherungsschutz

Die de lege arte ausgeführte Hilfeleistung steht unter dem Unfallversicherungsschutz des SGB VII (siehe Kapitel 28.5). Hat also die Hilfe leistende Person nach bestem Wissen und Gewissen, insbesondere nach den Empfehlungen der Unfallkassen bzw. der von den Unfallkassen zur Ausbildung von Ersthelfern autorisierten Stellen (ASB, DRK, JUH, MHD etc.) gehandelt, ist eine Schadensersatzverpflichtung nahezu ausgeschlossen. Dies gilt auch bei Verschlimmerung der Beschwerden und sogar für den durch die Hilfeleistung bedingten eintretenden Tod.

Eine Schadensersatzpflicht kommt nur in den Fällen in Betracht, in denen der/die Hilfeleistende grob fahrlässig oder vorsätzlich die Verletzung verschlimmert hat. Grobe Fahrlässigkeit wäre zum Beispiel dann gegeben, wenn der/die Ersthelfer:in nach einem Sturzunfall ein offensichtlich gebrochenes Bein selbst einrichtet und schient.

Bei Sachschäden an der Kleidung des/der Verletzten überwiegt das zu schützende Interesse (Unversehrtheit des/der Verletzten) das beeinträchtigte Interesse (Unversehrtheit der Kleidung), mit der Folge, dass Schadensersatzansprüche ausgeschlossen sind.

Die Gefahr von Eigenschädigungen des/der Hilfeleistenden darf nicht dazu führen, dass Erste Hilfe nur deshalb nicht geleistet wird, weil eigene Schäden oder Vermögenseinbußen befürchtet werden. Der Unfallversicherungsschutz bezieht sich daher insbesondere auch auf

- Körperschäden,
- Sachschäden,
- weitere Aufwendungen.

15.6 Verletzung von Privatgeheimnissen (§ 203 StGB)

> **Auszug aus § 203 StGB**
>
> Wer unbefugt ein fremdes Geheimnis, namentlich ein zum persönlichen Lebensbereich gehörendes Geheimnis oder ein Betriebs- oder Geschäftsgeheimnis, offenbart, dass ihm als
>
> 1. (…)
>
> 2. (…)
>
> 3. (…)
>
> 4. Ehe-, Familien-, Erziehungs- oder Jugendberater sowie Berater für Suchtfragen in einer Beratungsstelle, die von einer Behörde oder Körperschaft, Anstalt oder Stiftung des öffentlichen Rechts anerkannt ist,
>
> 5. Mitglied oder Beauftragten einer anerkannten Beratungsstelle nach den §§ 3 und 8 des Schwangerschaftskonfliktgesetzes,
>
> 6. staatlich anerkanntem Sozialarbeiter oder staatlich anerkanntem Sozialpädagogen,
>
> (…)
>
> anvertraut worden oder sonst bekannt geworden ist, wird mit Freiheitsstrafe bis zu einem Jahr oder mit Geldstrafe bestraft.

Im Sozial- und Erziehungsdienst Tätige erfahren eine Menge an privaten und intimen Dingen der ihnen anvertrauten Menschen. Insbesondere in beratender Tätigkeit ist es von grundlegender Bedeutung, zu diesen Menschen, die sich häufig in einer Ausnahmesituation befinden, ein Vertrauensverhältnis aufzubauen, das es ihnen ermöglicht, ihr Empfinden des Ausgeliefertseins zu überwinden und privateste Einzelheiten aus ihrem persönlichen Umfeld anderen Personen zu offenbaren. Sie müssen jederzeit darauf vertrauen können, dass diese Informationen nicht an Unbefugte geraten.

15.6.1 Geheimnisträger

Täter kann nur sein, wer dem Berufekatalog des § 203 StGB angehört. Die dort genannten Berufe haben gemeinsam, dass das angestrebte Vertrauensverhältnis bei ihnen zum elementaren Bestandteil des Berufs gehört. Zu den Geheimnisträgern gehören insbesondere die beratenden Berufe der Nummern 4 bis 6 sowie die in Ausbildung zu diesen Berufen Befindlichen.

15.6.2 Geheimnis

Fremde Geheimnisse sind einen anderen Menschen betreffende Tatsachen, die nur einem einzelnen oder nur einem beschränkten Personenkreis bekannt sind und an deren Geheimhaltung der Betroffene ein schutzwürdiges bzw. verständliches Interesse hat.

Hierzu gehören zunächst alle im Rahmen der Beratung gewonnenen mündlichen und schriftlichen Informationen und Aufzeichnungen, aber auch solche Tatsachen, an deren Geheimhaltung der/die Betroffene ein nachvollziehbares Interesse hat.

15.6.3 Anvertraut

Nicht jede Tatsache, die Angehörige von Beratungsberufen täglich erfahren, gilt als anvertraut im Sinne der Norm. Vielmehr ist es erforderlich, dass das Geheimnis ihnen gerade in ihrer Eigenschaft als Vertreter/in ihrer/seiner Berufsgruppe mitgeteilt wurde. Wurde das Geheimnis dem Täter im Zusammenhang mit der Ausübung seines Berufes vermittelt, ist es unerheblich, ob dies mündlich, schriftlich oder auf andere Weise geschehen ist. Außerdem ist es unerheblich, ob er sich zum Zeitpunkt des Anvertrauens „im Dienst" befand.

Der Umfang der Schweigepflicht beschränkt sich auf Tatsachen, die in beruflicher Eigenschaft erfahren wurden. Waren diese Tatsachen bereits vorher aus anderen Gründen bekannt oder wurden sie später anderweitig bekannt, unterliegen sie nicht der Schweigepflicht.

15.6.4 Sonst bekannt geworden

Ist das Geheimnis dem Geheimnisträger nicht durch Anvertrauen, sondern in sonstiger Weise bekannt geworden, unterfällt es der Schweigepflicht, wenn es in innerem Zusammenhang mit der Ausübung des Berufes bekannt wurde. In diesen Fällen handelt es sich um ein sogenanntes Drittgeheimnis.

Die staatlich anerkannte Sozialpädagogin Anne ist in der Familienberatung tätig. In dieser Eigenschaft ist sie heute auf Hausbesuch bei Familie Müller. Sämtliche Beobachtungen, die sie anlässlich dieses Hausbesuchs macht, zum Beispiel zu Ordnung und Sauberkeit, Qualität der Lebensmittel, Interaktion zwischen den einzelnen Familienmitgliedern fallen als Drittgeheimnisse ebenfalls unter die Schweigepflicht.

15.6.5 Offenbaren

Offenbaren ist die Preisgabe der Information als solche an mindestens einen einzelnen Dritten unter Offenlegung der Person, die diese Tatsache betrifft.

Kein Offenbaren liegt demnach vor, wenn das Geheimnis anonymisiert oder pseudonymisiert weitergegeben wird. Keine Rolle spielt es, in welcher Weise die Mitteilung geschieht, also mündlich, schriftlich oder in sonstiger Weise. Ebenfalls unerheblich ist es, an wen das Geheimnis offenbart wird. Selbst wenn diese Person ihrerseits zur Verschwiegenheit verpflichtet sein sollte, liegt ein Offenbaren vor.

15.6.6 Unbefugt

Nur die unbefugte Offenbarung ist strafbar. Eine Befugnis zur Weitergabe kann sich insbesondere daraus ergeben, dass der/die Betroffene in die Weitergabe eingewilligt hat. Dann liegt eine sogenannte Entbindung von der Schweigepflicht vor. Darüber hinaus kommen auch andere Rechtfertigungsgründe wie zum Beispiel Notstand oder die Befugnis aufgrund gesetzlicher Vorschriften in Betracht.

Zustimmung: Der/die Betroffene kann den Geheimnisträger von der Schweigepflicht entbinden. Für die Wirksamkeit der Zustimmungserklärung kommt es auf die natürliche Einsichts- und Urteilsfähigkeit an. Diese wird bei Minderjährigen unter 14 Jahren in der Regel nicht gegeben sein. In diesen Fällen müssen die Erziehungsberechtigten die Schweigepflichtentbindung erklären. Im Alter zwischen 14 und 18 Jahren kommt es auf die konkreten Umstände im Einzelfall an.

Notstand: Steht die Abwendung ernster Gefahren für Leib und Leben im Raum, kann aus Notstandsgesichtspunkten ausnahmsweise die Offenbarung gerechtfertigt sein. Voraussetzung hierfür ist, dass dem Interesse des Betroffenen auf Verschwiegenheit ein anderes wichtigeres und höherwertigeres Rechtsgut entgegensteht.

Bis zum Inkrafttreten des § 8 a SGB VIII konnte ein Offenbaren gegenüber den Ermittlungsbehörden in analoger Anwendung des § 34 StGB gerechtfertigt sein.

Befugnis aufgrund gesetzlicher Vorschriften: Hier ist für den Bereich der Kinder- und Jugendhilfe insbesondere § 65 SGB VIII (besonderer Vertrauensschutz in der persönlichen und erzieherischen Hilfe) zu nennen (siehe Kapitel 29.12, Kapitel 31). Darüber hinaus gilt § 4 des Gesetzes über Kooperation und Information im Kinderschutz (KKG).

Das Kinder- und Jugendstärkungsgesetz (siehe Kapitel 33.6) hat in § 4 KKG eine Übermittlungsbefugnis in Fällen von Kindeswohlgefährdung für Berater:innen und Angehörige anderer Berufe der Sozialarbeit geschaffen. Grundgedanke der Norm ist, dass ein misshandeltes Kind nur dann vor Misshandlung geschützt werden kann, wenn das Fehlverhalten der Eltern den zuständigen Stellen von anderen mitgeteilt wird.

§ 4 KKG

(1) Werden

1. Ärztinnen oder Ärzten, Zahnärztinnen oder Zahnärzten, Hebammen oder Entbindungspflegern oder Angehörigen eines anderen Heilberufes, der für die Berufsausübung oder die Führung der Berufsbezeichnung eine staatlich geregelte Ausbildung erfordert,

2. Berufspsychologinnen oder -psychologen mit staatlich anerkannter wissenschaftlicher Abschlussprüfung,

3. Ehe-, Familien-, Erziehungs- oder Jugendberaterinnen oder -beratern sowie

4. Beraterinnen oder Beratern für Suchtfragen in einer Beratungsstelle, die von einer Behörde oder Körperschaft, Anstalt oder Stiftung des öffentlichen Rechts anerkannt ist,

5. Mitgliedern oder Beauftragten einer anerkannten Beratungsstelle nach den §§ 3 und 8 des Schwangerschaftskonfliktgesetzes,

6. staatlich anerkannten Sozialarbeiterinnen oder -arbeitern oder staatlich anerkannten Sozialpädagoginnen oder -pädagogen oder

7. Lehrerinnen oder Lehrern an öffentlichen und an staatlich anerkannten privaten Schulen

in Ausübung ihrer beruflichen Tätigkeit gewichtige Anhaltspunkte für die Gefährdung des Wohls eines Kindes oder eines Jugendlichen bekannt, so sollen sie mit dem Kind oder Jugendlichen und den Erziehungsberechtigten die Situation erörtern und, soweit erforderlich, bei den Erziehungsberechtigten auf die Inanspruchnahme von Hilfen hinwirken, soweit hierdurch der wirksame Schutz des Kindes oder des Jugendlichen nicht infrage gestellt wird.

(2) Die Personen nach Abs. 1 haben zur Einschätzung der Kindeswohlgefährdung gegenüber dem Träger der öffentlichen Jugendhilfe Anspruch auf Beratung durch eine insoweit erfahrene Fachkraft. Sie sind zu diesem Zwecke befugt, dieser Person die dafür erforderlichen Daten zu übermitteln; vor einer Übermittlung der Daten sind diese zu pseudonymisieren.

(3) Scheidet eine Abwendung der Gefährdung nach Abs. 1 aus oder ist ein Vorgehen nach Abs. 1 erfolglos und halten die in Abs. 1 genannten Personen ein Tätigwerden des Jugendamtes für erforderlich, um eine Gefährdung des Wohls eines Kindes oder eines Jugendlichen abzuwenden, so sind sie befugt, das Jugendamt zu informieren; hierauf sind die Betroffenen vorab hinzuweisen, es sei denn, dass damit der wirksame Schutz des Kindes oder des Jugendlichen infrage gestellt wird. Zu diesem Zweck sind die Personen nach Satz 1 befugt, dem Jugendamt die erforderlichen Daten mitzuteilen. (…)

(4) Wird das Jugendamt von einer in Abs. 1 genannten Person informiert, soll es dieser Person zeitnah eine Rückmeldung geben, ob es die gewichtigen Anhaltspunkte für die Gefährdung des Wohls des Kindes oder Jugendlichen bestätigt sieht und ob es zum Schutz des Kindes oder Jugendlichen tätig geworden ist und noch tätig ist. Hierauf sind die Betroffenen vorab hinzuweisen, es sei denn, dass damit der wirksame Schutz des Kindes oder des Jugendlichen infrage gestellt wird.

(…)

15.6.7 Zeugnisverweigerungsrecht

Grundsätzlich korreliert die Schweigepflicht der Berufsgeheimnisträger mit dem Zeugnisverweigerungsrecht im Prozessrecht. Allerdings gilt für Sozialarbeiter:innen sowie Sozialpädagog:innen eine Ausnahme: Sie haben kein Zeugnisverweigerungsrecht, denn der Berufskatalog des § 53 StPO nennt sie nicht. Die Norm nennt lediglich

- Mitglieder oder Beauftragte einer anerkannten Beratungsstelle nach den §§ 3 und 8 des Schwangerschaftskonfliktgesetzes über das, was ihnen in dieser Eigenschaft anvertraut worden oder bekannt geworden ist,
- Berater für Fragen der Betäubungsmittelabhängigkeit in einer Beratungsstelle, die eine Behörde oder eine Körperschaft, Anstalt oder Stiftung des öffentlichen Rechts anerkannt oder bei sich eingerichtet hat, über das, was ihm in dieser Eigenschaft anvertraut worden oder bekannt geworden ist.

15.7 Freiheitsberaubung (§ 239 StGB)

> **§ 239 StGB**
>
> Wer einen Menschen einsperrt oder auf andere Weise der Freiheit beraubt, wird mit Freiheitsstrafe bis zu fünf Jahren oder mit Geldstrafe bestraft. Der Versuch ist strafbar.

Geschütztes Rechtsgut der Norm ist die Fortbewegungsfreiheit des Menschen, unabhängig davon, wie alt er ist oder ob er zurechnungsfähig ist. Allein ausschlaggebend ist der natürliche Wille des Menschen, seinen Aufenthaltsort zu verändern. Dieser ist zum Beispiel nicht gegeben bei Babys, die noch nicht laufen können, Schlafenden oder Bewusstlosen. Mittel der Freiheitsberaubung ist daher nicht nur das Einsperren, sondern auch das Festbinden und auch die Anweisung, einen zugewiesenen Strafplatz nicht zu verlassen.

Auf der Ebene der Rechtswidrigkeit kann das (in den Grenzen des § 1631 BGB ausgeübte) Erziehungsrecht tauglicher Rechtfertigungsgrund sein, mit der Folge, dass die Tat gerechtfertigt und daher keine Strafbarkeit gegeben ist (siehe Kapitel 13.3.1).

15.8 Straftaten gegen die sexuelle Selbstbestimmung (§§ 174 ff StGB)

Die Normen des Sexualstrafrechtes der §§ 174 ff StGB schützen die sexuelle Selbstbestimmung des Menschen. Geschütztes Rechtsgut ist also nicht etwa, wie man meinen könnte, die allgemeine Sittlichkeit, sondern die geschlechtsunabhängige Freiheit der Entscheidung über die geschlechtliche Betätigung, ferner die ungestörte sexuelle Entwicklung des jungen Menschen und der Schutz vor schwerwiegenden sexuellen Belästigungen. Danach ist jeder nicht einvernehmliche Sexualkontakt mit Strafe bewehrt. Grundlage hierfür ist das „Übereinkommen des Europarats zur Verhütung und Bekämpfung von Gewalt gegen Frauen und häuslicher Gewalt vom 11. Mai 2011" (Istanbul-Konvention). Auf Grundlage dieser Konvention wurde das bundesdeutsche Sexualstrafrecht grundlegend reformiert.

15.8.1 Überblick

Im Bereich des Sozial- und Erziehungsdienstes kommen folgende Straftatbestände in Betracht:

> § 174: Sexueller Missbrauch von Schutzbefohlenen. Die Vorschrift schützt Minderjährige in Abhängigkeitsverhältnissen vor sexueller Gewaltanwendung. Als Abhängigkeitsverhältnis kommen hier in erster Linie das Eltern-Kind-Verhältnis sowie das Lehrer-Schüler-Verhältnis in Betracht.
>
> § 174 a: Sexueller Missbrauch von Gefangenen, behördlich Verwahrten oder Kranken und Hilfsbedürftigen in Einrichtungen. Die Vorschrift schützt Verwahrte, Gefangene und Kranke in entsprechenden Einrichtungen altersunabhängig vor sexueller

Gewaltanwendung. Als Opfer kommen hier insbesondere Heime oder Wohnstätten für körperlich oder geistig Behinderte in Betracht.

§ 174 c: Sexueller Missbrauch unter Ausnutzung eines Beratungs-, Behandlungs- oder Betreuungsverhältnisses. Unter den Schutz der Norm fallen alle Personen, die an einer geistigen oder seelischen Erkrankung oder Behinderung leiden, insbesondere auch psychisch Erkrankte und intelligenzgeminderte Personen.

§ § 176, 176 a, 176 b: Sexueller Missbrauch von Kindern. Mit Strafe bewehrt ist in diesen Normen die Vorbereitung und Durchführung sexueller Gewaltanwendung gegen Kinder mit und ohne Körperkontakt in verschiedenen personellen Konstellationen.

§ 177: Sexueller Übergriff; sexuelle Nötigung; Vergewaltigung. Die durch die Sexualstrafrechtsreform erheblich ausgeweitete Norm bezieht nun auch Handlungen ein, die nicht erzwungen und mit Gewalt oder Drohungen durchgesetzt werden, aber gleichwohl gegen den Willen des Opfers geschehen.

§ 180: Förderung sexueller Handlungen Minderjähriger. Die Norm stellt die Vermittlung von und die Gelegenheitsverschaffung zu sexuellen Handlungen an Minderjährigen unter Strafe.

§ 182: Sexueller Missbrauch von Jugendlichen. Mit Strafe bewehrt ist in dieser Norm das Ausnutzen einer Zwangslage sowie die sexuelle Gewaltanwendung gegen Entgelt in verschiedenen personellen Konstellationen.

§ 184, 184 b, 184 c, 184 e: Verbreitung pornographischer Schriften; Verbreitung, Erwerb und Besitz kinderpornographischer Inhalte; Verbreitung, Erwerb und Besitz jugendpornographischer Inhalte; Veranstaltung und Besuch kinder- und jugendpornographischer Darbietungen. Die Normen enthalten einen Katalog von Straftaten mit kinder- und jugendpornographischem Bezug.

§ 184 g: Jugendgefährdende Prostitution. Unter Strafe steht die sittliche Gefährdung von Minderjährigen durch Ausübung der Prostitution in ihrem Wohngebäude oder in der Nähe ihrer Schule.

§ 184 i: Sexuelle Belästigung. Sexuelle Belästigung sind alle Handlungen, die nicht das Gewicht einer sexuellen Handlung haben (Berührungen mit sexueller Konnotation).

§ 184 k: Verletzung des Intimbereichs durch Bildaufnahmen. Mit Strafe bewehrt ist die unbefugte Bildaufnahme von bestimmten Körperteilen. Die Tat wird nur auf Antrag verfolgt

§ 184 l: Inverkehrbringen, Erwerb und Besitz von Sexpuppen mit kindlichem Erscheinungsbild. Unter Strafe steht die Veräußerung, Abgabe und sonstiges In-Verkehrbringen.

15.8.2 Sexuelle Handlung

Der Begriff der sexuellen Handlung ist in § 184 h StGB legaldefiniert:

Sexuelle Handlungen sind solche Handlungen, die im Hinblick auf das verletzte Rechtsgut von einiger Erheblichkeit sind. Sie umfassen auch homosexuelle Handlungen. Darüber hinaus setzt das Merkmal „vor einem anderen“ voraus, dass der andere den Vorgang wahrnimmt.

Ob die Schwelle zur Erheblichkeit überschritten wurde, bestimmt sich im Einzelfall nach Art, Intensität und Dauer der Handlung.

15.8.3 Sexueller Missbrauch von Schutzbefohlenen (§ 174 StGB)

Der Straftatbestand ist erfüllt, wenn der Schutzbefohlene noch nicht 16 Jahre alt und dem Täter zur Erziehung, Ausbildung oder Betreuung in der Lebensführung anvertraut ist. Gemäß Abs. 5 ist jedoch das Verhalten des Schutzbefohlenen zu berücksichtigen. Unter Umständen kann das Gericht danach von Strafe absehen, wenn bei Berücksichtigung des Verhaltens der Schutzbefohlenen das Unrecht der Tat gering erscheint.

15.8.4 Sexueller Missbrauch von Kindern (§ 176 StGB)

Die Norm stellt jede sexuelle Handlung an Kindern unter 14 Jahren unter Strafe. Täter kann ein Jugendlicher oder Erwachsener sein. Der Versuch ist strafbar. Auf ein etwaiges Einverständnis kommt es nicht an. Das zu verhängende Strafmaß richtet sich nach der Schwere der Tat (Geldstrafe oder Freiheitsstrafe). Sexuelle Betätigung von Kindern unter 14 Jahren untereinander bei Doktorspielen ist mangels Schuldfähigkeit nicht strafbar.

> Ende 2008 kam es zu Tumulten in einer Kita in Duisburg. Einige Kinder zogen sich immer wieder aus und rannten nackt durch die Einrichtung. Als dies zu Beschwerden einiger Eltern führte, fanden die Erzieherinnen eine vermeintliche Lösung: Kinder, die sich ausziehen wollten, konnten dies in einem separaten Raum tun, wo sie anschließend miteinander spielten. Nun wollten allerdings einige Eltern wissen, dass es dort zu sexuellen Handlungen der Kinder untereinander gekommen war und erstatteten Strafanzeige.

15.9 Übungsfälle

Fall 12

Die Mutter des vierzehnjährigen Tim holt ihren Sohn jeden Tag mit dem Auto vom Hort ab. Sie befürchtet, dass Tim auf dem Nachhauseweg, der 500 Meter beträgt, einen Verkehrsunfall erleiden könnte, wenn er zu Fuß ginge. Ihrer Meinung nach ist Tim noch nicht reif genug, den Weg allein zu machen. Sozialassistent Marco hält diese Angst für völlig überzogen und pädagogisch fragwürdig. Als

Tims Mutter ihn aus einem anderen Grund bei einem Elternabend vor dem versammelten Publikum heftig kritisiert, beschließt er, ihr einen Schreck einzujagen. Als sie am nächsten Tag vor der Tür steht, teilt er ihr mit, Tim sei heute unkontrolliert auf die Straße gelaufen und von einem Lkw überfahren worden. Er liege im Krankenhaus und nach allem, was Marco bislang gehört habe, seien seine Chancen sehr schlecht. Tims Mutter erleidet einen Schock.

Hat sich Marco strafbar gemacht?

Fall 13

Die vierjährige Marie zieht sich in der Kita eine große Platzwunde an der Stirn zu. Während Erzieherin Anna sie schnell mit dem Taxi in die Notaufnahme des nächstgelegenen Krankenhauses bringt, versucht ihre Kollegin Elisa immer wieder, Maries Eltern zu erreichen. Leider ohne Erfolg. Im Krankenhaus angekommen, weigert sich der Notarzt, die Wunde zu nähen, da ihm keine Einwilligung der Eltern vorliegt. Anna ist der Ansicht, dass die Wundversorgung in diesem Fall vorrangig ist und doch auch sie selbst die Einwilligung hierfür geben könnte.

Wer hat recht?

Fall 14

Die fünfjährige Nina wird seit zwei Jahren in regelmäßigen Abständen von Kopfläusen befallen, die sich meist in der ganzen Kita ausbreiten, was zu erheblichem Unmut in der Elternschaft führt. Leiterin Doris macht den schlechten Körperpflegezustand von Nina, insbesondere ihre verfilzten, sehr langen Haare, für die ständig wiederkehrenden Läuse verantwortlich. Gespräche mit Ninas Mutter verlaufen ergebnislos. Als sie Nina heute dabei beobachtet, wie sich diese schon wieder intensiv am Kopf kratzt, wird es der Leitung zu bunt: Sie greift zum Rasierer und schneidet Nina eine Glatze.

Hat sich Doris strafbar gemacht?

Fall 15

Beim Anmeldegespräch im Kindergarten fragt Leiterin Gabriele die Eltern der zweijährigen Emilia, ob die (hierfür ausgebildeten) Fachkräfte der Einrichtung Emilia eine Zecke entfernen dürften, wenn es erforderlich sei. Sie erklärt, welche Gefahren mit einem Zeckenbiss verbunden sind, und weist darauf hin, dass eine Zecke so schnell wie möglich entfernt werden muss. Während Emilias Vater die Einwilligung gerne erteilen möchte, hat Emilias Mutter starke Bedenken. Ihr ist es lieber, dass der Kindergarten sie in solchen Fällen anruft und sie sich auf den Weg macht, um Emilia zum Hausarzt zu bringen. Auf Gabrieles Einwand, dieser Vorgang würde im besten Fall eine Stunde dauern, erwidert die Mutter, ihr sei es wichtiger, dass ein Fachmann die Zecke entferne. Als es einige Monate später tatsächlich zu einem Zeckenbiss bei Emilia kommt, ruft Gabriele Emilias Mutter an, erreicht sie aber nicht. Daraufhin entfernt sie, unterstützt von Sozialassistentin Laura, die Zecke selbst.

Hat sich Gabriele strafbar gemacht?

Fall 16

Erzieher Hinnerk feiert seinen 30. Geburtstag. Zur Party in seiner Wohnung kommt auch Kollegin Barbara, der er dermaßen viele Cocktails mixt, dass sie in einen starken Rauschzustand kommt. Hinnerk hält es für das Beste, wenn Barbara mit dem Taxi nach Hause fährt und dort ihren Rausch ausschläft. Doch sein Angebot, ein Taxi zu rufen, lehnt sie ab. Daraufhin stützt er die stark torkelnde Barbara auf ihrem Weg die Treppe hinunter, verabschiedet sich auf dem Bürgersteig von ihr und geht in seine Wohnung zurück.

Hat sich Hinnerk strafbar gemacht?

Fall 17

Sozialassistentin Maike hat zur Aufbesserung ihres Einkommens einige Babysitter-Jobs an den Wochenenden übernommen. Heute tritt sie ihren Dienst um 20 Uhr bei Familie Müller an, deren sechsmonatiges Baby sie bis gegen 24 Uhr hüten soll. Weil sie von ihrer anstrengenden Arbeit in der Kita sehr erschöpft ist, dreht Maike gegen 21 Uhr den Lautstärkeregler des Babyphones in die Nullstellung und legt sich auf das Sofa im Wohnzimmer, um ein paar Stunden zu schlafen.

Hat sich Maike strafbar gemacht?

Fall 18

Gruppenleitung Maya macht heute mit den Krippenkindern einen Ausflug zum nahegelegenen Bach. Bei dem heißen Wetter können die Kinder in dem flachen Bachbett wertvolle Bildungserfahrungen mit dem Element Wasser machen. Als es gegen Mittag zurück in die Einrichtung geht, bleibt der zweijährige Finn von Maya unbemerkt am Bach zurück. Ein Passant findet ihn einige Minuten später bewusstlos im Wasser liegend. Finn wird in Zukunft aufgrund des erlittenen Sauerstoffmangels an multiplen schweren und irreparablen Hirnschädigungen leiden.

Hat sich Maya strafbar gemacht?

Fall 19

Sozialassistentin Stefanie eilt zum sechsjährigen Max, der mit dem Fahrrad gestürzt ist und verschafft sich einen Eindruck von der Verletzung. Im Bereich des rechten Knies bildet sich ein roter Fleck auf der Hose, der rasch größer wird. Um die Kniewunde besser versorgen zu können und auch ein schmerzhaftes Herunterstreifen der Hose über der Wunde zu vermeiden, greift sie zur Schere und schneidet die Hose des Jungen auf. Dabei fügt sie Max eine kleine Schnittwunde am Schienbein zu. In der Aufregung tritt sie auch versehentlich auf seine Brille, die er beim Sturz verloren hatte. Nachdem Max versorgt ist, stellt sie fest, dass ihre neue Hose blutverschmiert ist. Zudem schmerzt ihr Fußknöchel, den sie sich beim Heraneilen wohl verstaucht hat.

Für welche Schäden kommt die Unfallkasse auf?

Fall 20

Die 25-jährige Nina holt heute ihren Freund Paul von der Arbeit ab. Er ist staatlich anerkannter Sozialarbeiter und arbeitet in der städtischen Suchtberatung. Als sie vor dem Haus auf ihn wartet, sieht sie Herrn Müller, einen Nachbarn ihrer Eltern, herauskommen. Später fragt sie Paul, ob Herr Müller etwa bei ihm zur Beratung gewesen sei.

Darf Paul diese Frage beantworten?

Fall 21

Die 40-jährige staatlich anerkannte Sozialpädagogin Ute geht zu ihrem wöchentlichen Yogakurs. Dort wird sie von einer anderen Teilnehmerin, die weiß, dass Ute in der Schwangerschaftskonfliktberatung arbeitet, gefragt, wie ein solches Beratungsgespräch ungefähr ablaufe und wie lange es dauere. Außerdem möchte die Frau wissen, ob man Unterlagen mitbringen müsse.

Darf Ute später ihrem Mann von dem Gespräch berichten?

Fall 22

Thomas erzählt heute beim Abendessen seiner Frau Lena, die als staatlich anerkannte Sozialarbeiterin in der Eheberatung arbeitet, dass sein Arbeitskollege Markus seit Tagen davon spreche, dass dessen Frau Sonja ihn „unbedingt zur Eheberatung schleppen wolle". Höchstwahrscheinlich würden die beiden bald bei ihr, Lena, auf der Matte stehen. Tatsächlich kommt es einige Tage später zwischen ihnen zu einem Beratungsgespräch, in dessen Verlauf auch die Tatsache erörtert wird, dass Sonja gegen ihren Mann mehrfach körperlich gewalttätig geworden ist.

Welche Informationen darf Lena an Thomas weitergeben?

Fall 23

Erzieherin Paula beobachtet, dass die vierjährige Stella ein anderes Mädchen zum wiederholten Male schlägt. Ermahnungen, die Paula bereits ausgesprochen hat, fruchten offenbar nicht. Kurz entschlossen verweist sie Stella auf ihren Platz in der Garderobe. Hier soll sie sich nicht von der Stelle rühren und eine Viertelstunde darüber nachdenken, dass man andere Kinder nicht schlägt.

Hat sich Paula strafbar gemacht?

16 Strafprozess

Eine strafbare Handlung kann sowohl durch eine private Strafanzeige oder einen privaten Strafantrag als auch durch eine polizeiliche Strafanzeige aufgrund vorhergehender Ermittlungen verfolgt werden. Für die Frage, ob die Staatsanwaltschaft tätig wird, ist zunächst erforderlich, die Frage zu klären, ob es sich bei der in Rede stehenden Tat um ein Antrags- oder Offizialdelikt handelt.

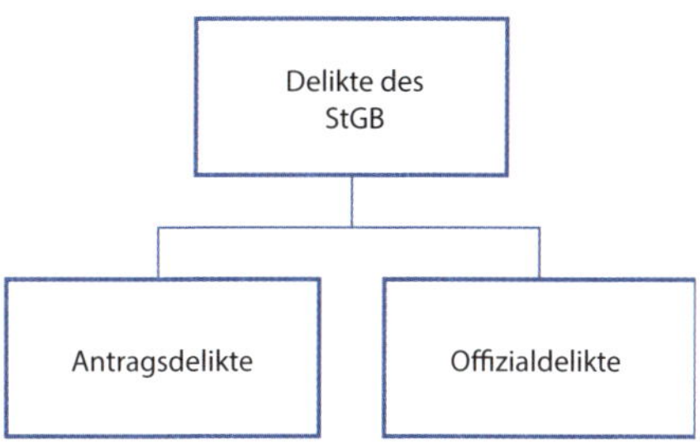

Abbildung 48: Delikte des StGB

Antragsdelikte sind Delikte, die nur auf ausdrücklichen Antrag des Geschädigten verfolgt werden (z.B. Beleidigung, Hausfriedensbruch, u.U. fahrlässige Körperverletzung, Sachbeschädigung).

Offizialdelikte werden ohne Antrag von Amts wegen verfolgt (z.B. Totschlag, Mord).

Im Strafprozess werden die begangene Straftat sowie der Straftäter ermittelt (Ermittlungsverfahren), es folgt die Verurteilung im Hauptverfahren und daran anschließend die Vollstreckung der Strafe im Vollstreckungsverfahren.

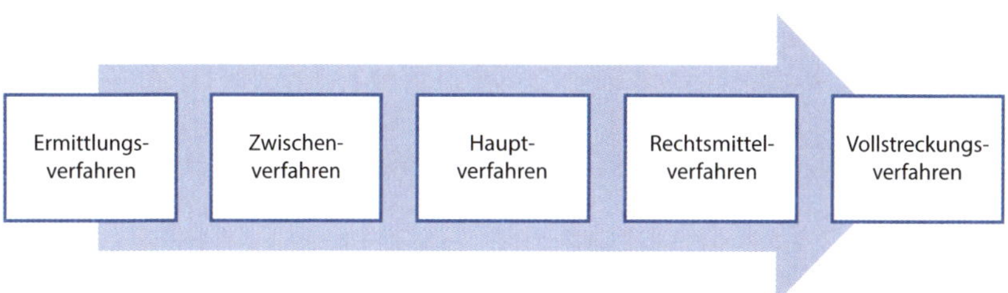

Abbildung 49: Phasen des Strafprozesses

Im gesamten Strafprozess gelten wichtige aus dem Rechtsstaatsprinzip hergeleitete Grundsätze:

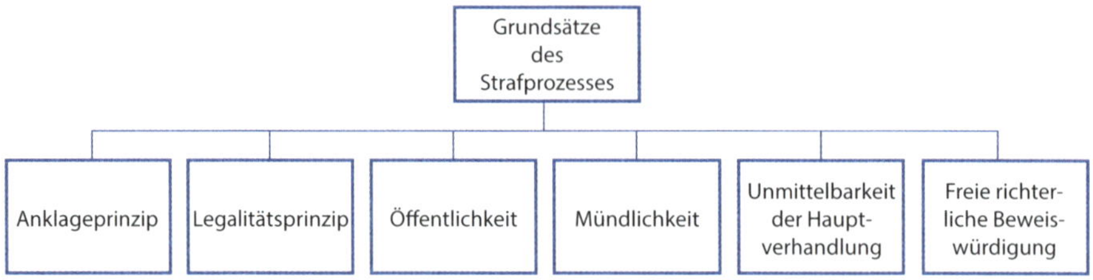

Abbildung 50: Grundsätze des Strafprozesses

Anklageprinzip: Die Strafverfolgungs- und Urteilsfunktion wird auf Staatsanwaltschaft und Richter verteilt.

Legalitätsprinzip: Die Strafverfolgungsbehörden haben bei Verdacht einer Straftat von Amts wegen, also auch ohne Anzeige oder Antrag, einzuschreiten, d.h. zu ermitteln, wenn hinreichende tatsächliche Anhaltspunkte für eine Straftat vorliegen.

Öffentlichkeit: Die Gerichtsverhandlung vor dem erkennenden Gericht ist öffentlich. Das bedeutet, dass Gerichtsverhandlungen unbeteiligten Personen zugänglich sein müssen, um so dazu beizutragen, das Vertrauen in die Rechtsprechung zu festigen und das Verantwortungsbewusstsein der Rechtspflegeorgane zu heben. Der Ausschluss der Öffentlichkeit ist nur in eng begrenzten Fällen zulässig (Ehe- und Kindschaftssachen, jugendliche Angeklagte). Die Verkündung des Urteils erfolgt in jedem Falle öffentlich, die Begründung des Urteils hingegen kann wieder unter Ausschluss der Öffentlichkeit stattfinden.

Mündlichkeit: Das Gericht darf nur solche Tatsachen zum Gegenstand und zur Grundlage eines Urteils machen, die mündlich verhandelt worden ist.

Unmittelbarkeit der Hauptverhandlung: Das Gericht soll einen unmittelbaren Eindruck von den Prozessparteien und der streitbefangenen Sache gewinnen. Hierzu dient unter anderem der Grundsatz der Mündlichkeit.

Freie richterliche Beweiswürdigung: Das Gericht ist bei der Beweiswürdigung der Tatsachen frei. Es entscheidet allein nach seiner eigenen persönlichen Überzeugung, d.h. insbesondere danach, ob es dem/der Angeklagten und den Zeug:innen glaubt oder nicht.

16.1 Ermittlungsverfahren

Das Ermittlungsverfahren wird von der Staatsanwaltschaft geführt, die sich hierbei der Polizei als Hilfsbeamte bedient. Diese stellt Spuren sicher, vernimmt Zeugen, fahndet nach flüchtigen Tätern, etc. Die Leitung liegt bei der Staatsanwaltschaft, die im Ermittlungsverfahren die erforderlichen Weisungen erteilt. Bestimmte Ermittlungsmaßnahmen wie die Beschlagnahme von Gegenständen, Telefonüberwachung, Einsatz eines verdeckten Ermittlers etc. bedarf der Anordnung durch den Ermittlungsrichter. Bei Gefahr im Verzug können diese Ermittlungsmaßnahmen auch von der

Staatsanwaltschaft bzw. der Polizei selbst durchgeführt werden, bedürfen jedoch anschließend der Bestätigung durch den Ermittlungsrichter.

16.1.1 Untersuchungshaft

Der Ermittlungsrichter kann auch die Untersuchungshaft anordnen. Dies setzt voraus, dass

- der/die Beschuldigte einer Straftat dringend verdächtigt ist (dringender Tatverdacht) und
- ein Haftgrund (Flucht, Fluchtgefahr, Verdunkelungsgefahr, Wiederholungsgefahr bestimmter Straftaten) besteht und
- die Untersuchungshaft im Verhältnis zur Bedeutung der Sache und der zu erwartenden Strafe nicht außer Verhältnis steht.

Unter diesen genannten Voraussetzungen kann auch die Polizei bei Gefahr im Verzug eine:n Beschuldigte:n vorläufig festnehmen. Spätestens am Tag nach der Festnahme ist der/die Beschuldigte dem Ermittlungsrichter vorzuführen, der über die Inhaftierung entscheidet und gegebenenfalls einen Haftbefehl erlässt.

16.1.2 Abschluss der Ermittlungen

Sind die Ermittlungen abgeschlossen, prüft die Staatsanwaltschaft, ob Anklage erhoben oder das Verfahren eingestellt wird. Hält sie die Verurteilung für wahrscheinlich, erhebt sie Anklage beim zuständigen Gericht. Das zuständige Gericht bestimmt sich nach der Strafhöhe, die voraussichtlich zu erwarten ist. Bei einer zu erwartenden Strafe von mehr als vier Jahren Freiheitsstrafe wird Anklage beim Landgericht erhoben. In allen anderen Fällen erfolgt die Anklageerhebung beim Amtsgericht, dort entweder vor dem Einzelrichter (bei Vergehen oder Straferwartung unter zwei Jahren) oder dem Schöffengericht (bei Straferwartung über zwei Jahre oder mittlerer Kriminalität).

Wird keine Anklage erhoben, ist das Verfahren einzustellen. Voraussetzung für die Einstellung des Vermittlungsverfahrens ist:

- Es fehlt an einer Straftat oder
- es besteht ein Strafverfolgungshindernis (z.B. Verjährung, fehlender Strafantrag) oder
- die Tat kann dem Beschuldigten nicht nachgewiesen werden oder
- die Schuld des Täters ist gering. In diesen Fällen kommt eine Einstellung mit oder ohne Auflagen (Wiedergutmachung, Zahlung eines Geldbetrages an eine gemeinnützige Einrichtung, Leistung gemeinnütziger Arbeit) in Betracht.

16.1.3 Strafbefehl

Liegt ein Vergehen vor und ist lediglich eine Geldstrafe oder Freiheitsstrafe bis zu einem Jahr mit Bewährung zu erwarten, kann die Staatsanwaltschaft auch einen Strafbefehl beantragen. Dies bewirkt, dass der/die Beschuldigte ohne Durchführung einer Hauptverhandlung auf schriftlichem Wege bestraft wird. Gegen den Strafbefehl kann der/die Beschuldigte innerhalb von zwei Wochen Einspruch einlegen, mit der Folge, dass es zu einer Verhandlung kommt.

16.2 Hauptverfahren

Geht die Anklage beim Strafgericht ein, wird es „Herr des Verfahrens“. Es folgt das Eröffnungsverfahren als Zwischenverfahren, in dem das Gericht darüber entscheidet, ob es die Anklage zulässt und einen Eröffnungsbeschluss hinsichtlich eines Hauptverfahrens erlässt. Der/die „Beschuldigte“ wird im Eröffnungsverfahren zum/zur „Angeschuldigten“.

16.2.1 Eröffnungsverfahren

Dem/der Angeschuldigten wird die Anklageschrift mitgeteilt. Er/sie erhält die Möglichkeit, gegen sie Einwendungen zu erheben sowie spätestens jetzt eine:n Pflichtverteidiger:in, falls

- ihm/ihr ein Verbrechen zur Last gelegt wird oder
- er/sie taub oder stumm ist oder
- er/sie sich in Untersuchungshaft befindet oder
- wegen der Schwere der Tat oder wegen der Schwierigkeit der Sach- und Rechtslage ein Verteidiger notwendig ist.

Lehnt das Gericht den Erlass eines Eröffnungsbeschlusses ab, hat die Staatsanwaltschaft die Möglichkeit, gegen diese Entscheidung Beschwerde einzulegen. Über die Beschwerde entscheidet dann das übergeordnete Gericht.

Wird ein Eröffnungsbeschluss erlassen, geht die Sache ins Hauptverfahren. Es wird daher zugleich ein Termin zur Durchführung der Hauptverhandlung festgesetzt. Im Hauptverfahren wird der/die „Angeschuldigte“ zum/zur „Angeklagten“.

16.2.2 Hauptverhandlung

Der genaue Ablauf der Hauptverhandlung ist in § 243 Strafprozessordnung (StPO) festgelegt:

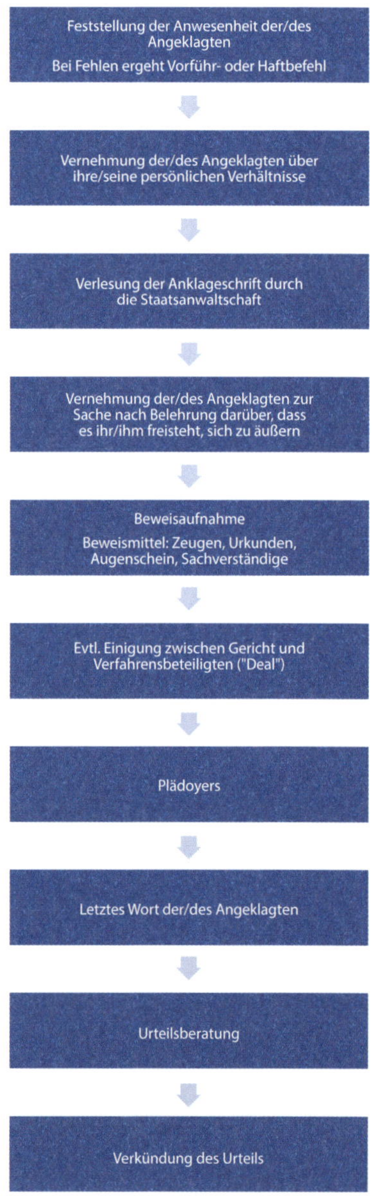

Abbildung 51: Ablauf der Hauptverhandlung

Das Urteil ergeht „im Namen des Volkes“. Es besteht aus der Urteilsformel und der Rechtsmittelbelehrung. Die Urteilsformel wiederum besteht aus dem Schuld- oder Freispruch und (bei Schuldspruch) dem Strafmaß.

Der/die Angeklagte kann gegen das Urteil Rechtsmittel einlegen:

- Gegen Urteile des Amtsgerichtes (Einzelrichter, Schöffengericht) steht ihm/ihr die Berufung (Landgericht) oder die Revision (Oberlandesgericht) zu. Das Rechtsmittel ist innerhalb einer Woche ab Verkündung des Urteils einzulegen. Die Berufung ist eine neue Tatsacheninstanz, das bedeutet, es kommt zu einer erneuten Hauptverhandlung mit erneuter Beweisaufnahme. Die Revision prüft lediglich, ob das Recht richtig angewendet wurde. Eine erneute Beweisaufnahme findet nicht statt.
- Gegen erstinstanzliche Urteile des Landgerichts und des Oberlandesgerichts ist nur die Revision zulässig. Über sie entscheidet der Bundesgerichtshof. Sie ist innerhalb einer Woche ab Verkündung des Urteils einzulegen und innerhalb eines Monats ab Zustellung des schriftlichen Urteils durch einen Rechtsanwalt oder zu Protokoll der Geschäftsstelle zu begründen.

Werden keine Rechtsmittel eingelegt bzw. wurden alle Rechtsmittel ausgeschöpft, wird das Urteil rechtskräftig.

16.3 Vollstreckungsverfahren

Strafvollstreckungsbehörde ist die Staatsanwaltschaft. Sie vollstreckt die verhängten Geld- und Freiheitsstrafen.

Ist eine Geldstrafe ausgeurteilt, fordert sie den Verurteilten auf, die errechnete Geldsumme an die Staatskasse zu bezahlen. Auf Antrag kann ihm auch Ratenzahlung bewilligt werden. Kommt er der Aufforderung nicht nach, wird die Geldsumme durch einen Gerichtsvollzieher beigetrieben. Ist der Verurteilte nicht in der Lage, die Geldstrafe zu begleichen, kann Ersatzfreiheitsstrafe angeordnet werden, deren Länge sich nach der Anzahl der ausgeurteilten Tagessätze bemisst. Bei einer Verurteilung zu 30 Tagessätzen kann also eine Ersatzfreiheitsstrafe von 30 Tagen angeordnet werden. Hieraus ergibt sich jedoch kein Wahlrecht des Verurteilten zwischen Begleichung der Geldstrafe und Ersatzfreiheitsstrafe. Vielmehr wird so lange versucht, die Geldstrafe beizutreiben, wie (auch noch so geringwertige) Vermögenswerte zu pfänden sind.

Wurde zu einer Freiheitsstrafe verurteilt, bekommt der Verurteilte in Abhängigkeit der Auslastung der Haftanstalt eine Ladung zum Haftantritt. Kommt er dieser Ladung nicht nach, ergeht ein Vollstreckungshaftbefehl. § 456 StPO regelt die Voraussetzungen, unter denen Haftaufschub für maximal vier Monate gewährt werden kann.

III Zivilrecht

Das Zivilrecht, auch Privatrecht genannt, ist der Teil der Rechtsordnung, der die Rechtsbeziehungen der Bürger untereinander und der privatrechtlichen Verbände sowie Gesellschaften regelt. Im Gegensatz zum Öffentlichen Recht, bei dem stets ein Über-/Unterordnungsverhältnis von Staat und Bürger:innen gegeben ist, ist das Kennzeichen des Privatrechts, dass sich hier die Bürger:innen auf Augenhöhe begegnen.

Allerdings ist es der Rechtslehre bis heute noch nicht vollständig gelungen, die beiden Rechtsgebiete zweifelsfrei voneinander abzugrenzen. Eine Erschwerung besteht auch darin, dass der Staat sich traditionell des Privatrechts bedienen und auch in privatrechtlichen Organisationsformen (AG, GmbH) tätig werden kann. Nimmt er hierbei öffentliche Aufgaben wahr, handelt es sich um das Teilgebiet des Verwaltungsprivatrechts.

Darüber hinaus finden sich in vielen Gesetzen, nicht zuletzt auch im Bürgerlichen Gesetzbuch (BGB), gleichermaßen privatrechtliche wie auch öffentlich-rechtliche Normen. So normiert zum Beispiel § 839 i. V. m. Art. 34 GG den sogenannten Amtshaftungsanspruch, nachdem bei einem in öffentlicher Trägerschaft stehenden Kindergarten unter Umständen der Träger für einen Schaden haftet, den eine pädagogische Fachkraft durch Verletzung der Aufsichtspflicht verursacht hat (siehe Kapitel 19).

Dennoch ist die sorgsame Unterscheidung zwischen Öffentlichem und Privatem Recht von erheblicher praktischer Bedeutung, weil von ihr der Rechtsweg abhängt. Ist das strittige Rechtsverhältnis privatrechtlicher Natur, sind die Amtsgerichte bzw. ab einem Streitwert von 5.000 Euro die Landgerichte zuständig, soweit das Gesetz nicht zwingend einen Sonderrechtsweg (z. B. für Arbeitsrechtsachen die Arbeitsgerichte) vorschreibt. Für öffentlich-rechtliche Streitigkeiten sind die Verwaltungsgerichte zuständig, soweit das Gesetz nicht andere spezielle Gerichte (Finanzgericht, Sozialgericht etc.) benennt.

Die wichtigste Kodifizierung des Privatrechtes ist das Bürgerliche Gesetzbuch (BGB). Es ist am 1. Januar 1900 in Kraft getreten und gliedert sich in fünf „Bücher" genannte Teile.

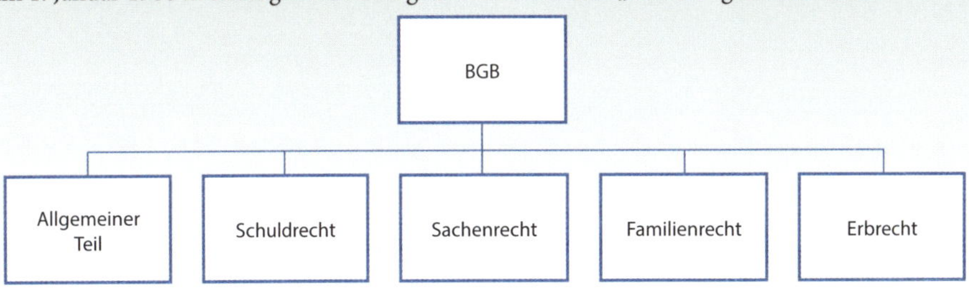

Abbildung 52: Die 5 Bücher des BGB

1. Buch: Der Allgemeine Teil des BGB umfasst die §§ 1 bis 240 und damit die Regelungen, die den vier Büchern Schuldrecht, Sachenrecht, Familienrecht und Erbrecht vorangestellt sind. Zur Vermeidung von Doppelregelungen sind dort all die Regeln „vor die Klammer gezogen", die auf die folgenden vier Bücher angewendet werden. Dort sind dann nur noch diejenigen Regelungen enthalten, die die spezifische Rechtsmaterie betreffen. Man spricht diesbezüglich auch vom juristischen Klammerprinzip, nach dem viele Gesetze, nicht zuletzt auch das SGB, aufgebaut sind.

2. Buch: Das Schuldrecht umfasst die §§ 241 bis 853 und regelt das Recht der Schuldverhältnisse. Ein Schuldverhältnis begründet eine Rechtsbeziehung zwischen natürlichen oder juristischen Personen und kann sowohl durch Rechtsgeschäft als auch kraft Gesetzes entstehen.

3. Buch: Das Sachenrecht umfasst die §§ 854 bis 1296 und regelt die Rechtsverhältnisse von Rechtssubjekten zu Sachen im Sinne des § 90 (z.B. Eigentum, Besitz, Nießbrauch, Pfandrecht).

4. Buch: Das Familienrecht umfasst die §§ 1297 bis 1921 und regelt die rechtlichen Beziehungen zwischen Ehepartnern und deren Kindern sowie der sonstigen Verwandtschaft. Ergänzt werden die Vorschriften vom Vormundschaftsrecht, Betreuungsrecht und Pflegschaftsrecht.

5. Buch: Das Erbrecht umfasst die §§ 1922 bis 2385 und regelt, auf wen Erbe, Vermögen und Nachlass übergehen.

17 Schuldrecht

Das Schuldrecht ist aufgeteilt in den Allgemeinen Teil (§§ 241 bis 432), der die Normen enthält, die für alle Schuldverhältnisse gelten (z.B. Entstehen, Inhalt, Erlöschen), und den Besonderen Teil (§§ 433 bis 853), der einen Katalog der typischen Schuldverhältnisse (Kauf, Miete, Pacht, Schadensersatz etc.) enthält. Nach dem Rechtsgrund ihrer Entstehung werden sie unterschieden in „rechtsgeschäftliche" und „gesetzliche" Schuldverhältnisse.

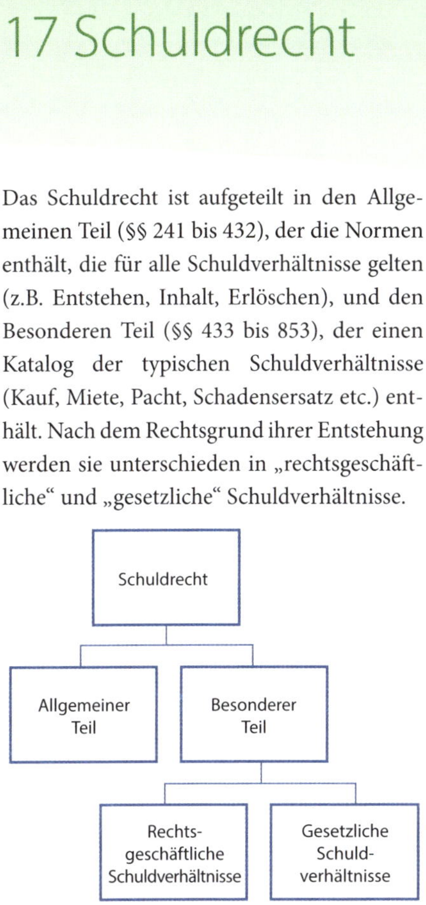

Abbildung 53: Schuldrecht des BGB

17.1 Zustandekommen eines Vertrages

Rechtsgeschäftliche Schuldverhältnisse entstehen dadurch, dass sich die Parteien rechtsgeschäftlich einigen, also einen Vertrag schließen.

17.1.1 Vertragsschluss

Jeder Vertrag, gleichgültig ob Arbeitsvertrag, Mietvertrag, Kaufvertrag etc., kommt zustande durch Angebot und Annahme desselben. Beide Teile sind Willenserklärungen.

Willenserklärung ist eine private Willensäußerung, die auf das Herbeiführen einer Rechtsfolge gerichtet ist.

Diese Rechtsfolge können Willenserklärungen aber nur dann entfalten, wenn sie genau bestimmt sind, da sonst niemand wüsste, was eigentlich vereinbart wurde. Daher gilt als Antrag nur diejenige Willensäußerung, die so genau bestimmt ist, dass der andere nur noch mit „Ja" zu antworten braucht, will er die beabsichtigte Rechtswirkung herbeiführen. Ein Angebot muss also immer die sogenannten „wesentlichen Vertragsbestandteile" (lat. essentialia negotii) enthalten. Dazu gehört immer genau das, was für den konkret abzuschließenden Vertrag wichtig ist, zum Beispiel:

- genaue Bezeichnung der Sache,
- Preis,
- Nutzungsdauer (z.B. bei Miete)
- etc.

Wer einem anderen die Schließung eines Vertrages anträgt, ist an den Antrag gebunden, es sei denn, dass er die Gebundenheit ausgeschlossen hat (§ 145 BGB). Die Gebundenheit kann man ausschließen durch Zusätze wie „Angebot freibleibend" oder „ohne Obligo".

Kindergartenleiterin Susanne holt Angebote über rückenfreundliche Stühle für das Team ein. Ein Verkaufsmitarbeiter der Firma X-GmbH bietet ihr fünf Stühle der Reihe „Medifit" zum Preis von 1.125 Euro zuzüglich Mehrwertsteuer an und kennzeichnet das Schreiben mit „Angebot freibleibend".

Der Antrag erlischt, wenn er dem Antragenden gegenüber abgelehnt oder nicht rechtzeitig angenommen wird (§ 146 BGB). Was rechtzeitig ist, bestimmt § 147 BGB. Der einem Anwesenden gegenüber gemachte Antrag kann nur sofort angenommen werden. Dies gilt auch bei Übermittlung mittels Fernsprecher. Der einem Abwesenden gegenüber gemachte Antrag kann nur bis zu dem Zeitpunkt angenommen werden, in welchem der Antragende den Eingang der Antwort unter regelmäßigen, d.h. normalen Umständen erwarten darf. Hat der Antragende für die Annahme des Antrags eine Frist bestimmt, so kann die Annahme nur innerhalb dieser Frist erfolgen. Nimmt der andere den Antrag nach Ablauf der Frist an, gilt dies als neues Angebot (§ 150 BGB).

Im Beispiel oben hat Firma X ihr Schreiben mit dem Hinweis „Angebot gültig bis 29.10.2023" versehen. Nimmt Susanne den Antrag am 2. November 2023 an, ist der Vertrag nicht zustande gekommen, weil die Annahme verfristet zugegangen ist. Ihre Annahme gilt als neues Angebot auf Abschluss eines Kaufvertrages zu den im Schreiben genannten Bedingungen. Für den Abschluss des Vertrages ist dann noch erforderlich, dass die Firma X zustimmt, also annimmt.

Eng verwandt mit der befristeten Annahme eines Antrags ist die Annahme unter Bedingungen. Eine solche Annahme gilt als Ablehnung des Angebotes verbunden mit einem neuen Angebot. Die Annahme muss also dem Angebot entsprechen.

Sonderfall Invitatio ad offerendum

Ein Katalog, die Auslage im Schaufenster oder die Speisekarte in der Gaststätte werden von der Rechtsordnung jedoch nicht als Angebot gewertet, da in diesen Fällen der Verkäufer besonders schutzwürdig ist. Denn könnte jedermann durch ein einfaches „Ja" ein Vertrag mit ihm schließen, hätte er keinen Einfluss mehr darauf, mit wem er Geschäfte eingeht, und wäre darüber hinaus durch jeden einzelnen Vertrag zur Erfüllung verpflichtet. Er hätte keine Möglichkeit, den Käufer vor Vertragsschluss etwa auf Bonität zu prüfen oder nur Verträge entsprechend seiner Leistungsfähigkeit einzugehen. Die Rechtsordnung sieht daher in Schaufensterauslagen etc. eine sogenannte Aufforderung zum Angebot (lat. Invitatio ad offerendum). Das Angebot gibt in diesen Fällen der kaufwillige Kunde ab, woraufhin der Verkäufer entscheidet, ob er mit diesem Käufer einen Vertrag eingehen möchte.

Stellvertretung

Eine oder auch beide Vertragspartner können sich bei Abschluss des Vertrages auch vertreten lassen. Der Vertrag kommt dann zwischen den Vertretenen zustande.

Der Kaufvertrag über die Medifit Stühle (siehe Seite 172) kommt nicht zwischen Susanne und dem Verkaufsmitarbeiter zustande, sondern zwischen der Firma X-GmbH und dem Träger der Einrichtung, denn beide Vertragsparteien wurden wirksam vertreten.

Form des Vertrages

Verträge werden grundsätzlich formlos geschlossen. Weder müssen sie schriftlich abgefasst noch unterschrieben sein. Verträge können demnach auch mündlich geschlossen werden. Dieser Grundsatz wird durchbrochen von einigen Ausnahmen, in denen das Gesetz selbst die Schriftform vorschreibt (z.B. Ehevertrag, Grundstückskaufvertrag). Wird in diesen Fällen die Schriftform nicht eingehalten, ist der Vertrag unwirksam.

17.1.2 Willenserklärung

Ein Vertrag besteht also aus Angebot und Annahme, beides sind sogenannte Willenserklärungen.

Willenserklärung ist eine Willensäußerung mit Rechtswirkung.

Außerdem misst unsere Rechtsordnung nur dem Willen, der geäußert wurde, eine Bedeutung bei. Bloßes Schweigen ist dagegen keine Willenserklärung.

Der Kindergarten „Pfiffikus" erhält ein Paket von einer Holzspielwarenfirma. Es enthält Bauklötze im Wert von 100 Euro sowie ein Schreiben, in dem es heißt: „Anliegendes Spielmaterial schicken wir Ihnen heute zur Ansicht. Wenn wir binnen zwei Wochen nichts von Ihnen hören, gehen wir davon aus, dass Sie die Ware behalten möchten. Zahlen Sie in diesem Fall bitte 100 Euro an folgendes Konto …"

Diese häufig geübte Praxis versucht zu konstruieren, dass ein Angebot durch bloßes Schweigen angenommen werden kann. Dem ist jedoch zum Schutz unserer Rechtsordnung nicht so. Reagiert man auf solch eine Aufforderung nicht, begründet sich kein Vertrag. Diesbezüglich gilt der Grundsatz „Schweigen ist keine Willenserklärung". Allerdings ist hier Vorsicht geboten. Für die Willensäußerung ist es nämlich nicht unbedingt nötig, dass jemand etwas sagt. Auch Schreiben, Zeichnen oder schlüssiges (konkludentes) Handeln reichen zur Willensäußerung aus.

Die Kassiererin zieht die Lebensmittel über den Scanner. Dadurch nimmt sie das Kaufangebot des Kunden (durch konkludentes Tun) an.

Im Falle der unverlangt an eine Kita gesandten Ware bedeutet das: Werden Bauklötze ausgepackt, den Kindern zum Spielen überlassen und mit den einrichtungseigenen Bauklötzen gelagert und vermischt, ist das Angebot durch konkludentes Tun angenommen worden. Der Kaufpreis wird fällig. Auch wenn § 241a BGB für unbestellte Leistungen eines

Unternehmers an einen Verbraucher bestimmt, dass ein Anspruch auf Kaufpreiszahlung dadurch nicht begründet wird, gilt dies nur für Privatpersonen. Kindertageseinrichtungen sind keine „Verbraucher" im Sinne des § 241a BGB, wie § 13 BGB unmissverständlich bestimmt.

Die Auslegung einer Willenserklärung

Ist eine Willenserklärung nicht eindeutig, was häufig vorkommt, muss man sie auslegen, d.h. ihr Sinn muss ermittelt werden. Es kommt in diesen Fällen nicht darauf an, welchen Sinn der Erklärende seiner Erklärung beigelegt hat, sondern nur auf den sogenannten Empfängerhorizont, also darauf, wie die Erklärung aus Sicht eines vernünftigen Dritten aufzufassen ist. Das Gesetz unterscheidet hier zwischen Inhalts- und Erklärungsirrtum.

Erklärungsirrtum liegt immer dann vor, wenn sich der Erklärende verspricht oder verschreibt.

Anna will 10 Kinokarten für den Kindergeburtstag vorbestellen und schreibt 100.

Inhaltsirrtum bedeutet Irrtum bei der Willensbildung: Der Erklärende erklärt zwar genau das, was er will, es bedeutet aber objektiv etwas ganz anderes.

Den Münchner Sepp verschlägt es nach Köln. Als er Hunger verspürt und an einer Gaststätte vorbeikommt, sieht er einen Aushang auf dem steht: „Heute Halver Hahn für 3,50 EUR". Er tritt ein, bestellt sich einen „Halven Hahn" und ist bitter enttäuscht, als er statt des erwarteten halben Hähnchens ein Käsebrötchen bekommt.

Sowohl bei Erklärungs- als auch Inhaltsirrtum gibt das Gesetz dem Erklärende die Möglichkeit, seine Willenserklärung anzufechten. Sie entfaltet dann keine Rechtswirkung mehr gegen ihn (§ 142 BGB).

Weitere mögliche Anfechtungsgründe sind:

- Anfechtung wegen Irrtums über wesentliche Eigenschaft einer Person oder Sache (§ 119 Abs. 2 BGB)
- Anfechtung wegen arglistiger Täuschung (§ 123 BGB)

Abgabe und Zugang von Willenserklärungen

Manche Willenserklärungen werden bereits wirksam, wenn sie abgegeben wurden (z.B. Erbeinsetzung durch Testament). Für die allermeisten Willenserklärungen gilt aber, dass sie erst dann wirksam sind, wenn sie abgegeben wurden und zugegangen sind.

Abgegeben ist eine Willenserklärung dann, wenn der Erklärende seinen rechtsgeschäftlichen Willen so geäußert hat, dass an der Endgültigkeit des geäußerten Willens keine Zweifel mehr bestehen. Eine empfangsbedürftige Willenserklärung wird gemäß § 130 BGB erst mit Zugang wirksam. Für den Zugang einer verkörperten Willenserklärung ist es nötig, dass die Willenserklärung so in den Machtbereich des Empfängers gelangt ist, dass bei Zugrundelegung gewöhnlicher Verhältnisse mit der Kenntnisnahme durch den Empfänger zu rechnen ist.

Schickt Kindergartenleiterin Susanne aus unserem Beispiel (siehe Seite 172) die Annahmeerklärung per Post am 27. Oktober 2023 ab, wird dieser Brief unter Zugrundelegung einer normalen Postlaufzeit von einem Tag am 28. Oktober 2023 in den Briefkasten der Firma X eingeworfen und befindet sich vor Fristablauf am 29. Oktober 2023 zwar in deren Geschäftsräumen. Da es sich hier aber um einen Samstag handelt, wird niemand das Schreiben zur Kenntnis nehmen. Unter Zugrundelegung gewöhnlicher Verhältnisse – also in diesem Fall normaler Büroarbeitszeiten – ist mit einer Kenntnisnahme vielmehr erst am Montag, den 30. Oktober 2023 zu rechnen. Auch hier wäre die Annahme daher verfristet.

Unter Anwesenden ist eine Willenserklärung also zugegangen, wenn sie ausgesprochen und gehört wurde bzw. gehört werden konnte. Unter Abwesenden ist sie zugegangen, wenn zum Beispiel ein Brief in den Briefkasten geworfen wurde und unter gewöhnlichen Umständen mit der Leerung gerechnet werden darf.

17.1.3 Rechtsgeschäft

Rechtsgeschäfte werden unterschieden in zweiseitige, die aus zwei einander entsprechenden Willenserklärungen bestehen (Vertrag), und einseitige, die nur eine Willenserklärung beinhalten (z.B. Kündigung, Testament, Anfechtung). Ist eine Willenserklärung mit einem Mangel behaftet, schlägt dieser Mangel auf das Rechtsgeschäft, das mit ihr geschlossen werden sollte, durch. Manche Rechtsgeschäfte sind dann nichtig, d.h. von vornherein rechtlich unwirksam (z.B. das nicht eigenhändig unterschriebene Testament).

Möglich ist aber auch, dass ein Rechtsgeschäft nicht nichtig ist, sondern sich im Stadium der „Unvollkommenheit" befindet. Es ist dann unvollständig und bringt so lange keine Rechtswirkung hervor, bis das fehlende Erfordernis nachgeholt wurde. Die Rechtslehre spricht in solchen Fällen von schwebender Unwirksamkeit.

17.1.4 Minderjährigenrecht

(Schwebend) unwirksam sind zum Beispiel Willenserklärungen von Personen, die von Gesetzes wegen ihrer geistigen und körperlichen Entwicklung oder wegen einer Geistesstörung keine oder keine volle Geschäftsfähigkeit zuerkannt bekommen.

Volle Geschäftsunfähigkeit (§ 104 BGB)

Volle Geschäftsunfähigkeit liegt bei Kindern bis zur Vollendung des siebten Lebensjahres vor. Außerdem bei Personen, die sich in einem die freie Willensbestimmung ausschließenden, nicht nur vorübergehenden Zustand krankhafter Störung der Geistestätigkeit befinden.

Minderjährig ist, wer die Volljährigkeit noch nicht erreicht hat (§ 104 Nr. 1 BGB). Wer volljährig ist, bestimmt § 2 BGB: „Die Volljährigkeit tritt mit Vollendung des 18. Lebensjahres ein."

Kinder zwischen null und sieben Jahren können mangels Geschäftsfähigkeit nicht rechtswirksam handeln. Zu unterscheiden ist in diesem Zusammenhang die Geschäftsfähigkeit von der Rechtsfähigkeit.

Rechtsfähigkeit ist die Fähigkeit, Träger von (subjektiven) Rechten und Pflichten zu sein. Sie kommt allen natürlichen Personen (Menschen) unabhängig von ihrer Staatsangehörigkeit zu und endet mit dem Tod.

Jeder Mensch, auch der Minderjährige unabhängig von seinem Alter, ist daher rechtsfähig.

Beginn und Ende des Lebens in zivilrechtlicher Hinsicht

Die Rechtsfähigkeit des Menschen beginnt mit Vollendung der Geburt (§ 1 BGB). Die Geburt ist vollendet, wenn die Nabelschnur durchtrennt wurde. Die Rechtsfähigkeit endet mit dem Tod.

Abbildung 54: Die Altersgrenzen des Zivilrechts

Beschränkte Geschäftsfähigkeit (§ 106 BGB)

Minderjährige ab sieben Jahren befinden sich, was ihre Geschäftsfähigkeit angeht, in einem Zwischenstadium. Bis zur Volljährigkeit sind sie beschränkt geschäftsfähig. Zwar können diese Kinder und Jugendlichen im Gegensatz zu den Geschäftsunfähigen selbst Willenserklärungen abgeben und entgegennehmen, aber der gesetzliche Vertreter muss hierzu im Einzelfall seine Einwilligung erteilen. Es soll dadurch verhindert werden, dass Minderjährige Verpflichtungen eingehen, die sie nicht überblicken können. Die Zustimmungserklärung des gesetzlichen Vertreters bedarf keiner besonderen Form, sie kann schriftlich, mündlich oder durch konkludentes Tun erteilt werden.

Fehlt die Einwilligung, bestimmt § 111 BGB für ein einseitiges Rechtsgeschäft dessen Unwirksamkeit. Für zweiseitige Rechtsgeschäfte (Verträge) gilt die zentrale Norm des Minderjährigenrechts:

§ 108 BGB

Schließt der Minderjährige einen Vertrag ohne die erforderliche Einwilligung des gesetzlichen Vertreters, so hängt die Wirksamkeit des Vertrages von der Genehmigung des Vertreters ab.

Bis zur Erteilung der Genehmigung ist der Vertrag schwebend unwirksam. Die gewollte Rechtswirkung tritt erst mit Genehmigung ein. Für die Form der Genehmigung gilt dasselbe wie für die Einwilligung.

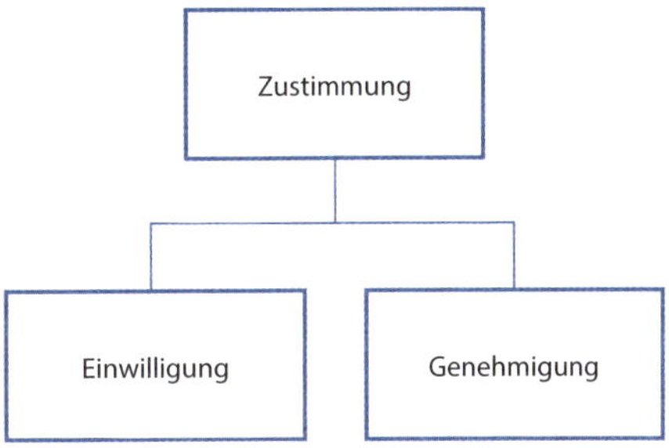

Abbildung 55: Formen der Zustimmung

Einwilligung ist die vorherige Zustimmung. Genehmigung ist die nachträgliche Zustimmung.

Eine Ausnahme hiervon bildet § 108 Abs. 2 BGB: Fordert der Vertragspartner des Minderjährigen den gesetzlichen Vertreter zur Erklärung über die Genehmigung auf, so kann die Erklärung nur ihm gegenüber erfolgen. Eine vor der Aufforderung dem Minderjährigen gegenüber erklärte Genehmigung oder Verweigerung der Genehmigung wird unwirksam. Die Genehmigung kann nur bis zum Ablauf von zwei Wochen nach dem Empfang der Aufforderung erklärt werden; wird sie nicht erklärt, so gilt sie als verweigert.

Die Gefahr eines Nachteils für den Minderjährigen besteht dann nicht, wenn er einen ausschließlich rechtlichen(!) Vorteil mit dem Vertragsschluss erreicht. § 107 BGB erlaubt in diesen Fällen, dass der Minderjährige solche Willenserklärungen alleine abgeben kann.

Kein Schutz des guten Glaubens

Im Minderjährigenrecht gibt es keinen Gutglaubensschutz. Geht der Vertragspartner davon aus, dass der Minderjährige bereits volljährig sei oder der gesetzliche Vertreter eingewilligt hat bzw. noch genehmigen wird, ändert dies an der schwebenden Unwirksamkeit des geschlossenen Vertrages nichts. Selbst wenn der Minderjährige wahrheitswidrig behauptet, er sei bereits volljährig oder Einwilligung liege vor bzw. Genehmigung werde erteilt, ist dies unbeachtlich.

Der Taschengeldparagraf

Nach § 110 BGB gilt ein von einem Minderjährigen ohne Zustimmung des gesetzlichen Vertreters geschlossener Vertrag als von Anfang an wirksam, wenn der Minderjährige die vertragsmäßige Leistung mit Mitteln bewirken kann, die ihm zu diesem Zweck oder zur freien Verfügung (Taschengeld) von dem gesetzlichen Vertreter oder mit dessen Zustimmung von einem Dritten, auch dem/der Arbeitgeber:in, überlassen worden sind. Indem der gesetzliche Vertreter einem Minderjährigen bestimmte Geldbeträge zur freien Verfügung überlässt, willigt er konkludent in Rechtsgeschäfte ein, die der Minderjährige aus den überlassenen Geldmitteln bewirkt. § 110 BGB ist somit lediglich ein besonderer Anwendungsfall des allgemeinen § 107 BGB.

Sonderproblem Ratenkauf: Zu beachten ist jedoch, dass die konkludente Einwilligung nach § 110 BGB inhaltlich beschränkt ist. Die Verträge des Minderjährigen werden nämlich nach dem Wortlaut des Gesetzes nicht schon bei Abschluss, sondern erst bei Bezahlung wirksam. Insbesondere bei Ratenzahlungsverträgen ist daher der von Minderjährigen geschlossene Vertrag nur dann wirksam, wenn alle Raten beglichen wurden. Eine Verschuldung ist also nicht möglich, da ein Ratenzahlungsvertrag so lange schwebend unwirksam ist, bis die letzte Rate beglichen ist. Tritt der gesetzliche Vertreter während des Schwebezustandes dazwischen, ist der Vertrag ungültig mit der Folge, dass geleistete Teilzahlungen zurückgewährt werden müssen.

Sonderproblem teilbare Leistungen: Besteht die gekaufte Sache in einer teilbaren Leistung (Zeitschriftenabo etc.) sind die Geschäfte so lange gültig, wie Zahlungen für in der Vergangenheit gelieferte Dinge geleistet wurden. Anders ist die Rechtslage, wenn die Teilleistungen so eng miteinander zusammenhängen, dass nur die ganze Leistung einen Sinn ergibt.

Sonderproblem Surrogate: Bei Surrogaten, das sind Mittel bzw. Gegenstände, die der Minderjährige aus Mitteln erwirkt, die ihm im Rahmen des § 110 BGB überlassen wurden, ist fraglich, ob deren Verwendung vom Konsens des gesetzlichen Vertreters gedeckt ist. Aus Gründen des Minderjährigenschutzes muss hier gelten, dass Surrogate im Zweifel nicht von der erteilten Einwilligung gedeckt sind. Auf den Lotteriegewinn findet daher § 110 BGB keine Anwendung. Soweit das Surrogat jedoch auch schon mit den überlassenen Mitteln hätte erworben werden können, kann dies noch als von der Einwilligung gedeckt angesehen werden.

Die eingeschränkte Auslegung des Taschengeldparagrafen oder „Gibt es das totale Taschengeld"?

Das Amtsgericht Freiburg hatte die Frage zu entscheiden, ob wirklich alles, was der Minderjährige von seinem Taschengeld kauft, als von der Einwilligung der Eltern gedeckt angesehen werden muss.

Der Fall

Der 14-jährige Kläger hatte sich beim Beklagten eine Pistole (sog. Airsoftgun) nebst dazugehöriger Munition zu einem Kaufpreis von 76,90 DM gekauft. Diesen Kauf hatte er heimlich und ohne Zustimmung der Eltern getätigt. Zwei Tage später fanden die Eltern die Waffe sowie die dazugehörige Munition, von der ein Teil bereits verbraucht war.

Der Beklagte weigerte sich, die Spielzeugwaffe und die noch vorhandene Munition gegen Erstattung des vollen Kaufpreises zurückzunehmen. Er behauptete, der Kläger habe sich geäußert, dass er die Pistole von seinem Taschengeld finanziere und dass die Eltern damit einverstanden wären. Der Kauf sei gemäß § 110 BGB deshalb als von Anfang an wirksam anzusehen. Ferner unterlägen Gegenstände, die nicht mehr zurückgegeben werden können, nicht mehr der Rückzahlungsverpflichtung. Der Kläger bestritt dies und beantragte, den Beklagten zur Zahlung von 76,90 DM Zug um Zug gegen Herausgabe der Waffe nebst verbliebener Restmunition zu verurteilen. Der Klage wurde vollumfänglich stattgegeben.

Die Begründung der Richter

Der Kläger hat Anspruch auf Rückzahlung des Kaufpreises, denn der Kaufpreis in Höhe von 76,90 DM wurde ohne Rechtsgrund geleistet, da der zwischen den Parteien abgeschlossene Kaufvertrag unwirksam ist. Der Kläger war zur Zeit des Abschlusses des Kaufvertrages beschränkt geschäftsfähig, eine Einwilligung der gesetzlichen Vertreter, der Eltern des Klägers, für die Abgabe der Willenserklärung liegt nicht vor.

Der Kaufvertrag ist auch nicht gemäß § 110 wirksam. Zwar gilt ein von dem Minderjährigen ohne Zustimmung des gesetzlichen Vertreters geschlossener Vertrag als von Anfang an wirksam, wenn der Minderjährige die vertragsgemäße Leistung mit Mitteln bewirken, die ihm zu diesem Zweck oder zur freien Verfügung von dem Vertreter oder mit dessen Zustimmung von einem Dritten überlassen worden sind.

Diese Voraussetzungen liegen hier jedoch deshalb nicht vor, weil das Taschengeld, mit dem der Kläger die Airsoftgun Beretta M92FS kaufte, ihm nicht zu diesem Zweck überlassen wurde, noch zur uneingeschränkt freien Verfügung stand (…).

Der Kläger erklärte hierzu, dass das Einverständnis seiner Eltern zum Kauf einer Airsoftgun Beretta M92FS nicht vorlag, dass ihm vielmehr im Vorhinein klar war, dass sich die Überlassung des Taschengeldes gerade nicht auf den Kauf einer solchen Spielzeugwaffe erstreckte. Er habe deshalb den Kauf insgeheim getätigt und die Waffe in seinem Zimmer versteckt. Eine Einwilligung der gesetzlichen Vertreter durch die Überlassung der Geldmittel liegt daher vorliegend nicht vor.

Musste der Minderjährige annehmen, dass sich die in der Überlassung liegende Einwilligung des gesetzlichen Vertreters auf ein konkretes Geschäft nicht beziehen sollte, so ist ein solcher Vertrag selbst dann nicht von § 110 gedeckt, wenn er ihn mit an sich zur freien Verfügung überlassenen Mitteln erfüllt. Es widerspricht dem Erziehungszweck des Minderjährigenrechts, dem gesetzlichen Vertreter nur die Wahl zwischen zweckgebundenen Mitteln und einem „totalen Taschengeld" zuzubilligen, mit dem er alles und jedes gutheißt, was der Minderjährige unternimmt. Auch bei frei überlassenen Mitteln muss der Wille des gesetzlichen Vertreters, Beschränkungen vorzunehmen, beachtet werden. Nach Ansicht des Gerichts kann es dabei nur auf das Innenverhältnis zwischen dem Minderjährigen und dem gesetzlichen Vertreter ankommen. Ein Gutglaubensschutz im Minderjährigenrecht besteht grundsätzlich nicht.

AG Freiburg – Az. 51 C 3570/97

Der Minderjährige im Erwerbsleben

Steht der Minderjährige bereits im Erwerbsleben, gelten Sonderregeln für ihn.

§ 112 BGB

Ermächtigt der gesetzliche Vertreter mit Genehmigung des Familiengerichts den Minderjährigen zum selbstständigen Betrieb eines Erwerbsgeschäftes, so ist der Minderjährige für solche Rechtsgeschäfte unbeschränkt geschäftsfähig, welche der Geschäftsbetrieb mit sich bringt.

Darüber hinaus ist der Minderjährige für solche Rechtsgeschäfte unbeschränkt geschäftsfähig, die sein Dienst- oder Arbeitsverhältnis mit sich bringen.

§ 113 BGB

Ermächtigt der gesetzliche Vertreter den Minderjährigen, in Dienst oder in Arbeit zu treten, so ist der Minderjährige für solche Rechtsgeschäfte unbeschränkt geschäftsfähig, welche die Eingehung oder Aufhebung eines Dienst- oder Arbeitsverhältnisses der gestatteten Art oder die Erfüllung der sich aus einem solchen Verhältnis ergebenden Verpflichtung betreffen.

Zu beachten ist, dass § 113 BGB nicht auf Ausbildungsverhältnisse anzuwenden ist.

17.2 Inhalt eines Vertrages

Nach dem Grundsatz der Privatautonomie regeln die Vertragsparteien selbst, ob sie einen Vertrag schließen wollen (Abschlussfreiheit) und welchen Inhalt er haben soll (Inhaltsfreiheit). Grundsätzlich sind Verträge auch formfrei gültig.

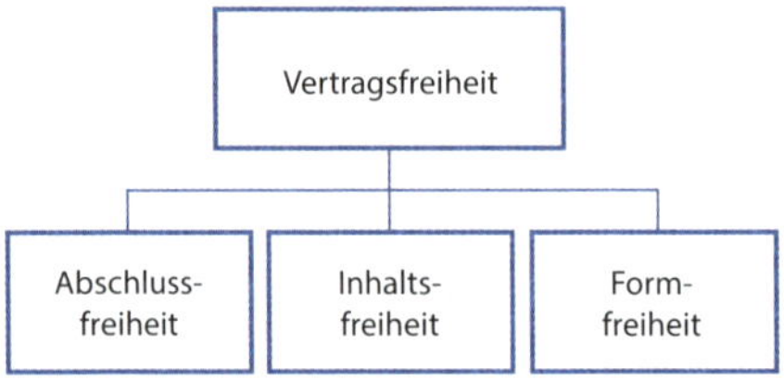

Abbildung 56: Elemente der Vertragsfreiheit

17.2.1 Abschlussfreiheit

Weder natürliche noch juristische Personen des Privatrechts können gezwungen werden, einen Vertrag abzuschließen.

Grenzen der Abschlussfreiheit bestehen lediglich bei solchen Gütern, die der Grundversorgung (z.B. Strom, Gas, Wasser) unterfallen und bei der der Anbieter eine Monopolstellung innehat. Hier kann im Einzelfall ein Abschlusszwang vorliegen.

17.2.2 Inhaltsfreiheit

Auch den Inhalt des Vertrages können die Vertragsparteien frei bestimmen. Grenzen hat die Inhaltsfreiheit aber dann, wenn der Vertrag

- gegen ein gesetzliches Verbot verstößt (§ 134 BGB),
- gegen die guten Sitten verstößt (§ 138 BGB).

Ist eine dieser Ausnahmen gegeben, ist der Vertrag nichtig.

Eine weitere Grenze besteht in zwingenden gesetzlichen Verbraucherschutzvorschriften wie zum Beispiel die zu Allgemeinen Geschäftsbedingungen.

17.2.3 Formfreiheit

Verträge sind grundsätzlich formlos gültig, können also auch mündlich geschlossen werden. Ausnahmen vom Grundsatz der Formfreiheit bestehen in den Fällen, in denen das Gesetz eine besondere Form vorschreibt (z. B. Testament, Immobilienkaufvertrag), mit denen der Gesetzgeber eine Warn-, Beweis- oder Beratungsfunktion vorsieht. Ist eine Formvorschrift gegeben, macht ihre Nichtbeachtung das vorgenommene Rechtsgeschäft nichtig (§ 125 BGB) bzw. unwirksam. Das Gesetz kennt verschiedene Arten der Formen:

- Schriftform,
- elektronische Form,
- Textform,
- Beurkundung,
- öffentliche Beglaubigung.

17.3 Vertragstypen

Der besondere Teil des Schuldrechts beinhaltet eine Auflistung von üblichen Verträgen, von denen die beiden wichtigsten nachfolgend kurz vorgestellt werden. Zum Arbeitsvertrag finden sich ausführliche Informationen in Kapitel 21.

17.3.1 Kaufvertrag

> § 433 BGB
>
> (1) Durch den Kaufvertrag wird der Verkäufer einer Sache verpflichtet, dem Käufer die Sache zu übergeben und das Eigentum an der Sache zu verschaffen. Der Verkäufer hat dem Käufer die Sache frei von Sach- und Rechtsmängeln zu verschaffen.
>
> (2) Der Käufer ist verpflichtet, dem Verkäufer den vereinbarten Kaufpreis zu zahlen und die gekaufte Sache abzunehmen.

Der Verkäufer schuldet die Mängelfreiheit der verkauften Sache. Ist die Sache mit einem Mangel behaftet, kann der Käufer Gewährleistungsansprüche geltend machen. Diese sind:

- Nacherfüllung (Nachbesserung oder Ersatzlieferung),
- Rücktritt vom Vertrag,
- Minderung des Kaufpreises,
- Schadensersatz.

Die Gewährleistungsansprüche unterliegen einer Verjährungsfrist von zwei Jahren ab Lieferung der Sache. Von den Gewährleistungsansprüchen sind kulanzhalber gewährte Umtauschmöglichkeiten zu unterscheiden. Ist ein Umtauschrecht nicht von vornherein vertraglich vereinbart, handelt es sich hierbei lediglich um eine freiwillige Leistung des Verkäufers, zu der er nicht verpflichtet ist.

17.3.2 Mietvertrag

> § 535 BGB
>
> (1) Durch den Mietvertrag wird der Vermieter verpflichtet, dem Mieter den Gebrauch der Mietsache während der Mietzeit zu gewähren. Der Vermieter hat die Mietsache dem Mieter in einem zum vertragsgemäßen Gebrauch geeigneten Zustand zu überlassen und sie während der Mietzeit in diesem Zustand zu erhalten. Er hat die auf der Mietsache ruhenden Lasten zu tragen.
>
> (2) Der Mieter ist verpflichtet, dem Vermieter die vereinbarte Miete zu entrichten.

Hat die Mietsache Sach- oder Rechtsmängel, ist der Mieter zur Mietminderung berechtigt. Ist die Mietzeit beendet, hat der Mieter die gemietete Sache zurückzugeben. Die Mietzeit endet entweder zu dem Zeitpunkt, der im Vertrag vorgesehen ist, oder durch Kündigung. Die Kündigung hat schriftlich innerhalb der Fristen des § 573 c BGB zu erfolgen.

17.3.3 Kindergarten-Betreuungsvertrag

Das Rechtsverhältnis zwischen Eltern/Kindern einerseits und Kita-Träger andererseits wird durch den Betreuungsvertrag geregelt, der auf einer kommunalen Satzung (bei Kommunen) oder auf einer Kindergartenordnung (bei freien Trägern) fußt: Er regelt Öffnungs- und Betreuungszeiten, Aufnahme-

und Kündigungsbedingungen, Bring- und Abholpflichten, Krankheits- und Gebührenregelungen etc.

Rechtsnatur

Der Betreuungsvertrag findet sich nicht im Katalog des besonderen Schuldrechtes des BGB, es handelt sich bei ihm um einen sogenannten Vertrag sui generis (Vertrag eigener Art). Daher war es lange Zeit juristisch völlig ungeklärt, wie ein Betreuungsvertrag rechtlich einzuordnen ist. Erst in jüngster Zeit befassen sich die Gerichte mit Einzelfragen zur Rechtsnatur eines Betreuungsvertrages, und so ist es mittlerweile anerkannt, dass Betreuungsverträge sogenannte „Dienstleistungsverträge mit Austauschpflicht" sind. Die eine Leistung (Betreuung) bedingt die andere (Zahlung von Betreuungsgebühren) und umgekehrt.

Träger

Auf die Rechtsform des Trägers (z.B. GmbH, e.V.) kommt es dabei nicht an. Es ist auch unerheblich, ob es sich um einen öffentlichen oder privaten Träger handelt. Vertragspartner sind dabei stets der Träger einerseits und die Eltern eines Kindes andererseits. Dies ist zu unterscheiden von der Frage, wer Inhaber des Rechtsanspruchs auf einen Kindergartenplatz ist. Dies ist nach § 24 SGB VIII stets das betroffene Kind selbst. Die rechtliche Behandlung eines Betreuungsvertrages erfolgt nach den §§ 611 ff BGB (siehe Kapitel 21).

Allgemeine Geschäftsbedingungen

Der Träger kann seinem Betreuungsvertrag sogenannte Allgemeine Geschäftsbedingungen (AGB) beifügen und sie so zum Vertragsbestandteil machen.

AGB sind für eine Vielzahl von Verträgen vorformulierte Vertragsbedingungen, die der Verwender der anderen Vertragspartei bei Abschluss des Vertrages stellt. Sie sind in den verschiedensten Wirtschaftssparten gängig.

Da AGB in der Regel dazu führen, dass der Verwender seine wirtschaftliche Überlegenheit ausnutzt und wesentliche Teile des Vertrages einseitig zu seinen Gunsten bestimmt, sind zum Schutz der anderen Vertragspartei vor unangemessenen AGB die §§ 305 bis 310 BGB zu beachten. Jegliche AGB muss sich an diesen Normen messen lassen. So bestimmt § 305 BGB zum Beispiel, dass AGB nur dann Bestandteil des Vertrages werden, wenn der Verwender bei Vertragsschluss die andere Partei ausdrücklich auf sie hingewiesen hat, und § 305c BGB legt fest, dass ungewöhnliche, überraschende Klauseln nicht Vertragsbestandteil werden.

Kindergartensatzung/ Kindergartenordnung

Die Satzung bzw. Ordnung, die die „Spielregeln" für die Abwicklung des Vertrages darstellen, indem sie zum Beispiel festlegen, unter welchen Voraussetzungen andere Personen das Kind abholen dürfen, wie die Aufsicht geregelt ist und wie die Waldwoche abläuft etc., ist ebenfalls Bestandteil des Vertrages, da der Vertrag ausdrücklich auf sie Bezug nimmt mit der gängigen Formulierung „Die Kindergartenordnung in ihrer jeweils gültigen Fassung ist Bestandteil dieses Vertrages". Die Kindergartensatzung (bei öffentlichen Trägern) bzw. die Kindergartenordnung (bei freien Trägern) ist wesentliche Ausprägung unter anderem des Hausrechts der Leitung.

Kündigungsfristen

Gegenstand zahlloser Rechtsstreitigkeiten sind immer wieder die Kündigungsfristen eines Betreuungsvertrages. Auf der einen Seite steht das Interesse des Trägers, die Eltern einen gewissen Zeitraum an den Vertrag zu binden, um so die notwendige Planungssicherheit hinsichtlich des Personal- und Mitteleinsatzes zu erhalten. Auf der anderen Seite haben die Eltern ein Interesse daran, bei Nichtgefallen oder Veränderung der persönlichen Lebensumstände die Einrichtung flexibel wechseln zu können. Da die Materie gesetzlich nicht geregelt ist, liegen viele richterrechtliche Einzelfallentscheidungen vor. So hat das AG München entschieden, dass die vertragliche Festlegung einer dreimonatigen ordentlichen Kündigungsfrist durchaus zulässig ist. Wenn vertraglich nichts anderes geregelt sei, sei ein Betreuungsvertrag immer spätestens am 15. eines Monats für den Schluss des Kalendermonats kündbar, das ergebe sich aus § 621 Nr. 3 BGB. Eine dreimonatige Kündigungsfrist sei dabei nicht zu beanstanden (Az. 222 C 8644/11).
Mit einer „Kündigung zur Unzeit", also zum Beispiel kurz vor Ablauf des Kindergartenjahres, sind aber viele Gerichte nicht einverstanden, so etwa das Verwaltungsgericht Düsseldorf (Az. 24 K 4434/99).

Fristlose Kündigung aus wichtigem Grund

Unabhängig von etwaigen Kündigungsfristen ist eine fristlose Kündigung immer möglich, wenn ein sogenannter wichtiger Grund vorliegt. Ein wichtiger Kündigungsgrund ist immer dann gegeben, wenn Kindeswohlinteressen beeinträchtigt sind. So ist gerichtlich anerkannt, dass auch das Scheitern der Eingewöhnung eines Kindes in einer Betreuungseinrichtung ein wichtiger Grund für die Kündigung des Betreuungsvertrages darstellen kann. Maßgeblich ist insofern das Wohl des Kindes. Wird dieses ernsthaft beeinträchtigt, ist ihm ein Verbleib in der Betreuungseinrichtung nicht zumutbar.

17.4 Übungsfälle

Fall 24

Leiterin Nora entdeckt heute in der Post ein Paket mit Bastelmaterial für die Adventszeit, das sie nicht bestellt hat. Sie ist unschlüssig, wie sie damit verfahren soll.

Was raten Sie ihr?

Fall 25

Erzieherin Ella entdeckt im Schaufenster des örtlichen Musikalienhandels einen Gruppensatz hochwertiger Orff-Instrumente. Der Satz wurde versehentlich mit 34,90 € statt 349,00 € ausgezeichnet.

Hat Ella einen Anspruch darauf, dass der Händler ihr die Instrumente für 34,90 € überlässt?

Fall 26

Sozialpädagoge Peter kauft heute für die Behindertenwerkstatt, deren Leiter er ist, beim Gebrauchtwagenhändler einen VW-Bus. Der Tachometer weist 34.000 gefahrene Kilometer auf. Als er den Bus seinem Freund Sebastian zeigt, äußert dieser erhebliche Zweifel an der Richtigkeit des Tachostandes und macht Peter auf zahlreiche Mängel aufmerksam, die auf eine höhere Fahrleistung des Busses hinweisen.

Was kann Peter tun?

Fall 27

Die Oma des fünfjährigen Tim kommt heute zu Besuch. Als sie ein Geschenk für ihn aus der Tasche zieht, ist seine Mutter wenig begeistert. Es handelt sich um die originalgetreue Nachbildung eines Maschinengewehrs MG 4, Kaliber 45, der Marke Heckler & Koch. Um sich in Ruhe über die Sinnhaftigkeit solcher Geschenke mit der Oma austauschen zu können, schickt die Mutter Tim zum Konditor um die Ecke, damit er dort drei Stücke Sahnetorte kauft.

Ist Tim Eigentümer des MG geworden?
Ist er Eigentümer der Tortenstücke geworden?

Fall 28

Um die unschönen Umstände des Buskaufes zu vergessen, begibt sich Peter am Wochenende auf das örtliche Volksfest. Zu später Stunde torkelt ihm dort sein 19-jähriger Azubi Carlo entgegen, der lallt: „Ich kündige, ich schmeiß′ den ganzen Sozialkram hin."

Hat Carlo wirksam gekündigt?

Fall 29

Der achtjährige Lukas hat von seiner Oma eine Eigentumswohnung geerbt.

Braucht er für die Annahme der Erbschaft die Zustimmung seiner gesetzlichen Vertreter?

Fall 30

Der 15-jährige Ferdinand kauft sich heute ein Prepaid-Handy. Das Guthaben beträgt 30 Euro, das er von seinem gesparten Taschengeld begleicht.

Ist Ferdinand Eigentümer des Handys geworden?

Fall 31

Anschließend kauft Ferdinand in der Fußgängerzone ein zwölfbändiges Olympialexikon. Jeden Monat bekommt er per Post zwei Bände, die er dann mit jeweils 15 Euro pro Lieferung bezahlen muss. Nach fünf Monaten entscheidet Ferdinand, dass er das Lexikon nicht benötigt und will keine weiteren Zahlungen leisten.

Muss Ferdinand die restlichen sieben Teillieferungen bezahlen?

Fall 32

Die 14-jährige Nina kauft sich von ihrem Taschengeld ein Lotterielos und gewinnt zwei Million Euro.

Ist dies von der erteilten Einwilligung der Eltern gedeckt?
Wie wäre die Rechtslage, wenn sich Nina drei CDs kauft und diese dann gegen drei CDs einer Freundin tauscht?

Fall 33

Der fünfjährige Nick kauft beim Händler einen Lutscher für 50 Cent.

Ist ein Kaufvertrag zustande gekommen?

Fall 34

Die 15-jährige Franzi hat von ihrer Großmutter eine kostbare Perlenkette geschenkt bekommen. Ihre Freundin Britta bewundert die Kette sehr und lässt keinen Zweifel daran, dass ihre Freundschaft gefestigt würde, wenn Franzi ihr die Kette schenken würde. Nach einigem Zögern handelt Franzi wie gewünscht und schenkt Britta die Kette. Als die Großmutter davon erfährt, ist sie empört und verlangt von Franzis Eltern, die Angelegenheit „wieder ins Reine" zu bringen.

Können sie das?

Fall 35

Tante Sandra schenkt ihrem sechsjährigen Patenkind Friedrich einen Roller.

Ist Friedrich Eigentümer des Rollers geworden?

Fall 36

Die Mutter schickt den fünfjährigen Pauli zum Bäcker, damit er ein Brot kauft. Pauli reicht das abgezählte Geld über die Theke und erhält das Brot.

Ist ein Kaufvertrag zustande gekommen?

Fall 37

Der 15-jährige Moritz hat ein neuartiges und revolutionäres PC-Virenprogramm entwickelt und beim Familiengericht den selbstständigen Betrieb eines Erwerbsgeschäftes beantragt. Sobald die Genehmigung vorliegt, will er sich das Programm patentieren lassen, eine Marke eintragen und das Programm vertreiben.

Wird Moritz seine Pläne verwirklichen können?

Fall 38

Die 17-jährige Linda ist in der Ausbildung zur staatlich anerkannten Erzieherin. Nebenbei jobbt sie mit Erlaubnis ihrer Eltern in der Nachbarschaft als Babysitter.

Darf Linda ihre Babysitter-Jobs selbstständig eingehen und kündigen?
Wie sieht es mit ihrem Ausbildungsverhältnis aus?

Fall 39

Frau Schneider, die Mutter der zweijährigen Janina, beschwert sich telefonisch bei Claudia, die Leiterin einer Einrichtung einer privaten Elterninitiative ist, über die Absage, die sie heute von ihr für ein Krippenplatz erhalten hat. Frau Schneider macht lautstark ihren Rechtsanspruch auf einen Krippenplatz geltend und droht Claudia damit, sie werde Post von Frau Schneiders Anwalt bekommen.

Was sollte Claudia tun?

18 Aufsichtspflicht

Resultierend aus der engen Beziehung zur Menschenwürde als dem höchsten Wert unserer Verfassung ist die prinzipielle Freiheitsvermutung Dreh- und Angelpunkt unserer Rechtsordnung. Alle staatliche Gewalt ist ihr verpflichtet, und auf sie gründet maßgeblich unser Recht. Doch die totale Freiheit der Eltern, ihr Kind so zu erziehen und zu beaufsichtigen, wie sie es für richtig halten, ist begrenzt durch das Wächteramt des Staates, der nach der Verfassung darüber zu wachen hat, dass Eltern ihrer Erziehungsverantwortung nachkommen.

Art. 6 Abs. 2 GG geht insoweit von einem natürlichen überpositiven Recht der Eltern aus, über dessen Ausübung der Staat im Interesse des Kindes wacht (siehe Kapitel 3.9.6). Die Normierung von Wächteramt und Aufsichtspflicht in unserer Rechtsordnung ist daher nicht zuletzt auch wesentliche Ausprägung der Grund- und Kinderrechte.

Zwischen den beiden Extremen der totalen Überwachung und der absoluten Selbstüberlassung des Kindes hat unser Recht allgemeingültige Normen gesetzt, die die Pflichten desjenigen regeln, der die Aufsicht über ein Kind innehat oder übernimmt. Sie sind im wesentlichen Richterrecht und fußen auf der wegweisenden Entscheidung des BGH (NJW 1968, 1672), in der es heißt:

„Das Maß der gebotenen Aufsicht bestimmt sich nach Alter, Eigenart und Charakter des Kindes sowie nach der Voraussehbarkeit des schädigenden Verhaltens sowie danach, was den Aufsichtspflichtigen in ihrem jeweiligen Verhalten zugemutet werden kann. Entscheidend ist letztlich, was ein verständiger Aufsichtspflichtiger nach vernünftigen Anforderungen im konkreten Fall unternehmen muss, um die Schädigung zu verhindern."

18.1 Adressat der Aufsichtspflicht

Beaufsichtigt werden müssen Minderjährige, d.h. Kinder und Jugendliche unter 18 Jahren, sowie Personen, die wegen ihres geistigen und/oder körperlichen Zustandes der Aufsicht bedürfen. Letztere fallen in aller Regel auch unter die gesetzlichen Bestimmungen der §§ 1896 ff BGB zur Betreuung (siehe Kapitel 20.8). Die weiteren Ausführungen befassen sich mit den Minderjährigen, können jedoch auch auf die Betreuten übertragen werden.

18.2 Inhalt der Aufsichtspflicht

Minderjährige können aufgrund ihres Alters und der damit einhergehenden noch nicht voll entwickelten körperlichen und geistigen Reife nicht oder nicht vollständig erkennen, ob ihnen Gefahren drohen, und außerdem den Gefährdungsgrad einer Gefahr noch nicht richtig einschätzen. Auch ist es ihnen nicht oder nur eingeschränkt möglich, Gefahren, die anderen drohen, zu erkennen bzw. deren Gefährdungsgrad einzuschätzen.

Um also einerseits den Aufsichtsbedürftigen selbst zu schützen, andererseits auch den Schutz der Allgemeinheit sicherzustellen, wird ein Erwachsener in die Pflicht zur Aufsicht genommen. Er hat dafür Sorge zu tragen, dass der zu Beaufsichtigende

- sich nicht selbst schädigt,
- nicht von anderen geschädigt wird,
- keine anderen („Dritte") schädigt.

18.3 Die abgeleitete Aufsichtspflicht

Die Pflicht, die Aufsicht über einen Minderjährigen auszuüben, kann originär oder abgeleitet bestehen. Die originäre Pflicht zur Aufsicht haben die Eltern eines Kindes bzw. die Personensorgeberechtigten. Die Aufsichtspflicht ist hier Element der elterlichen Sorge in Form der Personensorge (siehe Kapitel 20.3.1). Diese umfasst die Pflege, Erziehung, Aufenthaltsbestimmung und eben auch die Beaufsichtigung des Kindes. Die Sorgeberechtigten können die Pflicht zur Beaufsichtigung zeitweise auf andere übertragen, wie zum Beispiel

- Verwandte,
- Pflegefamilie,
- Internatsleitung,
- Heimleitung,
- Kindergartenleitung.

Weil eine korrekte Beaufsichtigung in der Regel auch Erziehungsmaßnahmen erforderlich macht, wird mit der Aufsichtspflicht immer auch ein Teil des Erziehungsrechts übertragen. In welchem Umfang dieses Recht genau übertragen wird, richtet sich nach dem Einzelfall, insbesondere dem konkret abgeschlossenen Vertrag. Eine Internatsleitung wird sich umfassendere Rechte ausbedingen als eine Kindergartenleitung.

Tatsächlich schreibt § 1688 Abs. 1 BGB einen Katalog der Rechte fest, die eine Pflegefamilie in Bezug auf das Kind hat. Lebt der/die Minderjährige längere Zeit bei ihr, ist die Pflegeperson berechtigt, in Angelegenheiten des täglichen Lebens zu entscheiden sowie die Inhaber der elterlichen Sorge in solchen Angelegenheiten zu vertreten. Sie ist weiterhin befugt, den Arbeitsverdienst des Kindes zu verwalten sowie Unterhalts-, Versicherungs-, Versorgungs- und sonstige Sozialleistungen für das Kind geltend zu machen und zu verwalten. § 1688 Abs. 2 BGB gibt dieselben Rechte auch den Personen, die im Rahmen der Hilfe zur Erziehung nach den §§ 34, 35 35 a SGB VIII die Erziehung und Betreuung eines Kindes übernommen haben (z.B. Heimerzieher:innen). Generell lässt sich sagen: Die im Rahmen von Jugendhilfeleistungen tätigen Personen (Pflegeeltern, Heimerzieher:innen) haben die Alltagssorge (siehe Kapitel 20.3.1) inne. Diese kann jedoch jederzeit durch einen Personensorgeberechtigten wieder an sich gezogen werden.

Wird die Aufsichtspflicht wirksam übertragen, wechselt sie auf eine andere Person. Wird sie nicht wirksam übertragen, verbleibt sie beim ursprünglichen Inhaber. Da es also stets einen zur Aufsicht Verpflichteten gibt, kann als oberste Regel der Aufsichtspflicht gelten: Eine aufsichtspflichtfreie Zeit gibt es nicht!

So unterliegen auch Kinder, die sich unerlaubt und unbemerkt aus dem Gelände der Einrichtung heraus bewegen, nach wie vor der Aufsichtspflicht des pädagogischen Personals.

18.4 Die Arten der Aufsichtspflicht

Die Aufsichtspflicht kann sich aus dem Gesetz oder einem Vertrag ergeben.

18.4.1 Die gesetzliche Aufsichtspflicht

Per Gesetz zur Aufsicht verpflichtet sind

- die Eltern (§§ 1626 ff BGB),
- ein Elternteil nach der Trennung der Eltern, wenn die elterliche Sorge übertragen wurde (§ 1671 BGB),
- der Vormund und Pfleger:innen gegenüber dem Mündel (§§ 1793, 1797, 1800, 1909, 1915 BGB),
- der Betreuer (§§ 1896 ff BGB),
- Lehrkräfte an öffentlichen Schulen (gegenüber minderjährigen Schüler:innen),
- Kindertageseinrichtungen in kommunaler Trägerschaft,
- pädagogische Fach- und Ergänzungskräfte in öffentlichen Einrichtungen (= solche in kommunaler Trägerschaft).

Die Aufsichtspflicht entsteht in diesen Fällen kraft Gesetzes. Es kommt also nicht darauf an, ob der Verpflichtete mit ihr einverstanden ist.

18.4.2 Die vertragliche Aufsichtspflicht

Vertraglich zur Aufsicht verpflichten können sich

- Kindertageseinrichtungen in freier oder freigemeinnütziger Trägerschaft,
- pädagogische Fach- und Ergänzungskräfte in Einrichtungen in freier oder freigemeinnütziger Trägerschaft,
- private Lehrkräfte,
- Vereine,
- Übungsleiter:innen,
- Babysitter.

Der Vertrag kann schriftlich, mündlich oder auch konkludent, also durch schlüssiges Handeln, geschlossen werden.

Die Übernahme der Aufsicht hat sowohl ein subjektives als auch ein objektives Element: Subjektiv muss bei der betreffenden Person der Wille vorhanden sein, die Aufsicht zu übernehmen. Sie muss sich über die rechtlichen Konsequenzen bewusst sein und sich rechtlich binden wollen. Ein kurzes Aufpassen, zum Beispiel durch die Nachbarin für die Dauer eines Arztbesuches der Mutter, reicht hierfür nicht aus. Der BGH verlangt für eine vertragliche Übernahme der Aufsicht, dass es sich um eine „weitreichende Obhut von längerer Dauer und weitgehender Einwirkungsmöglichkeit" handelt. Dies ist aber bei der sogenannten

Gefälligkeitsaufsicht eben nicht gegeben. Hier fehlt es an der subjektiven Voraussetzung, dass sich der Übernehmer rechtlich binden will.

Gefälligkeitsaufsicht liegt immer dann vor, wenn

- Verwandte, Nachbarn, Bekannte etc.
- nur gelegentlich,
- für kurze Zeit und
- aus reiner Gefälligkeit
- die Aufsicht ausüben.

Objektiv ist bei der Übernahme der Aufsicht ein irgendwie gearteter Übergabeakt unter Beteiligung beider Seiten notwendig.

An einer vertraglichen Übernahme der Aufsichtspflicht fehlt es auch bei einem sogenannten „offenen Betrieb“, bei dem jeder kommen und gehen kann, wie er möchte. Eine Ausnahme von diesem Grundsatz gilt jedoch dann, wenn innerhalb dieses offenen Betriebes Gefährdungspotenziale geschaffen werden, die über das sonst übliche Maß hinausgehen.

18.5 Beginn und Ende der Aufsichtspflicht

Für die Frage, wann eine vertragliche Pflicht beginnt und endet, kommt es juristisch stets auf die Vereinbarung der jeweiligen Vertragsparteien an. In mehrfacher Hinsicht kann diese sehr allgemein gehaltene Regelung auf die Praxis von Kindertageseinrichtungen aber nicht angewendet werden. Zum einen regelt der Betreuungsvertrag nicht jede einzelne Aufsichtspflicht-Übergabesituation, zum anderen wäre selbst dann nichts gewonnen, wenn für jeden einzelnen Tag etwa eine minutengenaue Vorab-Regelung getroffen würde.

In Bayern ist es üblich, die Eltern sogenannte „Buchungszettel“ ausfüllen zu lassen, in denen sie ihre zeitlichen Bedarfe für jeden Tag der Woche (z.B. montags von 8 bis 15 Uhr, dienstags von 7 bis 14 Uhr etc.) mitteilen. Diese Buchungszettel dienen vor dem Hintergrund der Anforderungen der kindbezogenen Förderung in Bayern jedoch lediglich der Dienstplangestaltung, um jederzeit sicherstellen zu können, dass in Abhängigkeit der Auslastung der Einrichtung ausreichend Fachkräfte vorgehalten werden. Weder begründen diese Buchungszettel einen Rechtsanspruch der Kindertageseinrichtung gegen die Eltern auf pünktliches Erscheinen, noch treffen die gewählten Zeiten eine Aussage zu Beginn und Ende der Aufsichtspflicht. So ist die Aufsichtspflicht nicht etwa dann „automatisch“ beendet, wenn die gebuchte Zeit abgelaufen ist. Vielmehr ist stets erforderlich, dass das Kind konkret den Eltern übergeben, die Aufsichtspflicht also übertragen wird.

Vor diesem Hintergrund ist es umso wichtiger, jeweils konkrete Übergabeakte vorzunehmen. Diese einzelnen Übergabeakte können dann juristisch als jeweilige Einzelvereinbarung angesehen werden darüber, dass die Aufsichtspflicht „genau jetzt“ übergehen soll. Zur versicherungsrechtlichen Fragestellung hinsichtlich der Kinder, die nicht von den Eltern übergeben werden, sondern eigenständig in die Einrichtung kommen, und die Auswirkungen auf den Beginn der Aufsichtspflicht informiert Kapitel 28.4.2.

18.6 Die Faktoren der Aufsichtspflicht

Das Patentrezept für die korrekte Aufsicht schlechthin gibt es nicht. Was im Einzelfall getan werden muss, richtet sich einerseits danach, welche konkreten Umstände vorliegen, andererseits danach, was in der konkreten Situation dem/der Aufsichtspflichtigen zumutbar ist. In die Einzelfallbewertung sind nach ständiger Rechtsprechung alle aus der folgenden Abbildung ersichtlichen kindes-, orts- und situationsbezogene Umstände einzubeziehen.

Abbildung 57: Faktoren der Aufsichtspflicht

18.6.1 Kindesbezogene Umstände

Eine auf das Kind abgestimmte Aufsichtsführung ist nur demjenigen möglich, der mit den jeweiligen Besonderheiten und Eigenheiten der ihm anvertrauten Kinder vertraut ist. Die beste und zuverlässigste Quelle für solche Informationen sind natürlich die Eltern, wenngleich auch deren Angaben, insbesondere was Talente und Fähigkeiten ihres Kindes angeht, nicht ungeprüft übernommen werden sollten. Als zuverlässige Informanten können sie aber Fragen beantworten wie:

- Hat das Kind Allergien?
- Ist es – laut Kinderarzt – altersgemäß entwickelt?
- Welche Sportarten/Hobbys übt das Kind aus?
- Hat es chronische Krankheiten?
- etc.

18.6.2 Ortsbezogene Umstände

Ortsbezogene Umstände können zum Beispiel sein:

- Sicherheit des Gebäudes (Glasscheiben, Treppen, stromführende Leitungen, Geländer, Kellerschächte, Brandschutzerfordernisse etc.),
- Sicherheit des Geländes (Spielgeräte, Umfriedungen, Bewuchs, Vandalismus etc.),
- Gefahrenquellen von Ausflugszielen (z B. im Wald: Seen, Tümpel und Bäche, Bewuchs, Holzstöße).

18.6.3 Situationsbezogene Umstände

Im konkreten Einzelfall kann es erforderlich sein, die Aufsicht intensiver zu führen als sonst. Werden zum Beispiel Spiel- oder sonstige Geräte wie Scheren, Springseile etc., die ein erhöhtes Gefährdungspotenzial für die Kinder mit sich bringen, ausgegeben, muss die Aufsicht engmaschig ausgeübt werden. Jederzeit und an jedem Ort im Aufenthaltsbereich ist dann sicherzustellen, dass sich das durch die Herausgabe der (Spiel-)Geräte entstandene Gefährdungspotenzial nicht verwirklicht. Denn wenn es sich verwirklicht, ist in der Regel Fahrlässigkeit gegeben (siehe Kapitel 13.3.2).

18.7 Aufsicht konkret: Was ist zu tun?

Korrekte Aufsichtsführung ist vom Präventionsgedanken bestimmt: Die Rechtsprechung versteht unter korrekter Aufsicht, den Aufsichtsbedürftigen

- zu beobachten und zu überwachen,
- zu belehren und aufzuklären,
- falls erforderlich in seinem Verhalten zu leiten und zu beeinflussen.

Die Intensität der Aufsicht richtet sich dabei einerseits nach der Person des Aufsichtsbedürftigen, seinen Kenntnissen und Fähigkeiten, andererseits nach dem Ausmaß der Gefahr, die von der konkreten Situation für Rechtsgüter Dritter ausgeht, und somit nach den konkreten Umständen. Der Aufsichtsführende hat also die aus der folgenden Abbildung ersichtlichen Pflichten.

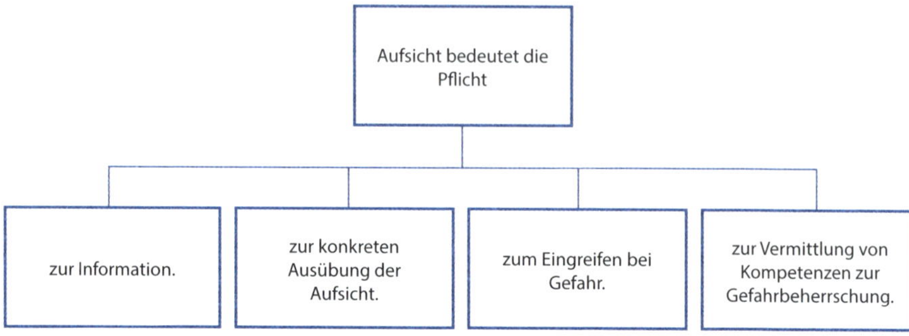

Abbildung 58: Die Teilpflichten der Aufsichtspflicht

18.7.1 Die Pflicht, zu informieren

Zunächst besteht die Pflicht, sich selbst über alle kinds- und ortsbezogenen Umstände zu informieren, aber auch die Eltern darüber zu unterrichten.

In der Kita „Milchzahn" findet heute die alljährliche Übernachtung der Vorschulkinder statt. Die Leiterin hat hierzu ein Infoblatt an die Eltern ausgegeben, auf dem der genaue Ablauf der Nacht dargestellt ist. Über ihr Einverständnis zur Übernachtung hinaus werden die Eltern auch gebeten, anzugeben, ob ihr Kind Einschlafhilfen (Teddy, Schmusedecke, Schnuller etc.) benötigt, ob es nachts Medikamente nehmen muss oder eine Windel braucht.

Die eingeholten Informationen muss die Kita-Leitung an alle pädagogischen Fachkräfte, die mit den Kindern arbeiten, weitergeben.

Nicht zuletzt sind selbstverständlich auch die Kinder altersgerecht über mögliche Gefahren (Kordel, Seile, Schmuck, Ausrüstung etc.) sowie die sichere Handhabung von Geräten (Schere, Werkbank etc.) zu informieren. Altersgerecht werden die Kinder informiert, wenn sie weder geängstigt noch mit zu vielen Verboten überhäuft werden. Das Ziel muss es stets sein, die Kinder zu Selbstständigkeit und zu sicherem Umgang mit Gefahrenquellen anzuleiten.

18.7.2 Die Pflicht, die Aufsicht konkret zu führen

Dazu gehört zum Beispiel:

- je nach Erforderlichkeit (Gefahrensituation, Gruppe, Spiele etc.) anwesend zu sein,
- Gefahrenquellen zu beseitigen (gefährliche Spiele unterbinden etc.),
- selbst keine Gefahrenquellen zu schaffen (Streichhölzer, Liegenlassen von Scheren und Messern, Deponierung von Brandlasten in Fluchtwegen, Dekorationen mit feuergefährlichen Stoffen etc.),

- Überforderung zu vermeiden und dabei stets besonders das jeweils schwächste Kind im Blick zu haben (bei Spaziergängen, Mittagsruhe etc.),
- schrittweise an die Aufgaben heranzuführen, vorzumachen, anzuleiten, sich zu vergewissern, dass die Anweisungen verstanden wurden und befolgt werden.

18.7.3 Die Pflicht, einzugreifen

Befolgt ein Kind die Anweisungen nicht, gilt es, eine der Situation angemessene Sanktion zu verhängen. Diese kann reichen von der Ermahnung, gefolgt von der Wegnahme eines gefährlichen Gegenstandes bis hin zum Ausschluss vom Angebot und zur Information der Eltern. Von der noch immer vereinzelt geübten Praxis des Strafplatzes ist wegen des damit einhergehenden bedenklichen Prangereffektes abzuraten.

18.7.4 Die Pflicht, die Beherrschbarkeit der Gefahr zu vermitteln

Das kompetente Kindergartenkind hat gelernt, auftauchende Gefahren zu erkennen, in ihrem Gefährdungspotenzial abzuschätzen und zu beherrschen. Der BGH (NJW 1976, 1684) führt hierzu aus:

> „Nicht unbedingt das Fernhalten von jedem Gegenstand, der bei unsachgemäßem Umgang gefährlich werden kann, sondern gerade die Erziehung des Kindes zu verantwortungsbewusstem Hantieren mit einem solchen Gegenstand wird oft der bessere Weg sein, das Kind und Dritte vor Schäden zu bewahren, hinzu kommt die Notwendigkeit frühzeitiger praktischer Schulung des Kindes, das seinen Erfahrungsbereich möglichst ausschöpfen soll."

Kinder sollen frühzeitig lernen, Risiken zu erkennen, abzuschätzen und mit Gewinn zu bewältigen. Diese Risikokompetenz wird nur geschult, indem die Aufsichtspflichtigen Wagnisse und Risiken anbieten, an denen die Kinder sich erproben können und die sie mithilfe ihrer eigenen Kompetenzen bewältigen können. Dies darf aber nicht dazu führen, dass Verletzungen des Kindes billigend in Kauf genommen werden, denn ein solches Handeln verwirklicht in aller Regel einen Straftatbestand (siehe Kapitel 15) und wäre vom sozialrechtlichen Haftungsprivileg (siehe Kapitel 19.2.1) nicht mehr umfasst. Auch bei der Aneignung von Risikokompetenz gilt nach der DGUV-Regel 102 - 602 der ständige pädagogische Grundsatz, die Sicherheit der Kinder zu wahren:

> „Gefordert sind eine kindgerechte Beschäftigung mit Wagnissen und Risiken sowie Herausforderungen, die auch dann nach Möglichkeit nicht zu Verletzungen führen, wenn sie nicht bewältigt werden."

18.8 Übungsfälle

Fall 40

Die vierjährige Kathleen geht in eine Kindertagesstätte in öffentlich-rechtlicher Trägerschaft. Jeden Samstagabend kommt die 17-jährige Tina, um auf Kathleen aufzupassen, denn ihre Eltern gehen dann ins Kino, Theater oder Restaurant. Letzten Mittwochnachmittag hat die Nachbarin spontan für zwei Stunden auf Kathleen aufgepasst, denn Kathleens Mutter musste dringend zum Zahnarzt.

Welche Aufsichtsarten liegen vor?

Fall 41

Gruppenleiterin Maxi führt heute Nachmittag die Aufsicht über die zehn Ganztageskinder der Einrichtung. Als sie die Kinder beim Freispiel im Außengelände beaufsichtigt, sieht sie Luca und Laura mit ihrer Mutter am Zaun stehen – zwei ehemalige Kinder ihrer Gruppe, die seit zwei Wochen in die Schule gehen. Weil Maxi sie gerne zu ihren Erfahrungen in der Schule befragen möchte, winkt sie sie in das Gelände hinein. Die Mutter sagt: „Geht nur rein, ich gehe schnell einkaufen und hole euch dann wieder ab!"

Hat Maxi die Aufsichtspflicht vertraglich übernommen?

Fall 42

Die zweijährige Lena geht mit ihrer Mutter Annemarie zum nahegelegenen Spielplatz. Als sie in ihr Sandspiel vertieft ist, nutzt ihre Mutter die Gelegenheit und bittet die ebenfalls auf der Bank sitzende Birgit, eine ihr unbekannte Mutter eines anderen Kindes, kurz auf Lena aufzupassen. Sie müsse nur schnell nach Hause laufen und Lenas Saftflasche holen, die sie vergessen habe. Birgit willigt ein.

Hat Birgit die Aufsichtspflicht vertraglich übernommen?

Fall 43

Heute veranstaltet der Kindergarten „Maximus" sein alljährliches Sommerfest. Neben den Kindern der Einrichtung kommen auch deren Eltern, Großeltern, Geschwister und sonstige Verwandte, Freunde und Bekannte. Die Einladung zum Fest wurde im örtlichen Gemeindeblatt inseriert.

Hat Maxi die Aufsichtspflicht vertraglich übernommen?

Fall 44

Als Erzieher David dem kleinen Max Hilfestellung beim Toilettengang gibt, beobachtet er, wie sich Tobi und Oskar am Waschbecken streiten und beginnen, sich gegenseitig zu schubsen. Da die beiden nicht in seine Gruppe gehören, fühlt er sich nicht zuständig und geht mit Max in die Gruppe zurück.

Hat David alles richtig gemacht?

Fall 45 (nach LG Köln, Urteil vom 19.06.2001 Az. 3 O 271)

Chiara, zwölf Jahre, geht mit ihrer Mutter und ihrem fünfjährigen Bruder Nick heute zum Sommerfest des Kindergartens. Dort wird für alle Altersklassen etwas geboten. Chiara ist besonders angetan von der Hüpfburg, einem 5 x 6 Meter großen Luftkissen mit Umrandung aus weiteren Luftpolstern, die einen Meter hoch sind. Zunächst geht auch alles gut, doch ihr letzter Hüpfer trägt Chiara über die Umrandung hinaus. Sie landet mit dem Gesicht auf dem Asphaltbelag der Straße und erleidet

Gesichts- und Zahnverletzungen: Prellungen, Schnitte und Schürfwunden im Gesicht, ein Loch in Oberlippe und Kinnhaut. Drei Zähne sind ausgeschlagen, wovon lediglich zwei wieder implantiert werden können, allerdings mit Vitalitätsverlust. Weitere Zähne haben sich gelockert und müssen geschient werden. In Zukunft wartet auf sie noch die Narbenkorrektur im Gesicht.

Hat Chiara einen Schadensersatzanspruch gegen den Kindergarten?

Fall 46

Bärbel, Gruppenleitung in der Einrichtung „Bullerbü“, ist sauer: Es ist 16 Uhr, der Kindergarten schließt und ihr obliegt als letzter Mitarbeiterin das Lichtlöschen und Verschließen der Einrichtung. Alle Kinder sind zwischenzeitlich ihren Eltern übergeben worden – bis auf Malte. Zum jetzt schon dritten Mal in diesem Jahr wird der Dreijährige nicht pünktlich abgeholt. Traurig sitzt er auf seinem Platz in der Garderobe, während Bärbel den Gruppenraum in Ordnung bringt. Als auch bis 16.15 Uhr niemand auftaucht, um Malte abzuholen, beginnt Bärbel, hinter der alleinerziehenden Mutter her zu telefonieren - immer bemüht, dem verstörten Kind ihren Ärger nicht zu zeigen. Doch die Mutter geht nicht ans Telefon, und die beiden Ausweichnummern, die in der Kartei angegeben sind, helfen auch nicht weiter: Bei der einen geht der Anrufbeantworter ran, die andere meldet „Kein Anschluss unter dieser Nummer“.

Hat Bärbel die Aufsichtspflicht über Malte?
Was kann Bärbel jetzt tun?

Fall 47

Erzieherin Lydia führt heute die Aufsicht im Freigelände. Zunächst steht sie eine Weile am Klettergerüst und gibt den dort kletternden Kindern Hilfestellung. Da das Gerüst aber im Schatten liegt und ihr allmählich kalt wird, macht sie sich auf den Weg zum Sandkasten, der besonnt ist. Im Weggehen hört sie noch, wie zwischen Louis und Lukas ein Streit darüber entbrennt, wer zuerst auf die Boulderwand klettern darf. An der Sandkiste angekommen, hört sie hinter sich lautes Geschrei: Louis hat Lukas am Bein von der Wand gezogen. Beide sind mit den Köpfen aneinandergeprallt und bluten stark aus diversen Platzwunden.

Liegt eine Aufsichtspflichtverletzung vor?

Fall 48

Leiterin Marita war auf einer Fortbildung zum Thema Wald. Von nun an, so beschließt sie, muss jede Gruppe an mindestens einem Tag in der Woche einen Waldtag einlegen. Dem Berufspraktikanten Dennis gibt sie auf, mit vier Krippenkindern immer montags einen Tag in den Wald zu gehen.

Was ist von dieser Dienstplangestaltung zu halten?
Wäre der Fall anders zu beurteilen, wenn nicht Dennis, sondern Erzieherin Valentina mit den Kindern in den Wald gehen soll?

Fall 49

Im Kindergarten „Stoppelhopser“ spielen die Kinder zur Abholzeit im Freigelände. Als Felix` Mutter durch die Gartenpforte kommt und Leiterin Sonja zuwinkt, hat der vierjährige Felix sie schon von weitem gesehen. Er holt seine Jacke, verabschiedet sich – so sind die Regeln – von Sonja mit Handschlag und läuft zu seiner Mutter. Diese begrüßt ihn zwar, ist aber gerade in ein Gespräch mit einer anderen Mutter verwickelt. Da biegt der Vater von Markus mit seinem neuen Porsche in den Parkplatz ein. Felix hält es nun nicht mehr an seinem Platz. Er läuft – die Gartenpforte ist noch immer offen - auf den Parkplatz, wo er vom Wagen von Frau B. erfasst wird. Er erleidet mehrere Knochenbrüche und eine Gehirnerschütterung.

Wer haftet?
Wie wäre Fall zu beurteilen, wenn Felix zwar seine Mutter sieht, aber weiterhin in der Sandkiste bleibt und dort spielt? Während die Mutter in das Gespräch verwickelt ist, läuft er auf den Parkplatz und wird angefahren.

Fall 50

Die Eltern der vierjährigen Mira wünschen, dass sie mittags von ihrer siebenjährigen Schwester Olivia abgeholt und nach Hause gebracht wird.

Wie ist die Rechtslage?

Fall 51

Die Eltern des fünfjährigen Henri haben mit Leiterin Agneta eine Heimwegregelung getroffen, der zufolge der Junge am Nachmittag allein nach Hause gehen darf. Gegen Mittag zeigt Henri erste Krankheitssymptome, eine Fiebermessung ergibt eine Temperatur von 38,2 Grad Celsius.

Besteht Handlungsbedarf?

Fall 52

Die dreijährige Louisa wird heute von ihrem Vater abgeholt, der zu Fuß gekommen ist. Bei einem kurzen Gespräch mit ihm stellt Leiterin Gitta fest, dass er nach Alkohol riecht.

Besteht Handlungsbedarf?

19 Schadensersatz und Haftung

Ist ein Mensch durch einen anderen zu Schaden gekommen, stellt sich die Frage, ob er verlangen kann, dass dieser Schaden ersetzt wird. Hierfür ist erforderlich, dass ihm der Schädiger haftet. Denn Haftung ist keineswegs immer und „automatisch" gegeben, sobald ein Schaden vorliegt. Vielmehr unterliegt die Haftung ihrerseits bestimmten Voraussetzungen.

19.1 Schadensersatz

> **§ 823 BGB**
>
> Wer vorsätzlich oder fahrlässig das Leben, den Körper, die Gesundheit, die Freiheit, das Eigentum oder ein sonstiges Recht eines anderen widerrechtlich verletzt, ist dem anderen zum Ersatz des daraus entstehenden Schadens verpflichtet.

§ 823 BGB ist die Generalnorm für jegliche Schadensersatzpflicht bei sogenannten unerlaubten Handlungen (= Delikt). Die Schadensersatzpflicht wird daher auch deliktische Haftung genannt. Aufbau und Wortwahl („vorsätzlich", „fahrlässig") lassen den Leser auf den ersten Blick eher vermuten, dass die Norm dem Strafgesetzbuch entnommen ist. Sie regelt allerdings nicht die Folgen einer Straftat, sondern den zivilrechtlichen Schadensersatzanspruch, wenn ein geschütztes Rechtsgut verletzt wurde.

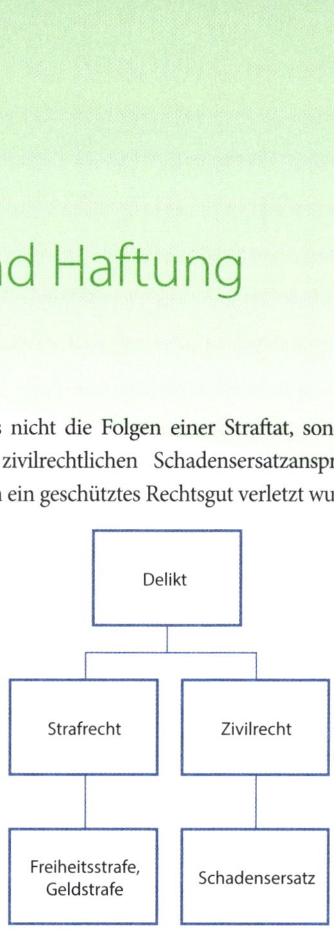

Abbildung 59: Rechtsfolgen eines Deliktes

> A und B geraten in Streit. Um seinen Argumenten Nachdruck zu verleihen, schlägt A den B mit der Faust zu Boden. B erleidet durch den Schlag einen Kieferbruch. A ist dem B zivilrechtlich zum Schadensersatz verpflichtet, denn er hat vorsätzlich den Körper des B verletzt, somit den Tatbestand des § 823 BGB erfüllt. Ob er darüber hinaus zusätzlich vom Strafgericht zu einer Geldstrafe verurteilt wird, hängt davon ab, ob A einen Strafantrag nach § 230 StGB stellt, denn die vorsätzliche Körperverletzung wird strafrechtlich nur auf Antrag verfolgt.

Delikt ist ein rechtswidriges und schuldhaftes Verhalten, das zivilrechtlich grundsätzlich eine Schadensersatzpflicht zur Folge hat, strafrechtlich eine Straffolge (Strafe).

Schadensersatz und Geldstrafe sind also zwei unterschiedliche Rechtsfolgen derselben Tat bzw. desselben Deliktes. Sie unterscheiden sich sowohl in Bezug auf die zuständige Gerichtsbarkeit als auch in ihrer Zielrichtung:

- Der Schadensersatz wird vom Zivilgericht ausgeurteilt, während die Geldstrafe vom Strafgericht verhängt wird.
- Der Geldbetrag, der zum Schadensersatz geleistet wird, kommt unmittelbar dem Opfer zugute und soll seinen erlittenen Schaden ausgleichen. Die Geldstrafe wird nicht an das Opfer gezahlt, sondern fließt in die Justizkasse und von dort entweder an gemeinnützige Organisationen oder dient der allgemeinen Finanzierung des Justizhaushaltes.

19.1.1 Prüfungsaufbau des § 823 BGB

§ 823 BGB ist eine Norm der sogenannten deliktischen Haftung und wird daher genau wie eine Strafrechtsnorm geprüft (siehe Kapitel 13.3.1), anhand der Elemente Tatbestand, Rechtswidrigkeit und Schuld.

Tatbestand

Das Gesetz zählt eine Reihe von Rechtsgütern auf, die geschützt sind: Leben, Körper, Gesundheit, Freiheit und Eigentum. Hinsichtlich des Rechtsguts Eigentum ist zu beachten, dass hiermit nicht das Vermögen gemeint ist. Erleidet das Opfer einen Vermögensschaden, hat es andere sogenannte bereicherungsrechtliche Ansprüche gegen den Täter, die jedoch nicht Bestandteil dieser Darstellung sind.

Ist eines der genannten Rechtsgüter verletzt, ist der sogenannte Tatbestand des § 823 BGB erfüllt. Darüber hinaus führt auch die Verletzung eines „sonstigen Rechtes" zur Schadensersatzpflicht. Rechtsprechung und Rechtslehre fassen hierunter Rechte wie zum Beispiel das Allgemeine Persönlichkeitsrecht (APR, folgt aus Art. 1 Abs. 1 i. V. m. Art. 2 Abs. 1 GG, siehe Kapitel 28.9), die Ehre oder das Recht am eingerichteten und ausgeübten Gewerbebetrieb (folgt aus Art. 14 GG).

Die Verletzungshandlung kann in einem Tun oder Unterlassen bestehen. Wirft der fünfjährige Peter Steine auf parkende Autos oder flutet die achtjährige Nadine die Sanitärräume ihrer Schule, handelt es sich unzweifelhaft um ein Tun. Aber auch ein Unterlassen kann eine Verletzungshandlung darstellen, wenn der Täter die Pflicht hatte, durch Handeln den Eintritt des Erfolges (des Schadens) zu verhindern und dies gerade nicht getan hat. Diese Rechtspflicht zum Handeln nennt man auch Garantenstellung. Eine Garantenstellung kann sich insbesondere aus den in der folgenden Abbildung ersichtlichen Rechtsverhältnissen ergeben.

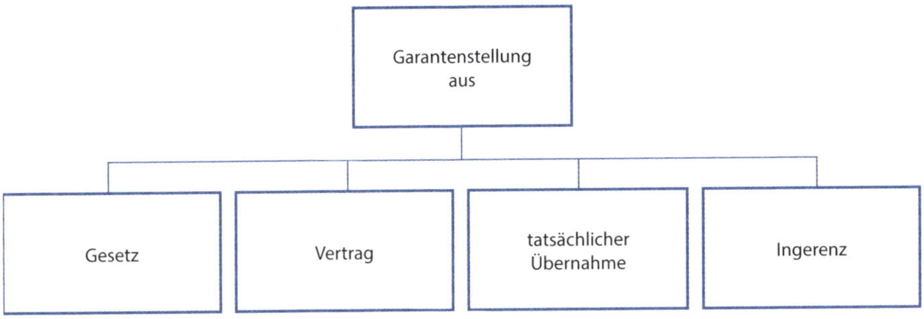

Abbildung 60: Garantenstellung

Gesetz: § 1626 BGB verpflichtet die Inhaber der elterlichen Sorge, das Kind zu ernähren. Tun sie dies nicht und stirbt das Kind infolge unzureichender Ernährung, sind sie genauso haftbar, als hätten sie das Kind durch aktives Tun getötet.

Vertrag: Die pädagogischen Fachkräfte in einer Kita sind arbeitsvertraglich verpflichtet, die Aufsicht über die zu betreuenden Kinder auszuüben. Diese Aufsichtspflicht hat der Träger der Einrichtung seinerseits per Vertrag von den Eltern übertragen bekommen und an die Fachkräfte delegiert. Üben sie die Aufsicht nicht aus und verletzt sich ein Kind, sind sie genauso haftbar, als ob sie das Kind durch positives Tun verletzt hätten.

Tatsächliche Übernahme der Fürsorge: Winkt die Leitung einer Kita ein ehemaliges Kind der Einrichtung in das Freigelände hinein und lässt es dort mit den anderen Kindern spielen, ist sie genauso zur Aufsicht verpflichtet, als ob mit den Eltern ein Betreuungsvertrag geschlossen worden wäre. Unterlässt sie die Aufsicht und kommt das Kind zu Schaden, haftet sie genauso wie für positives Tun.

Herbeiführen einer Gefahrenlage (Ingerenz): Unterlässt es der Koch einer auf die Belieferung von Kindergärten spezialisierten Großküche, allergene Zutaten zu kennzeichnen, und erleidet daraufhin ein Kind einen allergischen Schock, haftet er genauso wie für positives Tun.

Die Rechtsgutverletzung muss weiterhin gerade auf das Tun oder Unterlassen zurückzuführen sein, es muss also Kausalität zwischen dem Tun oder Unterlassen in Garantenstellung und dem eingetretenen Schaden vorliegen. Das bedeutet, es darf keine andere Ursache für den Eintritt des Schadens geben. Juristen prüfen dies mit folgender Formel: Die Handlung darf nicht hinweggedacht werden können, ohne dass der Erfolg mit an Sicherheit grenzender Wahrscheinlichkeit entfiele.

Rechtswidrigkeit

Rechtswidrig ist jede Handlung, die der Rechtsordnung widerspricht. Ist der Tatbestand des § 823 BGB erfüllt, vermutet das Gesetz daher die Rechtswidrigkeit. Es muss also an dieser Stelle geprüft werden, ob nicht ausnahmsweise Gründe vorliegen, die diese Vermutung außer Kraft setzen. Diese Gründe nennt man Rechtfertigungsgründe. Die Prüfung von Rechtfertigungsgründen läuft im Zivilrecht genauso ab wie im Strafrecht (siehe Kapitel 13.3.1).

Verschulden

Ist der Tatbestand des § 823 erfüllt und liegen keine Rechtfertigungsgründe vor, wird nun das Verschulden geprüft. Genau wie im Strafrecht setzt ein Verschulden voraus, dass der Täter für seine Tat verantwortlich gemacht werden kann. Das BGB kennt die Schuldausschließungs- bzw. Schuldminderungsgründe des

- § 827 BGB: Ausschluss und Minderung der Verantwortlichkeit bei Bewusstlosen und Geisteskranken
- § 828 BGB: Ausschluss und Minderung der Verantwortlichkeit bei Minderjährigen

19.1.2 Ausschluss und Minderung der Verantwortlichkeit bei Minderjährigen

> **§ 828 BGB**
>
> (1) Wer nicht das siebente Lebensjahr vollendet hat, ist für einen Schaden, den er einem anderen zufügt, nicht verantwortlich.
>
> (2) Wer das siebente, aber nicht das zehnte Lebensjahr vollendet hat, ist für den Schaden, den er bei einem Unfall mit einem Kraftfahrzeug, einer Schienenbahn oder einer Schwebebahn einem anderen zufügt, nicht verantwortlich. Dies gilt nicht, wenn er die Verletzung vorsätzlich herbeigeführt hat.
>
> (3) Wer das 18. Lebensjahr noch nicht vollendet hat, ist, sofern seine Verantwortlichkeit nicht nach Abs. 1 oder 2 ausgeschlossen ist, für den Schaden, den er einem anderen zufügt, nicht verantwortlich, wenn er bei der Begehung der schädigenden Handlung nicht die zur Erkenntnis der Verantwortlichkeit erforderliche Einsicht hat.

Unsere Rechtsordnung lässt prinzipiell nur denjenigen für ein Schaden haften, der bei Begehung der Tat die Folgen seiner Handlung erkennt und diese absehen kann. Das Unrecht, das dem anderen zugefügt wurde, und die Verpflichtungen daraus müssen bei der Tatbegehung vom Täter erkannt werden bzw. für ihn erkennbar gewesen sein. Ist dies nicht der Fall, kann dem Täter der Erfolg der Tat (der Schaden) nicht zugerechnet werden. Der Täter muss daher zurechnungsfähig, also deliktfähig, sein. Schuldhaft kann nur handeln, wer auch deliktfähig ist.

Neben Rechtsfähigkeit (siehe Kapitel 17.1.4) und Geschäftsfähigkeit (siehe Kapitel 17.1.4) ist die Deliktfähigkeit der dritte wichtige Parameter des Minderjährigenrechts.

Ähnlich wie bei der Geschäftsfähigkeit wird die Verantwortlichkeit für schuldhaftes Handeln, die Deliktfähigkeit, in § 828 BGB dem Menschen in Etappen zugesprochen. So ist ein Kind bis zur Vollendung des siebten Lebensjahres sowohl geschäfts- als auch deliktunfähig.

> **Deliktfähigkeit bei Minderjährigen**
>
> Deliktunfähig: 0 bis 7 Jahre
>
> Deliktunfähig im Straßenverkehr: 0 bis 10 Jahre
>
> Die ansonsten bedingt Deliktfähigen: 7 bis 18 Jahre

Allerdings bestehen auch Unterschiede zur Geschäftsfähigkeit: Die beschränkte Geschäftsfähigkeit ist starr an die Altersstufe 7 bis 18 Jahre gekoppelt. Auf den Grad der geistigen Entwicklung des Kindes und seine Einsichtsfähigkeit, die sich innerhalb dieser Zeitspanne immerhin stetig verändern, nämlich wachsen werden, kommt es nicht an.

Anders ist es bei der Deliktfähigkeit: Hier bestimmt der Grad der geistigen Entwicklung bzw. die Einsichtsfähigkeit innerhalb der Altersstufe 7 bis 18 Jahre die beschränkte Deliktfähigkeit. Es muss hier immer im Einzelfall entschieden werden, ob ein Kind oder Jugendlicher aufgrund seiner individuellen geistigen Entwicklung in der Lage war, das Unrecht seines Tuns zu erkennen und die Folgen seiner Tat abzuschätzen. Bei bedingt Deliktfähigen ist daher immer die Frage zu stellen, ob sie nach ihrem Entwicklungs- und Kenntnisstand in der Lage waren, das Unrecht ihrer Tat einzusehen. Wichtigstes Indiz sind hier vorausgegangene Warnungen sowie Ge- und Verbote, denn die Kenntnis der Gefährlichkeit einer Handlung impliziert eine gewisse Einsichtsfähigkeit. Ist die Einsichtsfähigkeit nicht gegeben, haftet der bedingt Deliktfähige nicht.

Hatten Kinder oder Jugendliche bei Begehung des Deliktes die nötige Einsichtsfähigkeit, sind sie verpflichtet, den Schaden zu ersetzen. Fehlt diese Einsicht, können sie selbst nicht zur Verantwortung gezogen werden. Es ist dann zu prüfen, ob die Eltern oder andere Aufsichtspersonen aus dem Aspekt der Aufsichtspflichtverletzung verantwortlich gemacht werden können. Mit vollendetem 18. Lebensjahr setzt die volle Deliktfähigkeit ein.

Meint man die strafrechtliche Verantwortlichkeit, spricht man nicht von Deliktfähigkeit, sondern von Strafmündigkeit (siehe Kapitel 14.1.1).

19.1.3 Schadensrechtsänderungsgesetz (§ 828 Abs. 2 BGB)

Das Schadensrechtsänderungsgesetz aus dem Jahre 2002 hat den § 828 Abs. 2 BGB neu gefasst und Kinder unter zehn Jahren von jeder Haftung bei Unfällen mit Kraftfahrzeugen im motorisierten Verkehr freigestellt. Die Änderung beruhte auf der Erkenntnis, dass Kinder frühestens ab dem zehnten Lebensjahr in der Lage sind, die besonderen Gefahren des Straßenverkehrs zu erkennen und sich entsprechend zu verhalten. Nach absolut herrschender Meinung in Literatur und Rechtsprechung ist damit auch keine Verschärfung der Aufsichtspflicht für Kinder bis zu zehn Jahren verbunden.

Hier gilt es zu beachten, dass der an sich eindeutige Wortlaut des Abs. 2 mit Urteil des BGH vom 30. November 2004 eingeschränkt wurde: Fahrzeugbesitzer können ihren Schaden auch von Kindern ab dem vollendeten siebten Lebensjahr verlangen, wenn ihr geparktes Fahrzeug durch spielende Kinder beschädigt wird. Der Haftungsausschluss der Norm beschränkt sich allein auf Unfälle im fließenden Verkehr (BGH, Urteil v. 30.11.2004, NZV 2005, S. 137).

Fahren Kinder mit dem Fahrrad oder Skateboard gegen ein parkendes Auto, gelten also die allgemeinen Haftungsgrundsätze: Kinder unter sieben Jahren haften mangels Deliktfähigkeit nie. Ist das Kind älter als sieben Jahre, aber jünger als 18 Jahre, hängt die Haftung des Kindes bzw. des Jugendlichen davon ab, ob sie das Unrecht ihres Verhaltens einsehen konnten.

Verursachen Kinder absichtlich einen Schaden – zum Beispiel durch Werfen von Steinen von einer Autobahnbrücke auf fahrende Pkw – gilt der Haftungsausschluss des § 828 Abs. 2 Satz 1 BGB nicht, wie Satz 2 unmissverständlich festschreibt.

Strafrecht		Alter	Zivilrecht		
Keine strafrechtlichen Sanktionen		0	Deliktunfähigkeit	Keine Schadensersatzpflicht	
		7	Beginn der bedingten Deliktfähigkeit außerhalb und im ruhenden Straßenverkehr.	Schadensersatzpflicht nur bei Einsichtsfähigkeit	Immer auch Aufsichtspflichtverletzung möglich
		10	Beginn der bedingten Deliktfähigkeit im fließenden Straßenverkehr		
Nur Jugendstrafrecht	Beginn der Strafmündigkeit	14			
Jugendstrafrecht oder Erwachsenenstrafrecht je nach Entwicklungsgrad		18	Beginn der vollen Deliktfähigkeit	Unbeschränkte Schadensersatzpflicht	Keine Aufsichtspflichtverletzung mehr möglich
Nur Erwachsenenstrafrecht		21			

Abbildung 61: Die Deliktfähigkeit Minderjähriger

19.1.4 Mitverschulden des Geschädigten

Das Verschulden des Täters kann um das Mitverschulden des Geschädigten gemindert sein.

> **§ 254 BGB**
>
> Hat bei der Entstehung des Schadens ein Verschulden des Beschädigten mitgewirkt, so hängt die Verpflichtung zum Ersatz sowie der Umfang des zu leistenden Ersatzes von den Umständen, insbesondere davon ab, inwieweit der Schaden vorwiegend von dem einen oder dem anderen Teil verursacht worden ist.

19.1.5 Die Billigkeitshaftung

In einzelnen Fällen kann die dargestellte Rechtslage allerdings unbillig erscheinen. Wenn nämlich das deliktunfähige Kind vermögend ist (wohlgemerkt: selbst vermögend, auf den Geldbeutel seiner Eltern kommt es hier nicht an), sieht das Gesetz in § 829 BGB eine Ausnahme vom Verschuldensgrundsatz vor. Wenn die Billigkeit nach den Umständen, insbesondere nach den Verhältnissen der Beteiligten, eine Schadloshaltung erfordert und dem Schädiger nicht die Mittel entzogen werden, derer er zum angemessenen Unterhalt bedarf, kann eine Schadensersatzpflicht trotz Deliktunfähigkeit begründet sein.

Dieser Fall ist in der Praxis wenig bedeutsam, zumal das Gesetz verlangt, dass die Billigkeit eine Schadloshaltung geradezu erfordern muss, nicht nur erlauben darf. Der Fall des minderjährigen Millionärs, der marodierend durch die Gegend zieht, dürfte allerdings eher abseits der Lebenserfahrung liegen.

Von Bedeutung sind hier vielmehr die Fälle, in denen die Eltern eine freiwillige Haftpflichtversicherung für ihr Kind abgeschlossen haben und nun die Versicherung für einen Schaden in Anspruch genommen wird, den ein deliktunfähiges Kind verursacht hat. Hier hat der BGH entschieden, dass die Tatsache des Abschlusses einer solchen Versicherung allein noch nicht zur Annahme der Billigkeitshaftung führt. Eine solche darf jedenfalls nicht zur Zubilligung von Beträgen führen, die die finanziellen Möglichkeiten des Schädigers sonst schlechthin überschreiten würden (BGHZ 76, 279).

19.1.6 Rechtsfolgen

Liegen Tatbestand, Rechtswidrigkeit und Verschulden vor, ist Schadensersatz fällig. Am Aufbau dieser Prüfung lässt sich erkennen, welche Auswirkungen dieser Satz hat. Wurde bereits die Deliktfähigkeit verneint, da

- der Schädiger unter sieben Jahren ist (und weiterhin auch keine Aufsichtspflichtverletzung vorliegt)
  oder
- der Schädiger zwar zwischen sieben und 18 Jahren alt ist, ihm aber die Einsichtsfähigkeit in das Unrecht seiner Tat fehlt
  und
- auch keine Billigkeitshaftung vorliegt,

ist eben kein Schadensersatz fällig, da kein Verschulden vorliegt. Es wird also auch kein Schadensersatz geleistet – auch nicht durch eine Versicherung, da diese immer nur für eine fremde Schuld einsteht.

Mit anderen Worten: Ist das Kind nicht haftbar, zahlt auch die Haftpflichtversicherung nicht. Da dies im Rechtsverständnis der Bevölkerung zunehmend auf Unverständnis stieß, bieten einige Versicherer – gegen einen Aufschlag – eine Haftpflichtversicherung auch für die Fälle an, in denen deliktunfähige Kinder Schäden verursachen.

19.1.7 Umfang des Schadensersatzes

Wer zum Schadensersatz verpflichtet ist, befindet sich in einem gesetzlichen Schuldverhältnis (siehe Kapitel 17). Er hat regelmäßig den früheren Zustand in wirtschaftlich gleichwertiger Weise wiederherzustellen (Grundsatz der Naturalrestitution). Ein Schadensersatz in Geld kommt nur in den (allerdings häufigen) Ausnahmefällen in Betracht, in denen

- eine Fristsetzung zur Naturalrestitution fruchtlos verstrichen ist,
- die Wiederherstellung des ursprünglichen Zustandes nicht möglich oder
- eine Person verletzt bzw. eine Sache beschädigt wurde.

Schaden ist jeder Nachteil, den jemand durch ein bestimmtes Ereignis erleidet. Der Begriff umfasst sowohl den Vermögensschaden, d.h. den Schaden in Geld oder geldwerten Gütern, als auch den ideellen oder immateriellen Nichtvermögensschaden (z.B. Nutzungsentschädigung, nutzlos aufgewendete Urlaubszeit).

Zum Schadensersatz gehören demnach auch Positionen wie Arztkosten, Medikamente, Reha-Kosten, Rentenzahlungen etc. Darüber hinaus greifen bei Verletzung der Person § 842 BGB (Schadensersatz für Nachteile, welche die Handlung für den Erwerb oder das Fortkommen des Verletzten herbeiführt) sowie Schmerzensgeld nach § 253 Abs. 2 BGB. Schmerzensgeld dient dem Ausgleich immaterieller Schäden und wird nur bei Verletzung bestimmter Rechtsgüter geleistet:

> **§ 253 Abs. 2 BGB**
>
> Ist wegen einer Verletzung des Körpers, der Gesundheit, der Freiheit oder der sexuellen Selbstbestimmung Schadensersatz zu leisten, kann auch wegen des Schadens, der nicht Vermögensschaden ist, eine billige Entschädigung in Geld gefordert werden.

19.2 Haftungsrecht

Eine Aufsichtspflichtverletzung hat verschiedene rechtliche Folgen, die nebeneinander denkbar sind:

- Zivilrechtliche Folgen (Schadensersatzpflicht)
- Strafrechtliche Folgen (Geld- oder Freiheitsstrafe)
- Arbeits- und disziplinarrechtliche Folgen

19.2.1 Zivilrechtliche Folgen

Je nachdem, ob die Aufsichtspflicht per Vertrag übernommen wurde (freie Träger) oder per Gesetz oblegen hat (kommunale Träger) und der Aufsichtsbedürftige einen Dritten geschädigt hat oder selbst zu Schaden gekommen ist, kommen Schadensersatzpflichten aus unterschiedlichen Normen in Betracht.

Erster Fall: Der Aufsichtsbedürftige kommt zu Schaden

Kommt durch die mangelhafte Ausübung der Aufsicht der Aufsichtsbedürftige selbst zu Schaden, ist § 823 BGB einschlägig. Wie bereits ausgeführt, steht ein Unterlassen in Garantenstellung positivem Tun gleich. Eine Garantenstellung hat derjenige inne, der die Verpflichtung hat, den Schaden zu verhindern. Kommt also ein Aufsichtspflichtiger seiner Pflicht nicht nach (Unterlassen), obwohl er dazu (vertraglich oder gesetzlich) verpflichtet ist (Garantenstellung), ist sein Nichtstun gleichzusetzen mit einem Tun.

Sind die Aufsichtspflichtigen die Eltern, steht ihnen das Haftungsprivileg des § 1664 BGB (siehe Kapitel 20.3.1) zu, in dem es heißt: „Die Eltern haben bei der Ausübung der elterlichen Sorge nur für diejenige Sorgfalt einzustehen, die sie in eigenen Angelegenheiten anzuwenden pflegen."

Dieses Haftungsprivileg gilt jedoch nicht für die abgeleitete Aufsichtspflicht und damit nicht für Erzieher:innen.

Der Gesetzgeber hat jedoch pädagogische Fachkräfte genauso wie Lehrkräfte von Haftungsansprüchen bei fahrlässig verursachten Unfällen freigestellt. Für Erzieher:innen gilt das Haftungsprivileg des § 2 SGB VII, durch das die gesetzliche Unfallversicherung alle Kinder in Kindertageseinrichtungen gegen Unfälle versichert, die sie im Zusammenhang mit dem Besuch der Einrichtung erleiden (siehe Kapitel 28.5).

Wird ein Kind während des bestimmungsgemäßen Besuchs einer Kita im Rahmen der betrieblichen Tätigkeit verletzt, stellt die gesetzliche Unfallversicherung den Träger und sämtliche Beschäftigten gemäß den §§ 105, 106 StGB VII von der Haftung frei. In erster Linie soll damit verhindert werden, dass der Betriebsfrieden in Kindertageseinrichtungen durch die Geltendmachung gegenseitiger Ansprüche gestört wird. Dem geschädigten Kind steht auf diese Weise aber außerdem stets ein leistungsfähiger Schuldner gegenüber.

Kehrseite der Medaille ist jedoch der Ausschluss gesetzlich Unfallversicherter vom Ausgleich immaterieller Schäden. Vereinfacht ausgedrückt: Zahlt die gesetzliche Unfallversicherung, zahlt sie regelmäßig nur den Schaden, nicht aber Schmerzensgeld. Ein Ausgleich immaterieller Schäden ist für das Kind – auch gegen die Erzieher:innen – dann nach § 104 Abs. 1 Satz 1 SGB VII ausgeschlossen.

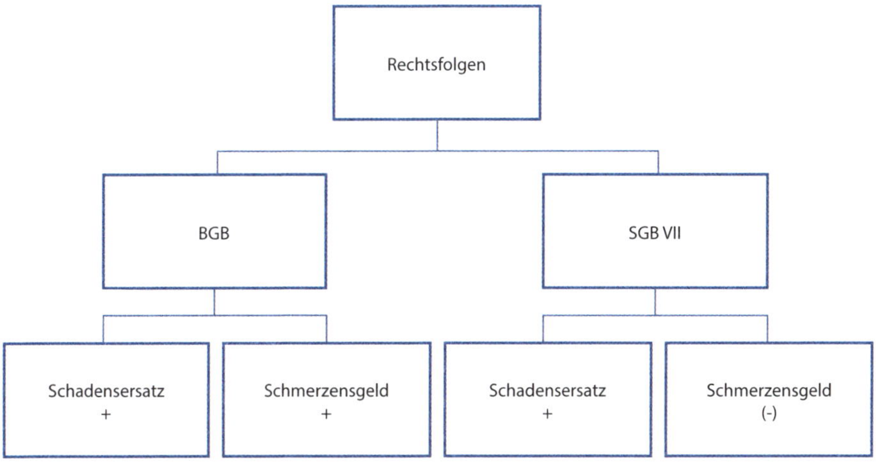

Abbildung 62: Rechtsfolgen eines Schadens in Abhängigkeit vom Ordnungssystem

Die Zivilgerichte sind insofern nach der Bestimmung des § 108 SGB VII an die Entscheidung des Unfallversicherungsträgers gebunden und weisen Klagen auf Schmerzensgeld folgerichtig ab. Dabei kann in der Regel auch offenbleiben, ob im Einzelfall eine Verletzung der Aufsichtspflicht überhaupt vorgelegen hat. Denn selbst wenn dies zu bejahen sein sollte, scheitert eine Haftung der beklagten pädagogischen Fachkraft stets am Haftungsprivileg der §§ 104 Abs. 1, 106 Abs. 1 SGB VII.

Wie dies in der Praxis aussieht, soll exemplarisch an zwei Gerichtsentscheidungen dargestellt werden:

Fall 1

Die Klägerin machte gegen die beklagte Stadt als Trägerin der Kindertagesstätte Schmerzensgeld und Feststellung der Ersatzpflicht bezüglich künftiger Schäden aus einem Unfall vom 9. Dezember 1998 geltend, der sich in der Kindertagesstätte gegen 10 Uhr ereignete. Die zum Unfallzeitpunkt sechsjährige K. und eine Freundin äußerten an jenem Tag den Wunsch, in der Turnhalle zu spielen. Daraufhin wurden sie von einer aufsichtführenden Mitarbeiterin in die Turnhalle begleitet, wo ihnen zum Spiel eine Wippe herausgegeben wurde. Im Anschluss hieran entfernte sich die Betreuerin. In der Turnhalle befand sich unter anderem ein Turnkasten. K. und weitere dort befindliche Kinder bauten aus Wippe und Kasten eine Rutsche, indem sie die Wippe umgedreht auf den Kasten aufbrachten. Während ein anderes Kind diese Rutsche benutzen wollte, lag K. darunter. Bei der Benutzung durch die Spielgefährtin fiel die Wippe vom Kasten und prallte K. ins Gesicht, wodurch diese sich Verletzungen im Kiefer- und Zahnbereich zuzog, die chirurgisch versorgt werden mussten.

Die Klägerin hält ein Schmerzensgeld von mindestens 2.500 Euro für angemessen. Zudem begehrt sie Feststellung der Ersatzpflicht für zukünftige Schäden, da Spätschäden nicht ausgeschlossen werden können. Die Klägerin ist der Auffassung, die Bediensteten der Beklagten hätten ihre Aufsichtspflicht verletzt, indem sie die Klägerin und ihre Spielgefährten mit den Geräten unbeaufsichtigt spielen ließen. Die beklagte Stadt ist der Auffassung, eine Haftung ihrerseits scheitere bereits an der mit der gesetzlichen Unfallversicherung der Klägerin einhergehenden Haftungsprivilegierung. Im Übrigen sei der Aufsichtspflicht angesichts des Alters der Klägerin und ihrer Vertrautheit mit jenen Geräten genügt worden.

Das Landgericht Hagen hat die Klage des Kindes abgewiesen.

Die Begründung der Richter:

Ob eine Aufsichtspflichtverletzung seitens der Mitarbeiter der Beklagten vorlag, kann vorliegend offenbleiben, da eine Haftung der Beklagten jedenfalls am Haftungsprivileg der §§ 104 Abs. 1,106 Abs. 1 SGB VII scheitert. Die Klägerin war gemäß § 2 Abs. 1 Nr. 8 a SGB VII während des Besuchs der Kindertagesstätte gesetzlich unfallversichert. Damit greift zugunsten der Betriebsangehörigen der Kindertagesstätte gegenüber der Beklagten § 106 Abs. 1 Nr. 3 SGB VII ein, der eine Haftungsbeschränkung entsprechend § 104 Abs. 1 SGB VII vorsieht. (...) Die Voraussetzungen des § 104 Abs. 1 SGB VII sind vorliegend unproblematisch gegeben. Der Unfall geschah während des bestimmungsgemäßen Besuchs der Kindertagesstätte durch die Klägerin. Ein vorsätzliches Herbeiführen des Versicherungsfalles, das auch die Verletzungsfolgen mit umfassen müsste, liegt nicht vor. Die Haftungsbeschränkung erstreckt sich auf Schadensersatzansprüche aus unerlaubter Handlung inklusive Amtspflichtverletzungen, wobei auch Schmerzensgeldansprüche erfasst werden.

LG Hagen, Urteil vom 28.9.1999 – Az. 6 U 82/99

Fall 2

Eine Erzieherin war in einer Kindertagesstätte mit einer Kanne frischgebrühten Tees an der Turnhalle vorbeigegangen. Im Vorübergehen sah sie, dass ein Kind von der Rutsche zu fallen drohte. Sie leistete ihm Hilfestellung, wobei sie die Teekanne in der Hand behielt. In diesem Augenblick sprang ein anderes Kind aus einem unmittelbar daneben liegenden Spieltunnel und stieß gegen die Teekanne. Es erlitt durch den heißen Tee erhebliche Verbrennungen an Hals und Rücken. Die Eltern des verletzten Kindes machten gegen die Erzieherin Schadensersatz- und Schmerzensgeldforderungen geltend.

Die Klage wurde abgewiesen.

Die Begründung der Richter:

Im vorliegenden Fall greift die Regelung des SGB VII, wonach für Betriebsunfälle die gesetzliche Unfallversicherung eintritt. Das Gericht wertet den Unfall als Betriebsunfall. Selbst wenn es beim schlichten Teekochen zu diesem Unfall gekommen wäre, wäre dieser als Betriebsunfall zu werten gewesen. Die Versicherung kommt für die Heilbehandlung auf, zahlt aber kein Schmerzensgeld. Der Gesetzgeber hat Erzieher:innen und Lehrer:innen vor Haftungsansprüchen bei fahrlässig verursachten Unfällen freigestellt, um den Frieden in Kindergärten und Schulen nicht durch gegenseitige Ansprüche zu stören.

OLG Celle, Urteil vom 18.5.2006 – Az. 5 U 36/06

Nach Ansicht des BGH ist der Haftungsausschluss auch mit dem Grundgesetz vereinbar und benachteiligt nicht den Geschädigten unangemessen dadurch, dass diesem ein Schmerzensgeld versagt ist. Zur Begründung führen die Richter aus, die gesetzliche Unfallversicherung schließe hier vielmehr im Gegenteil eine Haftungslücke, da gegenseitige Verletzungshandlungen von Kindergartenkindern bei Spielereien, Raufereien und in der Regel bedenkenlosem Handeln zum Alltag einer Kindertageseinrichtung gehören. Derartige Verhaltensweisen beruhten auf dem natürlichen Spieltrieb und der Kindern eigenen Unfähigkeit, die Folgen ihres Tuns einzuschätzen. Aus den spezifischen Gefahren des Kindergartenbetriebes resultierende Personenschäden könnten deswegen nicht immer auf ein schuldhaftes Verhalten der Aufsichtsperson zurückgeführt werden. Da jedoch nach dem zivilrechtlichen Ordnungssystem ohne schuldhaftes Handeln kein Schadensersatz möglich ist, stellt die Anwendung des versicherungsrechtlichen Ordnungssystems, das für eine Schadensersatzleistung kein Verschulden voraussetzt, die dem Kindergartenbereich angemessenere Lösung dar (BGH, Urteil vom 04.06.2009 – Az. III ZR 229/07).

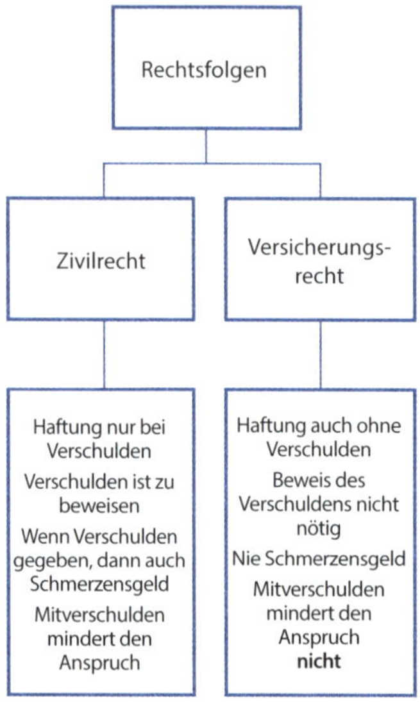

Abbildung 63: Unterschiedliche Rechtsfolgen im zivilrechtlichen und versicherungsrechtlichen Ordnungssystem

Regress

Das Haftungsprivileg bedeutet allerdings keinen Freibrief: Ist der Sozialversicherungsträger einmal in die Leistungspflicht eingetreten, erlaubt es ihm § 110 SGB VII grundsätzlich, anschließend den Schädiger in Regress zu nehmen. Die Norm ist lediglich ein besonderer Anwendungsfall des § 86 Versicherungsvertragsgesetzes (VVG), der eine Legalzession (= gesetzlicher Forderungsübergang) festschreibt: „Steht dem Versicherungsnehmer ein Ersatzanspruch gegen einen Dritten zu, geht dieser Anspruch auf den Versicherer über, soweit der Versicherer den Schaden ersetzt."

Das bedeutet: Tritt der Versicherungsfall ein, kann sich der Versicherer am Schädiger schadlos halten. Der Anspruch des Geschädigten gegen den Schädiger geht mit Leistung auf ihn über. Angesichts des Wirtschaftlichkeits- und Sparsamkeitsgebots des § 69 SGB II besteht nach herrschender Ansicht in der Literatur zur Geltendmachung von Regressforderungen geradezu eine Verpflichtung.

Das bedeutet aber nicht, dass die DGUV jegliche Regressforderung auch eintreibt: „Eine Regressforderung kommt in erster Linie in den Fällen in Betracht, in denen die pädagogische Fachkraft grob fahrlässig oder vorsätzlich gehandelt hat. Denn würde ein:e Erzieher:in auch für solche Fälle freigestellt, in denen er/sie vorsätzlich oder grob fahrlässig handelt, wäre die Gewährleistung einer regelgerechten Aufsichtsführung nicht mehr gegeben. Kinder wären erheblichen Gefahren ausgesetzt und die gesetzliche Unfallversicherung unvertretbar belastet."

Vor diesem Hintergrund kommt dem pädagogischen Konzept einer Kita eine erhebliche rechtliche Bedeutung zu: Grob fahrlässig handelt nämlich regelmäßig auch derjenige, der bewusst fahrlässig handelt.

Die oftmals sogar in Fortbildungen propagierte Praxis des Sich-selbst-Überlassens einiger Kinder im Mehrzweckraum einer Einrichtung ohne Aufsichtspersonal ist vor diesem Hintergrund bedenklich und sollte unterbleiben. Will man solche Angebote dennoch machen, sollte der Raum stets vorbereitet werden und gerade keine massiven Möbel oder gar Sprossenwände enthalten, um sich nicht dem Vorwurf der bewussten Fahrlässigkeit auszusetzen.

Im fränkischen Erlangen kam im November 2011 ein dreijähriges Mädchen ums Leben, als es zwischen einer rollbaren Holzkiste und einem Fensterbrett eingeklemmt wurde.

In Fürth kam im Jahr 2005 ein sechsjähriger Junge ums Leben, der mit seinem Lederhalsband an einem Fenstergriff hängengeblieben war.

So ist auch das Urteil des Landgerichts Hagen im beschriebenen Wippen-Fall zu werten: Dass das Gericht offengelassen hat, ob eine Aufsichtspflichtverletzung durch Herausgabe der Wippe und das anschließende Sich-Entfernen vorlag, darf nicht missverstanden werden im Sinne von „Es kommt nicht darauf an, weil die Unfallkassen ohnehin zahlen". Es kam lediglich für diesen Prozess um Schmerzensgeldzahlung nicht darauf an. Insofern ist der Haftungsausschluss nämlich lediglich seiner Befriedungsfunktion gerecht geworden: Die betroffene Erzieherin ist keinen Ansprüchen seitens des geschädigten Kindes und seiner Eltern ausgesetzt. In einem Folgeprozess der Unfallkasse gegen die verantwortliche Erzieherin auf Regress wird die Ausübung der Aufsicht jedoch selbstverständlich zur Sprache kommen müssen, sollte die Forderung nicht im Vergleichswege außergerichtlich beigetrieben werden können.

Zweiter Fall: Ein Dritter kommt zu Schaden

Auch am Geschehen in einer Kita ganz Unbeteiligte – der Jurist spricht dann vom sogenannten „Dritten" – können durch eine Verletzung der Aufsichtspflicht geschädigt werden.

Kommt ein Dritter durch den Aufsichtsbedürftigen zu Schaden, greift das Haftungsprivileg des § 2 SGB VII nicht ein, da eine betriebsübliche Nutzung der Einrichtung durch den Dritten in aller Regel nicht gegeben ist, er also nicht unter den gesetzlichen Versicherungsschutz der Unfallkasse fällt. Vielmehr besteht ein Anspruch des Geschädigten auf Schadensersatz gegen die Aufsichtspflichtigen aus § 832 BGB.

Voraussetzung hierfür ist, dass

- die Aufsichtspflichtigen ihre Aufsichtspflicht verletzt haben (Verschulden) und
- der Schaden durch die Verletzung der Aufsichtspflicht entstanden ist (Kausalität).

Die Aufsichtspflichtigen können sich also in zweierlei Hinsicht entlasten:

- Entweder, sie legen umfassend und konkret dar und beweisen, was sie zur Erfüllung der Aufsicht unternommen haben bzw. warum nach der Persönlichkeit des Aufsichtsbedürftigen die üblichen Maßnahmen nicht erforderlich waren. Sie haben ihre Pflicht erfüllt, wenn sie zur Verhinderung einer Schädigung alles getan haben, was von einem verständigen Aufsichtspflichtigen in seiner Lage unter Berücksichtigung von Alter, Eigenart und Charakter des Aufsichtsbedürftigen, der konkreten Situation sowie der Zumutbarkeit vernünftiger- und billigerweise verlangt werden kann.
- Oder sie legen dar und beweisen, dass der Schaden auch bei gehöriger Aufsicht und wiederholter Belehrung entstanden wäre. Die bloße Möglichkeit, dass sich der Unfall auch bei gehöriger Aufsicht ereignet hätte, genügt hierfür allerdings nicht. Es muss auch eine gewisse Wahrscheinlichkeit für den Schadenseintritt bestehen.

Im Falle einer Drittschädigung sind Schadensersatzansprüche gegen die pädagogische Fachkraft, die Einrichtungsleitung sowie den Träger denkbar, denn sie alle haften entweder aus Gesetz (§ 832 Abs. 1 BGB) oder Vertrag (§ 832 Abs. 2 BGB) für Schäden, die ein unter ihrer Aufsicht stehender Minderjähriger einem Dritten zufügt:

- Im Falle der gesetzlichen Haftung nach § 832 Abs. 1 BGB haftet der Träger dann, wenn er nicht beweisen kann, dass er seine Gehilfen (= Verrichtungsgehilfen) sorgfältig ausgesucht und überwacht hat (§ 831 BGB).
- Im Falle der vertraglichen Haftung nach § 832 Abs. 2 BGB haftet der Träger für

jedes Verschulden seiner Gehilfen (pädagogische Fachkräfte), deren er sich zur Erfüllung seiner vertraglichen Ansprüche bedient (= Erfüllungsgehilfen), selbst wenn ihn persönlich kein Verschulden trifft (§ 278 BGB).

Kindertageseinrichtungen sind für derartige Schäden jedoch üblicherweise durch eine Betriebshaftpflichtversicherung, die der Träger für die Einrichtung abschließt, abgesichert. Wiederum aber gilt auch hier: Bei Vorsatz und grober Fahrlässigkeit wird der Versicherer die Verantwortlichen in Regress nehmen.

Rechtliche Entwicklung im Bereich der Haftung bei städtischen Kindertageseinrichtungen

Insbesondere bei Bediensteten an öffentlichen Schulen und Kindergärten war bis 2012 nach einem Urteil des Oberlandesgerichtes Karlsruhe noch lex specialis zu beachten: Hier verdrängte der sogenannte Amtshaftungsanspruch aus § 839 BGB i. V. m. Art. 34 GG den Anspruch aus § 832 BGB (Karlsruhe OLGR 06, 426). Dies war von erheblichem prozesstaktischem Vorteil für eine pädagogische Fachkraft, der eine Aufsichtsverletzung vorgeworfen wurde: War sie bei einem kommunalen Träger angestellt, galten die Beweislastgrundsätze des § 832 BGB, die einen Anscheinsbeweis für eine Aufsichtsverletzung vorsehen, für sie nicht. Vielmehr musste der Kläger, der eine Aufsichtsverletzung vor Gericht geltend machte, sie darlegen und beweisen. Klagen scheiterten regelmäßig an dieser Beweislast, da sie für den Kläger naturgemäß schwierig zu erfüllen war. Diese Besserstellung im Amtshaftungsprozess für Bedienstete im öffentlichen Dienst beruhte auf der Rechtsprechung des BGH aus dem Jahre 1954 (BGHZ 13, 29; Urteil vom 15.03.1954). Dort wurde die Nichtanwendbarkeit der Beweislastregel des § 832 BGB im Bereich der Amtshaftung angenommen, weil Art. 34 GG spezieller sei. In den Folgejahrzehnten wurde vom BGH und den Untergerichten in ständiger Rechtsprechung entsprechend entschieden.

Mit Urteil vom 13. Dezember 2012 hat der BGH unter Aufgabe der bisherigen Rechtsprechung die Beweislast im Amtshaftungsprozess umgekehrt. Nunmehr gilt: Die Beweislastregel des § 832 BGB gilt auch im Rahmen der Haftung für die Verletzung der öffentlich-rechtlichen Aufsichtspflicht nach § 839 BGB i. V. m. Art. 34 GG. Danach muss nicht der Geschädigte beweisen, dass eine Verletzung der Aufsichtspflicht vorliegt, sondern der Aufsichtspflichtige muss sich entlasten. Dies gilt mit diesem Urteil auch in öffentlichen Kitas.

Die Begründung der Richter: Die Geltung der Beweislastregel des § 832 BGB im Bereich der Amtshaftung ist sachlich gerechtfertigt. Für eine Haftung für eine vermutete Aufsichtspflichtverletzung sprechen dort dieselben Gründe wie im Bereich der privatrechtlichen Haftung. Es entspricht dem Wesen der Aufsichtspflicht als einer gesetzlichen Pflicht gegenüber den Geschädigten, dass der Pflichtige Rechenschaft darüber ablegt, was er zur Erfüllung seiner Pflicht getan hat. Dagegen ist dem Geschädigten der Nachweis der Aufsichtspflichtverletzung häufig nicht möglich, da er regelmäßig nicht weiß, welche konkreten Maßnahmen zur Erfüllung der Aufsichtspflicht im Einzelnen ergriffen bzw. unterlassen wurden. Vor der Beweisnot, in die er geriete, wenn er eine Aufsichtspflichtverletzung der Erzieher:innen nachzuweisen hätte, vermag ihn daher nur die Vermutung des § 832 BGB zu bewahren (BGH, Urteil von 13.12.2012, Az. III ZRCCXXVI/12; BGHZ 196, 35).

Dritter Fall: Der Aufsichtspflichtige kommt zu Schaden

Kommt der Aufsichtspflichtige (auch) selbst zu Schaden, wäre der Anspruch grundsätzlich gemäß § 254 BGB um seinen Mitverschuldensanteil zu mindern. Allerdings kommen hier bei Angestellten von Kindertageseinrichtungen nach dem Recht der gesetzlichen Unfallversicherung die Regelungen über den Arbeitsunfall (siehe Kapitel 28.4.1) zum Tragen mit der Folge, dass der Schaden mitverschuldensunabhängig ersetzt wird.

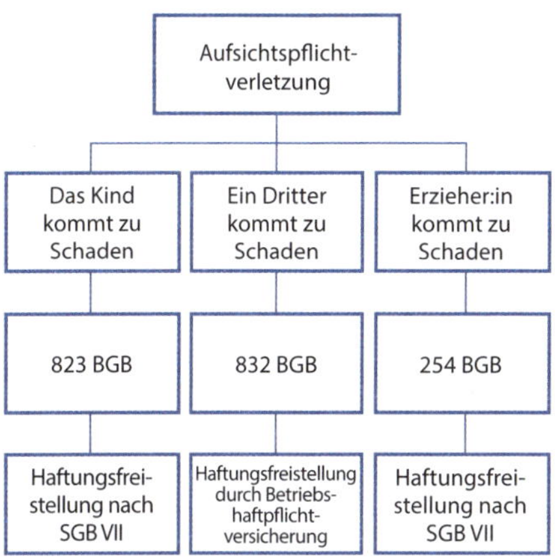

Abbildung 64: Fallkonstellationen der Aufsichtspflichtverletzung

Mehrere Haftungsadressaten

Auch mehrere Schuldner (Träger, Leitung, Gruppenleitung, andere pädagogische Fachkräfte etc.) können dem Geschädigten nebeneinander haften. § 840 BGB bestimmt hierfür die sogenannte Gesamtschuldnerschaft:

> **§ 840 BGB**
>
> Sind für den aus einer unerlaubten Handlung entstehenden Schaden mehrere nebeneinander verantwortlich, so haften sie als Gesamtschuldner.

In einem solchen Fall der Gesamtschuldnerschaft kann der Geschädigte nach Belieben jeden Schuldner auf die volle Summe in Anspruch nehmen.

> **§ 241 BGB**
>
> Schulden mehrere eine Leistung in der Weise, dass jeder die ganze Leistung zu bewirken verpflichtet, der Gläubiger die Leistung aber nur einmal zu fordern berechtigt ist (Gesamtschuldner), so kann der Gläubiger die Leistung nach seinem Belieben von jedem der Schuldner ganz oder zu einem Teil fordern. Bis zur Bewirkung der ganzen Leistung bleiben sämtliche Schuldner verpflichtet.

19.2.2 Strafrechtliche Folgen

Wird ein Aufsichtsbedürftiger infolge einer Aufsichtspflichtverletzung verletzt oder getötet, so sind strafrechtliche Folgen denkbar (siehe Kapitel 15). Das Verschulden ist hier von der Staatsanwaltschaft allerdings zweifelsfrei nachzuweisen, da ansonsten nach dem Grundsatz „in dubio pro reo" entschieden werden wird.

19.2.3 Arbeitsrechtliche Folgen

Die Verletzung der Aufsichtspflicht ist zugleich eine Verletzung der Dienstpflicht (siehe Kapitel 21.3.2). Mögliche arbeitsrechtliche Folgen sind:

- Zurückstellen von einer Beförderung,
- Entziehen einer Leitungsfunktion,
- Abmahnung,
- Kündigung.

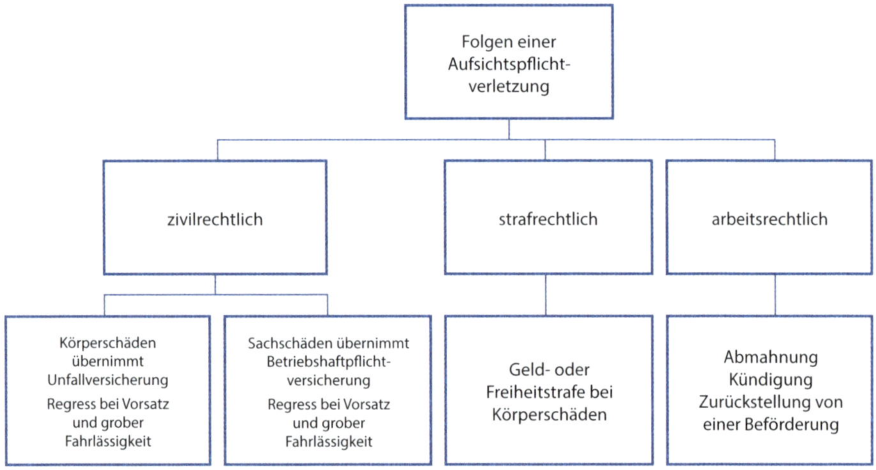

Abbildung 65: Folgen einer Aufsichtspflichtverletzung

19.3 Übungsfälle

Fall 53

Seit einigen Tagen verbreitet die Mutter des vierjährigen Elias über die sozialen Medien falsche Tatsachen über seinen Kindergarten. Die Vorwürfe reichen von Verletzung der Aufsichtspflicht über fehlende Ernährung bis hin zu schwarzer Pädagogik. Leiterin Theresa wird immer häufiger von Eltern auf die Einträge angesprochen. Sie fürchtet eine massive Rufschädigung und will gegen die Behauptungen vorgehen.

Kann sie das?

Fall 54

Die zwölfjährige Janice schießt absichtlich die Fensterscheibe des Nachbarn ein.

Haftet Janice persönlich für den Schaden?

Fall 55

Der 14-jährige Thomas schießt absichtlich die Fensterscheibe des Nachbarn ein.

Haftet Thomas persönlich für den Schaden?

Fall 56

Der 14-jährige Thomas schießt versehentlich die Fensterscheibe seines Nachbarn ein.

Haftet Thomas persönlich für den Schaden?

Fall 57

Zu Halloween verziert Marius das Auto des Nachbarn mit Rasierschaum. Hat der Nachbar einen Schadensersatzanspruch gegen Marius, wenn dieser

a. sechs Jahre alt ist?
b. 13 Jahre alt ist?
c. 15 Jahre alt ist?
d. 18 Jahre alt ist?

Fall 58

Bauer Josef fährt heute mit dem neuen Traktor auf seinem Feld hinter dem Neubaugebiet die Weizenernte ein. Als hinter den hohen Ähren die dreijährigen Zwillinge Konstantin und Leonard auftauchen, die am Rand des Feldes offensichtlich unbeaufsichtigt spielen, macht er sich Sorgen, dass sie ihm vor den Traktor laufen könnten. Bei seiner anstrengenden Arbeit in der prallen Sonne kann er sie schließlich nicht immer im Blick behalten. Kurzentschlossen fragt er die beiden, ob sie mitfahren wollen, was sie begeistert bejahen. Als er nach einer halben Stunde etwas an der Anhängerkupplung richten muss, hält er mit laufendem Motor an, zieht die Handbremse und springt vom Sitz. Konstantin nutzt diesen Augenblick, um die Handbremse zu lösen. Als der Traktor zu rollen beginnt, kann Josef gerade noch die Kinder herunterziehen. Der Traktor selbst rollt rund 50 Meter den Abhang hinunter und wird erst von einem Baum gestoppt. Es entsteht ein Schaden von 20.000 Euro.

Kann Bauer Josef den Schaden von Konstantin und Leonard bzw. ihren Eltern ersetzt verlangen?

Fall 59

In der Kita „Tausendfüßler“ herrscht helle Aufregung: Soeben ist der 40-jährige Paul am Gartenzaun des Freigeländes aufgetaucht und hat sich laut und massiv beschwert: „Diese drei Jungs da“, er zeigt auf die Vierjährigen Noah, Tim und Justin, hätten Steine auf seinen an der Straße parkenden Porsche Cayenne geworfen. Das Schlimmste hätte er verhindern können, indem er mit seinem Körper im letzten Augenblick die größten Steine abgefangen habe, aber einige fanden eben doch ihr Ziel: Die Beifahrerseite des Wagens ist übersät von kleinen Dellen und Lackabsplitterungen. Paul droht, eine Anzeige gegen den Kindergarten wegen Verletzung der Aufsichtspflicht zu erstatten. Ellen, die dem aus einer Platzwunde am Auge stark blutenden Paul ihr Mitgefühl signalisieren möchte, teilt ihm mit: „Bitte regen Sie sich doch nicht so auf. Der Kindergarten hat eine Haftpflichtversicherung für solche Fälle; das kommt alles wieder ins Reine.“

Hat Ellen recht?

Fall 60

Björn ist in der Ausbildung zum staatlich anerkannten Erzieher. Seine Klassenleitung an der Fachakademie hat heute einen Versicherungsmakler eingeladen, der über die Vorzüge einer Berufshaftpflichtversicherung für Erzieher:innen referiert und auch gleich Formulare zum Abschluss solch einer Versicherung aus seinem Aktenköfferchen zieht. Björn erinnert sich jedoch an die Unterrichtsstunden zur Haftung und zum Schadensersatz, und ihm kommen Bedenken.

Welche könnten das sein?

20 Familienrecht

20.1 Der Begriff der Familie

Die Familie wird zwar an prominenter Stelle des Art. 6 GG unter den „Schutz der staatlichen Ordnung" gestellt, doch erstaunlicherweise gibt es keine allgemeingültige gesetzliche Definition des Begriffes „Familie". Das Buch „Familienrecht" innerhalb des Bürgerlichen Gesetzbuchs definiert in § 1 nur den Begriff „Verwandtschaft" anhand der Abstammung, nicht jedoch auch den der Familie. Das Personenstandsgesetz erläutert in § 1589, wen der Standesbeamte in das Familienbuch von Ehegatten einzutragen hat, nämlich:

- die gemeinsamen Kinder der Ehegatten,
- die von Ehegatten gemeinschaftlich als Kind angenommenen Kinder,
- die von einem Ehegatten als Kind angenommenen Kinder des anderen Ehegatten.

Darin ist allerdings noch keine verbindliche Definition des Begriffes „Familie" zu sehen. Der Bundesgerichtshof hat deswegen festgestellt, dass der Begriff des Familienangehörigen ein sogenannter unbestimmter Rechtsbegriff ist. Eine einheitliche Definition in der deutschen Rechtsordnung fehlt. Ableiten lässt sich eine Definition aus den vereinzelt bestehenden Vorschriften erst recht nicht.

Andere Gesetze ziehen den Kreis der Familienmitglieder jeweils „im Sinne dieses Gesetzes" und überwiegend wesentlich weiter. Das Wohngeldgesetz zum Beispiel rechnet zu den Familienmitgliedern den/die Antragsteller:in selbst, den Ehegatten, Verwandte in gerader Linie sowie Verwandte zweiten und dritten Grades in der Seitenlinie, Verschwägerte in gerader Linie sowie Verschwägerte zweiten und dritten Grades in der Seitenlinie und schließlich Pflegekinder. Das Versicherungsrecht fasst demgegenüber unter den Begriff des „Familienangehörigen" nicht nur alle Personen, die miteinander verwandt, verschwägert oder verheiratet sind, sondern darüber hinaus auch Personen, die in einer Gemeinschaft zusammenleben, die einem Familienverband ähnelt – und dies ohne Rücksicht darauf, ob gesetzliche Unterhaltsverpflichtungen bestehen.

Im westlichen Kulturkreis wird heute unter „Familie" meist die sogenannte Kernfamilie verstanden, d.h. Vater, Mutter und deren Kinder. Die Kernfamilie ist in den meisten modernen Gesellschaften das überwiegend vorkommende Modell. Moderne Formen wie Wohngemeinschaften oder das Zusammenleben zweier Elternteile mit je eigenen Kindern (ob verheiratet oder nicht) bleiben minoritär. Begrifflich darf die „Kernfamilie" nicht mit der „Kleinfamilie" verwechselt werden, die nur wenige Mitglieder umfasst: Eine Kernfamilie mit zwölf ehelichen Kindern ist keine Kleinfamilie.

Eine Patchworkfamilie (engl. patchwork = Flickenteppich) ist im Sinne des Wortes „Flickenteppich" aus mehreren verschiedenen Familien. Dieser Begriff bezeichnet Familien, bei denen die Eltern ihre jeweiligen Kinder aus vorhergehenden Beziehungen in die neue Beziehung eingebracht haben. Die Kinder einer Patchworkfamilie sind also nicht zwangsläufig biologische Verwandte. Dabei kann es sogar vorkommen, dass Kinder eines solchen Haushaltes mit keinem der beiden Elternteile biologisch verwandt sind.

Als Ein-Eltern-Familie oder Alleinerziehende bezeichnet man Elternteile, die Minderjährige allein betreuen und erziehen.

Zur nichtehelichen Lebensgemeinschaft, in der die Lebenspartner mit einem gemeinsamen Kind zusammenleben, hat das Bundesverfassungsgericht entschieden, dass diese gleichermaßen wie eine Familie im herkömmlichen Sinn enge soziale Bindungen mit familiärem Charakter aufweist. Denn das Verhältnis der Partner untereinander gehe über eine reine Zweckgemeinschaft zur Führung eines gemeinsamen Haushaltes und gemeinsamen Wirtschaftens hinaus.

Eine nicht rechtliche, sondern soziologische Definition des Begriffs „Familie" lautet: Familie (lat. familia = Hausgemeinschaft) ist eine soziale Gemeinschaft von mindestens zwei Personen, die verschiedenen Generationen angehören und füreinander Verantwortung übernehmen. Familie setzt nicht zwingend eine gemeinsame Abstammung (leibliche Elternschaft) oder eine Ehe zwischen Vater und Mutter voraus, sondern definiert sich vor allem über eine starke emotionale Bindung und gemeinsame Verantwortung. Die Familienmitglieder stehen in einem biologisch, rechtlich oder sozial begründeten Nachkommenschaftsverhältnis zueinander.

Die Familie stellt für ihre jeweiligen Kinder das primäre soziale System (= primäre Sozialisationsinstanz) dar und bietet ihnen Versorgung, Beziehung, Erziehung und nicht zuletzt auch Bildung. Die Familie ist der erste, umfassendste, am längsten und stärksten wirkende, ausschließlich private Bildungsort eines Kindes und in den ersten Lebensjahren der wichtigste. Eltern sind damit nicht nur die ersten Erzieher im chronologischen Sinne, sondern auch in der Wertigkeit. Ihre Verlässlichkeit ist entscheidend für die gesamte Weiterentwicklung des Kindes. Was das Kind in der Familie erlebt und erfährt, bestimmt nachhaltig sein späteres Leben, sein Wissen und letztlich seine Fähigkeit, in der Gesellschaft zurechtkommen.

Staat und Gesellschaft haben daher ein vitales Interesse daran, dass das „Projekt Familie" gelingt. Zum einen sorgt die Familie durch Reproduktion für den Fortbestand der Gesellschaft, zum anderen macht sie die aus ihr erwachsenden Kinder fit für die Gesellschaft, indem sie deren menschliche Grundbedürfnisse befriedigt, ihnen den Wert moralischer Normen und stabiler sozialen Beziehungen vorlebt. Doch nicht immer wird eine Familie diesen Erwartungen gerecht. Viele Ehen bleiben – gewollt oder ungewollt – kinderlos, vielen Eltern fehlt es gerade an der Kompetenz, ihre Kinder auf die Anforderungen des gesellschaftlichen und beruflichen Lebens vorzubereiten, und viele Ehen sind instabil.

Das Familienrecht des BGB trifft daher umfangreiche Regelungen zu Themen wie Ehe- und Scheidungsrecht, elterliches Sorgerecht, Umgangsrecht etc.

20.2 Eherecht

Rechtlich gesehen ist die Ehe ein Vertrag zwischen zwei Personen. Seit dem 1. Oktober 2017 ist es nicht mehr erforderlich, dass die Vertragspartner verschiedenen Geschlechtern angehören. Auch eine Ehe zwischen zwei gleichgeschlechtlichen Partnern ist nun möglich. Gleichzeitig wurde die eingetragene Lebenspartnerschaft abgeschafft. Die bis dahin geschlossenen Lebenspartnerschaften können beim Standesamt in eine Ehe umgewandelt werden.

20.2.1 Zustandekommen der Ehe

Das Zustandekommen einer Ehe unterliegt bestimmten Voraussetzungen:

- Beide Verlobte sind ehefähig (mindestens 18 Jahre).
- Es liegen keine Eheverbote vor (Doppelehe, bestimmte Verwandtschaft).
- Die besonderen Formvorschriften der Eheschließung sind beachtet (vor dem Standesbeamten, gleichzeitige Anwesenheit).

20.2.2 Eheliches Güterrecht

Das BGB kennt drei güterrechtliche Modelle der Ehe:

- Zugewinngemeinschaft: Gilt immer dann, wenn nichts anderes vereinbart ist. Bei Beendigung der Ehe wird der in der Ehezeit erzielte Zugewinn geteilt.
- Gütertrennung: Die Vermögensmassen der Ehepartner bleiben auch während der Ehe getrennt. Die Gütertrennung ist nur wirksam, wenn sie notariell vereinbart wurde.
- Gütergemeinschaft: Das jeweilige Vermögen der Ehegatten wird gemeinschaftliches Vermögen beider Ehegatten. Dies gilt auch für das Vermögen, das während der Ehe erwirtschaftet wird.

20.2.3 Ehescheidung

Ist die Ehe gescheitert, kann sie auf Antrag eines oder beider Ehegatten durch gerichtlichen Beschluss geschieden werden. Voraussetzung ist demnach, dass

- einer der beiden Ehegatten einen Antrag stellt und
- die Ehe gescheitert ist.

Ob die Ehe gescheitert ist, bestimmt sich nach dem Zerrüttungsprinzip.

> **§ 1565 Abs. 1 S. 2 BGB**
>
> Die Ehe ist gescheitert, wenn die Lebensgemeinschaft der Ehegatten nicht mehr besteht und nicht erwartet werden kann, dass die Ehegatten sie wiederherstellen.

Für die Frage, ob die Ehe gescheitert ist, kommt es darauf an, wie lange die Ehegatten bereits getrennt leben.

Getrenntleben unter einem Jahr: Die Ehe kann geschieden werden, wenn für einen der beiden Ehegatten eine unzumutbare Härte darin liegen würde, sie fortzuführen. Dies ist der Fall bei wiederholter schwerer körperlicher oder seelischer Misshandlung. Eine lediglich einmalige körperliche Auseinandersetzung führt noch nicht zur Annahme einer unzumutbaren Härte, es sei denn, es wurde ein schwerwiegender Tatbestand verwirklicht (z.B. versuchte Tötung).

Getrenntleben mindestens ein Jahr: Die Ehe wird geschieden, wenn entweder beide Ehegatten die Scheidung beantragen oder ein Ehegatte die Scheidung beantragt und der andere zustimmt.

Getrenntleben seit drei Jahren: Weigert sich ein Ehegatte, sich scheiden zu lassen, kann der andere Ehegatte den Scheidungsantrag dann stellen, wenn die Ehegatten zumindest drei Jahre voneinander getrennt leben. Die Zerrüttung der Ehe wird dann unwiderleglich vermutet.

20.2.4 Scheidungsfolgen

Jede Scheidung hat rechtliche Konsequenzen. Die meisten Scheidungsfolgen können die Ehegatten unter sich regeln, für den Versorgungsausgleich hat der Gesetzgeber jedoch in § 137 FamFG den sogenannten Scheidungsverbund festgelegt. Das bedeutet, über Scheidung und Versorgungsausgleich wird im selben Verfahren, dem Scheidungsverbundverfahren, entschieden. Die Scheidung wird also erst dann ausgesprochen, wenn der Versorgungsausgleich zwischen den Ehegatten geregelt wurde. § 137 FamFG regelt auch, unter welchen Voraussetzungen die übrigen Scheidungsfolgen Verbundsachen werden.

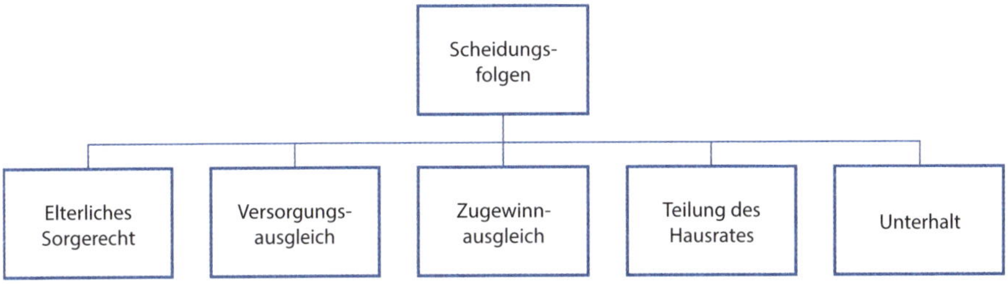

Abbildung 66: Scheidungsfolgen

20.3 Wichtige Bestimmungen des Familienrechtes

20.3.1 Elterliche Sorge

Das rechtliche Verhältnis von Eltern zu ihrem Kind ist umfassend im Familienrecht des BGB, dort unter dem Titel „Rechtsverhältnis zwischen den Eltern und dem Kind im Allgemeinen", in den §§ 1616 ff geregelt. Es ist ein den Interessen und dem Wohl des Kindes dienendes Schutzverhältnis. Die §§ 1626 ff regeln das Recht der elterlichen Sorge.

Das Bundesverfassungsgericht hat in zahlreichen Urteilen Ausführungen zum Wesen der elterlichen Sorge gemacht. Zu den wichtigsten Aussagen gehören:

„Der Verfassungsgesetzgeber geht davon aus, dass diejenigen, die einem Kind das Leben geben, von Natur aus bereit und berufen sind, die Verantwortung für seine Pflege und Erziehung zu übernehmen" (BVerfGE 24, 119)

„Das Elternrecht beruht auf der Erfahrung, dass in aller Regel Eltern das Wohl des Kindes mehr am Herzen liegt als irgendeiner anderen Person oder Institution" (BVerfGE 59, 360).

Inhaber der elterlichen Sorge

Träger der gemeinsamen Sorge sind die Eltern, wenn das Kind in der Ehe geboren wird oder zwar keine Ehe vorliegt, aber dem nichtehelichen Vater die gemeinsame Sorge zuerkannt wurde. Ein gemeinsamer Hausstand ist für die elterliche Sorge nicht erforderlich. Die Eltern eines Kindes können auch mit anderen Partnern verheiratet sein. Die Sorgeerklärung kann schon vor der Geburt abgegeben werden. Die Sorgeerklärung eines beschränkt geschäftsfähigen Elternteiles bedarf der Zustimmung seines gesetzlichen Vertreters. Sorgeerklärung und Zustimmung müssen öffentlich beurkundet werden.

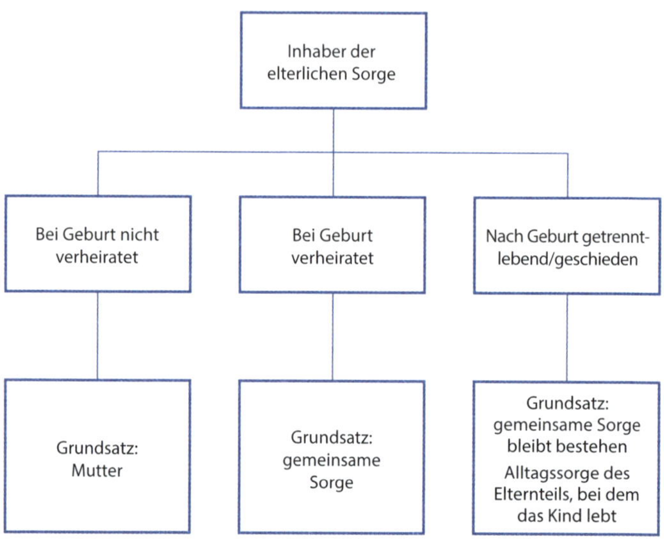

Abbildung 67: Inhaber der elterlichen Sorge

Veränderungen in der elterlichen Sorge

Veränderungen in der elterlichen Sorge können aus unterschiedlichen Gründen eintreten:

- Ausfall eines Elternteiles (Verhinderung oder Ruhen, Tod oder Todeserklärung, Entzug)
- Trennung der Eltern
- Übertragung auf den Vater
- Änderung einer bisherigen Sorgeregelung

Inhalt der elterlichen Sorge

Nach § 1626 BGB bestehen die Pflicht und das Recht der Eltern zur elterlichen Sorge. Das am 1. Juli 1998 in Kraft getretene Kindschaftsrechtsreformgesetz hat die Norm neu gefasst: Die Reihenfolge von „Recht und Pflicht" wurde in „Pflicht und Recht" getauscht und so die Pflichtgebundenheit des Sorgerechtes stärker betont. § 1627 BGB bestimmt, dass die Eltern die Sorge in eigener Verantwortung und in gegenseitigem Einvernehmen auszuüben haben. Bei Meinungsverschiedenheiten müssen sie versuchen, sich zu einigen. Es ist anerkannt, dass Eltern sich auch wechselseitig bevollmächtigen, zum Beispiel eine Absprache dahingehend treffen können, dass für alle Schulangelegenheiten wie Elternabende, Lehrergespräche, Unterschriftsleistungen unter Klassenarbeiten die Mutter zuständig ist. Die Bevollmächtigung kann auch stillschweigend erfolgen.

Die elterliche Sorge umfasst die Personensorge und die Vermögenssorge sowie die Vertretung des Kindes.

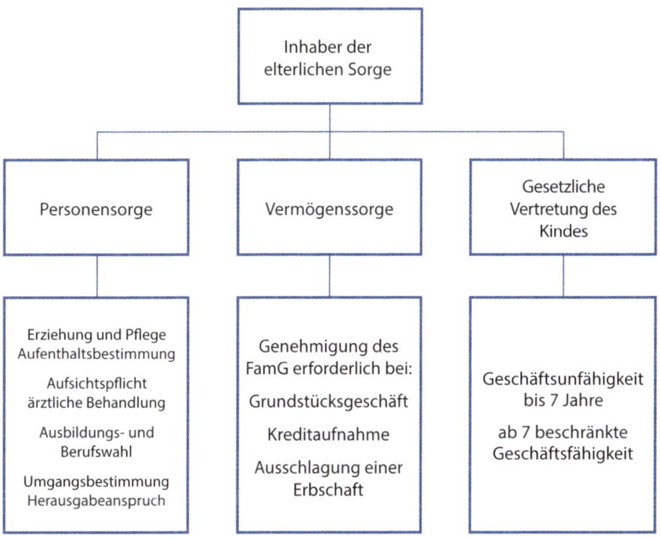

Abbildung 68: Inhalt der elterlichen Sorge

Personensorge

Die elterliche Sorge umfasst zunächst alle persönlichen Angelegenheiten des Kindes.

> **§ 1631 BGB**
>
> Die Personensorge umfasst insbesondere die Pflicht und das Recht, das Kind zu pflegen, zu erziehen, zu beaufsichtigen und seinen Aufenthalt bestimmen.

Das Ziel der Personensorge ist das selbstständige und verantwortungsbewusste Handeln des Minderjährigen. Ihre Grenze findet die Personensorge in

- den eigenen Grundrechten des Kindes,
- im Recht auf gewaltfreie Erziehung und
- der Schulpflicht.

Allerdings ist diese Aufzählung unvollständig. Zur Personensorge gehören auch alle Fürsorge- und Schutzmaßnahmen (z.B. Einwilligung in eine OP, Bestimmung der Berufsausbildung). Dieser Sorgebereich wird auch „tatsächliche Personensorge" genannt. Darüber hinaus haben Eltern auch die gesetzliche Vertretung des Kindes bei Rechtsgeschäften inne, soweit sie den persönlichen Bereich betreffen.

> **§ 1626 BGB**
>
> Bei der Pflege und Erziehung berücksichtigen die Eltern die wachsende Fähigkeit und das wachsende Bedürfnis des Kindes zu selbstständigem und verantwortungsbewusstem Handeln. Sie besprechen mit dem Kind, soweit es nach dessen Entwicklungsstand angezeigt ist, Fragen der elterlichen Sorge und streben Einvernehmen an.

Der Gesetzgeber spricht sich mit dieser Norm für einen demokratischen Erziehungsstil aus. Dieser Erziehungsstil sieht das Kind in Abhängigkeit von seinem Alter als Partner mit eigenem Willen und eigenen Rechten. Der Stil ist nicht darauf angelegt, dass das Kind die Regeln der Erwachsenen blind übernimmt, vielmehr soll es sie einsehen und verschiedene Möglichkeiten ausprobieren, Verantwortung übernehmen und einen eigenen selbstbestimmten Weg finden.

Wo früher befohlen wurde, finden heute Aushandlungsprozesse zwischen Eltern und Kind statt. Dies ist anstrengend – vor allem für die Eltern. Sie müssen jederzeit in der Lage sein, sich auf das Kind einzustellen und sich diesen Aushandlungsprozessen zu stellen. Es erfordert Empathie, Kompromissfähigkeit, Nachhaltigkeit, Toleranz und ständige Reflexion der eigenen Person, diesen Erziehungsstil zu verwirklichen.

Durch das Gesetz zur Ächtung der Gewalt in der Erziehung und zur Änderung des Kindesunterhaltsrechts vom 2. November 2000 wurde mit dem neugefassten § 1631 Abs. 2 BGB eine weitere Leitplanke in die Personensorge eingezogen und das bis dahin gewohnheitsrechtlich anerkannte elterliche Züchtigungsrecht abgeschafft:

> **§ 1631 Abs. 2 BGB**
>
> Kinder haben das Recht auf gewaltfreie Erziehung: Körperliche Bestrafungen, seelische Verletzungen und andere entwürdigende Maßnahmen sind unzulässig.

Es soll nicht verschwiegen werden, dass diese Norm von großen Teilen der Rechtslehre als bedenklich empfunden wird: „Das moderne Familienrecht hat sich heute hier und dort allerdings in eine schon bedenkliche Position hineinmanövriert, zwischen notwendigem Schutzauftrag und unnötiger Verrechtlichung der Familienbeziehungen. So bestimmt § 1631 nicht nur, was zur Personensorge und damit auch zur Pflicht der Eltern rechnet, die Vorschrift gibt den Kindern auch ein Recht auf gewaltfreie Erziehung. Niemand kann dem Verbot entwürdigender Strafmaßnahmen widersprechen, dies entspricht dem staatlichen Schutzauftrag. Was nach Verklingen des Beifalls dennoch nachdenklich macht, ist die Rede vom ´Recht´ des Kindes. Rechte werden als subjektive Rechte verstanden, als gerichtlich durchsetzungsfähig. Soll das Kind demnach die Mutter verklagen, wenn ihm deren Erziehungsmaßnahmen gewalttätig erscheinen? Die bejahende Antwort wird man sogleich auf eng gezirkelte Ausnahmen beschränken, wenn man die als Freiheitsraum geschützte Gemeinschaft von Eltern und Kind nicht untergraben will. Das von bestimmten Interessenvertretern und Verbänden gezeichnete Bild eines archaischen rechtsfreien Schonraums der Familie, der mit subjektiven Rechten der dort Schwachen aufgebrochen werden müsse, ist leider zuweilen richtig. Aber niemand sollte die Ausnahme für die Regel nehmen und die Familie als dunklen Raum desavouieren, in dem hinter Mauern und uneinsehbaren Gardinen geprügelt, missbraucht und misshandelt wird. Der allzu sehr von der pathologischen Ausnahme her Denkende wird sein Heil im Staat oder anderen kollektiven Mächten suchen und mit vermehrten subjektiven Rechten, Jugendämtern, Sozialeinrichtungen und Staatsanwälten die gesellschaftliche Kontrolle über die freie Gemeinschaft immer weiter ausdehnen wollen“ (Di Fabio 2003, S. 993ff.).

Der Entfall des elterlichen Züchtigungsrechtes als Rechtfertigungsgrund hat in strafrechtlicher Hinsicht zur Folge, dass eine Strafbarkeit wegen Körperverletzung gegeben ist.

Eine Mutter, die gegen das Gewaltverbot in der Erziehung verstieß, wurde vom Amtsgericht (Strafgericht) Burgwedel wegen vorsätzlicher Körperverletzung gemäß §§ 223, 230 StGB schuldig gesprochen. Sie erhielt eine Verwarnung unter Vorbehalt der Verurteilung zu einer Geldstrafe von zehn Tagessätzen à zehn Euro. Die von der Verurteilten dagegen eingelegte Berufung verwarf das Landgericht Hannover als „offensichtlich unbegründet“.

Der Fall

Die Mutter nahm mit ihrem sechsjährigen Sohn und ihrer zweijährigen Tochter an der Geburtstagsfeier ihrer früheren Vermieterin teil. Nach einem Abendessen trank die Tochter, die sich frei in den Räumen bewegte, aus einer Flasche Limonade. Mehrfach spuckte sie Limonade auf den Tisch, an dem die Gastgeberin, die Mutter und mehrere weitere Gäste saßen. Die Mutter ermahnte sie, dies zu unterlassen und drohte ihr an, wenn sie dies noch einmal mache, dann „gäbe es was“ bzw. dann „knalle es“. Als die Tochter die Ermahnung missachtete und erneut Limonade verspuckte, versetzte ihr die Mutter eine derart heftige Ohrfeige gegen die linke Wange, dass das Kind gegen die Tischkante prallte und auf den Boden fiel.

Die Begründung der Richter

Das Gericht bejahte zunächst die Tatbestandsmäßigkeit der Handlung der Mutter: Nach § 223 StGB wird mit Freiheitsstrafe bis zu fünf Jahren oder mit Geldstrafe bestraft, wer eine andere Person körperlich misshandelt oder an der Gesundheit beschädigt. Eine solche heftige Ohrfeige in das Gesicht eines derart kleinen Kindes geht über eine leicht taktile Einwirkung, wie etwa einen Klaps auf den Po, der keine Schmerzen zufügt, hinaus. Mit einer derart kräftigen Ohrfeige wird nicht nur eine Missbilligung des Fehlverhaltens des Kindes dargetan, sondern in die körperliche Unversehrtheit eines zweijährigen Kindes massiv eingegriffen. Das Kind hat bei der Mutter, an die es sich nach der Ohrfeige weinend wandte, keinerlei Zuwendung erfahren.

Konnten sich nach früher geltendem Recht Eltern bei einem solchen Verhalten auf den Rechtfertigungsgrund des Züchtigungsrechtes berufen, ist mit der Neufassung des § 1631 Abs. 2 BGB dieser Rechtfertigungsgrund entfallen. Wenn aber körperliche Bestrafungen nach dem Eltern-Kind-Recht des BGB unzulässig sind, so können sie strafrechtlich nicht erlaubt sein.

Hinsichtlich der Strafzumessung ist maßgebend, dass die Angeklagte allgemein ihrer erzieherischen Verantwortung nachgekommen ist und als verlässliche Mutter gilt, die sich um die Belange ihrer Kinder in gutem Maße kümmert. Auch ist zu ihren Gunsten die konkrete Vorfallsituation zu berücksichtigen: Dass sie sich auf einer Feier befand, an der mehrere Personen teilnahmen, die Tochter lebhaft war und auf verschiedene Ermahnungen der Mutter bezüglich ihres Fehlverhaltens nicht reagiert hatte. Möglicherweise hat sie in dieser Situation aus Hilflosigkeit überreagiert, statt dem Kind die Trinkflasche einfach wegzunehmen. Die Mutter hat durch dieses Verfahren bereits vielfältige Reaktion erfahren: Sie wohnt in einem kleineren Ort, in dem über diese Sache viel gesprochen worden ist. Das Verfahren war Gegenstand umfangreicher Medienberichterstattung. (Amtsgericht Burgwedel – Az. 64 Ds 364/04)

Das Gericht hätte gleichwohl von einer Verwarnung – und damit einem Schuldspruch – abgesehen und das Verfahren nach den §§ 153, 153 a StPO eingestellt, wenn die Mutter hierzu ihre erforderliche Zustimmung gegeben hätte. Dies hat sie jedoch nicht getan. So konnte das Gericht das Verfahren nur durch Urteil anschließen. In diesem Urteil hielt es das Gericht jedoch für angezeigt, die Mutter vor einer Verurteilung zu einer Strafe zu verschonen. Hierfür bietet § 59 StGB die Handhabe.

§ 59 StGB

Hat jemand Geldstrafe bis zu 180 Tagessätzen verwirkt, so kann das Gericht ihn neben dem Schuldspruch verwarnen, die Strafe bestimmen und die Verurteilung zu dieser Strafe vorbehalten, wenn

1. zu erwarten ist, dass der Täter künftig auch ohne Verurteilung zu Strafe keine Straftaten mehr begehen wird,

2. eine Gesamtwürdigung der Tat und der Persönlichkeit des Täters besondere Umstände ergibt, nach denen es angezeigt ist, ihn vor der Verurteilung zu Strafe zu verschonen, und

3. die Verteidigung der Rechtsordnung die Verurteilung zu Strafe nicht gebietet.

Diese Voraussetzungen hielt das Gericht im Beispielsfall für gegeben, wobei es hervorhebt, dass die Angeklagte durch das vorliegende Verfahren und die öffentliche Reaktion gehörig beeindruckt ist. Begeht die Mutter während der vom Gericht zu bestimmenden Bewährungszeit (mindestens ein Jahr, höchstens drei Jahre) keine neue Straftat, stellt das Gericht fest, dass es bei der Verwarnung sein Bewenden hat.

Besondere Teilbereiche der elterlichen Sorge

Für einzelne Teilbereiche der elterlichen Sorge gelten besondere gesetzliche Regelungen:

Rücksichtnahme auf Eignung und Neigung bei der Berufswahl (§ 1631 a BGB): Eltern dürfen ihrem Kind keinen Beruf oktroyieren. Sie haben seine Meinung, seine Eignung und seine Neigung bei der Berufswahl zu berücksichtigen. Tun sie es nicht, kann das Familiengericht tätig werden und zum Beispiel die erforderliche Unterschrift der Eltern unter einen Ausbildungsvertrag ersetzen.

Herausgabeanspruch (§ 1632 Abs. 1 BGB): Personensorgeberechtigte Eltern bzw. der personensorgeberechtigte Elternteil können von demjenigen, der das Kind den Eltern bzw. dem Elternteil widerrechtlich vorenthält, die Herausgabe verlangen. Sachlich zuständig ist das Familiengericht. Seine Herausgabeanordnung kann mit Zwangsgeld, Zwangshaft, als letztes Mittel auch mit unmittelbarem Zwang durchgesetzt werden. Eine wichtige Ausnahme schreibt das Gesetz in § 1632 Abs. 4 BGB vor:

Lebt das Kind seit längerer Zeit in Familienpflege und wollen die Eltern das Kind von der Pflegeperson wegnehmen, so kann das Familiengericht von Amts wegen oder auf Antrag der Pflegeperson anordnen, dass das Kind bei der Pflegeperson verbleibt, wenn und solange das Kindeswohl durch die Wegnahme gefährdet würde.

Recht zum Umgangsverbot (§ 1632 Abs. 2 BGB): Die Eltern dürfen den Umgang ihres Kindes reglementieren. Fruchtet ein Verbot nicht, kann das Familiengericht helfen, indem es das Verbot gerichtlich ausspricht und ihm damit einen rechtsoffiziellen Charakter verleiht. Es entscheidet auf Antrag eines Elternteils und auch dann, wenn die Entscheidung gegenüber einem Dritten zu treffen ist.

Mit zunehmendem Alter des Kindes greift das Recht aus § 1632 BGB immer weniger. Insofern greift die Schranke des § 1626 BGB: Nur bei konkreten Anhaltspunkten für eine körperliche, geistige oder sittliche Gefährdung geht dann das Elternrecht vor. Die Gefährdung muss dabei über das Risiko, das jede Loslösung von den Eltern und jedes Eingehen neuer Beziehungen mit sich bringt, hinausgehen.

Die Alltagssorge

Der Grundsatz „Gemeinsame Sorge = Gleiches Mitbestimmungsrecht für beide Elternteile“ ist im Alltag nur sehr schwierig umzusetzen, wenn die Trennung durchgeführt wurde und das Kind seinen Lebensmittelpunkt bei lediglich einem der Ehepartner hat.

Diese Schwierigkeiten hat der Gesetzgeber erkannt und den Grundsatz der gemeinsamen Sorge aus Praktikabilitätsgründen für den Fall eingeschränkt, dass die Eltern die Trennung herbeigeführt haben. § 1687 BGB unterscheidet in diesen Fällen die sogenannten „Angelegenheiten von besonderer Bedeutung“ von den „Angelegenheiten des täglichen Lebens“. Letztere sollen durch den Elternteil geregelt werden können, bei dem das Kind gewöhnlich (gemeint ist damit „in der Regel“ bzw. „üblicherweise“) lebt.

> **§ 1687 BGB**
>
> Leben Eltern, denen die elterliche Sorge gemeinsam zusteht, nicht nur vorübergehend getrennt, so ist bei Entscheidungen in Angelegenheiten, deren Regelung für das Kind von besonderer Bedeutung ist, gegenseitiges Einvernehmen erforderlich. Der Elternteil, bei dem sich das Kind mit Einwilligung des anderen Elternteiles oder aufgrund einer gerichtlichen Entscheidung gewöhnlich aufhält, hat die Befugnis zur alleinigen Entscheidung in Angelegenheiten des täglichen Lebens. (...)

Das Gesetz unterscheidet also danach, ob die Angelegenheit von besonderer Bedeutung für das Kind oder eine Angelegenheit des täglichen Lebens ist. Über Angelegenheiten von besonderer Bedeutung müssen die Eltern Einvernehmen erzielen, über Angelegenheiten des täglichen Lebens hingegen entscheidet derjenige Elternteil allein, bei dem das Kind lebt.

Angelegenheiten von besonderer Bedeutung sind Angelegenheiten, die nicht häufig vorkommen und die nur schwer abzuändernde Auswirkungen auf die Entwicklung des Kindes haben.

Angelegenheiten des täglichen Lebens (sog. Alltagssorge) sind häufig vorkommende Situationen, die eine sorgerechtliche Entscheidung der Eltern erfordern und deren Auswirkungen auf die Entwicklung des Kindes ohne Aufwand wieder abänderbar sind.

Tabelle 6: Angelegenheiten von besonderer Bedeutung und Alltagssorge

Angelegenheiten von besonderer Bedeutung	Alltagssorge
• Entscheidung, welche Kita das Kind besuchen soll • Entscheidung, auf welche Schule das Kind gehen soll • Entscheidung, ob und welche OPs beim Kind vorgenommen werden sollen • Entscheidung über die Behandlung schwerwiegender Erkrankungen des Kindes (ausgenommen Notfälle) • Entscheidung über Anlage und Verwendung des Kindesvermögens	• Heimweggestaltung (mit wem, welcher Weg, wohin) • Freizeitgestaltung • Anschaffung von Spielzeug • Urlaubsfahrten • Vereinsbeitritte • Kontakt zu Verwandten, Freunden und Nachbarn • Kleidung • Medizinische (ambulante) Behandlung

Auch der Wechsel in eine andere Kita ist nach Ansicht des OLG Frankfurt wegen des damit unter Umständen auch verbundenen Wechsels der pädagogischen Konzeption und Ausrichtung eine Angelegenheit von besonderer Bedeutung und unterliegt damit der gemeinsamen Entscheidungsbefugnis von Mutter und Vater (OLG Frankfurt, Beschluss vom 04.November 2008 – Az. 3 UF 334/07).

Bei Angelegenheiten des täglichen Lebens hat der Elternteil, bei dem sich das Kind gewöhnlich aufhält, die Alleinentscheidungsbefugnis. Der Gesetzgeber hat diese Regelung bewusst unter dem Gesichtspunkt der Praktikabilität aufgenommen, um dem betreuenden

Elternteil die Organisation der alltäglichen Angelegenheiten des Kindes zu erleichtern. In diesen Fällen ist also eine Festlegung des Abholverbotes für den anderen Elternteil zulässig und vom Personal einer Kindertageseinrichtung verbindlich zu beachten.

Nicht selten entsteht auch Streit zwischen den Eltern über die Frage, ob nun eine Angelegenheit des täglichen Lebens oder eine Angelegenheit von besonderer Bedeutung vorliegt. Soll zum Beispiel die Frage, ob der neue Lebensgefährte der Mutter das Kind von der Kita abholen darf, tatsächlich eine des täglichen Lebens sein? So mancher Ex-Partner möchte diese (zutreffende) Ansicht nicht gelten lassen und trägt den sich hieraus entwickelnden Konflikt in die Kita. In einem solchen Streitfalle sollte die Kita sich jedoch nicht als Schiedsrichter missbrauchen lassen, sondern die Eltern zur Beratung an das Jugendamt verweisen. Können oder wollen sie sich dort nicht helfen lassen, müssen sie das Familiengericht einschalten, das die Frage allein am Kindeswohl ausgerichtet mit Wirkung für und gegen beide Elternteile entscheiden wird – wenn nötig, auch im Eilverfahren. Keinesfalls ist es die Aufgabe der Kita, solche Streitigkeiten zwischen den Eltern zu regeln.

Darüber hinaus ist die Frage, ob eine Angelegenheit von besonderer Bedeutung oder eine des täglichen Lebens ist, bedeutsam für Auskunftsverlangen, die der Elternteil, bei dem das Kind nicht lebt, an die Kita heranträgt – sei es persönlich oder durch einen Anwalt: Ist die Angelegenheit von besonderer Bedeutung, muss dieser Elternteil mit seinem Auskunftsverlangen auf den Elternteil verwiesen werden, bei dem das Kind lebt. Die Kita ist nicht befugt, innerhalb dieses Lebensbereiches entsprechende Auskünfte zu erteilen. Daran ändert auch die Regelung des § 1686 BGB nichts, der bestimmt, dass jeder Elternteil beim anderen Elternteil bei berechtigtem Interesse Auskunft über die persönlichen Verhältnisse des Kindes verlangen kann, soweit dies dem Wohle des Kindes nicht widerspricht. Anspruchsverpflichteter dieser Norm ist allein der auskunftspflichtige Elternteil, nicht etwa die Kita.

Aufenthaltsbestimmungsrecht

Das Aufenthaltsbestimmungsrecht ist Teil des Sorgerechts und kann auf Antrag vom Sorgerecht getrennt werden, wenn dies dem Kindeswohl entspricht. Zwar haben in diesem Fall die Eltern die gemeinsame Sorge, allerdings ist sie für den einen Elternteil insoweit eingeschränkt, als der andere das sogenannte Aufenthaltsbestimmungsrecht allein innehat. Wichtig in diesem Zusammenhang ist: Es kommt in diesen Fällen dann nicht darauf an, ob die zu regelnde Angelegenheit eine Angelegenheit des täglichen Lebens ist. Ist also das Aufenthaltsbestimmungsrecht gerichtlich auf einen Elternteil übertragen worden, hat der Inhaber das Recht, unabhängig von der Tragweite der zu regelnden Angelegenheit verbindlich festzulegen, wo sich das Kind zu welchem Zeitpunkt aufhalten soll.

Vermögenssorge

Die Vermögenssorge beinhaltet das Recht und die Pflicht, für das Vermögen des Kindes zu sorgen. Sie schließt alle tatsächlichen und rechtlichen Maßnahmen ein, welche darauf gerichtet sind, das Kindesvermögen zu erhalten, zu verwerten und zu vermehren. Auch in diesem Bereich wird das Kind von seinen Eltern gesetzlich vertreten, wenn es zum Beispiel darum geht, ein Sparkonto zu eröffnen, eine ererbte Wohnung zu verwalten oder geschenkte Aktien zu veräußern.

Gesetzliche Vertretung

Sowohl für die Personen- als auch für die Vermögenssorge haben die Eltern im Verhältnis gegenüber Dritten die gesetzliche Vertretung ihres Kindes inne. Die gesetzliche Vertretung ist in § 1629 BGB geregelt. Hier ist insbesondere das Notvertretungsrecht des Absatz 4 zu nennen: Hat ein Elternteil die alleinige Sorge inne, so ist bei Gefahr im Verzug jeder Elternteil dazu berechtigt, alle Rechtshandlungen vorzunehmen, die zum Wohl des Kindes erforderlich sind. Der andere Elternteil ist unverzüglich zu unterrichten.

Beistandschaft des Jugendamtes

Eine spezielle Form der gesetzlichen Vertretung bestimmen die §§ 1712 ff BGB: Zur Feststellung der Vaterschaft sowie für die Geltendmachung von Unterhaltsansprüchen des Kindes kann der Elternteil, bei dem das Kind lebt, die Beistandschaft des Jugendamtes beantragen. Der Beistand ist dann gesetzlicher Vertreter des Kindes. Die elterliche Sorge wird dadurch jedoch nicht eingeschränkt (siehe Kapitel 29.11.4).

Sorgfaltsmaßstab des § 1664 BGB

Nach § 1664 BGB haben Eltern bei der Ausübung der elterlichen Sorge bis zur Grenze der groben Fahrlässigkeit nur für diejenige Sorgfalt einzustehen, die sie in eigenen Angelegenheiten anzuwenden pflegen. In der Rechtslehre heftig umstritten ist dabei die Frage, ob diese Haftungsprivilegierung der Eltern gegenüber dem Kind auch dann gilt, wenn der Schaden des Kindes aus einer Verletzung der Aufsichtspflicht der Eltern resultiert.

Nach einer Ansicht gilt die Haftungsbeschränkung der Eltern gegenüber ihren Kindern nicht für Schäden ihres Kindes aus Verletzung ihrer Aufsichtspflicht gegenüber ihren Kindern. Nach dieser Ansicht haften die Eltern somit für Schäden, welche ihr Kind durch Verletzung ihrer Aufsichtspflicht erleidet, auch bei nur einfacher Fahrlässigkeit, selbst wenn diese sich im Rahmen der eigenüblichen Sorgfalt hält.

Nach der Gegenmeinung greift die Haftungsprivilegierung des § 1664 BGB auch bei Verletzung der Aufsichtspflicht durch die Eltern.

Der BGH hat entschieden, dass eine analoge Anwendung dieses Haftungsausschlusses aus § 1664 BGB nicht auf andere Personen als die Eltern – zum Beispiel Erzieher:innen – in Betracht kommt, da die Norm als haftungsbeschränkende Ausnahmevorschrift einer erweiternden Auslegung nicht zugänglich ist und einer Rechtsanalogie jedenfalls die besondere familienrechtliche Ausprägung – hier das Vorliegen eines Eltern-Kind-Verhältnisses – zwingend entgegensteht (BGH FamRZ 1996, 53, 54).

20.3.2 Die elterliche Sorge durch den Staat

Die elterliche Sorge kann auf Grundlage der §§ 1666, 1666 a BGB beschränkt werden, wenn ihre Ausübung das Kindeswohl gefährdet. § 1666 BGB ermächtigt das Familiengericht zu Maßnahmen, wenn das körperliche, geistige oder seelische Wohl des Kindes oder sein Vermögen durch ein Verhalten der Eltern oder eines Dritten gefährdet ist und die Eltern nicht gewillt oder in der Lage sind, die dem Kindeswohl drohenden Gefahren abzuwenden.

§ 1666 BGB

(1) Wird das körperliche, geistige oder seelische Wohl des Kindes oder sein Vermögen gefährdet und sind die Eltern nicht gewillt oder nicht in der Lage, die Gefahr abzuwenden, so hat das Familiengericht die Maßnahmen zu treffen, die zur Abwendung der Gefahr erforderlich sind.

(2) In der Regel ist anzunehmen, dass das Vermögen des Kindes gefährdet ist, wenn der Inhaber der Vermögenssorge seine Unterhaltspflicht gegenüber dem Kind oder seine mit der Vermögenssorge verbundenen Pflichten verletzt oder Anordnungen des Gerichts, die sich auf die Vermögenssorge beziehen, nicht befolgt.

(3) Zu den gerichtlichen Maßnahmen nach Absatz 1 gehören insbesondere

1. Gebote, öffentliche Hilfen wie zum Beispiel Leistungen der Kinder- und Jugendhilfe und der Gesundheitsfürsorge in Anspruch zu nehmen,

2. Gebote, für die Einhaltung der Schulpflicht zu sorgen,

3. Verbote, vorübergehend oder auf unbestimmte Zeit die Familienwohnung oder eine andere Wohnung zu nutzen, sich in einen bestimmten Umkreis der Wohnung aufzuhalten oder zu bestimmende andere Orte aufzusuchen, an denen sich das Kind regelmäßig aufhält,

4. Verbote, Verbindung zum Kind aufzunehmen oder ein Zusammentreffen mit dem Kind herbeizuführen,

5. die Ersetzung von Erklärungen des Inhabers der elterlichen Sorge,

6. die teilweise oder vollständige Entziehung der elterlichen Sorge.

(4) In Angelegenheiten der Personensorge kann das Gericht auch Maßnahmen mit Wirkung gegen einen Dritten treffen.

§ 1666 a BGB bestimmt, dass sich das Gericht auf Maßnahmen zu beschränken hat, die geeignet und erforderlich sind, um die Gefahr vom Kind abzuwenden. Es gilt auch hier der Grundsatz der Verhältnismäßigkeit, d.h., die Schwere des Eingriffs muss in einem angemessenen Verhältnis zum angestrebten Erfolg stehen. § 1667 BGB normiert gerichtliche Maßnahmen bei Gefährdung des Kindesvermögens.

Kindeswohl

Der Begriff des „Kindeswohls" ist die zentrale Bezugsgröße allen elterlichen sowie staatlichen Handelns: Er findet sich nicht nur im Kindschafts- und Familienrecht des BGB, sondern darüber hinaus auch im Rahmen des Schutzauftrags nach § 8 a SGB VIII sowie im gesamten Bereich des Kinder- und Jugendhilferechts. So verpflichtet zum Beispiel § 1627 BGB die Eltern, die elterliche Sorge „zum Wohle des Kindes" auszuüben, und § 1697

BGB benennt das Kindeswohl als allgemeines Prinzip familiengerichtlicher Entscheidungen.

Eine Erklärung oder gar Definition, was eigentlich unter diesem Begriff zu verstehen ist, wird man allerdings in der bundesdeutschen Gesetzgebung an keiner Stelle finden. Das „Kindeswohl" ist ein sogenannter „unbestimmter Rechtsbegriff". Im Rahmen des § 1666 BGB ist aber immerhin anerkannt, dass ein Missbrauch der elterlichen Sorge darin liegen kann, dass körperliche oder sexuelle Gewalt gegen das Kind ausgeübt wird, es vom Schulbesuch abgehalten wird, die Arbeitskraft des Kindes ausgenutzt wird etc. Eine Vernachlässigung ist gegeben, wenn dem Kind keine Pflege und Ernährung zuteilwird, keine notwendigen Arztbesuche stattfinden, keine Beaufsichtigung erfolgt.

Das Verhalten Dritter gefährdet das Kindeswohl, wenn die Gefahr der sexuellen Gewaltanwendung etwa durch einen Freund der Familie besteht, durch wechselnde Bekanntschaften eines Elternteils oder durch Zusammenleben mit Alkohol- oder Drogenkranken.

Die gerichtlichen Maßnahmen nach § 1666 ff BGB können von Eltern wie Kind, Jugendamt und jedem Dritten veranlasst werden. Im Bereich der Kindertagesbetreuung wird diesem Verfahren jedoch in der Regel das Verfahren nach § 8 a SGB VIII vorgeschaltet sein (siehe Kapitel 29.9.1).

§ 1666 BGB in Einzelfällen

Ein Missbrauch des Sorgerechtes liegt vor bei:

- Hineinzwingen in einen ungeeigneten Beruf (OLG Brandenburg, NJW 06, 235)
- Abhalten vom Schulbesuch aus Glaubensgründen (OLG Hamm, NJW 96, 237)
- Lieblosem Abschieben des Kindes in ein Internat (AG München, FamRZ 02, 690)
- Abmeldung des Kindes von der Schule (OLG Karlsruhe, FamRZ 74, 661)
- Verheiratung der 17jährigen Tochter statt der von ihr gewünschten Ausbildung als Hotelkauffrau (OLG Köln, FamRZ 01, 1087)
- Unnötig schroffem Wechsel in der religiösen Erziehung, wodurch beim Kind Verwirrung, Gewissensnot und schwere seelische Erschütterung hervorgerufen wird (BayObLG, NJW 63, 590)
- Hysterischen Tobsuchtsanfällen (LG Lübeck, FamRZ 55, 270)
- Ausweisung aus dem Elternhaus bei fehlender anderweitiger Unterbringung (OLG Köln, NJW 48, 342)
- Weigerung, das Kind operieren oder eine Bluttransfusion vornehmen zu lassen (BayobLG, FamRZ 76, 43)
- Ablehnung psychiatrischer Untersuchung bei offensichtlicher Fehlentwicklung eines Zehnjährigen (BayObLG, FamRZ 91, 214)
- Drohender Beschneidung eines afrikanischen Mädchens (BGH NJW, 05, 672)
- Vernachlässigung hinsichtlich Wohnverhältnissen (BayObLG, ZfJ 83, 503)
- Vernachlässigung hinsichtlich Ernährung (BayObLG, FamRZ 88, 748)

- Vernachlässigung hinsichtlich Pflege, insbesondere, wenn weitgehende Verwahrlosung droht (OLG Hamm, DAV 86, 804)
- Langjährige Heroinsucht der Mutter (OLG Frankfurt / Main, FamRZ 83, 530)
- Mangelnder Einsicht in die Notwendigkeit der Unterbringung des Kindes in eine heilpädagogische Einrichtung (BayObLG, FamRZ 99, 1154)
- Unfähigkeit zum Aufbau emotionaler Beziehungen (BayObLG, FamRZ 95, 502)
- Gleichgültigkeit, Labilität und Antriebsarmut der nichtehelichen Mutter (BayObLG, FamRZ 86, 102)
- Psychischen Erkrankungen, wie z. B. paranoiden Psychosen (OLG Karlsruhe, JAmt 01, 192)
- Verdacht des sexuellen Missbrauchs durch den Lebensgefährten der Mutter (OLG Düsseldorf, NJW 95, 1970)
- Entwürdigenden und übermäßigen Erziehungmaßnahmen des Stiefvaters (BayObLG, FamRZ 94, 1413).

20.4 Das Umgangsrecht

Auch das Umgangsrecht ist durch das Kindschaftsrechtsreformgesetz (KindRG) neu geregelt worden. Der hiermit neu eingeführte § 1626 Abs. 3 BGB hebt hervor, dass zum Wohl des Kindes stets der Umgang mit beiden Elternteilen gehört. Gleiches gilt auch für den Umgang mit anderen Personen, sofern das Kind Bindungen zu ihnen besitzt und deren Aufrechterhaltung für das Kind förderlich ist. Der Kreis der Umgangsberechtigten bestimmt sich aber nicht aus § 1626 Abs. 3 BGB, sondern wird ausschließlich von den §§ 1684, 1685 BGB festgelegt.

Umgangsrecht mit den Eltern (§ 1684 BGB): Das KindRG hat ein subjektives Recht des Kindes geschaffen. Das Kind hat das Recht auf Umgang mit jedem Elternteil, jeder Elternteil ist zum Umgang berechtigt und verpflichtet. Auf die Frage, ob das Kind ehelich oder nichtehelich ist oder wer Inhaber der elterlichen Sorge ist, kommt es nicht mehr an.

Das Recht der Eltern auf Umgang ist aber immer begrenzt durch das Wohl des Kindes. So haben die Eltern alles zu unterlassen, was das Verhältnis des Kindes zum jeweils anderen Elternteil beeinträchtigt oder die Erziehung erschwert. Entsprechendes gilt, wenn sich das Kind in der Obhut einer anderen Person befindet. Das Familiengericht entscheidet über den Umfang des Umgangs und kann seine Ausführung auch gegenüber Dritten näher regeln. Das Familiengericht kann darüber hinaus den Umgang auch erzwingen und Zwangsgelder oder unmittelbaren Zwang zu seiner Durchsetzung einsetzen. Auch kann es anordnen, dass der Umgang nur begleitet stattfinden darf, dass also ein mitwirkungsbereiter Dritter anwesend sein muss.

Das Umgangsrecht des nicht sorgeberechtigten Elternteils ist aus Gründen des Kindeswohls auszuschließen, wenn das Kind Kontakte ablehnt und aufgrund seiner derzeitigen Verfassung und Einstellung nicht in der Lage ist, die Konfliktsituation, der es durch Besuchskontakte ausgesetzt ist, zu bewältigen.

Das Umgangsrecht des Kindes mit anderen Personen (§ 1685 BGB): Die Norm nennt als Personenkreis

- Großeltern,
- Geschwister,
- Ehegatten oder frühere Ehegatten eines Elternteiles, mit dem das Kind längere Zeit in häuslicher Gemeinschaft gelebt hat,
- Personen, bei denen das Kind längere Zeit in Familienpflege war und
- Lebenspartner eines Elternteils.

Voraussetzung für ein Umgangsrecht dieser Personen ist stets, dass der Umgang dem Wohl des Kindes dient. Während die Kindeswohldienlichkeit beim Elternumgang nach § 1684 BGB vermutet wird, muss sie im Rahmen des § 1685 BGB stets positiv festgestellt werden.

20.5 Adoption

Den Begriff der Adoption kennt das BGB nicht. Es spricht von der „Annahme als Kind". Die Adoption ist zulässig, wenn sie dem Wohl des Kindes dient und zu erwarten ist, dass zwischen dem Annehmenden und dem Kind ein Eltern-Kind-Verhältnis entsteht. Der Annehmende muss voll geschäftsfähig sein und das 25. Lebensjahr vollendet haben. Handelt es sich bei den Annehmenden um ein Ehepaar, genügt es, wenn einer der beiden 25 Jahre alt ist, der andere 21 Jahre. Mehrere Personen müssen in die Adoption einwilligen:

- Das zu adoptierende Kind (bei Geschäftsunfähigen oder noch nicht 14 Jahre alten Kindern ist die Zustimmung des gesetzlichen Vertreters erforderlich)
- Die Eltern des zu adoptierenden Kindes (es kommt nicht darauf an, ob sie verheiratet sind; das Kind muss bei Einwilligung mindestens acht Wochen alt sein)
- Der Ehegatte des Annehmenden (kann unter bestimmten Voraussetzungen vom Familiengericht ersetzt werden)

Sämtliche Einwilligungserklärungen unterliegen der notariellen Beurkundungspflicht. Das Familiengericht beschließt die Adoption, wenn:

- sämtliche Einwilligungserklärungen vorliegen,
- die Adoption dem Wohl des Kindes dient und
- zu erwarten ist, dass zwischen dem Annehmenden und dem Kind ein Eltern-Kind-Verhältnis entsteht.

§ 1744 BGB sieht eine Probezeit vor: Die Adoption soll in der Regel erst ausgesprochen werden, wenn der Annehmende das Kind eine angemessene Zeit in Pflege gehabt hat.

Die Vermittlung von Adoptionen darf ausschließlich durch Adoptionsvermittlungsstellen betrieben werden, welche bei Jugendämtern, dem Diakonischen Werk, dem Caritasverband und der Arbeiterwohlfahrt eingerichtet sind.

20.6 Vormundschaft über Minderjährige

Die Vormundschaft ist Ersatz für fehlende elterliche Fürsorge. Sie umfasst alle Rechte und Pflichten aus der elterlichen Sorge.

Das Familiengericht hat von Amts wegen – gegebenenfalls auch schon vor der Geburt des Kindes – Vormundschaft anzuordnen, wenn ein minderjähriges Kind nicht unter elterlicher Sorge steht oder beide Eltern weder in den die Person noch in den das Vermögen betreffenden Angelegenheiten des Minderjährigen zur Vertretung berechtigt sind, zum Beispiel bei Entziehung oder Ruhen der elterlichen Sorge. Das gleiche gilt, wenn der Personenstand des Kindes nicht zu ermitteln ist, etwa beim Findelkind.

Oberstes Ziel der Vormundschaft ist das Wohl des Mündels – diesem Leitgedanken sind alle Bestimmungen untergeordnet. Jeder Deutsche ist zur Übernahme der Vormundschaft verpflichtet, § 1785 BGB. Er kann nur aus Gründen des § 1786 BGB ablehnen. Die Vormundschaft endet kraft Gesetzes mit dem Wegfall der für ihre Anordnung bestimmten Voraussetzungen, insbesondere bei Volljährigkeit, Tod oder Todeserklärung des Mündels, bei Wiedererlangung der elterlichen Sorge und bei Adoption, nicht dagegen bei Verheiratung des Mündels.

Zweck der Vormundschaft ist die Wahrnehmung grundsätzlich aller persönlichen und vermögensrechtlichen Angelegenheiten des Mündels und dessen Vertretung durch den Vormund. Eine solche Vormundschaft wird notwendig, wenn die elterliche Sorge geendet hat (z.B. durch Tod der Eltern) oder die Eltern zwar vorhanden sind, die elterliche Sorge aber wegen eines rechtlichen oder tatsächlichen Hindernisses ruht.

Ruhen wegen eines rechtlichen Hindernisses (§ 1673 BGB): Hierhin gehören die Fälle, in denen der Inhaber der elterlichen Sorge diese nicht ausführen darf, weil er nicht voll geschäftsfähig ist. Er hat dann lediglich das Recht zur tatsächlichen Personensorge.

Ruhen wegen eines tatsächlichen Hindernisses (§ 1674 BGB): Ein solches Ruhen der elterlichen Sorge ist gegeben, wenn der Inhaber für längere Zeit verhindert ist, sie auszuüben. Ein tatsächliches Hindernis kann zum Beispiel eine längere Krankheit oder ein Gefängnisaufenthalt sein.

Solange die elterliche Sorge ruht, ist ein Elternteil nicht berechtigt, sie auszuüben. Das Ruhen und die Beendigung des Ruhens müssen vom Familiengericht ausdrücklich festgestellt werden. Die Vormundschaft über Volljährige ist durch die Betreuung (siehe Kapitel 20.8) ersetzt worden.

20.7 Pflegschaft

Sind dagegen nur einzelne Angelegenheiten oder ein bestimmter Kreis von Angelegenheiten (Vermögensverwaltung, Aufenthaltsbestimmungsrecht etc.) regelungsbedürftig, so ist ein Pfleger – bei Volljährigen ebenfalls ein Betreuer – zu bestellen. All diese Personen (Vormund, Pfleger, Betreuer) stehen trotz ihrer grundsätzlich selbstständigen Amtsführung unter der Aufsicht des Familiengerichts.

Auf die Pflegschaft finden die für die Vormundschaft geltenden Vorschriften grundsätzlich entsprechende Anwendung (§ 1915 BGB). Im Einzelnen kommen folgende Pflegschaften in Betracht:

- Ergänzungspflegschaft neben den Eltern oder dem Vormund für Angelegenheiten, für welche Eltern oder Vormund nicht zu sorgen vermögen (§ 1909 BGB),
- Abwesenheitspflegschaft für einen Volljährigen, dessen Aufenthalt unbekannt ist (§ 1911 BGB),
- Pflegschaft für eine Leibesfrucht zur Wahrung ihrer zukünftigen Rechte (§ 1912 BGB),

- Pflegschaft für unbekannte Beteiligte (§ 1913 BGB),
- Pflegschaft für gesammeltes Vermögen (§ 1914 BGB).

20.8 Betreuung Erwachsener

§ 1821 BGB

Pflichten des Betreuers; Wünsche des Betreuten

(1) Der Betreuer nimmt alle Tätigkeiten vor, die erforderlich sind, um die Angelegenheiten des Betreuten rechtlich zu besorgen. Er unterstützt den Betreuten dabei, seine Angelegenheiten rechtlich selbst zu besorgen, und macht von seiner Vertretungsmacht nach §1823 nur Gebrauch, soweit dies erforderlich ist.

(2) Der Betreuer hat die Angelegenheiten des Betreuten so zu besorgen, dass dieser im Rahmen seiner Möglichkeiten sein Leben nach seinen Wünschen gestalten kann. Hierzu hat der Betreuer die Wünsche des Betreuten festzustellen. Diesen hat der Betreuer vorbehaltlich des Absatzes 3 zu entsprechen und den Betreuten bei deren Umsetzung rechtlich zu unterstützen. Dies gilt auch für die Wünsche, die der Betreute vor der Bestellung des Betreuers geäußert hat, es sei denn, dass er an diesen Wünschen erkennbar nicht festhalten will.

(3) Den Wünschen des Betreuten hat der Betreuer nicht zu entsprechen, soweit

1. die Person des Betreuten oder dessen Vermögen hierdurch erheblich gefährdet würde und der Betreute diese Gefahr aufgrund seiner Krankheit oder Behinderung nicht erkennen oder nicht nach dieser Einsicht handeln kann oder
2. dies dem Betreuer nicht zuzumuten ist.

(4) Kann der Betreuer die Wünsche des Betreuten nicht feststellen oder darf er ihnen nach Absatz 3 Nummer 1 nicht entsprechen, hat er den mutmaßlichen Willen des Betreuten aufgrund konkreter Anhaltspunkte zu ermitteln und ihm Geltung zu verschaffen. Zu berücksichtigen sind insbesondere frühere Äußerungen, ethische oder religiöse Überzeugungen und sonstige persönliche Wertvorstellungen des Betreuten. Bei der Feststellung des mutmaßlichen Willens soll nahen Angehörigen und sonstigen Vertrauenspersonen des Betreuten Gelegenheit zur Äußerung gegeben werden.

(5) Der Betreuer hat den erforderlichen persönlichen Kontakt mit dem Betreuten zu halten, sich regelmäßig einen persönlichen Eindruck von ihm zu verschaffen und dessen Angelegenheiten mit ihm zu besprechen.

(6) Der Betreuer hat innerhalb seines Aufgabenkreises dazu beizutragen, dass Möglichkeiten genutzt werden, die Fähigkeit des Betreuten, seine eigenen Angelegenheiten zu besorgen, wiederherzustellen oder zu verbessern.

Das Betreuungsrecht dient dem Schutz und der Unterstützung erwachsener Menschen. Kann

- ein Volljähriger
- aufgrund einer psychischen Krankheit oder einer körperlichen, geistigen oder seelischen Behinderung
- seine Angelegenheiten ganz oder teilweise nicht besorgen,

so bestellt das Betreuungsgericht auf seinen Antrag oder von Amts wegen für ihn einen Betreuer. Typische Fälle in der Praxis sind:

- Altersdemenz,
- Eintritt der Volljährigkeit eines behinderten Kindes,
- Erwachsene mit Suchterkrankungen und daraus resultierender Hilfebedürftigkeit.

Gegen den Willen eines Menschen darf über ihn kein Betreuer bestellt werden.

20.8.1 Ablauf des Verfahrens

Das Verfahren beginnt, sobald beim Amtsgericht ein Antrag auf Betreuung einer Person eingeht. Der Antrag kann vom Betroffenen selbst oder von Dritten gestellt werden. Das Gericht prüft, ob bereits eine Betreuungsvollmacht vorliegt. Wenn dies nicht der Fall ist, wird ein Sachverständigengutachten in Auftrag gegeben, um die Betreuungsbedürftigkeit zu klären. Liegt das Gutachten vor, kommt es zur Anhörung des Betroffenen. Anschließend wird der Betreuer bestellt und es erfolgt eine Festlegung seiner Aufgabenkreise. Diese können (einzeln oder in Kombination) sein:

- Gesundheitsfürsorge
- Aufenthaltsbestimmung
- Vermögenssorge
- Postempfang
- Vertretung vor Gerichten und Behörden
- Heimvertrag

Bei Eilbedürftigkeit kann auch zunächst im vereinfachten Verfahren eine einstweilige Anordnung ergehen, die bis zur Entscheidung im Hauptverfahren einen vorläufigen Betreuer bestellt.

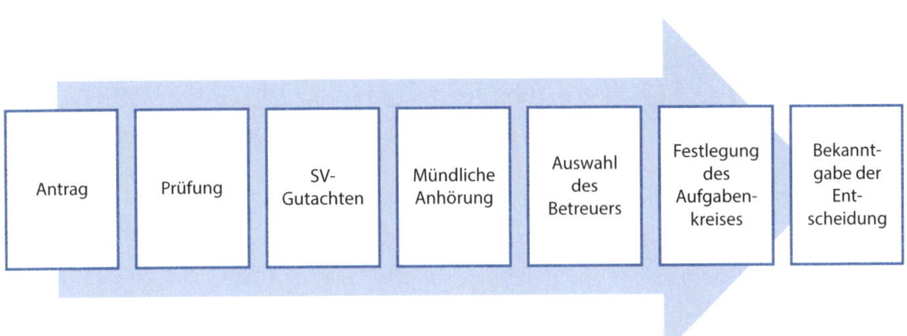

Abbildung 69: Verfahrensablauf Betreuerbestellung

20.8.2 Wirkungen der Betreuung

Eine Betreuungsanordnung kann für geschäftsfähige und geschäftsunfähige Volljährige eingerichtet werden. Der/die Betreute wird durch die Betreuung nicht entmündigt oder geschäftsunfähig.

Bei Geschäftsfähigkeit: Es ist also möglich, dass der/die Betreute geschäftsfähig ist und neben dem Betreuer ebenfalls rechtswirksame Entscheidungen trifft.

Besteht die Gefahr der Vermögensschädigung des/der geschäftsfähigen Betreuten, kann ein Einwilligungsvorbehalt ausgesprochen werden. Dieser hat zur Folge, dass der/die Betreute für die Wirksamkeit von Rechtsgeschäften, die eine festgelegte Grenze (i.d.R. 50 Euro) überschreiten, der Einwilligung des Betreuers bedarf (§ 1903 BGB).

Bei Geschäftsunfähigkeit: Geschäftsunfähigkeit besteht nur dann, wenn ein:e Betreute:r dauerhaft nicht zur freien Willensbildung in der Lage ist. Seine Willenserklärungen sind nichtig (§ 105 BGB). Die Vornahme von Rechtsgeschäften, die Stellung von Anträgen und die Abgabe von Willenserklärungen sind durch seinen Betreuer zu erledigen.

20.8.3 Pflichten des Betreuers

Zu den Pflichten des Betreuers zählen:

- Alle Maßnahmen sind zum Wohle des/der Betreuten zu ergreifen.
- Den Wünschen des/der Betreuten soll weitgehend entsprochen werden.
- Alle Angelegenheiten sollen mit dem/der Betreuten besprochen werden.
- Mit dem/der Betreuten ist regelmäßiger persönlicher Kontakt erforderlich.
- Für einzelne Maßnahmen bedarf es der Genehmigung des Betreuungsgerichts:
  - freiheitsbeschränkende Maßnahmen,
  - schwerwiegende ärztliche Maßnahmen,
  - Wohnungskündigung.

20.8.4 Dauer

Die Betreuung darf nicht länger als unbedingt erforderlich andauern. Es muss regelmäßig – mindestens alle sieben Jahre - überprüft werden, ob die Voraussetzungen für die Betreuung noch gegeben sind. In der Praxis ist ein Turnus von zwei Jahren üblich.

20.8.5 Person des Betreuers

Der/die Betreute kann Wünsche zur Person des Betreuers äußern. Diesen Wünschen ist grundsätzlich zu entsprechen. Ausnahmen gelten für Mitarbeiter:innen von Einrichtungen, in denen der/die Betreute lebt. Diese dürfen nicht zu Betreuern bestellt werden. Wird kein Wunsch geäußert, wird in dieser Reihenfolge gesucht:

Die Betreuung ist grundsätzlich ein Ehrenamt. Daher kommen als Betreuer in erster Linie die Angehörigen des zu Betreuenden in Betracht. Sie erhalten keine Vergütung, sondern bekommen lediglich einen Aufwendungsersatz.

Nur in den Fällen, in denen kein ehrenamtlicher Betreuer zur Verfügung steht, wird vom Gericht ein Berufsbetreuer bestellt. Berufsbetreuer werden vom Betreuten bzw. der Staatskasse vergütet.

Die berufsmäßige Betreuung kann auch durch Betreuungsvereine ausgeübt werden.

Sie sind staatlich anerkannt und beschäftigen hauptamtliche Mitarbeiter.

Nach Möglichkeit ist anzustreben, dass es zu keinem Wechsel der Betreuungsperson kommt.

20.8.6 Freiheitsentziehende Maßnahmen

Eine freiheitsentziehende Maßnahme liegt vor, wenn eine Person in ihrer Bewegungsfreiheit so behindert wird, dass sie die Behinderung nicht einfach überwinden kann.

Dementsprechend liegt keine freiheitsentziehende Maßnahme vor, wenn die Person zur freien Fortbewegung nicht in der Lage ist oder sie die Behinderung in der freien Bewegung nicht einschränkt oder ein sedierendes Medikament der ärztlichen Behandlung dient.

Beispiele für freiheitsentziehende Maßnahmen sind:

- Bettgitter
- Bettschlaufen
- Therapietisch, wenn nicht zweckbestimmt verwendet
- Feststecken der Bettdecke
- Trickverschlüsse an Türen
- Wegnahme von Gehhilfen wie Rollator, Gehstock etc.

Eine freiheitsentziehende Maßnahme bedarf der Genehmigung des Betreuungsgerichts, wenn

- sich der/die Betreute in einer Anstalt, einem Heim oder sonstiger Einrichtung befindet,
- die freiheitsentziehende Maßnahme über einen längeren Zeitraum (wenige Stunden reichen dafür aus) oder regelmäßig erfolgt.

Der Genehmigung des Betreuungsgerichtes bedarf es nicht, wenn der/die Betreute einwilligt und einwilligungsfähig ist (siehe Kapitel 13.3.1).

Der Antrag auf Genehmigung ist vom Betreuer zu stellen, ein:e Mitarbeiter:in der Einrichtung reicht hierfür nicht aus. Außerdem muss ein ärztliches Attest die Erforderlichkeit der Maßnahme bescheinigen und der/die Betreute durch das Gericht angehört worden sein.

Ohne gerichtliche Genehmigung ist eine freiheitsentziehende Maßnahme nur in Notfällen zulässig unter der Voraussetzung, dass:

- eine gegenwärtige, nicht anders abwendbare Gefahr für Leib, Leben, Eigentum, oder ein anderes Rechtsgut der betroffenen Person festgestellt und dokumentiert wird und
- die Genehmigung sofort nachträglich eingeholt wird.

Eine freiheitsentziehende Maßnahme darf immer nur das letzte Mittel sein und nur so lange andauern, wie es unbedingt erforderlich ist.

20.9 Familienrecht und Verfassungsrecht

20.9.1 Die Verfassungswidrigkeit des § 1626 a BGB a. F.

Art. 6 GG rückte in den Fokus der aktuellen Presseberichterstattung, als es um die Frage des gemeinsamen Sorgerechts für nicht miteinander verheiratete Paare ging. Mit dem Inkrafttreten des Gesetzes zur Reform des Kindschaftsrechts am 1. Juli 1998 wurde nicht miteinander verheirateten Eltern erstmals unabhängig davon, ob sie zusammenleben, durch § 1626 a BGB die Möglichkeit eröffnet, die elterliche Sorge für ihr Kind gemeinsam zu tragen. Voraussetzung hierfür war, dass dies ihrem Willen entsprach und beide Elternteile entsprechende Sorgeerklärungen abgaben. Anderenfalls blieb die Mutter alleinige Sorgerechtinhaberin für das nichteheliche Kind. Auch eine Übertragung der alleinigen elterlichen Sorge von der Mutter auf den Vater konnte bei dauerhaft getrenntlebenden Eltern nur mit Zustimmung der Mutter erfolgen. Gegen ihren Willen konnte der Vater eines nichtehelichen Kindes nur dann das Sorgerecht erhalten, wenn der Mutter wegen Gefährdung des Kindeswohls die elterliche Sorge entzogen wurde, ihre elterliche Sorge dauerhaft ruhte oder wenn sie starb.

Bereits im Jahr 2003 wies das Bundesverfassungsgericht darauf hin, dass sich § 1626 a BGB dann als unvereinbar mit dem Elternrecht des Vaters aus Art. 6 Abs. 2 GG erweisen würde, wenn sich herausstellen sollte, dass es – entgegen der Annahme des Gesetzgebers – in größerer Anzahl aus Gründen, die nicht vom Kindeswohl getragen sind, nicht zur gemeinsamen Sorgetragung von Eltern nichtehelicher Kinder kommt (BVerfGE 107, 150 ff).

Der Europäische Gerichtshof für Menschenrechte (EGMR) erklärte in seinem Urteil vom 3. Dezember 2009, dass der grundsätzliche Ausschluss einer gerichtlichen Überprüfung der ursprünglichen Zuweisung der Alleinsorge an die Mutter im Hinblick auf den verfolgen Zweck, nämlich den Schutz des Wohles eines nichtehelichen Kindes, nicht verhältnismäßig sei (EGMR, Nr. 22028/04). Dieser Ansicht ist das Bundesverfassungsgericht in seinem Beschluss vom 21. Juli 2010, Az. 1 R 420/09, gefolgt.

Der Fall

Der Beschwerdeführer ist Vater eines 1998 nichtehelich geborenen Sohnes. Die Eltern trennten sich noch während der Schwangerschaft der Mutter. Der gemeinsame Sohn lebt seit seiner Geburt im Haushalt der Mutter, hat aber regelmäßig Umgang mit seinem Vater. Der Beschwerdeführer erkannte die Vaterschaft an. Eine Erklärung zur Ausübung der gemeinsamen elterlichen Sorge wurde von der Mutter verweigert. Als diese einen Umzug mit dem Kind beabsichtigte, beantragte der Beschwerdeführer beim Familiengericht die teilweise Entziehung des Sorgerechts der Mutter und die Übertragung des Aufenthaltsbestimmungsrechts auf ihn selbst; hilfsweise stellte er den Antrag, ihm das alleinige Sorgerecht zu übertragen oder die Zustimmung der Mutter zu einer gemeinsamen Sorge zu ersetzen. Das Familiengericht wies die Anträge in Anwendung der geltenden Rechtslage mit der Begründung zurück, dass es zur Übertragung des Sorgerechts oder Teilen davon an der erforderlichen Zustimmung der Mutter fehle. Gründe für eine Entziehung des Sorgerechts der Mutter lägen nicht vor. Die hiergegen beim Oberlandesgericht eingelegte Beschwerde blieb ohne Erfolg.

Der Erste Senat des Bundesverfassungsgerichtes hat auf die Verfassungsbeschwerde nun entschieden, dass die §§ 1626 a Abs. 1 Nr. 1 und 1672 Abs. 1 BGB mit Art. 6

Abs. 2 GG unvereinbar sind. Der Beschluss des Familiengerichtes ist aufgehoben und zur erneuten Entscheidung zurückverwiesen worden. Bis zum Inkrafttreten einer gesetzlichen Neuregelung hat das Bundesverfassungsgericht in Ergänzung der §§ 1626 a Abs. 1 Nr. 1, 1672 Abs. 1 BGB vorläufig angeordnet, dass das Familiengericht den Eltern auf Antrag eines Elternteils die elterliche Sorge oder einen Teil davon gemeinsam überträgt, soweit zu erwarten ist, dass dies dem Kindeswohl entspricht; dem Vater ist auf Antrag eines Elternteils die elterliche Sorge oder ein Teil davon allein zu übertragen, soweit eine gemeinsame elterliche Sorge nicht in Betracht kommt und zu erwarten ist, dass dies dem Kindeswohl am besten entspricht.

Die Begründung der Richter

Der Entscheidung liegen im Wesentlichen folgende Erwägungen zugrunde: Es ist verfassungsrechtlich nicht zu beanstanden, dass der Gesetzgeber das elterliche Sorgerecht für ein nichteheliches Kind zunächst allein seiner Mutter übertragen hat. Ebenfalls steht mit der Verfassung in Einklang, dass dem Vater eines nichtehelichen Kindes nicht zugleich mit der wirksamen Anerkennung seiner Vaterschaft gemeinsam mit der Mutter das Sorgerecht eingeräumt ist. Eine solche Regelung wäre allerdings mit der Verfassung vereinbar, sofern sie mit der Möglichkeit verbunden wird, gerichtlich überprüfen zu lassen, ob die gesetzlich begründete gemeinsame Sorge der Eltern dem Kindeswohl im Einzelfall tatsächlich entspricht.

Der Gesetzgeber greift jedoch dadurch unverhältnismäßig in das Elternrecht des Vaters eines nichtehelichen Kindes ein, dass er ihn generell von der Sorgetragung für sein Kind ausschließt, wenn die Mutter des Kindes ihre Zustimmung zur gemeinsamen Sorge mit dem Vater oder zu dessen Alleinsorge für das Kind verweigert, ohne dass ihm die Möglichkeit einer gerichtlichen Überprüfung am Maßstab des Kindeswohls eingeräumt ist.

Die Regelung des § 1626 a Abs. 1 Nr. 1 BGB, der die Teilhabe an der gemeinsamen Sorge von der Zustimmung der Mutter abhängig macht, stellt ohne die Möglichkeit einer gerichtlichen Überprüfung einen tiefgreifenden Eingriff in das Elternrecht des Vaters aus Art. 6 Abs. 2 GG dar. Der Gesetzgeber setzt das Elternrecht des Vaters in unverhältnismäßiger Weise generell hinter das der Mutter zurück, ohne dass dies durch die Wahrung des Kindeswohls geboten ist.

Denn die dem geltenden Recht zugrunde liegende Annahme des Gesetzgebers hat sich nicht als zutreffend erwiesen. Neuere empirische Erkenntnisse bestätigen nicht, dass Eltern die Möglichkeit der gemeinsame Sorgetragung in der Regel nutzen und die Zustimmungsverweigerung von Müttern in aller Regel auf einem sich nachteilig auf das Kind auswirkenden elterlichen Konflikte basiert sowie von Gründen getragen ist, die nicht Eigeninteressen der Mutter verfolgen, sondern der Wahrung des Kindeswohls dienen. Vielmehr verständigen sich lediglich knapp über die Hälfte der Eltern nichtehelicher Kinder darauf, Erklärungen zur Ausübung der gemeinsamen elterlichen Sorge abzugeben. Zum anderen ist nach durchgeführten Befragungen von Institutionen und Experten davon auszugehen, dass in nicht unbeträchtlicher Zahl Mütter allein deshalb die Zustimmung zur gemeinsamen Sorge verweigern, weil sie ihr angestammtes Sorgerecht nicht mit dem Vater ihres Kindes teilen wollen.

Auch die Regelungen in § 1672 Abs. 1 BGB, der die Übertragung der Alleinsorge für ein nichteheliches Kind von der Zustimmung der Mutter abhängig macht, stellt einen schwerwiegenden und nicht gerechtfertigten Eingriff in das Elternrecht des Vaters aus

Art. 6 Abs. 2 GG dar. Allerdings ist zu berücksichtigen, dass die Eröffnung einer gerichtlichen Übertragung der Alleinsorge auf den Vater andererseits schwerwiegend in das Elternrecht der Mutter eingreift, wenn dem väterlichen Antrag im Einzelfall stattgegeben wird. Denn der Mutter wird die bisher von ihr ausgeübte Sorge gänzlich entzogen, und zwar nicht, weil sie bei ihrer Erziehungsaufgabe versagt hat und dadurch das Kindeswohl gefährdet ist, sondern weil in Konkurrenz zu ihr der Vater sein Recht reklamiert, an ihrer Stelle für das Kind zu sorgen. Zudem ist mit einem Sorgerechtswechsel regelmäßig auch ein Wechsel des Kindes vom Haushalt der Mutter in den des Vaters verbunden, wodurch insbesondere das Bedürfnis des Kindes nach Stabilität und Kontinuität berührt wird. Unter Berücksichtigung dessen und in Abwägung der grundrechtlich geschützten Interessen beider Eltern ist es zwar mit Art. 6 Abs. 2 GG nicht vereinbar, dem Vater mangels Möglichkeit einer gerichtlichen Einzelfallprüfung den Zugang auch zur alleinigen Sorge zu verwehren. Eine Übertragung der Alleinsorge von der Mutter auf den Vater des nichtehelichen Kindes ist jedoch nur gerechtfertigt, wenn es zur Wahrung des väterlichen Elternrechts keine andere Möglichkeit gibt, die weniger in das mütterliche Elternrecht eingreift, und wenn gewichtige Kindeswohlgründe vorliegen, die den Sorgerechtsentzug nahelegen. Deshalb ist zunächst zu prüfen, ob eine gemeinsame Sorgetragung beider Eltern als weniger einschneidende Regelung in Betracht kommt. Sofern dies der Fall ist, hat eine Übertragung der Alleinsorge zu unterbleiben. Ansonsten ist dem Vater die Alleinsorge zu übertragen, wenn zu erwarten ist, dass dies dem Kindeswohl am besten entspricht.

Bundesverfassungsgericht, Beschluss vom 21. 07.2010, Az. 1 BvR 420/09.

Der Gesetzgeber war somit aufgefordert, die Materie neu zu regeln. Dies ist mit Gesetz vom 31. Januar 2013 geschehen: Stimmt die Mutter nach der Geburt einem gemeinsamen Sorgerecht nicht zu, kann der Vater das gemeinsame Sorgerecht auch ohne Zustimmung erhalten. Hierbei gilt das Prinzip der negativen Kindeswohlprüfung. Das bedeutet, dass der Vater nicht mehr darlegen muss, inwieweit das gemeinsame Sorgerecht dem Kindeswohl zugutekommt. Vielmehr reicht es für die Zuerkennung des gemeinsamen Sorgerechtes nun aus, dass es dem Kindeswohl nicht widerspricht. Der Vater kann wählen, ob er eine einvernehmliche Einigung mit der Mutter mithilfe des Jugendamtes anstrebt oder direkt das Familiengericht anruft. Das Familiengericht gibt der Mutter Gelegenheit, zum Antrag des Vaters binnen einer Frist Stellung zu nehmen und darzulegen, inwieweit die Ausübung des Sorgerechts durch den Vater das Kindeswohl beeinträchtigt. Überzeugt die Begründung das Familiengericht nicht, kann es nach Aktenlage entscheiden.

20.9.2 Die Kollision des Elternrechts mit Grundrechten der Kinder

Grundrechte sind immer Abwehrrechte gegenüber dem Staat, kommen also im Verhältnis zwischen den Bürgern nicht zum Tragen. Eine sogenannte generelle Drittwirkung wird in der Rechtslehre abgelehnt. Eine Ausnahme hiervon spricht das Grundgesetz nur dem

Art. 9 Abs. 3 GG zu, und das Bundesarbeitsgericht bejaht für arbeitsrechtliche Beziehungen die Drittwirkung, insbesondere des Gleichheitssatzes.

Allerdings lässt die Rechtslehre eine sogenannte „mittelbare Drittwirkung" der Grundrechte im Verhältnis von Bürgern untereinander gelten, da die Grundrechte als Maßstab einer objektiven Werteordnung angenommen werden (siehe Kapitel 1.3.5). Den Grundrechten wird diesbezüglich eine sogenannte „Ausstrahlungswirkung" zugesprochen, die unter anderem immer dann zum Tragen kommt, wenn innerhalb der Familie Grundrechte der einzelnen Mitglieder berührt sind. Will beispielsweise der 15-jährige Sohn in einer Versammlung seine politische Meinung kundtun, Musik einer rechtsradikalen Rockband hören oder jugendgefährdende Schriften lesen, pflegt die 13-jährige Tochter Umgang mit einem 40-jährigen Mann oder will nach der 10. Klasse das Gymnasium verlassen, sind die unterschiedlichsten Grundrechte der Kinder betroffen und kollidieren mit dem Elternrecht des Art. 6 GG.

Sind Minderjährige grundrechtsfähig?

Eine interessante und in der Rechtslehre einstmals durchaus umstrittene Frage in diesem Zusammenhang lautet, ob Minderjährige grundrechtsfähig, d.h. Träger von Grundrechten sein können. Das Gesetz selbst schweigt sich zu dieser Frage aus. Betrachtet man allerdings die Grundrechte im Einzelnen, gelten manche von ihnen gerade auch für Minderjährige: So sind minderjährige Mütter genauso vom Schutz des Art. 6 Abs. 4 GG eingeschlossen wie Volljährige. Art. 6 Abs. 5 GG macht nichteheliche Kinder ausdrücklich zu Trägern des dort gewährten Grundrechts. Art. 12 Abs. 1 Satz 1 GG wendet sich gerade an Minderjährige, wenn er die freie Wahl der Ausbildungsstätte gewährleistet. Darüber hinaus stehen dem Kind die Grundrechte aus Art. 1 und Art. 2 zu (siehe Kapitel 3.9.6). Als Fazit kann also gelten: Jeder Mensch ist unabhängig von Alter und Reife Grundrechtsträger.

Sind Minderjährige auch grundrechtsmündig?

Eine andere Frage ist die, ab welchem Alter ein Grundrechtsträger seine Grundrechte selbst oder durch einen bestellten Vertreter (Anwalt/Anwältin) wahrnehmen kann, also grundrechtsmündig ist. Auch hierzu enthalten weder das Grundgesetz noch die Rechtsprechung des Bundesverfassungsgerichtes eine Regelung. Wem aber die Grundrechtsmündigkeit fehlt, der ist vor dem Bundesverfassungsgericht nicht prozessfähig und muss sich durch seine gesetzlichen Vertreter (Eltern oder Betreuer) vertreten lassen.

Die Frage ist in der Rechtslehre sehr strittig, praktisch aber wenig bedeutsam, da nach allgemeiner Meinung in der Rechtslehre die gerichtliche Geltendmachung von Grundrechten in den Prozessordnungen (VwGO, ZPO, StPO) geregelt werden kann. Da diese ausnahmslos die Prozessfähigkeit fordern, die wiederum an die zivilrechtliche Geschäftsfähigkeit anknüpft, kann eine Verfassungsbeschwerde von einem Grundrechtsträger selbst bzw. von seinem bestellten Vertreter erst dann erhoben werden, wenn er volljährig ist. Daraus folgt: Minderjährige müssen sich durch ihre gesetzlichen Vertreter vertreten lassen.

Von diesem Grundsatz gibt es zwei spezialgesetzlich geregelte Ausnahmen: Zum einen besteht Grundrechtsmündigkeit des Kindes für die Religionsfreiheit nach Art. 4 GG. Im dort zitierten Gesetz über die religiöse Kindererziehung ist in § 5 geregelt, dass

Kinder ab 14 Jahren religionsmündig sind und sich insbesondere dann selbst vom Religionsunterricht abmelden können. Dies wird allgemein als zulässige Mündigkeitsregelung anerkannt.

In Bayern ist zu diesem Themenkomplex weiterhin Art. 137 Abs. 1 BV als „Ausnahme zur Ausnahme" zu beachten, der bestimmt: „Die Teilnahme am Religionsunterricht und an kirchlichen Handlungen und Feierlichkeiten bleibt der Willenserklärung der Erziehungsberechtigten, vom vollendeten 18. Lebensjahr der Willenserklärung der Schüler überlassen."

Zum anderen bestimmt § 60 FamFG, dass einem Jugendlichen ab dem 14. Lebensjahr ein eigenes Beschwerderecht in persönlichen Angelegenheiten zusteht.

Im konkreten Kollisionsfalle – wenn also ein Grundrecht des Kindes auf das Elternrecht des Art. 6 Abs. 2 GG prallt – muss im Einzelnen abgewogen werden: Zwar sind die Grundrechte des Minderjährigen ranggleich mit dem Elternrecht, sie müssen sich aber Einschränkungen durch das Elternrecht gefallen lassen. Für die Abwägung werden zwei Gruppen von Grundrechten unterschieden:

Gruppe 1: Grundrechte, deren Ausübung oder Aufgabe schwerwiegende rechtliche oder tatsächliche Folgen haben kann, zum Beispiel:

- Grundrecht auf körperliche Unversehrtheit (Art. 2 Abs. 2 GG)
- Grundrecht auf freie Berufswahl (Art. 12 Abs. 2 GG)
- Grundrecht auf Eigentum (Art. 14 Abs. 1 GG)

Gruppe 2: Grundrechte, bei denen solche Folgen nur ausnahmsweise einmal auftreten können.

Bei Gruppe 1 gilt: Wo dem Minderjährigen wirklich Schaden droht, müssen die Eltern kraft ihres Elternrechts darauf achten, dass er die Grundrechte nicht zu seinem Schaden gebraucht. So liegt es auf der Hand, dass jugendgefährdende Schriften und jugendgefährdende Trägermedien nicht von der Eigentumsgarantie des Art. 14 GG erfasst sein können.

Mit steigendem Lebensalter wird der Minderjährige die Folgen seiner Handlungen immer mehr abwägen können, sodass das Elternrecht immer stärker zurücktritt. Im Einzelfall ist zu prüfen, ob der Minderjährige die nötige geistige Reife besitzt.

So führte auch der BGH in seinem Urteil vom 10. Oktober 2006 (VI ZR 74/05) aus: „Minderjährigen Patienten kann bei einem nur relativ indizierten Eingriff mit der Möglichkeit erheblicher Folge für ihre künftige Lebensgestaltung ein Vetorecht gegen die Einwilligung durch die gesetzlichen Vertreter zustehen, wenn sie über eine ausreichende Urteilsfähigkeit verfügen."

Bei Gruppe 2 gilt: Hier kann ein wesentlich gelockerter Abwägungsprozess ausreichend sein. So steht in familiären Diskussionen nicht selten das Grundrecht auf Meinungs- und Informationsfreiheit des Minderjährigen an erster Stelle.

Wenn die Tochter einen für die Schule unbequemen Artikel in der Schülerzeitung veröffentlichen will oder der Sohn den Besuch einer Parteiveranstaltung plant, um dort seine politische Meinung zu äußern, wird die gebotene Abwägung zwischen Art. 5 Abs. 1 Satz 1 GG und Art. 6 Abs. 2 GG in der Regel zugunsten des Minderjährigen ausfallen –

und dies umso unproblematischer, je älter der Minderjährige ist. Doch Ausnahmen gelten auch hier: Sind Schulverweise oder Beleidigungsklagen zu befürchten, ist es die Pflicht der Eltern, das Kind bzw. den Jugendlichen davor zu schützen.

Auch das Brief-, Post- und Fernmeldegeheimnis des Minderjährigen aus Art. 10 GG kann betroffen sein und muss dann hinter dem Elternrecht aus Art. 6 GG zurücktreten, wenn der konkrete Verdacht einer Fehlentwicklung des Minderjährigen oder einer unzulässigen oder schädlichen Beeinflussung durch den Briefpartner besteht. In diesem Fall können nach Eintritt der Pubertät Briefe geöffnet und das Handy kontrolliert werden. Besteht für einen solchen Verdacht allerdings kein Anhaltspunkt und werden Briefe dennoch geöffnet, ist der Straftatbestand des § 202 StGB erfüllt. Danach darf die ausgehende Post nicht kontrolliert werden, da diese den Minderjährigen nicht gefährden kann. Etwas anderes gilt für den E-Mail-Verkehr: Da die Unkosten von den Eltern getragen werden und es sich nicht um verschlossene Sendungen handelt, greift § 202 StGB hier nicht.

Unter Umständen können Eltern sogar verpflichtet sein, den Mail-Verkehr ihrer Kinder zu kontrollieren.

Nach einem Urteil des Amtsgerichts Bad Hersfeld vom 22.07.2016, Az. F 361/16 EASO, sind Eltern verpflichtet, den Kontakt ihrer Töchter zu einem ihnen bekannten Mann zu unterbinden, wenn dieser von sich aus Kontakt zu den Kindern aufbaut und dabei versucht, mit ihnen über digitale Messenger Text- und Bildkommunikation mit sexuellem Inhalt („Sexting") zu führen. Dies kann auch in der Verpflichtung der Eltern münden, die Messenger-Dienste auf dem Smartphone ihrer Kinder zu kontrollieren und notfalls zu entfernen. Den Eltern wurde vom Gericht aufgegeben, den Kindern nur jeweils ein internetfähiges Smartphone zur Verfügung zu stellen, etwaige Zweitgeräte an sich zu nehmen und die Messenger-App „WhatsApp" auf den ausgegebenen Geräten zu entfernen.

Im Urteil heißt es weiter: Dem Kindsvater wird aufgegeben, mit den Töchtern S. und T. an dem ersten Wochenende jedes Monats, welches kein Umgangswochenende bei der Kindesmutter ist, jeweils ein Gespräch über den aktuellen Stand der Nutzung der Smart-Geräte zu führen und gegebenenfalls aufgekommene Fragen der Töchter oder am Gerät aufgetretene Besonderheiten oder Vorfälle zu besprechen

Jeweils im März, Juni, September und Dezember jeden Jahres ist anlässlich dieser Gespräche zudem das betreffende Gerät jedes Kindes durch den Kindesvater in Augenschein zu nehmen und bezüglich dort installierter Apps sowie auf eventuell auftretende Ungereimtheiten und etwaige kindes-/jugendgefährdende Inhalte gemeinsam mit dem jeweiligen Kind durchzusehen.

20.10 Übungsfälle

Fall 61

Die 16-jährige Lisa wohnt bei ihrer Mutter, ihr Vater ist verstorben. Lisa hat seit einiger Zeit eine intime Beziehung zu dem 40-jährigen Paul. Sie trifft ihn regelmäßig in dessen Wohnung und kommt häufig erst spät in der Nacht nach Hause. Als alle Versuche der Mutter, ihrer Tochter den Umgang mit Paul zu verbieten, scheitern, wendet sie sich an das Familiengericht.

Welche Maßnahmen kann das Gericht ergreifen?

Fall 62

An ihrem 17. Geburtstag entscheidet Lisa, wegen der ständigen Streitereien mit ihrer Mutter zu Hause auszuziehen. Ihre Mutter ist dagegen.

Kann Lisa trotzdem ausziehen?

Fall 63

Der 17-jährige Joshua möchte Kinderpfleger werden. Nach Ansicht der Mutter kommt ein sozialer Beruf Joshuas Neigungen und Fähigkeiten sehr entgegen. Sein Vater hält dies für „brotlose Kunst", die keine Zukunft hat. Er hätte gern, dass sein Sohn in seine Fußstapfen tritt und Versicherungsmakler wird. Er weigert sich, den Ausbildungsvertrag zu unterschreiben.

Wie kann Joshua ans Ziel kommen?

Fall 64

Der fünfjährige Sandro boxt heute zum wiederholten Male der kleinen Charlotte in den Bauch. Erzieherin Paula sieht es an der Zeit, erzieherisch auf ihn einzuwirken.

Darf sie Sandro

a. ebenfalls in den Bauch boxen, damit er merkt, wie weh das tut?
b. energisch von Charlotte wegziehen?
c. an einen anderen Ort verbringen?
d. anschreien?
e. beschimpfen?
f. einige Minuten in die Putzkammer einsperren, damit er zu Besinnung kommt?
g. auf den stillen Stuhl im Gruppenraum verweisen?
h. auf den Strafplatz in der Garderobe verweisen?
i. für den Rest des Tages ignorieren?

Fall 65

Die Mutter der fünfjährigen Mia ist mit dem Kind aus der gemeinsamen Ehewohnung ausgezogen. In der Kita des Kindes gibt sie gegenüber der Leiterin Saskia an, sie wolle keinen Antrag auf Übertragung der alleinigen Sorge stellen, allerdings solle der Kindergarten ausschließlich ihr das Kind aushändigen; es lebe schließlich jetzt ständig bei ihr und werde ja auch von ihr gebracht. Saskia ist sich nicht sicher, ob sie wie von der Mutter gewünscht verfahren darf. Immerhin hat der Vater ebenfalls das Sorgerecht.

Kann Saskia dem Vater die Herausgabe des Kindes verweigern?

Fall 66

Die Eltern der sechsjährigen Juli sind geschieden und haben das gemeinsame Sorgerecht. Auch ein Umgangsrecht wurde vereinbart: Der Vater hat Juli alle 14 Tage von Freitag bis Mittwoch. An diesen Tagen holt der Vater das Kind immer schon eine Stunde vor Ablauf der Buchungszeit von der Kita ab. Der Mutter obliegt nach einer Regelung des Familiengerichts das Aufenthaltsbestimmungsrecht.

Sie verlangt, dass die Kita die gebuchte Betreuungszeit einhält und das Kind nicht vor 13 Uhr an den Vater herausgibt.

Darf die Kita das Kind auch schon vor 13 Uhr an den Vater herausgeben?

Fall 67

Im Fall 66 hat die Mutter inzwischen das alleinige Sorgerecht inne. Julis Vater macht sich nun Sorgen, wie seine Tochter die Trennung der Eltern verkraftet. Gemeinsam mit seiner Mutter verlangt er von der Kita des Kindes Auskunft darüber, wie Juli sich in der Kita entwickelt. Als die Kita sich diesem Auskunftsersuchen verweigert, schaltet er einen Anwalt ein, der die Kita schriftlich auffordert, die gewünschten Auskünfte zu erteilen.

Wem muss bzw. darf die Kita Auskunft geben?

Fall 68

Die Eltern der fünfjährigen Franziska sind geschieden. Die Mutter hat das alleinige Sorgerecht. Dem Vater steht ein gerichtlich geregeltes 14-tägiges Umgangsrecht zu. Gegenüber der Kita hat die Mutter schriftlich festgelegt, dass das Kind nur von ihr und ihrer Freundin abgeholt werden darf. Ein paar Monate läuft diese Regelung bestens. Als Franziska bei einem Ausflug auf den Bauernhof aus ungeklärter Ursache starke Allergiesymptome zeigt, hält es Leiterin Barbara für das Beste, wenn Franziska umgehend abgeholt wird. Sie versucht, sowohl die Mutter als auch deren Freundin telefonisch zu erreichen – ohne Erfolg.

Was kann Barbara tun?

Fall 69

Die fünfjährigen Jungen Alexander und Benjamin spielen miteinander auf der Straße vor ihren Elternhäusern. Alexanders Mutter ist in ein kompliziertes Steuerformular vertieft und vergisst für etwa eine halbe Stunde, nach ihrem Sohn zu sehen. Benjamins Mutter ist vor einiger Zeit in die Stadt gefahren. Benjamin nutzt die Abwesenheit seiner Mutter, um die Gaspistole seines Vaters aus dessen Schreibtisch zu holen, wo sie unverschlossen verwahrt wird. Mit der Pistole schießt er im Spiel auf Alexander und verletzt ihn schwer im Gesicht. Der Haftpflichtversicherer von Benjamins Eltern zahlt 20.000 Euro an Alexander und nimmt daraufhin Alexanders Eltern auf 10.000 Euro in Anspruch, weil diese ihre Aufsichtspflicht gegenüber ihrem eigenen Sohn ebenfalls (leicht) verletzt haben.

Ist das Vorgehen des Versicherers rechtens?

Fall 70

Seit es im März ein paar Tage lang sommerlich warm gewesen war, kommt die fünfjährige Lena barfuß in den Kindergarten. Leiterin Maria macht sich nun aber Sorgen, da das Thermometer in letzter Zeit nur fünf Grad am Morgen anzeigt. Sie wundert sich, dass Lenas Mutter das Kind so losziehen lässt und spricht sie beim Abholen darauf an. Lenas Mutter weist darauf hin, dass mit Lena derzeit „nicht zu reden sei", und das Mädchen dann eben selbst sehen müsse, was dabei herauskomme. Jedenfalls habe sie das „ganze Diskutieren satt".

Wie sind die Aussagen von Lenas Mutter zu werten?

Fall 71

Für den 19-jährigen Kai wurde Betreuer Ben für die Aufgabenkreise Gesundheitsfürsorge, Vermögenssorge, Postempfang, Vertretung vor Gerichten und Behörden bestellt. Als Kai einen Mitgliedschaftsvertrag in einem „Fit- und Wellnessstudio" unterschreibt, hält Ben die monatlich hierfür anfallenden 150 Euro für zu hoch. Er möchte den Vertrag rückgängig machen.

Kann er das?

Fall 72

In der folgenden Woche kauft sich Kai außerdem noch eine Spielekonsole, ein Smartphone sowie Sneakers und tätigt einige Bestellungen in Onlineshops. Ben befürchtet, dass Kai seine Finanzen nicht mehr überblickt und schon bald überschuldet sein wird.

Was kann er tun?

Fall 73

Der 20-jährige Vincent hat das Down-Syndrom, ist geschäftsunfähig und lebt in einer heilpädagogischen Wohngruppe. Er arbeitet derzeit 40 Stunden die Woche in einer Wäscherei, würde aber lieber als Hausmeister im Amtsgericht tätig sein. Falls dies nicht klappen sollte, möchte er in einer Werkstatt für behinderte Menschen (WfbM) arbeiten. Außerdem plant er, seine Freundin Anna, die ebenfalls das Down-Syndrom hat, zu heiraten und mit ihr gemeinsam in der Wohngruppe zu leben. Das Paar plant, zwei bis drei Kinder zu bekommen – eine Entwicklung, die den Eltern der beiden Sorge bereitet.

a. Darf Vincent sein Arbeitsverhältnis kündigen?
b. Darf er sich für die Hausmeisterstelle bewerben?
c. Darf er den Antrag auf Aufnahme in eine WfbM stellen?
d. Darf er heiraten?
e. Darf sein Betreuer Vincent sterilisieren lassen?

IV Arbeitsrecht

Das Arbeitsrecht umfasst alle Gesetze, Verordnungen und sonstige verbindliche Bestimmungen, die die Rechtsbeziehungen zwischen Arbeitnehmer:in und Arbeitgeber:in regeln. Hierbei wird zwischen dem Individualarbeitsrecht (Verhältnis zwischen Arbeitgeber:in und Arbeitnehmer:in) und dem Kollektivarbeitsrecht (Verhältnis zwischen Gewerkschaften und Betriebsräten, Personalräten bzw. Mitarbeitervertretungen sowie arbeitsrechtlichen Kommissionen einerseits und den Arbeitgeberverbänden und Arbeitgeber:innen andererseits) unterschieden. Arbeitnehmer:in ist, wer persönlich abhängig, fremdbestimmt und weisungsgebunden beschäftigt ist. Daher ist das Arbeitsrecht zu einem großen Teil als Arbeitnehmer:innenschutzrecht ausgestaltet.

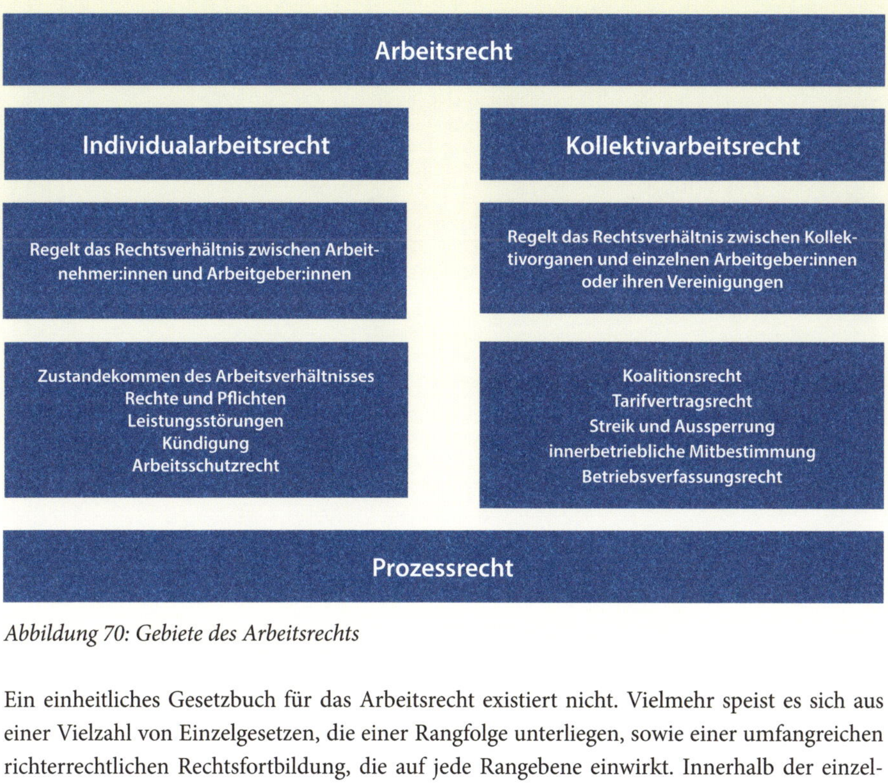

Abbildung 70: Gebiete des Arbeitsrechts

Ein einheitliches Gesetzbuch für das Arbeitsrecht existiert nicht. Vielmehr speist es sich aus einer Vielzahl von Einzelgesetzen, die einer Rangfolge unterliegen, sowie einer umfangreichen richterrechtlichen Rechtsfortbildung, die auf jede Rangebene einwirkt. Innerhalb der einzelnen Rangstufen wirkt das Günstigkeitsprinzip für Regelungen, die für den/die Arbeitnehmer:in günstig sind, und die Öffnungsklauseln in Tarifverträgen für Regelungen, die von ihnen abweichen.

Günstigkeitsprinzip: Im Falle der Kollision von arbeitsvertraglicher Regelung und Tarifvertrag gilt die im Arbeitsvertrag niedergelegte Regelung nach der Regel „Im Zweifel für den/die Arbeitnehmer:in".

Öffnungsklausel: Regelung in einem Tarifvertrag, die eine abweichende Regelung in einer Betriebsvereinbarung oder im Arbeitsvertrag zulässt.

Die Rechtsquellen des Arbeitsrechts

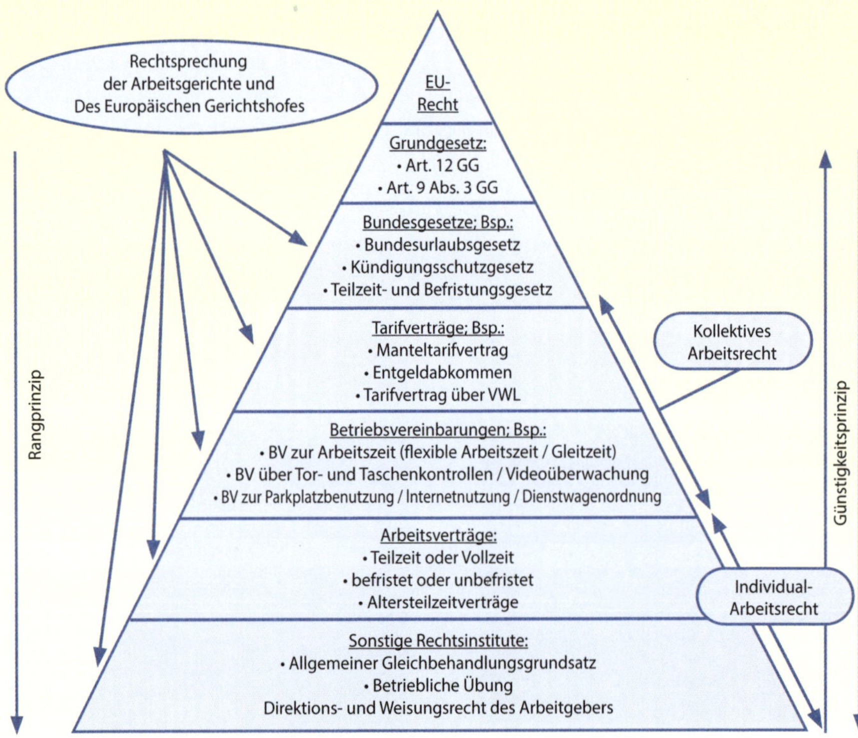

Abbildung 71: Rechtsquellen des Arbeitsrechts

21 Arbeitsverhältnis

Jedem Arbeitsverhältnis liegt ein Arbeitsvertrag zugrunde. Er ist geregelt in § 611 a BGB.

> **§ 611 a BGB**
>
> (1) Durch den Arbeitsvertrag wird der Arbeitnehmer im Dienste eines anderen zur Leistung weisungsgebundener, fremdbestimmter Arbeit in persönlicher Abhängigkeit verpflichtet. Das Weisungsrecht kann Inhalt, Durchführung, Zeit und Ort der Tätigkeit betreffen. Weisungsgebunden ist, wer nicht im Wesentlichen frei seine Tätigkeit gestalten und seine Arbeitszeit bestimmen kann. Der Grad der persönlichen Abhängigkeit hängt dabei auch von der Eigenart der jeweiligen Tätigkeit ab. Für die Feststellung, ob ein Arbeitsvertrag vorliegt, ist eine Gesamtbetrachtung aller Umstände vorzunehmen. Zeigt die tatsächliche Durchführung des Vertragsverhältnisses, dass es sich um ein Arbeitsverhältnis handelt, kommt es auf die Bezeichnung im Vertrag nicht an.
>
> (2) Der Arbeitgeber ist zur Zahlung der vereinbarten Vergütung verpflichtet.

21.1 Zustandekommen des Arbeitsvertrages

Wie jeder andere Vertrag kommt auch ein Arbeitsvertrag durch zwei übereinstimmende Willenserklärungen - Angebot und Annahme desselben – zustande (siehe Kapitel 17.1). Ist der/die Arbeitnehmer:in minderjährig, gelten die Vorschriften des Minderjährigenrechts, insbesondere zur beschränken Geschäftsfähigkeit (siehe Kapitel 17.1.4). Verstößt der Arbeitsvertrag gegen ein gesetzliches Verbot oder gegen die guten Sitten, ist er – wie jeder andere Vertrag auch – nichtig.

Zu den essentialia negotii (= wesentliche Vertragsbestandteile) eines Arbeitsvertrages gehören neben der Nennung der Vertragsparteien vor allem die Art und der Umfang der zu leistenden Arbeit. Die Schriftform ist nicht erforderlich, ein Arbeitsvertrag kann auch mündlich, sogar allein durch schlüssiges (= konkludentes) Handeln geschlossen werden. Von diesem Grundsatz können allerdings gesetzliche oder tarifvertragliche Ausnahmen bestehen.

Unabhängig von derartigen Ausnahmeregelungen bestimmt in jedem Fall das Nachweisgesetz, dass der Arbeitgeber spätestens einen Monat nach dem vereinbarten Beginn des Arbeitsverhältnisses die dort in § 2 NachwG aufgeführten wesentlichen Vertragsbedingungen schriftlich niederzulegen, die Niederschrift zu unterzeichnen und dem/der Arbeitnehmer:in auszuhändigen hat. Diese Niederschrift hat jedoch keinerlei Auswirkungen auf die Wirksamkeit des geschlossenen Vertrages.

Für Berufsausbildungsverträge gilt § 11 Berufsbildungsgesetz (BBiG), demzufolge der/die Ausbilder:in unverzüglich, bis spätestens vor Beginn der Ausbildung, die wesentlichen Vertragsinhalte schriftlich festzuhalten und den Auszubildenden unterschreiben zu lassen hat.

Auch für Arbeitsverträge gilt der Grundsatz der Privatautonomie (siehe Kapitel 17.2). Prinzipiell steht es daher jedem frei, selbst zu entscheiden, ob und mit wem er einen Arbeitsvertrag abschließen will. Von diesem Grundsatz gelten zum Schutz bestimmter Arbeitnehmer:innen allerdings einige Ausnahmen, die den Abschluss eines Arbeitsvertrages verbieten.

Beschäftigungsverbot für Kinder: § 1 der Kinderarbeitsschutzverordnung (KindArbSchV) normiert ein Beschäftigungsverbot für Kinder.

Beschäftigungsverbote für Jugendliche: §§ 22 bis 27 Jugendarbeitsschutzgesetz (JArbSchG) verbieten grundsätzlich alle Arbeiten, die das psychische oder körperliche Leistungsvermögen der Jugendlichen übersteigen. Verboten sind auch Arbeiten, die mit bestimmten Gefährdungen verbunden sind, etwa durch Schadstoffe oder Strahlung.

Beschäftigungsverbot für bestimmte Arbeitgeber: § 25 JArbSchG verbietet Arbeitgeber:innen, die sich bestimmter Straftaten schuldig gemacht haben, die Beschäftigung von Jugendlichen.

21.1.1 Freistellungsanspruch und Vorstellungskosten

Dem Abschluss eines Arbeitsvertrages geht in aller Regel eine Phase der Bewerbungen und Vorstellungsgespräche voraus. § 629 BGB normiert das Recht des/der Arbeitnehmer:in, eine angemessene Zeitdauer für die Vorstellung bei einem/einer eventuellen neuen Arbeitgeber:in unter Lohnfortzahlung freigestellt zu werden. Voraussetzung ist, dass das Arbeitsverhältnis gekündigt wurde. Dieser Anspruch besteht auch bei befristeten Arbeitsverhältnissen, und zwar ab dem fiktiven Zeitpunkt, zu dem es hätte gekündigt werden müssen, wenn kein Endtermin festgesetzt worden wäre, sowie bei Abschluss eines Aufhebungsvertrages für die Dauer eines der Kündigungsfrist entsprechenden Zeitraums.

Lädt der/die potenzielle neue Arbeitgeber:in den/die Bewerber:in zu einem Vorstellungsgespräch ein, ist er/sie zum Ersatz der Auslagen verpflichtet, selbst wenn das neue Arbeitsverhältnis nicht zustande kommen sollte. Zu erstatten sind dabei alle notwendigen Auslagen (Übernachtungs- und Verpflegungskosten, Babysitter etc.), aber auch etwaige Verdienstausfälle. Der Anspruch besteht auch bei befristeten Arbeitsverhältnissen und bei Abschluss eines Aufhebungsvertrages. Nach dem Grundsatz der Privatautonomie können die Parteien diesen Anspruch allerdings auch abbedingen bzw. der/die Arbeitgeber:in das Vorstellungsgespräch davon abhängig machen, dass der/die Bewerber:in seine/ihre Kosten selbst trägt. Daraus folgt, dass die Kostentragungspflicht vor der Anreise des/der Bewerber:in abbedungen werden muss.

21.1.2 Vorstellungsgespräch: Teilnehmende

In einem Vorstellungsgespräch können immer auch persönliche Belange des/der Bewerber:in zur Sprache kommen. Daher ist der Kreis der Teilnehmenden auf Arbeitgeber:innenseite begrenzt auf die absolut notwendigen Funktionen. Weitere Teilnehmende sind nur zugelassen, wenn sich hierfür ein guter Grund aus dem Beschäftigungsverhältnis selbst ergibt.

Vorstellungsgespräche in einer Kita werden auf Arbeitgeber:innenseite von der Leitung, einem/einer Trägervertreter:in sowie optional der stellvertretenden Leitung geführt. In Anbetracht der besonders teamorientierten Arbeitsweise in einer Kindertageseinrichtung ist es hier auch zulässig, das Team, in dem die Stelle vakant ist, zu einem Teil des Gespräches hinzuzuziehen. Nicht zum Gespräch zuzulassen sind Angehörige des Elternbeirates, des Gemeinderates und andere Außenstehende.

21.1.3 Vorstellungsgespräch: Fragerecht

Verständlicherweise nutzt der/die Arbeitgeber:in das Vorstellungsgespräch dazu, den/die Bewerber:in genauer kennenzulernen. Er/sie darf allerdings nur nach solchen Dingen fragen, die im Hinblick auf das angestrebte Arbeitsverhältnis für ihn/sie von berechtigtem, billigenswertem und schutzwürdigem Interesse sind. Hierzu gehören alle Fragen, die einen konkreten Bezug zum Arbeitsplatz haben. Alle anderen Fragen sind sogenannte „Intimbefragungen“ und stets unzulässig, da sie einen Verstoß gegen Art. 1 und 2 GG darstellen, die den Schutz der Privatsphäre und des Intimbereiches garantieren (siehe Kapitel 3.9.2). Generell unzulässig sind Fragen nach

- einer bestehenden Schwangerschaft
- einer bestehenden Schwerbehinderung (Ausnahme: In der Stellenanzeige wurde gerade die besondere Bevorzugung Schwerbehinderter angezeigt)
- Zugehörigkeit zu einer Religion (Ausnahme: konfessionelle Trägerschaft des/der Arbeitgeber:in)
- der Privatsphäre des/der Bewerber:in
- einer Gewerkschaftszugehörigkeit

Ob eine Frage im konkreten Einzelfall zulässig ist oder nicht, richtet sich im Wesentlichen auch nach der Stelle, die zu besetzen ist. Für die Besetzung einer Position als Leitung des Vorstandsbüros sind also andere Gegebenheiten zu erfragen als für die Leitung einer Kindertageseinrichtung. Für den frühpädagogischen Bereich hat sich eine Rechtsprechung gefestigt, nach der bestimmte Fragen zulässig bzw. unzulässig sind:

Tabelle 7: Zulässige und unzulässige Fragen im Einstellungsgespräch

Zulässige Fragen	Unzulässige Fragen
Eventuelle Vorstrafen (insbesondere Körperverletzungsdelikte und Delikte gegen die sexuelle Selbstbestimmung)	Schwangerschaft
Berufliche und fachliche Fähigkeiten, Kenntnisse und Erfahrungen	Schwerbehinderung (Ausnahme: Schwerbehinderte werden ausdrücklich bevorzugt eingestellt)
Bisheriger beruflicher Werdegang	Zugehörigkeit zu einer Religion oder Sekte (Ausnahme: konfessionelle Trägerschaft/Tendenzbetrieb)
Prüfungs- und Zeugnisnoten	Privatsphäre
Krankheiten, die einen Zusammenhang mit dem Arbeitsverhältnis haben	Parteizugehörigkeit
AIDS-Erkrankung (bei Einstellung in Gemeinschaftseinrichtungen mit engem körperlichem Kontakt)	Heirats- und Kinderwunsch
HIV-Infektion (bei Einstellung in Gemeinschaftseinrichtungen mit engem körperlichem Kontakt)	Bisherige Vergütung
Gegenwärtige Lohn- und Gehaltspfändungen	Gewerkschaftszugehörigkeit

Auf unzulässige Fragen braucht der/die Bewerber:in nicht zu antworten. Da dies in der Praxis schlecht umsetzbar ist, ist anerkannt, dass eine bewusst gegebene falsche Antwort – Lüge – den/die Arbeitgeber:in nicht zur Anfechtung des daraufhin geschlossenen Arbeitsvertrages berechtigt.

Weiterhin unterliegt der/die Arbeitgeber:in der Pflicht, die Bewerber:innen zu unterrichten, sofern der vakante Arbeitsplatz überdurchschnittliche Anforderungen in fachlicher oder gesundheitlicher Hinsicht stellt. Keinesfalls darf er/sie falsche Vorstellungen von einem bestimmten Karriereverlauf wecken.

21.2 Inhalt des Arbeitsverhältnisses

Der Inhalt des Arbeitsverhältnisses wird im Wesentlichen durch den geschlossenen Arbeitsvertrag, darüber hinaus aber auch durch andere Quellen wie gesetzliche Regelungen, Kollektivvereinbarungen (Tarifvertrag und Betriebsvereinbarung), durch die betriebliche Übung im konkreten Betrieb sowie das Direktionsrecht des/der Arbeitgeber:in festgelegt.

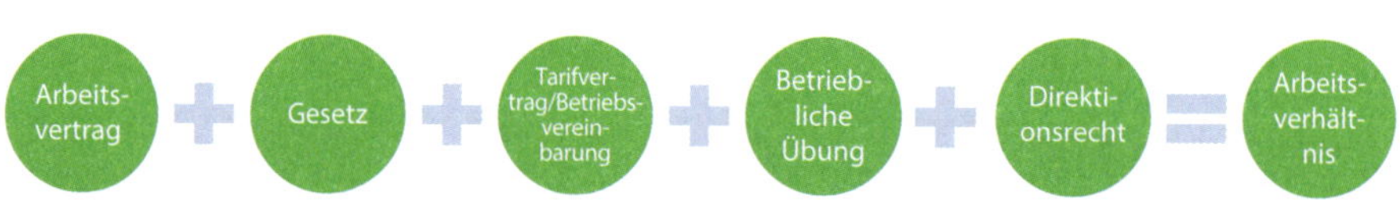

Abbildung 72: Inhalt des Arbeitsverhältnisses

21.2.1 Der Arbeitsvertrag

Den konkreten Inhalt des Arbeitsvertrages bestimmen in erster Linie die Vertragsparteien selbst. Das Gesetz selbst sagt hierzu nichts aus. Gängig sind folgende Elemente:

- Namen der Vertragsparteien
- Beginn und (bei befristeten Verträgen) Ende des Vertragsverhältnisses
- Vorhersehbare Dauer bei befristeten Arbeitsverhältnissen
- Arbeitsort bzw. Hinweis auf wechselnde Arbeitsorte
- Allgemeine Tätigkeitsbeschreibung (ggf. Bezugnahme auf Tätigkeitsmerkmale von Eingruppierungslisten)
- Zusammensetzung und Höhe des Arbeitsentgelts (ggf. Bezugnahme auf Eingruppierungslisten)
- Wöchentliche Arbeitszeit
- Dauer des jährlichen Erholungsurlaubs
- Kündigungsfristen
- Hinweis auf die Tarifverträge, Betriebsvereinbarungen oder Dienstvereinbarungen, die auf das Dienstverhältnis anzuwenden sind (TVöD, Grundordnung der katholischen Kirche etc.)

21.2.2 Gesetz

Gesetzliche Regelungen füllen zum einen die Regelungslücken, die ein Arbeitsvertrag zu einzelnen Fragen möglicherweise aufweist. Zum anderen legen sie aber auch Mindestanforderungen bzw. Mindestarbeitsbedingungen fest. Zu nennen sind hier vor allem das Bundesurlaubsgesetz, das Arbeitszeitgesetz, das Mindestlohngesetz und einige Arbeitsschutzbestimmungen für Arbeitnehmer:innen in besonderen Lagen wie zum Beispiel das Schwerbehindertengesetz, das Mutterschutzgesetz, das Jugendarbeitsschutzgesetz.

21.2.3 Tarifvertrag

Tarifverträge werden zwischen den betreffenden Gewerkschaften und Arbeitgeberverbänden geschlossen und enthalten Regelungen, die für tarifgebundene Arbeitgeber:innen und Arbeitnehmer:innen unmittelbare und zwingende Wirkung entfalten. Von ihnen kann nur dann abgewichen werden, wenn die Abweichung für den/die Arbeitnehmer:in eine Besserstellung bedeutet (siehe Kapitel 23).

21.2.4 Betriebsvereinbarung

Betriebsvereinbarungen werden zwischen dem Betriebsrat bzw. Personalrat und dem/der einzelnen Arbeitgeber:in geschlossen. Sie gelten nur für diesen konkreten Betrieb, dort aber für alle Arbeitnehmer:innen. Sie enthalten nähere Bestimmungen über Inhalt, Abschluss und Beendigung von Arbeitsverhältnissen in diesem Betrieb und regeln betriebliche und betriebsverfassungsrechtliche Fragen. Eine Betriebsvereinbarung ist nur gültig, wenn sie schriftlich abgefasst wurde und gilt für alle Mitarbeitenden unabhängig von einer etwaigen Gewerkschaftszugehörigkeit.

21.2.5 Betriebliche Übung

Gewährt der/die Arbeitgeber:in über einen längeren Zeitraum hinweg – in der Regel reichen hierfür drei Jahre – ohne jeden Vorbehalt eine Leistung, ohne dazu vertraglich verpflichtet zu sein, ist der Arbeitsvertrag durch die sogenannte betriebliche Übung um einen Anspruch auf die Leistung stillschweigend erweitert worden. Arbeitnehmer:innen dieses Betriebes haben also auch in Zukunft ab dem vierten Jahr aus dem Gesichtspunkt der betrieblichen Übung einen Anspruch auf diese Leistung. Aus betrieblicher Übung können sich insbesondere Ansprüche ergeben auf

- Zusatzurlaub
- Urlaubsgeld
- Weihnachtsgeld
- Prämien
- Gratifikationen zu bestimmten Anlässen wie Dienstjubiläen
- etc.

Will der/die Arbeitgeber:in die einmal etablierte betriebliche Übung für die Zukunft abändern, kann er/sie dies nur im Einvernehmen mit den Arbeitnehmer:innen. Der/die Arbeitgeber:in kann allerdings die Leistung unter einen Freiwilligkeitsvorbehalt stellen, mit dem er/sie erklärt, dass es sich um eine freiwillige, jederzeit widerrufliche Leistung handelt, auf die auch in Zukunft kein Anspruch besteht.

21.2.6 Direktionsrecht

Dem/der Arbeitgeber:in steht ein Leitungs- und Weisungsrecht zu. Dieses auch Direktionsrecht genannte einseitige Leistungsbestimmungsrecht erlaubt es ihm/ihr, festzulegen:

- Den Zeitpunkt der zu erbringenden Leistung
- Den Ort der Leistung
- Die Art der Leistung

Das Direktionsrecht wird vom Träger auf die Leitung einer Einrichtung übertragen – entweder explizit im Arbeitsvertrag oder durch die Eingruppierung als Leitung nach den Eingruppierungsmerkmalen. Damit ist diese befugt, den Mitarbeiter:innen Weisungen zu erteilen. Hält sich die konkrete Weisung im Rahmen des Arbeitsvertrages und der „Billigkeit" (das meint das allgemein Übliche und Zumutbare), verstößt sie weiterhin nicht gegen Gesetze oder Kollektivvereinbarung, ist dieser Weisung Folge zu leisten.

> Kindheitspädagogin Conny bekommt von der Leitung den Auftrag, den heutigen Elternabend vorzubereiten.

Das Direktionsrecht erlaubt es auch, sogenannte arbeitsbegleitende Anweisungen (z.B. Tragen von Schutzhandschuhen beim Wickeln, Einhalten von Hygienevorschriften) zu erteilen. Und auch Verbote (z.B. Rauchverbot, Verbot privater Internetnutzung) können ausgesprochen werden. Die Einhaltung eines ausgesprochenen Verbots darf mit angemessenen Mitteln kontrolliert und durchgesetzt werden.

Hinsichtlich Äußerlichkeiten wie Kleidung, (Körper-)Schmuck und Haarfarbe konkurrieren das Persönlichkeitsrecht (siehe Kapitel 3.9.2) des/der Arbeitnehmer:in auf der einen und die Weisungsbefugnis des/der Arbeitgeberin auf der anderen Seite.

Piercings sind bei einer Tätigkeit im frühpädagogischen Bereich vor Arbeitsantritt zu entfernen. Denn das Arbeitsschutzgesetz verpflichtet den/die Arbeitgeber:in, im Rahmen der Gefährdungsbeurteilung (siehe

Kapitel 22.5.1) die arbeitsplatzbezogenen Gesundheitsgefahren für die Versicherten zu ermitteln. Eine korrekt durchgeführte Gefährdungsbeurteilung wird ergeben, dass das Tragen von Piercings bei der Tätigkeit mit Kleinkindern alles andere als gefahrlos ist, sondern zu erheblichen Verletzungen führen kann, etwa wenn ein Kleinkind ein Augenbrauen-, Nasen- oder Lippenpiercing herausreißt.

Ohnehin gilt für alle Mitarbeiter:innen, die mit der Zubereitung oder Ausgabe von Lebensmitteln betraut sind, schon auf Grundlage des für alle Gemeinschaftseinrichtungen gültigen HACCP-Regelwerkes (siehe Kapitel 33.8) die Verpflichtung, hierfür sämtlichen Schmuck abzulegen. Dies gilt nicht nur für Piercings, sondern auch für Eheringe etc.

Hinsichtlich Tattoos wird man eine Interessenabwägung vornehmen müssen. War das Tattoo bereits bei Einstellung bekannt, kann es hinterher nicht beanstandet werden. Wurde es erst nach der Einstellung gestochen, wird es auf den Gesamteindruck ankommen: An welcher Stelle sitzt es, ist es ständig sichtbar oder nur manchmal (in Abhängigkeit von Kleidung oder Frisur), wie groß ist es? Ist es ständig sichtbar und sehr groß, macht es vielleicht den Kindern sogar Angst oder sorgt für Missstimmung in der Elternschaft, wird ein verantwortungsvoller Träger, dem an einem reibungslosen Betrieb der Einrichtung gelegen sein muss, hierin durchaus auch einen Kündigungsgrund sehen können.

Dem Träger ist darüber hinaus nicht nur an einem reibungslosen Betrieb der Einrichtung gelegen, er möchte seine Kita auch nach außen gut repräsentiert wissen. Allzu freizügige Kleidung der Mitarbeiter:innen ist kein gutes Aushängeschild für eine Kita und wird schnell zu Missstimmung in der Elternschaft führen. Arbeitsrechtlich ist anerkannt, dass jede/r Arbeitgeber:in das Recht hat, über das äußere Erscheinungsbild seiner Mitarbeiter:innen mitzubestimmen. Dies muss aber je nach Branche angemessen und immer mit Augenmaß geschehen: In einer Kita sind nach der Rechtsprechung Dinge möglich, die anderswo – etwa in einer Bank – nicht denkbar sind, zum Beispiel Shorts, T-Shirt und Sandalen, also Kleidung, die freizeitlich konnotiert ist.

Grenzen des Weisungsrechts

Dem Weisungsrecht des/der Arbeitgeber:in sind allerdings auch Grenzen gesetzt. Diese können sich ergeben aus:

- Arbeitsvertrag
- Gewissensgründen

Der Arbeitsvertrag begrenzt das Weisungsrecht, indem er die Tätigkeit beschreibt, für die der/die Arbeitnehmer:in eingestellt wurde. Je konkreter diese Beschreibung gefasst ist, desto schärfer ist das Weisungsrecht begrenzt.

> Die staatlich anerkannte Erzieherin Ute ist ausweislich ihres Arbeitsvertrages als Gruppenleitung für die Käfergruppe eingestellt. Eine Dienstanweisung, der zufolge sie vorübergehend in der Blümchengruppe aushelfen muss, wäre daher vertragswidrig.
>
> Die staatlich anerkannte Erzieherin Theresa ist als pädagogische Fachkraft im Kinderhaus angestellt. Sie kann also die Weisung bekommen, zum Beispiel von der Krippe in den Hort zu wechseln.

Der/die Arbeitnehmer:in muss auch nur solche Arbeiten ausführen, die sich innerhalb der vereinbarten Arbeitsleistung halten. Er/sie ist nicht verpflichtet, Arbeiten auszuführen, die nicht dem arbeitsvertraglich vereinbarten Berufsbild entsprechen.

Konkrete Einzeltätigkeiten wie zum Beispiel Reinigungsarbeiten oder hauswirtschaftliche Tätigkeiten dürfen Erzieher:innen dementsprechend nur dann übertragen werden, wenn sie zum Berufsbild einer pädagogischen Fachkraft gehören. Anderenfalls sind sie unzumutbar. Die Anweisung, allgemeine Reinigungsarbeiten im Gebäude vorzunehmen, wäre rechtswidrig. Demgegenüber ist die Pflicht, während der Betreuungszeit für Ordnung und Sauberkeit im Gruppenraum zu sorgen, immer zumutbar und damit rechtmäßig.

Verbietet es das Gewissen, eine Dienstanweisung zu befolgen, kann dies unter Umständen geeignet sein, das Direktionsrecht des/der Arbeitgeber:in zu begrenzen. Hier sind die Fälle der „schwarzen Pädagogik" zu nennen, also die Anordnung repressiver Erziehungsmaßnahmen. Es fehlt hier an der geforderten „Billigkeit", die inhaltlich auch durch das Grundrecht der Gewissensfreiheit aus Art. 4 Abs. 1 GG (siehe Kapitel 3.9.4) bestimmt wird. Als Gewissensentscheidung ist nach einer Definition des Bundesverfassungsgerichtes (BVerfGE 12, 45) „jede ernste, an den Kategorien von Gut und Böse orientierte Entscheidung zu respektieren, die der Einzelne in einer bestimmten Lage als für sich bindend erfährt, sodass er nicht ohne ernste Gewissensnot gegen sie handeln kann."

Abordnung und Versetzung

Abordnung und Versetzung sind Bestandteile des dem/der Arbeitgeber:in zustehenden Direktionsrechtes.

Versetzung meint die Zuweisung einer auf Dauer bestimmten Beschäftigung bei einer anderen Dienststelle oder einem anderen Betrieb desselben Arbeitgebers/derselben Arbeitgeberin unter Fortsetzung des bestehenden Arbeitsverhältnisses.

Eine Versetzung kann aus dienstlichen, betrieblichen, haushaltsrechtlichen oder in der Person des/der Arbeitnehmer:in begründeten Aspekten erfolgen. Sie darf jedoch niemals willkürlich erfolgen – selbst dann nicht, wenn der neue Arbeitsplatz gleichrangig ist und die Tätigkeit auch gleich entlohnt wird. Vielmehr sind immer die persönlichen Belange der Arbeitnehmer:in zu berücksichtigen. Hierbei spielen insbesondere soziale Kriterien wie Alter, Familienstand, Betriebszugehörigkeit und Gesundheitszustand eine Rolle. Auch die Erreichbarkeit der neuen Einrichtung kann von ausschlaggebender Bedeutung sein. Im Zweifelsfall werden Betriebsrat und Arbeitsgericht anzurufen sein.

Abordnung bedeutet die Zuweisung einer vorübergehenden Beschäftigung bei einer anderen Dienststelle oder einem anderen Betrieb desselben oder eines anderen Arbeitgebers bzw. einer anderen Arbeitgeberin unter Fortsetzung des bestehenden Arbeitsverhältnisses.

21.3 Pflichten aus dem Arbeitsverhältnis

Aus dem Arbeitsverhältnis ergeben sich die aus der folgenden Abbildung ersichtlichen Pflichten für Arbeitgeber:innen und Arbeitnehmer:innen, die immer bestehen, gleichgültig, ob im Arbeitsvertrag auf sie Bezug genommen wurde oder nicht.

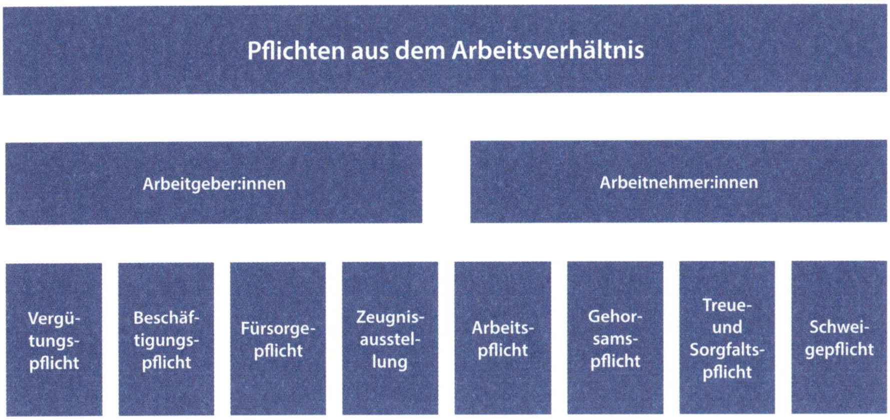

Abbildung 73: Pflichten aus dem Arbeitsverhältnis

21.3.1 Arbeitgeber:innenpflichten

Neben der Vergütungspflicht als Hauptpflicht aus dem Arbeitsvertrag haben Arbeitgeber:innen weitere sogenannte Nebenpflichten.

Vergütungspflicht

Die Vergütungspflicht bzw. Lohnzahlungspflicht beruht auf dem im Arbeitsrecht geltenden Grundsatz: „Ohne Arbeit kein Lohn." Die Lohnzahlungspflicht hängt also davon ab, dass der/die Arbeitnehmer:in seiner/ihrer Arbeitspflicht nachkommt.

Von diesem Grundsatz gibt es allerdings einige Ausnahmen:

Entgeltfortzahlung im Krankheitsfall: für die Zeit der Arbeitsunfähigkeit bis zu sechs Wochen. Danach ist für den/die krankenversicherte/n Arbeitnehmer:in ein Anspruch auf Krankengeld gegeben. Die Höhe der Entgeltfortzahlung beträgt 100 Prozent des Arbeitsentgeltes für die regelmäßige Arbeitszeit (also ohne Überstunden).

Entgeltfortzahlung bei Kur- und Heilverfahren: Hat ein Sozialleistungsträger eine Maßnahme der medizinischen Vorsorge oder Rehabilitation bewilligt und ist daher der/die Arbeitnehmer:in an der Arbeitsleistung verhindert, ist der Lohn ebenfalls fortzuzahlen.

Entgeltfortzahlung an Feiertagen: Für Arbeitszeit, die infolge eines gesetzlichen Feiertages ausfällt, ist das Arbeitsentgelt zu zahlen, das der/die Arbeitnehmer:in ohne den Arbeitsausfall erhalten hätte. Dies gilt allerdings nur dann, wenn der Feiertag der alleinige Grund des Arbeitsausfalls ist.

Urlaubsentgelt: Alle Arbeitnehmer:innen haben nach dem Bundesurlaubsgesetz (BUrlG) in jedem Jahr Anspruch auf bezahlten Erholungsurlaub. Unter Erholungsurlaub versteht man die Freistellung von der Arbeit zum Zwecke der Erholung unter Fortzahlung des Arbeitsentgeltes. Der Umfang des Urlaubs beträgt ohne Rücksicht auf das Lebensalter laut BUrlG mindestens 24 Werktage. Aus Arbeitsvertrag, Tarifvertrag, Betriebsvereinbarung können sich abweichende, aber nur höhere Ansprüche ergeben (TVöD: 30 Tage).

Der Samstag wird als Werktag mitgerechnet. Sonn- und Feiertage fallen nicht in die Berechnung des Urlaubs. Das bedeutet: Fällt ein Feiertag in den Urlaub, dann verlängert sich der Urlaub um diesen Tag. Der Urlaub verlängert sich auch für die Zeit einer in den Urlaub fallenden Krankheit, wenn sie durch ärztliches Attest nachgewiesen wird.

Eine tarifvertragliche Regelung, der zufolge jüngere Arbeitnehmer:innen im öffentlichen Dienst weniger Urlaubsanspruch haben als ältere, ist nach der Rechtsprechung des EuGH altersdiskriminierend. Vielmehr ist allen Arbeitnehmer:innen unabhängig von ihrem Alter derselbe Urlaubsanspruch zu gewähren.

Der Urlaub ist grundsätzlich auf das Kalenderjahr befristet, danach verfällt der Anspruch. Eine Ausnahme hiervon kann bei dringenden betrieblichen Gründen (Jahresabschluss, Personalengpass, etc.) gemacht werden und bei Gründen, die in der Person des/der Arbeitnehmer:in liegen (z.B. Krankheit). Am 31. März des Folgejahres verfällt jeglicher Resturlaub jedenfalls dann, wen der/die Arbeitgeber:in darauf hinweist, dass Urlaubstage aus dem Vorjahr noch genommen werden müssen.

Fehlt dieser Hinweis, verfällt der Urlaub nach der Rechtsprechung des EuGH nicht und verjährt darüber hinaus auch nach der zivilrechtlichen Verjährungsfrist von drei Jahren nicht. Der Hinweis darf nicht als allgemeiner Sammelhinweis an die Belegschaft formuliert sein, ausstehenden Urlaub noch zu nehmen. Vielmehr ist es erforderlich, die Arbeitnehmer:innen individualisiert anzuschreiben und mitzuteilen, wieviel Urlaubstage noch offen sind, dass sie genommen werden sollten und ansonsten verfallen.

Bei der zeitlichen Festlegung des Urlaubs ist der/die Arbeitgeber:in prinzipiell frei, es sind allerdings die Urlaubswünsche des/der Arbeitnehmer:in zu berücksichtigen, es sei denn, dass dringende betriebliche Gründe oder Urlaubswünsche anderer Arbeitnehmer:innen, die unter sozialen Gesichtspunkten den Vorrang verdienen, entgegenstehen.

Arbeitsentgelt bei Beschäftigungsverboten in der Schwangerschaft: Ist gegen eine schwangere Mitarbeiterin ein Beschäftigungsverbot ausgesprochen, ist ihr mindestens der Durchschnittsverdienst der vergangenen 13 Wochen vor Beginn der Schwangerschaft weiter zu gewähren.

Vorübergehende Verhinderung: Ist der/die Arbeitnehmer:in kurze Zeit ohne sein/ihr Verschulden an der Arbeitsleistung gehindert, entfällt sein/ihr Lohnanspruch nicht. Voraussetzung dafür ist, dass der Hinderungsgrund in seiner/ihrer Person liegt und dem/der Arbeitgeber:in zum frühestmöglichen Zeitpunkt mitgeteilt wurde. Hinderungsgründe sind:

- Kirchliche und standesamtliche Eheschließungen
- Arztbesuche, sofern der Termin nicht beeinflussbar ist
- Todesfall in der Familie
- Schwerwiegende Erkrankung von nahen Angehörigen
- Umzug
- Ladung zu Behörden
- Ladung zu gerichtlichen Terminen
- Ausübung öffentlicher Ämter
- Ablegen einer Prüfung

Beschäftigungspflicht

Der/die Arbeitnehmer:in muss mit den vertraglich vereinbarten Aufgaben im Rahmen des dem/der Arbeitgeber:in zustehenden Direktionsrechts beschäftigt werden (siehe Kapitel 21.2.6).

Fürsorgepflicht

Das Gegenstück zur Treuepflicht des/der Arbeitnehmer:in ist die Fürsorgepflicht des/der Arbeitgeber:in. Sie durchzieht das gesamte Arbeitsverhältnis und beinhaltet im Einzelnen:

- Schutz von Leben und Gesundheit der Arbeitnehmer:innen
- Fürsorge für das Eigentum der Arbeitnehmer:innen
- Einhaltung der gesetzlichen Bestimmungen zu Schutzgesetzen und Arbeitszeitgesetz, Gewährung von Urlaub etc.
- Korrekte Berechnung und Abführung der Lohnsteuer
- Erläuterung der Lohnberechnung

Zeugnisausstellung

Nähere Informationen dazu sind in Kapitel 21.7 nachzulesen.

21.3.2 Arbeitnehmer:innenpflichten

Auch Arbeitnehmer:innen haben eine Hauptpflicht – die Arbeitspflicht – und weitere sogenannte Nebenpflichten.

Arbeitspflicht

Es besteht die Pflicht, die vereinbarte Arbeitsleistung persönlich zu erbringen.

Gehorsamspflicht

Den Weisungen des/der Arbeitgeber:in ist Folge zu leisten. Die Gehorsamspflicht korreliert mit dem Direktionsrecht des/der Arbeitgeber:in.

Sorgfalts- und Treuepflicht

Arbeitnehmer:innen haben die Pflicht, sich nach besten Kräften für die Interessen des/der Arbeitgeber:in einzusetzen und alles zu unterlassen, was ihm/ihr schaden könnte. Hierzu gehört insbesondere die Pflicht, den Betrieb vor – materiellen wie immateriellen – Schäden zu bewahren.

Sorgfaltspflichten: Übertragene Aufgaben müssen sorgfältig erledigt, mit Werkzeugen, Maschinen und sonstigem Eigentum des/der Arbeitgeber:in muss sorgfältig umgegangen werden. Die Betriebsordnung und die Bestimmungen des Unfallschutzes sind einzuhalten (siehe Kapitel 22). Voraussehbare Arbeitsverhinderungen sind rechtzeitig mitzuteilen. Drohende oder bereits eingetretene Schäden sind mitzuteilen. Arbeitsunfähigkeit ist unverzüglich mitzuteilen.

Krankmeldung und Krankschreibung: Der/die Arbeitnehmer:in ist verpflichtet, dem/der Arbeitgeber:in die Arbeitsunfähigkeit und deren voraussichtliche Dauer unverzüglich mitzuteilen. Dauert die Arbeitsunfähigkeit länger als drei Kalendertage, hat der/die Arbeitnehmer:in eine ärztliche Bescheinigung über das Bestehen der Arbeitsunfähigkeit sowie deren voraussichtliche Dauer spätestens an dem darauffolgenden Arbeitstag vorzulegen.

Nach einer Entscheidung des BAG kann ein/e Arbeitgeber:in aber auch bereits am ersten Tag der Krankheit eine Arbeitsunfähigkeitsbescheinigung verlangen. Er/sie muss das Verlangen danach nicht mehr begründen. Arbeitnehmer:innen können höchstens bei Verdacht auf Willkür oder Diskriminierung dagegen vorgehen, was im Einzelfall aber schwer zu beweisen sein dürfte. Der/die Arbeitgeber:in ist also berechtigt, die Vorlage der ärztlichen Bescheinigung ohne Angabe von Gründen früher zu verlangen. Dauert die Arbeitsunfähigkeit länger als in der Bescheinigung angegeben, ist der/die Arbeitnehmer:in verpflichtet, eine neue ärztliche Bescheinigung vorzulegen.

Pflichten bei Arbeitsunfähigkeit

- Krankmeldung
  - unverzüglich
  - vor Dienstantritt
  - unter Angabe der voraussichtlichen Dauer
- Krankschreibung
  - grundsätzlich am vierten Tag
  - auf Verlangen bereits am ersten Tag

Die Sorgfaltspflicht korrespondiert mit der Fürsorgepflicht des/der Arbeitgeber:in und ist in ihrem Umfang abhängig von der konkreten Stelle: Von einer Gruppenleitung kann mehr Sorgfalt erwartet werden als von einem/einer Berufspraktikant:in. Es kommt hier immer wesentlich auf die Verbundenheit mit dem Betrieb an.

Treuepflichten: In Tendenzbetrieben (siehe Kapitel 22.4.4) ist gegenüber der Tendenz Loyalität zu bewahren. Betriebs- und Geschäftsgeheimnisse sind zu bewahren. Dazu gehören auch Interna wie Verhaltensweisen des/der Arbeitgeber:in. Tatsachen, die durch ihre Offenbarung geschäftsschädigend wirken könnten, sind geheim zu halten.

Die Treuepflicht steht unter Umständen im Widerstreit zum grundrechtlich geschützten Recht auf freie Meinungsäußerung, wie in den Fällen des sogenannten Whistleblowings (engl. to blow the whistle = pfeifen, verpfeifen). Darunter ist das Öffentlichmachen von Missständen oder gar illegalem Handeln am eigenen Arbeitsplatz zu verstehen.

Der/die Whistleblower:in sieht sich nicht selten Reaktionen wie Mobbing, Abmahnung bis hin zur Kündigung oder anderen arbeitsrechtlichen Konsequenzen wegen Verletzung der Treuepflichten ausgesetzt. Die Gerichte haben dann zu entscheiden, welches Rechtsgut im konkreten Einzelfall als höherwertiger anzusehen ist. Kommt das Gericht zu der Auffassung, dass das Verhalten des/der Whistleblower:in unverhältnismäßig war oder er/sie wissentlich oder leichtfertig falsche Angaben gemacht hat, ist eine Kündigung zulässig.

Nach der Rechtsprechung des Bundesverfassungsgerichts hat ein/e Arbeitnehmer:in vor der Offenbarung von Informationen zunächst immer erst die betriebsinternen Entscheidungsträger (Einrichtungsleitung, Träger) in Kenntnis zu setzen. Diesen ist zunächst die Chance zu geben, für Abhilfe zu sorgen. Nur wenn dies zu keinem Ergebnis führt, sind die zur Behebung der Missstände zuständigen Behörden zu informieren (Staatsanwaltschaft, Heimaufsicht, Jugendamt etc.). Von Mitteilungen an die Presse, Funk, Fernsehen, Internet sollte in jedem Fall abgesehen werden. Der damit verbundene Prangereffekt führt in jedem Fall zu einer Rufschädigung, den der/die Arbeitgeber:in nicht hinnehmen muss.

Schweigepflicht

Zu den Nebenpflichten eines jeden Arbeitsvertrages gehört die Schweigepflicht.

Im besonders datensensiblen Bereich des Sozialrechtes normieren darüber hinaus aber auch noch einmal verschiedene Gesetze den sogenannten Sozialdatenschutz in Abhängigkeit vom Träger:

- Träger und deren Mitarbeiter:innen, die auch Sozialleistungsträger nach§ 35 Abs. 1 SGB I sind, unterliegen dem bundesgesetzlichen Sozialdatenschutz (siehe Kapitel 31).
- Handelt es sich um einen kirchlichen Träger, gelten ergänzend die Bestimmungen des kirchlichen Datenschutzes. So hat die Evangelische Kirche Deutschlands ein Kirchengesetz über den Sozialdatenschutz (DSG-EKD) erlassen; in den

katholischen Bistümern sind sogenannte „Anordnungen über den kirchlichen Datenschutz“ ergangen.

Die Folgen eines Verstoßes gegen die Schweigepflicht hängen wiederum davon ab, welcher Berufsgruppe der/die Täter:in angehört:

- Verletzen staatlich anerkannte Sozialarbeiter:innen oder Sozialpädagog:innen die Schweigepflicht, begehen sie eine Straftat und können mit einer Geld- oder Freiheitsstrafe belegt werden (siehe Kapitel 15.6).
- Alle anderen in der Kinder- und Jugendhilfe Tätigen begehen bei Verletzung der Schweigepflicht eine Ordnungswidrigkeit (siehe Kapitel 31).

21.4 Verletzung der Arbeitspflicht

Der/die Arbeitnehmer:in kann seine/ihre Arbeitspflicht dadurch verletzen, dass er/sie die zugewiesene Arbeit entweder überhaupt nicht oder mangelhaft leistet.

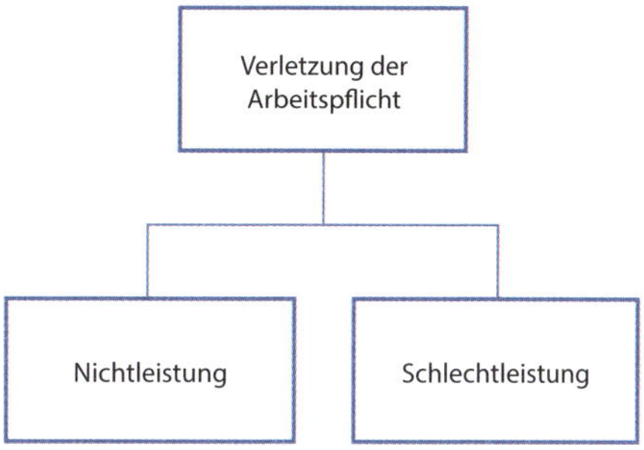

Abbildung 74: Verletzung der Arbeitspflicht

21.4.1 Nichtleistung

Kommt der/die Arbeitnehmer:in seiner/ihrer Arbeitspflicht dauernd oder vorübergehend nicht nach, stellt sich die Frage nach Lohnfortzahlung und einem etwaigen Schadensersatzanspruch des/der Arbeitgeber:in. Hier kommt es darauf an, ob eine Vertragspartei die Nichtleistung zu vertreten hat oder nicht.

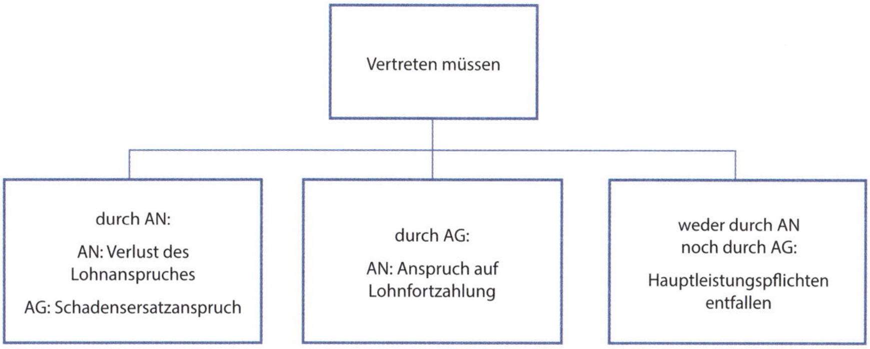

Abbildung 75: Vertretenmüssen der Nichtleistung

Sozialpädagoge Ole war am Wochenende auf einem Festival und ist nicht in der Lage, am Montagmorgen seinen Dienst im Jugendhaus anzutreten. Er hat die Nichtleistung zu vertreten. Sein Lohnanspruch entfällt. Muss wegen seines Ausfalls eine Ersatzkraft eingestellt werden, etwa wegen notwendiger, unaufschiebbarer Arbeiten, können damit verbundene Mehrkosten zu einem Schadensersatzanspruch des/der Arbeitgeber:in gegen Ole führen.

Erzieherin Petra kann heute nicht in der heilpädagogischen Tagesstätte arbeiten, da diese durch das Gesundheitsamt wegen Befall mit Gesundheitsschädlingen vorübergehend geschlossen wurde. Der/die Arbeitgeber:in kommt seiner/ihrer Beschäftigungspflicht nicht nach. Petra hat einen Anspruch auf Lohnfortzahlung.

Sozialassistent Quirin ist wegen einer Grippeerkrankung die ganze Woche krankgeschrieben. Weder er noch seine Arbeitgeberin hat diese Krankheit zu vertreten. Prinzipiell entfallen die Hauptleistungspflichten, d.h. Quirin muss nicht arbeiten, die Arbeitgeberin muss keinen Lohn zahlen.

Im dritten Beispiel gilt zwar der Grundsatz „Ohne Arbeit kein Lohn". Von diesem als unbillig empfundenem Grundsatz hat der Gesetzgeber allerdings einige gesetzliche Ausnahmen geschaffen wie zum Beispiel das Entgeltfortzahlungsgesetz, das Bundesurlaubsgesetz sowie das Mutterschutzgesetz (siehe Kapitel 22.2).

21.4.2 Schlechtleistung

Arbeitet der/die Arbeitnehmer:in zu flüchtig, zu langsam oder mit unzureichendem Arbeitsergebnis, liegt eine Schlechtleistung vor. Eine Lohnkürzung wegen Schlechtleistung ist allerdings gesetzlich nicht vorgesehen, woraus folgt, dass das Risiko der Schlechtleistung grundsätzlich vom/von der Arbeitgeber:in zu tragen ist. Etwas anderes kommt allenfalls dann in Betracht, wenn die erbrachte Arbeitsleistung dermaßen unbrauchbar ist, dass im Ergebnis eine Nichtleistung vorliegt. Wird ständig schlecht geleistet, kommt allerdings ein Recht des/der Arbeitgeber:in auf Kündigung in Betracht.

Kommt es durch die Schlechtleistung zu einem Schaden bei dem/der Arbeitgeber:in, ist dieser durch den/die Arbeitnehmer:in zu ersetzen. In diesem Zusammenhang kommen die Grundsätze über den innerbetrieblichen Schadensausgleich zum Tragen, die von der Rechtsprechung als Arbeitnehmerschutzrecht deshalb aufgestellt wurden, weil auch dem/der sorgfältigsten Arbeitnehmer:in ein Fehler unterlaufen kann und sich arbeitsbedingte Schadensereignisse nie ganz ausschließen lassen. Verursacht der/die Arbeitnehmer:in in Ausführung des Arbeitsvertrages einen Schaden, ergeben sich abhängig vom Verschuldensgrad die aufgeführten Rechtsfolgen:

Vorsatz -> unbeschränkte Haftung

Der Vorsatz muss sich dabei auf den Pflichtverstoß sowie zusätzlich auch auf den Schaden beziehen.

Grobe Fahrlässigkeit -> grundsätzlich unbeschränkte Haftung

Grobe Fahrlässigkeit liegt vor, wenn die im Verkehr erforderliche Sorgfalt in besonders schwerem Maße verletzt wurde. Hier ist ausnahmsweise eine Haftungsbegrenzung im konkreten Einzelfall möglich, wenn der Verdienst des/der Arbeitnehmer:in im deutlichen Missverhältnis zum Schadensrisiko der Tätigkeit steht.

Normale (= mittlere) Fahrlässigkeit -> Schadensteilung

In welcher Höhe der/die Arbeitnehmer:in haftet, hängt von den Umständen des Einzelfalles ab. Zu berücksichtigende Umstände: Verhalten in der Vergangenheit, Art und Schwierigkeit der Tätigkeit, Gefahrgeneigtheit der Tätigkeit, Schadensrisiko, Ausbildung, Berufserfahrung, Verhalten des/der Arbeitgeber:in (Mitverschulden?), Versicherbarkeit des Schadensrisikos.

Geringe Schuld (= leichteste Fahrlässigkeit) -> keine Haftung

Geringfügige, entschuldbare Pflichtverletzungen führen also nicht zu einer Haftung. Leichteste Fahrlässigkeit liegt zum Beispiel vor, wenn die Leitung einer Einrichtung zwar den Schlüssel in ihrem Büro aufbewahrt hat, er einem Kind aber dennoch in die Hände gerät, das ihn in der Toilette herunterspült. Grobe Fahrlässigkeit wäre anzunehmen, wenn der Schlüssel regelmäßig im Schloss steckengelassen, also nicht ordnungsgemäß aufbewahrt wird.

Problematischer sind die Fälle, die die Rechtsprechung unter „Mittlere Fahrlässigkeit" fasst, in denen also noch nicht grob, aber auch nicht mehr leicht fahrlässig gehandelt wurde. Hier kommt eine anteilige Haftung in Betracht, wobei die Höhe der Haftungsquote von einer Abwägung im Einzelfall unter der Berücksichtigung von Billigkeits- und Zumutbarkeitskriterien abhängt wie etwa:

- Hätte der/die Arbeitgeber:in das Schadensrisiko versichern können?
- Steht der Ersatz des Schadens im Verhältnis zur Höhe des Verdienstes des betroffenen Mitarbeitenden?
- Arbeitet der/die Mitarbeiter:in schon sehr lange in der Einrichtung und ist dies vorher noch nie vorgekommen?
- Hat der/die Mitarbeiter:in den Verlust umgehend gemeldet und die Umstände freiwillig und vollumfänglich mitgeteilt?
- Hat sich der/die Mitarbeiter:in selbst um Schadensbegrenzung bemüht?

Besonders wichtig in diesem Zusammenhang ist folgender Punkt: Hat der/die Arbeitgeber:in das Risiko (hier also den Verlust des Schlüssels) nicht versichert, ist dieses Risiko aber prinzipiell versicherbar, dann muss er/sie sich im Schadensfall nach ständiger Rechtsprechung so behandeln lassen, als habe er/sie zumutbare und übliche Versicherungen abgeschlossen. Die anteilige Haftung des Mitarbeitenden würde sich dann auf den üblichen Selbstbeteiligungsanteil beschränken, und zwar auch dann, wenn der/die Arbeitgeber:in keine solche Versicherung abgeschlossen hat.

Diese Grundsätze zur Verteilung des Haftungsumfanges stellen nach Ansicht des

BAG zwingendes Arbeitnehmerschutzrecht dar. Arbeitsvertragliche Abreden, die eine andere, für den/die Arbeitnehmer:in schlechtere Einstandspflicht vorsehen, sind daher nicht zulässig. Im Schadensfalle kann sich der/die Arbeitgeber:in also nicht darauf berufen.

21.4.3 Nebenjob

Jeder/jede Arbeitnehmer:in darf über ihre/sei e Freizeit ungehindert verfügen. Ob er/sie nach Feierabend oder im Urlaub einer Nebentätigkeit nachgeht, geht den/die Arbeitgeber:in prinzipiell nichts an. Etwas anderes kann sich aber ergeben, wenn

- der Arbeitsvertrag eine Nebentätigkeit ausdrücklich untersagt oder
- sich aus Tarifvertrag etwas anderes ergibt oder
- der/die Arbeitgeber:in ein berechtigtes Interesse an dem Verbot hat.

Von einem berechtigten Interesse des/der Arbeitgeber:in an einem Verbot ist immer dann auszugehen, wenn

- die Arbeitskraft nachweislich beeinträchtigt wird (z.B. durch Übermüdung),
- die Wettbewerbsbelange des/der Arbeitgeber:in verletzt werden oder
- Schwarzarbeit verrichtet oder gegen die Arbeitsschutzvorschriften (z B. Arbeitszeitgesetz, siehe Kapitel 22.6) verstoßen wird.

Im Einzelfall sollte auch immer geprüft werden, ob sich aus dem Arbeitsvertrag, Tarifvertrag oder einer Betriebsvereinbarung die Pflicht ergibt, eine ausgeübte Nebentätigkeit dem/der Arbeitgeber:in unaufgefordert anzuzeigen.

Eine Nebentätigkeit während des Urlaubs ist jedenfalls dann nicht erlaubt, wenn dabei die volle Arbeitskraft des/der Arbeitnehmer:in Anspruch genommen wird. Denn eine solche Erwerbstätigkeit widerspricht dem Urlaubszweck der Erholung.

21.5 Teilzeitarbeit und befristete Arbeitsverträge

Teilzeitarbeit und befristete Arbeitsverträge stellen Sonderformen von Arbeitsverhältnissen dar. Sie sind geregelt im Teilzeit- und Befristungsgesetz.

21.5.1 Teilzeitarbeit

Beträgt die regelmäßige Arbeitszeit weniger als die eines/einer vergleichbaren Vollzeitbeschäftigten, ist ein/e Arbeitnehmer:in teilzeitbeschäftigt. Auch geringfügige Beschäftigungsverhältnisse unterfallen dem Teilzeit- und Befristungsgesetz.

Das Ziel des Teilzeit- und Befristungsgesetzes ist es, Teilzeitarbeit zu fördern. Es gibt jedem/jeder Arbeitnehmer:in einen einklagbaren Anspruch auf Verkürzung bzw. Verlängerung der bisherigen regelmäßigen Arbeitszeit. Durch die Geltendmachung dieses Anspruchs dürfen dem/der Arbeitnehmer:in keinerlei Nachteile entstehen. Generell dürfen Teilzeitbeschäftigte nicht schlechter behandelt werden als vergleichbare Vollzeitbeschäftigte.

Konkret haben Teilzeitkräfte Anspruch auf:

- dieselbe Eingruppierung,
- Lohnfortzahlung im Krankheitsfall,

- Feiertagsvergütung,
- Erholungsurlaub (nicht jedoch im selben Umfang),
- anteilsmäßige Vergütung,
- Aus- und Weiterbildungsmaßnahmen.

Der/die Arbeitgeber:in ist verpflichtet, dem Wunsch nach Teilzeitarbeit nachzukommen. Er/sie muss auch jeden Arbeitsplatz als Teilzeitarbeitsplatz ausschreiben, der sich hierfür eignet.

Anspruch auf Teilzeitarbeit: Voraussetzungen

- Der Betrieb beschäftigt mehr als 15 Arbeitnehmer:innen.

Entscheidend für die Berechnung ist die Anzahl der regelmäßig vorhandenen Arbeitsplätze, auf die Anzahl der aktuell Beschäftigten kommt es hier nicht an. Alle Beschäftigten werden nach „Köpfen" und nicht nach Quoten berücksichtigt. Auch eine Teilzeitbeschäftigte mit 20 Wochenstunden zählt daher als eine Beschäftigte.

- Das Arbeitsverhältnis besteht länger als sechs Monate.
- Der Anspruch wird spätestens drei Monate vor dem Beginn der verkürzten Tätigkeit geltend gemacht.

Der Antrag kann auch formlos, also mündlich, gestellt werden. Wird der Dreimonatszeitraum unterschritten, führt dies nicht zur Unwirksamkeit des Antrages, sondern lediglich zur Verschiebung des Starttermins.

Der Teilzeitwunsch darf nur abgelehnt werden, wenn gewichtige betriebliche Gründe entgegenstehen. Für den sozialpädagogischen Bereich ist anerkannt, dass solche Gründe gegeben sind, wenn die Verringerung der Stundenzahl zu wesentlichen Beeinträchtigungen führt im Bereich

- des Arbeitsablaufes (Wechsel der Bezugspersonen)
- der innerbetrieblichen Sicherheit (unzureichende Beaufsichtigung)
- der Kostensituation
- der Organisation

Die Entscheidung über den Teilzeitantrag ist dem/der Arbeitnehmer:in spätestens einen Monat vor dem gewünschten Beginn schriftlich mitzuteilen. Versäumt der/die Arbeitgeber:in diese Frist, gilt der Antrag als genehmigt. Ein erneuter Teilzeitwunsch, also eine weitere Verringerung der Arbeitszeit, ist frühestens zwei Jahre nach Zustimmung/Ablehnung möglich.

21.5.2 Befristete Arbeitsverträge

Ist ein Arbeitsvertrag für eine bestimmte Zeit geschlossen, ist er befristet. Das Ende der Tätigkeit kann sich entweder aus einem Kalenderdatum ergeben oder sich aus Art, Zweck und Beschaffenheit der Arbeitsleistung (sog. Zweckbefristung) ergeben. Da das Arbeitsverhältnis automatisch mit Erreichen des Datums bzw. Zweckes endet, ist eine Kündigung des Arbeitsverhältnisses nicht erforderlich. Dementsprechend finden auch keine Kündigungsschutzvorschriften Anwendung. Dies gilt sowohl für das allgemeine Kündigungsschutzrecht als auch für besondere Kündigungsverbote, etwa für Schwangere und Schwerbehinderte. Auch muss ein Personal- oder Betriebsrat nicht beteiligt werden. Da sich somit die Befristung eines Arbeitsverhältnisses prinzipiell dazu eignet, Kündigungsschutzvorschriften zu unterlaufen, ist der Abschluss eines befristeten Arbeitsvertrages nur unter strengen Voraussetzungen zulässig. So unterliegt die Befristung der Schriftform. Ist sie also nicht schriftlich vereinbart, gilt der Arbeitsvertrag als unbefristet geschlossen.

Tom tritt heute seine neue Stelle als Zweitkraft in einem Hort an. Es ist der erste Tag des neuen Schuljahres und seine kurzfristige Neueinstellung hat dazu geführt, dass die Personalabteilung noch keine Zeit hatte, ihm seinen befristeten Vertrag auszuhändigen. Tom kann sich freuen: Mit Arbeitsantritt hat er einen unbefristeten Vertrag.

Genau wie für Teilzeitbeschäftigte gilt auch für befristet Beschäftigte ein Diskriminierungsverbot: Sie dürfen nicht gegenüber unbefristet Beschäftigten benachteiligt werden.

Befristet Beschäftigte sind über mögliche unbefristete Arbeitsplätze im Betrieb zu informieren. Weiterhin muss ihnen die Möglichkeit gegeben werden, sich durch Aus- und Weiterbildung für Dauerarbeitsplätze zu qualifizieren.

Bei der Befristung von Arbeitsverhältnissen ist zwischen der Befristung mit Sachgrund und der Befristung ohne Sachgrund zu unterscheiden.

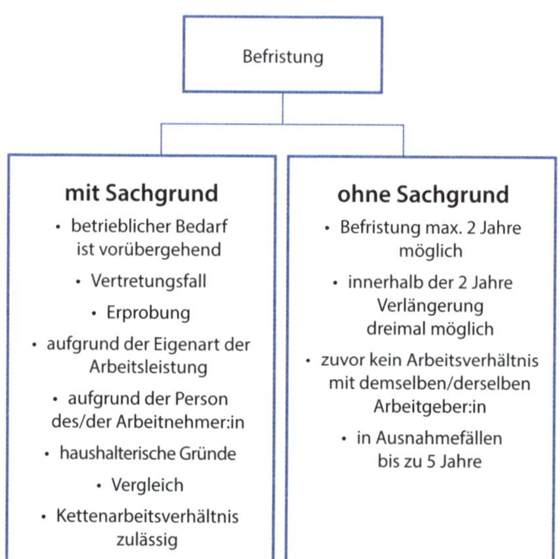

Abbildung 76: Befristung von Arbeitsverträgen

Befristung mit Sachgrund

Das Teilzeit- und Befristungsgesetz erlaubt eine Befristung grundsätzlich nur unter der Voraussetzung, dass sie durch einen sachlichen Grund gerechtfertigt ist. Fehlt es an einem solchen sachlichen Grund, kann der/die Mitarbeiter:in gegen die Befristung klagen (sog. Entfristungsklage) und hat bei Obsiegen im Arbeitsprozess ein unbefristetes Arbeitsverhältnis.

Ein solcher Sachgrund ist gegeben, wenn

- der betriebliche Bedarf an der Arbeitsleistung nur vorübergehend besteht,
- die Befristung im Anschluss an eine Ausbildung oder ein Studium erfolgt, um den Übergang des/der Arbeitnehmer:in in eine Anschlussbeschäftigung zu erleichtern,
- der/die Arbeitnehmer:in zur Vertretung eines/einer anderen Arbeitnehmer:in beschäftigt wird,
- die Eigenart der Beschäftigung die Befristung rechtfertigt,
- die Befristung zur Erprobung erfolgt,
- in der Person des/der Arbeitnehmer:in liegende Gründe die Befristung rechtfertigen,
- der/die Arbeitnehmer:in aus Haushaltsmitteln vergütet wird, die haushaltsrechtlich für eine befristete Beschäftigung bestimmt sind,
- die Befristung auf einem Vergleich beruht.

Werden dem/der Arbeitnehmer:in Daueraufgaben übertragen, die vom Stammpersonal wegen unzureichender Personalausstattung nicht erledigt werden können, sodass tatsächlich ein Dauerbedarf an der Arbeitsleistung der Arbeitnehmer:in besteht, fehlt es an einem Sachgrund für die Befristung eines Arbeitsvertrages. In diesen Fällen führt eine Entfristungsklage regelmäßig zum Erfolg.

Der staatlich anerkannte Erzieher Uwe tritt heute seine Stelle im Kindergarten der Stadt an. Er ist als Gruppenleitung für die ausgeschiedene Verena eingestellt worden. Sein Arbeitsvertrag ist für ein Jahr befristet und nennt als Befristungsgrund „nur vorübergehenden Bedarf an der Arbeitsleistung". Uwe ist der Ansicht, seine Arbeitsleistung werde dauerhaft gebraucht, da für die zweigruppige Einrichtung lediglich zwei Erzieherinnen, von denen eine die Leitungsaufgaben übernimmt, sowie zwei Ergänzungskräfte vorgesehen sind. Er erhebt Entfristungsklage und gewinnt.

Befristung ohne Sachgrund

Eine Befristung ohne Sachgrund, auch sachgrundlose oder erleichterte Befristung genannt, ist nur in wenigen Ausnahmefällen möglich. Dazu gehören:

- Bis zu zwei Jahre Laufzeit bei neu eingestellten Mitarbeiter:innen (bei Unternehmensneugründungen bis zu vier Jahren)
- Mit Arbeitnehmer:innen, die 52 Jahre und älter sind, können auf bis zu fünf Jahre befristete Arbeitsverhältnisse geschlossen werden, wenn sie vorher mindestens vier Monate beschäftigungslos waren

Verlängerung von befristeten Verträgen

Befristete Arbeitsverträge können auch befristet verlängert werden. Für Befristungen mit Sachgrund hat der Europäische Gerichtshof entschieden, dass Kettenarbeitsverträge durchaus erlaubt sind. Im zugrunde liegenden Fall war 13 Mal verlängert worden. Für sachgrundlose Befristungen gilt bundesdeutsche Rechtsprechung, nach der eine Gesamtdauer von zwei Jahren nicht überschritten und höchstens dreimal verlängert werden darf. Auf diese Weise sind maximal also vier Arbeitsverträge mit jeweils sechsmonatiger Dauer wirksam.

21.5.3 Arbeit auf Abruf

Arbeitgeber:innen und Arbeitnehmer:innen können vereinbaren, dass die Arbeitsleistung entsprechend dem Arbeitsanfall zu erbringen ist (Arbeit auf Abruf).

Die Vereinbarung muss eine bestimmte Dauer der wöchentlichen und täglichen Arbeitszeit festlegen. Wenn die Dauer der wöchentlichen Arbeitszeit nicht festgelegt ist, gilt eine Arbeitszeit von zehn Stunden als vereinbart. Ist die Dauer der täglichen Arbeitszeit nicht festgelegt, hat der/die Arbeitgeber:in die Arbeitsleistung jeweils für mindestens drei aufeinanderfolgende Stunden in Anspruch zu nehmen. Der/die Arbeitnehmer:in ist nur zur Arbeitsleistung verpflichtet, wenn der/die Arbeitgeber:in ihm/ihr die Lage der Arbeitszeit jeweils mindestens vier Tage im Voraus mitteilt.

Die Arbeitszeit darf bei Bedarf ohne Änderung des Vertrages seitens des/der Arbeitgeber:in um bis zu 20 Prozent gekürzt oder aber bis zu 25 Prozent erhöht werden. Die Rechtsprechung verlangt dabei, dass das Instrument so gehandhabt wird, dass eine ausgewogene Berücksichtigung beider Interessenlagen gegeben ist. Es könne keinesfalls darum gehen, das unternehmerische Risiko des/der Arbeitgeber:in einseitig auf die Beschäftigten abzuwälzen.

21.6 Beendigung des Arbeitsverhältnisses

Die große Mehrheit der Arbeitsverhältnisse wird auf unbestimmte Zeit als eine dauerhafte Rechtsbeziehung geschlossen. Will eine oder wollen beide Vertragsparteien diese Rechtsbeziehung lösen, sieht das Gesetz im Wesentlichen vier Möglichkeiten vor.

Beendigung des Arbeitsverhältnisses			
Aufhebungsvertrag	Kündigung	Tod des/der Arbeitnehmer:in	Zeitablauf

Abbildung 77. Beendigung des Arbeitsverhältnisses

21.6.1 Aufhebungsvertrag

Vereinbaren beide Arbeitsvertragsparteien einvernehmlich das Ausscheiden eines/einer Mitarbeiter:in außerhalb der gesetzlichen bzw. tarifvertraglichen Kündigungsfristen, schließen sie einen Aufhebungsvertrag. Der Abschluss eines Aufhebungsvertrages ist Ausdruck der im Zivilrecht geltenden Privatautonomie, die es den Vertragsparteien erlaubt, die Bedingungen, unter denen das Arbeitsverhältnis aufgelöst werden soll, frei zu verhandeln.

Der Aufhebungsvertrag bedarf der Schriftform, eine Kündigungsfrist muss jedoch nicht eingehalten werden. Auch besondere Kündigungsschutzvorschriften zum Beispiel nach Mutterschutzgesetz oder Schwerbehindertengesetz kommen hier nicht zur Anwendung. Der/die Arbeitgeber:in kann also auch das Arbeitsverhältnis mit einer Schwangeren oder einem Schwerbehinderten durch einen Aufhebungsvertrag lösen. Die Vorteile für den/die Arbeitnehmer:in liegen zum einen darin, dass er/sie sich als ungekündigt bezeichnen kann. Zum anderen wird im Rahmen eines Aufhebungsvertrages in aller Regel auch eine Abfindung vereinbart.

Diese Verfahrensweise empfiehlt sich dann, wenn sofort im Anschluss ein neuer Arbeitsplatz angetreten werden kann. Ist dies nicht der Fall, wird die Agentur für Arbeit eine Sperrfrist von drei Monaten für den Bezug von Arbeitslosengeld verhängen, wenn das Arbeitsverhältnis ohne wichtigen Grund gelöst worden ist (§ 159 SGB III).

21.6.2 Kündigung

Die Kündigung ist eine einseitige Willenserklärung, das bedeutet, für ihre Wirksamkeit ist es ausreichend, wenn eine Vertragspartei sie ausspricht. Unabhängig davon, welche Seite kündigt, ist die Kündigungserklärung eine sogenannte einseitige empfangsbedürftige Willenserklärung. Das bedeutet: Die andere Seite braucht mit ihr nicht einverstanden zu sein, die Kündigung muss aber wirksam zugegangen sein. Das bedeutet, die andere Vertragspartei muss die Möglichkeit haben, von der Kündigung Kenntnis zu erlangen.

Zugegangen ist eine Willenserklärung, wenn sie so in den Machtbereich des Empfängers gelangt ist, dass bei Zugrundelegung gewöhnlicher Verhältnisse mit der Kenntnisnahme durch den Empfänger zu rechnen ist (siehe Kapitel 17.1.2). Die Kündigungserklärung braucht das Wort „kündigen" nicht zu enthalten, es muss sich aber aus ihr klar entnehmen lassen, dass das Arbeitsverhältnis beendet werden soll. Auch muss der Erklärung zu entnehmen sein, zu welchem Zeitpunkt die Kündigung wirksam werden soll. Ist ein konkretes Datum nicht angegeben, reicht unter Umständen auch der Passus: „zum nächstmöglichen Termin".

Man unterscheidet zwei Arten der Kündigung: Die außerordentliche (fristlose) und die ordentliche (fristgemäße) Kündigung.

Kündigung	
ordentliche **-> Frist (+)** **-> Grund (-)**	**außerordentliche** **-> Frist (-)** **-> Grund (+)**

Abbildung 78: Kündigung

Ordentliche Kündigung

Die ordentliche Kündigung eines Vertragsverhältnisses verlangt grundsätzlich die Einhaltung einer Kündigungsfrist. Diese beträgt sowohl für den/die Arbeitgeber:in als auch den/die Arbeitnehmer:in vier Wochen zum 15. bzw. Ende eines Monats. Diese Frist verlängert sich für den/die Arbeitgeber:in in Abhängigkeit von der Betriebszugehörigkeit des/der Arbeitnehmer:in auf bis zu sieben Monate.

Aus dem Tarifvertrag können sich kürzere oder längere Kündigungsfristen ergeben. Arbeitsvertraglich kann die Kündigungsfrist verlängert werden. Eine Verkürzung der Kündigungsfrist durch den Arbeitsvertrag kommt nur bei einer Beschäftigungsdauer von bis zu drei Monaten, während der Probezeit und in Kleinbetrieben in Betracht.

Bei jeder Kündigung sind schließlich besondere Kündigungsfristen vorrangig zu beachten, die sich aus Arbeitnehmerschutzgesetzen (z.B. Kündigungsschutzgesetz) ergeben können.

Außerordentliche Kündigung

Die außerordentliche (fristlose) Kündigung ist in den Fällen sowohl für den/die Arbeitgeber:in als auch den/die Arbeitnehmer:in zulässig, in denen die Einhaltung der Kündigungsfrist unzumutbar ist und hierfür ein wichtiger Grund vorliegt. Aus diesem muss sich unter Berücksichtigung aller Umstände des Einzelfalls und unter Abwägung der Interessen beider Vertragsteile ergeben, dass die normale Beendigung des Arbeits- oder Berufsausbildungsverhältnisses nicht zugemutet werden kann.

Die Rechtsprechung hat als wichtige Gründe anerkannt:

- Androhung künftiger Krankheiten
- Beharrliche Arbeitsverweigerung
- Tätlichkeiten oder erhebliche Ehrverletzungen gegenüber dem/der Arbeitgeber:in
- Nebentätigkeit während ärztlich attestierter Arbeitsunfähigkeit
- Unpünktlichkeit im Wiederholungsfall
- Sachbeschädigung oder Vermögensdelikte zum Nachteil des/der Arbeitgeber:in
- Unerlaubte private Telefonate
- Unerlaubte private Internetnutzung
- Handlungen, die die Heilung während der Arbeitsunfähigkeit beeinträchtigen
- etc.

Bei außerordentlichen Kündigungen nach angedrohter Erkrankung ist stets zu fragen, ob tatsächlich eine Krankheit vorlag. Ist das der Fall, kann nicht automatisch ein wichtiger Grund angenommen werden.

Nach der Rechtsprechung ist stets eine umfassende, auf den Einzelfall bezogene Prüfung und Interessenabwägung dahingehend vorzunehmen, ob dem/der Arbeitgeber:in die Fortsetzung des Arbeitsverhältnisses trotz der eingetretenen Vertrauensstörung zumutbar ist oder nicht. So kann es für den/die Arbeitgeber:in durchaus zumutbar sein, das Arbeitsverhältnis – zumindest bis zum Ablauf der Kündigungsfrist – fortzusetzen, wenn der/die Arbeitnehmer:in bereits längere Zeit beschäftigt war, ohne vergleichbare Pflichtverletzungen begangen zu haben.

Die außerordentliche Kündigung muss innerhalb von zwei Wochen nach sicherer Kenntnis der maßgebenden Kündigungstatsachen durch den/die Arbeitgeber:in erfolgen. Die Zweiwochenfrist ist eine Ausschlussfrist: Wird sie versäumt, ist die außerordentliche Kündigung wegen dieses Sachverhalts nicht mehr möglich. Der Gesetzgeber geht dann davon aus, dass das Verhalten offensichtlich nicht unzumutbar war.

Änderungskündigung

Eine Änderungskündigung ist zunächst einmal eine normale ordentliche Kündigung, verbunden mit dem Angebot eines neuen Arbeitsverhältnisses. Der/die Arbeitnehmer:in hat drei Möglichkeiten, einer Änderungskündigung zu begegnen:

- Den neuen Vertrag annehmen.
- Den neuen Vertrag unter dem Vorbehalt annehmen, dass die Änderung sozial gerechtfertigt ist.
- Den neuen Vertrag nicht annehmen; die Wirkung der ordentlichen Kündigung tritt ein.

21.6.3 Tod einer Vertragspartei

Die Arbeitsleistung ist persönlich zu erbringen. Mit dem Tod des/der Arbeitnehmer:in erlischt daher das Arbeitsverhältnis.

Im pädagogischen Bereich handelt es sich bei Arbeitgeber:innen in der Regel nicht um natürliche, sondern um juristische Personen, sodass der Tod des/der Arbeitgeber:in als Beendigungsgrund nicht in Betracht kommt.

21.6.4 Zeitablauf

Eine Kündigung ist unnötig, wenn das Arbeitsverhältnis für eine bestimmte Zeit eingegangen wurde und diese Zeit abgelaufen ist. Für die Anwendung von Kündigungsschutzvorschriften besteht daher kein Raum. Um hier einem etwaigen Rechtsmissbrauch entgegenzuwirken, ist der Abschluss von befristeten Arbeitsverhältnissen nur unter bestimmten Voraussetzungen zulässig (siehe Kapitel 21.5.2).

21.7 Zeugnis

Bei Beendigung des Arbeitsverhältnisses hat jede/r Arbeitnehmer:in gegen seinen/ihren Arbeitgeber:in einen Anspruch auf Erteilung eines schriftlichen Arbeitszeugnisses. Man unterscheidet zwischen einem einfachen und einem qualifizierten Arbeitszeugnis. Das einfache Arbeitszeugnis enthält lediglich Angaben zur Person, zum Arbeitsfeld und zur Dauer der Beschäftigung. Das qualifizierte Arbeitszeugnis macht darüber hinaus auch Aussagen über die Leistung und Führung des/der Arbeitnehmer:in, nennt (auf Wunsch) den Grund für die Beendigung des Arbeitsverhältnisses und endet mit einer Beurteilung hinsichtlich Leistung und Führung des/der Arbeitnehmer:in.

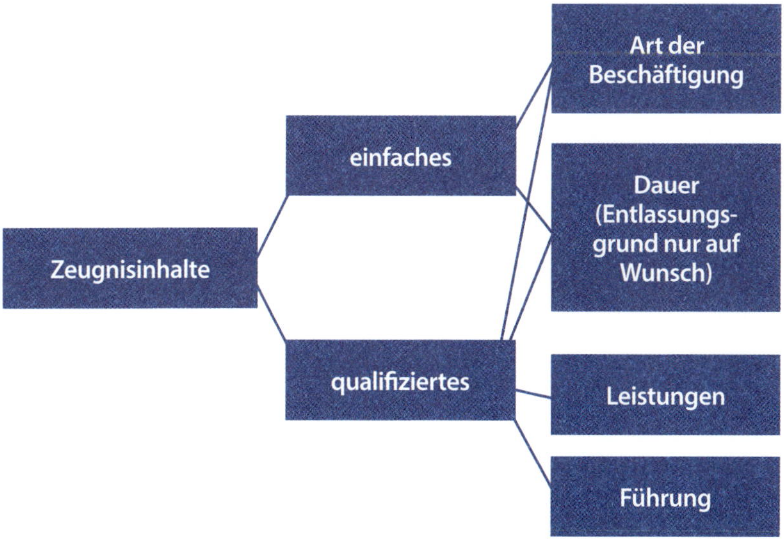

Abbildung 79: Inhalte eines einfachen und qualifizierten Zeugnisses

Der Anspruch entsteht bereits mit Ausspruch der Kündigung, damit die Bewerbung bei einem/einer neuen Arbeitgeber:in gelingen kann.

Der Anspruch auf ein Zwischenzeugnis besteht nur dann, wenn ein berechtigtes Interesse geltend gemacht werden kann. Das gilt zum Beispiel dann, wenn es für die Suche nach einem neuen Arbeitsplatz benötigt wird, die Einrichtungsleitung wechselt oder der neue Arbeitsplatz eine andere Einrichtung desselben Trägers ist.

Wie das Zeugnis konkret abzufassen ist, steht im Ermessen des Ausstellenden. Er/sie ist in Wortwahl und Satzbau frei und hat einen großen Beurteilungsspielraum. Das Zeugnis muss aber zwei Grundsätzen entsprechen:

- Grundsatz der Zeugniswahrheit
- Grundsatz der wohlwollenden Beurteilung durch den/die Arbeitgeber:in

Das bedeutet: Die Pflicht zur Wahrheit hat bei der Ausstellung eines Zeugnisses absoluten Vorrang. Weist das Zeugnis Unrichtigkeiten auf, haftet der/die Verfasser:in unter Umständen dem/der Folgearbeitgeber:in auf Schadensersatz.

Allerdings soll das unter Beachtung des Wahrheitsgebotes ausgestellte Zeugnis auch von einem verständigen Wohlwollen gegenüber dem/der Mitarbeiter:in getragen sein. Das Zeugnis darf das berufliche Fortkommen des/der Arbeitnehmer:in nicht unnötig erschweren.

Für die Beurteilung der Leistungen gilt daher: Der/die Verfasser:in hat einen Ermessensspielraum bei allen Wertungen, die vorgenommen werden. Er/sie kann auch ungünstige Aussagen aufnehmen.

Für die Beurteilung des Führungsverhaltens gilt: Grundsätzlich ist nur das Verhalten im Betrieb zu beurteilen. Einmalige Vorfälle sind wegzulassen. Charaktereigenschaften dürfen nur erwähnt werden, wenn sie arbeitsplatzrelevant sind.

Zeugnissprache

Folgende Formulierungen sind in der Praxis hinsichtlich der Gesamtbeurteilung üblich:

„Er/sie hat die übertragenen Aufgaben

- stets zu unserer vollsten Zufriedenheit erledigt. → sehr gut
- stets zu unserer vollen Zufriedenheit erledigt. → gut
- zu unserer vollen bzw. stets zu unserer Zufriedenheit erledigt. → befriedigend
- zu unserer Zufriedenheit erledigt. → ausreichend
- im Großen und Ganzen zu unserer Zufriedenheit erledigt. → mangelhaft
- „Er/sie hat sich bemüht, die ihm/ihr übertragenen Arbeiten zu unserer Zufriedenheit zu erledigen" → völlig ungenügend

Folgende Formulierungen sind in der Praxis hinsichtlich der Verhaltensbeurteilung üblich:

„Sein/ihr Verhalten gegenüber Vorgesetzten und Kollegen war

- stets vorbildlich → sehr gut
- vorbildlich (oder stets einwandfrei) → gut
- einwandfrei → befriedigend

- ohne Tadel → unterdurchschnittlich

Darüber hinaus umschreiben Arbeitgeber:innen sensible Thematiken mit bestimmten Einzelformulierungen:

„Er/sie hat alle Arbeiten ordnungsgemäß erledigt." = Er/sie zeigte keinerlei Eigeninitiative.

„Er/sie war ein gutes Vorbild durch ihre Pünktlichkeit." = Er/sie war zwar pünktlich, hat aber schlechte Arbeitsleistungen erbracht.

„Sein/ihr Verhalten gegenüber Mitarbeiter:innen und Vorgesetzten war stets einwandfrei." = Die Mitarbeiter:innen werden zuerst genannt. Der/die Arbeitnehmer:in hatte somit zu ihnen ein besseres Verhältnis als zu seinen/ihren Vorgesetzten.

„Seine/Ihre Auffassung wusste er/sie intensiv zu vertreten." = Präpotent und vorlaut.

„Er/sie hat zur Verbesserung des Betriebsklimas beigetragen." = Alkohol im Dienst.

Beweislastgrundsätze

Die Rechtsprechung gibt jedem/jeder Arbeitnehmer:in einen Anspruch auf eine durchschnittliche Bewertung. Er/sie ist daher darlegungs- und beweislastpflichtig, wenn in einem qualifizierten Zeugnis eine überdurchschnittliche Beurteilung erstrebt wird. Will der/die Arbeitgeber:in eine unterdurchschnittliche Leistung bescheinigen, trägt er/sie die Darlegungs- und Beweislast dafür, dass nicht doch eine durchschnittliche Leistung vorlag.

21.8 Berufsbildung

Gesetzliche Grundlage aller Berufsbildung ist das Berufsbildungsgesetz. Das Gesetz gliedert die Berufsbildung in die vier aus der folgenden Abbildung ersichtlichen Bereiche.

Berufsbildung			
Berufsausbildungsvorbereitung -> Heranführung an eine Berufsausbildung durch Vermittlung von Grundlagen für den Erwerb beruflicher Handlungsfähigkeit	**Beraufsausbildung** -> berufliche Grundbildung sowie Vermittlung von Fertigkeiten und Kenntnissen für eine qualifizierte berufliche Tätigkeit	**Berufliche Fortbildung** -> Erhaltung und Erweiterung der beruflichen Fertigkeiten und Kenntnisse	**Berufliche Umschulung** -> Befähigung zu einer anderen beruflichen Tätigkeit

Abbildung 80: Bereiche der Berufsbildung

21.8.1 Berufsausbildung

Berufsausbildung ist die Vermittlung von Fertigkeiten und Kenntnissen, die für eine qualifizierte berufliche Tätigkeit notwendig sind, und zwar nach einem festgelegten Ausbildungsplan in einem anerkannten Ausbildungsberuf. Die Ausbildung endet in der Regel mit einer Abschlussprüfung und berechtigt zum Führen einer staatlich anerkannten Berufsbezeichnung.

Für die Ausbildung der Berufe in der Sozialpädagogik wird das Berufsbildungsgesetz gegebenenfalls durch speziellere Gesetze ergänzt bzw. ersetzt, soweit diese vorhanden sind. Ein bundeseinheitliches Ausbildungsgesetz für den Beruf „Staatlich anerkannte:r Erzieher:in" fehlt allerdings bislang. Der Erwerb dieser Berufsbezeichnung richtet sich nach den Ausbildungs- und Prüfungsordnungen der Fachschulen/Fachakademien für Sozialpädagogik auf der Grundlage landesspezifischer Curricula.

Fachverbände und Gewerkschaften fordern vor dem Hintergrund des weiteren Ausbaus der Kindertagesbetreuung und dem Rechtsanspruch auf ganztägige Bildung und Betreuung ein bundeseinheitliches Ausbildungsgesetz für den Beruf „Staatlich anerkannte:r Erzieher:in", um Abwertungstendenzen, die durch Anlernkurse und Vorgabenlockerung zur Bekämpfung des Fachkräftemangels entstehen, entgegenzutreten.

Als zentrale Ziele eines Gesetzesentwurfes werden genannt:

- Eine pädagogische Ausbildung mit einem Abschluss auf DQR Niveau 6. Dieses Niveau beschreibt Kompetenzen, die zur Planung, Bearbeitung und Auswertung von umfassenden fachlichen Aufgaben und Problemstellungen sowie zur eigenverantwortlichen Steuerung von Prozessen in Teilbereichen eines wissenschaftlichen Faches oder in einem beruflichen Tätigkeitsfeld benötigt werden.
- Gesetzlich verankerte Gebührenfreiheit der Ausbildung und Anspruch auf Ausbildungsvergütung.
- Bundesweit einheitliche, sozialpartnerschaftlich erarbeitete Rahmencurricula und Ausbildungsrahmenpläne.
- Das Recht auf Mitbestimmung im Ausbildungsbetrieb.

Im Rahmen der Bildungsexpansion entstanden die neuen Berufsstände der universitär ausgebildeten Pädagog:innen. Hierzu gehören zum Beispiel Erziehungswissenschaftler:innen, Kindheitspädagog:innen etc. Gemeinsam ist den Studiengängen, dass sie mit dem Abschluss des Bachelors enden. Bei guten bis sehr guten Noten besteht die Möglichkeit, einen Masterabschluss zu erreichen. Die Ausbildung unterliegt der Studien- und Prüfungsordnung der jeweiligen Hochschule, Universität, Technischen Hochschule, Pädagogischen Hochschule etc.

Dasselbe gilt für den Berufsstand „Staatlich anerkannte:r Sozialpädagog:in" sowie „staatlich anerkannte:r Sozialarbeiter:in".

21.8.2 Fortbildung

Fortbildungsmaßnahmen dienen der Vertiefung und Verfestigung der in der Ausbildung erworbenen Kenntnisse, dem Erhalt und der Erweiterung sowie der Anpassung von beruflichem Fachwissen, Standards, Arbeitseinsätzen, Konzepten und Methoden.

Insbesondere im Hinblick auf anzuwendende Sorgfaltsmaßstäbe, die im Laufe der Zeit durch wissenschaftliche Erkenntnisse, den Gesetzgeber und die Unfallkassen stetig verfeinert werden, und der damit einhergehenden Frage nach dem Inhalt des Fahrlässigkeitsbegriffs im Rahmen von Haftungstatbeständen ist es erforderlich, sein Wissen stets aktuell zu halten, um die einmal erworbene Kompetenz nicht schleichend zu verlieren. In der traditionell sehr fortbildungsintensiven Frühpädagogik gilt dies vor dem Hintergrund der aktuellen breiten Qualifizierungswelle umso mehr. Durch die Fortbildung wird keine Änderung des beruflichen Status erreicht.

21.8.3 Weiterbildung

Auch die Weiterbildung vertieft und aktualisiert bereits vorhandene Kenntnisse. Darüber hinaus dient sie aber schwerpunktmäßig dem Neuerwerb von Fähigkeiten und Kenntnissen. Das Ziel einer Weiterbildung ist es, den vorhandenen Berufsstatus zu verändern.

Im Bereich der Frühpädagogik zählen hierzu zum Beispiel die Weiterbildung zum/zur „Fachwirt:in für Erziehungswesen", „Fachwirt:in für Kita- und Hortmanagement", „Sozialfachwirt:in", „Fachwirt:in im Sozial- und Gesundheitswesen" etc.

21.8.4 Kosten der Fort- und Weiterbildungsmaßnahmen

Wer die Kosten einer Fort- oder Weiterbildungsmaßnahme zu bezahlen hat, ist gesetzlich nicht geregelt. Ist im konkreten Einzelfall nicht bereits im Arbeitsvertrag, in einer Betriebsvereinbarung, im Tarifvertrag etc. geregelt, dass der/die Arbeitgeber:in die Kosten übernimmt, verbleiben sie bei dem/derjenigen, der/die den Bildungsvertrag abgeschlossen hat.

In aller Regel jedoch übernimmt der/die Arbeitgeber:in die Kosten der Fort- und Weiterbildungsmaßnahmen, da die dort neu erworbenen Kenntnisse dem Betrieb zugutekommen. Im Interesse des/der Arbeitgeber:in liegt es auch, die neu erworbenen Kenntnisse möglichst lange für den eigenen Betrieb zu nutzen. Daher ist er/sie bestrebt, den/die fort- bzw. weitergebildete Arbeitnehmer:in möglichst lange an den Betrieb zu binden bzw. seine Kosten zurückzuerlangen, wenn der/die Arbeitnehmer:in den Betrieb verlässt. Demgegenüber hat der/die Arbeitnehmer:in ein grundrechtlich geschütztes Interesse daran, ihren Beruf frei zu wählen (Art. 12 GG). Das Grundrecht schützt auch die freie Wahl der Berufsausübungsstätte.

Zwischen diesen widerstreitenden Interessen gilt es, einen Ausgleich zu finden.

21.8.5 Rückzahlungsvereinbarung und Bindungswirkung

Den Ausgleich schafft das Bundesarbeitsgericht, in dem es hierzu folgende Grundsätze aufgestellt hat:

- Eine Rückzahlungsverpflichtung kommt nur in den Fällen in Betracht, in denen sich die Finanzierungspflicht des/der Arbeitgeber:in nicht ohnehin aus dem Gesetz ergibt (z.B. Unterweisungen, Betriebsratsschulungen).

- Die Rückzahlungsverpflichtung muss vor Beginn der Fort- und Weiterbildungsmaßnahme vereinbart sein. Sie muss schriftlich abgefasst sein, wenn nach dem Arbeits- oder Tarifvertrag Nebenabreden der Schriftform bedürfen.
- Die Rückzahlungsverpflichtung entsteht nur dann, wenn der/die Arbeitnehmer:in die Beendigung des Arbeitsverhältnisses herbeigeführt hat, also entweder
  - gekündigt hat oder
  - einen Aufhebungsvertrag im eigenen Interesse geschlossen hat oder
  - das Arbeitsverhältnis aus einem von ihm/ihr zu vertretenden Grund (berechtigte verhaltensbedingte Kündigung seitens des/der Arbeitgeber:in) beendet wird.
- Der/die Arbeitnehmer:in muss einen geldwerten Vorteil erlangt haben, er/sie muss also eine angemessene Gegenleistung für die Rückzahlungsverpflichtung erhalten haben. Am geldwerten Vorteil fehlt es, wenn die erworbenen Kenntnisse nur im gegenwärtigen Betrieb nutzbar sind und zu keinem finanziellen Vorteil bei dem/der zukünftigen Arbeitgeber:in – also Aufstieg auf der Karriereleiter – führen.
- An einem geldwerten Vorteil für den/die Arbeitnehmer:in fehlt es auch, wenn die Fortbildung allein der Auffrischung oder Vertiefung von ohnehin vorhandenen Kenntnissen dient. Ein eventueller Vorteil der Fortbildung liegt in diesen Fällen allein im Interesse des/der Arbeitgeber:in.
- Die Dauer der Fortbildung ist ein starkes Indiz für die Qualität der erworbenen Qualifikation. Fortbildungs- und Bindungsdauer müssen daher in einem angemessenen Verhältnis stehen. Hierzu hat die Rechtsprechung folgende Richtwerte entwickelt:

Tabelle 8: Bindungsdauer in Abhängigkeit zur Fortbildungsdauer

Fortbildungsdauer	Bindungsdauer
• Bis zu 1 Monat	• Bis zu 6 Monaten
• Bis zu 2 Monaten	• Bis zu 12 Monaten
• 3 bis 4 Monate	• 24 Monate
• 6 bis 12 Monate	• 36 Monate
• Mehr als 24 Monate	• Maximal 60 Monate

Für die Höhe des Rückzahlungsbetrages sind zunächst die tatsächlichen Kosten der Maßnahme zu ermitteln. Diese errechnen sich aus den Schulungsgebühren zuzüglich eventueller Fahrt- und Materialkosten zuzüglich dem Entgeltwert für die Freistellung von der Arbeitsverpflichtung. Bei Dozent:innenkosten ist immer auch zu prüfen, ob sie tatsächlich entstanden sind, wenn der/die Arbeitgeber:in selbst der Träger der Maßnahme ist.

Der so ermittelte Betrag vermindert sich entsprechend der Länge der bereits abgelaufenen Bindungsdauer. Das bedeutet: Besteht zum Beispiel eine Bindungsdauer von zwölf Monaten, kann nicht der gesamte Betrag für die Fortbildung zurückverlangt werden, wenn der/die Arbeitnehmer:in nach elf Monaten den Betrieb wechselt. Vielmehr besteht der Anspruch lediglich in Höhe von einem Zwölftel für den verbleibenden Monat der Bindungsdauer, die nicht eingehalten wurde.

21.8.6 Pflichten des Ausbilders/der Ausbilderin

Der/die Auszubildende muss angeleitet und überwacht werden. Eine ordnungsgemäße Anleitung stellt folgende Punkte sicher:

- Der/die Auszubildende wird zunächst über das pädagogische Konzept der Einrichtung informiert.

- Er/sie wird über die Arbeitsorganisation - Vormittagsgruppen, Nachmittagsangebote, Ganztagsbetreuung, Mahlzeitenausgabe, Teamsitzungen, Elternarbeit etc. - informiert.
- Er/sie wird weiterhin über bauliche oder organisatorische Gefahrenquellen unterrichtet.
- Er/sie ist über die zu betreuenden Kinder/Jugendlichen zu informieren. Dazu gehören Angaben über Allergien, Verhaltensauffälligkeiten, Abholregelungen etc.
- Er/sie sollte die Gelegenheit bekommen, die Zusammenarbeit mit den Eltern mitzugestalten.
- Er/sie erhält die Gelegenheit, die Arbeit mit Dritten wie Träger, Jugendamt, Polizei etc. kennenzulernen.
- Stehen besondere Aktionen wie Ausflüge etc. an, erhält er/sie eine entsprechende Einweisung.

Eine ordnungsgemäße Überwachung wird dadurch sichergestellt, dass

- der/die Auszubildende bei seiner/ihrer Tätigkeit beobachtet wird und
- seine/ihre Tätigkeit anhand konkreter Fallbeispiele mit ihm/ihr repetiert und individuelle konstruktive Kritik angebracht wird.
- Der/die Auszubildende sollte am Ende des Gespräches zur Bewertung seiner/ihrer eigenen Arbeit aufgefordert werden.

21.8.7 Beendigung und Kündigung des Ausbildungsverhältnisses

Das Berufsausbildungsverhältnis endet mit Ablauf der vereinbarten Ausbildungszeit. Ist die Abschlussprüfung früher, so endet es bereits mit Bestehen der Prüfung. Bei Nichtbestehen der Abschlussprüfung wird das Ausbildungsverhältnis auf Verlangen des/der Auszubildenden bis zur (ggf. zweiten) Wiederholungsprüfung, längstens aber für die Dauer eines Jahres verlängert.

Eine Kündigung des Ausbildungsverhältnisses ist während der Probezeit jederzeit und ohne Angabe von Gründen möglich. Sie muss aber schriftlich erfolgen, ansonsten ist sie unwirksam. Die Kündigungserklärung ist eine ordentliche, aber entfristete, kommt also in ihren Wirkungen einer fristlosen Kündigung gleich.

Nach der Probezeit ist eine ordentliche Kündigung ausgeschlossen. Der/die Auszubildende kann jedoch mit einer Frist von vier Wochen kündigen, wenn er/sie die Ausbildung aufgeben oder sich einer anderen Ausbildung zuwenden will. Die Kündigung muss schriftlich und unter Angabe der Gründe erfolgen. Die besonderen Kündigungsschutzbestimmungen etwa nach Mutterschutzgesetz und Schwerbehindertengesetz sind anwendbar. Das Recht zur außerordentlichen Kündigung besteht weiterhin.

21.9 Delegation von Tätigkeiten

Die Delegation von Tätigkeiten im Rahmen der Kinder- und Jugendhilfe führt vor allem im Tätigkeitsfeld Kindertageseinrichtungen immer wieder zu Problemen. Zum einen muss geklärt sein, welche Tätigkeit in den Zuständigkeits- und Aufgabenbereich des Trägers und was in den Bereich der Kita-Leitung fällt. Wichtig ist in diesem Zusammenhang auch die Frage, ob Leitungskräfte verpflichtet sind, bestimmte Aufgaben und Tätigkeiten, die in den Verantwortungsbereich des Trägers fallen, im Wege der arbeitsrechtlichen Weisung zu übernehmen bzw. ob sie unter Hinweis auf fehlende Zuständigkeit die Übernahme verweigern können. Hieran schließt sich die Frage nach der Haftung an, wenn übertragene Aufgaben nicht ordnungsgemäß erledigt werden.

21.9.1 Aufgaben von Träger und Leitung

Die Grenze zwischen den Pflichten und Aufgaben des Trägers und denen der Leitung verläuft leider weder in der Theorie noch in der Praxis eindeutig. So gibt es zum Beispiel zuhauf Verwaltungsaufgaben, die echte Trägeraufgaben sind, aber de facto ausschließlich von der Leitung erledigt werden. Hierzu gehören statistische Arbeiten, Personalmanagement, Neuaufnahme von Kindern etc. Darüber hinaus erledigen viele Leitungen auch noch das Mahnverfahren bei säumigen Beitragszahlern, das Antragsverfahren für die Fördermittel und beschäftigen sich mit zahlreichen anderen Fragen der Haushaltsplanung. Wünschenswert wäre hier die Einführung eines gesonderten Stundendeputats, da die Erledigung dieser Aufgaben bislang von der wertvollen Zeit für die Arbeit am Kind abgeht.

Trägerpflichten sind zwar in erster Linie die Aufgaben des Trägers, aber eben nicht ausschließlich des Trägers. Die Leitung einer Einrichtung ist einerseits arbeitsrechtlich verpflichtet, den Träger bei der Verwirklichung seiner Aufgaben zu unterstützen. Diese Unterstützung kann ihr je nach Aufgabenbereich verschieden stark abverlangt werden. Andererseits hat die Leitung keine unmittelbare rechtliche Handhabe, notwendige Maßnahmen auch gegen den Willen des Trägers durchzusetzen. Stellt der Träger sich bei der Verwirklichung einer konkreten Maßnahme – aus Uneinsichtigkeit, Unkenntnis oder Kostenüberlegungen – quer, gibt es keine spezielle arbeitsrechtliche Regelung, aufgrund einer Leitungsposition die Einhaltung der Trägerpflichten durchzusetzen.

Dieses Dilemma zwischen Arbeitnehmerdasein und Arbeitgeberverantwortung ist typisch für mittlere Managementpositionen. Es gilt, im Einzelfall genau abzuwägen, um sich nicht angreifbar zu machen bzw. das Gefühl zu haben, zwischen allen Stühlen zu sitzen mit der Wahrnehmung, einerseits noch nicht genug getan zu haben, andererseits gegen die eigenen beruflichen Interessen handeln zu sollen.

Der Träger einer Einrichtung hat die sogenannte Verkehrssicherungspflicht für das Anwesen. Das bedeutet, er hat dafür zu sorgen, dass sämtliche Gefahren von Dritten, die die Einrichtung bestimmungsgemäß benutzen, abgewendet werden. Verletzt er diese Pflicht, macht er sich im Schadensfall ersatzpflichtig.

Die Pflichtenkreise des Trägers und der Leitung einer Kita ergänzen sich im Rahmen der Verkehrssicherungspflicht wie folgt:

Bauliche Sicherheit

Hierunter fallen alle Fragen in Bezug auf Bau und Ausrüstung der Einrichtung wie Traglasten, Glasbruch, Asbestbelastung etc. Besonders relevant sind in diesem Zusammenhang die Überprüfung der Spielplatzgeräte sowie die Bestellung eines Sicherheitsbeauftragten. Ist der Träger nicht auch Eigentümer der Liegenschaft, regelt die näheren Verantwortlichkeiten der Mietvertrag. Der Träger wird in diesen Fragen durch das Bauamt als zuständige Aufsichtsbehörde kontrolliert.

Der Pflichtenkreis der Leitung ist hier beschränkt auf die Sicherheit der Beschäftigten, der Kinder und Gäste der Einrichtung. Die Leitung entscheidet bei festgestellten Mängeln darüber, ob das Gebäude, seine Einrichtungen und Anlagen etc. weiterbenutzt werden oder nicht. Über ein bereits bestehendes Nutzungsverbot durch die Aufsichtsbehörde, den Träger oder den Eigentümer der Einrichtung darf sich die Leitung nicht hinwegsetzen.

Brandschutz

Unter Brandschutz werden alle Vorkehrungen baulicher, betrieblicher, organisatorischer und technischer Art gefasst, die dazu dienen, die Brandentstehung bzw. Brandausbreitung zu verhindern, Rettung von Menschen und Tieren sowie die Bergung von Sachen zu ermöglichen, schnelle Brandbekämpfung zu fördern, schnelle Brandmeldung zu sichern, Zugänglichkeit des Gebäudes zu erleichtern und Löschwasserversorgung sicherzustellen.

Für den Träger einer Kita ergibt sich hieraus die Verpflichtung,

- Rettungswege und Notausgänge zu kennzeichnen,
- Feuerlöscher in ausreichender Anzahl bereitzustellen und
- ihre Funktionstüchtigkeit zu gewährleisten,
- die regelmäßige Überprüfung alle zwei Jahre durch die Feuerwehr gestatten zu lassen,
- Flucht- und Rettungspläne zu erstellen,
- Brandschutzübungen durchzuführen.

Zuständige Aufsichtsbehörde ist auch hier das Bauamt.

Der Pflichtenkreis der Leitung ist hier beschränkt auf unterstützende Tätigkeiten vor allem im Rahmen der Brandschau und der Mitwirkung an Brandschutzübungen.

Arbeitsschutz

Die Pflichten des Trägers ergeben sich in diesem Bereich aus einer Fülle von Vorschriften, wie zum Beispiel Arbeitsstättenverordnung, Biostoffverordnung, Mutterschutzgesetz (siehe Kapitel 22.2), Jugendarbeitsschutzgesetz (siehe Kapitel 22.3).

Aus diesen Normen ergibt sich für den Träger etwa die Pflicht zur

- Durchführung von Gefährdungsbeurteilungen,
- Unterweisung der Mitarbeiter:innen,
- Bestellung eines Betriebsarztes,
- arbeitsmedizinischen Vorsorge,
- Gewährleistung des Immunschutzes.

Die Einhaltung dieser Vorschriften überwachen die zuständigen Unfallversicherungsträger.

Der Pflichtenkreis der Leitung ist hier beschränkt auf den Rahmen ihrer Aufgaben und Befugnisse. Da sie regelmäßig nicht über haushaltsrechtliche Kompetenzen verfügt, kann sie auch nicht teure Neuanschaffungen anordnen, selbst dann nicht, wenn diese nach der Arbeitsstättenverordnung dringend geboten wären. Hier gilt es, mit dem Träger im Rahmen der Haushaltsplanungen einen Budgetrahmen zu verhandeln.

Gesundheitsschutz

Die Trägerpflichten zum Gesundheitsschutz ergeben sich aus mehreren Vorschriften. Im Einzelnen:

- Infektionsschutzgesetz (siehe Kapitel 33.7): Zuständige Aufsichtsbehörde ist das Gesundheitsamt. Der Pflichtenkreis der Leitung ist hier beschränkt auf die

Prävention der Übertragung von ansteckenden Krankheiten und Kopfläusen.

- Lebensmittelhygieneverordnung (siehe Kapitel 33.8): Zuständige Aufsichtsbehörde ist das Gesundheitsamt. Der Pflichtenkreis der Leitung ist hier beschränkt auf die Unterstützung des Trägers bei der Auffindung der HACCP, da sie näher am konkreten Geschehen ist und die Arbeitsabläufe am besten kennt.
- Organisation der Ersten Hilfe (siehe Kapitel 28.8.12): Zuständige Aufsichtsbehörde ist der Unfallversicherungsträger. Der Pflichtenkreis der Leitung ist hier beschränkt auf die Führung des Verbandbuches, die vorschriftsmäßige Ausstattung der Einrichtung mit Erste-Hilfe-Material (Verbandkasten, Notfallkoffer etc.), die regelmäßige Überprüfung des Erste-Hilfe-Materials auf Vollständigkeit und Verwendbarkeit (MHD beachten), das Mitführen von Erste-Hilfe-Material bei sämtlichen Außer-Haus-Aktivitäten der Einrichtung.
- Überprüfung elektrischer Betriebsmittel (siehe Kapitel 28.8.3): Zuständige Aufsichtsbehörde ist der Unfallversicherungsträger. Der Pflichtenkreis der Leitung ist hier beschränkt auf die Unterstützung des Trägers durch regelmäßige Sichtkontrollen vor jedem Benutzen, Vermeidung von „Kabelsalaten" sowie regelmäßige Überprüfung auf Beschädigung und Verlust. Darüber hinaus muss gewährleistet sein, dass Halogenlampen, Lichterketten und Dekorationsmaterialien so verwendet werden, dass von ihnen keine Brandgefahr ausgeht.

Die Organisation dieser Pflichtenkreise ist am besten mit einem guten Qualitätsmanagementsystem (siehe Kapitel 43) in den Griff zu bekommen. Dieses organisiert zum Beispiel auch die Übertragung einzelner Pflichtenkreise auf beauftragte Personen (Hygienebeauftragte:r, Sicherheitsbeauftragte:r etc.) im Rahmen eines Beauftragtensystems (siehe Kapitel 37.7.4).

21.9.2 Delegation von Leitungspflichten auf Beauftragte und Hilfspersonal

Die Leitung einer Einrichtung kann ihrerseits die Aufgaben aus ihren bereits dargestellten Pflichtenkreisen auf beauftragte Personen und Hilfspersonal (Sicherheitsbeauftragte, Hausmeister:in, Küchenkraft etc.) der Einrichtung delegieren. Zu beachten ist hierbei, dass mit der Delegation rechtlich keinerlei Enthaftung verbunden ist. In diesem Zusammenhang gilt die wichtigste Regel des Arbeitsschutzes: „Die Organisations- und Kontrollverantwortung liegt bei dem/der Vorgesetzten." Die Leitung ist also verpflichtet, regelmäßig zu kontrollieren, ob die Verkehrssicherungspflichten ordnungsgemäß, insbesondere auch rechtzeitig (z.B. Winterdienst durch Hausmeister, Sichtprüfung der Spielgeräte durch Sicherheitsbeauftragte), erfüllt werden. Stellt sie Mängel fest, muss sie umgehend einschreiten und für eine regelgerechte Durchführung sorgen. Unterlässt sie dies, haftet sie für etwaig eintretende Schäden.

21.9.3 Delegation von Aufsichtspflicht auf Praktikant:innen

Es gilt der Grundsatz, dass einer/einem Praktikant:in immer dann die Aufsichtspflicht übertragen werden kann, wenn er/sie dafür geeignet ist oder geeignet erscheint. Dabei sind stets drei Kriterien zu berücksichtigen:

Die konkrete Aktion: Welche Aktion soll der/die Praktikant:in beaufsichtigen? Geht es um einen Schwimmbadbesuch, einen Waldspaziergang, Basteln, Hausaufgabenbetreuung, Durchführung von Freizeitangeboten? Mit Aktionen, die ein erhöhtes Gefährdungspotenzial mit sich bringen, sollten Praktikant:innen generell nicht betraut werden.

Die teilnehmenden Kinder/Jugendlichen: Welche Kinder/Jugendlichen sind bei der Aktion mit dabei (Anzahl, Persönlichkeit, gruppendynamische Prozesse bei bestimmten Konstellationen, Kinder/Jugendliche mit erhöhtem Betreuungsbedarf etc.)?

Der/die Praktikantin: Ist er/sie jeweils für diese konkrete Aufgabe geeignet? Ist er/sie bereits einige Zeit in der Einrichtung tätig? Ist bereits Erfahrung im Umgang mit (Klein-)Kindern/Jugendlichen vorhanden? Hat er/sie Erfahrung mit der konkreten Aktion? Verfügt er/sie über eine entsprechende persönliche Reife? Ist er/sie besonnen, zuverlässig und gewissenhaft? Traut er/sie es sich selbst zu?

Die übertragene Aufgabe muss stets in Relation zu den konkreten Fähigkeiten des/der jeweiligen Praktikant:in stehen. Es ist also stets eine Einzelfallentscheidung zu treffen. Keinesfalls darf eine Überforderungssituation eintreten. Das Gelingen der Aufsichtsführung durch den/die Praktikant:in ist von der zuständigen Fachkraft nach den Regeln zur ordnungsgemäßen Anleitung (siehe Kapitel 21.8.6) zu überwachen. Tauchen Schwierigkeiten auf, muss sie Hilfestellung anbieten und die Probleme im Anleitungsgespräch zusammen mit dem/der Praktikant:in erörtern.

21.10 Übungsfälle

Fall 74

Die staatlich anerkannte Erzieherin Anna hat am 1. August ihre Stelle als Fachberatung bei einem großen Wohlfahrtsverband angetreten. Die Verwaltung kommt erst Mitte Oktober dazu, einen schriftlichen Arbeitsvertrag auszufertigen.

Wann beginnt Annas Arbeitsverhältnis?

Fall 75

Die staatlich anerkannte Erzieherin Britta hat ihre Stelle als Gruppenleitung in einer Münchner Kita gekündigt, da sie beabsichtigt, wieder in ihren Heimatort nach Schleswig-Holstein zurückzuziehen, wo sie sich um ihre gesundheitlich eingeschränkten Eltern kümmern will. Sie bewirbt sich um eine Teilzeitstelle in einer Kinderkrippe in Flensburg. Diese bittet sie, sich persönlich vorzustellen. Im Einladungsschreiben ist folgender Satz vermerkt: „Bitte haben Sie Verständnis dafür, dass wir aufgrund der angespannten Haushaltslage keinerlei Auslagen übernehmen können." Britta zögert, die Einladung anzunehmen, da sie an dem Abend des vorgeschlagenen Tages noch einen Babysitter-Job bei einer Nachbarin zugesagt hat.

Um eine Entscheidung treffen zu können, benötigt sie Antworten auf folgende Fragen:

- Muss sie in München Urlaub nehmen, um nach Flensburg zu fahren?
- Wer zahlt die Reisekosten für die Fahrt nach Flensburg?
- Wer übernimmt den Verdienstausfall für den entgangenen Babysitter-Job?

Fall 76

Die 17-jährige Doris ist in der Ausbildung zur Kinderpflegerin. Ihr Ausbildungsvertrag enthält keine Regelung zur Dauer ihres Erholungsurlaubs.

Wie viele Tage stehen ihr zu?

Fall 77

Die 64-jährige Erika ist Gruppenleitung einer Kindertageseinrichtung. Vor 18 Monaten wurde ihr ein künstliches Hüftgelenk eingesetzt. Erika leidet noch immer unter den Nachwirkungen der Operation, hat Gelenkbeschwerden bei längerem Gehen und Stehen sowie eine Gangunsicherheit. Die Leitung der Einrichtung weist nun in einer Teambesprechung das gesamte Team an, bis auf weiteres wöchentliche Waldtage mit allen Gruppen durchzuführen, bei denen die Kinder bei jedem Wetter von 9 bis 15 Uhr im Wald betreut werden sollen. Die 21-jährige Berufspraktikantin Franziska ist wenig begeistert von der Dienstanweisung, denn es ist ihr unangenehm, bei Wind und Wetter ohne jegliche sanitäre Anlagen einen ganzen Tag im Freien zu verbringen.

Müssen Erika und Franziska der Dienstanweisung Folge leisten?

Fall 78

Die neue Sozialassistentin Heidi stößt seit einigen Tagen auf Ablehnung in der Elternschaft, die sich an ihrem äußeren Erscheinungsbild stört: Neben stahlblau gefärbten Haaren trägt sie mehrere Piercings in Augenbrauen, Nasenflügel und Unterlippe. Außerdem befindet sich an ihrem Hals der Ausläufer eines wohl sehr großen Rückentattoos. Baggy-Pants und das Bauchfrei-Shirt erlauben einen ungehinderten Blick auf ihren roten String-Tanga und den gepiercten Bauchnabel.

Welche arbeitsbegleitenden Weisungen sollte ihre Leitung aussprechen?

Fall 79

Der 20-jährige Sozialassistent Gerald erhält heute von der Leitung des Hortes, in dem er arbeitet, die Anweisung, sein Smartphone von nun an morgens bei Dienstantritt im Leitungsbüro abzuliefern. Er erhält es bei Dienstende zurück. Als Grund für die Anweisung gibt die Leitung an, er habe wiederholt private Telefonate geführt und dies auch nach Ermahnung seitens der Leitung nicht unterlassen.

Muss Gerald sein Smartphone abgeben?

Fall 80

Die Kita-Leitung bittet Erzieherin Annette, den Gruppenraum zu säubern. Annette ist der Ansicht, dass Putzarbeiten nicht Element ihrer Stellenbeschreibung sind.

Muss Annette putzen?

Fall 81

Erzieherin Xenia wird von ihrem Träger eine andere Planstelle in einem anderen Betrieb zugewiesen.

Handelt es sich hier um eine Abordnung oder eine Versetzung?

Fall 82

Erzieherin Ylenia wird von ihrem Träger vorübergehend als Krankheitsvertretung in einer anderen Einrichtung eingesetzt.

Handelt es sich hier um eine Abordnung oder eine Versetzung?

Fall 83

Vorschulgruppenleiterin Zaida wechselt in die Vorklasse einer Grundschule desselben kommunalen Trägers.

Handelt es sich hier um eine Abordnung oder eine Versetzung?

Fall 84

Sozialpädagogin Anna wechselt mit Zustimmung ihres bisherigen Arbeitgebers (Jugendamt), aber auf eigenen Wunsch in das Jugendamt eines anderen Verwaltungsbezirks der Stadt.

Handelt es sich hier um eine Abordnung oder eine Versetzung?

Fall 85

Der 19-jährige Ingo befindet sich in seinem Sozialpädagogischen Einführungsjahr (SEJ). Nach dem Besuch eines Festivals am Wochenende sieht er sich Montagfrüh außerstande, bei seiner Arbeitsstelle im Kinder- und Jugendnotdienst der Stadt zu erscheinen. Er überlegt, seinen Freund Jan zu schicken, der Fachwirt für Erziehungswesen und gerade zwischen zwei Jobs ist.

Wäre das zulässig?

Fall 86

Die 35-jährige Hanna ist seit kurzem Kinderpflegerin in einem Kindergarten, der in Trägerschaft einer privaten Elterninitiative steht. Nach vielen Jobwechseln und einigen Enttäuschungen hat sie nun die Stelle gefunden, die sie sich immer gewünscht hat: Man gibt ihr viel Verantwortung und lässt sie eigenständig mit den Kindern arbeiten. Gruppenleiterin Gisa traut ihr viel zu und fordert sie, was ihr sehr entgegenkommt. Als Hanna wegen einer Nierenbeckenentzündung krankgeschrieben ist, lernt sie die andere Seite der Medaille kennen: Gisa ruft sie an und erkundigt sich, ob sich Hanna „ausnahmsweise“ in der Lage sehe, am morgigen Ausflug teilzunehmen, es stünden nicht genügend Aufsichtspersonen zur Verfügung.

Was sollte Hanna tun?

Fall 87

Erzieherin Ariane würde gerne die günstigen Vorsaison-Preise für ihre Urlaubsfahrt mit der Familie nutzen. Leider gewährt ihr Träger nur in den Ferienzeiten Urlaub.

Ist dies zulässig?

Fall 88

Sozialpädagogin Rena tritt heute ihren Dienst im Jugendzentrum an und erhält von einer Vertreterin des Trägers einen Generalschlüssel für die komplizierte und aufwändige Schließanlage der Einrichtung. Im Gegenzug soll sie ein Formular unterschreiben. Sie quittiert damit den Erhalt des Schlüssels und erklärt, dass sie sich bewusst sei, dass sie bei Verlust des Dienstschlüssels haftbar gemacht werde und Ersatz von ihr zu leisten sei. Rena fühlt sich unwohl dabei und möchte das Formular eigentlich nicht unterschreiben.

Kann sie sich weigern?

Fall 89

Erzieher Max verdient sich neben seiner Vollzeitstelle im Jugendzentrum regelmäßig in den Abendstunden durch Kellnern etwas hinzu.

Darf er das?

Fall 90

Außerdem nimmt Max immer im Herbst für zwei Wochen Urlaub, um auf dem Oktoberfest zu kellnern.

Darf er das?

Fall 91

Heilerziehungspflegerin Susanne hält das Schreiben ihrer Arbeitgeberin, ein heilpädagogischer Kindergarten, in den Händen, in dem ihr Antrag auf Teilzeitarbeit abgelehnt wird. Zur Begründung wird dort ausgeführt, das Interesse der Kinder der Einrichtung an einer täglichen kontinuierlichen Betreuung durch dasselbe Personal lasse eine Verkürzung der Arbeitszeiten nicht zu. Zur Untermauerung wird ein Passus der Konzeption der Einrichtung angeführt, in dem es heißt: „Erziehungsarbeit ist immer Beziehungsarbeit, gerade aber bei einem geistig behinderten Kind spielen die Dauer einer konstanten Erziehung und Förderung, die Begleitung im Tagesablauf in der Einrichtung sowie die kleine Anzahl der konstanten Bezugspersonen in der Gruppe eine wichtige Rolle."

Ist die Ablehnung rechtens?

Fall 92

Gruppenleiterin Wiebke hat einen Arbeitsvertrag über 35 Stunden mit einer 20-prozentigen Absenkungsklausel auf bis zu 28 Stunden. Im Laufe des Kindergartenjahres macht der Träger von dieser Klausel Gebrauch und senkt die Arbeitszeit von Wiebke auf 31 Stunden. Im anschließenden Kindergartenjahr bietet er ihr einen Änderungsvertrag an: Danach soll sie 30 Stunden arbeiten, mit wiederum einer Absenkung von 20 Prozent, also 24 Stunden.

Ist dies rechtens?

Fall 93

Die geprüfte Fachwirtin im Sozial- und Gesundheitswesen Petra will ihre Stelle im Förderzentrum der Stadt kündigen. Sie ist 35 Jahre alt und dort seit neun Jahren beschäftigt.

Welche Kündigungsfrist muss sie einhalten? Welche Kündigungsfrist wäre einzuhalten, wenn das Förderzentrum ihr kündigen wollte?

Fall 94

Gruppenleiterin Bettina erhält heute Post vom Träger ihres Kindergartens: Da sie ihr Arbeitsverhältnis zum nächsten Ersten gekündigt habe, seien ihm sämtliche Beträge zu erstatten, die für Bettinas Fortbildungsmaßnahmen der letzten fünf Jahre gezahlt wurden. Es folgt eine akribische Aufstellung der besuchten Maßnahmen, hierunter Kneipp-Grundwissen, Betriebsratsschulung, Kinder unter 3, Burnout, Sicherheitsmanagement, Kirchenraumpädagogik, qualifizierte Praxisanleitung, Schulung zur Sicherheitsbeauftragten, praktische Anwendung der QM-Systeme etc. Der Träger errechnet sich so einen Erstattungsbetrag von 15.483 €, zahlbar binnen 14 Tagen.

Muss Bettina den Betrag erstatten?

Fall 95

Gegen 17 Uhr bereitet Leiterin Christina den Elternabend vor, der um 19 Uhr beginnt und unter anderem die Adventfeier in der kommenden Woche zum Thema hat. Sie möbliert den Raum, installiert den Beamer und stellt Getränke bereit. Versonnen blickt sie durch das Fenster in die Dunkelheit, betrachtet das dichte Schneetreiben und überlegt, ob sie etwas vergessen hat.

Hat sie etwas vergessen?

22 Arbeitnehmer:innenschutz

Nach dem Wortlaut des § 611 a BGB wird der/die Arbeitnehmer:in „durch den Arbeitsvertrag (…) zur Leistung weisungsgebundener, fremdbestimmter Arbeit in persönlicher Abhängigkeit verpflichtet." Als Folge dieser persönlichen Abhängigkeit hat der Gesetzgeber ein besonderes Schutzbedürfnis von Arbeitnehmer:innen erkannt und zahlreiche Gesetze zu ihrem Schutz erlassen. Sie dienen zum Beispiel dem Erhalt des Arbeitsplatzes, dem Gesundheitsschutz oder geben besonderen Gruppen von Arbeitnehmer:innen besondere Rechte.

22.1 Kündigungsschutz

Eine Reihe von Gesetzen schränkt das Kündigungsrecht des/der Arbeitgeber:in ein oder schließt es ganz aus. Man unterscheidet den allgemeinen und den besonderen Kündigungsschutz. Während der allgemeine Kündigungsschutz für alle Arbeitnehmer:innen gilt, besteht für bestimmte Personengruppen darüber hinaus auch noch ein besonderer Kündigungsschutz. Der besondere Kündigungsschutz verbietet entweder jegliche Kündigung, gleichgültig, ob ordentlich oder außerordentlich, oder er macht die Kündigung von der Zustimmung einer Aufsichtsbehörde abhängig.

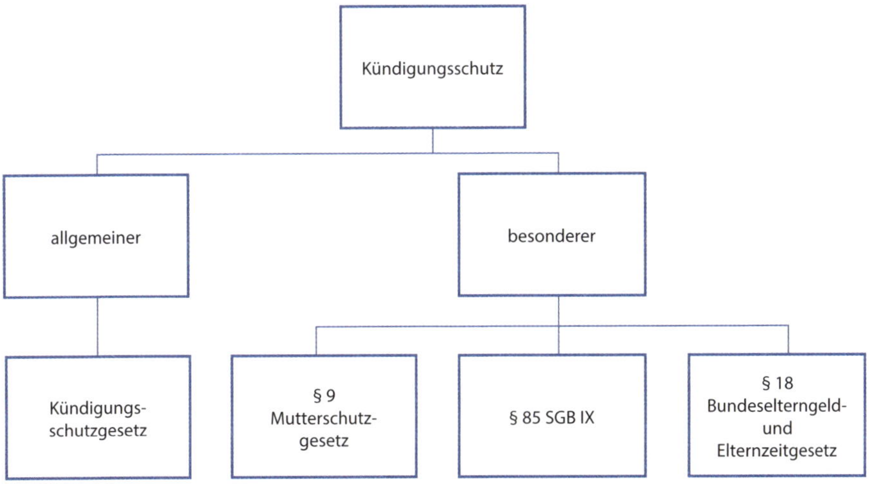

Abbildung 81: Allgemeiner und besonderer Kündigungsschutz

Das zentrale Element allen Kündigungsschutzes ist das Kündigungsschutzgesetz (KSchG). Es soll alle Arbeitnehmer:innen vor einer ordentlichen Kündigung schützen.

Es ist aber nur anwendbar, wenn bestimmte Voraussetzungen vorliegen:

- Der/die Arbeitnehmer:in ist in diesem Betrieb länger als sechs Monate beschäftigt.
- Der Betrieb beschäftigt regelmäßig mehr als zehn Arbeitnehmer:innen. Teilzeitbeschäftigte mit nicht mehr als 20 Wochenstunden werden dabei mit 0,5, diejenigen mit nicht mehr als 30 Wochenstunden mit 0,75 berechnet. Auszubildende zählen nicht mit.

Ist das Kündigungsschutzgesetz anwendbar, ist eine ordentliche Kündigung nur dann rechtswirksam, wenn sie sozial gerechtfertigt ist. Die soziale Rechtfertigung kann sich aus folgenden Gründen ergeben:

- Personenbedingte Gründe (z.B. Erkrankung mit Negativprognose)
- Verhaltensbedingte Gründe (z.B. Pflichtverletzung)
- Betriebsbedingte Gründe (z.B. Schließung einer Gruppe)

22.1.1 Kündigungsschutzklage

Hält ein/e Arbeitnehmer:in seine/ihre Kündigung für unwirksam, kann er/sie Kündigungsschutzklage beim Arbeitsgericht erheben. Die Klage muss innerhalb von drei Wochen nach Zugang der Kündigung beim Arbeitsgericht eingehen. Mit ihr wird Klage erhoben auf Feststellung, dass das Arbeitsverhältnis durch die Kündigung nicht aufgelöst ist. Geht die Klage verspätet ein, ist die Kündigung wirksam. Dasselbe gilt für die außerordentliche Kündigung.

22.1.2 Betriebsbedingte Kündigung

Dringende betriebliche Erfordernisse können eine Kündigung dann rechtfertigen, wenn für die Weiterbeschäftigung des/der Arbeitnehmer:in kein Bedarf mehr besteht. Der Regelfall einer betriebsbedingten Kündigung im Kinder- und Jugendhilfebereich ist die Kündigung in einer Kindertageseinrichtung wegen des Rückgangs der Kinderzahlen.

Außer- oder innerbetriebliche Faktoren können in diesem Zusammenhang zum Beispiel sein:

- Fehlende Neuanmeldungen
- Gruppenzusammenlegungen
- Änderungen der Organisation
- Die langen Öffnungszeiten werden nicht mehr nachgefragt

Die dringenden betrieblichen Erfordernisse müssen den Wegfall eines oder mehrerer Arbeitsplätze zur Folge haben.

Die Rechtsprechung verlangt vom Träger diesbezüglich eine unternehmerische Entscheidung, mit der er einem veränderten Arbeitsbedarf Rechnung tragen will. Es ist daher erforderlich, dass die Leitung diese Entscheidung nachvollziehbar vorbereitet und zur Vorlage in einem etwaigen späteren Kündigungsschutzprozess dokumentiert.

Die Gerichte stellen bestimmte Anforderungen an diese Dokumentation:

- Der Rückgang der Kinderzahlen in den letzten Jahren ist anhand konkreter Zahlen genau darzulegen.

- Außerdem muss nachvollziehbar begründet werden, warum in absehbarer Zeit nicht mit einer Besserung der Situation gerechnet werden kann.
- Zu dokumentieren sind außerdem die Maßnahmen, die bereits in der Vergangenheit ergriffen wurden, um dieser Entwicklung zu begegnen.

Fällt aufgrund der unternehmerischen Entscheidung ein Arbeitsplatz weg, sind die Grundsätze der Sozialauswahl zu berücksichtigen. Die Sozialauswahl gewährleistet, dass dem- oder derjenigen Arbeitnehmer:in gekündigt wird, der/die nach seinen/ihren Sozialdaten bemessen des geringsten Schutzes bedarf.

Eine korrekte Sozialauswahl verlangt zunächst, dass vergleichbare Mitarbeiter:innen in Bezug gesetzt werden, also Erzieher:innen mit Erzieher:innen verglichen werden, Gruppenleiter:innen mit Gruppenleiter:innen, Zweitkräfte mit Zweitkräften etc.
Dabei sind vier Punkte zu berücksichtigen:

- Lebensalter.
- Betriebszugehörigkeit.
- Unterhaltspflichten.
- Schwerbehinderung.

Die betroffenen Gruppen sind mit allen Daten zusammenzustellen: Alter, Familienstand, Jahre der Betriebszugehörigkeit, Funktion etc. Nun werden diejenigen Arbeitnehmer:innen gestrichen, deren Weiterbeschäftigung aus dringenden betrieblichen Gründen erforderlich ist. Dies kann zum Beispiel ein:e Mitarbeiter:in mit türkischer Muttersprache sein, wenn in der Einrichtung viele Kinder mit türkischer Muttersprache betreut werden. In einer anderen Einrichtung kann die Beschäftigung einer Heilpädagogin oder eines Sprachtherapeuten unverzichtbar sein. Hinsichtlich der verbleibenden Mitarbeiter:innen werden für die zu berücksichtigenden Faktoren Punkte vergeben. Das BAG erachtet es für ausdrücklich zulässig, dabei eine eigene Gewichtung vorzunehmen und zum Beispiel die Betriebszugehörigkeit stärker (d.h. mit mehr Punkten pro Jahr) zu bewerten als das Lebensalter. Es ist auch zulässig, Altersgruppen zu bilden. Auf diese Weise kann verhindert werden, dass ausschließlich junge Mitarbeiter:innen gehen müssen.

Die Sozialauswahl ist dann gerichtsfest, wenn der/die Arbeitgeber:in nachweisen kann, dass er/sie sich über die Sozialauswahl Gedanken gemacht hat, die richtigen Kriterien berücksichtigt hat und die getroffene Auswahl logisch nachvollziehbar ist.

22.1.3 Personenbedingte Kündigung

Die personenbedingte Kündigung beruht auf Gründen, die in der Person des/der Arbeitnehmer:in liegen, ohne dass er/sie dafür verantwortlich gemacht werden kann. Kann er/sie verantwortlich gemacht werden, kommt eine verhaltensbedingte Kündigung in Betracht. Voraussetzung der personenbedingten Kündigung ist, dass nach Abwägung mit den Interessen des/der Arbeitgeber:in ein Fortbestehen des Arbeitsverhältnisses nicht mehr möglich erscheint.
Zu den personenbedingten Gründen gehören unter anderem:

- Leistungsmängel,
- mangelnde Eignung,
- Krankheit (auch Alkohol-, Medikamenten- und Drogenabhängigkeit etc.).

Bei krankheitsbedingten Gründen ist der/die Arbeitgeber:in gehalten, zwischen seiner/ihrer Fürsorgepflicht für den/die Arbeitnehmer:in und seinen/ihren eigenen wirtschaftlichen bzw. betrieblichen Interessen abzuwägen und einen Mittelweg zu finden.

Krankheitsbedingte Gründe können sein:

- häufige Kurzerkrankungen,
- Langzeiterkrankung,
- dauerhafte Leistungsunfähigkeit,
- erhebliche krankheitsbedingte Leistungsminderung.

Die krankheitsbedingten Gründe müssen die betrieblichen Interessen des/der Arbeitgeber:in erheblich beeinträchtigen. Ob dies der Fall ist, wird in vier Stufen geprüft, wobei entscheidender Zeitpunkt für die Beurteilung der Zeitpunkt des Zugangs der Kündigung ist:

Erste Stufe

Zunächst müssen eine negative Zukunftsprognose hinsichtlich zukünftiger Erkrankungen, die Fortdauer einer Langzeiterkrankung oder krankheitsbedingte Leistungsminderungen vorliegen. Das bedeutet, auch in Zukunft ist mit erheblichen Arbeitsausfällen wegen Erkrankung zu rechnen. Eine negative Prognose kann immer dann angenommen werden, wenn der/die Arbeitnehmer:in in den zurückliegenden drei Jahren wegen Kurzerkrankungen länger als sechs Wochen pro Jahr arbeitsunfähig war. Die Besorgnis hinsichtlich weiterer Erkrankungen im bislang angefallenen Umfang muss sich auf objektive Tatsachen stützen. Ausgeheilte Krankheiten dürfen in die Negativprognose nicht miteinbezogen werden.

Zweite Stufe

Die krankheitsbedingten Ausfälle müssen in der Folge zu unzumutbaren betrieblichen Beeinträchtigungen führen. Neben Störungen im Betriebsablauf kommen hier insbesondere auch wirtschaftliche Belastungen des/der Arbeitgeber:in Betracht, etwa durch Lohnfortzahlungskosten, die einen Zeitraum von mehr als sechs Wochen pro Jahr übersteigen. Auch die wiederholte vorübergehende Einstellung von Aushilfskräften, Verärgerung von Kunden (Eltern), häufiger Wechsel der Bezugsperson etc. kommen hier in Betracht.

Der/die Arbeitgeber:in ist zwar nach sechs Wochen aus der Lohnfortzahlungspflicht entlassen, allerdings gilt dies nicht für die Abgeltungspflicht für nicht genommenen Urlaub. Dieser Anspruch des/der Arbeitnehmer:in erlischt nicht einmal mit Beendigung des Arbeitsverhältnisses und ist darüber hinaus auch noch vererbbar.

Dritte Stufe

Im Rahmen einer Interessenabwägung sind die sozialen Belange des/der Arbeitnehmer:in dem Interesse des/der Arbeitgeber:in an einer Beendigung des Beschäftigungsverhältnisses gegenüberzustellen. Hier sind Fragen zu stellen wie:

- Ist ein milderes Mittel als die Kündigung möglich (Versetzung an einen anderen Arbeitsplatz, kürzere Arbeitszeiten etc.)?
- Wie lange ist der/die Arbeitnehmer:in schon in der Einrichtung tätig?
- Ist er/sie anderen Personen unterhaltspflichtig?
- Wie alt ist er/sie?
- Was ist die Ursache der Erkrankung? Ist sie womöglich betriebsbedingt?
- Wird er/sie voraussichtlich einen anderen Arbeitsplatz finden?
- Wie groß ist die Einrichtung?
- Sind Überbrückungsmaßnahmen (z.B. Aushilfskräfte, Mehrarbeit) möglich?

Vierte Stufe

Die Kündigung muss auch verhältnismäßig sein. Hier ist zu prüfen, ob der/die Arbeitnehmer:in auf einen anderen leidensgerechten Arbeitsplatz versetzt werden kann. Hierzu gehört auch die Durchführung eines Betrieblichen Eingliederungsmanagements (BEM; siehe Kapitel 30.8).

22.1.4 Verhaltensbedingte Kündigung

Eine verhaltensbedingte Kündigung ist gerechtfertigt, wenn Umstände im Verhalten des/der Arbeitnehmer:in vorliegen, die bei verständiger Würdigung in Abwägung der beiderseitigen Interessen der Vertragsparteien die Kündigung als billigenswert und angemessen erscheinen lassen. Diese Umstände können also von dem/der Arbeitnehmer:in beeinflusst und daher auch abgestellt werden.

Typische Fälle sind:

- Schlechtleistung
- Beharrliche Verweigerung der Arbeitspflicht
- Häufige Unpünktlichkeit
- Mobbing
- Engagement in extremistischen Vereinigungen
- Nachhaltige Schädigung des Ansehens der Einrichtung

Da der/die Arbeitnehmer:in dieses Verhalten willentlich beeinflussen kann, kann er/sie sich auch bessern. Und genau dazu muss ihm/ihr der/die Arbeitgeber:in vor der Kündigung Gelegenheit gegeben haben. Deswegen ist eine solche verhaltensbedingte Kündigung nur dann gerechtfertigt, wenn der/die Arbeitgeber:in dem/der Arbeitnehmer:in vor der Kündigung zunächst mit einer Abmahnung die Gelegenheit gegeben hat, sein/ihr Verhalten zu ändern.

Abmahnung

Eine Abmahnung hat zwei Funktionen. Zum einen soll die Abmahnung dem/der Arbeitnehmer:in seinen/ihren Vertragsverstoß vor Augen führen (sog. Beanstandungsfunktion). Außerdem soll die Abmahnung dem/der Arbeitnehmer:in aufzeigen, dass er/sie im Wiederholungsfall mit arbeitsrechtlichen Konsequenzen, insbesondere mit einer Kündigung, rechnen muss (sog. Warnfunktion).

Berechtigt, eine Abmahnung auszusprechen, ist prinzipiell nicht nur, wer kündigungsberechtigt ist, sondern alle Mitarbeiter:innen, die nach ihrer Aufgabenstellung befugt sind, Anweisungen hinsichtlich Ort, Zeit sowie Art und Weise der zu verrichtenden Tätigkeit zu erteilen. Eine stellvertretende Leitung oder eine Gruppenleitung kann also eine/n Erzieher:in abmahnen. In großen Trägerstrukturen (Kirchen, freigemeinnützige Träger etc.) kann allerdings die Befugnis zur Abmahnung auf Grundlage von innerbetrieblichen Anweisungen auf die Personal- oder Rechtsabteilung übertragen sein.

Eine Abmahnung unterliegt strengen Formerfordernissen. So muss die Abmahnung das gerügte Fehlverhalten so genau und konkret wie möglich beschreiben. Datum, Zeit, Wortlaut einer Äußerung, Örtlichkeit, genaue Umstände etc. sind zu nennen. Pauschale Behauptungen wie „schlechte Arbeitsleistung", „nicht hinnehmbares Verhalten" oder „Unzuverlässigkeit" machen die Abmahnung unwirksam. Außerdem muss die Konsequenz, nämlich Kündigung im Wiederholungsfalle, klar formuliert werden, damit die Abmahnung ihrer Warnfunktion gerecht werden kann.

22.1.5 Beteiligung des Betriebsrates

Ist im kündigenden Betrieb ein Betriebs- oder Personalrat vorhanden, ist dieser zwingend vor jeder Kündigung anzuhören. Wird dies versäumt, ist die Kündigung unwirksam.

22.1.6 Folgen der gewonnenen Kündigungsschutzklage

Hat der/die Arbeitnehmer:in die Kündigungsschutzklage gewonnen, besteht das Arbeitsverhältnis weiterhin. Nicht selten entspricht dies aber nicht mehr den Interessen des/der Arbeitnehmer:in, wenn seitens des/der Arbeitgeber:in im Rahmen der Kündigung oder des nachfolgenden Prozesses Vorwürfe, unsachliche Äußerungen, Beleidigungen etc. ausgesprochen wurden. Ist ihm/ihr die Fortsetzung des Arbeitsverhältnisses nicht zumutbar, kann er/sie auch einen Antrag auf Auflösung des Arbeitsverhältnisses stellen. Auch der/die Arbeitgeber:in kann einen solchen Antrag stellen, wenn Gründe vorliegen, die eine den Betriebszwecken dienliche weitere Zusammenarbeit nicht erwarten lassen.

In beiden Fällen kann der/die Arbeitnehmer:in eine angemessene Abfindung verlangen. Deren Höhe berechnet sich unter anderem nach der Dauer der Betriebszugehörigkeit (i.d.R. ein halbes Monatseinkommen pro Beschäftigungsjahr), dem Alter, dem Familienstand etc. Die Abfindung beträgt höchstens zwölf Monatsverdienste.

22.2 Mutterschutz

Das Mutterschutzgesetz (MuSchG) schützt das Leben und die Gesundheit von Mutter und Kind vor und nach der Geburt. Es gilt für alle Frauen, die in einem Arbeitsverhältnis stehen – unabhängig von Familienstand, Lebensalter, Staatsangehörigkeit, Höhe des Einkommens, Zugehörigkeit zu einer gesetzlichen Krankenversicherung etc.

Insbesondere gilt es auch für:
- Teilzeitbeschäftigte,
- Arbeitnehmer:innen in der Probezeit,
- Auszubildende,
- Praktikant:innen.

Befristet beschäftigte Erzieher:innen unterfallen dem Mutterschutzgesetz, solange das befristete Arbeitsverhältnis besteht.

Die Mutterschutzvorschriften sollen so früh wie möglich greifen und einen effektiven Schutz von Mutter und Kind gewährleisten. Deshalb soll die Schwangere die Schwangerschaft und den mutmaßlichen Tag der Entbindung dem/der Arbeitgeber:in mitteilen, sobald sie Kenntnis davon hat. Auch wenn es Gründe geben mag, die ein Verschweigen der Schwangerschaft zu rechtfertigen scheinen, ist übersteigerte Zurückhaltung hier fehl am Platz. Denn wer eine Schwangerschaft nicht meldet, unterliegt auch nicht den strengen Gesundheits- und Kündigungsschutzvorschriften für Schwangere und Mütter. Diese gelten erst ab Mitteilung.

Die Mitteilung muss nicht schriftlich erfolgen, gesetzlich reicht eine lediglich mündliche Information aus. Viele Arbeitgeber:innen lassen sich die Mitteilung aber noch einmal schriftlich durch eine/n Arzt/Ärztin oder eine Hebamme bestätigen. In diesem Fall muss der/die Arbeitgeber:in auch die Kosten dafür übernehmen. Der/die Arbeitgeber:in darf die Kenntnis über die Schwangerschaft nicht an unbefugte Dritte (z.B. Eltern) weitergeben. Verpflichtet, die Schwangerschaft zu melden, ist der/die Arbeitgeber:in aber gegenüber den staatlichen Aufsichtsbehörden (i.d.R. die Gewerbeaufsichtsämter), die die Einhaltung der Mutterschutzvorschriften überprüfen.

Die Mutterschutzfrist beginnt sechs Wochen vor der errechneten Entbindung und endet im Normalfall acht Wochen danach. Bei medizinischen Frühgeburten oder Mehrlingsgeburten endet sie zwölf Wochen nach der Entbindung. Die Fristen bleiben bestehen, auch wenn der Geburtstermin überschritten wurde. Innerhalb dieser Fristen erhält die Mutter Mutterschaftsgeld. Wird außerhalb dieser Fristen ein Beschäftigungsverbot verhängt, erhält die Mutter in diesem Zeitraum Mutterschutzlohn.

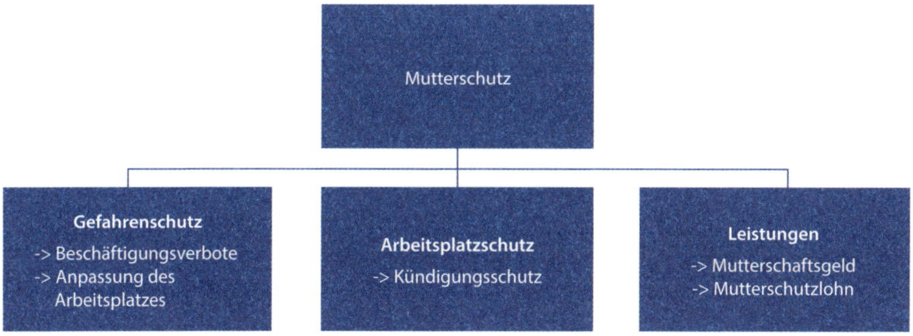

Abbildung 82: Mutterschutz

22.2.1 Gefahrenschutz

Der/die Arbeitgeber:in ist verpflichtet, eine sofortige Gefährdungsbeurteilung des Arbeitsplatzes der Schwangeren durchzuführen, sobald ihm/ihr die Schwangerschaft bekannt wird.

Für das Bekanntwerden ist es nicht erforderlich, dass dem/der Arbeitgeber:in die Schwangerschaft „offiziell" mitgeteilt wird. Aus dem Gesichtspunkt der Fürsorgepflicht des/der Arbeitgeber:in gegenüber den Arbeitnehmer:innen folgt, dass er/sie bei begründeter Vermutung, eine Mitarbeiterin könnte schwanger sein, auch ohne offizielle Mitteilung verpflichtet ist, diese Vermutung mit ihr zu besprechen, um so früh wie möglich Schutzmaßnahmen einleiten zu können.

Leiterin Franziska macht sich seit einiger Zeit Sorgen um den Gesundheitszustand der Berufspraktikantin Gabi. Gabi leidet häufig an Schwindel und Schwächegefühlen, klagt über Übelkeit und wirkt müde und kraftlos. Franziska fühlt sich an ihre eigenen Schwangerschaften erinnert und fragt sich, ob Gabi vielleicht ein Baby erwartet, ohne es zu wissen.

Franziska spricht Gabi heute auf ihre Vermutung an. Als sich im Rahmen des Gesprächs herausstellt, dass Gabi jedenfalls eine Schwangerschaft nicht ausschließen kann, schickt sie sie in die Apotheke, um einen Test zu kaufen. Der Test, den Gabi noch in der Einrichtung macht, fällt positiv aus. Franziska erteilt Gabi daraufhin umgehend ein vorläufiges Beschäftigungsverbot und schickt sie nach Hause. Denn: Erste Maßnahme im Rahmen einer Gefährdungsbeurteilung (siehe Kapitel 22.5.1) ist die Erteilung eines sofortigen vorläufigen Beschäftigungsverbotes bis zum Vorliegen eines aktuellen Impfstatus. Vom Träger erhält Gabi am nächsten Tag das vorläufige Beschäftigungsverbot in Schriftform und die Aufforderung, einen Termin zur Feststellung des Impfstatus beim Amtsarzt zu vereinbaren.

Ergibt die amtsärztliche Untersuchung Gesundheitsgefährdungen für Mutter und Kind, sind vom Träger umgehend verschiedene Maßnahmen zu ergreifen, die dem Gefährdungspotenzial entsprechend abgestuft sein können. Dabei hat der/die Arbeitgeber:in zum einen nationale Regelungen wie Biostoffverordnung, Arbeitsschutzgesetz sowie das Mutterschutzgesetz zu beachten. Aus ihnen ergeben sich Beschäftigungsverbote unter anderem wegen fehlender Immunität gegen folgende Krankheiten:

- Masern,
- Mumps,
- Röteln,
- Windpocken.

Weiterhin sind auch supranationale Regelungen zu beachten. Hierzu gehört die „Europäische Verordnung zum Schutz der Mütter am Arbeitsplatz“. Diese schreibt vor, dass werdende Mütter Mikroorganismen der Risikogruppe 2 - 4 nicht ausgesetzt sein dürfen, wenn durch diese oder die dadurch notwendige Behandlung eine Gefährdung für Mutter und/ oder Kind besteht. Von einer solchen Gefährdungslage ist immer dann auszugehen, wenn die Schwangere keine ausreichende Immunität gegen die oben genannten Krankheiten und darüber hinaus gegen

- Ringelröteln und
- Zytomegalie

aufweist.

Vom Immunitätsstatus und Tätigkeitsbereich der Schwangeren hängt es ab, wie weiter zu verfahren ist:

Maßnahmen in Abhängigkeit von der Immunität

- Besteht komplette Immunität gegen alle genannten Krankheiten, ist keine Gefahr gegeben. Die schwangere Mitarbeiterin kann weiter beschäftigt werden.
- Bei nicht ausreichender Immunität gegen Zytomegalie ist ein Beschäftigungsverbot auszusprechen, wenn die Schwangere Kinder unter drei Jahren betreut.
- Bei nicht ausreichender Immunität gegen Hepatitis A ist ein Beschäftigungsverbot auszusprechen, wenn die Schwangere in einer Behinderteneinrichtung tätig ist.
- Bei fehlender Immunität gegen eine der anderen aufgeführten Krankheiten ist ein Beschäftigungsverbot auszusprechen.

Kann die Schwangere weiterbeschäftigt werden, muss eine sofortige Beurteilung der Arbeitsbedingungen dieser Mitarbeiterin durchgeführt werden. Die Beurteilung umfasst Art, Ausmaß und Dauer der jeweiligen Tätigkeit, mögliche Gefährdungen und Abhilfemaßnahmen.

Der/die Arbeitgeber:in ist dafür verantwortlich, den Arbeitsplatz der werdenden und stillenden Mutter so einzurichten, dass Mutter und Kind vor Gefahren für Leib oder Leben geschützt sind.

Hier greifen insbesondere die Vorschriften der Lastenhandhabungsverordnung bzw. der Arbeitsstättenverordnung. Danach sind verboten:

- Körperlich schwere Arbeiten (z.B. Möbel verrücken, Kulissen schieben)
- Tragen von Lasten über fünf Kilogramm (z.B. Heben und Tragen von Kindern)
- Langes Arbeiten im Stehen oder in gebückter Haltung (z.B. Sitzen auf Kinderstühlen, Ankleiden der Kinder)
- Nachtarbeiten zwischen 20 und 6 Uhr (z.B. Nachtwanderung, Lagerfeuer, Übernachtung, mehrtägige Ausflüge, Elternabende)
- Sonn- und Feiertagsarbeit (z.B. Sommerfest, Osterbasar, Tag der offenen Tür, kirchliche Feste und Veranstaltungen)
- Arbeitszeit, die 8,5 Stunden am Tag überschreitet (z.B. Elternabende)

Die schwangere Mitarbeiterin hat ein Recht auf angemessene Ruhezeiten. Es sind ihr deshalb immer wieder kurze Pausen zu gestatten, möglichst in einem Ruheraum mit Liegemöglichkeit. Dies ist bei der Dienstplangestaltung zu berücksichtigen.

Kann die Gefährdungslage durch Umgestaltung der Arbeitsbedingungen nicht vollends abgestellt werden, kommt eine Umsetzung bzw. ein innerbetrieblicher Arbeitsplatzwechsel (z.B. von der Krippe in den Hort) in Betracht. Ist dies nicht möglich, bleibt als letzte Maßnahme das Aussprechen eines Beschäftigungsverbotes.

Die entsprechenden Schutzmaßnahmen sind somit in dieser Reihenfolge zu ergreifen:

- Umgestaltung der Arbeitsbedingungen,
- Umsetzung oder innerbetrieblicher Arbeitsplatzwechsel, falls möglich,
- Beschäftigungsverbot.

§ 7 MuSchG regelt das Recht auf Stillzeit im Betrieb:

> **§ 7 MuSchG**
>
> Stillenden Müttern ist auf ihr Verlangen die zum Stillen erforderliche Zeit, mindestens aber zweimal täglich eine halbe Stunde oder einmal täglich eine Stunde freizugeben. Bei einer zusammenhängenden Arbeitszeit von mehr als acht Stunden soll auf Verlangen zweimal eine Stillzeit von mindestens 45 Minuten oder, wenn in der Nähe der Arbeitsstätte keine Stillgelegenheit vorhanden ist, einmal eine Stillzeit von mindestens 90 Minuten gewährt werden. Die Arbeitszeit gilt als zusammenhängend, soweit sie nicht durch eine Ruhepause von mindestens zwei Stunden unterbrochen wird.
>
> Durch die Gewährung der Stillzeit darf ein Verdienstausfall nicht eintreten. Die Stillzeit darf von stillenden Müttern nicht vor- oder nachgearbeitet und nicht auf die in dem Arbeitszeitgesetz oder in anderen Vorschriften festgesetzten Ruhepausen angerechnet werden.

> Die Aufsichtsbehörde kann in Einzelfällen nähere Bestimmungen über Zahl, Lage und Dauer der Stillzeiten treffen; sie kann die Einrichtung von Stillräumen vorschreiben.

22.2.2 Arbeitsplatzschutz

Die Schwangere genießt Kündigungsschutz vom Beginn der Schwangerschaft an bis zum Ablauf von vier Monaten nach der Entbindung (bzw. nach einer Fehlgeburt nach der zwölften Schwangerschaftswoche). Die Schwangerschaft muss bei Zugang der Kündigung bestehen. Wird die Mitarbeiterin nach Zugang der Kündigung schwanger, besteht kein Kündigungsschutz. Der Kündigungsschutz nach Mutterschutzgesetz ist ein absolutes Kündigungsverbot, d.h. es kann weder ordentlich noch außerordentlich gekündigt werden. Auch eine Änderungskündigung ist unzulässig. Ausnahmen hiervon können nur gemacht werden, wenn die Mitarbeiterin vorsätzlich oder grob fahrlässig ihre Pflichten verletzt (z.B. Aufsichtspflicht) oder die Einrichtung geschlossen wird.

Der Sonderkündigungsschutz greift nur, wenn der/die Arbeitgeber:in zum Zeitpunkt des Zugangs der Kündigung Kenntnis von der Schwangerschaft hat oder innerhalb von zwei Wochen nach Zugang der Kündigung darüber informiert wird. Erlangt die Arbeitnehmerin erst nach Ablauf der Zweiwochenfrist Kenntnis von ihrer Schwangerschaft, kann sie die Meldung auch später vornehmen, dann aber unverzüglich.

22.2.3 Leistungen

Innerhalb der Mutterschutzfrist erhält die Mutter Mutterschaftsgeld von der Krankenkasse. Der/die Arbeitgeber:in gleicht den Unterschied zwischen dem Mutterschaftsgeld und dem letzten Nettoarbeitsentgelt aus.

Wird außerhalb der Mutterschutzfrist ein etwaiges Beschäftigungsverbot verhängt, hat der/die Arbeitgeber:in einen Mutterschutzlohn in Höhe des Durchschnittsgehaltes der vergangenen 13 Wochen zu zahlen. Es handelt sich dabei um steuer- und beitragspflichtiges Arbeitsentgelt.

Der Arbeitnehmerin ist zur Durchführung der Vorsorgeuntersuchungen während und nach der Schwangerschaft Freizeit unter Weiterzahlung des Lohnes zu gewähren.

22.3 Jugendarbeitsschutz

Das Jugendarbeitsschutzgesetz (JArbSchG) regelt den Schutz von Kindern und Jugendlichen bei der Arbeit. Es gilt für alle Personen, die das 18. Lebensjahr noch nicht vollendet haben. Die Einhaltung der Normen des Jugendarbeitsschutzgesetzes wird vom örtlich zuständigen Gewerbeaufsichtsamt überwacht.

Jugendarbeitsschutz			
Verbot der Kinderarbeit	Arbeits- und Freizeit	Beschäftigungsverbote und -beschränkungen	Gesundheitliche Betreuung

Abbildung 83: Jugendarbeitsschutz

22.3.1 Verbot der Kinderarbeit

Im Jugendarbeitsschutzgesetz gelten andere Altersgrenzen als im übrigen Recht. So ist Kind im Sinne dieses Gesetzes, wer noch nicht 15 Jahre alt ist. Die Beschäftigung von Kindern sowie Jugendlichen, die der Vollzeitschulpflicht unterliegen, ist verboten.

Für diese Personengruppe gilt die Kinderarbeitsschutzverordnung (KindArbSchV), die für Kinder und vollzeitschulpflichtige Jugendliche die für sie leichten und ausnahmsweise zulässigen Arbeiten konkretisiert. Danach ist eine Tätigkeit von Kindern erst ab 13 Jahren erlaubt und dann nur in den folgenden Ausnahmefällen:

- Austragen von Zeitungen, Werbeprospekten etc.
- Tätigkeiten in Haushalt und Garten
- Botengänge
- Kinderbetreuung
- Nachhilfeunterricht
- Haustierbetreuung
- Einkaufstätigkeiten mit Ausnahme des Einkaufs von Alkoholika und Tabakwaren
- Ernte und Feldbestellung
- Selbstvermarktung landwirtschaftlicher Erzeugnisse
- Versorgung von Tieren
- Handreichungen beim Sport
- Tätigkeiten bei nichtgewerblichen Aktionen und Veranstaltungen der Kirchen, Religionsgemeinschaften, Verbände, Vereine und Parteien

Das Verbot der Beschäftigung von Kindern gilt nicht für Arbeit

- zum Zwecke der Beschäftigung und Arbeitstherapie,
- im Rahmen des Betriebspraktikums während der Vollzeitschulpflicht,
- in Erfüllung einer richterlichen Weisung,
- für die Beschäftigung von Kindern über 13 Jahre mit Einwilligung des Personensorgeberechtigten, soweit die Beschäftigung leicht und für Kinder geeignet ist.

Darüber hinaus ist die Beschäftigung von Jugendlichen während der Schulferien für höchstens vier Wochen im Kalenderjahr erlaubt.

22.3.2 Arbeitszeit

Jugendliche dürfen höchstens 8 Stunden täglich und 40 Stunden wöchentlich beschäftigt werden. Unter der Voraussetzung, dass an einzelnen Arbeitstagen die Arbeitszeit unter 8 Stunden liegt, können Jugendliche auch an den übrigen Werktagen derselben Woche achteinhalb Stunden beschäftigt werden. Ausnahmen gelten in der Landwirtschaft.

Jugendlichen sind Ruhepausen zu gewähren, und zwar bei einer

- Arbeitszeit von 4,5 bis 6 Stunden: mindestens 30 Minuten
- Arbeitszeit von mehr als 6 Stunden: mindestens 60 Minuten

Die Pausen müssen so gewährt werden, dass sie frühestens eine Stunde nach Beginn der Arbeitszeit und spätestens eine Stunde vor Ende der Arbeitszeit liegen. Als Ruhepause gilt nur eine Arbeitsunterbrechung von mindestens 15 Minuten. Länger als viereinhalb Stunden hintereinander dürfen Jugendliche nicht ohne Ruhepause beschäftigt werden.

Der Aufenthalt während der Ruhepausen in Arbeitsräumen darf den Jugendlichen nur gestattet werden, wenn die Arbeit in diesen Räumen während dieser Zeit eingestellt ist und auch sonst die notwendige Erholung nicht beeinträchtigt wird.

Jugendliche haben nach Beendigung der täglichen Arbeitszeit einen Anspruch auf ununterbrochene Freizeit von mindestens 12 Stunden. Jugendliche dürfen vor 6 Uhr und nach 20 Uhr nicht beschäftigt werden. Ausnahmen gelten ab 16 Jahren in der Landwirtschaft, in Bäckereien, Gaststätten u.a.

Für Jugendliche gilt die Fünf-Tage-Woche. Das Wochenende hat grundsätzlich beschäftigungsfrei zu bleiben. Hiervon gibt es allerdings Ausnahmen: Die Beschäftigung an Samstagen und Sonntagen ist in Betrieben mit regelmäßiger Wochenendarbeit (z.B. Heime) zulässig. Mindestens zwei Samstage im Monat sollen beschäftigungsfrei bleiben. Jeder zweite Sonntag soll, mindestens zwei Sonntage im Monat müssen beschäftigungsfrei bleiben. Auch bei Beschäftigung am Wochenende ist die Fünf-Tage-Woche sicherzustellen.

An gesetzlichen Feiertagen dürfen Jugendliche nicht beschäftigt werden. Am 24. und 31. Dezember dürfen sie ab 14 Uhr nicht beschäftigt werden. Ausnahmen hiervon gelten für Heime, jedoch nicht am 25. Dezember, am 1. Januar, am ersten Osterfeiertag und am 1. Mai. An diesen Tagen gilt ein absolutes Beschäftigungsverbot.

Den Jugendlichen ist bezahlter Erholungsurlaub zu gewähren. Dieser Urlaub beträgt jährlich

- mindestens 30 Werktage, wenn der/die Jugendliche zu Beginn des Kalenderjahres noch nicht 16 Jahre alt ist,
- mindestens 27 Werktage, wenn der/die Jugendliche zu Beginn des Kalenderjahres noch nicht 17 Jahre alt ist,
- mindestens 25 Werktage, wenn der/die Jugendliche zu Beginn des Kalenderjahres noch nicht 18 Jahre alt ist.

Sämtliche genannten Beschränkungen der Arbeitszeit gelten nicht für vorübergehende und unaufschiebbare Arbeiten in Notfällen, soweit erwachsene Beschäftigte nicht zur Verfügung stehen. In diesen Fällen ist die Mehrarbeit durch entsprechende Verkürzung der Arbeitszeit innerhalb der folgenden drei Wochen auszugleichen.

Abweichende Regelungen können sich aus einem Tarifvertrag oder einer Betriebsvereinbarung ergeben.

22.3.3 Beschäftigungsverbote

Das Gesetz stellt einige absolute Beschäftigungsverbote für Jugendliche auf, so zum Beispiel für:

- gefährliche Arbeiten,
- Arbeiten, die ihre Leistungsfähigkeit übersteigen,
- Arbeiten, bei denen sie sittlichen Gefahren ausgesetzt sind,
- Arbeiten, die mit Unfallgefahren verbunden sind,
- Akkordarbeit.

Die Beschäftigungsverbote gelten nicht, soweit die Arbeiten zur Erreichung eines Ausbildungsziels erforderlich sind und der Schutz der Jugendlichen durch die Aufsicht eines/einer Fachkundigen gewährleistet ist.

22.3.4 Gesundheitliche Betreuung

Ein/e Jugendliche:r, der/die in das Berufsleben eintritt, darf nur beschäftigt werden, wenn

- er/sie innerhalb der letzten 14 Monate von einem Arzt/einer Ärztin untersucht worden ist (Erstuntersuchung) und

- dem/der Arbeitgeber:in eine von diesem Arzt/dieser Ärztin ausgestellte Bescheinigung vorliegt.

Ein Jahr nach Aufnahme der Beschäftigung hat sich der/die Arbeitgeber:in die Bescheinigung eines Arztes/einer Ärztin darüber vorlegen zu lassen, dass der/die Jugendliche nachuntersucht worden ist (erste Nachuntersuchung). Die Nachuntersuchung hat in den letzten drei Monaten des ersten Beschäftigungsjahres zu erfolgen.

Die ärztlichen Untersuchungen haben sich auf den Gesundheits- und Entwicklungsstand und die körperliche Beschaffenheit, die Nachuntersuchungen außerdem auf die Auswirkungen der Beschäftigung auf die Gesundheit und Entwicklung des/der Jugendlichen zu erstrecken. Der/die Jugendliche ist für die Durchführung der ärztlichen Untersuchungen freizustellen. Ein Entgeltausfall darf hierdurch nicht eintreten. Die Kosten der Untersuchungen trägt das Land.

22.4 Allgemeines Gleichbehandlungsgesetz

Das Allgemeine Gleichbehandlungsgesetz (AGG) - häufig auch Antidiskriminierungsgesetz genannt - ist seit dem 18. August 2006 in Kraft. Aufgrund dieses Gesetzes wurde das SGB IX mit einem Diskriminierungsverbot für Schwerbehinderte ergänzt. Zwar verbietet Art. 3 GG ohnehin jegliche Ungleichbehandlung (siehe Kapitel 3.9.3), dient als Grundrecht jedoch lediglich als Abwehrrecht gegen staatliches Handeln. Das AGG verwirklicht das Gleichheitsprinzip nunmehr im Rahmen des Privatrechts, also im Verhalten der Bürger untereinander. Insbesondere gilt es im Arbeitsrecht.

Das AGG hat zum Ziel, Benachteiligungen (Diskriminierungen) von Arbeitnehmer:innen aus den nachfolgenden Gründen zu verhindern:

- Alter,
- Geschlecht,
- sexuelle Orientierung,
- Religion und Weltanschauung,
- Rasse und ethnische Herkunft.

Diskriminierung ist eine gruppenspezifische Benachteiligung oder Herabwürdigung von Gruppen oder einzelnen Personen.

Der Schutz vor Diskriminierung gilt dabei für sämtliche Beschäftigte: Team, Auszubildende, Praktikant:innen, arbeitnehmerähnliche Personen sowie Leiharbeitskräfte sind von ihm erfasst.

22.4.1 Anwendungsbereich des AGG

Benachteiligungen aus einem der oben genannten Gründe sind nach diesem Gesetz unzulässig in Bezug auf:

- die Bedingungen, einschließlich Auswahlkriterien und Einstellungsbedingungen, für den Zugang zu Erwerbstätigkeit sowie für den beruflichen Aufstieg;
- die Beschäftigung und Arbeitsbedingungen einschließlich Arbeitsentgelt und Entlassungsbedingungen;
- den Zugang zu allen Formen und allen Ebenen der Berufsberatung, der Berufsbildung einschließlich der Berufsausbil-

dung, der beruflichen Weiterbildung und der Umschulung sowie der praktischen Berufserfahrung;

- die Mitgliedschaft und Mitwirkung in einer Beschäftigten- oder Arbeitgebervereinigung oder einer Vereinigung, deren Mitglieder einer bestimmten Berufsgruppe angehören;
- den Sozialschutz, einschließlich der sozialen Sicherheit und der Gesundheitsdienste;
- die sozialen Vergünstigungen;
- die Bildung;
- den Zugang zu und die Versorgung mit Gütern und Dienstleistungen, die der Öffentlichkeit zur Verfügung stehen, einschließlich Wohnraum.

22.4.2 Formen der Benachteiligung

Das AGG unterscheidet fünf verschiedene Benachteiligungsformen:

Formen der Benachteiligung				
Unmittelbare Benachteiligung -> weniger günstige Behandlung als eine andere Person in vergleichbarer Lage	Mittelbare Benachteiligung -> scheinbar neutrale Vorschriften, Kriterien oder Verfahren sind faktisch diskriminierend und unverhältnismäßig	Belästigung -> Verletzung der Würde einer Person durch Schaffung eines von Einschüchterungen, Anfeindungen, Erniedrigungen oder Beleidigungen gekennzeichneten Umfelds	Sexuelle Belästigung -> Verletzung der Würde einer Person durch unerwünschtes sexuell bestimmtes Verhalten	Anweisung zur Benachteiligung -> Anweisung einer anderen Person, nebenstehende Verhaltensweisen auszuführen

Abbildung 84: Formen der Benachteiligung nach AGG

22.4.3 Voraussetzungen des AGG

Das Gesetz nennt vier Voraussetzungen, bei deren Vorliegen eine unzulässige Ungleichbehandlung gegeben ist:

- Es liegt eine Ungleichbehandlung vor, durch die in die Rechte bzw. Ansprüche von Arbeitnehmer:innen eingegriffen wird.
- Diese Ungleichbehandlung liegt in mindestens mittelbarer Form vor.
- Die Ungleichbehandlung ist nicht durch § 10 AGG (zulässige Formen der Ungleichbehandlung wegen Alters) gerechtfertigt.
- Die konkrete Handlung ist keine anerkannte positive Maßnahme zur Förderung einer benachteiligten Gruppe.

Die letzte Voraussetzung meint die Fälle, in denen eine unterschiedliche Behandlung ausnahmsweise zulässig ist, weil sie in geeigneter und angemessener Weise bestehende Nachteile verhindern oder ausgleichen soll (z.B. bevorzugte Einstellung von Frauen oder Schwerbehinderten).

22.4.4 Zulässigkeit einer unterschiedlichen Behandlung

Das Gesetz selbst nennt einige Gründe, aus denen eine unterschiedliche Behandlung ausnahmsweise zulässig sein kann:

Zulässige unterschiedliche Behandlung wegen beruflicher Anforderungen: In den Fällen, in denen das Vorhandensein oder die Abwesenheit eines Diskriminierungsmerkmals eine wesentliche und entscheidende berufliche Anforderung darstellt, kann eine dahingehende unterschiedliche Behandlung ausnahmsweise zulässig sein.

Eine Stellenausschreibung verlangt ausdrücklich eine Frau als Leitung eines Frauenhauses.

Zulässige unterschiedliche Behandlung wegen Religion oder Weltanschauung: In den Fällen, wo die Art der Beschäftigung die Zugehörigkeit zu einer bestimmten Religion oder Weltanschauung erfordert, ist eine unterschiedliche Behandlung zulässig.

Für die Tätigkeit in einem katholischen Ferienheim werden ausschließlich katholische Mitarbeiter:innen gesucht.

Zulässige unterschiedliche Behandlung wegen Alters: Eine unterschiedliche Behandlung wegen des Alters ist immer dann zulässig, wenn sie verhältnismäßig ist, um ein legitimes Ziel zu verfolgen.

Zur Gewährleistung der Sicherheit in der zivilen Luftfahrt ist es nach dem EuGH zulässig, eine Altersgrenze von 65 Jahren für Pilot:innen einzuführen.

22.4.5 Maßnahmen und Pflichten des Arbeitgebers/der Arbeitgeberin

Der/die Arbeitgeber:in ist verpflichtet, die erforderlichen Maßnahmen, auch vorbeugende Maßnahmen, zum Schutz vor Benachteiligung der Mitarbeiter:innen zu treffen. In Aus- und Fortbildungen hat er/sie auf die Unzulässigkeit solcher Benachteiligung hinzuweisen. Weiterhin sind Arbeitgeber:innen verpflichtet, bei Diskriminierungsfällen (Mobbing) im Betrieb aktiv einzugreifen und die Störung in angemessener Weise zu unterbinden. Dies kann arbeitsrechtliche Sanktionen wie Abmahnung oder Versetzung bis hin zur Kündigung erforderlich machen.

22.4.6 Rechte der Beschäftigten

Fühlen sich Beschäftigte von dem/der Arbeitgeber:in, Vorgesetzten, anderen Beschäftigten oder Dritten benachteiligt, haben sie das Recht, sich bei den zuständigen Stellen des Betriebs zu beschweren. Die zur Entgegennahme solcher Beschwerden zuständigen Stellen müssen allen Arbeitnehmer:innen bekannt gegeben werden. Allerdings ist der/die Arbeitgeber:in nicht verpflichtet, eigens Beschwerdestellen einzurichten. Es ist ausreichend, wenn vorhandene Personen zur Entgegennahme und gegebenenfalls auch Verbescheidung der Beschwerde ermächtigt sind. Die Beschwerde ist zu prüfen, wobei das Wie der Prüfung dem/der Arbeitgeber:in wiederum freigestellt ist. Das Ergebnis ist dem/der Beschäftigten mitzuteilen. Der/die Beschäftigte darf keinerlei Nachteile wegen der Einreichung der Beschwerde erfahren.

Ergreift der/die Arbeitgeber:in keine oder ungeeignete Maßnahmen zur Unterbindung der (sexuellen) Belästigung, sind die betroffenen Beschäftigten berechtigt, ihre Tätigkeit ohne Verlust des Arbeitsentgeltes einzustellen, soweit dies zu ihrem Schutz erforderlich ist. Bei einem Verstoß gegen das Benachteiligungsverbot ist der/die Arbeitgeber:in verpflichtet, den hierdurch entstandenen Schaden zu ersetzen. Wegen eines Schadens, der kein Vermögensschaden ist, kann der/die Beschäftigte eine angemessene Entschädigung in Geld verlangen. Das BAG hat in seiner Entscheidung vom 28.05.2020 – 8 AZR 170/19 einen Schadensersatz von 1,5 Monatsgehältern für den Regelfall als angemessen angesehen. Der Schadensersatz darf bei einer Nichteinstellung drei Monatsgehälter jedenfalls nicht übersteigen, wenn der/die Beschäftigte auch bei benachteiligungsfreier Auswahl nicht eingestellt worden wäre. Der Schadensersatzanspruch ist innerhalb einer Frist von zwei Monaten schriftlich geltend zu machen.

22.4.7 Schutz vor Benachteiligung im Zivilrechtsverkehr

Das AGG normiert auch ein zivilrechtliches Benachteiligungsverbot für das gesamte übrige Zivilrecht. Demnach besteht auch bei

- Massengeschäften,
- sonstigen Geschäfte, bei denen das Ansehen der Person nach der Art des Schuldverhältnisses eine nachrangige Bedeutung hat und die zu vergleichbaren Bedingungen in einer Vielzahl von Fällen zustande kommen,
- privatrechtlichen Versicherungsgeschäften

ein Diskriminierungsverbot.

Ausnahmen gelten auch hier wieder dort, wo ein sachlicher Grund (z.B. Gefahrenvermeidung) vorliegt.

Auch in diesem Bereich sieht das Gesetz bei Verstößen eine Schadensersatzpflicht vor; der Anspruch muss innerhalb von zwei Monaten geltend gemacht werden.

22.5 Arbeitsschutzgesetz

Das Arbeitsschutzgesetz von 1996 hat zum Ziel, Sicherheit und Gesundheitsschutz der Beschäftigten bei der Arbeit durch Maßnahmen des Arbeitsschutzes zu sichern und zu verbessern. Es gilt in allen Tätigkeitsbereichen und sieht Pflichten für Arbeitgeber:innen sowie Pflichten und Rechte für Beschäftigte vor.

22.5.1 Pflichten des Arbeitgebers/der Arbeitgeberin

Zu den Grundpflichten des Arbeitgebers/der Arbeitgeberin gehört es, die erforderlichen Maßnahmen des Arbeitsschutzes unter Berücksichtigung der Umstände zu treffen, die Sicherheit und Gesundheit der Beschäftigten bei der Arbeit beeinflussen. Er/sie hat die getroffenen Maßnahmen auf ihre Wirksamkeit hin zu überprüfen und erforderlichenfalls sich ändernden Gegebenheiten anzupassen. Dabei muss er stets eine Verbesserung von Sicherheit und Gesundheitsschutz der Beschäftigten anstreben. Er muss für eine geeignete Organisation in seinem Betrieb sorgen und die hierfür erforderlichen Mittel bereitstellen. Weiterhin hat er/sie dafür Sorge zu tragen, dass die Maßnahmen erforderlichenfalls bei allen Tätigkeiten beachtet werden und die Beschäftigten ihren Mitwirkungspflichten nachkommen können. Die Kosten für Maßnahmen nach dem Arbeitsschutzgesetz dürfen den Beschäftigten nicht auferlegt werden.

Der/die Arbeitgeber:in hat bei Maßnahmen des Arbeitsschutzes von folgenden allgemeinen Grundsätzen auszugehen:

- Die Arbeit ist so zu gestalten, dass eine Gefährdung für das Leben sowie die physische und die psychische Gesundheit möglichst vermieden und die verbleibende Gefährdung möglichst geringgehalten wird.
- Gefahren sind an ihrer Quelle zu bekämpfen.
- Bei Maßnahmen sind der Stand von Technik, Arbeitsmedizin und Hygiene sowie sonstige gesicherte arbeitswissenschaftliche Erkenntnisse zu berücksichtigen.
- Maßnahmen sind mit dem Ziel zu planen, Technik, Arbeitsorganisation, sonstige Arbeitsbedingungen, soziale Beziehungen und Einfluss der Umwelt auf den Arbeitsplatz sachgerecht zu verknüpfen.
- Individuelle Schutzmaßnahmen sind nachrangig zu anderen Maßnahmen.
- Spezielle Gefahren für besonders schutzbedürftige Beschäftigtengruppen sind zu berücksichtigen.
- Den Beschäftigten sind geeignete Anweisungen zu erteilen.
- Mittelbar oder unmittelbar geschlechtsspezifisch wirkende Regelungen sind nur zulässig, wenn dies aus biologischen Gründen zwingend geboten ist.

Die wichtigsten Arbeitgeber:innenpflichten nach diesem Gesetz sind zum einen die Gefährdungsbeurteilung des jeweiligen Arbeitsplatzes, zum anderen die Unterweisung des/der Beschäftigten aufgrund der Gefährdungsbeurteilung.

Die Gefährdungsbeurteilung ermittelt, welche Maßnahmen des Arbeitsschutzes erforderlich sind. Die Beurteilung ist je nach Art der Tätigkeiten vorzunehmen. Bei gleichartigen Arbeitsbedingungen ist die Beurteilung eines Arbeitsplatzes oder einer Tätigkeit ausreichend. Eine Gefährdung kann sich insbesondere ergeben durch

- die Gestaltung und die Einrichtung der Arbeitsstätte und des Arbeitsplatzes;
- physikalische, chemische und biologische Einwirkungen;
- die Gestaltung, die Auswahl und den Einsatz von Arbeitsmitteln, insbesondere von Arbeitsstoffen, Maschinen, Geräten und Anlagen sowie den Umgang damit;
- die Gestaltung von Arbeits- und Fertigungsverfahren, Arbeitsabläufen und Arbeitszeit und deren Zusammenwirken;
- unzureichende Qualifikation und Unterweisung der Beschäftigten, psychische Belastung bei der Arbeit.

Wird eine Mitarbeiterin einer Kindertageseinrichtung schwanger, so ist nach dem Mutterschutzgesetz und der Biostoffverordnung eine sofortige Gefährdungsbeurteilung hinsichtlich biologischer Einwirkungen vorgeschrieben (siehe Kapitel 22.2.1).

Das 2009 erzielte Tarifergebnis im Sozial- und Erziehungsdienst hatte als wesentlichen Bestandteil die Einigung zum betrieblichen Gesundheitsschutz und zur betrieblichen Gesundheitsförderung. Nun hat jede/r Beschäftigte einen individuellen Rechtsanspruch auf Gefährdungsbeurteilung und anschließende Unterweisung. Außerdem ist er/sie in die Durchführung der Gefährdungsbeurteilung einzubeziehen und über das Ergebnis zu unterrichten. Vorgesehene Maßnahmen sind mit ihm/ihr zu erörtern.

Eine Gefährdungsbeurteilung verläuft anhand der folgenden acht Schritte:

Acht Schritte der Gefährdungsbeurteilung

Vorbereiten: Die Gesamtverantwortung für die Gefährdungsbeurteilung hat der Träger, er wird sie auch durch Delegation auf Fachkräfte nicht los. Beauftragt er eine fachkundige Person, muss dies schriftlich erfolgen und genau beschreiben, welche Aufgaben übertragen werden.

Ermitteln: Nun wird ermittelt, bei welchen Prozessen im Betrieb Gefahrenlagen entstehen. Insbesondere Gefahrstoffe nach Biostoffverordnung für werdende Mütter sind hier zu beachten. Durch verschiedene Methoden, zum Beispiel Begehung der Arbeitsplätze, Gespräche mit dem Personal sowie Auswertung der Unfallanzeigen und des Verbandbuches, können systematisch Gefährdungen ermittelt werden.

Beurteilen: Nun wird beurteilt, ob Handlungsbedarf für Arbeitsschutzmaßnahmen besteht. Die ermittelten Gefährdungen werden an dieser Stelle hinsichtlich der Wahrscheinlichkeit, dass etwas geschieht, und der Schwere der möglichen Verletzungen eingestuft. Bei sehr hohen Risiken muss sofort gehandelt werden.

Festlegen: Auf Grundlage der Beurteilung des Risikos werden notwendige Maßnahmen festgelegt. Zum Beispiel werden Sturz- und Stolperstelle beseitigt, mindestens aber gekennzeichnet und gesichert.

Durchführen: Hier wird Sorge dafür getragen, dass die festgelegten Maßnahmen innerhalb eines festgelegten Zeitrahmens durchgeführt und eingehalten werden.

Überprüfen: Die Wirksamkeit der Maßnahme muss kontrolliert werden. Sind die Maßnahmen geeignet und ausreichend? Ergeben sich aus ihnen womöglich neue Gefährdungen?

Fortschreiben: Die erste Gefährdungsbeurteilung einschließlich ihrer Dokumentation ist als Bestandsaufnahme der Ausgangspunkt für die Schaffung einer Kultur des Gesundheitsschutzes. Indem sie regelmäßig überprüft und aktualisiert wird, insbesondere bei Veränderungen durch Baumaßnahmen oder größeren Anschaffungen, bleibt sie stets aktuell.

Dokumentation: Nach dem Arbeitsschutzgesetz muss der/die Arbeitgeber:in über eine Dokumentation verfügen, die das Ergebnis der Gefährdungsbeurteilung, die festgelegten Maßnahmen sowie das Ergebnis ihrer Überprüfung abbildet. Die Art und Weise der Dokumentation ist nicht vorgeschrieben.

Aufgrund der Gefährdungsbeurteilung ist nun der/die einzelne Beschäftigte zu unterweisen. Nicht selten versuchen Arbeitgeber:innen, eine teure Gefährdungsbeurteilung zu umgehen und führen als Grund an, die Gefährdungspotenziale im Betrieb seien allen dort Beschäftigten ohnehin bekannt. Nach ständiger höchstrichterlicher Rechtsprechung ist jedoch eine aufgabenbezogene Unterweisung ohne vorherige Gefährdungsbeurteilung nicht möglich.

Eine Fortschreibung der Gefährdungsbeurteilung ist immer notwendig bei

- geänderten Rechtsgrundlagen bzw. Arbeitsschutzvorschriften,
- gravierendem Umbau des Betriebes,
- Umorganisation,
- vermehrtem Auftreten von Arbeitsunfällen oder Fehlzeiten.

An den bestehenden Kindergarten werden eine Krippe sowie ein Hort angebaut und entsprechendes Personal eingestellt. Der gravierende Umbau sowie die konzeptionelle Umorganisation der Einrichtung machen eine Fortschreibung der Gefährdungsbeurteilung notwendig.

Um schleichende Veränderungen aufzudecken, empfiehlt es sich, eine Gefährdungsbeurteilung mindestens alle drei Jahre durchzuführen.

Die für die Gefährdungsbeurteilung vorgeschriebene Dokumentation der Ermittlungsergebnisse und der abgeleiteten Schutzmaßnahmen ist eine gute Basis für die anschließende Unterweisung der Beschäftigten. Die Unterweisungen sollen bei den Beschäftigten ein Bewusstsein für mögliche Gefahrenpotenziale schaffen und so verhindern, dass sich diese realisieren.

Der/die Arbeitgeber:in ist verpflichtet, eine Unterweisung vorzunehmen:

- vor Aufnahme einer neuen Tätigkeit,
- danach mindestens jährlich,
- insbesondere zu den Gefahren, die sich aus den in der unmittelbaren Arbeitsumgebung der Beschäftigten vorhandenen Arbeitsmitteln ergeben, auch dann, wenn sie diese Arbeitsmittel nicht selbst benutzen.

Zwar hat der Gesetzgeber (DGUV Vorschrift 1 - Grundsätze der Prävention) eine Mindesthäufigkeit (einmal jährlich) festgelegt, hat aber auch ganz bewusst darauf verzichtet, eine zeitliche Vorgabe hinsichtlich der Mindestdauer festzulegen. Eine Kurzunterweisung von fünf bis zehn Minuten zu einem konkret umrissenen Thema kann besser sein als der immer wieder jährlich wiederholte 45 Minuten Vortrag. In sozialpädagogischen Einrichtungen ist es auch denkbar, dass das Thema Sicherheit und Gesundheitsschutz als ständiger Punkt auf der Tagesordnung von Teambesprechungen steht und so regelmäßig ein konkreter Aspekt behandelt wird, zum Beispiel:

- Wird die Aufsicht im Freigelände korrekt geführt?
- Werden Brandlasten in Fluchtwegen abgestellt, Feuerlöscher verstellt, Brandschutztüren verkeilt, Fluchtwege blockiert?
- Sind alle Notausgänge ohne Hilfsmittel zu öffnen?
- Wie häufig muss der Hausmeister defekte Kabel oder Geräte in Folge von Fehlbedienungen reparieren?
- Gewinnen wir aus einer Analyse unseres Verbandbuchs neue Erkenntnisse zum Unfallgeschehen in unserer Einrichtung?
- Wie genau führen wir die tägliche Sichtprüfung der Außenspielgeräte durch?
- Wie gut ist die Erste Hilfe bei uns organisiert?
- Wie gehen wir mit offenem Feuer in der Adventszeit um?
- Sind unsere Stoffdekorationen feuersicher aufgehängt?
- Gibt es Probleme auf dem Parkplatz, am Fahrradständer oder an der Bushaltestelle?
- Gibt es neue Vorschriften zum Unfallschutz?
- Gibt es aktuelle Gerichtsurteile?
- Gibt es schwere Einzelunfälle in anderen Einrichtungen?

Den Status einer Unterweisung erhält das Ganze dann, wenn konkrete Anweisungen und Erläuterungen abgeleitet werden, die eigens auf den Arbeitsplatz oder den Aufgabenbereich der Beschäftigten ausgerichtet sind, der Inhalt stichpunktartig protokolliert und von allen Anwesenden gegengezeichnet wird.

22.5.2 Pflichten und Rechte der Beschäftigten

Die Beschäftigten sind verpflichtet, nach ihren Möglichkeiten sowie gemäß der Unterweisung und den Weisungen des/der Arbeitgeber:in für ihre Sicherheit und Gesundheit bei der Arbeit Sorge zu tragen. Sie haben auch für die Sicherheit und Gesundheit der Personen zu sorgen, die von ihren Handlungen oder Unterlassungen bei der Arbeit betroffen sind. Insbesondere Maschinen, Geräte, Werkzeuge, Arbeitsstoffe, Transportmittel und sonstige Arbeitsmittel sowie Schutzvorrichtungen und die ihnen zur Verfügung gestellten persönlichen Schutzausrüstungen müssen bestimmungsgemäß verwendet werden.

Weiterhin haben die Beschäftigten besondere Unterstützungspflichten:

- Jede von ihnen festgestellte unmittelbare erhebliche Gefahr für die Sicherheit und Gesundheit sowie jeden festgestellten Defekt an den Schutzsystemen müssen sie unverzüglich melden.
- Sie müssen den/die Arbeitgeber:in darin unterstützen, die Sicherheit und den Gesundheitsschutz der Beschäftigten bei der Arbeit zu gewährleisten und seine/ihre Pflichten entsprechend den behördlichen Auflagen zu erfüllen.
- Sie sollen von ihnen festgestellte Gefahren für Sicherheit und Gesundheit sowie Mängel an den Schutzsystemen auch der Fachkraft für Arbeitssicherheit, dem Betriebsarzt/der Betriebsärztin oder dem/der Sicherheitsbeauftragten mitteilen.

Die Beschäftigten sind berechtigt, dem/der Arbeitgeber:in Vorschläge zu allen Fragen der Sicherheit und des Gesundheitsschutzes bei der Arbeit zu machen. Sind sie aufgrund konkreter Anhaltspunkte der Auffassung, dass die vonseiten des/der Arbeitgeber:in getroffenen Maßnahmen und bereitgestellten Mittel nicht ausreichen, um die Sicherheit und den Gesundheitsschutz bei der Arbeit zu gewährleisten, und hilft der/die Arbeitgeber:in darauf gerichtete Beschwerden von Beschäftigten nicht ab, können sich diese an die zuständige Behörde wenden. Hierdurch dürfen den Beschäftigten keine Nachteile entstehen.

22.6 Arbeitszeitgesetz

Zweck des Arbeitszeitgesetzes ist es, die Sicherheit und den Gesundheitsschutz der Arbeitnehmer:innen zu gewährleisten und die Rahmenbedingungen für flexible Arbeitszeiten zu verbessern sowie den Sonntag und die staatlich anerkannten Feiertage als Tage der Arbeitsruhe zu schützen.

Im sozialpädagogischen Bereich ist das Arbeitszeitgesetz insbesondere bei der Aufstellung von Dienstplänen zu beachten. Das Gesetz findet keine Anwendung auf Personen unter 18 Jahren, für die das Jugendarbeitsschutzgesetz (siehe Kapitel 22.3) gilt. Auch für Arbeitnehmer:innen im öffentlichen Dienst ist es nicht anwendbar, da diese zu selbstständigen Entscheidungen in Personalangelegenheiten befugt sind.

22.6.1 Arbeitszeit

Arbeitszeit im Sinne des Arbeitszeitgesetzes ist die Zeit vom Beginn bis zum Ende der Arbeit ohne die Ruhepausen. Es kommt nicht darauf an, ob der/die Arbeitnehmer:in in dieser Zeit tatsächlich arbeitet, sondern darauf, dass er/sie in dieser Zeit mit seiner Arbeitskraft dem/der Arbeitgeber:in zur Verfügung steht. Zeiten der Berufsbildung (also berufliche Fort- und Weiterbildung) zählen zur Arbeitszeit hinzu, schulische Ausbildungszeiten hingegen nicht.

Die werktägliche Arbeitszeit darf acht Stunden nicht überschreiten. Sie kann ausnahmsweise auf bis zu zehn Stunden nur dann verlängert werden, wenn innerhalb von sechs Kalendermonaten oder innerhalb von 24 Wochen im Durchschnitt acht Stunden werktäglich nicht überschritten werden.

Abweichende Regelungen können sich auf Grundlage eines Tarifvertrages oder aus einer Betriebsvereinbarung ergeben.

Mehrarbeit bedeutet die Überschreitung der gesetzlichen oder tariflichen Höchstarbeitszeit.

Überstunden sind die Überschreitung der für den/die Arbeitnehmer:in geltenden regelmäßigen Arbeitszeit.

Für die Vergütung von Mehrarbeit und Überstunden fehlt es an einer gesetzlichen Regelung. Diese kann zum Beispiel im Einzelarbeitsvertrag oder auch Tarifvertrag festgelegt sein. Fehlt auch dort eine Regelung, ist die Zeit gesondert zu vergüten.

22.6.2 Ruhepause, Ruhezeit

Bei einer Arbeitszeit von mehr als sechs Stunden ist eine Pause von 30 Minuten zu gewähren. Bei einer Arbeitszeit von mehr als neun Stunden sind 45 Minuten Pausenzeit zu gewähren. Die zu gewährende Pausenzeit kann in Teilpausen aufgeteilt werden, die aber mindestens 15 Minuten dauern müssen und im Voraus festzulegen sind, also am besten schon bei der Dienstplangestaltung. Immer zu beachten sind die erweiterten Pausenregelungen nach dem Jugendarbeitsschutzgesetz (siehe Kapitel 22.3.2).

Die genaue Lage der Pausen kann die Leitung einer Einrichtung im Rahmen ihres Direktionsrechts bestimmen. Sie muss allerdings darauf achten, dass die Pause nicht unmittelbar am Anfang oder Ende der Dienstzeit liegt, denn die Pause muss eine echte Unterbrechung der Arbeit bedeuten.
Eine echte Pause ist nur dann gegeben, wenn sie

- im Voraus feststeht (und nicht nur ins Belieben des/der Beschäftigten gestellt wird),
- arbeitsfrei ist (nicht durch Vor- oder Nachbereitung, berufliche Telefonate etc. belegt),
- weder am Beginn noch Ende der Arbeitszeit liegt,
- keine Vorschriften voraussetzt, wie sie zu verbringen ist.

Fehlt es an einer dieser Voraussetzungen, ist eine echte Pause nicht gegeben. Die verbrachte Zeit ist demnach als Arbeitszeit zu werten mit der Folge, dass der/die Beschäftigte einen Anspruch auf Entlohnung dieser Zeiten hat. Außerdem kann der/die Arbeitgeber:in wegen Nichtgewährung der Pausen seitens der Aufsichtsbehörde ein Bußgeld auferlegt bekommen.

22.6.3 Sonn- und Feiertagsruhe

Arbeitnehmer:innen dürfen an Sonn- und gesetzlichen Feiertagen von 0 bis 24 Uhr nicht beschäftigt werden. In mehrschichtigen Betrieben mit regelmäßiger Tag- und Nachtschicht kann Beginn oder Ende der Sonn- und Feiertagsruhe um bis zu sechs Stunden vor- oder zurückverlegt werden, wenn für die auf den Beginn der Ruhezeit folgenden 24 Stunden der Betrieb ruht.

In Krankenhäusern und anderen Einrichtungen zur Behandlung, Pflege und Betreuung von Personen dürfen Arbeitnehmer:innen an Sonn- und Feiertagen beschäftigt werden. Mindestens 15 Sonntage im Jahr müssen beschäftigungsfrei bleiben.

Sozialpädagogin Jana arbeitet im Kriseninterventionsdienst des kinder- und jugendpsychiatrischen Dienstes. Sie hat am kommenden Sonntag Dienst.

Werden Arbeitnehmer:innen an einem Sonntag beschäftigt, müssen sie einen Ersatzruhetag haben, der innerhalb eines den Beschäftigungstag einschließenden Zeitraums von zwei Wochen zu gewähren ist.

Jana hat einen Ersatzruhetag, der in einem Zeitraum von 14 Tagen, von Sonntag an gerechnet, zu gewähren ist.

Werden sie an einem auf einen Werktag fallenden Feiertag beschäftigt, müssen Mitarbeiter:innen einen Ersatzruhetag haben, der innerhalb eines den Beschäftigungstag einschließenden Zeitraums von acht Wochen zu gewähren ist.

Jana muss auch am 3. Oktober arbeiten, der dieses Jahr auf einen Dienstag fällt. Der Ersatzruhetag ist ihr bis zum 28. November zu gewähren.

Auch hier sind Abweichungen durch Tarifvertrag möglich.

22.6.4 Bereitschaftsdienst

Hält sich der/die Arbeitnehmer:in bereit, bei Bedarf kurzfristig seine/ihre Arbeit aufzunehmen, liegt Bereitschaftsdienst vor. Solange Bereitschaftsdienst besteht, muss er/sie für den/die Arbeitgeber:in ständig erreichbar sein. Für die Frage, ob Bereitschaftsdienst als Arbeitszeit angesehen werden kann, kommt es nach der Rechtsprechung des EuGH darauf an, wo sich der/die Arbeitnehmer:in während des Bereitschaftsdienstes befindet:

- Befindet er/sie sich außerhalb des Betriebes (Rufbereitschaft), ist nur die Zeit, die für die gegebenenfalls tatsächlich erbrachte Arbeitsleistung angefallen ist, als Arbeitszeit anzusehen.
- Muss sich der/die Arbeitnehmer:in während seines/ihres Bereitschaftsdienstes innerhalb des Betriebes aufhalten, gilt die gesamte dort verbrachte Zeit als Arbeitszeit.

22.6.5 Notfälle

In Notfällen und außergewöhnlichen Fällen, die unabhängig vom Willen der Betroffenen eintreten und deren Folgen nicht auf andere Weise zu beseitigen sind, kann von allen zeitlichen Grenzen abgewichen werden. Außerdem ist es möglich, dass die Aufsichtsbehörde Ausnahmen bewilligt. Dies gilt insbesondere im Bereich der Behandlung, Pflege und Betreuung von Personen, wenn unaufschiebbare Arbeiten anfallen, soweit dem/der Arbeitgeber:in andere Vorkehrungen nicht zugemutet werden können.

22.7 Aushang und Ordnungswidrigkeiten

Der/die Arbeitgeber:in ist verpflichtet, bestimmte Arbeitsschutzvorschriften an einer geeigneten Stelle im Betrieb zur Einsichtnahme auszuhängen, auszulegen oder den Beschäftigten auszuhändigen. Verletzt er/sie diese Aushangpflicht, wird er/sie in der Regel mit einem Ordnungsgeld belegt. Außerdem kommt eine Schadensersatzpflicht wegen verletzter Fürsorgepflicht in Betracht.

Im sozialpädagogischen Bereich sind insbesondere folgende Gesetze aushangpflichtig:

- Allgemeines Gleichbehandlungsgesetz
- Mutterschutzgesetz
- Jugendarbeitsschutzgesetz
- Arbeitszeitgesetz
- Bürgerliches Gesetzbuch
- Arbeitsgerichtsgesetz
- Nachweisgesetz
- Bundeselterngeld- und Elternzeitgesetz
- Bundeserziehungsgeldgesetz

22.8 Übungsfälle

Fall 96

Sozialwirt Erik erscheint seit einiger Zeit regelmäßig zu spät zur Arbeit. Eines Tages teilt ihm seine Arbeitgeberin, eine freigemeinnützige Wohlfahrtsorganisation, mit, dass er entlassen wird, weil sein Verhalten nicht mehr tragbar sei.

Ist die Kündigung wirksam?

Fall 97

Sozialpädagoge Ingo ist nach einem Achtstundentag im Jugendzentrum zu einer innerbetrieblichen Fortbildungsmaßnahme, die drei Stunden dauern soll, angemeldet.

Muss er teilnehmen?

Fall 98

Hanna ist Leiterin eines Hauses für Kinder, das 21 Mitarbeiter:innen beschäftigt. Elf Mitarbeiter:innen verschwinden immer wieder während der Arbeitszeit zu kleineren Rauchpausen von rund zehn Minuten. Mittlerweile hat sich großer Unmut unter den zehn Nichtraucher:innen breitgemacht, die der Meinung sind, nachteilig behandelt zu werden, da sie lediglich ihre 30 Minuten Pause haben und zudem die Arbeit für die rauchenden Kolleg:innen für die Dauer der jeweiligen Rauchpause miterledigen müssen. Hanna findet es zunehmend schwieriger, die pädagogische Arbeit im Haus so zu organisieren, dass diese Raucherpausen genommen werden können. Sie ist ratlos: Einerseits will sie den nichtrauchenden Kolleg:innen nicht das Gefühl geben, sie seien benachteiligt, andererseits will sie die rauchenden Kolleg:innen in Zeiten des Fachkräftemangels auf keinen Fall verprellen.

Wie kann Hanna das Problem lösen?

Fall 99

Gruppenleiterin Uta ist für das morgendliche Aufsperren der Einrichtung um 7 Uhr zuständig. Meistens schafft sie es auch, um Punkt sieben anzukommen und die bereits wartenden Eltern und Kinder einzulassen. Die Eltern beschweren sich allerdings beim Träger, weil Ute anschließend erst einmal damit beschäftigt ist, sich umzuziehen und die Gruppenräume für den Tag vorzubereiten. Somit hat sie keine Zeit, die Kinder zu begrüßen. Der Träger verlangt daher von Uta, spätestens um 6.50 Uhr zu erscheinen, da die Vorbereitungen vor Arbeitsantritt zu leisten sind. Ute ist der Ansicht, die Vorbereitungen seien Element der Arbeit. Daher sei es ausreichend, wenn sie um 7 Uhr erscheine.

Wer hat recht?

23 Tarifvertragsrecht

Verhandeln Arbeitgeberverbände der einzelnen Wirtschaftszweige mit den entsprechenden Gewerkschaften, halten sie die Ergebnisse der Verhandlungen in einem Tarifvertrag fest. Die Parteien dieses Vertragsverhältnisses, die sogenannten Tarifpartner, handeln die Tarife für die beteiligten Unternehmen und Beschäftigten aus. Damit wird ein Interessenausgleich zwischen Arbeitgeber:innen und Arbeitnehmer:innen geschaffen, was den Betriebsfrieden in den einzelnen Unternehmen sichert.

Tarifverträge haben vier Funktionen, die aus der folgenden Abbildung ersichtlich werden.

Funktionen des Tarifvertrages			
Schutzfunktion → zugunsten des/der Arbeitnehmer:in	Ordnungsfunktion → Beide Seiten können während der Laufzeit auf bestimmte Arbeitsbedingungen vertrauen	Friedensfunktion → Während der Laufzeit des Tarifvertrages dürfen keine Arbeitskämpfe stattfinden (sog. Friedenspflicht)	Verteilungsfunktion → Stellt die Teilhabe der Arbeitnehmer:innen am Sozialprodukt sicher.

Abbildung 85: Funktionen des Tarifvertrages

23.1 Inhalt und Arten des Tarifvertrages

Der Tarifvertrag ist ein schriftlicher Vertrag zwischen den tariffähigen Parteien, der die Rechte und Pflichten der Tarifvertragsparteien festlegt und Rechtsnormen enthält, die den Inhalt, den Abschluss und die Beendigung von Arbeitsverhältnissen sowie betriebliche und betriebsverfassungsrechtliche Fragen ordnen. Tarifverträge bedürfen der Schriftform.

Je nach Regelungsmaterie unterscheidet man verschiedene Arten von Tarifvertrag:

Arten von Tarifverträgen			
Manteltarifvertrag → Regelung der grundlegenden Arbeitsbedingungen (Urlaub, Arbeitszeit etc.)	Rahmentarifvertrag → Eingruppierung des/der Arbeitnehmer:innen in Lohn- und Gehaltsgruppen	Vergütungstarifvertrag → Regelung der Vergütung für die jeweilige Arbeitsleistung (Sonderzahlungen wie Weihnachtsgeld etc.)	Flächentarifvertrag → Geltung für ein begrenztes Gebiet (Bundesland, öffentlicher Dienst etc.)

Abbildung 86: Arten von Tarifverträgen

23.2 Tarifbindung

Tarifverträge entfalten eine sogenannte Tarifbindung, wenn

- der/die Arbeitgeber:in entweder selbst Tarifvertragspartei oder Mitglied in einem Arbeitgeberverband ist, der den Tarifvertrag vereinbart hat;
- der/die Arbeitnehmer:in Mitglied einer Gewerkschaft ist, die den Tarifvertrag unterzeichnet hat.

Im Bereich Erziehung kommen hier auf Arbeitgeber:innenseite zum Beispiel die Vereinigung der kommunalen Arbeitgeberverbände (VKA) und auf Arbeitnehmer:innenseite die Gewerkschaften ver.di oder GEW in Betracht.

Ist der Tarifvertrag für „allgemeinverbindlich“ nach § 5 Tarifvertragsgesetz erklärt worden, kommt es ausnahmsweise nicht darauf an, ob der/die Betroffene Gewerkschaftsmitglied ist oder nicht. Zu beachten ist, dass entgegen einer weitverbreiteten Ansicht die Tarifverträge des öffentlichen Dienstes und auch der TVöD selbst nicht "allgemeinverbindlich“ im Sinne des § 5 Tarifvertragsgesetzes sind. Die Arbeitgeber:innen des öffentlichen Dienstes vereinbaren aber in der Regel Verweisungsklauseln, nach denen auch nicht gewerkschaftlich organisierte Arbeitnehmer:innen nach den Bedingungen des TVöD eingestellt werden.

Im sozialpädagogischen Bereich ist zu beachten, dass der Tarifvertrag für den öffentlichen Dienst unmittelbar nicht für diejenigen freien Träger gilt, die nicht einer Tarifvertragspartei angehören. Der weitaus überwiegende Teil der freien Träger orientiert sich allerdings am TVöD oder nimmt auf ihn Bezug.

Der staatlich anerkannte Erzieher Karl ist in einer Kindertageseinrichtung in kommunaler Trägerschaft angestellt. Für ihn gilt der Tarifvertrag für den öffentlichen Dienst (TVöD), der am 1. Oktober 2005 den Bundesangestelltentarifvertrag (BAT) ersetzt hat. Wechselt er in eine Kindertageseinrichtung in katholischer Trägerschaft, gilt dort zwar nicht der TVöD, da die Kirchen den Bereich des Tarifvertragssystems durch ein eigenes Dienstrecht ersetzen können und ersetzt haben (siehe Kapitel 25). Die katholische Kirche hat sich aber zum Beispiel in ihren Eingruppierungsrichtlinien für den Sozial- und Erziehungsdienst an den TVöD angepasst und sieht analoge Entgeltmodelle vor. Karl wird dort dasselbe Gehalt erhalten, ohne dass er darüber verhandeln müsste. Wechselt Karl nun in eine Einrichtung in privater Trägerschaft einer Elterninitiative, ist er dort darauf angewiesen, dass die Arbeitgeber:in ihm entweder freiwillig oder im Verhandlungswege ein dem TVöD entsprechendes Gehalt zahlt.

23.3 Wirkung der tariflichen Bestimmungen

Für die Beteiligten gelten die tariflichen Bestimmungen unmittelbar und zwingend.

Zwingend bedeutet, dass Abmachungen, die für den/die Arbeitnehmer:in ungünstig sind, auch dann nicht gelten, wenn sie im Arbeitsvertrag vereinbart wurden.

Unmittelbar bedeutet, dass der Tarifvertrag unabhängig davon gültig ist, ob die Arbeitsvertragsparteien vom Tarifvertrag und seinen einzelnen Bestimmungen Kenntnis haben oder nicht. Dies bedeutet im Ergebnis, dass der Tarifvertrag wie ein Gesetz wirkt.

Ausnahmsweise sind vom Tarifvertrag abweichende Abmachungen zulässig, wenn

- der Tarifvertrag selbst eine Abweichung zulasten des/der Arbeitnehmer:in zulässt (sog. Öffnungsklausel) oder
- die vom Tarifvertrag abweichende Regelung zugunsten des/der Arbeitnehmer:in ausfällt (sog. Günstigkeitsprinzip).

Die Frage, ob im Einzelfall eine im Arbeitsvertrag enthaltene Regelung für den/die Arbeitnehmer:in tatsächlich günstiger ist, ist unter Umständen schwierig zu beantworten. Zur Feststellung der Günstigkeit sind immer nur diejenigen Regelungen zu vergleichen, die in einem sachlichen Zusammenhang stehen -sogenannter Sachgruppenvergleich.

23.4 Konflikte und Konfliktlösungen zwischen den Tarifpartnern

Solange der jeweilige Tarifvertrag läuft, gilt für beide Seiten die sogenannte Friedenspflicht, d.h., Mittel des Arbeitskampfes (Streik, Aussperrung etc.) sind nicht erlaubt. Tarifverträge werden immer für eine bestimmte Zeit geschlossen. Ist der Endtermin erreicht, können sie gekündigt werden und Neuverhandlungen stehen an. Da auch die Friedenspflicht mit dem Tarifvertrag endet, stehen diese Neuverhandlungen nicht selten unter dem Eindruck von angedrohtem oder tatsächlichem Streik.

Der Streik ist das Druckmittel der Arbeitnehmer:innen. Beim ersten bundesweiten Streik der Erzieher:innen im Jahr 2009, bei dem Zehntausende die Arbeit niederlegten, ging es um verbesserten Gesundheitsschutz und höhere Gehälter. Nach monatelangem

Arbeitskampf wurden diese Ziele erreicht: Erzieher:innen erhalten seitdem nun nicht nur mehr Gehalt, sondern auch einen tarifvertraglich festgelegten Anspruch auf Durchführung einer individuellen Gefährdungsbeurteilung (siehe Kapitel 22.5.1).

23.5 Übungsfälle

Fall 100

Kindheitspädagoge Leo ist in einem kommunalen Kinderzentrum angestellt. Die aufgrund der beiderseitigen Tarifbindung anwendbaren Tarifverträge sehen für ihn ein Monatsgehalt von 3.400 Euro sowie 30 Arbeitstage Urlaub vor. In den Einstellungsverhandlungen kam man überein, dass Leo unter Verzicht auf fünf Urlaubstage eine Erhöhung der Vergütung auf 3.650 Euro erhält.

Wie viel Urlaub und welches Gehalt kann Leo verlangen?

24 Betriebsverfassung

In aller Regel möchte der/die Inhaber:in eines Betriebes sämtliche Entscheidungen hinsichtlich Organisation und Führung des Betriebes selbst treffen. Der weitaus überwiegende Teil dieser Entscheidungen hat allerdings mittelbare oder unmittelbare Auswirkungen auf die im Betrieb beschäftigten Arbeitnehmer:innen. Daher haben diese ein Interesse daran, möglichst viel Einfluss auf die Entscheidungen auszuüben, mindestens aber wollen sie darüber informiert werden. Diese widerstreitenden Interessen will der Gesetzgeber mit dem Betriebsverfassungsgesetz (BetrVG) ausgleichen. Es erkennt den Arbeitnehmer:innen im einzelnen Betrieb das Recht auf innerbetriebliche Mitbestimmung zu und schränkt somit die Macht des/der Arbeitgeber:innen ein.

24.1 Innerbetriebliche Mitbestimmung

Die Rechte, die Arbeitnehmer:innen in einem Betrieb haben, werden umfassend im Betriebsverfassungsgesetz normiert. Das Betriebsverfassungsgesetz ist anwendbar, wenn im konkreten Betrieb mindestens fünf Arbeitnehmer:innen beschäftigt sind und gewährt ihnen das Recht auf innerbetriebliche Mitbestimmung.

Dieses Recht umfasst das

- Informations- und Anhörungsrecht in allen sie persönlich betreffenden Angelegenheiten,
- Beschwerderecht, falls sie sich ungerecht behandelt fühlen,
- Recht auf Einsichtnahme in Personalakten (mit Zustimmung des/der betroffenen Mitarbeiter:in).

Das Gesetz räumt dem Betriebsrat bzw. Personalrat als Organ der Belegschaft weiterhin zahlreiche abgestufte Beteiligungsrechte ein.

24.2 Betriebsrat

Ein Betriebsrat kann gewählt werden, wenn in dem Betrieb bzw. der Dienststelle mindestens fünf Beschäftigte vorhanden sind. Seine Größe hängt davon ab, wie viele Beschäftigte im Betrieb tätig sind:

- Bis 20 Beschäftigte = 1 Person
- Bis 50 Beschäftigte = 3 Personen
- Bis 150 Beschäftigte = 5 Personen
- etc.

Gewählt wird in geheimer und unmittelbarer Wahl für vier Jahre.

Der Betriebsrat hat die aus der folgenden Abbildung ersichtlichen Mitwirkungsrechte sowie Mitbestimmungsrechte.

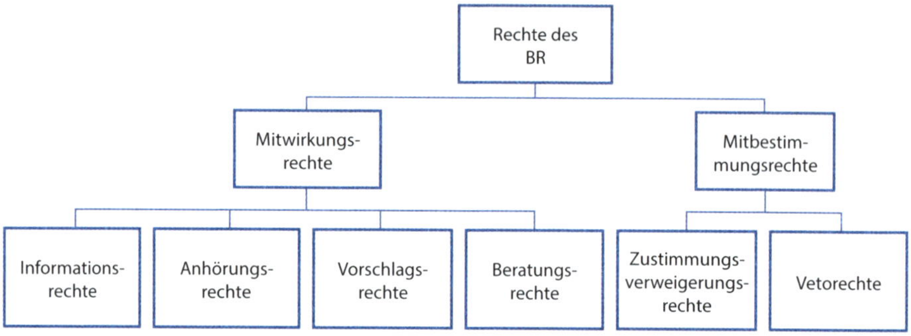

Abbildung 87: Rechte des Betriebsrates

Bei den Mitbestimmungsrechten ist zu unterscheiden zwischen

- Mitbestimmung in sozialen Angelegenheiten wie Arbeitszeit, Urlaubsplanung, Sozialplan bei betriebsbedingten Kündigungen etc. Kommt eine Einigung hier nicht zustande, entscheidet eine eingerichtete Einigungsstelle.
- Eingeschränkte Mitbestimmung in personellen Angelegenheiten wie Einstellungen, Entlassungen, Versetzungen. Hier darf der Betriebsrat nur aus schwerwiegenden Gründen seine Zustimmung verweigern.
- Mitwirkung in wirtschaftlichen Angelegenheiten wie zum Beispiel Stilllegungen, Rationalisierungen etc. Hier hat der Betriebsrat kein Gestaltungsrecht, er kann also eine unternehmerische Entscheidung nicht verhindern, jedoch muss er informiert und angehört werden.

Der Betriebsrat wacht über die Einhaltung der Arbeitnehmer:innenschutzgesetze und hält regelmäßige Sprechstunden ab. Er informiert über seine Tätigkeiten in regelmäßigen vierteljährlichen Betriebsversammlungen.

Über Streitigkeiten aus dem Betriebsverfassungsgesetz entscheiden die Arbeitsgerichte.

24.3 Personalrat

In den Bereichen, in denen der Staat der Arbeitgeber ist, gilt jedoch nicht das Betriebsverfassungsgesetz, sondern das Personalvertretungsgesetz. Das bedeutet, im Bereich des öffentlichen Dienstes (d.h. in den Verwaltungen und Betrieben des Bundes, der Länder, der Gemeinden und Gemeindeverbände sowie der Körperschaften, Anstalten und Stiftungen des öffentlichen Rechts) hat der Personalrat eine dem Betriebsrat entsprechende Funktion. Er arbeitet auf Grundlage des Bundespersonalvertretungsgesetzes (BPersVG) und entsprechender Landespersonalvertretungsgesetze.

Allerdings gibt es auch Unterschiede: Bei Streitigkeiten entscheidet nicht das Arbeits-, sondern das Verwaltungsgericht, und die Mitwirkungsrechte sind nicht so weitgehend gefasst wie im Betriebsverfassungsgesetz. Dies hat seine Ursache darin, dass die Entscheidungsprozesse bei einem/einer öffentlichen Arbeitgeber:in bereits demokratisch kontrolliert sind.

Die Mitglieder von Personal- bzw. Betriebsrat dürfen bei der Wahrnehmung ihrer Aufgaben nicht behindert und aufgrund ihrer Tätigkeit nicht benachteiligt oder begünstigt werden. Dies gilt auch für ihre berufliche Entwicklung. Sie unterliegen der Schweigepflicht hinsichtlich aller Angelegenheiten und

Tatsachen, die sie bei Ausübung ihrer Tätigkeit erfahren haben. Sie haben ihre Tätigkeit ehrenamtlich und unentgeltlich zu führen. Durch die Versäumung der Arbeitszeit darf wiederum keine Minderung der Dienstbezüge eintreten. Unter Umständen ist auch eine Dienstbefreiung bzw. Arbeitsbefreiung bei erheblicher Mehrbelastung durch die Betriebs- bzw. Personalratstätigkeit geboten. Die Mitglieder genießen besonderen Kündigungsschutz nach Kündigungsschutzgesetz.

Für kirchliche Arbeitnehmer:innen gilt weder Betriebsverfassungsrecht noch Personalvertretungsrecht. Sie sind organisiert in der Mitarbeitervertretung (siehe Kapitel 25).

24.4 Jugendvertretung

Sind in einem Betrieb bzw. einer Dienststelle Betriebsrat bzw. Personalrat vorhanden, werden Jugendvertretungen gebildet, wenn dort in der Regel mindestens fünf Beschäftigte tätig sind, die das 18. Lebensjahr noch nicht vollendet haben. Da Jugendliche im Betrieb andere Problemlagen haben, vertritt dieses Organ deren Interessen im Betrieb. Die Jugendvertretung bringt ihre Anliegen über den Betriebsrat vor und kann an allen Sitzungen des Betriebsrates mitwirken.

Wählbar sind alle Beschäftigten, die das 26. Lebensjahr noch nicht vollendet haben. Wahlberechtigt sind alle jugendlichen Beschäftigten.

Die Jugendvertretung hat unter anderem folgende Aufgaben:

- Überwachung der Einhaltung der Jugendschutzvorschriften
- Entgegennahme von Anregungen und Beschwerden von jugendlichen Beschäftigten
- Hinwirken auf die Erledigung von Anregungen und Beschwerden
- Beantragung von Maßnahmen beim Betriebs-/Personalrat, die den jugendlichen Beschäftigten dienen

24.5 Gewerkschaften und Berufsverbände

Gewerkschaften und Berufsverbände nehmen wichtige Aufgaben der beruflichen Interessenvertretung wahr. Zu ihrem Leistungsrepertoire gehören zum Beispiel:

- kostenlose Rechtsberatung,
- Unterstützung bei Problemen im Betrieb und am Arbeitsplatz,
- Bildungsangebote,
- Beratungsangebote,
- Serviceangebote,
- Rechtsschutz.

Anders als Berufsverbände sind Gewerkschaften tariffähig. Das bedeutet, sie können Tarifvertragspartei sein.

Gewerkschaften im sozialpädagogischen Bereich sind zum Beispiel die

- Gewerkschaft Erziehung und Wissenschaft (GEW)
- Vereinte Dienstleistungsgewerkschaft (ver.di)

Berufsverbände in diesem Bereich sind zum Beispiel

- Verband Bildung und Erziehung (VBE)
- Berufs- und Fachverband Heilpädagogik e. V.
- Katholische Erziehergemeinschaft Deutschlands (KEG)

25 Arbeitsrecht der Kirchen

Eine Grundfunktion der Kirchen ist das Gebot der Nächstenliebe. Deshalb sind karitative Einrichtungen einer Kirche nicht bloß Dienstleistungsbetriebe mit karitativer Zweckbestimmung. Vielmehr stellen sie das Wesen und die zentrale Lebensäußerung der Kirchen dar. Als Folge daraus hat der Staat sein Verhältnis zu den Kirchen in Art. 140 GG festgelegt, indem der Grundgesetzgeber die Kirchenartikel aus der Weimarer Reichsverfassung (WRV) übernommen hat. Insbesondere gilt weiterhin Art. 137 Abs. 3 WRV, der für die Begründung und Gestaltung von Dienstverhältnissen eine maßgebliche Garantie kodifiziert: „Jede Religionsgesellschaft ordnet und verwaltet ihre Angelegenheiten selbstständig innerhalb der Schranken des für alle geltenden Gesetzes. Sie verleiht ihre Ämter ohne Mitwirkung des Staates oder der bürgerlichen Gemeinde."

Hiermit wird verfassungsrechtlich ausdrücklich gewährleistet, dass es ausschließlich Sache der Kirche ist, zu bestimmen, welche Ämter in ihr bestehen, welche Anforderungen an die Person des Amtsinhabers zu stellen sind und welche Rechte und Pflichten mit dem Amt verbunden sind. Für den Bereich der katholischen Kirche ist es daher staatskirchenrechtlich anerkannt, dass die Kirche eine hierarchische Struktur hat mit der Folge, dass für ihre Dienstverfassung die Unterscheidung zwischen Klerikern und Laien unumstößlich ist. Entsprechend ist für die Evangelische Kirche gewährleistet, dass sie nach Wegfall des „landesherrlichen Kirchenregiments", wie es für sie bis 1918 bestand, ebenfalls eine ihrem Bekenntnis entsprechende autonome Ämterorganisation schaffen kann.

25.1 Kirchenautonomie und Individualarbeitsrecht

Zur Schaffung dieser autonomen Ämterorganisation bedienen sich die Kirchen der Privatautonomie (siehe Kapitel 17.2), wie sie jedermann zur Begründung von Arbeitsverhältnissen offensteht. Daher ist es im Gegenzug auch für die Kirchen verbindlich, dass ihre Privatautonomie nur in den Grenzen des Arbeitsrechts besteht. Das kirchliche Selbstbestimmungsrecht wird dadurch aber nicht aufgehoben. Seine Bedeutung für die Geltung des Arbeitsrechts bleibt allerdings verdeckt, solange den Besonderheiten des kirchlichen Dienstes bereits durch eine entsprechende Vertragsgestaltung Rechnung getragen werden kann. Arbeitsgesetze sind deshalb nach der Rechtsprechung des Bundesarbeitsgerichts „im Lichte der Wertentscheidung der verfassungsrechtlichen Garantie des kirchlichen Selbstbestimmungsrechts auszulegen".

Einrichtungen der Kirche gelten vor diesem Hintergrund als sogenannte „Tendenzbetriebe", die dem/der jeweiligen Arbeitnehmer:in besondere Loyalitätsverpflichtungen auferlegen können. Mit Unterschrift unter einen Arbeitsvertrag eines Tendenzbetriebes verpflichtet sich der/die jeweilige Arbeitnehmer:in zur Einhaltung der tragenden Grundsätze der kirchlichen Glaubens- und Sittenlehre. Die diesbezüglichen Verpflichtungen strahlen bis in das Privatleben hinein aus: Selbst nichtchristliche Mitarbeiter:innen werden auf diese Weise verpflichtet, die „Wahrheiten und Werte des Evangeliums" zu achten.

Katholische Mitarbeiter:innen werden in der Regel auch darauf verpflichtet, die „Grundsätze der katholischen Sitten- und Glaubenslehre" zu beachten. Diese haben eine Einschränkung der Mitbestimmungsrechte und der grundgesetzlich verankerten Freiheitsrechte des/der jeweiligen Arbeitnehmer:in zur Folge. Hierzu gehört zum Beispiel das aus Art. 1 Abs. 1 GG in Verbindung mit Art. 2 Abs. 1 GG abgeleitete Allgemeine Persönlichkeitsrecht. Die Einschränkungen gelten sowohl für dienstliches als auch außerdienstliches Verhalten. Der/die Arbeitnehmer:in wird darin verpflichtet, einer bestimmten Konfession anzugehören, vor Gründung einer Familie zu heiraten, Kinder christlich taufen zu lassen, die Ehe bis zum Tode fortzuführen, keine Scheidung mit anschließender Wiederverheiratung vorzunehmen etc.

Bei Verstoß gegen diese Verpflichtungen kann (nach vorausgegangener Abmahnung) das Arbeitsverhältnis seitens der Kirche gekündigt werden. Manche Gründe sind sogar so schwerwiegend, dass nicht einmal eine vorausgegangene Abmahnung notwendig ist. Das Bundesverfassungsgericht hat anerkannt, dass eine solche besonders schwerwiegende Verletzung der christlichen Wertordnung und der arbeitsvertraglich begründeten Loyalitätspflichten vorliegt bei:

- Kirchenaustritt
- Abtreibung und deren öffentlicher Befürwortung
- Verstoß gegen das kirchliche Eherecht

25.2 Kirchenautonomie und Koalitionsfreiheit

Wenn nun die Kirchen den Vertragsinhalt ihrer Arbeitsverhältnisse sowie das Verfahren zu seiner Festlegung ihren Vorstellungen über die Besonderheit des kirchlichen Dienstes anpassen können, ist immerhin fraglich, ob ihnen ein eigener Weg offenbleibt, um dies auch im Rahmen der von der Koalitionsfreiheit geprägten Arbeitsverfassung sicherzustellen. Im Ergebnis geht es hier um die Frage des Verhältnisses des Selbstbestimmungsrechts zum Grundrecht der Koalitionsfreiheit aus Art. 9 Abs. 3 GG.

Zwar wird hinsichtlich der unmittelbaren Drittwirkung der Koalitionsfreiheit allgemein anerkannt, dass dieses Grundrecht auch die Kirchenfreiheit begrenzt. Dies bedeutet aber nicht, dass dieses Grundrecht gegenüber der Verfassungsgarantie des kirchlichen Selbstbestimmungsrechts der Vorrang eingeräumt wird. Die inkorporierten Weimarer Kirchenartikel sind nach einer Entscheidung des Bundesverfassungsgerichtes vollgültiges Verfassungsrecht der BRD und stehen gegenüber den anderen Artikeln des Grundgesetzes nicht etwa auf einer Stufe minderen Ranges. Die Verfassungsgarantie des Selbstbestimmungsrechts verbietet es dem Gesetzgeber, kollektive Koalitionsrechte in ihren für den weltlichen Bereich erfolgten Ausprägungen auf die Kirchen zu erweitern. Er muss daher der Kirche einen eigenen Weg offenhalten, damit sie sich in ihren Angelegenheiten eine von ihrem Bekenntnis geprägte Ordnung geben kann.

25.3 Kirchenautonomie und kollektives Arbeitsrecht

Dieser eigene Weg wurde zunächst beschritten auf dem sogenannten „Ersten Weg", bei dem der Inhalt der Arbeitsverhältnisse einseitig durch den kirchlichen Gesetzgeber oder durch kirchliche Leitungsorgane gestaltet wurde. Der sogenannte „Zweite Weg", bei dem die Inhalte der Arbeitsverhältnisse durch den Abschluss von Tarifverträgen zwischen Kirchen und Gewerkschaften geregelt werden, war höchst umstritten. Weite Teile der evangelischen Landeskirchen sowie ausnahmslos alle Diözesen der katholischen Kirche beschreiten deswegen nunmehr den „Dritten Weg".

Dieser verfolgt die nachstehenden Grundsätze:

- Partnerschaft, d.h. Kooperation, nicht Konfrontation beim Ausgleich unterschiedlicher Interessen;
- Parität, d.h. Anerkennung der Gleichwertigkeit und Gleichberechtigung von Dienstgebern und Dienstnehmern;
- Prinzip der Lohngerechtigkeit;
- keine Konfliktregulierung durch Streik und Aussperrung, da ein Arbeitskampf mit den Grunderfordernissen des kirchlichen Dienstes unvereinbar ist;
- Sicherung der religiösen Grundlage und Zielbindung des kirchlichen Dienstes;
- Sicherung einheitlicher Geltung unabhängig vom jeweiligen Anstellungsträger.

Eine diese Grundsätze wahrende Interessenvertretung der Mitarbeiter:innen gegenüber den Dienstgebern wird wahrgenommen durch die sogenannte Mitarbeitervertretung, geregelt in der Mitarbeitervertretungsordnung (MAVO).

25.4 Kirchenautonomie und gesetzliche Betriebsverfassung

Lange Zeit war umstritten, ob das BetrVG ein für alle geltendes Gesetz im Sinne des Art. 137 Abs. 3 WRV ist, was zur Folge hätte, dass es das Selbstbestimmungsrecht der Kirchen in zulässiger Weise einschränken könnte.

Der Streit wurde im Jahre 1952 entschieden, indem der Gesetzgeber im BetrVG selbst (§ 118 Abs. 2) klargestellt hat, dass die gesetzliche Regelung auf Religionsgemeinschaften und ihre karitativen und erzieherischen Einrichtungen unbeschadet deren Rechtsform bzw. ohne Rücksicht auf ihre Rechtsform keine Anwendung findet.

25.5 Gerichtsschutz bei Rechtsstreitigkeiten

Im Unterschied zum Betriebsrat, der bei Rechtsstreitigkeiten die staatlichen Arbeitsgerichte anrufen, und zum Personalrat, der sich im Konfliktfall an die Verwaltungsgerichte wenden kann, besteht für die Mitarbeitervertretung lediglich die Möglichkeit, das Kirchengericht anzurufen. Dieses kann im Unterschied zu den anderen genannten Gerichten keine Zwangsmittel gegen den/die Arbeitgeber:in verhängen.

25.6 Übungsfälle

Fall 101
Die staatlich anerkannte Erzieherin Mara erhält heute ihren Arbeitsvertrag als Gruppenleitung in einer Kindertageseinrichtung eines katholischen Trägers. Zusätzlich wird ihr die „Grundordnung des kirchlichen Dienstes im Rahmen kirchlicher Arbeitsverhältnisse" ausgehändigt, auf die im Arbeitsvertrag ausdrücklich Bezug genommen wird. Der Trägervertreter weist sie ausdrücklich darauf hin, dass sie sich mit ihrer Unterschrift unter den Vertrag auch zur Einhaltung dieser Grundordnung verpflichtet.

Warum ist dies rechtens?

26 Zivilprozess

Glaubt der einzelne Bürger, ein Recht gegen einen anderen Bürger zu haben (einen Herausgabeanspruch, einen Anspruch auf Zahlung von Schadensersatz etc.) ist es ihm prinzipiell untersagt, dieses Recht im Wege der Selbsthilfe durchzusetzen, denn das Gewaltmonopol liegt beim Staat. Will der Bürger sein tatsächliches bzw. vermeintliches Recht durchsetzen, eröffnet ihm der Staat den Zivilrechtsweg. Das Verfahren vor den Zivilgerichten wird durch die Zivilprozessordnung (ZPO) geregelt, die die Einleitung, Durchführung und Beendigung bürgerlicher Streitigkeiten vor den ordentlichen Gerichten normiert. Zu den ordentlichen Gerichten gehören die Amtsgerichte, Landgerichte, Oberlandesgerichte sowie der Bundesgerichtshof (siehe Kapitel 9).

Diese Gerichte entscheiden zusätzlich auch über Zivilsachen, die nicht nach der ZPO entschieden werden. Diese sogenannten nicht streitigen Zivilrechtssachen werden in der sogenannten freiwilligen Gerichtsbarkeit entschieden, für die das Gesetz über das Verfahren in Familiensachen und in den Angelegenheiten der freiwilligen Gerichtsbarkeit (FamFG) gilt. Es regelt den Rechtsweg für Familiensachen und Angelegenheiten der freiwilligen Gerichtsbarkeit wie zum Beispiel:

- Betreuungs- und Unterbringungssachen (siehe Kapitel 20.8)
- Nachlass- und Teilungssachen
- Registersachen und unternehmensrechtliche Verfahren
- Freiheitsentziehungssachen
- Aufgebotssachen
- Grundbuchsachen nach der Grundbuchordnung
- Weitere Angelegenheiten

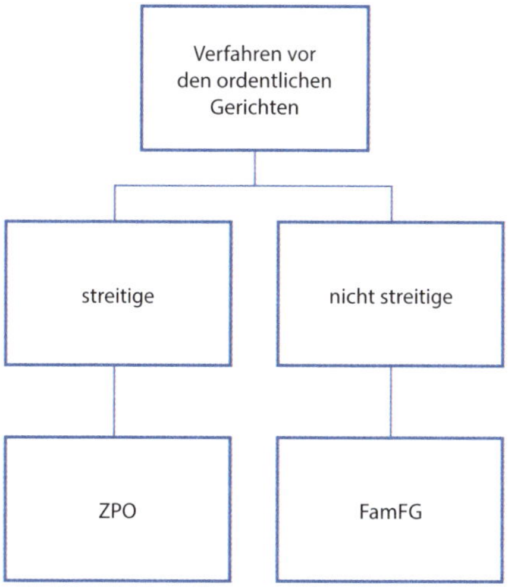

Abbildung 88: Verfahrensordnungen in Zivilsachen

Im Falle einer verweigerten Zahlung oder eines vermuteten Herausgabeanspruches ist somit der streitige Zivilrechtsweg eröffnet, der in einem unparteiischen Verfahren zu einem Urteil kommen wird, an das die Beteiligten gebunden sind und das denjenigen, der einen Anspruch aus ihm zugesprochen bekommt, in die Lage versetzt, diesen Anspruch mithilfe eines Gerichtsvollziehers durchzusetzen.

26.1 Mahnverfahren

Bevor Zivilklage eingereicht wird, kann der Gläubiger (= Leistungsberechtigter) auch zunächst ein Mahnverfahren gegen den Schuldner (= Leistungsverpflichteter) betreiben. Das Mahnverfahren ist immer dann zulässig, wenn es sich bei der geforderten Leistung um eine Geldleistung handelt. Es ist wesentlich kostengünstiger und schneller als der Zivilgerichtsprozess und immer dann empfehlenswert, wenn der zugrunde liegende Sachverhalt zwischen den Parteien unstrittig ist.

26.1.1 Mahnbescheid

Im Mahnverfahren erwirkt der Gläubiger zunächst einen Mahnbescheid. Hierfür stellt er einen Antrag auf Erlass eines Mahnbescheides am Amtsgericht seines Wohnortes als zuständigem Gericht. Dieser Antrag enthält die folgenden Angaben:

- Bezeichnung (Namen und Anschrift) der Parteien,
- Bezeichnung des Gerichts, bei dem der Antrag gestellt wird,
- Bezeichnung des Anspruchs unter Angabe der verlangten Leistung,
- Erklärung, dass die Leistung nicht von einer Gegenleistung abhängig ist,
- Bezeichnung des Gerichts, das für ein streitiges Verfahren zuständig ist.

Formulare für diesen Antrag sind in jedem Schreibwarengeschäft erhältlich. Sie müssen lediglich ausgefüllt und unterschrieben werden und sind maschinell lesbar. Auf diesen Antrag hin erlässt dann das Amtsgericht einen Mahnbescheid, der dem Schuldner zugestellt wird.

26.1.2 Vollstreckungsbescheid

Gegen diesen Mahnbescheid kann der Schuldner innerhalb von zwei Wochen nach Zugang Widerspruch erheben. Erhebt er keinen Widerspruch, erlässt das Gericht einen Vollstreckungsbescheid. Gegen diesen kann der Schuldner wiederum innerhalb von zwei Wochen nach Zustellung Einspruch einlegen. Erhebt er keinen Einspruch, wird der Vollstreckungsbescheid rechtskräftig und hat damit dieselbe Wirkung wie ein rechtskräftiges Urteil gegen ihn. Legt jedoch der Schuldner entweder gegen den Mahnbescheid Widerspruch oder gegen den Vollstreckungsbescheid Einspruch ein, kommt es zum streitigen Zivilverfahren.

26.2 Streitiges Verfahren

Zum streitigen Verfahren kommt es somit aus den folgenden Gründen:

- Der Anspruch geht nicht auf eine Leistung in Geld.
- Das Mahnverfahren wurde eingeleitet, der Schuldner hat aber gegen den Mahnbescheid Widerspruch erhoben.
- Das Mahnverfahren wurde eingeleitet, der Schuldner hat aber gegen den Vollstreckungsbescheid Einspruch eingelegt.
- Der Gläubiger hat auf die Möglichkeit der Durchführung eines Mahnverfahrens verzichtet.

Zur Entlastung der Gerichte sehen viele Bundesländer bei vermögensrechtlichen Streitigkeiten bis zu einem Streitwert von 750 Euro bzw. bei Nachbarstreitigkeiten vor, dass vor Klageerhebung zunächst ein Güteverfahren durchzuführen ist, falls kein Mahnverfahren betrieben wurde. In diesem Güteverfahren wird ein Schlichtungsversuch durch eine anerkannte Gütestelle durchgeführt.

26.2.1 Klageerhebung

Die Klageerhebung erfolgt durch Zustellung einer Klageschrift beim zuständigen Gericht.

Örtlich zuständig ist grundsätzlich das Gericht, an dem der Schuldner seinen Wohnsitz hat (= allgemeiner Gerichtsstand). Eine Ausnahme besteht für die Fälle, in denen ein Anspruch aus einer unerlaubten Handlung eingeklagt werden soll. Hier ist zusätzlich auch das Gericht zuständig, in dessen Bezirk diese geschehen ist.

Sachlich zuständig ist grundsätzlich entweder das Amtsgericht (bei Streitigkeiten über Ansprüche bis zu 5.000 Euro) oder das Landgericht (bei Streitigkeiten über Ansprüche ab 5.001 Euro). Von dieser Regel gibt es allerdings zahlreiche Ausnahmen (z.B. für Mietverhältnisse).

Die Klageschrift muss folgende Angaben machen:

- Bezeichnung (Namen und Anschrift) der Parteien und des Gerichts,
- Angabe des Klagegrundes (= des Gegenstandes, um den es geht, bzw. aus welchem Lebenssachverhalt sich der Anspruch ergeben soll) und
- einen bestimmten Antrag (z.B. Verurteilung des Beklagten zur Zahlung eines bestimmten Geldbetrages, zur Herausgabe eines bestimmten Gegenstandes).

Das Gericht kann nun entscheiden, welche Verfahrensart es wählt: Es kann einen frühen ersten Termin zu einer mündlichen Verhandlung ansetzen oder ein schriftliches Vorverfahren anordnen. Die Klageschrift wird anschließend vom Gericht an den Schuldner zugestellt, der hiermit zum Beklagten wird und – für den Fall, dass ein schriftliches Vorverfahren angeordnet wurde – binnen zweier Wochen mit einer Klageerwiderungsschrift reagieren kann. Hält er diese Frist nicht ein, kann auf Antrag des Klägers ein Versäumnisurteil ergehen.

26.2.2 Klageerwiderung

Mit der Klageerwiderung bringt der Beklagte seine Verteidigungsmittel vor. Die Klageerwiderung wird dem Kläger unter Fristsetzung übermittelt, der nun seinerseits erwidern kann.

26.2.3 Mündliche Verhandlung

Haben nun beide Seiten ihre Argumente schriftlich ausgetauscht, wird das Gericht einen Termin zur mündlichen Verhandlung ansetzen. In der Regel findet unmittelbar vor dem Haupttermin eine Güteverhandlung statt, mit der das Gericht versucht, zwischen den Parteien eine gütliche Einigung (= Vergleich) herbeizuführen.

Erscheint eine Partei zur mündlichen Verhandlung nicht und lässt sich auch nicht vertreten, kann die jeweils andere Partei Antrag auf ein Versäumnisurteil (VU) stellen. Dies hat zur Folge, dass das Urteil ihrem Antrag entsprechend ergeht: Erscheint der Beklagte nicht, wird er in seiner Abwesenheit dem Klageantrag entsprechend verurteilt. Erscheint der Kläger nicht, wird die Klage abgewiesen. Gegen ein VU kann innerhalb von zwei Wochen ab Zustellung Einspruch eingelegt werden. Der Einspruch versetzt den

Rechtsstreit in den Zustand, in dem er sich vor Erlass des VU befand. Wird kein Einspruch eingelegt, wird das VU rechtskräftig, d.h. es kann aus ihm vollstreckt werden.

Die mündliche Verhandlung beginnt damit, dass das Gericht die Parteien in den Sach- und Streitstand einführt. Die Parteien werden hierzu gehört und stellen ihre Anträge. Sind zwischen den Parteien bestimmte Tatsachen streitig, tritt die Verhandlung in die Beweisaufnahme ein, in der über die streitigen Tatsachen Beweis erhoben wird. Die Beweisaufnahme erfolgt nach strengen Beweislastgrundsätzen. Der wichtigste Beweislastgrundsatz lautet, dass jede Partei das darzulegen und zu beweisen hat, was für sie günstig ist.

Die zulässigen Beweismittel im Zivilprozess (SAPUZ) sind aus der folgenden Abbildung ersichtlich.

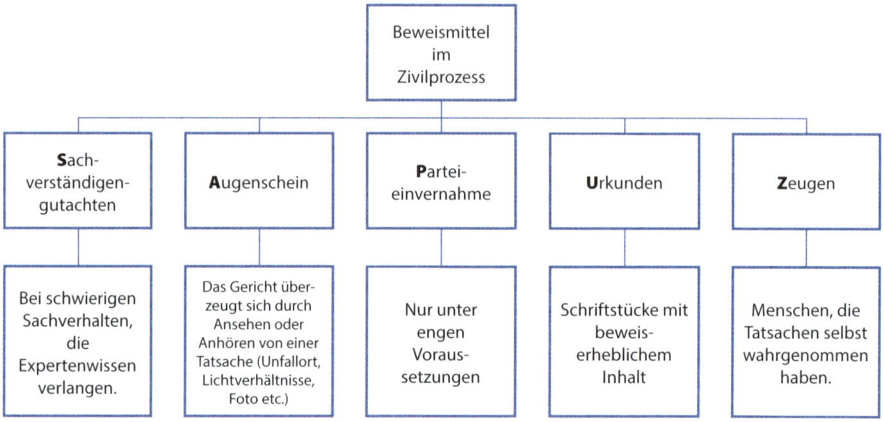

Abbildung 89: Zulässige Beweismittel im Zivilprozess

Nach Abschluss der Beweisaufnahme wird der Sach- und Streitstand mit den Parteien noch einmal auf Grundlage der so ermittelten Tatsachen erörtert. Das Gericht versucht nochmals, einen Vergleich zwischen den Parteien herzustellen. Ein Vergleich hat im Unterschied zu einem Urteil erhebliche Vorteile für alle am Rechtsstreit Beteiligten: Das Gericht ist von der Verpflichtung enthoben, ein Urteil finden und abfassen zu müssen. Die Parteien finden eine Kompromisslösung für ihren Konflikt, dementsprechend gibt es weder Verlierer noch Sieger. Dieser Umstand führt in der Regel dazu, dass der Rechtsfrieden zwischen den Parteien nachhaltiger wiederhergestellt wird, als es ein Urteil bewirken könnte.

26.2.4 Urteil

Scheitern die Vergleichsbemühungen, schließt das Gericht die Verhandlung. Es erlässt nun ein Urteil, das allerdings in der Regel nicht sofort verkündet wird (solche „Stuhlurteile“ gibt es gelegentlich auch, sind aber selten), sondern in einem eigens dafür anberaumten Termin (= Verkündungstermin). Die schriftliche Urteilsausfertigung hat folgende Bestandteile:

- Bezeichnung der Parteien;
- Urteilsformel (= Ausspruch, ob der Beklagte und wenn ja, wozu er verurteilt wurde oder die Klage abgewiesen wurde);
- den Tatbestand (= Streitgegenstand);
- die Entscheidungsgründe.

26.2.5 Rechtsmittel

Gegen ein Urteil sind in der Regel Rechtsmittel möglich, das bedeutet, die unterlegene Partei kann eine weitere Instanz beschreiten. Die Berufung ist zulässig, wenn der Wert des Beschwerdegegenstandes (= die Beschwer) 600 Euro übersteigt oder das Gericht die Berufung zugelassen hat. Zugelassen wird eine Berufung immer dann, wenn die zu entscheidende Rechtssache grundsätzliche Bedeutung hat oder sie der Fortbildung des Rechts dient. Sind die Voraussetzungen einer Berufung nicht gegeben, wird das Urteil sofort rechtskräftig.

Berufungsinstanz gegen Urteile des Amtsgerichtes ist das Landgericht, gegen Urteile des Landgerichts das Oberlandesgericht. Die Berufung muss innerhalb eines Monats ab Zustellung des Urteils eingelegt werden. Das Berufungsverfahren ist eine zweite Tatsacheninstanz, das bedeutet, über sämtliche Tatsachen, auch neue hinzugekommene, wird neu entschieden. Das Berufungsgericht kann entweder die Sache selbst entscheiden oder die Sache an das Gericht der ersten Instanz zurückverweisen.

Gegen ein Berufungsurteil des Oberlandesgerichts ist die Revision zulässig, wenn sie vom Oberlandesgericht zugelassen wurde. Zugelassen wird eine Revision immer dann, wenn die zu entscheidende Rechtssache grundsätzliche Bedeutung hat oder sie der Fortbildung des Rechts dient. Über die Revision entscheidet der Bundesgerichtshof. Die Revision kann ebenfalls nur innerhalb eines Monats ab Zustellung des Urteils eingelegt werden. Sie ist keine neue Tatsacheninstanz, sondern prüft nur die Verletzung des Rechts. Eine Beweisaufnahme findet nicht mehr statt. Unter sehr strengen Voraussetzungen kann in Ausnahmefällen gegen das Urteil der ersten Instanz gleich Revision (= Sprungrevision) eingelegt werden.

26.2.6 Rechtskraft

Ist gegen ein Urteil kein Rechtsmittel mehr möglich, wird es rechtskräftig. Es kann dann vollstreckt werden. Möglich ist auch, dass der Gläubiger des Anspruchs einen Antrag auf vorläufige Vollstreckbarkeit stellt. Dann wird das Gericht das Urteil für vorläufig vollstreckbar erklären, wenn eine Sicherheitsleistung in entsprechender Höhe geleistet wird.

26.3 Zwangsvollstreckung

Aus einem rechtskräftigen Urteil kann vollstreckt werden. Geldforderungen werden in der Regel dadurch vollstreckt, dass ein Gerichtsvollzieher beauftragt wird, in das Vermögen des Schuldners zu pfänden. Vom Gerichtsvollzieher zu beachten sind hierbei gewisse Pfändungsgrenzen, unterhalb derer das Einkommen nicht gepfändet werden kann. Die Pfändungsfreigrenzen für Arbeitseinkommen sind in § 850 c ZPO festgeschrieben.

26.4 Kosten des Rechtsstreits

Die Kosten des Rechtsstreits sind von der unterlegenen Partei zu tragen. Hierzu gehören:

- Kosten der Gegenseite (Rechtsanwaltskosten und eigene Auslagen),
- Gerichtskosten (Gebühren und Auslagen des Gerichts, z.B. für Zeugen, Sachverständige).

Sind beide Parteien teilweise unterlegen, sind die Kosten entsprechend dem Unterliegensanteil zu teilen.

Ist eine Partei nach ihren persönlichen und wirtschaftlichen Verhältnissen nicht in der Lage, die Kosten der Prozessführung (auch Anwaltskosten) aufzubringen, kann sie auf Antrag Prozesskostenhilfe erhalten. Dieser Antrag setzt voraus, dass die beabsichtigte Klage oder Verteidigung gegen eine Klage hinreichend Aussicht auf Erfolg hat und nicht mutwillig erscheint.

26.5 Vertretung durch Rechtsanwalt

Grundsätzlich können sich Parteien vor Gericht selbst vertreten, benötigen also keinen Rechtsbeistand. Zwingend vorgeschrieben ist die anwaltliche Vertretung aber in den sogenannten Anwaltsprozessen. Dies sind:

- alle Prozesse vor dem Landgericht, Oberlandesgericht und dem Bundesgerichtshof,
- beim Familiengericht in bestimmten Familiensachen.

26.6 Besonderheiten des Arbeitsgerichtsprozesses

Das Arbeitsgericht ist zuständig für

- Rechtsstreitigkeiten zwischen Arbeitgeber:innen und Arbeitnehmer:innen, die das Arbeitsverhältnis betreffen,
- Streitigkeiten zwischen Tarifvertragsparteien,
- Angelegenheiten aus dem Betriebsverfassungsgesetz,
- sonstige Fragen aus dem Arbeitsleben.

Es ist nicht zuständig für Rechtsverhältnisse, die dem kirchlichen Arbeitsrecht und damit der kirchlichen Arbeitsgerichtsbarkeit unterfallen.

Das Verfahren vor den Arbeitsgerichten ist im Arbeitsgerichtsgesetz geregelt und weist gegenüber der ZPO einige Besonderheiten auf.

- Die Arbeitsgerichtsbarkeit besteht aus drei Instanzen:
  1. Instanz: Arbeitsgericht (ArbG)
  2. Instanz: Landesarbeitsgericht (LAG) als Berufungsgericht
  3. Instanz: Bundesarbeitsgericht (BAG) als oberste Instanz
- In allen drei Instanzen sind ehrenamtliche Richter:innen beteiligt, die aus Kreisen der Arbeitgeber:innen und Kreisen der Arbeitnehmer:innen stammen.
- Vor dem Arbeitsgericht besteht kein Anwaltszwang. Jede Partei kann sich selbst vertreten. Ein:e Arbeitnehmer:in kann sich auch durch einen Gewerkschaftssekretär, eine Arbeitgeber:in durch ein:e Vertreter:in des zuständigen Arbeitgeberverbandes vertreten lassen.
- Gemäß § 54 ArbGG beginnt die mündliche Verhandlung vor dem Arbeitsgericht mit einer Güteverhandlung.
- Die Gerichtsgebühren vor dem Arbeitsgericht sind niedriger als vor den Zivilgerichten. Auch besteht keine Pflicht zur Entrichtung eines Kostenvorschusses.
- Jede Partei trägt die Kosten ihrer ersten Instanz selbst, unabhängig vom Ausgang des Verfahrens.

26.7 Übungsfälle

Fall 102

Gruppenleitung Tina erhält einen Anruf von Frau Meier, der Mutter des fünfjährigen Jonas. Frau Meier wünscht, dass Jonas heute einmal allein nach Hause geht, weil sie verhindert ist. Tina stimmt zu und legt auf, hat allerdings sofort Bedenken, da sie nichts Schriftliches in der Hand hat und den Wunsch der Mutter im Ernstfall nicht beweisen können wird. Da fällt ihr ein Rat ein, den sie einmal in einem Erzieher-Lehrbuch gelesen hat und den sie sofort befolgt. Sie ruft ihrer Kollegin Natascha zu: „Jonas wird heute nicht abgeholt. Seine Mutter hat gerade angerufen, er soll allein nach Hause gehen.“ Zufrieden wendet sie sich ihrer Arbeit zu, sie wird im Ernstfall ja eine Zeugin für den Wunsch der Mutter haben.

Liegt Tina richtig?

V Sozialrecht

Das System des Sozialrechts bildet das Recht der vielfältigen öffentlich-rechtlichen Leistungen und Hilfen ab, die teilweise einseitig gewährt werden, teilweise von einer Gegenleistung (z.B. Sozialversicherungsbeiträge) abhängen. Stets sind sie am Bedarf des Betroffenen ausgerichtet, entweder individuell-konkret (z.B. Heilbehandlung) oder typisierend-abstrakt (z.B. Kindergeld).

27 Allgemeines

27.1 Begriff des Sozialrechts

Der Begriff „Sozialrecht“ ist mehrdeutig und damit missverständlich. Regelungsbereich ist nicht etwa das soziale Zusammenleben schlechthin, dies wird vom gesamten Recht geregelt. „Sozialrecht“ bedeutet auch nicht „soziales Recht“ im Sinne einer Sammlung aller dem sozialen Gedanken verpflichteten Einzelregelungen. Denn zahlreiche Rechtsgebiete sehen in Einzelnormen immer auch den Schutz des Schwächeren vor:

- Zivilrecht: Schuldner-, Mieter- und Verbraucherschutz
- Arbeitsrecht: Arbeitnehmer:innenschutz
- Strafrecht: Resozialisierung von Straftätern, Geldstrafe nach Tagessätzen
- Steuerrecht: Freistellung der Geringverdiener von der Einkommensteuer; unterschiedliche Besteuerung von Grundnahrungsmitteln; progressionsabhängige Besteuerung
- Prozessrecht: Prozesskostenhilfe, Beratungshilfe und Unpfändbarkeitsanordnungen für lebensnotwendige Sachen und der Existenzsicherung dienende Forderungen

„Soziales Recht“ wirkt in diesen Zusammenhängen jedoch stets lediglich als Korrektiv bei der Verwirklichung der jeweils verfolgten Ziele.

Demgegenüber ist das Prinzip des Schutzes des Schwachen das zentrale Leitmotiv des Sozialrechts, denn ausschließlich zu diesem Zweck wurde es geschaffen. Der soziale Gedanke ist somit Grund und Grenze des Sozialrechts. Anders ausgedrückt: Das Sozialrecht ist ein Bestandteil des sozialen Rechts, das wiederum ein Bestandteil des Rechts ist.

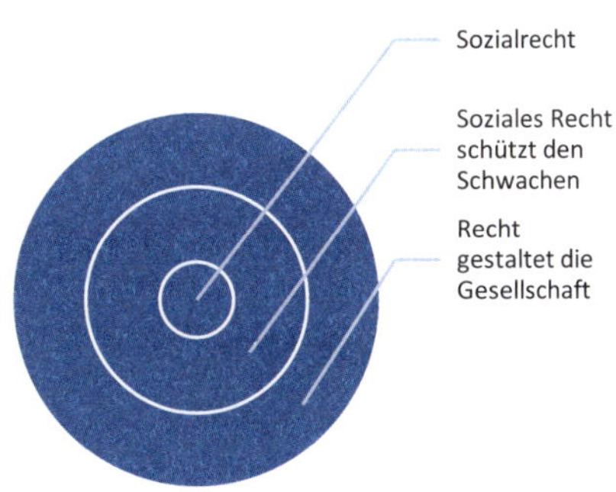

Abbildung 90: Recht, Soziales Recht und Sozialrecht

> Jeder hat als Mitglied der Gesellschaft das Recht auf soziale Sicherheit und Anspruch darauf, durch innerstaatliche Maßnahmen und internationale Zusammenarbeit sowie unter Berücksichtigung der Organisation und der Mittel jedes Staates in den Genuss der wirtschaftlichen, sozialen und kulturellen Rechte zu gelangen, die für seine Würde und die freie Entwicklung seiner Persönlichkeit unentbehrlich sind.
>
> (Allgemeine Erklärung der Menschenrechte durch die Generalversammlung der Vereinten Nationen am 10.12.1948)

Die Wurzel des Sozialrechts ist die Unantastbarkeit der Menschenwürde (Art. 1 GG) (siehe Kapitel 3.9.1). Seine verfassungsrechtliche Rechtfertigung findet der Wohlfahrtsstaat im Sozialstaatsprinzip des Art. 20 Abs. 1 GG (siehe Kapitel 2.4.3).

Nach Ansicht des Bundesverfassungsgerichtes hat der Staat danach die Pflicht zur
- Sozialgestaltung,
- Leistungserbringung,
- sozialen Sicherung der Bürger und
- Schaffung sozialer Gerechtigkeit.

Die gewährten Sozialleistungen und sonstigen Hilfen sollen dazu beitragen,
- ein menschenwürdiges Dasein zu sichern;
- gleiche Voraussetzungen für die freie Entfaltung der Persönlichkeit, insbesondere auch für junge Menschen, zu schaffen;
- die Familie zu schützen und zu fördern;
- den Erwerb des Lebensunterhalts durch eine frei gewählte Tätigkeit zu ermöglichen und
- besondere Belastungen des Lebens auch durch Hilfe zur Selbsthilfe abzuwenden oder auszugleichen.

Soziale Gerechtigkeit ist erreicht, wenn jeder Mensch die gleichen Möglichkeiten hat, sein Potenzial zu entfalten.

Soziale Sicherheit ist erreicht, wenn allen Mitgliedern einer Gesellschaft ein menschenwürdiger Lebensstandard gewährt wird.

27.2 Gegenstand des Sozialrechts

Das Regelungsziel von Sozialleistungen ist die Gestaltung sozialer Gerechtigkeit durch soziale Sicherheit. Sie beruhen auf individuellen Rechtsansprüchen. Daher finden sie im Recht ihren Grund und ihre Grenze.

27.3 System der Sozialgesetzgebung

In den 1970 er Jahren begann der, heute fast völlig abgeschlossene, Versuch, sämtliche Rechtsregeln über Sozialleistungen in einem einzigen Gesetzbuch – dem Sozialgesetzbuch (SGB) – zusammenzufassen, um es als systematische Einheit zu kodifizieren.

Tabelle 9: System der Sozialgesetzgebung – Das SGB

Buch	Titel	Sozialleistungsträger
SGB I	Allgemeiner Teil	---
SGB II	Grundsicherung für Arbeitssuchende/Hartz 4/Bürgergeld	Bundesagentur für Arbeit
SGB III	Arbeitsförderung	Bundesagentur für Arbeit
SGB IV	Gemeinsame Vorschriften für die Sozialversicherung	---
SGB V	Gesetzliche Krankenversicherung	Krankenkassen
SGB VI	Gesetzliche Rentenversicherung	Rentenkassen
SGB VII	Gesetzliche Unfallversicherung	Unfallkassen
SGB VIII	Kinder- und Jugendhilfe	Jugendämter
SGB IX	Rehabilitation und Teilhabe behinderter Menschen	alle genannten und noch mehr
SGB X	Sozialverwaltungsverfahren und Sozialdatenschutz	---
SGB XI	Soziale Pflegeversicherung	Pflegekassen
SGB XII	Sozialhilfe	Kreise und kreisfreie Städte (-> Sozialämter)
SGB XIV*	Soziale Entschädigung	alle genannten und noch mehr

*Tritt am 01.01.2024 in Kraft

Weitere Sozialgesetze müssen zukünftig noch in die Systematik des SGB überführt werden:

- BAföG
- Bundesversorgungsgesetz (Leitgesetz des heutigen Entschädigungsrechts): Kriegsopferfürsorgegesetz, Opferentschädigungsgesetz, Entschädigungsgesetz für Impfgeschädigte etc.
- Unterhaltsvorschussgesetz
- Bundeskindergeldgesetz
- Bundeserziehungsgeldgesetz
- Wohngeldgesetz
- etc.

Im sozialpädagogischen Bereich sind vor allem die folgenden Gesetze von Bedeutung:

- SGB VII (siehe Kapitel 28)
- SGB VIII (siehe Kapitel 29)
- SGB IX (siehe Kapitel 30)
- SGB X (siehe Kapitel 31)

27.4 Das sozialrechtliche Dreieck

Eine spezifische Besonderheit sozialrechtlicher Leistungen besteht darin, dass Leistungserbringer und Kostenträger bzw. Leistungsverpflichteter stets auseinanderfallen. Es ergibt sich ein sozialrechtliches Dreiecksverhältnis:

Der **Leistungserbringer** ist die Sozialwirtschaft. Er verpflichtet sich mit einem privatrechtlichen Vertrag, den er mit dem Leistungsempfänger schließt, zur Leistung.

Der **Leistungsempfänger** ist der eigentliche Adressat der Leistung. Er hat einen Rechtsanspruch auf sie, den er gegen den Staat als Kostenträger geltend macht.

Der Staat ist der eigentlich zur Leistung Verpflichtete, er ist der **Kostenträger** im sozialrechtlichen Dreieck, d.h. er bezahlt die Leistung. Im Wege der öffentlich-rechtlichen Beauftragung verpflichtet er die Sozialwirtschaft, die soziale Leistung zu erbringen.

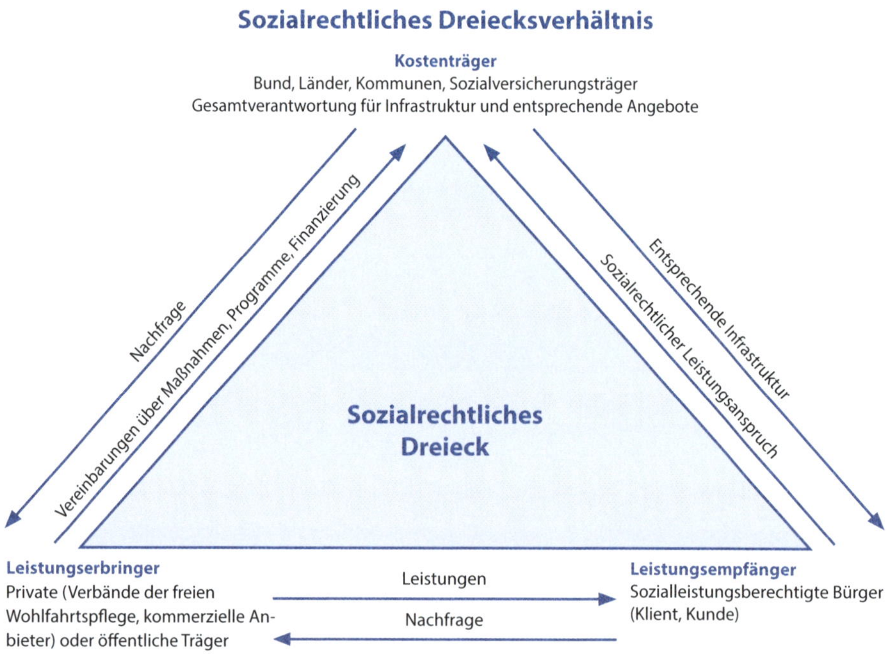

Abbildung 91: Sozialrechtliches Dreiecksverhältnis

- Das Rechtsverhältnis zwischen Kostenträger und Leistungsempfänger wird dabei als **Grundverhältnis** bezeichnet.
- Das Verhältnis zwischen Leistungserbringer und Leistungsempfänger ist das **Leistungsverhältnis.**
- Das Verhältnis zwischen Kostenträger und Leistungserbringer schließlich wird als **Erfüllungsverhältnis** bezeichnet.

27.5 Prinzipien des Sozialrechts

Das Menschenbild des Grundgesetzes, das den Menschen im Sinne der Kant´schen Objekttheorie stets als Rechtssubjekt und gerade nicht als Objekt staatlichen Handelns versteht (siehe Kapitel 3.9.1), wirkt sich im Sozialstaat dahingehend aus, dass der Mensch dementsprechend auch nicht als Objekt gemeindlicher Fürsorglichkeit gedacht werden darf. Aus dieser Prämisse ergeben sich die beiden aus der Abbildung ersichtlichen Prinzipien.

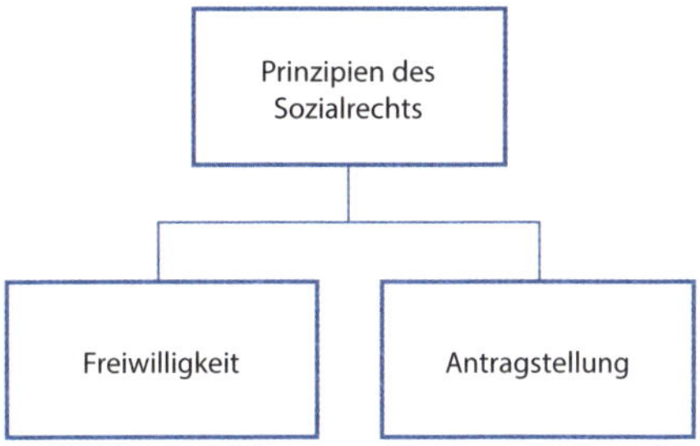

Abbildung 92: Prinzipien des Sozialrechts

27.5.1 Prinzip der Freiwilligkeit

Der Mensch ist frei in seiner Entscheidung, ob er eine sozialrechtliche Leistung, die ihm nach dem Gesetz zustünde, in Anspruch nehmen will. Entscheidet er sich dagegen, ist dies zu respektieren.

27.5.2 Prinzip der Antragstellung

Aus dem Prinzip der Freiwilligkeit folgt in verfahrensrechtlicher Hinsicht das Prinzip der Antragstellung: Sozialrecht ist immer Antragsrecht. Die sozialrechtliche Hilfeleistung wird niemals dem/der Berechtigten vom Amt ungefragt oktroyiert, sondern stets nur auf Antrag gewährt. Ob der/die Berechtigte diesen Antrag je stellt, bleibt ihm/ihr überlassen und ist seine/ihre freie Entscheidung. Entscheidet er/sie sich gegen die Antragstellung, kann kein Dritter den Antrag für ihn/sie stellen.

27.6 Teilbereiche des Sozialrechts

Das Sozialrecht umfasst traditionell die drei aus der Abbildung ersichtlichen Bereiche.

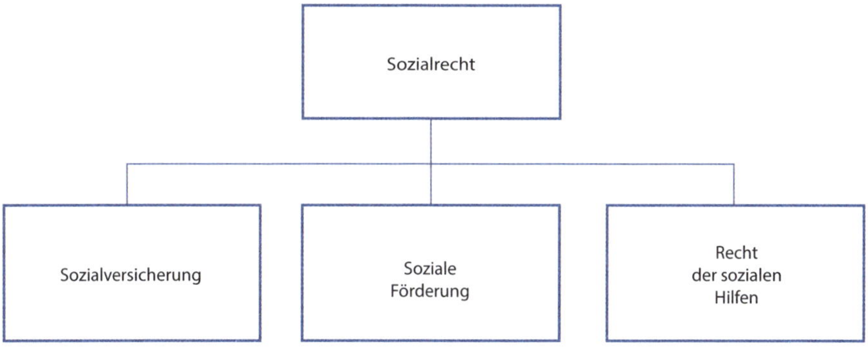

Abbildung 93: Teilbereiche des Sozialrechts

27.6.1 Sozialversicherung

Neben der Sozialhilfe und der sozialen Förderung ist die Sozialversicherung das Kern- und Herzstück des Sozialrechts, man spricht auch vom Fünf-Säulen-Modell der sozialen Sicherung in Deutschland.

Tabelle 10: Die Sozialversicherungen der BRD

	Krankenversicherung	Unfallversicherung	Rentenversicherung	Arbeitslosenversicherung	Pflegeversicherung
Gegründet	1883	1884	1889	1927	1995
Träger	Krankenkassen	Berufsgenossenschaften, Unfallkassen	Versicherungsanstalten	Bundesagentur für Arbeit	Pflegekassen
Gesetzliche Grundlage	SGB V sowie die mehrfach geänderte RVO von 1911	SGB VII vom 07.08.1996	SGB VI vom 01.01.1992	Arbeitsförderungs-Reformgesetz vom 01.01.1998 (SGB III)	SGB XI
Finanziert durch	Beiträge von Arbeitnehmer:innen und Arbeitgeber:innen grundsätzlich zu gleichen Teilen, sonstige Einnahmen	Arbeitgeber:innen im Umlageverfahren	Beiträge von Arbeitnehmer:innen und Arbeitgeber:innen zu gleichen Teilen im Umlageverfahren, außerdem Bundeszuschuss	Beiträge von Arbeitnehmer:innen und Arbeitgeber:innen zu gleichen Teilen, Zuschüsse	Beiträge von Arbeitnehmer:innen und Arbeitgeber:innen zu gleichen Teilen

Sozialversicherungspflicht

Die Versicherungspflicht wird in den jeweiligen Gesetzen für Personen angeordnet, die keinen anderweitig befriedigten Vorsorgebedarf haben: In der Regel sind das abhängig Beschäftigte, die bei Eintritt von Alter, Erwerbsminderung, Krankheit, Pflegebedürftigkeit, Arbeitsunfall oder Arbeitslosigkeit kein Einkommen erzielen. Liegen die Voraussetzungen vor, ist der/die Einzelne versichert, ohne dass er/sie selbst dazu tätig werden müsste. Auf diese Weise sind einerseits diejenigen abgesichert, die sich nicht um ihre Vorsorge kümmern, andererseits ist die Allgemeinheit davor geschützt, für Menschen eintreten zu müssen, die sich nicht um ihre Vorsorge kümmern.

Prinzipien der Sozialversicherung

In der folgenden Abbildung sind die Prinzipien der Sozialversicherung dargestellt. Äquivalenz meint dabei die Entsprechung von Beiträgen und Leistungen und gilt nur bei Geld- oder Einkommensersatzleistungen. Freizügigkeit verlangt die Koordinierung der Systeme im EU-Raum.

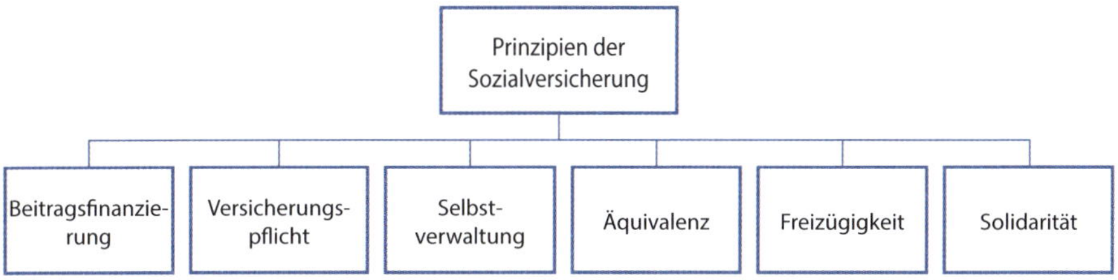

Abbildung 94: Prinzipien der Sozialversicherung

27.6.2 Soziale Förderung

Zur sozialen Förderung zählen

- die Arbeits- und Ausbildungsförderung (siehe Kapitel 32.1),
- Familienleistungen (siehe Kapitel 32.2; 32.3),
- das Wohngeld sowie
- Rehabilitation und Teilhabe behinderter Menschen (siehe Kapitel 30).

27.6.3 Recht der sozialen Hilfen

Das Recht sozialer Hilfen umfasst

- das Kinder- und Jugendhilferecht (siehe Kapitel 29) sowie
- die Sozialhilfe.

27.7 Übungsfälle

Fall 103

Kindergartenleiterin Maresa spricht heute mit der Mutter des vierjährigen Dennis: Dennis leidet an Morbus Hirschsprung und verursacht im Praxisalltag einen erheblichen Arbeitsaufwand, weil seine Eltern nicht möchten, dass er gewindelt wird, und er mehrmals täglich gesäubert und frisch angezogen werden muss. Maresa weist die Mutter darauf hin, dass die Ressourcen der Einrichtung begrenzt seien und der Betreuungsaufwand im Rahmen der bayerischen kindbezogenen Förderung höher gefördert würde, wenn Dennis als Inklusions-Kind eingruppiert werden könnte. Voraussetzung ist allerdings, dass die Eltern Eingliederungshilfe beantragen. Dies lehnen die Eltern ab, da sie die Stigmatisierung ihres Kindes als „behindert" fürchten. Maresa möchte nun den Antrag selbst stellen.

Kann sie das?

28 SGB VII – Gesetzliche Unfallversicherung

Aufgabe der Gesetzlichen Unfallversicherung (GUV) ist es, mit allen geeigneten Mitteln Arbeitsunfälle und Berufskrankheiten sowie arbeitsbedingte Gesundheitsgefahren zu verhüten. Ist ein Arbeitsunfall oder eine Berufskrankheit eingetreten, ist die Gesundheit und Leistungsfähigkeit der Versicherten mit allen geeigneten Mitteln wiederherzustellen und sie oder ihre Hinterbliebenen durch Geldleistungen zu entschädigen.

28.1 Kreis der versicherten Personen

Kraft Gesetzes sind in der Unfallversicherung versichert:

- Arbeitnehmer:innen,
- Auszubildende,
- Kinder in Kindertageseinrichtungen,
- Schüler:innen und Studierende,
- Entwicklungshelfer:innen,
- Strafgefangene,
- Angehörige von Berufen und Diensten der allgemeinen Hilfeleistung,
- Ersthelfer:innen.

28.2 Träger der Unfallversicherung

Hinsichtlich der Trägerschaft der Unfallversicherung ist im sozialpädagogischen Bereich zu beachten, dass nur Arbeitnehmer:innen in öffentlich-rechtlich getragenen Einrichtungen über die Gesetzlichen Unfallkassen versichert sind. Alle anderen, insbesondere diejenigen in freien und freigemeinnützigen Einrichtungen, sind in den Berufsgenossenschaften unfallversichert.

Die Unterscheidung gilt jedoch nur für die Arbeitnehmer:innen in den Einrichtungen. Kinder in Kindertageseinrichtungen sind während des bestimmungsgemäßen Besuchs der Einrichtung stets über die Unfallkassen unfallversichert.

28.3 Finanzierung der Unfallversicherung

Die Finanzierung der Unfallversicherung erfolgt allein durch die Arbeitgeber:innen im Umlageverfahren. Die Beitragshöhe für das konkrete Unternehmen wird zum einen errechnet aus dem Arbeitseinkommen der dort Beschäftigten und beträgt derzeit durchschnittlich 1,3 Prozent der Arbeitseinkommen. Hinzu kommt ein Auf- bzw. Abschlag in Abhängigkeit vom Grad der Unfallgefahren in dem konkreten Betrieb. Haben einzelne Unternehmen weniger Arbeitsunfälle, sind ihnen Nachlässe zu gewähren, dementsprechend werden unfallträchtigen Unternehmen Zuschläge auferlegt. Dies soll Anreize zur Unfallverhütung schaffen.

28.4 Versicherungsfälle in der Unfallversicherung

Ist der Versicherungsfall eingetreten und liegen auch die sonstigen Voraussetzungen vor, leistet die Unfallversicherung. Versicherungsfälle in der Unfallversicherung können Arbeitsunfall, Wegeunfall und Berufskrankheit sein.

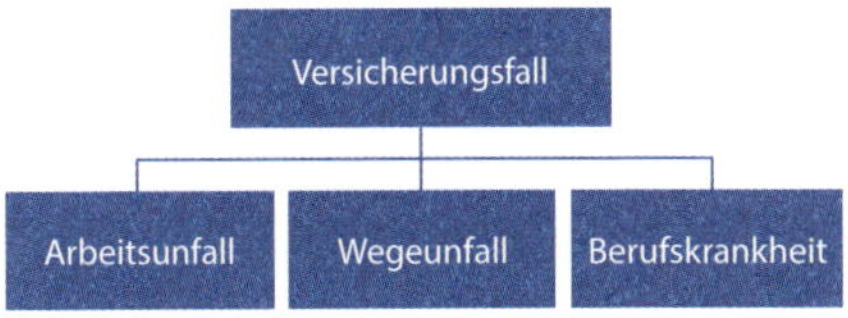

Abbildung 95: Versicherungsfälle der GUV

28.4.1 Arbeitsunfall

Arbeitsunfall ist jeder Unfall, den ein Versicherter bei einer versicherten Tätigkeit erleidet.

Ein Unfall ist ein von außen auf den Körper einwirkendes Ereignis, das zu einem Gesundheitsschaden oder zum Tod führt.

Es ist erforderlich, dass eine versicherte Tätigkeit vorliegt und das Unfallgeschehen damit im Zusammenhang steht. Das Unfallgeschehen muss dann zu einem Körperschaden geführt haben.

Eigenwirtschaftliche Tätigkeit

Vom Arbeitsunfall abzugrenzen ist der Unfall im Rahmen einer sogenannten eigenwirtschaftlichen Tätigkeit. Eine versicherte Tätigkeit liegt nach der Lehre von der betriebsdienlichen Handlungstendenz nur dann vor, wenn sie den Interessen des Unternehmens dient. Eigenwirtschaftliche Tätigkeiten erfüllen diese Voraussetzung nicht, sondern sind der Privatsphäre des/der Arbeitnehmer:in zuzuordnen.

Der Gang zur und von der Toilette dient der Aufrechterhaltung der Arbeitskraft und ist daher vom Versicherungsschutz umfasst. Die Verrichtung der Notdurft selbst ist demgegenüber private Tätigkeit und nicht versichert.

Wege, die in der Mittagspause zurückgelegt werden, sind nur dann versichert, wenn sie ausschließlich der Nahrungsaufnahme dienen. Ebenso wie der Weg von und zur Kantine ist auch der Weg ins Restaurant, zum Imbissstand oder Lebensmittelgeschäft, wo Nahrungsmittel für die Pause besorgt werden, vom Versicherungsschutz umfasst. Der Versicherungsschutz endet aber regelmäßig an der Eingangstür der Kantine, am Restaurant oder Supermarkt, denn der Einkauf selbst ist wieder private Tätigkeit und nicht versichert.

Unfälle im Zusammenhang mit dem Essen und Trinken, etwa Verbrennungen oder Schnittverletzungen, sind nicht versichert. Ein Spaziergang in der Mittagspause ist nicht vom Versicherungsschutz umfasst, da er keine Haupt- oder Nebenpflicht aus dem Beschäftigungsverhältnis ist.

Der Gang ins Home-Office wird in unmittelbarem Unternehmensinteresse zurückgelegt und steht deswegen im sachlichen Zusammenhang mit der versicherten Tätigkeit. Dies gilt jedenfalls dann, wenn nach der objektivierten Handlungstendenz des/der Arbeitnehmer:in er/sie bei der zum Unfallereignis führenden Verrichtung eine dem Unternehmen dienende Tätigkeit ausüben und nicht etwa vorher in die Küche zum Frühstücken wollte.

28.4.2 Wegeunfall

Auch der Weg zu und von dem Ort der versicherten Tätigkeit ist vom Versicherungsschutz umfasst. Startpunkt ist prinzipiell der häusliche Bereich. Der Weg muss im Zusammenhang mit der versicherten Tätigkeit stehen. Abweichungen von diesem Weg sind nur in eng begrenzten Ausnahmefällen möglich, zum Beispiel, um ein Kind in den Kindergarten zu bringen oder mit anderen versicherten Personen eine Fahrgemeinschaft zu bilden.

Unterbrechungen des Weges für private Besorgungen etc. führen dann zu einer Versagung des Versicherungsschutzes, wenn sie länger als zwei Stunden dauern, denn dann liegt eine Beendigung des Heimweges vor. Dauert die Unterbrechung bis zu einer Zeitspanne von zwei Stunden, lebt der Versicherungsschutz wieder auf, sobald der/die Versicherte die Unterbrechung beendet und seinen Weg fortsetzt. Für die Dauer der Unterbrechung selbst besteht kein Versicherungsschutz.

Der versicherte Weg endet mit Durchschreiten des Betriebstors, der Außentür, Außenpforte des Betriebs. Prinzipiell schließt sich hieran der Beginn der versicherten Tätigkeit unmittelbar an.

28.4.3 Berufskrankheit

Berufskrankheiten sind Krankheiten, die die Bundesregierung durch Rechtsverordnung mit Zustimmung des Bundesrates als Berufskrankheiten bezeichnet und die Versicherte infolge einer den Versicherungsschutz begründenden Tätigkeit erleiden.

Unter bestimmten Bedingungen kann auch eine Krankheit, die in der Verordnung nicht genannt ist oder bei der die dort bestimmten Voraussetzungen nicht vorliegen, wie eine Berufskrankheit anerkannt werden.

28.5 Unfallversicherung für Kinder in Tagesbetreuung

§ 2 Abs. 1 Nr. 8 a Alt. 1 SGB VII schreibt fest, dass Kinder während des Besuchs von Tageseinrichtungen, deren Träger für den Betrieb der Einrichtungen der Erlaubnis nach § 45 des Achten Buches (Betriebserlaubnis) oder einer Erlaubnis aufgrund einer entsprechenden landesrechtlichen Regelung bedürfen, gesetzlich unfallversichert sind. Eingeführt wurde dieser Versicherungsschutz mit dem „Gesetz über die Unfallversicherung für Schüler und Studenten sowie Kinder in Kindergärten“ zum 1. April 1971.

Die frühkindliche Förderung bzw. Betreuung war bis zu diesem Zeitpunkt nicht unfallversichert gewesen. Die Änderung hatte den Zweck, nicht nur die Schüler:innen und Student:innen, sondern auch die Kinder, die Kindergärten besuchen, in den Schutz der Gesetzlichen Unfallversicherung einzubeziehen. Mit Blick auf die Bedeutung der vorschulischen Erziehung für die Förderung der individuellen Begabung und die Überwindung sozialbedingter Milieusperren wurden die Reform und der Ausbau der Vorschulerziehung als erste Stufe des Bildungswesens als vordringliche bildungspolitische Aufgabe bezeichnet. Im Zuge der Einordnung des Unfallversicherungsrechts in das Sozialgesetzbuch als Siebtes Buch zum 1. Januar 1997 wurde der Unfallversicherungsschutz auf alle Tageseinrichtungen, also Krippen, Horte, altersgemischte Gruppen, kindergartenähnliche Einrichtungen etc. im Sinne des § 22 SGB VIII (siehe Kapitel 29) ausgeweitet.

Nicht unter den Versicherungsschutz des § 2 Abs. 1 Nr. 8 a SGB VII fallen lose organisierte Eltern-Kind-Gruppen, die als Mischform der elterlichen Eigenerziehung außerhalb der Familie nicht vom Einrichtungsbegriff erfasst werden. Weiterhin fallen hierunter nicht

- sozialpädiatrische Zentren bzw. Abteilungen in Kliniken sowie Frühförderstellen im Sinne des § 46 i. V. m. Frühförderungsverordnung (FrühV),
- Förderstätten in enger räumlicher und/oder organisatorischer Beziehung zu Werkstätten für behinderte Menschen nach § 219 SGB IX,
- Wohnpflegeplätze in Wohnpflegeheimen,
- stationäre Einrichtungen mit sozial- und heilpädagogischer Zielsetzung,
- Jugendbüchereien,
- Werk- und Bastelräume sowie
- Jugendausbildungseinrichtungen.

Hinsichtlich der genannten Stellen kommt aber in der Regel ein Versicherungsschutz nach § 2 Abs. 1 Nr. 8 b SGB VII in Betracht.

Versicherte Tätigkeiten

Die Gesetzliche Unfallversicherung ist eine tätigkeitsbezogene Personenversicherung. Das heißt aber nicht, dass jegliche Handlung einer versicherten Person unter den Versicherungsschutz fällt. Es bedarf stets einer wertenden Entscheidung im Einzelfall, ob die unfallbringende Verrichtung (noch) in dem Rahmen liegt, der vom Unfallversicherungsschutz erfasst wird. Die Lehre der objektiv betriebsdienlichen Handlungstendenz (siehe Kapitel 28.4.1), die bei der gewerblichen Unfallversicherung maßgeblich ist, ist für die Schülerunfallversicherung jedoch ungeeignet: Kinder einer Tageseinrichtung besuchen diese Einrichtung nicht im überwiegenden Interesse eines/einer etwaigen Arbeitgeber:in, sondern im eigenen Interesse bzw. im Interesse der Eltern.

Deshalb wird im Rahmen der Schülerunfallversicherung maßgeblich darauf abgestellt, ob die unfallbringende Tätigkeit innerhalb des sogenannten organisatorischen Verantwortungsbereiches der Tageseinrichtung ausgeübt wird. Innerhalb dieses organisatorischen Verantwortungsbereiches genießen die Kinder einer Tageseinrichtung einen sehr weitgehenden Versicherungsschutz, denn auf die Frage, ob eine Tätigkeit eigenwirtschaftlichen Charakter hat, kommt es bei ihm nicht an.

Versicherungsschutz besteht also auch dann, wenn Tätigkeiten verrichtet werden, die sonst nicht versichert sind. Das Bundessozialgericht erkennt an, dass während des Besuchs der Tageseinrichtung ein eigenwirtschaftlicher, unversicherter Bereich kaum denkbar ist. Es spielt auch keine Rolle, ob das Kind sich über ein etwaiges Verbot hinwegsetzt. Klettert es zum Beispiel auf ein gesperrtes, weil reparaturbedürftiges Spielgerät und verletzt sich oder verschluckt sich beim Konsum eigener Getränke, die verbotenerweise mitgebracht wurden, bleibt der Versicherungsschutz dennoch erhalten. Dies folgt bereits aus § 7 SGB VII, der festlegt, dass verbotswidriges Handeln den Versicherungsfall nicht ausschließt.

Voraussetzungen des Versicherungsschutzes

Der Versicherungsschutz besteht, wenn ein Kind verletzt wird

- während des bestimmungsgemäßen Besuches und
- im Rahmen der betrieblichen Tätigkeit (= während der Öffnungszeit, nicht am Wochenende oder in den Schließzeiten etc.).

Versichert ist der bestimmungsgemäße Besuch einer erlaubnispflichtigen Tageseinrichtung. Es muss sich also um einen dem Zweck der Einrichtung entsprechenden Aufenthalt handeln. Die Reichweite des Versicherungsschutzes entspricht demnach grundsätzlich dem Kreis der Aufgaben der Tageseinrichtung selbst. Dem versicherten Bereich unterfallen daher nach Sinn und Zweck der Norm alle Tätigkeiten, die Bestandteil der pädagogischen Betreuung sind.

Daher kommt es stets darauf an, ob der Unfall sich im Rahmen des organisatorischen Verantwortungsbereiches der Einrichtung ereignet hat. Der organisatorische Verantwortungsbereich erfordert grundsätzlich einen unmittelbaren, zeitlichen und räumlichen Zusammenhang zur Tageseinrichtung und besteht immer dann, wenn die Aufsichtspflicht gegeben ist. Der Unfallversicherungsschutz folgt also vorrangig der Aufsichtspflicht und besteht so lange und in dem Umfang, wie sich diese zeitlich und räumlich erstreckt.

Für die Frage, ob zum Unfallzeitpunkt die Aufsichtspflicht der Einrichtung bestand, kommt es nicht auf die Regelungen im Betreuungsvertrag an, denn dieser regelt lediglich die Aufsichtspflicht dem Grunde nach. In diesem Zusammenhang ist es also irrelevant, ob der entsprechende Betreuungsvertrag (überhaupt bzw. noch) wirksam ist oder ob fällige Elternbeiträge entrichtet wurden. Für die Frage nach der Aufsichtspflicht zum Unfallzeitpunkt kommt es vielmehr auf die konkrete, tatsächliche Übernahme der Aufsicht im Einzelfall an. Aufsicht in diesem Zusammenhang bedeutet die Beobachtung und Überwachung des Aufsichtsbedürftigen sowie dessen Belehrung und Aufklärung und die eventuell erforderliche Verhaltenssteuerung (siehe Kapitel 18).

Die Unfallversicherungsträger stellen für die tatsächliche Übergabe des Kindes in die Obhut einer Einrichtung vor dem Hintergrund der Lebenswirklichkeit keine strengen Anforderungen. Sie stellen fest, dass eine ausdrückliche Übertragung im Sinne eines „Aus-den-Händen-der-Eltern-Nehmen" zwar wünschenswert, aber nicht immer durchführbar ist. Vielmehr reicht ein non-verbaler Übergang aus.

Versicherungsschutz besteht selbst dann, wenn die Eltern zwar von einer Kenntnisnahme der Anwesenheit des Kindes seitens der Erzieher:innen ausgehen, diese aber tatsächlich gar nicht stattfindet.

> Eine Gruppe von Kindern kommt gleichzeitig an, ohne dass den Erzieher:innen die Ankunft eines bestimmten Kindes in diesem Moment bewusst ist.

Und auch die Selbstübergabe eines Kindes, das allein seinen Weg in die Einrichtung gemacht hat oder mit dem Auto vor der Einrichtung abgesetzt wurde, ist versichert, denn hier greifen die allgemeinen Regelungen zum Wegeunfall. Zwar endet der geschützte Weg eines versicherten Kindes mit dem Durchschreiten des die Einrichtung umfriedenden Zaunes bzw. beim Fehlen einer durchgängigen Umzäunung, die das Einrichtungsgelände vom öffentlichen Verkehrsraum trennt, der Außentür des Einrichtungsgebäudes. Dies bedeutet, dass mit dem Durchschreiten des Zauntores bzw. der Außentür der versicherte Weg des Kindes prinzipiell endet. Würde man nun ein tatsächliches, bewusstes Entgegennehmen des Kindes verlangen, könnte ein Versicherungsvakuum entstehen, was dem Zweck des § 2 Abs. 1 Nr. 8 a SGB VII widerspräche.

Zusammenfassend ist festzuhalten: Der Besuch der Tageseinrichtung und damit der Versicherungsschutz des Kindes beginnt mit der Ankunft in der Einrichtung, d.h. mit Beendigung des versicherten Weges zum Ort der Tageseinrichtung und dauert bis zu deren erlaubtem Verlassen an. Dementsprechend folgt der Versicherungsschutz grundsätzlich der Aufsichtspflicht. Er kann aber auch im Einzelfall davon abweichen. In keinem Fall bedeutet dies den Start der Aufsichtspflicht mit Erreichen der Einrichtung!

Wegeunfälle

Der Versicherungsschutz für Wegeunfälle entfällt dann, wenn der Weg aus privaten Gründen mehr als zwei Stunden unterbrochen wird. In diesem Fall ist der restliche Weg nicht mehr versichert.

Liegt ein Umweg vor, entfällt der Versicherungsschutz ganz, d.h. bereits von Anfang an, unabhängig vom Ausmaß der Verspätung.

Für den Versicherungsschutz bei Wegeunfällen gilt grundsätzlich:

- Der Weg muss ursächlich, zeitlich und örtlich mit dem Besuch der Einrichtung zusammenhängen.
- Es muss nicht die kürzeste Verbindung zwischen Wohnung, Schule und Einrichtung sein, wenn etwa ein anderer, sichererer Weg gewählt wird.
- Kein Schutz besteht bei Unterbrechungen und Abwegen.
- Ausnahmsweise ist ein Abweg vom unmittelbaren Weg zulässig, wenn das Kind wegen der beruflichen Tätigkeit der Eltern in fremde Obhut gegeben wird.

28.6 Unfallversicherungsschutz bei ehrenamtlichen Tätigkeiten

Voraussetzung für Unfallversicherungsschutz ist grundsätzlich ein Beschäftigungsverhältnis, also ein Arbeitsvertrag. An diesem fehlt es allerdings bei ehrenamtlichen Tätigkeiten, sodass Ehrenamtliche zunächst nicht vom Versicherungsschutz der Unfallkassen umfasst waren. Mit dem „Gesetz zur Verbesserung des unfallversicherungsrechtlichen Schutzes bürgerschaftlich Engagierter und weiterer Personen“ vom 1. Januar 2005 werden Personen in den Unfallversicherungsschutz aufgenommen, die entweder für Kommunen oder für die Kirchen ehrenamtlich tätig sind.

Voraussetzung ist, dass im Einzelfall ein Auftrag oder die ausdrückliche Zustimmung zur konkreten Tätigkeit durch den Träger der Einrichtung vorliegt. Kann diese im Falle eines Unfalls nicht vorgelegt werden, werden Leistungen aus der gesetzlichen Unfallversicherung versagt.

28.7 Leistungen der Unfallversicherung

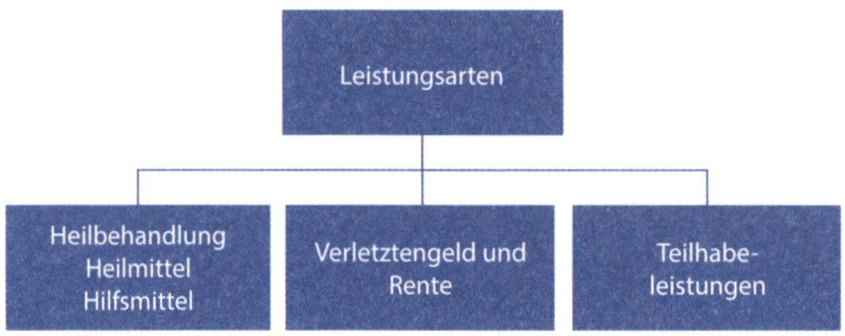

Abbildung 96: Leistungen der Unfallversicherung

Prinzipiell werden nur Körperschäden ersetzt, nicht auch Sachschäden. Von diesem Grundsatz sieht das Gesetz selbst zwei Ausnahmen vor:

- Sachschäden von Personen, die im Interesse der Allgemeinheit tätig werden (Hilfeleistende, Unglückshelfer etc.)
- Sachschäden, die darin bestehen, dass ein beschädigtes oder verlorengegangenes Hilfsmittel wiederhergestellt bzw. erneuert wird

Hilfeleistende: Resultiert aus der Hilfeleistung zugunsten eines/einer Verletzten ein Eigenschaden, kann der/die Ersthelferin den Ersatz der Eigenaufwendungen verlangen. Diese erstreckt sich auf die Aufwendungen für unvermeidbare Schäden (Sachschaden, Körperschaden). Voraussetzung ist, dass die Durchführung der Erste-Hilfe-Maßnahmen dem Interesse und dem wirklichen oder (bei Bewusstlosen) mutmaßlichen Willen des/der Verletzten entspricht.

Hilfsmittel: Zugrunde zu legen ist hier der Begriff des „Heilmittels" im Sinne der Gesetzlichen Krankenversicherung (SGB V). Versicherte haben danach einen Anspruch auf Versorgung mit Hörhilfen, Körperersatzstücken, orthopädischen und anderen Hilfsmitteln, die im Einzelfall erforderlich sind, um den Erfolg der Krankenbehandlung zu sichern, einer drohenden Behinderung vorzubeugen oder eine Behinderung auszugleichen, soweit die Hilfsmittel nicht als allgemeine Gebrauchsgegenstände des täglichen Lebens anzusehen sind. Damit sind Hilfsmittel im Sinne des SGB VII grundsätzlich Seh- und Hörhilfen (Brillen, Kontaktlinsen, Kunstaugen, Hörgeräte), orthopädisches Schuhwerk, Gehstöcke und sonstige Stützapparate, Prothesen, Herzschrittmacher, Krankenfahrstühle, Blindenhunde etc., wobei in der Praxis von Kindertageseinrichtungen die Brille das häufigste Hilfsmittel darstellen dürfte.

Verletztengeld: Der/die Versicherte erhält Verletztengeld, wenn er/sie infolge des Arbeitsunfalls arbeitsunfähig ist oder durch Maßnahmen der Heilbehandlung wegen solcher Unfallfolgen an der Ausübung einer ganztägigen Erwerbstätigkeit gehindert ist und unmittelbar vor Beginn der Arbeitsunfähigkeit Anspruch auf Arbeitseinkommen bzw. Entgelt hatte. Auf das Verletztengeld wird das im gleichen Zeitraum erzielte Arbeitseinkommen angerechnet, sodass für Zeiten der Lohnfortzahlung das Verletztengeld nicht ausgezahlt wird.

Bei Kinderunfällen erhält das Verletztengeld über das Kinderpflege-Verletztengeld

Bedeutung, indem ein Anspruch eines Elternteils begründet wird, der auf dem Versicherungsfall des Kindes beruht. Der Anspruch gilt für jeden Elternteil gesondert. Das bedeutet: Sollte das Kontingent der Mutter ausgeschöpft sein, kann der Vater sein Kontingent ausschöpfen bzw. umgekehrt.

Versicherte haben danach Anspruch auf Krankengeld, wenn

- nach ärztlichem Zeugnis,
- das Fernbleiben von der Arbeit erforderlich zur Beaufsichtigung, Betreuung oder Pflege ihres Kindes ist,
- das Kind unter zwölf Jahre alt oder behindert und auf Hilfe angewiesen ist und
- eine andere im Haushalt lebende Person diese Aufgabe nicht übernehmen kann.

Der Anspruch ist begrenzt auf 30 Arbeitstage pro Kind pro Kalenderjahr (Alleinerziehende 60 Arbeitstage). Bei mehr als zwei Kindern ist der Anspruch auf 65 bzw. 130 Tage gedeckelt.

Teilhabeleistungen: Hier kommen Leistungen nach SGB IX, aber auch weitere aus dem weiten Spektrum möglicher Teilhabeleistungen in Betracht.

28.8 Unfallverhütung

Rechtliche Grundlagen der Unfallverhütung

- SGB VII -gesetzliche Unfallversicherung
- SGB IX – Rehabilitation und Teilhabe von Menschen mit Behinderungen
- Arbeitsschutzgesetz
- Arbeitssicherheitsgesetz
- Mutterschutzgesetz
- Jugendarbeitsschutzgesetz
- Arbeitsstättenverordnung
- Betriebssicherheitsverordnung
- Gefahrstoffverordnung
- Biostoffverordnung
- PSA-Benutzungsverordnung
- Verordnung zur arbeitsmedizinischen Vorsorge
- DGUV-Vorschrift 1 „Grundsätze der Prävention"
- DGUV-Vorschrift 2 „Betriebsärzte und Fachkräfte für Arbeitssicherheit"
- „Prüfungen von Arbeitsmitteln und überwachungsbedürftigen Anlagen" (Technische Regel für Betriebssicherheit, TRBS 1201)
- Befähigte Person (TRBS 1203)
- „Barrierefreie Gestaltung von Arbeitsstätten" (Technische Regel für Arbeitsstätten, ASR V3 a.2)
- „Sicherheits- und Gesundheitsschutzkennzeichnung" (ASR A1.3)
- „Maßnahmen gegen Brände" (ASR A2.2)
- „Fluchtwege und Notausgänge, Flucht- und Rettungsplan" (ASR A2.3)
- „Erste-Hilfe-Räume, Mittel und Einrichtungen zur Ersten Hilfe" (ASR A4.3)

Die Gesetzlichen Unfallkassen der Länder sind ausweislich § 15 Abs. 1 SGB VII zum Erlass von Unfallverhütungsvorschriften ermächtigt, haben also Rechtsetzungsbefugnis. Die früher UVV bzw. BGV, seit 1. Januar 2015 nun DGUV genannten Verordnungen haben Rechtsnormcharakter.

Für Kindertageseinrichtungen gelten seit Juli 2019 die folgenden branchenspezifischen Regeln der DGUV:

DGUV Regel 102-601: Branche Schule. Diese Regel gilt sinngemäß auch für Horte.

DGUV Regel 102-602: Branche Kindertageseinrichtung. Diese Regel gilt nicht für Horte sowie nicht für Kindertageseinrichtungen, bei denen sich die Kinder ausschließlich in der freien Natur aufhalten und an kein festes Gebäude gebunden sind.

DGUV-Regel 202-074: Mit Kindern im Wald.

Die DGUV-Regeln werden von Fachleuten der GUV sowie weiteren Expert:innen für Sicherheit und Gesundheit verfasst. Sie kennen den Alltag in Kindertageseinrichtungen und wissen, wo Gefahren für Sicherheit und Gesundheit der Beschäftigten und Kinder liegen. Die Regeln helfen, staatliche Arbeitsschutzvorschriften, Unfallverhütungsvorschriften, Normen und viele verbindliche gesetzliche Regelungen konkret anzuwenden.

Die dort beschriebenen Maßnahmen beinhalten eine unterschiedliche Verbindlichkeit:

Verbindliche Maßnahme: Sie beruht auf Gesetzen, Verordnungen und DGUV-Vorschriften, ist mit Verbformen wie „müssen", „nicht dürfen", „erforderlich sein" oder „nicht zulässig sein" sowie vergleichbaren Formulierungen beschrieben.

Zwingende Maßnahme: Sie beruht auf staatlichen Regeln, Regeln der Unfallversicherungsträger oder vergleichbaren Regelungen. Diese Maßnahmen müssen durchgeführt werden, wenn der/die Verantwortliche es kann. Es bleibt somit ein kleiner Spielraum für gleichwertige Lösungen. Diese Maßnahmen sind mit den Worten „soll" und „sollen nicht" beschrieben.

Empfohlene Maßnahme: Sie beruht auf DGUV-Informationen, Informationen der Unfallversicherungsträger, Regelwerken anderer Verbände oder wissenschaftlichen Erkenntnissen. Beschrieben werden diese Maßnahmen mit den Worten „sollte", „können" und „sollte nicht" sowie gleichbedeutende Formulierungen wie zum Beispiel „es wird empfohlen", „empfehlenswert", „in der Regel", „es hat sich bewährt", „es wird nicht empfohlen" und „sollte vermieden werden".

Bei der Umsetzung eines Teils der dort beschriebenen Maßnahmen sind weiterhin auch landesspezifische Regelungen zu beachten.

Die nachfolgenden Ausführungen beschränken sich auf die verbindlichen und zwingenden Maßnahmen der DGUV Regel 102-602 in den jeweiligen Gefahrenbereichen. Zur weitergehenden Information wird die Kenntnisnahme der genannten DGUV-Regeln empfohlen.

28.8.1 Gefährdungsbeurteilung in Kindertageseinrichtungen

Im Vergleich zur allgemeinen Gefährdungsbeurteilung (siehe Kapitel 22.5.1) nach Arbeitsschutzgesetz weist die Gefährdungsbeurteilung in Kindertageseinrichtungen eine Besonderheit auf: Sie ist sowohl für die dort tätigen Erwachsenen als auch für die betreuten Kinder durchzuführen. Denn aus den Tätigkeiten und Situationen in Kindertageseinrichtungen können für Kinder und Erwachsene unterschiedliche Gefährdungen resultieren. So macht es zum Beispiel einen Unterschied, ob ein/e Erwachsene:r oder ein Kind ein Schneidemesser verwendet. Die Gefährdungsbeurteilung in Kindertageseinrichtung ist daher zum einen tätigkeitsbezogen, zum anderen aber jeweils mit Blick auf die jeweilige Zielgruppe vorzunehmen.

Die Anforderungen des Arbeitsschutzes gelten für alle Beschäftigten, insbesondere auch für Zeitarbeitskräfte, Vertretungskräfte, Praktikant:innen etc.

Die aus der Gefährdungsbeurteilung resultierende Unterweisung muss ebenfalls zielgruppenspezifisch sein. Das bedeutet, für Kinder muss sie kindgemäß aufbereitet und durchgeführt werden.

28.8.2 Kinder bringen und abholen

Die Abläufe der Übergaben sind nach klaren Regeln zu organisieren. Hinsichtlich der Gestaltung des Eingangs- und des Garderobenbereiches gelten folgende Vorschriften:

- Die Kinder sind vor fließendem Verkehr zu schützen. Erforderlichenfalls ist eine Abgrenzung zwischen dem Eingang und der Straße zu errichten, sodass Kinder nicht in den fließenden Verkehr laufen können.
- Zuwege sowie die Flucht- und Rettungswege müssen sicher begangen werden können.
- Mögliche Absturzstellen sind mit Umwehrungen zu versehen.
- Ein- und Ausgänge sowie die dorthin führenden Verkehrswege sind ausreichend beleuchtet.
- Im Winter wird Schnee und Eis beseitigt.
- Auf den Wegen sind Stolperfallen zu vermeiden.
- Die Einrichtung muss gegen unerlaubtes Betreten gesichert sein.
- Kindern darf es nicht möglich sein, Türen und Tore, die in den öffentlichen Verkehrsraum führen, zu öffnen und die Einrichtung unbemerkt zu verlassen.
- An Quetsch- und Scherstellen ist Klemmschutz anzubringen.
- Schwere Türen brauchen einen Mechanismus, der das Schließen der Tür abbremst.
- Große Glasflächen sind sichtbar zu machen.
- Türen, die sich im Verlauf eines Fluchtweges befinden, sind im Gefahrenfall leicht und ohne Hilfsmittel von erwachsenen Personen zu öffnen.
- Kinderwagen, Roller oder Fahrräder dürfen nicht die Verkehrs- und Fluchtwege vor der und in die Kindertageseinrichtung verstellen.
- Der Bodenbelag ist rutschhemmend und frei von Stolperstellen auszuführen und muss gut zu reinigen sein.
- Der Eingangsbereich ist gut ausgeleuchtet.
- Im gesamten Eingangs- und Flurbereich befinden sich keine brennbaren Materialien.
- Die Verkehrs- und Fluchtwege sind frei.
- Garderobenhaken zeigen nach innen oder sind geeignet abgeschirmt.

28.8.3 Aufenthalt im Gebäude

Für Größe und Gestaltung eines Gebäudes einer Kindertageseinrichtung gelten die jeweils einschlägigen Rechtsvorgaben und landesspezifischen Regelungen. Auch den Mitarbeiter:innen ist ausreichend Bewegungsfläche zur Verfügung zu stellen. Die Raumhöhe darf grundsätzlich nicht niedriger als 2,5 Meter sein. Es müssen Rückzugsräume vorhanden sein, in denen Beschäftigte Arbeitsaufgaben erledigen oder ihre Pausen verbringen können. Auch eine ausreichende Anzahl an Verkehrswegen auf dem Gelände und im Gebäude muss vorhanden sein. Darüber hinaus gilt:

- Verglasungen sind bruchsicher zu gestalten, entweder durch bruchsichere Werkstoffe oder durch ausreichende Abschirmung.
- Großflächige Verglasungen müssen gut sichtbar sein, zum Beispiel durch farbige Aufkleber oder markierte Streifen in Augenhöhe der Kinder und Erwachsenen.
- Fußbodenbeläge müssen entsprechend der Nutzung ausgewählt werden und eben, rutschhemmend und leicht zu reinigen ausgeführt sein. In Aufenthaltsbereichen sind Stolperstellen zu vermeiden (z.B. nicht bündig liegende Fußmatten, Türstopper, die mehr als 15 cm von der Wand abstehen, lose auf dem Fußboden liegende Leitung, Einzelstufen).
- Ist eine Vermeidung von Stolperstellen nicht möglich, müssen sie deutlich erkennbar sein, zum Beispiel durch kontrastierende Farbgebung, wechselnde Materialstruktur oder Stufenbeleuchtung.
- An den Nebenschließkanten von Türen darf es keine Quetsch- oder Scherstellen geben. Bei WC-Kabinentüren ist Klemmschutz an beiden Schließkanten erforderlich.
- Türen zu Räumen sind so anzuordnen, dass Kinder und Beschäftigte durch aufschlagende Türflügel nicht gefährdet werden. Fenster dürfen im geöffneten Zustand nicht in Aufenthaltsbereiche hineinragen.
- Ecken und Kanten bis 2 Meter Höhe sind gebrochen bzw. gefast auszuführen. Treppen sind gut erkennbar und sicher zu nutzen. Sie haben Handläufe auf beiden Seiten.
- Der Abschluss des Handlaufs ist so gestaltet, dass ein Hängenbleiben vermieden wird. Bei Umwehrungen mit Absturzgefahr darf kein Leitereffekt bestehen, dementsprechend sind die kleinkindgerechten Handläufe zum Beispiel wandseitig anzubringen.
- Die Stufen der Treppen müssen zwischen 15 und 17 Zentimeter hoch und ihre Auftrittsflächen zwischen 29 und 31 Zentimeter tief sein. Die lichte Weite zwischen den Stufen darf nicht mehr als 11 Zentimeter betragen, bei Kindern unter drei Jahren 8,9 Zentimeter.
- Einzelstufen sind nicht erlaubt.
- Rampen sind mit einer Neigung von maximal 6 Prozent ausgelegt.
- Offen zugängliche Bereiche unter Treppenläufen und Podesten sind so beschaffen, dass Verletzungsgefahren durch unbeabsichtigtes Unterlaufen, zum Beispiel durch Schutzgitter oder Möbel, vermieden werden. Aufenthaltsbereiche mit Absturzgefahren sind altersgerecht gesichert.
- Aufenthaltsbereiche, die mehr als einen Meter über einer anderen Fläche liegen, berücksichtigen die zur Höhe von Umwehrungen allgemeinen Bestimmungen im Baurecht der Länder.
- Umwehrungen sind kindersicher zu gestalten und dürfen nicht zum Rutschen,

Klettern, Aufsitzen und Ablegen von Gegenständen verleiten. Für Kinder über drei Jahren sind ungesicherte Absturzhöhen bis 60 Zentimeter zulässig. Absturzhöhen ab 60 Zentimeter erfordern Absicherungen.

- Die Nachhallzeiten in Gruppenräumen, Spielfluren und Räumen für Bewegungsförderung entsprechen der DIN 18041.
- Alle Räumlichkeiten im Gebäude lassen ausreichend Tageslicht (= mindestens ein Zehntel der Grundfläche des Raumes) ein.
- Bei künstlicher Beleuchtung ist eine Beleuchtungsstärke von 300 Lux in den Aufenthaltsräumen erforderlich, für Bastel- und Werkarbeiten ist eine Beleuchtungsstärke von 500 Lux vorzusehen.
- Die Räume sind ausreichend zu be- und entlüften, entweder durch ausreichend große und zu öffnende Fenster oder eine Lüftungsanlage.
- Dauerhafte Zugluft in den Räumen ist zu vermeiden.
- Die Innenräume sind frei von Gefahrstoffen, wie gesundheitsschädliche Ausdünstungen von Reinigungsmitteln, Farben oder Klebstoffen.
- Für die Gestaltung von Spielangeboten sind nur solche Ausstattungen und Materialien auszuwählen, die die Kinder nicht gefährden.
- Bei Kinderkrippen ist darauf zu achten, dass nur Spielzeug mit nicht verschluckbaren Kleinteilen verwendet wird.
- Die Ausstattung ist für den jeweiligen Bestimmungszweck für die Kinder sicher und ergonomisch gestaltet, befestigt und aufgestellt.
- Für Kinder ist es auf der erhöhten Ebene nicht möglich, in die Beleuchtungsanlage zu greifen, es sei denn, diese ist entsprechend gesichert.
- Leitern sind zu vermeiden. Wo Leitern als Zugang dienen müssen, muss die gesamte Breite der Einstiegsöffnung mit einem Querriegel gesichert sein. Außerdem ist je nach Höhe ein stoßdämpfender Bodenbelag im Fallbereich der Leiter notwendig.
- Umwehrungen auf erhöhten Spielebenen sind so zu gestalten, dass der Aufenthaltsbereich unmittelbar dahinter einsehbar ist. Die Umwehrung muss mindestens einen Meter hoch sein. Zudem dürfen keine Öffnungen größer als 8,9 Zentimeter sein.
- Haben die Kinder Aufstiegs- und Klettermöglichkeiten wie Matratzenstapel, kleine Tische, Stühle oder Regale, die sie an die Umwehrung stellen können, muss die Absturzsicherung erhöht werden.
- Die Sicherheit und Gesundheit werden nicht durch elektrische Anlagen wie Steckdosen oder durch Betriebsmittel, etwa Lichterketten, gefährdet.
- Die elektrischen Anlagen sind entsprechend der aktuellen VDE-Vorgabe gestaltet.
- Steckdosen müssen über einen integrierten erhöhten Berührungsschutz verfügen.
- Elektrische Anlagen und Betriebsmittel sind regelmäßig zu prüfen.
- Ist ein kurzzeitiger Kontakt mit heißen Materialien nicht auszuschließen, dürfen die Temperaturen von Oberflächen nicht mehr als 60° und von Flüssigkeiten nicht mehr als 43° betragen.
- Entzündbare Feststoffe von Flüssigkeiten wie lösemittelhaltige Kleber und Kerzen sind zu vermeiden bzw. auf die benötigten Mengen zu begrenzen, entzündbare Feststoffe sind in dafür geeigneten Räumen und Gefäßen zu lagern.

- Bei der Beschaffung von Mobiliar und Ausstattungsgegenständen ist auf eine geringe Entzündbarkeit der Materialien zur achten.
- Eine angemessene Beaufsichtigung der Kinder beim Umgang mit offenem Feuer ist sicherzustellen.
- Die Einrichtung ist mit einer ausreichenden Anzahl an geeigneten Feuerlöschern auszustatten.
- Es sind die erforderlichen Maßnahmen zu treffen, die zur Brandbekämpfung und Evakuierung erforderlich sind.
- Durch geeignete Maßnahmen ist sicherzustellen, dass im Brandfall alle Anwesenden frühzeitig gewarnt und zum Verlassen der Einrichtung aufgefordert werden, zum Beispiel durch die Installation von Rauchmeldern und Alarmierungsanlage.
- Flucht- und Rettungswege sowie Sammelstellen sind gut sichtbar zu kennzeichnen.
- Verhaltensregeln für den Brandfall sind aufzustellen und sowohl allen Beschäftigten als auch den Kindern in der Einrichtung bekanntzumachen.
- Es sind regelmäßige Brandschutzübungen des Personals gemeinsam mit den Kindern zu absolvieren. Aus allen Räumen sind das schnelle Verlassen des Gebäudes und das Aufsuchen der Sammelstelle zu ermöglichen.
- Die Evakuierung wird regelmäßig auf der Grundlage der Flucht- und Rettungspläne geübt.
- Beim Umgang mit Reinigungs- und Pflegemitteln werden Gefahrstoffe und von ihnen ausgehende Gefährdungen ermittelt und wenn möglich Ersatzstoffe mit niedrigerem Gefährdungspotenzial verwendet.
- Betriebsanweisungen werden erstellt und die Beschäftigten anhand der Betriebsanweisungen unterwiesen.
- Es wird geeignete persönliche Schutzausrüstung zur Verfügung gestellt.
- Reinigungs- und Pflegemittel werden in festgelegten Bereichen oder Schränken, die für Kinder nicht zugänglich sind, gelagert.
- Sie werden nicht in Behältern gelagert, die durch ihre Form oder Bezeichnung eine Verwechslungsgefahr mit Lebensmitteln hervorrufen können.
- Sie werden nicht gelagert in Pausenräumen oder Küchen mit Ausnahme der dort benötigten Reinigungsmittel.
- Wenn Reinigungsarbeiten an Fenstern oder Decken durchgeführt werden, müssen geeignete und regelmäßig geprüfte Leitern oder Tritte verwendet werden.

28.8.4 Aufenthalt im Außengelände

Halten sich die Kinder im Außengelände auf, ist von einem erhöhten Unfallrisiko auszugehen. Bei der Gestaltung des Außengeländes ist darauf zu achten, dass es so gestaltet und ausgestattet ist, dass die Kinder gut beobachtet werden können. Die Beschäftigten sollten jederzeit und überall auf dem Gelände den Kindern uneingeschränkt helfen können. Bei der Wahl von naturnahen Spielelementen und Objekten sind Gefahren auszuschließen, die Kinder nicht erkennen können.

Darüber hinaus ist zu beachten:

- Fließende Gewässer wie Bachläufe und stehende Gewässer wie Feuchtbiotope und Wasserflächen dürfen für Kinder nicht frei zugänglich sein.

- Spielplatzgeräte sind entsprechend den betreuten Altersgruppen auszuwählen.
- Die Installations-, Inspektions- und Wartungsinformationen der Hersteller oder Lieferanten sind einzuhalten.
- Ausstattungen und Materialien sind nicht spitz oder scharfkantig und weisen keine hervorstehenden Teile auf. Zwischenräume und Spalten, in denen sich Kinder einklemmen oder hängenbleiben können, sind unbedingt zu vermeiden.
- Alle Anforderungen an Spielplatzgeräte gelten auch für Eigenbauten. Für natürliche Materialien, zum Beispiel Bäume zum Klettern, sind sie sinngemäß anzuwenden.
- Bodenbeläge auf befestigten Freiflächen sind so zu gestalten, dass sie keine Stolperstellen aufweisen und auch bei Nässe nicht rutschig werden.
- Der Fallraum von Spielplatzgeräten weist abhängig von der Fallhöhe stoßdämpfende Materialien auf. Im Fallbereich dürfen sich keine Gegenstände befinden. Im Außengelände befinden sich keine Pflanzen, die im direkten Zugangsbereich lange und spitze Dornen aufweisen, sehr giftig sind oder deren Äste und Zweige in Bewegungsbereiche von Kindern hineinragen.
- Die Einfriedung enthält keine leiterartigen Gestaltungselemente und weist keine Kopf- oder Halseinzugsstellen auf.
- Die Außenzugänge können von Kindern nicht selbstständig geöffnet werden.
- Es ist sichergestellt, dass die Kinder über angemessene Kleidung sowie eine Sonnenschutzcreme mit hohem Lichtschutzfaktor, die sie vertragen, verfügen.
- Bekleidung für Kinder bis zum Alter von 14 Jahren darf generell keine Kordeln und Schnüre im Halsbereich haben. Darüber hinaus dürfen keine Ketten- und Schlüsselbänder um den Hals getragen werden, die zu einer Strangulation führen können.
- Die Aufsicht wird situationsangemessen organisiert. Das pädagogische Personal kennt die körperlichen, seelischen, kognitiven und sozialen Entwicklungsstände der anvertrauten Kinder.
- Durch Unterweisung wird sichergestellt, dass die pädagogischen Fachkräfte über spezielle Gefahren des Außengeländes informiert sind. Dasselbe gilt in geeigneter Form für die Kinder.
- Die Spielplatzgeräte werden einer regelmäßigen Sichtkontrolle unterzogen.
- Die Kontrollen werden dokumentiert.

Inspektion der Außenspielgeräte

Das Außengelände samt den Geräten und Materialien ist täglich vor der Benutzung in Augenschein zu nehmen. Sind offensichtliche Schäden vorhanden, aus denen Unfälle und Verletzungen entstehen können, sind die Geräte oder Flächen zu sperren bzw. Materialien auszusortieren.

In regelmäßigen Abständen und orientiert an ihrer Beanspruchung müssen die Geräte entsprechend der DIN EN 1176 auf ihre Funktion und Standsicherheit überprüft werden.

Tabelle 11: Prüfanforderungen an Spielplatzgeräte

	Sichtkontrolle	Operative Kontrolle	Hauptinspektion
Turnus	Täglich/wöchentlich bzw. vor jeder Nutzung	Vierteljährlich	Jährlich
Prüfumfang	Offensichtliche Gefahrenquellen erkennen	Überprüfung Betriebssicherheit, Stabilität und Verschleiß	Betriebssicherer Zustand von Anlage, Fundamenten und Oberflächen
Beispiele	Beseitigung von Verschmutzungen, Scherben, Spritzen o.ä.	Kontrolle Standsicherheit, Festigkeit, Funktion, Verschleiß	Veränderungen durch Witterungseinflüsse, Verrottung, Korrosion
Durchzuführen von	eingewiesener Person	Sachkundigem	Sachkundigem, Sachverständigem

Quelle: DIN EN 1176, Teil 7 „Anleitung für Installation, Inspektion, Wartung und Betrieb"

Sachkundiger ist, wer aufgrund seiner fachlichen Ausbildung und Erfahrung ausreichend Kenntnisse auf dem Gebiet der zu prüfenden Einrichtung hat und mit den einschlägigen staatlichen Arbeitsschutzvorschriften, Unfallverhütungsvorschriften, Richtlinien und allgemein anerkannten Regeln der Technik so weit vertraut ist, dass er/sie den arbeitssicheren Zustand der Einrichtung beurteilen kann.

Sachverständiger ist, wer aufgrund seiner Ausbildung und Erfahrung besondere Kenntnisse auf dem Gebiet der zu prüfenden Einrichtung hat und mit den einschlägigen staatlichen Arbeitsschutzvorschriften, Unfallverhütungsvorschriften, Richtlinien und allgemein anerkannten Regeln der Technik so weit vertraut ist, dass er/sie die Einrichtung prüfen und gutachterlich beurteilen kann. Als Sachverständige kommen Angehörigen von Verbänden, Organisationen, Ingenieurbüros und andere berufene Fachkräfte infrage.

Mit der Dokumentation der Prüfungen kann der Träger den korrekten Nachweis erbringen, dass er seiner Verkehrssicherungspflicht Genüge getan hat.

Zu dokumentieren sind:

- Sämtliche Inspektions- und Wartungsarbeiten
- Sämtliche Reparaturen
- Sämtliche Mängelmeldungen
- Ergriffene Maßnahmen (Sperrung der Rutsche etc.)
- Mängelbehebung
- Überprüfungstermine

28.8.5 Bildungsangebote gestalten und betreuen

Bereits bei der didaktischen Planung von Bildungsangeboten müssen trägerseits deren Gefährdungsbeurteilungen veranlasst sein. Die Gefährdungen sind jeweils für die konkreten Gruppen-, Lern- und Arbeitssituationen zu ermitteln – und zwar für alle an dem Bildungsangebot Beteiligten. Neben pädagogischen sind auch psychologische Aspekte einzubeziehen. Trägerseits ist ebenfalls sicherzustellen, dass die pädagogischen Fachkräfte für die geplanten Angebote ausreichend qualifiziert sind.

Generell sind die Rahmenbedingungen für sichere, altersspezifische und entwicklungsfördernde Bildungsangebote zu schaffen. Dazu gehört:

- Rutschfeste Bodenbeläge, keine Stolperstellen, kein herumliegendes Material, insbesondere in Werk- und Experimentierräumen.
- Kipp- und standsicher aufgestellte Regale, gegen Herausfallen gesicherte Schubladen.
- Sicheres und altersgerechtes Spiel- und Bastelmaterial.
- Proaktives Aufsichtsverhalten.
- Gesicherte und übersichtliche Aufbewahrung von Materialien sowie Werkzeugen.
- Verhaltensregeln zum Umgang miteinander und zur Handhabung der Werkzeuge, Geräte und Maschinen.
- Wichtige Informationen müssen den Kindern kindgerecht vermittelt sein.
- Es dürfen keine verdeckten Risiken und Gefahren bestehen.
- Die Aufsicht muss sich in Umfang und Intensität an dem Ergebnis einer Gefährdungsbeurteilung orientieren.
- Farben und Kleber enthalten keine gesundheitsgefährlichen Lösemittel.
- Es werden keine Materialien bearbeitet, die gefährlichen Staub entwickeln wie Speckstein und Harthölzer.
- Vorhandene Gefahrstoffe werden in verschlossenen Räumen oder Schränken aufbewahrt.
- Im Umgang mit offenem Feuer ist es notwendig, dass
  - die Brandschutzordnung und gegebenenfalls weitere länderspezifische Regelungen beachtet werden,
  - offenes Feuer nur in Gegenwart Erwachsener verwendet wird,
  - alle brennbaren Stoffe aus der unmittelbaren Umgebung des Feuers entfernt sind,
  - geeignete Löschmittel wie Sand oder Wasser bzw. Feuerlöscher bereitstehen,
  - bei offenen Flammen Unterlagen aus nicht brennbarem Material verwendet werden,
  - ausreichende Sicherheitsabstände zum Feuer eingehalten werden,
  - kontinuierliche Aufsicht sichergestellt ist.
- Der Umgang mit Geräten, Maschinen und Werkzeugen benötigt eine fachgerechte Anleitung, sichere Rahmenbedingungen und ausreichende Aufsicht.
- Das Personal selbst muss die Betriebsanweisung der Arbeitsmittel kennen und im Umgang unterwiesen worden sein.
- Alles, was von den Kindern nicht ohne Aufsicht benutzt werden darf, muss gegen unbefugte Benutzung gesichert sein, zum Beispiel durch Schlüsselschalter oder Aufbewahrung in einem verschließbaren Schrank oder Raum.
- Kochstellen in Kinderküchen sind durch Herdschutzgitter zu sichern. Die Energiefreigabe des Herdes ist durch einen gesonderten Schalter außerhalb der Reichweite der Kinder gewährleistet.
- An allen Wasserentnahmeapparaturen, die Kindern zugänglich sind, darf die

Wassertemperatur 43° nicht überschreiten.
- Steckdosen haben eine Kindersicherung.
- Elektrische Betriebsmittel werden regelmäßig geprüft.

28.8.6 Bewegungsangebote gestalten

Bewegungsangebote müssen von Maßnahmen flankiert werden, die ein Höchstmaß an Sicherheit gewährleisten. Der Wert des Angebots oder das Bewegungsbedürfnis der Kinder darf dabei nicht eingeschränkt werden. Die konkrete Maßnahme im Einzelfall hängt vom Bewegungsangebot und dessen Gefährdungsbeurteilung ab. Bei allen Bewegungsangeboten ist aber grundsätzlich auf folgende Maßnahmen zu achten:

- Ecken und Kanten haben einen Radius von mindestens 10 Millimeter.
- Fensterbänke stehen nicht über.
- Türen schlagen nicht nach innen auf.
- Der Bodenbelag ist elastisch.
- Bodentiefe Glasflächen sind abgeschirmt oder aus bruchsicherem Material gestaltet.
- Werden Flure oder andere Verkehrsflächen für die systematische Bewegungsförderung genutzt, müssen diese entsprechend gestaltet sein.
- Ist das nicht möglich, müssen die Angebote den jeweiligen Rahmenbedingungen angepasst werden.
- Zu Wänden und Einrichtungsgegenständen sind ausreichende und hindernisfreie Sicherheitsabstände geplant.
- Bewegungsflächen haben keine Stolperstellen.
- Die Aufsicht wird situationsgerecht ausgeübt.
- Spielzeugmaterialien verfügen über das CE-Zeichen.
- Sportgeräte sind mit dem CE-Zeichen versehen sowie alters- und normgerecht ausgeführt.
- Sonstige Materialien erfüllen diese Anforderung sinngemäß.
- Bei U3-Kindern werden keine verschluckbaren Kleinteile bei Bewegungsangeboten eingesetzt.
- Vor der bestimmungsgemäßen Verwendung werden Materialien und Geräte in Augenschein genommen und auf ihre Funktionssicherheit hin kontrolliert.
- Besonderer Wert wird auf die Standsicherheit von Geräten gelegt.
- Sportgeräte werden regelmäßig, am besten jährlich, durch Sachkundige geprüft.
- Defekte Materialien, Spiel- und Sportgeräte werden auf gar keinen Fall eingesetzt.
- Bei Bewegungsaufgaben ab einer Höhe von 60 Zentimeter, bei denen Niedersprünge möglich sind und Stürze nicht ausgeschlossen werden können, werden Sportmatten verwendet.
- Es ist sichergestellt, dass die Fachkräfte nur so viele Kinder betreuen, wie sie für deren Sicherheit sorgen können.
- Die Gruppengröße ist stets nach den besonderen pädagogischen und medizinischen Erfordernissen festzulegen.
- Länderspezifische Regelungen und Vorgaben werden berücksichtigt.

28.8.7 Ausflüge

Vor Ausflügen und externen Veranstaltungen sind jeweilige Gefährdungsbeurteilungen vorzunehmen, um für alle Beschäftigten die notwendige Planung und Handlungssicherheit zu erlangen. Zur Vorbereitung eines jeden Ausflugs ist es somit erforderlich, die Gefährdungen des externen Aufenthaltsortes, am besten durch einen persönlichen Besuch, abzuklären. Der Träger bzw. die Leitung hat sicherzustellen, dass alle Mitarbeiter:innen die daraus resultierenden Maßnahmen umsetzen (zur Aufsichtsführung siehe Kapitel 18).

Sollten externe Fachleute (Waldpädagog:innen, Schwimmmeister:innen etc.) vor Ort sein, ist zu beachten: Die Sicherheit und Gesundheit der Kinder und Beschäftigten verbleiben in der Verantwortung der Kindertageseinrichtung:

- Beschäftigte und Kinder sind vor schädigenden Witterungseinflüssen, insbesondere UV-Strahlung, geschützt.
- In der Vorbereitung wurden die Gefährdungen des externen Aufenthaltsortes abgeklärt.
- Zusätzliche Begleitpersonen sind entsprechend der Gefährdungsbeurteilung unterwiesen und in der jeweiligen Aufgabe angeleitet. Ihre Aufsichtsführung wird regelmäßig kontrolliert.
- Bei der Planung externer Angebote wird sichergestellt, dass sie für Kinder geeignet sind und durch kompetente und verantwortlich handelnde Personen durchgeführt werden.
- Eltern und Sorgeberechtigte sind rechtzeitig und angemessen informiert (über geplante Aktivität, Ort der Veranstaltung, zweckmäßige Bekleidung, gegebenenfalls notwendige Ausrüstung, erforderlichen Proviant, eventuell anfallende Kosten, Abfahrts- und Ankunftszeiten etc.).
- Außerhalb des Geländes wird eine Erste-Hilfe-Ausrüstung mitgeführt (siehe Kapitel 28.8.12).
- Fachkräfte und Begleitpersonen wissen, wie sie einen Notruf absetzen.
- Muss ein Kind medikamentös versorgt werden, geschieht dies auf Grundlage einer ärztlichen Anordnung und Unterweisung der durchführenden Person. Außerdem ist die schriftliche Zustimmung der Eltern erforderlich.

28.8.8 Verpflegung vor- und nachbereiten

Es gilt, ein umfassendes Hygienemanagement zu implementieren. Grundlage hierfür sind lebensmittelrechtliche Vorschriften wie beispielsweise das HACCP-Eigenkontrollsystem sowie die Errichtung eines Hygieneplanes (siehe Kapitel 33.7.4):

- Der Hygieneplan wird eingehalten.
- Allergien der Kinder sind durch ärztliches Attest mit detaillierten Diäthinweisen unterlegt, die von allen Beteiligten im Prozess der Verpflegung zuverlässig berücksichtigt werden.
- Für den Fall eines anaphylaktischen Schocks werden entsprechende Maßnahmen vorgehalten.
- Bei Arbeiten in feuchter Umgebung greift ein erstellter Hautschutzplan.
- Die Beschäftigten sind über Haut-, Schutz- und Hygienemaßnahmen unterwiesen.
- Beschäftigten, die regelmäßig mehr als zwei Stunden pro Tag Feuchtarbeit leisten, wird eine arbeitsmedizinische Vorsorge angeboten. Bei regelmäßig mehr als vier Stunden Feuchtarbeit pro Arbeitstag ist die arbeitsmedizinische Vorsorge verpflichtend einzuhalten.

- An den Arbeitsplätzen ist ausreichend Bewegungsfreiheit für die geplanten Tätigkeiten geplant: Mindestens 8 m^2 Grundfläche pro Person, für jede weitere Person 6 m^2. Die Höhe des Arbeitsraumes beträgt mindestens 2,50 Meter. Arbeits- und Abstellflächen sind ausreichend groß bemessen.
- Regale sind standsicher, am besten mit der Wand verbunden. Regalböden werden nicht überlastet. Für höhere Regale werden sichere Aufstiegshilfen wie Tritte oder Leitern angeboten.
- Arbeits- und Lagerräume sind nach den Verordnungen über Lebensmittelhygiene eingerichtet.
- Kinder halten sich niemals unbeaufsichtigt in den Arbeitsräumen auf.
- Es werden ausschließlich mängelfreie Arbeitsmittel zur Verfügung gestellt, die den jeweiligen für sie geltenden Vorschriften entsprechen und bei Verwendung sicher sind.
- Zu jedem Arbeitsmittel wird eine deutschsprachige Betriebsanleitung geliefert und zugänglich abgelegt.
- Alle eingesetzten Arbeitsmittel sind so beschaffen, aufgestellt und benutzt, dass sie den ergonomischen Anforderungen entsprechen, die Standsicherheit gewährleisten, der Bedienperson ausreichend Bedienraum zur Verfügung steht, eine Reinigung möglich ist, durch die Verlegung oder Führung von Anschlussleitungen keine Stolperstellen entstehen.
- Der Fußboden in den Arbeitsräumen ist sicher begehbar. Er weist einen rutschhemmenden Belag auf und ist frei von Stolperstellen. Gegen die vorkommenden Stoffe, zum Beispiel Reinigungsmittel oder Fettsäuren, ist er widerstandsfähig.
- Die Anforderung an die Rutschhemmung von Bodenbelägen nach ASR A1.5/1,2 „Fußböden" ist eingehalten.
- Die Wege für die Anlieferung der Verpflegung sowie für den Transport der Speisen sind geeignet, barrierefrei und sicher.
- Die Arbeitsbeleuchtung in der Küche beträgt mindestens 500 Lux.
- Wärme- und Feuchtelasten werden durch eine wirksame Be- und Entlüftung beseitigt.
- Die raumlufttechnischen Anlagen werden alle zwei Jahre für Anlagen mit Befeuchtung sowie alle drei Jahre für Anlagen ohne Befeuchtung einer Hygieneinspektion unterzogen.
- Die Beschäftigten tragen bei Arbeiten in der Küche geeignete Arbeitskleidung.
- Die Beschäftigten sind darin unterwiesen, dass bei Tätigkeiten an Maschinen mit rotierenden Teilen nur enganliegende Arbeitskleidung getragen werden darf.
- Eine Kopfbedeckung wird getragen.
- Notwendige Schutzausrüstung wird zur Verfügung gestellt.
- Speisenaufzüge sind gegen unbefugtes Betreten und Benutzen durch Kinder gesichert.
- In der Küche steht geeignetes und ausreichendes Erste-Hilfe Material zur Verfügung.
- Unverzügliche Sofortmaßnahmen sind gewährleistet.

28.8.9 Mahlzeiten einnehmen

Werden die Mahlzeiten in separaten Räumen oder zumindest abgegrenzten Bereichen eingenommen, sollten diese wie folgt gestaltet sein:

- Helle und angemessene Beleuchtung (mindestens 300 Lux)
- Rutschhemmender Bodenbelag
- Pro Person 1 m^2 Platz plus Einbauten, Verkehrswege und Zugänge
- Raumtemperatur von rund 21° C
- Mobiliar für Personal und Kinder ergonomisch passend
- Kindgerechte sowie sichere Stühle und Tische, die ergonomisch zueinander passen
- Keine Speisen und Getränke anbieten, die wärmer als 43° C sind
- Oberflächen von Gefäßen, in denen das Essen und die Getränke serviert werden, von Warmhalteplatten und anderen Geräten nicht heißer als 60° C

28.8.10 Schlafen und Ruhen

Gefährdungen beim Schlafen und Ruhen sind selten, aber schwerwiegend. Im Rahmen der Gefährdungsbeurteilung ist besonders auf versteckte Gefahren und Risiken wie Fangstellen und Kleinteile zu achten, denn gerade in Ruhebereichen sind nicht alle Gefahren offensichtlich.

Folgende Rahmenbedingungen sind zu schaffen:

- Es ist ausreichend Bewegungsraum zwischen den einzelnen Schlafplätzen vorgesehen.
- Die Schlafplätze haben Absturzsicherungen oder Schutzgitter gegen Absturz und Fall aus größerer Höhe.
- Der Raum weist eine Temperatur von circa 18° C aus und ist zugluftfrei.
- Die Beleuchtung ist blendfrei und außerhalb der Reichweite von Kindern angebracht.
- Länderspezifische Regelungen und Vorgaben, insbesondere zu Rauchmeldern, Flucht- und Rettungswegen und Abdunkelungsmöglichkeiten, sind zu beachten.
- Es werden nur solche Kinderbetten angeschafft und verwendet, die weder scharfe Kanten oder Ecken noch Fangstellen für Finger oder Kleidung aufweisen.
- Öffnungsweiten an Kinderbetten betragen zwischen 4,5 und 6,5 Zentimeter, sodass ein Hindurchrutschen unmöglich ist.
- Bettwäsche, Kissen, Matratzen etc. sowohl in den Schlafräumen als auch in den Ruhe- und Rückzugsbereichen werden regelmäßig gewaschen und gesäubert. Diese Maßnahme ist im einrichtungsspezifischen Hygieneplan verankert.
- Etagenbetten weisen für die Kinder keine Absturzgefährdungen auf.
- Anforderung an Kinderbetten gelten auch für Schlafkörbe, Schlafnester und Eigenbauten.
- Kinder dürfen vom Schlafplatz aus keine Kordeln, Schnüre von Vorhängen und Rollos, Bänder etc. erreichen können. Das Personal ist hierin zu unterweisen. Generell darf keine Strangulationsgefahr durch Kopffangstellen bestehen.
- Am Schlafplatz dürfen sich keine Gegenstände befinden, die verschluckt werden können. Die Kinder dürfen keine Ketten o.ä. um den Hals tragen oder erreichen können.
- Normgerechte Schnullerketten dürfen eine Gesamtlänge von maximal 22 Zentimeter nicht überschreiten. Sie sind an der Kleidung zu befestigen.
- Über den Schlafplätzen der Kinder befinden sich keine Gegenstände, die sie gefährden (z.B. Mobiles oder Tücher).

- Die Beaufsichtigung der Kinder im Schlafbereich durch pädagogische Fachkräfte hat durchgängig zu erfolgen. Dies ist am besten in Form einer durchgehenden Beobachtung gewährleistet. Lediglich für kurzzeitige Abwesenheit kann ergänzend eine akustische Überwachung (Babyphone) eingesetzt werden.
- Länderspezifische Vorschriften sind zu beachten.

28.8.11 Pflegerische Tätigkeiten

Bei der Gestaltung des Wickelbereiches ist insbesondere darauf zu achten, dass die Intimsphäre des Kindes (siehe Kapitel 28.9) gewahrt ist. Es gelten folgende Vorgaben:

- Die Bewegungsfläche für die Fachkraft soll mindestens 1,5 m^2, und die Tiefe (= Abstand zur Wand) soll hierbei mindestens 1 Meter betragen, bei gebeugter Körperhaltung 1,20 Meter.
- Der Fußboden in diesem Bereich ist rutschhemmend ausgestaltet, ebenflächig und ohne Stolperstellen.
- Es sind geeignete, d.h. vor allem dicht schließende Entsorgungsbehälter für verschmutzte Wäsche und Windeln in der Nähe des Wickeltisches aufgestellt.
- Eine Mindesttemperatur von 24° C im Wickelbereich wird nicht unterschritten.
- Der Wickelbereich weist eine seitliche und hintere Aufkantung auf, die mindestens 20 Zentimeter hoch ist.
- Ist der Wickeltisch nicht höhenverstellbar, muss eine geeignete Aufstiegshilfe zur Wickelfläche vorhanden sein, die gegen unerlaubtes Besteigen gesichert ist.
- Der Hygieneplan wird konsequent umgesetzt, insbesondere in Bezug auf den Infektionsschutz.
- Meldepflichtige Krankheitserreger sind nach Infektionsschutzgesetz zu melden.
- Hautreinigungs- und Desinfektionsmittel sind in ausreichender Menge vorhanden und werden regelmäßig auf Haltbarkeit überprüft.
- Es werden Einmalhandtücher zum Abtrocknen der Hände bereitgestellt.
- Für den Wickeltisch werden saubere Wickelunterlagen vorgehalten.
- Es werden ungepuderte, latexfreie Einmalhandschuhe in allen benötigten Größen bereitgestellt.
- Für die Fachkräfte werden arbeitsmedizinische Vorsorgen bei den Betriebsärzten organisiert. Es werden Ihnen Impfangebote unterbreitet.
- Nur qualifiziertes und unterwiesenes Personal führt pflegerische Tätigkeiten durch.
- Für schwangere und stillende Frauen wird an diesen Arbeitsplätzen eine besondere Gefährdungsbeurteilung durchgeführt.
- Es ist ein Hautschutz- und Händehygieneplan aufgestellt, der regelmäßig aktualisiert wird.
- Die Beschäftigten werden über die notwendigen Hygiene-, Hautschutz- und Pflegemaßnahmen bei hautgefährdenden Tätigkeiten unterwiesen.

28.8.12 Unfälle und Notfälle

Rechtliche Grundlagen der Ersten Hilfe

- DGUV Information 202–089 „Erste-Hilfe in Kindertageseinrichtungen"
- DGUV Information 204–022 „Erste-Hilfe im Betrieb"
- DGUV Information 205–003 „Aufgaben, Qualifikation, Ausbildung und Bestellung von Brandschutzbeauftragten"
- DGUV Information 205–023 „Brandschutzhelfer"
- DGUV Information 250–010 „Eignungsuntersuchungen in der betrieblichen Praxis"
- DIN 13157:2019–11 „Erste-Hilfe Material – Verbandskasten C"
- DIN 13169:2009–11 „Erste-Hilfe Material – Verbandskasten E"

Gemeinschaftseinrichtungen stehen in der Verantwortung, für eine krisenfeste Organisation der Ersten Hilfe und Notfallhilfe Sorge zu tragen. Ein einrichtungsspezifischer Leitfaden, der zum Beispiel auch das Brandschutzkonzept, ein Kinderschutzkonzept sowie Vorgaben zum Verhalten bei technischen Störungen und Einbrüchen beinhaltet, kann die Notfallorganisation in der konkreten Einrichtung in hervorragender Weise abbilden (siehe Kapitel 37.7.2).

Erste Hilfe

In jeder Kindertageseinrichtung müssen Ersthelfer:innen in ausreichender Anzahl zur Verfügung stehen. Die konkrete Anzahl richtet sich nach der Zahl der anwesenden Versicherten. Ersthelfer:in kann jede/r Beschäftigte sein, der/die eine erfolgreiche Ausbildung in einem Erste-Hilfe-Lehrgang absolviert hat. Die Kenntnisse sind alle zwei Jahre aufzufrischen. Die Kosten der Lehrgänge werden vollumfänglich von Berufsgenossenschaften bzw. Unfallkassen übernommen.

Wie viele Ersthelfer:innen?

Bei zwei bis zu 20 anwesenden Versicherten: ein/e Ersthelfer:in

Bei mehr als 20 anwesenden Versicherten: ein/e Ersthelfer:in bzw. ein/e Ersthelfer:in je Kindergruppe (bei offenen Konzepten sinngemäß anzuwenden)

Zu beachten ist hier, dass die erforderliche Anzahl an Ersthelfer:innen für die gesamte Zeit der Anwesenheit der Versicherten erforderlich ist. Schichtbetrieb und Urlaubszeiten müssen dementsprechend eingeplant werden.

Folgende Maßnahmen sind im Rahmen der Ersten Hilfe verbindlich:

- Es stehen genügend Ersthelfer:innen zur Verfügung.
- Es ist sichergestellt, dass nach einem Unfall unverzüglich erste Hilfe geleistet wird.
- Die Qualifikation der Ersthelfer:innen erfolgt alle zwei Jahre durch ermächtigte Stellen.
- Für Kinder mit chronischen oder allergischen Erkrankungen ist die Gabe der Medikamente geregelt.
- Unfälle und Notfälle werden grundsätzlich dokumentiert. Ist ein Arztbesuch

erforderlich, dient die Unfallanzeige als Dokumentation.
- In Notfallsituationen ist die Betreuung der Kinder unabhängig von der Schwere der Verletzung durch eine oder mehrere geeignete Personen sichergestellt, bis die Sorgeberechtigten die Aufsicht übernehmen oder eine stationäre Aufnahme erfolgt. Die Aufsicht der übrigen Kinder ist gewährleistet.
- Es ist durch einen einrichtungsspezifischen Leitfaden (siehe Kapitel 37.7.2), eindeutige Aufgabenzuweisung, Trainings etc. sichergestellt, dass das Team schnell und organisiert handeln kann.

Medikamentengabe

Für Kinder mit chronischen oder allergischen Erkrankungen ist die Gabe der Medikamente zu regeln.
- Hierfür ist eine schriftliche Indikation des behandelnden Arztes erforderlich. Diese Indikation muss eindeutig und zweifelsfrei hinsichtlich des „Wann" und „Wie viel" formuliert sein.
- Die einzuholende Einverständniserklärung der Eltern zu genau dieser Medikation wird am besten eingeholt, indem die Eltern das Formular des Arztes gegenzeichnen.
- Der das Kind behandelnde Arzt muss die pädagogischen Fachkräfte in die Verabreichung des Medikamentes und die damit einhergehenden Risiken einweisen (Unterweisung). An der Einweisung sollten mindestens zwei Fachkräfte teilnehmen, um sich bei krankheits- oder urlaubsbedingter Abwesenheit gegenseitig vertreten zu können. Mögliche Komplikationen wie zum Beispiel das Auftreten eines allergischen Schocks und entsprechende Hilfemaßnahmen sollten so eingehend wie möglich besprochen und geübt werden.
- Es ist sicherzustellen, dass nur die unterwiesenen Mitarbeiter:innen dem Kind das Medikament verabreichen. Kann dies im Einzelfall nicht gewährleistet werden, ist anzuraten, das Kind entweder an diesem Tage nicht zu betreuen oder die etwaige Aussage der Eltern, das könne heute auch ein/e andere/r Kolleg:in vornehmen, schriftlich zu fixieren.
- Die Medikamente sind richtig aufzubewahren. Der richtige Ort ist je nach Vorschrift der für Kinder unzugängliche Kühlschrank oder ein abschließbarer Medikamentenschrank. Keinesfalls ist der Erste-Hilfe-Kasten dafür geeignet, da jeder dazu Zugang hat. Jedes Medikament sollte mit dem Namen des Kindes beschriftet sein und eine verkleinerte Kopie der Einwilligungserklärung und Dosierungsanleitung enthalten. Zur richtigen Aufbewahrung gehört auch eine regelmäßige Verfallsdatenkontrolle.

Erste Hilfe-Kasten und Notfalltasche

Nach den Unfallverhütungsvorschriften muss
- Erste-Hilfe-Material schnell erreichbar und leicht zugänglich bereitgestellt werden
- Erste-Hilfe-Material rechtzeitig ergänzt und gegebenenfalls erneuert werden
- eine Notrufeinrichtung vorhanden sein
- eine Übersicht über Erste-Hilfe-Maßnahmen ausgehängt sein und je Gruppe mindestens ein/e Ersthelfer:in zur Verfügung stehen
- bei externen Veranstaltungen eine Notfalltasche mitgeführt werden; der Inhalt richtet sich nach DIN 13160

- Erste-Hilfe Material einer regelmäßigen Verfallsdatenkontrolle unterzogen werden (mindestens vierteljährlich)
- der Standort von Erste-Hilfe Material mit dem Erste-Hilfe Hinweisschild (weißes Kreuz auf grünem Grund) gekennzeichnet sein
- jede Erste-Hilfe-Maßnahme im Verbandbuch dokumentiert werden

Rechtlich ebenfalls zulässig, viel praktischer und bedarfsorientierter ist es, statt des großen Verbandskastens nach DIN 13169 mehrere kleine Verbandskästen nach DIN 13157 vorzuhalten und sie dort zu positionieren, wo erfahrungsgemäß ein höheres Unfallgeschehen herrscht:

- in der Küche,
- in jedem Gruppenraum,
- im Mehrzweckraum,
- im Werk-/Malraum,
- im Spielgeräteraum des Freigeländes,
- im Sanitärraum.

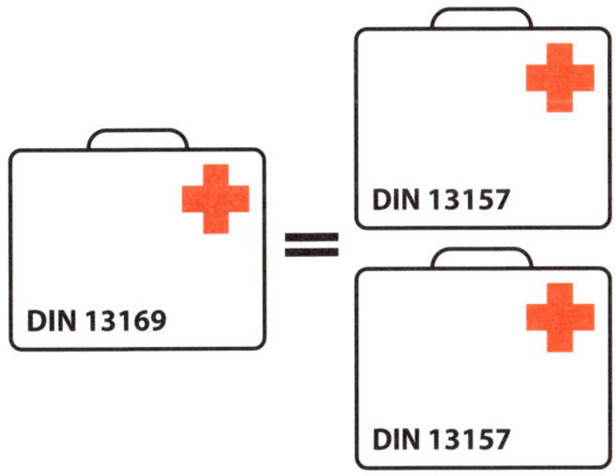

Abbildung 97: DIN 13169 und DIN 13157

28.9 Das APR des Kindes

Die Rechtslehre leitet aus den Art. 1 Abs. 1 i. V. m. Art. 2 GG das sogenannte Allgemeine Persönlichkeitsrecht (APR) ab, das als „sonstiges Recht" i. S. d. § 823 BGB gilt. Das bedeutet, dass derjenige, der in das APR eines anderen widerrechtlich eingreift, zum Schadensersatz verpflichtet ist.

Da jeder Mensch mit Vollendung seiner Geburt rechtsfähig, d.h. Träger von Rechten und Pflichten ist, sind auch Minderjährige Träger ihres APR. Bei der Durchführung jeglicher Pflegemaßnahmen in der Einrichtung sind daher die in der Rechtslehre entwickelten Grundsätze zu achten, die das APR in verschiedene Sphären unterteilen.

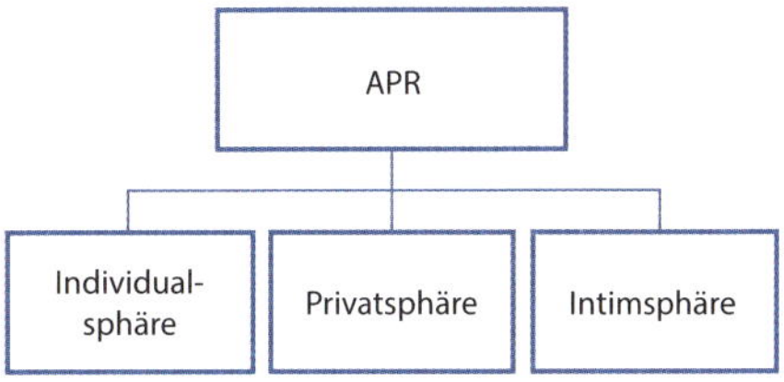

Abbildung 98: Die Sphären des APR

Die Individualsphäre schützt das Selbstbestimmungsrecht und bewahrt die persönliche Eigenart des Menschen in seinen Beziehungen zur Umwelt.

Die Privatsphäre umfasst das Leben im häuslichen oder Familienkreis und das sonstige Privatleben, und zwar nicht nur im eigenen häuslichen Bereich, sondern je nach den Umständen auch außerhalb.

Die Intimsphäre umfasst die innere Gedanken- und Gefühlswelt mit ihren äußeren Erscheinungsformen wie vertraulichen Briefen, Tagebuchaufzeichnungen sowie die Angelegenheiten, für die ihrer Natur nach Anspruch auf Geheimhaltung besteht (z.B. Einzelheiten über Gesundheitszustand, Sexualleben).

Während die Intimsphäre grundsätzlich absoluten Schutz genießt, d.h. ein Eingriff in sie immer rechtswidrig ist, kommt es bei einem Eingriff in die Individual- und Privatsphäre darauf an, ob der Eingriff verhältnismäßig gewesen ist, denn ein verhältnismäßiger Eingriff ist in unserer Rechtsordnung nicht rechtswidrig. Maßgeblich für die Abgrenzung von Verhältnismäßigkeit und Unverhältnismäßigkeit ist eine Güter- und Interessenabwägung: Aufseiten des Verletzten muss die Schwere des Eingriffs, aufseiten des Schädigers der Zweck des Eingriffs in die Betrachtung einbezogen werden.

Die Kinder einer Einrichtung sind rechtlich gesehen Träger ihres APR und haben daher ein Recht auf Achtung ihrer Individualität, ihrer Privat- und Intimsphäre. Macht die Betreuung, Bildung oder Erziehung eines Kindes in der Kita-Praxis – zum Beispiel im Bereich Hygiene und Infektionsschutz - einen Eingriff in diese Sphären (scheinbar) erforderlich, muss geprüft werden, ob ein solcher Eingriff gerechtfertigt wäre, weil er als verhältnismäßig anzusehen ist. Ist er unverhältnismäßig, hat er zu unterbleiben.

Eingriffe in die Individualsphäre: Wird zum Beispiel einem Kind versagt, seine Zähne zu putzen, obwohl es bzw. seine Eltern dies wünschen, ist es in seinem Selbstbestimmungsrecht beeinträchtigt. Seine Individualsphäre ist betroffen. Aufseiten des verletzten Kindes wiegt der Eingriff auch schwer, weil unterlassenes Zähneputzen zu einer erheblichen Beeinträchtigung seiner Zahngesundheit führen kann und außerdem seine gesetzlich erwünschte Entwicklung zu einer eigenständigen Persönlichkeit im Hinblick auf sein Gesundheitsbewusstsein gehemmt wird. Darüber hinaus wiegt der Eingriff auch in pädagogischer Hinsicht schwer, da das Kind unterschiedliche Signale im Hinblick auf die Erfordernisse hinsichtlich seines eigenen Körpers aus Elternhaus und Einrichtung erhält. Demgegenüber sind aufseiten der Einrichtung Motiv und Zweck der Untersagung zu betrachten: Unruhe im Tagesablauf, organisatorische Schwierigkeiten oder Beanspruchung des pädagogischen Personals sind eher marginale Begleiterscheinungen eines jeden pädagogischen Angebotes und reichen jedenfalls als Rechtfertigung für einen solch schweren Eingriff kaum aus.

Eingriffe in die Privatsphäre: Die Kinder halten sich zum überwiegenden oder doch großen Teil des Tages in der Einrichtung auf. Die Einrichtung ist daher gleichsam eine Ersatzfamilie und soll nach dem Willen des Gesetzgebers die Eltern bei der Erziehung und Betreuung unterstützen. Die Kinder leben also einen nicht unbeträchtlichen Teil ihrer Privatsphäre in der Einrichtung. Untersucht daher bei eine Fachkraft zum Beispiel ein Kind auf Läuse, indem sie Haare und Kopfhaut nach Nissen und Tieren durchforstet, ist dies zwar ein Eingriff in die Privatsphäre des Kindes. Dieser ist aber aufseiten des Kindes nicht als schwer zu werten, da er keine körperlichen Beeinträchtigungen nach sich zieht und jedenfalls bei diskreter Ausführung auch keinen Prangereffekt beinhaltet. Er ist erst recht nicht unverhältnismäßig, da aufseiten der Einrichtung die berechtigten Interessen der anderen Kinder auf Läusefreiheit sowie die Regelungen der §§ 1 und 2 IfSG, nach denen Kindertageseinrichtungen ausdrücklich eigenverantwortlich bei der Prävention übertragbarer Krankheiten sowie Läusebefall tätig werden sollen, entgegenstehen.

Eingriffe in die Intimsphäre: Demgegenüber ist der Schutz vor Eingriffen in die Intimsphäre absolut und keiner Abwägung zugänglich. Das bedeutet: Eingriffe in die Intimsphäre haben zu unterbleiben. Kein auch noch so berechtigtes Interesse aufseiten des Schädigers kann einen solchen Eingriff rechtfertigen.

Ordnet zum Beispiel die Leitung einer Einrichtung an, dass das Fiebermessen bei Kindern ausschließlich rektal zu erfolgen habe, weil dies die besten Messergebnisse liefere, ist dies als rechtswidriger Eingriff in das APR des jeweiligen Kindes zu werten. Eine Rechtfertigung kann weder in dem Bestreben liegen, genaue Messergebnisse zu erhalten, noch im Präventionsgedanken des Infektionsschutzgesetzes oder in dem Interesse der anderen Kinder auf Nichtansteckung. Dies gilt, ohne dass es rechtlich gesehen auf die Möglichkeit des Einsatzes von Stirn- oder Ohrthermometern ankäme: Selbst, wenn es diese milderen Mittel nicht gäbe, wäre rektales Messen rechtswidrig.

28.10 Übungsfälle

Fall 104

Sozialassistentin Nina ist in einem Kindergarten in öffentlich-rechtlicher Trägerschaft beschäftigt. Als sie dem kleinen Max heute Hilfestellung an der Rutsche gibt, knickt sie im weichen Gelände unglücklich um und bricht sich das Sprunggelenk.

Liegt ein Arbeitsunfall vor?
Liegt ein Unterschied vor, wenn Nina bei einem freien Träger beschäftigt ist?

Fall 105

Später am Tag will Ninas Kollegin Ulla zum Rauchen auf die Straße vor der Einrichtung gehen. Auf ihrem Weg durchs Freigelände knickt sie ebenfalls im weichen Gelände um und bricht sich das Sprunggelenk.

Liegt ein Arbeitsunfall vor?

Fall 106

Gruppenleitung Eva geht nach Ende ihrer Dienstzeit im Hort noch in den Supermarkt und kauft dort ein.

Besteht Versicherungsschutz, wenn sie

- im Supermarkt verunfallt?
- nach einer Stunde den Supermarkt verlässt und auf der Straße von einem Auto angefahren wird?
- im Supermarkt eine Freundin trifft, mit der sie sich im angrenzenden Café noch eine Weile unterhält und sich nach drei Stunden auf den Weg macht, wo sie von einem Auto angefahren wird?

Fall 107

Heilerziehungspfleger Philipp arbeitet in einer Werkstatt für behinderte Menschen. Von seiner Wohnung bis zu seiner Arbeitsstelle sind es zwei Kilometer. Freitags fährt er jedoch nach der Arbeit zu seiner Freundin und verbringt dort das Wochenende. Als er am Montagmorgen von dort den 44 Kilometer langen Weg zur Werkstatt fährt, erleidet er mit seinem Pkw einen Unfall, bei dem er sich schwer an den Beinen verletzt.

Liegt ein Wegeunfall vor?

Fall 108

Der sechsjährige Tom wird jeden Morgen von seiner Mutter mit dem Auto gebracht und auf dem Parkplatz der Einrichtung abgesetzt. Den Weg zur Gartenpforte, durch sie hindurch, durch das Freigelände bis zur Außentür der Einrichtung legt er allein zurück.

Für welche Streckenabschnitte besteht Versicherungsschutz?
Wann beginnt die Aufsichtspflicht der Fachkräfte?

Fall 109

Die Vorschulkinder der Kita „Die Wichtel" fahren heute zur Kinder-Uni in die Stadt. Weil für die acht Kinder ein Bus zu teuer wäre, haben sich zwei Erzieherinnen und zwei Mütter bereiterklärt, die Kinder in ihren Privat-Pkws zu transportieren.

Ist der Transport mit dem Privat-Pkw zulässig?
Wer haftet bei einem Unfall für Verletzungen eines Kindes?
Wer kommt für Sachschäden am Pkw einer Erzieherin auf?
Was muss bei der Durchführung der Fahrt beachtet werden?

Fall 110

Der dreijährige Patrick „schnuppert" in dieser Woche im Kindergarten Sterntaler. Seine Eltern wollen erst nach Ablauf der Woche entscheiden, ob sie ihn anmelden.

Ist er gesetzlich unfallversichert, wenn er heute einen Unfall erleidet?

Fall 111

Der zwölfjährige Jason hat Besuch von seiner Cousine Courtney aus den USA. Hortleiter Harry hat mit Jasons Eltern ausgemacht, dass Courtney die ganze Woche über mit Jason zusammen in den Hort kommen kann.

Besteht für Courtney Versicherungsschutz?

Fall 112

Die zweijährige Lena kommt heute zur Gesundheitsvorsorgeuntersuchung vor Aufnahme in eine Kita. Auf der Treppe fällt sie unglücklich und schlägt sich einen Zahn aus.

Besteht Versicherungsschutz?

Fall 113

Um 12 Uhr werden die Hortkinder erwartet. Finn kommt allerdings heute erst um 14 Uhr, da er zu Hause gegessen hat. Bis zum Ende seiner gebuchten Hortzeit um 15 Uhr möchte er mit seinen Freunden im Hort spielen. Im Freigelände erleidet er einen Unfall.

Ist er gesetzlich unfallversichert?

Fall 114

Die zweijährige Vivian kommt heute an der Hand ihrer Mutter in den Kindergarten, um ihren großen Bruder, den fünfjährigen Laurin, abzuholen. Auf der Treppe stürzt sie unglücklich und erleidet eine Platzwunde.

Ist sie gesetzlich unfallversichert?

Fall 115

Malte und Tim kommen erst um 14.30 Uhr in die Einrichtung, denn sie haben unterwegs einen Freund besucht. Malte hat sich unterwegs unglücklich die Stirn an einem Pfosten verletzt.

Ist er gesetzlich unfallversichert?

Fall 116

Die vierjährige Esha besucht heute Nachmittag eine Sprachfördermaßnahme ihrer Einrichtung und verletzt sich dort am Bein.

Ist sie gesetzlich unfallversichert?

Fall 117

Am Abend besuchen Mayas Eltern die Informationsveranstaltung zum Übergang vom Kindergarten in die Grundschule. Mayas Mutter übersieht eine Glastür und erleidet eine Platzwunde im Gesicht.

Ist sie gesetzlich unfallversichert?

Fall 118

Der fünfjährige Patrick wird beim Waldausflug von einem Mountainbiker angefahren und erleidet einen Schädelbruch. Außerdem ist seine Brille zerbrochen und sein Rucksack samt Inhalt beschädigt.

Welcher Versicherer kommt für den Schaden auf?

Fall 119

Der vierjährige Sebastian wird heute von seinem Vater gebracht. Der Vater drückt Erzieherin Manuela eine Flasche mit Hustensaft in die Hand und bittet sie, Sebastian alle zwei bis drei Stunden einen Löffel zu verabreichen.

Was sollte Manuela tun?

Fall 120

Nachdem er eine schwere Mandelentzündung überstanden hat, kommt Kasimir seit heute wieder in die Kita. Seine Mutter hat ihm Antibiotika mitgegeben, die er zur Vermeidung von Resistenzen noch drei Tage nehmen muss. Sie bittet Fachkraft Irmi, ihm das Medikament um jeweils 10 Uhr zu geben.

Was sollte Irmi tun?

Fall 121

Später am Tag klagt die fünfjährige Pauline über Kopf- und Bauchweh. Erzieherin Frauke würde ihr gerne eine leichte Schmerztablette geben und außerdem auch Fieber messen.

Darf Frauke das tun?

Fall 122

In der Freispielzeit stürzt die fünfjährige Chiara mit dem Laufrad und erleidet eine Schürfwunde am Kinn. Erzieher Tom würde die Wunde gerne desinfizieren und mit einem Pflaster versorgen.

Darf Tom das tun?
Dürfte Tom die Wunde mit einer Heilsalbe versorgen?

Fall 123

Außerdem sieht Tom, dass sich die vierjährige Lilo sich wieder verstärkt am Kopf kratzt. Lilo hat in der Vergangenheit schon mehrfach Läuse gehabt, und Tom hält es für möglich, dass es nun wieder soweit ist.

Darf Tom Lilo auf Läuse untersuchen?

Fall 124

Toms Kollegin Heike kommt mit ihrer Gruppe aus dem Wald zurück und entdeckt an Erik eine Zecke.

Darf Heike die Zecke entfernen?

29 SGB VIII – Kinder- und Jugendhilfe

Ihre bundesgesetzliche Rechtsgrundlage hat die Jugendhilfe im Kinder- und Jugendhilfegesetz (KJHG) nebst Ausführungsgesetzen. Das KJHG wird im allgemeinen Sprachgebrauch auch von Juristen häufig als „SGB VIII“ bezeichnet und umgekehrt das SGB VIII als „Kinder- und Jugendhilfegesetz“ benannt. Tatsächlich sind es jedoch zwei verschiedene Gesetze: Das KJHG ist ein Artikelgesetz mit 23 Artikeln, dessen Art. 1 aus dem gesamten SGB VIII mit derzeit 107 Paragrafen besteht. Die Artikel 2 bis 23 des KJHG ändern andere Gesetze mit dem Ziel der Neuregelung der Kinder- und Jugendhilfe und beinhalten Regelungen zum Inkrafttreten.

Das SGB VIII definiert den Begriff „Jugendhilfe“ in § 1. Danach ist Jugendhilfe

- die Gesamtheit aller Leistungen zur Förderung der Entwicklung und Erziehung junger Menschen neben Familie, Schule und Berufsausbildung sowie
- Leistungen zur Entlastung und Unterstützung der Familie.

Das SGB VIII ist in elf Kapitel untergliedert:

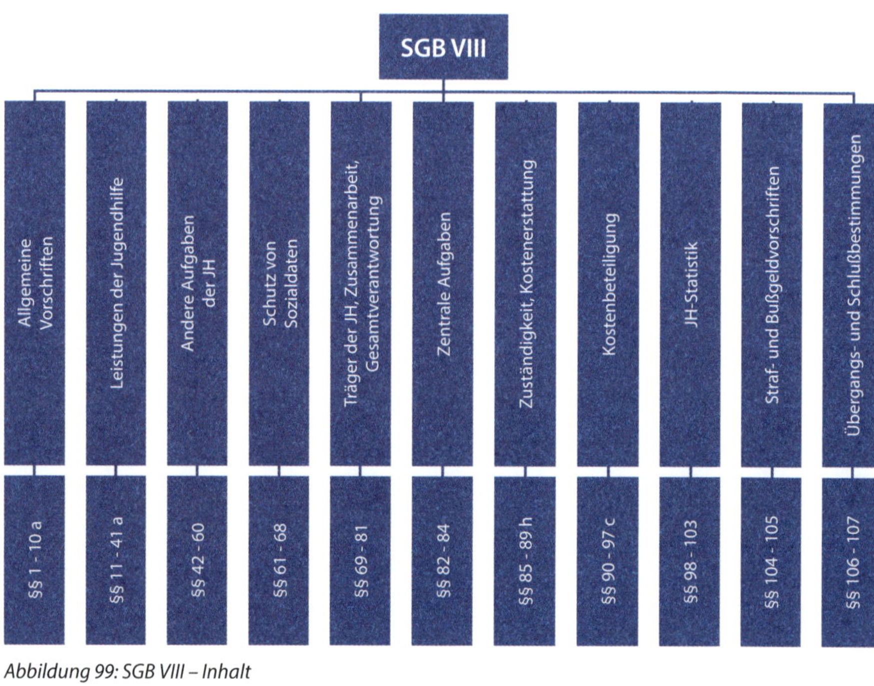

Abbildung 99: SGB VIII – Inhalt

29.1 Geschichte der Kinder- und Jugendhilfe

Die Kinder- und Jugendhilfe in ihrer heutigen Ausprägung blickt auf eine mehr als hundertjährige Geschichte zurück.

Tabelle 12: Geschichte der Jugendhilfe in Deutschland

Zeitpunkt	Bezeichnung	Merkmale	Ziele und Aufgaben
Mitte 19. Jh.	Jugendfürsorge	Stark dominiert von den Kirchen	Vor „Verwahrlosung" schützen
Ende 19. Jh./Anfang 20. Jh.	Freizeitbewegung junger Menschen	Parallel zur Jugendfürsorge Organisiert in Vereinen	Durchführung gemeinsamer Freizeiten
Einige Jahrzehnte später	Verbandliche Jugendarbeit	Vielfältige Angebote sprechen eine Vielzahl an Jugendlichen an; Entwicklung zahlreicher Vereine mit vielfältigen Arbeitsfeldern; Jugendliche sind Mitglieder und haben viel Handlungsfreiraum	Hilfestellung für Gesellschaft und Politik in Fragen der Lebenswelt der Jugendlichen; Jugendlichen Impulse zur Problemlösung geben
1923	Reichsjugendwohlfahrtsgesetz (RJWG)	Einführung einer staatlich gelenkten öffentlichen Jugendhilfe; diese trifft auf ausdifferenzierte freie Trägerlandschaft; wegen der starken Stellung der Kirchen und Jugendverbände Zweiteilung der freien und öffentlichen Träger; Kommunen werden verpflichtet, Jugendämter einzurichten	Der körperlich und seelisch gesunde, sittlich gefestigte, geistig entwickelte, beruflich tüchtige deutsche Mensch
NS-Zeit	Reichsjugendwohlfahrtsgesetz (RJWG)	Aufhebung von Kindheit und Jugend: Kinder = „nichtunifomierte Wesen"; Gleichschaltungspädagogik; Umdeutung Fröbels zum „völkisch-politischen Erzieher"; Bürgermeistern und Landräten wird Kontrolle über die Jugendämter übertragen	Gleichschaltung -> Jugendarbeit wurde der HJ unterstellt
1961	Jugendwohlfahrtsgesetz (JWG)	Einführung der Strukturen der Jugendämter und des Jugendwohlfahrtsausschusses; Anhäufung pädagogischer Theorien führt zu kontroverser Grundstimmung	Organsierte und institutionalisierte Erziehung (Vorschule, Erwachsenenbildung, Freizeiterziehung etc.).
1991	SGB VIII	Ausführungsgesetz zum Kinder- und Jugendhilfegesetz (KJHG); Dezentralisierung; Regionalisierung; Partizipation; Differenzierung der Angebote in ausgelagerten Kleinsteinrichtungen	Lebensweltorientierung; Entwicklung partizipativer, demokratischer Erziehungsstrukturen; Sozialraumorientierung; Erziehungspartnerschaft

Das bis 1990 geltende Jugendwohlfahrtsgesetz (JWG) war stark vom staatlichen Eingriffsdenken her geprägt. Es wurde 1991 durch das eher leistungs- und an der Familie orientierte Kinder- und Jugendhilfegesetz (KJHG) und dessen Ausführungsgesetz SGB VIII abgelöst und in das Gefüge des Sozialgesetzbuchs aufgenommen. Damit nahm die Kinder- und Jugendhilfe einen umfassenden Systemwechsel vor: Das eingreifende Fürsorgedenken wurde abgelöst vom bedarfsorientierten Angebotsdenken.

Dieser Wandlungsprozess hatte auch Auswirkungen auf das Jugendamt: Es entwickelte sich zu einer dienstleistungsorientierten Fachbehörde, die sich nicht nur die Schaffung einer kinderfreundlichen Umwelt und die Förderung junger Menschen zum Ziel setzt. Zum zentralen Tätigkeitsfeld entwickelt sich vor allem die Beratung und Unterstützung von Eltern bei der Erziehung ihrer Kinder. Diese ist unter den Prämissen der Hilfe zur Selbsthilfe, der Partizipation aller Betroffenen an allen Entscheidungen und der Autonomie der Familie zu leisten (siehe Kapitel 29.6.3).

Nur in den Fällen, in denen Eltern Unterstützung ablehnen, ihrer Erziehungsverantwortung nicht gerecht werden oder sie gar missbrauchen, muss das Jugendamt zum Schutz des Kindeswohls eingreifen. Eingriffe in das Elternrecht unterliegen dem Richtervorbehalt.

Novellierungen des Gesetzes in der jüngeren Vergangenheit betrafen vor allem die Konkretisierung von Aufgaben im Rahmen des Schutzes von Kindern und Jugendlichen sowie den Ausbau der Kindertagesbetreuung. In nächster Zukunft ist eine Reform im Hinblick auf die Einbeziehung von körperlich und geistig behinderten Kindern und Jugendlichen aufgrund des KJSG zu erwarten (siehe Kapitel 33.6).

29.2 Rechtsnatur des SGB VIII

Das SGB VIII gibt – von wenigen Ausnahmen wie dem Rechtsanspruch auf einen Kindergarten- bzw. Krippenplatz abgesehen – Kindern und Jugendlichen grundsätzlich keinen eigenen einklagbaren Anspruch auf Leistungen. Eltern und jungen Volljährigen gibt das Gesetz einen Rechtsanspruch nur unter der Bedingung, dass Voraussetzungen, Inhalte und Adressaten der Leistungen hinreichend konkretisiert sind.

In der Rechtslehre herrscht jedoch allgemeiner Konsens darüber, dass das SGB VIII über zahlreiche Aufgabenzuweisungen, Soll- oder Kann-Vorschriften und Rechtsbegriffe verfügt, die nicht nur unbestimmt, sondern darüber hinaus nur dem sozialpädagogischen Spezialisten verständlich sind. Obwohl es Teil des SGB ist, fehlen dem SGB VIII die charakteristischen Züge eines Leistungsgesetzes. Vielmehr sind im SGB VIII die Voraussetzungen einer Leistung regelmäßig sehr unpräzise, die Leistung selbst jedoch höchst präzise geregelt (vgl. Eichenhofer 2019, Rz. 569).

Das SGB VIII ist Teil des SGB und so gelten die Grundätze der Freiwilligkeit und Antragstellung (siehe Kapitel 27.5) auch hier. Leistungen des Jugendamts gegen den Willen des Berechtigten sind unzulässig. Von diesem Grundsatz kennt das SGB VIII, jeweils unter engen Voraussetzungen, zwei Ausnahmen:

- Schutzauftrag bei Kindeswohlgefährdung (§ 8 a SGB VIII; siehe Kapitel 29.9.1)
- Inobhutnahme (§ 42 SGB VIII; siehe Kapitel 29.11.1)

29.3 Zielgruppe

Die vielfältigen – teils direkten, teils indirekten – Leistungen und Aufgaben der Kinder- und Jugendhilfe variieren in ihren jeweiligen Zielgruppen. Im Kern richten sie sich jedoch immer an Kinder und Jugendliche unter 18 Jahren in Deutschland – im Jahr 2018 waren das rund 13,6 Millionen Menschen bzw. 16 Prozent der Bevölkerung. Bestimmte Leistungen können bei Bedarf aber auch von jungen Volljährigen bis 21 Jahren, in begründeten Einzelfällen sogar bis 27 Jahren in Anspruch genommen werden. In dieser weiten Abgrenzung umfasste die Zielgruppe der Kinder- und Jugendhilfe im Jahr 2018 insgesamt rund 21,8 Millionen junge Menschen oder 26 Prozent der Bevölkerung.

Die Leistungen des SGB VIII werden jungen Menschen, Müttern, Vätern und Personensorgeberechtigten von Kindern und Jugendlichen gewährt, die ihren tatsächlichen Aufenthalt im Inland haben. Ausländer können Leistungen nach diesem Buch nur beanspruchen, wenn sie rechtmäßig oder aufgrund einer ausländerrechtlichen Duldung ihren gewöhnlichen Aufenthalt im Inland haben. Deutschen können Leistungen nach diesem Buch auch gewährt werden, wenn sie ihren Aufenthalt im Ausland haben und soweit sie nicht Hilfe vom Aufenthaltsland erhalten.

Die weite Angebotspalette der Hilfen, die das SGB VIII vorsieht, ist in der Bevölkerung leider weitgehend unbekannt. Nur selten wenden sich die Berechtigten von sich aus an das Jugendamt. Pädagogische Fachkräfte sind hier aufgerufen, proaktive Beratung und Unterstützung zur Inanspruchnahme zu bieten. Dies setzt voraus, dass sie mögliche Leistungen und Hilfen der Jugendhilfe generell – aber auch speziell die des Jugendamtes vor Ort, die im Einzelfall abweichen kann – kennen und als Mittler fungieren.

29.4 Ziele

Das Ziel aller Jugendhilfe ist gemäß § 1 Abs. 1 SGB VIII der eigenverantwortliche und gemeinschaftsfähige junge Mensch. Auf dieses Ziel sollen alle Förderangebote und Hilfen ausgerichtet sein. Das SGB VIII formuliert damit jedoch keinen eigenen Erziehungsauftrag, § 1 Abs. 2 SGB VIII wiederholt vielmehr den Wortlaut des Art. 6 Abs. 2 GG: „Pflege und Erziehung der Kinder sind das natürliche Recht der Eltern und die zuvörderst ihnen obliegende Pflicht."

Neben diesen Verfassungsbestimmungen formuliert § 1 SGB VIII das Recht jedes jungen Menschen auf Förderung seiner Entwicklung und auf Erziehung zu einer eigenverantwortlichen und gemeinschaftsfähigen Persönlichkeit. Die Jugendhilfe soll deshalb insbesondere

- junge Menschen in ihrer individuellen und sozialen Entwicklung fördern,
- Eltern und andere Erziehungsberechtigte bei der Erziehung beraten und unterstützen,
- Kinder und Jugendliche vor Gefahren für ihr Wohl schützen,
- dazu beitragen, positive Lebensbedingungen für junge Menschen und ihre Familien sowie eine kinder- und familienfreundliche Umwelt zu schaffen und zu erhalten.

Diese Ziele sind jedoch nicht als subjektives einklagbares Recht verbrieft (siehe Kapitel 29.2). Kinder und Jugendliche können sich jedoch an das Jugendamt wenden und sich auch ohne Wissen der Eltern beraten lassen.

29.5 Aufgaben der Jugendhilfe

§ 2 SGB VIII regelt die Aufgaben der Jugendhilfe. Er unterscheidet dabei zwischen den sogenannten „Leistungen" und den „anderen Aufgaben".

§ 2 SGB VIII

(1) Die Jugendhilfe umfasst Leistungen und andere Aufgaben zugunsten junger Menschen und Familien.

(2) Leistungen der Jugendhilfe sind:

1. Angebote der Jugendarbeit, der Jugendsozialarbeit, der Schulsozialarbeit und des erzieherischen Kinder- und Jugendschutzes (§§ 11 bis 14),

2. Angebote zur Förderung der Erziehung in der Familie (§§ 16 bis 21),

3. Angebote zur Förderung von Kindern in Tageseinrichtungen und in Kindertagespflege (§§ 22 bis 25),

4. Hilfe zur Erziehung und ergänzende Leistungen (§§ 27 bis 35, 36, 37, 39, 40),

5. Hilfe für seelisch behinderte Kinder und Jugendliche und ergänzende Leistungen (§§ 35a bis 37, 39, 40),

6. Hilfe für junge Volljährige und Nachbetreuung (§§ 41 und 41a).

(3) Andere Aufgaben der Jugendhilfe sind

1. die Inobhutnahme von Kindern und Jugendlichen (§ 42),

2. die vorläufige Inobhutnahme von ausländischen Kindern und Jugendlichen nach unbegleiteter Einreise (§ 42a),

3. die Erteilung, der Widerruf und die Zurücknahme der Pflegeerlaubnis (§§ 43, 44),

4. die Erteilung, der Widerruf und die Zurücknahme der Erlaubnis für den Betrieb einer Einrichtung sowie die Erteilung nachträglicher Auflagen und die damit verbundenen Aufgaben (§§ 45 bis 47, 48a),

5. die Tätigkeitsuntersagung (§§ 48, 48a),

6. die Mitwirkung in Verfahren vor den Familiengerichten (§ 50),

7. die Beratung und Belehrung in Verfahren zur Annahme als Kind (§ 51),

8. die Mitwirkung in Verfahren nach dem Jugendgerichtsgesetz (§ 52),

9. die Beratung und Unterstützung von Müttern bei Vaterschaftsfeststellung und Geltendmachung von Unterhaltsansprüchen sowie von Pflegern und Vormündern (§§ 52a, 53),

10. die Erteilung, der Widerruf und die Zurücknahme der Erlaubnis zur Übernahme von Vereinsvormundschaften (§ 54),

11. Beistandschaft, Amtspflegschaft, Amtsvormundschaft und Gegenvormundschaft des Jugendamts (§§ 55 bis 58),

12. Beurkundung (§ 59),

13. die Aufnahme von vollstreckbaren Urkunden (§ 60).

29.6 Prinzipien

Das SGB VIII ist durchzogen von einigen Prinzipien, die bei allen Leistungsgewährungen und Hilfeangeboten stets zu berücksichtigen sind. Dazu zählen der Grundsatz der Vielfalt, das Wunsch- und Wahlrecht, der Vorrang des Elternrechts, Partizipation, Gleichberechtigung, Inklusion sowie der Nachrang der Jugendhilfe.

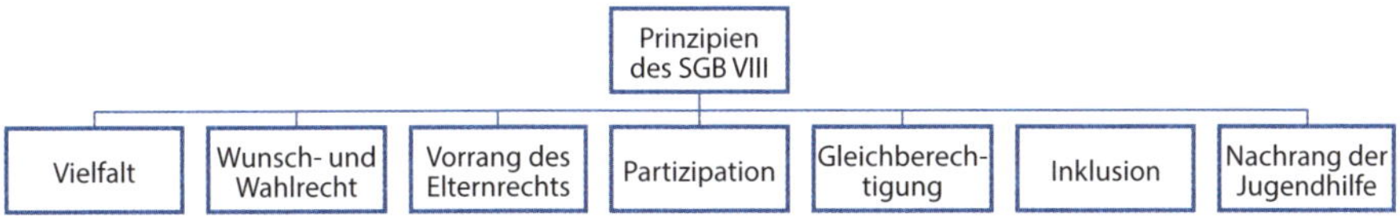

Abbildung 100: Prinzipien des SGB VIII

29.6.1 Vielfalt (§ 3 SGB VIII)

Das aus dem Verfassungsprinzip der Pluralität herrührende Gebot der Vielfalt aller Angebote ist das Wesensmerkmal aller Jugendhilfe. Sie beinhaltet das Recht, aufgrund unterschiedlicher Wertorientierungen, verschiedener inhaltlicher Zielsetzungen, methodischer Ansätze und Arbeitsformen handeln zu dürfen. Dieses Recht ist nicht von trivialer deklaratorischer Bedeutung, sondern Lehre aus der staatlich gelenkten öffentlichen Jugendhilfe des Reichsjugendwohlfahrtsgesetzes (siehe Kapitel 29.1).

Das SGB VIII verhindert damit, dass der Träger der öffentlichen Jugendhilfe die Zusammenarbeit mit der freien Jugendhilfe nach seiner jeweiligen politischen und fachlichen Überzeugung auf bestimmte Gruppen von freien Trägern bzw. auf bestimmte Wertorientierungen, Inhalte, Verfahren und Arbeitsformen begrenzen kann. Darüber hinaus stellt es sicher, dass Jugendhilfe stets offen ist für neue inhaltliche und organisatorische Entwicklungen.

29.6.2 Wunsch- und Wahlrecht (§ 5 SGB VIII)

Die Leistungsberechtigten haben danach das Recht, zwischen Einrichtungen und Diensten verschiedener Träger zu wählen und Wünsche hinsichtlich der Gestaltung der Hilfen zu äußern. Sie sind auf dieses Recht hinzuweisen. Der Wahl und den Wünschen soll entsprochen werden, sofern dies nicht mit unverhältnismäßigen Mehrkosten verbunden ist.

Die Norm ist Ausdruck des stets im Sozialrecht geltenden Grundsatzes der Freiwilligkeit (siehe Kapitel 27.5.1), indem sie deutlich macht, dass Jugendhilfe immer Unterstützungstätigkeit zur Selbstverwirklichung nach eigenen Vorstellungen ist. Sie wird auch nicht etwa erst dann relevant, wenn der Leistungsberechtigte ausdrücklich einen Wunsch äußert bzw. eine Wahl trifft, sondern ist bereits bei der Gestaltung von Gesetzen durch den Gesetzgeber zu beachten, ebenso vom Jugendamt bei der gesamten Gestaltung von Leistungen, Angeboten, Diensten, Einrichtungen zum Beispiel im Rahmen der Bedarfsplanung nach § 80 SGB VIII und bei der individuellen Leistungserbringung der §§ 1 bis 41 SGB VIII.

29.6.3 Partizipation

Der Begriff der Partizipation (lat. particeps = teilhabend) bezeichnet verschiedene Formen der Beteiligung, Teilhabe und Mitbestimmung. Demokratische Spielregeln wie Einigung durch Verhandlung, Entscheidungen durch eine übergeordnete Instanz, Akzeptanz anderer Meinungen und Mehrheitsentscheidungen, Respektierung der Werteordnung etc. können Kinder nicht früh genug lernen. Nicht zuletzt fördert Mitspracheverantwortung auch Interesse: Die 18. Shell-Jugendstudie belegt, dass sich das politische Interesse von Jugendlichen im Jahr 2019 weiter stabilisiert hat. Als stark interessiert bezeichneten sich nunmehr 8 Prozent der Jugendlichen, und weitere 33 Prozent sehen sich als interessiert. Damit ist das Interesse im Vergleich zu 2015 zwar leicht rückläufig (41 % im Vergleich zu 43 %), aber im längerfristigen zeitlichen Verlauf betrachtet liegt es deutlich über den Ergebnissen der Jahre 2002, 2006 und 2010.

Um Jugendlichen den Lebensbereich Politik wieder erfahrbar zu machen und sie an Organisationsformen demokratischer Prozesse heranzuführen, haben seit Mitte der 1980er Jahre zahlreiche Städte und Gemeinden regelmäßig tagende Gremien eingerichtet (Spielplatzgestaltung, Projekt bespielbare Stadt, Spielleitplanung etc.). Aber auch im übrigen Freizeitbereich sind erfolgreiche Beteiligungsmodelle dokumentiert, etwa wenn es um die Planung und Ausgestaltung von Schwimmbädern, Sport und Freizeitanlagen, Skaterbahnen, Events und Ferienprogrammen geht. Sogar bei schwierigen politischen Aushandlungsprozessen ist Kinderpartizipation gelungen: Etwa bei der Beteiligung an Leitbildprozessen wie die „Kinderfreundliche Gemeinde" der Stadt Köln bis hin zur umfassenden Beteiligung von Jugendlichen an der Landesplanung (z.B. Projekt „Zeitsprung" in Schleswig-Holstein).

Auch Jugendparlamente, Jugendräte, Jugendgemeinderäte, Jugendbeiräte, Jugendkreistage etc. verwirklichen eine Beteiligung von Kindern und Jugendlichen an politischen Entscheidungsprozessen in ihrem unmittelbaren Umfeld. Nach diesen teilweise repräsentativen Modellen gibt es weitere Beteiligungsformen, die – offen bis projektorientiert – aus einem konkreten Anlass zusammengerufen werden und keine kontinuierliche Mitarbeit erfordern.

In der Kinder- und Jugendbeteiligung lassen sich zusammenfassend fünf Formen unterscheiden:

- Jugendverbände
- Direkt gewählte Vertretungen
- Offene Formen wie Anhörung etc.
- Projektbezogene Formen der Beteiligung
- Beauftragten-Modelle

Die häufigsten Modelle der Jugendbeteiligung sind Jugendforum, Jugendbeirat und Zukunftswerkstatt.

Jugendforum: Dieses Gremium bietet freien Zugang für alle Jugendlichen und Kinder einer Kommune. In ihm werden Arbeits- und Projektgruppen gebildet. Deren Ergebnisse und Lösungsvorschläge werden bei offiziellen politischen Veranstaltungen wie zum Beispiel Gemeinderatssitzungen vorgestellt.

Jugendbeirat: Der Jugendbeirat besteht aus gewählten oder delegierten Vertretern unterschiedlicher Altersgruppen oder Schultypen. Er vertritt die Position von Kindern und Jugendlichen gegenüber der Verwaltung und den Politiker:innen einer Kommune. Er stellt zum Beispiel auch vor dem Stadtrat seine Ansichten zu einer bestimmten Problematik vor.

Zukunftswerkstatt: Bei der Zukunftswerkstatt handelt es sich um ein zeitlich begrenztes Projekt zu einem konkreten Problem oder einer konkreten Fragestellung. Die erarbeiteten Ergebnisse werden meist in einem eng definierten Kreis vorgeführt.

Partizipation in der Kita

Mitmachen und Mitentscheiden sollten idealerweise bereits im Kindergarten beginnen.

Partizipation in der Kita ist die ernst gemeinte, altersgemäße Beteiligung der Kinder am Einrichtungsleben im Rahmen ihrer Bildung und Erziehung.

Denn bereits in der Kita ist eine umfassende Beteiligung der Kinder möglich, etwa an der Entscheidung über Themen und Arbeitsformen, Aktivitäten, Spiele, Aktionen, Projekte, Feste und Ausflüge. Erhalten die Kinder die Möglichkeit, sich in einen von Wertschätzung geprägten Dialog einzubringen und ihre Ideen, Meinungen, Empfindungen und Sichtweisen zu artikulieren, und haben sie eine echte, weil entscheidungserhebliche Stimme, erleben sie, dass ihre Ideen und Vorschläge ernst genommen und in die Tat umgesetzt werden. Sie entwickeln Strategien zur Problembewältigung und Konfliktlösung und erfahren auf diese Weise die Selbstwirksamkeit, die sie benötigen, um Resilienz aufzubauen. Rechtsgrundlage aller Partizipation in der Kita ist § 8 Abs. 1 SGB VIII.

§ 8 Abs. 1 SGB VIII

(1) Kinder und Jugendliche sind entsprechend ihrem Entwicklungsstand an allen sie betreffenden Entscheidungen der öffentlichen Jugendhilfe zu beteiligen. Sie sind in geeigneter Weise auf ihre Rechte im Verwaltungsverfahren sowie im Verfahren vor dem Familiengericht und dem Verwaltungsgericht hinzuweisen.

(2) Kinder und Jugendliche haben das Recht, sich in allen Angelegenheiten der Erziehung und Entwicklung an das Jugendamt zu wenden.

> (3) Kinder und Jugendliche haben Anspruch auf Beratung ohne Kenntnis des Personensorgeberechtigten, solange durch die Mitteilung an den Personensorgeberechtigten der Beratungszweck vereitelt würde. § 36 des Ersten Buches bleibt unberührt. Die Beratung kann auch durch einen Träger der freien Jugendhilfe erbracht werden; § 36 a Abs. 2 Satz 1 bis 3 gilt entsprechend.
>
> (4) Beteiligung und Beratung von Kindern und Jugendlichen nach diesem Buch erfolgen in einer für sie verständlichen, nachvollziehbaren und wahrnehmbaren Form.

Weiterhin bestimmt § 9 Nr. 2 SGB VIII, dass bei der Ausgestaltung der Leistungen und der Erfüllung der Aufgaben die wachsende Fähigkeit und das wachsende Bedürfnis des Kindes oder des Jugendlichen zu selbstständigem, verantwortungsbewusstem Handeln sowie die jeweiligen besonderen sozialen und kulturellen Bedürfnisse und Eigenarten junger Menschen und ihrer Familien zu berücksichtigen sind.

Der durch das Bundeskinderschutzgesetz (siehe Kapitel 33.4) geschaffene § 8 b SGB VIII normiert darüber hinaus einen Anspruch von Trägern von Kindertageseinrichtungen gegen die überörtlichen Träger der Jugendhilfe auf Beratung und Unterstützung beim Ausbau der Partizipation von Kindern.

In Partizipationsprozessen können die Kinder erleben, dass

- Probleme zu bewältigen sind,
- Probleme gemeinsam gelöst werden können,
- sie sich bei anderen Hilfe holen können,
- andere Kinder andere Bewältigungsstrategien haben,
- Konflikte ausgetragen statt verdrängt werden,
- sie unabhängig von Erwachsenen sind,
- sie Gefühle zulassen und bewusst wahrnehmen können.

Das Mindestmaß der Beteiligung besteht darin, den Kindern die Informationen, die sie zur Meinungsbildung benötigen, verständlich zu übermitteln. Können sie dann auch ihre Meinung äußern, ist dies ein erster Schritt hin zur Mitwirkung. Wird in der Einrichtung darüber hinaus eine Kultur des Austausches von Meinungen, Argumenten und Standpunkten gepflegt und können die Kinder Entscheidungen durch ihr Stimmrecht beeinflussen, kann von echter Mitbestimmung gesprochen werden.

Die umfassendste Form der Beteiligung ist jedoch die Selbstbestimmung, in dem die Kinder Fragen wie „Was mache ich als nächstes?“, „Wann und was möchte ich frühstücken?“ etc. selbst entscheiden. Auf diesen verschiedenen Stufen können Kitas Partizipation ermöglichen – entweder zeitlich begrenzt wie etwa bei der Planung von Festen, Feiern und Ausflügen, der Gestaltung von Gruppenraum und Freigelände oder bei der Entwicklung von Regeln zu Dauerthemen wie „Hauen“, Benutzung der Laufräder, Turnraumnutzung, Gesprächsrunden etc.

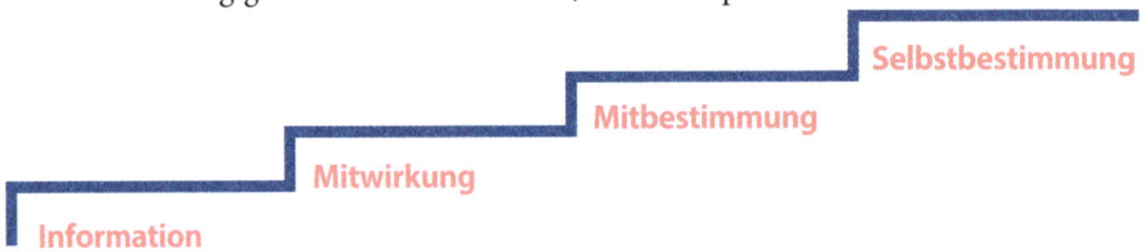

Abbildung 101: Die 4 Stufen der Partizipation

Steht am Ende des Partizipationsverfahrens auch eine Abstimmung, ist sie sicher ein wichtiges, aber nicht das wichtigste Element des Partizipationsprozesses. Weit bedeutender ist der Weg dorthin gewesen, also der Prozess der Meinungsbildung selbst.

Eine Abstimmung kann auf unterschiedliche Weise durchgeführt werden: per Handzeichen, anschaulicher mit der Waagschale, mit Muggelsteinen, die auf Symbolkarten gelegt werden, oder mit Ampelkarten, die signalisieren: „Ich bin dafür", „Ich bin dagegen", „Ich kann mich nicht entscheiden". Auch verdeckte Abstimmungen mit Wahlurne und Wahlbeobachtern sind möglich.

Nicht unberücksichtigt dürfen aber auch die Grenzen der Partizipation bleiben. Denn wer mitgestaltet, berührt auch immer die Interessen seiner Mitmenschen. Im Gesamtsystem der Partizipation einer Einrichtung ist daher auch konzeptionell festzuschreiben, wo sie endet.

Die Reflexion der eigenen Haltung als pädagogische Fachkraft

Da jede echte Partizipation Aushandlungsprozesse zwischen den Parteien mit sich bringt, ist es ausschlaggebend, eine „gemeinsame Augenhöhe" herzustellen. Kinder erhalten nur dann Entscheidungsspielräume, wenn die Erwachsenen freiwillig auf einen Teil ihrer Macht verzichten. Dies ist umso schwieriger, je weniger der/die Erwachsene die eigene Haltung zum Thema Partizipation reflektiert hat. Ausgangspunkt jeder Partizipation in der Kita ist daher zunächst die Auseinandersetzung mit der eigenen Haltung zu diesem Thema. Dazu gehören Überlegungen wie:

- Bin ich in der Lage, mein Erwachsenenwissen aus den Partizipationsprozessen der Kinder herauszuhalten?
- Kann ich die Lösungsideen der Kinder wahr- und annehmen?
- Traue ich den Kindern zu, Lösungen für ihre Probleme selbst zu finden?
- Kann ich es vermeiden, die Kinder zu korrigieren, wenn sie aus meiner Erwachsenensicht falsche Wege einschlagen?
- Kann ich es aushalten, den Kindern keine Lösungsmöglichkeiten vorzugeben?
- Kann ich damit umgehen, nicht mehr alles bis ins Kleinste planen und vorbereiten zu können?
- Inwiefern trägt meine pädagogische Arbeit dazu bei, dass die Kinder sich selbst und andere achten?
- Kann ich Auseinandersetzungen zwischen den Kindern aushalten?
- Höre ich wirklich zu und frage ergebnisoffen oder lege ich den Kindern die Antwort schon in den Mund?

Ist die Partizipation der Kinder von der Tagesform der pädagogischen Fachkräfte abhängig, wird sie unglaubwürdig. Daher ist es unabdingbar, dass eine Klärung im Team stattfindet, ob und in welchem Umfang den Kindern Mitbestimmung eingeräumt und darüber ein von allen getragener Konsens erzielt wird. Dabei sollte über die grundsätzliche Klärung der Frage, warum den Mitarbeiter:innen die Beteiligung der Kinder wichtig ist, hinaus auch festgelegt werden, welche Beteiligungsrechte ihnen zugestanden werden sollen bzw. welche nicht. Sodann muss im Anschluss geklärt werden, welche Strukturen die Kita für die gewählte Form der Beteiligungskultur schaffen oder bereitstellen muss. Diese Vorüberlegungen verlangen vom Team ein erhebliches Maß an Dialogfähigkeit.

Darüber hinaus kommt der Leitung eine zentrale Rolle zu: Sie kann Partizipation ermöglichen, erschweren oder verhindern – nicht nur die der Kinder, sondern auch die des Teams. Ob es der jeweiligen Einrichtung gelingt, eine Beteiligungskultur zu entwickeln, lässt sich mit einiger Sicherheit voraussehen, betrachtet man die Transparenz von Entscheidungsprozessen im Team und damit die bereits gelebte Antwort der Leitung auf die Frage: „Wie viel Partizipation lasse ich zu?" Haben die Mitarbeiter:innen keine Möglichkeit, ihre Interessen einzubringen, ihre Bedürfnisse auszuhandeln und Veränderungen zu bewirken, keine festgelegten Entscheidungsrechte und keine transparenten Entscheidungsstrukturen, wird dies vermutlich auch für die Kinder gelten.

29.6.4 Grundrichtungen der Erziehung, Gleichberechtigung (§ 9 SGB VIII)

§ 9 SGB VIII formuliert einige allgemein gehaltene, aber verbindliche Programmsätze, die die gesetzliche Grundlage für die notwendige plurale Ausrichtung der Kinder- und Jugendhilfe bilden. Diese sind:

- Elterliches Erziehungsprimat (Nr. 1)
- Alters-, milieu-, migrations- und geschlechtsspezifische Sensibilität (Nr. 2)
- Gleichberechtigung (Nr. 3)

Durch ihre Verankerung im allgemeinen Teil des SGB VIII in den „Allgemeinen Vorschriften" des ersten Kapitels gelten sie rechtssystematisch für sämtliche Aufgaben nach SGB VIII und deren Wahrnehmung. Allerdings formulieren sie weder eigene Voraussetzungen oder Aufgaben noch subjektive Rechte. Vielmehr kommt ihnen programmatisch orientierende Bedeutung zu, woraus ihre praktische Relevanz in erster Linie bei der Planung, Konzeption, Organisation und Entwicklung von Angeboten der Jugendhilfe erwächst.

Nachrang der Jugendhilfe gegenüber dem Elternrecht (Nr. 1)

Wie bereits ausgeführt, kommt der öffentlichen Jugendhilfe kein eigener Erziehungsauftrag zu. Vielmehr gilt das elterliche Erziehungsprimat, das sich aus Art. 6 Abs. 2 GG ableitet, wenn es dort heißt: „Pflege und Erziehung des Kindes sind das natürliche Recht der Eltern und die zuvörderst ihnen obliegende Pflicht."

Selbst bei außerfamilialer Erziehung leitet sich die Erziehungsberechtigung von Pflegepersonen oder Erzieher:innen stets von den Personensorgeberechtigten ab. § 1688 BGB gibt zum Beispiel Pflegepersonen oder Heimerzieher:innen nur so lange die Alltagssorge über den/die Minderjährige:n, wie ein Personensorgeberechtigter sie nicht wieder an sich zieht.

Daher geht das Elternrecht stets aller Jugendhilfe vor, was sich in der Regelung des § 9 Nr. 1 SGB VIII ausdrückt, wonach Grundrichtungen der Erziehung im Rahmen der Jugendhilfeleistungen zu beachten sind.

Berücksichtigung der Entwicklung und Herkunft (Nr. 2)

Ebenso wie das Familienrecht muss auch die Kinder- und Jugendhilfe die wachsende Fähigkeit und das wachsende Bedürfnis des Kindes und des Jugendlichen zu selbstständigem, verantwortungsbewusstem Handeln berücksichtigen. Fachkräften kommt insoweit dieselbe Verantwortung zu wie Eltern. Vor dem Hintergrund der Auflösung traditioneller Milieus, wie sie die Sinus-Milieu-Studie 2021 ausweist, und dem damit verbundenen Wertewandel in der Gesellschaft verlangt das SGB VIII von Fachkräften eine Verständigung mit den Kindern und Jugendlichen über die unterschiedlichen Konzepte, Alternativen und Optionen ihrer persönlichen Entscheidungen auf Basis einer alters-, milieu-, migrations- und geschlechtsspezifischen Sensibilität.

Gleichberechtigung von Mädchen und Jungen (Nr. 3)

Die Jugendhilfeplanung hat ebenso wie die individuelle Hilfeplanung und -gestaltung zu berücksichtigen, dass je nach Altersgruppe geschlechtsspezifische unterschiedliche differierende Hilfebedarfe und Benachteiligungen bestehen. Hieraus erwächst die Pflicht zur Entwicklung eines Genderkonzepts zur Entwicklung und Vorhaltung spezifischer Angebote für Mädchen und Jungen.

29.6.5 Inklusion

Während Integration bedeutete „Du darfst mitmachen – wenn du dich anpasst", kehrt Inklusion die Prämisse um: Die inklusive Gesellschaft etikettiert und separiert nicht mehr, niemand wird mehr ausgeschlossen. Die Diversität der Gesellschaft wird auch in der Einrichtung gelebt. Jedes Kind erhält die Unterstützung, die es braucht. Somit passt sich die Einrichtung an das Kind an und nicht umgekehrt.

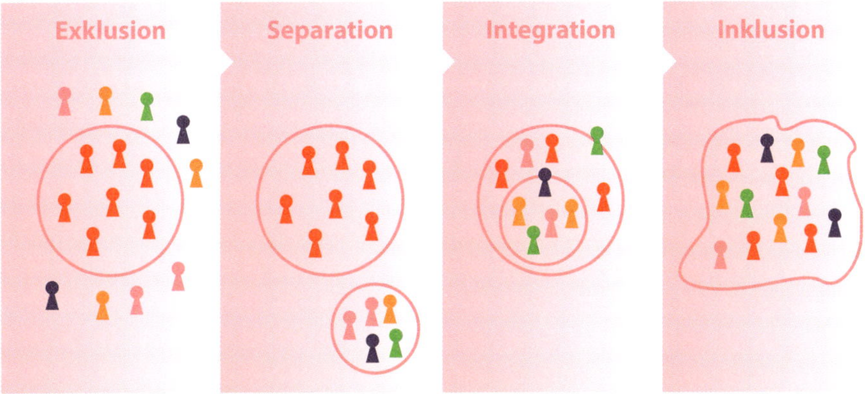

Abbildung 102: Exklusion - Separation - Integration – Inklusion

Integration: Integrationskonzepte sehen vor, dass behinderte Menschen an unterschiedlichen Orten leben und lernen können. So können behinderte Kinder in den bestehenden Lebens- und Lernort Kindertageseinrichtung integriert bzw. eingepasst werden. Diese Integrationsmaßnahmen sind jedoch besondere Maßnahmen, und die Kinder werden weiterhin als behindert etikettiert.

Inklusion: Inklusive Konzepte verzichten dagegen auf diese Sichtweise und die damit verbundene Unterscheidung und versuchen, über die Integrationsbestrebungen hinausgehend, alle Menschen mit Beeinträchtigungen in einen Alltag für alle mit einzubeziehen.

Nahezu alle Bundesländer haben Inklusion in ihre landesrechtlichen Regelungen zur frühpädagogischen Bildung aufgenommen und ihre Bildungs- und Orientierungspläne entsprechend geändert.

Tabelle 13: Inklusion in den Kita-Gesetzen der Länder

Bundesland	Regelung im Kita-Gesetz	Bildungsplan/Orientierungsplan etc.
Baden-Württemberg	§ 2 Kindertagesbetreuungsgesetz – KiTaG	1.6
Bayern	§ 6 Bayerisches Kinderbildungs- und Betreuungsgesetz – BayKiBiG	Kapitel 2.8
Berlin	§ 6 Kindertagesförderungsgesetz – KitaFöG	4.
Brandenburg	Kindertagesstättengesetz – KitaG	6.1
Bremen	Bremisches Tageseinrichtungs- und Kindertagespflegegesetz – BremKTG	5.5
Hamburg	Hamburger Kinderbetreuungsgesetz - KibeG	7.
Hessen	Hessisches Kinderförderungsgesetz – HessKiFöG	S. 52ff.
Mecklenburg-Vorpommern	Kindertagesförderungsgesetz und Verordnungen – KiFöG M-V	1.8
Niedersachsen	Niedersächsisches Gesetz über Kindertagesstätten und Kindertagespflege – NkiTaG	2.
Nordrhein-Westfalen	§§ 7, 8 Kinderbildungsgesetz – KiBiz	B
Rheinland-Pfalz	§ 2 Landesgesetz über die Erziehung, Bildung und Betreuung von Kindern in Tageseinrichtungen und in Kindertagespflege – KiTaG	B 2.3
Saarland	Saarländisches Kinderbetreuung und Bildungsgesetz	2.8
Sachsen	§ 19 Gesetz über Kindertageseinrichtungen – SächsKitaG	2.2.3
Sachsen-Anhalt	§ 8 Kinderförderungsgesetz – KiFöG	S. 37
Schleswig-Holstein	Kindertagesförderungsgesetz – KiTaG	5.3.2
Thüringen	§ 8 Thüringer Kindergartengesetz – ThürKigaG	1.2

29.7 Die Trägerlandschaft

Historisch bedingt (siehe Kapitel 29.1) wird Jugendhilfe in einer weiten und ausdifferenzierten Trägerlandschaft geleistet. Die Arbeit innerhalb dieser Trägerlandschaft bestimmt sich nach dem Grundsatz der Vielfalt einerseits und nach dem Grundsatz der Subsidiarität andererseits.

29.7.1 Der Grundsatz der Vielfalt

§ 3 SGB VIII

(1) Die Jugendhilfe ist gekennzeichnet durch die Vielfalt von Trägern unterschiedlicher Wertorientierungen und die Vielfalt von Inhalten, Methoden und Arbeitsformen.

(2) Leistungen der Jugendhilfe werden von Trägern der freien Jugendhilfe und von Trägern der öffentlichen Jugendhilfe erbracht. Leistungsverpflichtungen, die durch dieses Buch begründet werden, richten sich an die Träger der öffentlichen Jugendhilfe.

(3) Andere Aufgaben der Jugendhilfe werden von Trägern der öffentlichen Jugendhilfe wahrgenommen. Soweit dies ausdrücklich bestimmt ist, können Träger der freien Jugendhilfe diese Aufgaben wahrnehmen oder mit ihrer Ausführung betraut werden.

Die Jugendhilfe wird von Trägern der freien Jugendhilfe und von Trägern der öffentlichen Jugendhilfe geleistet. Der in § 3 SGB VIII festgelegte Grundsatz der Vielfalt soll den Leistungsberechtigten die Möglichkeit geben, zwischen Einrichtungen und Diensten verschiedener Träger zu wählen. Denn nur bei einer echten Vielfalt der Angebote kann das Wunsch- und Wahlrecht des Leistungsberechtigten, das § 5 SGB VIII vorsieht (siehe Kapitel 29.6.2), auch ausgeübt werden.

29.7.2 Der Grundsatz der Subsidiarität

Bei dieser Vielfalt gilt nach § 4 SGB VIII der weitere Grundsatz der Subsidiarität, d.h., die öffentliche Jugendhilfe soll von eigenen Maßnahmen absehen, soweit geeignete Einrichtungen, Dienste und Veranstaltungen von anerkannten Trägern der freien Jugendhilfe betrieben werden. Die öffentliche Jugendhilfe soll aber die freie Jugendhilfe fördern und dabei die verschiedenen Formen der Selbsthilfe stärken.

§ 69 SGB VIII schließlich legt fest, dass die Träger der öffentlichen Jugendhilfe durch Landesrecht bestimmt werden und jeder örtliche Träger ein kommunales Jugendamt, jeder überörtliche Träger ein Landesjugendamt errichten muss. Dadurch soll sichergestellt werden, dass Jugendhilfeaufgaben ausschließlich von Fachbehörden erfüllt werden. Zur finanziellen und personellen Optimierung können hinsichtlich der Erledigung spezieller Aufgaben gemeinsame Dienste und Einrichtungen durch die örtlichen und überörtlichen Träger errichtet werden.

In Bayern sind Träger der öffentlichen Jugendhilfe die Landkreise und kreisfreien Städte als örtliche Träger, wie sich aus Art. 4 BayKiBiG ergibt. Der Freistaat Bayern (Landesjugendamt) ist der überörtliche Träger der öffentlichen Jugendhilfe.

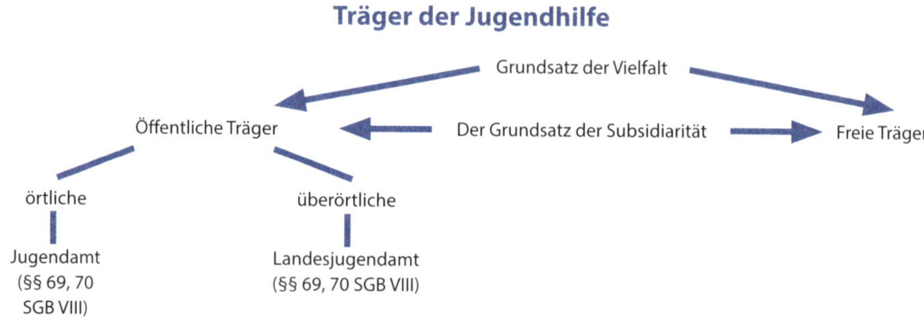

Abbildung 103: Die Trägerlandschaft in der Jugendhilfe

29.7.3 Örtliche Träger der öffentlichen Jugendhilfe

Örtliche Träger der öffentlichen Jugendhilfe sind in der Regel die Jugendämter der Kreise und kreisfreien Städte. Landesrecht kann aber auch bestimmen, dass kreisangehörige Kommunen zu örtlichen Trägern bestimmt werden.

Haben Berechtigte einen Rechtsanspruch auf eine Leistung der Jugendhilfe – etwa den Anspruch auf einen Kindergartenplatz oder auf Hilfen zur Erziehung –, richtet sich dieser gegen die örtlichen Träger der öffentlichen Jugendhilfe. Diese sind innerhalb der Jugendhilfe für die hoheitlichen, planenden und lenkenden Aufgaben verantwortlich. Nicht zuletzt finanzieren sie die freien Träger der Jugendhilfe und gewährleisten dadurch deren Angebote und Dienste. Die Plätze in einer Kita sind daher – unabhängig von einer etwaigen Trägerschaft einer freigemeinnützigen oder kirchlichen Organisation – als soziale Dienstleistung stets von den öffentlichen Jugendhilfeträgern zu finanzieren. Die Erhebung von Elternbeiträgen in der konkreten Tageseinrichtung ist jedoch nach den bundesgesetzlichen Vorgaben möglich (siehe Kapitel 34.4.4).

Die örtlichen Träger erfüllen mit der Kinder- und Jugendhilfe eine sogenannte Pflichtaufgabe im eigenen Wirkungskreis, eingeschränkt durch die Grenzen ihrer Leistungsfähigkeit (siehe Kapitel 7.1). Sie haben nach § 79 Abs. 1 SGB VIII die Gesamtverantwortung einschließlich der Planungsverantwortung für die Tageseinrichtungen. Gleichzeitig sind sie verpflichtet, die freien Träger nach Maßgabe landesrechtlicher Grundsätze zu fördern und bestehen aus der Verwaltung und dem Jugendhilfeausschuss.

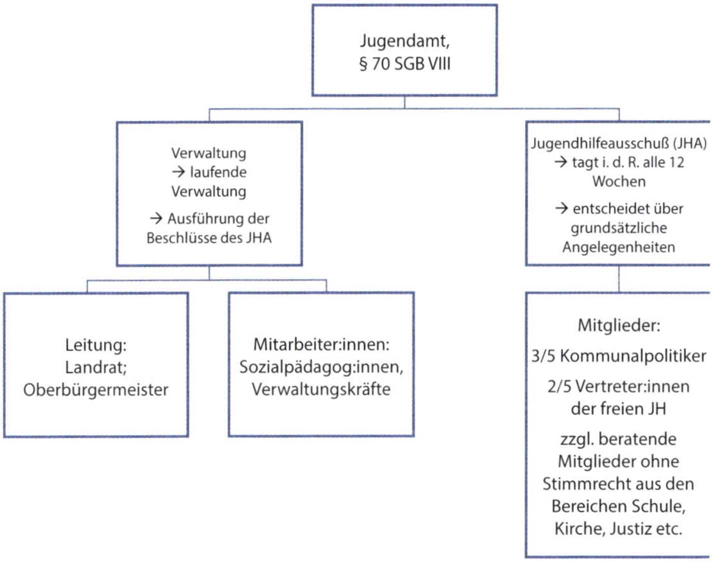

Abbildung 104: Das Jugendamt

29.7.4 Überörtliche Träger der öffentlichen Jugendhilfe

Überörtliche Träger der öffentlichen Jugendhilfe sind in der Regel die Länder. Diese richten Landesjugendämter ein, die den Jugendämtern übergeordnet sind und den Trägern von Kindertageseinrichtungen die erforderliche Betriebserlaubnis (siehe Kapitel 45.1) nach § 45 SGB VIII erteilen.

29.7.5 Freie Träger der Jugendhilfe

Während die öffentliche Jugendhilfe für hoheitliche, planende und lenkende Aufgaben verantwortlich ist, obliegt die praktische Durchführung von Aufgaben der Jugendhilfe, wie zum Beispiel der Betrieb einer Kita oder die Einrichtung einer Erziehungsberatungsstelle, überwiegend freien Trägern. Diese werden zu diesem Zweck durch die öffentliche Jugendhilfe finanziert.

Als Träger der freien Jugendhilfe kommt jede Initiative, Personengruppe und Vereinigung sowie jede juristische Person in Betracht, die auf dem Gebiet der Jugendhilfe ohne gesetzliche Verpflichtung aufgrund eigener freier Entscheidung tätig wird.
Zu den Trägern der freien Jugendhilfe gehören:

- Jugendverbände, Jugendgruppen und Initiativen der Jugend
- Selbsthilfe- und Initiativgruppen
- Wohlfahrtsverbände, wenn und soweit sie Jugendhilfe leisten, insbesondere die Bundes-, Landes- und Ortsverbände
  - der Arbeiterwohlfahrt,
  - der Caritas,
  - des Diakonischen Werkes,

- des Deutschen Paritätischen Wohlfahrtsverbandes,
- des Deutschen Roten Kreuzes und
- der Zentralwohlfahrtstelle der Juden

- Kirchen und Religionsgemeinschaften des öffentlichen Rechts

Die genannten sechs Wohlfahrtsverbände sind die großen freien Träger der Jugendhilfe. Sie sind auf Landes- und Bundesebene zusammengeschlossen in der „Liga der Spitzenverbände der Freien Wohlfahrtspflege", haben einen besonderen, gesetzlich anerkannten Status und nehmen entsprechend Einfluss auf die Sozialpolitik des Bundes.

Träger der freien Jugendhilfe werden nicht durch das SGB VIII verpflichtet, sondern handeln in den Formen des Privatrechts. Sie sind grundsätzlich frei in der Entscheidung, ob, mit wem und mit welchem Inhalt sie einen Vertrag über die Erbringung einer Leistung abschließen (Vertragsfreiheit). Bei der Erbringung von Jugendhilfeleistungen nehmen sie keine öffentlich-rechtlichen Aufgaben wahr. Grundlage ihrer Rechtsbeziehungen ist meist ein Vertrag oder eine vertragsähnliche Rechtsbeziehung (Betreuungsvertrag etc.).

Die §§ 74 und 75 SGB VIII stellen an die Förderung und Anerkennung als freier Träger der Jugendhilfe besondere Bedingungen. § 74 Abs. 1 SGB VIII verlangt, dass die Träger der öffentlichen Jugendhilfe die freiwillige Tätigkeit auf dem Gebiet der Jugendhilfe anregen sollen; sie sollen sie fördern, wenn der jeweilige Träger

- die fachlichen Voraussetzungen für die geplante Maßnahme erfüllt und die Beachtung der Grundsätze und Maßstäbe der Qualitätsentwicklung und Qualitätssicherung nach § 79 a SGB VIII gewährleistet,
- die Gewähr für eine zweckentsprechende und wirtschaftliche Verwendung der Mittel bietet,
- gemeinnützige Ziele verfolgt,
- eine angemessene Eigenleistung erbringt und
- die Gewähr für eine den Zielen des Grundgesetzes förderliche Arbeit bietet.

Eine auf Dauer angelegte Förderung setzt in der Regel die Anerkennung als Träger der freien Jugendhilfe nach § 75 SGB VIII voraus. Danach können als Träger der freien Jugendhilfe juristische Personen und Personenvereinigungen anerkannt werden, wenn sie

- auf dem Gebiet der Jugendhilfe im Sinne des § 1 SGB VIII tätig sind,
- gemeinnützige Ziele verfolgen,
- aufgrund der fachlichen und personellen Voraussetzungen erwarten lassen, dass sie einen nicht unwesentlichen Beitrag zur Erfüllung der Aufgaben der Jugendhilfe zu leisten imstande sind, und
- die Gewähr für eine den Zielen des Grundgesetzes förderliche Arbeit bieten.

Einen Rechtsanspruch auf Anerkennung als Träger der freien Jugendhilfe hat unter diesen Voraussetzungen derjenige, der auf dem Gebiet der Jugendhilfe mindestens drei Jahre tätig gewesen ist.

Die Kirchen und Religionsgemeinschaften des öffentlichen Rechts sowie die auf Bundesebene zusammengeschlossenen Verbände der Freien Wohlfahrtspflege sind anerkannte Träger der freien Jugendhilfe.

29.8 Leistungen der Kinder- und Jugendhilfe

Das SGB VIII verfolgt einen ganzen Katalog von Zielen. Dementsprechend weit ist die Angebotspalette der Leistungen, die aus Maßnahmen, Aktivitäten, Einrichtungen etc. bestehen können. Wie bereits ausgeführt, gibt das SGB VIII jedoch von wenigen Ausnahmen abgesehen den Kindern und Jugendlichen, aber auch Eltern keinen eigenen einklagbaren Anspruch auf Leistungen. So verbriefen die Leistungen der Jugendhilfe, die zum überwiegenden Teil beratenden Charakter haben, keinen Anspruch, sondern sind lediglich ein Angebot. Demzufolge können sie zwar empfohlen, aber nicht angeordnet oder gegen den Willen der Betroffenen erzwungen werden.

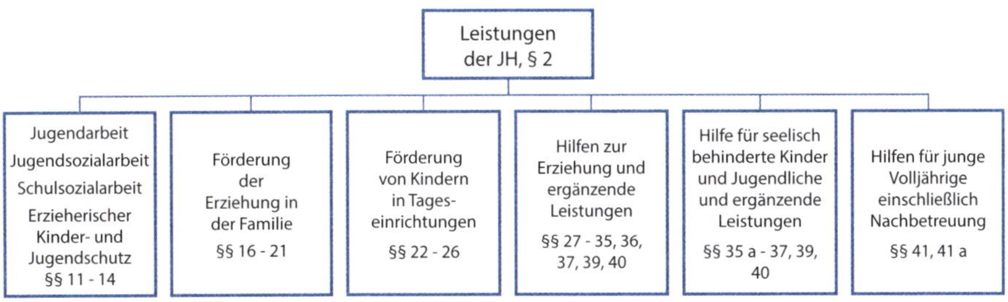

Abbildung 105: Leistungen der Jugendhilfe

Jugendarbeit: Die Jugendarbeit hat zum Ziel, den Jugendlichen ein breit angelegtes Sozialisationsfeld zu bieten, welches sich an ihren Interessen und Neigungen orientiert. Zur Jugendarbeit gehören zum Beispiel außerschulische Jugendbildung, Sport, arbeits-, schul- und familienbezogene Jugendarbeit, Kinder- und Jugenderholung, Jugendberatung. Pädagogische Fachkräfte haben in diesem Bereich vor allem mit den Normen des Jugendschutzgesetzes zu tun (siehe Kapitel 33.9).

Jugendsozialarbeit: Jugendsozialarbeit bietet sozialpädagogische Hilfen zum Ausgleich sozialer Benachteiligungen und individueller Beeinträchtigungen. Ihr Adressatenkreis besteht aus jungen Menschen, die ein erhöhtes Maß an Unterstützung benötigen, zum Beispiel Mittelschüler:innen, Sonderschüler:innen, Jugendliche mit Sozialisationsdefiziten, junge Menschen ohne Schulabschluss oder mit Migrationshintergrund. Jugendsozialarbeit findet vorrangig in den aus der Abbildung ersichtlichen Bereichen statt.

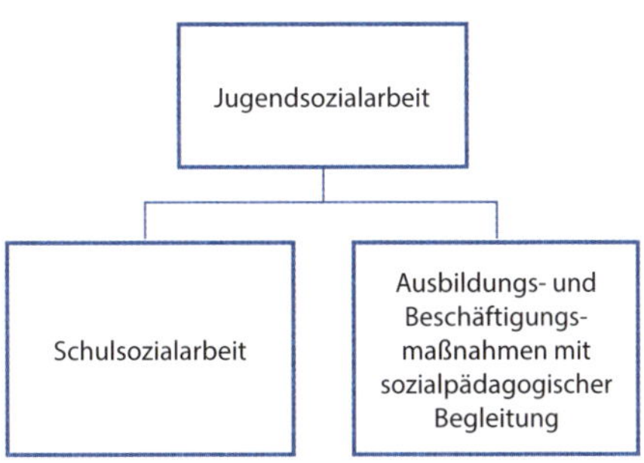

Abbildung 106: Bereiche der Jugendsozialarbeit

Schulsozialarbeit wird durch Sozialpädagog:innen im Rahmen des Schulalltags als Kooperation von Jugendhilfe und Schule geleistet. Ihr rechtlicher Rahmen bestimmt sich zum einen aus dem SGB VIII, denn der Bund hat die Gesetzgebungskompetenz für den Bereich der Jugendhilfe (siehe Kapitel 6.1), und zum anderen aus den Schulgesetzen der Länder, denn diese haben die Kultushoheit.

Erzieherischer Kinder und Jugendschutz: Der erzieherische Kinder- und Jugendschutz konkretisiert in § 14 SGB VIII den verfassungsrechtlichen Auftrag und ergänzt weitere zum Schutz der Jugend bestehende Gesetze wie das JuSchG (siehe Kapitel 33.9) und das JArbSchG (siehe Kapitel 22.3).

> **§ 14 SGB VIII**
>
> (1) Jungen Menschen und Erziehungsberechtigten sollen Angebote des erzieherischen Kinder- und Jugendschutzes gemacht werden.
>
> (2) Die Maßnahmen sollen
>
> 1. junge Menschen befähigen, sich vor gefährdenden Einflüssen zu schützen und sie zu Kritikfähigkeit, Entscheidungsfähigkeit und Eigenverantwortlichkeit sowie zur Verantwortung gegenüber ihren Mitmenschen führen,
>
> 2. Eltern und andere Erziehungsberechtigte besser befähigen, Kinder und Jugendliche vor gefährdenden Einflüssen zu schützen.

Erzieherischer Kinder- und Jugendschutz ist nicht auf die Jugendarbeit und die Jugendsozialarbeit beschränkt, sondern ist in anderen Bereichen und Institutionen der Erziehung und Bildung, in denen Fachkräfte mit Kindern und Jugendlichen arbeiten, stets mitzudenken. Die Norm ist rein präventionssichernd ausgelegt, sie regelt keine ordnungsrechtlichen Maßnahmen oder Reaktionen auf Verstöße gegen Jugendschutznormen.

Förderung der Erziehung in der Familie: Die verschiedenen Leistungen zur Förderung der Erziehung in der Familie sind in den §§ 16 bis 21 SGB VIII geregelt:

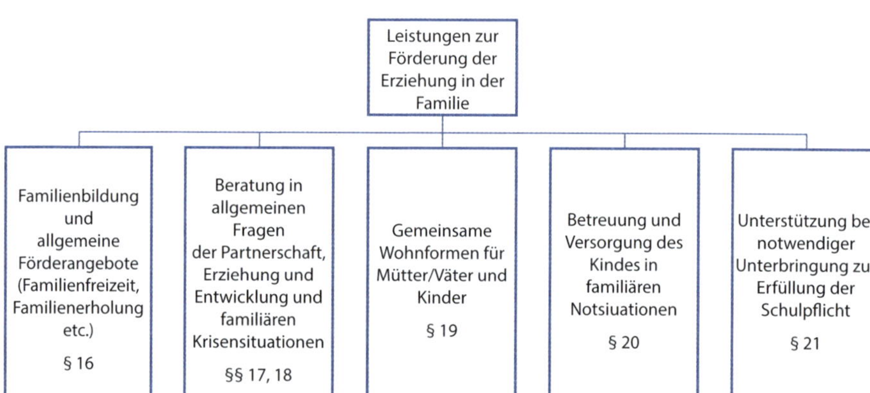

Abbildung 107: Leistungen zur Förderung der Erziehung in der Familie

Der Leistungskatalog reicht von Beratungsangeboten über gemeinsame Wohnformen für Mütter/Väter und Kinder bis hin zu Betreuung und Versorgung des Kindes in Notsituationen und Unterstützung bei notwendiger Unterbringung. Gemeinsam ist diesen Hilfsangeboten, dass keine speziellen Voraussetzungen für die Inanspruchnahme gegeben sein müssen. Dies unterscheidet sie insbesondere von den Hilfen zur Erziehung nach den §§ 27 ff SGB VIII.

Hilfen für junge Volljährige einschließlich Nachbetreuung: Die Hilfe für junge Volljährige nach § 41 SGB VIII deckt die Unterstützungslücke ab, die sich gegebenenfalls nach Eintritt der Volljährigkeit bis zum 27. Lebensjahr ergeben kann, denn die Hilfen zur Erziehung enden mit Eintritt der Volljährigkeit. § 7 Abs. 1 Nr. 4 SGB VIII fasst unter „junge Menschen“ allerdings alle Personen, die noch nicht das 27. Lebensjahr vollendet haben. Voraussetzung der Hilfe ist eine sonst eintretende Gefährdung der weiteren Entwicklung. Dies ist zum Beispiel denkbar bei jungen Menschen, die aus der Heimerziehung, der Strafhaft, dem Drogenentzug, der Psychatrie etc. entlassen werden. Die inhaltliche Ausgestaltung der Hilfe orientiert sich an den HzE.

29.9 Aufträge der Kinder- und Jugendhilfe

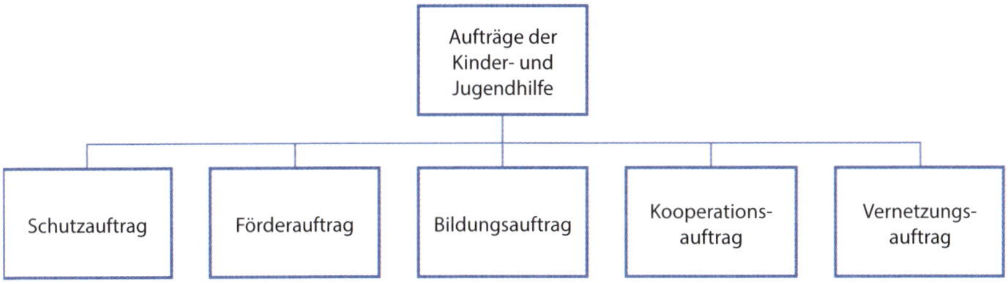

Abbildung 108: Aufträge der Kinder- und Jugendhilfe

29.9.1 Der Schutzauftrag (§ 8 a SGB VIII)

Eines der Ziele des SGB VIII ist es, Kinder und Jugendliche vor Gefahren für ihr Wohl zu schützen (§ 1 Abs. 3 Nr. 3). Dies beinhaltet zum einen den Schutz vor etwas (schlechte Ernährung oder Gesundheitszustand, gefährliche Situationen etc.) als auch vor jemandem (Eltern, Verwandte, andere Erwachsene, Geschwister etc.). Sind Eltern nicht bereit oder in der Lage, das Kindeswohl sicherzustellen, hat der Staat in Ausübung seines Wächteramtes tätig zu werden. Dies geht regelmäßig mit Eingriffen in die Grundrechte der Beteiligten (Elternrecht, Recht auf freie Entfaltung der Persönlichkeit, Recht auf informationelle Selbstbestimmung etc.) einher.

§ 8 a SGB VIII nimmt insoweit die notwendige Konkretisierung für die Aufgabenwahrnehmung durch die Kinder- und Jugendhilfe vor, indem es zum einen die Schwelle definiert, die ein Tätigwerden erforderlich macht, zum anderen fachliche Standards für die Akteure festschreibt. Die Verankerung im allgemeinen Teil des SGB VIII macht deutlich, dass die Vorgaben des § 8 a SGB VIII im gesamten Spektrum, also bei jeder Leistungsgewährung und Leistungserbringung und auch bei der Erfüllung der „anderen Aufgaben der Jugendhilfe" des Kapitel 3 gelten.

Das Gesetz zur Weiterentwicklung der Kinder- und Jugendhilfe hat dem SGB VIII die §§ 8 a und 8 b hinzugefügt. Das Gesetzespaket trat am 1. Oktober 2005 in Kraft.

§ 8 a SGB VIII

(1) Werden dem Jugendamt gewichtige Anhaltspunkte für die Gefährdung des Wohls eines Kindes oder Jugendlichen bekannt, so hat es das Gefährdungsrisiko im Zusammenwirken mehrerer Fachkräfte einzuschätzen. Soweit der wirksame Schutz dieses Kindes oder dieses Jugendlichen nicht infrage gestellt wird, hat das Jugendamt die Erziehungsberechtigten sowie das Kind oder den Jugendlichen in die Gefährdungseinschätzung einzubeziehen und, sofern dies nach fachlicher Einschätzung erforderlich ist,

1. sich dabei einen unmittelbaren Eindruck von dem Kind und von seiner persönlichen Umgebung zu verschaffen sowie

2. Personen, die gemäß § 4 Abs. 3 des Gesetzes zur Kooperation und Information im Kinderschutz dem Jugendamt Daten übermittelt haben, in geeigneter Weise an der Gefährdungseinschätzung zu beteiligen.

Hält das Jugendamt zur Abwendung der Gefährdung die Gewährung von Hilfen für geeignet und notwendig, so hat es diese den Erziehungsberechtigten anzubieten.

(2) Hält das Jugendamt das Tätigwerden des Familiengerichts für erforderlich, so hat es das Gericht anzurufen; dies gilt auch, wenn die Erziehungsberechtigten nicht bereit oder in der Lage sind, bei der Abschätzung des Gefährdungsrisikos mitzuwirken. Besteht eine dringende Gefahr und kann die Entscheidung des Gerichts nicht abgewartet werden, so ist das Jugendamt verpflichtet, das Kind oder den Jugendlichen in Obhut zu nehmen.

(3) Soweit zur Abwendung der Gefährdung das Tätigwerden anderer Leistungsträger, der Einrichtungen der Gesundheitshilfe oder der Polizei notwendig ist, hat das Jugendamt auf die Inanspruchnahme durch die Erziehungsberechtigten hinzuwirken. Ist ein sofortiges Tätigwerden erforderlich und wirken die Personensorgeberechtigten oder die Erziehungsberechtigten nicht mit, so schaltet das Jugendamt die anderen zur Abwendung der Gefährdung zuständigen Stellen selbst ein.

(4) In Vereinbarungen mit den Trägern von Einrichtungen und Diensten, die Leistungen nach diesem Buch erbringen, ist sicherzustellen, dass

1. deren Fachkräfte bei Bekanntwerden gewichtiger Anhaltspunkte für die Gefährdung eines von ihnen betreuten Kindes oder Jugendlichen eine Gefährdungseinschätzung vornehmen,

2. bei der Gefährdungseinschätzung eine insoweit erfahrene Fachkraft beratend hinzugezogen wird sowie

3. die Erziehungsberechtigten sowie das Kind oder der Jugendliche in die Gefährdungseinschätzung einbezogen werden, soweit hierdurch der wirksame Schutz des Kindes oder Jugendlichen nicht infrage gestellt wird.

In den Vereinbarungen sind die Kriterien für die Qualifikation der beratend hinzuzuziehenden insoweit erfahrenen Fachkraft zu regeln, die insbesondere auch den spezifischen Schutzbedürfnissen von Kindern und Jugendlichen mit Behinderungen Rechnung tragen. Daneben ist in die Vereinbarungen insbesondere die Verpflichtung aufzunehmen, dass die Fachkräfte der Träger bei den Erziehungsberechtigten auf die Inanspruchnahme von Hilfen hinwirken, wenn sie diese für erforderlich halten, und das Jugendamt informieren, falls die Gefährdung nicht anders abgewendet werden kann.

(5) In Vereinbarungen mit Kindertagespflegepersonen, die Leistungen nach diesem Buch erbringen, ist sicherzustellen, dass diese bei Bekanntwerden gewichtiger Anhaltspunkte für die Gefährdung eines von ihnen betreuten Kindes eine Gefährdungseinschätzung vornehmen und dabei eine insoweit erfahrene Fachkraft beratend hinzuziehen. Die Erziehungsberechtigten sowie das Kind sind in die Gefährdungseinschätzung einzubeziehen, soweit hierdurch der wirksame Schutz des Kindes nicht infrage gestellt wird. Abs. 4 Satz 2 und 3 gilt entsprechend.

(6) Werden einem örtlichen Träger gewichtige Anhaltspunkte für die Gefährdung des Wohls eines Kindes oder eines Jugendlichen bekannt, so sind dem für die Gewährung von Leistungen zuständigen örtlichen Träger die Daten mitzuteilen, deren Kenntnis zur Wahrnehmung des Schutzauftrages bei Kindeswohlgefährdung nach § 8 a erforderlich ist. Die Mitteilung soll im Rahmen eines Gespräches zwischen den Fachkräften der beiden örtlichen Träger erfolgen, an dem die Personensorgeberechtigten sowie das Kind oder der Jugendliche beteiligt werden sollen, soweit hierdurch der wirksame Schutz des Kindes oder des Jugendlichen nicht infrage gestellt wird.

Die Norm regelt in den Abs. 1 bis 3 den Schutzauftrag der Jugendämter, in Abs. 4 den Schutzauftrag für Kindertageseinrichtungen.

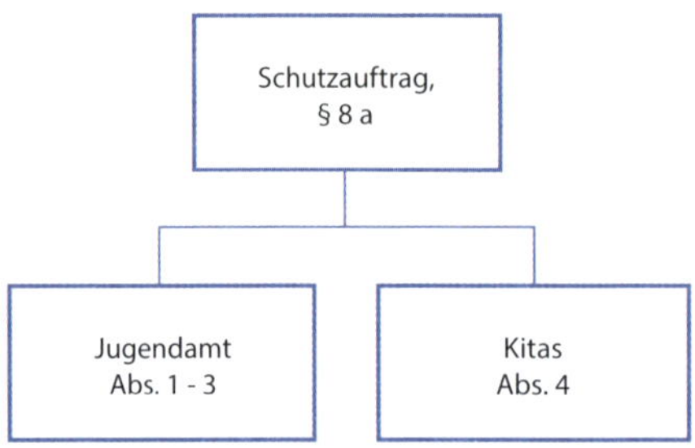

Abbildung 109: Schutzauftrag des § 8 a SGB VIII

Schutzauftrag im Jugendamt

Abs. 1 Satz 1 stellt ausdrücklich fest, dass das Jungendamt (gemeint sind die Sozialen Dienste, aber auch kommunale Einrichtungen sowie Dienste der Leistungserbringung) die Pflicht hat, im Rahmen seines Schutzauftrages helfend einzugreifen.

Gewichtige Anhaltspunkte

Liegen gewichtige Anhaltspunkte für eine Kindeswohlgefährdung vor, sind diese zunächst innerhalb des Sachgebietes einzuschätzen, gegebenenfalls unter Hinzuziehung einer insoweit erfahrenen Fachkraft. Wurden die gewichtigen Anhaltspunkte im Rahmen der Beistandschaft, Amtspflegschaft oder Amtsvormundschaft erlangt, gilt für eine Informationsweitergabe an den Allgemeinen Sozialen Dienst (ASD) die Grenze des § 68 SGB VIII. Sie ist also nur zulässig, wenn sie im Rahmen der gesetzlichen Vertretung des Kindes oder Jugendlichen erfolgt. Aus dem Grundsatz der Vertraulichkeit in der Fachberatung folgt außerdem, dass der Schutzauftrag nicht aktiviert wird, wenn die Kenntnis der gewichtigen Anhaltspunkte dadurch gewonnen wurde, dass eine Fachkraft beim öffentlichen Träger als insoweit erfahrene Fachkraft von Einrichtungen oder Diensten nach Absatz 4 hinzugezogen wurde.

Für das Bekanntwerden der gewichtigen Anhaltspunkte spielt es jedoch ansonsten keine Rolle, wie sie dem Jugendamt bekannt wurden: in einem laufenden Hilfeprozess, zu einer noch unbekannten Familie, auf legale Weise, auf datenschutzwidrige Weise etc. Selbst anonymen Hinweisen ist nachzugehen.

Ist das Jugendamt im Besitz gewichtiger Anhaltspunkte, hat es die Pflicht zur Informationsgewinnung, d.h., es gilt der Amtsermittlungsgrundsatz des § 20 SGB X.

Gefährdungseinschätzung im Fachteam

In der Folge kommt es zu einer Gefährdungseinschätzung im Fachteam. Das Fachteam besteht einerseits aus der fallzuständigen Fachkraft im Jugendamt, die verpflichtet ist, sich fachlichem Austausch und kollegialer Beratung zu stellen, andererseits aus mindestens einer weiteren Fachkraft. Dem Wortlaut des Gesetzes wäre Genüge getan, wenn mindestens zwei Personen zusammenwirken. In fachlicher Hinsicht wird ein Zusammenwirken von drei oder mehr Personen empfohlen.

In datenschutzrechtlicher Hinsicht erlaubt § 65 Abs. 1 Satz 1 Nr. 4 SGB VIII ausdrücklich auch den Austausch sogenannter anvertrauter Sozialdaten. Hier ist allerdings zu beachten, dass die Norm ausdrücklich nur von „Weitergabe“ (das meint innerhalb der verantwortlichen Stelle), nicht aber von „Übermittlung“ (das meint Übermittlung nach außen/an Externe) spricht. Letzteres war bis zur Einführung des § 64 Abs. 2 a SGB VIII unzulässig. Die Norm regelt nunmehr, dass vor einer Übermittlung an eine Fachkraft, die der verantwortlichen Stelle nicht angehört, die Sozialdaten zu anonymisieren oder zu pseudonymisieren sind, soweit die Aufgabenerfüllung dies zulässt, was in der Regel der Fall sein dürfte.

Einbezug von Erziehungsberechtigten, Kindern und Familien

Dieser ersten Gefährdungseinschätzung im Fachteam folgt in Erfüllung der Pflicht des Abs. 1 Satz 2 die Einbeziehung der Erziehungsberechtigten, Kinder und Jugendlichen, wenn und soweit der wirksame Schutz des Kindes oder des Jugendlichen dadurch nicht infrage gestellt wird.

Unter Beachtung des Freiwilligkeitsprinzips wird nun versucht, im Zusammenwirken mit allen Beteiligten Problemakzeptanz zu wecken und Hilfeangebote zu entwickeln. Hierbei sind die Kinder bzw. Jugendlichen je nach Alter und Entwicklungsstand mit einzubeziehen. Die Kontaktaufnahme zur Familie muss einzelfallangemessen erfolgen. Diese kann auch mit einem Hausbesuch (angemeldet oder unangemeldet) einhergehen, wenn er nach fachlicher Einschätzung erforderlich ist. Das Jugendamt entscheidet diesbezüglich in eigener Verantwortung und kann hierfür auch die Polizei (bei Verwehrung des Zugangs zur Wohnung) oder einen Arzt/eine Ärztin (zur Feststellung des gesundheitlichen Zustandes des Kindes) hinzuziehen.

Der Hausbesuch dient der Einschätzung und Bewertung

- der häuslichen und sozialen Situation der Familie,
- des Erscheinungsbildes des Kindes und seines Verhaltens,
- des Kooperationsverhaltens und der Ressourcen der Eltern.

Scheitert eine Kontaktaufnahme dauerhaft oder liegt eine besondere Gefährdungslage (sexuelle Gewaltanwendung gegen das Kind) vor, ist nach Abwägung im Einzelfall auch eine Informationsgewinnung in Kindergarten, Schule, Nachbarschaft etc. ausnahmsweise zulässig nach § 62 Abs. 3 Nr. 2 c SGB VIII. Hält das Jugendamt zur Abwendung der Gefährdung

- die Gewährung von Hilfen für geeignet und notwendig, so hat es diese den Erziehungsberechtigten anzubieten,
- das Tätigwerden anderer Leistungsträger (z.B. Gesundheitshilfe) für notwendig, hat es auf die Inanspruchnahme durch die Erziehungsberechtigten hinzuwirken.

Bewertung des Hilfeprozesses

Es kommt nun zu einer erneuten Fachberatung im Team. Hier wird bewertet, inwieweit

- die Erziehungsberechtigten Problemakzeptanz entwickelt haben,
- angenommene Hilfen voraussichtlich erfolgreich sein werden,
- weitere Informationen benötigt werden,
- die Anrufung des Familiengerichtes erforderlich ist,
- anderweitiger akuter Handlungsbedarf gegeben ist,
- etc.

Die Beratungs- und Entscheidungsergebnisse werden dokumentiert.

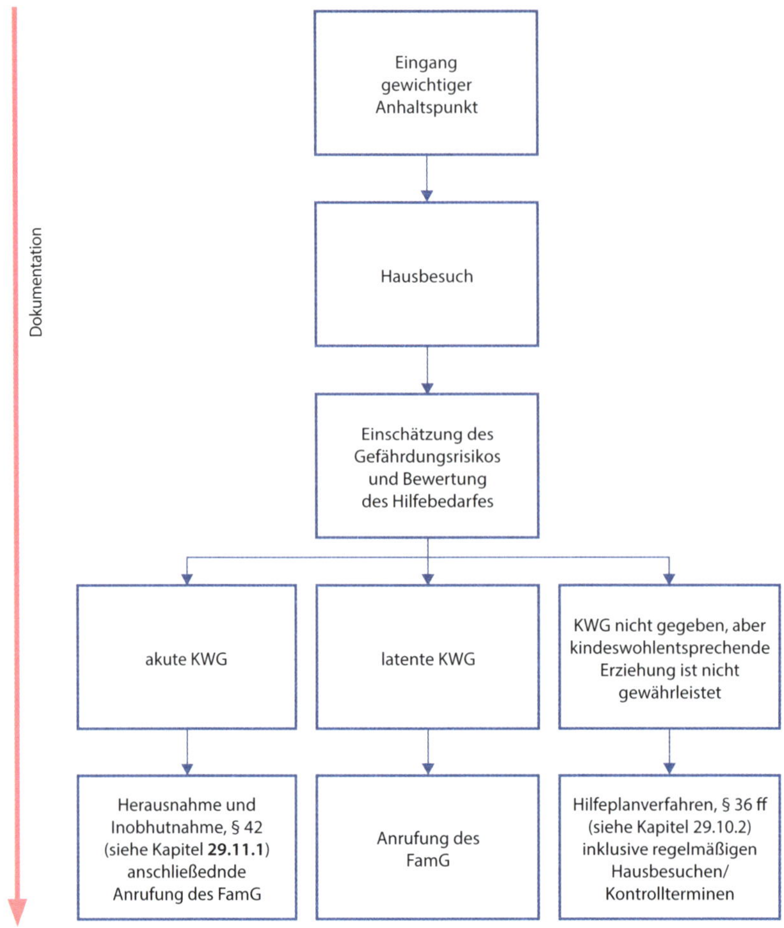

Abbildung 110: Kindeswohlgefährdung – Verfahren im Jugendamt

Schutzauftrag in der Kindertageseinrichtung

§ 1 Abs. 3 Nr. 3 SGB VIII richtet sich an die Jugendhilfe insgesamt, was zur Folge hat, dass alle Träger von Einrichtungen und Diensten der Kinder- und Jugendhilfe in ihren Hilfekontexten grundsätzlich Mitverantwortung für den Schutz von Kindern und Jugendlichen tragen. Da unsere Verfassung jedoch die Wahrung des Subsidiaritätsprinzips verlangt, können Normadressaten des Sozialgesetzbuch VIII nur die Träger der öffentlichen Jugendhilfe, nicht aber die der freien Jugendhilfe sein (§ 3 Abs. 2 Satz 2 SGB VIII).

Eine entsprechende Wahrnehmung des Schutzauftrages auch bei nichtstaatlichen Leistungserbringern wird regelmäßig durch Sicherstellungsvereinbarungen gewährleistet, wie sie § 8 a Abs. 4 SGB VIII mit folgenden sechs Aspekten als Pflichtinhalte festschreibt:

- Die Aktivierung des Schutzauftrages und Vornahme einer Gefährdungseinschätzung, wenn einer Fachkraft in einer Einrichtung gewichtige Anhaltspunkte für eine Kindeswohlgefährdung bekannt werden.

- Die Hinzuziehung einer „insoweit erfahrenen Fachkraft" in die Gefährdungseinschätzung und Reflexion des weiteren Vorgehens.
- Die Qualifikation der beratend hinzuzuziehenden insoweit erfahrenen Fachkraft.
- Die Pflicht zur Beteiligung der Erziehungsberechtigten und des Kindes in die Gefährdungseinschätzung.
- Die Verpflichtung, bei den Erziehungsberechtigten auf die Inanspruchnahme weitergehender Hilfen hinzuwirken, wenn solche erforderlich erscheinen.
- Die Pflicht zur Mitteilung an das Jugendamt, falls die Gefährdung nicht anders abgewendet werden kann

Eingang der ersten Information

Die Aufgabe, die § 8 a SGB VIII pädagogischen Fachkräften zuweist, besteht darin, einzuschätzen, ob eine Auffälligkeit durch Fachdienste abgeklärt werden sollte. Er gebietet insoweit eine gezielte Beobachtung, jedoch nicht die Erstellung einer Diagnose!

Die Einrichtung hat nach der gesetzlichen Vorgabe dann tätig zu werden, wenn „gewichtige Anhaltspunkte" für eine Kindeswohlgefährdung vorliegen. In der Rechtsliteratur finden sich verschiedene Definitionen für den Begriff, teilweise unter Hinweis darauf, dass diese Frage nur sehr begrenzt juristisch, sondern in erster Linie sozialwissenschaftlich zu klären sei. Gemeinsam ist ihnen, dass sie konkrete Hinweise oder ernst zu nehmende Vermutungen und eine gewisse Plausibilität verlangen. Für die Aktivierung des Schutzauftrages spielt es nach einhelliger Auffassung in der Rechtsliteratur keine Rolle, aus welcher Quelle die Information stammt. Ob intern oder extern, auf legale oder gegen Datenschutzbestimmungen widersprechende Weise erlangt, ob bekannt oder anonym: Es genügt stets jede Information aus irgendeiner Quelle.

Bereits in diesem frühen Stadium des ersten Wahrnehmens eines Verdachtsmomentes fällt dieses als Datenbestand unter die datenschutzrechtlichen Bestimmungen der §§ 61 ff SGB VIII, selbst wenn das den Verdacht auslösende Datum der Einrichtung nur „zufällig" bekannt wurde. In diesem Zusammenhang ist zu beachten, dass deren Anwendung keineswegs voraussetzen, dass Daten im datenschutzrechtlichen Sinne erhoben worden sind. Denn anderenfalls wären „gefundene" Daten (z.B. durch ungezieltes Beobachten des kindlichen Spiels) schutzlos.

Da die Verdachtsmomente in aller Regel als „anvertraute" Daten gewertet werden müssen, unterliegen sie dem strengen Weitergabeverbot des § 65 SGB VIII. „Weitergabe" meint stets den Informationsweg innerhalb der Einrichtung, demgegenüber ist „Übermittlung" die Weitergabe nach außen. Erfährt also zum Beispiel ein/e Praktikant:In einen gewichtigen Anhaltspunkt, handelt er/sie nur dann datenschutzkonform, wenn er/sie diesen ausschließlich an die Einrichtungsleitung weitergibt und nicht etwa an die Anleitung, Gruppenleitung etc. Zwar gibt es auch für die Weitergabe an die Leitung keine gesetzliche Weitergabebefugnis, man kann jedoch in analoger Anwendung des § 65 Abs. 1 Nr. 4 SGB VIII davon ausgehen, dass der Träger als Verpflichteter aus der Sicherstellungsvereinbarung die Einrichtungsleitung mit der Wahrnehmung der Pflichten, die sich aus ihr ergeben, in Ausübung seiner Organisations- und Fürsorgepflicht weitestgehend betraut hat. Die Leitung ist also Inhaberin der Fallverantwortung und trägt dafür Sorge, dass Kinderschutzverfahren in der Kindertageseinrichtung nach den Vorgaben der Sicherstellungsvereinbarung durchgeführt werden.

Aus alledem ergibt sich für das rechtssichere Vorgehen in einer Kindertageseinrichtung bis hierhin die Empfehlung, sämtliche Beobachtungen, die einen Verdachtsmoment auslösen könnten, im Hinblick auf § 65 SGB VIII ausschließlich an die Einrichtungsleitung weiterzugeben. Zwar sieht § 8 a SGB VIII selbst eine Gefährdungseinschätzung im Team vor, hiermit ist aber nach einhelliger Auffassung in der Rechtslehre nicht das gesamte Team einer Einrichtung gemeint, sondern die jeweils kleinste funktionale Einheit, die für das Erfüllen einer bestimmten Aufgabe zuständig ist. Im Falle des § 8 a SGB VIII ist dies das Fachteam, das im jeweiligen Einzelfall kindbezogen von der Leitung zusammengestellt wird, was in diesem Stadium noch nicht erfolgt ist. Eine Weitergabe an Kolleg:innen, Gruppenleitungen, Anleiter:innen etc. hat daher zu unterbleiben. Es empfiehlt sich, eine diesbezügliche Dienstanweisung an alle in der Einrichtung Beschäftigten auszusprechen.

Beobachtung und datenschutzsichere Dokumentation

Wird der Leitung ein Verdachtsmoment gemeldet, liegt es in ihrer Verantwortung, die Information zu bewerten und den weiteren Bearbeitungsweg festzulegen. Kommt die Leitung nach Prüfung der Information zu dem Ergebnis, dass ein hinreichender Anhaltspunkt für die Eröffnung eines Kinderschutzverfahrens besteht, gilt es nun, die gemeldete Beobachtung zu stützen. Es kommt zur Informationssammlung.

Denkbar sind an dieser Stelle folgende Handlungsalternativen, die auch kumulativ durchgeführt werden können: Die Leitung

- befragt diejenigen pädagogischen Fachkräfte, die mit dem Kind arbeiten, ob und inwieweit sie den Verdacht durch eigene Beobachtungen stützen können; insofern besteht eine Weitergabebefugnis in analoger Anwendung des § 65 Abs. 1 Nr. 4 SGB VIII,
- betraut eine pädagogische Fachkraft mit der Beobachtung des Kindes mithilfe eines Screeningverfahrens bzw. nimmt die Beobachtung selbst vor.

Zwar können Risikoeinschätzungsinstrumente die jeweilige Einzelfallentscheidung auf der Grundlage einer individuellen Einschätzung, Bewertung und Gewichtung nicht ersetzen, sie sind aber jedenfalls geeignet, die zu treffende Entscheidung fachlich zu fundieren und so rein subjektiver Beliebigkeit im Entscheidungsprozess vorzubeugen.

Der Einsatz von Risikoeinschätzungsbögen ist in der sozialwissenschaftlichen Literatur umstritten. So wird teilweise hinterfragt, inwieweit sie fachliche Einschätzungen fördern oder diese vielmehr an die Instrumente delegieren, zumal empirische Daten zur Aussagekraft der strukturierten Gefährdungseinschätzung und Praxistauglichkeit des Instrumentes bislang kaum vorliegen.

Dem ist entgegenzuhalten, dass jedenfalls im Rahmen der Gefährdungseinschätzung in Kindertageseinrichtungen Checklisten und Kinderschutzbögen praktikable Instrumente und Hilfsmittel sind, um strukturiert, zeitnah und fachlich standardisiert zu sensibilisieren und Wahrnehmungen zu sortieren.

Die Beobachtung anhand eines Risikoeinschätzungsbogens hat den weiteren Vorteil, dass sämtliche Anhaltspunkte dokumentiert sind. Zum einen wird so den vorgeschriebenen Qualitätsstandards Rechnung getragen, zum anderen aber auch eine Aktenlage begründet, die in späteren Familienrechts- oder Strafverfahren zur wichtigen Entscheidungsgrundlage werden kann.

Es gibt eine Reihe von Einschätzungsinstrumenten für die Kita-Praxis, nur beispielhaft seien genannt:

- Einschätzskala Kindeswohlgefährdung in Kindertageseinrichtungen (www.kvjs.de)
- Risikoeinschätzungsbogen des Bayerischen Landesjugendamtes (www.blja.bayern.de)
- Wahrnehmungsbogen für den Kinderschutz. Version für Klein- und Vorschulkinder© (www.institut-ke.de)

Die immer wieder auftauchende Frage, ob zur Dokumentation von etwaigen Verletzungen die Kinder fotografiert werden dürfen, ist abschlägig zu beantworten. Hierfür müsste datenschutzrechtlich die Einwilligung der Eltern – und zwar zum Zwecke eines (kommunizierten!) 8 a-Verfahrens – vorliegen, an der es regelmäßig fehlen wird und die wegen des Verbots der Vorratsdatenspeicherung auch nicht vorsorglich zum Beispiel bei der Anmeldung des Kindes eingeholt werden kann.

Dokumentation ist die systematische Zusammenstellung der Beobachtungen, ohne die die Erkenntnisse wieder vergessen oder durcheinandergebracht werden könnten. Dokumentiert werden sowohl Erkenntnisse aus systematischen als auch aus ungeplanten Beobachtungen. Insbesondere in unklaren Fällen kann es notwendig sein, über einen längeren Zeitraum hinweg die einzelnen Beobachtungen sorgsam und detailliert zu dokumentieren.

Dabei gilt es unbedingt, wesentliche Standards der Dokumentation einzuhalten: Es sind immer nur Fakten zu schildern, Schlussfolgerungen haben zu unterbleiben. Angaben Dritter müssen in der indirekten Rede abgefasst sein.

Erste Gefährdungseinschätzung im Fachteam

Neben dem Begriff des „Kindeswohls“ ist der Begriff der „Gefährdungseinschätzung“ ein weiterer unbestimmter Rechtsbegriff, den § 8 a SGB VIII aufweist. Mit der Gefährdungseinschätzung soll die Situation der Bedürfnisbefriedigung des Kindes oder Jugendlichen in einer Zusammenschau aller Mitteilungen, Beobachtungen und Wahrnehmungen bewertet werden. Liegen die Beobachtungen dokumentiert vor, kommt es zu diesem Zweck zu einer Fallberatung im nun zusammengestellten Fachteam. Hier wird der Entwicklungsverlauf verfolgt und bewertet anhand von Fragen wie:

- Wann haben die Auffälligkeiten begonnen?
- Welcher Art (chronisch, vorübergehend, revolvierend in Abhängigkeit von bestimmten familiären Umständen wie Arbeitslosigkeit etc.) sind sie?
- Welche Informationen haben wir über mögliche Ursachen?

In der Gefährdungseinschätzung wird weiterhin eine Prognose dahingehend getroffen, inwieweit die Eltern voraussichtlich bereit und in der Lage sein werden, Hilfsangebote zu akzeptieren und eine Methodenwahl dahingehend vorgenommen, welche Möglichkeiten der Thematisierung mit der Familie bestehen.

Hinzuziehung einer insoweit erfahrenen Fachkraft

Kommt das Fachteam zu der Einschätzung, dass eine Kindeswohlgefährdung nicht auszuschließen ist, verlangt das Gesetz nun die Hinzuziehung einer „insoweit erfahrenen Fachkraft“. Diese Fachkraft kann entweder von außen hinzugezogen oder aber nach Absprache mit dem Jugendamt vom Träger gestellt werden. Bei der Auswahl ist aber stets zu beachten, dass die in der Vereinbarung mit dem Jugendamt nach § 8 a SGB VIII geforderten Kriterien zur Qualifikation der insoweit erfahrenen Fachkraft eingehalten sind. Die insoweit erfahrene Fachkraft ist ausschließlich beratend tätig. Die Fallverantwortung verbleibt stets bei der Einrichtung.

Für die Frage, welche Qualifikationen die insoweit erfahrene Fachkraft aufweisen sollte, ist stets im Einzelfall auf den konkret vorliegenden Anhaltspunkt der Gefährdung des Kindes abzustellen. Dementsprechend kommen Sozialarbeiter:innen, Psycholog:innen und/oder Ärzt:innen dafür in Betracht, denn oftmals ist spezielles Fachwissen, zum Beispiel über psychische Erkrankungen, medizinische Zusammenhänge oder die besondere Familiendynamik in Gewaltfamilien erforderlich, um Gefährdungen fachlich korrekt einschätzen zu können.

Da diese erste Inanspruchnahme von fachlicher Beratung noch nicht das Ziel haben kann, den Fall und die Verantwortung hierfür abzugeben – dazu müssen immer erst die Eltern einbezogen werden –, müssen Fallbesprechungen, mit welcher insoweit erfahrenen Fachkraft auch immer, in anonymisierter bzw. pseudonymisierter Form erfolgen.

Zwar erlaubt § 65 Abs. 1 Satz 1 Nr. 4 SGB VIII ausdrücklich auch den Austausch sogenannter anvertrauter Sozialdaten. Hier ist allerdings zu beachten, dass die Norm ausdrücklich nur von „Weitergabe" (innerhalb der verantwortlichen Stelle), nicht aber von „Übermittlung" (nach außen/an Externe) spricht. Letzteres war bis zur Einführung des § 64 Abs. 2 a SGB VIII unzulässig. Die Norm regelt nunmehr, dass vor einer Übermittlung an eine Fachkraft, die der verantwortlichen Stelle nicht angehört, die Sozialdaten zu anonymisieren oder zu pseudonymisieren sind, soweit die Aufgabenerfüllung dies zulässt, was in der Regel der Fall sein dürfte.

Eine direkte Information an Fachkräfte im Allgemeinen Sozialen Dienst (ASD) im Jugendamt als vermeintlich „insoweit erfahrene Fachkräfte" ist nicht mit Abs. 4 Satz 2 vereinbar. Denn der ASD könnte sich in diesem Fall nicht auf die Fachberatung beschränken, da sein eigener Schutzauftrag nach Abs. 1 ausgelöst wäre.

Ergibt diese erste Gefährdungseinschätzung, dass eine besondere Gefährdungslage beim Kind oder Jugendlichen besteht, ist unverzüglich das Jugendamt einzuschalten.

Eine besondere Gefährdungslage ist in folgenden Fällen gegeben:

- Bestehen Anhaltspunkte auf (körperliche bzw. sexuelle) Gewaltanwendung gegen das Kind, ist unverzüglich, d.h. ohne schuldhaftes Zögern, in Absprache mit der insoweit erfahrenen Fachkraft das Jugendamt einzuschalten. Auf den Einbezug der Erziehungsberechtigten ist in diesem Fall zu verzichten, da sie eine Gefahr für das Kind darstellen würde, wie sich aus § 8 a Abs. 4 Nr. 3 SGB VIII ergibt. Zu Beweissicherungszwecken für ein eventuell zukünftiges Strafverfahren sind die Verletzungen des Kindes genau zu dokumentieren (Auffindort, Beschaffenheit und Größe). Fotoaufnahmen haben auch hier zu unterbleiben.
- Bestehen Anhaltspunkte auf eine sonstige akute Gefährdung des Kindes – zum Beispiel ein schlechter Gesundheits- oder Ernährungszustand – ist unverzüglich das Jugendamt einzuschalten. In diesen Fällen kann das zuständige Jugendamt über einen Antrag beim Familiengericht ambulante oder stationäre Maßnahmen auch gegen den Willen der Eltern durchsetzen. Das Postulat der Freiwilligkeit ist damit in diesen Fällen außer Kraft gesetzt.

Sämtliche Beratungsergebnisse dieser ersten Gefährdungseinschätzung sind zu dokumentieren.

Einbezug der Eltern

Liegt keiner der genannten Ausnahmefälle vor, ist es nun an der Zeit, die Eltern des Kindes in das weitere Verfahren miteinzubeziehen, denn bereits in dieser Phase der Abschätzung des Gefährdungsrisikos sind nach dem Wortlaut des § 8 a Abs. 4 Nr. 3 SGB VIII sowohl die Erziehungsberechtigten als auch das Kind verpflichtend einzubeziehen. Aus der Einordnung des § 8 a SGB VIII in das Gefüge des Sozialrechts ergibt sich, dass die oberste Prämisse des Sozialrechts auch hier gilt: Sozialrecht ist immer Antragsrecht. Die sozialrechtliche Hilfeleistung – im Bereich der Kinder- und Jugendhilfe sind dies in erster Linie Hilfen zur Erziehung nach § 27 SGB VIII – wird niemals dem Berechtigten vom Amt ungefragt oktroyiert, sondern stets nur auf Antrag gewährt. Ob der/die Berechtigte diesen Antrag stellt, bleibt ihm/ihr überlassen und ist seine/ihre freie Entscheidung.

Vor diesem Hintergrund verlangt § 8 a Abs. 4 Satz 2 SGB VIII, dass die Fachkräfte der Träger bei den Erziehungsberechtigten auf die Inanspruchnahme von Hilfen hinwirken, wenn sie diese für erforderlich halten und das Jugendamt informieren, falls die Gefährdung nicht anders abgewendet werden kann. Die pädagogischen Fachkräfte einer Kindertageseinrichtung haben insoweit einen selbstständigen Beratungsauftrag und sollen darauf hinwirken, dass die für erforderlich gehaltenen Hilfen von den Personensorgeberechtigten in Anspruch genommen werden. Das Jugendamt ist erst dann zu informieren, wenn die angenommenen Hilfen nicht genügen, um die Gefährdung des Kindes oder Jugendlichen abzuwenden.

Auf Basis der gemeinsam im Team getroffenen und eventuell mit der insoweit erfahrenen Fachkraft anonymisiert abgesicherten Risikoabschätzung muss die Leitung die Erziehungsberechtigten nun zeitnah zum Gespräch bitten. In diesem Gespräch – zu Beweiszwecken möglichst zusammen mit der zuständigen Fachkraft – teilt sie den Erziehungsberechtigten ihre Beobachtungen und Befürchtungen mit und erfragt deren Position. Haben die Eltern des Kindes gemäß § 27 SGB VIII Anspruch auf Hilfen zur Erziehung, ist darauf hinzuweisen. Welche Hilfe im Einzelfall geeignet und notwendig ist, entscheidet das Jugendamt im Zusammenwirken mit Eltern und Kind auf Grundlage eines zu erstellenden Hilfeplanes nach § 36 SGB VIII. Der Einrichtung obliegt es, die Eltern von den Hilfsangeboten des Jugendamtes in Kenntnis zu setzen, Problemakzeptanz zu schaffen und auf die Inanspruchnahme von Hilfen hinzuwirken.

Studien haben ergeben, dass die meisten Eltern Bereitschaft zur Zusammenarbeit zeigen. Sie verstehen Anregungen, Hinweise und Rückmeldungen und nehmen diese unter Umständen sogar dankbar entgegen. Ein geringerer Teil erweist sich dagegen als unzugänglich und unkooperativ. Mit ihnen kommt es zu Schwierigkeiten wie zum Beispiel:

- Sie treten anspruchsvoll und fordernd auf.
- Sie geben der Kita Schuld und Verantwortung für Verhaltensweisen ihrer Kinder.
- Sie sind nicht bereit, zuzuhören.
- Sie machen zwar Zusagen, halten diese aber dann nicht ein.
- etc.

Insbesondere sozial schwache Eltern nehmen die Bedürfnisse ihres Kindes nicht selten nicht adäquat wahr oder berücksichtigen sie nicht. Deshalb bergen solche Gespräche immer auch großes Konfliktpotenzial.

Hinzu kommt, dass der Begriff „Jugendamt" in der öffentlichen Wahrnehmung aufgrund seiner geschichtlichen Hintergründe (siehe Kapitel 29.1) nicht durchgängig positiv besetzt ist. Daher sollte das Jugendamt von den pädagogischen Fachkräften als der Kooperationspartner kommuniziert werden, der es ist, indem die vielfältigen Unterstützungsangebote ins Feld geführt werden. Unter keinen Umständen sollte den Eltern mit dem Jugendamt gedroht werden! Dies könnte als Nötigung im Sinne des § 240 StGB aufgefasst werden.

Nach dem Grundsatz der Freiwilligkeit in der Kinder- und Jugendhilfe kann die Inanspruchnahme geeigneter Hilfen nur freiwillig geschehen. Auch darüber sind die Eltern zu informieren.

Am Ende des Gespräches sollten die Ergebnisse zusammengefasst werden und klare Handlungsanweisungen an die Eltern ergehen. Es ist ratsam, sich auch durch Rückfragen nochmals zu vergewissern, ob die Eltern verstanden haben,

- was sie nun zu tun haben,
- dass kontrolliert wird, ob sie es tun, und
- was passiert, wenn sie es nicht tun.

Dokumentation

Es empfiehlt sich, zu Beweiszwecken eine zweite pädagogische Fachkraft zum Gespräch hinzuzuziehen. Diese sollte mit dem Abfassen des Gesprächsprotokolls betraut werden, das dokumentiert, dass alle rechtlichen Erfordernisse im Gespräch beachtet wurden.

Elemente einer rechtssicheren Dokumentation des Elterngespräches im 8 a-Verfahren

- Einschätzung der Eltern wurde erfragt.
- Hinweis auf die Möglichkeit der Inanspruchnahme von Hilfen zur Erziehung wurde gegeben.
- Hinweis auf Notwendigkeit der Antragstellung wurde gegeben.
- Hinweis auf Freiwilligkeit der Hilfen wurde gegeben.
- Zusammenfassung des Ergebnisses: Problemakzeptanz vorhanden?
- Konkrete Handlungsanweisung wurde verfasst.
- Eltern haben verstanden, was zu tun ist.
- Eltern haben verstanden, dass kontrolliert wird, ob sie es tun.
- Eltern haben verstanden, was passiert, wenn sie es nicht tun.

Abgabe an das Jugendamt

Werden die Hilfsangebote ausgeschlagen, kann also die notwendige Problemakzeptanz nicht hergestellt werden, muss die Einrichtung das Jugendamt verständigen. Dasselbe gilt für den Fall, dass sich die bislang in der Einrichtung durchgeführten Hilfen als nicht ausreichend erweisen. Ohnehin sollte dies nur in den Fällen stattfinden, in denen die Fachlichkeit der Einrichtung im konkreten Einzelfall ausreichend ist und der eigene Hilfekontext dafür geeignet erscheint. Ob diese Voraussetzungen (noch) gegeben sind, muss seitens der Einrichtung immer und fortlaufend überprüft werden.

Dem Jugendamt sind alle Daten zu übermitteln, die bislang in der Einrichtung zu dem Fall erhoben wurden. Die Übermittlungsbefugnis wandelt sich somit zur Übermittlungspflicht. Der Umfang der Übermittlungspflicht ist damit weit gezogen und umfasst alle Informationen, die für die Fallführung (noch) relevant sind. Rechtsgrundlage ist insoweit § 8 a Abs. 4 Satz 2 SGB VIII.

Bevor aber eine einzige Information über die Familie in Richtung Jugendamt die Einrichtung verlässt, sind die Betroffenen – datenschutzrechtlich sind dies die Inhaber der Daten – über die nun anstehende Übermittlung zu informieren. In diesem Zusammenhang gilt stets der Grundsatz: Vielleicht gegen den Willen der Sorgeberechtigten, aber nie ohne ihr Wissen!

Sofern fachlich nicht kontraindiziert, findet die ideale Informationsweitergabe im Rahmen eines Übergabegespräches unter Beteiligung der betroffenen Familienmitglieder statt. Der zeitliche korrekte Ablauf der Information der Sorgeberechtigten über die anstehende und anschließende Übermittlung an das Jugendamt sollte protokolliert werden.

In der Praxis ist immer wieder zu beobachten, dass die Einrichtung nach Abgabe eines Falles an das Jugendamt zwar weiter am Gelingen der Hilfen für die Familie Anteil nehmen möchte, jegliche Bemühung um Information aber vom Jugendamt unter Hinweis auf den notwendigen Datenschutz abgeblockt werden. Aufgabe des Jugendamtes ist es jedoch, die Kindertageseinrichtung in den weiteren Hilfeprozess miteinzubeziehen und die Einbeziehung so zu gestalten, dass ein regelmäßiger Austausch unter Beteiligung der Eltern und Kinder ermöglicht wird. Welchen Umfang und konkreten Inhalt die Rückmeldung hat, bestimmen die Eltern mit ihrem Einverständnis. Dies ist mit ihnen seitens des Jugendamtes und der Einrichtung vorher zu beraten und zu klären und sollte daher auch Bestandteil des Übergabegespräches sein.

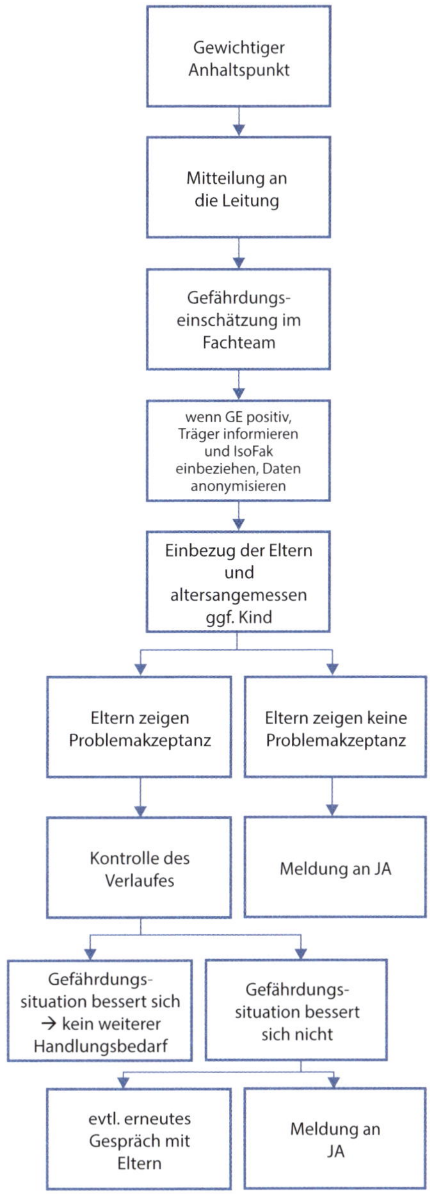

Abbildung 111: Prozessdiagramm zu § 8 a SGB VIII

Kindeswohl als Leitungsverantwortung

Im 8 a-Verfahren stellt jedes Teilelement die Leitung einer Kindertageseinrichtung vor je eigene Herausforderungen in sozial- und datenschutzrechtlicher Hinsicht, die erkannt und rechtssicher bewältigt werden müssen. Dies gilt umso mehr, als die Leitung an jedem Punkt des Verfahrens die Fallverantwortung innehat; die insoweit erfahrene Fachkraft ist stets lediglich beratend tätig.

So obliegt der Leitung

- die Verantwortung für die Einhaltung der Sicherstellungsvereinbarung,
- die sachgerechte Behandlung der Thematik in Dienst- und Fallbesprechungen,
- die Verantwortung für die Verfahrenssteuerung,
- die Verantwortung für die Zusammenstellung des Fachteams,
- die Auswahl der insoweit erfahrenen Fachkraft sowie die Kontaktherstellung,
- die Sicherstellung des regelgerechten Einbezugs der Personensorgeberechtigten und die altersgerechte Einbindung des Kindes,
- die Verantwortung für die regelgerechte Durchführung des Elterngespräches,
- die Überwachung der Umsetzung der Maßnahmen und deren Beurteilung, soweit in der Einrichtung erbracht,
- die Abgabe an das Jugendamt,
- die Klärung der weiteren Involvierung der Kindertageseinrichtung nach Abgabe,
- die Sicherstellung des Datenschutzes im gesamten Prozess,
- die Verantwortung für die Dokumentation des gesamten Prozesses.

Auch hier gilt: Diese Aufgaben können delegiert werden – zum Beispiel auf eine:n Beauftragte:n für Kinderschutz, die fachgerechte Erledigung muss jedoch stets überwacht werden. Die Fallverantwortung verbleibt stets bei der Einrichtungsleitung.

§ 8 b SGB VIII formuliert einen Anspruch auf fachliche Beratung und Begleitung zum Schutz von Kindern und Jugendlichen:

> **§ 8 b SGB VIII**
>
> (1) Personen, die beruflich in Kontakt mit Kindern oder Jugendlichen stehen, haben bei der Einschätzung einer Kindeswohlgefährdung im Einzelfall gegenüber dem örtlichen Träger der Jugendhilfe Anspruch auf Beratung durch eine insoweit erfahrene Fachkraft.
>
> (2) Träger von Einrichtungen, in denen sich Kinder oder Jugendliche ganztägig oder für ein Teil des Tages aufhalten oder in denen sie Unterkunft erhalten, und die zuständigen Leistungsträger, haben gegenüber dem überörtlichen Träger der Jugendhilfe Anspruch auf Beratung bei der Entwicklung und Anwendung fachlicher Handlungsleitlinien
>
> 1. zur Sicherung des Kindeswohls und zum Schutz vor Gewalt sowie
>
> 2. zu Verfahren der Beteiligung von Kindern und Jugendlichen an strukturellen Entscheidungen in der Einrichtung sowie zu Beschwerdeverfahren in persönlichen Angelegenheiten.
>
> (3) Bei der fachlichen Beratung nach den Abs. 1 und 2 wird den spezifischen Schutzbedürfnissen von Kindern und Jugendlichen mit Behinderungen Rechnung getragen.

Anspruchsberechtigt sind sowohl Einzelpersonen, die im beruflichen Kontakt mit Kindern und Jugendlichen stehen, als auch Träger von Kindertageseinrichtungen. Anspruchsverpflichtet sind sowohl die örtlichen als auch die überörtlichen Träger. Ziel der Regelung ist eine in die Breite gezogene Qualifizierung aller Akteure im Kinderschutz.

29.9.2 Der Förderauftrag (§§ 22, 22 a SGB VIII)

Einen weiteren gesetzlichen Auftrag erhalten Kindertageseinrichtungen im Katalog des § 22, 22 a SGB VIII, der festschreibt, was Kindertagesbetreuung leisten soll. § 22 legt die Grundsätze der Förderung fest:

§ 22 SGB VIII

(1) Tageseinrichtungen sind Einrichtungen, in denen sich Kinder für einen Teil des Tages oder ganztägig aufhalten und in Gruppen gefördert werden. Kindertagespflege wird von einer geeigneten Kindertagespflegeperson in ihrem Haushalt, im Haushalt des Erziehungsberechtigten oder in anderen geeigneten Räumen geleistet. Nutzen mehrere Kindertagespflegepersonen Räumlichkeiten gemeinsam, ist die vertragliche und pädagogische Zuordnung jedes einzelnen Kindes zu einer bestimmten Kindertagespflegeperson zu gewährleisten. Eine gegenseitige kurzzeitige Vertretung der Kindertagespflegepersonen aus einem gewichtigen Grund steht dem nicht entgegen. Das Nähere über die Abgrenzung von Tageseinrichtungen und Kindertagespflege regelt das Landesrecht.

(2) Tageseinrichtungen für Kinder und Kindertagespflege sollen

1. die Entwicklung des Kindes zu einer selbstbestimmten, eigenverantwortlichen und gemeinschaftsfähigen Persönlichkeit fördern,

2. die Erziehung und Bildung in der Familie unterstützen und ergänzen,

3. den Eltern dabei helfen, Erwerbstätigkeit, Kindererziehung und familiäre Pflege besser miteinander vereinbaren zu können.

Hierzu sollen sie die Erziehungsberechtigten einbeziehen und mit dem Träger der öffentlichen Jugendhilfe und anderen Personen, Diensten oder Einrichtungen, die bei der Leistungserbringung für das Kind tätig werden, zusammenarbeiten. Sofern Kinder mit und ohne Behinderung gemeinsam gefördert werden, arbeiten die Tageseinrichtungen für Kinder und Kindertagespflege und der Träger der öffentlichen Jugendhilfe mit anderen beteiligten Rehabilitationsträgern zusammen.

(3) Der Förderungsauftrag umfasst Erziehung, Bildung und Betreuung des Kindes und bezieht sich auf die soziale, emotionale körperliche und geistige Entwicklung des Kindes. Er schließt die Vermittlung orientierender Werte und Regeln ein. Die Förderung soll sich am Alter und Entwicklungsstand, den sprachlichen und sonstigen Fähigkeiten, der Lebenssituation sowie den Interessen und Bedürfnissen des einzelnen Kindes orientieren und seine ethnische Herkunft berücksichtigen.

(4) Für die Erfüllung des Förderungsauftrages nach Absatz 3 sollen geeignete Maßnahmen zur Gewährleistung der Qualität der Förderung von Kindern in Tageseinrichtungen und in der Kindertagespflege weiterentwickelt werden. Das Nähere regelt das Landesrecht.

Mit dem Tagesbetreuungsausbaugesetz (TAG) (siehe Kapitel 33.1) wurden die allgemeinen Rahmenvorgaben für die Förderung von Kindern in einem neu eingefügten § 22 a SGB VIII ergänzt:

§ 22 a SGB VIII

(1) Die Träger der öffentlichen Jugendhilfe sollen die Qualität der Förderung in ihren Einrichtungen durch geeignete Maßnahmen sicherstellen und weiterentwickeln. Dazu gehören die Entwicklung und der Einsatz einer pädagogischen Konzeption als Grundlage für die Erfüllung des Förderungsauftrages sowie der Einsatz von Instrumenten und Verfahren zur Evaluation der Arbeit in den Einrichtungen.

(2) Die Träger der öffentlichen Jugendhilfe sollen sicherstellen, dass die Fachkräfte in ihren Einrichtungen zusammenarbeiten

1. mit den Erziehungsberechtigten und Kindertagespflegepersonen zum Wohl der Kinder und zur Sicherung der Kontinuität des Erziehungsprozesses,

2. mit anderen Kindern und familienbezogenen Institutionen und Initiativen im Gemeinwesen, insbesondere solchen der Familienbildung und Beratung,

3. mit den Schulen, um den Kindern einen guten Übergang in die Schule zu sichern und um die Arbeit mit Schulkindern in Horten und altersgemischten Gruppen zu unterstützen.

Die Erziehungsberechtigten sind an den Entscheidungen in wesentlichen Angelegenheiten der Erziehung, Bildung und Betreuung zu beteiligen.

(3) Das Angebot soll sich pädagogisch und organisatorisch an den Bedürfnissen der Kinder und ihrer Familien orientieren. Werden Einrichtungen in den Ferienzeiten geschlossen, so hat der Träger der öffentlichen Jugendhilfe für die Kinder, die nicht von den Erziehungsberechtigten betreut werden können, eine anderweitige Betreuungsmöglichkeit sicherzustellen.

(4) Kinder mit Behinderungen und Kinder ohne Behinderung sollen gemeinsam gefördert werden. Die besonderen Bedürfnisse von Kindern mit Behinderungen und von Kindern, die von Behinderung bedroht sind, sind zu berücksichtigen.

(5) Die Träger der öffentlichen Jugendhilfe sollen die Realisierung des Förderungsauftrages nach Maßgabe der Abs. 1 – 4 in den Einrichtungen anderer Träger durch geeignete Maßnahmen sicherstellen.

Eine unmittelbare rechtliche Bindung entfaltet der dreiteilige Förderungsauftrag des § 22 Abs. 2 Nr. 1 bis 3 SGB VIII aufgrund der Gesetzessystematik gemäß § 3 Abs. 2 Satz 2 SGB VIII zwar lediglich für die Träger der öffentlichen Jugendhilfe, also zum Beispiel die Landkreise und kreisfreien Städte als örtliche Träger sowie die jeweiligen Landesjugendämter als überörtliche Träger. Andere, insbesondere freigemeinnützige Träger werden aber mittelbar über § 22 a Abs. 5 SGB VIII ebenfalls dem Auftrag verpflichtet.

Begriff der Förderung

Der Begriff der Förderung umfasst die Trias von Betreuung, Bildung und Erziehung, was im Umkehrschluss auch bedeutet, dass das Kindergartenwesen nicht dem Bildungsbereich zugeordnet wird. Die in § 26 Satz 2 SGB VIII enthaltene Ausnahmeregelung, nach der landesrechtliche Regelungen, die das Kindergartenwesen dem Bildungsbereich zuweisen, unberührt bleiben, wurde bei Erlass des SGB VIII allein für Bayern getroffen und ist zwischenzeitlich mit Inkrafttreten des BayKiBiG, das sich als Gesetz auf dem Gebiet der Kinder- und Jugendhilfe versteht, als überholt anzusehen.

Die Einordnung von Tageseinrichtungen als Teil der Jugendhilfe und nicht als Elementarbereich des Bildungssystems erfolgte im Kontext einer Diskussion, die in den 1970er Jahren ihren Ursprung hatte und nach dem richtigen Standort der Tageseinrichtungen für Kinder zwischen Erziehung und Bildung fragte. Sie ist Folge der Erkenntnis, dass Bildung in Kitas etwas grundlegend anderes ist als Bildung in der Schule (siehe Kapitel 29.9.3).

Begriff der Tageseinrichtung

§ 22 SGB VIII liefert eine Legaldefinition für den Begriff Tageseinrichtung:

Tageseinrichtungen sind Einrichtungen, in denen sich Kinder für einen Teil des Tages oder ganztägig aufhalten und in Gruppen gefördert werden.

Alle Angebote, die diese Voraussetzung erfüllen, unterfallen der Norm – auf ihre konkrete Bezeichnung als „Krippe", „Krabbelstube", „Kindergarten", „Hort" etc. kommt es nicht an.

Kinderkrippen und Krabbelstuben sind Einrichtungen für Kinder bis zu drei Jahren.

Kindergärten richten sich an Kinder ab drei Jahre bis zum Schuleintritt.

Horte sind Einrichtungen für Kinder im Grundschulalter, gegebenenfalls aber auch darüber hinaus.

Die Förderung von Schulkindern in Tageseinrichtungen ist – insbesondere im offenen Ganztagsangebot – abzugrenzen von schulischen Betreuungsangeboten. Zwar ist anerkannt, dass die Kinder- und Jugendhilfe ihrem Förderauftrag für Schulkinder auch in den Räumen der Schule nachkommen kann, für Jugendhilfeleistung besteht aber dann kein Raum mehr, wenn das Nachrangverhältnis des § 10 SGB VIII zum Tragen kommt: Bei allen (sonderpädagogischen) Förderaufgaben, insbesondere bei Teilleistungsstörungen, ist die Schulverwaltung vorrangig in der Pflicht.

Qualitative Aspekte

In qualitativer Hinsicht begegnen Kindertageseinrichtungen bildungspolitischen, jugendhilfepolitischen, sozialpolitischen, familienpolitischen und wirtschaftspolitischen Erwartungen (vgl. Lakies & Beckmann in: Münder, Vor §§ 22 – 26, Rz. 11):

Bildungspolitisch ist der Kindergarten der Elementarbereich und das Fundament des Bildungswesens. Es gilt, möglichst bei jedem Kind Bildungsreserven durch frühzeitige und gezielte Förderung zu aktivieren und so Chancengleichheit zu gewährleisten.

Jugendhilfepolitisch gilt es, Kinder und Jugendliche zu eigenverantwortlichen und gemeinschaftsfähigen Persönlichkeiten heranzubilden, die in der Lage sind, dem Anpassungsdruck, der mit der Sozialstruktur einer fortgeschrittenen Industriegesellschaft und deren Auswirkungen auf familiäre Lebenswelten einhergeht, standzuhalten.

Sozialpolitisch folgt daraus die Verpflichtung, die Vereinbarkeit von Familie und Beruf möglichst weitgehend im Sinne eines ausreichenden Platzangebotes und flexibler Öffnungszeiten zu ermöglichen. Auch soll familialen Sozialisationsdefiziten entgegengewirkt und effektive Prävention bei Kindeswohl-Problemlagen geleistet werden.

Familienpolitisch erwachsen Erwartungen aus der Erkenntnis, dass ein empirisch nachweisbarer Zusammenhang zwischen der Familienform und dem Armutsrisiko besteht, da Familien mit mindestens drei Kindern und Alleinerziehende besonders häufig von niedrigem Nettoäquivalenzeinkommen betroffen sind. Auch Kinder mit Migrationshintergrund haben ein deutlich höheres Armutsrisiko, insbesondere bei eigener Migrationserfahrung. In diesen Familienformen ist die Erwerbsintensität regelmäßig – freiwillig oder unfreiwillig – niedriger als in Paarfamilien mit nur einem oder zwei Kindern und ohne Migrationshintergrund.

Wirtschaftspolitisch ist der Ausbau der Betreuungsangebote erwünscht, um Mütter verstärkt in den Arbeitsmarkt zu bringen. In diesem Kontext ist der jüngst geschaffene Rechtsanspruch auf einen Hortplatz ab 2026 zu sehen.

Verfassungsrechtliche Grundlagen

Nach einem Urteil des Bundesverfassungsgerichts ergibt sich aus der Förderpflicht des Staates, die ihm aus Art. 6 GG erwächst, in materiellrechtlicher Hinsicht auch die Aufgabe, „die Kinderbetreuung, in der jeweils von den Eltern gewählten Form in ihren tatsächlichen Voraussetzungen zu ermöglichen und zu fördern". Er hat daher „dafür Sorge zu tragen, dass es Eltern gleichermaßen möglich ist, teilweise und zeitweise auf eine eigene Erwerbstätigkeit zugunsten der persönlichen Betreuung zu verzichten wie auch Familientätigkeit und Erwerbstätigkeit zu verbinden" (BVerfGE 99, 216, 234). In materiellrechtlicher Hinsicht ist Kinderbetreuung somit als öffentlicher Auftrag zu verstehen.

In formellrechtlicher Hinsicht ist das Kinder- und Jugendhilferecht Gegenstand der konkurrierenden Gesetzgebungskompetenz der Art. 72, 74 GG (siehe Kapitel 6.1.2).

Qualitätssicherung und Entwicklung

§ 22 a SGB VIII normiert die Verpflichtung der Träger der öffentlichen Jugendhilfe, die Qualität der Förderung in ihren Einrichtungen durch geeignete Maßnahmen sicherzustellen und weiterzuentwickeln. Hierzu gehören zunächst der Einsatz einer pädagogischen Konzeption als Grundlage für die Erfüllung des Förderungsauftrages sowie der Einsatz von Instrumenten und Verfahren zur Evaluation der Arbeit in den Einrichtungen.

Fachkräftegebot

Weiterhin enthält die Norm ein Fachkräftegebot. Fachkräfte im Sinne der Norm sind in erster Linie Erzieher:innen und Sozialpädagog:innen. Nicht-Fachkräfte sind angesichts des hohen fachlichen Anspruchs lediglich im hauswirtschaftlichen und haustechnischen Bereich zugelassen. Ausnahmen vom Fachkräftegebot sind nicht zulässig und insbesondere auch nicht durch den Landesrechtsvorbehalt des § 26 SGB VIII möglich.

Bedarfsorientierung/Bedürfnisorientierung

Das Angebot der Einrichtungen muss sich an den Bedürfnissen von Kindern und Familien orientieren. Dies gilt sowohl in pädagogischer als auch organisatorischer Hinsicht (Öffnungszeiten, Erreichbarkeit, Ferienzeiten etc.). Das Gesetz spricht insoweit nur von „Bedürfnissen", meint aber auch die „Bedarfe" im Sinne der Nachfrage am Markt.

Bedürfnis meint einen subjektiv empfundenen Mangel.

Bedarf resultiert aus dem Bedürfnis als konkreter Wunsch, den sich der Kunde auch finanziell leisten kann und am Markt nachfragt.

Hinsichtlich der „anderweitigen Betreuungsmöglichkeit in den Ferienzeiten" normiert der Gesetzgeber insoweit einen Rechtsanspruch des Kindes. Qualitativ muss diese Betreuungsmöglichkeit dem Normalangebot gleichwertig sein, wenngleich aufgrund des Wortlautes „Betreuungsmöglichkeit" gewisse Abstriche an die Güte möglich sein dürfen.

Inklusion

Die Norm postuliert Inklusion (siehe Kapitel 11.3) als Regelfall.

29.9.3 Der Bildungsauftrag (§ 22 a SGB VIII)

Gesetzliche Entwicklung des Bildungsauftrages seit 1990

Der Bildungsauftrag wurde bereits 1990 im SGB VIII festgeschrieben. Allerdings kam die Umsetzung nur schleppend voran, da im Jahr 1992 der Rechtsanspruch auf einen Kindergartenplatz ab dem dritten Lebensjahr eingeführt wurde. Infolgedessen waren die Bundesländer und Träger vornehmlich mit dem quantitativen Ausbau des Angebots beschäftigt. Der Pisa-Schock der Jahre 2000 und 2003 entfachte dann jedoch eine neue allgemeine Bildungsdiskussion quer durch alle Lager. Der allgemeine Bildungsauftrag wurde nochmals in allen Landesgesetzen ausdrücklich verankert und häufig weitergehender als in § 22 SGB VIII ausformuliert (z.B. Niedersachsen).

Doch über die bloße Festschreibung hinaus erstrebte man nun in einem zweiten Schritt auch eine nähere Bestimmung des Bildungsauftrages sowie eine Klärung, in welcher Weise er in die Praxis umgesetzt werden sollte. Daher erging im Jahre 2004 ein gemeinsamer Beschluss der Jugendministerkonferenz und der Kultusministerkonferenz mit dem Inhalt, einen „gemeinsamen Rahmen der Länder für die frühe Bildung in Kindertageseinrichtungen" zu erstellen. Dieser sollte dem Bildungsauftrag der Kitas betonen und eine Vereinbarung enthalten dahingehend, dass durch die Erstellung von Bildungsplänen der Länder die Bildungsmöglichkeiten der Kinder in den Tageseinrichtungen verbessert werden sollen. In der Folge wurde durch das TAG (siehe Kapitel 33.1) und das KICK (siehe Kapitel 33.2) im Jahre 2004 der § 22 a (siehe Kapitel 29.9.2) in das SGB VIII eingeführt.

Die Bildungspläne im Vergleich

Entsprechend den föderalen Strukturen gingen die Länder bei der Umsetzung des Bildungsauftrages ihren jeweils eigenen Weg und setzten unterschiedliche Schwerpunkte. So divergieren bereits die Bezeichnungen („Bildungs- und Erziehungsplan", „Orientierungsplan", „Rahmenplan" etc.) sowie die Zielgruppen.

Die Bildungspläne der Länder sind auch unterschiedlich verbindlich: Unmittelbar verpflichtend sind sie in Thüringen und Mecklenburg-Vorpommern ausgestaltet, während Bayern, Berlin, Brandenburg und Nordrhein-Westfalen einen Mittelweg gehen. In Bayern ist der Bildungs- und Erziehungsplan mittelbar verpflichtend, indem er seine Beachtung zur Voraussetzung zum Bezug von Fördergeldern erklärt. In Berlin, Brandenburg und Nordrhein-Westfalen sind Bildungspläne die Grundlage für Qualitätsvereinbarungen über die Bildungsarbeit der Kitas zwischen den Ländern und den Spitzenverbänden der Freien Wohlfahrtspflege sowie der kommunalen Spitzenverbände. In diesen Ländern ist also nicht der Bildungsplan verpflichtend, jedoch die auf ihm beruhenden Qualitäts- und Bildungsvereinbarungen.

Die Spitzenverbände der freien Wohlfahrtspflege

- Arbeiterwohlfahrt (AWO)
- Deutscher Caritasverband (DCV)
- Der Paritätische Wohlfahrtsverband (PARITÄTISCHER)
- Deutsches Rotes Kreuz (DRK)
- Diakonisches Werk der EKD
- Zentralwohlfahrtsstelle der Juden in Deutschland (ZWST)

Die kommunalen Spitzenverbände

- Deutscher Landkreistag
- Deutscher Städtetag
- Deutscher Städte- und Gemeindebund

In Niedersachsen und Rheinland-Pfalz wiederum sind Kitas ausdrücklich selbst dafür verantwortlich, Bildungskonzepte für die jeweilige Einrichtung zu erarbeiten. Ihre Träger werden durch Empfehlungen der Länder unterstützt.

Unabhängig vom Verpflichtungsgrad ist jedoch allen Plänen gemeinsam, dass sie die Stärkung unter anderem folgende Bereiche zum Inhalt haben:

- Naturwissenschaftliche, mathematische und technische Bildung
- Sprachförderung bei allen Kindern
- Individuelle Beobachtung und Dokumentation
- Intensivierung der Erziehungspartnerschaft mit den Eltern
- Verbesserung der Zusammenarbeit mit der Grundschule

Eine weitere Schwerpunktsetzung geschah im Bereich der ministeriellen Zuständigkeit. So haben zum Beispiel Mecklenburg-Vorpommern, Baden-Württemberg und Niedersachsen die Zuständigkeit für Kindertageseinrichtungen von den Sozial- auf die jeweiligen Kultusministerien verlagert. Die Länder Brandenburg, Rheinland-Pfalz sowie das Saarland hingegen haben die Zuständigkeit für den Kultusbereich und die Kinder- und Jugendhilfe in einem Bildungsministerium zusammengelegt.

Und schließlich wurde auch ein wichtiger Schwerpunkt im Bereich Weiterentwicklung der Ausbildung und Qualifikation der Erzieherinnen gesetzt: Ab 2003 wurden nahezu alle Ausbildungsordnungen aller Länder überarbeitet, und es wurde – häufig parallel zur Erstellung des jeweiligen Bildungsplans – eine Ausbildungsreform eingeleitet (z.B. Baden-Württemberg, Bayern). Gab es im Jahr 2004 noch vier Vertiefungsstudiengänge, sind es heute 70 Ausbildungsgänge an rund 60 unterschiedlichen Hochschulen – Tendenz steigend (siehe Kapitel 21.8.1).

Tabelle 14: Der gesetzliche Förderungsauftrag und seine Umsetzung in den einzelnen Bundesländern

Bundesland	Gesetzliche Grundlage	Umsetzung	Aktuell zuständiges Ministerium
Baden-Württemberg	Gesetz über die Betreuung und Förderung von Kindern in Kindergärten, anderen Tageseinrichtungen und der Kindertagespflege (Kindertagesbetreuungsgesetz – KiTaG) vom 19. 03. 2009	Orientierungsplan für Bildung und Erziehung für die baden-württembergischen Kindergärten (2005): verbindlich	Ministerium für Kultus, Jugend und Sport www.km-bw.de
Bayern	Bayerisches Gesetz zur Bildung, Erziehung und Betreuung von Kindern in Kindergärten, anderen Kindertageseinrichtungen und in Tagespflege und zur Änderung anderer Gesetze vom 01.08.2005	Der Bayerische Bildungs- und Erziehungsplan für Kinder in Tageseinrichtungen bis zur Einschulung (BEP) (2006): verbindlich, wenn finanzielle Förderung beantragt wird	Bayerisches Staatsministerium für Arbeit und Sozialordnung, Familie und Frauen www.stmas.bayern.de
Berlin	Gesetz zur Förderung von Kindern in Tageseinrichtungen und Kindertagespflege (Kindertagesförderungsgesetz – KitaFöG) vom 23.06.2005	Berliner Bildungsprogramm für die Bildung, Erziehung und Betreuung von Kindern in Tageseinrichtungen bis zu ihrem Schuleintritt (BBP) (2004): verbindlich	Senatsverwaltung für Bildung, Wissenschaft und Forschung (Abteilung Jugend und Familie) www.berlin.de/sen/bwf/
Brandenburg	Zweites Gesetz zur Ausführung des Achten Buches des Sozialhilfegesetzbuches – Kinder- und Jugendhilfe – Kindertagesstättengesetz (KiTaG) vom 10.06.1992 in der Fassung vom 27.06.2004	Grundsätze elementarer Bildung in Einrichtungen der Kindertagesbetreuung im Land Brandenburg (2007): nicht verbindlich	Ministerium für Bildung, Jugend und Sport www.mbjs.brandenburg.de
Bremen	Bremisches Tageseinrichtungs- und Tagespflegegesetz – BremKTG – in Kraft seit 30.05.2006, Verkündungsstand 15.07.2010	Rahmenplan für Bildung und Erziehung im Elementarbereich: Frühkindliche Bildung in Bremen (2004): verbindlich	Senat für Arbeit, Frauen, Gesundheit, Jugend und Soziales www.soziales.bremen.de
Hamburg	Gesetz zur Neuregelung der Hamburger Kinderbetreuung (KibeG) vom 27.04.2004, zuletzt geändert durch Gesetz vom 03.11.2004	Hamburger Bildungsempfehlungen für die Bildung und Erziehung von Kindern in Tageseinrichtungen (2005): verbindlich	Behörde für Soziales, Familie, Gesundheit und Verbraucherschutz www.hamburg.de/bsg
Hessen	Hessisches Kinder- und Jugendhilfegesetzbuch (HKJGB) vom 18.12.2006	Bildung von Anfang an. Bildungs- und Erziehungsplan für Kinder von 0 bis 10 Jahren in Hessen (2007): verbindlich	Ministerium für Arbeit, Familie und Gesundheit www.hmafg.hessen.de

Mecklenburg-Vorpommern	Gesetz zur Förderung von Kindern in Tageseinrichtungen und Tagespflege vom 01.04.2004, zuletzt geändert durch Gesetz vom 10.07.2008 (KiFöG M-V)	Bildungskonzeption für 0- bis 10-jährige Kinder in Mecklenburg-Vorpommern (2010): verbindlich (§ 10 Abs. 3 KiFöG M-V)	Ministerium für Bildung, Wissenschaft und Kultur www.bm.regierung-mv.de
Niedersachsen	Gesetz über Tageseinrichtungen für Kinder (KiTaG) in der Fassung vom 07.02.2002, zuletzt geändert durch Gesetz vom 18.06.2009	Orientierungsplan für Bildung und Erziehung im Elementarbereich niedersächsischer Tageseinrichtungen für Kinder (2005): unverbindliche Empfehlung	Niedersächsisches Kultusministerium www.mk.niedersachsen.de
Nordrhein-Westfalen	Gesetz zur frühen Bildung und Förderung von Kindern (Kinderbildungsgesetz – KiBiz – Viertes Gesetz zur Ausführung des Kinder- und Jugendhilfegesetzes – SGB VIII) vom 30.10.2007	Bildungsvereinbarung NRW (2015): unverbindliche Empfehlung	Ministerium für Familie, Kinder, Jugend, Kultur und Sport www.mfkjks.nrw.de
Rheinland-Pfalz	Kindertagesstättengesetz (KitaG) vom 15.03.1991 in der Fassung vom 07.03.2008	Bildungs- und Erziehungsempfehlungen für Kindertagesstätten in Rheinland- Pfalz (2004): unverbindliche Empfehlungen	Ministerium für Bildung, Frauen und Jugend und Kultur www.mbwjk.rlp.de
Saarland	Gesetz zur Förderung der vorschulischen Erziehung in der Fassung vom 18.06.2008 – Vorschulgesetz	Das Bildungsprogramm für saarländische Kindergärten (2006): verbindlich	Ministerium für Bildung www.bildung.saarland.de
Sachsen	Sächsisches Gesetz zur Förderung von Kindern in Tageseinrichtungen (Gesetz über Kindertageseinrichtungen – SächsKitaG) in der Fassung vom 17.12.2005	Der Sächsische Bildungsplan: Ein Leitfaden für pädagogische Fachkräfte in Krippen, Kindergärten und Horten sowie für Kindertagespflege (2007): verbindlich	Sächsisches Staatsministerium für Kultus und Sport www.sachsen-machtschule.de/smk
Sachsen-Anhalt	Gesetz zur Förderung und Betreuung von Kindern in Tageseinrichtungen und in Tagespflege des Landes Sachsen-Anhalt (Kinderförderungsgesetz – KiFöG) vom 05.03.2003 in der Fassung vom 17.12.2008	Bildung: elementar – Bildung von Anfang an. Bildungsprogramm für Kindertageseinrichtungen in Sachsen-Anhalt (2004): verbindlich	Ministerium für Gesundheit und Soziales www.ms.sachsen-anhalt.de
Schleswig-Holstein	Gesetz zur Förderung von Kindern in Tageseinrichtungen und Tagespflegestellen (Kindertagessstättengesetz – KiTaG) vom 12.12.1991 in der Fassung vom 29.01.2009	Erfolgreich starten. Leitlinien zum Bildungsauftrag in Kindertageseinrichtungen (2004): unverbindliche Empfehlung	Ministerium für Bildung und Kultur www.schleswig-holstein.de/ MBK/DE/ MBK_node.html

Thüringen	Thüringer Gesetz über Tageseinrichtungen für Kinder (ThürKitaG) in der Fassung der Bekanntmachung vom 17.02.2006	Thüringer Bildungsplan für Kinder bis 10 Jahre (2008): verbindlich	Thüringer Ministerium für Bildung, Wissenschaft und Kultur www.thueringen.de/de/tmbwk

Die Kita als Bildungseinrichtung

Mit der Umsetzung des Förderauftrages in der institutionalisierten außerfamilialen Erziehung wird der Staat seinem aus Art. 6 Abs. 2 und 3 GG folgenden sogenannten Wächteramt gerecht, das ihm seit der Grundsatzentscheidung des Bundesverfassungsgerichtes das Recht und die Pflicht auferlegt, Pflege und Erziehung des Kindes sicherzustellen (siehe Kapitel 3.9.6).

Bildung ist der Prozess der persönlichen Entwicklung, der Kultivierung und Integration der Persönlichkeit unter Einbeziehung kognitiver, sozialer, kultureller und ethischer Aspekte.

Mit Bildung ist damit die umfassende Aneignung derjenigen Fähigkeiten und Fertigkeiten, jenes Wissen und Können gemeint, das zu einer eigenständigen Lebensführung im Erwachsenenalter notwendig ist. Bildung im Elementarbereich hat selbstorganisierenden Charakter und stellt die Aktivität des Kindes in den Mittelpunkt. Das Kind ist der Ko-Konstrukteur seines Bildungsprozesses: Es wird nicht gebildet, sondern bildet sich selbst.

Anders als im Schulwesen, das einen eigenständigen Bildungsauftrag innehat, leitet sich der Bildungsauftrag von Kindertageseinrichtungen unmittelbar vom grundrechtlich geschützten elterlichen Erziehungs- und Bildungsprimat ab. Zugrunde liegende Prinzipien sind hier die Freiwilligkeit, die Nähe zur Familie und die Sicherung des Kindeswohls. Bildung wird als inklusiv, ganzheitlich verstanden – im Gegensatz zum Schulwesen, wo Bildung oft stark segregierend wirkt.

Tabelle 15: Die Unterschiede zwischen Kita und Schule

Kindertageseinrichtungen	Schulwesen
Einrichtungen der Kinder- und Jugendhilfe	Kultushoheit der Länder (Art 70 GG)
Bund: Bundesministerium für Familie, Senioren, Frauen und Jugend Länder: 3 Mal Kultusministerium, 6 Mal Sozialministerium, 7 Mal Bildungsministerium	Kultusministerium des Landes
Keine Vorschule mit dem Ziel der effektiven Schulvorbereitung durch frühzeitige kognitive Wissensvermittlung	
Ziel: Verwirklichung § 1 SGB VIII – Förderung der Entwicklung des Kindes zu einer eigenverantwortlichen und gemeinschaftsfähigen Persönlichkeit	
Bildungsauftrag ist zwar in § 22 Abs. 2 SGB VIII festgeschrieben, leitet sich aber unmittelbar vom grundrechtlich geschützten elterlichen Erziehungs- und Bildungsprimat ab	Bildungsanspruch: Staatlicher Bildungsauftrag
Prinzip der Freiwilligkeit, der Nähe zur Familie und der Sicherung des Kindeswohles Grundlage schaffen für die gesellschaftliche Teilhabe eines jeden Kindes Sozialen Ungleichheiten frühzeitig entgegentreten	Bildungsauftrag wird notfalls auch gegen den Willen der Eltern im Rahmen der Schulpflicht durchgesetzt

Förderungsauftrag umfasst nach § 22 Abs. 3 SGB VIII die Trias aus Erziehung, Bildung und Betreuung	Bildungsauftrag wird notfalls auch gegen den Willen der Eltern im Rahmen der Schulpflicht durchgesetzt
Bezieht sich auf die soziale, emotionale, körperliche und geistige Entwicklung inklusive der Vermittlung orientierender Werte und Regeln	Vermittelt Bildung in erster Linie kognitiv über curricular aufgebaute Lehrpläne
Leistungsangebot soll sich pädagogisch und organisatorisch an den Bedürfnissen der Kinder und ihrer Familien orientieren	Kein entsprechender familiärer Bezug
Bildung inklusiv, ganzheitlich	Bildung eher segregierend

29.9.4 Der Kooperationsauftrag (§ 22 a Abs. 2 SGB VIII)

Abs. 2 normiert ein umfassendes Zusammenarbeitsgebot mit Erziehungsberechtigten, Tagespflegepersonen, anderen kinder- und familienbezogenen Institutionen und Initiativen im Gemeinwesen sowie Schulen.

Erziehungsberechtigte

Erziehungsberechtigt ist jede:r Personensorgeberechtigte und jede sonstige Person über 18 Jahre, soweit sie aufgrund einer Vereinbarung mit dem Personensorgeberechtigten nicht nur vorübergehend und nicht nur für einzelne Verrichtungen Aufgaben der Personensorge wahrnimmt (§ 7 Abs. 1 Nr. 6 SGB VIII).

Für die Erziehungsberechtigung ist eine gewisse tatsächliche Verantwortungsübernahme erforderlich, jedoch nicht ein Zusammenleben über Tag und Nacht. Der Verantwortungsübernahme liegt eine Vereinbarung zugrunde, die formlos wirksam ist. Die Erziehungsberechtigung wird meist aufgrund stillschweigenden, schlüssigen Handelns des/der Personensorgeberechtigten übertragen.

Personensorgeberechtigt ist, wer nach BGB das Recht und die Pflicht zur elterlichen Sorge innehat (siehe Kapitel 20.3.1).

Die Kooperation mit den Erziehungsberechtigten hat das Ziel, das Wohl der Kinder sowie die Kontinuität des Erziehungsprozesses zu sichern.

Elternbeirat

An den Entscheidungen in wesentlichen Angelegenheiten der Erziehung, Bildung und Betreuung sind die Erziehungsberechtigten zu beteiligen (§ 22 a Abs. 2 Satz 2 SGB VIII). Die konkrete Ausgestaltung dieser Elternbeteiligung hat der Bundesgesetzgeber dem Landesgesetzgeber überlassen. Die Kindergartengesetze der Länder sehen zu diesem Zweck die Einrichtung eines Elternbeirates, auch „Kindergartenausschuss“, „Beirat“ etc. genannt, vor (siehe Kapitel 42.1.2).

Tagespflegepersonen

Die Kooperation mit Tagespflegepersonen ist nur dann von Relevanz, wenn das Kind ergänzend in Tagespflege betreut wird. Hier ist sicherzustellen, dass die Kontinuität des Erziehungsprozesses gewahrt und Brüche bei Übergängen zwischen den beiden Betreuungsformen vermieden werden.

Institutionen und Initiativen im Gemeinwesen

Die Familienbildungsstätten und -beratungsstätten werden vom Gesetz explizit benannt. Darüber hinaus kommen insbesondere auch Institutionen des Gesundheitswesens in Betracht.

Schulen

Die Kooperation mit den Schulen dient dem Zweck, den Kindern einen guten Übergang in die Schule zu sichern und die Arbeit mit Schulkindern in Horten und altersgemischten Gruppen zu unterstützen. Die Norm verpflichtet Kindertageseinrichtungen:

- ihre Bildungsangebote mit der Schule abzustimmen,
- die gemeinsame Zusammenarbeit mit den Eltern im Hinblick auf den Übergang in die Schule zu verstärken und
- eine adäquate Kooperationsstruktur aufzubauen.

Insoweit ist das Kooperationsgebot lediglich eine besondere Ausgestaltung des ohnehin im SGB VIII verankerten Gebotes zur strukturellen Zusammenarbeit mit anderen Stellen und öffentlichen Einrichtungen, das § 81 SGB VIII festschreibt.

Die Ausgestaltung der konkreten Zusammenarbeit hat der Gesetzgeber den Einrichtungen selbst überlassen und ist von ihnen in eigener Verantwortung vorzunehmen. Hinsichtlich jeglicher Datenübermittlung an die Grundschule ist aber stets zu beachten, dass Schulen keine Sozialleistungsträger im Sinne § 35 I SGB I sind (siehe Kapitel 31). Eine Datenübermittlung an sie ist daher nur zulässig, wenn eine diesbezügliche Einwilligung vorliegt. Diese ist nach allgemeiner Auffassung bis zum Ende des ersten Grundschuljahres gültig, wenn sie nicht vorher widerrufen wird.

29.9.5 Der Vernetzungsauftrag (§ 22 a SGB VIII)

Über die genannten Kooperationspartner hinaus sind Kindertageseinrichtungen aufgerufen, sich unter der Maxime der Sozialraumorientierung weitere Vernetzungspartner zu suchen. Dies sind zum einen Personen, die in einem weiteren Sinne Anteil an der Jugendhilfearbeit im Sozialraum nehmen, wie zum Beispiel Großeltern, Turn- und Sportvereine, Musiklehrer:innen, Umweltpädagog:innen, Museen etc. Auch Angehörige der Heilberufe wie Ergotherapeut:innen, Logopäd:innen, Ärzt:innen, Hebammen etc. sind taugliche Vernetzungspartner. Unternehmen, Dienstleister und Handwerker:innen am Ort können unter anderem auch als Sponsoren für Kindergartenprojekte gewonnen werden.

29.10 Rechtsansprüche der Kinder- und Jugendhilfe

Wie bereits ausgeführt, gibt das SGB VIII Eltern und Kindern nur sehr wenige subjektive Rechte. Die wichtigsten Ausnahmen vom Angebotscharakter der Jugendhilfe sind der Rechtsanspruch des Kindes auf einen Kindergartenplatz sowie der Rechtsanspruch der Eltern auf Hilfen zur Erziehung.

29.10.1 Rechtsanspruch auf einen Kindergartenplatz

§ 24 SGB VIII regelt den Anspruch auf Förderung in Tageseinrichtungen und in Kindertagespflege.

§ 24 SGB VIII

(1) Ein Kind, das das erste Lebensjahr noch nicht vollendet hat, ist in einer Einrichtung oder in Kindertagespflege zu fördern, wenn

1. diese Leistung für seine Entwicklung zu einer selbstbestimmten, eigenverantwortlichen und gemeinschaftsfähigen Persönlichkeit geboten ist oder

2. die Erziehungsberechtigten

a) einer Erwerbstätigkeit nachgehen, eine Erwerbstätigkeit aufnehmen oder arbeitssuchend sind,

b) sich in einer beruflichen Bildungsmaßnahme, in der Schulausbildung oder Hochschulausbildung befinden oder

c) Leistungen zur Eingliederung in Arbeit im Sinne des Zweiten Buches erhalten.

Lebt das Kind nur mit einem Erziehungsberechtigten zusammen, so tritt diese Person an die Stelle der Erziehungsberechtigten. Der Umfang der täglichen Förderung richtet sich nach dem individuellen Bedarf.

(2) Ein Kind, das das erste Lebensjahr vollendet hat, hat bis zur Vollendung des dritten Lebensjahres Anspruch auf frühkindliche Förderung in einer Tageseinrichtung oder in Kindertagespflege. Abs. 1 Satz 3 gilt entsprechend.

(3) Ein Kind, das das dritte Lebensjahr vollendet hat, hat bis zum Schuleintritt Anspruch auf Förderung in einer Tageseinrichtung. Die Träger der öffentlichen Jugendhilfe haben darauf hinzuwirken, dass für diese Altersgruppe ein bedarfsgerechtes Angebot an Ganztagsplätzen zur Verfügung steht. Das Kind kann bei besonderem Bedarf oder ergänzend auch in Kindertagespflege gefördert werden.

(4) Für Kinder im schulpflichtigen Alter ist ein bedarfsgerechtes Angebot an Tageseinrichtungen vorzuhalten. Absatz 1 Satz 3 und Absatz 3 Satz 3 gelten entsprechend.

(5) Die Träger der öffentlichen Jugendhilfe oder die von ihnen beauftragten Stellen sind verpflichtet, Eltern oder Elternteile, die Leistungen nach den Absätzen 1 bis 4 in Anspruch nehmen wollen, über das Platzangebot im örtlichen Einzugsbereich und die pädagogische Konzeption der Einrichtung zu informieren und sie bei der Auswahl zu beraten. Landesrecht kann bestimmen, dass die erziehungsberechtigten Personen den zuständigen Träger der öffentlichen Jugendhilfe oder die beauftragte Stelle innerhalb einer bestimmten Frist vor der beabsichtigten Inanspruchnahme der Leistung in Kenntnis setzen.

(6) Weitergehendes Landesrecht bleibt unberührt.

Beginn und Ende des Anspruchs

Seit dem 1. August 2013 haben bereits Einjährige nach dem „Gesetz zum qualitätsorientierten und bedarfsgerechten Ausbau der Tagesbetreuung für Kinder, TAG" (siehe Kapitel 33.1) einen Rechtsanspruch auf einen Platz in Kita oder Kindertagespflege. Der Anspruch beginnt also mit dem ersten Geburtstag des Kindes. Das bedeutet, dass eine Kita jederzeit in der Lage sein muss, ein anspruchsberechtigtes Kind aufzunehmen und einzugliedern. Auch wenn es organisatorisch oder pädagogisch schwierig erscheint, ein Kind zum Beispiel am 11. Februar einzugliedern, darf es nach dem Willen des Gesetzgebers nicht auf einen späteren Zeitpunkt vertröstet werden. Der Anspruch endet mit dem tatsächlichen Schuleintritt.

Wunsch- und Wahlrecht der Eltern

Wie bereits ausgeführt, haben Leistungsberechtigte bzw. ihre gesetzlichen Vertreter bei allen Leistungen der Jugendhilfe das Recht, Wünsche zu äußern und zwischen vorhandenen Angeboten auszuwählen. Wird etwa der Besuch eines Wald- oder Kneipp©-Kindergartens gewählt, ist dieser Platz dort von der Wohnsitzgemeinde des Kindes ebenso zu bezuschussen wie ein Platz im eigenen Gemeindegebiet. Auch aus organisatorischen Gründen kann der Wunsch, das Kind in den Kindergarten der nächsten Gemeinde zu geben, bestehen, etwa weil dort die Mutter ihren Arbeitsplatz hat und deswegen die Öffnungszeiten besser nutzen kann. Mögliche Mehrkosten oder erhöhte Transportaufwendungen sind in diesen Fällen jedoch von den Eltern zu tragen.

Zumutbarkeit

Liegen derlei Sonderwünsche nicht vor, muss der Kindergartenplatz in der Nähe des Wohnortes bereitgestellt werden. Dies bedeutet jedoch nicht unbedingt noch die eigene Gemeinde, vielmehr richtet sich das „Wo" der Einrichtung danach, was dem Kind und dem begleitenden Erwachsenen zumutbar ist. Die Frage nach der Zumutbarkeit wird von den Gerichten höchst unterschiedlich beurteilt. So kann auf dem Land eine Busfahrt von 30 Minuten noch zumutbar sein, in der Großstadt eine U-Bahn Fahrt von 5 Minuten nicht. Nach einem Beschluss des Oberverwaltungsgerichts Frankfurt soll ein 20-minütiger Fußweg als Obergrenze der Zumutbarkeit anzusehen sein (Beschluss vom 30.12.1996, NVwZ-RR 1997, 555 ff).

Qualitätsanforderungen an den Platz

Dem Kind ist nicht irgendein Kindergartenplatz bereitzustellen. Er muss qualitativ die Voraussetzungen für eine Förderung der Entwicklung des Kindes zu einer eigenverantwortlichen und gemeinschaftsfähigen Persönlichkeit nach §§ 1, 22 Abs. 2 und 3 SGB VIII bieten.

Das bedeutet, der Platz muss

- die Entwicklung des Kindes zu einer eigenverantwortlichen und gemeinschaftsfähigen Persönlichkeit fördern,
- die Erziehung und Bildung in der Familie unterstützen und ergänzen,
- den Eltern dabei helfen, Erwerbstätigkeit und Kindererziehung besser miteinander vereinbaren zu können.

Darüber hinaus gilt der Grundsatz, dass sich das Leistungsangebot pädagogisch und organisatorisch an den Bedürfnissen der Kinder und ihren Familien orientieren muss.

Wie der Kindergartenplatz im Einzelnen dem Erziehungsauftrag gerecht werden kann, sagt § 22 SGB VIII nicht. Dies ist vielmehr jeweils landesgesetzlich geregelt. Hinsichtlich der personellen und sachlichen Ausstattung,

Betreuungsschlüssel, Öffnungszeiten, Gruppengröße, Qualifikation der Betreuer:innen etc. finden sich dort genaue Vorgaben.

Nicht gesetzlich vorgegeben ist dagegen, inwieweit der Kindergarten eine Mindestbetreuungszeit anbieten muss. Immerhin müsste es zur Betreuung der Kinder, deren Eltern ganztags arbeiten, nach Meinung von Expert:innen auch Ganztagesplätze geben. Dieser Forderung kommt der Gesetzgeber nunmehr dadurch nach, dass er in Abs. 3 die Träger der öffentlichen Jugendhilfe verpflichtet, auf die Schaffung von Ganztagsplätzen hinzuwirken. Für Kinder im Schulalter ist der Rechtsanspruch auf einen Hortplatz ab dem Jahr 2026 eingeführt.

Klageweise Durchsetzung

Richtiges Rechtsmittel, um den Anspruch auf einen Kindergartenplatz einzuklagen, ist die Verpflichtungsklage vor dem Verwaltungsgericht. Das Kind klagt als Inhaber des Anspruchs, vertreten durch seine Eltern. Beklagte ist stets die Wohnsitzgemeinde des Kindes als Träger der öffentlichen Jugendhilfe. Dies gilt auch, wenn der Kindergartenplatz bei einem freien Träger erstritten werden soll. Verpflichtet, Kindergartenplätze einzurichten bzw. vorzuhalten, sind nämlich allein die öffentlichen Träger der Jugendhilfe. Eine gesetzliche Verpflichtung für freie Träger, Kinder aufzunehmen, besteht nicht. Insofern schlägt auch hier im Bereich der Kinder- und Jugendhilfe das sozialrechtliche Dreiecksverhältnis (siehe Kapitel 27.4) durch: Das Kind bzw. seine Eltern können den Anspruch auf einen Kita-Platz nicht gegen die Einrichtung direkt stellen, sondern lediglich gegen den örtlichen Träger der öffentlichen Jugendhilfe (= Jugendamt), der wiederum die freien oder kommunalen Träger mit der Erfüllung der Leistung beauftragt. Das Rechtsverhältnis zwischen Eltern/Kindern einerseits und Kita-Träger andererseits wird durch den Betreuungsvertrag geregelt.

Die Kommunen müssen daher rechtzeitig dafür Sorge tragen, dass jeweils pünktlich zu Beginn eines Kindergartenjahres ausreichend Plätze zur Verfügung stehen. Zu diesem Zweck schließen sie eine Kostenübernahmeerklärung mit den freien Trägern.

Obsiegt das klagende Kind gegen seine Wohnsitzgemeinde, ist diese verpflichtet, umgehend einen Platz bereitzustellen. Ist sie dazu nicht in der Lage, ist sie nach den Grundsätzen der Amtshaftung nach § 839 BGB i. V. m. Art. 34 GG für den entstandenen Schaden haftbar. Dieser besteht in den Aufwendungen, die mit der Kinderbetreuung in Form von Tagespflege verbunden sind, oder aber in den Verdienstausfällen des Elternteiles, der nun an der Ausübung seines Berufes gehindert wird, weil er beim Kind bleiben muss. In Abzug zu bringen sind die ersparten Aufwendungen für den – nicht vorhandenen – Kindergartenplatz.

29.10.2 Rechtsanspruch auf Hilfen zur Erziehung (§ 27 SGB VIII)

Neben der Kinderbetreuung im Elementarbereich stellen die Hilfen zur Erziehung einen zentralen Bestandteil der Aufgaben der öffentlichen Jugendhilfe dar.

Hilfen zur Erziehung sind alle Hilfen, die Eltern und Kinder bzw. Jugendliche in die Lage versetzen, selbstständig und eigenverantwortlich eine dem Kindeswohl entsprechende Erziehung zu gewährleisten bzw. zu genießen.

Die individuelle soziale Entwicklung von Kindern und Jugendlichen kann nicht selten nur dann gefördert werden, wenn familiäre Problemlagen durch Begleitung, Beratung und Unterstützung nachhaltig so verändert werden, dass soziale Benachteiligungen kompensiert, abgebaut oder vermieden werden.

Hilfen zur Erziehung kommen immer dann in Betracht, wenn

- eine dem Wohl des Kindes oder Jugendlichen entsprechende Erziehung nicht gewährleistet, also ein Erziehungsdefizit gegeben ist und
- die Hilfe für seine Entwicklung geeignet und notwendig ist.

Wie eine solche Hilfe konkret aussieht, hängt vom jeweiligen Einzelfall und Bedarf ab. In die Beurteilung der Situation sind immer auch die Personensorgeberechtigten als Anspruchsinhaber von Beginn an mit einzubeziehen. Keinesfalls darf es geschehen, dass über die Familie geredet, aber nicht mit ihr bzw. die Hilfe von außen übergestülpt wird.

In aller Regel sind Fachkräfte des Jugendamtes, dort des Allgemeinen Sozialen Dienstes (ASD), damit betraut, den erzieherischen Bedarf der konkreten Familie beratend und diagnostisch zu ermitteln. Die im Einzelfall erforderlichen Schritte werden mit den Personensorgeberechtigten kommuniziert, geplant und koordiniert. Die spezifische Schwierigkeit besteht hier genau wie beim Schutzauftrag nach § 8 a SGB VIII in der Unbestimmtheit des Begriffs „Gefährdung des Kindeswohls“ bzw. „Kindeswohl“: Nicht nur müssen die hierfür relevanten Tatsachen festgestellt, es muss auch rasch und nach fachlichen Standards eine darauf beruhende Prognoseentscheidung getroffen werden.

Hierfür werden Art und Umfang der Hilfe unter pädagogischen Gesichtspunkten mit den Betroffenen gemeinsam beraten und ein Hilfeplan aufgestellt, der dazu dient, auf einer gewissen verbindlichen Grundlage Problemakzeptanz und Mitwirkung der Betroffenen zu fördern und erzieherische Wirkung zu erreichen.

Die §§ 28 bis 35 SGB VIII zählen eine Reihe von Hilfen auf, die weder hierarchisch noch abschließend gemeint sind. Den Jugendämtern steht es frei, in eigener Regie darüber hinausgehende, bedarfsorientierte Angebote zu entwickeln. Das Gesetz selbst nennt verschiedene ambulante, teilstationäre und stationäre Hilfen:

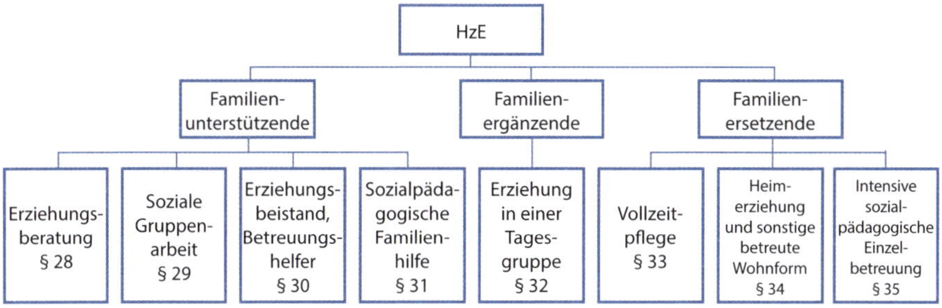

Abbildung 112: Hilfen zur Erziehung nach § 27 SGB VIII

Erziehungsberatung: Erziehungsberatungsstellen haben den Auftrag, Kinder, Jugendliche, Eltern und andere Erziehungsberechtigte bei der Klärung und Bewältigung individueller und familienbezogener Probleme und der zugrunde liegenden Faktoren, bei der Lösung von Erziehungsfragen sowie bei Trennung und Scheidung zu unterstützen. Dabei sollen Fachkräfte verschiedener Fachrichtungen zusammenwirken, die mit unterschiedlichen methodischen Ansätzen vertraut sind. Sie bearbeiten Problemlagen von Kindern und Jugendlichen, die aus strukturellen Einflussfaktoren wie Veränderungen in der Familienstruktur, wirtschaftliche Notlagen und multikultureller Umwelt etc. erwachsen. Erziehungsberatung als Hilfe zur Erziehung, die nur bei Vorliegen von Erziehungsdefiziten geleistet wird, ist abzugrenzen von sonstigen Beratungsangeboten nach § 17 SGBV III, die voraussetzungslos bestehen. Diese Abgrenzung bereitet in der Praxis häufig Schwierigkeiten.

Soziale Gruppenarbeit: Die Teilnahme an sozialer Gruppenarbeit soll älteren Kindern und Jugendlichen bei der Überwindung von Entwicklungsschwierigkeiten und Verhaltensproblemen helfen. Soziale Gruppenarbeit soll auf der Grundlage eines gruppenpädagogischen Konzepts die Entwicklung älterer Kinder und Jugendlicher durch soziales Lernen in der Gruppe fördern. Soziale Gruppenarbeit hat damit die Aufgabe, soziale Lernprozesse in der Gruppe zu organisieren und auf diese Weise soziale Kompetenzen von Kindern und Jugendlichen zu entwickeln bzw. zu stärken. Sie kann in Form von fortlaufender Gruppenarbeit (Aufnahme und Beendigung sind individuell möglich) sowie Kursarbeit (alle Teilnehmer:innen beginnen und beenden den Kurs zur selben Zeit) erfolgen. Die Altersbeschränkung hinsichtlich der Zielgruppe ist nach unten gesetzlich nicht geregelt, die Literatur geht überwiegend von 12- bis 14-Jährigen aus, in Einzelfällen auch von Kindern ab 10 Jahren bzw. ab dem Schulalter.

Erziehungsbeistandschaft, Betreuungshelfer:innen: Die Erziehungsbeistandschaft ist die älteste ausdrücklich geregelte ambulante erzieherische Hilfe und war im Jugendwohlfahrtsgesetz die einzige. Früher ehrenamtlich angelegt, wird sie nun durch hauptamtliche Fachkräfte in öffentlicher und freier Trägerschaft geleistet. Sie ist ein niedrigschwelliges Hilfeangebot. Anspruchsberechtigt sind die Inhaber der Personensorge, die in die Arbeit der Erziehungsbeistände einzubeziehen sind. Zwischen Erziehungsbeistand und dem/der Betreuungshelfer:in gibt es keine rechtliche Differenzierung.

Sozialpädagogische Familienhilfe (SPFH): Ende der 1960er Jahre entwickelte sich die SPFH als Reaktion auf die wachsende Kritik an Fremdunterbringung und Heimerziehung. Im Unterschied zu anderen Hilfen zur Erziehung geht es hier nicht um die Schwierigkeiten eines einzelnen Kindes bzw. Jugendlichen, sondern um den gesamten Familienverband und seine Bezugssysteme. Eine intensive SPFH ist stets familiennah, flexibel und hoch variabel im Hinblick auf Zeitstruktur und Bedarf der Familie. Die Kontaktzeiten liegen zwischen fünf und 25 Stunden wöchentlich bei mindestens zwei Kontakten wöchentlich. Der gesamte Zeitraum der SPFH kann von sechs bis zu 30 Monaten reichen. Voraussetzung der SPFH ist, dass

- die Familie zur Mitarbeit bereit ist,
- positive Beziehungen innerhalb der Familie bestehen bzw. hergestellt werden können,
- der Wunsch besteht, als Familie zusammenzubleiben.

Erziehung in einer Tagesgruppe: Hilfe zur Erziehung in einer Tagesgruppe soll die Entwicklung des Kindes oder des Jugendlichen durch soziales Lernen in der Gruppe, Begleitung der schulischen Förderung und Elternarbeit unterstützen und dadurch den Verbleib des Kindes oder des Jugendlichen in seiner Familie sichern. Als teilstationäre, familienergänzende Hilfen zur Erziehung ist die Erziehung innerhalb einer Tagesgruppe die Schnittstelle zwischen der ambulanten und der stationären Jugendhilfe. Im Unterschied zu anderen Tageseinrichtungen ist sie nicht auf 14 Jahre altersbeschränkt, sondern kann auch Jugendlichen gewährt werden. Die Gruppengröße beträgt neun bis zwölf Kinder/Jugendliche bei einem hohen Betreuungsschlüssel von 1:3 (maximal 1:4), der eine intensive Beziehungsarbeit ermöglicht.

Vollzeitpflege: Vollzeitpflege soll entsprechend dem Alter und Entwicklungsstand des Kindes oder des Jugendlichen und seinen persönlichen Bindungen sowie den Möglichkeiten der Verbesserung der Erziehungsbedingungen in der Herkunftsfamilie Kindern und Jugendlichen in einer anderen Familie eine befristete Erziehungshilfe oder eine auf Dauer angelegte Lebensform bieten. Für besonders entwicklungsbeeinträchtigte Kinder und Jugendliche sind geeignete Formen der Familienpflege zu schaffen und auszubauen. Die Vollzeitpflege ist der Gegensatz zur Tagespflege nach § 23 SGB VIII und bezeichnet die Unterbringung und Erziehung von Kindern oder Jugendlichen über Tag und Nacht außerhalb des leiblichen Elternhauses. Hat das Kind bei Pflegeeltern faktische, soziale Eltern gefunden und würde es durch eine Herausnahme aus seinem sozialen Bezugsfeld schwer geschädigt werden, kann einem etwaigen elterlichen Herausgabeverlangen mit einer entsprechenden familiengerichtlichen Anordnung gemäß § 1632 Abs. 4 BGB begegnet werden (siehe Kapitel 20.3).

Heimerziehung, sonstige betreute Wohnformen: Hilfe zur Erziehung in einer Einrichtung über Tag und Nacht (Heimerziehung) oder in einer sonstigen betreuten Wohnform soll Kinder und Jugendliche durch eine Verbindung von Alltagserleben mit pädagogischen und therapeutischen Angeboten in ihrer Entwicklung fördern. Sie soll entsprechend dem Alter und Entwicklungsstand des Kindes oder des Jugendlichen sowie den Möglichkeiten der Verbesserung der Erziehungsbedingungen in der Herkunftsfamilie

- eine Rückkehr des Kindes oder des Jugendlichen in die Familie zu erreichen versuchen oder
- die Erziehung in einer anderen Familie vorbereiten oder
- eine auf längere Zeit angelegte Lebensform bieten und auf ein selbstständiges Leben vorbereiten.

Da klare, überprüfbare wissenschaftliche Standards bis heute nicht erstellt wurden, bleibt die konkrete Ausgestaltung der Hilfeform letztlich dem jeweiligen Träger überlassen. Die im Allgemeinen Teil des SGB VIII formulierten Prinzipien (siehe Kapitel 29.6) gelten dabei als Mindeststandards.

Intensive sozialpädagogische Einzelbetreuung: Intensive sozialpädagogische Einzelbetreuung soll Jugendlichen gewährt werden, die einer intensiven Unterstützung zur sozialen Integration und zu einer eigenverantwortlichen Lebensführung bedürfen. Die Hilfe ist in der Regel auf längere Zeit angelegt und soll den individuellen Bedürfnissen des Jugendlichen Rechnung tragen. Die Zielgruppe dieser Hilfe sind Jugendliche, die mit allen anderen Hilfsangeboten nicht erreicht werden und sich in besonders gefährdenden Lebenssituation befinden (Drogen-, Obdachlosen-, Prostituiertenmilieu). Dennoch darf diese Hilfe nicht als Ultima Ratio verstanden werden.

Das Gesetz trifft keine Wertigkeit innerhalb der Hilfen, sie stehen gleichberechtigt nebeneinander und unterscheiden sich in erster Linie im pädagogischen Ansatz. Allerdings ist auch hier stets der Verhältnismäßigkeitsgrundsatz zu beachten. Wo ambulante Hilfe ausreichend erscheint, ist eine teilstationäre oder stationäre nicht angezeigt.

Auch im Bereich der Hilfen zur Erziehung ist das Wunsch- und Wahlrecht des/der Leistungsberechtigten, das § 5 SGB VIII festschreibt, zu beachten. Er/sie kann Wünsche hinsichtlich der Gestaltung der Hilfen äußern und ist auf dieses Recht hinzuweisen. Auch sind nach § 9 SGB VIII bestimmte Grundrichtungen der bisherigen und gewünschten Erziehung durch die Personensorgeberechtigten zu berücksichtigen. Und als ganz wesentliche Vorschrift kommt in diesem Zusammenhang noch § 8 SGB VIII zum Tragen: Kinder und Jugendliche sind entsprechend ihrem Entwicklungsstand an allen sie betreffenden Entscheidungen der öffentlichen Jugendhilfe zu beteiligen.

Diese Regelung kann aber nicht darüber hinwegtäuschen, dass den Rechtsanspruch auf Erziehungshilfen stets nur die Personensorgeberechtigten haben, nicht aber die betroffenen Kinder und Jugendlichen selbst. Verweigern die Eltern die Mitwirkung am Hilfeplan, können zwar Maßnahmen für die betroffenen Kinder getroffen werden, ihre langfristige Wirksamkeit ist aber bei unveränderten familiären Bedingungen äußerst fraglich.

Hilfeplanverfahren

Im Hilfeplanverfahren wird der konkrete erzieherische Bedarf des betroffenen Kindes/Jugendlichen ermittelt, Erwartungen und anzustrebende Ziele aller Beteiligten geklärt, die geeignete Hilfe zur Erziehung unter pädagogischen Gesichtspunkten ausgewählt und ihre Wirksamkeit regelmäßig überprüft. Beteiligte des Hilfeplangespräches sind die jeweiligen pädagogischen Fachkräfte von Jugendamt und Einrichtung, das betroffene Kind bzw. der/die betroffene Jugendliche, die Personensorgeberechtigten und gegebenenfalls weitere Beteiligte (z.B. Pflegeeltern). Der abschließend zu erstellende Hilfeplan schreibt die ausgewählte Hilfe mit Begründung fest und wird allen Beteiligten zugänglich gemacht.

Ein Hilfeplan

- nennt die Hilfeart, auf die sich die Beteiligten geeinigt haben;
- nennt die Gründe, aus denen diese Hilfe aus der Perspektive der verschiedenen Beteiligten ausgewählt wurde;
- nennt die Ziele, die mit der ausgewählten Hilfe erreicht werden sollen;
- nennt den zeitlichen Rahmen für die Hilfe;
- nennt die Absprachen, die die Beteiligten zur Zusammenarbeit getroffen haben;
- nennt die besonderen sozialpädagogischen, schulischen oder therapeutischen Leistungen, die im Rahmen dieser Hilfe notwendig sind;
- regelt bei Fremdunterbringung des Kindes/Jugendlichen, ob eine Rückkehr in die eigene Familie vorgesehen ist;
- regelt bei Fremdunterbringung, wie die Kontakte zwischen dem Kind/Jugendlichen und seinen Bezugspersonen ausgestaltet sind;
- nennt den Zeitpunkt, zu dem der Hilfeplan überprüft und fortgeschrieben wird.

Der Hilfeplan ist zu unterscheiden vom Erziehungsplan, der in der stationären Kinder- und Jugendhilfe vor allem bei intensivpädagogischen Maßnahmen als Steuerungselement dient, um auf den Alltag von Kindern und Jugendlichen einzuwirken.

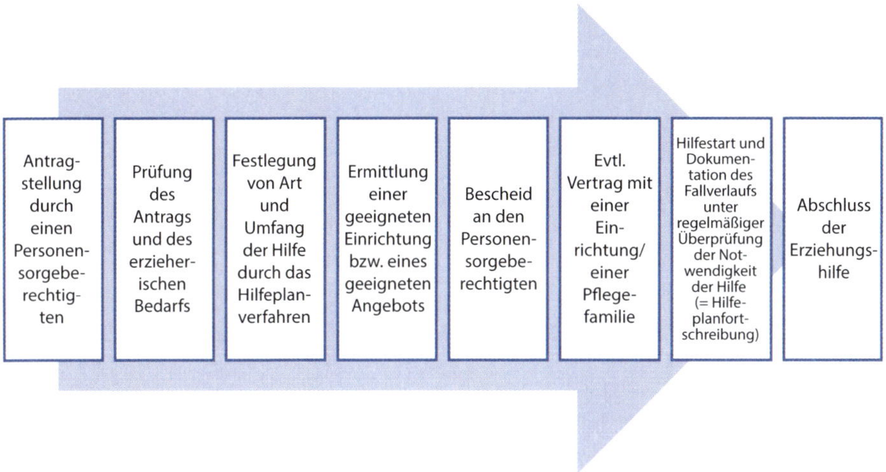

Abbildung 113: Das Hilfeplanverfahren nach § 27 SGB VIII

Kosten der Hilfe zur Erziehung

Die ambulanten Hilfen zur Erziehung sind für die Eltern kostenfrei, bei den stationären und teilstationären können Kostenbeteiligungen möglich sein.

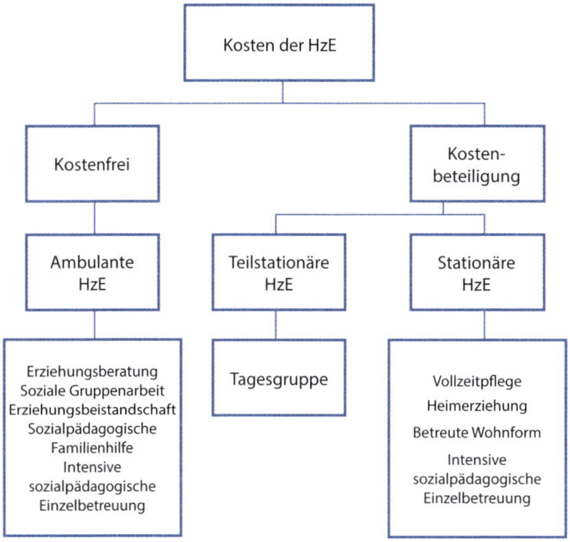

Abbildung 114: Kosten der Hilfen zur Erziehung

Eingliederungshilfe nach § 35 a SGB VIII

Einer der Leistungssektoren, der im Bereich Hilfen zur Erziehung relativ oft in Anspruch genommen wird, ist die Eingliederungshilfe bei drohender oder bereits vorliegender seelischer Behinderung. Seelische Störungen im Sinne des Gesetzes sind zum Beispiel Ängste, Depressionen, ADHS, Sucht, Autismus-Spektrum-Störungen, Traumatisierungen oder Essstörungen, unter bestimmten Umständen auch schulische Teilleistungsstörungen. Anders als bei den erzieherischen Hilfen hat der Gesetzgeber den betroffenen Kindern oder Jugendlichen hier einen eigenen Rechtsanspruch eingeräumt, der zwei Voraussetzungen hat:

- (Drohende) Beeinträchtigung der seelischen Gesundheit ist nachgewiesen.
- Dadurch ist die Teilhabe am sozialen Leben eingeschränkt.

Im Jahre 2018 wurden solche Eingliederungshilfen rund 115.000 Mal in Anspruch genommen. Rein zahlenmäßig entspricht das in etwa den Kindern bzw. jungen Menschen, die im gleichen Jahr in Pflegefamilien untergebracht waren. Auffallend ist der Unterschied zwischen den Geschlechtern: Eingliederungshilfen wurden zu 71 Prozent von Jungen oder jungen Männern und zu 29 Prozent von Mädchen bzw. jungen Frauen in Anspruch genommen. Dieses Geschlechterverhältnis ist auch deutlich ausgeprägter als bei den erzieherischen Hilfen mit 57 Prozent männlichen zu 43 Prozent weiblichen jungen Menschen.

Mit dem Kinder- und Jugendstärkungsgesetz von 2021 (siehe Kapitel 33.6) wurde die Zuständigkeit der Kinder- und Jugendhilfe für alle Kinder mit (drohender) Behinderung ab 2028 normiert, die in einem bis dahin neu zu schaffenden § 10 b SGB VIII die Eingliederungshilfe für Kinder mit (drohender) seelischer, körperlicher oder geistiger Behinderung regeln wird.

29.11 Andere Aufgaben der Kinder- und Jugendhilfe

Der überwiegende Teil der „anderen Aufgaben der Jugendhilfe", wie die Überschrift des dritten Kapitels lautet, ist bereits seit dem Jugendwohlfahrtsgesetz traditioneller Bestandteil der Kinder- und Jugendhilfe. Diese „anderen Aufgaben" bestehen aus Schutzmaßnahmen, Mitwirkungsverpflichtungen an Gerichtsverfahren, Beistands-, Pflegschafts- und Vormundschaftsangelegenheiten. Der sonst im SGB VIII geltende Grundsatz der Freiwilligkeit sowie das Wunsch- und Wahlrecht gelten für diesen Bereich nicht.

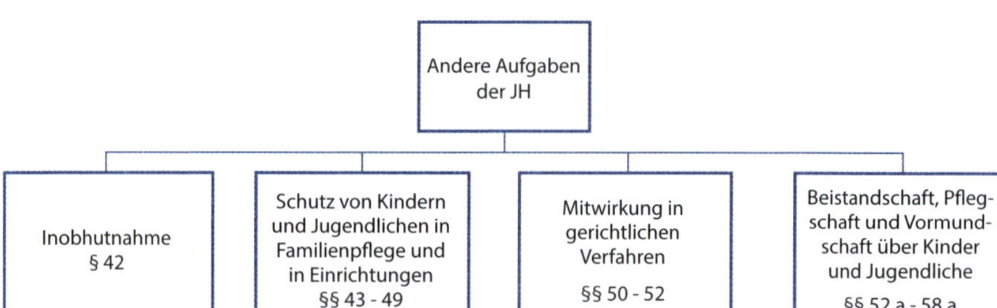

Abbildung 115: Die anderen Aufgaben der Jugendhilfe

29.11.1 Inobhutnahme Minderjähriger (§ 42 SGB VIII)

Die Vorschrift regelt die sozialpädagogische Krisenintervention in Eil- und Notfällen. Bei der Inobhutnahme handelt es sich nicht um eine Unterbringung im zivilrechtlichen Sinne, sondern um eine öffentlich-rechtliche Intervention, die ein sozialrechtliches Schutz- und Sorgerecht begründet. In diesem Verständnis kommt die Kinder- und Jugendhilfe ihrer Verpflichtung nach, sowohl vorübergehende Schutzgewährung (Gefahrenabwehr und Betreuung) als auch weiterführende Klärungshilfe zu leisten. Die Inobhutnahme ist die einzige Befugnis des Jugendamtes zum direkten Eingriff in das Personensorgerecht und nur dann zulässig, wenn das Familiengericht nicht rechtzeitig eine Entscheidung treffen kann. Damit ist die Inobhutnahme lediglich eine vorübergehende Eilmaßnahme.

Inobhutnahme ist die vorläufige Unterbringung eines/r Minderjährigen

- bei einer anderen Person (Bereitschaftspflegestelle),
- in einer Einrichtung (Jugendschutzheim),
- in einer sonstigen betreuten Wohnform (Wohngruppe, betreutes Einzelwohnen).

Abs. 1 Satz 1 Nr. 1 bis 3 beschreibt die Anlässe, Abs. 1 Satz 2 beschreibt die Befugnisse des Jugendamtes zu Heraus- bzw. Wegnahme sowie zur Unterbringung des Kindes.

Voraussetzungen

Das Gesetz zur Weiterentwicklung in der Kinder- und Jugendhilfe (KICK) (siehe Kapitel 34) hat den § 42 SGB VIII unter Einbeziehung des § 43 SGB VIII a. F. und mit deutlichem Bezug zu § 8 a SGB VIII neu gefasst. Danach kann und muss das Jugendamt ein Kind bzw. Jugendlichen in seine Obhut nehmen, wenn:

- es um Obhut bittet oder
- eine dringende Gefahr für das Wohl des Kindes oder Jugendlichen besteht oder
- sich ein/e ausländische Minderjährige/r ohne Personensorgeberechtigten in der BRD befindet
  und
- die Personensorgeberechtigten nicht widersprechen oder
- eine familiengerichtliche Entscheidung nicht rechtzeitig eingeholt werden kann.

Nach dem Wortlaut des Gesetzes reicht es aus, wenn das Kind um Obhut bittet. Das Jugendamt darf dann nicht einmal prüfen, ob es sich in einer Not- oder Konfliktsituation befindet. Man wird allerdings feststellen müssen, dass Inobhutnahme schon begrifflich etwas anderes ist als „Gewährung von Unterkunft", also ein gewisses Schutzbedürfnis vorhanden sein muss. Es ist ausreichend, dass der/die Minderjährige deutlich macht, dass er/sie nicht in die Obhut seiner/ihrer Personensorgeberechtigten zurück kann oder will. In einer solchen Situation ist ein Schutzbedürfnis unwiderleglich zu vermuten.

Demgegenüber kann nach dem Wortlaut der Norm eine Inobhutnahme nicht erfolgen, wenn dies nur die Personensorgeberechtigten wünschen, nicht aber das Kind bzw. der/die Jugendliche. In diesen Fällen wird die Einleitung von Hilfen zur Erziehung nach § 27 SGB VIII das richtige Mittel sein.

Die Inobhutnahme ist nach § 42 SGB VIII zulässig, wenn die Personensorgeberechtigten nicht widersprechen. Ein solcher Fall liegt auch dann vor, wenn sie gegenüber dem Kind gleichgültig sind.

Eine wichtige Neuerung zum bisherigen § 43 SGB VIII hatte KICK gebracht: War die Wegnahme des/der Minderjährigen von den Eltern oder Personensorgeberechtigten nicht erlaubt, ist dies nun nach dem neuen § 42 SGB VIII unter den dort genannten Voraussetzungen zulässig. Mehr noch: Die Vorschrift eröffnet dem Jugendamt nicht etwa nur einen Ermessensspielraum, sie besagt vielmehr: Wenn die Voraussetzungen vorliegen, ist das Jugendamt zur Wegnahme befugt, aber auch verpflichtet. Das entspricht im Wesentlichen der Regelung des § 8 a Abs. 3 Satz 2 SGB VIII.

Folgen

Während der Inobhutnahme erhält das Jugendamt gewisse Rechte und Pflichten. Dazu gehören

- Personensorge,
- Vornahme von Rechtshandlungen, die zum Wohl des/der Minderjährigen notwendig sind,
- Sicherstellung von Unterhalt und Krankenpflege.

Verfahren

Das Jugendamt ist verpflichtet,

- mit dem/der Minderjährigen die Situation zu klären,
- dem/der Minderjährigen Hilfe anzubieten,
- dem/der Minderjährigen Gelegenheit zu geben, eine Vertrauensperson hinzuzuziehen,
- die Personensorgeberechtigten zu benachrichtigen,
- mit ihnen eine Klärung der Situation anzustreben,
- den/die Minderjährige:n an die Personensorgeberechtigten herauszugeben, wenn keine Kindeswohlgefährdung zu erwarten ist; anderenfalls ist eine Entscheidung des Familiengerichtes einzuholen,
- bei Gefahr für Leib oder Leben den/die Minderjährige:n in die geschlossene Unterbringung zu verbringen; in diesem Fall muss es eine Entscheidung des Familiengerichtes bis zum Ende des auf die Unterbringung folgenden Tages herbeiführen; anderenfalls muss die Unterbringung beendet werden.

Im Jahre 2015 wurden die Regelungen zur Inobhutnahme mit den §§ 42 a ff SGB VIII zur sogenannten „vorläufigen Inobhutnahme" und dem bundesweiten Verteilungsverfahren von minderjährigen ausländischen Kindern und Jugendlichen erweitert.

§ 106 SGB VIII, der festschreibt, dass die §§ 42, 42 a SGB VIII das Grundrecht auf Freiheit der Person einschränken, ist Ausdruck des Zitiergebotes des Art. 19 GG (siehe Kapitel 3.5.3).

29.11.2 Schutz von Kindern und Jugendlichen in Familienpflege und in Einrichtungen

Kindertagesbetreuung und Kindertagespflege stehen unter einem Erlaubnisvorbehalt durch das örtliche Jugendamt.

> § 43 SGB VIII
>
> Wer Kinder außerhalb ihrer Wohnung in anderen Räumen während des Tages mehr als 15 Stunden wöchentlich gegen Entgelt länger als drei Monate betreuen will (Tagespflegeperson), bedarf der Erlaubnis.

Dieser Erlaubnisvorbehalt gilt ab dem ersten Tag der Betreuung und unabhängig davon, ob die Betreuung privat finanziert wird. § 43 SGB VIII regelt insoweit die Erlaubnispflicht für die Kindertagespflege, § 45 SGB VII die Erlaubnispflicht für die Kindertagesbetreuung (siehe Kapitel 45.1).

29.11.3 Mitwirkung in gerichtlichen Verfahren (§ 50 SGB VIII)

Das Jugendamt unterstützt das Familiengericht bei allen Maßnahmen, die Sorge für die Person von Kindern und Jugendlichen betreffen. Es hat in folgenden Verfahren mitzuwirken:

- Kindschaftssachen,
- Abstammungssachen,
- Adoptionssachen,
- Ehewohnungssachen,
- Gewaltschutzsachen.

Die Aufgabe des Jugendamtes besteht in der Unterrichtung des Gerichts über angebotene und erbrachte Leistungen sowie der Einbringung erzieherischer und sozialer Gesichtspunkte zur Entwicklung des Kindes oder des Jugendlichen. Weiterhin weist es auf weitere Möglichkeiten der Hilfe hin. In Kindschaftssachen informiert es über den Stand des Beratungsprozesses.

29.11.4 Mitwirkung in Verfahren nach dem Jugendgerichtsgesetz (§ 52 SGB VIII)

Das Jugendamt hat in Verfahren nach dem Jugendgerichtsgesetz (JGG) mitzuwirken. § 52 SGB VIII normiert typische leistungsrechtlich gestaltete Aufgaben, während sich die Stellung und Aufgaben des Jugendamtes im Jugendstrafverfahren aus dem JGG selbst ergeben.

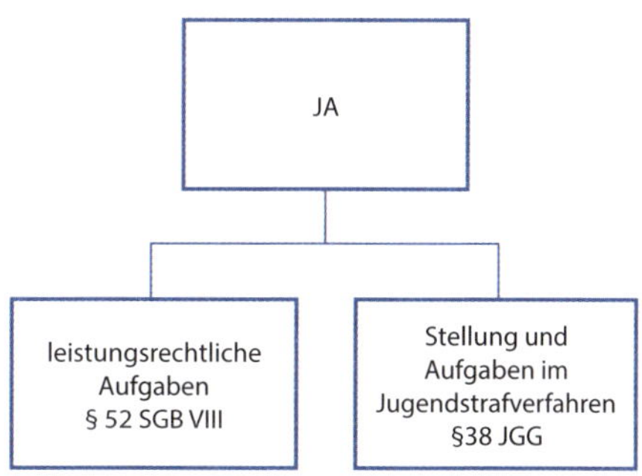

Abbildung 116: Aufgaben des Jugendamtes nach § 52 SGB VIII

§ 52 SGB VIII verpflichtet das Jugendamt, frühzeitig zu prüfen, ob für den Jugendlichen oder den jungen Volljährigen Leistungen der Jugendhilfe in Betracht kommen. Ist dies der Fall oder ist eine geeignete Leistung bereits eingeleitet oder gewährt worden, so hat das Jugendamt den Staatsanwalt oder den Richter umgehend davon zu unterrichten, damit geprüft werden kann, ob diese Leistung ein Absehen von der Verfolgung oder eine Einstellung des Verfahrens ermöglicht. Der/die Mitarbeiter:in des Jugendamtes oder des anerkannten Trägers der freien Jugendhilfe soll den Jugendlichen oder den jungen Volljährigen während des gesamten Verfahrens betreuen.

Nach § 38 JGG bringen die Vertreter der Jugendgerichtshilfe die erzieherischen, sozialen und fürsorgerischen Gesichtspunkte im Verfahren vor den Jugendgerichten zur Geltung. Sie unterstützen zu diesem Zweck die beteiligten Behörden durch Erforschung der Persönlichkeit, der Entwicklung und der Umwelt des/der Beschuldigten und äußern sich zu den Maßnahmen, die zu ergreifen sind. In Haftsachen berichten sie beschleunigt über das Ergebnis ihrer Nachforschungen. In die Hauptverhandlung soll der/die Vertreter:in der Jugendgerichtshilfe entsandt werden, der/die die Nachforschungen angestellt hat. Soweit nicht ein:e Bewährungshelfer:in bestellt ist, wachen sie auch darüber, dass der/die Jugendliche den erteilten Weisungen und Auflagen nachkommt. Erhebliche Zuwiderhandlungen teilen sie dem Gericht mit.

Die Jugendgerichtshilfe ist im gesamten Verfahren gegen eine:n Jugendliche:n heranzuziehen. Dies soll so früh wie möglich geschehen. Vor der Erteilung von Weisungen sind die Vertreter:innen der Jugendgerichtshilfe stets zu hören.

29.11.5 Vaterschaftsfeststellung, Beistandschaft, Pflegschaft und Vormundschaft für Kinder und Jugendliche (§§ 52 a ff SGB VIII)

Der vierte Abschnitt des dritten Kapitels begründet zahlreiche Verpflichtungen des Jugendamtes, die inklusive der dort genannten Beratungs- und Unterstützungsleistungen zu den „anderen Aufgaben" der Jugendhilfe nach § 2 Abs. 3 SGB VIII zählen. Sie sind also keine Sozialleistungen. In den §§ 52 a ff SGB VIII werden die Verpflichtungen des Jugendamtes zur Beratung und Unterstützung von Müttern, insbesondere bei der Vaterschaftsfeststellung und Geltendmachung von Unterhaltsansprüchen (§ 52 a), zur Auskunft gegenüber Müttern über die Alleinsorge aus dem Sorgeregister (§ 58 b) sowie zur Beratung und Unterstützung von Vormündern und Pflegern (§ 53) normiert. § 54 SGB VIII regelt die Erlaubniserteilung zur Übernahme von Vereinsvormundschaften, § 55 SGB VIII die Beistandschaft, Amtspflegschaft und Amtsvormundschaft.

29.12 Bereichsspezifischer Sozialdatenschutz

Über den allgemeinen Sozialdatenschutz (siehe Kapitel 31) hinaus gilt für die Kinder- und Jugendhilfe speziell noch der sogenannte bereichsspezifische Sozialdatenschutz der §§ 61 ff SGB VIII.

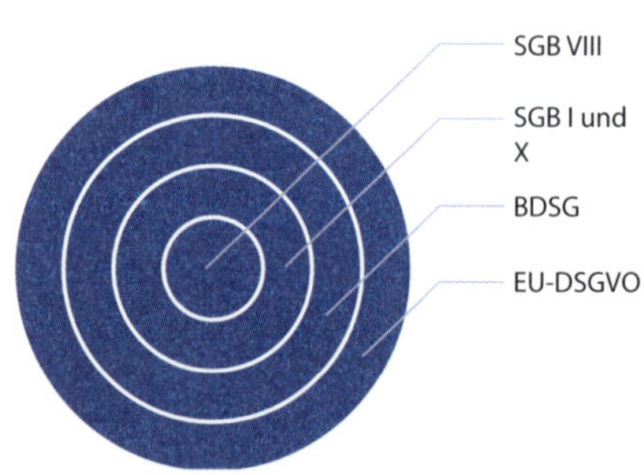

Abbildung 117: Datenschutz, Sozialdatenschutz und bereichsspezifischer Datenschutz

> § 65 Abs. Nr. 1 SGB VIII
>
> Besonderer Vertrauensschutz in der persönlichen und erzieherischen Hilfe
>
> Sozialdaten, die dem Mitarbeiter eines Trägers der öffentlichen Jugendhilfe zum Zwecke persönlicher und erzieherischer Hilfe anvertraut worden sind, dürfen von diesem nur weitergegeben werden mit Einwilligung dessen, der die Daten anvertraut hat.

Es besteht also nur dann eine Befugnis zur Weitergabe, wenn eine Einwilligung des Betroffenen vorliegt, auf eine Übermittlungsbefugnis kommt es hier nicht an. Insoweit beinhaltet die Norm eine deutliche Verschärfung zum allgemeinen Sozialdatenschutz (siehe Kapitel 31).

Da „Weitergabe" datenschutzrechtlich immer die Weitergabe innerhalb der verantwortlichen Organisationseinheit meint, ist daher zu beachten, dass über anvertraute Daten stets Stillschweigen zu bewahren ist, wenn nicht die ausdrückliche Einwilligung zur Weitergabe vorliegt. Dies gilt insbesondere auch für Teamsitzungen.

Anvertraut im Sinne des Gesetzes sind Daten nicht nur, wenn die Mitteilung unter dem Siegel der Verschwiegenheit erfolgt, sondern immer dann, wenn derjenige, der die Information preisgibt, von der Verschwiegenheit des Empfängers ausgeht und dies ausdrücklich signalisiert wird oder aus dem Zusammenhang erkennbar wird.

Darüber hinaus sind alle Erkenntnisse, die nonverbal gewonnen wurden, zum Beispiel durch Spielverhalten/Alltagsaussagen von Kindern, einem „Anvertrauen" im Gespräch gleichgestellt, wenn sie Geheimnischarakter haben. Auch sie dürfen ohne Einwilligung nicht weitergegeben werden.

Dieses Verbot der Weitergabe durfte vor Inkrafttreten des § 8 a SGB VIII nach § 34 StGB analog nur bei Vorliegen eines sogenannten rechtfertigenden Notstandes mit Gefahr für Leib oder Leben des Kindes übertreten werden. Nun gestattet § 65 Abs. 1 Nr. 4 SGB VIII das Recht zur Weitergabe an die (internen und externen) Fachkräfte, wenn es der Abschätzung des Gefährdungsrisikos nach § 8 a SGB VIII dient.

Folgen eines Verstoßes

Die Folgen eines Verstoßes gegen die Geheimhaltungspflicht hängen davon ab, welcher Berufsgruppe der/die Täter:in angehört:

- Verletzen staatlich anerkannte Erzieher:innen und Kinderpfleger:innen die Datenschutzbestimmungen des SGB, begehen sie eine Ordnungswidrigkeit, die nach den Maßgaben des § 85, 85 a SGB X mit einer Geldbuße bestraft wird. Die Höhe der Geldbuße richtet sich nach Art. 83 DSGVO (Höchstbetrag 20 Millionen Euro).
- Etwas anderes gilt für staatlich anerkannte Sozialarbeiter:innen oder Sozialpädagog:innen, da sie ausdrücklich von § 203 Absatz 1 Nr. 5 Strafgesetzbuch (StGB) genannt werden. Diese begehen eine Straftat und können mit einer Freiheitsstrafe belegt werden (siehe Kapitel 15.6).

Darüber hinaus können sich für den/die konkrete:n Erzieher:in im Einzelfall auch arbeitsvertragliche Schweigepflichten aufgrund einiger tarifvertraglicher Bestimmungen ergeben, zum Beispiel aus

- § 3 Abs. 1 TVöD
- § 5 Arbeitsvertragsrichtlinie (AVR) Caritas
- § 3 Arbeitsvertragsrichtlinie (AVR) Diakonie

Bei Verstoß gegen diese Bestimmungen drohen arbeitsrechtliche Konsequenzen wie Abmahnung und Kündigung.

29.13 Übungsfälle

Fall 125

Die Mutter des fünfjährigen Leandro thematisiert in einem Entwicklungsgespräch die Beziehung zu ihrem Mann. Dieser hätte sich aus der Erziehung seines Sohnes komplett zurückgezogen, verbringe ganze Nächte außer Haus und ziehe sich, wenn er zu Hause sei, in seine Werkstatt zurück. Sie macht sich Sorgen, dass Leandro unter der Gleichgültigkeit seines Vaters leidet und ist ratlos, wie es weitergehen soll.

Was kann Gruppenleiterin Caroline ihr raten?

Fall 126

Die Mutter der vierjährigen Annika, die das gemeinsame Sorgerecht mit dem nichtehelichen Vater hat, erzählt Leiterin Ina, dass Annikas Vater, von dem sie sich kurz nach der Geburt getrennt hat, nunmehr nach Irland ausgewandert sei. Er zahle schon lange keinen Unterhalt mehr und sei für notwendige Unterschriftsleistungen kaum zu erreichen.

Was kann die Leiterin Annikas Mutter raten?

Fall 127

Die 16-jährige Linda holt heute ihren kleinen Bruder aus dem Hort ab. Auf Hortleiterin Elisa, die sie von früher kennt, macht Linda einen äußerst niedergeschlagenen Eindruck. Als Elisa Linda fragt, was denn los sei, bricht Linda in Tränen aus und berichtet Elisa, dass sie im dritten Monat schwanger sei und ihre Eltern von ihr eine Abtreibung verlangen würden. Sie selbst würde das Kind lieber bekommen, habe aber Angst, dann zuhause rausgeworfen zu werden.

Was kann Elisa tun?

Fall 128

Der 22-jährige Tom wendet sich an Dennis, der als Sozialpädagoge im städtischen Jugendzentrum arbeitet. Er ist vor zwei Wochen aus dem Drogenentzug entlassen worden und lebt seither auf der Straße, weil seine Eltern sich weigern, ihn aufzunehmen.

Was kann Dennis für Tom tun?

Fall 129

Leiterin Hanna versucht heute bereits zum dritten Mal, beim Jugendamt Auskünfte über ein 8 a-Verfahren zu erhalten, das ihre Einrichtung vor einigen Wochen über ein Kind eröffnet und schließlich an das Jugendamt abgegeben hat. Soweit sie es abschätzen kann, hat sich an der Lebenssituation des Kindes seither nichts verbessert. Hanna würde daher gerne mit den Fallverantwortlichen sprechen, bekommt aber stets die Auskunft, dass aus datenschutzrechtlichen Gründen keine Informationen gegeben werden können.

Was kann Hanna tun?

Fall 130

Freddy ist Erzieher in einer Tagesgruppe. Heute erhält er ein Schreiben von der Jugendgerichtshilfe, die ihn im Zusammenhang mit einem Jugendstrafverfahren wegen eines Drogendeliktes, das zwei Jungen seiner Gruppe erwartet, zum Gespräch bittet.

Freddy fragt sich, ob er hingehen muss, und wenn ja, ob er der Jugendgerichtshilfe überhaupt etwas erzählen darf.

Fall 131

Gruppenleiterin Mechthild dokumentiert ihre Beobachtungen, die sie bei dem fünfjährigen Tom gemacht hat: „Tom kann sich seit einiger Zeit nicht mehr konzentrieren. Seine Bewegungen wirken wie getrieben. Er nimmt andere mit ihren Bedürfnissen und berechtigten Ansprüchen nicht wahr. Er berichtet von Albträumen und zieht sich oft zurück. (Sitzt mit angezogenen Knien in einer Ecke und hat die Stirn auf die verschränkten Arme gelegt.) Wie ich von seiner Oma erfahren habe, ist er zu Hause hyperaktiv."

Was ist von dieser Dokumentation zu halten?

Fall 132

Kindheitspädagogin Marina stellt sich heute in der „Krümelkiste" vor, einem viergruppiger Kindergarten in kommunaler Trägerschaft. Als sie von Leiterin Bärbel freundlich in deren Büro gebeten wird und ihr die weiteren Anwesenden vorgestellt werden, traut sie ihren Augen kaum: Dort sitzen neben der Gruppenleiterin Karin und dem Bürgermeister der Gemeinde noch drei weitere Gesprächsteilnehmerinnen. Bärbel stellt sie vor als die „Damen vom Elternbeirat, mit dem wir einen so guten und offenen Kontakt pflegen". Marina fühlt sich unwohl in Anwesenheit so vieler Teilnehmer:innen und hält die Zusammenstellung der Runde für unzulässig.

Liegt Marina mit ihrer Ansicht richtig?

Fall 133

In der Puppenecke spielen die drei Vierjährigen Nadine, Isabelle und Chiara Vater-Mutter-Kind. Chiara hat die Rolle des Vaters übernommen, und Erzieherin Jana beobachtet, dass sie Nadine, die die Mutter spielt, anschreit, mit Schimpfworten belegt und sie schließlich auch zu schlagen versucht.

Darf Jana ihre Beobachtungen weitergeben?

Fall 134

Der fünfjährige Tom erzählt Leiterin Nicole, die Beulen, Striemen und blauen Flecke, die er seit einiger Zeit habe, würden daher kommen, dass der neue Freund der Mama ihn immer mit seinem Gürtel schlage. Der sei sowieso ganz blöd, der sei sogar schon mal im Gefängnis gesessen.

Darf Nicole diese Informationen weitergeben?

30 SGB IX – Rehabilitation und Teilhabe behinderter Menschen

Die Bedeutung des Behindertenbereiches als Tätigkeitsfeld für pädagogische Fachkräfte hat in den letzten Jahren stetig an Bedeutung gewonnen und wird mit Umsetzung des Kinder- und Jugendstärkungsgesetzes (KJSG) für den Bereich des Kinder- und Jugendhilferechtes enorm anwachsen. Die Schwerpunkte liegen hierbei in den aus der Abbildung ersichtlichen Einrichtungen und Leistungen.

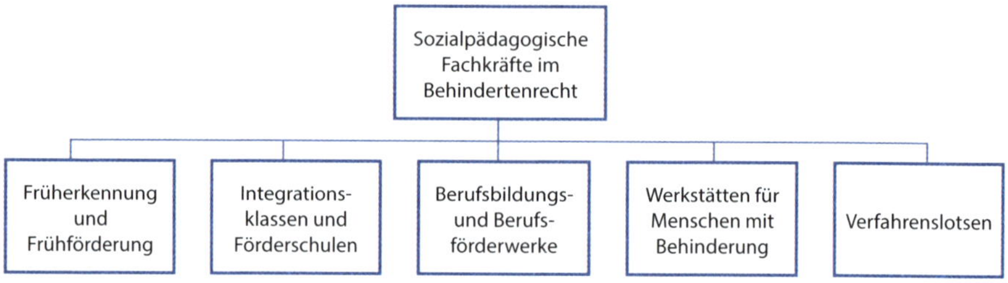

Abbildung 118: Sozialpädagogische Fachkräfte im Behindertenrecht

Früherkennung und Frühförderung: § 26 Abs. 2 Nr. 2 SGB IX ordnet die Früherkennung und Frühförderung der medizinischen Rehabilitation zu. § 30 SGB IX bestimmt die einzelnen Leistungen, die sich interdisziplinär zusammensetzen und unter anderem medizinische, psychologische und heilpädagogische Leistungen sowie die Beratung der Erziehungsberechtigten umfassen und in Frühförderstellen auf der Grundlage von individuell und unter Hinzuziehung von Fachpersonal erstellten Förderplänen erbracht werden.

Integrationsklassen und Förderschulen: Kinder und Jugendliche mit sonderpädagogischem Förderbedarf können ihr Recht auf Bildung in Integrationsklassen und Förderschulen, die der Kultushoheit der Länder unterliegen, verwirklichen.

Berufsbildungs- und Berufsförderungswerke: Junge Menschen mit Behinderung können in Berufsbildungswerken eine berufliche Erstausbildung absolvieren und einen Berufsabschluss nach Berufsbildungsgesetz erlangen. Berufsförderungswerke sind Rehabilitationseinrichtungen, die Erwachsene mit Behinderung beruflich fort- und weiterbilden sowie umschulen und sie auf diese Weise in den ersten Arbeitsmarkt integrieren.

Werkstätten für Menschen mit Behinderung: Diese Werkstätten gewährleisten Menschen mit Behinderung die Teilhabe am Arbeitsleben nach SGB IX, indem sie eine angemessene berufliche Bildung zu einem leistungsangemessenen Entgelt und die Entwicklung von Leistungs- und Erwerbsfähigkeit fördern und bei geeigneten Personen den Übergang auf den allgemeinen Arbeitsmarkt ermöglichen.

Verfahrenslots:innen nach KJSG: Sie lotsen bei Leistungen der Eingliederungshilfe junge Menschen und ihre Familien durch das Verfahren und unterstützen den örtlichen Träger der öffentlichen Jugendhilfe bei der Zusammenführung der Zuständigkeiten (siehe Kapitel 33.6.2).

30.1 Ziel des SGB IX

§ 1 SGB IX

Menschen mit Behinderungen oder von Behinderung bedrohte Menschen erhalten Leistungen nach diesem Buch und den für die Rehabilitationsträger geltenden Leistungsgesetzen, um ihre Selbstbestimmung und ihre volle, wirksame und gleichberechtigte Teilhabe am Leben in der Gesellschaft zu fördern, Benachteiligungen zu vermeiden oder ihnen entgegenzuwirken. Dabei wird den besonderen Bedürfnissen von Frauen und Kindern mit Behinderungen und von Behinderung bedrohter Frauen und Kinder sowie Menschen mit seelischen Behinderungen oder von einer solchen Behinderung bedrohter Menschen Rechnung getragen.

Das SGB IX ist am 1. Juli 2001 in Kraft getreten und hat zum Ziel, die Selbstbestimmung und die gleichberechtigte Teilhabe am Leben zu fördern sowie Benachteiligungen zu vermeiden oder entgegenzuwirken. Insbesondere die Eingliederungshilfe für junge Menschen mit geistigen oder körperlichen Behinderungen findet sich seit 2020 in den §§ 99 ff SGB IX (vormals §§ 53 ff SGB XII). Mit der Umsetzung des Kinder- und Jugendstärkungsgesetzes (KJSG) (siehe Kapitel 33.6) in den nächsten Jahren wird die Eingliederungshilfe für diese Zielgruppe erneut das Gesetz wechseln und dann im SGB VIII verankert sein.

30.2 Aufbau des SGB IX

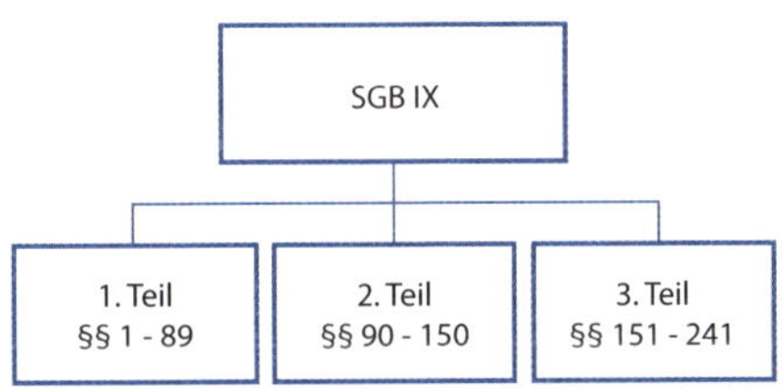

Abbildung 119: Aufbau des SGB IX

Erster Teil (§§ 1–89): Enthält allgemeine Regelungen für behinderte und von Behinderung bedrohte Menschen sowie die Auflistung möglicher Leistungen, mit denen behinderungsbedingte Benachteiligungen vermieden, ausgeglichen oder überwunden werden sollen. Die Regelungen dieses Teils gelten für alle Rehabilitationsträger, allerdings nur, soweit in den Spezialgesetzen nichts näher spezifiziert ist. Eine Ausnahme von dieser Vorrangregelung bilden nur die Kapitel 2 bis 4, bei denen es andersherum ist: Die Vorschriften dieser Kapitel gehen den für die jeweiligen Rehabilitationsträger geltenden Leistungen vor.

Zweiter Teil (§§ 90–150): Regelt die aus dem SGB XII (Sozialhilfe) herausgelöste und grundlegend reformierte Eingliederungshilfe als eigenes Leistungsgesetz. Eingliederungshilfen sind grundsätzlich nachrangig, d.h. kommen nur in Betracht, wenn die erforderlichen Leistungen nicht von anderen Sozialleistungsträgern zu erhalten sind. Die Sozialhilfeträger sind nun nicht mehr Träger der Eingliederungshilfe, vielmehr legt § 94 SGB IX fest, dass die Länder bestimmen, welche Behörden Träger der Eingliederungshilfe sind.

Tabelle 16: Träger der Eingliederungshilfe

Land	Behörde
Bayern	Bezirke
Baden-Württemberg, Brandenburg, Hessen, Mecklenburg-Vorpommern; Niedersachsen, Sachsen, Schleswig-Holstein	Landkreise und kreisfreie Städte
Nordrhein-Westfalen	Erwachsene mit Behinderung: Landschaftsverbände Kinder und Jugendliche mit Behinderung: kreisfreie Städte und Landkreise
Rheinland-Pfalz, Saarland, Sachsen-Anhalt	Land (Landesamt für Soziales)
Berlin, Bremen, Hamburg	Stadt

Dritter Teil (§§ 151–241): Beinhaltet besondere Regelungen zur Teilhabe schwerbehinderter Menschen (Schwerbehindertenrecht, siehe Kapitel 30.7).

30.3 Begriffsklärung

30.3.1 Behinderung/ Schwerbehinderung

Behinderung: Menschen, die körperliche, geistige, seelische oder Sinnesbeeinträchtigungen haben, die sie in Wechselwirkung mit einstellungs- und umweltbedingten Barrieren an der gleichberechtigten Teilhabe an der Gesellschaft mit hoher Wahrscheinlichkeit länger als sechs Monate hindern werden.

Eine Beeinträchtigung liegt vor, wenn Körper und Gesundheitszustand von dem für das Lebensalter typischen Zustand abweichen.

Von Behinderung bedroht: Menschen sind von Behinderung bedroht, wenn eine Beeinträchtigung zu erwarten ist.

Schwerbehindert: Menschen sind im Sinne des Teil 3 des SGB IX schwerbehindert, wenn bei ihnen ein Grad der Behinderung von wenigstens 50 vorliegt und sie ihren Wohnsitz, ihren gewöhnlichen Aufenthalt oder ihre Beschäftigung auf einem Arbeitsplatz im Sinne des § 156 IX rechtmäßig im Geltungsbereich dieses Gesetzbuchs haben.

Schwerbehinderten Menschen gleichgestellt: Schwerbehinderten Menschen gleichgestellt werden behinderte Menschen mit einem Grad der Behinderung von weniger als 50, aber wenigstens 30, bei denen die übrigen Voraussetzungen vorliegen, wenn sie infolge ihrer Behinderung ohne die Gleichstellung einen geeigneten Arbeitsplatz im Sinne des § 156 IX nicht erlangen oder nicht behalten können.

30.3.2 Grad der Behinderung (GdB)

Der Grad der Behinderung (GdB) wird auf Antrag des Betroffenen durch die nach Landesrecht zuständigen Behörden (meist Versorgungsamt genannt) festgestellt. Es ergeht ein Feststellungsbescheid, der mit dem Widerspruch und gegebenenfalls mit einer Klage vor dem Sozialgericht angefochten werden kann. Dieser Bescheid ist nur für den Betroffenen bestimmt. Da er unter anderem die medizinische Diagnose enthält, hat niemand das Recht, Einblick in diesen Bescheid zu verlangen.

Der GdB wird in Zehnerschritten festgestellt, die häufig anzutreffende Bezeichnung als Prozentzahl ist unzutreffend. Die unterste Schwelle ist die 20, die Steigerungen erfolgen in Zehnerschritten bis 100. Bei mehreren Beeinträchtigungen erfolgt eine Gesamtschau, keine Addition. Hierbei wird das gravierendste Leiden bewertet und anschließend berücksichtigt, ob dieses durch die weiteren Beeinträchtigungen verschlimmert wird.

Bei Verschlechterung des Gesundheitszustandes kann jederzeit ein Erhöhungsantrag gestellt werden. Da das Versorgungsamt aber nicht an seine bisherigen Feststellungen gebunden ist, kann dieser auch zu einer Verringerung führen.

Ein wichtiger Schwellenwert ist die 50, denn ab diesem Wert gilt jemand als schwerbehindert. Für Schwerbehinderte gelten bestimmte Schutz- und Förderregelungen im Arbeitsleben und in der Ausbildung (Schule, Studium). Um diese geltend zu machen, wird dem schwerbehinderten Menschen ein Ausweis ausgestellt, der bestimmte Merkzeichen enthält.

Merkzeichen nach § 3 Schwerbehindertenausweisverordnung

- G = In seiner Bewegungsfähigkeit im Straßenverkehr erheblich beeinträchtigt bzw. erheblich gehbehindert.
- aG = Außergewöhnlich gehbehindert und kann sich nur mit fremder Hilfe oder großer Anstrengung bewegen.
- B = Ständige Begleitung bei Benutzung öffentlicher Verkehrsmittel ist notwendig („die Berechtigung zur Mitnahme einer Begleitperson ist nachgewiesen").
- H = Der Mensch mit Behinderung ist hilflos. Er bedarf infolge seiner Behinderung dauernd fremder Hilfe.
- Bl = Blind. Ihm fehlt entweder das Augenlicht vollständig oder die Sehkraft beträgt nicht mehr als 1/50. Blindengeld bundesweit üblich.
- RF = Ermäßigung des Rundfunkbeitrags auf 1/3 sowie auf Antrag Sozialtarif bei der Telekom.
- Gl = Gehörlos. Es liegt beiderseitige Taubheit vor. Auch hörbehinderte Menschen erhalten dieses Merkzeichen, wenn eine Schwerhörigkeit beiderseits vorliegt, die an Taubheit grenzt und daneben schwere Sprachstörungen vorliegen. Gehörlosengeld nicht bundesweit üblich, zum Beispiel Bayern gewährt keines.
- Tbl = Taubblind. Es handelt sich um Menschen mit Behinderungen, bei denen wegen einer Störung der Hörfunktion ein Grad der Behinderung von mindestens 70 und wegen einer Störung des Sehvermögens ein Grad der Behinderung von 100 anerkannt ist. Taubblindengeld nach Landesrecht. Bayern: erfolgt bereits nach Landesblindengesetz.

30.3.3 Gleichgestellte behinderte Menschen

Beträgt der GdB 30 bis unter 50 (also 30 oder 40), kann auf Antrag des Betroffenen durch die Bundesagentur für Arbeit festgestellt werden, dass der behinderte Mensch einem Schwerbehinderten gleichgestellt ist. Diese Feststellung erfolgt dann, wenn aufgrund der Behinderung ansonsten ein Arbeitsplatz nicht erlangt oder behalten werden kann. Der behinderte Mensch erhält dadurch die gleichen Rechte im Arbeitsleben wie eine schwerbehinderte Person mit der Ausnahme, dass der Anspruch auf Zusatzurlaub nicht entsteht. Menschen mit Lernbehinderungen haben in der Regel einen GdB von 30 bis 50.

30.3.4 Rehabilitation

Rehabilitation meint in einem umfassenden Sinn den gleichzeitigen und koordinierten Einsatz von medizinischen, sozialen, schulischen und beruflichen Maßnahmen mit dem Ziel, die aus gesundheitlichen Gründen eingeschränkten Betätigungsmöglichkeiten und damit die funktionelle Leistungsfähigkeit des Betroffenen möglichst weitgehend wiederherzustellen.

Rehabilitation und Teilhabe sind – auf Menschen mit Behinderung bezogen – ein festes Begriffspaar geworden. Es gilt der Merksatz: „Rehabilitation ist der Weg, Teilhabe ist das Ziel."

Rehabilitation wird in die aus der Abbildung ersichtlichen Bereiche gegliedert.

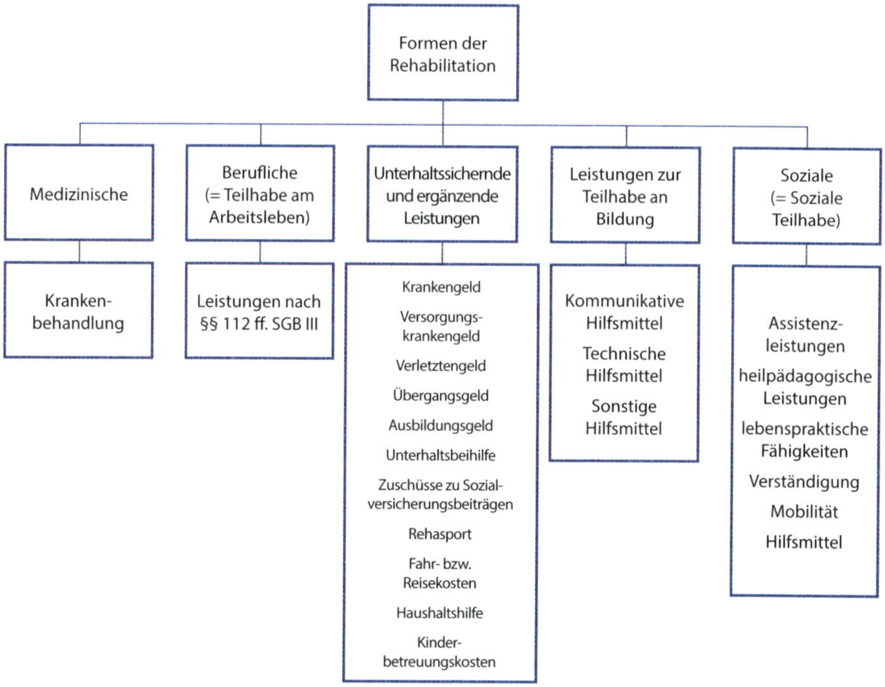

Abbildung 120: Formen der Rehabilitation

30.4 Rehabilitationsträger

Die Rehabilitationsträger sind nicht nur für die Begleichung der Kosten zuständig, sie entscheiden zunächst einmal über die Notwendigkeit und Ausführung der Leistung und stellen sicher, dass die Leistung ordnungsgemäß erbracht wird.

Tabelle 17: Rehabilitationsträger

Rehabilitationsträger	Art der Rehabilitation
Gesetzliche Rentenversicherung	In den allermeisten Fällen zuständig für die medizinische und berufliche Rehabilitation
Gesetzliche Krankenversicherung	Medizinische Rehabilitation
Gesetzliche Unfallversicherung	Für Berufs- und Arbeitsunfälle sowie Schüler:innen und Student:innen
Bundesagentur für Arbeit	Berufliche Rehabilitation, sofern kein anderer Träger vorhanden
Kriegsopferversorgung und Kriegsopferfürsorge	Für Verletzte aus Bundeswehreinsätzen und Zivildiensten
Träger der öffentlichen Jugendhilfe	Jugendliche und Student:innen bis 27 Jahre mit seelischer Erkrankung -> Beachte aber KJSG: ab 2028 für alle Kinder und Jugendlichen
Träger der (öffentlichen) Sozialhilfe	Wenn kein anderer Kostenträger zuständig ist

Unter Umständen ist es kompliziert, den zuständigen Reha-Träger zu finden. Auch sind Meinungsverschiedenheiten zwischen den infrage kommenden Trägern an der Tagesordnung.

Der Gesetzgeber wollte daher mit dem SGB IX im Jahre 2001 die ungeliebte Trägervielfalt im Rehabilitationsrecht abschaffen, scheiterte aber an Widerstand aus den Reihen der Träger. Jedenfalls für das Kinder- und Jugendhilferecht ist aber eine Vereinheitlichung für alle Kinder und Jugendlichen unter 27 Jahren gelungen:

Seit dem 10. Juni 2021 ist mit dem KJSG (siehe Kapitel 33.6) die „Große Lösung" = Inklusive Lösung in Kraft, nach der nicht nur seelisch behinderte Kinder, sondern auch geistig und körperlich behinderte Kinder künftig Eingliederungshilfe nach SGB VIII erhalten. Bislang war die Eingliederungshilfe für junge Menschen mit geistigen oder körperlichen Behinderungen seit 2020 in den §§ 99 ff SGB IX (davor §§ 53 ff SGB XII), geregelt, was aber zu Abgrenzungsproblemen führte in Fällen von

- Mehrfachbehinderungen (zwischen SGB VIII und SGB IX)
- Teilleistungsstörungen (zwischen SGB VIII und Schulrecht der Länder)
- seelisch behinderten Kindern (zwischen SGB VIII und SGB V)

30.5 Verfahren

Alle Rehabilitationsträger sollen koordiniert zusammenarbeiten, indem sie die Bedarfe umfassend ermitteln, die Leistungen nahtlos feststellen und erbringen.

Innerhalb der einzelnen Reha-Maßnahmen gibt es einige Vorränge zu beachten:

Vorränge in der Rehabilitation

1. Vorrang von Präventionsmaßnahmen mit dem Ziel, eine Behinderung oder chronische Krankheit zu verhindern
2. Vorrang „Reha vor Rente" mit dem Ziel, die Erwerbsfähigkeit zu erhalten
3. Vorrang „Reha vor Pflege" mit dem Ziel, Pflegebedürftigkeit zu verhindern oder bei bestehender Pflegebedürftigkeit eine möglichst weitgehende Unabhängigkeit und selbstständige Lebensführung zu ermöglichen

Im Rahmen der sogenannten Bedarfsermittlung wird geprüft,

- ob eine Behinderung vorliegt oder einzutreten droht,
- welche Auswirkung die Behinderung auf die Teilhabe des Leistungsberechtigten hat,
- welche Ziele mit Leistungen zur Teilhabe erreicht werden sollen und
- welche Leistungen im Rahmen einer Prognose zur Erreichung der Ziele voraussichtlich erfolgreich sind.

Nach § 118 Abs. 1 Satz 2 SGB IX muss sich die Bedarfsermittlung an der International Classification of Functioning, Disability and Health (ICF) orientieren. Die Länder haben unterschiedliche Bedarfsermittlungsinstrumente entwickelt, die zum Teil noch nicht fertiggestellt sind.

Sind mehrere Rehabilitationsträger zuständig, müssen ihre Leistungen zusammenpassen. Dazu erstellt der fallführende Rehabilitationsträger einen Teilhabeplan, um alle weiteren Rehabilitationsträger und sonstige mit dem Fall befassten Stellen zu beteiligen und dies zu dokumentieren. Der Teilhabeplan ist ein schriftliches, behördeninternes Verfahren, an dem der Mensch mit Behinderung zunächst nicht beteiligt ist, er hat aber ein Recht auf Akteneinsicht. Mit Zustimmung des Betroffenen kann die Behörde eine Teilhabeplankonferenz durchführen, auf Vorschlag des Menschen mit Behinderung muss sie eine Teilhabeplankonferenz durchführen, es sei denn, es liegt einer der gesetzlich vorgesehenen und begründeten Ausnahmefälle vor.

Ist der Träger der Eingliederungshilfe für die Durchführung des Teilhabeplanverfahrens verantwortlicher Rehabilitationsträger, müssen darüber hinaus die Vorschriften für das Gesamtplanverfahren beachtet werden. Das Verhältnis von Teilhabeplanverfahren und Gesamtplanverfahren regelt § 21 SGB IX.

Das Teilhabeplanverfahren muss nur durchlaufen werden, wenn Leistungen verschiedener Leistungsgruppen bzw. mehrerer Rehabilitationsträger erforderlich sind. Der Gesamtplan hingegen muss immer, also auch bei Einzelleistungen der Eingliederungshilfe, erstellt werden.

30.6 Formen der Leistungserbringung

Grundsätzlich gilt das Sachleistungsprinzip, d.h. der Leistungsträger soll die Leistung erbringen. Da dies in der Regel schwierig durchzuführen ist, beauftragt die Verwaltung dazu den Leistungserbringer (Anbieter). Es ergibt sich das sozialrechtliche Dreieck (siehe Kapitel 27.4).

Auch hier gilt das Prinzip des Wunsch- und Wahlrechtes nach § 8 SGB IX, und zwar

- erstens im Hinblick darauf, welche Leistung in Anspruch genommen wird,
- zweitens bei der Ausführung, also etwa der Auswahl des Leistungserbringers oder des Hilfsmittels (Argument: Stärkung der Selbstbestimmung).

Es ist anerkannt, dass die Auswahl dabei auf die Leistungserbringer eingeschränkt sein kann, mit denen der Reha-Träger einen Versorgungsvertrag geschlossen hat. Außerdem gilt der Grundsatz, dass die Wünsche

- berechtigt sein müssen und
- angemessen sein müssen.

Beide Begriffe sind unbestimmte Rechtsbegriffe und können nur ausgefüllt werden, wenn die Bewilligungsstelle genau weiß, welchem Zweck die Leistung dienen soll bzw. welche Funktion die Leistung erfüllen soll. Daher ist es wichtig, dass der Antragsteller eine genaue Beschreibung seiner Lebenssituation abgibt.

Die Entscheidung darüber, ob eine Geldleistung oder ein persönliches Budget geleistet wird, ist ebenfalls vom Wunsch- und Wahlrecht umfasst.

Geldleistung: Der Leistungsberechtigte erhält den Geldbetrag vorab und kann damit dann die einzelne bewilligte Leistung einkaufen.

Persönliches Budget: Der gesamte Bedarf für Teilhabeleistungen einer Person wird in einem Budget zusammengefasst. Diese Person organisiert und steuert damit ihre Teilhabe selbst. Der Leistungsberechtigte hat einen Rechtsanspruch auf sein persönliches Budget.

30.7 Schwerbehindertenrecht

Der/die Arbeitgeber:in darf schwerbehinderte Beschäftigte nicht wegen ihrer Behinderung benachteiligen; dies war bis zum Jahre 2006 explizit im SGB IX und ist seitdem im allgemeinen Gleichbehandlungsgesetz (AGG) geregelt (siehe Kapitel 22.4).

Die gleichgestellten behinderten und schwerbehinderten Menschen haben einen Rechtsanspruch auf eine Beschäftigung, bei der sie ihre Fähigkeiten und Kenntnisse voll einsetzen können. Der Arbeitsplatz muss behinderungsgerecht eingerichtet, gegebenenfalls mit technischen Arbeitshilfen ausgestattet sein. Ist eine Vollzeitarbeit aufgrund der Art und Schwere der Behinderung nicht möglich, ist der/die Arbeitgeber:in zur Einrichtung von Teilzeitarbeitsplätzen verpflichtet. Die schwerbehinderten Arbeitnehmer:innen sind bei Fortbildungsmaßnahmen bevorzugt zu berücksichtigen. Der/die Arbeitgeber:in hat die Pflicht, mit der Schwerbehindertenvertretung und dem Betriebs- und Personalrat eine Inklusionsvereinbarung zu treffen. Diese enthält Regelungen im Zusammenhang mit der Eingliederung schwerbehinderter Menschen (z.B. hinsichtlich Personalplanung, Arbeitsplatzgestaltung, Arbeitszeit, Prävention einer dauerhaften Arbeitsunfähigkeit).

Den/die Arbeitnehmer:in trifft insbesondere die Pflicht zu einem betrieblichen Eingliederungsmanagement nach § 167 SGB IX.

30.8 Betriebliches Eingliederungsmanagement (BEM)

Grundgedanke der Regelung ist es, die Zeit der Arbeitsunfähigkeit dazu zu nutzen,

- die Wiedereingliederung in den Betrieb zu fördern,
- mögliche arbeitsplatzbedingte Krankheitsursachen zu erkennen und
- den drohenden Verlust des Arbeitsplatzes zu verhindern.

„Durch die gemeinsame Anstrengung aller in § 167 Abs. 2 SGB IX genannten Beteiligten soll eine geeignete Gesundheitsprävention geschaffen werden, die es ermöglicht, das betroffene Arbeitsverhältnis möglichst dauerhaft zu sichern" (BAG 20.11.2014 - 2 AZR 755/13).

30.8.1 Zweck und Zielsetzung des BEM

Indem die Folgen der Krankheit und Behinderung gelindert werden, wird zur Aufrechterhaltung des Beschäftigungsverhältnisses beigetragen. Dementsprechend ist Ziel des BEM die Früherkennung. Krankheitsursachen sollen frühzeitig behoben werden können, damit die Chancen auf Sicherung des bisherigen Arbeitsplatzes steigen.

30.8.2 Anwendungsbereich

Das BEM ist zwar im SGB IX geregelt, gilt aber für alle Arbeitnehmer:innen, unabhängig davon, ob sie nichtbehindert, behindert oder schwerbehindert sind.

30.8.3 Durchführung

Die Durchführung des BEM folgt der Regel „BEM vor Kündigung". Es hat deshalb zum Inhalt:

- Allgemein: Implementierung eines grundsätzlichen Hilfesystems im Sinne eines Frühwarnsystems. Dieses wird im Betrieb vereinbart, um die Früherkennung zu ermöglichen und Maßnahmen zu ergreifen (z.B. Fehlzeitenauswertungen, Ergebnisse von betriebsärztlichen Untersuchungen und Mitarbeiterbefragungen)
- Im konkreten Einzelfall: Eingliederungsgespräche im Betrieb, Erstellung eines Maßnahmenplanes, dessen Umsetzung und die Erfolgskontrolle
- Umsetzung auf einen behinderungsgerechten Arbeitsplatz
- Technisch: organisatorische Umgestaltung des Arbeitsplatzes oder Arbeitsablaufs
- Arbeitszeitreduzierung oder Änderung
- Eine von der Krankenkasse geförderte stufenweise Wiedereingliederung

30.8.4 Grundsätze

Es gilt der Grundsatz „Nicht ohne uns über uns". Das bedeutet, der/die betroffene Arbeitnehmer:in muss ausdrücklich mit dem BEM einverstanden sein, gegen seinen/ihren Willen ist es nicht durchführbar. Dies folgt aus dem Menschenbild des Sozialrechts und ist Ausdruck des Selbstbestimmungsrechts des/der Arbeitnehmer:in. Der/die Arbeitnehmer:in ist zu jedem Zeitpunkt des Prozesses „Herr:in des Verfahrens“. Daraus folgt auch, dass eine einmal erteilte Einwilligung in das BEM jederzeit widerrufbar ist.

30.8.5 Datenschutzrechtliche Erfordernisse

Im Rahmen des BEM ist die Rechtsgrundlage für die Erhebung, Speicherung und Verarbeitung personenbezogener (sensibler) Daten die Zustimmung und damit die vorherige schriftliche Einwilligung des/der betroffenen Beschäftigten. Dies folgt einmal aus § 167 Abs. 2 SGB IX, außerdem aus den Datenschutzgesetzen. Die Zustimmungserklärung muss sich ausdrücklich auch darauf beziehen,

- dass der/die Arbeitnehmer:in weiß, dass die Daten, die zur Durchführung des BEM erhoben und genutzt werden, dem besonderen Schutz des Art. 9 Abs. 1 DSGVO unterliegen und weiterhin,
- dass er/sie die Zustimmung jederzeit widerrufen kann.

30.9 Besonderer Kündigungsschutz für Schwerbehinderte und gleichgestellte Menschen

Der besondere Kündigungsschutz für Schwerbehinderte und gleichgestellte Menschen der §§ 168 ff SGB IX ist das Kernstück des Schwerbehindertenrechts. Er ist wirksam, wenn zum Zeitpunkt der Kündigung die Schwerbehinderteneigenschaft bzw. die Gleichstellung nachgewiesen ist.

Der Nachweis der Behinderung liegt vor, wenn

- das Versorgungsamt einen GdB von mindestens 50 festgestellt hat oder
- ein Gleichstellungsbescheid der Agentur für Arbeit vorliegt.

Ist die Behinderung offenkundig (z.B. Rollstuhl, Gliedmaßenamputation), besteht Kündigungsschutz auch ohne einen Feststellungsbescheid. Allerdings unterliegt dieser Grundsatz sehr komplizierten Einschränkungen, weshalb es ratsam ist, so früh wie möglich einen Antrag beim Versorgungsamt zu stellen und bei schweren Erkrankungen (Herzinfarkt, Krebserkrankung etc.) sofort aktiv zu werden.

Die Wirkung des besonderen Kündigungsschutzes besteht darin, dass der/die Arbeitgeber:in zur Kündigung des Arbeitsverhältnisses vorher die Zustimmung des Integrationsamtes einholen muss. Dieses erlässt einen Bescheid, der sowohl dem/der Arbeitgeber:in als auch dem/der Arbeitnehmer:in zugestellt wird. Dieser Bescheid ist mit Rechtsbehelf anfechtbar.

Erst dann, wenn das Integrationsamt zugestimmt hat, kann der/die Arbeitgeber:in die Kündigung wirksam erklären. Dann bleiben die Möglichkeiten des allgemeinen Kündigungsschutzes nach KSchG. Ohne vorherige Zustimmung des Integrationsamtes ist die Kündigung unwirksam. Eine nachträgliche Zustimmung (Genehmigung) durch das Integrationsamt ist nicht zulässig. Ist dem Integrationsamt die Schwerbehinderteneigenschaft nicht nachgewiesen, stellt es ein sogenanntes Negativattest aus. Dies hat dieselbe Wirkung wie eine erteilte Zustimmung und berechtigt den/die Arbeitgeber:in zur Kündigung. Die Zustimmung ist sowohl für die ordentliche als auch die außerordentliche Kündigung notwendig, wenn das Arbeitsverhältnis mindestens sechs Monate bestanden hat.

Nicht erforderlich ist die Zustimmung bei

- einvernehmlichem Aufhebungsvertrag,
- Kündigung seitens des/der Arbeitnehmer:in,
- Fristablauf beim befristeten Arbeitsverhältnis.

Die Schwerbehindertenvertretung ist zu beteiligen (§ 178 Abs. 2 Satz 3 SGB IX).

30.10 Übungsfälle

Fall 135

Gruppenleitung Veronika spricht heute die Eltern der vierjährigen Nadine auf ihre Vermutung an, dass das Mädchen entwicklungsverzögert sei. Weder Wortschatz noch Feinmotorik seien altersangemessen entwickelt. Die Eltern reagieren überrascht und wiegeln ab: Nadine sei vielleicht ein wenig langsamer als andere Kinder, aber das hätte sie mit ihren Geschwistern gemeinsam. Die älteren Brüder hätten alle bestehenden Rückstände irgendwann von ganz allein aufgeholt. Nadine werde das ebenfalls gelingen.

Was sollte Veronika tun?

31 SGB X – Sozialdatenschutz

Das SGB X – Sozialverwaltungsverfahren und Sozialdatenschutz – regelt zum einen das gesamte sozialrechtliche Verwaltungsverfahren, zum anderen den Datenschutz hinsichtlich aller Daten, die im Rahmen der SGB I bis XII erhoben werden, also alle sozialrechtlichen Daten. Der darüber hinaus für den Bereich der Kinder- und Jugendhilfe geltende bereichsspezifische Sozialdatenschutz ist nicht im SGB X, sondern in den §§ 61 ff SGB VIII geregelt (siehe Kapitel 29.11.5).

31.1 Rechtlicher Bezugsrahmen

Der bundesdeutsche Datenschutz weist einen weiten rechtlichen Bezugsrahmen auf, der von supranationalen Vorschriften bis hin zu nationaler höchstrichterlicher Rechtsprechung reicht.

Supranational: Es gilt die EU-Datenschutzgrundverordnung (EU-DSGVO) vom 25. Mai 2018.

Verfassung: Art. 2 Abs. 1 i. V. m. Art. 1 Abs. 1 GG gewährt das Grundrecht auf informationelle Selbstbestimmung. Danach hat jeder Mensch das Recht, grundsätzlich selbst über die Offenbarung und Verwendung seiner persönlichen Daten bestimmen zu können. Einschränkungen dieses Rechts sind nur im überwiegenden Allgemeininteresse zulässig und bedürfen dann einer gesetzlichen Grundlage wie dem Bundesdatenschutzgesetz sowie den Datenschutzgesetzen der Länder.

Rechtsprechung: In seinem Volkszählungsurteil vom 15. Dezember 1983 hat das Bundesverfassungsgericht vier Grundsätze entwickelt, die beim Umgang mit Daten stets beachtet werden müssen:

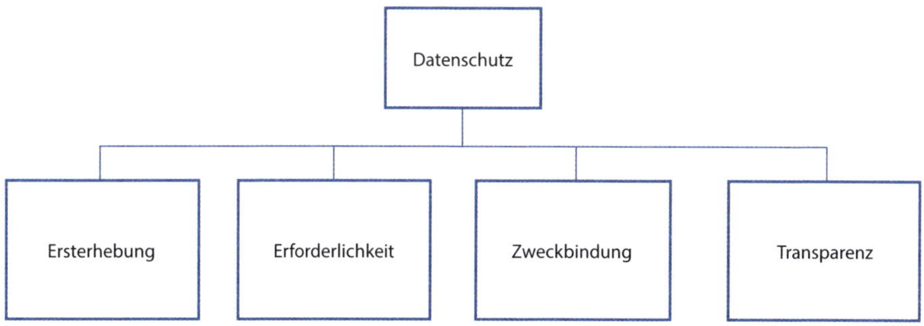

Abbildung 121: Prinzipien des Datenschutzes

Grundsatz der Ersterhebung: Daten sind immer beim Betroffenen zu erheben, Ausnahmen hiervon sind nur mit Einwilligung oder ausdrücklicher Erlaubnis des Gesetzes möglich.

Erforderlichkeitsgebot: Daten dürfen nur erhoben werden, wenn dies für die konkrete Aufgabenerfüllung erforderlich ist.

Zweckbindungsprinzip: Daten dürfen nur zu dem Zweck verwendet werden, zu dem sie erhoben wurden. Eine anderweitige Verwendung bedarf der Einwilligung oder einer ausdrücklichen gesetzlichen Grundlage.

Transparenzgebot: Der konkrete Umgang mit den Informationen ist für den Betroffenen nachvollziehbar. Wenn Einwilligungen eingeholt werden, müssen diese sich auf klar erkennbare Situationen beziehen.

Sozialrecht: Über diese allgemeinen Grundsätze hinaus besteht im Sozialrecht außerdem der sogenannte Sozialdatenschutz nach § 35 I SGB I sowie den §§ 67 bis 85 a SGB X.

Kinder- und Jugendhilfe: In der Kinder- und Jugendhilfe gilt darüber hinaus der besondere bereichsspezifische Sozialdatenschutz nach den §§ 61 bis 68 SGB VIII mit speziellen Regelungen zu anvertrauten Daten und speziellen Übermittlungsbefugnissen nach dem Gesetz zur Kooperation und Information im Kinderschutz (KKG) (siehe Kapitel 29.12).

Kunsturhebergesetz: Das Kunsturhebergesetz regelt das Datenschutzrecht an Bildern und Fotos.

31.2 Sozialdatum

Datum im Sinne des Grundgesetzes und des Bundesdatenschutzgesetzes sind alle Daten, die eine Person beschreiben oder Aussagen zu dieser Person machen.

Sozialdatum ist spezieller gefasst und in § 67 Abs. 2 SGB X wie folgt definiert:

Sozialdaten sind Einzelangaben über persönliche und sachliche Verhältnisse einer bestimmten oder bestimmbaren Person (Betroffener), die von einer in § 35 des Ersten Buches genannten Stelle im Hinblick auf ihre Aufgaben nach diesem Gesetzbuch erhoben, verarbeitet oder genutzt werden.

Für die Praxis einer Kindertageseinrichtung ergeben sich daraus fünf Konsequenzen:

- Sozialdaten sind alle personenbezogenen Angaben, die im Zusammenhang mit der Erziehung des Kindes in der Einrichtung erhoben und verwendet werden (z.B. Namen, Adressen, Telefonnummern, Sorgerechtsregelung, Bewertungen, Prognosen, Impfstatus, Krankheiten).
- Auch Vernetzungsdaten, also Daten, die durch Gespräche mit Vernetzungspartnern wie ASD oder Schule erhalten wurden, sind Sozialdaten.
- „Betroffener" im Sinne des SGB ist nicht nur das konkrete Kind, sondern seine gesamte Familie und eventuelle Dritte.
- Es ist für die Frage, wann ein Datum unter den Datenschutz fällt, völlig unerheblich, ob das Datum schriftlich oder lediglich mündlich übermittelt wurde.
- Auch Videoaufnahmen und Fotos vom Kindergartengeschehen fallen unter den Sozialdatenschutz.

Betriebs- und Geschäftsgeheimnisse einer Kindertageseinrichtung sind genauso wie Sozialdaten zu schützen (§ 35 I SGB I). Betriebs- und Geschäftsgeheimnisse sind alle betriebs- oder geschäftsbezogenen Daten, auch von juristischen Personen, die Geheimnischarakter haben. Hierzu gehören zum Beispiel Dienstpläne, Inhalte von Teambesprechungen, Dienstanweisungen.

31.3 Datenverarbeitung

Art. 4 DSGVO verwendet den Begriff der Datenverarbeitung und meint damit die Datenerhebung, die Datenpflege, die Datennutzung und die Datenübermittlung.

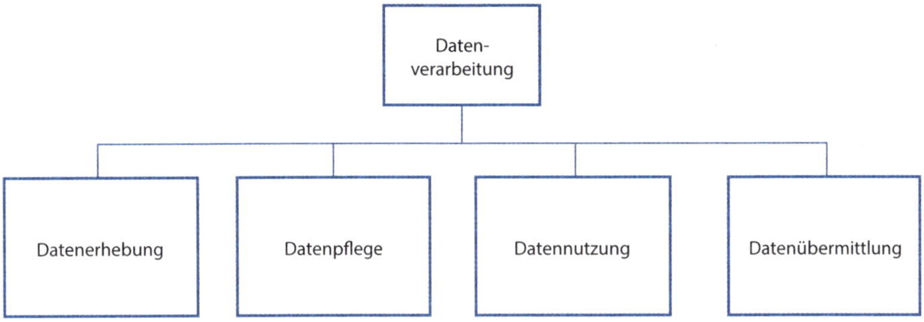

Abbildung 122: Teilbereiche der Datenverarbeitung

31.3.1 Datenerhebung

Nach dem Erforderlichkeitsgrundsatz des Bundesverfassungsgerichts dürfen Daten nur dann erhoben werden, wenn sie zur Erfüllung der konkreten Aufgabe des Sozialleistungsträgers erforderlich sind. Speziell für die Kinder- und Jugendhilfe ist dieser Grundsatz noch einmal explizit in § 62 SGB VIII geregelt. Im Abs. 1 heißt es dort: „Sozialdaten dürfen nur erhoben werden, soweit ihre Kenntnis zur Erfüllung der jeweiligen Aufgabe erforderlich ist."

Die „jeweilige Aufgabe" einer Kindertageseinrichtung ergibt sich aus dem Förderauftrag der §§ 22, 22 a SGB VIII und besteht in der Trias Erziehung, Bildung und Betreuung. Jegliche Datenerhebung für Zwecke, die nicht der Erfüllung dieser Aufgaben dienen, hat zu unterbleiben. Es ist daher auch unerheblich, ob diesbezüglich eine Einwilligung vorliegt.

Weiterhin ist es unzulässig, Daten ohne konkreten Anlass nur deshalb zu erheben, weil man sie eventuell in Zukunft einmal brauchen könnte. Dies stellt eine rechtswidrige Vorratsdatenspeicherung dar und hat zu unterbleiben.

31.3.2 Datenpflege

Auch innerhalb des Organisationsbereiches des Leistungsträgers besteht nach § 35 Abs. 1 Satz 2 SGB I die Verpflichtung, sicherzustellen, dass die Sozialdaten nur Befugten zugänglich sind oder nur an diese weitergegeben werden. Die Daten sind also stets (durch Passwortschutz, verschließbare Schränke etc.) so zu sichern, dass unbefugte Dritte keinen Zugriff darauf haben. Ein offenes Liegenlassen oder Aushängen von Listen mit personenbezogenen Daten der Kinder verbietet sich daher. Der Datenschutz ist insbesondere hinsichtlich der Entwicklungsportfolios der Kinder von allen Fachkräften zu achten. Für die von den Kindern angefertigten Kompetenzportfolios gilt es zusätzlich, das Kinderrecht auf Privatsphäre einzuhalten.

Zur ordnungsgemäßen Pflege der Daten gehört auch die rechtzeitige Löschung, sobald sich ihr Zweck erfüllt hat. Der Zweck hat sich erfüllt, wenn ein Kind die Einrichtung endgültig verlässt oder der Zeitraum, für den die Einwilligung in die Kooperation Schule/Kindergarten gegeben wurde (i.d.R. das erste Schuljahr), abgelaufen ist. Die Daten des Kindes sind dann zu löschen, entweder indem sie vernichtet oder an die Eltern herausgegeben werden. Eine Ausnahme gilt hier für Daten, die nach steuer-, handels- oder revisionsrechtlichen Gründen länger aufbewahrt werden müssen. Insbesondere die Fristen nach landesrechtlichen Vorschriften zur Belegprüfung (z.B. in Bayern 5 Jahre) können hiervon abweichen.

31.3.3 Datennutzung

Bei der Nutzung von Daten muss streng darauf geachtet werden, dass die Daten nur für diejenigen Zwecke verwendet werden, für die sie erhoben wurden. Im internen Tätigkeitsbereich einer Einrichtung wie bei Teamsitzungen oder Supervisionen ist diese Situation problemlos gegeben.

Ebenfalls zulässig ist die Nutzung der Daten bei der Anleitung von Praktikant:innen. Die Anleitung steht zwar nicht direkt mit der Erfüllung des Erziehungsauftrages im Zusammenhang, ist aber doch derart mit ihm verbunden, dass in der täglichen Praxis keine Trennung möglich ist. Da allerdings Praktikant:innen häufig wechseln, oft im engeren Umfeld einer Einrichtung leben und daher die Herkunftsfamilien der Kinder nicht selten privat kennen, sind immer mögliche entgegenstehende schutzwürdige Interessen der Betroffenen im Auge zu behalten. Etwaige ehrenrührige Umstände über die Familie eines Kindes (Alkohol- oder Drogensucht, Gefängnisaufenthalt etc.) sollten also Praktikant:innen nur dann offenbart werden, wenn dies zur Erfüllung des Erziehungsauftrages wirklich unumgänglich ist. Dies wird in aller Regel jedoch zu verneinen sein.

31.3.4 Datenübermittlung

Der schwierigste Aspekt des Datenschutzes ist die korrekte Übermittlung von Daten.

Datenübermittlung meint die Übermittlung von Sozialdaten der Einrichtung nach außerhalb an Dritte – also einrichtungsfremde Personen oder Institutionen.
Datenweitergabe meint die Weitergabe von Sozialdaten innerhalb der verantwortlichen Organisationseinheit.

Eine solche Datenübermittlung ist ausschließlich dann zulässig, wenn

- der Betroffene eingewilligt hat oder
- eine gesetzliche Übermittlungsbefugnis vorliegt.

Das SGB X zählt in den §§ 68 bis 75 SGB X gesetzliche Übermittlungsbefugnisse auf. Die häufigste gesetzliche Übermittlungsbefugnis für den Bereich der Kinder- und Jugendhilfe nennt § 69 Abs. 1 Nr. 1 SGB X: die Weiterleitung zur Erfüllung von gesetzlichen Aufgaben des Empfängers. Es muss sich beim Empfänger der Daten um eine Stelle handeln, die als Sozialleistungsträger nach dem SGB tätig wird (siehe Kapitel 27.3). Im Bereich der Kinder und Jugendhilfe kommen hier vor allem die Jugendämter als örtliche Träger der öffentlichen Jugendhilfe in Betracht. Keine Sozialleistungsträger sind dagegen die Schulen. Ohne Einwilligung des/der Betroffenen in die Kooperation Schule/Kindergarten kann also einer Schule kein Sozialdatum übermittelt werden.

Werden personenbezogene Daten per Mail versendet, ist durch geeignete Verfahren (Kennwortschutz, ZIP-Datei etc.) sicherzustellen, dass sie nicht in die Hände Dritter gelangen können.

31.4 Anvertraute Daten

Einen wichtigen Sonderfall stellen anvertraute Daten dar, die dem besonderen Vertrauensschutz des § 65 Abs. 1 Nr. 1 SGB VIII unterliegen und einer speziellen Übermittlungsbefugnis bedürfen (siehe Kapitel 29.12).

31.5 Kunsturhebergesetz, KunstUrhG

Grundsätzlich dürfen Bildnisse nach § 22 KunstUrhG nur mit Einwilligung des Abgebildeten und des Urhebers veröffentlicht werden. Eine Ausnahme gilt nach § 23 Abs. I Nr. 2 und 3 KunstUrhG nur dann, wenn die Bilder die abgebildeten Personen lediglich als Beiwerk neben einer Landschaft oder sonstigen Örtlichkeit erscheinen lassen. Außerdem unterliegen danach auch Bilder von Aufzügen (Martinsumzug, Laternenzug etc.) oder ähnlichen Vorgängen nicht der gesonderten Einwilligungspflicht. Nach einhelliger Rechtsauffassung wird diese Regelung auch nicht durch die DSGVO modifiziert.

Zu beachten ist an dieser Stelle allerdings, dass dies nur für solche Bildnisse gilt, die nicht für die Webseiten der Kindertageseinrichtung gefertigt werden. Die Einholung einer elterlichen Einwilligungserklärung für Bildnisse, die der Öffentlichkeitsarbeit einer Einrichtung dienen sollen, ist stets zweckwidrig und datenschutzrechtlich unzulässig (siehe Kapitel 31.3.1).

Fotos von den Kindern der Einrichtung dürfen ausschließlich mit dem einrichtungseigenen Fotoapparat, Handy etc. gemacht werden. Private Geräte der Fachkräfte dürfen hierfür nicht eingesetzt werden. Auf dem gesamten Kindergartengelände hat die Leitung in Ausübung ihres Hausrechts auch sicherzustellen, dass die Kinder nicht von Eltern oder anderen einrichtungsfremden Personen fotografiert werden. Es empfiehlt sich auch aus pädagogischen Gründen, ein generelles Handyverbot für Externe in der Einrichtung auszusprechen.

31.6 Spezielle Auswirkungen der EU-DSGVO

Die EU-DSGVO regelt den Datenschutz für alle Mitgliedstaaten in der EU. Die Norm hat das Bundesdatenschutzgesetz mit Wirkung zum 25. Mai 2018 zwar in Details geändert, es aber zum weitaus überwiegenden Teil bestätigt.

Insbesondere die Prinzipien des Bundesverfassungsgerichtes aus dem Volkszählungsurteil (siehe Kapitel 31.1) wurden in die EU-DSGVO aufgenommen.

Tabelle 18: Prinzipien des Datenschutzrechts

„Alte" Prinzipien des BVerfG	EU-DSGVO
Grundsatz der Ersterhebung	
Erforderlichkeitsgebot	Datenminimierung (Art. 5 Abs. 1 c DSGVO)
Zweckbindungsprinzip	Zweckbindung (Art 5 Abs. 1 b DSGVO)
Transparenzgebot	Rechtmäßigkeit, Transparenz sowie Treu und Glauben (Art. 5 Abs. 1 a DSGVO)
	Richtigkeit (Art. 5 Abs. 1 d DSGVO)

Zwar findet sich der Grundsatz der Ersterhebung in der EU-DSGVO nicht mehr ausdrücklich, er gilt aber ohnehin als Prinzip des Sozialrechts, wie zum Beispiel § 67 a Abs. 2 und § 62 Abs. 2, 3 SGB X zeigen.

Der neu aufgenommene Grundsatz der Richtigkeit beinhaltet insbesondere die Verpflichtung des Trägers der öffentlichen Jugendhilfe, Maßnahmen zu treffen, die sicherstellen, dass Daten, die im Hinblick auf die Zwecke der Verarbeitung unrichtig sind, unverzüglich gelöscht oder berichtigt werden.

31.6.1 Dokumentationspflichten

Die wichtigste Neuerung für soziale Einrichtungen ist die ausführliche Dokumentationspflicht. Es muss nun ein einheitliches Vorgehen in der Institution zur Erhebung und dem Umgang mit personenbezogenen Daten geben, das schriftlich festzuhalten ist. Dieses Vorgehen ist von allen Mitarbeiter:innen der Einrichtung verbindlich einzuhalten.

Als wesentlichste Dokumentationspflicht ergibt sich aus Art. 30 DSGVO die Pflicht für Träger zur Erstellung von Verarbeitungsverzeichnissen. Das Verzeichnis gibt darüber Rechenschaft, ob und wie der Datenschutz innerhalb einer Organisation eingehalten wird. Es ist nicht öffentlich, muss aber der Aufsichtsbehörde auf Anfrage vorgelegt werden. Das Verzeichnis hat zum Inhalt:

- Die verantwortliche Ansprechperson zum Thema Datenschutz
- Den/die Datenschutzbeauftragte, falls benannt
- Die Art der Verarbeitungstätigkeit (Betreuungsverträge, Mitgliederverwaltung etc.)
- Den Zweck der Datenverarbeitung (Kinderbetreuung, Personalverwaltung etc.)
- Kategorien der Betroffenen (Kinder, Eltern, Mitarbeiter:innen, Caterer etc.)
- Empfänger von Daten (Jugendamt, Familiengericht, Polizei etc.)
- Vorgesehene Löschfristen
- Technische und organisatorische Maßnahmen zum Datenschutz (Virenscanner, Passwortschutz, personalisierte Zugangsberechtigungen, Updates des Betriebssystems etc.)

31.6.2 Datenschutzbeauftragte:r

Sind mindestens zehn Personen im Unternehmen oder Verein damit beschäftigt, personenbezogene Daten automatisiert zu verarbeiten, besteht die Pflicht zur Benennung eines/einer Datenschutzbeauftragten. Seine/ihre Aufgaben richten sich nach Art. 39 DSGVO.

31.7 Datenpannen bzw. Datenschutzverletzungen

Gemäß Art. 33 DSGVO müssen Datenpannen bzw. Datenschutzverletzungen innerhalb von 72 Stunden dem/der Landesdatenschutzbeauftragten gemeldet werden, wenn diese voraussichtlich zu einem Risiko für die Rechte und Freiheiten natürlicher Personen führen, zum Beispiel Verlust oder Fehlversand von Unterlagen mit personenbezogenen Daten. Der Inhalt der erforderlichen Meldung ergibt sich im Einzelnen aus Art. 33 Abs. 3 DSGVO.

Gemäß § 83 a SGB X sind diese Vorfälle darüber hinaus auch der zuständigen Rechtsaufsichtsbehörde anzuzeigen.

Rechtsfolgen: Der/die Landesdatenschutzbeauftragte:r kann verwarnen, bestimmte Handlungen anweisen, bestimmte Verarbeitungsvorgänge anordnen oder eine Beschränkung der Verarbeitung verhängen (Art. 58 Abs. 2 DSGVO).

Es kann auch eine Geldbuße verhängt werden. Die Gestaltung des Bußgeldverfahrens selbst überlässt die DSGVO dem nationalen Gesetzgeber.

31.8 Strafrechtliche Sanktionen

Auch strafrechtliche Sanktionen überlässt die DSGVO den Mitgliedstaaten. Nach § 42 Abs. 1 BDSG wird mit Freiheitsstrafe bis zu drei Jahren oder mit Geldstrafe bestraft, wer wissentlich nicht allgemein zugängliche personenbezogenen Daten einer großen Zahl von Personen, ohne hierzu berechtigt zu sein, einem Dritten übermittelt oder auf andere Art und Weise zugänglich macht und hierbei gewerbsmäßig handelt.

Mit Freiheitsstrafe bis zu zwei Jahren oder mit Geldstrafe wird bestraft, wer personenbezogene Daten, die nicht allgemein zugänglich sind, ohne hierzu berechtigt zu sein, verarbeitet oder durch unrichtige Angaben erschleicht und hierbei gegen Entgelt oder in der Absicht handelt, sich oder einen anderen zu bereichern oder einen anderen zu schädigen.

Straftaten werden nach § 85 Abs. 2 SGB X nur auf Antrag der betroffenen Person, des Verantwortlichen oder der Aufsichtsbehörde – bezogen auf die Kinder- und Jugendhilfe demnach des/der Landesdatenschutzbeauftragten – verfolgt.

Von der DSGVO werden nationale strafrechtliche Regelungen, die dem Schutz des allgemeinen Persönlichkeitsrechts dienen, ohne auf das besondere Risiko automatischer Datenverarbeitung abzustellen, insbesondere die §§ 201 ff StGB, nicht berührt, d.h. die Strafandrohung des § 203 StGB gilt weiterhin (siehe Kapitel 15.6).

31.9 Übungsfälle

Fall 136

Der sechsjährige Robin erzählt montags im Kindergarten von einer Familienfeier, auf der es hoch hergegangen ist. Opa sei mehrfach hingefallen, weil er so viel getrunken habe, Tante Gundi habe auf dem Tisch getanzt und Papa den ganzen Abend nach der Mama gesucht, weil sie zusammen mit dem Nachbarn etwas holen gegangen sei.

Welche Personen in dieser Erzählung sind „Betroffene" im Sinne des Gesetzes und unterfallen damit dem Datenschutz?

Fall 137

Rechtsanwältin Eifrig bittet im Rahmen eines Sorgerechtsverfahrens den Kindergarten um Auskunft, wie die jeweilige Beziehung der kleinen Cassandra zu ihren Elternteilen einzuschätzen ist.

Darf die Auskunft erteilt werden?

Fall 138

Die Mutter der fünfjährigen Lena bittet den Kindergarten um Herausgabe der Beobachtungsbögen, die die Kita von ihrer Tochter angefertigt hat. Sie möchte sie Lenas Logopäden zeigen, damit der sich einen Eindruck von der Sprachentwicklung ihrer Tochter in den vergangenen Jahren machen kann.

Da der Kindergarten die Beobachtungsbögen herausgeben?

Fall 139

Erzieherin Paula teilt heute Leiterin Janine mit, dass sie schwanger ist. Als Janine am nächsten Tag in ihrer Begrüßungsansprache beim Elternabend Paula zur Schwangerschaft beglückwünscht, reagieren einige Eltern nicht ganz so freudig, wie Janine das offenbar erwartet hat. Als Paula in den nächsten Tagen einige spitze Kommentare aus der Elternschaft zu hören bekommt, fragt sie sich, ob Janine ihr Wissen öffentlich machen durfte.

Durfte sie?

Fall 140

Der Vater des fünfjährigen Justin erscheint heute aufgebracht in der Kita „Sonnenland". Gestern Abend habe er sich auf der Homepage der Einrichtung umgesehen und zur Kenntnis nehmen müssen, dass sein Sohn mehrfach dort beim Spiel mit anderen Kindern abgebildet sei. Er möchte wissen, wie die Leiterin Martina dazu komme, seinen Sohn zu Werbezwecken für die Kita zu missbrauchen. Martina versucht ihn zu beruhigen und zeigt ihm das Einwilligungsformular, das er und seine Frau unterschrieben haben. Darin wird in Fotoaufnahmen des Kindes ausdrücklich eingewilligt. Der Vater regt sich nur noch mehr auf und vertritt die Ansicht, dass sich die Einwilligung wohl kaum auf Werbemaßnahmen der Kita erstrecken könne.

Wer hat recht?

Fall 141

In der Kita „Krümelkiste" hospitiert heute Frau Müller in der Käfergruppe. Gruppenleiterin Eva sieht aus den Augenwinkeln, dass sich Frau Müller ungehemmt im Regal bedient, in dem die Portfolios der Kinder stehen. Interessiert blättert sie gerade das Portfolio von Max durch, dem ebenfalls vierjährigen Freund ihres Sohnes.

Muss Eva hier tätig werden?

Fall 142

Kita-Leiterin Anke sendet Eltern und Teammitglieder regelmäßig Mails, in denen sie sie über anstehende Termine informiert und sie mit Nachlesen zu stattgefundenen Veranstaltungen wie Sommerfest und Elternabend versorgt. Hierfür hat sie zwei Verteiler angelegt: einen für die Eltern und einen für die Teammitglieder. Die Mails an die Teammitglieder schickt sie mit offenem Verteiler, denn alle im Team haben zugestimmt, dass ihre Mailadressen untereinander bekannt gemacht werden. Mails an die Eltern schickt sie mit verdecktem Verteiler, denn einige Eltern haben ihre Zustimmung verweigert. Heute möchte Anke Eltern und Teammitglieder mit dem Programm für die bevorstehende Waldwoche versorgen.

Wie muss sie vorgehen?

Fall 143

Im Fall 142 hat Anke versehentlich die Mail offen an alle Adressat:innen versendet.

Was muss sie nun tun?

32 Sonstige Sozialstaatsangebote

Neben Sozialversicherung und Sozialhilfe ist die Soziale Förderung der dritte wichtige Leistungszweig des Sozialrechts. Hierzu gehören insbesondere die Arbeitsförderung sowie einige Familienleistungen.

32.1 Ausbildungsförderung

Die Ausbildungsförderung soll das Recht auf Bildung und damit die freie Wahl der Ausbildungsstätte (Art. 12 GG) sozialrechtlich gewährleisten. Zu unterscheiden ist die berufliche von der schulischen Ausbildung: Während die berufliche Ausbildung im SGB III enthalten ist, wird die schulische Ausbildung mit dem Bundesausbildungsförderungsgesetz (BAföG) gefördert. Zweck des BAföG ist es, Kindern aus einkommensschwachen Elternhäusern eine Ausbildung zu ermöglichen, wenn die Eltern nach bürgerlichem Unterhaltsrecht nicht über die finanzielle Leistungsfähigkeit verfügen, eine Universitäts- oder Fachhochschulbildung finanzieren zu können.

32.1.1 Anspruchsberechtigter Personenkreis

Ausbildungsförderung wird nur Schüler:innen gewährt, die eine der Ausbildungsstätten des in § 2 BAföG genannten Kataloges besuchen. Die Leistungen werden nur bei Eignung erbracht, d.h. die Leistungen des/der Schüler:in müssen erwarten lassen, dass er/sie das angestrebte Ausbildungsziel erreichen wird. Da es nicht um Begabtenförderung geht, ist hierfür eine durchschnittliche Eignung maßgeblich. Die Eignung ist durch die in § 9 BAföG geforderten Studienleistungen nachzuweisen. Für den Bezug der Leistungen gilt grundsätzlich ein Höchstalter von 30 Jahren.

Ausnahmen von diesem Grundsatz bestehen bei

- Master- oder Magisterstudiengängen,
- Schüler:innen des zweiten Bildungsweges sowie
- Hinderung an einer früheren Ausbildung aufgrund von Kindererziehungszeiten.

32.1.2 Leistungen nach dem BAföG

Die Ausbildungsförderung umfasst sowohl Leistungen für den Lebensunterhalt als auch für die Ausbildung. In den §§ 12 ff BAföG regelt der Gesetzgeber die Bedarfssätze, die alle zwei Jahre überprüft und gegebenenfalls neu festgesetzt werden. Für die Festsetzung des individuellen Bedarfs sind das Einkommen des/der Schüler:in, des etwaigen Ehegatten und seiner/ihrer Eltern zu berücksichtigen.

In den Fällen, in denen die Eltern ihrer Unterhaltspflicht nicht nachkommen, wird Ausbildungsförderung als Vorausleistung gewährt. Der Unterhaltsanspruch des/der Schüler:in gegen seine/ihre Eltern geht in diesen Fällen mit Zahlung auf das Land über, das die Eltern in Regress nehmen wird.

32.2 Kindergeld

Das Kindergeld hat den Zweck, die unterhaltsrechtliche Leistungsfähigkeit der Eltern als Unterhaltsschuldner zu stärken. Damit kommt der Staat seiner aus Art. 6 GG entspringenden Verpflichtung nach, die Familie in besonderer Weise zu schützen. Anderweitige Zwecke, insbesondere eine Ausgleichsfunktion etwa für die Übernahme von Erziehungsverantwortung oder steuerliche Mehrbelastung, werden in der Rechtslehre abgelehnt. Denn die Erziehung von Kindern ist nicht Aufgabe des Staates, sondern der Eltern, wie sich aus Art. 6 Abs. 2 GG ergibt. Die Eltern können daher keinen Ausgleich für sie verlangen.

Anspruchsberechtigte:r des Kindergeldes ist daher stets die Person, die für den Lebensunterhalt des Kindes aufkommt. Die Dauer der Gewährung des Kindergeldes ergibt sich aus nachfolgender Tabelle:

Tabelle 19: Kindergeld – Dauer der Gewährung

Alter bis	Voraussetzungen
18 Jahre	Keine
21 Jahre	Kind ist arbeitslos und steht der Arbeitsvermittlung zur Verfügung
25 Jahre	Kind befindet sich in Ausbildung
Unbegrenzt	Kind ist aufgrund Behinderung außerstande, selbst für seinen Lebensunterhalt zu sorgen

Das Kindergeld wird monatlich ausgezahlt. Die Höhe ist einkommensunabhängig und beträgt zum Stand 01. Januar 2023 jeweils 250 Euro.

Für Bezieher:innen höherer Einkommen kann es vorteilhafter sein, sich im Rahmen der Einkommensteuererklärung für den steuerlichen Kinderfreibetrag zu entscheiden, der günstiger ausfallen kann. Ausgezahlt wird das Kindergeld von der Familienkasse, die bei dem für den Wohnsitz des Empfängers zuständigen Arbeitsamt ansässig ist.

32.3 Elterngeld und Elternzeit

Das Elterngeld ist neben dem Kindergeld das zweite wichtige Instrument der Familienpolitik. Seine Rechtsgrundlage findet es im Bundeselterngeld- und Elternzeitgesetz vom 1. Januar 2007, das als Lenkungsinstrument die Steigerung der Geburtenrate zum Ziel hat.

Anspruch auf Elterngeld hat, wer

- mit einem Kind, für das ihm die Personensorge zusteht,
- in einem Haushalt lebt,
- dieses Kind selbst betreut und erzieht und
- keine oder keine volle Erwerbstätigkeit ausübt.

Damit steht das Elterngeld nicht nur Eltern zu, sondern auch Ehe- und Lebenspartner:innen sowie in Ausnahmefällen auch Verwandten bis zum dritten Verwandtschaftsgrad, wenn sie ihr eigenes oder ein nicht eigenes Kind oder ein Adoptivkind betreuen. Das Elterngeld ist eine einkommensabhängige Ersatzleistung, die Erwerbstätige beziehen können, wenn sie ihre Tätigkeit aufgrund einer Geburt unterbrechen oder auf höchstens 30 Wochen-Arbeitsstunden reduzieren. Es steht Männern und Frauen gleichermaßen zu und wird auch Beamt:innen und Selbstständigen gewährt. Die Höhe des Elterngeldes beträgt 67 Prozent des letzten durchschnittlichen Nettogehaltes, höchstens aber 1.800 Euro, mindestens 300 Euro pro Monat. Es kann bis maximal 14 Monate ab Geburt des Kindes bezogen werden (Basiselterngeld). Das Elterngeld ist steuerfrei, unterliegt aber als Einkommensersatzleistung dem Progressionsvorbehalt.

Den Eltern ist es freigestellt, den Zeitraum des Elterngeldbezugs untereinander aufzuteilen. Ein Elternteil kann mindestens zwei, höchstens zwölf Monate für sich in Anspruch nehmen. Alleinerziehenden stehen die vollen 14 Monate zu.

Möchten die Eltern während des Elterngeldbezugs in Teilzeit arbeiten, steht Ihnen Elterngeld Plus zu. Das Elterngeld Plus beträgt die Hälfte des Basiselterngeldes, wird dafür aber für den doppelten Zeitraum gezahlt. Basiselterngeld und Elterngeld Plus können miteinander kombiniert werden.

Jeder nicht selbstständig beschäftigte Elternteil hat darüber hinaus Anspruch auf Elternzeit. Der Anspruch besteht bis zur Vollendung des dritten Lebensjahres des Kindes. Die Elternzeit kann von jedem Elternteil allein oder auch anteilig von beiden Elternteilen gemeinsam genommen werden. Die Elternzeit dauert maximal drei Jahre. Mitarbeiter:innen in Elternzeit darf nicht gekündigt werden. Aus dem Gesichtspunkt der Gleichbehandlung haben sie sowohl einen Anspruch auf Weiterbildung als auch auf das betriebsübliche Weihnachtsgeld.

33 Berufsrelevante Nebengesetze

33.1 TAG

Das Gesetz zum qualitätsorientierten und bedarfsgerechten Ausbau der Tagesbetreuung für Kinder (TAG) ist ein Änderungsgesetz zum SGB VIII. Es fügte mit Wirkung zum 1. Januar 2005 dem SGB VIII den verpflichtenden Ausbau der Kindertagesbetreuung hinzu. Ziel war es, 230.000 neue Plätze für Kinder unter drei Jahren bis zum Jahr 2010 zu schaffen. Weiterhin wurde die Kindertagespflege aufgewertet und das SGB VIII hinsichtlich der gemeinsamen Grundsätze der Förderung von Kindern in Tageseinrichtung und Tagespflege geändert. Von besonderer Bedeutung sind in diesem Zusammenhang die §§ 22 bis 24 SGB VIII, in denen die Verpflichtung des Jugendamtes konkretisiert wurde, Plätze für Kinder unter drei Jahren vorzuhalten. Dafür wurde eine Reihe neuer Verpflichtungen für die Träger der öffentlichen Jugendhilfe (Jugendämter und Landesjugendämter) formuliert: Sie haben ein bedarfsgerechtes Angebot an Betreuungsplätzen vorzuhalten, müssen die Eltern über das Platzangebot in ihrem Einzugsbereich informieren, sie bei der Auswahl des Platzes beraten und auch über die pädagogische Konzeption der Einrichtung informieren. Die Jugendämter müssen nun auch sicherstellen, dass Erzieher:innen mit Eltern und anderen familienbezogenen Institutionen im Sozialraum, insbesondere Familienberatungsstellen und Schulen, zusammenarbeiten.

33.2 KICK

Das Kinder- und Jugendhilfeweiterentwicklungsgesetz (KICK) trat zum 1. Oktober 2005 in Kraft und novellierte das SGB VIII nach dem TAG ein weiteres Mal. Auch hier liegt wieder der Schwerpunkt auf dem bedarfsgerechten Ausbau der Kindertagesbetreuung. Weiterhin wurde über das KICK der Kinderschutz konkretisiert, indem KICK dem SGB VIII den § 8 a hinzugefügt hat (siehe Kapitel 29.9.1).

33.3 KiFöG

Das Kinderförderungsgesetz (KiFöG) vom Januar 2009 ist ein weiteres Änderungsgesetz, das das SGB VIII novellierte. Es führt den Ausbau der Betreuung von Kindern unter drei Jahren in Kindertageseinrichtungen und in der Kindertagespflege fort und beschleunigt ihn, indem es Bundesmittel für den Tagesbetreuungsausbau bereitstellt.

Zentraler Punkt des Gesetzes ist die Einführung eines Rechtsanspruchs auf eine frühkindliche Förderung in einer Kindertageseinrichtung oder in der Kindertagespflege für alle Kinder vom vollendeten ersten bis zum vollendeten dritten Lebensjahr ab dem 1. August 2013. Darüber hinaus baut es die Kindertagespflege aus und wertet sie auf.

33.4 Bundeskinderschutzgesetz und KKG

Das „Gesetz zur Stärkung eines aktiven Schutzes von Kindern und Jugendlichen" (Bundeskinderschutzgesetz – BKiSchG) vom 1. Januar 2012 schafft die rechtliche Grundlage für frühe Hilfen und Netzwerke für werdende Eltern, indem bis dahin bestehende Lücken im Kinderschutz geschlossen wurden. Es regelt die Zusammenführung aller wichtigen Akteure im Kinderschutz zu einem Kooperationsnetzwerk.

Es hat zum Ziel, das Wohl von Kindern und Jugendlichen zu schützen und sie in ihrer körperlichen, geistigen und seelischen Entwicklung zu fördern. Allerdings gewährt auch das Bundeskinderschutzgesetz Kindern und Jugendlichen keinen allgemeinen Anspruch auf Beratung unabhängig von ihren Eltern. Der Anspruch auf Hilfen zur Erziehung bezieht sich wie auch bislang ausschließlich auf die Eltern und nicht auch auf das Kind oder den Jugendlichen.

Das Gesetz hat folgende Regelungsbereiche:

Frühe Hilfen für werdende Eltern: Leicht zugängliche Hilfeangebote für Familien vor und nach der Geburt und in den ersten Lebensjahren des Kindes werden flächendeckend und auf einem hohen Niveau eingeführt bzw. verstetigt.

Verlässliche Netzwerke für werdende Eltern: Alle wichtigen Akteure im Kinderschutz – wie Jugendämter, Schulen, Gesundheitsämter, Krankenhäuser, Ärzt:innen, Schwangerschaftsberatungsstellen und Polizei – werden in einem Kooperationsnetzwerk zusammengeführt.

Nachhaltige Stärkung von Familienhebammen und des Netzwerks frühe Hilfen.

Ausschluss einschlägig Vorbestrafter von Tätigkeiten in der Kinder- und Jugendhilfe: Alle hauptamtlichen Mitarbeiter:innen in der öffentlichen und freien Jugendhilfe müssen ein erweitertes Führungszeugnis vorlegen. Bei Ehrenamtlichen vereinbaren öffentliche und freie Träger, bei welchen Tätigkeiten dies nötig ist.

Verhinderung des Jugendamt-Hoppings: Gefährdete Familien haben in der Vergangenheit durch häufige Umzüge die Betreuung durch das Jugendamt erschweren bzw. verhindern können. Das Bundeskinderschutzgesetz stellt nun sicher, dass bei Umzug der Familie das neu zuständige Jugendamt die notwendigen Informationen vom bisherigen Jugendamt bekommt, die es braucht, um das Kind wirksam zu schützen.

Befugnisnorm für Berufsgeheimnisträger zur Informationsweitergabe an das Jugendamt nach KKG: Das Gesetz regelt erstmals die Weitergabe wichtiger Informationen an das Jugendamt durch Berufsgeheimnisträger. Denn häufig offenbart sich eine Kindeswohlgefährdung zuerst Ärzt:innen oder anderen Berufsgeheimnisträgern. Diese haben nun nach dem Gesetz zur Kooperation und

Information im Kinderschutz (KKG) konkrete Übermittlungsbefugnisse.

Regelung zum Hausbesuch: Liegen dem Jugendamt gewichtige Anhaltspunkte für eine Kindeswohlgefährdung vor, wird der Hausbesuch zur Pflicht – allerdings nur unter der Voraussetzung, dass dadurch der wirksame Schutz des Kindes nicht infrage gestellt wird und die Durchführung nach fachlicher Einschätzung erforderlich ist.

Verbindliche Standards in der Kinder- und Jugendhilfe: Sämtliche Bereiche der Kinder- und Jugendhilfe sind zur kontinuierlichen Qualitätsentwicklung verpflichtet. Insbesondere geht es um die Entwicklung, Anwendung und Überprüfung von Standards vor allem im Hinblick auf die Sicherung der Rechte von Kindern und Jugendlichen in Einrichtungen und ihren Schutz vor Gewalt. Das Bundeskinderschutzgesetz knüpft an die Erteilung der Betriebserlaubnis sowie die Finanzierung aus öffentlichen Mitteln die Umsetzung von Maßnahmen zur Qualitätsentwicklung und -sicherung.

Sonstige Regelungen: Weiterhin wurden die Kontinuitätssicherung bei Zuständigkeitswechsel in der Pflegekinderhilfe sowie eine erweiterte Verpflichtung zur Statistik im Kinderschutz normiert.

Das Bundeskinderschutzgesetz hat einige für Kindertageseinrichtungen wichtige Neuregelungen geschaffen: Das SGB VIII wurde in seinem § 8 a neu gefasst sowie um einen § 8 b erweitert. Nach diesem haben die Träger nun einen Anspruch gegenüber den Landesjugendämtern, sich bei der Entwicklung und Anwendung fachlicher Leitlinien im Kinderschutz und im Bereich der Partizipation von Kindern beraten zu lassen (siehe Kapitel 29.9).

Weiterhin sind die Träger von Kindertageseinrichtungen nach § 72 a SGB nun verpflichtet, sich von allen Beschäftigten in regelmäßigen Abständen ein erweitertes polizeiliches Führungszeugnis vorlegen zu lassen (siehe Kapitel 45.2). Schließlich verpflichtet das Bundeskinderschutzgesetz gemäß § 79 a SGB VIII die Träger von Kindertageseinrichtungen zur kontinuierlichen Qualitätsentwicklung und Sicherung (siehe Kapitel 43).

33.5 Gute-Kita-Gesetz

Das Gesetz zur Weiterentwicklung der Qualität und zur Teilhabe in der Kindertagesbetreuung – das Gute-Kita-Gesetz – ist am 1. Januar 2019 in Kraft getreten. Es sah Unterstützungsleistungen des Bundes für die Länder bis zum Jahre 2022 in Höhe von 5,5 Milliarden Euro zur Entwicklung der Qualität in Kindertageseinrichtungen vor. Ziel des Gesetzes war es, die Qualität frühkindlicher Bildung, Erziehung und Betreuung in der Kindertagesbetreuung bundesweit weiterzuentwickeln und die Teilhabe in der Kindertagesbetreuung zu verbessern. Hierdurch sollte ein Beitrag zur Herstellung gleichwertiger Lebensverhältnisse für das Aufwachsen von Kindern im Bundesgebiet und zur besseren Vereinbarkeit von Familie und Beruf geleistet werden.

Das Gesetz beschreibt zehn Handlungsfelder, die für die Qualitätsentwicklung von Bedeutung sind:

- Schaffung eines bedarfsgerechten Bildungs-, Erziehungs- und Betreuungsangebotes in der Kindertagesbetreuung, welches insbesondere die Ermöglichung einer inklusiven Förderung aller Kinder sowie die bedarfsgerechte Ausweitung der Öffnungszeiten umfasst

- Sicherstellung eines guten Fachkraft-Kind-Schlüssels in Tageseinrichtungen
- Beitrag zur Gewinnung und Sicherung qualifizierter Fachkräfte in der Kindertagesbetreuung
- Stärkung der Leitungen der Tageseinrichtung
- Verbesserung der Gestaltung der in der Kindertagesbetreuung genutzten Räumlichkeiten
- Förderung der Maßnahmen und ganzheitlichen Bildung in den Bereichen kindliche Entwicklung, Gesundheit, Ernährung und Bewegung
- Förderung der sprachlichen Bildung
- Stärkung der Kindertagespflege
- Verbesserung der Steuerung des Systems der Kindertagesbetreuung im Sinne eines miteinander abgestimmten, kohärenten und zielorientierten Zusammenwirkens des jeweiligen Landes sowie der Träger der öffentlichen und freien Jugendhilfe
- Bewältigung von inhaltlichen Herausforderungen in der Kindertagesbetreuung, insbesondere die Umsetzung geeigneter Verfahren zur Beteiligung von Kindern sowie zur Sicherstellung des Schutzes der Kinder vor sexualisierter Gewalt, Misshandlung und Vernachlässigung, die Integration von Kindern mit besonderen Bedarfen, die Zusammenarbeit mit Eltern und Familien, die Nutzung der Potenziale des Sozialraums und den Abbau geschlechterspezifischer Stereotype

Da die Mittel überwiegend zur Senkung von Elternbeiträgen verwendet wurden, stellt nach dem Auslaufen des Gute-Kita-Gesetzes ab 2023 das Kita-Qualitäts-Gesetz weitere vier Milliarden Euro bereit, die die Länder zum Beispiel in mehr Erzieher:innenstellen, längere Öffnungszeiten oder bessere Bezahlung des Personals investieren können. Für weitere Maßnahmen zur Senkung der Kita-Gebühren sollen die Gelder nicht mehr verwendet werden dürfen.

33.6 Kinder- und Jugendstärkungsgesetz

Das Kinder- und Jugendstärkungsgesetz (KJSG) vom 9. Juni 2021 ist das Ergebnis der größten SGB-VIII-Reform seit Einführung des Kinder- und Jugendhilfegesetzes.

Nachdem in den vorangegangenen Jahren aufgrund politischer Entwicklungen ein Reformbedarf im Bereich des SGB VIII insbesondere mit Blick auf behinderte junge Menschen festgestellt wurde, hatten Fachverbände die „Große Lösung“ bzw. „Inklusive Lösung“ gefordert, nach der auch für geistig und körperlich – nicht nur für seelisch – behinderte junge Menschen im SGB VIII Regelungen geschaffen werden sollten.

33.6.1 Die „Große Lösung“

Dieser Forderung nach einer „Großen Lösung“ – die Zusammenführung aller Hilfen für junge Menschen mit (drohender) Behinderung im SGB VIII – ist der Gesetzgeber nachgekommen und hat mit dem KJSG wichtige Weiterentwicklungsbedarfe im Recht der Kinder- und Jugendhilfe aufgegriffen. Es enthält zentrale Änderungen zu fünf Schwerpunktthemen und insbesondere für den Bereich der Hilfen für Kinder und Jugendliche mit (drohender) Behinderung entscheidende und weitreichende Veränderungen.

Damit führt das KJSG zu einer erheblichen Verbesserung der Praxis der Leistungsträger, die sich nun mit einem signifikanten Teil der Zuständigkeitsklärungen und Kostenauseinandersetzungen nicht mehr befassen müssen. So kam es in der Vergangenheit immer wieder zu rechtlichen Auseinandersetzungen der Sozialleistungsträger zur Frage der Zuständigkeit, nicht selten auch zu komplexen Kollisionsfragen in mehreren Leistungsbereichen. Insbesondere die Schnittstellen zu verschiedenen anderen Hilfesystemen wie zum Beispiel der Rehabilitation und Teilhabe (Eingliederungshilfe für Menschen mit geistiger/körperlicher Behinderung und Erwachsene mit seelischer Behinderung), dem Gesundheitswesen (SGB-V-Leistungen wegen psychischer Krankheit) und der Schule (sonderpädagogische Förderung) sind bei Kindern und Jugendlichen mit (drohender) seelischer Behinderung stark gefordert.

Das Kinder- und Jugendstärkungsgesetz sieht daher als einen wesentlichen Schwerpunkt die Zusammenarbeit an Schnittstellen vor, denn häufig ergibt sich ein klares Bild von der Situation eines Kindes oder eines/einer Jugendlichen erst in der Zusammenschau verschiedener Beobachtungen und durch die Zusammenführung der Perspektiven verschiedener Disziplinen. Eine gute Kooperation an insbesondere den Schnittstellen ist daher für gelingenden Kinderschutz von entscheidender Bedeutung.

33.6.2 Dreistufenmodell

Das Gesetz arbeitet mit einem Dreistufenmodell, das schrittweise auf die ab 2028 vorgesehene einheitliche sachliche Zuständigkeit der Kinder- und Jugendhilfe für alle Kinder unabhängig vom Vorliegen einer Behinderung und unabhängig von der Behinderungsform vorbereitet. Der sehr lange Zeithorizont der zweiten und dritten Stufe, den das Gesetz zugrunde legt, rief bei einigen Fachverbänden Kritik hervor, andere wiederum haben diesen vor dem Hintergrund der enormen Herausforderungen bei der Umsetzung als erforderlich erachtet. Das Dreistufenmodell ist wie folgt aufgebaut:

Erste Stufe: Stärkung der Inklusion im SGB VIII und Schnittstellenbereinigung

Ausweitung der Inklusion

Auf der ersten Stufe gibt es mit Inkrafttreten des KJSG zahlreiche Verbesserungen der Inklusion in der Kinder- und Jugendhilfe:

- § 1 SGB VIII n. F. weitet die Erziehungsziele der Kinder- und Jugendhilfe um die gleichberechtigte Teilhabe aus.
- Die gemeinsame Förderung von Kindern und Jugendlichen mit und ohne Behinderung sowie die Berücksichtigung spezifischer Bedürfnisse sind nun sowohl Maßstab
  - bei der Jugendhilfeplanung (§ 80 Abs. 2 Nr. 4 SGB VIII n. F.) und
  - der Qualitätsentwicklung (§ 79 a Satz 2 SGB VIII n. F.) als auch
  - für Qualitätsvereinbarungen mit Leistungserbringer:innen: Für ambulante Leistungen in § 77 Abs. 1 Satz 2 SGB VIII n. F. und für (teil-)stationäre Leistungen über einen Verweis auf § 79 a Satz 2 SGB VIII n. F. in § 78 b Abs. 1 SGB VIII n. F.

Änderungen bei konkreten Leistungen sind für die Kindertagesbetreuung und die Jugendarbeit geregelt.

Für die Förderung in Tageseinrichtungen fällt für die gemeinsame Förderung von Kindern mit und ohne Behinderung die Abhängigkeit vom Hilfebedarf im Einzelfall weg und wird die Pflicht zur Berücksichtigung besonderer Bedürfnisse ergänzt (§ 22 a Abs. 4 SGB VIII n. F.). Eine entsprechende Regelung für die Kindertagespflege wurde nicht mit aufgenommen.

Für die Jugendarbeit wird die Zugänglichkeit und Nutzbarkeit der Angebote für junge Menschen mit Behinderungen sichergestellt (§ 11 Abs. 1 Satz 3 SGB VIII n. F.).

Die geplanten Änderungen werden in Fachkreisen sehr begrüßt, stellen aber auch gravierende Anforderungen an die Umsetzung in der Praxis und erfordern entsprechende Ressourcen.

Behindertenbegriff

Eine weitere Neuerung betrifft den Behindertenbegriff. Hier war in der Vergangenheit immer wieder die fehlende Übereinstimmung mit dem entsprechenden Begriff der UN-Behindertenrechtskonvention kritisiert worden. In einem neuen § 7 Abs. 2 SGB VIII n. F. ist nun das Merkmal der Wechselwirkung mit Umwelteinflüssen aufgenommen. Menschen mit Behinderung werden nun im SGB VIII entsprechend § 2 SGB IX beschrieben als

„Menschen, die körperliche, geistige, seelische oder Sinnesbeeinträchtigungen haben, die sie in Wechselwirkung mit einstellungs- und umweltbedingten Barrieren an der gleichberechtigten Teilhabe an der Gesellschaft mit hoher Wahrscheinlichkeit länger als sechs Monate hindern werden."

Indes: Selbst nach erheblicher Kritik sowie einer Empfehlung des Bundesrats wurde keine entsprechende Anpassung in § 35 a SGB VIII vorgenommen.

Gesamtplanverfahren

Als weitere relevante Änderung sind die Neuregelungen zur Übergangsplanung (§ 36 b SGB VIII n. F.) sowie zur Teilnahme der Jugendämter am Gesamtplanverfahren (§ 10 Abs. 2 SGB VIII n. F. und § 117 SGB IX n. F.) zu nennen.

Der Gesetzgeber trägt damit dem Umstand Rechnung, dass es dem Bedarf junger Menschen entspricht, bei dem häufig mit vielfältigen Schwierigkeiten verbundenen Übergang in andere Leistungssysteme, dem Träger der öffentlichen Jugendhilfe aufzugeben, eine verbindliche Übergangsplanung mit dem Fokus der Kontinuität und Bedarfsgerechtigkeit der Leistungen zu gewähren. Die verpflichtende Übergangsplanung bezieht sich dabei sowohl auf den Übergang selbst als auch auf die Leistungsgewährung nach dem Übergang. Die beratende Teilnahme des Jugendamts am Gesamtplanverfahren nach § 117 Abs. 6 SGB IX ist ebenfalls wichtig, da es mit seinem fachlichen Hintergrund kindbezogene und familiensystemische Aspekte in die Planung einbringen kann.

Zweite Stufe: Verfahrenslots:innen

Ab dem Jahr 2024 sieht die zweite Stufe der Reform eine Verfahrenslotsin/einen Verfahrenslotsen in einem neuen § 10 b SGB VIII n. F. vor. Die Unterstützung von besonders belasteten Familien durch ein Case-Management war eine langjährige Forderung der Fachverbände.

Der/die Verfahrenslots:in hat dabei eine doppelte Funktion: Zum einen soll er/sie nach § 10 b Abs. 1 SGB VIII n. F. bei Leistungen der Eingliederungshilfe junge Menschen und ihre Familien durch das Verfahren „lotsen". Zum anderen hat er/sie nach Abs. 2 die Aufgabe, den örtlichen Träger der öffentlichen Jugendhilfe bei der Zusammenführung der Zuständigkeiten zu unterstützen. Noch nicht endgültig geklärt ist, wo der/die Verfahrenslots:in organisatorisch zu verorten ist. Teilweise wird dafür plädiert, den/die Verfahrenslots:in im Jugendamt anzusiedeln, da dieses ab der dritten Stufe ohnehin umfassend zuständig ist. Durch die Verortung beim Jugendamt werde darüber hinaus die Bedeutung und Verantwortlichkeit des örtlichen Trägers der Jugendhilfe für die Einleitung des Veränderungsprozesses hin zur sogenannten „Inklusiven Lösung" herausgestellt und durch personelle Ressourcen befördert.

Eine Schwäche des Gesetzes besteht darin, dass eine Pflicht des Eingliederungshilfeträgers, auf den/die Verfahrenslotsin hinzuweisen, nicht geregelt ist. Es ist also fraglich, ob Hilfeberechtigte den Weg zur Verfahrenslotsin/zum Verfahrenslotsen auch dann finden, wenn sie sich mit einem Anliegen zunächst nicht an den Träger der öffentlichen Jugendhilfe wenden.

Dritte Stufe: Sachliche Zuständigkeit der Kinder- und Jugendhilfe für alle Kinder

Die Neuregelung sieht vor, dass ab dem Jahr 2028 in § 10 Abs. 4 SGB VIII n. F. geregelt ist, dass Leistungen nach dem SGB VIII für junge Menschen mit (drohender) seelischer Behinderung auch für Menschen mit (drohender) körperlicher oder geistiger Behinderung vorrangig vom Träger der öffentlichen Jugendhilfe gewährt werden. Das Nähere über den leistungsberechtigten Personenkreis, Art und Umfang der Hilfen, die Kostenbeteiligung und das Verfahren soll nach § 10 Abs. 4 Satz 2 SGB VIII n. F. ein Bundesgesetz auf der Grundlage einer prospektiven Gesetzesevaluation bestimmen, die § 107 SGB VIII verbindlich vorschreibt.

Eine prospektive Gesetzesfolgenabschätzung ist ein Verfahren zur Erkundung und vergleichenden Bewertung von Folgen beabsichtigter bzw. in Kraft getretener Rechtsvorschriften.

Kritisiert wird in diesem Zusammenhang die mangelnde Verbindlichkeit der Umsetzung der dritten Stufe bzw. die Abhängigkeit von einem späteren Inkrafttreten eines Gesetzes, das die konkreten Inhalte der Leistungsgewährung regelt. Fachverbände weisen darauf hin, dass ohne eine ausreichende und bedarfsgerechte Ausstattung mit qualifiziertem Personal in den Jugendämtern die weitreichenden und notwendigen Forderungen des KJSG kaum umgesetzt werden können.

33.7 Infektionsschutzgesetz

Das Infektionsschutzgesetz trat am 1. Januar 2001 in Kraft und hat seither (insbesondere durch die Covid-19-Pandemie) zahlreiche Novellierungen erfahren. Es regelt die Infektionsbekämpfung in Deutschland.

33.7.1 Zweck

Zweck des Gesetzes ist es, übertragbaren Krankheiten beim Menschen vorzubeugen, Infektionen frühzeitig zu erkennen und ihre Weiterverbreitung zu verhindern. Das Infektionsschutzgesetz erstreckt sich auf alle Krankheiten, die durch Krankheitserreger auf Menschen übertragbar sind – bekannte und noch unbekannte.

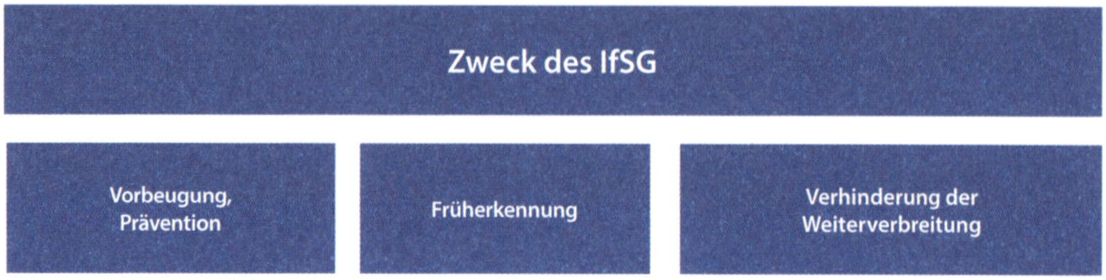

Abbildung 123: Zweck des IfSG

Die Prävention, also die Vorbeugung vor übertragbaren Krankheiten, ist der Leitgedanke des Infektionsschutzgesetzes. Prävention kann erfolgen in Form von

- Information,
- Aufklärung und Belehrung der Allgemeinheit oder bestimmter Personengruppen,
- persönlicher Hygiene,
- Aufbau und Erhalt eines ausreichenden Impfschutzes,
- besonderen Präventionsmaßnahmen im Lebensmittelbereich und anderen Bereichen,
- besondere Präventionsmaßnahmen in Gemeinschaftseinrichtungen.

Grundgedanke aller Präventionsmaßnahmen ist es, dass sich Menschen nicht selten so verhalten können, dass Infektionskrankheiten gar nicht erst entstehen. Bei angemessener Information der Allgemeinheit über Risiken und Vorsorgemaßnahmen ist sie in der Lage, sich selbst vor übertragbaren Krankheiten zu schützen. Indem sich der Einzelne schützt, wirkt er auch der Verbreitung von übertragbaren Krankheiten entgegen. Je mehr Menschen sich schützen, umso eher können Krankheitsherde abgeriegelt werden.

Die Früherkennung von übertragbaren Krankheiten sichert die gezielte und ausreichende Planung von Maßnahmen, die die Weiterverbreitung von Krankheitserregern verhindern. Zu diesem Zweck normiert das Infektionsschutzgesetz ein detailliertes Meldewesen, das sowohl die meldepflichtigen Krankheiten und Krankheitserreger als auch die zur Meldung verpflichteten Personen sowie die Meldefristen und Meldewege regelt.

Das Infektionsschutzgesetz sieht weitreichende Befugnisse der zuständigen Behörden zur Verhinderung der Weiterverbreitung vor. Die Eingriffsbefugnisse bestehen gegenüber Personen, von denen eine tatsächliche oder vermutete Gefahr ausgeht. Insofern ist das Infektionsschutzgesetz ein Gesetz im Recht der besonderen Gefahrenabwehr.

Nach ständiger Rechtsprechung des Bundesverwaltungsgerichts ist im Bereich der Gefahrenabwehr für die Bewertung der Wahrscheinlichkeit eines Schadenseintritts eine Güterabwägung vorzunehmen: Die Wahrscheinlichkeit eines Schadenseintritts muss umso größer sein, je geringer der möglicherweise eintretende Schaden ist. Umgekehrt darf sie umso kleiner sein, je schwerer der etwaige Schaden wiegt. Ist ein besonders großer Schaden für besonders gewichtige Schutzgüter zu befürchten, reicht für die Bejahung einer hinreichenden Wahrscheinlichkeit bereits die entfernt liegende Möglichkeit eines Schadenseintritts. Eine solchermaßen ausreichende entfernt liegende Möglichkeit hat das Bundesverwaltungsgericht zum Beispiel für die Beschäftigungsverbote des Mutterschutzrechts (siehe Kapitel 22.2) anerkannt, da hier die Schutzgüter des Lebens und der Gesundheit von Mutter und Kind und damit Rechtsgüter von sehr hohem Rang im Raum stehen.

Begriffsbestimmungen des IfSG

Krankheitserreger: Ein vermehrungsfähiges Agens (Virus, Bakterium, Pilz, Parasit) oder ein sonstiges biologisches transmissionables (übertragbares) Agens, das bei Menschen eine Infektion oder übertragbare Krankheit verursachen kann.

Infektion: Die Aufnahme eines Krankheitserregers und seine nachfolgende Entwicklung oder Vermehrung im menschlichen Organismus.

Übertragbare Krankheiten: Verursacht durch Krankheitserreger oder deren toxische Produkte, die unmittelbar oder mittelbar auf den Menschen übertragen werden.

Kranke:r: Person, die an einer übertragbaren Krankheit erkrankt ist.

Krankheitsverdächtiger: Person, bei der Symptome bestehen, die das Vorliegen einer bestimmten übertragbaren Krankheit vermuten lassen.

Ausscheider: Person, die Krankheitserreger ausscheidet und dadurch eine Ansteckungsquelle für die Allgemeinheit sein kann, ohne krank oder der Krankheit verdächtig zu sein.

Ansteckungsverdächtiger: Person, von der anzunehmen ist, dass sie Krankheitserreger aufgenommen hat, ohne krank, Krankheitsverdächtige:r oder Ausscheider zu sein.

Nosokomiale Infektion: Infektion, die Patient:innen im Zusammenhang mit einer medizinischen Maßnahme erwerben, die zum Beispiel in Krankenhäusern, Pflegeeinrichtungen oder auch in ambulanten Praxen erfolgt ist.

Schutzimpfung: Gabe eines Impfstoffs mit dem Ziel, vor einer übertragbaren Krankheit zu schützen.

Impfschaden: Gesundheitliche und wirtschaftliche Folge einer über das übliche Ausmaß einer Impfreaktion hinausgehenden gesundheitlichen Schädigung durch die Schutzimpfung.

33.7.2 Meldewesen

Die zuständigen Behörden sollen möglichst frühzeitig Kenntnis vom Auftreten übertragbarer Krankheiten erhalten. Dementsprechend ist das Meldewesen das Kernstück des Infektionsschutzgesetzes. Es regelt die aus der Abbildung ersichtlichen Parameter der jeweiligen Meldung.

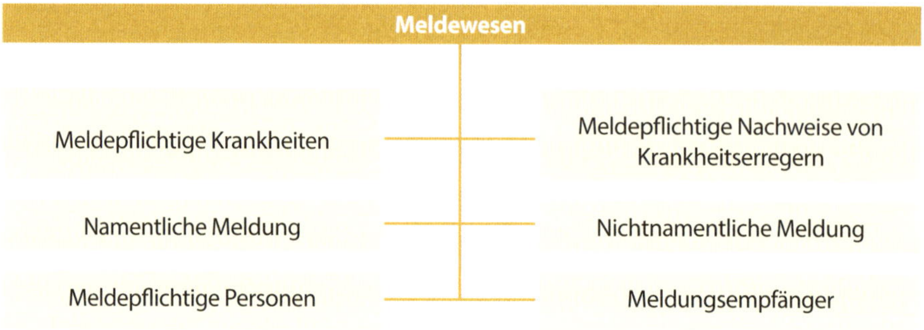

Abbildung 124: Meldewesen des IfSG

33.7.3 Zusätzliche Vorschriften für Schulen und andere Gemeinschaftseinrichtungen

Im Bereich der sozialen Einrichtungen kommen insbesondere die zusätzlichen Vorschriften für Gemeinschaftseinrichtungen (§§ 33, 34 IfSG) zum Tragen. Diese Einrichtungen haben gemeinsam, dass darin Säuglinge, Kinder und Jugendliche täglich miteinander und mit dem betreuenden Personal in engen Kontakt kommen. Hierzu gehören Kinderkrippen, Kindergärten, Kindertagesstätten, Kinderhorte, Schulen oder sonstige Ausbildungsstätten, Heime, Ferienlager und ähnliche Einrichtungen. Das Infektionsschutzgesetz schreibt den Trägern und Leitungen von Gemeinschaftseinrichtungen ausdrücklich eine Eigenverantwortung bei der Prävention übertragbarer Krankheiten zu.

§ 34 IfSG

(1) Personen, die an

1. Cholera
2. Diphtherie
3. Enteritis durch enterohämorrhagische E. coli (EHEC)
4. virusbedingtem hämorrhagischen Fieber
5. Haemophilus influenzae Typ b-Meningitis
6. Impetigo contagiosa (ansteckende Borkenflechte)
7. Keuchhusten
8. ansteckungsfähiger Lungentuberkulose
9. Masern
10. Meningokokken-Infektion
11. Mumps
12. Paratyphus
13. Pest
14. Poliomyelitis

14a. Röteln
15. Scharlach oder sonstigen Streptococcus pyogenes-Infektionen
16. Shigellose
17. Skabies (Krätze)
18. Typhus abdominalis
19. Virushepatitis A oder E
20. Windpocken

erkrankt oder dessen verdächtig oder die verlaust sind, dürfen in den in § 33 genannten Gemeinschaftseinrichtungen keine Lehr-, Erziehungs-, Pflege-, Aufsichts- oder sonstige Tätigkeiten ausüben, bei denen sie Kontakt zu den dort Betreuten haben, bis nach ärztlichem Urteil eine Weiterverbreitung der Krankheit oder der Verlausung durch sie nicht mehr zu befürchten ist oder sie in Bezug auf die Coronavirus-Krankheit-2019 (COVID-19) einen Testnachweis nach § 22 a Absatz 3 vorlegen. Satz 1 gilt entsprechend für die in der Gemeinschaftseinrichtung Betreuten mit der Maßgabe, dass sie die dem Betrieb der Gemeinschaftseinrichtung dienenden Räume nicht betreten, Einrichtungen der Gemeinschaftseinrichtung nicht benutzen und an Veranstaltungen der Gemeinschaftseinrichtung nicht teilnehmen dürfen. Satz 2 gilt auch für Kinder, die das 6. Lebensjahr noch nicht vollendet haben und an infektiöser Gastroenteritis erkrankt oder dessen verdächtig sind.

(2) Ausscheider von

1. Vibrio cholerae O 1 und O 139
2. Corynebacterium spp., toxinbildend
3. Salmonella Typhi
4. Salmonella Paratyphi
5. Shigella sp.
6. enterohämorrhagischen E. coli (EHEC)

dürfen nur mit Zustimmung des Gesundheitsamtes und unter Beachtung der gegenüber dem Ausscheider und der Gemeinschaftseinrichtung verfügten Schutzmaßnahmen, die dem Betrieb der Gemeinschaftseinrichtung dienenden Räume betreten, Einrichtungen der Gemeinschaftseinrichtung benutzen und an Veranstaltungen der Gemeinschaftseinrichtung teilnehmen.

(3) Absatz 1 Satz 1 und 2 gilt entsprechend für Personen, in deren Wohngemeinschaft nach ärztlichem Urteil eine Erkrankung an oder ein Verdacht auf

1. Cholera
2. Diphtherie
3. Enteritis durch enterohämorrhagische E. coli (EHEC)
4. virusbedingtem hämorrhagischem Fieber
5. Haemophilus influenzae Typ b-Meningitis
6. ansteckungsfähiger Lungentuberkulose
7. Masern
8. Meningokokken-Infektion
9. Mumps

10. Paratyphus
11. Pest
12. Poliomyelitis
12a. Röteln
13. Shigellose
14. Typhus abdominalis
15. Virushepatitis A oder E
16. Windpocken

aufgetreten ist.

(4) Wenn die nach den Absätzen 1 bis 3 verpflichteten Personen geschäftsunfähig oder in der Geschäftsfähigkeit beschränkt sind, so hat derjenige für die Einhaltung der diese Personen nach den Absätzen 1 bis 3 treffenden Verpflichtungen zu sorgen, dem die Sorge für diese Person zusteht. Die gleiche Verpflichtung trifft den Betreuer einer von Verpflichtungen nach den Absätzen 1 bis 3 betroffenen Person, soweit die Erfüllung dieser Verpflichtungen zu seinem Aufgabenkreis gehört.

(5) Wenn einer der in den Absätzen 1, 2 oder 3 genannten Tatbestände bei den in Absatz 1 genannten Personen auftritt, so haben diese Personen oder in den Fällen des Absatzes 4 der Sorgeinhaber der Gemeinschaftseinrichtung hiervon unverzüglich Mitteilung zu machen. Die Leitung der Gemeinschaftseinrichtung hat jede Person, die in der Gemeinschaftseinrichtung neu betreut wird, oder deren Sorgeberechtigte über die Pflichten nach Satz 1 zu belehren.

(5a) Personen, die in den in § 33 genannten Gemeinschaftseinrichtungen Lehr-, Erziehungs-, Pflege-, Aufsichts- oder sonstige regelmäßige Tätigkeiten ausüben und Kontakt mit den dort Betreuten haben, sind vor erstmaliger Aufnahme ihrer Tätigkeit und im Weiteren mindestens im Abstand von zwei Jahren von ihrem Arbeitgeber über die gesundheitlichen Anforderungen und Mitwirkungsverpflichtungen nach den Absätzen 1 bis 5 zu belehren. Über die Belehrung ist ein Protokoll zu erstellen, das beim Arbeitgeber für die Dauer von drei Jahren aufzubewahren ist. Die Sätze 1 und 2 finden für Dienstherren entsprechende Anwendung.

(6) Werden Tatsachen bekannt, die das Vorliegen einer der in den Absätzen 1, 2 oder 3 aufgeführten Tatbestände annehmen lassen, so hat die Leitung der Gemeinschaftseinrichtung das Gesundheitsamt, in dessen Bezirk sich die Gemeinschaftseinrichtung befindet, unverzüglich zu benachrichtigen und krankheits- und personenbezogene Angaben zu machen. Dies gilt auch beim Auftreten von zwei oder mehr gleichartigen, schwerwiegenden Erkrankungen, wenn als deren Ursache Krankheitserreger anzunehmen sind. Eine Benachrichtigungspflicht besteht nicht, wenn der Leitung ein Nachweis darüber vorliegt, dass die Meldung des Sachverhalts nach § 6 bereits erfolgt ist.

(7) Die zuständige Behörde kann im Einvernehmen mit dem Gesundheitsamt für die in § 33 genannten Einrichtungen Ausnahmen von dem Verbot nach Absatz 1, auch in Verbindung mit Absatz 3, zulassen, wenn Maßnahmen durchgeführt werden oder wurden, mit denen eine Übertragung der aufgeführten Erkrankungen oder der Verlausung verhütet werden kann.

(8) Das Gesundheitsamt kann gegenüber der Leitung der Gemeinschaftseinrichtung anordnen, dass das Auftreten einer Erkrankung oder eines hierauf gerichteten Verdachtes ohne Hinweis auf die Person in der Gemeinschaftseinrichtung bekannt gegeben wird.

(9) Wenn in Gemeinschaftseinrichtungen betreute Personen Krankheitserreger so in oder an sich tragen, dass im Einzelfall die Gefahr einer Weiterverbreitung besteht, kann die zuständige Behörde die notwendigen Schutzmaßnahmen anordnen.

(10) Die Gesundheitsämter und die in § 33 genannten Gemeinschaftseinrichtungen sollen die betreuten Personen oder deren Sorgeberechtigte gemeinsam über die Bedeutung eines vollständigen, altersgemäßen, nach den Empfehlungen der Ständigen Impfkommission ausreichenden Impfschutzes und über die Prävention übertragbarer Krankheiten aufklären.

(10 a) Bei der Erstaufnahme in eine Kindertageseinrichtung haben die Personensorgeberechtigten gegenüber dieser einen schriftlichen Nachweis darüber zu erbringen, dass zeitnah vor der Aufnahme eine ärztliche Beratung in Bezug auf einen vollständigen, altersgemäßen, nach den Empfehlungen der Ständigen Impfkommission ausreichenden Impfschutz des Kindes erfolgt ist. Wenn der Nachweis nicht erbracht wird, benachrichtigt die Leitung der Kindertageseinrichtung das Gesundheitsamt, in dessen Bezirk sich die Einrichtung befindet, und übermittelt dem Gesundheitsamt personenbezogene Angaben. Das Gesundheitsamt kann die Personensorgeberechtigten zu einer Beratung laden. Weitergehende landesrechtliche Regelungen bleiben unberührt.

(11) Bei Erstaufnahme in die erste Klasse einer allgemeinbildenden Schule hat das Gesundheitsamt oder der von ihm beauftragte Arzt den Impfstatus zu erheben und die hierbei gewonnenen aggregierten und anonymisierten Daten über die oberste Landesgesundheitsbehörde dem Robert Koch-Institut zu übermitteln.

Stand: 23.7.2023

Zum einen dürfen in diesen Gemeinschaftseinrichtungen Personen keine Erziehungstätigkeit ausüben, wenn sie an bestimmten im Impfschutzgesetz aufgezählten Krankheiten erkrankt sind. Ausscheider bestimmter Erreger dürfen nur mit Zustimmung des Gesundheitsamtes und unter Beachtung der Schutzmaßnahmen die betreffenden Räume betreten und an Veranstaltungen teilnehmen. Die infektionshygienische Überwachung erfolgt durch die Gesundheitsämter. Diese überprüfen auch und vor allem die Hygienepläne der Einrichtung.

Zu § 34 Abs. 1 Satz 2 IfSG ist die Empfehlung des Robert-Koch-Instituts zu beachten, der zufolge die Vorlage einer ärztlichen Bestätigung der Läusefreiheit nicht länger erforderlich ist. Zum einen sei der Aufwand für die Arztpraxen zu hoch und würde von den Krankenversicherungen zurzeit nicht übernommen, zum anderen erfordere der Nachweis von Kopfläusen zwar einige Grundkenntnisse, aber keine spezielle medizinische Sachkunde. Auf diese Weise soll die Eigenverantwortung der Eltern im Sinne eines genauen Hinsehens bei Vorbeugung und Behandlung hervorgehoben und gestärkt werden.

33.7.4 Hygienepläne

§ 36 Infektionsschutzgesetz verpflichtet Kindertageseinrichtungen und andere Gemeinschaftseinrichtungen, innerbetriebliche Verfahrensweisen zur Einhaltung der Infektionshygiene in sogenannten Hygieneplänen festzulegen. Hierdurch sollen Infektionsrisiken minimiert werden.

Ein Hygieneplan kann zum Beispiel festschreiben, dass

- regelmäßige Schulungen zum Thema Infektionsschutz stattfinden. Diese werden unter anderem von den Gesundheitsämtern angeboten und sorgen dafür, dass sich alle Fachkräfte in puncto Hygienekenntnisse auf demselben Stand befinden.
- es in der Einrichtung eine/n Hygienebeauftragte:n mit speziellen Kenntnissen im Bereich Hygiene und Desinfektion gibt. Er/sie ist die Ansprechpartner:in für die Leitung, wenn es um Fragen der Hygiene und Desinfektion geht, und speziell fortgebildet in Themen wie Legionellenprophylaxe und HACCP. Er/sie unterweist das Reinigungspersonal und neue Mitarbeiter:innen, schreibt den Hygieneplan fort und gewährleistet seine Einhaltung (siehe Kapitel 37.7.4).
- die Sanitärräume mit Einmalhandtüchern, Seifenspendern und Händedesinfektionsmittel ausgestattet sind. Denn Stückseife und Mehrweghandtücher bieten Viren und Bakterien reichhaltigen Lebensraum.
- bei und nach jedem Wickeln erhöhter Infektionsschutz beachtet wird. So sollten beim Wickeln der Kinder Einmalhandschuhe selbstverständlich sein. Nach dem Wickeln eines Kindes ist eine Händedesinfektion durchzuführen sowie die Wickelfläche mit einem Flächendesinfektionsmittel der DGHM-Liste zu reinigen. Die Desinfizierung wird nach jedem Wickeln dokumentiert.
- ein Eigenkontrollsystem nach HACCP eingerichtet ist.

Der Hygieneplan ist ein Element des Qualitätsmanagementsystems (siehe Kapitel 43).

33.8 Lebensmittelrecht

Mit Inkrafttreten der Verordnung 852/2004 der Europäischen Union über Lebensmittelhygiene am 1. Januar 2006 wurden alle sozialen Einrichtungen, in denen Lebensmittel gelagert und verarbeitet werden, zur Einrichtung, Durchführung und Aufrechterhaltung inklusive stetiger Anpassung eines HACCP-Eigenkontrollsystems verpflichtet, das gegenüber den Lebensmittelkontrollbehörden durch lückenlose Dokumentation nachgewiesen werden muss.

HACCP bedeutet „Hazard Analysis and Critical Control Point“ = „Gefährdungsanalyse und kritische Lenkungspunkte“ und stellt ein vorbeugendes System zur Erkennung, Beurteilung und Verhinderung von Fehlerquellen und zur Gewährleistung der Lebensmittelsicherheit dar. Ziel ist es, sicherzustellen, dass Primärerzeugnisse im Hinblick auf die spätere Verarbeitung vor Kontamination geschützt werden. Ein HACCP-Eigenkontrollsystem wird in Kindertageseinrichtungen im Rahmen eines Qualitätsmanagement-Systems implementiert (siehe Kapitel 43.11).

33.9 Jugendschutzgesetz

Das Jugendschutzgesetz (JuSchG) regelt den Verkauf, die Abgabe und den Konsum von

Tabak und Alkohol, die Abgabe (Verkauf und Verleih) von Filmen und Computerspielen sowie den Aufenthalt in Gaststätten und bei Tanzveranstaltungen (auch Diskotheken). Es stellt eine gesetzliche Grundlage zum Eingriff in das grundrechtlich geschützte Recht auf freie Entfaltung der Persönlichkeit des Art. 2 GG dar (siehe Kapitel 3.9.2).

33.9.1 Jugendschutz in der Öffentlichkeit

Das Jugendschutzgesetz regelt den Jugendschutz in der Öffentlichkeit. Das bedeutet: Es gilt nur in der Öffentlichkeit, also im Kino, im Club, auf Straßen und Plätzen, in Gaststätten etc. Das Jugendschutzgesetz führt eine Reihe von Örtlichkeiten auf, für die restriktive Regelungen gelten. Entscheidend ist dabei nicht, ob der Platz ein „öffentlicher" ist, sondern ob die dort stattfindende konkrete Veranstaltung „öffentlich" ist. Öffentlich bedeutet in diesem Zusammenhang: Es ist nicht entscheidend, ob zehn oder tausend Personen kommen. Entscheidend ist vielmehr, ob die Veranstaltung frei zugänglich ist. Nicht-öffentlich ist die Veranstaltung immer dann, wenn die Teilnehmenden und der Veranstalter miteinander in Beziehung stehen. Werden Einladungen verschickt oder führt der Veranstalter eine Teilnehmerliste und macht eine Einlasskontrolle, ist die Veranstaltung nicht-öffentlich. Im familiären Bereich gilt das Jugendschutzgesetz ebenfalls nicht.

33.9.2 Zuständigkeit

Zuständig für das Jugendschutzrecht ist die Polizei, die ihre Zuständigkeit für die Überwachung der Einhaltung der Normen des Jugendschutzgesetzes nach den jeweiligen landesrechtlichen Regelungen erhält. Dies folgt aus der Zuordnung des Jugendschutzrechtes zum Bereich der Gefahrenabwehr.

33.9.3 Begriffsbestimmungen

Das Jugendschutzgesetz regelt in § 1 seine wesentlichen Begriffsbestimmungen.

§ 1 JSchG

Im Sinne dieses Gesetzes

1. sind Kinder Personen, die noch nicht 14 Jahre alt sind,

2. sind Jugendliche Personen, die noch nicht 18 Jahre alt sind,

3. ist personensorgeberechtigte Person, wem allein oder gemeinsam mit einer anderen Person nach den Vorschriften des Bürgerlichen Gesetzbuchs die Personensorge zusteht,

4. ist erziehungsbeauftragte Person jede Person über 18 Jahren, soweit sie auf Dauer oder zeitweise aufgrund einer Vereinbarung mit der personensorgeberechtigten Person Erziehungsaufgaben wahrnimmt oder soweit sie ein Kind oder eine jugendliche Person im Rahmen der Ausbildung oder der Jugendhilfe betreut.

In den Fällen, in denen das Gesetz dem Kind oder der jugendlichen Person eine bevorzugte rechtliche Stellung deswegen einräumt, weil eine personensorgeberechtigte Person sie begleitet, muss diese auch willens und in der Lage sein, diese Personensorge auszuüben. Ist sie es nicht, weil sie zum Beispiel stark alkoholisiert ist, ist das Kind oder die jugendliche Person so zu behandeln, als wäre sie ohne Begleitung.

33.9.4 Erziehungsbeauftragte Person

Ist das Kind und der/die Jugendliche in Begleitung einer erziehungsbeauftragten Person, sind bestimmte zeitliche Begrenzungen aufgehoben beim Besuch von

- Tanzveranstaltungen (Diskotheken),
- Gaststätten,
- Filmveranstaltungen und Open-Air-Veranstaltungen.

Mit der schriftlichen Übertragung des Erziehungsauftrages auf die erziehungsbeauftragte Person kann der/die Jugendliche gegenüber Veranstaltern (Diskotheken, Gaststätten etc.), deren Aufsichtspersonen sowie auch der Polizei nachweisen, dass seine/ihre Eltern oder Personensorgeberechtigten mit der Anwesenheit ihres Kindes an der Örtlichkeit einverstanden sind.

Die erziehungsbeauftragte Person muss volljährig sein, da sie aufgrund einer Vereinbarung mit den Eltern bzw. Personensorgeberechtigten zeitweise oder auf Dauer Erziehungsaufgaben wahrnimmt. Wegen des damit verbundenen Autoritätsverhältnisses kann die erziehungsbeauftragte Person kein Freund oder eine Freundin sein, sondern muss jemand sein, dessen Anweisungen vom/von der Jugendlichen befolgt werden.

In Betracht kommen für diese Aufgabe:

- Erzieher:innen im Internat/in Heimen
- Pädagog:innen in der Kinder- und Jugendarbeit/Jugendhilfe,
- Betreuer:innen in Vereinen,
- Lehrer:innen,
- Ausbilder:innen,
- Großeltern,
- Verwandte,
- Freunde der Eltern,
- volljährige Geschwister.

Grundsätzlich gilt für die Wirksamkeit der Beauftragung: Die von den Personensorgeberechtigten beauftragte Person

- will den Erziehungsauftrag wahrnehmen und
- kann den Erziehungsauftrag wahrnehmen.

Die erziehungsbeauftragte Person muss sich stets in der Nähe der beaufsichtigten Person aufhalten. Hält sich die beauftragte Person irgendwo anders auf, ohne unmittelbar auf den Schützling einwirken zu können, kann nicht davon ausgegangen werden, dass der Erziehungsauftrag auch wahrgenommen wird. Eine Weiterdelegation an Dritte ist ebenfalls nicht möglich.

Die erziehungsbeauftragte Person muss nüchtern bleiben. Ist sie zur Ausübung der Aufgabe nicht in der Lage – zum Beispiel wegen Alkoholisierung –, so handelt sie trotz vorheriger Vereinbarung nicht als erziehungsbeauftragte Person mit der Rechtswirkung, dass sich der/die Jugendliche unerlaubt an dieser Örtlichkeit befindet und der Zutritt/Aufenthalt dann nicht gestattet werden darf. Keinesfalls kann der Veranstalter oder Gewerbetreibende wegen der entstehenden Interessenkollision die Erziehungsbeauftragung übernehmen.

Die Verantwortung bleibt trotz Erziehungsbeauftragung weiterhin bei den Eltern. Dies gilt auch hinsichtlich der Aufsichtspflicht und haftungsrechtlicher Folgen. Die Aufsichtspflicht wird nur teilweise auf den Beauftragten übertragen. Es muss immer eine konkrete, zeitliche Beauftragung ausgesprochen werden. Die verbreitet geübte Praxis, unter Blankounterschriften von Eltern den nächstbesten

Volljährigen als erziehungsbeauftragte Person einzutragen, darf durch die Betreiber von Diskotheken oder Gaststätten nicht akzeptiert werden. In Zweifelsfällen müssen Veranstalter und Gewerbetreibende die Berechtigung durch Rücksprache mit den Eltern daraufhin überprüfen, ob sie gefälscht ist. Ist sie gefälscht, besteht kein Auftragsverhältnis.

33.9.5 Straf- und Bußgeldvorschriften

Adressaten des Jugendschutzgesetzes sind in erster Linie Veranstalter und Gewerbetreibende. Gegen sie richten sich die Strafen und Bußgeldvorschriften bis zu einer Maximalhöhe von 50.000 Euro. Pädagogische Fachkräfte, die Zuwiderhandlung gegen das Jugendschutzgesetz zulassen bzw. nicht unterbinden, sind haftbar aus dem Gesichtspunkt der Aufsichtspflichtverletzung als Arbeitspflichtverletzung, die der/die jeweilige Arbeitgeber:in mit arbeitsrechtlichen Maßnahmen ahnden kann. Für Kinder und Jugendliche selbst hat ein Verstoß gegen das Jugendschutzgesetz keine Rechtsfolgen.

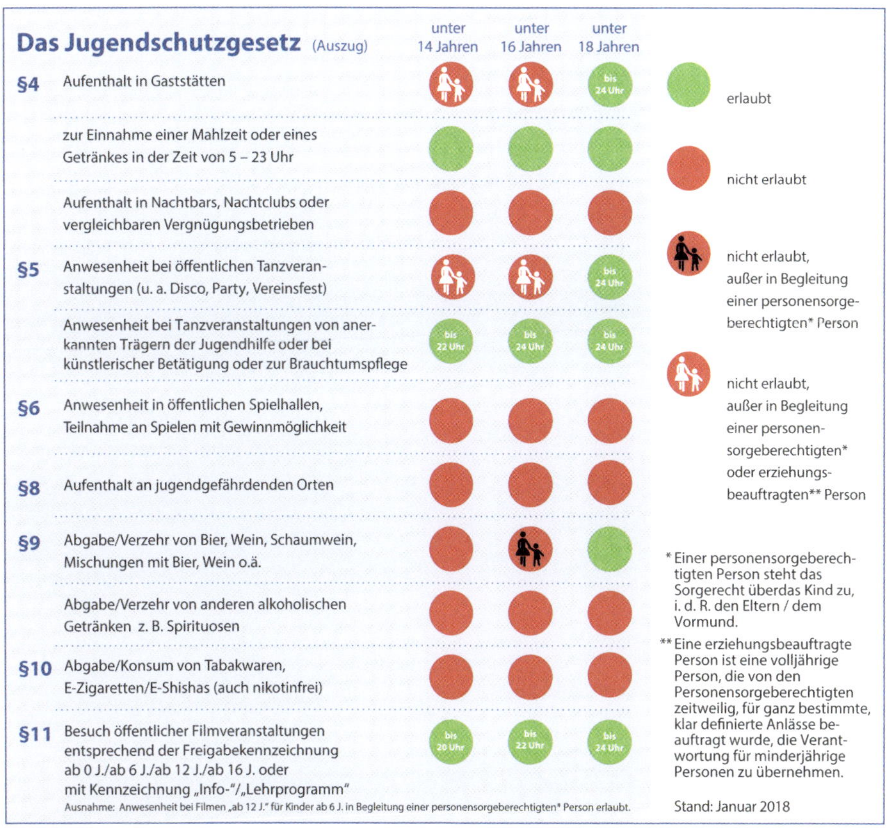

Abbildung 125: Altersgrenzen des Jugendschutzgesetzes

33.10 Übungsfälle

Fall 144

Rentnerin Grete macht sich zunehmend Sorgen um das Treiben in der Nachbarwohnung: Der alleinerziehende alkoholkranke Peter erlaubt seinem 14-jährigen Sohn Kevin nämlich neuerdings regelmäßig, mit seinen Freunden in der Wohnung zu trinken. Als sie nach einer lautstark durchzechten Nacht Alcopops-Verpackungen im Hausmüll entdeckt, ruft sie bei der Polizei an und berichtet, Peter schenke Schnaps an Minderjährige aus.

Was wird die Polizei tun?

Fall 145

Petra geht mit ihrer fünfjährigen Tochter Anna zur Adventsfeier ihrer Pfarrgemeinde, zu der laut Aushang „Alle herzlich eingeladen sind“. Als Anna die Rumkugeln, die sie sehr liebt, auf dem Kuchenbuffet entdeckt, erlaubt ihr Petra, zwei zu essen.

Hat Petra alles richtig gemacht?

Fall 146

Die 17-jährige Kim wird gegen 1 Uhr nachts in der Diskothek von zwei Polizeibeamten aufgegriffen. Auf Befragen gibt sie an, sie sei in Begleitung der 20-jährigen Mandy, die ihre erziehungsbeauftragte Person sei. Sie wüsste bloß gerade nicht, wo diese sei, wahrscheinlich „irgendwo dahinten“.

Was werden die Polizeibeamten tun?

Fall 147

Erzieher Mike möchte mit den Jugendlichen seiner Wohngruppe abends ins Kino gehen.

Was muss er beachten?
Ändert sich etwas, wenn Mike nicht mitgeht?

Fall 148

Nach dem Kino möchten die Jugendlichen noch ein wenig ohne Mike durch die Stadt bummeln.

Darf Mike das erlauben?

VI Organisation und Management

„Management is the art of getting things done through other people."
Mary Parker Follett, social worker und management consultant, 1868–1933

Der Begriff „Management" ist ein außerordentlich schillerndes sprachliches Konstrukt, das ein breites Bedeutungsspektrum beinhaltet. Indem er Funktionen und Personenkreise identifiziert und mit zahlreichen Attributen verbindet, vereint er die verschiedensten Dimensionen in einem Begriffskontext, so zum Beispiel

- den zu organisierenden Gegenstandsbereich (z.B. Personalmanagement, Finanzmanagement, Beschwerdemanagement, Konfliktmanagement),
- den Zweck des Managements (z.B. Qualitätsmanagement, Gesundheitsmanagement, Krisenmanagement, Wissensmanagement),
- die Zielrichtung (z.B. strategisches Management, Organisationsentwicklung),
- die Vorgehensweise (z B. Projektmanagement, Prozessmanagement),
- die Managementtechnik (z.B. Führungsstile).

34 Finanzierung von Sozialunternehmen

Ob Einrichtungen der Behindertenhilfe, Altenpflegeheime, Kindertageseinrichtungen etc., Sozialunternehmen haben die Kernaufgabe, soziale Leistungen zu erbringen – und zwar unabhängig von der Kaufkraft desjenigen, der die Leistung nachfragt. Das primäre Ziel ist nicht die Erzielung von Gewinn, insoweit ist der moderne Begriff der „Nonprofit-Organisation" richtig. Als Anbieter sozialer Leistungen sind Sozialunternehmen allerdings auch Akteure am Markt, die als solche wirtschaftlich handeln, d.h. mit gegebenen Ressourcen haushalten müssen, um dort zu bestehen. Insoweit ist es andererseits auch richtig, sie als „Unternehmen der Sozialwirtschaft" zu bezeichnen, die an den Grundsätzen von Wirtschaftlichkeit und Effektivität gemessen werden.

Aufgrund der Refinanzierung durch die öffentliche Hand können die Instrumente der klassischen betriebswirtschaftlichen Finanzierung im Kontext von Sozialunternehmen allerdings nicht greifen, vielmehr bedarf es hier eines sozialwirtschaftlichen Finanzierungsverständnisses, welches berücksichtigt, dass in der Regel keine Gewinne erwirtschaftet werden, sondern dass der Zufluss an finanziellen Mitteln den Abfluss an finanziellen Mitteln ausgleicht – möglichst innerhalb einer Haushaltsperiode. Die Beschaffung von Geldmitteln für den laufenden Betrieb, die Frage nach dem Kostenträger und den gesetzlichen Grundlagen der Entgeltfinanzierung und nicht zuletzt auch Form und Höhe der Vergütung stellen daher bei Sozialunternehmen die zentralen Gesichtspunkte der wirtschaftlichen Existenz dar.

34.1 Meritorische Güter

Güter und Dienstleistungen wie Schulen, Krankenhäuser, ÖPNV, Museen und Opernhäuser, Kindertagesstätten sowie Leistungen der sozialen Arbeit sind soziale Leistungen (Güter), die von der öffentlichen Hand bezahlt werden, weil sie sozialpolitisch als sehr wertvoll und wichtig angesehen werden. Diese sogenannten „meritorischen Güter" sind zum großen Teil in den Sozialgesetzen definiert und werden von den einzelnen Sozialunternehmen – in Deutschland sind dies im Rahmen des Subsidiaritätsprinzips meist freie Träger – erbracht. Indem die Bedürfnisse der anspruchsberechtigten Menschen in den Sozialgesetzen im Rahmen einer Bedarfsanerkennung festgesetzt werden, werden sie zu einem konkreten, mit Kaufkraft ausgestatteten Bedarf.

34.2 Finanzierungselemente eines Sozialunternehmens

Bei der Finanzierung von meritorischen Gütern versagen die üblichen Markt- und Wettbewerbsmechanismen, denn sie werden nicht auf einem Markt mit unternehmerischen Anbietern, mündigen Kunden und schlüssigen Tauschverhältnissen angeboten. Darüber hinaus gibt es auch keine damit automatisch legitimierte Menge, Qualität oder Preis.

Daher ist es Aufgabe des Staates, die rechtlichen, finanziellen und infrastrukturellen Voraussetzungen für die Gewährung dieser Leistungen zu schaffen. Er kommt dieser Aufgabe nach, indem er die Produktion, Verteilung und Finanzierung sozialer Dienste steuert. Die öffentliche Hand finanziert dabei die Sozialwirtschaftsunternehmen, wozu sie nach Maßgabe des bundesdeutschen Sozialrechts im Rahmen einer sogenannten Pflichtleistung verpflichtet ist. So bestimmt § 91 Abs. 1 SGB X: „Erbringt ein Beauftragter Sozialleistungen für einen Auftraggeber, ist dieser zur Erstattung verpflichtet."

Die wichtigsten spezialgesetzlichen Grundlagen der Finanzierung sozialer Einrichtungen sind:

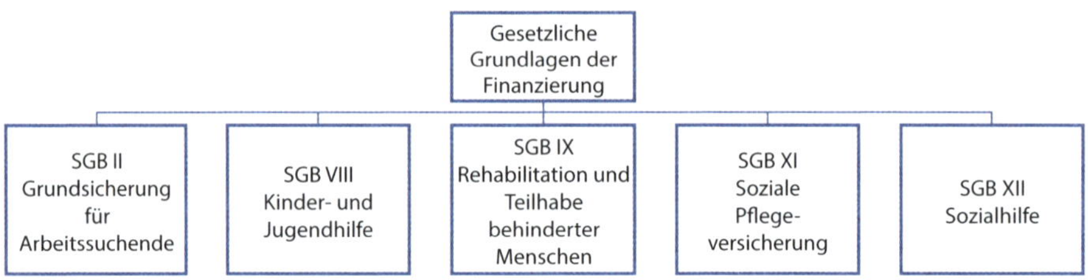

Abbildung 126: Grundlagen der Finanzierung

Darüber hinaus existieren in allen Bereichen der sozialen Arbeit wie Jugendhilfe, Altenpflege, Wohnungslosen- und Behindertenhilfe verschiedene Finanzierungsträger. Dabei ist es nicht unüblich, dass eine einzige Organisation bis zu 50 Geldgeber hat. Die Finanzierung eines freien Trägers der Sozialwirtschaft, der einem Wohlfahrtsverband angehört und professioneller Leistungsanbieter ist, hierfür auch Eigenmittel einsetzt und möglicherweise noch wirtschaftliche Geschäftsbetriebe (z.B. Werkstätten) unterhält, lässt sich nach Holtkamp & Schellberg (2019, S. 78) in drei Bereiche teilen.

Tabelle 20: Bereiche der Finanzierung

Finanzierung durch die öffentliche Hand	Finanzierung durch wirtschaftlichen Betrieb	Finanzierung aus Eigenmitteln
• Leistungsentgelte • Zuschüsse • Öffentliche Aufträge	• Selbstzahler:innen • Zusatzleistungen • Produktionsbereich Werkstätten • Wirtschaftliche Nebenbetriebe	• Spenden, Philantropie, Mitgliedsbeiträge • Mittel von privaten Förderinstitutionen • Trägermittel • Entnahme aus Rücklagen

34.3 Finanzierung der Jugendhilfe

Die Jugendhilfe wird zum weitaus überwiegenden Teil durch die Kommunen finanziert. Die dort gezahlten Leistungsentgelte finden zum einen ihre rechtliche Grundlage im SGB VIII, zum anderen in sogenannten Rahmenverträgen.

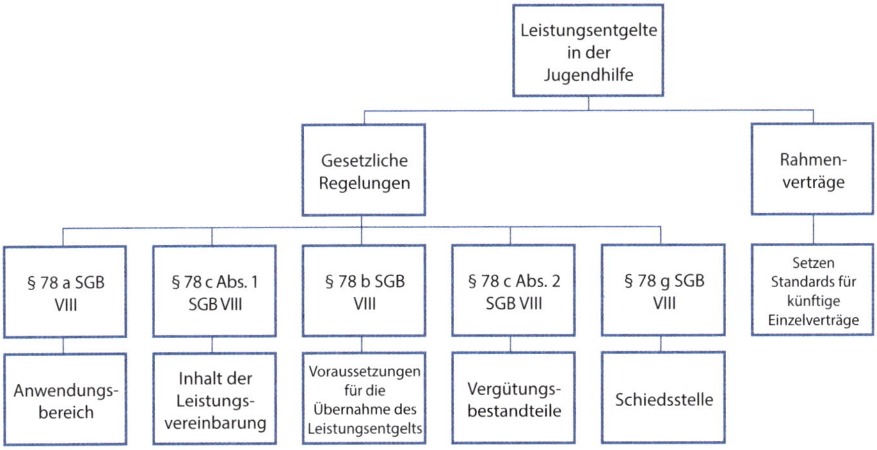

Abbildung 127: Rechtliche Grundlagen der Leistungsentgelte in der Jugendhilfe

34.3.1 Rahmenverträge

Rahmenverträge kennt das Sozialrecht in zahlreichen Ausgestaltungen, denn sie sind wesentliche Bausteine im Leistungserbringungsrecht. Sie werden auf Landesebene mit den kommunalen Spitzenverbänden, den Verbänden der freien Jugendhilfe und den Vereinigungen sonstiger Leistungserbringer geschlossen und haben eine wichtige Steuerungsfunktion hinsichtlich zu schließender Leistungs-, Entgelt- und Qualitätsvereinbarungen, denn mit ihnen beeinflussen und gestalten Leistungsträger und Leistungserbringer das Vertragsgeschehen, indem sie Standards für die zukünftig zu schließenden Einzelverträge setzen. So wird zum Beispiel in § 12 des Bayerischen Rahmenvertrages bereits verbindlich geregelt, wie viele Öffnungstage für eine teilstationäre oder stationäre Einrichtung einzusetzen sind und wie die Auslastungsquote zu bestimmen ist. Für das Kinder- und Jugendhilferecht sind in § 78 ff SGB VIII ausdrücklich Rahmenverträge vorgesehen, die in allen Bundesländern abgeschlossen worden sind.

34.3.2 Leistungs-, Entgelt- und Qualitätsvereinbarungen

Als weitere rechtliche Vorgabe können darüber hinaus Leistungs- und Entgeltvereinbarungen auf Grundlage und in Ausführung des § 78 b SGB VIII vorliegen. Hier ist zu beachten, dass § 78 a SGB VIII den Anwendungsbereich der Norm auf stationäre und teilstationäre Leistungen eingrenzt, diese für die Finanzierung von Kindertageseinrichtungen daher zunächst keine Rolle spielen. Allerdings kann Landesrecht die unmittelbare, zwingende und vorrangige Anwendung des § 78 b SGB VIII bestimmen, also zum Beispiel den Anwendungsbereich auf Kindertageseinrichtungen ausdehnen. Entsprechende Regelungen finden sich für die Kindertagesbetreuung etwa in Mecklenburg-Vorpommern und Hamburg, in anderen Bundesländern wie Bayern ist dies jedoch unterblieben.

Die einzelnen Vereinbarungen über Leistungsangebote, Entgelte und Qualitätsentwicklung schließen die Träger der Einrichtungen mit den örtlichen Trägern der öffentlichen Jugendhilfe, in der Regel sind das die kommunalen Jugendämter. § 77 SGB VIII bestimmt insoweit: „Werden Einrichtungen und Dienste der Träger der freien Jugendhilfe in Anspruch genommen, so sind Vereinbarungen über die Höhe der Kosten der Inanspruchnahme zwischen öffentlichen und der freien Jugendhilfe anzustreben." Diese Vereinbarungen sind nach dem § 4 SGB VIII entsprechenden „Grundsatz des partnerschaftlichen Aushandlungsprozesses" zu schließen.

Diese örtlichen Vereinbarungen sind durch die Landesrahmenverträge an die gesetzlichen Regelungen angeschlossen. Auf diese Weise sollen bundesweit einheitliche Lebensverhältnisse geschaffen werden.

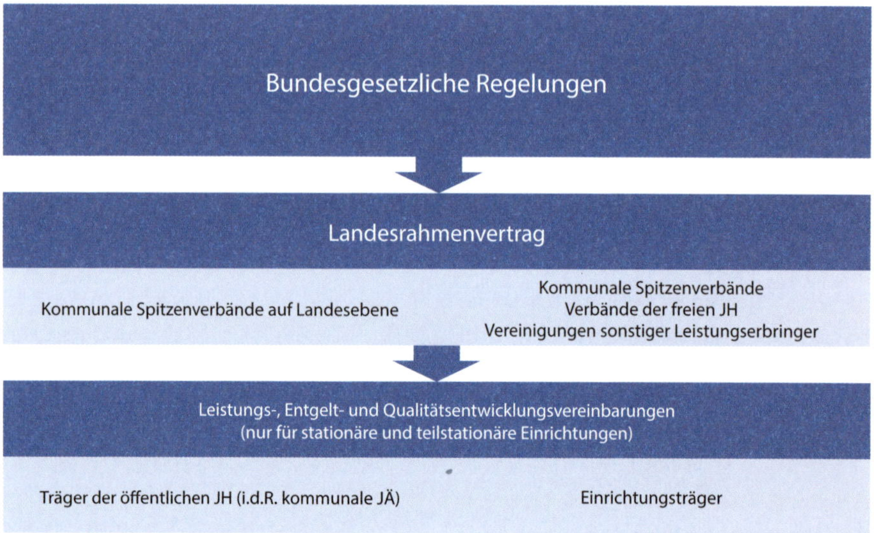

Abbildung 128: Systematik der rechtlichen Regelungen

Vertragsparteien am Beispiel Bayern

Kommunale Spitzenverbände in Bayern

Bayerischer Gemeindetag

Bayerischer Landkreistag

Bayerischer Städtetag

Bayerischer Bezirketag

Verbände der Träger der freien Jugendhilfe in Bayern

Arbeiterwohlfahrt, Landesverband Bayern e.V.

Bayerisches Rotes Kreuz, Präsidium

Deutscher Caritasverband, Landesverband Bayern e.V.

Diakonisches Werk Bayern e.V.

Der Paritätische Wohlfahrtsverband, Landesverband Bayern e.V.

Landesverband der israelitischen Kultusgemeinden in Bayern

34.4 Finanzierung von Kindertageseinrichtungen

§ 74 a Satz 1 SGB VIII

Die Finanzierung von Tageseinrichtungen regelt das Landesrecht.

Dabei können alle Träger von Einrichtungen, die die rechtlichen und fachlichen Voraussetzungen für den Betrieb der Einrichtung erfüllen, gefördert werden. Die Erhebung von Teilnahmebeiträgen nach § 90 bleibt unberührt.

34.4.1 Finanzierung als Ländersache

Die Finanzierung von Kindertageseinrichtungen ist Ländersache. Sowohl Art als auch Höhe der Kostenerstattung des öffentlichen Trägers der Jugendhilfe sind bundesgesetzlich nicht vorgegeben, vielmehr entscheidet der Träger der öffentlichen Jugendhilfe hierüber im Rahmen der verfügbaren Haushaltsmittel nach pflichtgemäßem Ermessen. Da jedoch prinzipiell die öffentlichen Träger für eine Grundsicherung des Leistungsangebotes verantwortlich sind, muss die Finanzierung über eine bloße Subvention oder Förderung des freien Trägers nach allgemein anerkannter Rechtsauffassung hinausgehen.

Gemäß den landesrechtlichen Verweisungsklauseln der §§ 26, 74 a und 77 SGB VIII sind die länderspezifischen Vorgaben hinsichtlich der Finanzierung von Kindertageseinrichtungen in den einschlägigen Kindertagesstättengesetzen der Bundesländer (siehe Tabelle 21) als Ausführungsgesetze zum SGB VIII verankert.

34.4.2 Arten der Finanzierung

Zwei Formen der Bezuschussung werden dabei unterschieden:

Objektbezogene Förderung: Der Einrichtungsträger erhält die Zuschüsse pro genehmigtem Platz bzw. pro Gruppe. Auf die tatsächliche Inanspruchnahme des Platzes kommt es nicht an.

Subjektbezogene Förderung: Der Anspruchsinhaber wird mit den notwendigen Mitteln ausgestattet, um die Leistung am Markt nachfragen zu können, wobei die Förderung auf die Bedürfnisse und die Finanzkraft des Inhabers zugeschnitten werden kann (z.B. Berlin und Hamburg mit Gutscheinsystemen, Bayern mit kindbezogener Förderung). Gefördert wird nur die Leistung, die auch tatsächlich erbracht wurde.

In der Praxis sind auch Mischformen möglich. So fördert Hessen zum einen für Kinder von drei Jahren bis zum Schuleintritt jeden genehmigten Platz und zusätzlich pauschal die Ganztagsbetreuung (Objektförderung), zum anderen ist dort aber für die Unter-Dreijährigen die Subjektförderung pro Kind normiert.

Es ergibt sich für den Bereich der Kindertageseinrichtungen die aus der Tabelle ersichtliche Finanzierungslandschaft:

Tabelle21: Finanzierungslandschaft der Kindertageseinrichtungen in der BRD

Bundesland	Gesetzliche Grundlage	Förderungsart
Baden-Württemberg	Gesetz über die Betreuung und Förderung von Kindern in Kindergärten, anderen Tageseinrichtungen und der Kindertagespflege (KiTaG)	subjektbezogen
Bayern	Bayerisches Gesetz zur Bildung, Erziehung und Betreuung von Kindern in Kindergärten, anderen Kindertageseinrichtungen und in Tagespflege (BayKiBiG)	kindbezogen
Berlin	Gesetz zur Förderung von Kindern in Tageseinrichtungen und Kindertagespflege (Kindertagesförderungsgesetz – KitaFöG)	subjektbezogen, Gutscheinsystem
Brandenburg	Zweites Gesetz zur Ausführung des Achten Buches des Sozialhilfegesetzbuches – Kinder- und Jugendhilfe – Kindertagesstättengesetz (KiTaG)	objektbezogen
Bremen	Bremisches Tageseinrichtungs- und Tagespflegegesetz (BremKTG)	Mischform
Hamburg	Gesetz zur Neuregelung der Hamburger Kinderbetreuung (KibeG)	subjektbezogen, Gutscheinsystem
Hessen	Hessisches Kinder- und Jugendhilfegesetzbuch (HKJGB)	Mischform
Mecklenburg-Vorpommern	Gesetz zur Förderung von Kindern in Tageseinrichtungen und Tagespflege (KiFöG M-V)	objektbezogen nach Plätzen
Niedersachsen	Gesetz über Tageseinrichtungen für Kinder (KiTaG)	objektbezogen nach Fachkräften
Nordrhein-Westfalen	Gesetz zur frühen Bildung und Förderung von Kindern (Kinderbildungsgesetz – KiBiz)	objektbezogen
Rheinland-Pfalz	Kindertagesstättengesetz (KitaG)	objektbezogen
Saarland	Gesetz zur Förderung der vorschulischen Erziehung – Vorschulgesetz (SKBBG)	objektbezogen
Sachsen	Sächsisches Gesetz zur Förderung von Kindern in Tageseinrichtungen (Gesetz über Kindertageseinrichtungen – SächsKitaG)	subjektbezogen als Kinderpauschale
Sachsen-Anhalt	Gesetz zur Förderung und Betreuung von Kindern in Tageseinrichtungen und in Tagespflege des Landes Sachsen-Anhalt (Kinderförderungsgesetz – KiFöG)	subjektbezogen als altersabhängige Kinderpauschale

Schleswig-Holstein	Gesetz zur Förderung von Kindern in Tageseinrichtungen und Tagespflegestellen (Kindertagesstättengesetz – KiTaG)	subjektbezogen als altersabhängige Kinderpauschale
Thüringen	Thüringer Gesetz über Tageseinrichtungen für Kinder (ThürKitaG)	subjektbezogen als altersabhängige Kinderpauschale

Neben den Ausführungsgesetzen sind ebenfalls zu beachten die Ausführungs- und Durchführungsverordnungen der entsprechenden Regierungen und der beteiligten Ministerien auf Landesebene. Dies sind Rechtsverordnungen, die die konkrete Anwendung des Sozialgesetzbuches bzw. des einschlägigen Kindertagesstättengesetzes als Ausführungsgesetze regeln.

34.4.3 Grundsätze der Finanzierung

Des Weiteren sind die öffentlichen Träger verpflichtet, bei der Verteilung der Fördermittel die öffentlichen, die gemeinnützigen und die privat-gewerblichen Kindergärten gleich zu behandeln. Dies gilt insbesondere dann, wenn der Kindergarten in der Bedarfsplanung des jeweiligen öffentlichen Jugendhilfeträgers aufgenommen und nur durch die Berücksichtigung des entsprechenden Kindergartens der Bedarf überhaupt gedeckt werden kann, der öffentliche Jugendhilfeträger also nur mit diesem Kindergarten seine Pflicht zur Bereitstellung eines Kindergartenplatzes erfüllt.

Der Verwaltungsgerichtshof Kassel hat darüber hinaus entschieden, dass der öffentliche Jugendhilfeträger „Geld zu haben hat“: Für die Jugendhilfe müssen grundsätzlich Mittel in einer Höhe im Haushaltsplan zur Verfügung stehen, die den öffentlichen Jugendhilfeträger in die Lage versetzen, seiner Gesamtverantwortung aus § 79 SGB VIII gerecht zu werden.

Die freien Träger wiederum müssen eine „angemessene“ Eigenleistung erbringen, bei deren Bemessung die unterschiedliche Finanzkraft und die sonstigen Verhältnisse zu berücksichtigen sind. Das Nähere regelt auch hier wiederum das Landesrecht.

Die Einnahmen einer Kindertageseinrichtung setzen sich daher zusammen aus:

- Kommunaler Förderung (anteilig refinanziert durch Landeszuschüsse)
- Eigenanteil des Trägers
- Elternbeiträgen

34.4.4 Elternbeiträge

Gebühren: Gegenleistung für tatsächlich in Anspruch genommene Leistung (z.B. Hallenbadgebühren, Parkplatzgebühren).

Beiträge: Gegenleistung für die bloße Möglichkeit der Inanspruchnahme unabhängig von der tatsächlichen Inanspruchnahme (Vereinsbeiträge, Elternbeiträge).

Steuern: Allgemeine Finanzierung.

Abgaben: Sammelbegriff.

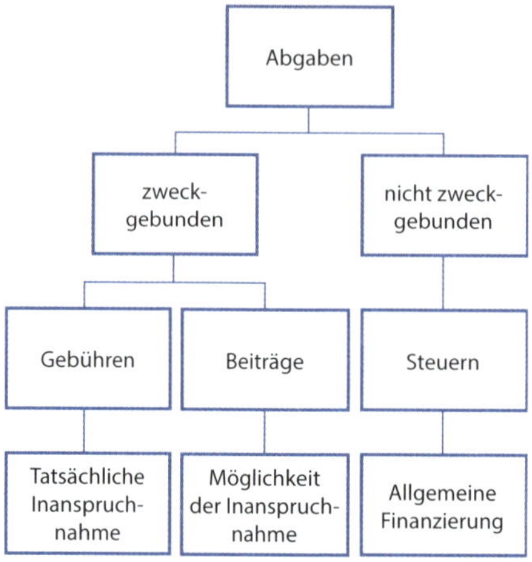

Abbildung 129: Abgaben - Steuern - Gebühren – Beiträge

Elternbeiträge finden ihre Rechtsgrundlage in § 90 SGB VIII und ihre Rechtfertigung in § 10 Abs. 2 Satz 1 SGB VIII. Da Jugendhilfe von Gesetzes wegen immer nachrangig ist, müssen Eltern entsprechend ihrer wirtschaftlichen Leistungsfähigkeit monatliche Beiträge leisten.

Insbesondere § 90 Abs. 3 SGB VIII ist von erheblicher Bedeutung für Kindertageseinrichtungen. Die Vorschrift besagt, dass der Kostenbeitrag für einen Kindergartenplatz auf Antrag ganz oder teilweise erlassen oder der Teilnahmebeitrag auf Antrag ganz oder teilweise vom Träger der öffentlichen Jugendhilfe übernommen werden soll (Beitragsübernahme durch das Jugendamt). Je nach Bundesland ist die Verwaltungspraxis zur Umsetzung der Norm jedoch höchst unterschiedlich ausgestaltet. So war es in Bayern lange Zeit üblich, einen Erlass oder die Übernahme von Kostenbeiträgen erst ab dem ersten des Monats zu gewähren, in dem der Antrag gestellt wurde. Nach einem Urteil des Bayerischen Verwaltungsgerichtshofes gilt nun: Bei dem Antragserfordernis nach § 90 SGB VIII handelt es sich nach Ansicht des Gerichtes nicht um ein materielles Anspruchserfordernis, sondern um eine formelle Voraussetzung. Maßgebender Zeitraum ist also nicht die Zeit ab Antragstellung, sondern der Zeitraum der Bedürftigkeit. Dies hat in der Praxis zur Folge, dass auch eine rückwirkende Übernahme der Beiträge von Kindertageseinrichtungen möglich ist, sofern die weiteren Voraussetzungen der Norm erfüllt sind. Die Eltern können somit den Antrag zur Übernahme der Kosten auch erst im Laufe des Kindergartenjahres und dann rückwirkend stellen.

Im konkreten Einzelfall kommt es also auf die aktuelle Verwaltungspraxis im jeweiligen Bundesland an. Hier helfen die zuständigen Jugendämter bzw. Ministerien weiter.

Einige Länder haben die Einführung des Gute-Kita-Gesetzes (siehe Kapitel 33.5) dazu genutzt, die damit erlangten zusätzlichen Bundeszuschüsse zugunsten der Eltern dahingehend zu verwenden, die Elternbeiträge zu senken oder gänzlich zu erlassen. Zwar sollte die Ausschüttung von zusätzlich 5,5 Milliarden Euro Bundesmitteln nach der Intention des Gesetzes die Qualität der Kitas erhöhen, die Zweckgebundenheit wurde jedoch nicht gesetzlich verankert, sodass die Länder mit den Mitteln frei verfahren konnten.

34.4.5 Rechtsprechung zur Finanzierung

BVerwG - Az. 5 C 18/01: Der Träger der öffentlichen Jugendhilfe kann für eine Förderung von Kindertagesbetreuungsplätzen auch dann zuständig sein, wenn der Kindergarten außerhalb seines Gebietes liegt. Dies ist dann der Fall, wenn er damit den Kindern aus seinem Gebiet ausreichend Kindergartenplätze anbieten kann.

VerwG Braunschweig - Az. 5 A 319/04: Ein geschiedener Ehegatte haftet als Gesamtschuldner für Kindergartengebühren auch dann, wenn er bereits Unterhalt zahlt.

BVerwG – Az. 9 B 90/01: Die Gewährung von Geschwisterrabatten bei Kindergartengebühren ist nur dann zulässig, wenn und soweit Geschwister gleichzeitig eine Kindertageseinrichtung besuchen.

BVerfG – Az. BvR 178/97: Kindergartengebühren können grundsätzlich nach dem Familieneinkommen gestaffelt werden.

34.5 Fundraising und Sponsoring

34.5.1 Fundraising

Fundraising ist als Oberbegriff des gesamten Beschaffungsmarketings einer nicht kommerziellen Organisation zu verstehen. Es bedeutet übersetzt Geld- oder Mittelbeschaffung (fund = „Kapital, Geldsumme, Mittel; raise = beschaffen, vermehren). Es geht daher beim Fundraising nicht allein um finanzielle Aspekte, sondern auch um andere Ressourcen wie Zeit oder Wissen, zum Beispiel, indem eine Seniorin für eine wöchentliche Vorlesestunde gewonnen wird, sich die Elternschaft bereitfindet, die Gruppenräume neu zu streichen, die Musikschule im Jugendzentrum einen kostenlosen Rap-Workshop anbietet oder die örtlichen Handwerker einen Tag der offenen Tür in ihrer Werkstatt veranstalten. Die Kinder- und Jugendhilfe verfügt traditionell über einen großen Pool an Freiwilligen, weshalb es sich lohnt, das Freiwilligenmanagement als eigenes Aufgabenfeld zu begreifen und in einer Einrichtung zu implementieren (siehe Kapitel 37.7.5).

34.5.2 Sponsoring

Sponsoring „ist eine freiwillige, in der Regel vertraglich geregelte Vereinbarung zwischen zwei Geschäftspartnern, von der sich beide Partner Vorteile (Leistung und Gegenleistung) erhoffen" (Vollmer 2021, S. 432).

Das Sponsoring ist eine auf Gegenseitigkeit angelegte Geschäftsverbindung, die vertraglicher Regelung unterliegt. Die Gegenseitigkeit ergibt sich daraus, dass das gesponserte Unternehmen eine Gegenleistung erbringen muss, die meist darin liegt, das Image des Sponsors, zum Beispiel durch Zurverfügungstellung von Werbeflächen, zu verbessern. Für die Beteiligten ergibt sich eine Win-win-Situation: Die Einrichtung kann ihre pädagogische Qualität verbessern, der Sponsor – in der Regel eine (ortsansässige) Firma – erhält durch die Übernahme sozialer Verantwortung eine werbewirksame Menge an positiver Presse, die wiederum eine Imageaufwertung und einen höheren Bekanntheitsgrad mit sich bringt.

Eine drohende Gefahr besteht allerdings in der Abhängigkeit, in die der Gesponserte dem Sponsor gegenüber geraten kann. Wurde diese nicht bereits im Vorfeld sorgfältig bedacht und in Umfang sowie Grenzen festgelegt, kann sie schnell dem Gebot der Neutralität staatlicher Bildung und Erziehung widersprechen, womit die Einrichtung schlussendlich ihre Förderfähigkeit verlöre.

Sponsoring: Voraussetzungen und Rahmenbedingungen schaffen

Überzeugungsarbeit bei den Eltern leisten: Viele Eltern haben Bedenken, ihre Kinder bereits im frühkindlichen Alter mit Werbemaßnahmen in Kontakt zu bringen. Deshalb sollten die Eltern früh und nachhaltig in das Sponsorenprojekt einbezogen werden. Auf diese Weise können nebenbei auch viel zusätzliches Know-how (z.B. durch Väter oder Mütter, die als Rechtsanwält:innen, Steuerberater:innen, Grafiker:innen, Werbefachleute etc. arbeiten) sowie wertvolle Kontakte zu Unternehmen erschlossen werden.

↓

Info-Management einrichten: Alle beteiligten Akteure wie Team, Träger, Eltern etc. sollten gut über Sponsoring informiert sein. Zu diesem Zweck können Erfahrungen anderer Einrichtungen recherchiert, Netzwerkpartner (z.B. Jugendamt) befragt und Info-Abende oder runde Tische organisiert werden. Die so gewonnenen Erkenntnisse werden gemeinsam im Team ausgewertet und allen Interessierten zur Verfügung gestellt.

↓

Projektleitung einsetzen: Wichtig ist, dass die verantwortliche Projektleitung den Überblick behält, bei ihr die Fäden zusammenlaufen und sie letztgültige Entscheidungen trifft. In der Praxis liegt diese Aufgabe meist bei der Einrichtungsleitung, weil Sponsoring in der Regel „Chefsache" ist. Sie kann zur Unterstützung aber auch eine:n (freiwillige:n) Kolleg:in hinzuziehen oder die Projektleitung gänzlich delegieren.

↓

Projekt und Zielgruppe festlegen: Chancen, Risiken und Grenzen des Projekts sind genauso zu ermitteln wie die Zielgruppen der infrage kommenden Sponsoren. Werden ausschließlich Finanzmittel benötigt oder könnten auch bestimmte Produkte oder Dienstleistungen von Unternehmen hilfreich sein? Es sollte auch präzise und detailliert festgelegt werden, wie Gegenleistungen der Einrichtung aussehen könnten und welche unter keinen Umständen infrage kommen.

↓

Rechtliche Fragen klären: An dieser Stelle ist eine Entscheidung zu treffen, ob für das konkrete Sponsorenprojekt das Abfassen und Abschließen eines Sponsoren-Vertrags erforderlich ist. Zudem sind steuerrechtliche Fragen zu klären.

↓

Profil erarbeiten: Wer weiß, was er will, was er kann und was er ist, wird sich besser verkaufen: Grundlage der Präsentation sollten aussagekräftige Unterlagen sein. Idealerweise dient hierzu auch die Konzeption der Einrichtung, vorausgesetzt, sie stellt die zentralen Merkmale der pädagogischen Arbeit, die Organisationsstruktur der Einrichtung sowie ihr Leitbild dar.

Bewerbung erarbeiten: Nun gilt es, die Konzeption zur Arbeitsgrundlage für professionelle und aussagekräftige Unterlagen zu machen, die bei den Unternehmen Begeisterung wecken und zur Unterstützung der Einrichtung motivieren. Dies gelingt umso eher, je detaillierter und individueller diese Unterlagen auf das konkrete Unternehmen zugeschnitten werden.

Die Sponsorenanfrage

Sind alle Fragen geklärt, die Rahmenbedingungen geschaffen und die Präsentationsunterlagen fertiggestellt, dann ist es an der Zeit, die Anfrage an mögliche Sponsoren zu starten. Einschlägige Internetseiten wie www.sponsorboard.de, www.sponsor-network.de helfen mit Beispielschreiben dabei, weisen aber auch allesamt darauf hin, wie wichtig es ist, die Anfrage individuell zu gestalten und nicht einfach die Vorlagen aus dem Internet zu kopieren. Sie geben Tipps zum angemessenen Umfang, richtigen Stil und Ton des Anschreibens und schließlich noch den wichtigen Hinweis, die Homepage der Einrichtung spätestens zu dem Zeitpunkt, zu dem die Sponsorenanfrage versandt wird, auf den neuesten Stand zu bringen, da sich erfahrungsgemäß viele der angeschriebenen Unternehmen zunächst dort über den Absender informieren.

Der Sponsoring-Vertrag

Anders als eine Spende, die in der Regel einmalig ohne Bedingung oder Gegenleistung gegeben wird, begründet Sponsoring ein Gegenseitigkeitsverhältnis. Die Partner vereinbaren konkrete Leistungen und Gegenleistungen. Dies kann grundsätzlich auch formlos, also mündlich geschehen. Je umfangreicher die einzelnen Leistungen aber ausgestaltet werden, desto eher empfiehlt es sich, sie schriftlich in Vertragsform niederzulegen. Hierbei gilt stets die Regel, dass Kosten und Nutzen in einem vernünftigen Verhältnis zueinander stehen müssen: Die Abfassung eines Vertragswerkes durch eine:n Rechtsanwalt/Rechtsanwältin über die Verpflichtung, gegen einmalige Zahlung von 500 Euro das Firmenlogo auf das Plakat zum Kita-Sommerfest zu drucken, ist sicher unverhältnismäßig. Hingegen rechtfertigt eine Projektfinanzierung über mehrere Jahre mit ratierlichen Zahlungen je nach Projektfortschritt schon eher die Einschaltung einer Fachperson.

Die Sponsoring-Parteien

Vertragspartner und damit zeichnungsberechtigt ist aufseiten der Kita der Trägervertreter, also derjenige, der berechtigt ist, die Einrichtung nach außen zu vertreten. Dies kann die Leitung sein, wenn ihr trägerseits entsprechende (Unter-)Vollmacht eingeräumt wurde. Ohne eine solche Vollmacht kann die Leitung zwar die Verhandlungen führen, aber keine verbindlichen Zusagen machen. In diesem Fall ist bei mündlichen Verhandlungen stets deutlich zu machen, dass sämtliche Vertragsabsprachen stets unter Genehmigungsvorbehalt des Trägers stehen.

Der Vertragsinhalt

In Deutschland gilt der Grundsatz der Vertragsautonomie, d.h. im Vertrag kann nahezu alles festgelegt werden. Auch Kleinigkeiten oder Selbstverständlichkeiten sollten festgeschrieben werden, um bei möglichen Rechtsnachfolgern der Vertragsparteien keine Fragen aufkommen zu lassen. Inhaltlich sollte aus dem Vertrag Folgendes hervorgehen:

- Name der Vertragsparteien und ihrer verantwortlichen Vertreter
- Leistungen des Sponsors (Geld-, Sach- und Dienstleistungen)
- Vertragsdauer
- Kündigungsrechte
- Bei Zweckbindung der Leistung: konkreter Zweck und Dauer der Zweckbindung
- Art und Weise der öffentlichkeitswirksamen Darstellung der gesponserten Leistung (Vermeidung von Imageverlusten)
- Bei gesponserten Gegenständen: Müssen sie einen Sponsorenhinweis tragen? Werden sie geschenkt oder geliehen? Bei Leihe: Dauer der Leihe, Träger der nutzungsbedingten Verschlechterung. Bei Schenkung: Dürfen die Gegenstände weiterverkauft werden? Wenn nicht, wie lange nicht?
- Salvatorische Klausel: Änderungen dürfen nur schriftlich erfolgen; Nebenabreden wurden nicht getroffen

35 Organisationsentwicklung

Organisationsentwicklung „ist der systematische Prozess, der dazu dient, eine Organisation unter Einbeziehung der Mitarbeiter:innen den laufenden Veränderungen der Umwelt anzupassen. Die Organisationsentwicklung kann über die Veränderung der Einstellung und des Verhaltens der Mitarbeiter:innen (Personaleinsatz), über eine Veränderung der Organisationsstruktur (struktureller Ansatz) oder über die Kombination personaler und strukturaler Ansätze erreicht werden" (Vollmer 2021, S. 404).

Organisationsentwicklung hat das Ziel,

- zwischenmenschliche Kommunikation zu verbessern,
- Konflikte zu klären,
- Strukturen flexibel zu gestalten,
- hierarchische Systeme durch funktionale Aufgabenzuweisungen zu ebnen,
- Mitarbeiter:innenpartizipation zu verwirklichen,
- Mitarbeiter:innenzufriedenheit zu steigern.

35.1 Geschichte der Organisationsentwicklung

Als Gründervater der Organisationsentwicklung gilt der Sozialpsychologe Kurt Lewin (1890–1947), der mit seiner 1947 entwickelten Laboratoriumsmethode Menschen die Möglichkeit geben wollte, in ihren komplexen Beziehungen und Problemen effektiver zu handeln. Der Grundgedanke dieser Laboratoriumsmethode besteht darin, sogenannte „Stranger Groups", also Gruppen aus Fremden, die weder gemeinsame Vergangenheit noch Zukunft haben, zusammen arbeiten zu lassen. Diese Zusammenarbeit funktioniert nach dem Prinzip des Hier und Jetzt, d.h., nur aktuell ablaufende Prozesse sind Gruppenthema. Sowohl auf Tagesordnung als auch Themenvorgaben wird verzichtet. Die Teilnehmenden geben sich laufendes Feedback darüber, wie sie die anderen erleben.

Weitere geschichtliche Wurzeln der Organisationsentwicklung sind das Survey Feedback (methodische Kombination von Datenerhebung und Feedback) und die soziotechnische Systemtheorie, die auf den Human-Relations-Ansatz (siehe Kapitel 35.5.2) zurückgeht. Alle drei Ansätze entspringen der Aktionsforschung sowie Erkenntnissen zur Gruppendynamik.

Die partizipative Organisationsentwicklung nach Lewin wurde in den 1990er Jahren von Methoden wie Business Reengineering, Lean Management und Prozessmanagement verdrängt, lebt aber in jüngster Zeit in modernen Ansätzen der Organisationsentwicklung, die stärker dialogisch orientiert sind, wieder auf. Die dialogische Organisationsentwicklung fokussiert auf den erwünschten Zustand und orientiert sich mehr an der Problemlösung.

35.2 Anlässe für Organisationsentwicklung

Die Anlässe für Organisationsentwicklung sind vielfältig. Dazu zählen:

- Schaffung von oder Optimierung bestehender Strukturen,
- konzeptionelle Neuausrichtung,
- veränderte Bedürfnisse der Organisationsmitglieder,
- Eingehen auf gesellschaftliche Trends und Entwicklungen,
- veränderte Bedarfe der Zielgruppe,
- Änderung gesetzlicher Vorgaben,
- Wettbewerbsdruck,
- Stärkung der Kundenzufriedenheit,
- Trägerwechsel,
- Umstrukturierungen im Team,
- etc.

35.3 Organisationsentwicklung: Idealtypische Merkmale und Abgrenzung zum Change-Management

Wesentliches Element aller Organisationsentwicklung (OE) ist die Partizipation der Betroffenen am Entwicklungsprozess. Es geht immer um eine geplante Form des Wandels. Spontane oder zufällige Veränderungen werden nicht erfasst. Ebenfalls nicht erfasst werden vorübergehende Veränderungen: Organisationsentwicklung ist langfristig angelegt, und ihre Ergebnisse sind von Dauer. Sie ist auch nicht auf einzelne Gruppen beschränkt, sondern richtet sich tendenziell ganzheitlich aus. Nicht nur will sie die Effektivität der Organisation steigern, sondern auch die Arbeitsbedingungen der Mitarbeiter:innen verbessern.

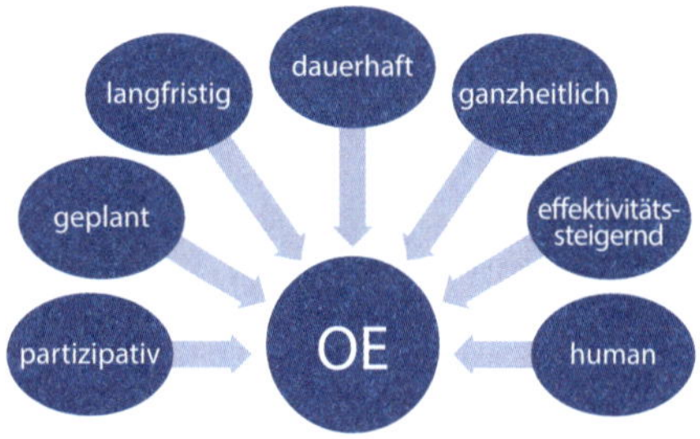

Abbildung 130: Merkmale der Organisationsentwicklung

In jüngster Zeit hat das sogenannte Change-Management an Bedeutung gewonnen, welches mit seinen verschiedenen Ansätzen wie Business Reengineering, Lean Management oder Total Quality Management (siehe Kapitel 43.1) verschiedene Ziele (z.B. Effizienzsteigerung, Verbesserung der Kundenzufriedenheit, Qualitätssicherung) verfolgt. Teilweise wird das Change-Management als Nachfolger der Organisationsentwicklung verstanden, teilweise wird aber auch auf (mögliche) Unterschiede und Abgrenzungen abgehoben, wie sie aus der Tabelle ersichtlich sind.

Tabelle 22: Unterschiede zwischen Organisationsentwicklung und Change-Management

	Organisationsentwicklung	Change-Management
Entstehung	Sozialwissenschaftlich geprägt	Umgangssprachlicher Sammelbegriff
Gegenstand	Geplanter Wandel auf organisationaler Ebene	Beliebige Veränderungen
Organisationsverständnis	Ganzheitlich	Eher technisch
Schwerpunkte	Nachhaltige Veränderung	Eher Optimierung
Zeitliche Dimension	Mittel- bis langfristig	Kurz- bis mittelfristig
Akteur:innen	Prozessberater:in (Coach, Trainer) mit sozialwissenschaftlichem Ausbildungshintergrund	Technisch orientierte Berater:innen mit wirtschafts- oder naturwissenschaftlichem Ausbildungshintergrund

35.4 Der Begriff der Organisation

35.4.1 Betriebswirtschaftlicher Organisationsbegriff

Der Begriff der Organisation ist vielschichtig, mehrdimensional und in der Wissenschaft nicht einheitlich definiert. Man unterscheidet den institutionalen, instrumentalen und funktionalen Organisationsbegriff.

Institutionaler Organisationbegriff: Hiernach ist eine Organisation ein soziales Gebilde zur Verfolgung eines bestimmten Zweckes. Eine Organisation ist danach ein zielgerichtetes, offenes, soziales System mit einer formalen Struktur.

Instrumentaler Organisationsbegriff: Hiernach ist eine Organisation die Gesamtheit der Maßnahmen zur Strukturierung eines sozialen Systems sowie zur Zuordnung der Aktivitäten der Mitarbeiter:innen, zum Einsatz von Mitteln und zur Verarbeitung von Informationen. Eine Organisation ist danach die Gesamtheit aller generellen, expliziten Regeln.

Funktionaler Organisationsbegriff: Der funktionale Organisationsbegriff stellt auf die Organisationsgestaltung, also die Managementfunktion ab. Hiernach ist Organisation die Strukturierung der Arbeitsprozesse und Koordination ihrer Teilergebnisse.

35.4.2 Sozialwirtschaftlicher Organisationsbegriff

Soziale Organisationen sind privatrechtlich organisiert und erfüllen gesellschaftliche, kulturelle und soziale Aufgaben. Im Gegensatz zur betriebswirtschaftlichen Organisation weisen sie Besonderheiten auf:

- Zusammenarbeit von hauptamtlich Angestellten und ehrenamtlich Mitarbeitenden

- Auftraggeber ist der Staat zur Erfüllung staatlicher Aufgaben (Rechtsanspruch auf Kita-Platz etc.) bzw. die Gesellschaft zur Verwirklichung des Sozialstaatsprinzips (Obdachlosenhilfe, Tafel etc.)
- Erbringen Dienstleistungen
- Ohne Gewinnerzielungsabsicht

35.5 Organisationstheorien

Die vorhandene Fülle an Organisationstheorien hat in der Wissenschaft bislang noch keine allgemein anerkannte Systematisierung erfahren. Eine gewisse Verbreitung hat die aus der Abbildung ersichtliche Einteilung der verschiedenen zugrundeliegenden Ansätze.

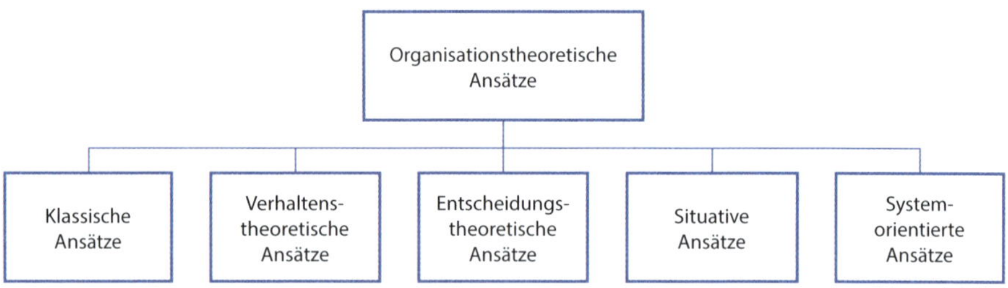

Abbildung 131: Organisationstheoretische Ansätze

35.5.1 Klassische Ansätze

Die klassischen Ansätze haben gemeinsam, dass sie allesamt in das frühe 20. Jahrhundert und damit in den Beginn der Industrialisierung fallen. Sie legen ihren Schwerpunkt auf die formale Organisation (Bürokratiemodell nach Max Weber, Taylorismus, Fordismus, Administrations- und Managementlehre, Betriebswirtschaftliche Organisationslehre).

35.5.2 Verhaltensorientierte Ansätze

Die verhaltensorientierten Ansätze legen ihren Schwerpunkt auf die informale Organisation. Sie nehmen menschliches Verhalten in informalen Gruppen und sonstige menschliche Interaktion in den Blick (Human-Relations-Ansatz, motivationstheoretischer Ansatz).

Der Hawthorne-Effekt

Der Human-Relations-Ansatz entwickelte sich aus den Erkenntnissen der sogenannten Hawthorne-Experimente, die in den Jahren 1924 bis 1933 den Zusammenhang zwischen Arbeitsplatzbeleuchtung und Arbeitsleistung in den Hawthorne-Werken des Elektrounternehmens Western Electric untersuchten. Zwei Gruppen von Arbeiter:innen wurden daraufhin beobachtet, unter welchen Einflüssen sie besonders hohe Leistungen erbrachten: In der ersten Gruppe wurden die Arbeitsbedingungen konstant gehalten, die zweite Gruppe wurde sich verändernden Bedingungen (z.B. Beleuchtung) ausgesetzt. Die überraschende Erkenntnis, die als sogenannter Hawthorne-Effekt in die Geschichte einging, besagt, dass die erbrachten Leistungen paradoxerweise auch dann anstiegen, wenn sich die Bedingungen nicht veränderten oder sogar verschlechterten. Die Forscher:innen erklärten sich die Leistungssteigerungen mit der Anwesenheit und dem Interesse der Forscher:innen für die Versuchsgruppen. Indem sich die sozialen Bedingungen für die Arbeiter:innen durch die erbrachte Aufmerksamkeit veränderten, verbesserte sich die Arbeitszufriedenheit, die sozialen Kontakte der Arbeiter:innen untereinander und damit das Betriebsklima, was wiederum eine Veränderung des Arbeitsverhaltens und eine Verbesserung der Arbeitsergebnisse zur Folge hatte.

Aus den Erkenntnissen des Hawthorne-Experimentes erwuchs weiterhin eine Forschung zum Zusammenhang zwischen Motivation/Demotivation/Zufriedenheit/Unzufriedenheit und Leistung. Diese motivationstheoretischen Ansätze werden häufig auch unter dem Begriff Human-Ressource-Ansätze gefasst. Ihnen zugrunde liegt die Bedürfnispyramide nach Maslow, der zufolge die Bedürfnisse einer höheren Ebene immer erst dann entstehen, wenn die Bedürfnisse der niederrangigen Ebene erfüllt sind.

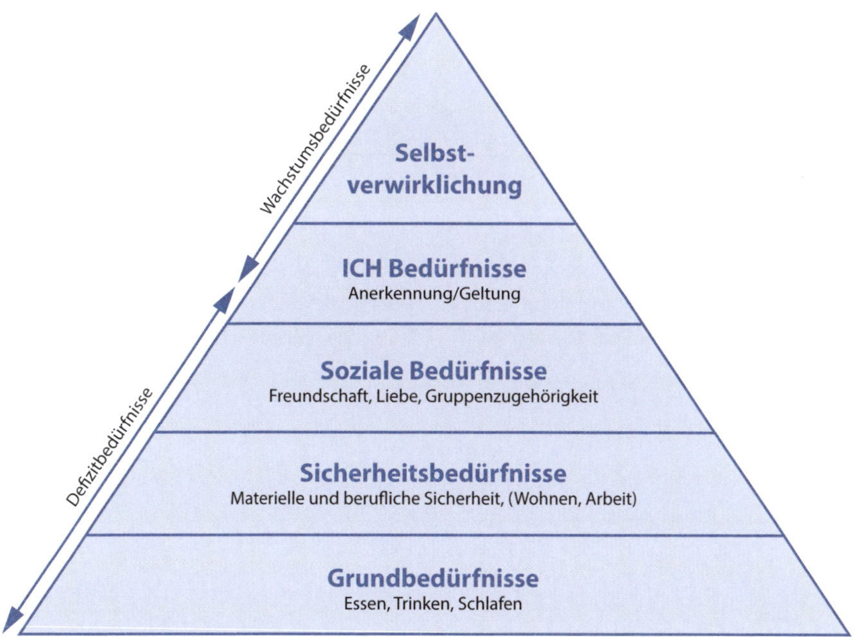

Abbildung 132: Bedürfnispyramide nach Abraham Harold Maslow (1908–1970)

Bedürfnis: Subjektiv empfundener Mangel.
Bedarf: Der aus dem subjektiv empfundenen Mangel erwachsene Wunsch nach Bedürfnisbefriedigung, den sich die Person finanziell leisten kann.
Nachfrage: Der gegenüber dem Anbieter geäußerte Bedarf.

35.5.3 Entscheidungstheoretische Ansätze

Die entscheidungstheoretischen Ansätze lassen sich unterteilen in entscheidungslogisch-orientierte Ansätze und entscheidungsprozess-orientierte Ansätze. Erstere beschäftigen sich vor allem mit organisatorischen Gestaltungsfragen, letztere untersuchen den Zusammenhang von Organisationsstruktur und Entscheidungsverhalten (Spieltheorie, Theorie der pretialen Lenkung, Verhaltenstheorie des Unternehmens).

35.5.4 Situative Ansätze

Situative Ansätze gibt es in analytischen und pragmatischen Varianten. Gemeinsam ist ihnen, dass sie Organisationsstrukturen vor allem unter der Fragestellung analysieren, welche Faktoren in der Realität dazu führen, dass sie sich voneinander unterscheiden.

35.5.5 Systemorientierte Ansätze

Zu den systemtheoretischen Ansätzen gehören zum einen der stark technisch-naturwissenschaftlich geprägte systemtheoretisch-kybernetische Ansatz sowie der soziotechnische Ansatz, der aus der Sozialpsychologie stammt. Gemeinsam ist diesen Ansätzen, dass sie komplexe Sachverhalte ganzheitlich beschreiben und zu erklären versuchen. Sie verstehen ein System als offen und im Austausch mit der Umwelt stehend. Will man das Gesamtsystem optimieren, müssen stets die Subsysteme involviert werden.

35.6 Organisationsstrukturen

Die notwendigen formellen Elemente, die eine Organisation gestalten, sind: Aufgaben, Stellen, Instanzen und Abteilungen. Sie stellen die Eckpunkte dar, innerhalb derer Arbeitsaufgaben entstehen und erledigt werden.

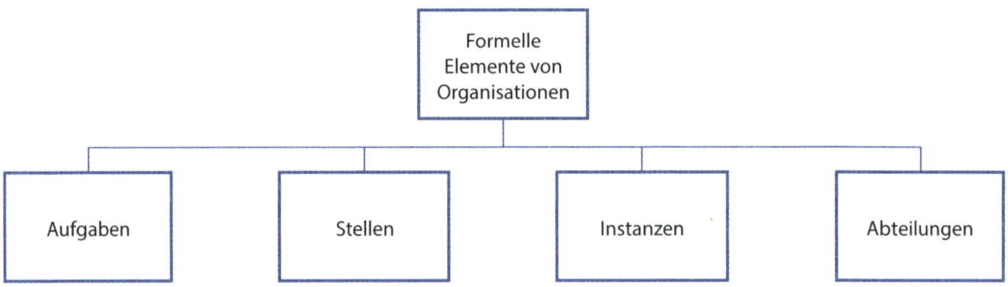

Abbildung 133: Formelle Elemente von Organisationen

Durch die Kombination dieser formellen Elemente mit den Strukturprinzipien wird eine Matrix gestaltet, innerhalb derer die Aufbau- und die Ablauforganisation eines Unternehmens entsteht.

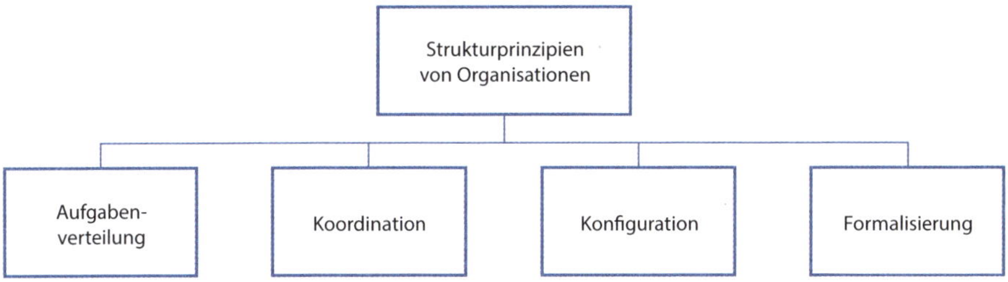

Abbildung 134: Strukturprinzipien von Organisationen

35.6.1 Aufbau- und Ablauforganisation

Des Weiteren unterscheidet man die formale Organisation von der informellen Organisation. Die formale Organisation besteht aus Aufbau- und Ablauforganisation. Die informelle Organisation beinhaltet all das, was „unter der Oberfläche“ existiert: Werte und Werthaltungen, pädagogisches Verständnis, Rollenverständnis, Führungsverständnis, Gruppenbeziehungen, Sympathien etc.

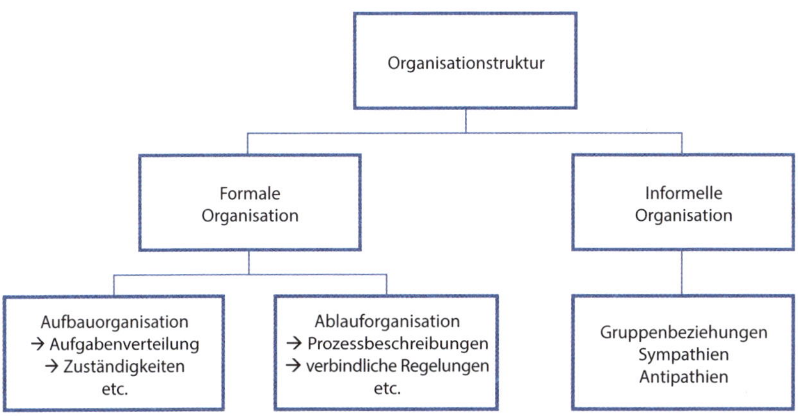

Abbildung 135: Organisationsstruktur

Eine Organisation ist in der Regel hierarchisch aufgebaut. Aus der Hierarchie ergeben sich bestimmte Zuständigkeiten, die mit einer spezifischen Aufgabenzuteilung einhergeht. Aus der Aufgabenzuteilung ergibt sich für den/die einzelne:n Mitarbeiter:in seine/ihre funktionale Rolle.

Aufbau- und Ablauforganisation sind stets aufeinander bezogen. Die Aufbauorganisation, die die Struktur einer Organisation abbildet und eher statischen Charakter hat, trifft auf die Ablauforganisation, die die Prozesse abbildet und dynamischen Charakter hat, sodass nicht selten Spannungsfelder in Organisationen entstehen.

In Kindertageseinrichtungen ist aufbauorganisatorisch der Träger für den Abschluss der Betreuungsverträge zuständig, denn er ist Vertragspartei. In der Ablauforganisation ist prozesstechnisch allerdings die Leitung der Einrichtung der/die Ansprechpartner:in für die Eltern im Rahmen des Vertragsabschlusses. Dies führt nicht selten zu Spannungen zwischen Träger und Leitung, wenn es um die Frage geht, wie dieser Zeitaufwand bei der Leitung zu Buche schlägt und ob er förderrechtlich von der Zeit am Kind abzurechnen ist.

35.6.2 Formen der Aufbauorganisation

Einliniensystem

Die Funktionsträger sind nur über eine Linie miteinander verbunden. Jede:r hat nur eine:n Vorgesetzte:n, der ihm/ihr gegenüber weisungsbefugt ist und bei dem/der Meldungen und Vorschläge zu machen sind. Kindergärten sind typischerweise im Einliniensystem aufgebaut.

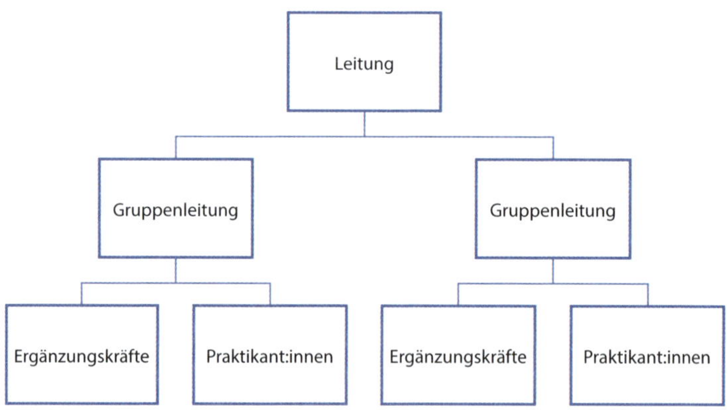

Abbildung 136: Einliniensystem der Kindertageseinrichtung

Tabelle 23: Vor- und Nachteile des Einliniensystems

Vorteile	Nachteile
Straffe Disziplin	Überlastung der obersten Ebene
Keine widersprüchlichen Anweisungen	Eventuell Verfälschung von Informationen durch Zwischeninstanzen
Eindeutigkeit hinsichtlich Aufbau, Leitung, Kompetenz und Verantwortung	Bei Ausfall des/der Vorgesetzten erhebliche Störung
Einzelne Entscheidungen sind rekonstruierbar	Mitunter schwerfällig wegen langer Weisungswege

Stabliniensystem

Das Stabliniensystem ist eine Weiterentwicklung des Einliniensystems, indem es zuarbeitende Stellen miteinbezieht. Der Stab hat beratende und unterstützende Funktion, aber keine Entscheidungs- und Weisungsbefugnis. Er trifft Anordnungen nur „im Auftrag".

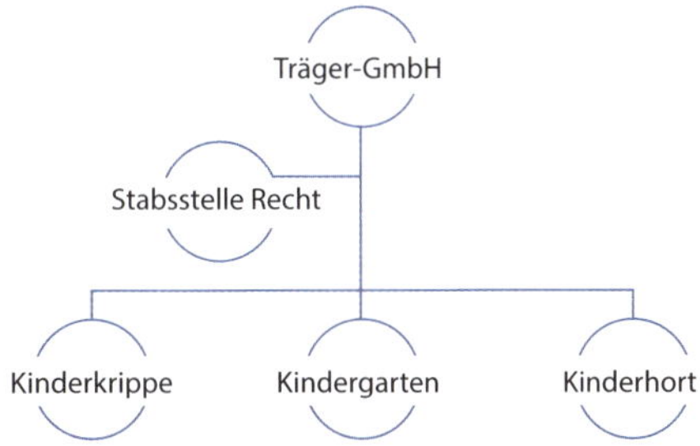

Abbildung 137: Stabliniensystem einer Träger-GmbH

Tabelle 24: Vor- und Nachteile des Stabliniensystems

Vorteile	Nachteile
Arbeitsentlastung der Leitung	Verzögerte Entscheidungen durch Beratung
Bessere Qualität der Entscheidungen	Mögliche Konflikte zwischen Linie und Stab
	Gefahr der Führung eines praxisfernen Eigenlebens der Stäbe

Mehrliniensystem

Jede Stelle hat mehrere Vorgesetzte, ist mehreren übergeordneten Instanzen unterstellt und erhält von diesen Weisungen. Jede Führungsperson ist für ein spezielles Aufgabengebiet verantwortlich. In sozialpädagogischen Einrichtungen kommen Mehrliniensysteme wenig bis gar nicht vor.

Tabelle 25: Vor- und Nachteile des Mehrliniensystems

Vorteile	Nachteile
Kurze Kommunikationswege	Mitunter unklare Kompetenzabgrenzung
Oberste Ebene und Zwischeninstanzen werden entlastet	Daraus resultierend mögliche Kompetenzkonflikte
	Widersprüchliche Anweisungen
	Daraus resultierend Unsicherheit der Untergebenen hinsichtlich Priorität und Dringlichkeit

35.6.3 Ablauforganisation

Ablauforganisation meint das zeitliche und örtliche Hinter- und Nebeneinander der zur Erreichung eines bestimmten Arbeitsergebnisses auszuführenden Arbeitsschritte (= Prozessmanagement, siehe Kapitel 44.1).
Die Ziele einer Ablauforganisation sind:

- Vorhandene Kapazitäten optimal nutzen
- Bearbeitungszeiten minimieren
- Bearbeitungskosten minimieren
- Arbeitsplätze human gestalten

Die Ablauforganisation hat folgende Aufgaben:

Ordnung des Arbeitsinhaltes: Was soll erreicht werden?

Ordnung der Arbeitszeit: Wie schnell soll es erreicht werden?

Ordnung des Arbeitsraumes: Wo soll etwas erreicht werden?

Ordnung des Ausführenden: Wer soll etwas erreichen?

Stellenbeschreibungen: Von Personen unabhängige Arbeitsplatz- und Tätigkeitsbeschreibungen.
Dienstanweisungen: Verbindliche Arbeitsaufträge aufgrund des Weisungsrechts.
Prozessregeln: Personenunabhängige, standardisierte Beschreibung von Arbeitsabläufen = Prozessbeschreibungen (siehe Kapitel 44.1.2).

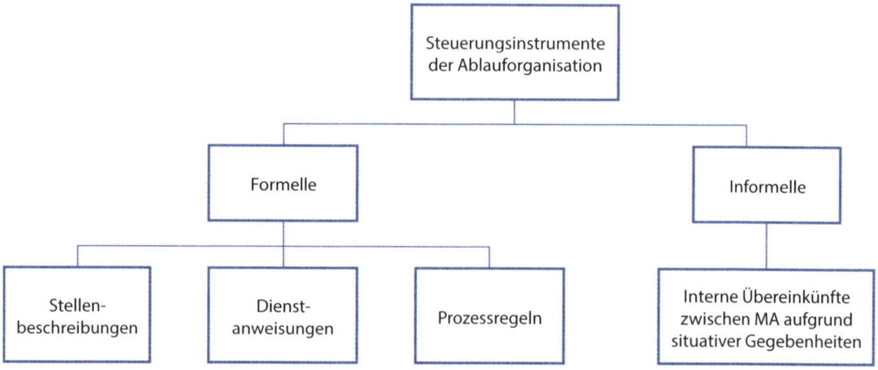

Abbildung 138: Steuerungselemente der Ablauforganisation

35.7 Instrumente der Organisationsentwicklung

Organisationsentwicklung ist in ihrem konkreten Verlauf in der Regel nicht präzise vorherzusehen. Dennoch ist es sinnvoll, zu Beginn eine Prozessarchitektur zu entwerfen, in der Aktivitäten, Starttermine und Zeithorizonte abgebildet sind, um für alle Akteure eine wenigstens vorläufige visualisierte Orientierungshilfe anzubieten. Parallel dazu kann mit dem Drei-Phasen-Modell nach Lewin der vorzunehmende Wandel als Veränderung von Gleichgewichtszuständen verstanden werden.

Veränderungsprozesse werden traditionell nach dem Drei-Phasen-Modell nach Lewin in drei Stadien eingeteilt:

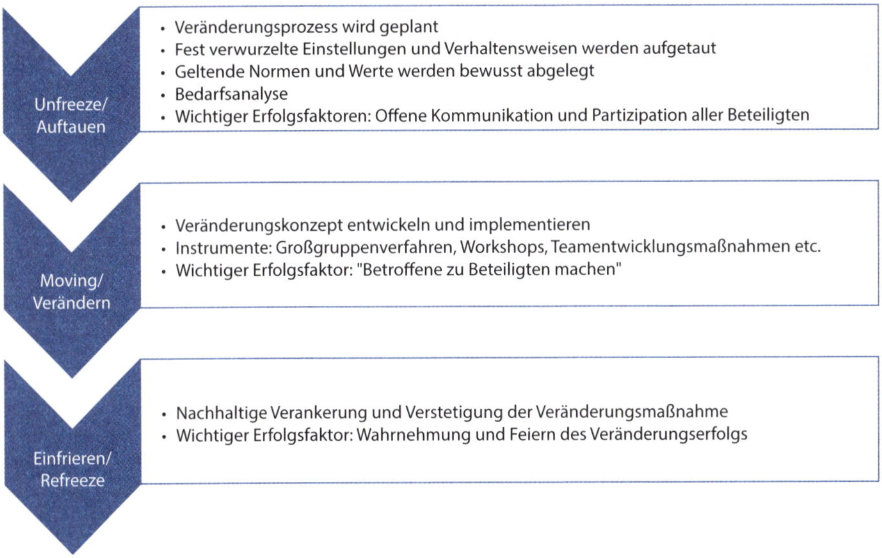

Abbildung 139: Drei-Phasen-Modell nach Lewin

35.8 Erfolgskriterien und Ergebnisbewertung

Während die klassischen Ansätze der Organisationsentwicklung noch rein finanzielle Kennzahlen für die Messung von Wirtschaftlichkeits- und Ressourceneinsatz heranzogen, führten die Erkenntnisse aus der Human-Relations-Bewegung (siehe Kapitel 35.5.2) dazu, dass zunehmend auch soziale und individuelle Aspekte wie zum Beispiel Motivation, Zufriedenheit und Betriebsklima als nicht-finanzielle Aspekte in die Ergebnisbewertung mit einbezogen wurden.

35.8.1 Balanced Scorecard

Eine bekannte Kennzahlensystematik ist die Balanced Scorecard (BSC, siehe Kapitel 37.1), die finanzielle und nicht-finanzielle Kennzahlen gleichberechtigt nebeneinanderstellt und betrachtet. Traditionell wird dabei die Organisation aus vier Perspektiven betrachtet, bei Bedarf können diese vier Perspektiven um weitere ergänzt werden.

35.8.2 Das EFQM-Modell

Das EFQM-Modell war im Jahre 1988 die europäische Antwort auf die Konzepte des Total Quality Management aus den USA bzw. Japan. Die European Foundation for Quality Management (EFQM) hat das auf europäischen Werten beruhende EFQM-Modell für Business-Excellence entwickelt.

Im Zentrum des EFQM-Modells stehen die stetige Verbesserung durch Innovation, Lernen in allen Unternehmensteilen und durch Zusammenarbeit mit anderen EFQM-Anwendern. Hierfür werden die aus der Abbildung ersichtlichen neun Gestaltungsbereiche betrachtet.

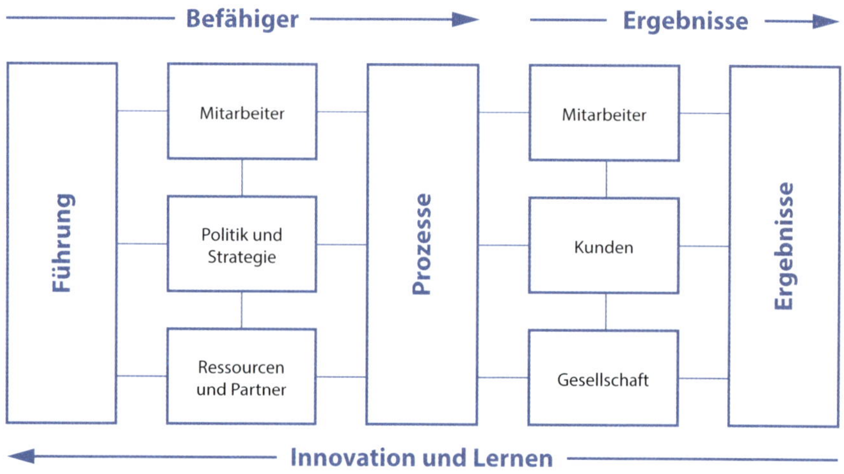

Abbildung 140: Gestaltungsbereiche des EFQM

Da das Modell sich laufend an den jeweils besten Umsetzungen orientiert, ist es nie möglich, die Maximalpunktzahl zu erreichen, da die jeweils beste Leistung noch nicht die maximal mögliche ist.

Aufgrund seiner hohen Anschlussfähigkeit an die verschiedenen organisationstheoretischen Ansätze und seiner Nähe zum soziotechnischen Ansatz lässt sich EFQM nicht nur auf Wirtschaftsunternehmen, sondern auch auf Dienstleistungsunternehmen bzw. soziale Einrichtungen anwenden.

35.9 Lernende Organisation

In der außerschulischen Bildungslandschaft gewinnt der Begriff der Lernenden Organisation immer wichtigere Bedeutung. Die Lernende Organisation ist in der Lage, Wissen aktiv und selbstständig aufzunehmen, zu sammeln und in der ganzen Organisation zu vermitteln. Sie kann ihr Verhalten auf der Grundlage neu gewonnener Einsichten nachhaltig verändern. Damit ist sie sehr viel mehr als die Summe des individuellen Lernens und befähigt insbesondere soziale Einrichtungen, sich neuen Anforderungen, zum Beispiel durch sich verändernde gesellschaftliche Entwicklungen, zu öffnen.

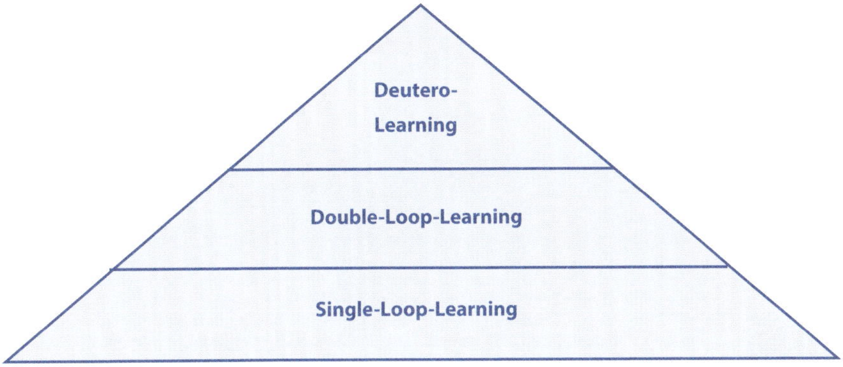

Abbildung 141: Verschiedene Ebenen des Lernens in einer Organisation

Single-Loop-Learning: Einfache Lernprozesse.
Double-Loop-Learning: Reflexion der eigenen Ziele und Standards. („Selbstlernen in Gruppen").
Deutero-Learning: Meta-Lernen („Lernen, wie man lernt").

Die Lernende Organisation existiert durch ihre Mitarbeiter:innen, die

- proaktiv Probleme und Missstände erkennen,
- eigene Überlegungen einbringen und
- Handlungen folgen lassen.

Die Aufgabe von Organisationsentwicklung in diesem Zusammenhang ist es, kollektive Lernprozesse zu organisieren, Erkenntnisse über die soziale Wirklichkeit zu gewinnen und mit dem Ziel rückzuführen, die gesamte Organisation an diesen Erkenntnissen profitieren zu lassen. Um die Planung, Steuerung und Kontrolle von Wissen in sozialen Organisationen zu organisieren, hat es sich bewährt, ein Wissensmanagement (siehe Kapitel 37.7.3) einzuführen.

35.10 Organisationsentwicklung in Kitas

Kitas als soziale Organisationen sind arbeitsteilige Gebilde, die strukturiert und koordiniert werden müssen, damit die Vielzahl an Einzelhandlungen, die von Mitarbeiter:innen und Träger ausgeführt werden, zu einer zweckdienlichen Gesamtordnung zusammengeführt werden können. Organisationsentwicklung ist dabei ein lebenslanger (Begleit-)Prozess, insbesondere Leitbild (siehe Kapitel 37.5), Konzeption (siehe Kapitel 37.6), Strukturen (siehe Kapitel 35.6) und Kernprozesse (siehe Kapitel 44.1.1) sind laufend kritisch zu überprüfen und gegebenenfalls zu optimieren. Für den Kita-Bereich haben sich zwei Phasenmodelle zur Organisationsentwicklung etabliert. Gemeinsam ist ihnen, dass der Prozess in der Regel durch Organisationsberater:innen gesteuert wird.

35.10.1 NPI

Nach dem Organisationsmodell des Nederlands Paedagogisch Institut (NPI) durchläuft die Kita hierbei fünf Phasen:

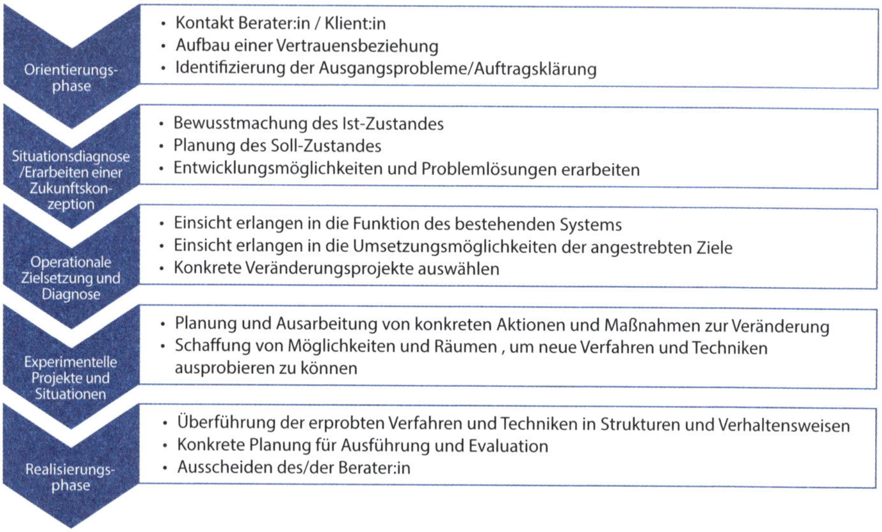

Abbildung 142: Fünf-Phasen-Modell des NPI

35.10.2 Change-Management

Ein anderer Ansatz der Organisationsentwicklung ist das Change-Management, das davon ausgeht, dass Veränderungen auf allen Ebenen (Aufbauorganisation, Ablauforganisation, soziales Gefüge, individuelles Arbeitsverhalten) ablaufen können. Damit verfolgt es einen ganzheitlichen Ansatz, der über der Arbeit an Zielen, Strukturen und Prozessen hinaus auch die Wandlungskompetenz des Teams im Blick hat. Wie beim NPI-Modell geht es auch hier darum, zunächst den Ist-Zustand zu analysieren und sodann zielorientiert vorzugehen.

Das Change-Management beinhaltet die aus der Abbildung ersichtlichen, acht zentralen Aspekte nach der Charta des Veränderungsmanagements nach Doppler und Lauterburg (2019, S. 148):

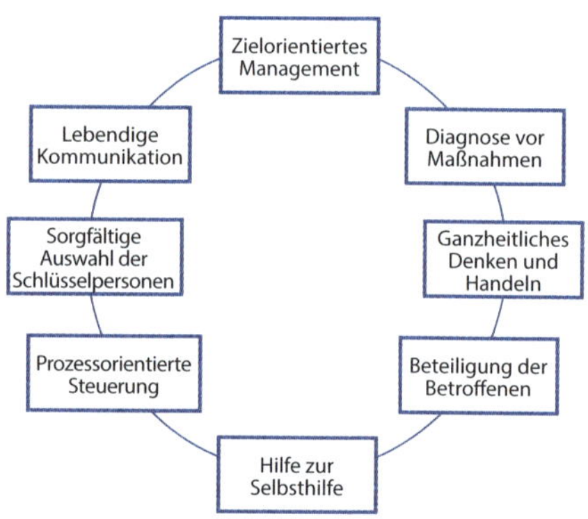

Abbildung 143: Zentrale Aspekte des Change-Managements

Change-Management „ist das professionelle Planen, Initiieren, Realisieren, Reflektieren und Stabilisieren von Veränderungsprozessen in Organisationen vor dem Hintergrund der sich stetig entwickelnden gesellschaftlichen und politischen Rahmenbedingungen und eines steigenden Wettbewerbs- und Kostendrucks“ (Vollmer 2021, S. 405).

36 Sozialmanagement

Die Hilfeleistung für Menschen als fachliche Aufgabe kann nicht ausschließlich als ökonomisches Thema betrachtet werden. Vielmehr überwiegen hier die sozialpolitischen Aspekte, die dem Umstand Rechnung tragen, dass Organisationen in diesem Bereich eine anthropozentrische Werteorientierung haben, die also stets den Menschen in den Mittelpunkt allen Handelns stellt. Dieses Ethos, das die soziale Arbeit als Menschenrechtsprofession begreift, durchdringt und bestimmt nachhaltig Funktionen und Prozesse des diesbezüglichen Managements.

Dies kommt nicht zuletzt auch im Hinblick auf die Verantwortung als Arbeitgeber:in zum Tragen: Elf Prozent aller sozialversicherungspflichtigen Beschäftigten in Deutschland arbeiten in der Sozialwirtschaft, nach einer Statistik der Bundesagentur für Arbeit sind dies derzeit je nach Abgrenzung rund 3,8 Millionen Arbeitnehmer:innen. Sie gilt als wachsender Sektor mit steigendem Bedarf. Die Arbeitnehmer:innen erwarten dort ein Beschäftigungsverhältnis, das ihnen zum einen Arbeitsplatzsicherheit, zum anderen aber auch genügend individuelles Wachstum und Entwicklungschancen offeriert. Die breit gefächerten beruflichen Perspektiven in diesem Bereich generieren qualifizierte und motivierte Arbeitnehmer:innen.

Sozialmanagement hat die Aufgabe, nachhaltig, sicher und verlässlich die wertebasierte Arbeit der jeweiligen sozialen Organisation für die Betroffenen und Mitarbeiter:innen zu strukturieren, zu koordinieren und zu kontrollieren, um die jeweilige soziale Dienstleistung zu optimieren. Sozialmanagement ist originäre Leitungsaufgabe.

36.1 Arbeitsfelder der sozialpädagogischen Berufe

Die Arbeitsfelder der sozialpädagogischen Berufe (staatlich anerkannte:r Erzieher:in, staatlich anerkannte:r Sozialpädagog:in, Fachwirte für Erziehungswesen, universitär ausgebildete Pädagog:innen wie Erziehungswissenschaftler:in, Kindheitspädagog:in, Frühpadagog:in etc.) sind breit gefächert und ergeben sich im Wesentlichen aus § 2 SGB VIII. Gemeinsam ist ihnen, dass sie die Befähigung zur selbstständigen und eigenverantwortlichen Wahrnehmung der Bildungs-, Erziehungs- und Betreuungsaufgaben von Kindern, Jugendlichen und jungen Erwachsenen nach dem SGB VIII voraussetzt.

Tabelle 26: Arbeitsfelder der sozialpädagogischen Berufe

Arbeitsfeld	Arbeitsort
Kinder- und Jugendarbeit	Außerschulische Jugendbildung, Freizeiteinrichtungen, Erholungs- und Ferienheime, Kinder- und Jugendprojekte etc.
Jugendsozialarbeit	Ausbildungs- und Beschäftigungsmaßnahmen
Erzieherischer Kinder- und Jugendschutz	Workshops (zum Thema Drogen, Medien, sexuelle Gewalt, Befähigung der Erziehungsberechtigten etc.)
Förderung der Erziehung in der Familie	Familienbildungsstätten, Erziehungsberatungsstellen, Familienfreizeiten, Familienerholungsstätten, Eheberatungsstellen, Vater-/Mutter-Einrichtungen
Tageseinrichtungen für Kinder	Krippe, Kindergarten, Hort
Hilfe zur Erziehung und ergänzende Leistungen	Jugendamt, erlebnispädagogische Angebote, Gruppensozialarbeit, sozialpädagogische Familienhilfe, Tagesgruppe, Vollzeitpflege, Heilpädagogische Tagesstätten, betreutes Wohnen etc.
Hilfe für seelisch behinderte Kinder und Jugendliche	Jugendamt
Hilfe für junge Volljährige	Jugendamt
Inobhutnahme	Inobhutnahmestellen, Jugendamt
Pflegeerlaubnisse	Jugendamt
Betriebserlaubnisse	Jugendamt
Mitwirkung in Verfahren vor dem Vormundschafts- und Familiengericht	Jugendamt
Adoptionsberatung	Adoptionsvermittlungsstelle
Mitwirkung in Verfahren nach dem JGG	Jugendgerichtshilfe
Mütterberatung	Jugendamt
Beistandschaft, Amtspflegschaft, Amtsvormundschaft	Jugendamt

36.2 Selbstständigkeit

§ 18 Abs. 1 Einkommensteuergesetz (EstG) zählt die selbstständig ausgeübte erzieherische Tätigkeit zu den sogenannten Katalogberufen, die Einkünfte aus selbstständiger Arbeit generieren können. Auch eine Teilselbständigkeit ist möglich, zum Beispiel als Nebentätigkeit auf Honorarbasis parallel zu einer Festanstellung.

36.2.1 Rechtsformen

Es kommen verschiedene Rechtsformen in Betracht, innerhalb derer die selbstständige Tätigkeit aufgenommen werden kann. Sie unterscheiden sich in der Zahl der notwendigen Gesellschafter, Mindestkapitalausstattung, Haftungsrisiko etc. Es empfiehlt sich die Konsultation einer Existenzgründungsberatung, die über die Vor- und Nachteile der jeweiligen Rechtsform sowie Finanzierungs- und Versicherungsfragen Auskunft geben kann.

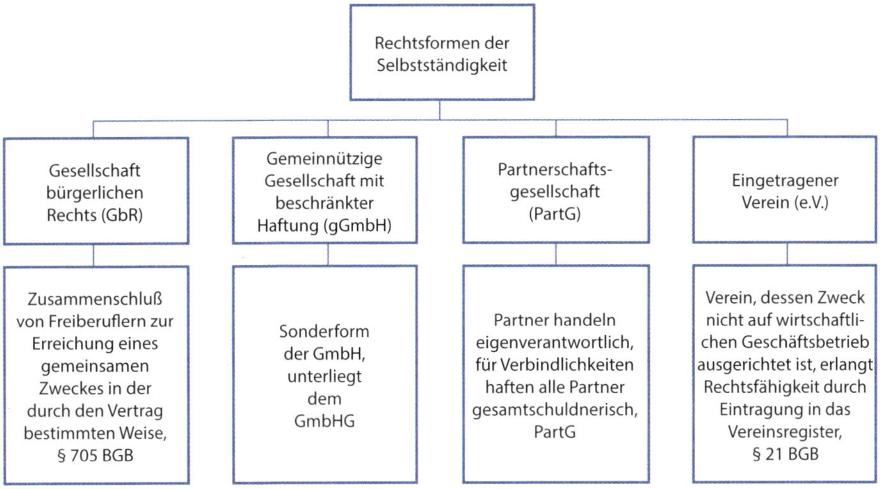

Abbildung 144: Rechtsformen der Selbstständigkeit

36.2.2 Vereinsgründung

> **§ 52 Abgabenordnung (AO)**
>
> Eine Körperschaft verfolgt gemeinnützige Zwecke, wenn ihre Tätigkeit darauf gerichtet ist, die Allgemeinheit auf materiellem, geistigem oder sittlichem Gebiet selbstlos zu fördern. Eine Förderung der Allgemeinheit ist nicht gegeben, wenn der Kreis der Personen, dem die Förderung zugutekommt, fest abgeschlossen ist, zum Beispiel Zugehörigkeit zu einer Familie oder zur Belegschaft eines Unternehmens, oder infolge seiner Abgrenzung, insbesondere nach räumlichen oder beruflichen Merkmalen, dauernd nur klein sein kann.

Die wohl gängigste Form, eine Kinder- und Jugendhilfeeinrichtung ins Leben zu rufen, ist die Gründung eines Vereins. Diese richtet sich nach § 21 BGB, der bestimmt, dass ein Verein, dessen Zweck nicht auf einen wirtschaftlichen Geschäftsbetrieb gerichtet ist, durch eine Eintragung in das Vereinsregister des zuständigen Amtsgerichtes Rechtsfähigkeit erlangt. Der eingetragene Verein e.V. ist eine sogenannte juristische Person. Als solche kann er eigenständig Gelder einnehmen, verwalten und ausgeben.

Auf Antrag prüft das zuständige Finanzamt auch die Satzung auf Gemeinnützigkeit des Vereins. Ist der Verein als gemeinnützig anerkannt, genießt er zum einen steuerliche Vorteile, zum anderen ist er berechtigt, für jede Spende eine Spendenquittung auszustellen. Damit ist die Spende für den Spender steuerlich absetzbar, was den Anreiz, eine Spende zu geben, erfahrungsgemäß deutlich erhöht. Gemeinnützigkeit hat folgende Merkmale:

- Die Organisation hat keine Gewinnerzielungsabsicht oder eigene materielle oder wirtschaftliche Interessen. Dennoch erwirtschaftete Gewinne kommen ausschließlich dem in der Satzung festgelegten wohltätigen Vereinszweck zugute.
- Die Organisation verfolgt ausschließlich die in der Satzung festgelegten wohltätigen Zwecke.
- Die Organisation setzt ihre satzungsgemäßen Ziele und Zwecke eigenständig um.

Die Gründung eines Vereins verläuft in folgenden Prozessschritten:

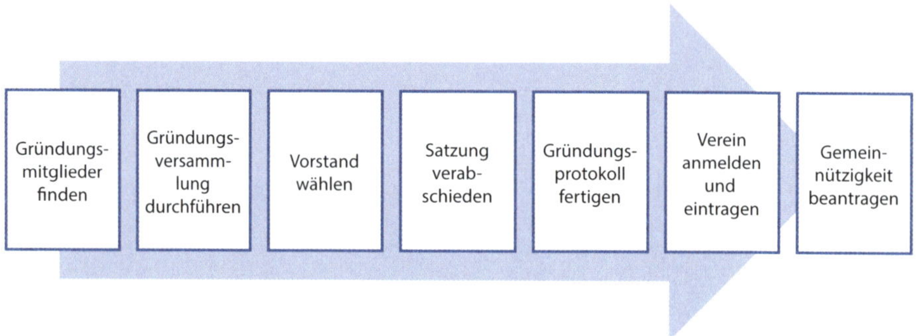

Abbildung 145: Prozess der Vereinsgründung

Gründungsmitglieder finden: Für die Gründung eines eingetragenen und damit rechtsfähigen Vereins (e.V.) benötigt man mindestens sieben erwachsene Gründungsmitglieder (Eltern, Mitarbeiter:innen, Leitung, andere interessierte Erwachsene etc.).

Gründungsversammlung durchführen: Die Gründungsmitglieder müssen eine Gründungsversammlung abhalten, in der der Förderverein ins Leben gerufen wird. In dieser Versammlung gründen die Gründungsmitglieder den Verein, wählen den Vereinsvorstand und verabschieden die förmliche Satzung des Vereines (§§ 26, 27 BGB).

Vorstand wählen: Der Vorstand ist rechtlich gesehen der gesetzliche Vertreter des Vereines. § 26 Abs. 1 BGB bestimmt, dass der Vorstand auch aus mehreren Personen bestehen kann. Dies ist unbedingt zu empfehlen, damit diese sich im Krankheits- oder Urlaubsfall gegenseitig vertreten können und der Verein stets handlungsfähig bleibt. Hierfür müssen ein 1. und ein 2. Vorsitzender gewählt werden, die dann gemeinsam den Vorstand des Vereins bilden.

Der Umfang der Vertretungsmacht eines Vorstandes kann in der Satzung beschränkt werden. Gerade bei neu gegründeten Vereinen, bei denen es an einem Vertrauensverhältnis noch fehlt und sich der Vorstand erst einarbeiten muss, ist es oftmals besser, wenn der Vorstand nicht unbeschränkt und in jeder Höhe zum Beispiel über Gelder verfügen kann.

Satzung verabschieden: Die Satzung muss mindestens den Vorschriften des § 57 Abs. 1 BGB genügen. Dieser schreibt vor, welche Elemente eine Satzung auf jeden Fall als Mindesterfordernisse enthalten muss (Muss-Bestimmungen). Diese sind:

- Name des Vereins
- Zweck des Vereins

- Sitz des Vereins
- Hinweis, dass der Verein eingetragen werden soll

Darüber hinaus regelt das Gesetz in §§ 57 Abs. 2 und 58 BGB noch weitere Erfordernisse, die die Satzung ebenfalls enthalten sollte (Kann-Bestimmungen):

- Die Bildung des Vorstandes und seine Pflicht, den Verein zur Eintragung ins Vereinsregister anzumelden
- Regelungen über den Ein- und Austritt der Mitglieder
- Regelungen über Mitgliedsbeiträge
- Voraussetzungen und Form der Einberufung der Mitgliederversammlung
- Beurkundung der gefassten Beschlüsse

Im Büro-Fachhandel oder online (z.B. www.vereinsknowhow.de) sind Mustersatzungen zu finden, die auf die Bedürfnisse des konkreten Vereins zugeschnitten werden können. Wurden Änderungen vorgenommen, empfiehlt es sich, die Rohfassung der Satzung vorab dem Finanzamt zur Prüfung vorzulegen. Die Behörde prüft dann vor Verabschiedung, ob die Satzung in der gewählten Fassung den Anforderungen an die Gemeinnützigkeit genügt. Das ist wichtig, damit der Verein nach seiner Gründung auch als gemeinnützig anerkannt wird.

Gründungsprotokoll fertigen: Über die Versammlung ist ein Gründungsprotokoll anzufertigen. Auch hierzu finden sich online Musterprotokolle. Das Protokoll ist von den sieben Gründungsmitgliedern zu unterschreiben (§ 59 BGB).

Anmeldung und Eintragung vornehmen: Der Vereinsvorstand muss den Verein beim Amtsgericht anmelden und die Eintragung ins Vereinsregister beantragen. Wie die Anmeldung auszusehen hat, bestimmt § 59 BGB. Anzugeben sind

- Name, Sitz und Anschrift des Fördervereins,
- Tag der Verabschiedung der Satzung,
- Name, Beruf und Anschrift der Mitglieder des Vorstandes.

Der Antrag beim Registergericht muss von allen vertretungsberechtigten Vorstandmitgliedern (i.d.R. der 1. und 2. Vorsitzende) unterzeichnet werden. Diese Unterschriften müssen öffentlich beglaubigt sein. Dies setzt das persönliche Erscheinen bei einem Notar voraus, bei dem sich die Betroffenen durch Vorlage ihres Personalausweises oder Reisepasses identifizieren. Dem Antrag sind folgende Urkunden beizufügen:

- Die Satzung in Urschrift und Abschrift
- Eine Abschrift der Urkunden über die Bestellung des Vorstandes, also des Gründungsprotokolls

Hinsichtlich der beizufügenden Satzung bestimmt § 59 Abs. 2 BGB einige Formalien: Die Satzung soll

- von mindestens sieben Mitgliedern unterzeichnet sein,
- das Datum der Gründung enthalten.

Gemeinnützigkeit beantragen: Jetzt ist es an der Zeit, einen – formlosen – Antrag beim Finanzamt auf Gemeinnützigkeit zu stellen. Die Anerkennung als „Gemeinnütziger Verein" hat den Vorteil, dass er Spendenquittungen ausstellen kann – und zwar sowohl über Geldspenden als auch über Sachspenden. Dies erhöht die Spendierfreudigkeit von Geschäftsleuten aus der Umgebung und der Lobby des Vereins deutlich.

Kosten der Vereinsgründung

Die anfallenden Kosten für das Prozedere sind gering. Die notwendige notarielle Beglaubigung kostet circa 20 Euro, die Eintragungskosten beim Registergericht schlagen mit rund 80 Euro zu Buche. Ist der Vertrag als gemeinnützig anerkannt, ermäßigen sich diese Kosten auf Antrag. Es empfiehlt sich, den Antrag auf Ermäßigung gleichzeitig mit dem Antrag auf Eintragung zu stellen. Für den Antrag auf Gemeinnützigkeit beim Finanzamt fallen keine Kosten an.

36.2.3 Fördermittel

§ 75 SGB VIII

- Als Träger der freien Jugendhilfe können juristische Personen und Personenvereinigungen anerkannt werden, wenn sie
- auf dem Gebiet der Jugendhilfe im Sinne des § 1 tätig sind,
- gemeinnützige Ziele verfolgen,
- aufgrund der fachlichen und personellen Voraussetzungen erwarten lassen, dass sie einen nicht unwesentlichen Beitrag zur Erfüllung der Aufgaben der Jugendhilfe zu leisten imstande sind, und
- die Gewähr einer den Zielen des Grundgesetzes förderlichen Arbeit bieten.
- Einen Anspruch auf Anerkennung als Träger der freien Jugendhilfe hat unter den Voraussetzungen des Abs. 1, wer auf dem Gebiet der Jugendhilfe mindestens drei Jahre tätig gewesen ist.
- Die Kirchen und Religionsgemeinschaften des öffentlichen Rechts sowie die auf Bundesebene zusammengeschlossenen Verbände der freien Wohlfahrtspflege sind anerkannter Träger der freien Jugendhilfe.

Der gemeinnützige eingetragene Verein, der eine Tageseinrichtung für Kinder oder Jugendliche betreiben will, benötigt nun eine Betriebserlaubnis nach § 45 SGB VIII (siehe Kapitel 45.1). Sobald diese vorliegt, kann die Einrichtung eröffnet werden. Der Eröffnungstag sollte protokolliert werden, denn er ist maßgeblicher Stichtag für die Frist von drei Jahren nach § 75 Abs. 2 SGB VIII. So lange muss die Einrichtung mindestens auf dem Gebiet der Jugendhilfe tätig gewesen sein, um einen Antrag auf Anerkennung als Träger der freien Jugendhilfe stellen können. Die Entscheidung über die Anerkennung trifft der zuständige Jugendhilfeausschuss und wird von der Verwaltung des (Landes-)Jugendamtes als Bescheid an den/die Antragsteller:in bekanntgegeben. Nachdem dieser Status gewährt wurde, ist die Einrichtung berechtigt, Fördermittel zu beantragen. Antragsverfahren, Antragsbehörde und Fördermittel bestimmen sich nach dem jeweiligen Landesrecht.

Der Weg zu den Fördermitteln

Im Anerkennungszeitraum von drei Jahren fließen keinerlei Fördermittel, sodass die Einrichtung sich in der Regel aus Elternbeiträgen und Spenden finanzieren muss. Es kann daher ratsam sein, frühzeitig Kontakt zu einem bereits anerkannten Träger der freien Wohlfahrtspflege zu knüpfen, um eventuell „unter dessen Flagge segeln" zu können.

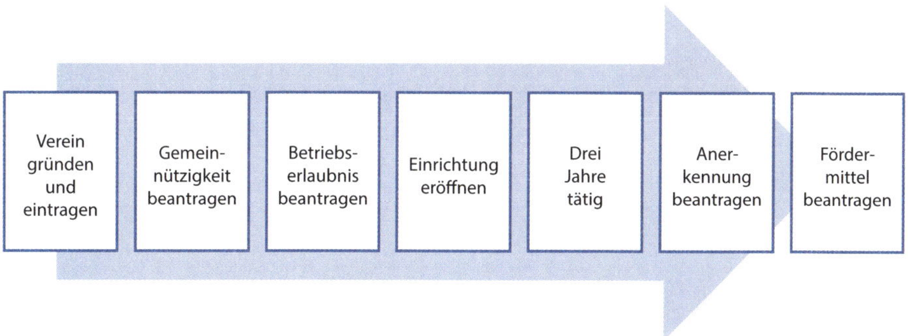

Abbildung 146: Der Weg zu den Fördermitteln

36.3 Betriebswirtschaftliche Grundlagen

Betriebswirtschaftslehre (BWL) ist das Teilgebiet der Wirtschaftswissenschaften, das sich mit den wirtschaftlichen, organisatorischen, technischen, finanziellen sowie sozialen Abläufen in Unternehmen beschäftigt. Man unterscheidet den institutionellen vom funktionellen Begriff der BWL.

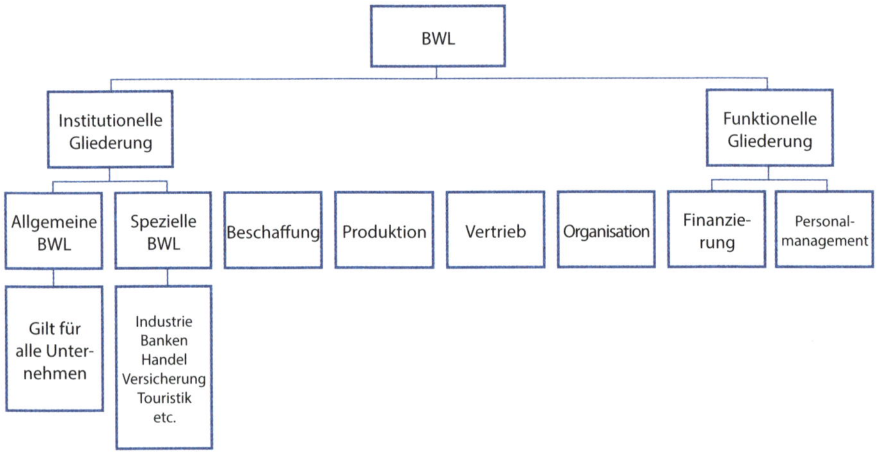

Abbildung 147: Institutioneller und funktioneller Begriff der BWL

36.3.1 Management

Management-Merkmale in sozialen Einrichtungen

Soziale Organisationen sind in ihrem Management aufgrund ihres anthropozentrischen Weltbildes bestimmten Orientierungen verpflichtet:

- Flache Hierarchien
- Lernende Organisation
- Interdisziplinäre Teams
- Kundenorientierung
- Qualitätskontrolle
- Humane Arbeitsbedingungen

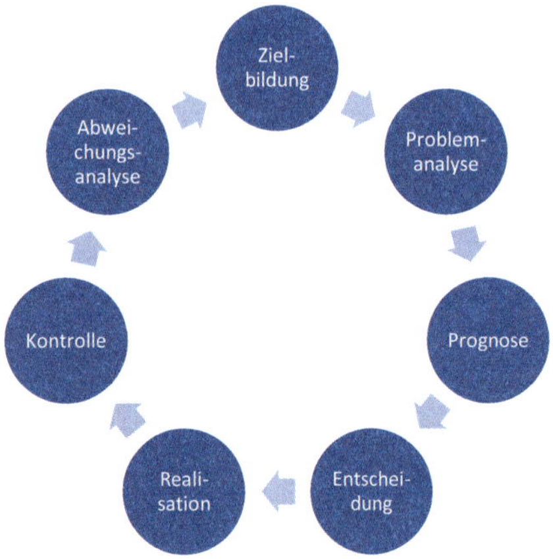

Abbildung 148: Managementzyklus

Managementzyklus

Der Managementzyklus beschreibt mit seiner Phasenfolge den formalen Grundaufbau von Management-Entscheidungen:

Managementsysteme
Aus der Managementaufgabe ergeben sich verschiedene Teilsysteme, sogenannte Managementsysteme:

Managementsystem bezeichnet die Gesamtheit der Instrumentarien, Regeln, Institutionen und Prozesse, die zur Erfüllung der Managementaufgabe dienen.

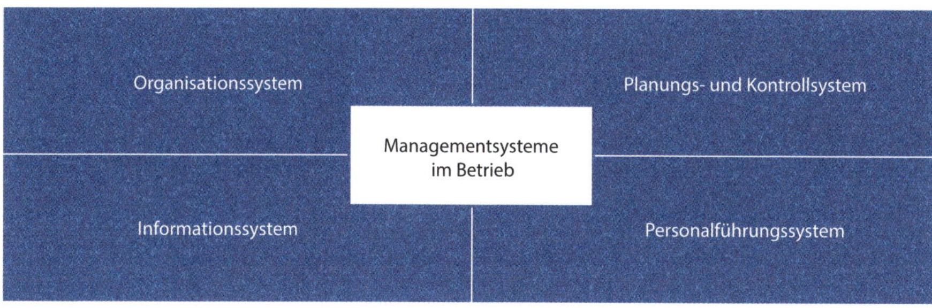

Abbildung 149: Managementsysteme im Betrieb

36.3.2 Finanz- und Rechnungswesen

Alle betriebswirtschaftlichen Entscheidungen unterliegen dem ökonomischen Prinzip, das in Minimalprinzip und Maximalprinzip unterschieden wird:

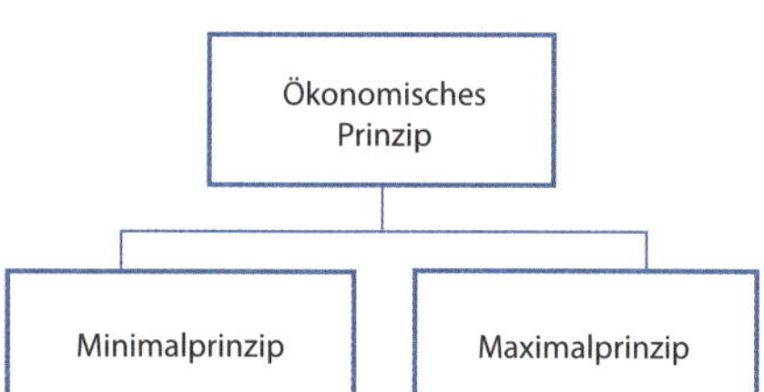

Abbildung 150: Ökonomisches Prinzip

Minimalprinzip: Der benötigte Aufwand, um einen bestimmten Ertrag zu erzielen, ist so gering wie möglich zu halten (Ertrag ist festgelegt, Minimierung des Mitteleinsatzes).
Maximalprinzip: Mit einem gegebenen Aufwand an Wirtschaftsgütern ist ein möglichst hoher Ertrag zu erwirtschaften (Aufwand ist festgelegt, Maximierung des Produktionsertrages).

Unternehmen sollen ökonomisch und produktiv wirtschaften. In diesem Zusammenhang kommen die Begriffe Effektivität und Effizienz zum Tragen:
Effektivität bezeichnet das Maß der Wirksamkeit der angewandten Mittel. Eine Maßnahme ist dann effektiv, wenn sie zum gewünschten Erfolg führt.

Effizienz bezeichnet das Maß des benötigten Ressourceneinsatzes. Eine Maßnahme ist dann effizient, wenn sie mit möglichst sparsamen Mitteleinsatz auskommt.

Produktivität, Wirtschaftlichkeit, Liquidität, Gewinn etc. sind wichtige Kennzahlen im Unternehmen, an ihnen lässt sich der Erfolg eines Unternehmens ablesen. Während Produktivität Aussagen zur „technischen Ergiebigkeit" tätigt, trifft Wirtschaftlichkeit Aussagen zur wertmäßigen Ergiebigkeit.

Diesen betriebswirtschaftlichen Kennzahlen ist gemein, dass sie nur eingeschränkt im sozialen Dienstleistungssektor anwendbar sind. Denn der Wert pädagogischer Arbeit kann nur sehr unzureichend in Effizienz- und Effektivitätsparameter erfassbar werden. Wie soll zum Beispiel gemessen werden, ob der Einsatz von Sprachförderung tatsächlich zu verbesserter Sprachkompetenz führt?

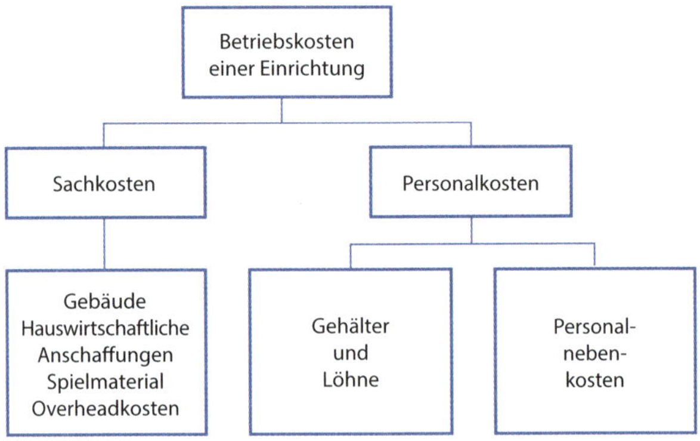

Abbildung 151: Kostenstruktur einer sozialen Einrichtung

Overheadkosten – auch Gemeinkosten – sind Kosten, die nicht einem Kostenträger unmittelbar zugeordnet werden können, insbesondere nicht unter die Personalkosten fallen. Da in einer sozialen Einrichtung nur das pädagogische Personal unter die Personalkosten fällt, sind Kosten für sonstige Mitarbeiter:innen (in der Verwaltung, Buchführung, Hauswirtschaft, Gebäudemanagement etc.) als Overheadkosten unter die Sachkosten zu fassen.

Rechnungswesen

Das betriebliche Rechnungswesen hat die Aufgabe, sämtliche Vorgänge im Unternehmen zu erfassen und auszuwerten. Dies erfolgt zum einen aus unternehmenspolitischen, zum anderen aus steuerlichen bzw. rechtlichen Gründen. Es umfasst sämtliche Verfahren und Regeln, die einer systematischen Erfassung und Verarbeitung der in Zahlen ausdrückbaren wirtschaftlichen Vorgänge dienen, und lässt sich in vier Teilbereiche untergliedern:

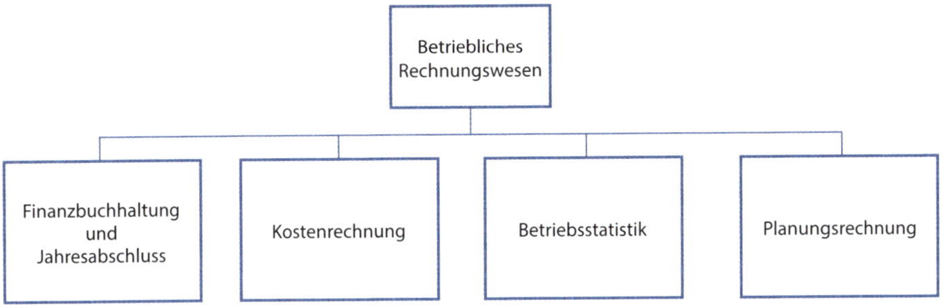

Abbildung 152: Betriebliches Rechnungswesen

Je nach Adressaten des Ergebnisses (Geschäftsführung, Finanzamt, Bank etc.) wird das Rechnungswesen auch in internes und externes Rechnungswesen unterschieden.

36.3.3 Haushaltplan und Budgetierung

Der Haushaltsplan, auch Budget genannt, ist eine Prognose für einen bestimmten Zeitraum (Haushaltsperiode, meist Haushaltsjahr) hinsichtlich zukünftiger Einnahmen und Ausgaben bezogen auf die einzelnen Strukturelemente einer Organisation (Haushaltsposten).

Der Budgetierungsprozess kann in verschieden Phasen unterteilt werden:

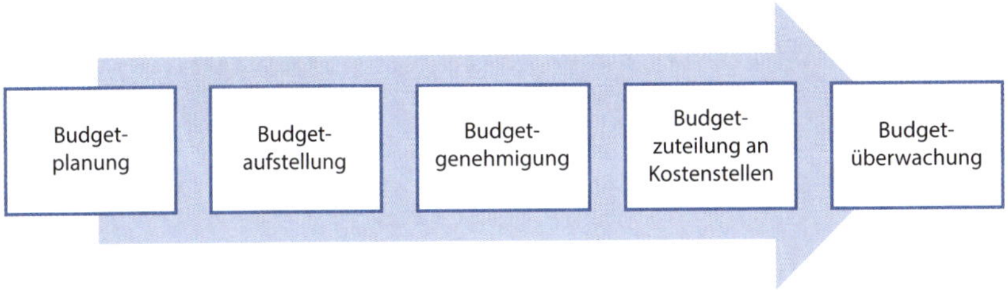

Abbildung 153: Prozess der Budgetierung

36.3.4 Controlling

Die in den Plänen und Budgets umgesetzten Unternehmensziele werden im Controlling einer Abweichungsanalyse unterzogen, deren Ergebnisse im Hinblick auf Ursachen und mögliche Anzeichen von Krisen untersucht werden. Das Controlling erarbeitet bei Störungen Vorschläge zu Gegenmaßnahmen oder Planänderungen.

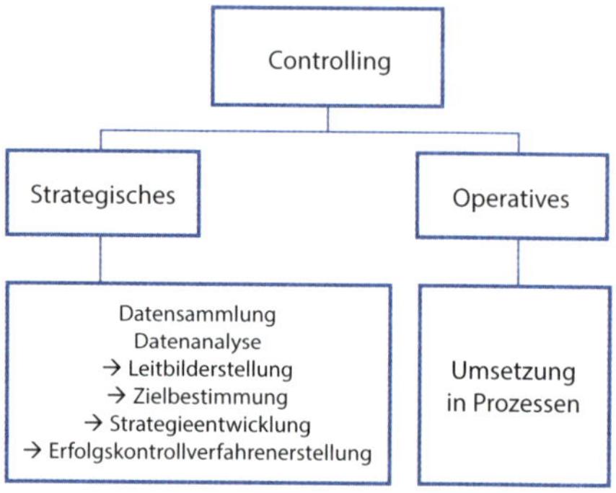

Abbildung 154: Strategisches und operatives Controlling

36.3.5 Marketing

Marketing ist die Ausrichtung sämtlicher unternehmerischer Aktivitäten an den Gegebenheiten des Marktes. Marketing ist daher mehr als nur Vertrieb oder Absatz von Produkten.

In diesem Zusammenhang unterscheidet man den Käufermarkt vom Verkäufermarkt:

Käufermarkt: Die angebotene Warenmenge ist größer als die Nachfrage. Die Käufer finden eine große Auswahl vor, die tendenziell den Preis sinken lässt.

Verkäufermarkt: Hier sind die Verhältnisse umgekehrt. Der Preis wird tendenziell steigen.

Marketingzyklus

Abbildung 155: Marketingzyklus

Das Marketing für Non-Profit-Organisationen bzw. soziale Organisationen sowie soziale Anliegen (Rauchverbot, AIDS-Kampagne etc.) wird auch Social Marketing genannt.

36.4 Selbstmanagement

Der Schlüssel zur Erreichung einer Work-Life-Balance, die es uns erlaubt, unsere persönlichen Ziele mit unseren Werten und Motiven in Einklang zu bringen und zufrieden auf das Erreichte blicken zu können, ist ein funktionierendes Selbstmanagement. Ein ganzheitlich verstandenes Selbstmanagement umfasst zahlreiche Bereiche:

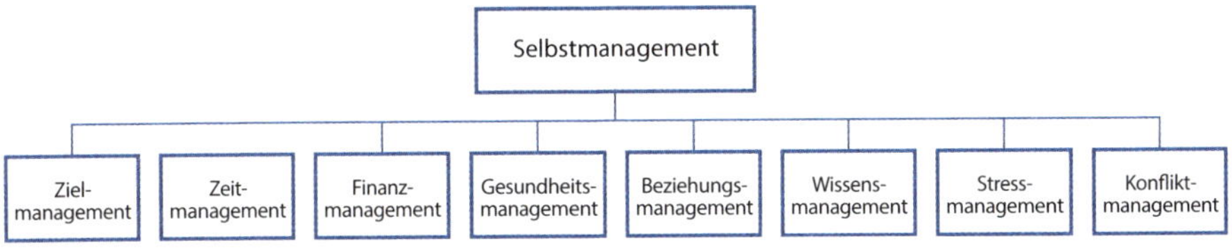

Abbildung 156: Bereiche des Selbstmanagements

Im Folgenden werden drei für die berufliche Praxis wichtige Bereiche des Selbstmanagements näher erläutert.

36.4.1 Gesundheitsmanagement

Die Weltgesundheitsorganisation (WHO) definiert seit 1948 Gesundheit wie folgt:

Gesundheit ist ein Zustand des vollständigen körperlichen, geistigen und sozialen Wohlergehens und nicht nur das Fehlen von Krankheit oder Gebrechen.

Die Bundeszentrale für gesundheitliche Aufklärung (BZgA) geht mit dem vom Gesundheitswissenschaftler Aaron Antonovsky geprägten Modell der „Salutogenese", das formuliert, welche Bedingungen für die Gesundheit gefördert werden müssen, noch um einiges weiter:

Salutogenese fragt danach, wie Gesundheit entsteht, wie Menschen trotz Risiken gesund bleiben können und wie in der Praxis ihre Gesundheit gefördert werden kann. Es versteht Gesundheit und Krankheit als Kontinuum und will Bewegungen auf diesem Kontinuum erklären. Als Determinanten von Gesundheit werden Stressoren, die Art ihrer Bewältigung und verfügbare Widerstandsressourcen herangezogen. Ein Schlüsselkonzept ist das Kohärenzgefühl, das sich im Laufe des Lebens auf der Basis von Ressourcen entwickelt und aussagt, ob das eigene Leben als verstehbar, bewältigbar und sinnhaft erlebt wird. Ein hohes Kohärenzgefühl führt dabei zu positiver Gesundheit, ein geringes Kohärenzgefühl zu negativer.

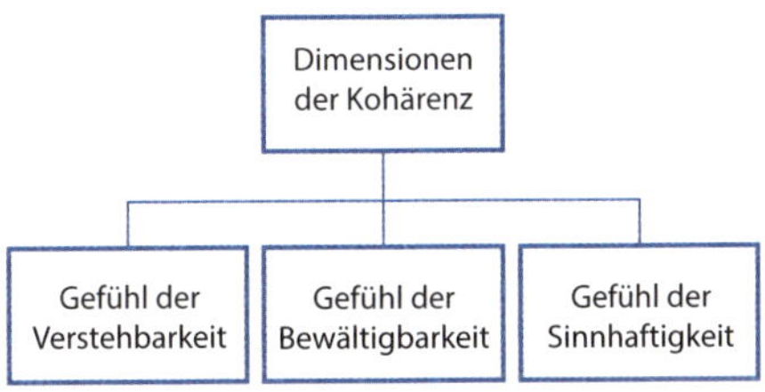

Abbildung 157: Dimensionen der Kohärenz

Nach Antonovsky sind vor allem Stressoren – psychosozialer, physikalischer oder biochemischer Art – sowie die Bewältigungsmechanismen, auf die sie treffen, für die Entwicklung des Kohärenzgefühls bedeutsam. In der Salutogenese müssen Stressoren also nicht zwangsläufig zu Krankheit führen, sondern können auch positive Auswirkungen auf die Gesundheit haben, wenn der Betroffene seine Spannungen erfolgreich bewältigen kann. Eine besondere Bedeutung hat in diesem Zusammenhang ein funktionierendes Stress- und Zeitmanagement.

36.4.2 Stressmanagement

Stress ist ein Zustand des Organismus, der durch ein spezifisches Syndrom (erhöhte Sympathikusaktivität, vermehrte Ausschüttung von Katecholaminen, Blutdrucksteigerung u.a.) gekennzeichnet ist, dabei aber durch verschiedenartige unspezifische Reize (Infektionen, Verletzungen, Strahleneinwirkung, aber auch Ärger, Freude, Leistungsdruck) ausgelöst werden kann. Unter Stress kann man auch äußere Einwirkungen verstehen, auf die der Körper nicht in genügender Weise adaptiert ist, zum Beispiel Vergiftungen, Operationen, Schwangerschaft (Pschyrembel, Klinisches Wörterbuch online).

Das Stressmodell nach Lazarus u.a. (1964) verdeutlicht die Dialektik zwischen Stressor und Stressreaktionen und beantwortet die Frage, warum Individuen durchaus unterschiedlich auf Stress reagieren.

Nach Untersuchungen der AOK (www.aok.de/pk/magazin/wohlbefinden/stress/stress-so-krank-kann-er-machen) hat Dauerstress zahlreiche physische wie auch psychische Folgen:

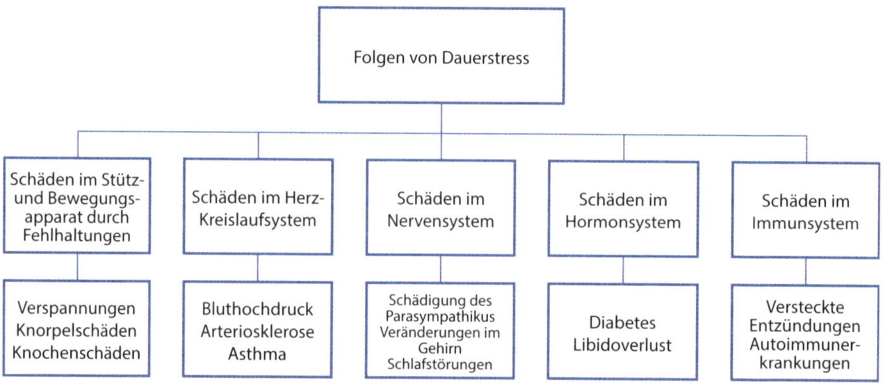

Abbildung 158: Folgen von Dauerstress

Die in sozialen Einrichtungen vorherrschende starke Menschenorientierung bei häufig mangelnden Ressourcen setzt die dort Tätigen der extrem hohen Gefahr eines Burnouts aus. Auf einer Rangliste von zehn Berufsgruppen nehmen nach einer Analyse der AOK die Berufe in der Sozialarbeit und Sozialpädagogik Rang 3 unter den gefährdeten Professionen ein (https://de.statista.com/statistik/daten/studie/239672/umfrage/berufsgruppen-mit-den-meisten-fehltagen-durch-burnout-erkrankungen/).

Elemente der persönlichen Gesundheitsprävention

Der achtsame Umgang mit der eigenen Kraft und die realistische Einschätzung der eigenen Möglichkeiten sind ebenso wie gesunde Ernährung und regelmäßige Bewegung außerhalb von Leistungskategorien zentrale Elemente der persönlichen Gesundheitsprävention.

Abbildung 159: Elemente der persönlichen Gesundheitsprävention

Werkzeuge eines gelingenden Stressmanagements

Zu den Werkzeugen eines gelingenden Stressmanagements gehören:

- Fortbildungen/Workshops zu Stresserleben und Stressreaktion,
- Fortbildungen/Workshops zu Entspannungsverfahren,
- Schlafoptimierung,
- Ernährungsumstellung,
- Supervisionen,
- etc.

36.4.3 Zeitmanagement

Zeitmanagement zielt darauf ab, mit dem Einsatz zielführender Arbeits- und Planungstechniken den Umgang mit zeitlichen Ressourcen zu optimieren.

Eisenhower-Methode

Die wohl am meisten verbreitete Strategie, anstehende Aufgaben nach Wichtigkeit und Dringlichkeit einzuteilen, stellt die sogenannte Eisenhower-Methode dar. Sie basiert auf folgender Entscheidungsmatrix:

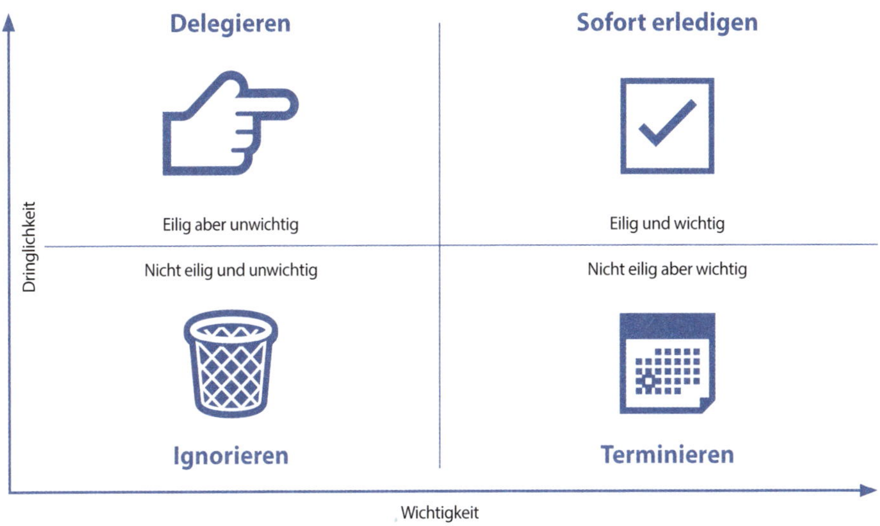

Abbildung 160: Entscheidungsmatrix nach Eisenhower

Pareto-Prinzip

Das nach seinem Entdecker Vilfredo Pareto (1848–1923) genannte Pareto-Prinzip, auch Pareto-Effekt oder 80-zu-20-Regel, besagt, dass 80 Prozent der Ergebnisse in 20 Prozent der Gesamtzeit eines Projekts erreicht werden. Die verbleibenden 20 Prozent der Ergebnisse benötigen 80 Prozent der Gesamtzeit, verursachen somit die meiste Arbeit.

Richtige Priorisierung vorausgesetzt, lassen sich somit mit nur 20 Prozent aller Bemühungen häufig bereits 80 Prozent der Arbeit erledigen. Daher ist es meist ausreichend, wenn man sich auf die wichtigsten Ursachen konzentriert. Hierfür ist es zunächst erforderlich, zu differenzieren, welche Aufgaben in einer sehr hohen Qualität, eben zu 100 Prozent, erledigt werden müssen (Haushaltsplanerstellung, Aufsichtspflichtausübung etc.) und bei welchen das Pareto-Prinzip handlungsleitend sein darf. Hier sollte der Arbeitseinsatz auf das konzentriert werden, was in der gegebenen Zeit machbar ist.

ALPEN-Methode

Mithilfe der ALPEN-Methode nach Seiwert u.a. (2001) können Schritt für Schritt zeitaufwändige Aktivitäten erfasst, geplant und organisiert werden.

1. Aufgaben, Termine und sonstige Aktivitäten notieren
2. Länge der Tätigkeiten einschätzen
3. Pufferzeiten für Unvorhergesehenes einplanen.
4. Entscheidungen über Prioritäten treffen
5. Nachkontrolle

36.5 Büroorganisation

Büro und Arbeitsplatz müssen so gestaltet und organisiert werden, dass zum einen den rechtlichen Anforderungen genüge getan wird, zum anderen aber auch Arbeitsfreude aufkommen kann. Des Weiteren muss eine individuelle Arbeitssystematik entwickelt werden, die sicherstellt, dass die einmal geschaffene Ordnung auch beibehalten wird.

36.5.1 Büro- und Arbeitsplatzgestaltung

Das Büro in sozialen Einrichtungen erfüllt nicht selten mehrere Aufgaben gleichzeitig: In erster Linie ist es Arbeitsplatz von Leitung und in der Regel auch stellvertretender Leitung sowie Sammelstelle für alle in der Einrichtung gewonnenen Daten, nicht selten aber auch Besprechungsraum für Aufnahmeverfahren, Bewerbungsgespräche, Elterngespräche und Teamsitzungen. Hinzu kommt, dass Bürotätigkeiten stets von der eigentlichen Arbeit am Kind abgehen und die dafür bemessenen Verfügungszeiten eher knapp sind.

Ein solcher Multifunktionsraum muss gut durchdacht sein, um sicherzustellen, dass

- Daten rechtssicher verarbeitet werden,
- Arbeitsmaterialien rasch gefunden werden,
- nichts vergessen oder übersehen wird,
- die Arbeitssystematik vertretungssicher ist,
- eine professionelle Außenwirkung erreicht wird.

Räumliche Anforderungen

Für das Büro der Einrichtungsleitung gelten folgende Empfehlungen der gesetzlichen Unfallkassen:

- Die Größe sollte 8 m² bis 10 m² je Arbeitsplatz einschließlich Möblierung und anteiliger Verkehrsfläche betragen.
- Es muss Tageslicht vorhanden sein. Fensterflächen sollten mindestens ein Zehntel der Grundfläche des Raumes betragen.
- Fensterflächen, die besonnt werden, müssen Sonnen- bzw. Blendschutzvorrichtungen aufweisen.
- Künstliche Beleuchtung ist in einer Stärke von 500 Lux vorzusehen.
- Störende Blendung oder Reflexionen sind zu vermeiden.
- Der Raum muss ausreichend natürlich be- und entlüftet werden können.
- Der Raum muss über eine gesunde Raumtemperatur von mindestens 20° C verfügen. Zugluft ist zu vermeiden.

Arbeitsplatzgestaltung

Der Büroarbeitsplatz der Leitung muss über einen ergonomischen Arbeitsstuhl verfügen, die Höhe des Arbeitstisches sollte individuell und leicht anzupassen sein. Sämtliche Arbeitsmittel und Büromöbel sollten das GS-Zeichen tragen. Die Arbeitsfläche sollte mindestens 1600 mm x 800 mm aufweisen. Bildschirmarbeitsplätze sind nach den Vorschriften der Bildschirmarbeitsverordnung (BildScharbVO) einzurichten. Das bedeutet insbesondere:

- Die Tastatur muss vom Bildschirm getrennt und neigbar sein.
- Die Tastatur muss auf der Arbeitsfläche frei angeordnet werden können.
- Der Bildschirm muss frei aufstellbar, leicht dreh- und neigbar sowie in der Höhe verstellbar und reflexionsarm sein.

Ferner müssen genügend Regale und abschließbare Schränke für Wertsachen und die datenschutzsichere Aufbewahrung von Datenmaterial vorhanden sein.

36.5.2 Arbeitsplatzstruktur

Der Arbeitsplatz sollte generell so strukturiert sein, dass Arbeitsmaterialien, die häufig benötigt werden, und Vorgänge, die in Bearbeitung sind, in der Nähe und solche, die nur gelegentlich bis selten eingesetzt werden, weiter weg aufbewahrt werden.

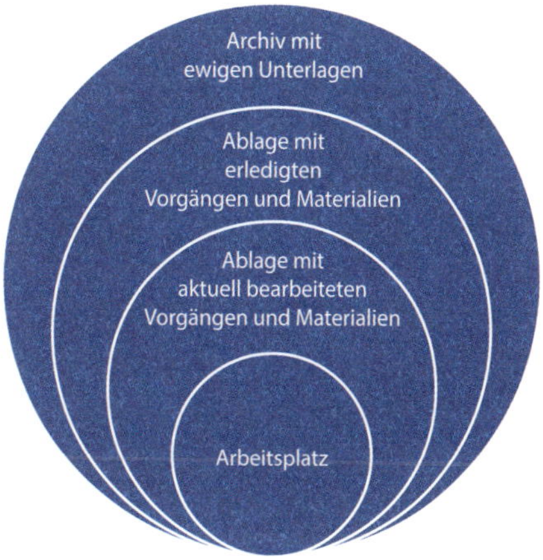

Abbildung 161: Arbeitsplatzstruktur

36.5.3 Ablagesystem

Die einzelnen Vorgänge, die in Bearbeitung sind, sollten eine eigene Hülle bekommen und entweder beschriftet werden (Konzeptionsupdate, Elternabend, Umbau Außengelände, neuer Caterer, Teamsitzung etc.) oder transparent ausgeführt sein, damit man sofort den Inhalt erkennen kann. Diese Materialien können dann entweder im abschließbaren Rollcontainer (bei sensiblen Daten) oder in Ablagen kategorisiert werden („besprechen“, „wartet“, „erledigen“, „recherchieren“ etc.). Für termingebundene Aufgaben eignen sich Terminmappen mit Einteilungen in Monate (1 - 12), Wochen- (Mo - Fr) oder Monatstage (1 - 31).

Für erledigte Vorgänge gilt: Je seltener die betreffenden Unterlagen gebraucht werden, desto entfernter werden sie gelagert.

36.5.4 Posteingang strukturiert bearbeiten

Sowohl bei der Briefpost als auch beim E-Mail-Eingang geht es darum, wichtige von unwichtigen Informationen zu trennen und nach ihrer Dringlichkeit in (neue) Aufgaben zu überführen.

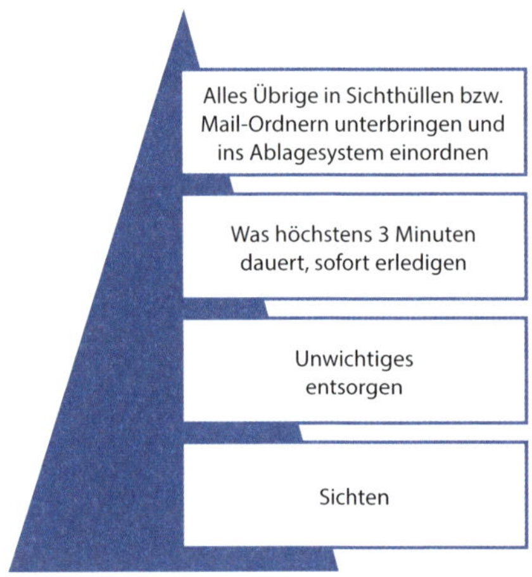

Abbildung 162: Posteingang strukturieren

Die Bearbeitung des Posteingangs sollte einen festen Platz im täglichen Arbeitsablauf erhalten und mit ausreichend Zeit eingeplant werden.

37 Strategisches Management für soziale Einrichtungen

Soziale Einrichtungen benötigen ein Strategisches Management-Konzept, mit dem die Ziele der Organisation auf allen relevanten Ebenen transparent abgebildet werden können, und das es ermöglicht, mit einer darauf aufbauenden Handlungsstrategie die Maßnahmen zur Zielerreichung darzulegen sowie deren Wirksamkeit zu messen.

Strategisches Management kommt zum einen bei der Neugründung einer Einrichtung, zum anderen aber auch danach immer dann, wenn ein neues Angebot platziert oder die Einrichtung weiterentwickelt werden soll, zum Tragen. Es stellen sich hierbei Fragen wie:

- Welche Stärken wollen wir ausbauen?
- Welche Schwächen wollen wir abbauen?
- Welche Zielgruppe wollen wir erreichen?
- In welchem Umfeld bewegen wir uns?
- Wer kann uns unterstützen?
- etc.

Die relevanten strategischen Ebenen lassen sich mit dem Instrument der Balanced Scorecard abbilden.

37.1 Balanced Scorecard

Die Balanced Scorecard (BSC) verbindet Strategiefindung und- umsetzung und erweitert die traditionellen betriebswirtschaftlichen Kennzahlen um die vier wichtige Perspektiven Finanz-, Kunden-, Prozess- und Mitarbeiterperspektive. Die strenge Kennzahlenorientierung der Balanced Scorecard ermöglicht es, durch Soll-Wert-Festlegungen die Zielerreichung SMART (siehe Kapitel 37.4) zu operationalisieren und zu kontrollieren.

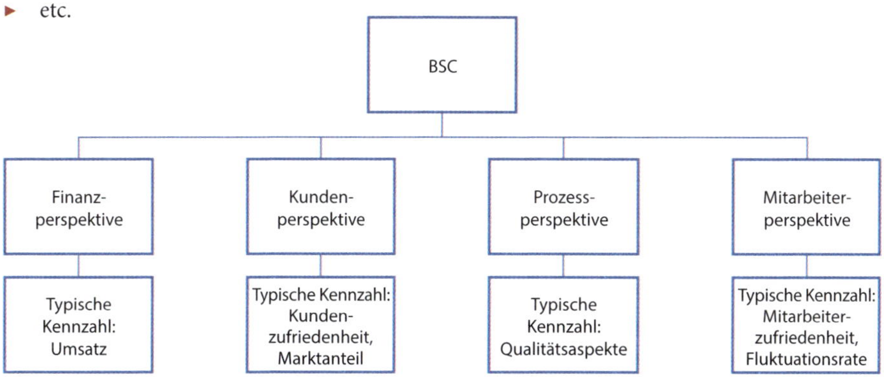

Abbildung 163: Balanced Scorecard

Da es immer möglich ist, die BSC um weitere Perspektiven zu erweitern, lassen sich auch fachliche Inhalte in Kennzahlen „übersetzen". Zum Beispiel können für eine Kita folgende Kennzahlen konstruiert werden:

- Anteil der befragten pädagogischen Fachkräfte, die der Aussage „Wir nehmen die Kinder in ihren Bedürfnissen nach Autonomie ernst" voll bzw. überwiegend zustimmen
- Anteil der Kinder, die nach der Kita-Zeit altersgemäß sozial entwickelt sind
- Durchschnittliche Eingewöhnungszeit pro Jahr

37.2 Stakeholder-Management

Stakeholder: Eine Person, für die es aufgrund ihrer Interessenlage von Belang ist, wie ein bestimmtes Unternehmen sich verhält (z. B. Aktionär, Mitarbeiter:innen, Kunden, Lieferant).

Ein gutes strategisches Management bezieht außer Kunden und Mitarbeiter:innen auch alle anderen Stakeholder des Unternehmens mit ein. Gerade soziale Einrichtungen verfügen schon allein durch die gesetzlich verankerte Sozialraumorientierung über ein großes Netz an Stakeholdern.

Die Stakeholder einer sozialen Einrichtung sind zum Beispiel:

- die betreuten Kinder,
- Eltern der betreuten Kinder,
- Eltern, die einen Betreuungsplatz suchen,
- zukünftige Fachkräfte, die einen Ausbildungsplatz suchen,
- zukünftige Mitarbeiter:innen, die einen neuen Arbeitsplatz suchen,
- Sponsoren,
- Schulen im Sozialraum,
- Berufsschulen und Ausbildungsbetriebe,
- Familienbildungsstätten,
- Freizeiteinrichtungen,
- Geschäfte,
- Vereine,
- Nachbareinrichtungen,
- Therapeut:innen,
- Beratungsstellen.

Beim strategischen Management ist es daher erforderlich, bei Überlegungen nacheinander die Perspektive der jeweiligen Zielgruppe einzunehmen, zum Beispiel mithilfe von Fragen wie:

- Wie nimmt der jeweilige Stakeholder die Einrichtung wahr?
- Welche Erwartungen hat er an die Einrichtung?
- Welche Kriterien legt der jeweilige Stakeholder seinen Erwartungen zugrunde?
- Macht er Vorgaben?
- Wie wird sich der jeweilige Stakeholder vermutlich hinsichtlich seiner Erwartungen und Vorgaben in Zukunft entwickeln?
- Kommen neue Stakeholder hinzu?
- Welche Stakeholder werden an Bedeutung verlieren?

37.3 SWOT

SWOT ist ein Analyseinstrument, mit dessen Hilfe eine Einrichtung ihr strategisches Management strukturieren und visualisieren kann. Das Akronym SWOT steht dabei für Stärken, Schwächen, Chancen und Risiken.

Abbildung 164: SWOT

Um den einzelnen Elementen auf die Spur zu kommen, eignen sich zum Beispiel Fragen wie:

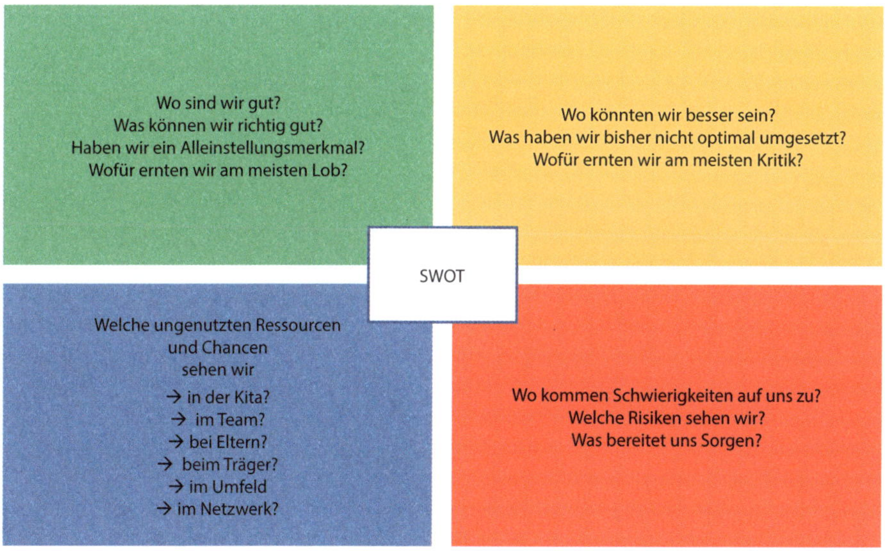

Abbildung 165: SWOT-Fragen

37.4 Ziele SMART formulieren

Je konkreter ein Ziel formuliert wird, desto besser kann kontrolliert werden, ob es erreicht wurde. Die SMART-Methode verhindert schwammige Zielsetzungen.

Abbildung 166: SMART

37.5 Leitbild- und Profilentwicklung

Soziale Organisationen und Einrichtungen erbringen ihre Dienstleistungen in der Regel auf Grundlage eines individuellen Leitbildes. Insbesondere konfessionelle Träger, aber zum Beispiel auch der Montessori- oder Waldorfverband arbeiten auf Grundlage eines Leitbildes, das ihr jeweiliges Bild vom Menschen und ihre Philosophie widerspiegelt und Aussagen zu den Grundwerten macht, denen sich die Organisation verpflichtet fühlt. Darüber hinaus formuliert das Leitbild kurz und prägnant den Auftrag und die strategischen Ziele der Organisation und gibt damit allen Mitarbeiter:innen eine einheitliche Orientierung. Die Aufgabe eines Leitbildes ist daher eine dreifache:

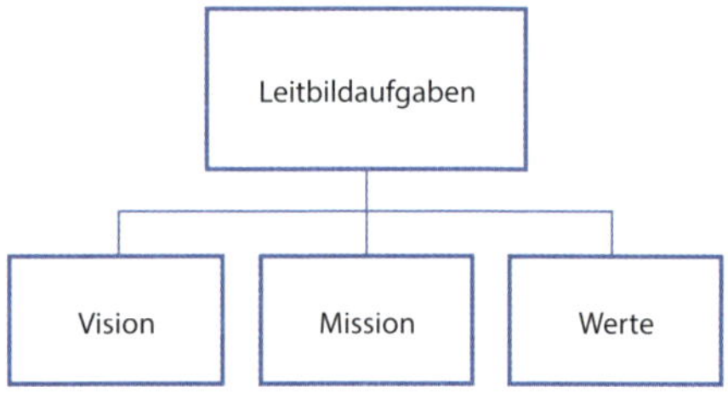

Abbildung 167: Leitbildaufgaben

Die Einrichtungen der jeweiligen Organisation können das betreffende Leitbild nicht abändern und sind aufgefordert, sich mit ihm auseinanderzusetzen, sich mit ihm zu identifizieren und nach ihm zu arbeiten. Die Leitfragen zur Erstellung eines Leitbildes richten sich auf Identität, Ziele, Werte und Methoden:

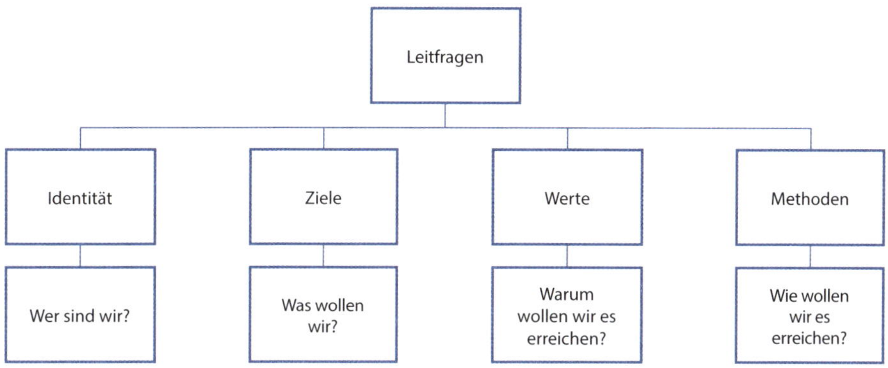

Abbildung 168: Leitfragen zur Erstellung eines Leitbildes

Das einmal erstellte Leitbild ist zu leben. Besteht zwischen Leitbild und gelebtem Alltag eine zu große Diskrepanz, wird das Leitbild zum bloßen Ideal, mit dem sich die Mitarbeiter:innen nicht mehr identifizieren können und es in ihrer täglichen Arbeit als Fremdkörper empfinden. Doch auch ein gelebtes Leitbild unterliegt dem Zeitgeist, einer vielleicht geänderten strategischen Ausrichtung der Organisation, geänderten innerbetrieblichen Abläufen, geänderten Rahmenbedingungen etc. Um diesen Veränderungen Rechnung zu tragen, sollte ein Leitbild spätestens alle zehn Jahre überarbeitet werden.

37.6 Konzeptionsentwicklung

Einige Einrichtungen der Kinder- und Jugendhilfe benötigen zur Erlangung der Betriebserlaubnis nach § 45 SGB VIII zusätzlich eine Konzeption. Im Gegensatz zur Leitbilderstellung ist die Konzeptionsentwicklung also verpflichtend.

Begrifflich ist die Konzeption zunächst vom Konzept zu unterscheiden:

Konzept: beinhaltet einen historisch entwickelten pädagogischen Handlungsansatz.

Konzeption: bildet diesen pädagogischen Handlungsansatz ab und beinhaltet darüber hinaus weitere Aspekte der pädagogischen Arbeit.

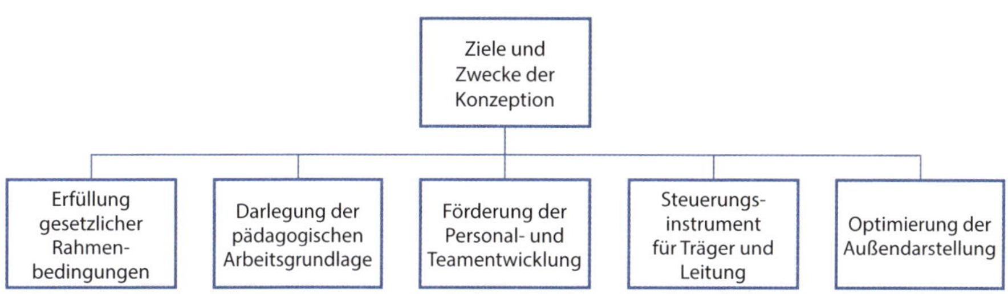

Abbildung 169: Ziele und Zwecke der Einrichtungskonzeption

Erfüllung gesetzlicher Rahmenbedingungen: Gesetzlich verankert ist die Konzeption zum einen in § 45 Abs. 3 Nr. 1 SGB VIII für die Erteilung der Betriebserlaubnis, zum anderen in § 22 a SGB VIII im Rahmen des Förderauftrags.
Pädagogische Arbeitsgrundlage: Die Konzeption beschreibt die jeweilige Kernaufgabe einer Einrichtung, die in der pädagogischen Arbeit mit den Kindern/Jugendlichen und Familien liegt. Sie beinhaltet die Darstellung der pädagogischen Idee, also des pädagogischen Ansatzes und bildet die gemeinsam vereinbarte Arbeitsgrundlage für alle Teammitglieder.

Die Konzeption

- enthält Aussagen über das Menschenbild, von dem die Fachkräfte ausgehen,
- enthält Aussagen über das Bild vom Kind, von dem die Fachkräfte ausgehen,
- ist die Grundlage für die Planung aller pädagogischen Angebote,
- strukturiert die Teamarbeit und füllt sie inhaltlich,
- ist bei Entscheidungen richtungsweisend,
- sorgt für eine andauernde Überprüfung der Passung von Leitlinien des pädagogischen Ansatzes und Gestaltung der pädagogischen Umgebung.

Speziell in der Kita hat die Konzeption darüber hinaus folgende Aufgaben: Die Kita-Konzeption

- zeigt, wie die Vorgaben des jeweiligen Bildungsplanes umgesetzt werden,
- sorgt für gleichbleibende Qualität in der Erziehung, Bildung und Betreuung der Kinder,
- garantiert eine moderne Pädagogik durch ständige Weiterentwicklung,
- sorgt für die Anpassung an tatsächliche Bedarfe im Sozialraum.

Personal- und Teamentwicklung: Die Konzeption hat vielfältige Auswirkungen auf die Personal- und Teamentwicklung. Zum einen führt die Arbeit an der Konzeption, die Diskussion über pädagogische Grundlagen, der Abgleich der unterschiedlichen pädagogischen Haltungen und die Erstellung einer gemeinsamen Arbeitsgrundlage zu einem Wir-Gefühl und einer starken Identifikation mit dem Endprodukt, das mehr ist als die Summe der pädagogischen Schwerpunkte der Beteiligten. Zum anderen erfährt die Professionalisierung des Teams durch die Fokussierung auf pädagogische Fragestellungen eine Optimierung.

Steuerungsinstrument für Träger und Leitung: Die Konzeption kann auch als Steuerungsinstrument für Personal-, Team- und Organisationsentwicklungsmaßnahmen dienen, zum Beispiel bei

- der Auswahl passender Bewerber:innen,
- der Einarbeitung neuer Mitarbeiter:innen,
- der Anleitung von Praktikant:innen,
- der Formulierung von Zielvereinbarungen,
- der Ermittlung von Qualifizierungsbedarf,
- der Ermittlung von Organisationsentwicklungsbedarf.

Außendarstellung: Zum einen kommt der Konzeption in der Zusammenarbeit mit Behörden, etwa zur Erlangung einer Betriebserlaubnis oder zum Nachweis der Erfüllung des Förderauftrages, wichtige Bedeutung zu. Eine ansprechend gestaltete Konzeption trägt aber darüber hinaus auch zu einem positiven Image bei und sollte wesentliches Element des Stakeholder-Managements (siehe Kapitel 37.2) sein.

Die Konzeption sollte stets auf dem aktuellen Stand sein, also immer das beschreiben, was tagtäglich an pädagogischer Arbeit geleistet wird. Dies sicherzustellen ist die Aufgabe der Leitung. In regelmäßigen Teamsitzungen oder eigenen Konzeptionstagen sollte darüber reflektiert werden, ob sich die alltägliche pädagogische Arbeit in der Vergangenheit verändert hat und eine Überarbeitung der Konzeption erforderlich ist.

37.7 Managementsysteme in sozialen Einrichtungen

Für komplexe und bereichsübergreifende Managementaufgaben ist es lohnend, ein Managementsystem zu implementieren. Mit seiner Hilfe können Themen wie Mitarbeiter:innengesundheit, Wissens- und Ehrenamtlichenverwaltung etc. strukturiert bearbeitet werden, indem hierfür eine klare Rollenverteilung und kommunizierte Regeln gelten.

37.7.1 Betriebliches Gesundheitsmanagement

Gesundheit, Belastbarkeit, Motivation und Zufriedenheit der Beschäftigten sollten Zielgrößen jedes sozialen Unternehmens sein, denn sie haben entscheidenden Einfluss auf die Qualität der Arbeitsleistung.

Das Betriebliche Gesundheitsmanagement (BGM) verknüpft

- Betriebliches Eingliederungsmanagement (BEM) (siehe Kapitel 30.8),
- Arbeitsschutz (siehe Kapitel 22) und
- betriebliche Gesundheitsförderung.

Es bildet den Rahmen, in dem die Gesundheit aller Mitarbeiter:innen aktiv gefördert wird. Auf diese Weise soll den finanziellen Belastungen, die aus den ständig steigenden Leistungsanforderungen gerade auch in sozialen Organisationen mit den daraus resultierenden Folgen wie

- erhöhter Arbeitsdruck,
- Überforderung,
- Zeitdruck,
- Ängste um den Arbeitsplatz
- etc.

und damit einhergehenden Symptomen wie

- Verschlechterung des Betriebsklimas,
- Erhöhung des Krankenstandes,
- Leistungsminderung der Belegschaft,
- krankheitsbedingte Fehlzeiten der Mitarbeiter:innen,

nachhaltig und systematisch entgegengewirkt werden.

Idealerweise wird hierzu in der Organisation ein Gesamtkonzept erarbeitet, wonach neben Arbeitsplatz-, Arbeitsumfeld- und Motivationsanalysen auch Gefährdungs- und Belastungsanalysen nach § 5 ArbSchG erstellt werden. Darüber hinaus ist die Bildung eines Gesundheitszirkels ratsam, in dem sich eine begrenzte Zahl von Mitarbeiter:innen zusammenfindet und Maßnahmen hinsichtlich typischer gesundheitlicher Probleme erarbeitet wie zum Beispiel

- Betriebssport,
- Mobbingprophylaxe,
- Suchtprävention,
- Stressbewältigung.

Auch ein Anreizsystem durch Wettbewerbe und ein Bonussystem hinsichtlich der Präventionsmaßnahmen kann Teil des Gesamtkonzepts sein, ebenso wie das proaktive Zugehen auf Kosten- und Leistungsträger des SGB, Beratungsstellen der Wohlfahrtspflege und gewerbliche Anbieter.

Ein effizientes BGM verlangt gerade auch in sozialen Einrichtungen eine Unternehmenskultur, die

- Integrationsziele im Organisationsleitbild verankert,
- die Selbstverantwortung der Mitarbeiter:innen für ihre Gesundheit stärkt,
- einen kooperativen, wertschätzenden Führungsstil verwirklicht,
- soziale Unterstützung leistet,
- ein vertrauensvolles Betriebsklima schafft.

Neben materiellen Vermögenswerten generiert ein BGM darüber hinaus aber auch unverzichtbare immaterielle Wertschöpfungsfaktoren wie Imagegewinn und Personalrekrutierungsvorteile am externen Arbeitsmarkt. Da das Gesetz kein verbindliches Konzept zur Durchführung eines BGM vorschreibt, sind Organisationen frei in der Umsetzung, sodass sich jeder Betrieb unabhängig von seiner Größe für sein passgenaues BGM entscheiden kann.

37.7.2 Krisenmanagement

Ohnehin liegt es in der Verantwortung sozialer Organisationen, für eine krisenfeste Organisation der Ersten Hilfe und der Notfallhilfe (siehe Kapitel 28.8.12) zu sorgen. Die Gesetzlichen Unfallkassen empfehlen darüber hinaus die Implementierung eines Krisenmanagements im Rahmen eines einrichtungsspezifischen Leitfadens zum Umgang mit allen in einer Einrichtung denkbaren Krisen mit zum Beispiel folgenden Themenbereichen:

- Benennung von Ersthelfer:innen sowie deren Aus- und Fortbildung,
- Benennung und Qualifizierung von Ansprechpersonen für den Kinderschutz,
- Unterweisungen,
- Vollständigkeitsprüfung und Verfallsdatenkontrolle bei Erste-Hilfe-Materialien,
- Absprachen und Vereinbarungen mit den Eltern hinsichtlich Medikamentengabe oder Allergien,
- Verbringung von verletzten Kindern zur ärztlichen Praxis oder ins Krankenhaus,
- Information von Eltern, Einrichtungsleitung und Einrichtungsträger,
- Umgang mit Eltern in Konfliktsituationen,
- Aufsicht der „verbleibenden“ Kinder,
- Maßnahmen im Falle einer Evakuierung,
- Sicherung von Unfall- oder Gefahrenstellen,
- Maßnahmen im Falle eines Black-outs,
- Festlegung von Sammelstellen,
- Notfallunterkünfte für den Fall der sofortigen Evakuierung,
- Notfall- und Unfalldokumentation,
- Umgang mit Medien und Presse,
- Brandschutzkonzept,
- Maßnahmen bei Kindeswohlgefährdung,
- Kinderschutzkonzept,
- Vorgaben zum Verhalten bei Einbrüchen, Vandalismus etc.,
- Qualifizierung einzelner Beschäftigter im Umgang mit Notfällen (Kindeswohlgefährdung, Gewalt etc.),
- Vorgaben zu kollegialer Beratung, Fallberatung, Supervision.

Es ist ratsam, das gesamte Personal in der Umsetzung dieses Leitfadens zu unterweisen. Verantwortlich für die Umsetzung des Leitfadens sollte ein Notfallteam sein, dem die Leitung als Mitglied angehört.

37.7.3 Wissensmanagement

Wissensmanagement auf der Ebene der (lernenden) Organisation ist der Prozess der

Planung, Steuerung und Kontrolle von Informationen/Wissen in sozialen Systemen.

Wissen ist für Organisationen eine wichtige Ressource. Der Umgang mit Wissen in einer Organisation, also die Generierung, Nutzung und der Transfer von Wissen ist als Qualitätsmanagementaufgabe in der DIN ISO Norm 9001:2015 abgebildet. Danach bleibt es der Einrichtung prinzipiell selbst überlassen, wie sie Wissensmanagement in der Organisation implementieren will. Die Herausforderung, die Wissensmanagement für Leitungen mit sich bringt, ist es, das Wissen einzelner Mitarbeiter:innen für alle nutzbar zu machen bzw. hierfür geeignete Methoden zu entwickeln. Die einzelnen Prozessschritte im Rahmen der Lernenden Organisation (siehe Kapitel 35.9) bilden einen Zyklus.

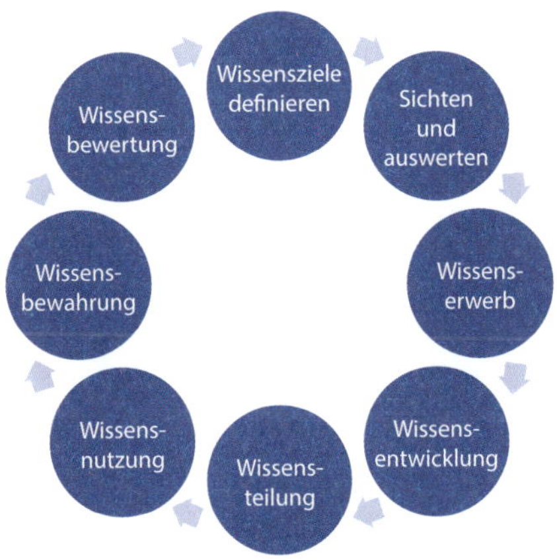

Abbildung 170: Der Wissenszyklus

37.7.4 Beauftragtensystem

Generell empfiehlt es sich, in der Einrichtung ein Beauftragtensystem zu implementieren, das gewährleistet, jederzeit einschlägig fortgebildete Expert:innen für den jeweiligen Aufgabenbereich einzusetzen. In Betracht dafür kommen:

- Qualitätsbeauftragte,
- Sicherheitsbeauftragte,
- Hygienebeauftragte,
- Kinderschutzbeauftragte,
- Datenschutzbeauftragte,
- Medien- und Pressebeauftragte,
- etc.

37.7.5 Freiwilligenmanagement

Das Freiwilligenmanagement beschäftigt sich mit der Gewinnung, dem effizienten Einsatz und der langfristigen Bindung von Freiwilligen an das Unternehmen. Es hat die Aufgabe, für eine Passung von Wünschen der Freiwilligen mit den Anforderungen des jeweiligen Unternehmens zu sorgen. Freiwilligenmanagement ist Leitungsaufgabe, kann aber delegiert werden. Welche Tätigkeiten konkret hierunter fallen, zeigt die folgende Abbildung:

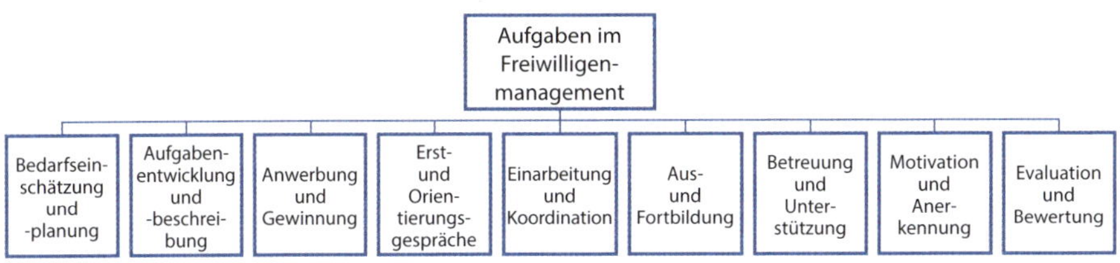

Abbildung 171: Aufgaben im Freiwilligenmanagement

37.8 Presse- und Öffentlichkeitsarbeit

Presse- und Öffentlichkeitsarbeit als Managementaufgabe dient dazu, der Organisation in der Öffentlichkeit zu einem positiven Image zu verhelfen, das seinerseits von vielfältigem Nutzen für die Einrichtung ist:

- In Zeiten extremen Fachkräftemangels ist ein „guter Ruf" die wohl wichtigste Voraussetzung für erfolgreiche Personalgewinnung.
- Potenzielle Sponsoren werden auf die Einrichtung aufmerksam und wollen Teil ihrer Erfolgsgeschichte sein, um ihr eigenes Image zu verbessern.
- Freiwillige, Ehrenamtler und andere Unterstützer werden auf die Einrichtung aufmerksam und wollen mit Fachwissen, Geld- und Sachspenden einen Teil zum Erfolg beitragen.
- Eltern und Kinder identifizieren sich stärker mit der Einrichtung und sind motiviert, ein positives Bild der Einrichtung in ihre Umgebung zu tragen.
- Die Mitarbeiter:innen der Einrichtung erfahren hohe Wertschätzung in der Öffentlichkeit, was sie stolz auf ihre Arbeit macht und motiviert.
- Dies wiederum hat positive Effekte auf die Teamentwicklung.

Presse- und Öffentlichkeitsarbeit ist Leitungsaufgabe, sollte aber stets eng mit dem Träger abgestimmt sein, um zu gewährleisten, dass die beabsichtigte Außenwirkung kongruent ist mit dem Leitbild der Organisation.

37.8.1 Öffentlichkeitsarbeit

Die Formen, in denen Öffentlichkeitsarbeit in sozialen Einrichtungen stattfinden kann, sind vielfältig:

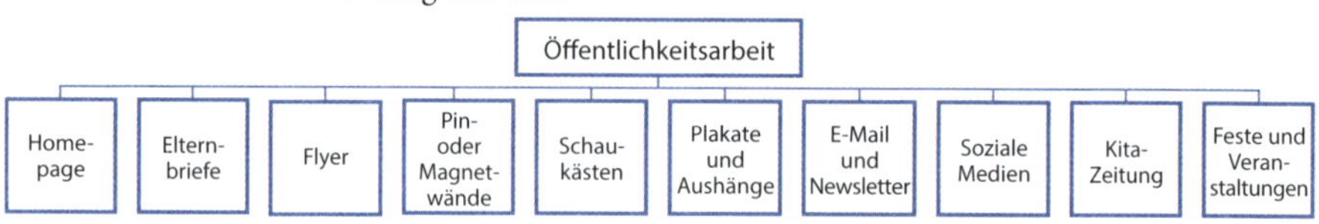

Abbildung 172: Formen der Öffentlichkeitsarbeit

Es ist ratsam, die verschiedenen Möglichkeiten je nach den konkreten Gegebenheiten und Bedarfen in der Einrichtung miteinander zu kombinieren.

Alle Formen der Öffentlichkeitsarbeit sollten folgende Eigenschaften aufweisen:

Abbildung 173: Elemente einer gelingenden Öffentlichkeitsarbeit

Tabelle 27: Vorteile der verschiedenen Formen der Öffentlichkeitsarbeit

Informationsträger	Vorteile	Achten auf
Homepage	Große Verbreitung Aktuell Vielseitig Interaktiv	Passwortgeschützte Bereiche Aktualität Impressum Datenschutz
Elternbriefe	Persönlich Ausführlich	Corporate Design Aussagekräftige Überschriften Durchdachte Gliederung
Flyer	Flexibel einsetzbar Zielgruppe wird gut erreicht Kurz und knapp	Professionelle Gestaltung
Pinn- und Magnetwände	Persönlich Kurz und knapp	Ausreichende Größe Übersichtliche Themenanordnung Quellenkennzeichnung (Elternbeirat, Leitung etc.) Aktualität Informationsgehalt Aufgeräumtheit
Schaukästen	Sprechen vorbeigehende Passanten an Allgemeine Infos (Öffnungszeiten, öffentliche Aktionen etc.)	Ansprechendes und repräsentatives Erscheinungsbild
Plakate und Aushänge	Erregen Aufmerksamkeit Gut für Wichtiges	Corporate Design Zeitnahe Abnahme
E-Mail und Newsletter	Schnelle Kontaktaufnahme Beweisfunktion (Daten, Lesebestätigung, Inhalte, Dialogverlauf etc.)	Übersichtlichkeit Eindeutigen Betreff Priorität nur bei wichtigen/eiligen Inhalten Knappen Inhalt
Soziale Medien	Große Verbreitung	Datenschutz
Kita-App	Datenschutzkonform	Softwareupdates
Kita-Zeitung	Informiert und unterhält Richtet sich an alle Stakeholder	Corporate Design Ansprechende Gestaltung Feste Rubriken Werbeflächen für Sponsoren Regelmäßiges Erscheinen

37.8.2 Presse- und Medienarbeit

Die stärkste Verbreitung der eigenen Botschaft erreicht man durch eine Veröffentlichung in Presse und Medien, also in der Tages- oder Wochenzeitung bzw. über den Radio- und Fernsehsender im Lokalbereich oder überregional durch die Fachpresse. Pressemitteilungstauglich sind alle Nachrichten, die auf breites Interesse stoßen:

- Neu- und Umbaumaßnahmen (Beginn, Ende, Richtfest, Einzug, Leitung etc.)
- Gütesiegel, Auszeichnungen, Wettbewerbe, Jubiläen, Verabschiedung langjähriger Mitarbeiter:innen
- Tag der offenen Tür, Sommerfeste, Basare etc.
- Vorträge, Infoveranstaltungen, Beratungsangebote, Impftermine, etc.
- Ferienangebote
- Kooperationen mit Sport- und anderen Vereinen
- Besuch von Promis, hohen kirchlichen Würdenträgern etc.
- etc.

Es ist dringend geboten, die Erscheinungsweise des jeweiligen Mediums zu beachten: Tageszeitungen und Radio benötigen in aller Regel einen Vorlauf von einem Tag, wöchentlich erscheinende Medien rund eine Woche. Veranstaltungen sollten möglichst eine Woche vor dem Termin bekannt gemacht werden und zusätzlich per Reminder noch einmal ins Bewusstsein gebracht werden.

Es ist ratsam, einen digitalen Presseverteiler anzulegen, der die aktuellen Daten der jeweiligen Medienvertreter:innen enthält. Diese sollten stets persönlich angesprochen werden und eine Aufstellung der relevanten Fakten erhalten. Das Mitsenden von Bildern ist dann zu empfehlen, wenn sie zum Thema passen, aussagekräftig sind und nach Möglichkeit positive Emotionen transportieren. Werden Bilder mitgeschickt, sollte man sich vorher nach gewünschter Auflösung und Größe erkundigen.

37.8.3 Fotos von Kindern

Fotos von Kindern der Einrichtung dürfen prinzipiell dann angefertigt werden, wenn sie der Kernaufgabe – Bilden, Erziehen, Betreuen – dienlich sind (z.B. Anlegen von Portfolios). Veröffentlicht werden hingegen dürfen sie niemals, und zwar nicht einmal dann, wenn eine Einwilligung der Eltern vorliegt, denn nach dem im Datenschutz verankerten Erforderlichkeitsgrundsatz (siehe Kapitel 31.3) hätte nie nach dieser Einwilligung (zum Zweck der Öffentlichkeitsarbeit) gefragt werden dürfen.

37.9 Übungsfälle

Fall 149

Gruppenleiterin Maja war in der vergangenen Woche auf einer Fortbildung zum Thema Kindeswohlgefährdung. Leiter Rolf fordert sie in der Teamsitzung auf, die wesentlichen Erkenntnisse aus der Fortbildung in zehn Minuten für das gesamte Team adhoc zu referieren, „damit alle etwas davon haben“.

Welche Vor- und Nachteile hat diese Art der Generierung von Wissen?

38 Personalmanagement

In allen Wirtschaftszweigen gilt das Personal mittlerweile als die entscheidende Ressource im sich immer weiter verschärfenden globalen Wettbewerb. Besonders im sozialen Dienstleistungsbereich sind gut ausgebildete und motivierte Mitarbeiter:innen der entscheidende Wettbewerbsfaktor und die tragende Säule des Unternehmenserfolges, denn sie generieren maßgeblich die Qualität der geleisteten Arbeit, die in den vergangenen Jahren zunehmend in den Fokus der sozialpolitischen Aufmerksamkeit gerückt ist.

Die Träger einer sozialpädagogischen Einrichtung haben daher ein vitales Interesse daran, die Mitarbeiter:innen unter Anlegung höchster Qualitätsmaßstäbe auszuwählen, zu entwickeln, zu führen und zu fördern, verfügen aber nicht selten über Leitungskräfte, die Personalmanagement weder in der Aus- noch Fortbildung erlernt haben.

Personalmanagement umfasst alle Tätigkeiten, die dazu dienen, Mitarbeiter:innen zu rekrutieren und ihren zielgerichteten und effizienten Einsatz im Unternehmen sicherzustellen.

Die Aktivitäten im Personalmanagement sind aus der nachstehenden Abbildung ersichtlich.

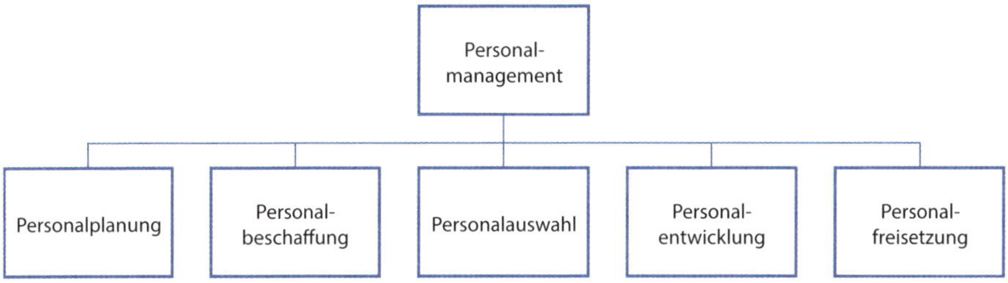

Abbildung 174: Teilbereiche des Personalmanagements

38.1 Ziele und Aufgaben des Personalmanagements

Personalmanagement hat zum einen die Aufgabe, die unternehmensbezogenen (wirtschaftlichen) Ziele, zum anderen auch die mitarbeiterbezogenen (sozialen) Ziele zu verfolgen. Idealerweise wird dabei eine Zielharmonisierung angestrebt, die darin besteht, dass die Verfolgung sozialer Ziele der Erreichung wirtschaftlicher Ziele dient.

38.2 Personalplanung

Vor dem Hintergrund des sich verschärfenden Fachkräftemangels und sich verändernder Rahmenbedingungen in nahezu allen Bereichen des gesellschaftlichen Lebens (Digitalisierung, Globalisierung, Demografie, Wertewandel, gesetzliche Bestimmungen etc.) gewinnt die „richtige" Personalplanung in sozialen Einrichtungen stetig an Bedeutung.

Personalplanung wird traditionell in drei Planungsbereiche unterschieden:

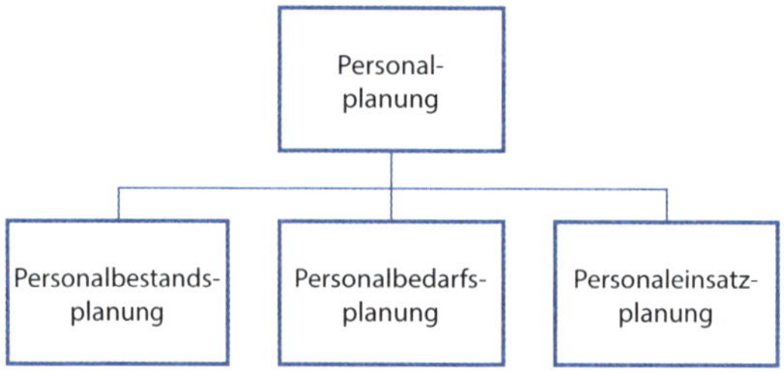

Abbildung 175: Teilbereiche der Personalplanung

38.2.1 Personalbestandsplanung

Die Personalbestandsplanung fragt nach quantitativen und qualitativen Merkmalen, die den Personalbestand der Zukunft prognostizieren können.

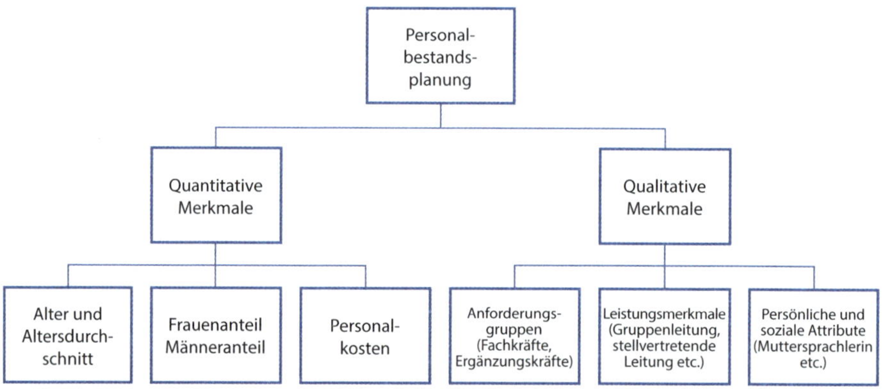

Abbildung 176: Elemente der Personalbestandsplanung

In der Zusammenschau mit weiteren wichtigen Kennzahlen wie Fluktuationskennziffern und Fehlzeitenquote sowie aus dem Vergleich mit den Durchschnittswerten der jeweiligen Branche können so wichtige Maßnahmen für die Zukunft abgeleitet werden.

38.2.2 Personalbedarfsplanung

Personalbedarfsplanung berechnet, wie viele Mitarbeiter:innen mit welcher Qualifikation zu welchen Zeitpunkten zur Realisation des vorgesehenen Leistungsprogramms erforderlich sind.

Die Personalbedarfsplanung ist also ebenfalls sowohl in quantitativer als auch qualitativer Hinsicht vorzunehmen. Die Berechnung erfolgt in drei Schritten:

Bestimmung des zukünftigen Brutto-Personalbedarfs (= Einsatzbedarf zzgl. Reservebedarf)

Bestimmung des zukünftigen Personalbestandes (Schätzung unter Berücksichtigung von Zu- und Abgängen)

Vergleich zwischen 1. und 2. (= Netto-Personalbedarf)

Der Netto-Personalbedarf lässt sich unterscheiden in den sogenannten Ersatzbedarf (entschädigt für zukünftige Abgänge) und den Neubedarf (entsteht durch Ausweitung des Leistungsangebotes). Ergibt der Netto-Personalbedarf einen negativen Wert, besteht ein Personalüberhang (= negativer Personalbedarf), der gegebenenfalls einen Freistellungsbedarf signalisiert.

38.2.3 Personaleinsatzplanung

Die Personaleinsatzplanung beschäftigt sich mit der Frage, wie das vorhandene Personal zeitlich und qualitativ optimal auf die vorhandenen Positionen verteilt werden kann.

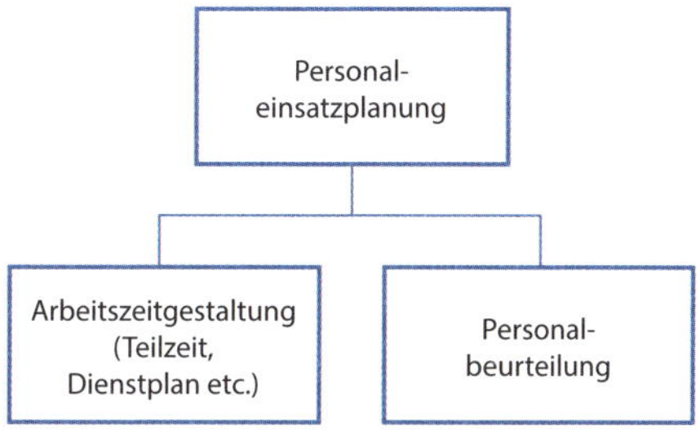

Abbildung 177: Bereiche der Personaleinsatzplanung

Personalbeurteilungen finden klassisch in Form der Mitarbeiterbeurteilung statt, bei der die/der Vorgesetzte in jährlichen Zielvereinbarungsgesprächen überprüft, ob die festgelegten Ziele erreicht wurden. Eine weitere Methode der Personalbeurteilung ist der systematische Abgleich des sich aus der jeweiligen Stellenbeschreibung ergebenden Anforderungsprofils mit dem Fähigkeitsprofil der Mitarbeiter:innen.

Eine Stellenbeschreibung bildet alle wichtigen Inhalte, Aufgaben, Anforderungen, Kompetenzen, Ziele, Rechte, Pflichten, Über-/Unterordnungen und Verantwortungen ab. Sie sollte stets aktuell gehalten werden. Die Stellenbeschreibung stellt sicher, dass alle Beschäftigten genau wissen, welche Aufgaben zu ihrer Position gehören und an wen sie welche Informationen weiterzugeben haben.

Systematisch wird der Abgleich dann, wenn zum einen festgelegt wird, wer in welchen Abständen beurteilt wird, und zum anderen die Bezugsgrößen, an denen der/die Mitarbeiter:in gemessen wird, eindeutig festgelegt sind. Für eine:n Erzieher:in in einer Kita können dies zum Beispiel folgende Kriterien sein:

- Fachkenntnisse
- Teamfähigkeit
- Fleiß
- Belastbarkeit
- Selbstständige Arbeitsweise

- Verantwortungsbewusstsein
- Flexibilität
- Kreativität
- Freundliches Auftreten

Der Vergleich von Anforderungen und Fähigkeiten und daraus resultierende Fähigkeitslücken können auch visualisiert werden:

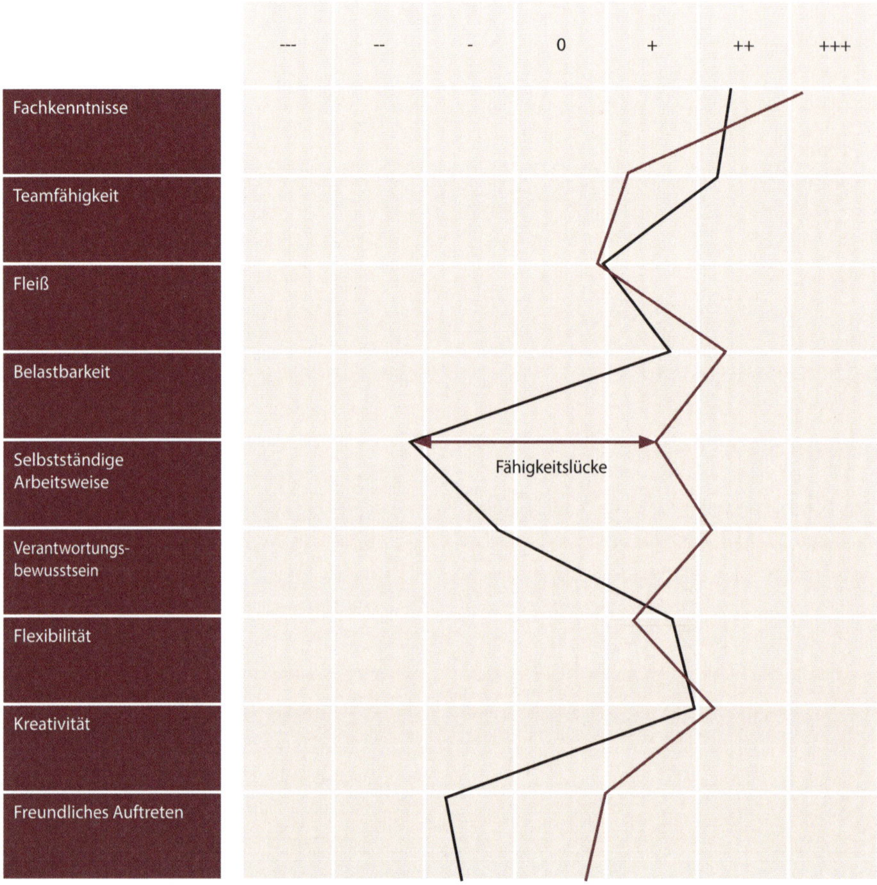

Abbildung 178: Matrix Abgleich von Anforderungen und Fähigkeiten

Indem Personalbeurteilungen Weiterbildungsbedarfe offenlegen, ermöglichen sie eine gezielte Personalentwicklung und liefern Erkenntnisse zu Personalbeschaffung und -freisetzung. Sie erhöhen die Transparenz, steigern die Motivation und fördern die individuelle Entwicklung der Mitarbeiter:innen.

Eine umfassende Form der Mitarbeiterbeurteilung ist die sogenannte 360°-Beurteilung, die alle Kontaktdimensionen eines Mitarbeitenden mit einbezieht.

Abbildung 179: 360° –Beurteilung

Der Vorteil einer 360°-Beurteilung liegt in der Objektivität, weil Beurteilungsfehler Einzelner minimiert werden.

Doch selbst eine so komplexe Beurteilung kann typische Beurteilungsfehler immer nur minimieren, nie aber gänzlich eliminieren. Denn bei der Beurteilung von Mitarbeiter:innen existieren zahlreiche Fehlerquellen, denen sich der Beurteilende nie ganz entziehen kann. Umso wichtiger ist es, sich diese Fehlerquellen stets ins Bewusstsein zu rufen.

Tabelle 28: Typische Beurteilungsfehler

Halo-/Überstrahlungseffekt	Auffällige Verhaltensweisen und Eigenschaften überstrahlen weniger auffällige.
Kleber-Effekt	Wer lange nicht befördert wurde, wird unterschätzt. Wer befördert wurde, wird überschätzt.
Nikolaus-Effekt	Die letzten Eindrücke bleiben länger haften.
Benjamin-Effekt	Je jünger die Person ist, desto strenger wird beurteilt.
Hierarchie-Effekt	Je höher die Person in der Hierarchie steht, desto besser wird sie beurteilt.
Nähe-/Kontakteffekt	Je näher der Kontakt zwischen Beurteilendem und Beurteiltem ist, desto positiver wird beurteilt.
Selbst-Bezug	Der Beurteilende nimmt sich selbst als Maßstab: Ähnlichkeiten werden positiv bewertet.
Milde-oder-Strenge-Fehler	Manche Menschen sind generell strenger, manche generell milder in ihren Urteilen.
Tendenz zur blassen Mitte	Neigung, durchschnittliche Werte zu bevorzugen – das Gute wird abgewertet, das Schlechte aufgewertet.

38.3 Personalmanagementinstrumente

Die vier Instrumente für gelingendes Personalmanagement sind:

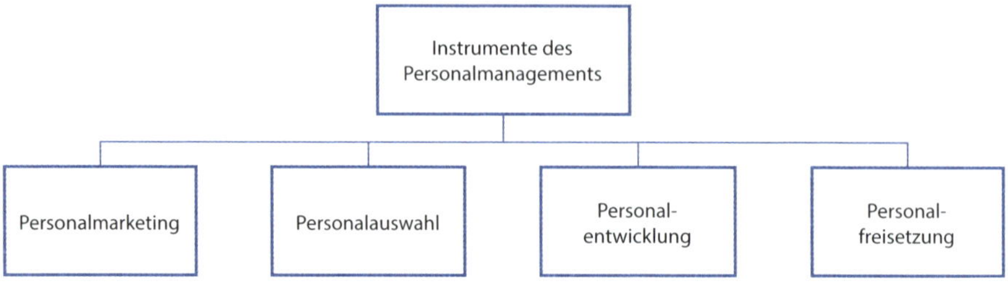

Abbildung 180: Instrumente des Personalmanagements

38.3.1 Personalmarketing

Personalmarketing ist die bedürfnisorientierte Ableitung von Maßnahmen im Personalmanagement mithilfe marketingorientierter Instrumente für interne und externe Zielgruppen im Hinblick auf die Vermarktung des Unternehmens oder konkreten Arbeitsplatzes.

Personalbeschaffung hat die Aufgabe, den im Rahmen der Personalbeschaffungsplanung ermittelten Personalbedarf nach Anzahl (quantitativ), Art (qualitativ), Zeitpunkt und Dauer (zeitlich) sowie Einsatzort (örtlich) zu decken. Man unterscheidet zwischen interner und externer Personalbeschaffung.

Die Personalbeschaffungswege von sozialen Einrichtungen sind vielfältig. Man unterscheidet interne und externe Beschaffungswege.

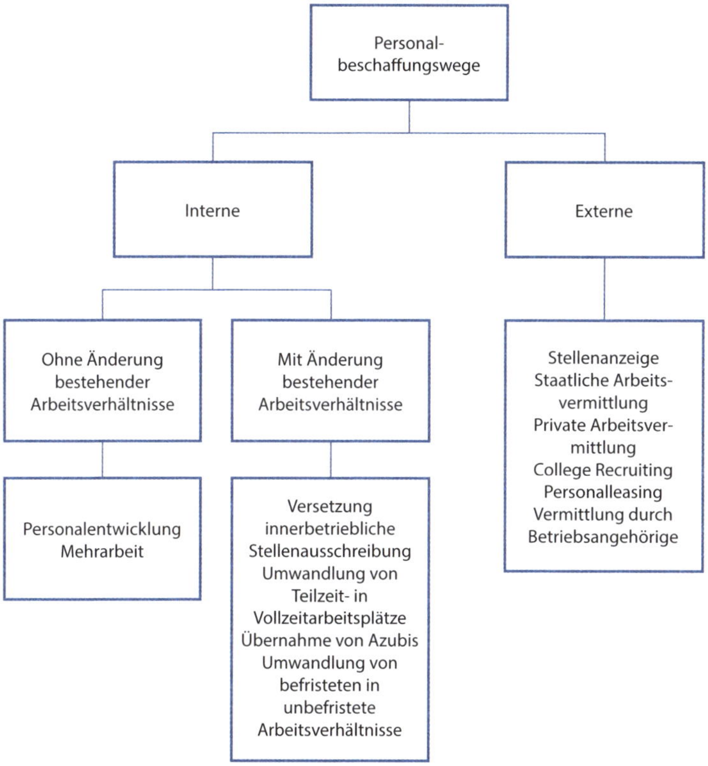

Abbildung 181: Personalbeschaffungswege

Tabelle 29: Vorteile von interner und externer Personalbeschaffung

Interne Personalbeschaffung	Externe Personalbeschaffung
Kostengünstig	Größere Auswahl
Risikoarm	Geringere Personalentwicklungskosten
Schnell	Keine Betriebsblindheit
Internes Entgeltniveau wird eingehalten	Keine Cliquenbildung
„Bekannt und bewährt“ auf beiden Seiten	Höherer Wettbewerbsdruck führt zu höherer Leistungsbereitschaft der Mitarbeiter:innen
Transparente Personalpolitik	Zufluss von Know-how
Hoher Anreiz zur Profilierung	Zufluss von Informationen über Mitwettbewerber
Erhaltung und Steigerung interner Qualifikation	Der/die von außen kommende Vorgesetzte wird schneller anerkannt
Unabhängigkeit von Externen	Höhere Change-Kompetenz

Externe wie interne Personalbeschaffungsmaßnahmen sind stets so zu gestalten, dass sie zum einen die Attraktivität des Unternehmens nach außen und innen erhöhen und zum anderen exakt die Qualifikationen identifizieren, die benötigt werden, und die Mitarbeiter:innen auswählen, die diesen Qualifikationsanforderungen entsprechen.

Personalbeschaffungsmaßnahmen müssen also stets

- die richtigen Mitarbeiter:innen ansprechen,
- die richtigen Anforderungen erkennen,
- die geeigneten Einarbeitungsmaßnahmen implementieren.

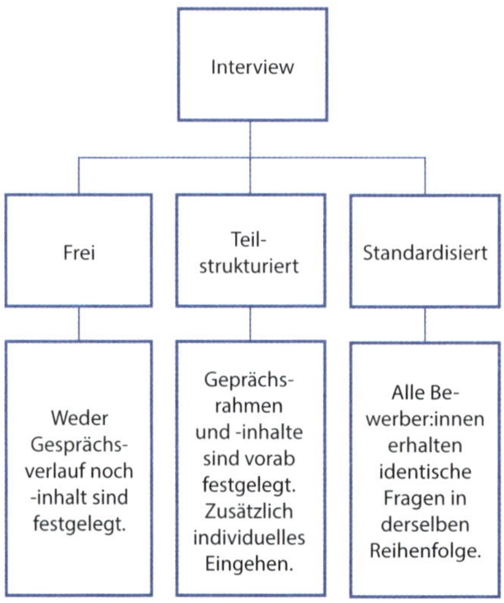

Abbildung 182: Interviewformen

38.3.2 Personalauswahl

Aufgabe der Personalauswahl ist es, denjenigen bzw. diejenige Bewerber:in zu ermitteln, der/die am besten für die ausgeschriebene Stelle geeignet ist. Es empfiehlt sich, für jede:n Bewerber:in ein eigenes Beurteilungsprofil anzulegen und mit dem erstellten Anforderungsprofil abzugleichen. Das Vorstellungsgespräch (siehe Kapitel 21.1) bedarf einer detaillierten Vorbereitung und sollte auf jede:n Bewerber:in individuell eingehen. Man unterscheidet drei Arten der Interviewstruktur, von denen die teilstrukturierten Interviews erwiesenermaßen die höchste prognostische Validität aufweisen.

38.3.3 Personalentwicklung

Personalentwicklung umfasst sämtliche Maßnahmen zur Erhaltung und Verbesserung der Qualifikation der Mitarbeiter:innen.

Die sozialen Berufe sind seit jeher fortbildungsintensiv, dennoch hat die Personalentwicklung auch in diesem Bereich aufgrund des erhöhten Wettbewerbsdrucks in den vergangenen Jahren an Bedeutung gewonnen und führt bei konsequenter Umsetzung bei allen Beteiligten zu einer Win-Win-Situation:

- Qualifikation der Mitarbeiter:innen ist ein wesentlicher Wettbewerbsfaktor in der Sozialwirtschaft.
- Soziale Einrichtungen sehen sich einer raschen sozialpolitischen Entwicklung ausgesetzt, die ständig neuartige und komplexe Herausforderungen (Rechtsanspruch, Demografie, Partizipation, Inklusion, etc.) mit sich bringt, die Mitarbeiter:innen neue Kenntnisse und Fähigkeiten abfordern.

- Soziale Einrichtungen können durch ein gutes Angebot an Personalentwicklungsmöglichkeiten gerade besonders leistungsfähige Mitarbeiter:innen an das Unternehmen binden.
- Die Arbeitgeber:innenattraktivität wird erhöht.
- Die Mitarbeiter:innenzufriedenheit wird erhöht.
- Die in Fortbildungen erlangten Kenntnisse und Fähigkeiten verbessern langjährig die Beschäftigungsfähigkeit (Employability) von Mitarbeiter:innen.
- Die interne Qualifikation wird beständig gesteigert.

Personalentwicklung hat zum Ziel, alle aus der Abbildung ersichtlichen Kompetenzbereiche der Mitarbeiter:innen zu stärken, um ihre Handlungskompetenz zu optimieren.

Handlungskompetenz im beruflichen Kontext ist die Fähigkeit, in der jeweiligen Situation sachgerecht, vernünftig und verantwortungsvoll zu handeln. Sie besteht aus den Kompetenzbereichen Fachkompetenz zuzüglich der Schlüsselqualifikationen Methoden-, Sozial- und Persönlichkeitskompetenz.

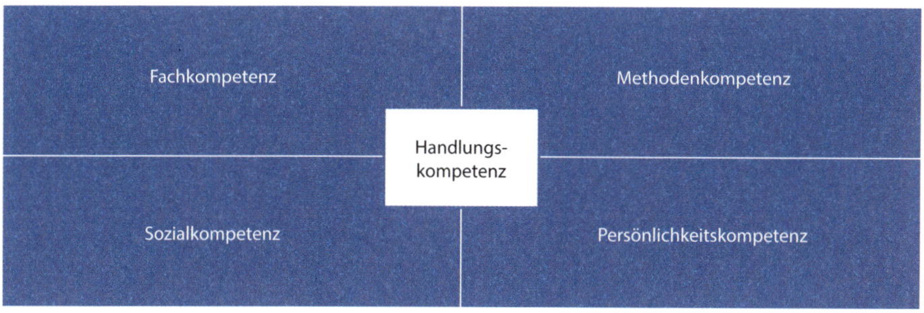

Abbildung 182: Elemente der Handlungskompetenz

Systematische Personalentwicklung ist ein Prozess, der sich in verschiedene Phasen unterscheiden lässt:

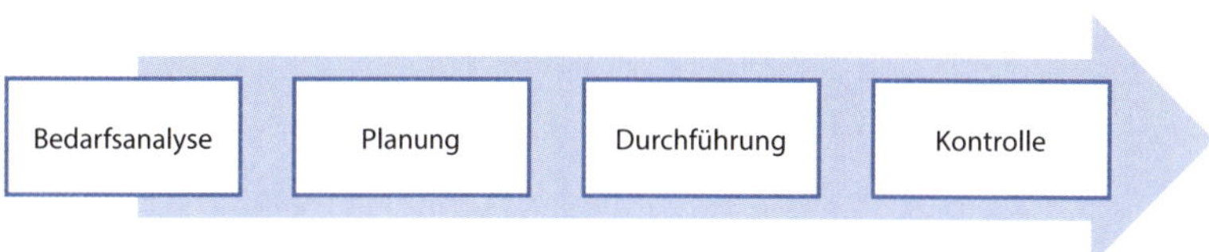

Abbildung 184: Prozess der Personalentwicklung

Die Bedarfsanalyse nimmt einen Vergleich zwischen den (künftigen) Arbeitsplatzanforderungen und den bereits bestehenden Qualifikationen der betreffenden Mitarbeiter:innen vor. Die Durchführung kann unter Zugrundelegung verschiedener Konzepte vorgenommen werden:

Konzept	Umsetzungsbeispiele
Into-the-job	Einarbeitung etc.
On-the-job	Projektarbeit
Near-the-job	Qualitäts- oder Gesundheitszirkel
Off-the-job	Interne und externe Seminare
Along-the-job	Weiterbildung zur Fachkraft
Out-of-the-job	Maßnahmen zum gleitenden Ruhestand
Parallel-to the-job	Coaching, Supervision

Abbildung 185: Personalentwicklungskonzepte

38.3.4 Personalfreisetzung

Personalfreisetzung ist die Beseitigung einer personellen Überdeckung in quantitativer, qualitativer, zeitlicher und/oder örtlicher Hinsicht.

Eine personelle Überdeckung ist bei sozialen Einrichtungen eher die Ausnahme, und so kommt Personalfreisetzung vor allem bei Betriebsstilllegung zum Tragen. Unterschieden werden die interne und die externe Personalfreistellung. Die interne Personalfreistellung erfolgt durch Anpassung bestehender Arbeitsverhältnisse ohne Personalabbau (Umsetzung, Versetzung etc.). Die externe Personalfreistellung regelt die personelle Kapazität durch die Beendigung bestehender Arbeitsverhältnisse im Rahmen einer betriebsbedingten Kündigung (siehe Kapitel 22.1.2) oder durch Aufhebungsvertrag (siehe Kapitel 21.6.1).

39 Führen und Leiten

Leitung: Auf der organisationalen Ebene ist die Leitung die Person oder Personengruppe, die intern leitungs-, extern vertretungsberechtigt ist. Auf der Prozessebene bedeutet Leitung die Implementierung von Prozessen, die eine zielorientierte Zusammenarbeit zur Erreichung definierter Ziele unter Ausrichtung an gegebenen Rahmenbedingungen (Leitbild etc.) ermöglichen.

Diese rein an systematischen Aspekten wie Zielen, Strukturen und Prozessen ausgerichtete Definition greift für soziale Einrichtungen jedoch zu kurz: Auch der Aspekt der Anleitung, also die Entwicklung jedes einzelnen Mitarbeitenden im Hinblick auf Fachwissen und Persönlichkeit, sowie der Aspekt der Begleitung im Sinne von wertschätzender Unterstützungsleistung ist Teil der Leitungsaufgabe.

39.1 Aufgaben der Leitung sozialer Einrichtungen

Das Aufgabenspektrum von Leitenden in sozialen Einrichtungen ist breit gefächert.

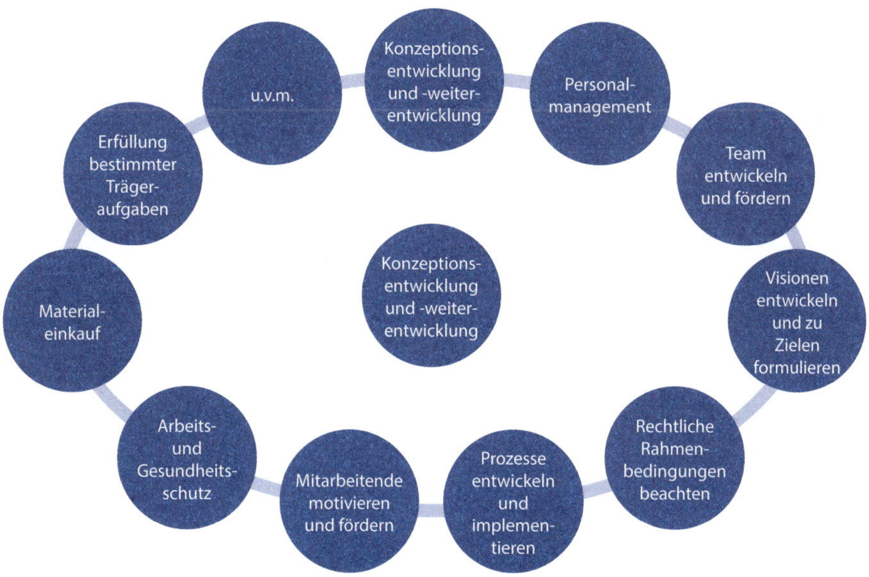

Abbildung 186: Aufgabenspektrum von Leitenden

Das konkrete Aufgabenprofil der Leitung unterscheidet sich je nach Einrichtung zum Beispiel nach dem Träger: Große Trägerorganisationen lagern etwa die Verwaltung aus, manche Träger (z.B. konfessionelle) machen starke konzeptionelle Vorgaben etc. Das Aufgabenprofil der Leitung einer Elterninitiativ-Kita unterscheidet sich von dem der Leitung einer Einrichtung eines freien Trägers, der einem Wohlfahrtsverband angehört und wirtschaftliche Geschäftsbetriebe (z.B. Werkstätten) unterhält.

Speziell für Kitas identifiziert das IFP in seinem Instrument zur Selbstevaluation für Träger zehn Aufgabendimensionen für Träger und Leitung im Management von Kitas, die jeweils spezifische Fachkenntnisse erfordern:

Organisations- und Dienstleistungsentwicklung: Diese Dimension beinhaltet die Anpassung des Bedarfs an Bildungs-, Erziehungs- und Betreuungsangeboten der Träger an regionale Gegebenheiten, Adressatenwünsche und gesellschaftliche Rahmenbedingungen sowie die Verbesserung der Selbstorganisation des Trägers und des Leistungsangebots der Kitas durch die Anwendung von Management- und Umsetzungsstrategien.

Konzeption und Konzeptionsentwicklung: Neben der Sicherung der notwendigen zeitlichen, personellen und materiellen Rahmenbedingungen für eine gelingende Entwicklung und Umsetzung der Konzeptionsziele und -vorhaben durch die pädagogischen Fachkräfte umfasst diese Dimension das Bildungscontrolling (d.h. die Steuerung von Bildungsmaßnahmen) durch Planungs- und Evaluationsstrategien (u.a.Strategien zur Beteiligung von Eltern in Konzeptionsfragen).

Qualitätsmanagement: Unter dieser Dimension sind die Qualitätssicherung und -entwicklung, die Förderung von Innovation und Innovationsbereitschaft durch Weiterentwicklung oder gegebenenfalls Neugestaltung von Arbeitsprozessen sowie die Klärung und Entwicklung von Qualitätszielen und die Formulierung von verbindlichen Standards als Grundlage des Qualitätsmanagements zu fassen.

Personalmanagement: Diese Dimension beinhaltet die Bereiche Personalplanung, -führung, -entwicklung, -controlling und -verwaltung, die Entwicklung eines Personalkonzepts sowie verbindlich geregelter Formen der Kompetenzzuschreibung und Zusammenarbeit zwischen Träger und Kita als Grundlage eines gelingenden Personalmanagements sowie die Unterstützung der Fachkräfte in ihren Aufgaben durch einen klaren Blick des Trägers für deren vielfältigen Anforderungen.

Finanzmanagement: Zu dieser Dimension zählen die Erstellung eines Finanzkonzepts, die effiziente Verwaltung der Finanzen sowie die Beschaffung von zusätzlichen finanziellen Mitteln (falls nötig und möglich).

Familienorientierung und Elternbeteiligung: Hierunter fällt die Sicherung der Rahmenbedingungen für eine gelingende Zusammenarbeit zwischen Eltern und pädagogischen Fachkräften (Bildungs- oder Erziehungspartnerschaft).

Gemeinwesenorientierte Vernetzung und Kooperation: Unter dieser Dimension sind die Anregung von Vernetzungsbestrebungen der Kitas, die zielbewusste Unterstützung der Kitas in ihren Vernetzungsaufgaben, die Vertretung der Kitas in relevanten regionalen Gremien sowie das Pflegen von Kontakten zu Wissenschaft, Politik, Wirtschaft und Kultur zu fassen.

Bedarfsermittlung und Angebotsplanung: Neben der Bestimmung des Bedarfs an Betreuungsplätzen im Einzugsbereich durch Nutzung von sozialstrukturellen Daten der Jugendhilfeplanung und eigene Bedarfsanalysen zählt zu dieser Dimension die Entwicklung von Angebotsperspektiven für die eigenen Kitas und die Einsetzung für deren Realisierung.

Öffentlichkeitsarbeit: Diese Dimension umfasst das Schaffen einer Corporate Identity (damit sich die Mitarbeiter:innen mit der Einrichtung und mit ihrer Arbeit identifizieren können), die Verwendung eines Corporate Designs sowie die Sensibilisierung der Öffentlichkeit für kinder- und familienpolitische Fragen (Lobbyarbeit).

Bau und Sachausstattung: Zu dieser Dimension gehört es, darauf zu achten, dass die Arbeiten in den Kitas ökonomisch und ökologisch sinnvoll sind und dass die Konzeption hierbei berücksichtigt wird. Darüber hinaus beinhaltet diese Dimension die Prüfung der vorhandenen baulichen Situation, die Planung und Durchführung des (Um-)Baus bzw. der Sanierung, die regelmäßige Überprüfung und Berücksichtigung von Wünschen des Personals, der Eltern und der Kinder bezüglich der Sachausstattung sowie ein verantwortliches Wirtschaften und eine sorgfältige Buchführung.

39.2 Führungsstile

Erfolgreiche Personalführung setzt sich aus drei Komponenten, wie sie die folgende Abbildung zeigt, zusammen:

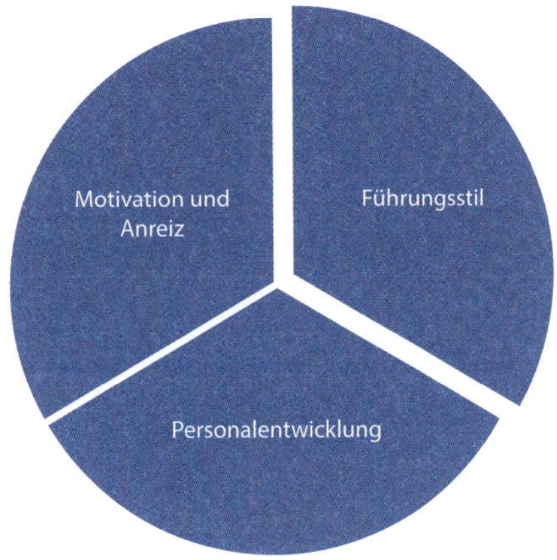

Abbildung 187: Elemente der Personalführung

Führungsstil ist die Art und Weise, in der die Führungs- und Leitungsaufgaben von den Führungskräften im Rahmen der Verhaltensbeeinflussung der Mitarbeitenden ausgeübt werden. Der Führungsstil findet seinen Ausdruck in der konkreten Verhaltensweise der Führungskräfte gegenüber den Mitarbeitenden.

Der Führungsstil beinhaltet das allgemeine Vorgehen der Führungskräfte gegenüber den Mitarbeitenden und ist unabhängig von konkreten Situationen. Grundsätzlich gibt es keinen optimalen Führungsstil, vielmehr sind mit allen Führungsstilen spezifische Vor- nach Nachteile verbunden.

Führungsstile könne nach idealtypischen oder realtypischen Ansätzen kategorisiert werden.

39.2.1 Idealtypische Führungsstile

Im Laufe des 20. Jahrhunderts kristallisierten sich die drei aus der Abbildung ersichtliche Führungsstile heraus:

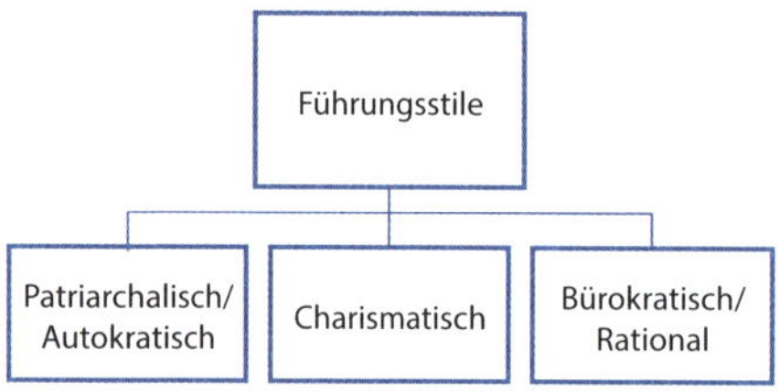

Abbildung 188: Führungsstile

Patriarchalisch: Der patriarchalische Führungsstil hat seine Legitimation in der Autorität des Patriarchen. Er beruht auf Fürsorglichkeit für und Loyalität gegenüber den Angestellten, die an Entscheidungen kaum oder gar nicht beteiligt werden. Heute findet sich der patriarchalische Führungsstil noch vor allem in Familienbetrieben.

Charismatisch: Der Führungsanspruch beruht auf individuellen und einmaligen Persönlichkeitszügen. Wegen ihrer Einmaligkeit kann die charismatische Führungspersönlichkeit nicht ersetzt werden. In Krisen oder Veränderungsprozessen versteht es die charismatische Führungspersönlichkeit, die Mitarbeitenden zu motivieren und ihnen Sicherheit zu vermitteln.

Bürokratisch/Rational: Die Sachkompetenz wird als Legitimation für die Herrschaft akzeptiert.

39.2.2 Realtypische Führungsstile

Der erste realtypische Ansatz zur Erforschung von Führungsstilen geht auf den Begründer der modernen Sozialpsychologie Kurt Lewin (1890–1947) zurück. Lewin untersuchte vier Gruppen von zehnjährigen Jungen daraufhin, wie sich unterschiedliche Führungsstile in ihrer Wirkung auf die Gruppenatmosphäre, Effizienz, Produktivität, Zufriedenheit der Gruppenmitglieder sowie die Kohärenz der Gruppen (Gruppenzusammenhalt) auswirkten. Lewin identifizierte drei unterschiedliche Führungsstile:

Autoritärer Führungsstil: Entscheidungen werden allein von der Leitung getroffen, die die alleinige Entscheidungs- und Weisungskompetenz innehat. Die Mitarbeitenden führen Anweisungen aus, ihre Aktivität beschränkt sich auf das Akzeptieren und Ausführen der Anweisungen. Das Verhältnis zwischen Leitung und Mitarbeitenden ist distanziert.

- Vorteile: Kompetenzen sind klar geregelt. Schnelle Entscheidungen möglich. Verantwortung ist eindeutig und in einer Hand. In Krisen und Konflikten effizient.
- Nachteile: Mitarbeitende haben keinen Handlungsspielraum. Motivation ist gering. Mitarbeiterzufriedenheit sinkt.

Kooperativer Führungsstil: Mitarbeitende werden in Entscheidungsprozesse mit einbezogen. Das Prinzip der Fremdkontrolle durch die Leitung weicht dem Prinzip der Selbstkontrolle durch die Mitarbeitenden. Die Delegation von Aufgaben ist möglich und erwünscht.

- Vorteile: Leitungen werden entlastet. Motivation steigt. Leistungsbereitschaft steigt. Identifikation mit der Einrichtung steigt.

- Nachteile: Lange Entscheidungswege. Konkurrenzdenken unter Mitarbeitenden. Lange Teamentwicklungsprozesse.

Laissez-faire-Führungsstil: Die Leitungskraft lässt den Mitarbeitenden freie Hand hinsichtlich Entscheidungsfindung, Ausführung und Kontrolle.

- Vorteile: Motivation und Kreativität werden gefördert. Individualität wird eingebracht.
- Nachteile: Mangelnde Steuerung. Fehlende Arbeitsergebnisse. Kompetenzstreitigkeiten. Rivalität unter den Mitarbeitenden.

In der wissenschaftlichen Literatur sind auf Lewin aufbauend weitere realtypische Führungsstile ermittelt worden. Hierunter fallen all die Führungsstile, die den Fokus auf die Aufgaben- bzw. die Beziehungsorientierung der Führungskraft legen. Je nach Höhe des jeweiligen Ausprägungsgrades ergeben sich vier Kategorien von Führungsstilen:

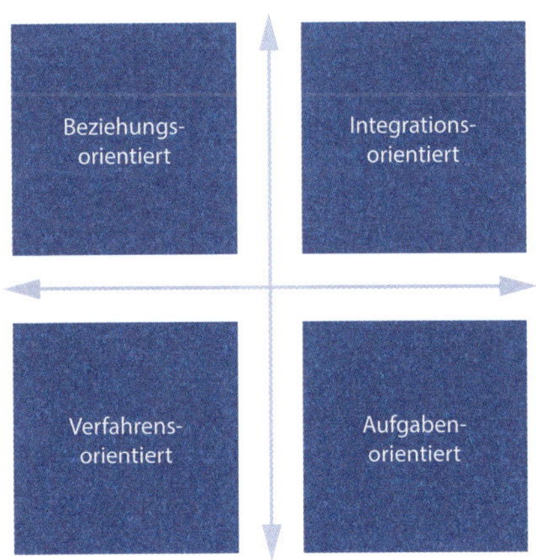

Abbildung 189: Matrix Führungsstilkategorien

Aufgabenorientiert: Mitarbeitende werden dominiert. Viele mündliche Anweisungen. Geringe Beziehungsorientierung.

Integrationsorientiert: Gekennzeichnet sowohl durch hohe Aufgabenorientierung als auch hohe Beziehungsorientierung. Vermittelt zwischen verschiedenen Meinungen und Interessen in der Einrichtung, fördert gezielt und integriert alle Mitarbeitenden.

Beziehungsorientiert: Organisationen werden in erster Linie als soziale Systeme aufgefasst. Mitarbeitende werden unterstützt, gefördert, motiviert und bei Differenzen wieder zusammengeführt. Geringe Aufgabenorientierung.

Verfahrensorientiert: Weder besonders aufgabenorientiert noch besonders beziehungsorientiert. Kühl und sachbetont. Schriftliche Kommunikation bevorzugt.

39.2.3 Reifegradtheorie nach Hersey und Blanchard

Nach der Reifegradtheorie hängt es entscheidend vom Reifegrad des Mitarbeitenden ab, welcher Führungsstil optimal ist. Der Reifegrad bestimmt sich nach Qualifikation und Betriebszugehörigkeit. Je nach Reifegrad sind unterschiedliche Führungsstile erfolgreich:

Autoritärer Führungsstil (Telling): Kommunikation findet nur in eine Richtung statt. Die Leitung diktiert, was, wann, wo, wie und warum zu tun ist. Optimaler Führungsstil bei unreifen Mitarbeitenden.

Integrativer Führungsstil (Selling): Dem Mitarbeitenden wird seine Aufgabe „verkauft", sein Interesse an der Erledigung der Aufgabe wird geweckt. Kommunikation findet in beide Richtungen statt, die Richtung selbst aber wird von der Leitung vorgegeben. Optimaler Führungsstil bei mäßig reifen Mitarbeitenden.

Partizipativer Führungsstil (Participating): Der Entscheidungsprozess erfolgt gemeinsam. Die Leitung kommuniziert umfassend mit den Mitarbeitenden und baut eine intensive Beziehung zu ihnen auf. Optimaler Führungsstil bei reifen Mitarbeitenden.

Delegierender Führungsstil (Delegating): Der/die Mitarbeitende übernimmt eine Aufgabe bzw. einen Aufgabenbereich eigenverantwortlich, die Leitung ist jedoch in die Entscheidungen mit einbezogen. Optimaler Führungsstil bei sehr reifen Mitarbeitenden.

Die Schwächen der Reifegradtheorie werden in der Praxis offenbar: Es kann im Einzelfall schwierig sein, den jeweiligen Reifegrad in Bezug auf die konkrete Aufgabe und die konkrete Situation zu ermitteln.

39.2.4 Der demokratische Führungsstil

Es liegt auf der Hand, dass Arbeitsfelder in der vom anthropozentrischen Menschenbild geprägten Sozialwirtschaft einen Führungsstil verlangen, der den Mitarbeitenden die Möglichkeit eröffnet, eigene Ideen mit einzubringen, Zielfindungsprozesse mitzugestalten und Verantwortung zu übernehmen. Diese partizipativen bzw. kooperativen Elemente verwirklicht in erster Linie der in jüngerer Zeit entstandene demokratische Führungsstil, der sich durch geringe Distanz zwischen Leitungsebene und Mitarbeitenden auszeichnet. Die fünf Kernelemente des demokratischen Führungsstiles sind aus der Abbildung ersichtlich.

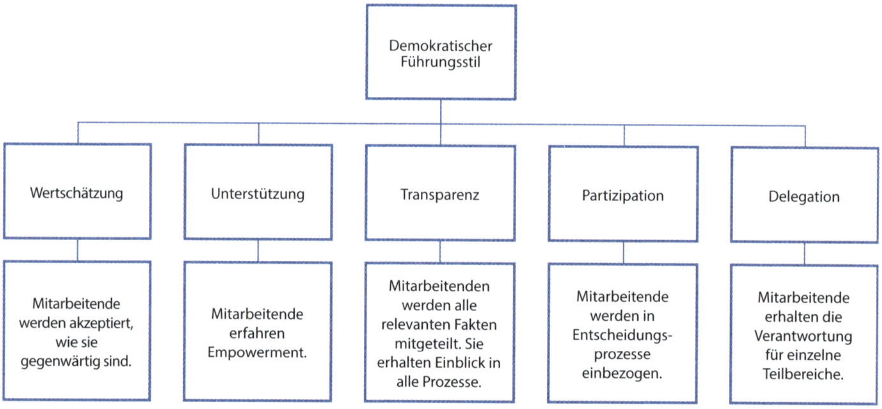

Abbildung 190: Demokratischer Führungsstil

Der demokratische Führungsstil führt zu einer Win-win-Situation, indem die Motivation der Mitarbeitenden und damit ihre Leistungsfähigkeit, Selbstständigkeit und Kreativität steigen und die Einrichtung infolgedessen von der gesteigerten Handlungskompetenz profitieren kann.

39.3 Motivation

Motivation ist das subjektive Streben eines Individuums nach Zielerreichung, d.h. nach dem Erreichen eines Wunschzustandes in der Zukunft.

Menschen entscheiden sich aus den unterschiedlichsten Gründen für oder gegen eine bestimmte Handlung. Die inneren Beweggründe sind selbst nicht sichtbar, aber handlungsleitend für das gezeigte Verhalten.

Motive sind die Gründe, ein bestimmtes Verhalten zu zeigen.

39.3.1 Dimensionen der Motivation

Motivation lässt sich in drei aus der Abbildung ersichtliche Dimensionen unterscheiden.

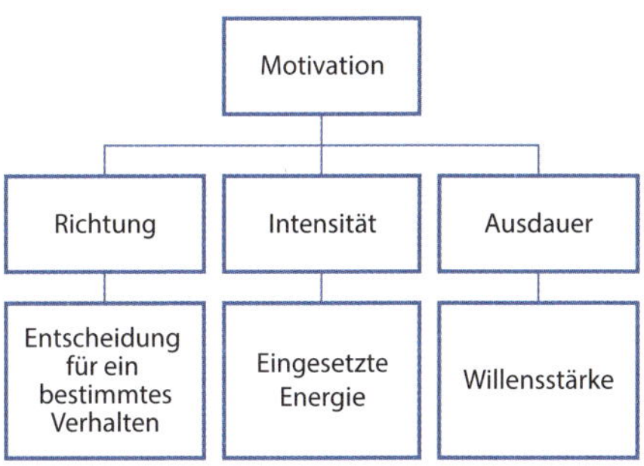

Abbildung 191: Dimensionen der Motivation

Das menschliche Bedürfnis nach Selbstverwirklichung und psychologischem Wachstum steht im Mittelpunkt aller humanistischen Ansätze der Motivationsforschung. Vor diesem Hintergrund hat insbesondere die Maslowsche Bedürfnispyramide (siehe Kapitel 35.5.2) Bedeutung erlangt.

39.3.2 Zwei-Faktoren-Theorie nach Herzberg

Die Zwei-Faktoren-Theorie nach Herzberg u.a. (2010) trennt die Faktoren, die in hohem Maße zu Unzufriedenheit führen, von anderen Faktoren, die die Zufriedenheit signifikant fördern und die wiederum in zwei Ergebniskategorien unterteilt werden können:

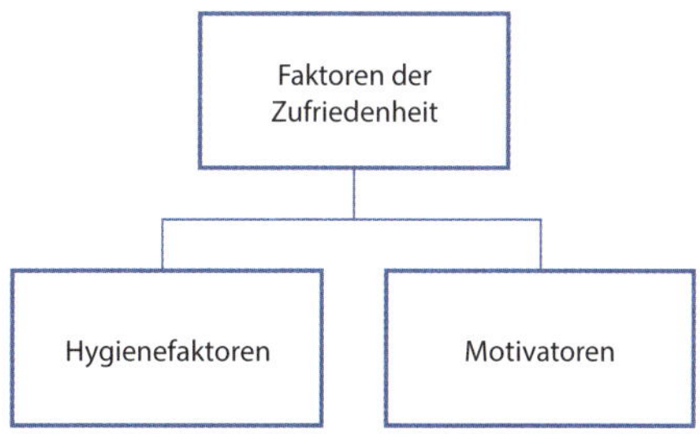

Abbildung 192: Faktoren der Zufriedenheit

Die Hygienefaktoren sind zwar notwendige Bedingung für Zufriedenheit, reichen aber allein nicht aus. Sind sie vorhanden, verhindern sie Unzufriedenheit, sind sie nicht vorhanden, wird ihr Fehlen als Mangel empfunden. Da sie aber bei Vorhandensein nicht als Mehrwert empfunden, sondern als selbstverständlich angesehen werden, tragen sie zur Steigerung der Zufriedenheit nichts bei.

Als Hygienefaktoren gelten:

- Arbeitssicherheit
- Führungsstil
- Unternehmenspolitik
- Status
- Lohn und Gehalt

Hygienefaktoren wirken extrinsisch, also äußerlich: Extrinsisch motivierte Verhaltensweisen treten niemals spontan auf, sondern sind die Reaktion auf Druck oder das Inaussichtstellen einer Belohnung (Gehalt, Bonus, Noten etc.).

Die Motivatoren sorgen für Zufriedenheit. Zu ihnen zählen:

- Verantwortung
- Arbeitsinhalte
- Beförderung
- Persönliches Wachstum,
- Anerkennung
- Leistung

Motivatoren wirken intrinsisch, also auf den inneren Antrieb (Freude, Sinnhaftigkeit, Interesse, Wissbegierde etc.). Handlungen, die so motiviert sind, werden um ihrer selbst willen ausgeführt.

39.4 Teamentwicklung

Team: Eine Anzahl von Personen, die zur Erreichung eines gemeinsamen Ziels miteinander interagieren und voneinander abhängig sind. Sie bilden ein Wir-Gefühl heraus, nehmen sich also selbst als Gruppe wahr und werden auch durch andere als Gruppe wahrgenommen.

39.4.1 Die Rolle von Teams

Teams sind wichtiger Baustein der Aufbauorganisation einer Einrichtung und spielen als Raum für kollektive Lernprozesse eine zentrale Rolle bei Veränderungsprozessen. Darüber hinaus stellt das Team das verbindende Element zwischen Einrichtung und Individuum dar. Das Team einer Einrichtung hat nach Kauffeld (2001, S. 154) in vielfältiger Hinsicht Einfluss:

Abbildung 193: Rolle von Teams

39.4.2 Phasen der Teamentwicklung

Eine Ansammlung von Mitarbeitenden bildet noch kein Team. Im Entwicklungsprozess hin zu einem funktionierenden Team durchläuft die Gruppe verschiedene Entwicklungsschritte, die nach Tuckman (1965) in vier Phasen des Teambuildings unterschieden werden können:

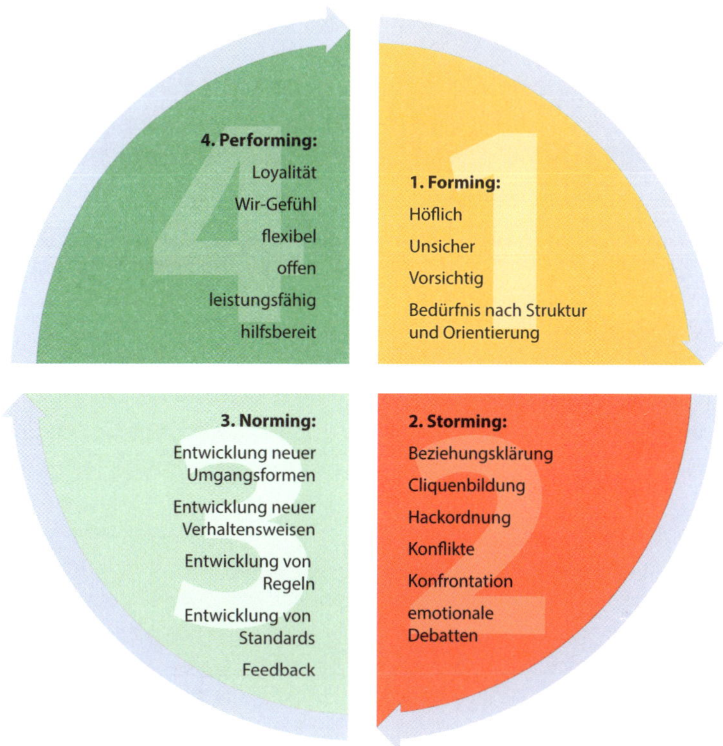

Abbildung 194: Teamentwicklungsuhr nach Tuckman (1965)

39.4.3 Teamstrukturen

Die Struktur eines Teams setzt sich aus vier Dimensionen zusammen:

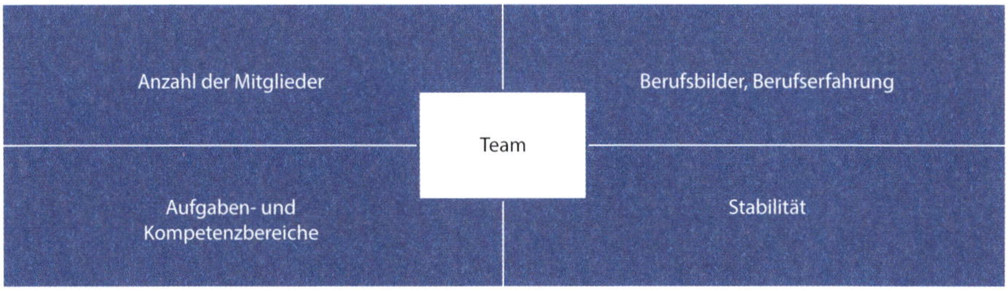

Abbildung 195: Dimensionen der Teamstruktur

In allen vier Dimensionen hat die Leitung Handlungsmöglichkeiten:

- Ist das Team groß, bedarf es einer guten Vernetzung und Sicherstellung eines zuverlässigen Informationsmanagements in alle Richtungen; hier sollte die Bildung von Projektgruppen in Betracht gezogen werden. Ist das Team klein, muss darauf geachtet werden, die einzelnen Mitglieder nicht zu überlasten.
- Aufgabenbereiche sind klar zu definieren, Kompetenzen eindeutig zuzuordnen, Spezialisten zu fördern.
- Bei hoher Fluktuation ist die jeweilige Teamphase der einzelnen Mitglieder im Auge zu behalten.
- Ein breitgefächertes Spektrum an Berufsbildern, Berufserfahrungen und Bildungsabschlüssen muss so zusammengefügt werden, dass die Vielfalt gewinnbringend genutzt werden kann.

39.4.4 Teamentwicklungsmaßnahmen

Teamentwicklungsmaßnahmen sind alle geplanten und gesteuerten Maßnahmen auf der Sach- und Beziehungsebene, die dazu dienen, die Zusammenarbeit im Team zu verbessern (Coachings, Workshops, Supervision etc.).

Teamentwicklungsmaßnahmen sollen neu gebildete oder bestehende Teams entweder auf neue Aufgaben vorbereiten oder für bereits bestehende Aufgaben optimieren. Im Einzelnen kommen nach Nerdinger (2014, S. 114) folgende Ziele in Betracht:

- Verbesserung des Verständnisses für die Rolle eines jeden Teammitglieds innerhalb der Arbeitsgruppe
- Verbesserung des Verständnisses für die Beschaffenheit/den Charakter des Teams und seine Rolle innerhalb der Gesamtabläufe der Organisation
- Verbesserung der Kommunikation zwischen den Teammitgliedern über alle Punkte, welche die Effektivität der Gruppe betreffen
- Stärkung der gegenseitigen Unterstützung unter den Gruppenmitgliedern

- Klares Verständnis für die ablaufenden Gruppenprozesse, d.h. für jene dynamischen Ereignisse, die in jeder Gruppe Zusammenarbeitender ablaufen
- Finden von effektiven Wegen für die Gruppe, bestehende Probleme auf der Sach- bzw. Beziehungsebene zu bewältigen
- Entwicklung der Fähigkeit, Konflikte positiv zu nutzen
- Verstärkung der Zusammenarbeit zwischen den Teammitgliedern und eine Verringerung jenes Wettbewerbs, der auf Kosten der jeweiligen Gruppe bzw. Organisation geht
- Verbesserung der Fähigkeit des Teams, mit anderen Arbeitsgruppen innerhalb der Organisation zusammenzuarbeiten
- Stärkung des Bewusstseins des gegenseitigen „Aufeinander-angewiesen-Seins" innerhalb des Teams

39.4.5 Teamarbeit und Leitungsfunktion

Eine gute Teamleitung fördert und fordert das Team, indem sie es je nach Situation und Aufgabe anleitet, begleitet oder ihm den Rücken stärkt, also vor, neben oder hinter ihm steht. Die Teamleitung

- hat stets den Überblick über die gegenwärtigen Prozesse und die Ressourcen der Mitarbeitenden
- hat ein offenes Ohr für ihre Belange und entwickelt Routinen, um dies transparent zu kommunizieren und engen Austausch zu ermöglichen
- überprüft regelmäßig die Erreichung der angestrebten Ziele und nimmt hier gegebenenfalls Anpassungen vor
- erkennt Teamentwicklungsbedarf und initiiert entsprechende Maßnahmen
- klärt Konflikte zeitnah und unterbindet Mobbing stringent
- sorgt für Implementierung und Einhaltung einer der Teamarbeit förderlichen Einrichtungskultur

Die Einrichtungskultur erwächst aus den drei aus der Abbildung ersichtlichen Komponenten.

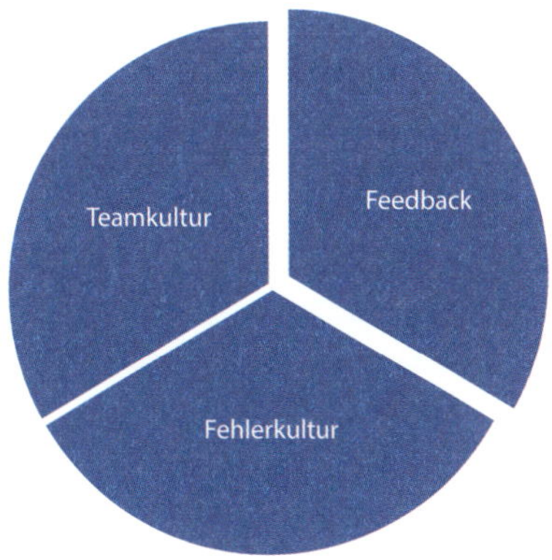

Abbildung 196: Elemente der Einrichtungskultur

Teamkultur ist die gemeinsam entwickelte und regelmäßig überarbeitete Definition dessen, was das Team unter einem Miteinander versteht, und hierfür Erwartungshaltungen, Unterstützungsbedarfe, Werthaltungen etc. regelmäßig abfragt.

Feedback gibt einer Person Information darüber, wie sie in bestimmten Situationen wirkt. Sie kann so ihre Selbstwahrnehmung an die Fremdwahrnehmung anpassen. Feedbackgespräche sind im Vier-Augen-Gespräch oder im Team möglich, müssen aber stets im geschützten Rahmen stattfinden sowie zu einer Zeit, in der der andere aufnahmebereit ist. Das Feedback-Gespräch sollte zeitnah durchgeführt bzw. eingefordert werden unter Nennung des Bereiches, den das Feedback betrifft

(„Ich möchte dir Rückmeldung im Bereich Wickeln geben"). Es geht darum, das gezeigte Verhalten ganz konkret zu beschreiben und weder zu beurteilen noch zu verurteilen, und deshalb vornehmlich Ich-Botschaften zu senden („Ich habe beobachtet …", „Mir ist aufgefallen …" etc.). Der/die Adressat:in des Feedbacks hört zunächst zu und stellt im Anschluss eventuelle Fragen. Gemeinsam wird dann die Situation geklärt/eine Lösung erarbeitet.

Fehlerkultur ist ein Terminus des Qualitätsmanagements (siehe Kapitel 43). Qualitätsmanagement will Transparenz in der Leistungserbringung schaffen und legt daher offen, was in einer Einrichtung gut, aber auch, was weniger gut läuft. Um eine vorbehaltlose Analyse zu ermöglichen, bedarf es jederzeit eines offenen Umgangs mit Fehlern – einer Fehlerkultur.

Die DIN EN ISO versteht unter einem „Fehler" die Nichterfüllung einer Anforderung. Das bedeutet, jede allgemeine Vorgehensweise in einer Einrichtung, die nicht korrekt durchgeführt werden kann oder in der gegebenen Situation nicht angemessen ist, ist ein Fehler.

Fehlerkultur ist im Qualitätsmanagement der zentrale Bestandteil der Organisationskultur. Sie besteht aus zwei Komponenten:

- Einschätzung des Stellenwertes von Fehlern in der Einrichtung
- Bedingungen im Umgang mit den aufgetretenen Fehlern

Unter Fehlerkultur im Sinne eines funktionierenden Qualitätsmanagements versteht man also, wie in einer Organisation mit Fehlern, deren Erfassung, Analyse, Behebung und Vermeidung umgegangen wird. Die sechs QM-Regeln für den Umgang mit Fehlern lauten:

Fehlerkultur

1. Wer einen Fehler zugibt, wird nicht bestraft – nur derjenige, der nichts tut, macht keine Fehler!
2. Wer einen Fehler bei einem anderen bemerkt und anspricht, ist kein Feind, sondern ein Freund. Er hilft, es in Zukunft besser zu machen.
3. Fehler müssen erfasst werden. Ihre Ursachen müssen gefunden und nach Möglichkeit abgestellt werden.
4. Prozesse werden verändert, damit Fehler in Zukunft besser aufgedeckt werden können.
5. Der- oder diejenige, der/die den Fehler aufdeckt, wird nicht automatisch mit der Problemlösung beauftragt. Ein automatisches „Kümmern Sie sich darum!" verhindert, dass diese/r Mitarbeiter:in wieder auf einen Fehler aufmerksam machen wird.
6. Auch Führungskräfte machen Fehler und müssen sie eingestehen.

Eine positive Fehlerkultur zeichnet sich dadurch aus, dass Fehler nicht als Versäumnisse einzelner Personen mit entsprechenden Schuldzuweisungen verstanden werden, sondern als Chance zur Verbesserung. Ohne Fehler ist keine Entwicklung und damit kein Lernen möglich.

39.4.6 Die Teamsitzung

Die Teamsitzung ist das zentrale Element aller Teamarbeit. Sämtliche Themen, die zur Erfüllung des Arbeitsauftrages gehören, werden hier gemeinsam geplant, diskutiert und entschieden. Alle Mitglieder haben die Möglichkeit, relevante Informationen zu erhalten und zu teilen. Es gilt, die hierfür gegebene Zeit effektiv zu nutzen und dafür einige Regeln zur Vorbereitung, Durchführung und Nachbereitung zu beachten.

Vorbereitung: Die einzelnen Teammitglieder können bis zu einem vorgegebenen Zeitpunkt eigene Tagesordnungspunkte anmelden. Für eine realistische Einschätzung des Zeitbedarfs ist bei der Anmeldung mit anzugeben, ob lediglich eine Information gegeben, ein Thema diskutiert oder eine Entscheidung getroffen werden soll. Die Tagesordnung ist allen Mitgliedern vorher rechtzeitig bekanntzugeben. Der Raum bietet ausreichend Platz und Bestuhlung für alle Mitglieder. Störungen sind ausgeschlossen (Anrufbeantworter an, Mobiltelefone aus, Eingangstür abgesperrt etc.). Notwendige Technik sowie Moderationsmaterial ist vorhanden.

Durchführung: Eine Entspannungsübung zu Beginn versetzt die Mitglieder in die Lage, sich zu fokussieren. Die Gesprächsleitung und -moderation liegt in der Regel bei der Leitung. Die Protokollführung obliegt revolvierend den Teammitgliedern. Es redet jeweils eine/r, die anderen lassen ihn/sie ausreden und hören zu. Die Tagesordnungspunkte werden nach Wichtigkeit abgehandelt. Für Tagesordnungspunkte, die ein (beliebiges) Problem und seine Ursachen thematisieren, kann viel wertvolle Zeit, die für ein Brainstorming verwendet werden muss, gespart werden, wenn man sich eines Fischgräten-Diagramms nach Ishikawa (1990) bedient.

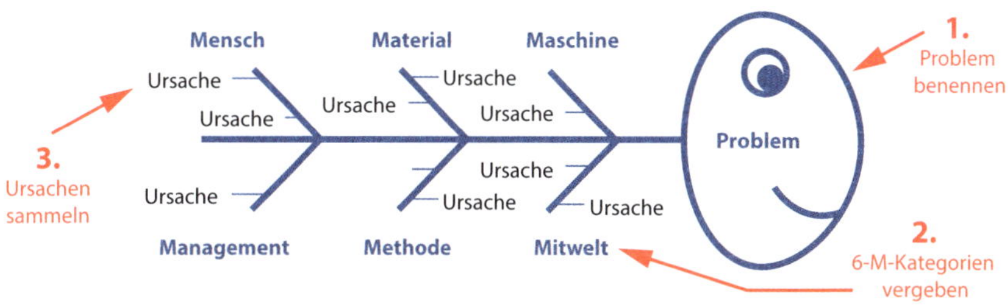

Abbildung 197: Fischgrätendiagramm nach Ishikawa

Das Fischgräten-Modell nach Ishikawa, auch als Ursache-Wirkungs-Diagramm bezeichnet, identifiziert möglichst viele Ursachen eines Problems und stellt sie strukturiert auch in ihren Wirkungszusammenhängen dar.

Kopf: Hier wird das zu analysierende Problem kurz und knackig benannt (z.B.: Zum Elternabend kamen zu wenig Eltern).

Hauptzweige: Sie analysieren die Ursachen nach der 6-M-Methode in den Kategorien:

- Mensch (z.B. nur wenige Mitarbeitende haben die Eltern mündlich erinnert)
- Material (z.B. zu wenig Kopierpapier, Toner für Handzettel)
- Maschine (z.B. Kopierer ist defekt, daher keine Handzettel)
- Management (z.B. existiert keine Prozessbeschreibung, siehe Kapitel 44.1.2, zum Thema Elternabend),
- Methode (z.B. zu früh eingeladen, Einladung nicht einen Tag vorher in Erinnerung gerufen)
- Mitwelt (z.B. Champions-League-Spiel am selben Abend)

Das Modell eignet sich dazu, direkt in der Teamsitzung die Ergebnisse eines Brainstormings zu visualisieren. In bereits eingespielten Teams ist es auch möglich, die Fischgräte im Vorfeld einer Teamsitzung zum Beispiel im Leitungsbüro unter Benennung des Problems an die Wand zu hängen. Die Teammitglieder können dann im Laufe der Arbeitswoche beim Vorbeigehen ihre Sicht der Ursachen für das Problem eintragen. Die Teamsitzung kann anschließend darauf verwendet werden, die Ursachen zu diskutieren, zu bewerten und Maßnahmen abzuleiten.

39.5 Delegation von Leitungsaufgaben

Delegation (lat. delegare = zuweisen, übertragen) ist die Übertragung von Aufgaben und entsprechenden Kompetenzen von der Leitung auf geeignete Mitarbeitende.

Der Delegierende behält jedoch die Gesamtverantwortung, woraus sich nicht unerhebliche rechtliche Konsequenzen ergeben (siehe Kapitel 21.9). In organisatorischer Hinsicht ist Delegation wesentliches Element des demokratischen Führungsstils und hat für beide Seiten Vorteile:

- Die Leitung wird längerfristig entlastet.
- Die Motivation wird erhöht.
- Die Arbeitszufriedenheit steigt.
- Die Leistungsbereitschaft steigt.
- Der Erfahrungsbereich wird erweitert.
- Die Identifikation mit der Einrichtung steigt.

Trotz der fraglos vielen Vorteile schrecken Leitungskräfte häufig davor zurück, Aufgaben zu delegieren, Mitarbeitende davor, die Aufgabe zu übernehmen. Die Ängste auf beiden Seiten sind vielschichtig:

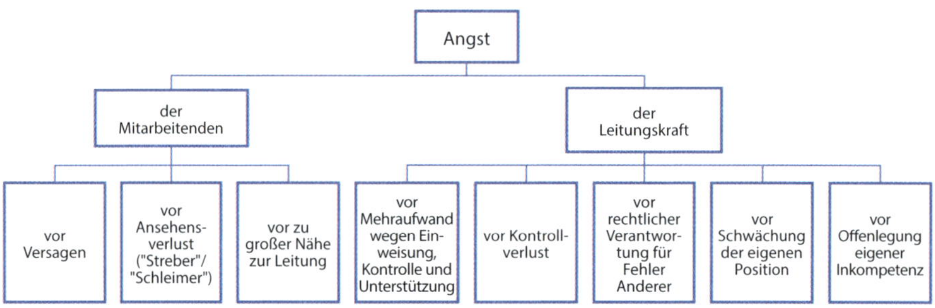

Abbildung 198: Ängste, die von Delegation abhalten

Zur Delegation eignen sich alle Aufgaben, die wiederkehrend oder langfristig und keine reinen Leitungsaufgaben (z.B. Einstellungsgespräche, Mitarbeitergespräche, Zielvereinbarungen, Strategieabsprachen mit Träger) sind. Die übertragene Aufgabe und die damit einhergehenden verliehenen Kompetenzen müssen klar und eindeutig kommuniziert werden. In diesem Zusammenhang ist auch die Implementierung eines Beauftragtensystems (siehe Kapitel 37.7.4) empfehlenswert. Der Delegierende steht jederzeit als Coach zur Verfügung, kontrolliert den Fortschritt und wertschätzt die geleistete Arbeit.

40 Kommunikation im Personalmanagement

Kommunikation (lat. communicatio = Mitteilung, Unterredung) ist die Verständigung sowie der Austausch von Informationen zwischen Personen mittels Sprache, Mimik (Gesichtsausdruck), oder Gestik (Körperbewegungen oder Körperausdruck).

Metakommunikation ist die Kommunikation über die Kommunikation.

40.1 Grundlagen der Kommunikation

Die Aussage Paul Watzlawicks „Man kann nicht nicht kommunizieren" ist zur Genüge bekannt. Sie besagt, dass wir bei jeder Begegnung bewusst oder unbewusst und sogar gegen unseren Willen kommunizieren. Für das Personalmanagement einer Einrichtung ist diese Erkenntnis elementar im Hinblick auf die zahlreichen Gespräche, die mit Mitarbeitenden zu führen sind. Hierzu gehören

- Bewerbungsgespräche,
- Entwicklungsgespräche,
- Kritikgespräche,
- Zielvereinbarungsgespräche,
- Jahresgespräche,
- Anleitungsgespräche,
- etc.

Die fünf Axiome der Kommunikation nach Paul Watzlawick

1. Man kann nicht nicht kommunizieren, denn jede Kommunikation (nicht nur mit Worten) ist Verhalten und genauso, wie man sich nicht nicht verhalten kann, kann man nicht nicht kommunizieren.
2. Jede Kommunikation hat eine Sach- und eine Beziehungsebene. Ist die Beziehungsebene gestört, kann die Kommunikation auf der Sachebene erschwert sein (z.B. Abwertung vorgebrachter Argumente durch den Empfänger, weil er den Sender nicht leiden kann).
3. Die Natur einer Beziehung ist durch die Interpunktion der Kommunikationsabläufe seitens der Partner bedingt.
4. Es ist zwischen digitaler und analoger Kommunikation bzw. Ausdrucksformen zu unterscheiden. Digitale Kommunikation ist die Sprache, analoge Kommunikation

alles andere (Lächeln, Augenkontakt, Tonfall, Gestik, Körperkontakt etc.). Digitale Kommunikation dient der Übermittlung der Inhalte auf Sachebene, sie ist stets eindeutig. Analoge Kommunikation dient der Übermittlung der Inhalte auf der Beziehungsebene, sie ist stets mehrdeutig.

5. Zwischenmenschliche Kommunikationsabläufe sind entweder symmetrisch oder komplementär, je nachdem, ob die Beziehung zwischen den Partnern auf Gleichgewicht oder Unterschiedlichkeit beruht.

(Watzlawick 2017, S. 61ff.)

Nach Schulz von Thun (2005) hat eine Nachricht immer vier Seiten. Diese vier Aspekte des Sendens und Empfangens von Nachrichten werden auch mit dem „4-Ohren-Modell" veranschaulicht:

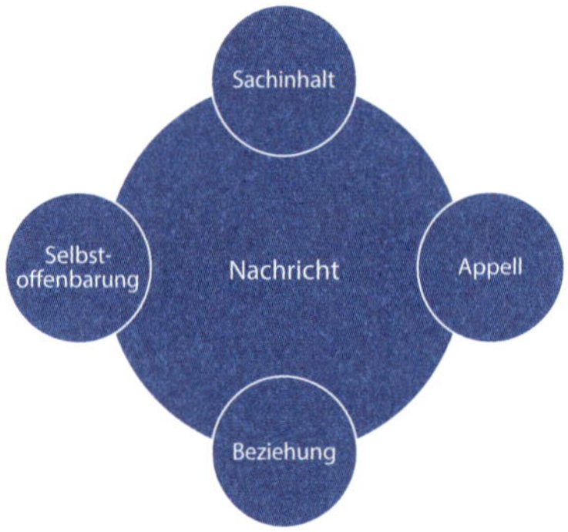

Abbildung 199: Anatomie einer Nachricht nach Schulz von Thun

Sachinhalt: Die sachliche Komponente der Nachricht.

Appell: Die Aufforderung, die in der Nachricht liegt.

Beziehung: Der Stand der Beziehung der Gesprächspartner.

Selbstoffenbarung: Offenlegung der Gefühlsebene und der Absicht der Nachricht.

40.2 Kommunikationsmethoden und -instrumente

Gesprächen zwischen Leitung und Mitarbeitenden ist gemeinsam, dass sie komplementäre Kommunikationsabläufe darstellen, denn die Beziehung zwischen den Gesprächspartnern beruht auf Unterschiedlichkeit.

40.2.1 Allgemeingültige Instrumente

Die aus der Abbildung ersichtlichen Methoden und Instrumente sind zur Vorbereitung und Durchführung bei allen Gesprächsarten geeignet.

Tabelle 30: Allgemeingültige Methoden und Instrumente für Mitarbeiter:innengespräche

Methoden	Fragetechniken	Gesprächsregeln	Gesprächsverlauf	Gesprächsrahmen
• Aktives Zuhören • Spiegeln • Paraphrasieren • Verbalisieren • Ich-Botschaften • Nachfragen • Feedback	• Offene Fragen • Geschlossene Fragen • Hypothetische Fragen • Lineare Fragen • W-Fragen	• Ziel festlegen • Strategie festlegen • Beziehung herstellen • Blickkontakt suchen und halten • Positiv formulieren • Phrasen vermeiden • Methoden einsetzen • Fragetechniken einsetzen	• Begrüßung • Small-Talk • Anliegen sammeln • Infos sammeln • Lösungswege identifizieren • To Dos planen • Vereinbarungen resümieren • Positiver Ausblick • Verabschiedung	• Zeitlicher Umfang ist vorab festgelegt • Raum ist vorbereitet • Störungen sind nach Möglichkeit ausgeschaltet • Sitzordnung steht fest

40.2.2 Gesprächsspezifische Methoden

Für die Vorbereitung und Durchführung gelten folgende Empfehlungen:

Tabelle 31: Gesprächsspezifische Methoden und Instrumente für Mitarbeiter:innengespräche

Bewerbungsgespräche	Mitarbeitergespräche	Teamsitzungen	Konfliktgespäche (41.4)	Anleitungsgespräche
• Vorab Liste mit Fragen und Informationen erstellen • Bei mehreren Interviewern festlegen, wer welche Fragen stellt und welche Informationen gibt • Vorab Einstellungsprioritäten klären • Im Gespräch (negative und positive) Bewertungen vermeiden • Sachliche Erwartungen vermitteln anhand der Stellenbeschreibung • Rundgang durch die Einrichtung einbauen • Ausblick auf das Folgende geben	• 1-2 Wochen vorher ankündigen • Dauer ca. 45 Minuten • Fragebogen als Leitfaden für das Gespräch erarbeiten bzw. dem QM-Handbuch entnehmen, falls vorhanden • Fakten und Beobachtungen wiedergeben • Die Sichtweise des MA erfragen • Ziele Schritt für Schritt erarbeiten • Positive Rückmeldungen zu konkreten Sachverhalten • Jeder MA wird nur an sich selbst gemessen.; keine Vergleiche	• Wöchentlich bzw. 14-tägig • Entspannungsübung zu Beginn • Rollen verteilen (Moderator, Protokollführer, Zeitbeauftragter etc.) • Arbeitsergebnisse visualisieren • Informationsfluss in alle Richtungen sichern • Zum Abschluss Teamstärkungsmaßnahme	• Zeitnahe Durchführung • Konfliktmoderator darf nicht Konfliktbeteiigter sein • Sowohl Sach- als auch Beziehungsebene des Konflikts ansprechen, aber trennen • Ein übergeordnetes Ziel (z.B. Einigkeit gegenüber den Eltern, Kindeswohl) ermitteln, auf das sich alle Beteiligten einigen können • Konfliktlösungswege erarbeiten und im weiteren Verlauf überprüfen • Maßnahmen für Konfliktprävention erarbeiten	• Einführungs- und Abschiedsgespräch für jede Praktikantin • Gegenseitige Erwartungen klären • Sachliche fragende Haltung • Keine Befehle oder Belehrungen • Zeitnahe Intervention bei Fehlverhalten • Kritik immer konkret, fallbezogen und sachlich • Aufgaben SMART zuschneiden • Häufig loben; Lob immer auf konkrete Situationen beziehen

41 Konfliktmanagement

Konflikt (lat. conflictus = Zusammenstoß) ist eine durch das Aufeinanderprallen mindestens zweier widerstreitender Auffassungen, Ziele, Interessen, Meinungen, Pläne, Bedürfnisse entstandene schwierige Situation, die zu einem Zerwürfnis führen kann.

Leitungen von sozialen Einrichtungen sind täglich mit Konflikten innerhalb der und zwischen den verschiedenen Gruppen konfrontiert. Für das Personalmanagement bedeutsam sind die Konflikte, die zwischen Mitarbeitenden bzw. Leitung und Mitarbeitenden entstehen.

41.1 Konfliktarten

Intrapersonaler Konflikt: Der Konflikt findet innerhalb einer Person statt (Beispiel: Leitung kann sich zwischen zwei Bewerber:innen nicht entscheiden).

Interpersoneller Konflikt: Der Konflikt findet zwischen zwei oder mehr Personen statt (Beispiel: Streit zwischen Mitarbeiter:innen darüber, wer für die erkrankte Kollegin einspringen muss).

Konflikt zwischen Gruppen: Zum Beispiel haben Kindergarten und Krippe unterschiedliche Auffassungen über die Gestaltung des Außengeländes.

Heißer Konflikt: Die Auseinandersetzung wird offen ausgetragen und ist für Nichtbeteiligte ersichtlich. Die Stimmung ist aufgeheizt.

Kalter Konflikt: Die Auseinandersetzung wird verdeckt ausgetragen über Intrigen, Streuung von Gerüchten, Mobbing.

41.2 Auswirkungen von Konflikten

Unbearbeitete Konflikte führen zu Leistungsminderung und Motivationsverlust bei allen Beteiligten als Folge der Emotionen, die durch Verdächtigungen, Vorurteile, Unterstellungen, Gerüchte etc. verursacht werden. Die verstärkte Beschäftigung mit Beziehungs- und Wertfragen raubt den Beteiligten die Energie für sachorientierte Arbeit. Tritt ein Konflikt zwischen Mitarbeitenden auf, ist die Leitung daher aufgefordert, ihn zeitnah und nachhaltig zu lösen, damit er nicht auf das gesamte Team übergreift. Sie signalisiert damit zum einen, dass sie sich auf Mitarbeiterebene um die Beteiligten „kümmert", zum anderen aber auch auf der organisationalen Ebene, dass sie Qualitätseinbußen der Einrichtung nicht duldet.

Die 9 Stufen der Konflikteskalation nach Glasl (1980, S. 237) verdeutlichen den Verlauf eines Konfliktes und teilen ihn in drei Hauptphasen ein: Wird der Konflikt in der ersten Phase beendet, entsteht eine Win-win-Situation für die Beteiligten, in der zweiten Phase gewinnt durch die Konfliktbeilegung nur noch eine Partei, in der dritten niemand mehr.

Konflikteskalation in 9 Stufen
Nach Friedrich Glasl

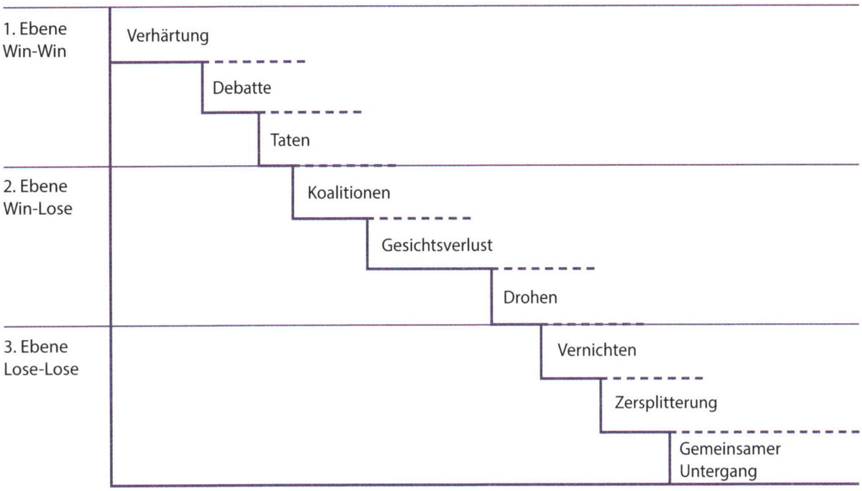

Abbildung 200: Konflikteskalation in 9 Stufen

41.3 Konfliktbewältigung

Erfolgreiches Konfliktmanagement hat stets zum Ziel, den Konflikt gewinnbringend für die Beteiligten und die Organisation – also auf der ersten Ebene – aufzulösen. Der Konflikt wird nicht als Problem, sondern als Chance verstanden, die durchaus enthaltenen positiven Potenziale zu verwirklichen. Auf diese Weise können die positiven Auswirkungen von Konflikten die negativen Auswirkungen sogar überwiegen.

Abbildung 201: Potenziale von Konflikten

41.4 Leitfaden für Konfliktgespräche

Um einen Konflikt zwischen Leitung und Mitarbeitenden kooperativ lösen zu können, bedarf es eines Konfliktgespräches, das gut vorbereitet werden sollte. Die Phasen einer erfolgreichen Konfliktlösung sind aus der Abbildung ersichtlich.

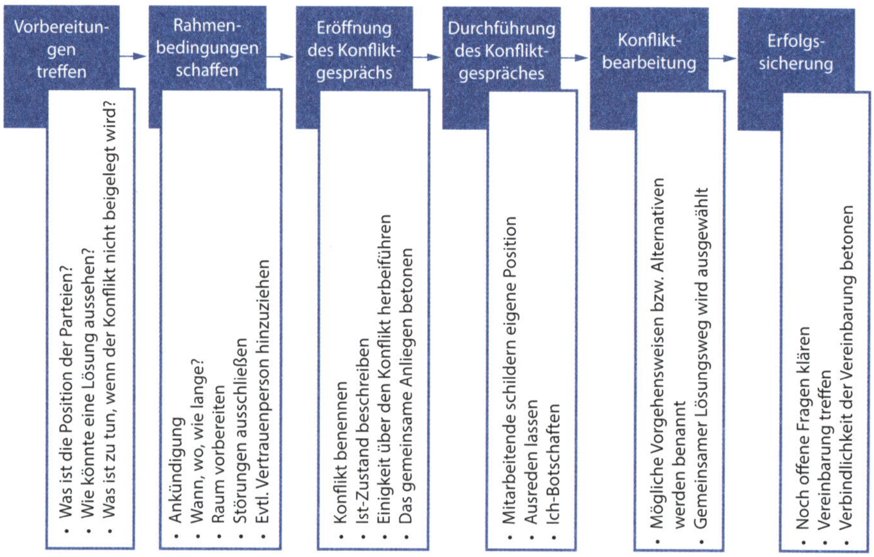

Abbildung 202: Phasen eines Konfliktgespräches

41.5 Konfliktinventur

Werden Konflikte zeitnah bearbeitet und konsequent einer Lösung zugeführt, lässt sich am Ende eines Arbeitsjahres auf eine Fülle von gelösten Konflikten und Spannungsfeldern zurückblicken. Ein gereiftes Team kann dies zum Anlass nehmen und eine Konflikt-Inventur vornehmen, indem es sich Fragen stellt wie:

- Haben mehrere Konflikte eine übergeordnete Ursache? Wie können wir diese bearbeiten?
- Sind alle Konflikte nachhaltig gelöst oder manche nur „auf Eis" gelegt?
- Haben wir ein teameigenes Konfliktlösungsinstrument gefunden, mit dem wir besonders gut arbeiten können?
- Welche Vorgehensweisen haben sich nicht bewährt?
- Haben wir eine Konfliktlösungsstrategie für das kommende Jahr?
- Wie fällt die Evaluation über die Umsetzung der Strategien des vergangenen Jahres aus?
- etc.

42 Kooperation, Netzwerke und interkulturelle Öffnung

42.1 Kooperation mit Eltern

Während die Kooperation mit einzelnen Eltern oder Elternpaaren früh- bzw. sozialpädagogische Schwerpunkte hat, geht es bei der Kooperation auf der organisationalen Ebene um die Implementierung von Kooperationsformen mit der Elternschaft als Ganzes.

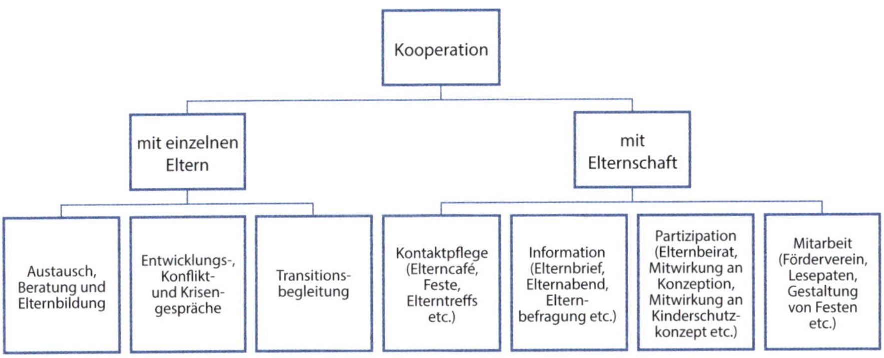

Abbildung 203: Kooperationsformen

42.1.1 Elternbeirat

In allen Bundesländern gilt zur besseren Förderung der Zusammenarbeit mit Eltern, pädagogischem Personal und Träger die unbedingte Verpflichtung, einen Elternbeirat (auch Kindergartenausschuss, Beirat etc. genannt) zu bilden. Jede Kindertageseinrichtung ist darüber hinaus verpflichtet, mit ihrer jeweiligen Elternvertretung zusammenzuarbeiten. Diese Pflicht erwächst unmittelbar aus Art. 6 Abs. 2 GG.

Der Elternbeirat ist Sprachrohr aller Eltern und Bindeglied zwischen Eltern und Fachkräften, indem er

- Kontakte unter den Eltern fördert,
- Eltern zur Mitarbeit motiviert,
- Öffentlichkeitsarbeit leistet,
- Ressourcen erschließt,
- zwischen Eltern und Personal vermittelt.

Zwar fordert der Gesetzgeber prinzipiell die Zusammenarbeit von Träger, Einrichtung und Eltern, wie diese im Einzelnen aber konkret aussehen und wie stark sie sein soll, ist den einzelnen Bundesländern überlassen. Der bedeutsamste Unterschied zwischen den einzelnen Landesregelungen betrifft das Mitwirkungsrecht an der pädagogischen Konzeption einer Einrichtung: So ist zum Beispiel in Brandenburg (§ 7 Absatz 2 KiTaG) oder Berlin (§ 14 Abs. 2 KiTaG) die pädagogische Konzeption der Einrichtung von deren Leitung mit dem Kindertagesstättenausschuss (bzw. Elternausschuss) zu erörtern. In den Kindergartengesetzen anderer Länder fehlt eine solche Regelung.

Reine Beratungsfunktion

In ausnahmslos allen Bundesländern hat der Elternbeirat eine reine Beratungsfunktion und keinerlei Entscheidungsbefugnisse. Selbst durch einen einstimmig gefassten Beschluss kann also der Elternbeirat eine getroffene Entscheidung des Trägers etwa zu Beitragserhöhungen oder Verkürzung der Öffnungszeiten nicht kippen. Sämtliche Entscheidungskompetenzen liegen stets allein beim Träger.

Das Recht auf Anhörung

Der Elternbeirat hat das Recht auf Anhörung in „wesentlichen Angelegenheiten". Dies sind zum Beispiel:

- die Jahresplanung,
- die Planung und Gestaltung von regelmäßigen Info-Veranstaltungen für die Eltern,
- Veränderungen der Gruppenstärke,
- Öffnungs- und Schließzeiten,
- die Höhe der Elternbeiträge,
- die Verteilung des Kindergartenetats,
- personelle Besetzung,
- bauliche Maßnahmen,
- Zusatzleistungen (musikalische Frühförderung, Naturerkundungstage, Psychomotorik etc.),
- Aufnahmekriterien.

Damit der Elternbeirat seinem Anhörungsrecht nachkommen kann, ist nach einhelliger Meinung in den Rechtsliteratur erforderlich, dass er inhaltlich ausreichend informiert wird. Dafür sind ihm sämtliche für die Entscheidungsfindung notwendigen Tatsachen mitzuteilen. Diese Mitteilung muss die Leitung nicht zwingend schriftlich abfassen, sie kann auch mündlich erfolgen; dann aber empfiehlt es sich, anhand einer Aktennotiz zur eigenen Absicherung die Gesprächspartner:innen, Zeitpunkt und Inhalte zu dokumentieren. Sämtliche notwendigen Informationen müssen so rechtzeitig zur Verfügung gestellt werden, dass eine ausreichend lange Beratungsdauer für den Elternbeirat gewährleistet ist. Dieser Zeitraum umfasst in der Regel mindestens eine Woche, liegen Schließzeiten dazwischen, auch länger.

Nicht erforderlich ist hingegen, dass der Träger oder die Leitung dann auch tatsächlich etwas „anhören". Es bleibt dem Elternbeirat überlassen, ob er nach durchgeführter Beratung überhaupt die Gelegenheit zur Stellungnahme – mündlich oder schriftlich – ergreift. Verpflichtet ist er dazu nicht. Es ist ausreichend, wenn ihm die Gelegenheit dazu eingeräumt wurde. Äußert er sich ablehnend, hat dies keinerlei Auswirkung auf die beabsichtigte Entscheidung. Es liegt auf der Hand, dass der Elternbeirat in einem solchen Fall die getroffene Entscheidung nicht unterstützen wird, sie also zum Beispiel nicht nach außen gemeinschaftlich vertritt und die Umsetzung begleiten wird. Deshalb ist es ratsam, stets zu versuchen, ein Einvernehmen mit dem Elternbeirat herzustellen.

Der Elternbeirat darf sogar für schlechte Presse sorgen: Wie das Amtsgericht Karlsruhe in einem viel beachteten Urteil vom 28. April 2000, Aktenzeichen 11 C 76/98, entschieden hat, darf sich der Elternbeirat bei Unstimmigkeiten an die Presse wenden und eine Pressemitteilung zu innerbetrieblichen Vorgängen verfassen. Solange die getätigten Aussagen der Wahrheit entsprechen, liegt darin nach Auffassung des Gerichtes kein Fehlverhalten.

Wurde die Anhörung einmal vergessen, kann dies unter Umständen durch Nachholung geheilt werden: Wird das Versäumnis rechtzeitig entdeckt, bevor vollendete Tatsachen geschaffen worden sind, kann das Erfordernis der Anhörung nachgeholt werden und so den Formmangel heilen. Ist eine Heilung nicht mehr möglich oder wird das Anhörungsrecht wiederholt missachtet, steht es dem Elternbeirat frei, sich an die zuständige Aufsichtsbehörde zu wenden. Diese wird den Träger auf die Einhaltung der Vorschriften hinweisen und im Wiederholungsfalle Sanktionen (z.B. eine Auflage zur Aufrechterhaltung der Betriebserlaubnis) verhängen.

Die Mitwirkung an Personalentscheidungen

Verständlicherweise versuchen Elternbeiräte auch immer wieder, Einfluss auf personelle Entscheidungen der Einrichtung zu nehmen. Hier ist zu beachten, dass ein eventuell denkbares Mitwirkungsrecht des Elternbeirates spätestens am Persönlichkeitsrecht der Bewerber:innen und Mitarbeiter:innen endet. Es verbietet sich daher, dem Elternbeirat

- Einblick in Personalakten oder Bewerbungsunterlagen zu gewähren,
- die – auch nur passive – Teilnahme an Bewerbungsgesprächen zu ermöglichen,
- Einblick in personelle Angelegenheiten wie Zielvereinbarungsgespräche oder Abmahnungen zu geben.

Das Recht auf Beteiligung beschränkt sich in personellen Angelegenheiten im Wesentlichen darauf, dass dem Elternbeirat zum Beispiel die Anzahl der Bewerber:innen mitgeteilt und er über die zugrunde zu legenden Auswahlkriterien - im Hinblick auf das pädagogische Konzept der Einrichtung etc. - informiert wird. Darüber hinaus hat der Elternbeirat lediglich die Möglichkeit, unverbindliche Vorschläge zu machen.

42.1.2 Beschwerdemanagement

Beschwerde ist eine Rückmeldung mit dem Ziel, auf subjektiv empfundene Fehler in der Organisation hinzuweisen und gegebenenfalls eine Veränderung in der Organisation zu erreichen.

Die meisten Menschen erleben Kritik in erster Linie als lästig, störend, ungerecht, verletzend oder undankbar. Sie löst in der Regel Unsicherheit aus und verleitet dazu, sich zu rechtfertigen. Doch in jeder Beschwerde steckt zunächst einmal der Wunsch, etwas zu verbessern. Da dies auch im Sinne der Einrichtung ist, ist es erforderlich, dass die Leitung Kritik und Beschwerden als Chance zur

Weiterentwicklung erkennt, den Beschwerdeführer ernst nimmt und sich als dessen Partner begreift.

Ein weit verbreitetes Missverständnis im Zusammenhang mit Beschwerdemanagement besteht darin, dass das Nichtvorhandensein von Beschwerden als Zeichen für Zufriedenheit gewertet wird. Daraus wird dann die falsche Folgerung gezogen, dass ein wirksames Beschwerdemanagement zum Ziel hat, die Anzahl der Beschwerden zu vermindern. Das Ziel eines jeden guten Beschwerdemanagements ist es jedoch, die Anzahl der unzufriedenen Kund:innen zu minimieren. Um dies zu erreichen, muss der Anteil der Kunden, die ihre Unzufriedenheit äußern, maximiert werden. Ein gutes Beschwerdemanagement hat also viele Beschwerden und damit viele Chancen, Verbesserungen herbeizuführen.

Dementsprechend sind geringe Beschwerdezahlen kein Indikator für die Zufriedenheit der Eltern. Viel wahrscheinlicher ist es, dass die Eltern es längst aufgegeben haben, mit Beschwerden, Wünschen und Verbesserungsvorschlägen an die Einrichtung heranzutreten, etwa weil sie:

- nicht mehr an die Wirksamkeit einer Beschwerde glauben, eventuell weil sie bereits Enttäuschungen erlebt haben;
- fürchten, eine Beschwerde könnte sich nachteilig auf das eigene Kind auswirken;
- nicht als Nörgler oder Querulanten dastehen möchten;
- „Retourkutschen" bei eigenen Fehlleistungen fürchten, etwa beim nächsten verspäteten Abholen des Kindes.

Ein funktionierendes Beschwerdemanagement ist in allen QM-Systemen als verbindliches Qualitätskriterium festgelegt und damit Leitungsaufgabe. Beschwerdemanagement verlangt das bewusste Erfassen der Beschwerde sowie ihre Zuführung zu einem Bearbeitungsprozess, an dessen Ende die dokumentierte Erledigung steht.

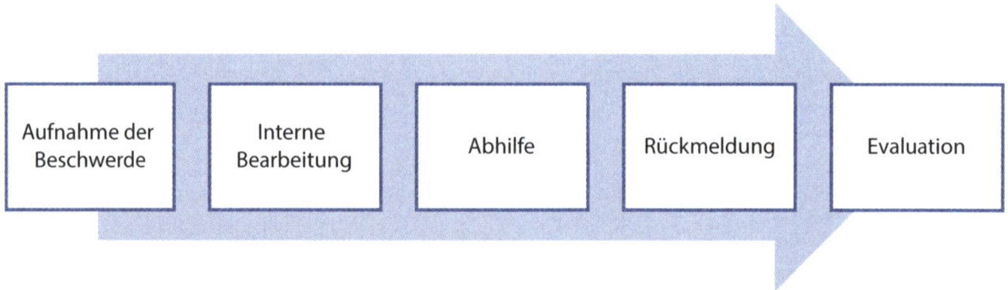

Abbildung 204: Beschwerdemanagement-Prozess

Zur Implementierung eines Beschwerdemanagements ist es empfehlenswert, die entsprechenden Standards in einer Teambesprechung zu erarbeiten. Dies kann zum Beispiel ein Beschwerdebearbeitungsbogen sein, der die Beschwerden systematisch dokumentiert und folgende Angaben machen sollte:

Aufnahme	Interne Bearbeitung	Abhilfe	Auswertung
• Beschwerdeführer:in • Beschwerdeaufnehmende:r • Datum • Anlass/Kontext (Elternabend, Tür-und-Angel-Gespräch • Grund/Inhalt der Beschwerde • Schriftlich/mündlich • Nebenbei/explizit • 1. Reaktion des/der die Beschwerde Aufnehmenden, falls vorhanden	• Laufende Nummer • Kategorie der Beschwerde • Sachbearbeiter:in • Beschwerde dem/der Sachbearbeiter:in zugeleitet am	• Überprüfung der gerügten Abläufe/Verhaltensweisen • eingeführte Veränderungen • Überprüfung der eingeführten Veränderungen am/durch/Ergebnis • Rückmeldung an den/die Beschwerdeführer:in	• Quantitativ: • Anzahl, Verteilung • Gab es im abgelaufenen Jahr Beschwerden mit ähnlichem Anlass? • Wenn ja, wie viele? • Wie wurde abgeholfen? • Qualitativ: • Ursachenanalyse, Entwicklung von Verbesserungsmaßnahmen, Bearbeitungsprozessen, Qualitätsansprüchen

Abbildung 205: Elemente eines Beschwerdebearbeitungsbogens

Das Verfahren ist der Elternschaft zum Beispiel über den Elternbeirat transparent zu machen. Das Beschwerdemanagement kann zwar an eine:n Beschwerdemanager:in delegiert werden; es ist allerdings ratsam, das Verfahren als wichtiges strategisches Führungsinstrument, das die alltägliche pädagogische Arbeit und damit die Konzeption verbessert, als Leitung nicht aus der Hand zu geben.

42.2 Kooperation im Sozialraum

In der Jugendhilfe (JH) findet Sozialplanung nach Hermann (2018, S. 1151ff.) in der Praxis vor allem unter drei Planungsansätzen zur Strukturierung des Vorgehens statt:

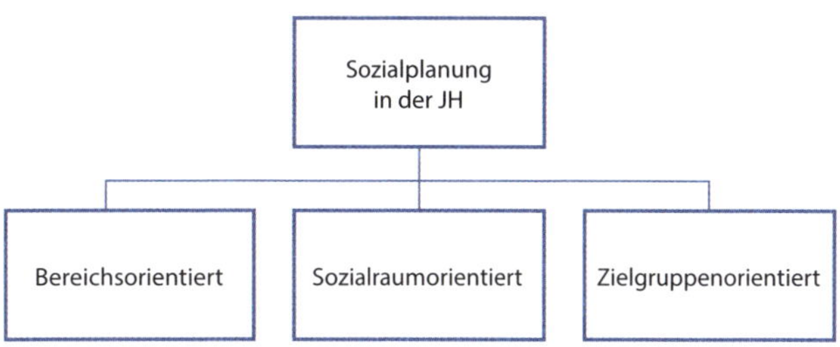

Abbildung 206: Sozialplanung in der Jugendhilfe

Bereichsorientierter Ansatz: Er untersucht die verschiedenen Arbeitsfelder der Jugendhilfe (Kindertagesbetreuung, Jugendarbeit, verschiedene Formen der Beratung, Hilfen zur Erziehung etc.), entweder einzeln oder in der Kombination. Zunächst erfolgt eine Bestandsaufnahme der Angebote und Einrichtungen sowie anschließend eine Bewertung des Bestandes. Hierauf basierend werden Vorschläge zu Angeboten und Einrichtungen vor Ort entwickelt. Nach einer Untersuchung des Deutschen Jugendinstituts (2002, S. 4ff.) verfügen nur neun Prozent der Jugendämter über eine Gesamtplanung, die meisten arbeiten bereichsorientiert mit Schwerpunkten bei Kindertagesstätten (91 %), Jugendarbeit (79 %), Hilfen zur Erziehung (72 %) und Beratungsstellen (52 %).

Sozialraumorientierter Ansatz: Ausgangspunkt ist hier ein abgegrenztes räumliches Gebiet (Stadtteil, Wohngebiet etc.), in dem die sozialen Merkmale und Bedürfnisse der Bewohner:innen, Wohn- und Lebensqualität, Belastungsfaktoren, Hilfebedarfe, Nutzung sozialstaatlicher Leistungen, Ressourcen etc. identifiziert und unter der Fragestellung analysiert werden, inwieweit der Sozialraum möglichst passgenaue Hilfe- und Unterstützungsangebote bereits vorhält bzw. entwickeln muss. Genutzt werden Planungen dieses Typs auch, um die Problembelastung verschiedener Sozialräume vergleichbar zu machen und so Kriterien für eine angemessene Verteilung von Jugendhilferessourcen zu gewinnen.

Zielgruppenorientierter Ansatz: Ausgangspunkt sind hier die Bedürfnisse bzw. Problemlagen bestimmter Zielgruppen der Jugendhilfe, für die vor Ort ein besonderer Handlungsbedarf angenommen wird (z.B. Alleinerziehende; Jugendliche mit besonderen Bedarfen beim Übergang zwischen Schule und Beruf). Typischerweise wird hier zunächst eine Passungsanalyse vorgenommen und sodann werden Angebote und Einrichtungen verändert.

Sozialraumorientierter Ansatz bei Kindertageseinrichtungen

Sozialraum bezeichnet in der Sozialpädagogik die direkte Umgebung bzw. den Nahraum, also das konkrete Wohnumfeld.

Der in § 22 a SGB VIII verankerte sozialraumorientierte Kooperationsauftrag (siehe Kapitel 29.9.4) verpflichtet insbesondere Kindertageseinrichtungen, sich mit den verschiedensten Akteuren im Sozialraum zu vernetzen und zu kooperieren.

Denn ist eine Kindertageseinrichtung gut vernetzt, kann sie als erste Anlaufstelle für Familien mit einem niedrigschwelligen Dienstleistungsangebot, welches sich an den Wünschen und Bedürfnissen der Kinder, Jugendlichen und Eltern orientiert, eine Schlüsselfunktion für die Verbesserung der Familiensituation leisten. Sie macht zum einen Eltern Entlastungsangebote und gewährleistet zum anderen Kontinuität der Bildungsverläufe, indem sie

- ihre eigenen Öffnungszeiten an die Bedarfe der Familien anpasst,
- Kindern Verpflegung sichert,
- ergänzende Bildungsangebote macht (Sport, Sprache etc.),
- therapeutische Versorgung sicherstellt (Logopädie, Ergotherapie etc.),
- Beratungsangebote macht (Ehe-, Erziehungs- und Familienberatung, Schuldnerberatung, Suchtberatung etc.).

Voraussetzung aller Sozialraumorientierung ist eine Sozialraumanalyse unter den folgenden Gesichtspunkten.

Sozialraumanalyse

Strukturen und Stadtentwicklung

- Einwohnerzahlen, Haushaltsgrößen, Familienformen
- Anteil der Kinder und weiterer Altersgruppen
- Migration, Staatsangehörigkeiten, Herkunftsländer
- Erwerbstätigkeit und Einkommensverhältnisse, SGB II-Leistungen
- Bevölkerungsentwicklung und besondere Bedarfsgruppen
- Entwicklungs- und Erneuerungsvorhaben

Bebauung und Mieten

- Anteile Einfamilienhäuser, Mietwohnungen, Hochhäuser
- Zustand der Häuser (Alter, gepflegt oder verwohnt, Außenbereiche)
- Straßenverhältnisse, Verkehrsaufkommen, Parkplätze, Tempolimits, Radwege, Gehwege

Gesundheitsversorgung

- Ärztliche Versorgung und Hebammen
- Therapeut:innen
- Beratungsangebote

Infrastruktur

- Ämter
- Öffentliche Verkehrsmittel und Nahverkehr
- Gewerbe, Industrie, Dienstleistung
- Geschäfte, Restaurants

Freizeit und Erholung

- Spielplätze und Freizeiteinrichtungen
- Grünanlagen, Plätze, Naherholungsgebiete
- Vereine, Sport, Musik, Kunst

Bildung und Ausbildung

- Kindergärten
- Grundschule und weiterführende Schulen
- Berufsschulen, Ausbildungsbetriebe
- Familienbildung und Fördermöglichkeiten

Stärken und Schwächen des Sozialraumes

- Image des Sozialraums
- Netzwerke, Veranstaltungen, Zusammenhalt
- Kriminalität, Polizeieinsätze, Vandalismus
- Gefahrenstellen, Konflikte

42.3 Kooperation von Kitas und Kindertagespflege

Nach einer Studie der Bertelsmann-Stiftung (www.bertelsmann-stiftung.de/de/publikationen/publikation/did/kooperationen-zwischen-kindertageseinrichtungen-und-kindertagespflege/) gibt es erst wenige praktische Kooperationserfahrungen, aber hohe Erwartungen an Vernetzung und Zusammenarbeit von Kita und Tagespflege. Die Studie gibt folgende Handlungsempfehlungen an Kindertageseinrichtungen und Tagespflegepersonen:

- Kennenlern-Cafés
- Einladungen in das Außengelände der Tageseinrichtung
- Besuche von Erzieher:innen bei Tagesmüttern
- Tagesmütterfeste in der Einrichtung
- Stadtteil- oder Straßenfeste für alle, die Kinder betreuen, zur gegenseitigen Kontaktaufnahme
- Fachliche Begleitung von Begegnungen, die Fremdheit, Unwissenheit und Vorurteile abbauen sollen
- Gegenseitige Praxishospitationen
- Teilnahme von Tagespflegepersonen und Tageskindern an Projekten in der Kita
- Nutzung der Kita-Räumlichkeiten für Treffen von Tagesmüttern
- Gemeinsamer Besuch beider Fachgruppen von öffentlichen Fortbildungen und Präsentationsangeboten (z.B. Veranstaltungen, Ausstellungen, Aktionstage)
- Gemeinsame Teilnahme von Tagesmüttern und Erzieher:innen an Modellprojekten
- Gemeinsame Konzeptentwicklung und Gestaltung des Übergang von familiärer Kindertagesbetreuung in den Kindergarten
- Einbindung von Eltern in die Kooperationsaktivitäten
- Kitas öffnen sich und stellen ihre Angebote auch Tagesmüttern und Eltern von Tageskindern zu Verfügung
- Zieldefinierung, Aufgabenbeschreibung und Klärung von Verantwortlichkeiten bei der Kooperation mit schriftlicher Dokumentation
- Eindeutige Rahmenvorgaben, Absprachen, schriftliche Vereinbarungen und Regeln für Raumnutzung etc.

42.4 Netzwerke

Der mit dem Kooperationsauftrag verbundene und ebenfalls in § 22 a Abs. 2 SGB VIII normierte Vernetzungsauftrag (siehe Kapitel 29.9.5) verlangt die Vorhaltung eines multiprofessionellen Frühwarnsystems, wie es das Bundeskinderschutzgesetz (siehe Kapitel 33.4) vorsieht. Dieses System ermöglicht zum einen präventiven Kinderschutz, der möglichst schon vor der Geburt beginnt, und zum anderen den koordinierten Einsatz sozialer Hilfen. Kindertageseinrichtungen leisten hier wegen ihres frühzeitigen und engen Kontakts zu den Familien sowie ihres niederschwelligen Angebots einen überaus relevanten Beitrag.

42.5 Interkulturelle Öffnung von sozialen Einrichtungen

Ziel der interkulturellen Öffnung von sozialen Einrichtungen ist nicht die Integration der Zugewanderten mit verschiedenen kulturellen Hintergründen im Sinne einer bedingungslosen Assimilierung unter Aufgabe der jeweils eigenen sozialen und kulturellen Identität. Vielmehr verlangt interkulturelle Öffnung die Aufgeschlossenheit und Bereitschaft der Mitarbeiter:innen, interkulturelle Kompetenz zu entwickeln und strategische Zielsetzungen sowie zugehörige Prozesse derart zu modifizieren, dass das Arbeitsumfeld für zugewanderte Kolleg:innen und die angebotene Dienstleistung für die jeweilige Zielgruppe kultursensibel ausgestaltet werden.

Interkulturelle Kompetenz ist nach Wildung (2006, S. 1ff.) die Fähigkeit, Angehörigen einer anderen Kultur zu begegnen – und zwar zur wechselseitigen Zufriedenheit – sowie mit ihnen unabhängig, sensibel und wirkungsvoll umzugehen. Voraussetzung hierfür ist die Kompetenz,

- wirksam und angemessen in interkulturellen Situationen zu kommunizieren, auf der Grundlage von interkulturellen Kenntnissen und Einstellungen;
- das eigene Referenzsystem entsprechend zu verändern sowie das eigene Verhalten in einem kulturellen Zusammenhang anzupassen, d.h. die Fähigkeit zur Anpassung, Erweiterung und Flexibilität;
- kulturgeleitetes Verhalten zu erkennen und sich auf neue Verhaltensweisen in anderen sowie mit anderen Kulturen einzulassen, auch wenn diese aufgrund der eigenen Sozialisation noch unbekannt sind.

Aufgabe von Leitungen von sozialen Einrichtungen ist es dementsprechend, interkulturelle Öffnung als Querschnittaufgabe zu begreifen, die sowohl in die Organisations- und Personalentwicklung als auch in den pädagogischen Alltag und das Gesamtkonzept der sozialen Einrichtung einzubinden ist. Über die Durchführung singulärer Projekte weit hinaus geht es also darum, die Aufbau- und Ablauforganisation der Einrichtung zu modifizieren sowie Haltung und Einstellung der Mitarbeiter:innen im Hinblick auf ohnehin bereits vorhandene Kompetenzen (Empathie, kognitive Flexibilität, psychische Belastbarkeit etc.) in Teamfortbildungen oder Schulungen zu stärken.

43 Qualitätsmanagement

> **§ 22 a Abs. 1 Satz 1 SGB VIII**
>
> Die Träger der öffentlichen Jugendhilfe sollen die Qualität der Förderung in ihren Einrichtungen durch geeignete Maßnahmen sicherstellen und weiterentwickeln. Dazu gehören die Entwicklung und der Einsatz einer pädagogischen Konzeption als Grundlage für die Erfüllung des Förderauftrages sowie der Einsatz von Instrumenten und Verfahren zur Evaluation der Arbeit in den Einrichtungen.

Der Gesetzgeber normiert im Förderauftrag des SGB VIII eine eindeutige Verpflichtung der Träger, pädagogische Qualität zu entwickeln, sicherzustellen und laufend zu überprüfen.

Qualität (lat. qualitas = Beschaffenheit, Eigenschaft) bezeichnet die Güte, die Beschaffenheit, den Wert einer Sache bzw. eines Produktes.

Diese Aufgabe lässt sich nur mithilfe eines guten Qualitätsmanagements lösen. Qualitätsmanagement ist die Tätigkeit zur Erfüllung definierter Qualitätsansprüche in einer Organisation mittels

- Definition der Ziele,
- Definition der Maßnahmen zur Zielerreichung,
- Festlegung der Verantwortlichkeiten und Kompetenzen,
- Überprüfung der Zielerreichung,
- Absicherung des Erreichten.

43.1 Qualitätsphilosophie nach Deming

Qualitätsmanagement geht auf die Denkansätze des Amerikaners William Edwards Deming (1900–1993) zurück, der das Total Quality Management (TQM) ursprünglich für die US-amerikanische Autoindustrie entwickelte.

Total Quality Management ist eine auf der Mitwirkung aller ihrer Mitglieder beruhende Führungsmethode einer Organisation, die Qualität in den Mittelpunkt stellt und durch Zufriedenstellung der Kunden auf langfristigen Geschäftserfolg sowie auf Nutzen für die Mitglieder der Organisation und für die Gesellschaft zielt.

Dieser Ansatz kann mit der sogenannten Deming`schen Reaktionskette verdeutlicht werden.

Deming'sche Reaktionskette

Investitionen zur Qualitätsverbesserung

↓

Erhöhung der Produktivität

↓

Verminderung der Produktionskosten

↓

Verbesserung des
Preis-Leistungs-Verhältnisses

↓

Ausweitung des Marktanteiles

↓

Stärkung der Marktposition

↓

Erhalt / Ausweitung von Arbeitsplätzen

↓

Return of Investment

Abbildung 207: Deming`sche Reaktionskette

Deming (www.deming.de) hat in einem 14-Punkte-Programm alle relevanten Gebiete des Managements im Hinblick auf Qualität normiert:

Das Deming`sche 14-Punkte-Programm

1. Oberstes Unternehmensziel ist die ständige Verbesserung des Produktes oder der Dienstleistung.

2. Wer Qualität verbessern will, muss neue Denkweisen erproben.

3. Statt 100 %-Denken steht in der Qualitätssicherung das Prozessdenken.

4. Statt Preisabhängigkeit der Produkte bzw. Dienstleistungen steht die Qualitätsabhängigkeit im Vordergrund.

5. Das Erkennen von Problemen ist wichtig, die Suche nach den Ursachen ist wichtiger.

6. Mitarbeiter sind ständig im Hinblick auf ihr Qualitätsbewusstsein zu trainieren.

7. Mitarbeiter sind konstruktiv zu kritisieren. Ihnen sind Hilfen zur Verbesserung der ausführenden Tätigkeiten anzubieten.

8. Der ängstliche Mitarbeiter neigt zur Verweigerungshaltung. Ihm ist mit Vertrauen und glaubwürdigen Handlungsweisen der Vorgesetzten zu begegnen.

9. Abteilungsdenken ist durch horizontale und vertikale Kommunikation zu ersetzen.

10. Allgemeine Aufrufe, Plakate oder Ermahnungen sind durch konkrete Handlungshilfen zu ersetzen.

11. Quantitative Leistungsvorgaben sind durch Qualitätsprämien, persönliche Belobigungen oder Qualitätspreise für die Teams zu ersetzen.

12. Mitarbeiter dürfen und können auf ihre Arbeit stolz sein.

13. Weiterbildungsprogramme für alle Mitarbeiter sind grundsätzliche Voraussetzung für die kontinuierliche Qualitätsverbesserung.

14. Geeignete Mitarbeiter multiplizieren das oberste Unternehmensziel der ständigen Verbesserung von Qualität und Produktivität.

43.2 DIN EN ISO 9001

Standardisierte Managementsysteme haben seit den 1980er Jahren in Europa zunächst in der freien Wirtschaft Niederschlag gefunden, als die European Foundation for Quality Management (EFQM) das EFQM-Modell für Business-Excellence entwickelt hat (siehe Kapitel 35.8.2).

Ein neben dem EFQM-Modell weiteres bekanntes europäisches Qualitätsmanagementmodell ist die DIN EN ISO 9001. Gemeinsam ist ISO 9001 und EFQM, dass sie beide Schnittmengen in der Prozessorientierung haben und ein Zertifikat durch einen Auditor ermöglichen. Anders als EFQM, das den stetigen Wettbewerb zur Basis hat, prüft ISO 9001 jedoch das Erreichen von Vorgaben ab.

Die Qualitätsfamilie DIN EN ISO 9000 (DIN steht dabei für „Deutsche Industrienorm", EN für „Euro-Norm" und ISO für „International Organisation for Standardization") besteht aus drei Elementen:

DIN EN ISO 9000 ist ein Qualitätsleitfaden zur Auswahl und Anwendung der Qualitätselemente der Normen DIN EN ISO 9001 - 9003. DIN EN ISO 9004 stellt einen Leitfaden zum Aufbau eines Qualitätsmanagements dar und enthält die Qualitätselemente nach DIN EN ISO 9001 sowie die zusätzlichen Elemente „qualitätsbezogene Wirtschaftlichkeit", „Produktsicherheit" und „Marketing".

In der 9000er Familie sind genormt:

- branchenübergreifende Mindestanforderungen an ein Qualitätsmanagementsystem (QMS),
- Begriffe zu Qualität und Qualitätsmanagement,
- Grundstruktur eines QMS.

Nicht genormt sind:

- Produkte und Dienstleistungen,
- Unternehmensstruktur und organisatorische Abläufe,
- Unternehmenskultur und Managementmethoden,
- das einzelne QMS.

43.3 Der Einzug von Qualitätsmanagement in Kitas

Mit der Verzögerung von einer Dekade erreichten die Qualitätsmanagementsysteme dann auch den Bildungssektor. Denn durch die Verwaltungsreformen, die von der kommunalen Gemeinschaftsstelle zur Verwaltungsvereinfachung in den 1990er Jahren initiiert wurden, gewann der Aspekt der Marktorientierung erhöhte Aufmerksamkeit. Die Träger der freien Wohlfahrtspflege, die im Auftrag des Staates dessen Fürsorgepflicht im Sozialbereich wahrnehmen und Angebote im Bereich der sozialen Dienstleistung bereitstellen, mussten sich nun als Sozialunternehmen am Markt positionieren. Der hiermit verbundene Wettbewerb führte zur Einführung von Qualitätsmanagementsystemen.

Nicht zuletzt resultiert die verstärkte Auseinandersetzung der Träger und Einrichtungen mit dem Thema „Qualitätsmanagement in Kindertageseinrichtungen" aber auch aus dem Erfordernis der Einhaltung rechtlicher Vorgaben, denn im Bereich der Kinder- und Jugendhilfe ist Qualitätsmanagement gesetzlich vorgeschrieben. So benötigt eine Kindertageseinrichtung als sogenannte erlaubnispflichtige Einrichtung eine Betriebserlaubnis (siehe Kapitel 45.1). Diese Betriebserlaubnis dient dem Schutz der zu betreuenden Kinder und ist an zahlreiche qualitative Erfordernisse hinsichtlich Gesundheitsschutz, Qualifikation des pädagogischen Fachpersonals, Versicherungsschutz etc. gekoppelt.

Die Spitzenverbände der freien Wohlfahrtspflege favorisieren umfassende Qualitätsmanagementsysteme, die sich am Modell des TQM bzw. EFQM orientieren und sich des Instrumentariums des Qualitätsmanagements nach DIN EN ISO 9001 bedienen.

Qualitätsmanagement in sozialen Einrichtungen ist die systematische und kontinuierliche Planung bzw. Entwicklung, Lenkung, Sicherung und Verbesserung des Leistungsangebots sowie die Ausrichtung der erforderlichen Prozesse und Strukturen zur Erfüllung der Aufgabenstellung bei bestmöglicher Kosten-Nutzen-Relation.

Die Ausgestaltung der QM-Systeme ist je nach Träger dann aber höchst unterschiedlich. Wenngleich auch Konsens darüber besteht, dass Eltern als Kunden einer Kindertageseinrichtung (die Kinder sind nicht Kunden, sondern Adressaten der Erziehungs-, Bildungs- und Betreuungstätigkeit, da bei ihnen die Kriterien für eine Kundeneigenschaft nicht erfüllt sind) ein Recht auf Qualität haben, ist doch nicht zu verkennen, dass der Wert pädagogischer Arbeit nicht unbedingt in Zahlen ausgeworfen werden kann. Anders ausgedrückt: Sowohl Produktionsprozess (Bildung, Erziehung und Betreuung) als auch das Produkt (eigenverantwortliche und gemeinschaftsfähige Persönlichkeit, Unterstützung von Bildung und Erziehung in der Familie, Vereinbarkeit von Familie und Beruf) selbst sind einer empirischen Erfassung nur selektiv und unzureichend zugänglich. Effektivität im Sinne einer Überprüfung der Erreichung von Vorgaben und Zielen sowie Effizienz im Sinne einer Überprüfung auf sparsame Mitteleinsatz sind als Eichgrößen für Frühpädagogik untauglich und müssen dem Bereich der industriellen Fertigung vorbehalten bleiben. Vor diesem Hintergrund ist es nicht verwunderlich, dass die Träger höchst unterschiedliche Konzepte erarbeitet haben, um Qualität in ihren Einrichtungen sicherzustellen.

43.4 Die wichtigsten Qualitätsmanagementsysteme für Kitas im Überblick

Nachfolgend sind beispielhaft und ohne Anspruch auf Vollständigkeit die bekanntesten Qualitätsmanagement-Systeme (QMS) im Kita-Bereich aufgelistet. Die Implementierung und Aufrechterhaltung eines QMS in Kindertageseinrichtungen liegt dabei stets in der Leitungsverantwortung. Seit der Novellierung der DIN ISO 9001:2015-11 ist ein gedrucktes Qualitätshandbuch nicht mehr erforderlich.

Tabelle 32: Die wichtigsten QMS im Überblick

Bezeichnung	Ausgestaltung	Auditierung	Anmerkungen
AWO-QM-Konzept für Kindertageseinrichtungen	AWO-spezifische und bildungspolitische Qualitätsvorgaben bzw. Qualitätsstandards, umfassende Dokumentation	Internes Audit (Selbstbewertung), externe Zertifizierung möglich	QMS-Konzept baut auf DIN EN ISO 9000 ff auf und ist am Leitbild der AWO orientiert
BETA-QM-Konzept	BETA-spezifische und bildungspolitische Qualitätsvorgaben bzw. Qualitätsstandards, umfassende Dokumentation	Internes Audit (Selbstbewertung), externe Zertifizierung möglich	QMS-Konzept baut auf DIN EN ISO 9000 ff auf und ist an den BETA-Anforderungen orientiert
KES-R / PädQuis	Analyse anhand 43 trägerunabhängiger vordefinierter Merkmale in den sieben übergreifenden Bereichen »Platz und Ausstattung«, »Betreuung und Pflege der Kinder«, »Sprachliche und kognitive Anregungen «, »Aktivitäten«, »Interaktionen «, »Strukturierung der pädagogischen Arbeit« sowie »Eltern und Erzieher/innen«	Selbst- und Fremdeinschätzung, auch vergleichende Bewertung, keine Zertifizierung	Kein QMS-Konzept, Grundlage für die Vergabe des trägerunabhängigen »Kita-Gütesiegels« NRW
K. I. E. L.	Analyse anhand 425 Qualitätskriterien in 15 Qualitätsbereichen	Selbst- und Fremdeinschätzung, auch vergleichende Bewertung, keine Zertifizierung	Kein QMS-Konzept, Grundlage für die Vergabe des trägerunabhängigen Gütesiegels
Kronberger Kreis	Indikatoren zu Struktur-, Prozess- und Ergebnisqualität	Selbsteinschätzung, keine Zertifizierung	Kein QMS-Konzept, Qualität wird im Dialog entwickelt
KTK-Gütesiegel ®	KTK-spezifische und bildungspolitische Qualitätsvorgaben bzw. Qualitätsstandards für neun Qualitätsbereiche, umfassende Dokumentation	Selbsteinschätzung, Zertifizierung (extern), Vergabe eines trägerspezifischen Gütesiegels	QMS-Konzept baut auf DIN EN ISO 9000 ff auf und ist an den KTK-Anforderungen orientiert
Qualitätscheck PQ-Sys ®	Analysen per Fragebögen, umfassende Dokumentation	Selbsteinschätzung, optional einmalige externe Fremdevaluation, ggf. Zertifizierung	QMS-Rahmenkonzept baut auf DIN EN ISO 9000 ff auf und ist an Leitbildern des Paritätischen Wohlfahrtsverbandes orientiert
Qm elementar ®	Leitbildspezifische und bildungspolitische Qualitätsvorgaben bzw. Qualitätsstandards, umfassende Dokumentation	Internes Audit, externe Zertifizierung möglich	QMS-Konzept baut auf DIN EN ISO 9000 ff auf und ist an einrichtungsspezifischen Leitbildern orientiert

Erläuterungen:

BETA: Bundesverband evangelischer Tageseinrichtungen für Kinder

KES: Kindergarten-Einschätz-Skala

K.I.E.L.: Kieler Instrumentarium für Elementarpädagogik und Leistungsqualität

43.5 Die Qualitätsdimensionen

Qualitätsmanagement bewertet folgende Dimensionen von Qualität:

Orientierungsqualität macht Aussagen zum Auftrag, zu den Werten, zum Bild vom Kind sowie zu den Auffassungen über die kindliche Entwicklung.

Prozessqualität macht Aussagen darüber, wie eine Leistung erbracht wird, welche Abläufe und Zuständigkeiten hierfür erforderlich sind.

Pädagogische Prozessqualität beschreibt die Beziehungen zwischen den Kindern und zwischen den Kindern und Erwachsenen sowie die Interaktionen der Kinder mit ihrer räumlich materiellen Welt.

Strukturqualität macht Aussagen darüber, womit die Qualität erreicht werden soll, zum Beispiel finanzielle Rahmenbedingungen, räumliche Bedingungen, Personalausstattung, Personalentwicklungsmaßnahmen.

Teamqualität macht Aussagen darüber, wie eng und regelmäßig Abstimmungsprozesse (z.B. Informationsaustausch und Zusammenarbeit) im pädagogischen Team im komplexen und unberechenbaren pädagogischen Alltag erfolgen.

Ergebnisqualität zeigt, ob die gewünschten Qualitätsstandards eingehalten worden sind. Qualitätsstandards beschreiben eine bestimmte Qualität anhand definierter Merkmale und Kriterien (z.B einmal jährlich findet eine Elternumfrage statt).

Nach Müller (2011, S. 59) ergeben sich die aus dem Qualitätsstrukturmodell ersichtlichen Zusammenhänge zwischen den einzelnen Qualitätsbereichen.

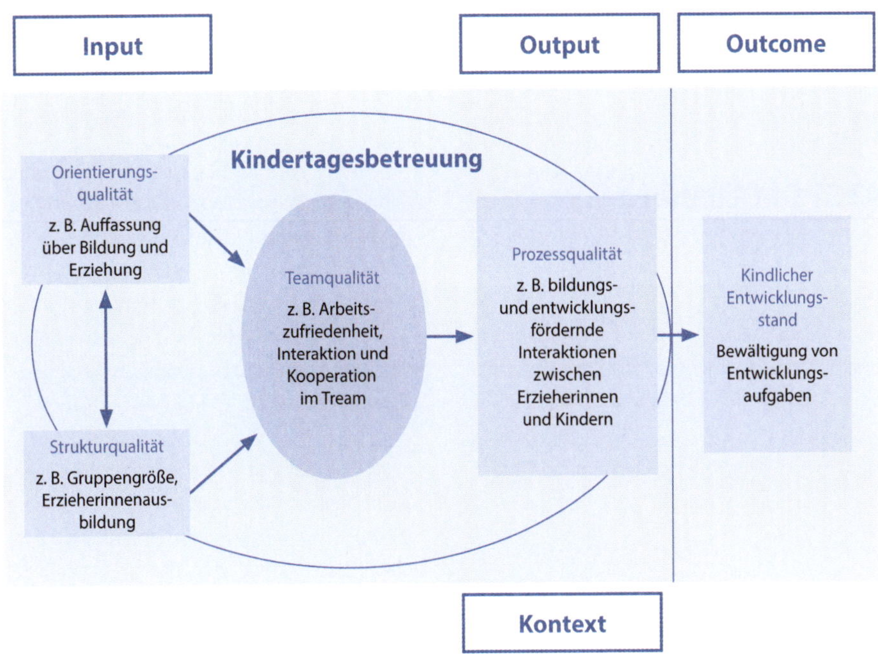

Abbildung 208: Qualitätsstrukturmodell Kindertagesbetreuung nach Müller

43.6 Qualitäts-Leitbild-entwicklung

Der „Fahrplan" für jegliche Qualitätsentwicklung wird zunächst – je nach Organisationsstruktur – vom Träger oder vom Team in einem Q-Leitbild festgelegt. Auch hier gilt: Weniger ist mehr. Das Q-Leitbild soll zwar alle wesentlichen Qualitätsdimensionen und -bereiche konkret abbilden, aber nicht als Korsett fungieren, das die Beteiligten über die Gebühr einengt. Das Q-Leitbild ist wandel- und erweiterbar und selbst einem Qualitätsprozess unterworfen. Es formuliert die Ziele und leitenden Werte, die die konkrete Bildungseinrichtung in den jeweiligen Qualitätsbereichen verfolgt, sowie konkrete und überprüfbare Qualitätsaussagen und legt fest, auf welche Weise diese überprüft werden. Und schließlich legt es die Standards fest, die als Mindestqualität erreicht werden müssen.

43.7 Der Deming`sche Regelkreis

Die zentrale Leitidee eines systematischen Qualitätsmanagements ist die kontinuierliche Verbesserung der fachlichen Arbeit auf der Grundlage des Deming`schen Regelkreises, auch PDCA- Regelkreis genannt.

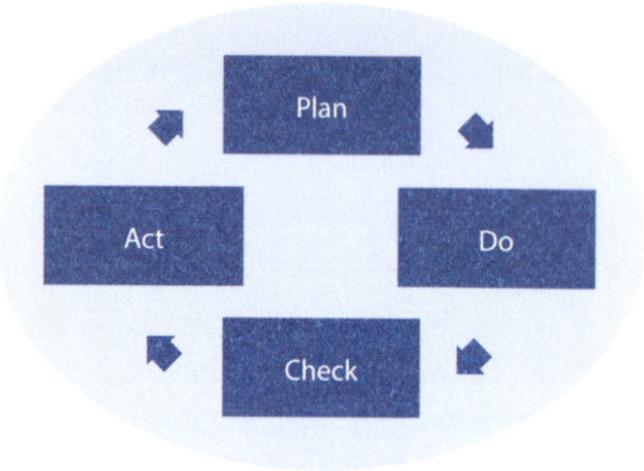

Abbildung 209: Der PDCA-Regelkreis

PDCA steht dabei für plan, do, check, act und bezeichnet die vier aufeinanderfolgenden Schritte:

Plan: Hier wird mit den Mitteln der Situationsanalyse und des Beobachtungsverfahrens der Ist-Zustand der jeweiligen Qualitätsdimension erfasst.

Do: Die so gewonnenen Daten werden im Hinblick auf pädagogische oder rechtliche Zielsetzungen ausgewertet, Projektthemen definiert und darauf aufbauend Angebote geplant und durchgeführt sowie Räume gestaltet.

Check: Im Rahmen des Checks werden Auswertungen und Wirksamkeitsprüfungen vorgenommen und die daraus abzuleitenden Maßnahmen für die Weiterentwicklung, Verbesserung und Anpassung festgelegt.

Act: Die ermittelten und dokumentierten Verbesserungspotenziale sind nun handlungsleitend für die weitere pädagogische Arbeit.

Diese Auswertung findet im Rahmen eines sogenannten Qualitätszirkels statt:

Ein Qualitätszirkel ist ein innerbetrieblicher Arbeitskreis, der das Potenzial der Kenntnisse, Erfahrungen und Ideen von Mitarbeiter:innen aktiviert und nutzbar macht. Inhaltlich geht es hier um die Optimierung von Abläufen und Prozessen.

43.8 Dokumentation

Die Dokumentation hat im Qualitätsmanagement einen herausragenden Stellenwert. Die Leitung bzw. der/die Qualitätsbeauftragte einer Einrichtung hat die durchgeführten Evaluationsverfahren, die wichtigsten Evaluationsergebnisse und die auf dieser Basis geplanten und umgesetzten Verbesserungsmaßnahmen zu dokumentieren. Die Dokumentation dient zum einen der internen Evaluation und Qualitätsentwicklung, zum anderen ist sie die Grundlage bei der Herstellung von Rechenschaftsberichten und Informationen nach außen. Sie gibt den aktuellen Stand aller laufenden Projekte wieder, beschreibt die durchgeführten Evaluationen nach Thema, Ziel, Verfahren und eingesetzten Instrumenten, reflektiert den Durchführungsprozess und beschreibt die gewonnenen Erfahrungen und Ergebnisse.

43.9 Selbst- und Fremdevaluation

Evaluation (frz. évaluation = Schätzung; lat. valere = stark, wert sein) ist eine systematische und kriterienbezogene Bewertung und Auswertung eines Vorhabens.

Den Prozess der Auswertung und Wirksamkeitsprüfung stellt die Selbstevaluation auf Einrichtungsebene dar. Fragen, mit denen sich die Teams in der Evaluation auseinandersetzen, können zum Beispiel sein:

- Ist in der Kita die umfassende Mitwirkung der Eltern bei der Erziehung ihrer Kinder gewährleistet?
- Fördert der Tagesablauf die unterschiedlichen körperlichen und sozialen Entwicklungsbedürfnisse der Kinder?
- Unterstützen die pädagogischen Fachkräfte die Kinder bei der Entscheidung, was, wann, wie lange und mit wem sie spielen möchten?
- Werden regelmäßige Beobachtungen zu den Entwicklungsverläufen der Kinder durchgeführt?
- Wird für die Kinder der selbstständige Zugang zu vielfältigen Materialien und Medien sichergestellt?
- Können die Kinder systematisch Medienkompetenz entwickeln (z.B. Nutzung von PC, Fotoapparat, CD-Player)?
- Werden mit den Kindern aktiv Strategien entwickelt, die sie gegebenenfalls beim Umgang mit Unsicherheiten oder Ängsten unterstützen?

Darüber hinaus kommt eine Fremdevaluation in Betracht – sei es, weil das jeweilige QM-Konzept dies vorschreibt, sei es, weil eine Zertifizierung angestrebt wird. Diese Fremdevaluationen werden durch speziell geschulte externe unabhängige Auditoren in sogenannten Audits durchgeführt.

43.10 Die 7 Qualitätswerkzeuge

Die „Seven Tools of Quality" oder „Q7" wurden 1943 von Ishikawa Kaoru für die Arbeit in Qualitätszirkeln zusammengestellt. Sie werden traditionell angewendet, um Qualität zu entwickeln und zu sichern sowie Problemlösungsprozesse voranzutreiben. Mit ihnen lassen sich Fehlerarten, Fehlerorte und Fehlerhäufigkeiten identifizieren.

Die Q7

Flussdiagramm: Visualisiert die einzelnen Prozessschritte (Ablaufdiagramm).

Fehlersammelkarte: Anhand einer Fehlerliste (= Strichliste je Fehlerart) wird ermittelt, wie häufig einzelne Fehler auftreten.

Histogramm: Mittel zur Darstellung der Häufigkeitsverteilung von numerischen Werten (Säulendiagramm).

Qualitätsregelkarten: Bilden Messergebnisse über einen längeren Zeitraum ab und lassen erkennen, wie sich Prozesse im Zeitverlauf ändern.

Pareto-Prinzip (siehe Kapitel 36.4.3): Meist können 80 Prozent des Problems auf 20 Prozent mögliche Ursachen zurückgeführt werden (Säulendiagramm). Daher reicht es zumeist aus, wenn man sich zur Problemlösung auf die wichtigsten Ursachen konzentriert.

Korrelationsdiagramm: Bildet die Beziehung zwischen zwei Merkmalen ab (Streudiagramm).

Ursache-Wirkungs-Diagramm (siehe Kapitel 39.4.6): Bekannte und mögliche Ursachen eines Problems werden gesammelt und nach der 6M-Methode (Fischgrätmodell, siehe ebd.) aufgelistet.

43.11 Die Implementierung eines Qualitätsmanagementsystems – ein Beispiel

Mit Inkrafttreten der Verordnung 852/2004 der Europäischen Union über Lebensmittelhygiene am 1.Januar 2006 wurden alle sozialen Einrichtungen, in denen Lebensmittel gelagert und verarbeitet werden, zur Einrichtung, Durchführung und Aufrechterhaltung inklusive stetiger Anpassung eines HACCP-Eigenkontrollsystems verpflichtet, das gegenüber den Lebensmittelkontrollbehörden durch lückenlose Dokumentation nachgewiesen werden muss. Folgende Rechtsnormen sind seitdem außer Kraft gesetzt:

- Lebensmittelhygieneverordnung,
- Fleischhygieneverordnung,
- Geflügelhygieneverordnung,
- Hackfleischverordnung,
- Eiproduktverordnung,
- Fischhygieneverordnung.

HACCP bedeutet „Hazard Analysis and Critical Control Point" = " Gefährdungsanalyse und kritische Lenkungspunkte" und stellt ein vorbeugendes System zur Erkennung, Beurteilung und Verhinderung von Fehlerquellen und zur Gewährleistung der Lebensmittelsicherheit dar. Ziel ist es, sicherzustellen, dass Primärerzeugnisse im Hinblick auf die spätere Verarbeitung vor Kontamination geschützt werden. Es ist in allen Küchen umzusetzen, in denen Lebensmittel gelagert und verarbeitet werden, also auch Aufwärmküchen, Personalküchen etc.

Ein HACCP-Eigenkontrollsystem ist in den folgenden sieben Schritten zu implementieren:

1. CCP auffinden

Mit den Mitteln der Situationsanalyse und des Beobachtungsverfahrens werden der Ist-Stand der jeweiligen Qualitätsdimensionen erfasst und eine kritische Gefahrenanalyse durchgeführt, anhand von Fragestellungen wie zum Beispiel:

- Ist das Reinigungspersonal angewiesen, die Kühlschränke regelmäßig zu reinigen und zu desinfizieren?
- Wird der Inhalt des Kühlschranks einer regelmäßigen Verfallsdatenkontrolle unterzogen?
- Weisen die Kühlschränke die richtige Temperatur (höchstens 6° C) auf?
- Lagert die Einrichtung Rohwaren wir Hackfleisch, Eier, Geflügel?
- Lagert die Einrichtung empfindliche verarbeitete Lebensmittel wie Mayonnaise, Tiramisu?
- Werden alle Kochgeräte nach der Arbeit bei mindestens 60° C gereinigt?
- Werden alle Arbeitsflächen desinfiziert?
- Ist eine konstante Kühlkette bei gefrorenen Lebensmitteln vom Einkauf bis zur Lagerung gewährleistet?
- Wird angelieferte Ware stichprobenartig kontrolliert auf Einhaltung der vorgeschriebenen Kühltemperatur, Einhaltung des Mindesthaltbarkeitsdatums, unbeschädigte Verpackung sowie Hygienelage beim Lieferanten?
- Werden Reste nicht nur aufgewärmt, sondern gut durchgekocht?

2. Festlegung der CCP und Bestimmung der Lenkungsmaßnahmen

Die so gewonnenen Daten werden im Hinblick auf die rechtlichen Zielsetzungen ausgewertet, Projektthemen definiert und darauf aufbauende Angebote geplant und durchgeführt sowie Räume gestaltet. Im HACCP bedeutet dies konkret: Die CCP sind festzulegen. Ein CCP (kritischer Kontrollpunkt) ist ein Punkt innerhalb eines Prozesses, der bei fehlender Lenkung zu einer Gesundheitsgefährdung des Verbrauchers führen kann.

Eine Kindertageseinrichtung hat also zum Beispiel die folgenden CCP:

- Kompletter Verzicht auf rohe Eier.
- Hackfleisch wird ausschließlich am Verzehrtag eingekauft.
- Schneidebretter dürfen nicht aus Holz sein, sondern ausschließlich aus leicht zu desinfizierendem Kunststoff.
- Mayonnaise wird immer im Kühlschrank und nie länger als vier Wochen gelagert.

3. Grenzwerte festlegen

Außerdem müssen Grenzwerte festgelegt werden, zum Beispiel:

- Die Kühlschranktemperatur darf 6° C nicht übersteigen.
- Salmonellengefährdete Lebensmittel sind auf mindestens 80°C zu erhitzen.
- Die Kühlkette darf vom Einkauf bis zur Lagerung nicht länger als zwei Stunden unterbrochen sein.

4. Überwachung von CCP und Grenzwerten

Nun müssen die CCP und Grenzwerte überwacht werden. Hierfür ist zunächst festzulegen, wer diese CCP und Grenzwerte in welchen Abständen überwacht. So kann zum Beispiel bestimmt werden, dass diejenige Mitarbeiterin, die einkauft, auch überwacht, dass die Kühlkette nicht länger als zwei Stunden unterbrochen ist.

5. Festlegung von Korrekturmaßnahmen

Hier werden Auswertungen und Wirksamkeitsprüfungen vorgenommen und die daraus abzuleitenden Maßnahmen für die Weiterentwicklung, Verbesserung und Anpassung festgelegt; denn kann eine Gefahr mit den angegebenen Überwachungsmaßnahmen nicht mehr kontrolliert werden, muss der CCP wieder unter Kontrolle gebracht werden. Hierfür müssen Korrekturmaßnahmen festgelegt sein.

6. Pflicht zur Verifikation

Verifikation meint die Optimierung der Lenkungspunkte. Wird etwa durch neueste wissenschaftliche Studien belegt, dass die optimale Kühlschranktemperatur nicht unter 6° C, sondern unter 4° C liegt, wäre diese Erkenntnis unverzüglich in das HACCP der Einrichtung einzuarbeiten.

7. Dokumentation

Letzte Pflicht des HACCP ist die Dokumentation, in der lückenlos die vorstehenden Punkte protokolliert werden. Es empfiehlt sich, für die Durchführung des gesamten Prozessablaufes eine:n Hygienebeauftragte:n zu bestellen. Idealerweise ist dies ein:e Mitarbeiter:in aus dem Küchenbereich, der/die regelmäßig anwesend ist. Über die Verpflichtung zur Einführung und Überwachung des HACCP-Systems hinaus hat er/sie auch die Pflicht, die Einrichtung auf Schädlingsbefall (Schaben, Käfer, Fliegen etc.) sowie Schadnager (Mäuse, Ratten) zu überprüfen.

43.12 Übungsfälle

Fall 150

In der Kita „Sonnenland“ ist Erzieherin Gabi für den Einkauf von Lebensmitteln zuständig, da sie auf ihrem Nachhauseweg an allen notwendigen Läden vorbeikommt. Am nächsten Tag bringt sie die Lebensmittel dann mit in die Einrichtung.

Ist diese Verfahrensweise HACCP-konform?

44 Prozess- und Projektmanagement

44.1 Prozessmanagement

Prozessmanagement hat zur Aufgabe, die Prozesse einer Organisation systematisch zu gestalten, zu steuern, zu überwachen und weiterzuentwickeln.

Die prozessorientierte Ausrichtung einer Organisation hat zahlreiche Vorteile:

Wechselseitige Abhängigkeiten von einzelnen Tätigkeiten werden verringert. Schnittstellenprobleme wie Doppelarbeit und erhöhter Koordinationsaufwand reduzieren sich.

Verantwortlichkeiten und zugehörige Kompetenzen für einzelne definierte Prozesse können delegiert werden. Hierdurch verflachen sich vorhandene Hierarchien. Die Möglichkeit zur Selbstorganisation und -kontrolle führt zu verstärkter Eigenverantwortung der Mitarbeiter:innen und erhöht ihre Motivation.

Prozessdenken führt weg von Bereichsegoismen und erlaubt die Konzentration auf die Kundenorientierung der Organisation. Die Kundenzufriedenheit steigt.

44.1.1 Prozessarten

Das Prozessmanagement unterscheidet drei Arten von Prozessen:

Managementprozesse sind auf Planung, Steuerung und Controlling der Unternehmensaktivitäten gerichtet. Sie lassen sich in zwei Kategorien unterteilen. Strategische Managementprozesse beinhalten die strategische Planung und das Controlling. Die operativen Managementprozesse beinhalten die Steuerung der Geschäftsprozesse.

Geschäftsprozesse, auch Kernprozesse genannt. Sie werden aus den Kernkompetenzen des Unternehmens abgeleitet und sind die unternehmensspezifischen strategischen und erfolgskritischen Wege zu vorteilhaftem, wettbewerbswirksamen Unternehmenszielen. Sie stiften einen direkten Kundennutzen.

Unterstützungsprozesse stiften keinen direkten Kundennutzen, sondern dienen der Sicherstellung der Betriebsbereitschaft sowie der Ausführung von Management- und Geschäftsprozessen.

Nach Vahs (2019, S. 223) lässt sich die Beziehung der drei Prozessarten untereinander sowie ihr Zusammenwirken in einem „Prozesshaus" darstellen. Das Prozesshaus einer sozialen Einrichtung sähe wie folgt aus:

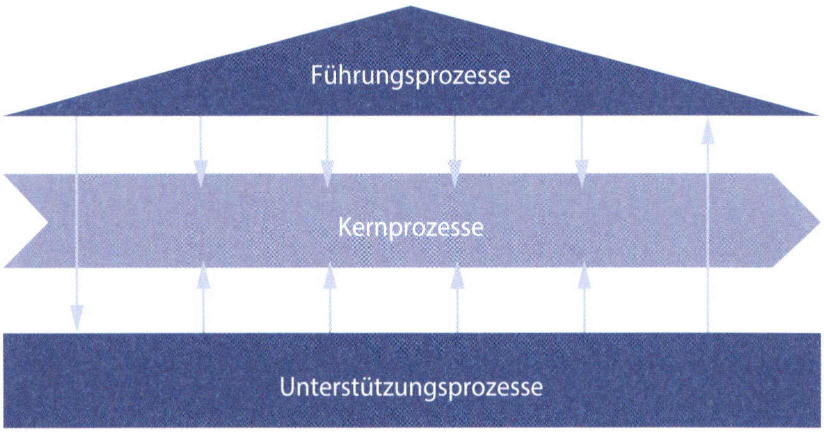

Abbildung 210: Prozesshaus einer sozialen Einrichtung

Führungsprozesse einer sozialen Einrichtung haben übergeordneten Regelungs- und Entscheidungscharakter. Sie gestalten und steuern die Einrichtung, koordinieren ihre Tätigkeiten, legen ihre Ziele, Leitbild, Angebotsstrukturen, Abläufe etc. fest. Sie liegen in der Hand des Trägers.

Unterstützungsprozesse sind die Prozesse, die Kernprozesse unterstützen. Im Rahmen der Tätigkeit von sozialen Einrichtungen handelt es sich dabei häufig um (ausgelagerte) Dienstleistungen (Raumpfleger:innen, Caterer etc.)

Kernprozesse sind die zentralen Prozesse einer sozialen Einrichtung und beschreiben alle Abläufe, die das pädagogische Handeln, die Kooperation und Vernetzung betreffen. Die Qualität ihrer Gestaltung und Umsetzung bestimmt maßgeblich die Kundenzufriedenheit bzw. den Erfolg der pädagogischen Arbeit.

44.1.2 Prozessbeschreibungen

Kernprozesse sollten in Prozessbeschreibungen klar und eindeutig definiert und einer strukturierten Umsetzung zugeführt werden.

Kernprozessbeschreibungen sind hinsichtlich ihrer Fachlichkeit, Logik und Verständlichkeit überprüfbare und regelmäßig überprüfte eindeutige Arbeits- und Verfahrensanweisungen, die unabhängig von einzelnen Ausführenden einen Standard in der Einrichtung festschreiben, der von allen Mitarbeiter:innen unabhängig von ihrer Betriebszugehörigkeit sofort umgesetzt werden kann.

Kernprozesse einer Kindertageseinrichtung sind zum Beispiel:

- Information und Erstkontakt
- Erstgespräch
- Aufnahme
- Eingewöhnung
- Beobachtung und Dokumentation
- Partizipation

- Verpflegung und Mahlzeiten
- Ruhephasen, Schlafen
- Körperpflege, Hygiene
- Übergang in eine andere Gruppe
- Übergang in die Schule
- Elternpartizipation
- Öffentlichkeitsarbeit
- Datenschutzmaßnahmen

Eine Prozessbeschreibung umfasst maximal eine DIN A4-Seite und enthält neben den Gliederungspunkten

- Einleitung
- Ziele
- Qualitätskriterien

auch prozessabhängige Elemente, die je nach beschriebenem Prozess Prozessablaufdiagramme, Checklisten oder Nachweisdokumente vorhalten. Außerdem enthalten sie Querverweise zu anderen mit dem beschriebenen Prozess in Zusammenhang stehenden Prozessen. Darüber hinaus sind interne Regelungen über die Freigabe von Prozessbeschreibungen zu treffen. Hier ein Beispiel für eine an den Nationalen Kriterienkatalog nach Tietze und Viernickel (2016, S. 218ff.) angelehnte Kernprozessbeschreibung zum Kernprozess „Eingewöhnung“:

Kernprozess: Eingewöhnung

Einleitung

Die Aufnahme in eine Kindertageseinrichtung bedeutet für Kinder und Eltern ein einschneidendes Ereignis: Das Kind hält sich oft zum ersten Mal ohne Eltern in einer neuen Umgebung auf, für Eltern ist es der erste Kontakt mit einer Institution, der sie ihr Kind anvertrauen und es loslassen. Erlebt das Kind seinen Start in die neue Lebensphase als erfolgreich und positiv, ist dies die Basis für das dauerhafte Wohlbefinden des Kindes in der Kindertageseinrichtung und für den Erfolg der pädagogischen Arbeit.

Ziel der pädagogischen Arbeit ist es,

- in der Eingewöhnungszeit für das Kind eine Atmosphäre von Sicherheit, Vertrauen und Akzeptanz zu schaffen, in der es sich wohlfühlt,
- die pädagogische Fachkraft für das Kind zu einer vertrauten und Sicherheit gebenden Bezugsperson werden zu lassen, die es in Stresssituationen zuverlässig zu trösten vermag,
- die Eingewöhnungsphase dazu zu nutzen, zu den Eltern eine vertrauensvolle, belastbare und kindeswohlorientierte Beziehung zu den Eltern aufzubauen, um die zukünftige Bildungspartnerschaft zu ermöglichen.

Qualitätskriterien

Die Eingewöhnung wird auf der Grundlage eines verbindlichen, verschriftlichten und fachlich begründeten Konzepts geplant und durchgeführt.

Das Konzept wurde den Eltern vor Aufnahme des Kindes zur Verfügung gestellt und ausführlich mit ihnen besprochen.

Die Beteiligung eines Elternteils oder einer anderen vertrauten familiären Bezugsperson für eine gemeinsame Eingewöhnungszeit von angemessener Dauer ist verbindlich.

Die Eingewöhnung wird so geplant, dass sich eine pädagogische Fachkraft intensiv und kontinuierlich dem einzugewöhnenden Kind widmen kann.

Eingewöhnung findet jeweils individuell auf Grundlage von Beobachtung und regelmäßigen Gesprächen zwischen der pädagogischen Fachkraft und der begleitenden Bezugsperson statt.

Mit dem Thema in Zusammenhang stehend:	Aufnahme Erstgespräch Hygiene Elternpartizipation Beobachtung und Dokumentation

Anhänge

Prozessdiagramm Eingewöhnung

Fragebogen zum Kind

Protokoll zur Eingewöhnung

Checkliste zur Vorbereitung, Durchführung und Nachbereitung der Eingewöhnung

44.2 Projektmanagement

Projektmanagement ist die zielgerichtete Planung, Steuerung und Kontrolle von Projekten.

Ein Projekt ist nach DIN 23 69901 ein Vorhaben, das im Wesentlichen durch die Einheitlichkeit der Bedingungen in ihrer Gesamtheit gekennzeichnet ist, wie zum Beispiel Zielvorgabe, zeitliche, finanzielle, personelle und andere Begrenzungen, Abgrenzung gegenüber anderen Vorhaben, projektspezifische Organisation.

Die Betriebswirtschaftslehre definiert Projekt als ein befristetes, zielorientiertes, neuartiges und komplexes Vorhaben, das eine interdisziplinäre Zusammenarbeit erfordert. Häufig ist es mit eigenen Ressourcen (z.B. Personalbudget) ausgestattet und verfügt über eine spezifische Struktur (Projektorganisation). Allen Projekten sind bestimmte Charakteristika gemein:

Abbildung 211: Charakteristika eines Projektes

Projekte in sozialen Einrichtungen können zum Beispiel sein:

- Aufbau einer neuen Einrichtung
- Umbau, Anbau, Ausbau
- Umgestaltung des Außengeländes
- Konzeptionserstellung/-überarbeitung
- Umstrukturierung der Büroorganisation
- Einführen eines neuen Beobachtungsbogens
- Einführung einer Kindergartenzeitung
- Einführung von Partizipation
- Einführung von Qualitätsmanagement

In sozialen Einrichtungen kann zur Realisierung von Projekten in aller Regel kein Projektteam eigens freigestellt werden, vielmehr sind die Arbeiten am Projekt „nebenbei" zu erledigen, sodass alle Beteiligten nicht selten an die Grenze ihrer Belastbarkeit geraten.

Projektmanagement trägt durch effiziente und effektive Planung und Steuerung dazu bei,
- die Komplexität von Projekten zu reduzieren,
- definierte Ziele zu erreichen,
- Ressourcen bereitzustellen,
- Kontrolle zu ermöglichen und
- Verantwortlichkeiten festzulegen.

In einem ganzheitlich verstandenen Sinn hat Projektmanagement darüber hinaus auch erheblichen Nutzen für die einzelnen Mitarbeiter:innen sowie das Team einer Einrichtung: Jede:r wird gefordert und gefördert, Kreativität, Kommunikation und Zusammenarbeit werden gestärkt, es entsteht ein Wir-Gefühl etc.

44.2.1 Klassisches Projektmanagement

Die klassische Projektmanagementvariante folgt dem sogenannten Wasserfall-Modell, das linear verläuft und aus fest definierten Phasen besteht. Jede Phase wird nur einmal durchlaufen und endet mit einem vorher definierten Zwischenergebnis (Meilenstein). Ist ein Meilenstein erreicht, beginnt die nächste Phase, die auf den Ergebnissen der vorherigen Phase aufbaut.

Abbildung 212: Projektmanagement nach dem Wasserfall-Modell

Die Vorteile dieses Verfahrens liegen in der leichten Verständlichkeit für alle Beteiligten, der hohen Planungssicherheit auch hinsichtlich der Rahmenbedingungen (Kosten, Termine etc.) sowie der Visualisierung des Projektfortschritts anhand der Meilensteine.

44.2.2 Agiles Projektmanagement

In jüngerer Zeit findet zur flexiblen und partizipativen Umsetzung von Organisationszielen, die dem Wandel unterliegen, ein Paradigmenwechsel statt: Die langfristige streng an einzelnen Projektphasen orientierte Vorgehensweise des klassischen Projektmanagements wird verdrängt von der agilen Variante, die auf kürzere Planungshorizonte und iterative (= schrittweise Annäherung an die Lösung) Vorgehensweisen setzt. Agiles Projektmanagement hat seinen Ursprung in der Softwareentwicklung und war das Ergebnis der Beobachtung, dass unter Umständen die penible Einhaltung detailliert ausgearbeiteter Projektstrukturpläne und -ablaufpläne einen höheren Stellenwert einnahm als ein kundenorientiertes Ergebnis. Im Gegensatz zum Top-down-Ansatz des klassischen Projektmanagements orientiert sich agiles Projektmanagement vor allem an den Kundenanforderungen und -wünschen, und dies mittlerweile weit über das Gebiet der Softwareentwicklung hinaus.

44.2.3 Projektmanagementinstrumente

Das Projektmanagement kennt verschiedene Instrumente, um Projekte übersichtlich zu planen und die entsprechende Dokumentation sicherzustellen.

Projektstrukturplan (PSP)

Ein Projektstrukturplan beschreibt, was zu tun ist, nicht hingegen, wie es zu tun ist. Er visualisiert das Projekt ganzheitlich in all seiner Komplexität und benennt die Hauptaufgabe, die Teilaufgaben sowie die einzelnen Arbeitspakete. Er dient als Grundlage für alle folgenden Pläne wie zum Beispiel Ablauf-, Zeit-, Kapazitäts- und Kostenplanung.

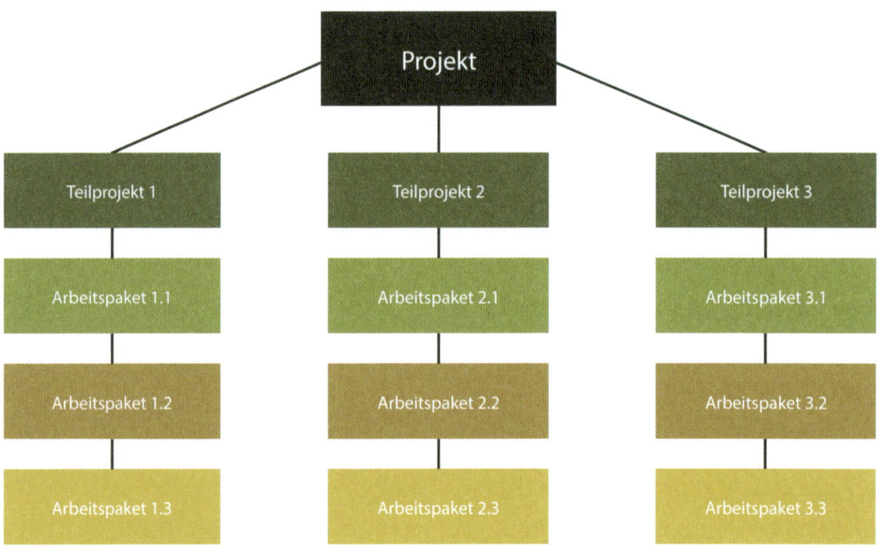

Abbildung 213: Projektstrukturplan

Arbeitspakete/Meilensteine

Die Arbeitspakete, auch Meilensteine genannt, können im Team per Brainstorming oder mithilfe der Erstellung einer Mindmap ermittelt werden. Zu Kontroll- und Dokumentationszwecken ist es ratsam, die Meilensteine in Arbeitspaketbeschreibungen mit SMART (siehe Kapitel 37.4) formulierten Zielen festzuhalten.

<table>
<tr><td colspan="2">Projektname:</td><td>Datum:</td><td colspan="2">AP-Titel:</td></tr>
<tr><td colspan="2">AP-Nr.:
(laufend durchnummerieren)</td><td>AP-Beschreibung:</td><td colspan="2">Erledigungstermin:
(Bis wann ist das AP abzuarbeiten?)</td></tr>
<tr><td colspan="2">Ziel
(Arbeitstitel angeben)</td><td>Verantwortlicher</td><td colspan="2">Team</td></tr>
<tr><td colspan="2">(Hier das Ziel kurz beschreiben)</td><td>(Für das Ziel verantwortliche Person eintragen)</td><td colspan="2">(Hier das beauftragte Team eintragen)</td></tr>
<tr><td colspan="5">Zielplanung und -durchführung in einzelnen Arbeitsschritten</td></tr>
<tr><td>Aufgabe (Was?)</td><td>Verantwortlicher (Wer?)</td><td>Termin (Bis wann?)</td><td>Erledigt? (wenn ja, abhaken)</td><td>Bemerkungen</td></tr>
<tr><td></td><td></td><td></td><td></td><td></td></tr>
<tr><td></td><td></td><td></td><td></td><td></td></tr>
<tr><td></td><td></td><td></td><td></td><td></td></tr>
<tr><td></td><td></td><td></td><td></td><td></td></tr>
<tr><td>Fazit:</td><td colspan="4">(Zusammenfassende Bewertung nach Erledigung des Ziels eintragen)</td></tr>
<tr><td>Datum:</td><td></td><td>Name:</td><td colspan="2"></td></tr>
</table>

Abbildung 214: Arbeitspaketbeschreibung

Projektablaufplan (PAP)

Der Projektablaufplan legt fest, in welcher logischen Reihenfolge die ermittelten Arbeitspakete/Meilensteine zu erfüllen sind. Hierfür ist zum einen zu ermitteln, welche Aufgaben hintereinander und welche parallel bearbeitet werden können oder müssen. Hinzu kommt eine Schätzung des Zeitaufwandes für die jeweilige Aufgabe. Ein Projektablaufplan wird am besten mit einem Gantt-Diagramm visualisiert.

Ein Gantt-Diagramm ist ein Balkendiagramm, in welchem Teilschritte eines Projektes bzw. einer Aufgabe zeitlich und sachlich in Teilschritten von Beginn bis Ende visualisiert werden. Hier ein Beispiel für ein Gantt-Diagramm zum Thema Personalgewinnung.

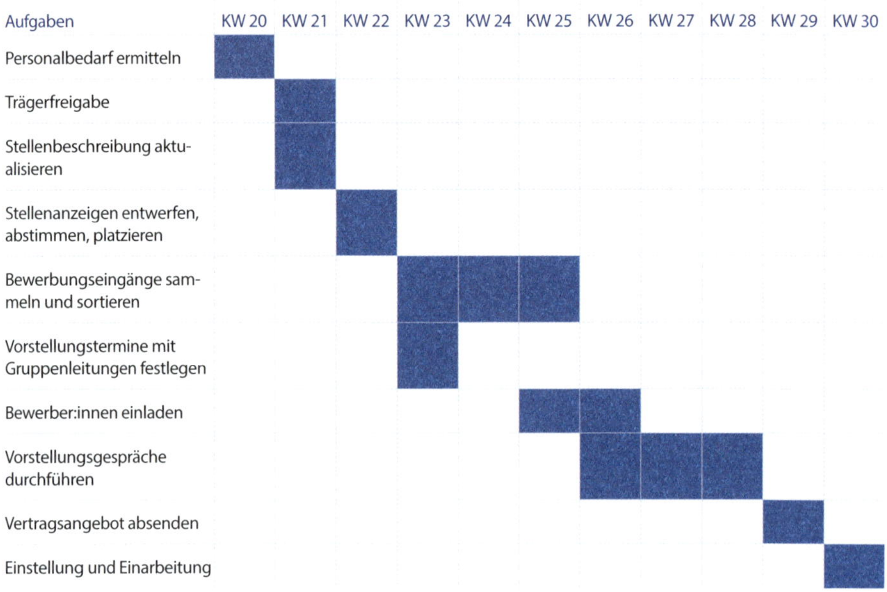

Abbildung 215: Gantt-Diagramm

Zu den hilfreichen Planungsinstrumenten des Projektmanagements gehören außerdem:

- die Terminplanung (Wann? Wer?),
- die Kapazitäts- bzw. Ressourcenplanung (Wer leistet wieviel von was?),
- die Kostenplanung (Wann? Wie viel?) sowie
- der Projektgesamtkostenplan (Welches Budget für welche Aufgabe?)

44.2.4 Aufgaben der Projektleitung

Das Anforderungsprofil der Projektleitung ist breit gefächert. Die Projektleitung

- stellt ein Projektteam zusammen;
- erkennt Schnittstellen und bezieht diese mit ein;
- legt Ziele und Meilensteine fest;
- plant, überwacht und steuert das Projekt, um Qualität, Kosten und Terminziele zu erreichen;
- leitet und koordiniert die Projektarbeit;
- organisiert den Informations- und Kommunikationsfluss und stellt ihn zwischen allen Beteiligten in alle Richtungen sicher;
- stellt die Dokumentation und den Abschlussbericht sicher.

45 Verwaltung und Betriebsführung

45.1 Betriebserlaubnis

§ 45 SGB VIII

(1) Der Träger einer Einrichtung nach § 45 a bedarf für den Betrieb der Einrichtung der Erlaubnis. Einer Erlaubnis bedarf nicht, wer

1. eine Jugendfreizeiteinrichtung, eine Jugendbildungseinrichtung, eine Jugendherberge oder ein Schullandheim betreibt,

2. ein Schülerheim betreibt, das landesgesetzlich der Schulaufsicht untersteht,

3. eine Einrichtung betreibt, die außerhalb der Jugendhilfe liegende Aufgaben für Kinder oder Jugendliche wahrnimmt, wenn für sie eine entsprechende gesetzliche Aufsicht besteht oder im Rahmen des Hotel- und Gaststättengewerbes der Aufnahme von Kindern oder Jugendlichen dient.

(2) Die Erlaubnis ist zu erteilen, wenn das Wohl der Kinder und Jugendlichen in der Einrichtung gewährleistet ist. Dies ist in der Regel anzunehmen, wenn

1. der Träger die für den Betrieb der Einrichtung erforderliche Zuverlässigkeit besitzt,

2. die dem Zweck und der Konzeption der Einrichtung entsprechenden räumlichen, fachlichen, wirtschaftlichen und personellen Voraussetzungen für den Betrieb erfüllt sind und durch den Träger gewährleistet werden,

3. die gesellschaftliche und sprachliche Integration und ein gesundheitsförderliches Lebensumfeld in der Einrichtung unterstützt werden sowie die gesundheitliche Vorsorge und die medizinische Betreuung der Kinder und Jugendlichen nicht erschwert werden sowie

4. zur Sicherung der Rechte von Kindern und Jugendlichen in der Einrichtung die Entwicklung, Anwendung und Überprüfung eines Konzepts zum Schutz vor Gewalt, geeignete Verfahren der Selbstvertretung und Beteiligung sowie der Möglichkeit der Beschwerde in persönlichen Angelegenheiten innerhalb und außerhalb der Einrichtung gewährleistet werden.

Die nach Satz 2 Nummer 1 erforderliche Zuverlässigkeit besitzt ein Träger insbesondere dann nicht, wenn er

1. in der Vergangenheit nachhaltig gegen seine Mitwirkung und Meldepflichten nach den §§ 46 und 47 verstoßen hat,

2. Personen entgegen eines behördlichen Beschäftigungsverbotes nach § 48 beschäftigt oder

3. wiederholt gegen behördliche Auflagen verstoßen hat.

(3) Zur Prüfung der Voraussetzungen hat der Träger der Einrichtung mit dem Antrag

1. die Konzeption der Einrichtung vorzulegen, die auch Auskunft über Maßnahmen zur Qualitätsentwicklung und -sicherung sowie zur ordnungsgemäßen Buch- und Aktenführung in Bezug auf den Betrieb der Einrichtung gibt, sowie

2. im Hinblick auf die Eignung des Personals nachzuweisen, dass die Vorlage und Prüfung von aufgabenspezifischen Ausbildungsnachweisen sowie von Führungszeugnissen nach § 30 Abs. 5 und § 30 a Abs. 1 des Bundeszentralregistergesetzes sichergestellt sind; Führungszeugnisse sind von dem Träger der Einrichtung in regelmäßigen Abständen erneut anzufordern und zu prüfen.

(4) Die Erlaubnis kann mit Nebenbestimmungen versehen werden. Zur Sicherung des Wohls der Kinder und der Jugendlichen können auch nachträgliche Auflagen erteilt werden.

(…)

(6) Sind in einer Einrichtung Mängel festgestellt worden, so soll die zuständige Behörde zunächst den Träger der Einrichtung über die Möglichkeiten zur Beseitigung der Mängel beraten. (…)

(7) Die Erlaubnis ist aufzuheben, wenn das Wohl der Kinder oder der Jugendlichen in der Einrichtung gefährdet und der Träger der Einrichtung nicht bereit oder nicht in der Lage ist, die Gefährdung abzuwenden. Sie kann aufgehoben werden, wenn die Voraussetzungen für eine Erteilung nach Abs. 2 nicht oder nicht mehr vorliegen (…). Widerspruch und Anfechtungsklage gegen die Rücknahme oder den Widerruf der Erlaubnis haben keine aufschiebende Wirkung.

45.1.1 Bedeutung der Norm

Die Kindertagesbetreuung (und auch die Kindertagespflege) in der BRD steht unter Erlaubnisvorbehalt, das bedeutet: Kann der Träger einer Kindertageseinrichtung keine Erlaubnis vorweisen, ist ihm die Betreuung untersagt. Der Gesetzgeber hat diesen Erlaubnisvorbehalt präventiv ausgerichtet, um nach Möglichkeit zu vermeiden, dass es zu nachträglichen Schließungen kommen muss. Eine besondere Erlaubnis hinsichtlich der einzelnen Kinder ist demgegenüber nicht erforderlich. Die Betriebserlaubnis ist daher immer einrichtungs-, nicht aber personenbezogen. Allerdings benötigt nicht etwa die Einrichtung selbst die Betriebserlaubnis, sondern vielmehr der jeweilige Träger. Träger einer Einrichtung kann jede Privatperson, Personengemeinschaft oder juristische Person des öffentlichen oder privaten Rechtes sein. Auf eine Anerkennung nach § 75 SGB VIII kommt es nicht an. Betriebserlaubnispflichtig sind alle Angebote der Kindertagesbetreuung, die über einer wöchentlichen Öffnungszeit von zehn Stunden liegen.

45.1.2 Begriff der Einrichtung

Das Kinder- und Jugendstärkungsgesetz (siehe Kapitel 33.6) hat den Einrichtungsbegriff des SGB VIII in einem neuen § 45 a legaldefiniert.

§ 45 a SGB VIII

Eine Einrichtung ist eine auf gewisse Dauer und unter der Verantwortung eines Trägers angelegte förmliche Verbindung ortsgebundener räumlicher, personeller und sachlicher Mittel mit dem Zweck der ganztägigen oder über einen Teil des Tages erfolgenden Betreuung oder Unterkunftsgewährung sowie Beaufsichtigung, Erziehung, Bildung, Ausbildung von Kindern und Jugendlichen außerhalb ihrer Familie. Familienähnliche Betreuungsformen der Unterbringung, bei denen der Bestand der Verbindung nicht unabhängig von bestimmten Kindern und Jugendlichen, den dort tätigen Personen und der Zuordnung bestimmter Kinder und Jugendlicher zu bestimmten dort tätigen Personen ist, sind nur dann Einrichtungen, wenn sie fachlich und organisatorisch in eine betriebserlaubnispflichtige Einrichtung eingebunden sind. Eine fachliche und organisatorische Einbindung der familienähnlichen Betreuungsform liegt insbesondere vor, wenn die betriebserlaubnispflichtige Einrichtung das Konzept, die fachliche Steuerung der Hilfen, die Qualitätssicherung, die Auswahl, Überwachung, Weiterbildung und Vertretung des Personals sowie die Außenvertretung gewährleistet. Landesrecht kann regeln, unter welchen Voraussetzungen auch familienähnliche Betreuungsformen Einrichtungen sind, die nicht fachlich und organisatorisch in eine betriebserlaubnispflichtige Einrichtung eingebunden sind.

45.1.3 Verwaltungsakt

Die Betriebserlaubnis ist ein sogenannter Verwaltungsakt. Spricht der Staat zum Bürger und tut ihm seinen Willen kund, bedient er sich hier in aller Regel des Mittels des Verwaltungsaktes (VA).

Ein Verwaltungsakt ist eine hoheitliche Maßnahme (Verfügung, Entscheidung, Anordnung), die eine Behörde zur Regelung eines Einzelfalls auf dem Gebiet des öffentlichen Rechts trifft und die auf unmittelbare Rechtswirkung nach außen gerichtet ist.

Der Verwaltungsakt ist die mit Abstand wichtigste Handlungsform der Verwaltung. Die Behörde legt mit ihm im Einzelfall verbindlich fest, was für den Adressaten oder den Drittbetroffenen (z.B. den Nachbarn eines Adressaten in Bausachen) rechtens ist. Der Verwaltungsakt schafft hierdurch Rechtssicherheit für alle Beteiligten. Wird er nicht angefochten, kann er von der Behörde selbst vollstreckt werden. Gerichtlich überprüft werden kann der Verwaltungsakt in der Regel vor dem Verwaltungsgericht mit

- der Anfechtungsklage, wenn ein Verwaltungsakt aus der Welt geschafft werden soll,
- der Verpflichtungsklage, wenn der Erlass eines Verwaltungsaktes erstrebt wird.

Widerspruchsverfahren

Eine Anfechtungsklage ist nur dann zulässig, wenn vor ihrer Erhebung ein Vorverfahren ordnungsgemäß und erfolglos durchgeführt worden ist. Dieses sogenannte Widerspruchsverfahren beginnt mit der Erhebung des Widerspruchs und endet in der Regel mit dem Erlass eines Widerspruchsbescheides. Das Widerspruchsverfahren soll die Gerichte entlasten, indem der Behörde die Möglichkeit gegeben wird, den Verwaltungsakt nochmals zu überprüfen und ihn, sollte er rechtswidrig sein, aufzuheben.

Für das Widerspruchsverfahren gelten – in groben Zügen – folgende Maßgaben: Der Widerspruch ist binnen eines Monats nach Bekanntgabe des Verwaltungsaktes entweder bei der Ausgangsbehörde, das ist die Behörde, die den Verwaltungsakt erlassen hat, oder bei der Widerspruchsbehörde einzulegen. Welche Behörde für den Widerspruch zuständig ist, benennt die Rechtsbehelfsbelehrung, die jeder Verwaltungsakt schriftlich enthalten muss. Fehlt sie, gilt eine Jahresfrist für die Einlegung des Widerspruchs.

Nicht-Verwaltungsakte, Rechtswidrigkeit und Nichtigkeit von Verwaltungsakten

Das Verwaltungsgericht kann zu der Überzeugung kommen, dass der angefochtene Verwaltungsakt ein sogenannter Nicht-Verwaltungsakt ist. Nicht-Verwaltungsakte wurden dem Adressaten nicht wirksam bekanntgegeben.

Bekanntgabe im Rechtssinn liegt nur dann vor, wenn die für die Bekanntgabe zuständige Behörde in amtlicher Eigenschaft wissentlich und willentlich den Inhalt des Verwaltungsaktes dem Betroffenen gegenüber eröffnet und der Verwaltungsakt dem Adressaten zugegangen ist.

Wurde der Bescheid wirksam bekannt gegeben, handelt es sich um einen Verwaltungsakt. Sodann wird das Gericht prüfen, ob er rechtmäßig, rechtswidrig oder sogar nichtig ist.

Rechtswidrig ist ein Verwaltungsakt dann, wenn die Behörde bei seinem Erlass gegen (geschriebene oder ungeschriebene) Rechtsnormen mit Außenwirkung (nicht nur gegen interne Verwaltungsvorschriften) verstößt und den Kläger in seinen Rechten verletzt.

Rechtsfolge: Rechtswidrige Verwaltungsakte können durch das Verwaltungsgericht oder die erlassende Behörde aufgehoben werden. Bis zur Aufhebung entfalten sie aber

Rechtswirkung und sind zu befolgen! Denn Verwaltungsakte, die nur deshalb rechtswidrig sind, weil bestimmte Verstöße gegen Verfahrens- oder Formvorschriften vorliegen, können geheilt werden (§ 45 VwVfG) bzw. können die festgestellten Verstöße unerheblich sein (§ 46 VwVfG).

Ein Verwaltungsakt ist nicht allein deshalb nichtig, weil er rechtswidrig ist. Rechtswidrige Verwaltungsakte sind ausschließlich unter den Voraussetzungen des § 44 VwVfG nichtig und damit unwirksam. Nichtigkeitsgründe sind zum Beispiel:

- Die erlassende Behörde ist unzuständig.
- Der Verwaltungsakt ist aus tatsächlichen Gründen durch niemanden ausführbar.
- Der Verwaltungsakt verlangt die Begehung einer rechtswidrigen Tat, die einen Straf- oder Bußgeldtatbestand verwirklicht.
- Der Verwaltungsakt verstößt gegen die guten Sitten.

Die Behörde darf einen nichtigen Verwaltungsakt (auch zwangsweise) nicht durchsetzen, der Bürger braucht ihn nicht zu befolgen. Es ist allerdings ratsam, die Entscheidung, ob im Einzelfall ein nichtiger oder „nur" rechtswidriger Verwaltungsakt vorliegt, nicht selbst vorzunehmen, sondern den Gerichten zu überlassen.

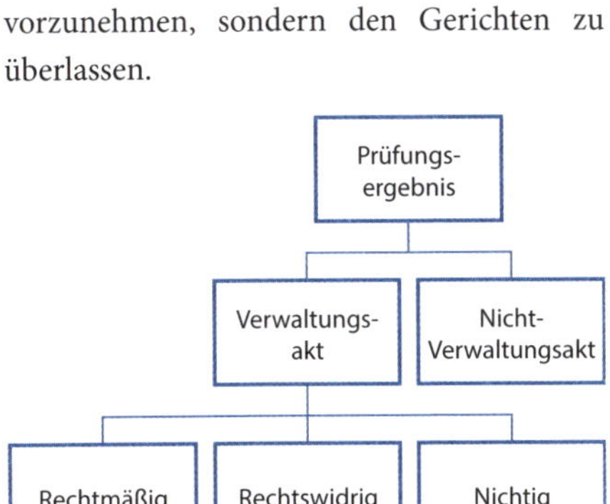

Abbildung 216: Rechtswidrige und nichtige Verwaltungsakte

Der Verwaltungsakt kann mit Nebenbestimmungen und Auflagen verbunden werden.

Unmittelbarer Zwang

Ausnahmsweise kann ein Verwaltungsakt auch mit unmittelbarem Zwang durchgesetzt werden, ohne dass der Bürger vorab die Möglichkeit hat, den Rechtsweg zu beschreiten und den durchzusetzenden Verwaltungsakt auf seine Rechtmäßigkeit hin prüfen zu lassen. Dieses Zwangsmittel der Verwaltungsvollstreckung kommt in erster Linie im Bereich der Gefahrenabwehr (z.B. Infektionsschutz), der Strafverfolgung und der Strafvollstreckung zum Zuge.

Unmittelbarer Zwang ist ein Zwangsmittel zur Durchsetzung eines Verwaltungsaktes, der ein Ge- oder Verbot ausspricht.

Unmittelbarer Zwang kann sowohl im gewaltsamen Einwirken auf Personen oder Sachen, zum Beispiel im Schlag mit dem Gummiknüppel oder im Schusswaffengebrauch, als auch darin bestehen, dass die Behörde die durch den Verwaltungsakt geforderte Handlung selbst vornimmt.

Das Familiengericht hat angeordnet, dass der fünfjährige Tim aus der Wohnung der Mutter geholt und in die Wohnung des Vaters, dem das Sorgerecht zugesprochen wurde, verbracht werden soll. Der Gerichtsvollzieher kommt in Begleitung eines Beamten des Jugendamtes und zweier Polizistinnen zur Wohnung der Mutter, um die Anordnung zu vollstrecken. Weigert sie sich, das Kind herauszugeben, ist unmittelbarer Zwang unter den Voraussetzungen des § 90 FamFG zulässig.

45.1.4 Erlaubniserteilung

Der Antrag auf Erteilung der Betriebserlaubnis ist an das Landesjugendamt zu richten. Dieses wird den Antrag unter einem einzigen Maßstab prüfen: Eine Gefährdung des Kindeswohls muss auszuschließen sein. Die Behörde hat diesbezüglich eine umfassende Prüfungspflicht. Die Gewährleistung des Kindeswohls ist die Richtgröße, an dem sich sowohl Erteilung als auch Aufrechterhaltung der Betriebserlaubnis stets messen lassen müssen. Sind die Sicherheit und/oder das Wohl der Kinder nicht gewährleistet, wird die Betriebserlaubnis versagt bzw. entzogen.

Eine Gefährdung des Kindeswohls kann sich aus vielen Umständen herleiten. Entsprechend vielfältig sind die Anlagen, die dem Antrag beizufügen sind:

- Stellungnahme des Gesundheitsamtes
- Stellungnahme des Bauamtes
- Stellungnahme des Brand- und Katastrophenschutzes
- Stellungnahme der Lebensmittelüberwachung
- Stellungnahme des Veterinäramtes
- TÜV-Gutachten zur Stand- und Nutzungssicherheit der Außenspielgeräte
- Belege über alle geforderten Ausbildungs- und Qualifikationsnachweise der Leitung und des pädagogischen Fachpersonals
- Erweiterte Führungszeugnisse der Belegschaft
- Eventuell Steuer- oder Unternehmensberatertestat zum Nachweis dafür, dass der Betrieb rentabel geführt werden kann (bei Einrichtungen, die außerhalb des Bedarfsplanes der jeweiligen Kommune – z.B. durch eine Elterninitiative – betrieben werden)
- Nachweis des ausreichenden Haftpflicht- und Unfallversicherungsschutzes
- Stellungnahme des Gewerbeaufsichtsamtes im Hinblick auf die Einhaltung der Arbeitsschutzvorschriften

Das Landesjugendamt prüft im Rahmen einer örtlichen Prüfung nach § 46 SGB VIII darüber hinaus die Räume der Kindertagesstätte auf kindgerechte Ausstattung sowie die pädagogische Konzeption der Einrichtung. Diese muss schriftlich vorgelegt werden, um die Voraussetzungen des § 45 Abs. 2 Nr. 1 bis 4 SGB VIII zu belegen.

Sind all diese Hürden genommen, ist die Erlaubnis zu erteilen. Insoweit besteht aufseiten der Behörde die sogenannte Ermessensreduzierung auf Null bzw. Eins. Das bedeutet: Aufgrund der vorgelegten Unterlagen ist ein etwaiger Ermessensspielraum der Behörde so weit reduziert, dass nur noch eine einzige ermessensfehlerfreie Entscheidung (Erteilung der Erlaubnis) getroffen werden kann. Dies bedeutet im Ergebnis, dass der Träger einen Rechtsanspruch auf Erteilung der Betriebserlaubnis hat.

Besteht der Antrag die Prüfung nicht, ist die Erlaubnis zu versagen. Auch diesbezüglich hat die Behörde keinen Ermessensspielraum.

Im Jahre 2007 wurde einer islamischen Kita in Berlin die Betriebserlaubnis zunächst versagt, weil der Gründer des Trägervereins einige Jahre zuvor mit der islamistisch-fundamentalistischen Organisation Hizb ut-Tahir (Partei der islamischen Befreiung) sympathisiert hatte, die seit 2003 in Deutschland verboten ist, weil sie Texte mit volksverhetzendem Charakter ins Netz stellte. Nachdem der Gründer den Vereinsvorsitz an seinen Vater übergeben hatte, waren alle formalen Bedingungen erfüllt, und die Betriebserlaubnis wurde erteilt – jedoch mit einer Reihe von Auflagen versehen.

Nebenbestimmungen

§ 45 Abs. 4 SGB VIII erlaubt es, die Erlaubnis mit Nebenbestimmungen, insbesondere Auflagen, zu versehen.

Auflagen sind selbstständige Nebenbestimmungen mit eigenständiger Rechtsaussage (§ 36 Abs. 2 Nr. 4 VwVfG).

Sie ergehen gemeinsam mit dem Verwaltungsakt (= Erteilung der Betriebserlaubnis) und begründen für den Adressaten Pflichten, die im Wege der Verwaltungsvollstreckung durchgesetzt werden können.

Im Falle der islamischen Kita wurden folgende Auflagen erteilt:

- Verpflichtung zur Einhaltung des Berliner Bildungsprogramms
- Dokumentation der Lernfortschritte in der deutschen Sprache in einem Lerntagebuch
- Einstellung von nicht islamischem Fachpersonal
- Keine Funktion für den Gründer in Kita und Trägerverein

Entzug der Erlaubnis

Beim Entzug der Erlaubnis sind die Fälle des sofortigen Entzuges von denen des Entzuges nach vorausgegangener Beratung, Vermittlung und erteilten Auflagen zu unterscheiden. Entzug/Widerruf nach vorausgegangener Beratung, Vermittlung und erteilten Auflagen: Der Entzug der Betriebserlaubnis muss unter Beachtung des im Verwaltungsrecht maßgeblichen Verhältnismäßigkeitsgrundsatzes erfolgen. Denn ein Widerruf der Erlaubnis ist dann unverhältnismäßig, wenn es mildere Mittel zur Abwendung der Kindeswohlgefährdung gibt. Hat sich das Landesjugendamt zunächst bemüht, die Missstände durch Beratung, Vermittlung und Erteilung von Auflagen auszuräumen, kann es die Erlaubnis widerrufen, wenn diese Bemühungen als gescheitert anzusehen sind.

Im Falle einer Stuttgarter Kita haben Beschwerden aus der Elternschaft dazu geführt, dass das zuständige Landesjugendamt eine Überprüfung der Kita und der beanstandeten Erziehungsmethoden vorgenommen hat. Immer wieder hatten Kinder über fragwürdige Erziehungsmethoden und Demütigungen geklagt. Sie gaben an, grob angefasst zu werden, und berichteten, dass sie in der Mitte eines Kreises stehen mussten und von den anderen Kindern ausgelacht worden seien bzw. zur Strafe auf einem Stuhl hätten stehen müssen.

Nach intensiven Gesprächen mit allen Beteiligten konnten die Vorwürfe zwar nicht erhärtet werden, die Kita habe aber, so das Landesjugendamt, einen „Warnschuss" erhalten: Sie werde nun stärker beraten und kontrolliert. Außerdem sei sie verpflichtet worden, die Mitarbeiter:innen fortzubilden. Kommt sie diesen Auflagen in Zukunft nicht nach, wird die Betriebserlaubnis entzogen.

Sofortiger Entzug/Widerruf: Dem Verhältnismäßigkeitsgrundsatz kann dann nicht Rechnung getragen werden, wenn der Entzug das einzige Mittel ist, um der Kindeswohlgefährdung ein Ende zu setzen. Dort, wo keine milderen Mittel ersichtlich sind, kann die Betriebserlaubnis also auch sofort entzogen werden.

> Im Jahre 2011 wurde der Kaloku-Kindergarten in Rotenburg überprüft, nachdem Meldungen eingegangen waren, dass dort mit den Kindern esoterische Rituale praktiziert worden waren. Offenbar sollten die Kinder im Sinne des keltischen Druidentums und der Huna-Lehre beeinflusst werden. Das hessische Familienministerium hat nach Abschluss der Prüfung die Betriebserlaubnis mit sofortiger Wirkung widerrufen. Zur Begründung führte es aus, man könne zwar nicht von einem Sektenverdacht sprechen, sehe jedoch das Kindeswohl als gefährdet an.
>
> Aus denselben Gründen wurde auch einem Scientology-Kindergarten in München die Betriebserlaubnis mit sofortiger Wirkung entzogen.

Auch Einrichtungen, in denen sogenannte Schwarze Pädagogik praktiziert wird, müssen mit dem sofortigen Entzug der Betriebserlaubnis rechnen.

Ergänzende Vorschriften

§ 46 SGB VIII: Örtliche Prüfung

Die Behörde hat sowohl ein Überprüfungsrecht als auch eine Überprüfungspflicht. Sie soll je nach Erfordernissen des Einzelfalls an Ort und Stelle überprüfen, ob die Voraussetzungen für die Erteilung der Erlaubnis (weiter) bestehen. Die Überprüfung hat an Ort und Stelle, also in der Einrichtung zu erfolgen und ist jederzeit zulässig.

§ 47 SGB VIII: Meldepflichten

Der Träger einer erlaubnispflichtigen Einrichtung ist verpflichtet, von sich aus der zuständigen Behörde die in § 47 SGB VIII genannten Meldungen hinsichtlich Betriebsaufnahme, Schließung und bestimmten Ereignissen und Entwicklungen zu erstatten. Die Leitung, gegebenenfalls auch die Fachkräfte der Einrichtung haben die Pflicht, den Einrichtungsträger über die Notwendigkeit einer Meldung zu informieren. Dies gilt insbesondere für anlassbezogene Meldungen über Ereignisse oder Entwicklungen, die geeignet sind, das Wohl der Kinder und Jugendlichen zu beeinträchtigen (Satz 1 Nr. 2).

§ 48 SGB VIII: Tätigkeitsuntersagung

Die zuständige Behörde kann dem Träger einer erlaubnispflichtigen Einrichtung die weitere Beschäftigung der Leitung, eines/einer Beschäftigten oder sonstigen Mitarbeitenden ganz oder für bestimmte Funktionen oder Tätigkeiten untersagen, wenn Tatsachen die Annahme rechtfertigen, dass er/sie die für seine/ihre Tätigkeit erforderliche Eignung nicht besitzt.

§ 49 SGB VIII: Landesrechtsvorbehalt

Das Nähere über die Aufgaben zur Betriebserlaubnis regelt das jeweilige Landesrecht.

45.2 Führungszeugnis

> **§ 4 BZRG**
>
> In das Register sind die rechtskräftigen Entscheidungen einzutragen, durch die ein deutsches Gericht im Geltungsbereich dieses Gesetzes wegen einer rechtswidrigen Tat
>
> - auf Strafe erkannt,
> - eine Maßregel der Besserung und Sicherung angeordnet,
> - jemanden nach § 59 des Strafgesetzbuchs mit Strafvorbehalt verwarnt oder
> - nach § 27 Jugendgerichtsgesetz die Schuld eines Jugendlichen oder Heranwachsenden festgestellt hat.

Wurde eine Strafe verhängt, landet dieses Datum zunächst einmal im Bundeszentralregister. Ein Führungszeugnis ist lediglich ein Auszug aus diesem bundesweiten Register. Sein genauer Inhalt richtet sich nach der Art des jeweiligen Führungszeugnisses. Das Bundeszentralregistergesetz (BZRG) kennt verschiedene Arten von Führungszeugnissen:

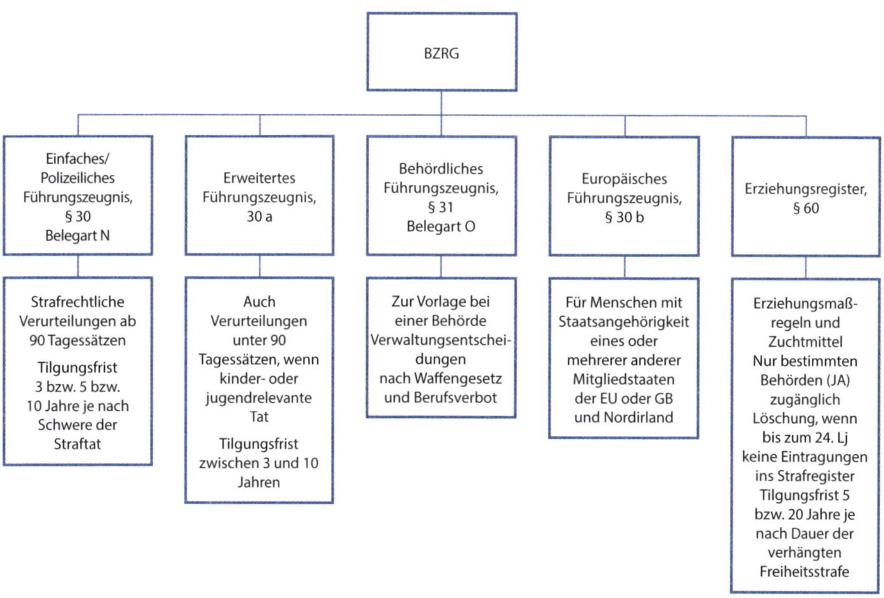

Abbildung 217: Arten von Führungszeugnissen

45.2.1 Erweitertes Führungszeugnis nach § 72 a SGB VIII

> § 72 a SGB VIII
>
> 1. Die Träger der öffentlichen Jugendhilfe dürfen für die Wahrnehmung der Aufgaben in der Kinder- und Jugendhilfe keine Person beschäftigen oder vermitteln, die rechtskräftig wegen einer Straftat nach den §§ 171, 174 bis 174c, 176 bis 180a, 181a, 182 bis 184f, 225, 232 bis 233a, 234, 235 oder 236 des Strafgesetzbuchs verurteilt worden ist. Zu diesem Zweck sollen sie sich bei der Einstellung oder Vermittlung und in regelmäßigen Abständen von den betroffenen Personen ein Führungszeugnis nach § 30 Abs. 5 des Bundeszentralregistergesetzes vorlegen lassen.
> 2. Die Träger der öffentlichen Jugendhilfebesoldung sollen durch Vereinbarungen mit den Trägern der freien Jugendhilfe sicherstellen, dass diese keine Person, die wegen einer Straftat nach Absatz 1 Satz 1 rechtskräftig verurteilt worden ist, beschäftigen.
> 3. Die Träger der öffentlichen Jugendhilfe sollen sicherstellen, dass unter ihrer Verantwortung keine neben- oder ehrenamtlich tätige Person, die wegen einer Straftat nach Abs. 1 Satz 1 rechtskräftig verurteilt worden ist, in Wahrnehmung von Aufgaben der Kinder- und Jugendhilfe Kinder oder Jugendliche beaufsichtigt, betreut, erzieht oder ausbildet oder einen vergleichbaren Kontakt hat. (…)

Im Jahr 2005 trat mit dem Gesetz zur Weiterentwicklung der Kinder- und Jugendhilfe (KICK, siehe Kapitel 33.2) auch die Norm zur persönlichen Eignung nach § 72a SGB VIII in Kraft. Der Gesetzgeber reagierte mit dieser Norm auf die empirisch schon länger belegte Beobachtung, dass pädophil veranlagte Menschen bevorzugt, bewusst und zielgerichtet haupt- und ehrenamtliche Tätigkeitsfelder suchen, die ihnen leichten Zugang zu Kindern und Jugendlichen ermöglichen.

Nach § 72 a SGB VIII muss jeder, der beruflich oder ehrenamtlich Minderjährige betreut, erzieht oder ausbildet, ein erweitertes Führungszeugnis nach § 30 a BZRG vorlegen.

Auch Hausmeister und Reinigungskräfte sowie ehrenamtlich Tätige haben demnach ein erweitertes Führungszeugnis vorzulegen, wenn sie im Rahmen ihrer Tätigkeit in Kontakt mit den Kindern der Einrichtung kommen. Eine Ausnahme hiervon besteht nur dann, wenn im Einzelfall die Arbeitszeit außerhalb der Betreuungszeit liegt. Dies kann unter Umständen bei Hausmeistern und Reinigungskräften der Fall sein. Entscheidend ist stets, ob ein Kontakt gegeben ist, der die Möglichkeit zum Aufbau eines Vertrauensverhältnisses zum Kind bzw. Jugendlichen eröffnet. Bei ehrenamtlich Tätigen kommt es ebenfalls darauf an, inwieweit ihnen ihre Tätigkeit Zugang zu Kindern und Jugendlichen verschafft: Ist ein direkter Kontakt zu ihnen möglich, ist ein erweitertes Führungszeugnis erforderlich. Dies gilt zum Beispiel für Lesepat:innen, Therapeut:innen, Praktikant:innen, Hauswirtschaftspersonal.

Die Pflicht zur Einholung von erweiterten Führungszeugnissen gilt gleichermaßen für freie, öffentliche, freigemeinnützige sowie privatgewerbliche Träger. Da aber freie und privatgewerbliche Träger in eigener Organisationshoheit agieren und aus verfassungsrechtlichen Gründen nicht ohne Weiteres den Maßgaben der örtlichen Träger der öffentlichen Jugendhilfe Folge leisten müssen, werden in diesen Fällen Sicherstellungsvereinbarungen nach Absatz 2 abgeschlossen.

45.2.2 Antragsverfahren

Das Antragsverfahren ist durch § 30 a BZRG geregelt.

§ 30 a BZRG

1. Einer Person wird auf Antrag ein erweitertes Führungszeugnis erteilt,
   1. wenn die Erteilung in gesetzlichen Bestimmungen unter Bezugnahme auf diese Vorschrift vorgesehen ist oder
   2. wenn dieses Führungszeugnis benötigt wird für

a) eine berufliche oder ehrenamtliche Beaufsichtigung, Betreuung, Erziehung oder Ausbildung Minderjähriger oder

b) eine Tätigkeit, die in einer Buchstabe a vergleichbaren Weise geeignet ist, Kontakt zu Minderjährigen aufzunehmen.

2. Wer einen Antrag auf Erteilung eines erweiterten Führungszeugnisses stellt, hat eine schriftliche Aufforderung vorzulegen, in der der Person, die das erweiterte Führungszeugnis von der antragstellenden Person verlangt, bestätigt, dass die Voraussetzungen nach Abs. 1 vorliegen. (…)

Abs. 2 stellt klar, dass jeder, der ein erweitertes Führungszeugnis beantragt, eine schriftliche Aufforderung vorzulegen hat, in der die Person, die das erweiterte Führungszeugnis vom Antragsteller verlangt, das Vorliegen der Voraussetzungen nach Abs. 1 bestätigt. Der Träger einer Einrichtung muss also eine schriftliche Bestätigung ausstellen, der zufolge der Antragsteller dem betroffenen Personenkreis nach Absatz 1 angehört.

Bestätigung zum Antrag auf Ausstellung eines erweiterten Führungszeugnisses

Hiermit bestätigen wir Frau/Herrn (....),

dass sie/er ab dem (....) als

- Erzieher:in
- Kinderpfleger:in
- Assistenzkraft
- Hausmeister:in
- Therapeut:in
- Ehrenamtlich

in unserer Einrichtung (..........) beschäftigt ist.

Aufgrund der damit verbundenen Tätigkeiten sind die Voraussetzungen des § 30 a Abs. 1 Nr. 2 BZRG erfüllt. Wir ersuchen Sie daher, Frau/Herrn (....) ein erweitertes Führungszeugnis gem. § 30 a BZRG auszustellen.

Mit freundlichen Grüßen

(.............)

§ 30 Abs. 5 BZRG bestimmt, dass ein Führungszeugnis, das zur Vorlage bei einer Behörde beantragt wird, dieser Behörde unmittelbar zu übersenden ist. Zu beachten ist hier jedoch, dass weder der Träger einer Tageseinrichtung noch eine Kindertageseinrichtung selbst als „Behörde" im Sinne dieses Gesetzes gelten, sodass das – einfache wie erweiterte – Führungszeugnis zunächst und ausschließlich dem/der Antragsteller:in selbst zu übersenden ist.

45.2.3 Aktualität

Das vorgelegte Führungszeugnis muss aktuell, d.h. es darf nicht älter als drei Monate sein. Allgemein anerkannt ist auch, dass der Träger während der Beschäftigung in regelmäßigen Abständen ein neues erweitertes Führungszeugnis verlangen kann. Nach derzeit herrschender Auffassung wird ein Zeitraum von fünf Jahren als ausreichend und zumutbar angesehen. Dieser ist allerdings nicht gesetzlich festgeschrieben und kann in Zukunft auch enger gefasst werden.

45.2.4 Datenschutz

Vorlage bedeutet zunächst einmal nicht Archivierung. Streng genommen genügt es den gesetzlichen Anforderungen, wenn das Führungszeugnis vorgelegt wird und dies in der Personalakte mit Datum und Unterschrift dokumentiert wird. Wird das Führungszeugnis jedoch zu den Personalakten genommen, hat der Betroffene das Recht, Eintragungen über nicht relevante Straftaten zu schwärzen. Andernfalls liegt aufseiten des Trägers eine verbotene Datenspeicherung vor. Die Daten sind vor Einsichtnahme Unbefugter zu schützen. Bei ehrenamtlich Tätigen sind die Daten spätestens drei Monate nach Beendigung der Tätigkeit zu löschen. Wurde die ehrenamtliche Tätigkeit im Anschluss an die Einsichtnahme nicht wahrgenommen, sind die Daten unverzüglich zu löschen (§ 72 a Abs. 5 Satz 4 SGB VIII).

45.2.5 Kostentragungspflicht

Viele Kommunen erheben für die Erteilung eines Führungszeugnisses gemäß § 30 Abs. 2 BZRG eine Gebühr in Höhe von 13 Euro. Ehrenamtlich Tätige sind von der Gebührenpflicht befreit. Im Rahmen eines regulären Beschäftigungsverhältnisses kommt es für die Erstattung der Kosten durch den/die Arbeitgeber:in darauf an, um welches erweiterte Führungszeugnis es sich handelt:

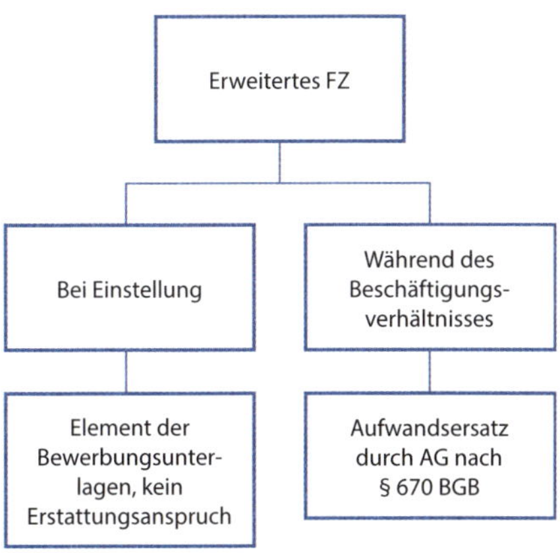

Abbildung 218: Erweitertes Führungszeugnis – Kostentragung

45.3 Personalakte

Zentrales Hilfsmittel der Personalverwaltung ist die Personalakte. Sie enthält alle Dokumente und Unterlagen, die in einem sachlogischen Zusammenhang mit dem Arbeitsverhältnis stehen. Grenze ist immer das Persönlichkeitsrecht des Mitarbeitenden.

45.3.1 Inhalt

Eine Personalakte kann in Papierform oder digital geführt werden. In die Personalakte eines/r Mitarbeitenden gehören alle personalbezogenen Unterlagen, also zum Beispiel

- allgemeine Personendaten (Adresse, Bankverbindung etc.) sowie alle diesbezüglichen Änderungsmitteilungen,
- Bewerbungsunterlagen,
- Arbeitsvertrag und Vertragsänderungen,
- Urlaubs- und Krankheitstage,
- Mutterschutz, Elternzeit,
- Sozialversicherungsdokumente,
- Steuerunterlagen,
- Zwischen- und Endzeugnisse,
- Fortbildungsnachweise, Qualifizierungen,
- arbeitsrechtliche Sanktionen (Abmahnung, Ermahnung etc.),
- Krankheitstage.

45.3.2 Recht auf Einsichtnahme

Der/die Mitarbeitende hat ein Recht auf Einsichtnahme in die Personalakte, und zwar nach der Rechtsprechung des BAG auch nach Beendigung des Arbeitsverhältnisses, was sich aus § 241 Abs. 2 BGB i. V. m. Art. 2 Abs. 1 und Art. 1 Abs. 1 GG ergibt.

Folgende fünf Grundsätze gelten für die Frage nach dem Recht zur Einsichtnahme in die Personalakte:

Auch nach Beendigung: Das jederzeitige Recht zur Einsichtnahme besteht über das Arbeitsverhältnis hinaus.

In alle Akten: Nach BAG sind unter „Personalakten" im formellen Sinn diejenigen Schriftstücke und Unterlagen zu verstehen, welche der/die Arbeitgeber:in als Personalakte führt und die dieser als Bei-, Neben- und Sonderakten zugeordnet sind. Diese können Ordner, Hefter oder Blattsammlungen sein, die entsprechend gekennzeichnet und nach der Art ihrer Registrierung oder Aufbewahrung als zueinander gehörend bestimmbar sind.

Ohne Grund: Es ist nicht erforderlich, dass der/die Mitarbeitende ein konkretes berechtigtes Interesse für die Akteneinsicht darlegt. Denn nach der Rechtsprechung des BAG kann seine Rechte auf Beseitigung und Korrektur unrichtiger Daten in der Personalakte nur der/diejenige geltend machen, der/die diese Daten kennt. Das fremdgeschaffene Meinungsbild des/der Arbeitgeber:in über ihn/sie muss für den/die Arbeitnehmer:in zugänglich sein.

Ohne Ausschlussfrist: Das Recht zur Einsichtnahme besteht ohne Ausschlussfrist, solange die Personalakte besteht. Insbesondere die Ausschlussfrist nach § 37 Abs. 1 TVöD ist hier irrelevant: Zwar dient diese Frist dazu, dass die Parteien eines Arbeitsverhältnisses nach dessen Beendigung zeitnah ihre gegenseitigen Ansprüche abarbeiten, damit Rechtsfrieden eintritt. Da aber das Recht zur Einsichtnahme in die Personalakte nach Auffassung des BAG grundrechtlichen Schutz genießt und auf Grundrechte nicht verzichtet werden kann, sie insbesondere auch nicht befristet bestehen, unterfällt dieser Anspruch nicht der Ausschlussfrist des TVöD.

Ohne Verzichtsmöglichkeit: Aus demselben Grund ist auch ein etwaiger „Persilschein" in Aufhebungsverträgen („Mit diesem Vertrag sind alle gegenseitigen Ansprüche – bekannt oder unbekannt – erledigt") nicht auf das Recht zur Einsichtnahme in die eigene Personalakte anzuwenden. Denn: Was grundrechtlich geschützt ist, ist nicht disponibel.

45.3.3 Recht auf Gegendarstellung/ Entfernung

Enthält die Personalakte eine Abmahnung (siehe Kapitel 22.1.4), steht der/dem Mitarbeitenden das Recht zu, eine Gegendarstellung abzugeben, die ebenfalls in die Akte aufzunehmen ist. Außerdem hat er/sie das Recht, die Entfernung einer Abmahnung aus der Personalakte zu verlangen, wenn diese nachweisbar unwirksam oder falsch ist. Dieser Anspruch ergibt sich nach der Rechtsprechung des BAG aus den §§ 12, 862, 1004 BGB i. V. m. § 242 BGB als Ausdruck der Fürsorgepflicht des/der Arbeitgeber:in.

Ist die Abmahnung nur teilweise berechtigt und sind einzelne Vorwürfe unrichtig, muss die gesamte Abmahnung aus der Akte entfernt werden. Dem/der Arbeitgeber:in steht aber das Recht zu, eine neue Abmahnung unter Weglassung der unrichtigen Vorwürfe auszusprechen.

Wurde das Arbeitsverhältnis bereits beendet, besteht selbst bei einer zu Unrecht erteilten Abmahnung kein Anspruch auf Entfernung aus der Akte, es sei denn, der/die Arbeitnehmer:in legt dar und beweist, dass die Abmahnung selbst nach Beendigung des Arbeitsverhältnisses negative Folgen für ihn/sie hat.

45.3.4 Datenschutz

Da sie keine Sozialdaten darstellen, unterfallen diese Daten zwar nicht dem Sozialdatenschutz des SGB X (siehe Kapitel 31). Als besonders sensible Daten, die höchster Vertraulichkeit unterliegen, fallen sie jedoch unter die datenschutzrechtlichen Vorgaben der EU-DSGVO und BDSG. Die in der Personalakte enthaltenen Daten sind zu löschen, wenn sie nicht mehr für die ursprünglichen Zwecke gebraucht werden. Allerdings gilt es hier zu beachten, dass für einzelne Daten(gruppen) zwingende gesetzliche Aufbewahrungsfristen bestehen können.

45.3.5 Aufbewahrungsfristen

Für einzelne Gruppen von Daten gelten verschiedene gesetzliche Aufbewahrungsfristen, die aus der Abbildung ersichtlich sind.
Für Verstöße gegen die Aufbewahrungspflicht werden Bußgelder bis zu 50.000 Euro verhängt.

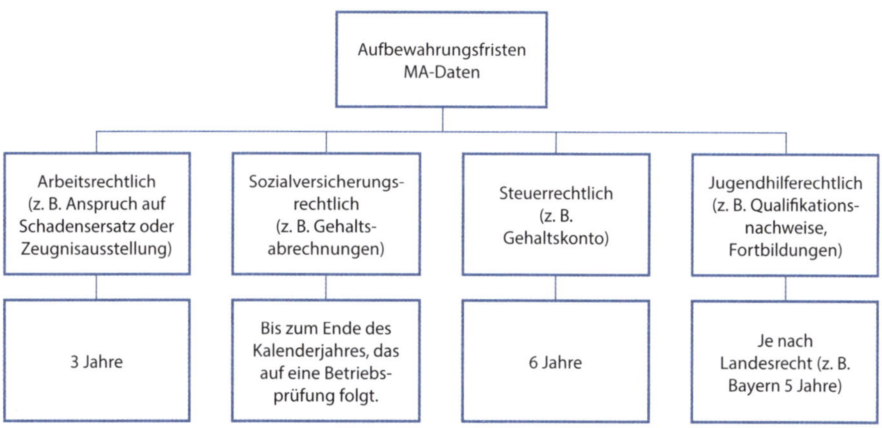

Abbildung 219: Aufbewahrungsfristen von Mitarbeiter:innen-Daten

Anhang

A Falllösungen

Fall 1: Ein solches Gesetz wäre verhältnismäßig, wenn der Eingriff (Pflicht zum Besuch einer Kinderkrippe ab dem sechsten Lebensmonat) geeignet, erforderlich und angemessen zur Erreichung eines legitimen Zweckes (hier: Förderung von gleichen Bildungschancen) wäre. Das Ziel der Förderung von gleichen Bildungschancen für alle Kinder ist ein legitimer Zweck. Die Pflicht zum Besuch einer Kinderkrippe ab dem sechsten Monat ist auch geeignet, diesen Zweck zu verfolgen. Es ist aber bereits fraglich, ob eine solche Pflicht wirklich erforderlich ist bzw. ob nicht auch andere Mittel als ein Krippenzwang denkbar sind, den Zweck zu erreichen. Selbst wenn man zu der Auffassung käme, dass andere Mittel nicht denkbar sind, wäre ein solcher Eingriff dennoch nicht angemessen, da er das Elternrecht in verfassungswidriger Weise begrenzt und auch solche Kinder in die Krippe zwingt, die zu Hause beste Bildungschancen hätten. Denn eine Maßnahme, die geeignet und erforderlich ist, hat dennoch zu unterbleiben, wenn die dadurch zu erwartenden Nachteile für den Betroffenen außer Verhältnis zu dem beabsichtigten Erfolg stehen.

Fall 2: Grundrechtseingriffe sind dann mit der Verfassungsbeschwerde anfechtbar, wenn es sich bei ihnen um staatliches Handeln handelt. Hier aber hat eine private Elterninitiative, also ein eingetragener Verein (e.V.), der auf dem Gebiet des Privatrechts tätig ist, die Absage erteilt. Eine Klage gegen ihn wegen eines Grundrechtseingriffs ist daher nicht möglich.

Fall 3: Kündigung = Arbeitsgerichtsbarkeit; Diebstahl = Strafgerichtsbarkeit; Wasserschaden = Zivilgerichtsbarkeit.

Fall 4: Die Staatsanwaltschaft kann Herrn Schmidt nicht erneut anklagen. Vielmehr hat sie ihren Strafanspruch mit der ersten Anklage und dem daraufhin ergangenen Freispruch verwirkt.

Fall 5: Nein, Frau Müller hat nicht recht. Die UN-Behindertenrechtskonvention und ihre bundes- sowie alle landesrechtlichen Ausführungsgesetze eröffnen Vincent die Möglichkeit, zusammen mit nicht behinderten Kindern eine Regeleinrichtung zu besuchen.

Fall 6: Biggi braucht die Mehrbelastung nicht zu fürchten, denn Sophie hat einen Anspruch gegen ihre Krankenkasse darauf, dass diese ihr eine Pflegekraft in die Kita schickt, die bei ihr regelmäßig Blutzucker misst und entsprechend Insulin verabreicht. Die Kosten hierfür trägt die Krankenkasse.

Fall 7: Der Kugelschreiber ist eine für Nina fremde bewegliche Sache. Sie hat ihn auch weggenommen. Damit ist der objektive Tatbestand des § 242 StGB erfüllt. Allerdings ist in subjektiver Hinsicht festzustellen, dass Nina zum einen keine Zueignungsabsicht in Bezug auf den Kugelschreiber hatte und zum anderen auch nicht vorsätzlich gehandelt hat. Die fahrlässige Begehung eines Diebstahls ist nicht strafbewehrt. Nina ist also nicht strafbar.

Fall 8: Einwilligungserklärungen von Eltern können nur zu einer Betreuung bzw. Aufsichtspflichtführung gegeben werden, die de lege arte (fachgerecht) ausgeführt wird. In eine nicht fachgerecht durchgeführte Betreuung/Beaufsichtigung können sie mangels Verfügungsbefugnis nicht einwilligen, denn erstens ist das Rechtsgut Leben nicht disponibel, zweitens wäre eine Einwilligung in eine lasche Aufsichtsführung nicht kindeswohldienlich und daher rechtsunwirksam.

Fall 9: Hier wurde der Tatbestand des § 223 StGB verwirklicht. Britta hat durch Unterlassen in Garantenstellung das Rechtsgut körperliche Unversehrtheit von Justin verletzt. Britta ist aber unter dem Gesichtspunkt der rechtfertigenden Pflichtenkollision gerechtfertigt, da sich hier zwei gleichwertige Pflichten gegenüberstanden und sie nur eine unter Verletzung der anderen erfüllen konnte. Ihr Handeln war daher nicht rechtswidrig. Britta ist also nicht strafbar.

Fall 10: Das Nettoeinkommen von 1.500 Euro ergibt dividiert durch 30 eine Tagessatzhöhe von 50 Euro. Diese 50 Euro multipliziert mit 60 Tagessätzen ergibt eine Gesamtgeldstrafe in Höhe von 3.000 Euro.

Fall 11: Das Fahrverbot für Henrik ist eine sogenannte Nebenstrafe, die auch dann verhängt werden kann, wenn die Straftat nicht bei oder im Zusammenhang mit dem Führen eines Kfz begangen wurde. Vielmehr ist ausreichend, dass sie zur Einwirkung auf den Täter erforderlich erscheint, dies weiterhin zur Verteidigung der Rechtsordnung erforderlich erscheint und dadurch die Verhängung einer Freiheitsstrafe vermieden werden kann. Bei straffälligen Hooligans sowie Rechts- bzw. Linksextremisten ist immer davon auszugehen, dass sie mit dem Katalog der gängigen Geld- und Freiheitsstrafen allein nicht zu beeindrucken sind. Das Fahrverbot ist daher rechtmäßig.

Fall 12: Die körperliche Misshandlung kann auch in einer Beeinträchtigung psychischer Natur liegen. Tims Mutter hat einen Schock erlitten. Marco hat sich wegen Körperverletzung strafbar gemacht.

Fall 13: Das Nähen einer Wunde ist ein körperlicher Eingriff, zu dem der Arzt/die Ärztin eine Einwilligung des Betroffenen benötigt. Für unter 16-jährige Kinder geben die Eltern die Einwilligung in Vertretung ihres Kindes, denn Kinder in diesem Alter sind nach der Rechtslehre noch nicht einwilligungsfähig. Anna hingegen ist nicht befugt, über das in Rede stehende Rechtsgut zu verfügen. Ihre Einwilligung ist daher irrelevant.

Fall 14: Auch Verunstaltungen erfüllen den Straftatbestand des § 223 StGB. Doris macht sich also strafbar.

Fall 15: Emilias Mutter hat die Einwilligung zur Zeckenentfernung seitens der Erzieherinnen ausdrücklich verweigert und deutlich zum Ausdruck gebracht, dass für sie nur die Entfernung durch einen Arzt infrage kommt. Gabriele hat sich über diese Anordnung hinweggesetzt. Zwangsbehandlungen gegen den frei verantwortlichen Willen eines Patienten bzw. dessen gesetzlichen Vertreter sind nach mehreren Entscheidungen des Bundesverfassungsgerichts nicht rechtens. Gabriele hat sich strafbar gemacht.

Anders wäre der Fall zu beurteilen, wenn zwar keine Einwilligung der Eltern vorläge (weil z.B. nie daran gedacht wurde, sie zu befragen), aber auch keine ausdrückliche Verweigerung der Einwilligung. In diesen Fällen wäre die Zeckenentfernung unter dem Gesichtspunkt der sogenannten mutmaßlichen Einwilligung vertretbar. Diese setzt voraus, dass eine Einwilligung der Eltern telefonisch nicht eingeholt werden kann und sie – könnten sie befragt werden – mutmaßlich der Zeckenentfernung zustimmen würden.

Fall 16: Barbara befindet sich aufgrund ihres stark alkoholisierten Zustandes in einer hilflosen Lage. Indem Hinnerk sie in dieser hilflosen Lage auf dem Bürgersteig zurücklässt, verlässt er sie und schafft damit eine Lage, die für sie mit schwerer Gesundheits-, wenn nicht gar Lebensgefahr verbunden ist. Hinnerk hat sich wegen Aussetzung strafbar gemacht.

Fall 17: Indem Maike das Babyphone in einen untauglichen Zustand versetzt, verlässt sie das Baby, das sich in einer hilflosen Lage befindet, denn ein sofortiges Eingreifen im Notfall wird damit unmöglich. Die Gefahrenlage für das Baby hat sich damit erhöht. Für den Tatbestand der Aussetzung ist nicht erforderlich, dass ein konkreter Schaden eintritt. Maike hat sich strafbar gemacht.

Fall 18: Maya hat objektiv den qualifizierten Tatbestand des § 221 Abs. 2 Nr. 1 und 2 StGB erfüllt, indem es bei Finn zu schweren multiplen und irreparablen Hirnschädigungen gekommen ist. In subjektiver Hinsicht fehlt es bei ihr allerdings am Gefährdungsvorsatz, denn sie hatte keine Kenntnis davon, dass das Opfer in einer hilflosen Lage war bzw. im Stich gelassen wurde und dadurch eine konkrete Gefahr des Todes bzw. einer schweren Gesundheitsbeschädigung eingetreten ist. Vielmehr hat sie fahrlässig gehandelt, die fahrlässige Aussetzung ist jedoch nicht mit Strafe bewehrt, sodass prinzipiell hier eine Strafbarkeit wegen fahrlässiger Körperverletzung nach § 229 StGB in Betracht käme. Zu beachten ist hier jedoch, dass die Erfolgsqualifikation des § 221 Abs. 2 Nr. 2 StGB eingetreten ist, mit der Folge, dass gemäß § 18 StGB hinsichtlich des Erfolges Fahrlässigkeit ausreichend ist. Maya ist daher strafbar gemäß § 221 Abs. 2 Nr. 2 StGB.

Fall 19: Die gesetzliche Unfallversicherung kommt für sämtliche Schäden auf: Das Aufschneiden der Hose ist unmittelbar erforderlich, um die Wunde zu versorgen und damit Element der Ersten Hilfe. Die zerbrochene Brille ist zwar ein Sachschaden, für den die Unfallversicherung grundsätzlich nicht aufkommt, sondern unter Umständen die Betriebshaftpflichtversicherung der Einrichtung. Eine Ausnahme besteht wie hier aber dann, wenn der Sachschaden im Rahmen eines Unfallgeschehens in einer Kita bzw. auf dem Weg zur Kita oder bei einem Ausflug entstanden ist und ein Hilfsmittel zerstört wurde, das eine körperliche Minderfunktion ausgleichen soll (Brillen, Hörgeräte und Prothesen). Außerdem werden alle Eigenschäden des Hilfeleistenden ersetzt.

Fall 20: Bereits der Umstand, dass jemand eine Beratungsstelle aufgesucht hat, unterfällt dem Geheimnisschutz. Paul darf die Frage also nicht beantworten.

Fall 21: Nicht alles, was Beschäftigte von Beratungsstellen erfahren, ist ihnen anvertraut. Der Schweigepflicht unterliegen nur solche Daten, die ihnen in ihrer Eigenschaft als Angehörige ihrer Berufsgruppe mitgeteilt worden sind. Es ist dabei unerheblich, ob dies mündlich, schriftlich oder in sonstiger Weise geschieht. Auch ist es unerheblich, ob es innerhalb oder außerhalb der Arbeitszeit anvertraut wurde. Eine Schweigepflicht besteht nämlich immer auch dann, wenn der Berufsgeheimnisträger in seiner Freizeit ein Geheimnis erfahren hat, das er als Angehöriger seines Berufsstands erfahren hat. Ute darf also nichts über dieses Gespräch berichten.

Fall 22: Die Schweigepflicht besteht in dem Umfang, in dem ein Geheimnisträger in seiner beruflichen Eigenschaft Tatsachen erfahren hat. Sind diese Tatsachen aus anderen Gründen schon früher bekannt oder werden die Tatsachen später anderweitig bekannt, besteht keine Schweigepflicht. Lena darf also Thomas das erzählen, was er ohnehin weiß, nämlich, dass Markus und Sonja zur Eheberatung gekommen sind. Über den Inhalt des Gespräches darf sie nichts sagen.

Fall 23: Der Verweis auf den stillen Stuhl bzw. einen Strafplatz erfüllt zwar den Tatbestand der Nötigung bzw. Freiheitsberaubung, ist aber vom Erziehungsrecht, das von den Eltern auf die Erzieher:innen (zumindest teilweise) übertragen wird, noch gedeckt, d.h. auf der Ebene der Rechtswidrigkeit liegt ein Rechtfertigungsgrund vor. Zu beachten ist hier aber, dass nach § 1631 BGB Erziehungsmaßnahmen niemals entwürdigend sein dürfen, sodass ein Strafplatz bzw. stiller Stuhl immer so gestaltet werden muss, dass ein Prangereffekt möglichst vermieden wird. Hier käme es im Einzelfall darauf an, wie der Strafplatz konkret ausgestaltet ist (auch für Einrichtungsfremde erkennbare Bestrafungssituation, von außen einsehbar etc.; siehe auch Fall 64).

Fall 24: Der Kindergarten ist kein Verbraucher im Sinne des § 13 BGB. Nora sollte also die Ware einige Zeit beiseitelegen. Nach circa sechs Wochen kann sie sie auspacken und in Gebrauch nehmen. Sie muss die Ware weder zurückschicken, noch den Absender darüber informieren, dass sie die Ware nicht abnehmen bzw. bezahlen wird.

Fall 25: Die Auslage im Schaufenster ist niemals bereits ein Angebot auf Abschluss eines Kaufvertrages, sondern lediglich eine sogenannte invitatio ad offerendum, bei der erst die Willenserklärung des Käufers als Angebot zu werten ist. Wenn Ella ein Angebot auf Kauf der Instrumente für 34,90 Euro abgeben sollte, wird der Verkäufer dieses Angebot nicht annehmen. Es kommt also zu keinem Vertrag über diesen Preis.

Fall 26: Peter kann seine Willenserklärung (sein Kaufangebot über den VW-Bus) nach § 123 BGB wegen arglistiger Täuschung anfechten. Seine Willenserklärung wird dann so behandelt, als wäre sie nie abgegeben worden mit der Folge, dass der Kaufvertrag nie geschlossen wurde. Er ist also rückabzuwickeln, indem die jeweils empfangenen Leistungen zurückzugewähren sind.

Fall 27: Tim kann das Geschenk der Oma noch nicht rechtswirksam annehmen. Er benötigt dafür die Einwilligung seiner Mutter. Denn auch eine Schenkung ist ein Rechtsgeschäft und bedarf der beiden Willenserklärungen Schenkungsangebot und Schenkungsannahme. Auch die Sahnetorte kann er nicht in eigenem Namen kaufen, er fungiert hier vielmehr als Bote der Mutter, indem er ihre Erklärung übermittelt. Kauft er etwas anderes als Sahnetorte, zum Beispiel eine Riesenpackung Kekse, kommt kein Kaufvertrag mit ihm zustande, da er noch nicht geschäftsfähig ist. Und auch die Mutter würde aus einem solchen Vertrag nicht verpflichtet, weil Tim sie nicht rechtswirksam vertreten kann.

Fall 28: Carlo ist betrunken und somit im Zustand der schweren vorübergehenden Störung der Geistestätigkeit (§ 105 Abs. 2 BGB). Seine Willenserklärung ist damit ungültig, sodass es auf das Formerfordernis der Schriftform bei Kündigung von Arbeitsverträgen (§ 623 BGB) bzw. Ausbildungsverträgen (§ 22 Abs. 3 BBiG) nicht ankommt.

Fall 29: Zwar erfährt Lukas` Vermögen einen erheblichen Zuwachs, auf wirtschaftliche Vorteile kommt es aber hier nicht an. Es muss ein ausschließlich rechtlicher Vorteil erlangt werden. Die Eigentümerstellung an einer Wohnung beinhaltet aber gerade nicht ausschließlich rechtliche Vorteile: Man muss zu Eigentümerversammlungen gehen, eine Haftpflichtversicherung abschließen, Steuern und Abgaben entrichten, geeignete Mieter aussuchen und mit ihnen Verträge eingehen etc. Will Lukas also das Erbe annehmen, müssen seine gesetzlichen Vertreter hierin einwilligen.

Fall 30: Ja, Ferdinand ist Eigentümer eines Handys geworden, da er es mit Mitteln bezahlt hat, die ihm zur freien Verfügung überlassen wurden.

Fall 31: Hier sind die Teilleistungen so eng miteinander verknüpft, dass nur die ganze Leistung einen Sinn hat. Entscheidet Ferdinand nun, das Lexikon nicht zu benötigen, ist der ganze Vertrag unwirksam. Seine Eltern können geleistete Zahlungen zurückverlangen, denn die Lexikonreihe hat nur dann einen Wert, wenn sie komplett vorhanden ist.

Fall 32: Aus Gründen des Minderjährigenschutzes muss hier gelten, dass Surrogate im Zweifel nicht von der erteilten Einwilligung gedeckt sind. Auf den Lotteriegewinn findet daher § 110 BGB keine Anwendung. Soweit das Surrogat jedoch auch schon mit den überlassenen Mitteln hätte erworben werden können, kann dies noch als von der Einwilligung gedeckt angesehen werden. Dies trifft hier für die drei CDs zu.

Fall 33: Mit fünf Jahren ist Nick geschäftsunfähig. Der Taschengeldparagraf gilt als besonderer Anwendungsfall des § 107 BGB nur für beschränkt geschäftsfähige Kinder. Dementsprechend ist kein Kaufvertrag zustande gekommen.

Fall 34: Ja, Franzis Eltern können die Genehmigung des Schenkungsangebots, das Franzi gemacht hat, verweigern und die Kette herausverlangen.

Fall 35: Nein, zur wirksamen Eigentümerstellung ist es erforderlich, dass ein Elternteil die Schenkung annimmt, da Ferdinand geschäftsunfähig ist.

Fall 36: Ja, Pauli fungiert hier als Bote der Mutter, indem er ihre Willenserklärung überbringt. Der Kaufvertrag ist direkt mit der Mutter zustande gekommen.

Fall 37: Die beabsichtigten Rechtsgeschäfte sind allesamt solche, die der Geschäftsbetrieb mit sich bringt (§ 112 BGB). Moritz wird sie vornehmen dürfen, sobald die Genehmigung des Familiengerichts vorliegt.

Fall 38: Ihre Babysitter-Jobs darf Linda selbstständig eingehen und kündigen, da ihre Eltern sie hierzu ermächtigt haben (§ 113 BGB). Auf Ausbildungsverhältnisse ist § 113 BGB allerdings nicht anwendbar.

Fall 39: Der Rechtsanspruch auf einen Kindergartenplatz richtet sich stets gegen den örtlichen Träger der öffentlichen Jugendhilfe. Wenn Frau Schneider jemanden verklagen möchte, muss sie ihre Klage also gegen das Jugendamt ihrer Wohnsitzgemeinde richten. Private Träger können aus dem Gesichtspunkt der Privatautonomie demgegenüber frei entscheiden, mit wem sie Verträge eingehen und sind nicht der richtige Anspruchsgegner einer solchen Klage (siehe hierzu ausführlich Kapitel 29.10.1).

Fall 40: Beide Male liegen abgeleitete Aufsichtspflichten vor. Im Hinblick auf die Kindertagesstätte handelt es sich um eine gesetzliche Aufsichtspflicht, da diese in öffentlich-rechtlicher Trägerschaft steht. Tina hingegen hat die vertragliche Aufsichtspflicht aus ihrem Babysittervertrag.

Fall 41: Maxi hat die vertragliche Aufsichtspflicht durch konkludentes Tun übernommen, indem sie die Kinder ins Gelände hineingewinkt hat. Aufgrund ihrer Stellung als Gruppenleiterin und der Örtlichkeit „Kindergarten“ kann auch nicht von einer Gefälligkeitsaufsicht ausgegangen werden, denn unter Zugrundelegung eines objektiven Empfängerhorizonts durfte die Mutter die Einladung so verstehen, dass Maxi Rechtsbindungswillen hat.

Fall 42: Nein, es handelt sich lediglich um eine faktische Gefälligkeitsaufsicht, da es hier gerade am Rechtsbindungswillen der Mutter fehlen dürfte.

Fall 43: Nein, an einer vertraglichen Übernahme der Aufsichtspflicht fehlt es bei einem sogenannten offenen Betrieb, der hier vorliegt, da jeder kommen und gehen kann, wie er möchte.

Fall 44: Nein, David hätte eingreifen müssen. Die in seinem Arbeitsvertrag festgelegte Aufsichtspflicht betrifft sämtliche Kinder der Einrichtung und nicht nur die seiner Gruppe.

Fall 45: Das zuständige Gericht kam zu der Überzeugung, dass jeder Betreiber einer öffentlichen Freizeiteinrichtung gehalten ist, die Benutzer vor Gefahren zu schützen, die über das übliche Risiko bei der Anlagenbenutzung hinausgehen und vom Benutzer nicht vorhersehbar bzw. nicht ohne weiteres erkennbar sind. Die Aufstellung einer Hüpfburg geht über das übliche Risiko, das das Freigelände einer Kita beinhaltet, hinaus. Daher kann es innerhalb eines offenen Betriebes zu Angeboten kommen, die abweichend vom Grundsatz der generellen Aufsichtspflichtfreiheit dann eben doch der Aufsichtspflicht des Veranstalters unterliegen. Chiara hat daher einen Schadensersatzanspruch gegen den Träger.

Fall 46: Solange Bärbel die Aufsichtspflicht nicht wirksam auf eine dritte Person übertragen hat, hat sie sie inne. Bärbel sollte die Polizei anrufen. Die Übergabe des Kindes an die Putzfrau ist zwar unter den Voraussetzungen der wirksamen Delegation (siehe Kapitel 21.9.3) denkbar, aber nicht empfehlenswert, da damit das Problem nur zeitlich verlagert würde. (Etwas anderes würde gelten, wenn bekannt ist, dass die Mutter in einer Viertelstunde kommen wird.) Der Transport des Kindes im eigenen Pkw ist unter keinen Umständen empfehlenswert.

Fall 47: Ja, denn streitende Kinder dürfen nicht unbeaufsichtigt gelassen werden.

Fall 48: Eine Dienstplangestaltung, die vorsieht, dass ein Waldangebot von lediglich einer Person beaufsichtigt wird, ist grob fehlerhaft, sodass es auch nicht darauf ankommt, welchen Ausbildungsstand die Betreuungsperson hat.

Fall 49: Mit der Handschlag-Verabschiedung ist die Aufsichtspflicht vom Kindergarten auf Felix` Mutter übergegangen. Dies war ihr auch bewusst, da sie ihn begrüßt hat. Der Unfall findet unter ihrer Aufsicht statt, dementsprechend haftet sie. Anders wäre die Rechtslage dann, wenn die Aufsichtspflicht noch nicht auf sie übergegangen wäre, weil Felix sich noch nicht mit Handschlag verabschiedet hat. In diesem Fall haften der Kindergarten bzw. die aufsichtführenden Erzieher:innen.

Fall 50: Die Heimweggestaltung obliegt den Eltern als Ausdruck ihres grundrechtlich verankerten Elternrechts. Wenn sie wünschen, dass Geschwister abholen, ist der Kindergarten prinzipiell dazu verpflichtet, dem Herausgabeverlangen nachzukommen, denn die Eltern haben einen Herausgabeanspruch gegen den Kindergarten (siehe Kapitel 20.3.1). Aus demselben Grund ist auch ein von den Eltern gewünschter Alleingang des Kindes rechtlich zulässig.
Aus Gründen des Kindeswohls, dem alle Kindertageseinrichtungen verpflichtet sind, ist es aber zulässig und auch anzuraten, in der Kindergartenordnung bzw. -satzung eine Altersgrenze (empfehlenswert: 14 Jahre) bzw. eine Abholverpflichtung festzuschreiben.

Fall 51: Aus Gründen des Kindeswohls ist jede Kindertageseinrichtung verpflichtet, von einer etwaig getroffenen Vereinbarung zum Alleingang unverzüglich zurückzutreten, wenn Umstände auftreten, die den Alleingang des Kindes ausnahmsweise einmal nicht erlauben. In vorliegendem Fall würden diese Umstände in den Krankheitssymptomen liegen, die Henri zeigt. Andere denkbare Umstände sind schlechte Witterungsbedingungen, erhöhtes Verkehrsaufkommen etc.

Fall 52: Aus Gründen des Kindeswohls darf ein Kindergarten Kinder nicht an alkoholisierte Abholpersonen herausgeben. Dies gilt unabhängig davon, mit welchem Verkehrsmittel sie kommen, denn auch Fußgänger nehmen am Straßenverkehr teil und sind in alkoholisiertem Zustand nicht in der Lage, ein Kind zu beaufsichtigen. Verstoßen Kindertageseinrichtung gegen besseres Wissen gegen diese Regel, haften sie für alle Schäden, die das Kind auf dem Weg erleidet aus dem Gesichtspunkt der fahrlässigen Körperverletzung bzw. fahrlässigen Tötung.

Fall 53: Der Kindergarten hat gegen Elias` Mutter einen Anspruch auf Unterlassung sowie einen Schadensersatzanspruch aus dem Gesichtspunkt des Rechts am eingerichteten und ausgeübten Gewerbebetrieb.

Fall 54: Janice ist eingeschränkt deliktfähig, da sie über sieben Jahre alt ist. Sie muss dann Schadensersatz leisten, wenn ihr das Unrecht ihrer Tat bei Begehung bewusst war. Bei einer normal entwickelten Zwölfjährigen kann man davon ausgehen, dass sie genügend Einsichtsfähigkeit besitzt, um zu wissen, dass man mit einem zielgerichteten Schuss eine Fensterscheibe zerstören kann. Sie ist daher zivilrechtlich zum Schadensersatz verpflichtet. Allerdings ist sie dann nicht strafbar wegen Sachbeschädigung, da sie mit zwölf Jahren noch nicht strafmündig ist.

Fall 55: Thomas ist sowohl deliktfähig als auch strafmündig. Er wird zivilrechtlich zum Schadensersatz und strafrechtlich zur Verantwortung gezogen werden, da sein Verhalten den Straftatbestand des § 303 StGB erfüllt. Da Sachbeschädigung ein Privatklagedelikt ist, wird es nur auf Antrag des Geschädigten verfolgt.

Fall 56: Thomas ist deliktfähig und zivilrechtlich zum Schadensersatz verpflichtet, wenn er bei Anwendung der verkehrsüblichen Sorgfalt hätte voraussehen können, dass die Scheibe Schaden nehmen wird. Für eine strafrechtliche Verfolgung besteht kein Raum, da die fahrlässige Sachbeschädigung nicht unter Strafe steht (§ 15 StGB, beachte jedoch Ausnahme des § 306 d StGB).

Fall 57:

a) Nein, denn Marius ist mit sechs Jahren noch nicht deliktfähig.
b) Ja, wenn er die zur Erkenntnis der Verantwortlichkeit erforderliche Einsichtsfähigkeit hat.
c) Ja, wenn er die zur Erkenntnis der Verantwortlichkeit erforderliche Einsichtsfähigkeit hat. Darüber hinaus ist er seit seinem 14. Geburtstag auch strafmündig und könnte strafrechtlich wegen Sachbeschädigung zur Verantwortung gezogen werden.
d) Marius ist mit 18 Jahren voll deliktfähig und damit schadensersatzpflichtig hinsichtlich aller Schäden, die er vorsätzlich bzw. fahrlässig verursacht.

In den Fällen a) bis c) kommt auch eine Haftung der Eltern infrage, soweit ihnen im Einzelfall eine Aufsichtspflichtverletzung nachgewiesen werden kann.

Eine Haftpflichtversicherung wird in die Haftung eintreten, wenn

- sie gegeben ist bzw. wie im Fall a) auch für Schäden abgeschlossen wurde, die deliktunfähige Kinder anrichten, und weiterhin
- Marius nicht vorsätzlich oder grob fahrlässig gehandelt hat.

Fall 58: Bauer Josef hat hier einen erheblichen Eigenanteil am eingetretenen Schaden. Nicht nur hat er die Zwillinge dem Aufsichtsbereich ihrer Mutter ohne deren Einwilligung entzogen und die Aufsicht selbst übernommen, er hat diese Aufsicht dann auch verletzt, indem er die Kinder ungesichert auf dem Traktor hat fahren lassen und von diesem abgestiegen ist, obwohl der Motor lief und der Traktor an einem Hang stand. Demgegenüber ist der Anteil der Zwillinge am Schaden gering. Da sie ohnehin deliktunfähig sind, wäre hier allenfalls eine Aufsichtspflichtverletzung der Mutter zu prüfen, die aber wegen der eigenmächtigen Verbringung der Kinder auf den Traktor durch den Bauern zu verneinen wäre. In diesem Fall wäre daher der Anteil des Mitverschuldens des Geschädigten bei 100 Prozent zu veranschlagen.

Fall 59: Für Schäden, die einrichtungsfremde Dritte aufgrund des Kindergartenbetriebes erleiden, müssen Kindergärten eine sogenannte Betriebshaftpflichtversicherung abschließen, denn dieser Personenkreis unterliegt nicht dem Versicherungsschutz der Gesetzlichen Unfallversicherung. Der Abschluss einer solchen Versicherung ist Voraussetzung zur Erlangung und Aufrechterhaltung der Betriebserlaubnis einer Kindertageseinrichtung. Ellen hat also recht.

Fall 60: Eine Berufshaftpflichtversicherung für pädagogische Fachkräfte zur Absicherung des Regressrisikos hinsichtlich der zivilrechtlichen Ansprüche erscheint zwar auf den ersten Blick sinnvoll, jedoch gilt auch hier die allgemeine versicherungsrechtliche Regel, dass eine Einstandspflicht des Versicherers bei Vorsatz und grober Fahrlässigkeit regelmäßig ausgeschlossen ist. Unterhalb dieser Schwelle treten Gesetzliche Unfallversicherung bzw. Betriebshaftpflichtversicherung des Trägers ein.

Fall 61: Lisas Mutter hat das Recht, den Umgang ihres Kindes zu reglementieren. Das Familiengericht kann ihr dabei helfen, indem es das Verbot gerichtlich ausspricht und ihm damit einen rechtsoffiziellen Charakter verleiht. Nach § 1632 Abs. 2 BGB gilt dieses Recht auch mit Wirkung für und gegen Dritte.

Fall 62: Nein, gegen den Willen ihrer Mutter kann Lisa nicht ausziehen, denn der Mutter steht das Aufenthaltsbestimmungsrecht für sie zu.

Fall 63: Können sich Eltern in einer einzelnen Angelegenheit oder in einer bestimmten Art von Angelegenheiten der elterlichen Sorge, deren Regelung für das Kind von erheblicher Bedeutung ist, nicht einigen, so kann das Familiengericht auf Antrag eines Elternteils die Entscheidung einem Elternteil übertragen. Das Familiengericht könnte daher hier der Mutter die Entscheidung übertragen, da bei ihr gewährleistet ist, dass sie den Pflichten aus § 1631 a BGB (Rücksichtnahme auf Eignung und Neigung des Kindes bei der Berufswahl) nachkommen wird. Die Übertragung kann mit Beschränkungen oder mit Auflagen verbunden werden. Das Familiengericht könnte also zum Beispiel die Auflage aussprechen, in die Entscheidung den Rat einer dritten engen Bezugsperson mit einzubeziehen.

Fall 64: § 1631 Abs. 2 BGB verbietet körperliche Bestrafungen, seelische Verletzungen und andere entwürdigende Maßnahmen. Dementsprechend gilt:

a) unzulässig (körperliche Bestrafung)
b) zulässig
c) zulässig
d) unzulässig (entwürdigende Maßnahme)
e) unzulässig (seelische Verletzung, entwürdigende Maßnahme)
f) unzulässig (entwürdigende Maßnahme)
g) zulässig
h) eher unzulässig (entwürdigende Maßnahme)
i) unzulässig (entwürdigende Maßnahme)

Fall 65: Leben die Eltern dauerhaft und nicht nur vorübergehend getrennt, hat der Teil, bei dem das Kind lebt, die Alltagssorge für das Kind. Er kann also allein rechtsverbindliche Entscheidungen zum Heimweg des Kindes treffen. Saskia kann die Herausgabe des Kindes verweigern.

Fall 66: Zwar haben die Eltern die gemeinsame Sorge, für den Vater ist diese allerdings insoweit eingeschränkt, als die Mutter das Aufenthaltsbestimmungsrecht allein innehat. Es kommt in diesen Fällen dann nicht darauf an, ob die zu regelnde Angelegenheit eine Angelegenheit des täglichen Lebens ist. Ist also das Aufenthaltsbestimmungsrecht gerichtlich auf einen Elternteil übertragen worden, hat der Inhaber das Recht, unabhängig von der Tragweite der zu regelnden Angelegenheit verbindlich festzulegen, wo sich das Kind zu welchem Zeitpunkt aufhalten soll. Die Kita-Leitung muss die Herausgabe vor der von der Mutter bestimmten Zeit verweigern.

Fall 67: Die Kita darf Personen, die nicht Inhaber des Sorgerechts sind, prinzipiell keine Auskünfte erteilen. Eine Ausnahme von diesem Grundsatz wäre nur dann möglich, wenn der Sorgeberechtigte ausdrücklich in die Auskunftserteilung einwilligt.

Fall 68: Barbara darf ohne weiteres - und sollte auch - Franziskas Vater anrufen und ihm das Kind aushändigen. Dies gilt zumindest dann, wenn nicht anzunehmen ist, dass der Vater dem Wohl des Kindes schadet. Bestehen allerdings konkrete Anhaltspunkte dafür, dass das Wohlergehen des Kindes Schaden nimmt, wenn es dem Vater ausgehändigt wird, ist auf die Ausübung des Notverwaltungsrechtes eher zu verzichten.

Fall 69: Das Vorgehen des Versicherers ist dann rechtens, wenn man in dem zugrunde liegenden Meinungsstreit die Ansicht vertritt, dass die Eltern für Schäden, welche ihr Kind durch Verletzung ihrer Aufsichtslicht erleidet, und zwar auch bei nur einfacher Fahrlässigkeit, selbst wenn diese sich im Rahmen der eigenüblichen Sorgfalt hält, haften.

Fall 70: Hier spricht viel für ein Erziehungsversagen, denn zur Pflicht des § 1631 BGB gehört es auch, das Kind entsprechend der Jahreszeit zu kleiden. Haben die Eltern in erzieherischer Hinsicht resigniert, sind sie zu krank oder überfordert, liegt Elternversagen vor.

Fall 71: Mangels entgegenstehender Anhaltspunkte im Sachverhalt ist Kai geschäftsfähig. Die Verträge, die er eingeht, sind daher wirksam. Ben kann den Vertrag nicht rückgängig machen. Ihm bleibt lediglich die Möglichkeit, Kais Vertragspartner über Kais finanzielle Lage aufzuklären und auf eine einvernehmliche Vertragsaufhebung hinzuwirken.

Fall 72: Ben kann beim Betreuungsgericht anregen, einen Einwilligungsvorbehalt in die Betreuungsanordnung aufzunehmen. Kai kann dann nur noch Geschäfte vornehmen, in die Ben eingewilligt hat bzw. die Ben genehmigt. Rechtsgeschäfte, die Kai einen ausschließlich rechtlichen Vorteil bringen, sind hiervon ausgenommen.

Fall 73: Vincent ist geschäftsunfähig, das bedeutet, er ist dauerhaft nicht zu einer freien Willensbildung imstande (§ 104 BGB). Aus diesem Grund kann er, anders als ein geschäftsfähiger Betreuter, keine rechtswirksamen Willenserklärungen abgeben. Dies bezieht sich prinzipiell auf alle Rechtsgeschäfte, Willenserklärungen und Anträge. Eine Ausnahme besteht nur für die sogenannten Rechtsgeschäfte des täglichen Lebens, die mit geringwertigen Mitteln (ca. 50 Euro) bewirkt werden können (§ 105 a BGB). Die in a) bis c) genannten Willenserklärungen kann er daher nicht abgeben.

d) Nach § 1304 BGB dürfen Geschäftsunfähige nicht heiraten. Nach einhelliger Ansicht in der Rechtslehre betrifft diese Norm die sogenannte Ehegeschäftsfähigkeit als ein Unterfall der Geschäftsfähigkeit nach § 104 BGB. Dies hat zur Folge, dass aufgrund der grundrechtlich gewährleisteten Eheschließungsfreiheit

an das Fehlen der Ehegeschäftsfähigkeit höhere Anforderungen zu stellen sind als an das Fehlen der Geschäftsfähigkeit, da ansonsten geistig Behinderte nie heiraten könnten.
Somit kann trotz erheblichem Zweifel an der Geschäftsfähigkeit im Übrigen eine partielle Geschäftsfähigkeit für die Eheschließung gegeben sein und zur Nichtanwendung des § 1304 BGB führen. Für die Entscheidung hierüber kommt es vor allem darauf an, ob die Geistesstörung die Einsicht in die Bedeutung der Ehe und die Freiheit des Willensentschlusses zur Eingehung der Ehe beeinträchtigt. Es muss also darauf abgestellt werden, ob der betroffene Eheschließungswillige einen natürlichen Eheschließungswillen bilden, d.h. einsehen kann, welche Art von Beziehung durch eine Ehe begründet wird. Dies muss der Standesbeamte von Amts wegen überprüfen. Im Zweifel ist ein Sachverständigengutachten einzuholen.
e) Die Sterilisation eines Betreuten gehört zu den Maßnahmen, die besonders schwerwiegend in die Rechte des Betreuten eingreifen und daher einer Genehmigung des Betreuungsgerichts bedürfen (§ 1904 BGB). Sterilisation von Betreuten ist nur unter den engen Voraussetzungen des 1905 BGB zulässig. Diese sind:

- Der Betreute ist einwilligungsunfähig.
- Die Sterilisation darf dem Willen des Betreuten nicht widersprechen.
- Der Betreute wird auf Dauer einwilligungsunfähig bleiben.
- Es ist anzunehmen, dass es ohne die Sterilisation zu einer Schwangerschaft kommen wird.
- Infolge dieser Schwangerschaft ist eine Gefahr für das Leben oder die Gefahr einer schwerwiegenden Beeinträchtigung des körperlichen oder seelischen Gesundheitszustandes der Schwangeren zu erwarten, die nicht auf zumutbare Weise abgewendet werden kann.
- Die Schwangerschaft kann nicht durch andere zumutbare Mittel verhindert werden.

Nicht erforderlich ist, dass die Schwangerschaft bei der betreuten Person eintreten muss. Unter § 1905 BGB fallen daher auch Männer. Das Betreuungsgericht wird daher im vorliegenden Fall prüfen, ob die genannten Voraussetzungen gegeben sind.

Fall 74: Das Arbeitsverhältnis beginnt am 1. August 2023.

Fall 75: Britta muss keinen Urlaub nehmen, sondern kann von ihrem Arbeitgeber verlangen, für das Vorstellungsgespräch freigestellt zu werden. Er ist verpflichtet, ihr in dieser Zeit ihren Lohn weiterzuzahlen. Da die Kinderkrippe Flensburg bereits vor Reiseantritt deutlich gemacht hat, keine Auslagen zu übernehmen, liegt ein wirksamer Ausschluss vor. Britta muss ihre Reisekosten selbst übernehmen. Auch der Verdienstausfall unterfällt diesen abbedungenen Auslagen und ist von Britta zu tragen.

Fall 76: § 19 des Jugendarbeitsschutzgesetzes staffelt den Urlaubsanspruch nach Alter. Jugendliche unter 18 Jahren haben danach ein Urlaubsanspruch von mindestens 25 Werktagen.

Fall 77: Aufgrund ihrer starken körperlichen Beeinträchtigungen ist es Erika nicht zumutbar, den gesamten Arbeitstag im Wald zuzubringen. Eine entsprechende Weisung hält sich nicht im Rahmen der Billigkeit und wäre unzulässig. Franziska hingegen empfindet einen Waldtag lediglich als unangenehm, er ist ihr aber zumutbar.

Franziska muss der Dienstanweisung somit Folge leisten.

Fall 78: Aus arbeitsschutzrechtlichen Gründen sind sämtliche Piercings unverzüglich zu entfernen. Darüber hinaus rechtfertigt es die Interessenlage der Kita, Heidi die Anweisung zu erteilen, in Zukunft angemessen gekleidet zur Arbeit zu erscheinen.

Fall 79: Die Einhaltung eines ausgesprochenen Verbotes darf mit angemessenen Mitteln kontrolliert und durchgesetzt werden. Gerald muss sein Smartphone abgeben.

Fall 80: Reinigungsaufgaben und sonstige hauswirtschaftliche Tätigkeiten sind von pädagogischen Fachkräften dann auszuführen, wenn sie zu ihrem Berufsbild gehören und die Übernahme im Einzelfall auch zumutbar ist bzw. sich in den Grenzen des Weisungsrechts hält. Ob Annette putzen muss, richtet sich danach, was genau hier im Einzelfall zu tun wäre: Es ist anerkannt, dass pädagogische Fachkräfte für das Aufräumen des Gruppenraumes und das Abwischen von Tischen nach Mahlzeiten oder Bastelangeboten zuständig sind. Im Notfall gehört zu ihrem Aufgabenkreis auch das stellenweise Wischen des Fußbodens, wenn sich zum Beispiel ein Kind erbrochen hat oder etwas verschüttet wurde. Allgemeine Unterhaltsreinigungen wie das Wischen des Fußbodens oder das regelmäßige Putzen der Sanitärräume gehören nicht zu den Aufgaben einer pädagogischen Fachkraft.

Fall 81: Versetzung.

Fall 82: Abordnung.

Fall 83: Versetzung.

Fall 84: Versetzung.

Fall 85: Nein, die vereinbarte Arbeitsleistung ist persönlich zu erbringen. Ingo muss selbst erscheinen.

Fall 86: Nach ständiger Rechtsprechung ist ein Arbeitgeber zumindest dann, wenn

- die Arbeitsunfähigkeit des Arbeitnehmers objektiv feststeht,
- dieses auch beiden Vertragsparteien bekannt ist,
- der Arbeitnehmer aber sehenden Auges gleichwohl arbeiten will,

aus seiner Fürsorgepflicht heraus verpflichtet, den Arbeitnehmer von dieser Arbeit abzuhalten (Landesarbeitsgericht LAG Hamm, Urteil vom 10.11.1988 – 17 Sa 605/88).
Wird nämlich die Arbeit trotz Fortbestehens der Arbeitsunfähigkeit wieder aufgenommen und tritt dann eine Verschlimmerung ein, wird es zu Problemen mit der Versicherung kommen, die zum einen für diesen weiteren Schadensfall nicht eintritt und unter Umständen für bereits geleistete Zahlungen Regress nehmen wird. Schuldner dieses Regressanspruches sind sowohl Arbeitnehmer:in als auch Arbeitgeber:in. Nicht zuletzt ist auch der Entgeltfortzahlungsanspruch gefährdet, denn wird der Zeitraum der Arbeitsunfähigkeit verlängert, entfällt der Anspruch.
Abzugrenzen hiervon ist der gesetzliche Versicherungsschutz der Berufsgenossenschaften. Diese weisen darauf hin, dass auch in den Fällen der früheren Rückkehr an den Arbeitsplatz der Versicherungsschutz im Falle eines Unfalles auf dem Weg zur oder von der Arbeit bzw. am Arbeitsplatz selbst besteht, vorausgesetzt, die Arbeitsaufnahme dient den betrieblichen Interessen. Den betrieblichen Interessen dient die Arbeitsaufnahme immer dann, wenn trotz Krankschreibung den gewöhn-

lichen Tätigkeiten oder einer Schontätigkeit nachgegangen wird.
Generell gilt: Es ist die Pflicht des/der Arbeitnehmer:in, alles daran zu setzen, die Genesung zu fördern. Daher ist grundsätzlich davon abzuraten, trotz Bestehens einer Krankheit die Arbeit aufzunehmen.
Wer sich jedoch fit fühlt und früher als ursprünglich vorgesehen an seinen Arbeitsplatz zurückkehren möchte, sollte sich hierfür das schriftliche Einverständnis des Arztes geben lassen und auch die Krankenkasse entsprechend informieren.

Fall 87: Ja, dem Träger steht es frei, nur in den Ferienzeiten Urlaub zu gewähren.

Fall 88: Generell gilt die Empfehlung, einen Generalschlüssel nur dann anzunehmen, wenn er zur Ausübung des Dienstes wirklich erforderlich ist. Ist er erforderlich, ist es ratsam, die Haftungsfragen vorab eindeutig zu klären: Hat der Arbeitgeber keine Versicherung abgeschlossen, ist die Annahme des Schlüssels nur zu empfehlen, wenn Renas Berufshaftpflichtversicherung Schadensersatz bei Schlüsselverlust einbezieht. Ist sie dagegen nicht versichert, sollte ihr Arbeitgeber für eine Versicherung Sorge tragen.

Fall 89: Wenn sein Arbeitsvertrag ein Verbot eines Nebenjobs vorsieht und sich auch aus dem Tarifvertrag nichts anderes ergibt, darf Max kellnern.

Fall 90: Es kommt darauf an, wie viel Stunden Max täglich auf dem Oktoberfest kellnert. Wird dabei seine volle Arbeitskraft in Anspruch genommen, wird sich der Urlaubszweck der Erholung nicht einstellen. Der Nebenjob wäre unzulässig.

Fall 91: Die Trägerin macht hier geltend, dass gewichtige betriebliche Gründe im Hinblick auf den Arbeitsablauf bestehen, indem gerade bei geistig behinderten Kindern eine konstante Bezugsperson eine wichtige Rolle in der Erziehungsarbeit spielt. Dies ist zulässiger Versagungsgrund eines Teilzeitwunsches. Die Ablehnung ist rechtens.

Fall 92: Hinsichtlich des ersten Vertrages bestehen keine Bedenken: Er wurde wirksam mit einer Absenkungsklausel von 20 Prozent vereinbart. Der zweite nunmehr angebotene Vertrag ist allerdings nicht wirksam, da der Träger seine Möglichkeiten – nämlich Absenkung auf 28 Stunden – nicht voll ausgeschöpft, sondern Wiebke nur auf 31 Stunden abgesenkt hat. Das Gesetz schreibt jedoch vor, dass der/die Arbeitgeber:in zunächst versuchen muss, seinen/ihren veränderten Bedarf über diese vereinbarte Möglichkeit zu decken. Erst wenn er/sie die vertraglich vereinbarten Möglichkeiten vollumfänglich ausgeschöpft hat, kann er/sie bei Bedarf weitere Maßnahmen ergreifen.

Fall 93: Will Petra ihre Stelle zum 15. des nächsten Monats kündigen, muss ihre Kündigung bis spätestens am 15. des Vormonats (= 4 Wochen vorher) bei ihrer/ihrem Arbeitgeber:in eingegangen sein.

Will ihr das Förderzentrum kündigen, muss eine Kündigungsfrist von drei Monaten beachtet werden, da bei ihr eine zu berücksichtigende Beschäftigungsdauer von acht Jahren gegeben ist (§ 622 Abs. 2 Nr. 3 BGB).

Fall 94: Bettina ist nur soweit zur Rückzahlung verpflichtet, wie

- der/die Arbeitgeber:in nicht zur Kostentragung verpflichtet ist,

- die Rückzahlungsverpflichtungen vor Beginn der Fort- und Weiterbildungsmaßnahmen vereinbart wurden,
- Vorschriften eines eventuell vorliegenden Tarifvertrages beachtet wurden,
- Bettina durch die Maßnahmen einen geldwerten Vorteil erlangt hat und diese nicht nur der Auffrischung bereits vorhandener Kenntnisse dienten sowie
- die jeweilige Bindungsdauer berechnet wurde.

Fall 95: Christina hat in Vertretung des Trägers die Verkehrssicherungspflicht für das Anwesen. Sie hat also dafür zu sorgen, dass sämtliche Gefahren von Dritten, die die Einrichtung bestimmungsgemäß benutzen, abgewendet werden. Zur Erfüllung dieser Pflicht kann sie sich Gehilfen bedienen. Christina sollte unbedingt dem Hausmeister damit beauftragen, den Zuweg zur Einrichtung von Schnee zu befreien und Streumaterial auszubringen. Außerdem ist darauf zu achten, dass der Weg ausreichend beleuchtet ist.

Fall 96: Die Kündigung ist unwirksam, da ihr keine Abmahnung vorausgegangen ist. Vielmehr muss Erik hier zunächst auf sein Fehlverhalten hingewiesen werden und ihm gleichzeitig die Konsequenz seines Verhaltens im Wiederholungsfall (Kündigung) vor Augen geführt werden. Er muss damit Gelegenheit erhalten, sein Verhalten zu bessern.

Fall 97: Die maximale tägliche Arbeitszeit von zehn Stunden wäre hier um eine Stunde überschritten. Allenfalls ist Ingo daher verpflichtet, zwei Stunden an der innerbetrieblichen Fortbildungsmaßnahme teilzunehmen, die dritte Stunde ist ihm freizustellen.

Fall 98: Um den gegensätzlichen Interessen von Rauchern und Nichtrauchern in einer Einrichtung gerecht zu werden, gehen manche Träger dazu über, alle Arbeitnehmer:innen per Dienstplan 60 Minuten Pause zu gewähren: 30 Minuten sind für alle verpflichtend am Stück zu nehmen und liegen wie üblich nach sechs Stunden Arbeitszeit. Damit ist der Träger seiner gesetzlichen Pausengewährungspflicht nachgekommen. Die restlichen 30 Minuten können nach Bedarf der einzelnen Mitarbeiter:innen genommen werden: Entweder als drei zehnminütige Rauchpausen oder als 30 Minuten am Stück – gelegen am Ende der Arbeitszeit sorgen sie für einen früheren Feierabend der Nichtraucher. Auf diese Weise profitieren alle: Die Raucher kommen zu ihren Rauchpausen, die Nichtraucher arbeiten nicht mehr als die Raucher und haben früher Feierabend. Der Träger schließlich ist rechtlich auf der sicheren Seite, riskiert keine Bußgelder und hat den Vorteil, dass er ohne Personalmehrkosten die Einrichtung länger geöffnet halten kann.

Fall 99: Die Vorbereitungszeit, die ein:e Arbeitnehmer:in braucht, um sich selbst auf die Arbeit vorzubereiten, die sogenannte Rüstzeit, ist Element des allgemeinen Arbeitsalltags und muss vor Beginn der eigentlichen bezahlten Arbeitszeit erledigt werden. Anders verhält es sich bei Arbeiten, die der Träger anordnet, um die Kita in einen arbeitsfähigen Zustand zu bringen. Diese gehören zur bezahlten Arbeit. Gleiches gilt bei Büroarbeitsplätzen für die Zeit, die der PC braucht, um hoch zu fahren, und eventuelle Installierung von Updates.

Fall 100: Nur die Lohnvereinbarung ist nach dem Günstigkeitsprinzip wirksam, die Verkürzung des Urlaubes ist wegen Verstoß gegen die zwingende Wirkung des Tarifvertrages unwirksam. Leo erhält daher 3.650 Euro Gehalt und 30 Arbeitstage Urlaub.

Fall 101: Tendenzbetriebe können Arbeitnehmer:innen besondere Loyalitätsverpflichtungen auferlegen. Mit Unterschrift unter den Arbeitsvertrag verpflichtet sich der/die jeweilige Arbeitnehmer:in zu ihrer Einhaltung.

Fall 102: Natascha hat selbst nicht wahrgenommen, was Frau Meier gesagt hat. Sie kann zwar bezeugen, dass es ein Telefonat gegeben hat, aber nicht bezeugen, welchen Inhalt es hatte. Sie ist daher keine taugliche Zeugin (= „Zeuge vom Hörensagen") im Zivilprozess.

Fall 103: Nein, im Sozialrecht gelten die Prinzipien der Freiwilligkeit und der Antragstellung, d.h. ohne Antrag bzw. gegen den Willen des Berechtigten werden keine sozialrechtlichen Leistungen gewährt. Der Antrag ist vom Berechtigten bzw. seinen gesetzlichen Vertreter:innen zu stellen.

Fall 104: Es liegt ein Arbeitsunfall vor, da Nina in Ausübung einer versicherten Tätigkeit verunfallt ist. Die GUV wird für ihre Heilbehandlung aufkommen. Wenn Nina bei einem freien Träger beschäftigt ist, ist nicht die GUV, sondern die Berufsgenossenschaft für den Versicherungsfall zuständig.

Fall 105: Rauchen ist eine eigenwirtschaftliche Tätigkeit. Es liegt kein Arbeitsunfall vor.

Fall 106: Der Einkauf im Supermarkt ist nicht versichert. Setzt Eva nach einer Stunde den Heimweg fort, lebt der Versicherungsschutz wieder auf. Macht sie sich nach ihrem Café-Aufenthalt erst nach drei Stunden auf den Weg, besteht kein Versicherungsschutz mehr.

Fall 107: Philipp ist auf dem Weg zu seiner versicherten Tätigkeit verunfallt. Es liegt ein Wegeunfall vor. Das Gericht hat im zugrunde liegenden Fall entschieden, dass zwar prinzipiell der häusliche Bereich der Startpunkt sein muss, aber nicht notwendigerweise der eigene häusliche Bereich.

Fall 108: Der Weg zur Gartenpforte ist der versicherte Weg, unmittelbar dahinter beginnt Toms versicherte Tätigkeit. Die Aufsichtspflicht der Fachkräfte beginnt im Falle der sogenannten Selbstübergabe mit der tatsächlichen Inempfangnahme des Kindes.

Fall 109: Die Mitnahme eines Kindes einer Kita im Privat-Pkw von Fachkräften ist nicht vom Betreuungsvertrag mit der Einrichtung gedeckt. Sie bedarf daher in jedem Fall der Einwilligung der Eltern. Darüber hinaus sind etwaige entgegenstehende Dienstanweisungen des Trägers oder Regelungen im Arbeitsvertrag zu beachten. Da es sich um ein Angebot der Kita handelt, sind die Kinder gesetzlich unfallversichert. Denkbare Ansprüche gegen eine Kfz-Versicherung stehen dahinter zurück. Für Sachschäden am eigenen und fremden Pkw gelten die allgemeinen Schadensregulierungsgrundsätze:

- Hat die Gegenseite Schuld, wird der Schaden von der Versicherung des Unfallgegners reguliert.
- Hat die Fachkraft Schuld und ist vollkaskoversichert, werden sämtliche Sachschäden von ihrer Versicherung reguliert. Sie selbst trägt eine eventuelle Selbstbeteiligung und die Mehrkosten durch die Höherstufung der Versicherung aufgrund des Unfalls.

- Hat die Fachkraft Schuld und ist teilkaskoversichert, reguliert die Versicherung lediglich den Schaden des Unfallgegners. Den Schaden am eigenen Auto trägt die Fachkraft selbst. Hinzu kommt noch die Höherstufung in der Versicherung.

Von der Beförderung der Kinder mit dem eigenen Pkw ist wegen der dargestellten Haftungsgrundsätze und dem erheblichen Risiko eines wirtschaftlichen Schadens abzuraten. Will man sich dennoch diesem Risiko aussetzen, muss das Kind vorschriftsmäßig gesichert sein, d.h. es muss auf einem für die jeweilige Alters- und Gewichtsklasse zugelassenen Kindersitz korrekt angeschnallt sein. Weiterhin muss der Kindersitz selbst korrekt montiert sein. Wird der Schaden grob fahrlässig verursacht, zum Beispiel durch mangelnde Sicherung des Kindes, Rotlichtverstöße, Geschwindigkeitsübertretungen, Alkoholfahrten etc., ist mit Regressansprüchen der Unfallkasse zu rechnen.

Fall 110: Ja, Schnupperkinder sind gesetzlich unfallversichert.

Fall 111: Ja, für Besuchskinder besteht Versicherungsschutz, wenn der Besuch mit den Fachkräften vereinbart wurde.

Fall 112: In allen Bundesländern sind Vorsorgeuntersuchungen verbindlich festgelegt. Daher wird ein gesetzlicher Unfallversicherungsschutz für die Dauer der Untersuchung in diesen Fällen aus § 2 Abs. 1 Nr. 3 SGB VII abgeleitet, denn es handelt sich um eine Untersuchung, die aufgrund von Rechtsvorschriften zur Aufnahme einer versicherten Tätigkeit erforderlich ist. Zudem wird diese Maßnahme von einer Behörde veranlasst.

Fall 113: Hortkinder sind gesetzlich unfallversichert, solange sie ihre versicherte Tätigkeit – hier: den Hortbesuch – ausüben sowie auf den Wegen zum und vom Hort. Somit ist nach Beendigung des Hortaufenthaltes noch der direkte Heimweg versichert, dann aber endet der Versicherungsschutz mit Durchschreiten der Wohnungstür. Er lebt nur dann erneut auf, wenn das Kind den Hort später zu einer Veranstaltung wieder aufsucht, die dem organisatorischen Verantwortungsbereich des Hortes zuzurechnen ist. Das ist hier jedoch nicht der Fall.

Fall 114: Vivian ist nicht in der Einrichtung angemeldet und kommt auch nicht aus anderen in § 2 Abs. 1 SGB VII genannten Gründen in die Einrichtung. Sie ist nicht gesetzlich unfallversichert.

Fall 115: Malte und Tim haben ihren Weg aus privaten Gründen für mehr als zwei Stunden unterbrochen. Da der Besuch des Schulkameraden auch einen Um- bzw. Abweg vom direkten Weg darstellt, entfällt der Versicherungsschutz für den Weg bereits von Anfang an, unabhängig vom Ausmaß der Verspätung. Malte ist nicht gesetzlich unfallversichert.

Fall 116: Nehmen Kinder im Rahmen ihres Besuchs einer Tageseinrichtung im Sinne von § 45 SGB VIII an einem Sprachförderkurs teil, stehen sie unter dem Schutz der gesetzlichen Unfallversicherung, da die Sprachförderung nach § 22 SGB VIII integraler Bestandteil des Bildungsauftrages einer Kita ist.

Fall 117: Eltern sind bei Besuchen von Elternabenden, Infoveranstaltungen etc. eigenwirtschaftlich tätig und unterfallen nicht dem gesetzlichen Unfallversicherungsschutz. Für die Wahrnehmung von Beratungs- und Hilfsangeboten, aber auch von freizeit- und gesundheitsbezogenen Angeboten gilt dasselbe entsprechend.

Fall 118: Für Heilbehandlung und eventuelle Rehabilitation kommt die Unfallkasse auf. Auch die Brille wird ersetzt: Zwar gilt der Grundsatz, dass Sachschäden nicht von der Unfallversicherung übernommen werden; für Hilfsmittel, die eine körperliche Minderfunktion ausgleichen, wird dieser Grundsatz allerdings durchbrochen. Die Schäden am Rucksack und seinem Inhalt werden nicht ersetzt.

Fall 119: Kinder mit akuten Krankheiten vorübergehender Art wie grippaler Infekt, Bauch- oder Kopfweh, gebrochener Arm etc. und damit erhöhtem Schonungsbedürfnis gehören nach Hause und keinesfalls in die Einrichtung. Ansteckend erkrankte Kinder (z.B. grippaler Infekt oder Durchfallerkrankung) müssen nach dem Infektionsschutzgesetz ohnehin der Einrichtung fernbleiben, denn Gemeinschaftseinrichtungen haben danach die Aufgabe, die Weiterverbreitung von ansteckenden Krankheiten zu verhindern.

Fall 120: Ist das Kind fit und hat die eigentliche Krankheit überstanden, und sind die Eltern auf den Betreuungsplatz angewiesen, wäre es unverhältnismäßig, ihnen diese Bitte zu verweigern.

Fall 121: Die Gabe einer Tablette wäre eine unzulässige Heilbehandlung und würde den Tatbestand der gefährlichen Körperverletzung in Form der Vergiftung (§ 224 StGB) erfüllen, da Gift definiert ist als „jeder anorganische oder organische Stoff, der die Gesundheit durch chemische oder chemisch-physikalische Wirkung zu beeinträchtigen vermag". Gegen das Fiebermessen mit einem Ohr-Thermometer spricht nichts, soweit die Grundrechte des Kindes aus Art. 2 GG dabei gewahrt bleiben (siehe Kapitel 3.9.2).

Fall 122: Manuela ist dazu verpflichtet, Chiara Erste Hilfe zu leisten. Hierzu gehören die Desinfektion der Wunde, sofern vorher eine etwaige Allergie gegen das Mittel ausgeschlossen wurde, und die Versorgung mit einem Pflaster bzw. Verband. Heilsalben dürfen nicht verabreicht werden.

Fall 123: Gemeinschaftseinrichtungen sind nach dem Infektionsschutzgesetz dazu verpflichtet, eigenverantwortlich Maßnahmen zu ergreifen, damit sich ausbreitungsfähige Krankheiten nicht ausbreiten. Ein Läusebefall gilt als ausbreitungsfähige Krankheit. Manuela darf Lilo auf Läuse untersuchen, muss aber darauf achten, dass Lilos APR (siehe Kapitel 28.9) gewahrt bleibt, und insbesondere jeglichen Prangereffekt bei der Untersuchung vermeiden.

Fall 124: Haben Eriks Eltern für diesen Fall eine Einwilligungserklärung unterschrieben, darf Heike die Zecke entfernen. Dies muss sie nach den allgemeinen Standards der ersten Hilfeleistung durchführen, also so, wie sie es im Erste-Hilfe-Kurs gelernt hat. Anschließend sollte sie die Stelle markieren, damit Eriks Eltern sie in der Folgezeit auf Veränderungen hin beobachten können. Liegt Heike keine Einwilligungserklärung der Eltern vor, muss sie diese unverzüglich informieren, damit sie ihrerseits für eine rasche Entfernung Sorge tragen können.

Fall 125: Caroline sollte Leandros Mutter raten, sich an das Jugendamt zu wenden. Dort besteht die Möglichkeit, eine Beratung in Fragen der Partnerschaft, Trennung und Scheidung nach § 17 SGB VIII zu erhalten.

Fall 126: Ina sollte Annikas Mutter raten, sich an das Jugendamt zu wenden. Annikas Mutter hat einen Anspruch auf

- Beratung und Unterstützung bei der Geltendmachung von Unterhaltsansprüchen (§ 18 SGB VIII),
- Unterhaltsvorschuss vom Jugendamt nach Unterhaltsvorschussgesetz (UVG),
- Beratung und Vermittlung hinsichtlich möglicher Umgangsregelungen (§ 18 III SGB VIII).

Fall 127: Elisa kann Linda raten, sich an das Jugendamt zu wenden. Dort kann sie einen Antrag auf Unterbringung in einer geeigneten Wohnform nach § 19 SGB VIII stellen.

Fall 128: Für Tom kommen Hilfen für junge Volljährige in Betracht. Dennis sollte ihm empfehlen, das Jugendamt aufzusuchen und sich entsprechend beraten zu lassen.

Fall 129: Hanna sollte, gegebenenfalls unter Einbezug der Eltern des Kindes, gegenüber der zuständigen Dienststellenleitung auf Einbeziehung ihrer Kita in den Hilfeprozess insistieren.

Fall 130: Die Jugendgerichtshilfe wird von Freddy Auskünfte über die Persönlichkeit, den Entwicklungsstand und das Verhalten der beiden Jungen in der Tagesgruppe erbitten. Freddy ist verpflichtet, mit der Jugendgerichtshilfe zusammenzuarbeiten und diese Auskünfte zu erteilen.

Fall 131:
Fehlende Konzentration = Schlussfolgerung; besser wäre es gewesen, die Anzeichen zu nennen, aus der diese Schlussfolgerung gezogen wird.
Getriebene Bewegungen = uneindeutig, fordert zur Interpretation auf.
Nichtwahrnehmung berechtigter Ansprüche = enthält eine Wertung und somit eine Schlussfolgerung.
Berichtet von Albträumen = Es wird nicht klar, ob Tom oder Mechthild die Träume als Albträume werten.
Zieht sich oft zurück = Die folgende Situationsbeschreibung in Klammern erfüllt die Anforderungen an eine Dokumentation.
Aussagen der Oma = Müssen in der indirekten Rede verfasst sein.

Fall 132: Ja, Marina liegt richtig. Die Damen vom Elternbeirat haben in der Runde nichts zu suchen (siehe Kapitel 21.1.2).

Fall 133: Auch Daten, die durch ungezieltes Beobachten von spielenden Kindern gewonnen werden, können als anvertraut gelten und damit unter den besonderen bereichsspezifischen Sozialdatenschutz fallen. Jana darf ihre Beobachtungen nur unter Beachtung der Anforderungen des § 65 Abs. 1 Nr. 4 SGB VIII weitergeben, d.h. nur an die Leitung, nicht aber an ihre Kolleg:innen.

Fall 134: Nicole darf und muss die Schläge mit dem Gürtel an die Leitung weitergeben, den Gefängnisaufenthalt darf sie nicht weitergeben.

Fall 135: Veronika sollte auf eine zeitnahe ärztliche Abklärung der Entwicklungsverzögerungen hinwirken. Verweigern die Eltern die Mitarbeit, lässt dies genauso wie ihre Äußerungen Veronika gegenüber erkennen, dass es ihnen an Problemakzeptanz mangelt. In diesem Fall sollte Veronika das Gespräch dokumentieren und die Leitung zwecks Einleitung eines 8 a-Verfahrens informieren.

Fall 136: Sämtliche Personen in dieser Geschichte, also Robin, Robins Opa, Tante Gundi, Robins Eltern und auch der Nachbar, sind Betroffene im Sinne des Datenschutzes.

Fall 137: Die Auskunft darf erteilt werden, wenn sich beide sorgeberechtigten Elternteile mit der Auskunftserteilung einverstanden erklären.

Fall 138: Die Mutter hat zwar ein jederzeitiges Einsichtsrecht, da es sich um die Daten ihres Kindes handelt, aber keinen Anspruch darauf, dass ihr die Originaldokumente ausgehändigt werden, die in der Einrichtung für die Erfüllung des Förderauftrages benötigt werden und zu diesem Zweck angefertigt wurden. Der Mutter sind aber Kopien der Dokumentationen auszuhändigen.

Fall 139: Paula hat Janine in Erfüllung ihrer Pflichten nach Mutterschutzgesetz von ihrer Schwangerschaft in Kenntnis gesetzt. Demzufolge unterliegt dieses Datum dem bundesrechtlichen Datenschutz. Eine Offenlegung dieses Datums im Rahmen des Elternabends stellt einen Verstoß gegen das BDSG dar.

Fall 140: Die Veröffentlichung von Bildern der betreuten Kinder auf der Homepage von Kindertagesstätten ist nicht zur Erfüllung der Aufgaben einer Kita erforderlich. Vielmehr ist die Aufgabe einer Kita die Bildung, Erziehung und Betreuung der anvertrauten Kinder. Werbemaßnahmen gehören nicht dazu. Die Einholung einer Einwilligungserklärung von den Eltern ist somit zweckwidrig und daher datenschutzrechtlich unzulässig. Es ist unerheblich, ob hierfür eine Einwilligung vorliegt, denn jedenfalls hätte sie nicht eingeholt werden dürfen.

Fall 141: Kindertageseinrichtungen sind den Kinderrechten verpflichtet. Eva muss hier zum Schutz von Max` Kinderrecht Nummer 5 (Recht auf Privatsphäre) tätig werden, denn Max allein entscheidet darüber, wer in das von ihm angefertigte Portfolio Einblick nehmen darf. Er entscheidet auch selbst darüber, welche Dokumente Eingang in dieses Portfolio finden und gegebenenfalls wieder herausgenommen werden. Selbst Eva muss, will sie Einblick in Max` Portfolio nehmen, ihn zuvor um Einwilligung bitten.

Fall 142: Anke darf beide Verteiler nur verdeckt versenden.

Fall 143: Anke muss diese Datenpanne innerhalb von 72 Stunden dem/der Landesdatenschutzbeauftragten melden. Darüber hinaus ist die Datenpanne auch der zuständigen Rechtsaufsichtsbehörde (JA) anzuzeigen.

Fall 144: Die Polizei hat keine Handhabe, hier tätig zu werden, da das Jugendschutzgesetz nur in der Öffentlichkeit gilt und nicht im familiären Bereich. Sie wird aber eine Meldung an das Jugendamt machen.

Fall 145: Nein. Kinder dürfen in der Öffentlichkeit keine alkoholischen Getränke erhalten oder konsumieren (§ 9 Abs. 1 JSchG). Da dies auch für branntweinhaltige Lebensmittel mit einem Gesamtalkoholgehalt von mehr als 1 Prozent gilt, kann sich diese Bestimmung somit auch auf Pralinen, Eisbecher oder Kuchen erstrecken.

Fall 146: Die Polizisten werden Kim mitnehmen, da sie mit 17 Jahren nicht allein um 1 Uhr nachts in der Diskothek sein darf. Sie gilt als allein anwesend, da ihre erziehungsbeauftragte Person nicht in der Nähe ist. Dem

Inhaber der Diskothek wird ein Bußgeld auferlegt werden.

Fall 147: Mike muss die Altersfreigabe des Films beachten.
Wenn Mike nicht mitgeht, muss er in Abhängigkeit des Alters der Jugendlichen zeitliche Begrenzungen für unbegleitete Kinobesucher:innen beachten:
Kinder unter 14 Jahren: bis 20 Uhr
Jugendliche bis 15 Jahre: bis 22 Uhr
Jugendliche bis 18 Jahre: bis 24 Uhr

Fall 148: Das Jugendschutzgesetz schweigt sich darüber aus, wie lange sich Kinder und Jugendliche abends draußen aufhalten dürfen. Mangels gesetzlicher Regelung ist dies theoretisch unbegrenzt möglich und unterliegt dem Verantwortungsbereich der Eltern.

Fall 149:
Pro: Alle können nutznießen, Double-Loop-Learning auf dem Weg zur Lernenden Organisation, Einrichtung managt aktiv ihr Wissen.
Contra: Der Einzelne könnte sich durch diese Pflicht von einer Fortbildung abhalten lassen, viel Wissen geht verloren durch Vergessen, Fehleranfälligkeit hinsichtlich des letztlich vermittelten Wissens ist hoch.

Fall 150: Nein, denn auf diese Weise ist nicht gewährleistet, dass Hackfleisch am Verzehrtag eingekauft wird. Der CCP ist unter Kontrolle zu bringen, indem zum Beispiel eine andere Erzieherin für den Einkauf zuständig ist, die auf ihrem Weg zur Arbeit das Hackfleisch besorgen kann.

B Prüfungsvorbereitung

B.1 Fragen zum Staatsrecht

- Welche Voraussetzungen müssen vorliegen, damit ein Staat gegeben ist?
- Nennen Sie mindestens vier Aufgaben eines Staates.
- Wann trat das Grundgesetz (GG) in Kraft?
- Welches Menschenbild ist dem GG immanent?
- Nach welchen Verfassungsprinzipien ist unser Staat organisiert?
- Nennen und erläutern Sie mindestens drei Merkmale einer echten Demokratie.
- Nennen Sie mindestens drei Formen direkter politischer Mitwirkung.
- Nennen Sie mindestens sieben Elemente des Rechtsstaats.
- Was besagt die Ewigkeitsgarantie und wo ist sie normiert?
- Was ist objektives Recht?
- Was ist subjektives Recht?
- Was ist ein Rechtsverhältnis?
- Welche Aufgaben hat das Recht?
- Aus welchen Rechtsquellen speist sich unser Recht?
- Was ist Naturrecht?
- Was ist Gewohnheitsrecht?
- Was ist Richterrecht?
- Wie werden Gesetze unterschieden?
- Was sind Rechtsverordnungen?
- Was ist der Vorteil von Rechtsverordnungen?
- Was bedeutet der Begriff „Rechtsetzungsbefugnis"?
- Was sind Satzungen?
- Erklären Sie die Hierarchie der Normen.
- Was ist eine Rechtsnorm?
- Was ist Privatrecht?
- Was ist das Kennzeichen des Privatrechts?
- Was meint der Begriff der Vertragsfreiheit?
- Was ist der Inhalt der Vertragsfreiheit?
- Besteht die Vertragsfreiheit grenzenlos?
- Was ist öffentliches Recht?
- Was ist das Kennzeichen des öffentlichen Rechts?
- Wo ist das Sozialstaatsprinzip verankert?
- Was ist das Ziel des Sozialstaatsprinzips?
- Zu was ist der Staat im Rahmen seiner Sozialstaatlichkeit verpflichtet?
- Wo stehen die Grundrechte im GG?
- In welche Arten werden sie unterschieden?
- Was ist ihnen gemeinsam?
- Wann beginnt das Leben in verfassungsrechtlicher Hinsicht?
- Gelten die Grundrechte auch im Verhältnis der Bürger untereinander?
- Wie muss nach dem Bundesverfassungsgericht der Staat im Rahmen des Art. 3 GG handeln?
- Was besagt der Verhältnismäßigkeitsgrundsatz?

- Was bedeutet der Begriff „Gesetzesvorbehalt"?
- Was ist ein einfacher, was ein qualifizierter Gesetzesvorbehalt?
- Was sind verfassungsimmanente Schranken und welche kennen Sie?
- Ist die Menschenwürde ein Grundrecht?
- Welche Grundrechte des Kindes werden in BVerfGE 24, 119 genannt?
- Was ist die dreifache verfassungsrechtliche Bedeutung des Art. 6 Abs. 1?
- Was besagt die Institutsgarantie?
- Was bedeutet „Reflexrecht"?
- Welche Funktion hat der Staat innerhalb der Eltern-Kind-Beziehung?
- Was ist das Wesen des Elternrechts?
- Was bedeutet „Wächteramt des Staates" und woraus bezieht es seine Rechtfertigung?
- Welche Bedeutung hat der Verhältnismäßigkeitsgrundsatz für Eingriffe in das Elternrecht?
- Wie viele Wahlrechtsgrundsätze gibt es und wie heißen sie?
- Welche Wahlsysteme werden unterschieden
- Welche Verfassungsorgane kennen Sie??
- Wer wählt den Bundespräsidenten?
- Aus welchen Mitgliedern besteht die Bundesregierung und nach welchen Prinzipien arbeiten diese?
- Wer ist befugt, eine Partei zu verbieten?
- Was bedeutet der Begriff „Gesetzgebungskompetenz"?
- Wem steht Gesetzgebungskompetenz zu?
- Was bedeutet der Subsidiaritätsgrundsatz?
- Welche obersten Gerichtshöfe des Bundes gibt es und wo befinden sie sich?

B.2 Fragen zum Strafrecht

Allgemeiner Teil

- Unter welchen Voraussetzungen ist menschliches Handeln strafbar?
- Was ist Generalprävention, was ist Spezialprävention?
- Welchen Ansatz verfolgt das Bundesverfassungsgericht?
- Unter welchen Voraussetzungen kann eine Tat bestraft werden?
- Welche Handlungsformen kennt das Strafrecht?
- Welche Arten des Vorsatzes kennen Sie?
- Was bedeutet Fahrlässigkeit?
- Wie werden Unterlassungsdelikte unterschieden?
- Wie lautet der Prüfungsaufbau einer vorsätzlichen Straftat?
- Was bedeutet objektiver Tatbestand?
- Was bedeutet subjektiver Tatbestand?
- Wann ist eine Straftat nicht rechtswidrig? Nennen Sie Beispiele.
- Was sind die Voraussetzungen einer wirksamen Einwilligungserklärung?
- Was wird auf der Schuldebene geprüft?
- Wann handelt der Täter ohne Schuld? Nennen Sie Beispiele.
- Was bedeutet Fahrlässigkeit?
- Wann wirkt ein Rücktritt vom Versuch strafbefreiend?
- Erklären Sie die Begriffe: Täterschaft, Beihilfe, Anstiftung.
- Wann ist Jugendstrafrecht anzuwenden?
- Welche Folgen hat eine Straftat bei Jugendlichen und bei Erwachsenen?

- Was bedeutet „lebenslänglich" für die Dauer einer Freiheitsstrafe?
- Wie bemisst sich eine Geldstrafe?
- Welche Maßregeln der Besserung und Sicherung kennen Sie?

Besonderer Teil

- Ist ein Fahrlässigkeitsdelikt auch durch Unterlassen begehbar?
- Wann beginnt und endet das menschliche Leben in strafrechtlicher Hinsicht?
- Was ist der Unterschied zwischen Totschlag und Mord?
- Woraus kann sich eine Obhutspflicht ergeben?
- Was ist der Erfolg des § 221 StGB? Was ist hierfür nicht erforderlich?
- Wann ist eine Person „zur Erziehung anvertraut"?
- Warum gibt es für Angehörige bestimmter Berufe eine Schweigepflicht?
- Wann ist ein Geheimnis „anvertraut"?
- Was versteht man unter „Drittgeheimnis"?
- Unter welchen Voraussetzungen kann ein Geheimnis offenbart werden?
- Welche Offenbarungsbefugnisse aufgrund gesetzlicher Vorschriften kennen Sie? Für wen gelten sie?
- Haben Sozialarbeiter:innen und Sozialpädagog:innen ein Zeugnisverweigerungsrecht?
- Welche Prinzipien gelten im Strafprozess?
- Nennen Sie die Voraussetzungen der Untersuchungshaft.
- Unter welchen Voraussetzungen kann ein Strafbefehl erlassen werden?
- Skizzieren Sie den Weg von der Straftat bis zur Strafverbüßung.

B.3 Fragen zum Zivilrecht

- Wie wird das Zivilrecht auch genannt?
- Was regelt das Zivilrecht?
- Wann ist das Bürgerliche Gesetzbuch (BGB) in Kraft getreten?
- Wie ist das BGB aufgebaut?

Schuldrecht

- Erklären Sie den Unterschied zwischen rechtsgeschäftlichen und gesetzlichen Schuldverhältnissen.
- Wie entsteht ein Vertrag?
- Was ist eine Willenserklärung?
- Was sind die essentialia negotii und wofür sind sie wichtig?
- Was ist eine invitatio ad offerendum?
- Warum hat die Rechtslehre dieses Rechtsinstitut geschaffen?
- Ist bloßes Schweigen eine Willenserklärung?
- Was ist konkludentes Handeln? Reicht es für einen Vertragsschluss aus?
- Wer gilt als minderjährig?
- Sind Minderjährige rechtsfähig?
- Was bedeutet Rechtsfähigkeit?
- Was ist Geschäftsfähigkeit?
- Sind Minderjährige geschäftsfähig?
- Was besagt der Taschengeldparagraf?
- Worin besteht in diesem Zusammenhang das Problem des Ratenkaufs?
- Gibt es das totale Taschengeld? Begründen Sie Ihre Antwort.
- Was besagt die Privatautonomie? Aus welchen Elementen besteht sie?
- Was ist der Unterschied zwischen Gewährleistungsanspruch und Umtauschmöglichkeit?

Kindergarten-Betreuungsvertrag

- Was ist die Rechtsnatur des Betreuungsvertrages?
- Ist es für einen Kindergartenvertrag rechtlich von Belang, welche Rechtsform der Träger hat?
- Wer sind die Vertragspartner eines Betreuungsvertrages?
- Welche Rechtsstellung hat dabei das Kind inne?
- Nach welchen Rechtsnormen richtet sich die juristische Bewertung des Betreuungsvertrages?
- Sind Allgemeine Geschäftsbedingungen im Vertrag zulässig?
- Was ist der Unterschied zwischen Kindergartensatzung und Kindergartenordnung?
- Ist die Satzung/Ordnung Bestandteil des Kindergartenvertrages?
- Welchen Kündigungsfristen unterliegt ein Kindergartenvertrag?
- Kann man einen Kindergartenvertrag fristlos kündigen?
- Was kommt als „wichtiger Grund" für eine Kündigung in Betracht?

Aufsichtspflicht

- Wer muss beaufsichtigt werden?
- Warum muss beaufsichtigt werden?
- Was ist der Inhalt der Aufsichtspflicht
- Was ist originäre Aufsichtspflicht? Wer hat sie inne?
- Was ist abgeleitete Aufsichtspflicht? Wer hat sie inne?
- Erklären Sie den Satz: „Eine aufsichtspflichtfreie Zeit gibt es nicht!"
- Welche Arten von Aufsichtspflicht werden unterschieden? Nennen Sie Beispiele
- Wie erkennen Sie Gefälligkeitsaufsicht?
- Welcher Grundsatz zur Aufsichtspflicht gilt beim offenen Betrieb?
- Und welche Ausnahme hierzu gilt beim offenen Betrieb?
- Wann beginnt und endet die Aufsichtspflicht?
- Was sind die Faktoren der Aufsichtspflicht?
- Wie ist Aufsicht konkret zu führen?

Schadensersatz und Haftung

- Was ist ein Delikt?
- Was ist der Unterschied zwischen Schadensersatz und Geldstrafe?
- Wie prüft ein Richter den § 823 BGB?
- Welche Rechtsgüter schützt § 823 BGB?
- Ist auch ein Unterlassen ein „Tun" im Sinne des § 823 BGB?
- Was ist eine Garantenstellung?
- Welche Garantenstellungen kennen Sie?
- Was sind Rechtfertigungsgründe?
- Wo werden Rechtfertigungsgründe geprüft?
- Welche Rechtfertigungsgründe kennen Sie?
- Welcher Rechtfertigungsgrund wurde abgeschafft? Wann?
- Erklären Sie den Begriff der „rechtfertigenden Pflichtenkollision".
- Was meint der Begriff „Verschulden"?
- Was ist für eine Haftung prinzipiell beim Täter erforderlich?
- Was bedeutet der Begriff der „Zurechnungsfähigkeit"?
- Ab wann ist ein Minderjähriger deliktfähig?
- Was ist der Unterschied zwischen Geschäfts- und Deliktfähigkeit?
- Warum besteht dieser Unterschied?

- Ist die Deliktfähigkeit die einzige Voraussetzung für eine Haftung des Minderjährigen?
- Wann haftet ein Minderjähriger auch strafrechtlich?
- Wie nennt man diese „Qualifikation"?
- Erklären Sie die Regelungen des § 828 BGB in eigenen Worten.
- Was sollte man sich im Rahmen des § 828 Absatz 2 BGB unbedingt merken?
- Was bedeutet „Mitverschulden"?
- Was ist die Rechtsfolge von Mitverschulden?
- Wann zahlt eine Haftpflichtversicherung?
- Welche Konsequenzen kann eine Verletzung der Aufsichtspflicht rechtlich haben?
- Auf was ist bei Schadensersatzfällen als erstes zu achten?
- Und als zweites?
- Welche Norm ist einschlägig, wenn das Kind selbst zu Schaden kommt?
- Was ist das sozialrechtliche Haftungsprivileg? Wo ist es normiert?
- Wie kommt das geschädigte Kind an Schmerzensgeld?
- Wann kommt Regress in Betracht?
- Was ist unbewusste Fahrlässigkeit?
- Was ist bewusste Fahrlässigkeit?
- Welche Norm ist einschlägig, wenn ein unbeteiligter Dritter zu Schaden kommt?
- Greift das sozialrechtliche Haftungsprivileg auch in diesen Fällen? Begründen Sie Ihre Antwort.
- Was bedeutet Gesamtschuldnerschaft?
- Wie kann Gesamtschuldnerschaft im Bereich von Kindertageseinrichtungen aussehen? Geben Sie ein Beispiel.
- Welche strafrechtlichen Tatbestände sind im Bereich von Kindertageseinrichtungen bei Verletzung von Aufsichtspflichten denkbar?
- Welche Beweislast gilt im Strafverfahren?
- Welche arbeitsrechtlichen Folgen kommen bei einer Verletzung der Aufsichtspflicht in Betracht?

Familienrecht

- Wie lautet die Definition von „Familie"?
- Welche Güterrechtsmodelle kennt das BGB?
- Welche Rechtsnatur hat das Eltern-Kind-Verhältnis?
- Wann liegt gemeinsame Sorge vor?
- Was ist die zentrale Norm der elterlichen Sorge?
- Welche Teilbereiche umfasst die elterliche Sorge?
- Was ist laut Gesetz der Inhalt der Personensorge?
- Ist diese Aufzählung abschließend?
- Welchen Erziehungsstil präferiert der Gesetzgeber?
- Was gilt für das elterliche Züchtigungsrecht?
- Was gilt bei der Berufswahl des Kindes für die Einwirkungsrechte der Eltern?
- Was beinhaltet der familienrechtliche Herausgabeanspruch?
- Wie kann er durchgesetzt werden?
- Was bedeutet der Herausgabeanspruch für Kindertageseinrichtungen?
- Was meint der Begriff „Umgangsverbot"?
- Was meint der Begriff „Alltagssorge"?
- Wovon ist die Alltagssorge abzugrenzen?

- Was ist das Aufenthaltsbestimmungsrecht?
- Was ist das Notvertretungsrecht? Wo ist es normiert?
- Erklären Sie den Sorgfaltsmaßstab des § 1664 BGB mit eigenen Worten.

Betreuungsrecht

- Unter welchen Voraussetzungen kann für einen Volljährigen eine Betreuung angeordnet werden?
- Welche Pflichten obliegen dem Betreuer?
- Erläutern Sie den Prozess bis zur Bestellung eines Betreuers.
- Wie lange darf eine Betreuung andauern?
- Wer kommt als Betreuer infrage?
- Was sind freiheitsentziehende Maßnahmen?
- Wann bedarf eine freiheitsentziehende Maßnahme nicht der Genehmigung des Betreuungsgerichts?
- Ist eine freizeitsentziehende Maßnahme auch ohne gerichtliche Genehmigung zulässig?
- Ist die Ehegeschäftsfähigkeit dasselbe wie die Geschäftsfähigkeit?

B.4 Fragen zum Arbeitsrecht

- In welche Teilbereiche wird das Arbeitsrecht unterschieden? Welche Themen umfassen sie jeweils?
- Wer ist Arbeitnehmer:in?
- Wie kommt ein Arbeitsvertrag zustande?
- Was gilt, wenn Minderjährige einen Arbeitsvertrag eingehen?
- Wann ist ein Arbeitsvertrag nichtig?
- Wozu verpflichtet das Nachweisgesetz den/die Arbeitgeber:in?
- Welche Fragen des/der Arbeitgeber:in muss der/die Bewerber:in beantworten?
- Wann darf man auf eine Frage im Einstellungsgespräch lügen?
- Welche Quellen gestalten das Arbeitsverhältnis?
- Was bedeutet der Begriff der betrieblichen Übung?
- Was ist eine Betriebsvereinbarung? Wann ist sie gültig?
- Was ist der Unterschied zwischen Betriebsvereinbarung und betrieblicher Übung?
- Wann hat ein/e Arbeitnehmer:in Anspruch auf Weihnachtsgeld, wenn dies vertraglich oder tarifvertraglich nicht vereinbart ist?
- Was versteht man unter dem Direktionsrecht?
- Wo liegen die Grenzen des Weisungsrechts?
- Welche Haupt- und Nebenpflichten entstehen aus dem Arbeitsverhältnis für Arbeitgeber:innen und Arbeitnehmer:innen?
- In welchen Fällen bekommt der/die Arbeitnehmerin seinen/ihren Lohn, obwohl er/sie nicht arbeitet?
- Wo ist der Urlaubsanspruch geregelt?
- Wodurch kann die Arbeitspflicht verletzt werden?
- Welche Arbeitnehmer:innenpflichten bestehen im Zusammenhang mit Krankmeldung und Krankschreibung?
- Welche Unterscheidungen sind im Rahmen der Schweigepflicht zu beachten?
- Was besagen die Grundsätze über den innerbetrieblichen Schadensausgleich?
- Unter welchen Voraussetzungen ist die Befristung eines Arbeitsverhältnisses zulässig?
- Wie kann ein Arbeitsverhältnis beendet werden?

- Was ist ein Aufhebungsvertrag?
- Was ist die Wirkung eines Aufhebungsvertrages und was ist hier hinsichtlich einer etwaigen Sperrfrist zu beachten?
- Welche Kündigungsarten werden unterschieden?
- Bedarf eine fristgemäße Kündigung eines Grundes?
- Nennen Sie mindestens fünf wichtige Gründe, die eine außerordentliche Kündigung rechtfertigen.
- Was ist eine Änderungskündigung?
- Wie kann der/die Arbeitnehmer:in auf eine Änderungskündigung reagieren?
- Welchen Grundsätzen muss ein Arbeitszeugnis entsprechend?
- Nennen Sie fünf Pflichten eines Ausbilders/einer Ausbilderin.
- Was gehört zum Pflichtenkreis der Leitung im Rahmen der baulichen Sicherheit einer Einrichtung?
- Was gilt für die Delegation von Leitungspflichten auf Beauftragte und Hilfspersonal?
- Kann eine Erzieherin die Aufsichtspflicht auf eine Praktikantin übertragen?
- Was ist dabei zu beachten?
- Nennen Sie mindestens fünf Gesetze des Arbeitsschutzrechts.
- Welche sozialen Rechtfertigungsgründe gibt es nach Kündigungsschutzgesetz?
- Welche Frist gilt für Kündigungsschutzklage nach Kündigungsschutzgesetz? Was gilt bei Fristversäumnis?
- Was ist für eine verhaltensbedingte Kündigung zu beachten?
- Nennen Sie die wichtigsten Normen des besonderen Kündigungsschutzes.
- Was ist das AGG und wie wird es auch genannt?
- Was ist die Kernaussage dieses Gesetzes?
- Welche Folgen hat die Pflichtverletzung nach AGG für den/die Arbeitgeber:in?
- Wann ist eine echte Pause gegeben?
- Unter welchen Voraussetzungen entfalten Tarifverträge eine Tarifbindung?
- Was bedeutet Friedenspflicht?
- Unter welchen Voraussetzungen ist das Betriebsverfassungsgesetz anwendbar?
- Welche Rechte sind vom innerbetrieblichen Mitbestimmungsrecht umfasst?
- Wo liegt der Unterschied zwischen Betriebsrat, Personalrat und Mitarbeitervertretung?
- Was sind die Vorteile von Gewerkschaften?

B.5 Fragen zum Sozialrecht

Allgemein

- Wozu verpflichtet das Sozialstaatsprinzip den Staat?
- Was folgt aus dem Menschenbild des Grundgesetzes bzw. dem Aspekt der Menschenwürde im Hinblick auf den Sozialstaat?
- Welche Elemente umfasst das Sozialrecht?
- Erläutern Sie das 5-Säulen-Modell.
- Wie viele Sozialgesetzbücher gibt es? Wie sind sie systematisiert?
- Welchen Prinzipien unterliegt die Sozialversicherung?
- Erklären Sie das sozialrechtliche Dreieck. Was ist seine spezifische Besonderheit?
- Welche Rechtsverhältnisse bestehen im sozialrechtlichen Dreieck?

SGB VII

- Wer ist Träger der Unfallversicherung? Wovon hängt dies ab?
- Wie wird die Unfallversicherung finanziert?
- Welche Versicherungsfälle sind in der Unfallversicherung abgesichert?
- Was ist ein Arbeitsunfall?
- Wann liegt eine eigenwirtschaftliche Tätigkeit vor?
- Wo beginnt und endet der versicherte Weg?
- Was gilt bei Unterbrechungen des Weges?
- Weshalb ist die Lehre der objektiv betriebsdienlichen Handlungstendenz für Kindergärten nicht brauchbar?
- Was gilt dort stattdessen?
- Was sind die Voraussetzungen des Versicherungsschutzes für ein Kind in einer Kindertageseinrichtung?

SGB VIII

- Was bedeutet Jugendhilfe?
- Was ist der Unterschied zwischen KJHG und SGB VIII?
- Was ist das Ziel aller Jugendhilfe??
- Was formuliert § 1 des SGB VIII als Recht eines jeden jungen Menschen?
- Welche subjektiven Rechte gibt das SGB VIII Kindern und Jugendlichen?
- Geben Sie Beispiele für die Aufgaben der Jugendhilfe.
- Was bedeutet der Nachrang der Jugendhilfe gegenüber dem Elternrecht?
- Was bedeutet der Nachrang der Jugendhilfe gegenüber anderen Leistungen und Verpflichtungen?
- Wie äußert sich der Verfassungswert des Pluralismus in der Jugendhilfe?
- Welche Möglichkeiten erwachsen dem Leistungsberechtigten hieraus?
- Was bedeutet der Grundsatz der Subsidiarität?
- Was bedeutet der Grundsatz der Subsidiarität konkret in der Jugendhilfe?
- Wer ist örtlicher Träger der öffentlichen Jugendhilfe?
- Wer ist überörtlicher Träger der öffentlichen Jugendhilfe?
- Wie verbindlich ist der Bildungsplan in Ihrem Bundesland?
- Gegen wen richtet sich der Rechtsanspruch auf einen Kindergartenplatz?
- Wie sind die Aufgaben zwischen öffentlicher und freier Jugendhilfe verteilt?
- Wer kommt als Träger der freien Jugendhilfe in Betracht?
- Nennen Sie mindestens fünf Beispiele für Angebote der Jugendhilfe. Wo sind sie normiert?
- Erstellen Sie eine Netzwerkzeichnung zum Kooperationsauftrag.
- Seit wann gibt es den Rechtsanspruch auf einen Kindergartenplatz?
- Was bedeutet das Wunsch- und Wahlrecht der Eltern?
- Welche Voraussetzungen muss der Kindergartenplatz in qualitativer Hinsicht erfüllen?
- Wer ist Kläger, und wer ist Beklagter, wenn es um eine Klage auf die Gewährung eines Kindergartenplatzes geht?
- Wie wird der Schadensersatzanspruch in diesem Zusammenhang berechnet?
- Was bedeutet das sogenannte sozialrechtliche Dreiecksverhältnis für Klagen auf Gewährung eines Kindergartenplatzes?

- Was ist unter Hilfen zur Erziehung zu verstehen?
- Was ist der Unterschied zwischen den Angeboten der §§ 16 ff SGB VIII und den Hilfen zur Erziehung (HzE)?
- Wann kommen Hilfen zur Erziehung in Betracht?
- Wovon hängt es ab, welche Hilfe zur Erziehung gewährt wird?
- Wozu dient der Hilfeplan?
- Welche erzieherischen Hilfen kennt das Gesetz, sind diese abschließend aufgezählt?
- Was besagt § 9 SGB VIII?
- Was besagt § 8 SGB VIII?

SGB IX

- Welches Ziel hat das SGB IX?
- Wann ist ein Mensch schwerbehindert?
- Unter welcher Voraussetzung kann ein Behinderter einem Schwerbehinderten gleichgestellt werden?
- Welchen Rechtsanspruch haben schwerbehinderte Menschen und welche Verpflichtungen erwachsen dem Arbeitgeber daraus?
- Was ist das Ziel eines Betrieblichen Eingliederungsmanagements (BEM)?
- Für wen gilt das BEM?
- Worin besteht die Wirkung des besonderen Kündigungsschutzes?

SGB X

- Was ist das Bundesdatenschutzgesetz?
- Welche Träger unterliegen dem bundesgesetzlichen Sozialdatenschutz?
- Was gilt für das kirchliche Arbeitsrecht?
- Was gilt für freie Träger?
- Welche Folgen hat ein Verstoß gegen die Schweigepflicht?
- Woraus können sich arbeitsvertragliche Schweigepflichten ergeben?
- Welche Konsequenzen drohen bei Verstoß gegen arbeitsrechtliche Bestimmungen?
- Welche supranationale Vorschrift regelt den Datenschutz?
- Welches Grundrecht schützt den Datenschutz?
- Was ist sein Schutzbereich?
- Unter welchen Voraussetzungen kann in dieses Grundrecht eingegriffen werden?
- Welche Grundsätze gelten beim Umgang mit Daten?
- Was gilt für den Datenschutz im Kinder- und Jugendhilferecht?
- Was ist ein Sozialdatum?
- Welche Folgerungen ergeben sich daraus für Kindertageseinrichtungen?
- Nach welchen Daten darf eine Kita bei der Anmeldung eines Kindes fragen?
- Welche Teilbereiche umfasst der Datenschutz?
- Was gilt für die Datenerhebung?
- Wie sind Daten zu pflegen?
- Was ist bei der Nutzung von E-Mail-Verteilern zu beachten?
- Wann sind Daten zu löschen?
- Was ist bei der Löschung von Daten zu beachten?
- Wie sind Daten zu nutzen?
- Was gilt für die Datennutzung bei der Anleitung von Praktikant:innen?
- Wann ist eine Datenübermittlung zulässig?
- Dürfen Daten an Schulen übermittelt werden? Begründen Sie Ihre Antwort.
- Erklären Sie den Unterschied zwischen „Nutzung“, „Übermittlung“ und „Weitergabe“ von Daten.
- Was gilt für anvertraute Daten?

- Was gilt für Daten, die durch gezieltes Beobachten von Kindern gewonnen werden?
- Was gilt prinzipiell für die Veröffentlichung von Bildnissen anderer Menschen?
- Gibt es hiervon Ausnahmen?
- Wie lange müssen Daten aufbewahrt werden?

Sonstige Sozialstaatsangebote

- Wer erhält Ausbildungsförderung?
- Wer erhält Kindergeld?
- Wer erhält Elterngeld und in welcher Höhe?
- Wer erhält Elternzeit, und wie lange dauert sie?

Kinder- und Jugendstärkungsgesetz

- Was besagt die sogenannte „Große Lösung“?
- Was ist die Aufgabe eines Verfahrenslotsen/einer Verfahrenslotsin?
- Was besagt das Dreistufenmodell des KJSG?

Infektionsschutzgesetz

- Was ist der Zweck des Infektionsschutzgesetzes?
- Welche Vorschriften gelten für Gemeinschaftseinrichtungen?
- Welche besondere Pflicht schreibt das Infektionsschutzgesetz Trägern und Leitungen von Gemeinschaftseinrichtungen zu?
- Was ist ein Hygieneplan?
- Warum benötigen Kindertageseinrichtungen einen Hygieneplan?
- Was ist ein CCP?
- Nennen Sie fünf kritische Lenkungspunkte, die in einem Hygieneplan festgeschrieben werden können.

Jugendschutzgesetz

- Wer ist Kind im Sinne des Jugendschutzgesetzes?
- Wann beginnt und endet der Status des Jugendlichen?
- Wer ist personensorgeberechtigte Person? Wer ist erziehungsbeauftragte Person? Worin liegt der Unterschied?
- Was gilt, wenn die personensorgeberechtigte Person stark alkoholisiert ist?
- Wer kann erziehungsbeauftragte Person sein?
- Welche Anforderungen sind an die erziehungsbeauftragte Person zu stellen?
- Welches Ziel hat das Jugendschutzgesetz und welche Rechtsnatur ergibt sich für dieses Gesetz daraus?
- Was meint der Begriff „öffentlich“ für den Regelungsbereich des Jugendschutzgesetzes?
- Wann ist eine Veranstaltung öffentlich, wann nicht öffentlich?
- Welche Rechtsfolgen hat ein Verstoß gegen das JSchG?

B.6 Fragen zu Organisation und Management

Finanzierung von Sozialunternehmen

- Was sind meritorische Güter?
- Was ist die wesentliche Eigenschaft von meritorischen Gütern?
- Wer ist für die Finanzierung von Kindertageseinrichtungen prinzipiell zuständig?
- Welche Formen der Bezuschussung sind zu unterscheiden?
- Für welche Förderungsart hat sich Ihr Bundesland entschieden?
- Was ist der Unterschied zwischen Abgaben, Steuern, Gebühren und Beiträgen?

- Was ist der Unterschied zwischen Fundraising und Sponsoring?
- Welche Inhalte hat ein Sponsoring-vertrag?

Organisationsentwicklung

- Welche Ziele werden mit Organisationsentwicklung verfolgt?
- Wer gilt als Gründervater der Organisationsentwicklung?
- Was sind die Merkmale von Organisationsentwicklung?
- Erläutern Sie den Begriff „Organisation".
- Welche Organisationstheorien werden unterschieden?
- Welche Organisationsstrukturen werden unterschieden?
- Welche Formen der Aufbauorganisation kennen Sie?
- Welche Aufgaben kommen der Ablauforganisation zu?
- In welche Phasen werden Veränderungsprozesse eingeteilt?
- Welche Methoden der Ergebnisbewertung kennen Sie?
- Was ist eine Lernende Organisation?
- Welche Phasenmodelle zur Organisationsentwicklung in Kitas kennen Sie?
- Was haben diese Modelle gemeinsam, wo sind ihre Unterschiede?

Sozialmanagement

- In welchen Rechtsformen kann erzieherische Tätigkeit selbstständig ausgeübt werden?
- Wann ist eine Organisation gemeinnützig?
- Wie viele Gründungsmitglieder braucht ein Verein?
- Nennen Sie die Voraussetzungen, die eine Kita erfüllen muss, um Fördermittel zu erhalten.
- Durch welche Management-Merkmale sind soziale Einrichtungen gekennzeichnet?
- Erläutern Sie den Management-Zyklus.
- Was besagt das Minimal-, was das Maximalprinzip?
- Erläutern Sie die Begriffe Effizienz und Effektivität.
- Zu welchen Kosten einer sozialen Einrichtung zählen Kosten für Hauswirtschafts- und Verwaltungspersonal?
- Was unterscheidet den Käufermarkt vom Verkäufermarkt und welche Auswirkungen hat dies?
- Was ist Selbstmanagement?
- Wie definiert die WHO den Begriff „Gesundheit"?
- Erläutern Sie den Begriff der Salutogenese.
- Wovon hängt die individuelle Bewertung von Stress ab?
- Nennen Sie fünf Folgen von dauerhaftem Stress.
- Aus welchen Elementen setzt sich die persönliche Gesundheitsprävention zusammen?
- Was ist Zeitmanagement?
- Erläutern Sie das Pareto-Prinzip.
- Wie können mit der ALPEN-Methoden Aufgaben bewältigt werden?
- Welche Regel gilt hinsichtlich der Struktur eines Büro-Arbeitsplatzes?

Strategisches Management für soziale Einrichtungen

- Was ist das Ziel eines strategischen Management-Konzeptes?

- Erläutern Sie Zweck und Struktur der Balanced Scorecard.
- Was ist ein Stakeholder?
- Welche Stakeholder hat eine Kita?
- Mit welchem Instrument kann man das strategische Management einer Einrichtung strukturieren und visualisieren?
- Mit welcher Methode sollte man Ziele definieren?
- Welche Rolle spielen die Ziele bei der Erfolgskontrolle?
- Warum ist es wichtig, Erfolgskontrolle zu betreiben?
- Welche Aufgabe erfüllt ein Leitbild?
- Warum und in welchen Abständen sollte das Leitbild überarbeitet werden?
- Was ist der Unterschied zwischen Konzept und Konzeption?
- Welche Aufgabe erfüllt eine Konzeption?
- Wie lautet der aktuelle pädagogische Auftrag?
- Welche Rolle spielen dabei die aktuelle Forschung, Partizipation und Inklusion?
- Inwieweit ist in der Konzeption Ihrer Einrichtung Inklusion berücksichtigt bzw. dargestellt?
- Wie kann es gelingen, die pädagogische Qualität aktuell zu halten?
- Warum sollte im Team Konsens über die Konzeption bestehen?
- Welche sozialen Kompetenzen verbessern sich bei den einzelnen Teammitgliedern, indem die Konzeption gemeinsam entwickelt wird?
- Wie aktuell muss eine Konzeption sein?
- Wann ist sie zu überarbeiten?
- Welche drei großen Bereiche verknüpft ein BGM?
- Nennen Sie zehn mögliche Themen eines Leitfadens zum Krisenmanagement.
- Wieso ist ein positives Image der Einrichtung in der Öffentlichkeit wichtig?
- Welche Formen der Öffentlichkeitsarbeit kennen Sie?
- Was gilt für die Verwendung von Fotos der Kinder für Öffentlichkeitsarbeit?

Personalmanagement

- Welche Teilbereiche umfasst das Personalmanagement?
- Welche Teilbereiche umfasst die Personalplanung?
- Wie berechnet man den Personalbedarf?
- Was signalisiert ein negativer Wert?
- Was ist die Aufgabe einer Stellenbeschreibung?
- Welche Methoden der Personalbeurteilung kennen Sie?
- Nennen Sie fünf typische Beurteilungsfehler.
- Nennen Sie je fünf Vorteile der internen und externen Personalbeschaffung.
- Welche Formen des Interviews kennen Sie?
- Was ist Handlungskompetenz?
- Woraus setzt sich Handlungskompetenz zusammen?
- Nennen Sie fünf Personalentwicklungskonzepte.

Führen und Leiten

- Definieren Sie „Leitung“.
- Welche Aufgaben haben Leitungen?
- Was sind die Elemente der Personalführung?

- Welche Führungsstile werden unterschieden?
- Was besagt die Reifegradtheorie?
- Welcher Führungsstil ist in der Sozialwirtschaft zu präferieren?
- Was zeichnet ihn aus?
- Was besagt die Zwei-Faktoren-Theorie?
- Was sind Hygienefaktoren? Nennen Sie drei Beispiele.
- Warum reicht es nicht aus, nur die Hygienefaktoren zu beachten?
- Was ist ein Team?
- Welche Phasen der Teamentwicklung kennen Sie?
- Was ist kennzeichnend für die jeweilige Phase?
- Welche Dimensionen weist eine Teamstruktur auf?
- Was sind Teamentwicklungsmaßnahmen?
- Welche Ziele verfolgen Teamentwicklungsmaßnahmen? Nennen Sie acht Ziele.
- Welche Aufgabe kommt der Leitung bei der Weiterentwicklung ihres Teams zu?
- Was ist ein Feedback?
- Welche Funktion hat Feedback?
- Welche Regeln sollten Feedbackgeber und Feedbacknehmer beachten?
- Was ist ein Fehler?
- Was bedeutet der Begriff „Fehlerkultur“?
- Wodurch zeichnet sich eine positive Fehlerkultur aus?
- Skizzieren Sie einen Leitfaden für eine gelingende Teamsitzung.
- Welche Vorteile hat die Delegation von Tätigkeiten?
- Weshalb schrecken viele Leitungskräfte dennoch davor zurück?
- Welche Aufgaben sind delegierbar?

Kommunikation im Personalmanagement

- Definieren Sie Kommunikation.
- Was besagt der Satz „Man kann nicht nicht kommunizieren“?
- Welche allgemeingültigen Kommunikationsmethoden und -instrumente kennen Sie?
- Nennen Sie jeweils zwei wichtige Komponenten bei der Vor- und Nachbereitung sowie in der Durchführung eines Gespräches.
- Wie sollten Anleitungsgespräche geführt werden?

Konfliktmanagement

- Was ist ein Konflikt?
- Welche Konfliktarten kennen Sie?
- Was sind die Auswirkungen von unbearbeiteten Konflikten?
- Was ist das Ziel von Konfliktmanagement?
- Welche Phasen durchläuft ein erfolgreiches Konfliktgespräch?
- Was ist Konfliktinventur und welche Vorteile bietet sie?

Kooperation, Netzwerk und interkulturelle Öffnung

- Welche Aufgaben hat ein Elternbeirat?
- Welche Rechte hat ein Elternbeirat?
- Nennen Sie mindestens acht „wesentliche Angelegenheiten“.
- Wie ist die Rechtslage, wenn die Anhörung vergessen wurde?
- Kann der Elternbeirat an Personalentscheidungen mitwirken?
- Welche Gründe sind denkbar, aus denen auf eine Beschwerde verzichtet wird?
- Welche Phasen hat der Beschwerdemanagement-Prozess?

- Welche Ansätze der Sozialplanung in der Jugendhilfe kennen Sie?
- Was ist ein Sozialraum?
- Welche Parameter fließen in eine Sozialraumanalyse ein?
- Nennen Sie zehn Kooperationsmöglichkeiten von Kitas und Kindertagespflege.
- Welche Fähigkeiten sind Voraussetzung für die Aneignung von interkultureller Kompetenz?
- Wie können Leitungen interkulturelle Öffnung bewirken?

Qualitätsmanagement

- Wo ist der Qualitätsauftrag in der Kinder- und Jugendhilfe verankert?
- Skizzieren Sie kurz die Entwicklung des Qualitätswesens.
- Worin besteht der wesentliche Unterschied zwischen EFQM und DIN EN ISO?
- Wie lautet die Definition von Qualitätsmanagement in sozialen Einrichtungen?
- Wer ist der Kunde einer Kita? Warum?
- Worin besteht die spezifische Schwierigkeit der Messung von Qualität in einer Kindertageseinrichtung?
- Was ist ein Qualitätsmanagementsystem (QMS), und welche kennen Sie?
- Wer ist für das Qualitätsmanagement verantwortlich?
- Was ist der PDCA-Zyklus?
- Was ist ein Qualitätsstrukturmodell?
- In welchen Qualitätsdimensionen kann man die Qualität von Kindertageseinrichtungen bewerten?
- Wie hängen die unterschiedlichen Qualitätsdimensionen im Bereich der Kindertagesbetreuung zusammen?
- Welchen Stellenwert hat dabei die Teamqualität?
- Was bedeutet Evaluation?
- Worin liegt der Unterschied zwischen Selbst- und Fremdevaluation?
- Warum sollten man sich bereits beim Aufbau eines Qualitätsmanagementsystems nach den Anforderungen der ISO 9001 : 2015 richten, auch wenn man sich zunächst nicht zertifizieren lassen möchten?
- Was ist nach der neuen ISO 9001 : 2015 nicht mehr erforderlich?
- Was sind die Q7?

Prozess- und Projektmanagement

- Wodurch sind Prozesse gekennzeichnet?
- Welche Arten von Prozessen kennen Sie?
- Was sind Kernprozessbeschreibungen und wozu dienen sie?
- Welche Kernprozesse hat eine Kita? Nennen Sie zehn davon.
- Was unterscheidet ein Projekt von einer Routineaufgabe?
- Nennen Sie praktische Beispiele für Projekte von sozialen Einrichtungen.
- Was ist der Nutzen von Projektmanagement?
- Warum ist eine genaue Zieldefinition wichtig?
- Wie sollte das ideale Projektziel aussehen?
- Welche Phasen hat ein erfolgreiches Projektmanagement?
- Warum ist es sinnvoll, Meilensteine zu setzen?
- Was ist eine Arbeitspaketbeschreibung?
- Was ist ein PSP?
- Was ist ein PAP?
- Welche Aufgaben hat die Projektleitung?

Verwaltung und Betriebsführung

- Wann erhält der Träger einer Kita die Betriebserlaubnis für die Einrichtung? Wo ist dies geregelt?
- Wann wird die Betriebserlaubnis der Kita entzogen? Wo ist dies geregelt?
- Wo muss der Träger die Betriebserlaubnis beantragen?
- Welche Anlagen sind dem Antrag beizufügen?
- Was wird im Rahmen der örtlichen Prüfung inspiziert?
- Was sind Auflagen?
- Wann sind örtliche Prüfungen zulässig?
- Was wird im Rahmen von regelmäßigen Belegprüfungen inspiziert? Nennen Sie mindestens sieben Beispiele.
- Welche beiden Entzugstatbestände sind zu unterscheiden?
- Was ist der Grund für die Unterscheidung?
- Welche Arten von Führungszeugnissen werden unterschieden?
- Was wird ins Erziehungsregister eingetragen?
- Brauchen ehrenamtlich Tätige ein erweitertes Führungszeugnis?
- Wie alt darf ein Führungszeugnis bei Vorlage sein?
- In welchen Abständen darf der/die Arbeitgeber:in ein neues erweitertes Führungszeugnis verlangen?
- Wer trägt die Kosten?
- Was kommt in die Personalakte?
- Welche Grundsätze gelten für das Recht auf Einsichtnahme in die Personalakte?
- Welche Rechte hat der/die Arbeitnehmer:in, wenn sich eine Abmahnung in der Personalakte befindet?
- Welche Aufbewahrungsfristen gilt es bei Personaldaten zu beachten?

C Lernfeldorientierte Taxonomie zur Erzieher:innenausbildung

Rahmenlehrplan der KMK für die Fachschulen für Sozialpädagogik (Stand 18.06.2020) nach DQR

Lernfeld-Titel	Lehrplan-Titel mit juristischem Bezug	Kapitel
Lernfeld 1 Berufliche Identität und professionelle Perspektiven weiterentwickeln	Geschichte der Professionalisierung des Berufsfeldes	29.1
	Arbeitsfelder und Trägerschaft der Kinder- und Jugendhilfe	29.7; 36.1
	Bildungs-, Erziehungs- und Betreuungsauftrag der Kinder- und Jugendhilfe im gesellschaftlichen Wandel	29.9.3
	Erwartungen und Anforderungen an die Berufsrolle im rechtlichen Kontext	15; 29; 45.2
	Selbstmanagement und Gesundheitsprävention im Beruf	36.4
	Arbeitsrechtliche Grundlagen	17; 21; 32; 45.3
	Tarifrechtliche Grundlagen	23
	Berufsverbände und Gewerkschaften	24
	Berufsperspektiven, Fort- und Weiterbildung	21.8
Lernfeld 2 Pädagogische Beziehungen gestalten und mit Gruppen pädagogisch arbeiten	Menschenbild des Grundgesetzes	1; 2; 3
	Kommunikation und Gesprächsführung	40
	Konflikte und Konfliktbewältigung im pädagogischen Alltag	41
	Rechtliche Rahmenbedingungen der sozialpädagogischen Gruppenarbeit wie	
	Aufsicht,	17.3.3; 18; 19
	Kinder- und Jugendschutz,	22.3; 29.9.1; 33
	Gesundheitsschutz,	22; 28; 33.7; 33.8; 37.7.1
	Datenschutz	29.12; 31

Lernfeld 3 Lebenswelten und Diversität wahrnehmen, verstehen und Inklusion fördern	Ressourcenorientierte Unterstützung und Begleitung von Kindern, Jugendlichen und jungen Erwachsenen mit besonderem Erziehungs-, Hilfe- und Förderbedarf	29.5; 29.8; 33.6
	Rechtliche Rahmenbedingungen der Inklusion wie	
	UN-Kinderrechtskonvention,	11.4
	UN-Behindertenrechtskonvention,	11.3
	SGB VIII,	29
	SGB IX,	30
	Hilfeplanung nach SGB IX.	30
	Jugendstrafrecht	9; 12; 13; 14; 16
Lernfeld 4 Sozialpädagogische Bildungsarbeit in den Bildungsbereichen professionell gestalten	Bildungsauftrag des SGB VIII; Bildungsempfehlungen und Bildungspläne der Länder; Aufgaben von Erzieherinnen und Erziehern in den Bildungsbereichen	29.9.3
	Evaluation von resilienz- und ressourcenorientierter Bildungsarbeit in unterschiedlichen Arbeitsfeldern	37.4; 43; 44
Lernfeld 5 Erziehungs- und Bildungspartnerschaften mit Eltern und Bezugspersonen gestalten sowie Übergänge unterstützen	Gesellschaftlicher Wandel der Familie; Heterogenität familiärer Lebenswelten und Lebenssituation; Rechte und Pflichten von Eltern	20
	Förderung der Erziehung in der Familie; familiäre Krisensituationen	29
	Hilfen zur Erziehung	29.10.2
	Kindeswohlgefährdung und Schutzauftrag	29.9.1
	Unterstützungs- und Beratungssysteme im Sozialraum	29.9.5
Lernfeld 6 Institution und Team entwickeln sowie in Netzwerken kooperieren	Trägerstrukturen sozialpädagogischer Einrichtungen	5; 6; 7; 29.7; 45.1
	Finanzierung sozialpädagogische Einrichtungen	8; 34
	Rechtsgrundlagen sozialpädagogischer Einrichtungen	I -VI
	Organisationsmodelle; Organisationsentwicklung	35
	Qualitätsentwicklung	43
	Konzeptionsentwicklung	37.5; 37.6
	Teamarbeit und Teamentwicklung	38; 39.4
	Leitungsaufgaben	21.9; 39
	Konfliktlösungsmodelle und Unterstützungssysteme für Teams	41
	Öffentlichkeitsarbeit	37.8
	Vernetzung im Sozialraum; Netzwerke in Arbeitsfeldern der Kinder und Jugendhilfe mit anderen Bildungsinstitutionen	37.2; 42

Abkürzungsverzeichnis

Abs.	Absatz
a. F.	alte Fassung
AG	Aktiengesellschaft
AGG	Allgemeines Gleichbehandlungsgesetz
ArbMedVV	Verordnung zur arbeitsmedizinischen Vorsorge
ArbSchG	Arbeitsschutzgesetz
Art.	Artikel
ASB	Arbeiter Samariter Bund
ASD	Allgemeiner Sozialer Dienst
AV	Ausführungsverordnung
AVR	Arbeitsvertragsrichtlinien
Az.	Aktenzeichen
BAG	Bundesarbeitsgericht
BAT	Bundes-Angestellten-Tarifvertrag
BayGO	Bayerische Gemeindeordnung
BayKiBiG	Bayerisches Kinderbildungs- und -betreuungsgesetz
BayObLG	Bayerisches Oberstes Landesgericht
BayVGH	Bayerischer Verwaltungsgerichtshof
BBiG	Berufsbildungsgesetz
BDSG	Bundesdatenschutzgesetz
Beschl.	Beschluss
BETA	Bundesverband evangelischer Tageseinrichtungen für Kinder
BetrVG	Betriebsverfassungsgesetz
BGB	Bürgerliches Gesetzbuch
BGH	Bundesgerichtshof
BGV	Vorschriften der Berufsgenossenschaften
BImSchG	Bundesimmissionsschutzgesetz
BioStoffV	Biostoffverordnung
bpb	Bundesanstalt für politische Bildung
BPjM	Bundesprüfstelle für jugendgefährdende Medien
BR	Bundesrat
BRD	Bundesrepublik Deutschland
BT	Bundestag
BuReg	Bundesregierung

BUrlG	Bundesurlaubsgesetz
BV	Verfassung des Freistaates Bayern`
BVerfG	Bundesverfassungsgericht
BVerfGE	Entscheidungen des Bundesverfassungsgerichts
BVerfGG	Bundesverfassungsgerichtsgesetz
BVerwG	Bundesverwaltungsgericht
BVerwGE	Entscheidungen des Bundesverwaltungsgerichts
DIN	Deutsche Industrienorm
DIW	Deutsches Institut für Wirtschaftsforschung
DRiG	Deutsches Richtergesetz
DRK	Deutsches Rotes Kreuz
DSG-EKD	Kirchengesetz über den Sozialdatenschutz der EKD
DSGVO	Datenschutzgrundverordnung
DQR	Deutscher Qualifikationsrahmen
e. G.	eingetragene Genossenschaft
e. V.	eingetragener Verein
EFQM	European Foundation for Quality Management
EGMR	Europäischer Gerichtshof für Menschenrechte
EKD	Evangelische Kirche Deutschlands
EN	Euro-Norm
FamFG	Gesetz über das Verfahren in Familiensachen und in den Angelegenheiten der freiwilligen Gerichtsbarkeit
FamRZ	Zeitschrift für das gesamte Familienrecht
GewO	Gewerbeordnung
GG	Grundgesetz
ggf.	gegebenenfalls
GmbH	Gesellschaft mit beschränkter Haftung
GOBT	Geschäftsordnung des Bundestages
GR	Gemeinderat
GTK	Gesetze über Tageseinrichtungen für Kinder
GUK	Gesetzliche Unfallkasse
GUV	Gesetzliche Unfallversicherung
GVG	Gerichtsverfassungsgesetz
HACCP	Hazard Analysis and Critical Control Point
HGB	Handelsgesetzbuch
HS	Halbsatz
HzE	Hilfen zur Erziehung
ICF	International Classification of Functioning, Disability and Health der WHO
i. d. R.	in der Regel
i. e. S.	im engeren Sinne
i. S. d.	im Sinne des
i. V. m.	in Verbindung mit

i. w. S.	im weiteren Sinne
ISO	International Organisation for Standardization
JA	Jugendamt
JAmt	Das Jugendamt – Zeitschrift für Jugendhilfe und Familienrecht
JArbSchG	Jugendarbeitsschutzgesetz
JGG	Jugendgerichtsgesetz
JH	Jugendhilfe
JMStV	Jugend-Medienschutz-Staatsvertrag
JuSchG	Jugendschutzgesetz
JWG	Jugendwohlfahrtsgesetz
KArbSchVO	Kinderarbeitsschutzverordnung
KES	Kindergarten-Einschätz-Skala
KICK	Gesetz zur Weiterentwicklung der Kinder- und Jugendhilfe
K. I. E. L.	Kieler Instrumentarium für Elementarpädagogik und Leistungsqualität
KiföG	Kinderförderungsgesetz
KindRG	Kindschaftsrechtsreformgesetz
KiTaG	Kindertagesstättengesetz
KJHG	Kinder- und Jugendhilfegesetz
KPD	Kommunistische Partei Deutschlands
KSchG	Kündigungsschutzgesetz
KunstUrhG	Kunsturhebergesetz
LJA	Landesjugendamt
LMIV	Lebensmittelinformationsverordnung
LT	Landtag
MAV	Mitarbeitervertretung
MAVO	Mitarbeitervertretungsordnung
MHD	Mindesthaltbarkeitsdatum
MuSchArb	Europäische Verordnung zum Schutz der Mütter am Arbeitsplatz
MuSchG	Mutterschutzgesetz
MuSchRiV	Mutterschutzrichtlinienverordnung
MVG	Mitarbeitervertretungsgesetz
NachweisG	Nachweisgesetz
n. F.	neue Fassung
NJW	Neue Juristische Wochenschrift
Nr.	Nummer
NVwZ	Neue Zeitschrift für Verwaltungsrecht
NZV	Neue Zeitschrift für Verkehrsrecht
OLG	Oberlandesgericht
OVerwG	Oberverwaltungsgericht
PKS	Polizeiliche Kriminalstatistik
QMS	Qualitätsmanagement-System
RAF	Rote Armee Fraktion

RVO	Rechtsverordnung
Rz.	Randziffer
S.	Seite
SGB	Sozialgesetzbuch
SGB I	Erstes Buch Sozialgesetzbuch
SGB III	Drittes Buch Sozialgesetzbuch
SGB V	Fünftes Buch Sozialgesetzbuch
SGB VI	Sechstes Buch Sozialgesetzbuch
SGB VII	Siebtes Buch Sozialgesetzbuch
SGB VIII	Achtes Buch Sozialgesetzbuch
SGB IX	Neuntes Buch Sozialgesetzbuch
SGB X	Zehntes Buch Sozialgesetzbuch
SGB XI	Elftes Buch Sozialgesetzbuch
SPFH	Sozialpädagogische Familienhilfe
StA	Staatsanwaltschaft
StGB	Strafgesetzbuch
StPO	Strafprozessordnung
SVE	Schulvorbereitende Einrichtung
TMG	Telemediengesetz
TQM	Total Quality Management
TVöD	Tarifvertrag für den öffentlichen Dienst
UN	United Nations
UNESCO	United Nations Educational, Scientific and Cultural Organization
UNHCR	United Nations High Commissioner for Refugees
UNICEF	United Nations Children`s Fund
Urt.	Urteil
UVV	Unfallverhütungsvorschriften
VA	Verwaltungsakt
VG	Verwaltungsgericht
VGH	Verwaltungsgerichtshof
VO	Verordnung
VU	Versäumnisurteil
VwGO	Verwaltungsgerichtsordnung
VwVfG	Verwaltungsverfahrensgesetz
WfbM	Werkstatt für behinderte Menschen
WHO	World Health Organization
WRV	Weimarer Reichsverfassung
ZPO	Zivilprozessordnung

ABBILDUNGSVERZEICHNIS

TABELLENVERZEICHNIS

Literaturverzeichnis

Belbin, R.M. (2010): Team Roles at Work. 2. Auflage. Oxford, New York: Routledge.

Bertelsmann-Stiftung: Kooperationen zwischen Kindertageseinrichtungen und Kindertagespflege – Handlungsempfehlungen für Politik, Träger und Sozialraumanalyse. Verfügbar unter: www.bertelsmann-stiftung.de/de/publikationen/publikation/did/kooperationen-zwischen-kindertageseinrichtungen-und-kindertagespflege/.

Boetticher, A. von & Kuhn-Zuber, G. (2019): Rehabilitationsrecht – Ein Studienbuch für soziale Berufe. Baden-Baden: Nomos.

Bundesministerium für wirtschaftliche Zusammenarbeit und Entwicklung: www.kinder-und-jugendrechte.de/handlungsfelder.

Bundeszentrale für gesundheitliche Aufklärung: https://leitbegriffe.bzga.de/alphabetisches-verzeichnis/salutogenese/.

Dahme, H.-J. (2008): Krise der öffentlichen Kassen und des Sozialstaates. Aus Politik und Zeitgeschichte, 12/13, 12–16. Verfügbar unter: www.bpb.de/apuz/31332/wandel-der-sozialen-arbeit.

Deutsches Jugendinstitut (Hrsg.) (2002): Angebotsstruktur der Kinder- und Jugendhilfe. DJI Bulletin, H. 59, 4–7.

Di Fabio, U. (2003): Der Schutz von Ehe und Familie: Verfassungsentscheidung für die vitale Gesellschaft. NJW 2003, 993–998.

DIN – Deutsches Institut für Normung (Hrsg.) (2009): DIN 69901-2: Projektmanagement – Projektmanagementsysteme. Berlin: Beuth.

Doppler, K. & Lauterburg, Ch. (2019): Change Management. Den Unternehmenswandel gestalten. Das Standardwerk aktualisiert und erweitert. 14. Auflage. Frankfurt a.M.: Campus.

Eichenhofer, E. (2019): Sozialrecht. 11. Auflage. Tübingen: Mohr Siebeck.

Glasl, F. (1980): Konfliktmanagement. Diagnose und Behandlung von Konflikten in Organisationen. Bern/Stuttgart: Haupt.

Herrmann, F. (2018): Planung und Planungstheorie. In: Handbuch Soziale Arbeit. 6. Auflage. München: Ernst Reinhardt.

Herzberg, F.; Mausner, B. & Bloch Snydermann, B. (2010): The Motivation to Work. New Brunswick (NJ): Transaction Publishers.

Holtkamp, C. & Schellberg, K. (2019): Finanzierung von Organisationen der Sozialwirtschaft. Finanzierungsströme – Finanzgeber – Verhandlungsstrategien. Regensburg: Walhalla.

IFP, Staatsinstitut für Frühpädagogik: Träger zeigen Profil. Instrument zur Selbstevaluation für Träger im System der Kindertageseinrichtungen. Verfügbar unter: chrome-https://www.ifp.bayern.de/imperia/md/content/stmas/ifp/traeger_profil_papierversion.pdf.

Ishikawa, K. (1990): Introduction of Quality Control. Tokio: 3 A Corporation.

Kant, I. (1797): Metaphysik der Sitten. Leipzig:

Kauffeld, S. (2001): Teamdiagnose. Göttingen: Hogrefe.

Lazarus, R. & Alfert, E. (1964): The short-circuiting of threat by experimentally altering cognitive appraisal. Journal of Abnormal and Social Psychology, 69, 195–205.

Lewin, K. (1951): Field Theory in Social Sciences. New York: Harper & Brothers.

Maslow, A.H. (1977): Motivation und Persönlichkeit. Freiburg i. Br.: Olten.

Maywald, J. (2001): Kindeswohl in der Kita – Leitfaden für die pädagogische Praxis. 2. Auflage. Freiburg i. Br.: Herder.

Maywald, J. (2021): Kinderrechte in der Kita – Kinder schützen, fördern, beteiligen. 2. Auflage. Freiburg i. Br.: Herder.

Müller, K. (2011): Teamqualität in Kinderkrippen und ihre Bedeutung für die Interaktionsprozesse. Unveröffentlichte Diplomarbeit. Universität Augsburg.

Münder, J.; Meysen, Th. & Trenczek, Th. (Hrsg.) (2019): Frankfurter Kommentar zum SGB VIII – Kinder- und Jugendhilfe. 8. Auflage. Baden-Baden: Nomos.

Nerdinger, F.W. (2014): Organisationsdiagnose. In: F.W. Nerdinger, G. Blickle & N. Schaper (Hrsg.): Arbeits- und Organisationspsychologie. 3. Auflage. Berlin/Heidelberg: Springer, S. 133–142.

Obermayr, U. (2020): Grundlagen des Rehabilitationsrechts. 3. Auflage. Regensburg: Walhalla und Pretoria.

Palandt (2021): Bürgerliches Gesetzbuch. 80. Auflage. München: Beck.

Pschyrembel, Klinisches Wörterbuch, Stichwort: Stress. www.pschyrembel.de.

Schulz von Thun, F. (2005). Miteinander reden. 1: Störungen und Klärungen, Allgemeine Psychologie der Kommunikation. Reinbek: Rowohlt.

Schulz von Thun, F. (2006). Klarkommen mit sich selbst und anderen. Reinbek: Rowohlt.

Schulze, R.; Dörner, H.; Ebert, I. u. a.: Nomos Handkommentar zum BGB. 10. Auflage. Baden-Baden: Nomos.

Seiwert L. & Tracy, B. (2001): Life-Leadership. So bekommen Sie Ihr Leben in Balance. 2. Auflage. Offenbach: Gabal.

Tietze, W. & Viernickel, S. (Hrsg.) (2016): Pädagogische Qualität in Tageseinrichtungen für Kinder – Ein Nationaler Kriterienkatalog. Berlin/Weimar: verlag das netz.

Tuckman, B. (1965): Developmental sequence in small groups. Psychological Bulletin 63, 384–399.

Vahs, D. (2019): Organisation: Ein Lehr- und Managementbuch. 10. Auflage. Stuttgart: Schäffer-Poeschel.

Vollmer, K. (2021): Fachwörterbuch Kita. 12. Auflage. Freiburg: Herder.

Watzlawick, P.; Beavin, J.H. & Jackson, D.D. (2011): Menschliche Kommunikation. Formen, Störungen, Paradoxien. 12., unveränderte Auflage. Bern: Hans Huber.

Wildung, X. (2006): Interkulturelle Kompetenz – ein Vexierbild des 21. Jahrhunderts. DJI Bulletin 76 PLUS, H. 3, 1–4. Verfügbar unter: www.dji.de/veroeffentlichungen/literatursuche/detailansicht/literatur/7094-interkulturelle-kompetenz-ein-vexierbild-des-21-jahrhunderts.html.

Sachregister

N

O

P

Q

R

S